《第二版》

中華民國的政治發展
── 民國三十八年以來的變遷

齊光裕　著

揚智文化事業股份有限公司

增訂再版序

　　這次增訂再版，距離民國八十五年初版的「中華民國政治發展」，已經過了十七個年頭。回首初版書，不覺感慨萬千，這十七年來，台灣民主政治的發展過程，有正面的走向，也有負面的呈現。作者當年於初版書之「綜論」一章中，提出許多對台灣政治發展興革的建議，有許多在這些年中都實現了，也有許多還在原地踏步；再者，台灣也衍生出許多民主發展的新問題：兩岸關係、政黨發展、憲政走向、政治參與設計等等，諸多亟待重視者，亦在本書增訂再版時，予以提出論述之。

　　兩岸關係發展：在李登輝時期，經歷了緊張的第三次〈九六年〉台海危機。李登輝政治上提出「特殊的國與國關係」之「兩國論」，經濟上採取「戒急用忍」，使兩岸關係幾近低潮。到陳水扁時期的「一邊一國」，推動公投，中共則通過了「反分裂國家法」以為對應，兩岸發展更陷於冰點。直到馬英九主政，兩岸春暖花開，我政府以「先經後政」的務實態度，為兩岸交流互惠與發展，開啟了一個嶄新的局面。

　　馬英九積極的從「有效管理」，走向「開放佈局」。開展了熱絡的兩岸制度性協商，不僅使兩岸關係趨於穩定發展，對台灣的經貿也有實體的助益。馬英九從民國九十七年至民國一０一年，第一個任期的四年，到第二個任期的第一年，「江陳會談」共進行了八次。兩岸合計簽署了 18 項協議、2 個共識以及 2 個共同意見。在兩岸旅遊、空運、海運、食品安全、郵政、金融合作、共同打擊犯罪及司法互助、農產品檢疫檢驗合作、標準計量檢驗認證合作、漁船船員勞務合作、兩岸經濟合作架構協議〈Economic Cooperation Framework Agreement； ECFA〉、智慧財產權保護合作、醫藥衛生合作、陸資來台等議題上，完成了各項之協議、共識，兩岸兩會對於兩岸經貿、文化交流的貢獻值得肯定。

　　兩岸互相往來旅遊、觀光、學術、經濟‧‧‧有助於兩岸人民的深一層認識了解。大陸知名作家韓寒在台灣短暫旅遊，留下了許多美好的回憶，發表了《太平洋的風》一文後，在兩岸都引起高度的關注。之後許多大陸來台遊客從多方角度，發表他們的所見所聞，基本上肯定台灣的居多，例如：台北許多站滿乘客的捷運、公車上，「博愛坐」卻是空著許多座位；手扶梯的左邊讓出來給行走的人使用等等。總的來說，大陸人士基本上是肯定台灣，保存了諸多豐厚的「中華文化」內涵與特質。台灣的「民主」也留給大陸人士深刻的印象，2012 年 1 月的總統大選，兩位政黨候選人馬英九、蔡英文的激烈選戰，選民選情之夜的緊盯電視螢幕，到敗選者的風度，台灣政黨政治、民意政治之「黨內民主、黨際競爭」，在大陸網路上引起廣泛的迴響。正如同龍應台之言，「民主不過是生活方式」，它不該只是由台灣同胞獨享。「文化中國化」、「政治民主化」、「經濟自由化」、「社會多元化」將是兩岸炎黃子孫邁向富裕安康新時代，共同努力的目標。

　　政黨政治發展：進行了兩次的「政黨輪替」。民國八十九年〈2000 年〉是國民黨政府來台首次變天。李登輝主政 12 年，國民黨內部產生了兩大現象：1.內

鬥與疏離 ─ 新黨、親民黨先後從國民黨出走，正藍被瓦解成泛藍。2.腐化與縱容 ─地方派系惡質化，走向黑金政治、政商掛鉤。這兩大現象，又形成了兩大困境：1.黑金護國。2.社會公平正淪喪。觀乎曾文正公之言：『風俗之厚薄兮自乎？自乎一、二人心之所嚮。』最為諷刺的是，李登輝提倡「心靈改革」，然而李政權的「三頭鮑」事件、「五百元便當」事件、「世紀大婚禮」、「十五全至尊紅酒」等等，社會奢華浮誇之風嚴重。當時之青年人以加入國民黨為恥，望之卻步。最後，泛藍陣營之宋楚瑜、連戰相爭，同門鬩牆。民進黨候選人陳水扁以 39%，領先宋楚瑜 36%，連戰 25%，當選「少數總統」。宋楚瑜以 31 萬票落敗，然而宋、連兩人得票總和高達 61%，國民黨 2000 年之變天，敗於分裂，更敗於國民黨之大失民心與層峰主導之「黨意」。

民國九十七年〈2008 年〉，民進黨在陳水扁兩任總統後，再次將政權輸給國民黨之馬英九，中央政府來台出現了第二次的政黨輪替。民進黨的失去政權，肇因於陳水扁主政下之民進黨政府，產生了兩大現象：1.貪腐與濫權。2.意識形態與政治掛帥。這兩大現象，又形成了兩大困境：1.縱容、包庇貪腐。2.鎖國與經濟逆退。陳水扁的「國務機要費」成為假核銷、真請款；第一家庭「sogo 禮卷案」成為介入民間企業經營權的黑手；「台開案」成為內線交易的疑雲；總統府成為「炒股中心」；扁政府之「股市禿鷹案」、「高捷案」、「鐽震案」、「華陽史威靈案」、「巴紐醜聞案」‧‧‧。八年之中，扁政府貪腐、濫權已達「罄竹難書」之地步。民進黨八年主政，給台灣的公民社會帶來兩大危機：1.民主核心價值偏斜日益嚴重。2.理性思辯過程被粗俗之「愛台灣」空洞口號毀壞殆盡。綜言之，八年的民進黨主政，在意識形態上：強化統獨對立、弱化思辯過程，只問立場、不問是非。在社會上：沉默的人更加沉默。在經濟上：濫權貪腐的官員更加囂張、鎖國政策下的經濟更形蕭條。終而使得國民黨馬英九贏回政權。

馬英九主政下的政府，雖然在兩岸的穩定發展有其貢獻，馬本身的清廉亦被國人肯定。然而馬政府的缺乏「同理心」，幾近「不食人間煙火」的地步，使得執政以來，其施政不僅國人「無感」，甚至「有怨」。中共對台尚以「讓利」為先，馬政府未將台灣經濟發展起來之際，處處與民「爭利」。從「證所稅」、「油電雙漲」、「課徵補充保費」、「收取短程高速公路通行費」等不斷地上演「不當時機、不當作為」政策。尤以「油電雙漲」乃政府帶頭漲價，引發物價波動，升斗小民薪水未增，物價皆漲，國人深以為苦。正是積小而為大，為國民黨未來繼續執政之路，帶來警訊。

憲政發展：民國八十五年之後的憲政發展，包括了「國家發展會議」〈民國八十五年〉、第四次修憲〈民國八十六年〉、第五次修憲〈民國八十八年〉、第六次修憲〈民國八十九年〉、第七次修憲〈民國九十四年〉。第四、五、六次修憲為第三屆國代進行完成。第七次修憲為「任務型國代」進行完成。

第三屆國代進行之第四、五、六次修憲，均在兩黨高層 ─ 國民黨主席李登輝、民進黨主席許信良攜手合作下，無視社會輿論大眾、學術界等之充滿譁然、爭議的情況下進行。修憲過程充滿政治權謀、修憲內容違背憲政的基本原理。亦

即，四、五、六次修憲均非在憲法本身條文之「窒礙難行」、「扞格不入」的情形下，主政者毫無行憲、守憲之精神，爲達目的，不惜以「政治力」強渡關山，滋意的破壞了憲法法理，並遂行兩黨政治分贓。而第七次修憲，更是在充滿民粹的氛圍下完成。

面對憲政發展難堪的一頁，卻也充分展現了台灣底層的真實生命力，一個自由、民主社會孕育出蓬勃發展的「公民社會」：學術界、藝文界、輿論界紛紛表達出正義之聲，台灣基層捍衛民主精神與價值可觀。

政治參與發展：民國八十五年之後的政治參與在人民四權行使、大眾傳播實施、集會遊行實施等之制度面：「地方制度法」、「公民投票法」、「國家通訊傳播委員會〈NCC〉組織法」、「公共電視法」、以及「人民團體法」、「集會遊行法」修正部份，增訂再版的第五章均有充分之論述、分析。

政治參與在實務面：各項選舉；全國性公民投票；國家通訊傳播委員會之組織運作、爭議、與重要准駁案；公共電視之發展、問題與困境；重要集會遊行之發展與狀況。亦皆有廣泛的敘述、評析。

增訂再版體例說明：作者於民國八十五年初版的「中華民國政治發展」，是國內政治學界一項大膽嘗試，以美國學者 W. W. Rostow 與 A. F. K. Organski 之「階段理論」概念，用之於中華民國政府從民國三十八年到台灣來後之政治發展研究，全文區分爲三個階段：「民主奠基期」、「民主茁壯期」、「民主落實期」。本次大幅增訂之內容從民國八十五年至民國一0一年，仍是延續第三時期「民主落實期」；再者，昔日初版各章節中，諸多政府來台後政治發展進程史料與分析，多有保存價值。幾經反覆思考，擬訂本次再版，全書新修訂增補方向如下：

◎ 原第一章至第四章，內容做小修。原第四章標題改爲：「民主落實期的政治發展〈一〉」。

◎ 民國八十五年至一0一年的政治發展，新增爲第五章：「民主落實期的政治發展〈二〉」。

◎ 原第五章「綜論」內容予以大修，改列爲第六章「綜論」。

這本「中華民國政治發展」初版發行以來，感謝學界一些鼓勵與肯定回應，這也使得作者更爲惶恐與謹慎。同時也認爲應本著「永續經營」與爲學術竭盡棉薄之想法，每隔相當時間，給予增補修訂，以使本書內容與時俱新。這次增訂新版，全新增加的第五章、大修的第六章內容當中，有多篇都先在國內重要學術研討會發表，修訂後再行提出。包括：第五章第一節之部分內容，發表於台灣政治學會 2012 年年會學術研討會之『台灣三位民選總統之兩岸政策初探』一文；第五章第三節，發表於佛光大學主辦「第七屆未來學論壇：二次政黨輪替，兩岸與東協之未來研討會」的『我國兩次政黨輪替之分析與展望』一文；第六章第一節之部分內容，發表於健行科技大學歐亞研究中心、中亞研究所主辦「文化空間學術研討會」的『文化與空間的對話 — 中華文化現代化的困境與省思』一文；第六章第二節之部分內容，發表於國立台灣師範大學政治學研究所主辦「海峽兩岸孫中山思想之研究與實踐學術研討會」的『台灣九0年代憲改總檢視』一文。

一些感謝：

作者在學術界多年來，深深地感受到授業恩師國立台灣師範大學蕭師行易、監察委員李師炳南、國防大學陳師新鉿、梁師中英、趙師明義，台師大紀師俊臣、黃師人傑、陳師延輝、黃師城、陳師文政等教授的經師人師，受益深厚。而已過世多年的劉師俊三、高師旭輝、朱師諶等讓余敬重的好老師，他們生前留下的人格風範、剛正執著之精神，永在余心，也鞭策、督促余效法他們的精神，勉力於作育英才之路。

在人生歷程中各個時期，接觸到諸多先進賢達、學長姐、學友等對余或關照、或是鼓勵，都是使余持續努力的推動力。特別地感謝楊曼華校長、李大偉校長、潘維剛立法委員、高永光考試委員、黃　年發行人、王水寶總裁、林鐘仁總經理王福生總經理、葉忠賢總經理、董瑞林將軍、帥化民將軍、姚　強將軍、李宗藩將軍、于茂生將軍、鄧長富將軍、賴振生將軍、黃慶靈將軍、黃奔炳將軍、王世塗將軍、李海同將軍、王明我將軍、李智雄將軍、明邦道將軍、胡瑞舟將軍、池玉蘭將軍、李慶元市議員、劉昊洲主任秘書、陳岳主任秘書、傅敬群主任秘書匡思聖主任秘書、陳珠龍教務長、賴岳謙學務長、范振鳳學務長、徐煋輝學務長鍾文博學務長、羅新興學務長、羅曉南院長、金榮勇院長、劉易齋院長、謝登旺院長、林文清副院長、王定士所長、趙國材所長、齊茂吉所長、李細梅所長、傅仁坤所長、張克章所長、曲兆祥所長、范世平所長、王冠雄所長、吳德美所長詹哲裕所長、洪陸訓所長、黃筱薌所長、韓孟麒所長、韓毓傑所長、王　坪主任王鼎臣主任、盧國慶主任、曾慶華主任、張石柱主任、戴育毅主任、陳滄海主任閔宇經主任、顏建發處長、謝易達館長、賴德炎總編輯、閻富萍總編輯、徐慧芳孫台義、吳傳國、歐廣南、常如玉、何振盛、秦宗春、邱金源、何若湯、薛朝勇杜維鈞、陳維新、羅中展、洪淑宜、林吉郎、謝仁真、董繼禮、郭祥瑞、李偉敬吳建德、陳偉杰、莊旻達、林仲修、洪大安、湯雲騰等教授對余的指導與切磋。

這本書增訂再版的完成，已是余進入學術界教學22年之時。民國八十五年，本書初版，犬子汝鴻才讀小學二年級，小女汝萱小學一年級。白駒過隙，十七年後的今日，本書增訂再版時，汝鴻已經取得國立交通大學土木工程研究所碩士學位，欣然入營服役，隆冬遠赴外島，擔任戰鬥工兵，善盡國民之義務；汝萱亦於國立中央大學歷史學研究所攻讀碩士學位，並在台北市立民生國中擔任歷史兼任老師。子女學有所成，知所惕厲，發展均衡，服務國家、社會，內人楊麗珠女士辛勞倍至，相信子女認真奮發成才，亦是她最大的成就與安慰。父親齊治平先生、母親齊吳素琴女士身體康健，鶼鰈情深，在社區中樂於助人，廣結善緣，爲人人誇讚、羨慕之恩愛伴侶，亦是我輩後生學習之榜樣。

最後，感謝健行科技大學提供了最優質的學術環境，使作者全心於教學、研究工作。但這本「中華民國政治發展」終究是一個很大的工程，個人學力、才識均有不足，疏漏自不能免，所有缺失之處，當由作者個人負起全責。並請學者、方家惠予斧正，是爲至禱！

齊光裕謹識　健行科技大學 A605 研究室　2013.1.1

自序

　　中華民國政府遷台四十餘年來發展的過程，正是追求現代化的過程。相較於歐美多數先進國家的現代化成長過程，是在一、二百年間逐漸完成其目標，諸如經濟成長、社會多元、政治民主和國家認同等；中華民國政府卻在短短數十年，尤其是在國內外環境極端困難的情形下，繳交出一份耀眼的成績單來。從政治發展的角度觀察，由民國三十八年風雨飄搖的年代，到民國八十年以來快速民主化的成長，明顯的經歷了巨大的變遷。

　　政治問題的發生與解決有其來龍去脈，以中華民國在三十八年以來的政治發展，經歷了戒嚴、臨時條款以及國民黨的改造，這種威權體制延續相當長的時間，直到民國七十五、六年間，「政治轉型」使國內政治產生關鍵性的變化，執政當局開始採取一連串的改革政策，隨著民進黨的成立、解嚴與開放黨禁等，表現於政黨體系的正是在進行一場結構性的轉變，從一黨威權制轉型成為多黨競爭政黨制。這時雖然仍是國民黨一黨優勢，但朝野政黨所進行的「和解式的轉型」（transitions through transaction），經過體制外的國是會議，開啟了民國八十年起終止戡亂時期、廢止臨時條款、進行修憲工程等政治民主化的巨輪。無論威權體制產生的背景、成因、實際內涵，抑或是民主轉型的環境、條件、發展走向，均是著者注意和興趣所在，亦促使著者契而不捨的投入觀察、研究當中，更希望經由本書「拋磚引玉」的作用，吸引更多的人加入我國政治發展研究的行列。

　　當我決定寫這一本我國政治發展的書時，即着手蒐集國內外相關學術書籍、期刊、論文，尤其是盡量研讀真確的原始資料。本書所採方法是以文獻分析法為主，研究途徑則是採用「過程—階段」理論，有助於更深入瞭解政治發展過程中，各時期的演進背景、以及環境的因果互動關係。在寫作之初，我深知本書的撰寫有其困境與盲點；一則是政治發展所牽涉範圍非常廣泛，勢將無法面面俱到，因此在研究範圍上，必須有所斟酌取捨，故而選擇環境因素(內、外在環境)、憲政體制、政黨政治與政治參與等面向做為指標，從理論、制度與實際運作上，瞭解各時期政治發展的過程和得失。再則，政治發展所闡述的各種政治現象，我人從不同面向角度觀察，都將有不同的見解和看法，尤其對於執政黨、在野黨、政治反對勢力，學者專家乃至於朝野人士之所持態度不盡相同，爭議之處頗多，且屬不可避免，我雖以力求客觀持平，期以本諸學理，衡以事實，就事論事來自我惕勵，但仍可想見會有各種不同意見，因之，願以開啟的態度與不同看法的讀者，從事學術上的討論。

　　這本書經過整整一年的寫作，除了平日教學工作外，其餘時間全部投入其中，終於將這本包括五章十八節，六十餘萬字的書定稿。這本書能夠完成，首先必須感謝過去在讀政治研究所時教導過我的師長，易師君博的「政治學方法論」、江師炳倫的「政治發展論」、謝師延庚、張師希哲、高師旭輝的「政黨專題」、楊師逢泰的「民族主義專題」、范師珍輝的「政治社會學」，給予我觀念上之啓迪、教誨，他們對學術研究的執著和態度，亦鞭策著離開研究所，現亦忝為教席

的我，對學術領域不斷鑽研的心，當然，若本身有不成熟之處，是由著者自己負責。

　　寫作期間並承劉師俊三、陳師新銓、趙師明義、梁師懷茂、劉師友華、許師承璽、陳師壽熙等師長與本系同仁的不時關心，更是銘感內心，另外我特別要感謝育我劬勞的父母親，他們對我教育的重視和人格的影響，使我能平和、深入的看問題，最後還有我的妻子麗珠，由於她無時無刻不在砥礪和敦勉著我，並以最大的愛心及耐心操持家務、照顧我和兩個子女，讓我能全心全力於教學及研究，實爲我工作的最大支柱，犬子汝鴻、小女汝萱靈巧可愛，頓解我寫作當中的疲勞，倍增文思與信心，這些均使本書能夠順利的誕生。

齊光裕　謹識
民國八十四年七月於國防管理學院

中華民國的政治發展

─民國三十八年以來的變遷〈第二版〉 目錄

增訂再版序…………………………………………………………… 1

自序…………………………………………………………………… 5

目錄…………………………………………………………………… 7

表目錄………………………………………………………………… 15

圖目錄………………………………………………………………… 17

導論…………………………………………………………………… 19

　　壹、研究動機……………………………………………………… 19

　　貳、研究目的……………………………………………………… 20

　　參、研究範圍……………………………………………………… 20

　　肆、研究架構……………………………………………………… 20

第一章　政治發展的概念分析……………………………………… 23

　第一節　政治發展研究的起源與經過……………………………… 23

　第二節　政治發展的定義…………………………………………… 26

　第三節　本文相關概念論述………………………………………… 30

　　壹、過程─階段理論……………………………………………… 31

　　貳、環境因素……………………………………………………… 34

　　參、憲政體制……………………………………………………… 38

　　肆、政黨政治……………………………………………………… 48

　　伍、政治參與……………………………………………………… 63

第二章　民主奠基期的政治發展…………………………………… 79

　第一節　環境因素…………………………………………………… 79

　　壹、外環境因素…………………………………………………… 79

　　　一、中共的直接威脅…………………………………………… 79

　　　二、國際環境的變化…………………………………………… 83

　　貳、內環境因素…………………………………………………… 86

　　　一、經濟狀況…………………………………………………… 87

　　　二、社會狀況…………………………………………………… 94

　第二節　憲政體制的探討…………………………………………… 97

　　壹、臨時條款與憲政發展………………………………………… 98

　　　一、臨時條款的時代背景……………………………………… 98

　　　二、臨時條款的延長與擴張…………………………………… 99

　　　三、臨時條款的施行…………………………………………… 100

　　　四、臨時條款的爭議─性質論………………………………… 111

　　　五、臨時條款的評析…………………………………………… 115

貳、戒嚴令與憲政發展⋯⋯⋯⋯⋯⋯⋯⋯⋯⋯⋯⋯ 116
　一、戒嚴的緣起⋯⋯⋯⋯⋯⋯⋯⋯⋯⋯⋯⋯ 116
　二、戒嚴實施的範圍⋯⋯⋯⋯⋯⋯⋯⋯⋯⋯ 117
　三、戒嚴的檢討⋯⋯⋯⋯⋯⋯⋯⋯⋯⋯⋯⋯ 122
第三節　政黨政治的探討⋯⋯⋯⋯⋯⋯⋯⋯⋯⋯ 123
　壹、中國國民黨的改造⋯⋯⋯⋯⋯⋯⋯⋯⋯⋯ 124
　　一、國民黨改造的肇始⋯⋯⋯⋯⋯⋯⋯⋯ 124
　　二、國民黨改造的內容⋯⋯⋯⋯⋯⋯⋯⋯ 127
　　三、國民黨改造的評析⋯⋯⋯⋯⋯⋯⋯⋯ 134
　貳、青年黨與民社黨的運作⋯⋯⋯⋯⋯⋯⋯⋯ 146
　　一、中國青年黨⋯⋯⋯⋯⋯⋯⋯⋯⋯⋯⋯ 146
　　二、中國民主社會黨⋯⋯⋯⋯⋯⋯⋯⋯⋯ 148
　參、政治異議表達的發展⋯⋯⋯⋯⋯⋯⋯⋯⋯ 151
　　一、「自由中國」半月刊與「中國民主黨」⋯⋯ 151
　　二、「大學雜誌」時期⋯⋯⋯⋯⋯⋯⋯⋯⋯ 155
第四節　政治參與的探討⋯⋯⋯⋯⋯⋯⋯⋯⋯⋯ 164
　壹、政治參與和規範面分析⋯⋯⋯⋯⋯⋯⋯⋯ 165
　　一、四權行使法規⋯⋯⋯⋯⋯⋯⋯⋯⋯⋯ 165
　　二、人民團體組織法規⋯⋯⋯⋯⋯⋯⋯⋯ 177
　　三、大眾傳播法規⋯⋯⋯⋯⋯⋯⋯⋯⋯⋯ 181
　　四、集會遊行法規⋯⋯⋯⋯⋯⋯⋯⋯⋯⋯ 187
　貳、政治參與運作面分析⋯⋯⋯⋯⋯⋯⋯⋯⋯ 188
　　一、四權行使⋯⋯⋯⋯⋯⋯⋯⋯⋯⋯⋯⋯ 188
　　二、人民團體組織⋯⋯⋯⋯⋯⋯⋯⋯⋯⋯ 203
　　三、大眾傳播⋯⋯⋯⋯⋯⋯⋯⋯⋯⋯⋯⋯ 207
　　四、群眾運動⋯⋯⋯⋯⋯⋯⋯⋯⋯⋯⋯⋯ 210
　本章小節⋯⋯⋯⋯⋯⋯⋯⋯⋯⋯⋯⋯⋯⋯⋯ 211
第三章　民主茁壯期的政治發展⋯⋯⋯⋯⋯⋯⋯ 213
第一節　環境因素⋯⋯⋯⋯⋯⋯⋯⋯⋯⋯⋯⋯⋯ 213
　壹、外環境因素⋯⋯⋯⋯⋯⋯⋯⋯⋯⋯⋯⋯⋯ 213
　　一、中共的統戰策略⋯⋯⋯⋯⋯⋯⋯⋯⋯ 213
　　二、國際的情勢發展⋯⋯⋯⋯⋯⋯⋯⋯⋯ 217
　貳、內環境因素⋯⋯⋯⋯⋯⋯⋯⋯⋯⋯⋯⋯⋯ 223
　　一、經濟狀況⋯⋯⋯⋯⋯⋯⋯⋯⋯⋯⋯⋯ 223
　　二、社會狀況⋯⋯⋯⋯⋯⋯⋯⋯⋯⋯⋯⋯ 228
第二節　憲政體制的探討⋯⋯⋯⋯⋯⋯⋯⋯⋯⋯ 239
　壹、威權體制的轉型⋯⋯⋯⋯⋯⋯⋯⋯⋯⋯⋯ 239
　　一、威權體制轉型的相關概念⋯⋯⋯⋯⋯ 239

　　二、威權體制轉型的指標分析……………………………………… 241
　　三、威權體制轉型的理論依據……………………………………… 242
　貳、解除戒嚴的實施…………………………………………………… 243
　　一、解嚴的背景因素………………………………………………… 244
　　二、解嚴的時代意義………………………………………………… 251
　　三、解嚴後發展情形………………………………………………… 252
　參、國是會議的召開…………………………………………………… 258
　　一、國是會議召開的緣起與經過…………………………………… 258
　　二、國是會議的內容與發展………………………………………… 260
　　三、國是會議的檢討………………………………………………… 267
第三節　政黨政治的探討………………………………………………… 271
　壹、解嚴前後政治反對勢力的組織發展……………………………… 271
　　一、中壢事件與美麗島事件………………………………………… 271
　　二、美麗島事件後到民進黨的成立………………………………… 276
　貳、解嚴前後國民黨的改革推動……………………………………… 281
　　一、改革的發動者—蔣經國………………………………………… 282
　　二、改革的承繼者—李登輝………………………………………… 287
　參、解嚴後新興政黨林立……………………………………………… 289
　　一、新興政黨產生因素分析………………………………………… 290
　　二、新興政黨的活動狀況…………………………………………… 292
第四節　政治參與的探討………………………………………………… 299
　壹、政治參與和規範面分析…………………………………………… 299
　　一、四權行使法規…………………………………………………… 299
　　二、人民團體組織法規……………………………………………… 312
　　三、大眾傳播法規…………………………………………………… 314
　　四、集會遊行法規…………………………………………………… 318
　貳、政治參與運作面分析……………………………………………… 322
　　一、四權行使……………………………………………………… 322
　　二、人民團體……………………………………………………… 333
　　三、大眾傳播……………………………………………………… 334
　　四、群眾運動……………………………………………………… 335
　本章小結………………………………………………………………… 339
第四章　民主落實期的政治發展〈一〉………………………………… 343
第一節　環境因素………………………………………………………… 343
　壹、外環境因素………………………………………………………… 343
　　一、中共的統戰策略………………………………………………… 343
　　二、國際的情勢發展………………………………………………… 359
　貳、內環境因素………………………………………………………… 367

一、經濟狀況……………………………………………… 369
二、社會狀況……………………………………………… 370
第二節　憲政體制的探討………………………………… 372
壹、回歸憲法與一機關兩階段修憲……………………… 372
一、回歸憲法與第一階段修憲…………………………… 372
二、第二階段修憲………………………………………… 378
貳、第三次修憲…………………………………………… 391
一、第三次修憲的經過…………………………………… 391
二、第三次修憲的內容…………………………………… 393
三、第三次修憲的評析…………………………………… 395
第三節　政黨政治的探討………………………………… 403
壹、國民黨的發展………………………………………… 404
一、國民黨與民主化……………………………………… 406
二、國民黨與本土化……………………………………… 414
貳、民進黨的發展………………………………………… 428
一、民進黨的組織體質…………………………………… 429
二、民進黨的意識型態…………………………………… 440
參、新黨的發展…………………………………………… 444
一、新黨與制度化………………………………………… 447
二、新黨與普遍化………………………………………… 451
第四節　政治參與的探討………………………………… 452
壹、政治參與規範面分析………………………………… 452
一、四權行使法規………………………………………… 452
二、人民團體組織法規…………………………………… 480
三、大眾傳播法規………………………………………… 483
四、集會遊行法規………………………………………… 504
貳、政治參與運作面分析………………………………… 505
一、四權行使…………………………………………… 505
二、人民團體…………………………………………… 514
三、大眾傳播…………………………………………… 515
四、群眾運動…………………………………………… 533
本章小結………………………………………………… 534
第五章　民主落實期的政治發展〈二〉………………… 543
第一節　環境因素………………………………………… 543
壹、外環境因素…………………………………………… 543
一、兩岸的情勢發展……………………………………… 543
二、國際的情勢發展……………………………………… 565
貳、內環境因素…………………………………………… 571

一、社會狀況⋯⋯⋯⋯⋯⋯⋯⋯⋯⋯⋯⋯⋯⋯⋯⋯ 571

二、經濟狀況⋯⋯⋯⋯⋯⋯⋯⋯⋯⋯⋯⋯⋯⋯⋯⋯ 573

第二節　憲政體制的探討⋯⋯⋯⋯⋯⋯⋯⋯⋯⋯⋯⋯ 576

壹、國家發展會議⋯⋯⋯⋯⋯⋯⋯⋯⋯⋯⋯⋯⋯⋯⋯ 577

一、國發會召開的緣起⋯⋯⋯⋯⋯⋯⋯⋯⋯⋯⋯⋯ 577

二、國發會召開的過程⋯⋯⋯⋯⋯⋯⋯⋯⋯⋯⋯⋯ 584

三、國發會召開的共識⋯⋯⋯⋯⋯⋯⋯⋯⋯⋯⋯⋯ 590

四、國發會召開的評析⋯⋯⋯⋯⋯⋯⋯⋯⋯⋯⋯⋯ 591

五、國發會的小結⋯⋯⋯⋯⋯⋯⋯⋯⋯⋯⋯⋯⋯⋯ 611

貳、第四次修憲⋯⋯⋯⋯⋯⋯⋯⋯⋯⋯⋯⋯⋯⋯⋯⋯ 612

一、第四次修憲召開的緣起⋯⋯⋯⋯⋯⋯⋯⋯⋯⋯ 612

二、第四次修憲召開的過程⋯⋯⋯⋯⋯⋯⋯⋯⋯⋯ 612

三、第四次修憲的內容⋯⋯⋯⋯⋯⋯⋯⋯⋯⋯⋯⋯ 621

四、第四次修憲的評析⋯⋯⋯⋯⋯⋯⋯⋯⋯⋯⋯⋯ 623

五、第四次修憲的小結⋯⋯⋯⋯⋯⋯⋯⋯⋯⋯⋯⋯ 652

參、第五次修憲⋯⋯⋯⋯⋯⋯⋯⋯⋯⋯⋯⋯⋯⋯⋯⋯ 653

一、第五次修憲召開的緣起⋯⋯⋯⋯⋯⋯⋯⋯⋯⋯ 653

二、第五次修憲的過程⋯⋯⋯⋯⋯⋯⋯⋯⋯⋯⋯⋯ 653

三、第五次修憲的內容⋯⋯⋯⋯⋯⋯⋯⋯⋯⋯⋯⋯ 656

四、第五次修憲的評析⋯⋯⋯⋯⋯⋯⋯⋯⋯⋯⋯⋯ 657

五、第五次修憲的小結⋯⋯⋯⋯⋯⋯⋯⋯⋯⋯⋯⋯ 661

肆、第六次修憲⋯⋯⋯⋯⋯⋯⋯⋯⋯⋯⋯⋯⋯⋯⋯⋯ 661

一、第六次修憲召開的緣起⋯⋯⋯⋯⋯⋯⋯⋯⋯⋯ 661

二、第六次修憲的過程⋯⋯⋯⋯⋯⋯⋯⋯⋯⋯⋯⋯ 668

三、第六次修憲的內容⋯⋯⋯⋯⋯⋯⋯⋯⋯⋯⋯⋯ 673

四、第六次修憲的評析⋯⋯⋯⋯⋯⋯⋯⋯⋯⋯⋯⋯ 675

伍、第七次修憲⋯⋯⋯⋯⋯⋯⋯⋯⋯⋯⋯⋯⋯⋯⋯⋯ 682

一、第七次修憲召開的緣起⋯⋯⋯⋯⋯⋯⋯⋯⋯⋯ 682

二、第七次修憲的過程⋯⋯⋯⋯⋯⋯⋯⋯⋯⋯⋯⋯ 683

三、第七次修憲的內容⋯⋯⋯⋯⋯⋯⋯⋯⋯⋯⋯⋯ 685

四、第七次修憲的評析⋯⋯⋯⋯⋯⋯⋯⋯⋯⋯⋯⋯ 687

五、第七次修憲的小結⋯⋯⋯⋯⋯⋯⋯⋯⋯⋯⋯⋯ 696

第三節　政黨政治的探討⋯⋯⋯⋯⋯⋯⋯⋯⋯⋯⋯⋯ 697

壹、兩次政黨輪替⋯⋯⋯⋯⋯⋯⋯⋯⋯⋯⋯⋯⋯⋯⋯ 698

貳、民國八十九年遭逢變天的國民黨〈第一次政黨輪替〉⋯⋯ 698

一、內鬥與疏離⋯⋯⋯⋯⋯⋯⋯⋯⋯⋯⋯⋯⋯⋯⋯ 698

二、腐化與縱容：「地方派系惡質化」⋯⋯⋯⋯⋯⋯ 699

三、黑金問題下的兩難：「黑金護國論」或「壯士斷腕」⋯⋯ 700

　　　四、社會公平正義淪喪‥‥‥‥‥‥‥‥‥‥‥‥‥‥　701
　參、民國九十七年遭逢變天的民進黨〈第二次政黨輪替〉‥‥‥　702
　　　一、貪腐與濫權‥‥‥‥‥‥‥‥‥‥‥‥‥‥‥‥‥　702
　　　二、意識形態與政治掛帥‥‥‥‥‥‥‥‥‥‥‥‥‥　705
　　　三、縱容包庇貪腐‥‥‥‥‥‥‥‥‥‥‥‥‥‥‥‥　707
　　　四、鎖國與經濟逆退‥‥‥‥‥‥‥‥‥‥‥‥‥‥‥　708
　肆、兩次「政黨輪替」後的政治展望‥‥‥‥‥‥‥‥‥‥‥　708
　第四節　政治參與的探討‥‥‥‥‥‥‥‥‥‥‥‥‥‥‥‥　710
　壹、政治參與規範面分析‥‥‥‥‥‥‥‥‥‥‥‥‥‥‥‥　710
　　　一、四權行使法規‥‥‥‥‥‥‥‥‥‥‥‥‥‥‥‥　710
　　　二、大眾傳播法規‥‥‥‥‥‥‥‥‥‥‥‥‥‥‥‥　743
　　　三、人民團體組織法規‥‥‥‥‥‥‥‥‥‥‥‥‥‥　758
　　　四、集會遊行法規‥‥‥‥‥‥‥‥‥‥‥‥‥‥‥‥　762
　貳、政治參與運作面分析‥‥‥‥‥‥‥‥‥‥‥‥‥‥‥‥　766
　　　一、各項選舉‥‥‥‥‥‥‥‥‥‥‥‥‥‥‥‥‥‥　766
　　　二、各項罷免‥‥‥‥‥‥‥‥‥‥‥‥‥‥‥‥‥‥　808
　　　三、公民投票‥‥‥‥‥‥‥‥‥‥‥‥‥‥‥‥‥‥　810
　　　四、大眾傳播‥‥‥‥‥‥‥‥‥‥‥‥‥‥‥‥‥‥　815
　　　五、群眾運動‥‥‥‥‥‥‥‥‥‥‥‥‥‥‥‥‥‥　825
　本章小結‥‥‥‥‥‥‥‥‥‥‥‥‥‥‥‥‥‥‥‥‥‥　828
第六章　綜論：中華民國政治發展的評析與展望‥‥‥‥‥‥‥　831
　第一節　兩岸關係基點：以中華文化為主軸‥‥‥‥‥‥‥‥　831
　壹、中華文化現代化歷程中的三種態度‥‥‥‥‥‥‥‥‥‥　831
　　　一、「中學為體、西學為用」‥‥‥‥‥‥‥‥‥‥‥　832
　　　二、守舊勢力‥‥‥‥‥‥‥‥‥‥‥‥‥‥‥‥‥‥　833
　　　三、全盤西化‥‥‥‥‥‥‥‥‥‥‥‥‥‥‥‥‥‥　833
　貳、中華文化現代化在兩岸的困境‥‥‥‥‥‥‥‥‥‥‥‥　835
　　　一、台灣的發展與困境‥‥‥‥‥‥‥‥‥‥‥‥‥‥　835
　　　二、大陸的發展與困境‥‥‥‥‥‥‥‥‥‥‥‥‥‥　837
　參、重建兩岸發展的新契機‥‥‥‥‥‥‥‥‥‥‥‥‥‥‥　839
　　　一、中國大陸在變的事實‥‥‥‥‥‥‥‥‥‥‥‥‥　840
　　　二、兩岸和平穩健發展的正其時‥‥‥‥‥‥‥‥‥‥　842
　第二節　憲政體制與政治發展‥‥‥‥‥‥‥‥‥‥‥‥‥‥　846
　壹、歷次修憲精神總體析論‥‥‥‥‥‥‥‥‥‥‥‥‥‥‥　846
　　　一、第二屆國大一黨獨大：程序正義不彰‥‥‥‥‥‥　846
　　　二、第三屆國大兩黨分贓：政治權謀縱橫‥‥‥‥‥‥　847
　貳、歷次修憲內容總體析論‥‥‥‥‥‥‥‥‥‥‥‥‥‥‥　849
　　　一、修憲格式體例特殊‥‥‥‥‥‥‥‥‥‥‥‥‥‥　849

二、超級總統體制建立：新的「利維坦」……………… 850

三、國民大會歷三溫暖：走出歷史舞台 ……………… 851

四、立法院生命線斷絕：監督行政無由 ……………… 853

五、閣揆矮化成幕僚長：體制淆亂不明 ……………… 854

六、司法院變革與發展：司法改革長路 ……………… 854

七、監察院準司法機關：御史柏台何遠 ……………… 855

八、凍省之與廢宋削藩：地方自治倒退 ……………… 855

參、憲政精神宏揚之道 ……………………………… 857

一、容讓妥協精神的表現 …………………………… 859

二、遵憲守憲精神的宏揚 …………………………… 859

第三節　政黨政治與政治發展……………………………… 860

壹、政黨政治的隱憂 － 統獨爭議與國家認同…………… 860

一、台獨理論的評析 ………………………………… 860

二、國家認同的途徑 ………………………………… 873

貳、人團法的不合宜—「政黨法」催生………………… 878

一、「政黨法」的時代意義………………………… 878

二、我國「政黨法」草案的朝野攻防……………… 879

第四節　政治參與和政治發展……………………………… 883

壹、四權行使的評析……………………………………… 883

一、推行地方自治，擴大政治參與………………… 883

二、反對勢力成長，帶動政黨政治競爭…………… 884

三、思考恢復「省」地位，符合憲法規範………… 885

四、陽光法案與廉能政治…………………………… 887

貳、大眾傳播評析………………………………………… 893

一、大眾傳播發展的成就…………………………… 893

二、大眾傳播發展的檢討…………………………… 895

參、群眾運動的評析……………………………………… 896

一、群眾運動的發展………………………………… 896

二、群眾運動的檢討………………………………… 896

參考書目…………………………………………………… 899

表目錄

表一　　　　全書研究架構簡表‥‥‥‥‥‥‥‥‥‥‥‥‥‥‥‥‥22
表二―一　　中共對台灣重要軍事威脅‥‥‥‥‥‥‥‥‥‥‥‥‥ 81
表二―二　　與我國及中共建交國家數目一覽表‥‥‥‥‥‥‥‥‥ 85
表二―三　　動員戡亂時期臨時條款歷次修訂情形‥‥‥‥‥‥‥ 101
表二―四　國民大會歷年來各研究委員會研究工作成果統計‥‥‥‥ 106
表二―五　國民大會歷年來各研究委員會研究成果分類統計‥‥‥‥ 107
表二―六　國民大會歷年來各研究委員會完成研討結論處理情形分類統計‥ 109
表二―七　戒嚴法全文中影響憲法保障個人基本自由的條文‥‥‥‥ 119
表二―八　中國國民黨歷次改組簡表‥‥‥‥‥‥‥‥‥‥‥‥‥ 125
表二―九　中國國民黨中央改造委員簡表‥‥‥‥‥‥‥‥‥‥‥ 128
表二―十　國民黨中央改造委員會組織系統表‥‥‥‥‥‥‥‥‥ 129
表二―十一　中國國民黨中央委員會組織及職權簡表‥‥‥‥‥‥ 137
表二―十二　六十一年―六十二年「大學雜誌」擔任職務知識菁英名單‥‥ 157
表二―十三　「大學雜誌」知識份子繼續從事出版事業者名單‥‥‥‥ 161
表二―十四　「大學雜誌」知識分子任教名單‥‥‥‥‥‥‥‥‥ 163
表二―十五　農會五十八年和六十四年當選工作人員為國民黨黨員百分比‥ 205
表三―一　　兩岸初始交流模式及決策組織表‥‥‥‥‥‥‥‥‥ 218
表三―二　　各無邦交國家駐我國代表機構‥‥‥‥‥‥‥‥‥‥ 224
表三―三　　戶數五等分位組之所得分配比與所得差距‥‥‥‥‥ 228
表三―四　　文崇一與張曉春之台灣職業聲望量表‥‥‥‥‥‥‥ 230
表三―五　　瞿海源之台灣職業聲望量表及其他量表之比較‥‥‥‥ 234
表三―六　　農業結構表‥‥‥‥‥‥‥‥‥‥‥‥‥‥‥‥‥ 237
表三―七　　農家與非農家平均每戶及每人可支配所得‥‥‥‥‥ 237
表三―八　　解嚴前後人民權利義務狀態對照表‥‥‥‥‥‥‥‥ 253
表三―九　　國是會議參與人員名單‥‥‥‥‥‥‥‥‥‥‥‥‥ 261
表三―十　國民黨「憲政改革策劃小組」成員結構分析表‥‥‥‥‥ 263
表三―十一　民進黨成立前之「黨外」組織化過程‥‥‥‥‥‥‥ 280
表三―十二　蔣經國生平主要經歷‥‥‥‥‥‥‥‥‥‥‥‥‥ 283
表三―十三　行政院內閣台籍政治人物參與比例‥‥‥‥‥‥‥‥ 286
表三―十四　國民黨中常會台籍政治人物參與比例‥‥‥‥‥‥‥ 286
表三―十五　民國七十八年各政黨參選三項公職人員統計表‥‥‥‥ 293
表三―十六　二屆國代各政黨參選區域候選人數統計表‥‥‥‥‥ 294
表三―十七　二屆立委各政黨參選區域候選人數統計表‥‥‥‥‥ 295
表四―一　1990 年至 1994 年兩岸事務性商談的經過與內容‥‥‥‥ 345
表四―二　兩岸對「一個中國」的立場與見解‥‥‥‥‥‥‥‥‥ 358
表四―三　李登輝時代美國對台政策變動一覽表‥‥‥‥‥‥‥‥ 361
表四―四　聯合國四十八屆常會總辯論發言支持我國情形‥‥‥‥‥ 365

表四—五　聯合國四十九屆常會總辯論發言支持我國情形⋯⋯⋯⋯⋯⋯⋯⋯⋯ 366

表四—六　友邦推動我加入聯合國提案內容比較表⋯⋯⋯⋯⋯⋯⋯⋯⋯⋯⋯⋯ 368

表四—七　國民黨第二階段修憲組織運作及成員分析⋯⋯⋯⋯⋯⋯⋯⋯⋯⋯⋯ 379

表四—八　國民大會修憲第一讀會開議人數主張與理論依據⋯⋯⋯⋯⋯⋯⋯⋯ 397

表四—九　民國八十年至八十三年各項選舉政黨得票率統計⋯⋯⋯⋯⋯⋯⋯⋯ 405

表四—十　國民黨第七屆 — 第十四屆全會與會人數暨黨代表增加表⋯⋯⋯⋯ 409

表四—十一　國民黨第七屆 — 第十四屆中央委員暨中常委增加表⋯⋯⋯⋯⋯ 409

表四—十二　國民黨第七屆 — 第十三屆中央委員會概況表⋯⋯⋯⋯⋯⋯⋯⋯ 412

表四—十三　國民黨三十六年 — 八十三年選舉黨內提名辦法⋯⋯⋯⋯⋯⋯⋯ 415

表四—十四　國民黨地方派系成員表　⋯⋯⋯⋯⋯⋯⋯⋯⋯⋯⋯⋯⋯⋯⋯⋯⋯ 419

表四—十五「黨外」派系的意識型態類型⋯⋯⋯⋯⋯⋯⋯⋯⋯⋯⋯⋯⋯⋯⋯⋯ 431

表四—十六　民進黨七十五年 — 八十三年黨主席選舉對照表⋯⋯⋯⋯⋯⋯⋯ 433

表四—十七　民進黨第六屆中執委名單⋯⋯⋯⋯⋯⋯⋯⋯⋯⋯⋯⋯⋯⋯⋯⋯⋯ 435

表四—十八　民進黨第六屆中常委名單⋯⋯⋯⋯⋯⋯⋯⋯⋯⋯⋯⋯⋯⋯⋯⋯⋯ 435

表四—十九　民進黨主要派系成員表⋯⋯⋯⋯⋯⋯⋯⋯⋯⋯⋯⋯⋯⋯⋯⋯⋯⋯ 441

表四—二十　新黨八大主張內容⋯⋯⋯⋯⋯⋯⋯⋯⋯⋯⋯⋯⋯⋯⋯⋯⋯⋯⋯⋯ 448

表四—二十一　台北縣罷免擁核立委案投票結果一覽表⋯⋯⋯⋯⋯⋯⋯⋯⋯⋯ 513

表四—二十二　中華民國政黨一覽表⋯⋯⋯⋯⋯⋯⋯⋯⋯⋯⋯⋯⋯⋯⋯⋯⋯⋯ 516

表四—二十三　中華民國政治團體一覽表⋯⋯⋯⋯⋯⋯⋯⋯⋯⋯⋯⋯⋯⋯⋯⋯ 522

表四—二十四　我國選舉首次電視政見會暨辯論會實施狀況⋯⋯⋯⋯⋯⋯⋯⋯ 525

表四—二十五　首屆省市長選舉選前四週國內三台新聞報導分析⋯⋯⋯⋯⋯⋯ 527

表四—二十六　首屆省市長選舉選前三週國內三台新聞報導分析⋯⋯⋯⋯⋯⋯ 528

表四—二十七　首屆省市長選舉選前二週國內三台新聞報導分析⋯⋯⋯⋯⋯⋯ 529

表四—二十八　首屆省市長選舉選前一週國內三台新聞報導分析⋯⋯⋯⋯⋯⋯ 530

表四—二十九　首屆省市長選舉有線電視台特別節目⋯⋯⋯⋯⋯⋯⋯⋯⋯⋯⋯ 532

表四—三十　　行政院新聞局廣播頻道核配統計一覽表⋯⋯⋯⋯⋯⋯⋯⋯⋯⋯ 535

表四—三十一　第一梯次調頻中功率核准電台⋯⋯⋯⋯⋯⋯⋯⋯⋯⋯⋯⋯⋯⋯ 536

表四—三十二　第二梯次調頻中功率核准電台⋯⋯⋯⋯⋯⋯⋯⋯⋯⋯⋯⋯⋯⋯ 537

表四—三十三　第一梯次調頻小功率核准電台⋯⋯⋯⋯⋯⋯⋯⋯⋯⋯⋯⋯⋯⋯ 538

表四—三十四　台灣地區各級警察機關處理聚眾活動發生數量⋯⋯⋯⋯⋯⋯⋯ 540

表五—一　民國九十四年「任務型國大」各黨得票率與席次一覽表 ⋯⋯⋯⋯ 686

表六—一　對台簽證國家優惠一覽表 ⋯⋯⋯⋯⋯⋯⋯⋯⋯⋯⋯⋯⋯⋯⋯⋯⋯ 844

圖目錄

圖二一一　中國國民黨組織系統圖……………………………………… 138

圖二一二　國民黨黨務部門提案的決策過程…………………………… 140

圖二一三　國民黨有關行政部門法案之決策過程……………………… 140

圖二一四　國民黨有關立法部門提案決策之過程……………………… 141

圖二一五　國民黨決策體系模式………………………………………… 143

圖二一六　國民黨金字塔型權力結構…………………………………… 143

圖四一一　國民黨黨內民主化的發展模式……………………………… 407

圖四一二　國民黨組織層級圖…………………………………………… 411

圖四一三　「黨外」時期派系的演進過程……………………………… 432

圖四一四　民進黨派系之演進過程……………………………………… 436

圖四一五　民進黨黨結構圖……………………………………………… 439

圖四一六　民進黨黨部組織圖…………………………………………… 439

圖四一七　我國中央到地方的憲政分際依據…………………………… 481

中華民國的政治發展

導論

壹、研究動機

民國三十八年，中華民國政府來台後，因爲環境使然，實施相當長時期的戒嚴，使人民的部分自由受到限制，黨禁亦影響了民主政治的發展；加以動員戡亂時期臨時條款，凍結了憲法所保障的部分民主政治內涵，改變原中華民國憲法中較傾向於內閣制的體制，擴大總統的職權。然而在這威權體制的背後，是否有其主客觀因素使然？威權體制下之民主政治發展的得失情形如何？此爲研究動機之一。

民國六十六年中壢事件後到民國七十六年解嚴以前，雖然戒嚴持續進行著，但黨外的反對運動陣營已經開始逐步發展組織化的雛型，政府對街頭群眾運動已有大幅放寬管制，到了解除戒嚴，顯示大環境威權體制的轉型，它不僅推動國內政治自由化發展，更逐漸開啓政治民主化的有利契機，整個社會因種種改革、開放措施而顯得朝氣蓬勃。相對的，其間也不乏有脫序、違法、混亂等現象伴隨而來。這個政治發展的轉型期，表現於政治層面者，主要是：民進黨的成立、戒嚴令的解除、大陸政策的轉變、黨禁、報禁的開放、國是會議的召開等等。值得關注的是，國民黨在長期一黨優勢的威權體制下，向政治民主化過渡，這當中的重要因素爲何？民主轉型的實質內涵與精神包括那些？此爲研究動機之二。

民國八十年開始，政府的宣布終止戡亂時期，廢止臨時條款，並展開一連串的修憲工程，象徵憲政新里程的開展，政治民主化腳步繼解嚴後的政治自由化，主導國內政局快速發展。政府遷台以來的資深中央民意代表，直到民國七十九年大法官會議釋字第 261 號，認定第一屆中央民意代表應於民國八十年底全部去職，另透過修憲方式，賦予在自由地區中央民意代表全面改選的法源依據。此外，第三次修憲確定第九屆總統、副總統起，由公民直選產生，同時亦貫徹地方自治法制化，民國八十三年底完成首屆省長、直轄市長民選。憲改工程確實加速了政治民主化走向，但前三次的修憲亦爲未來憲政體制的不確定性增添變數。再者，政黨政治將隨著未來中央民代與總統選舉結果，牽動中央政權的興替與政黨政治的類型，觀察國內政黨政治發展下的主要政黨亦皆有其體質發展上的困境與瓶頸。因之，在進入民國八十年代，一個嶄新的民主政治發展時代已經來臨之際，無論憲政體制、政黨政治與政治參與，其發展的過程與運作的得失如何？均關係未來民主政治的良窳，此爲研究動機之三。

民國八十五年，中華民國史上的第一次民選總統順利產生。李登輝、陳水扁、馬英九，先後當選中華民國自由地區選出之民選總統。就政黨政治層面：民國八十九年，中華民國史上的第一次「政黨輪替」出現，政權和平移轉；民國九十七年，中華民國史上第二次「政黨輪替」出現。就憲政發展層面，民國八十五年開始的「國家發展會議」、八十六年的「第四次修憲」、八十八年「第五次修憲」、八十九年「第六次修憲」，國、民兩黨的分贓，造成憲法破毀，憲政發展讓國人憤怒。誠然，我們社會之「公民社會」成熟度也表現在：社會各界、學術界、輿論界的發出正義之聲，展現出國家社會力蓬勃的氣息。民國九十四年「第七次修

憲」後，國民大會走入歷史；公投入憲；立法院成為單一國會；立法委員減半、選舉方式改為「單一選區兩票制」，這將使國內的政黨政治發展的政黨體系有利於朝向「兩黨制」發展。綜論上述，國內「總統」這一最高層級的民選產生，它所標舉的意義為何？「政黨輪替」之意涵為何？兩黨毀憲分贓之修憲作為又該如何闡釋？此為研究動機之四。

貳、研究目的

依上述之研究動機，本文即擬研討下列重要問題，期能獲得答案：

一、政府遷台後，我國民主發展長時期以來的環境與條件為何？相關影響因素有那些？

二、政府遷台後，我國民主發展的憲政體制、政黨政治與政治參與之實際運作為何？有何得失？

三、我國在政治民主化的過程中，遭遇到不少困境，對未來民主政治的可能影響為何？從那些途徑尋求解決？

本文的研究目的即在於採用政治發展(political development)之相關概念作為理論基礎，並從理論，制度與實際運作等面向，來描述現象、解釋現象、預測未來，以求達到：

一、從史實的回溯與實際的政治制度、政治運作觀察，試圖瞭解我國從民國三十八年以來民主政治發展中的環境因素，憲政體制、政黨政治與政治參與實況。

二、希冀透過制度面與實際運作面的評析，對國內憲政體制、政黨政治與政治參與的未來發展，提供一個和平漸進的可行途徑，作為今後民主發展的方向。

叁、研究範圍

本文所涵蓋的時間範圍，是從民國三十八年政府來台後，以迄於民國一〇一年底。至於政府來台以前的諸現象，做為研究主題的背景，將予概括性的分析。

另就政治發展而言，其所涉及之層面極為廣泛、複雜，並且與外在環境、內在環境有著密切的互動關係，因此本文將僅就政治發展的若干重要相關問題：環境因素、憲政體制、政黨政治、政治參與等面向作為研究內容，從這些面向的探討，以瞭解我國政治發展的民主化過程及其運作情形。

肆、研究架構

政治發展並非一蹴可幾，民主政治的成長也不是一夕之間建立起來的，正因政治發展是一個過程，故往往有其階段性，階段理論於六〇年代興起，著眼於修正傳統與現代社會的二分法，而強調過渡階段的重要性。階段理論首先被應用於分析經濟發展，美國經濟學者羅斯托(Walt W. Rostow)在一九六〇年發表「經濟成長階段論」(The Stages of Economic Growth)，將一個國家經濟發展分為五個階段：(1)傳統社會、(2)起飛前時期。(3)起飛期。(4)成熟期。(5)大量消費期。[1]奧甘

---

[1] Walt W. Rostow, The Stages of Economic Growth: A New-communist Manifesto (Cambridge:

斯基(A. F. K. Organski)則將政治發展分爲四階段：(1)初期的國家統一。(2)工業化。(3)國家福利。(4)富裕時期。[2]

　　本文研究中華民國在台灣自由地區六十餘年的政治發展，因其所橫互相當長的期間中，時代背景因素有差異性，爲便於更透徹瞭解政治民主化過程之實際內涵及其與環境之因果關係，並避免掉入以昔非今，或以今非昔的模糊陷阱之中，採用階段理論爲研究途徑，將政治發展劃分三個時期，以做爲縱向審視各時期發展因果的重要軸線，有其積極意義。另則政治發展範圍所涉層面廣泛且複雜，乃選定政治發展相關重要問題予以探討，亦即以環境因素、憲政體制、政黨政治與政治參與等四項重要指標爲橫向研究的重點。

　　本文從民國三十八年以來政治發展過程分爲三個階段：(1)民主奠基期：從民國三十八年政府遷台以至民國六十六年中壢事件以前。(2)民主茁壯期：從民國六十六年中壢事件至民國八十年終止戡亂時期以前。（3）民主落實期：從民國八十年終止戡亂時期迄今〈本文初版時，研究時間點至民國八十四年止；增訂再版完成後，研究時間點延伸至民國一０一年止〉。〈表一：全書研究架構簡表〉

　　此一分期的著眼點爲，「民主奠基期」面臨行憲未久，政府即來台，由於環境因素，實施了相當時期的戒嚴，憲政上亦因動員戡亂時期臨時條款的運作，改變了原憲法中的若干精神，益以國民黨的改造，並推動社會全面性的「反共抗俄總動員運動」，建立了一黨優勢的威權體制，這使得民主發展受到相當程度的影響。然而由於政府對行憲的原則與地方自治的選舉、中央民代增補選的重視，配合自由地區教育、社會、經濟的逐漸成長，亦奠定民主發展的有力基石。

　　「民主茁壯期」是以民國六十六年中壢事件爲一個重要分水嶺，事件後政府對街頭群眾運動已大幅放寬管制，「黨外人士」透過各項選舉穩定緩慢成長，黨外的組織化雛型〈「黨外公政會」及各地方分會〉亦漸漸浮現，而終至民主進步黨的成立。國內、外條件的配合，以及主政者的決心，顯示威權轉型已在逐步蘊釀，民國七十六年的解嚴在推動政治自由化有積極意義，亦在民國七十九年的「國是會議」確立憲改工程之原則與方向，漸開啓政治民主化的方向。

　　「民主落實期」則自民國八十年政府宣告終止戡亂時期，廢止臨時條款，並展開憲政改革工程，開始營造民主化有利條件，尤以總統公民直選、政黨政治的黨際競爭，將決定今後中央政權的興替與政黨政治的類型，其中重要意義在於顯示主權在民的精神。申言之，國家之後無論在法制規範面或實際運作面而言，有了一個集思廣益、取決公意和展現公平正義的機會，這對民主政治發展而言將是重要的。

　　本文即以這三階段爲主軸，每一階段均分別探討該時期之環境因素、憲政體制、政黨政治、政治參與四個面向。全文各章的分析架構如下：

　　導論：陳述研究動機、研究目的、研究範圍與研究架構。

Cambridge University Press, 1960) P.7.
[2]　A. F. K. Organski, The Stages of Political Development (New York: Alfred A. Knopf, 1965)

第一章：政治發展的概念分析。研究政治發展的起源、政治發展的界定、政治發展相關議題的內涵、概念。

第二章：民主奠基期的政治發展（民國三十八年至民國六十六年）。研究本時期之環境因素、憲政體制、政黨政治、政治參與。

第三章：民主茁壯期的政治發展（民國六十六年至民國八十年）。研究本時期之環境因素、憲政體制、政黨政治、政治參與。

第四章：民主落實期的政治發展〈一〉（民國八十年至民國八十四年）。研究本時期之環境因素、憲政體制、政黨政治、政治參與。

第五章：民主落實期的政治發展〈二〉（民國八十五年至民國一○一年）。研究本時期之環境因素、憲政體制、政黨政治、政治參與。

第六章：綜論：中華民國政治發展的評析與展望。研究兩岸關係、憲政體制、政黨政治、政治參與的得失與改進努力的方向。

表一：全書研究架構簡表

項目	環境因素	憲政體制	政黨政治	政治參與
民主奠基期〈38年—66年〉	1. 外環境因素 2. 內環境因素	1.臨時條款運作 2.戒嚴令頒布	1.國民黨改造 2.青年黨、民社黨 3.政治異議表達	1.制度規範面分析 2.實務運作面分析
民主茁壯期〈66年—80年〉	1. 外環境因素 2. 內環境因素	1.威權體制轉型 2.解除戒嚴 3.國是會議	1.解嚴前後政治反對勢力發展 2.國民黨的改革 3.解嚴後的政黨	1.制度規範面分析 2.實務運作面分析
民主落實期:一80年—85年	1. 外環境因素 2. 內環境因素	1.回歸憲法、一機關兩階段修憲 2.第三次修憲	1.國民黨的發展 2.民進黨的發展 3.新黨的發展	1.制度規範面分析 2.實務運作面分析
民主落實期:二85年—101年	1. 外環境因素 2. 內環境因素	國家發展會議、第四次、第五次、第六次、第七次修憲	1.第一次政黨輪替〈2000年〉 2.第二次政黨輪替〈2008年〉	1.制度規範面分析 2.實務運作面分析
評析與展望	1.兩岸關係基點 2.文化發展困境 3 兩岸的新契機	1.修憲精神面 2.修憲制度面 3.憲政精神宏揚	1.統獨爭議與國家認同 2.人團法不合宜：政黨法催生	1.四權行使 2.大眾傳播 3.群眾運動

註：本書第二版，研究範圍由民國 85 年，延伸至民國 101 年。

第一章　　政治發展的概念分析

第一節　政治發展研究的起源和經過

政治發展的研究興起於二次世界大戰之後，行為主義（Behavioralism）蓬勃發展的時期，此一源起於一九五〇年代，發皇於一九六〇年代的政治發展研究，依杭廷頓等（Samuel P. Huntington & Jorge I. Dominguez）的分析，是由於兩項學術活動的衝擊而來[1]：

一、一九四〇年代末期及一九五〇年代區域研究的大量擴展。在二次大戰以前，美國研究比較政治的學者多偏重於北美、西歐的研究，二次大戰後，學術研究隨著對蘇聯冷戰，及美國在亞、非、拉丁美洲及中東勢力的擴張，有了重大的改變。這些區域即所謂不屬冷戰兩大對立集團的第三世界；或以該等區域的工業落後與較為貧困，又稱為未開發、或低度開發、或開發中國家。美國主要大學皆增開區域研究課程，期以增加美國對其他國家及各洲的知識與瞭解。加以許多大基金會的鼓勵與支助，區域研究發展益趨熱絡。

二、受政治學「行為主義」的影響。二次大戰後的行為主義研究（behavioralism approach）是政治學界研究最顯著的趨勢。依據柯克派屈克（Evron M. Kirkpatrick）的分析，行為主義研究途徑的特徵有四：（1）它揚棄過去以政治制度為研究的基本單位，而代之以個人政治行為的分析。（2）將政治行為的研究結合社會學、人類學、心理學等科際整合，並藉助統一的標準與方法之助，使它們更趨向科學化。（3）主張利用及發展更精確的觀察、分類測量資料的技術，若有可能，應使用統計或量化的方法。（4）強調政治行為的經驗理論能做有體系的發展。[2]此一行為主義者的企圖結合具嚴謹性之理論與經驗研究趨勢，使跨國性的政治發展研究，變得較為精確可行，亦即在透過有系統的對各國作比較研究，可用以證驗通則。

研究政治發展最著且有重大貢獻的，首推美國的「社會科學研究協會比較政治委員會」（Social Science Research Council's Committee on Comparative Politics SSRC），在一九五四年，該委員會成立後，由第一任主席阿爾蒙（Gabriel A. Almond）領導，試圖改變比較政治研究的弱勢。他一方面運用理論假設及方法論擴大研究非西方國家的政治體系，另一方面則超越傳統的歷史和形式描述方法，改採用動態分析方法着手比較政治之研究。[3]

依據陳鴻瑜「政治發展理論」一書中，所列舉「比較政治委員會」在一九六〇年代中期，先後出版一系列政治發展叢書，包括：[4]

1. Almond 與 Sindney Verba 合著：The Civic Culture, Political Attitude and

---

[1] S. P. Huntington and J. I. Dominguez, "Political Development" in Fred I. Greenstein and Nelson W. Polsby, eds., *Handbook of Science Vol. 3: Macro political Theory* (Reading, Addison Wesley Publishing Company, 1975), PP.1-2.

[2] Evron M. kirkpatrick, "The Impact of the Behavioral Approach on Traditional Political Science", in Austin Ranny ed., *Essays on the Behavioral Study of Politics* (Urbana: U. of Illinois Press, 1962), PP. 1-46.

[3] Gabried A. Almond, *Political Development: Essays in Heuristic Theory* (Boston: Little, Brown and Company, 1970) PP. 13-14.

[4] 陳鴻瑜，政治發展理論（台北：桂冠圖書公司，民國七十六年十月），頁八。

Democracy in Five Nations, 1963.

2. Joseph Lapalombara 主編：Bureaucracy and Political Development, 1963.

3. Lucian W. Pye 主編：Communication and Political Development, 1963.

4. Robert E. Ward 與 Dankwart A. Rustow 合編：Political Modernization in Japan and Turkey, 1964.

5. J. S. Coleman 著：Education and Political Development, 1965.

6. Lucian W. Pye 與 Sindney Verba 合編：Political Culture and Political Development, 1965.

7. Joseph Lapalombara 與 Myron Weiner 合編：Political Parties and Political Development, 1966.

8. Almond 與 G.Bingham Powell, Jr.合著：Comparative Politics: A Developmental Approach, 1966.

9. Lucian W. Pye 著 Aspect of Political Development: An Analytic Study, 1966.

政治發展的研究有許多途徑，如採用結構功能研究法、社會過程研究法、比較歷史研究法等等，其中尤以諸多學者以結構功能論爲基礎，來研究政治現代化與制度化等問題，彼等深受社會學者帕森斯（Talcot Parsons）的影響。帕森斯在一九六○年代對社會演進變遷的分析，提出了著名的「社會行動的一般理論」（General Theory Social Action），認爲人類進化史包括三個類型的社會：初民社會（primitive society）、中等社會（intermediate society）與現代社會（modern society）。而社會演化的過程，包含了四個程序：分化（differentiation）、適應力提昇（adaptive upgrading）、容納（inclusion）與價值通則化（value generalization）。[5]

政治學者阿爾蒙（G. A. Almond）則以結構功能的觀點來分析政治，尤以「結構分化與自主化」的程度、「政治文化世俗化」的指標，將政治體系分類爲：（1）原始與傳統的政治形式；（2）現代民主與專制的政治形式。[6]基本上是帕森斯思想的政治學翻版。

賴微（Marion J. Levy, Jr.）在「現代化與社會結構」中，亦不脫結構功能理論範疇，以「體系」的觀點分析「較現代化」和「較不現代化」的社會，並運用「傳播的技術」（technology of communication）的指標，證明美國較蘇聯更現代化，因爲美國社會除了政府權威外，都較蘇聯更集中化（centralized），「現代化過程走的愈前，集中化程度必然愈強，以維持穩定性的存在。」[7]從體系論的立場，維持體系的穩定，是重要的生存要件。

有關討論政治穩定具代表性的人物是杭廷頓（S. P. Huntington），尤以其向現

---

[5] 蔡明哲，社會發展理論—人性與鄉村發展取向（台北：巨流圖書公司，民國七十六年八月），頁二○—二二。

[6] Gabriel A. Almond and G. Bingham Powell, Jr., *Comparative Politics: A Development Approach* (Boston: Little, Brown and Company, 1966), PP. 21—25.

[7] Marion J. Lery, Jr., *Modernization and the Structure of Societies: A Setting of International Relations* (Princeton: Princeton University Press, 1966) P. 56.

代化理論中所流行的直線發展觀點提出辯證，指出以往的研究忽略了現代化過程中所產生的紊亂（dislocations），他認為政治發展是一種制度的成長，足以應付社會動員，及政治參與所帶來的緊張。[8]杭廷頓的名著「轉變中社會的政治秩序」（Political Order in Changing Societies）一書中，即強調發展中國家最重要的目標是維持政治穩定，甚至以為若是為了政治穩定，實施一黨政治亦有其必要性。[9]

　　另一探討政治穩定的重要著作是「比較政治委員會」所出版的「政治發展的危機和影響」（Crisis and Sequences in Political Development），該書主旨不僅在強調秩序，而且重視政府回應或壓制某些需求的能力。亦即以政治發展視為政治體系應付合法性（legitimacy）、認同（identity）、參與（participation）、貫徹（penetration）、分配（distribution）等五種危機的能力。[10]

　　前述的政治發展研究趨勢逐漸產生若干盲點，一方面現代化理論忽略了發展問題所應包含的多學科性質，尤其是有偏向無歷史論的傾向，以及忽略經濟這一重要變數；另一方面世界體系中的「貧」、「富」之間，財富分配極不平均，現代化理論無法有效解釋，先進的西方工業國家與發展中國家愈來愈大的差距。[11]

　　面對此一挑戰，研究政治發展的學者，檢討原有的論證，乃有提出「新政治經濟學」（New Political Economy），借用經濟學的理性抉擇及公共政策的概念，來研究「發展」。其中較著名的學者有沃爾夫（Warren Uphoff）與伊奇曼（Norman Ilchman），他們合著「變遷的政治經濟學」（the Political Economy of Change），此一新的分析趨勢是把經濟學看成「抉擇的科學」（science of choice），政治經濟學是探討「政治抉擇對經濟影響的學問」，或是「經濟抉擇對政治效果的學問」。[12]

　　開始以結構功能論研究政治發展的阿爾蒙和包威爾（G. A. Almond & G. B. Powell）在一九六六年出版的「比較政治學」一書，副標題是「發展的研究」（Comparative Politics: A Developmental Approach），但在第二版則已改為「體系、過程和政策」（System, Process & Policy），其前言中表示：「一種對政治現象解釋方式的成長回應，在第一版中，強調社會學、人類學和心理學的分析方法……在第二版，着重於公共政策，由於討論到公共政策及其結果，故最後導引著採用一種政治經濟學的研究途徑。」[13]此即從政治經濟學觀念，認為政治體系的發展是利用政治經濟與其他社會發展策略，以解決內在和外在的緊張與衝突。此一策略分為四個項目：（1）政府的能力。（2）政治參與。（3）經濟成長。（4）經濟成長利益平等分配。在此四項交互配合的「策略」，來進來比較政治的分類：[14]

---

[8] Richard A. Higgott, *Political Development Theory* (London: Croom Helm Ltd.,1983), P.18.

[9] Samuel P. Huntington, *Political Order in Changing Societies*, Thirteenth Printing, (New Haven: Yale University Press, 1977), chap. 7.

[10] Leonard Binder et al., Crisis and Sequences in Political Development (Princeton: Princeton University Press, 1971), P.65.

[11] Richard A. Higgott, *Op. cit.*, PP. 20—21.

[12] Warren Uphoff and Norman Ilchman, eds., *The Political Economy of change* (New York: Free Press, 1969)。另參閱陳鴻瑜，政治發展理論（台北：桂冠圖書公司，民國七十六年十月），頁一一。

[13] Gabriel A. Almond & G. Bingham Powell. Jr., *Comparative Politics: System, Process and Policy,* 2d ed. (Boston: Little, Brown and Company, 1978).

[14] Ibid., P. 373.

（1）民主的人民參與型（democratic populist pattern）。

（2）威權—技術官僚型（authoritarian-technocratic pattern）。

（3）威權—技術官僚—平等主義型（authoritarian-technocratic equalitarian pattern）。

（4）威權—技術官僚—動員型（authoritarian-technocratic mobilization pattern）。

（5）新傳統型（Neo-traditional pattern）。

綜合而論，前述政治發展理論的研究遭遇之困難相當多，這是因為政治發展的範圍太大，研究之方法亦多，從結構功能研究法、社會過程研究法、比較歷史研究法、政治經濟研究法等，用以研究諸多面向的政治現化代、制度化等問題，其中取材標準與角度的不同，學者往往見仁見智，眾說紛紜，莫衷一是。益以各國之個別差異性，極難建構一致性的通則。因之，政治發展理論在研究上，如欲完成「理論建構」（Theory Construction）與「模式建立」（Model-building），必須克服的問題包括：（1）概念的界定。（2）實證資料及模式的配合。（3）實證理論與規範理論的劃分。（4）理論建構的策略之選擇。[15]

第二節　政治發展的定義

白魯恂（Lucian W. Pye）曾列舉出政治發展常見的十種定義：[16]

（1）政治發展是經濟發展的政治先決條件（Political Development as the Political Prequisite of Economic Development.）。

（2）政治發展是工業社會典型的政治型態（Political Development as the Politics Typical of Industrial Societies）。

（3）政治發展即政治現代化（Political Development as Political Modernization）。

（4）政治發展就是民族國家的運作（Political Development as the Operation of a Nation-State）。

（5）政治發展就是行政與法制的發展（Political Development as Administrative and Legal Development）。

（6）政治發展即群眾動員與參與（Political Development as Mass Mobilization Participation）。

（7）政治發展即民主政治的建立（Political Development as the Building of Democracy）。

（8）政治發展就是穩定及有秩序的變遷（Political Development as Stability and Orderly Change）。

（9）政治發展就是動員與力量（Political Development as Mobilization and Power）。

---

[15] 呂亞力，政治發展與民主（台北：五南圖書公司，民國六十八年十月），頁六三。

[16] Lucian W. Pye, *Aspect of Political Development* (Boston: Little, Brown and Company, Inc., 1996) PP.33-44.

（10）政治發展是社會變遷多元次過程中的一個面向（Political Development as One Aspect of a Multi-Dimensional Process of Social Change）。

白魯恂根據諸多不同的界定，再歸納出政治發展的三項要素：一是大眾參與的擴張，對平等原則的重視，二是政治體系能力增強，政令產出（output）的能力可貫徹深入地方層級，控制人民之間的事端，應付及滿足人民需求，三是政治組織結構的分化，使功能愈趨專業化。「平等」（equality）、「能力」（capability）與「分化」（differentiation）　三者，依白魯恂分析即為政治發展的核心問題，但這三者之間，並不表示他們必然配合得很好；相反的，歷史顯示出這三者之間常有尖銳的衝突，平等的壓力會威脅系統的能力，分化也會因為強調品質與專業知識而削弱其平等性。[17]

杭廷頓（S. P. Huntington）以「制度化」（institutionalization）程度的高低來衡量政治發展。即將政治發展界定為「政治組織與政治過程的制度化」（the institutionalization of political organization and process），而所謂的制度化，是指「組織與程序獲得價值與穩定的過程」（the process by which organizations and procedures acquire values and stability）。杭廷頓在發表「政治發展與政治衰敗」（Political Development and Political Decay）一文中，對一般把政治發展和現代化視為同義的看法，提出反駁。認為現代化一詞不但內容廣泛，如都市化、工業化、社會流動等都包括在內，現代化無法辨別各方面之間的正負關係，在開發中國家，不只是有正面的政治發展，更常見到政變、混亂、暴動等。而且在現代化過程中，經濟社會變遷所形成的巨大壓力，若沒有制度化的政治體系來處理，不是帶來發展，反而是政治衰敗（political decay）。因之，杭廷頓力主先把政治上的興衰與社會現代化的過程分開，以釐清政治發展的主要意義是在於「制度化」，在開發中的國家，當務之急乃在強化政治制度，縱使因而減緩現代化或限制政治參與也在所不惜。唯制度是必須符合適應性（adaptability）和正當性（legitimacy）的原則，此即一方面能夠適應環境變遷的挑戰，另一方面也能獲取人民的支持。制度化以安定與否為準繩，因為其他的社會團體或勢力均不易圓滿達成政治體系穩定性之目標，故而杭廷頓特別借重政黨組織，而有「政黨居主」（primacy of party）　的政策，其對於開發中的國家並不反對一黨專政。[18]

賈格瑞伯（Helio Jaguaribe）比較各家學說，提出六個政治發展的基本觀點：[19]

（1）政治發展即政治現代化。

（2）政治發展即政治制度化。

（3）政治發展即發展政治系統的能力。

---

[17] Lucian W. Pye, "Introduction: Political and Political Developments", in Lucian W. Pye and Sindney Verba eds., *Political Culture and Political Development* (Princeton: Princeton University Press, 1965).

[18] Samuel P. Huntington, " Political Development and Political Decay", *World Politics*, April 1965, PP. 386-430.

[19] Helio Jaguaibe, *Political Development: A general Theory and a Latin American Case Study* (New York:Harper & Row, Publishers, 1973) , P. 198.

（4）政治發展即政治系統對社會全面發展的貢獻。

（5）政治發展即政治系統的回應力。

（6）政治發展即政治現代化加政治制度化。

賈格瑞伯在「政治發展」（Political Development: A General Theory and a Latin American Case Study） 一書中，建構了他的政治發展概念：[20]

（1）從政治發展的變數來看：政治發展是政治體系內發生的事情，以政治體系的各項結構變遷為特徵。政治發展的變數分為三組八項：①運作變數（包括理性定向、結構分化、能力）②參與變數（包含政治動員、政治整合、政治代表）③方向變數（包含政治凌駕、發展定向）。

（2）從政治發展的方向來看：政治發展是發生在系統內的綜合性結構分化的過程，這個政治發展的方向是必然的、不可逆的，若方向有了改變（由分化變成簡化），則意味過程也有了改變（由發展變成退化）。

（3）從政治發展的過程來看：政治發展的過程等於政治現代化（political modernization）加政治制度化（political institutionalization）。

（4）從政治發展的層面來看：有三個：①發展政治系統的能力 （capacity）。這相當於發展政治體做為社會系統之次級系統的效能（effectiveness）。②發展政治系統對該社會全面發展的貢獻。這相當於以政治手段（political means）促進整個社會的發展。③發展政治系統的回應力（responsiveness），增加其代表性、合法性和服務性。這相當於以政治方法發展政治共識（political consensus）與社會共識（social consensus）。

阿爾蒙（Gabriel A. Almond）將政治發展的程度涵蓋三個相關的變數：（1）角色分化（role differentiation）。包括：角色與次級系統的專化（specialization of roles and subsystems）、資源的彈性化（flexibilization of resources）、功能的理性化（rationalization of functions）與資源的創造（creation of resources）。（2）次級系統的自主性（subsystem autonomy）。（3）世俗化（secularization）。[21]

阿爾蒙是首先採用相同的幾組變數來從事系統分析、政治分類與比較政治的政治學者。其以世俗化、結構分化為政治發展的縱座標，以次級系統的自主性為橫座標，得到如下的結論：激進的極權主義（如蘇俄）和保守的極權主義（如納粹德國）是政治發展的程度非常類似的系統和政權。但其以同樣的理由把現代人中的威權政體（Modernizing authoritarian regimes），例如 Castello Branco 統治下的巴西，列得頗高而未顧及其政治參與上的成就甚低。顯然阿爾蒙所列出來的變數涵蓋得不夠廣，相較於賈格瑞伯列出之變數，阿爾蒙在比較系統分析的基本模型似應考慮到參與的變數和方向的變數，運作變數所應包含的子變數亦應增加，以使測量的成果更為精確。

杜德（C. H. Dodd）將政治發展包含下列觀念：（1）政治變遷有一定的目標，如美國的自由民主制、前蘇聯的社會主義制。（2）政治領域的一般變遷過程，與

---

[20] Ibid, Chap. 9.
[21] Gabriel A. Almond & G. Bingham Bowell. Jr., op. cit., PP.21-25.

社會其他領域有相當密切關係，這種變遷關係包括政府權力的擴張與集中，政治功能和結構分化、專化與整合，政治參與的提高，對政治體系認同感的增強。（3）政治體系增強解決各種問題的能力，能創新政策，建立新的結構或改革舊有結構，並提高行政能力。（4）學習更佳的行政能力與建立政治結構的能力。[22]

尼托（J. P. Nettl）認爲政治發展應包含以下四種涵義：（1）政治發展是一組確定的優先順序，它是一種過程，以及將國家分成已開發國家和開發中國家的觀念。（2）政治發展乃是在使發展成爲需要的價值，而非因爲命令的關係才需要發展。（3）已開發國家與開發中國家之間，有密切的聯結關係。（4）政治發展有其優先順序，但何者爲先，則屬見仁見智，有主張以經濟爲主，有主張以社會政治爲主。[23]

尼德勒（Martin C. Needler）認爲，假如政治發展有兩個面向：一是維持憲政完整、一是參與的程度，那麼一個國家的政治發展程度，可由憲政和參與共同所得的單一分數來代表。政治發展的分數，將是憲政分數和參與分數之間的中項（middle term）。[24]

畢爾（Samuel H. Beer）指出政治發展概念最重要的是，在歷史過程中的一種方向或趨勢的觀念，該種方向的變遷，其過程是有階段的，以因果關係來看，每一個階段是由前一個階段產生的。由每一個接續的階段共同組成一個趨勢，形成政體在歷史過程中的特殊模式。[25]

國內政治發展研究的先驅者江炳倫試著將政治發展歸納成三大類來討論：（1）挾帶價值觀念的定義：政治的最崇高價值，非民主莫屬，它多少包含下面幾項：人民在法律前平等，有參與政權的機會，政府制度和措施合乎憲法，當政者應對人民負責，最後，由民意決定政權的獲得和交替。質言之，政治發展乃是以接近英美政治楷模的距離作爲衡量的準繩。（2）以功能的遞增看發展：每種體系爲維護生存不可或缺的功能，即是基本功能（minimal functions），政治體系的基本功能，依帕森斯（T. Parsons）的分析，社會體系皆須具備四項功能，即模式維持（pattern maintenance）、適應（adaptation）、整合（integration）與實現目的（goals attainment）。政治體系爲一龐大的社會體系，自必具備上述四項基本功能。阿爾蒙（G. A. Almond）則提出政治功能包括整合的能力、國際間應對的能力、參與能力、福利或分配的能力。（3）從結構的變化求定義：結構的變項（variables）甚多，如構成份子數目的多寡、組織規程的繁簡或嚴密程度、内部權力分配的情況、支持它的價值的深淺程度、在時間上歷史的久暫等等，都可拿來當比較研究的對象。[26]

---

[22] C. H. Dodd, *Political Development* (London：The Macmillan Press, Ltd., 1927) , P.15.

[23] J. P. Nettl, "Strategies in the Study of Political Development", in Co1in Leys ed., *Politics and Change in Developing Countries, Studies in the Theory and Practice of Development,* (Cambridge: Cambridge University Press, 1969) , PP. 13-14.

[24] Martin C. Needler, *Political Development in Latin American* (Random House,1968)P. 88.

[25] Samuel H. Beer, *Modern Political Development,* (Random House, Inc., 1974) P. 59.

[26] 江炳倫，政治發展的理論，四版（台北：台灣商務印書館，民國六十八年六月），頁一三至二

　　陳鴻瑜則整合政治發展的各家說法，將政治發展概念界定爲：「一個政治體系在歷史演進過程中，其結構趨於分化，組織漸趨於制度化，人民的動員參與支持漸趨於增強，社會愈於平等，政治體系的執行能力也隨之加強，並能度過轉變期的危機，使政治體系的發展過程構成一種連續現象。[27]

　　從中外學者各種政治發展的理論觀之，政治發展約可歸納如下概念：

　　（1）政治發展所涵蓋的範圍相當廣泛。從對新興國家的政治行爲發生興趣爲起點，推展到對人類社會整個政治動態的觀念之重新探討；研究的趨勢，從強調自由民主，走向秩序穩定的研究，再轉變到以公共政策回應的分析焦點；研究的途徑則是包含了制度研究法、結構功能研究法、社會過程研究法、領導研究法、政治文化研究法、比較歷史研究法與新政治經濟研究法等，因爲政治發展的領域太廣泛，極難尋求一套規範性的定義，研究者往往因取材標準與角度的不同，而有不同的研究取向與主題。

　　（2）政治發展是一個過程，有時政治發展也被認爲是現代化的過程，這過程是有階段的，每個接續的階段共同組成一個趨勢。現代化的過程並非一定直線前進，若是結構分化與整合之間不均衡發展，則會出現社會動亂（social disturbances），即現代化過程的不連續而造成的混亂。這是因爲舊的秩序在瓦解，而新的秩序尚未形成，造成現代化的中斷。[28]

　　（3）政治發展是一個政治體系在政治現代化與政治制度化的過程中，探討政治體系結構的分化與專化程度、執行能力的高下、對社會面發展的貢獻以及大眾對政治事務參與的程度。

第三節　本文相關概念論述

　　從上述政治發展的分析，可確知政治發展是一個相當廣泛而又複雜的研究領域。江炳倫對政治發展的研究工作，曾提出四項主要的步驟：（1）先擬定幾個最主要的變項或因素，探討它們個別或整體對政治系統的變動有何影響，以及彼此間的相關性；（2）確定政治發展的標準；（3）根據幾個中心變項，建立一個可以區分發展層次的類型；（4）是根據既定的標準，把歷史上的和現行的各種政治系統歸類，解釋它們演變的經過，觀察它們目前活動的情況，並預測它們再往前發展時，將遭遇並需克服什麼樣的困難。[29]

　　上述四大步驟指出選擇最主要的幾個變項或因素，爲研究政治發展的重要課題，除了四個步驟外，另一重要的是需確定研究途徑。本文旨在探討我國從政府遷台以來六十餘年的政治發展，在研究途徑上採用政治發展的「過程 ― 階段理論」，可用以解釋此過程及其所包含各階段之性質，並闡明產生階段的因素和所代表之意義。至於政治發展在追求政治民主與政治穩定的目標下，有關環境因

七。

[27] 陳鴻瑜，前揭書，頁三〇。

[28] Neil J.Smelser,"Toward a Theory of Modernizations", in *Essays in Sociological Explanation* (Englewood Cliffs: Prentice-Hall, 1968), PP. 125-146.

[29] 江炳倫，「比較政治研究的新趨勢」，東方雜誌，復刊第五卷，第六期，頁二一 ― 三二。

素、憲政體制、政黨政治與政治參與，是建構政治現代化與政治制度化當中的重要變項，亦是政治發展極須深入的精義所在。因之，本書中即以「過程 — 階段理論」的研究途徑，縱向審視各時期的發展，並以政治發展中之環境因素、憲政體制、政黨政治、政治參與等重要概念爲橫向檢示的指標。爲便於全書探討的進行，有必要進一步對研究途徑與各種變項的理論予以論述。

壹、過程 — 階段理論

現今的政治發展理論，頗多將發展作一過程來研究，既然是一個過程，起迄的界定與階段的劃分乃成爲理論建構上的重點。早期的研究者常將政治體系區別爲「傳統」與「現代」的二分法（dichotomy），然而二分法是不甚合理的，此因政治發展是一個動態的過程，二分法可能使研究者在觀念上把其設想爲刻板模型，忽略其變動不居的特性，再者，實際的政治環境下，是找不到一個純然「傳統」或純然「現代」的政制的。[30]

「階段論」的出現，即在修正傳統與現代社會的二分法，而強調「過渡」階段的重要性。冷納（Danial Lerner）在傳統、對立的兩極之間，再加入了所謂過渡的「轉型」（transitional）的階段，指出在邁向現代社會的過程中，傳統社會逐步消逝，在過渡社會中，人們愈趨於符合現代社會的要求，具有高度的理性與積極求進步的精神，且具有設身處地的心理，這就是所謂的「同理心」。[31]

前文已述及，階段理論最先被運用，是美國經濟學家羅斯托（Walt W. Rostow）用以分析經濟發展，將一個國家經濟發展分爲五個階段：傳統社會、起飛前時期、起飛期、成熟期、大量消費期。政治學者奧甘斯基（A. F. K. Organski）則將政治發展分爲四個階段：初期的國家統一、工業化、國家福利、富裕時期。奧甘斯基乃是以羅斯托的經濟成長論爲依據，其以某些危機的解決，作爲政治發展階段論的基礎，特別是認爲若干開發中國家面臨到的共同問題，大都爲經濟性的。奧甘斯基所建立的四個階段的政治發展過程論中，在第一階段，政府必須對國家領土與人民獲得有效控制，若非如此，一切經濟計劃與設施均將落空。在第二階段，政府力量造成資本累積，奠定工業化基礎。經過此兩階段，即已脫離開發中國家。[32]

阿爾蒙（G. A. Almond）及包威爾（G. B. Powell）等兩位政治學者亦從政治發展的結構分化程度與政治文化類型，將政治體系分爲三個發展階段：[33]

（1）原始體系：只擁有最基本的政治單位，既沒有穩定性，亦無持續性，這時的政治文化是屬於偏狹政治文化（parochial political culture）。

（2）傳統體系：此時已經擁有政府結構、功能與角色分化，但政治文化是

---

[30] 呂亞力，前揭書，頁二五 — 二六。

[31] Daniel Lerner, *The Passing of Traditional Society.Modernizing the Middle East* (New York: Free Press, 1965).

[32] A. F. K. Organski, *the Stages of Political Development* (New York: Alfred A. Knopf, 1965).

[33] Gabriel A. Almond & G. Bingham Powell. Jr., *op. cit.,* P.43.

臣屬政治文化（subject political culture）。

（3）現代體系：這個時候不但已具備分化及專門化的政府結構，而且還擁有各種次級體系的存在，政治文化進入到參與政治文化（participation political culture）。

阿爾蒙認為政治發展主要是政治文化與政治結構之交互改變，就政治文化而言，是從傳統社會的臣屬文化演進到現代社會的參與文化。就結構而言，是政府機構的日趨分化與功能漸漸專門化的過程。透過結構與文化兩者相互關聯，在不停地改變中，構成了政治發展動態的過程。

過程 — 階段理論被廣泛運用於政治發展、現代化理論之中，從歐美社會學者、經濟學者、政治學者等的論述中，這種以演化論的觀點來分析過程 — 階段論，亦有兩項值得檢討之處：

（1）以分析歐美「先進」國家與第三世界「開發中」或「未開發」國家之差別，強調兩者是「現代」與「傳統」的兩極，後者只須學習歐美的發展經驗，就能夠進步到現代化國家之林。準此以觀，則從演化論為出發的現代化理論極易被批評為以歐美為基調的種族中心主義。[34]

（2）過程 — 階段理論的概念架構，在基本上以一切「過渡」的政制都是暫時性的，它是由「傳統」的演變而來，也必然演變到「現代」的。這種按照固定目標循序變遷的歷史必然論是否絕無疑問？艾森斯達特（Samuel N. Eisenstadt）即曾指出，在發展的途中，一個政制可能陷入「陷阱」，使其既無法維持持續成長，亦不能重獲傳統政制的動力。[35]從許多經驗事實來看，這種發展使得許多第三世界國家陷入更貧困的程度，貧國與富國之間財富分配的不平等，反而加大，就該些國家政治民主化腳步而言，亦是曲折多變的。[36]

針對「過渡」這一概念的含糊不夠明確，瑞格斯（Fred W. Riggs）試圖創造「稜矩社會」（prismatic society）的看法，將傳統、過渡與現代化三階段，借用光學的理論，定名為「鎔合的—稜柱的—繞射的模式」（fused-prismatic-diffracted model）：[37]

（1）傳統社會是未分化的社會，只有一個結構，如同白光一樣，光譜中的其他顏色隱藏不露，可稱之為鎔合的社會，在傳統社會中的官僚系統沒有角色分化，由一種角色履行維持體系的種種功能

（2）過渡社會則已粗具分化的結構型式，但往往並無實質功能，就如同白光透過稜柱媒介體散出各種分化的色彩，所以稱為「稜柱的社會」。例如許多開

---

[34] Alex Inkeles，「有關個人現代化的瞭解與誤解」，出自蕭新煌編，低度發展與發展（台北：巨流出版社，民國七十四年），頁七四。

[35] Samuel N. Eisenstadt, "Modernization and Conditions of Sustained Growth", World Politics, (July 1964) , PP. 577-594.

[36] 西川潤著，吳樹文譯，世界經濟入門（香港：商務，一九八八年），頁一〇。

[37] Fred W. Riggs, *Administration in Developing countries, the Theory of the Prismatic Society* (Boston:Hougton Miflin, 1964) , ch. 1.

發中國家的官僚系統引進歐美的行政程序與組織，卻無法履行其功能。

（3）現代化社會是已分化的社會，具有各種特殊的機關各司其職，此時如同白光透過水晶稜柱，色澤分明，所以稱為「繞射的社會」。

瑞格斯以「演化論」為基礎所提出的三階段社會，亦如其自述，乃是一種「理想模式」（ideal type），在真實世界不一定存在。此外，瑞格斯曾提出所謂「辯證理論」來解釋政治發展的過程。其以為新政府技術（governmental technologies），包括行政組織、政黨等觀念在輸入開發中國家，可引起其發展。政府技術之變是質變，政府功能之變是量變。藉由兩者之交互作用使發展出具有一種辯證的性質，產生了發展過程的階段。政府技術的巨大改變，包含了結構分化的增進與政治功能角色的專門化。在開發中國家，人民的政治活動所追求目標有二，其一為平等 — 即人民參政機會的擴大；另一為能力 — 即政府系統執行政務能力之提高。政治發展的獲得成效，必須兩者同時提升的情形下才有可能達成。瑞格斯並認為發展途中所以遇到「陷阱」，乃是平等或能力單獨提高，致使嚴重地損及另一類時發生。[38]

政治發展的過程中，可能陷入「陷阱」之中，杭廷頓即認為政治發展過程論應重視「政治退化」的現象，並非所有開發中國家政治上的一切變遷，均是正面的發展。依據杭廷頓的看法，開發中國家與已開發國家政治上最大的區別，並非在於政府的型式或政治參與的程度，而是在於政府控制的有效性，亦即在於有無實質上的政府。開發中國家的政府大都無力控制社會，以致於政潮不斷，政局不穩，上述情況如不解決，一切政治措施均不可能成功。因之，他認為政治發展的過程實際上就是一個社會建立具有有效控制社會的政治力量，謀政局穩定的過程，這一過程的成功，不能僅靠武力，而需要制度化，亦即使一切政治組織，尤其是政黨，獲得正統性、廣大民間的支持。杭廷頓指出：[39]

> 一個健全的政黨具有兩種功能：第一，在政治體系內擴大參與，因而預防暴戾或革命性的政治活動泛濫成災；第二，約制並疏導新進被動員的團體之參與，使之不致於破壞政治體系。

杭廷頓對一般政治發展理論的批判，最大特色在於重視「政治退化」的問題，強調「制度化」（institutionalization），實則政治發展並不等於政治現代化，因為政治現代化所帶來的政治參與、政治動員，如果不能配合制度，特別是政黨制度，則政治無法安定，反而走向政治衰敗（political decay）。

綜合而論，政治發展的研究，透過過程 — 階段理論，可使研究者留心到縱面向度的資料（longitudinal data），即同一社會不同時期的資料和生成變化的原因，經過與內涵，這在方法論上是強調「結構」（structure）及「因果機制」（causal mechanism）的尋求。過程 — 階段理論無論採取二分、三分或更多階段，其起點與終極的界定、以及階段分類，均為理論建構重要的一環。此外，過程 — 階

---

[38] Fred w. Riggs, "The Theory of Political Developments", in James C. Charlesworth (ed.) *Contemporary Political Analysis* (New York: The Free Press, 1967), PP. 317—349.

[39] Samuel P. Huntington, *op. cit.,* P.412.

段理論尚須有充足的橫面向度資料（cross-sectional data），以檢驗分析每一時期政治發展的程度，這就須要確定政治發展的條件，亦即政治發展的重要變項為何？找出政治發展的變項是一件困難的工作，因為學術界對政治發展的基本概念仍不一致，加以政治發展本身範圍廣泛，尚無法建構普遍性的變項。諸如阿爾蒙根據自主性、分化與世俗化三者為政治發展的標準，白魯恂以平等、能力與分化為政治發展的三項標準，杭廷頓以為政治發展應指政治組織和過程的「制度化」，尤其強調政黨價值，尼德勒則以維持憲政完整、參與的程度為政治發展的兩個面向，陳鴻瑜在研究菲律賓的政治發展時，則以合法地位、層級分工與執行能力等三項標準來衡量政治制度化。[40]上述研究取向的貢獻如何？目前尚難以估量，但整體看來，根據政治發展的重要變項，以探索發展動力的研究法，雖未能建立完整的理論，但已被研究者更廣泛的重視，也提供更多嶄新的角度來研究發展問題。

貳、環境因素

政治發展中的環境因素，是一個不可忽視的重要變項。呂亞力即指出：「從現在的許多工作看來，似乎存有一個頗嚴重的問題：即這些大家假定重要的因素似乎全是體系內部的，對環境因素（生態因素）完全不加重視。這種對環境因素的忽視，實際上反映許多研究者發展觀念之偏狹。」[41]伍德豪斯（Edward J. Woodhouse）亦以大多數政治發展的研究當中，往往假設政治發展主要依賴體系內部的動力，且由內部條件促成。一旦某社會無法達到高度發展之境界，則歸因於其本身的弱點。基於此種假設所做研究，往往集中注意於體系內部的變遷過程，而忽略體系以外的環境或生態的因素，實則，對若干體系的變遷而言，環境因素可能比其內部因素更加重要。[42]

最早提出系統研究途徑（system approach）的美國政治學者伊士頓（David Easton），他在一九五三年的「政治體系」（The Political System）一書中指出，在廣大的政治範疇內，各部分均非獨立的，而是互相關聯的。[43]伊士頓認為所有的政治活動可視為一個政治系統，透過「輸入（in put）→ 政治系統（political system）→ 輸出（out put）」以及該過程與環境間的相互關係，將政治體系的各種現象得以呈現出來，並可用以分析政治體系如何維持本身的存在。[44]

伊士頓對政治系統有四項基本命題：（1）將政治生活視為一套行為系統。（2）系統並非存在於真空狀態中，而是受物理的、生物的、社會的以及心理的環境所包圍。（3）一個系統對於來自內、外環境的壓力具有適應性。（4）系統為了面對

---

[40] 陳鴻瑜，菲律賓的政治發展，（台北：台灣商務印書館，民國六十九年十二月），頁二二。

[41] 呂亞力，前揭書，頁三八。

[42] Edward J. Woodhouse, "Revising the Future of the Third World: An Ecological Perspective on Developments", World Politics, Vol. 28, NO.1 (Jan. 1975) , PP.1 — 33.

[43] David Easton, *Political System* (New York: Knopf, 1953) , P.2.

[44] David Easton, "An Approach to the Analysis of Political System", World Politics, (April, 1957) , PP. 283-284.

壓力求取生存，必定要有反饋（feedback）各種情報的功能。[45]

伊士頓對環境因素的重要性有如下說明：「政治系統，經由環境的輸入，有時會產生壓力（stress），而引起系統內部結構的調整，以求自身的生存。政治系統必須有應付來自內、外環境動亂的能力，以及系統的穩定或變遷。」[46]環境因素深深影響政治穩定實爲必然，而政治穩定是政治體系持續發展的前提要求，更是開發中國家政治發展的目標。

杭廷頓在影響政治發展的諸多因素中，特別指出社會中政治的演變，深受政治體系所處內、外環境的影響，任何政治體系的演變，都在其地理與歷史上反映出所處的情狀環境。根據杭廷頓的分析，政治發展受到環境的影響包括了外環境因素與內環境因素。分別論述如下：

一、政治體系的外環境因素

政治體系是屬於更廣大世界系統中的一部分，由於其本身的開放性，因之，外在的環境變化與體系間互動作用，很容易影響政治系統本身的運作。外在環境所形成的影響來自兩方面，一是外國（或國際組織）的態度或壓力，一是本國政治體系的回應。就前者而言，他國的對外政策發生變化，自然會影響到本國，舉凡政治因素（如建交或斷交、締約或廢約等）、經濟因素（如互惠或制裁、獎勵或禁運等）、軍事因素（如友好或宣戰、平時或戰時等），均是屬於外環境的重大變化成因。就後者而言，當外國勢力的壓力大到政治體系不得不採取必要之政策作爲，並改變原有的政治運作程序時，顯示本國的政治體系承受外環境所帶來不穩定威脅的存在，如戰爭的威脅、經濟勢力的壓迫等。

杭廷頓曾就外環境因素對政治發展的影響所表現出來的型態，歸納出以下四種：[47]

（1）由於個人或團體從其他政治體系中，擷取觀念、模式、技藝、資源和制度，透過自然而平和，且代價不大的方式與途徑，逐漸產生依賴的現象。

（2）其他的政治體系透過政治、軍事、經濟或文化的手段，進行干預行爲，以直接或間接的影響政治發展。

（3）經由其他政治體系建立政府形成殖民統治。

（4）政治體系採取行動以對抗外國干預或統治的威脅。

一個政治體系受到外環境的影響層面包括政治、軍事、經濟、文化等。國際間因受到外國的壓迫、侵略、征服或干涉，均可能引起本國政治系統的改變，如二次大戰後日本、西德所實施的「民主化」運動，一九五六年匈牙利、一九六五年的捷克、一九七九年的阿富汗等國家之社會主義化，均是著例。

就中華民國政府於民國三十八年遷台以後，所面臨最大的外環境因素，來自

---

[45] David Easton, *A System Analysis of Political Life* (New York: John Wiley, 1965) , P.18.

[46] Ibid.

[47] Samuel P. Huntington,"Politicial Development", in Fred I. Greenstein and Nelson W. Polsby, eds, *Handbook of Political Science. Vol. 3: Macro political Theory* (Reading: Addison-Wesley Publishing Company, 1975) , P.13.

中共與國際間（尤其是美國），表現方式則以三方面最顯著：政治的、軍事的與經濟的。就政治面而言，中華民國政府早期「一個中國」政策下，以「漢賊不兩立」原則，在退出聯合國後，又持續遭受一連串的外交挫敗，而中共亦以「一個中國」的「排他性主權」原則，使中華民國政府的國際生存空間日漸窄小，乃改採取更為靈活的彈性外交、務實外交，以爭取國際活動空間。就軍事面而言，台灣地區是屬於「要塞國家」（garrison state）形態，亦即是一種需要留心於防務的國家，從民國三十八年起台海風雲不斷，中共的武力嚴重威脅台澎金馬的安全，到了民國四十、五十年代兩岸劍拔弩張的緊張情勢仍然存在。中華民國自由地區在遭受軍事威脅下，有戒嚴令宣布、動員戡亂時期臨時條款的實施以及國民黨來台改造後所形成一黨優勢下的威權體制。直到民國六十年代後期，兩岸關係漸趨緩和，由於外環境條件的變化，成為中華民國政府其後得以考量政治轉型的原因之一。就經濟面而言，台灣地區本身缺乏天然資源，因此是以對外貿易作為經濟發展的起點，發展至今雖已成為世界十大進出口貿易國之一，但經濟上以貿易為主的國家，最容易受局勢不穩定與經濟貿易報復的傷害，如民國六十二年第一次經濟危機，民國六十七年第二次經濟危機，民國九十七年國際金融海嘯危機，以及過去美國政府三〇一條款的威脅均是著例。

二、政治體系的內環境因素

內環境是指國內的自然狀況、文化、經濟、社會、宗教、人口等狀況。[48]導致一個國家政治發展的內環境因素很多，其中影響政治變遷最鉅著，首推經社結構與政治文化。

李普賽（Seymour M. Lipset）曾指出政治體系欲發展成為民主體制，是不能忽視其社會經濟條件，即民主政治與經濟發展存在某種關聯性。[49]雖則若干學者對經濟狀況與政治狀況之間有簡單不變的相關性提出質疑，甚至指出快速的經濟發展常招來政治的不穩定。[50]但大多數學者對政治發展與經濟發展之間，認為有其相關性，是持肯定態度的。一般政府決策當局與學者，在分析一國經濟發展時，有三項重要指標：經濟成長（economic growth）、經濟穩定（economic stabilization）與所得分配（income distribution）。經濟發展與政治發展之間的互動關係，約可歸納如下說明：

（1）落後社會的經濟貧窮、社會混亂與教育不彰，是政治無法走向民主化的溫床，此時政治體系的公權力、強制力足以深化到民間，有效進行價值分配，而軍人干政情形亦甚普遍，常有政變（coup）發生。一旦民間社會力、經濟力壯大，社會多元化帶動社會動員（social mobilization），則自主意識抬頭，國家行政作為反而受到制衡。杜意奇（Karl W. Deutsch）認為社會動員有如下影響：1.使人

---

[48] 華力進，政治學（台北：經世書局，民國七十八年三月），頁一四五。

[49] Seymour M. Lipset 原著，張明貴譯，政治人（台北：桂冠圖書公司，民國七十年），頁五六。

[50] 引自江炳倫，「我國政黨政治的現況與未來」，中國論壇社，第二四八期，民國七十五年一月，頁十五。

口中與政治有關的階層擴大（politically relevant strata）。2.人們對政治提出的需求大爲增加，使政治的品質（quality of politics）起了重大的變化。3.要求行政改革的壓力大增。4.要求政治改革的呼聲提高。[51]

（2）一種經濟發展若是以中小企業爲主，則經濟上的民營企業領袖，多非來自特權階級，而是白手起家，此時講求公平競爭的企業精神，容易養成人們對民主的基本價值和信仰，這種公平競爭的經濟發展形態，被認爲對促進民主化有很深的影響。[52]過去六十年來臺灣地區的經濟發展與民主發展可以說明此點，唯值得重視的是，愈益嚴重的政商關係則將腐蝕社會公平的基礎，對民主政治惡質化的影響程度有一定關係。

（3）經濟成長隨著工業化與都市化發展，加速人群的交流，對社會的和諧與建構共同工作的融洽環境大有助益。再者，經濟發展到相當程度，經濟自由化所強調的尊重市場機能，減少不必要的干預，更成爲經濟發展的目標。經濟上的減少管制，相對地，在政治上亦必須有法律、制度上的配合，故而活躍的資本體制生產方式，所帶來的經濟體制亦將有助於民主政治。

綜合而論，經濟、社會的發展與政治的發展應有其關聯性，雖則杭廷頓視之爲「難以抉擇」（No easy choice）[53]，奧唐諾（G. A. O'Donnell）認爲應就個案分析[54]。但八〇年代以來政治學發展令人矚目的主題之一，就是政治經濟學（political economy）的研究趨勢，諸多政治發展與經濟發展間關聯性論著的發表，或可說明兩者的互動與影響。[55]

內環境因素除經濟、社會條件而外，另一值得關注者，則是政治文化（political culture），政治文化的概念被具體提出，爲阿爾蒙（G. A. Almond）在一九五六年於「政治季刊」發表「比較政治體系」一文，其以爲政治文化是對政治行爲和政治評價的主觀取向（subjective orientations），它是一般文化的一部分，但比前者更與政治行爲有關，它隱而不露，深繫在人們的心腑之中，影響他們的政治行

---

[51] Karl W. Deutsch, "Social Mobilization and Political Development", in Jason L.Finkle and Richard W. Gable, ed., *Political Development and Social Change*, 2d ed., (New York: John Wiley and Sons Inc., 1971) , PP. 390 — 392.

[52] 郭婉容，「我國的經濟發展對民主化之影響」，理論與政策，第一卷，第二期，民國七十六年一月，頁十至十一。

[53] Samuel P. Huntington & Joan M. Nelson, *No Easy Choice: Political Participation in Development Countries* (Cambridge: Harvard University Press, 1976) , PP.17-29.

[54] 吳乃德，「搜尋民主化的動力：兼談民主轉型的研究取向」，台灣社會研究季刊，第二卷，第一期，民國七十八年三月，頁一五六。

[55] 國內從事政治經濟學之研究與論著包括：蕭全政，政治與經濟的整合（台北：桂冠圖書公司，一九八八年）；彭懷恩，台灣發展的政治經濟分析（台北：風雲論壇出版社，民國八十一年）；朱雲漢、黃德福合著，建立台灣政治經濟新秩序（台北：國家政治研究中心，一九八九年）；蕭全政，台灣地區的新重商主義（台北：國家政策研究資料中心，一九八九年）等。

爲。[56]

　　伊士頓與丹尼斯（Jack Dennis）研究政治文化發現，對政治權威態度的發展是經過四個時期：（1）政治化，兒童逐漸能夠區分家庭權威與政治權威。（2）個人化，對政府重要人物或對權威持有者，產生忠順的情感。（3）理想化，對於政治上高度個人化的角色，發展出尊敬與情感。（4）制度化，把早期個人化的目標轉移到政治制度上。[57]

　　江炳倫提出政治文化有三個特性：（1）它應該是一個社會整體所共有的主觀取向，不僅是少數人的特別態度而已。（2）一種文化必然是一個整體，其各個項目一定要構成有規律的模式，而不是偶然的湊合。（3）文化必須具有連續性，由代代相傳累積而成，但並非是完全固定不易的。[58]

　　弗巴（S. Verba）對政治文化有相當詳細的論述，其以爲政治文化是由包括經驗性的信仰（empirical beliefs）、表達的符號（expressive symbols）以及價值評判三者所交織而成的一個體系，它劃定政治行爲發生的背景，是政治活動的主觀取向，包括一個政治體系的最高遠的理想，以及一般行爲規範。弗巴更進一步就政治信仰的對象，提出四項：（1）對國家的認同。（2）合群的精神。（3）對政府工作成績的評價。（4）對政策決定過程的看法。[59]

　　整體來說，政治文化與政治發展之間有密切關係，政治文化乃是在探討個人與政治系統之間的互動，它從個人的知識、情感、態度和價值觀念等角度，去解釋政治系統的穩定與變遷關係。質言之，政治文化爲政治發展的內環境因素中，極具影響和價值的一環。

叁、憲政體制

　　開發中國家的政治發展，首重政治組織與政治過程的制度化，尼德勒（M. C. Needler） 即強調憲政的價值。一般而言，透過一套完整的憲政體制，可將民主的精神涵化到每一個國民的價值體系中。[60]

　　憲政與民主兩者往往被視爲一體兩面，或被看做同義詞，在一個民主卻無憲政規範的政治體系，其民主因無明確對國家體制、政府組織的設計，且無保障人民權利義務的條文，民主極可能發展成爲獨裁或暴民政治。只有在建立憲政制度之後，民主政治才能夠依循理性和諧的常軌運作發展。

　　依據蘭尼（Austine Ranney）的分析，「民主」（democracy） 與「憲政」（consti-

---

[56] 轉引自江炳倫，政治發展的理論，四版（台北：台灣商務印書館，民國六十八年六月），頁一四八。

[57] David Easton & Jack Dennis, "The Child's Image of Government", *The Annals*, vol.361, (1965) , PP. 40-57.

[58] 江炳倫，前揭書，頁一五五。

[59] Lucian W. Pye & Sidney Verba (eds.) , *Political culture and Political Development* (N. J., Princeton, 1965) , P. 13.

[60] 李炳南，憲政改革與國是會議（台北：永然文化出版公司，民國八十一年四月），頁二三一。

tutionalism）並非同義，但隨著近代西方民主憲政歷史的發展，才使民主與憲政逐漸合流。民主與獨裁（dictatorship）、憲政與極權（totalitarianism）分別是兩組相對應的名詞。民主與獨裁的區別在於政府的統治由多數人或少數人所控制；憲政與極權的區別則在於政府的權力是否受到一定的限制。[61]

民主與憲政的合流是逐漸發展出來的，在君主專制時代，君主是統治者，人民是被統治者，人民只有聽從君命而無抗衡之力。一二一五年英王約翰被迫接受大憲章（Great Charter, Magana Carta），首開被統治者以立憲制度約束統治者權力使用之先河。雖則「大憲章」是貴族與國王所訂的契約，所保障者也只是貴族僧侶們的特權，並非保護一般人民的權利，故不能與今日憲法相提並論，唯「大憲章」在英國憲政史上卻開啓了人類憲法的新紀元，它首次確立了憲法中的三個重要原則：（1）徵新稅必須國會的同意，進而確立國家預算須經議會通過的原則。（2）處罰人民必須經法院的判決，進而確立「罪刑法定主義」的原則。（3）國王行使權力必須有法律的依據，進而確立了法律高於國王的原則。[62]

其後一六二八年查理一世被迫簽署「權利請願書」（Petition of Rights），到一六八九年威廉被迫接受「權利法典」（Bill of Rights）。「權利法典」在英國憲政史上所具之意義，一方面限制國王的權力，使君主專制無由再生；另一方面則保障議會與人民的權利，使近代的民主政治得以奠基，並從此擴大發揚。「權利法典」不僅確立英國的立憲政體，更奠定民主政治的深厚基礎。

十八世紀以後，民主思想日益發達，美國的獨立與法國大革命成功，美、法兩國制定成文憲法，一方面明確規範政府組織架構、權力的範圍；另一方面保障人民的自由權利。至此而後，民主與憲政遂合爲一體，成爲大多數國家所追求的政治目標。

當代民主憲政國家是依據憲法的規範來運作，因此在討論民主憲政之際，必須瞭解憲法（constitution）與憲政（constitutionalism）的意涵。憲法是規範政府組織、權力關係與人民權利義務的根本大法。或爲一個完整的法典（code），或散見於各種文獻（documents）、習俗（customs）、協約（convention）與慣例（usages）之中。前者如中華民國、美國、法國等憲法；後者如英國、以色列之類型。

憲政則是立憲政治下依據憲法而爲的運作情況。憲政有賴於長期成長，憲政的好壞並不是憲法本身可以決定的，其關鍵在於主政者與人民是否具有尊重憲法的政治風氣與守法觀念。加以分析，憲政的穩健踏實有賴於：

（1）一般國民能夠理解憲法的精義，由知之真而後信之篤，並達到行之恆，能夠真知篤信而力行，一部憲法才能成就好的憲政發展。

（2）政府官員須有奉行憲法的誠意。實行憲法最主要的人物是主政者與各政黨精英，唯有以尊重憲法、力行憲法的態度面對體制，並透過修改憲法、解釋憲法方式，賦予憲法成長的生命，而非任意毀棄，這樣的憲政發展才可保障國家

---

[61] Austine Ranney, *Governing A Brief Introduction to Political Science*, (New York: Holt, Rinehart and Winston, 1971), chap. 9.

[62] 張佐華，英國政府（台北：自發行，民國六十一年一月），頁六。

長治久安。

　　整體而言，美國的憲政成長是最佳的典範，立國兩百餘年，美國人民奉行的七條條文，並未因爲馬車牛車時代到太空船時代而有任何不尊重立國憲法者，其間並以修憲方式（至今有廿七條修憲條文）配合時代的成長。相反的，法國的憲政成長則是崎嶇多折的，一七八九年法國大革命後，歷經第一共和、第一帝國、復辟、第二共和、第二帝國、第三共和、第四共和、第五共和各時期，法國憲法不斷廢棄後再制定新憲，前後不下二十餘部憲法，過去法國主政者、政客與國民對憲法的不尊重亦使憲政的成長坎坷多難。質言之，一個國家的政府、朝野政黨、國民都應加強心理建設，培養民主的生活習慣和尊重憲法的觀念，憲法的功能才能真正顯現出來，民主憲政才有進一步良好的發展與成長。正因爲民主憲政與憲法的互動密切，在探討民主憲政的過程中，對憲法相關概念的認知益形重要，茲分述如下：

一、憲法的意義

　　「憲法」一詞在我國古代典籍即已出現，如尙書說命篇：「監於先王成憲，其永無愆。」韓非子：「法者，憲令著於官府，刑罰必於民心。」而將憲法二字連成一個名辭來用，則見於國語：「賞善罰姦，國之憲法。」管子：「有一體之治，故能出號令，明憲法矣。」唯當時所稱之「憲」或「憲法」，是指國家典章、法度、法令等一般法規而言，並不同於今人所稱的「憲法」，今日由西方傳入國內之「憲法」是由constitution, verfassung翻譯而來，其原意乃有「構造」或「體制」之意。[63]

　　憲法一詞因時代先後與國家環境而有異，各國學者紛立不同界說。如蒲來士（Bryce）謂：「憲法是規定政府的形式與權力，及人民的權利與義務之法則。」戴雪（Dicey）謂：「憲法是規定國家直接或間接關於統治權之分配及行使的規則。」葛萊（Cooley）謂：「憲法是國家的根本法，確定政府成立的原則，規定主權之所在，指明行使此項權力的人物及方法。」馬金鐸：「一群成文的或不成文的基本法而規定高級行政官吏的權力以及人民的重要權利者，稱之爲國家的憲法。」鮑格德（Borgeard）謂：「憲法是一種根本大法，根據它以建立國家的政府，以協調個人與國家社會的關係，它可以是成文的，由主權者制定具體的條文；它亦可以是歷史的結晶，由不同時期不同來源的國會法、判例、以及政治習俗所組成。」[64]

　　國父孫中山先生謂：「憲法者，國家之構成法，亦即人民權利之保障書也。」[65]國內學者張知本、管歐、劉慶瑞、左潞生等，多將憲法的界定，區分爲實質的意義與形式的意義。憲法的實質意義乃是規定國家之基本組織、國家活動之基本原則以及人民之權利義務等，不問其爲成文或不成文，亦不問其名稱爲何，均屬於憲法的範圍。憲法的形式意義則包括效力上的特徵與修改上的特徵，前者憲法

---

[63] 王世杰、錢端升，比較憲法（上海：商務印書館，民國三十五年），頁一一二。

[64] 轉引自左潞生，比較憲法，台八版（台北：正中書局，民國六十九年十月）頁一九。

[65] 國父全集編輯委員會編，國父全集，第九冊（台北：近代中國出版社，民國七十八年十一月），頁六〇〇。

的效力高於普通法律，後者則憲法的修改異於一般普通法律。以上兩項形式上的憲法多爲成文憲法的特性，不成文憲法無之。[66]

張治安謂：「憲法是規定國家體制，人民的權利義務，政府的組織職權，及其他重要事項。之根本法律。」[67]董翔飛認爲憲法包含以下概念：（1）憲法是政治哲理的昇華：它規定國家的組織結構、規範政府的權力、保障人民的權利、規定修憲的程序。（2）憲法居於最高位階：垂諸永久、效力最高。（3）沒有憲法的國家等於沒有秩序的無政府狀態。[68]

綜上所述，學者對於憲法的界說，未必盡同，但歸納這些見解，並根據現代國家立憲之意旨，可獲得一個概括的定義，即：「憲法乃是規定國家體制、政府組織職權、人民權利義務與基本國策等內容，無論爲成文或不成文，其爲國家的根本大法。」

二、憲法的性質

管歐指出憲法的性質有六項：（1）憲法爲國內公法性質。（2）憲法具有優越性。（3）憲法富於政治性。（4）憲法具有固定性。（5）憲法具有適應性。（6）憲法具有歷史性。[69]左潞生亦列出憲法的六項性質爲：（1）憲法的根本性。（2）憲法的最高性。（3）憲法的固定性。（4）憲法的適應性。（5）憲法的調和性。（6）憲法的國際性。[70]憲法爲國家根本大法，有異於普通的法律，學者對於憲法的性質，持論雖不盡相同，但下列各點，爲一般所共認：

1.**根本性**：此爲憲法在實質上普遍的特性，憲法之內容在於規定一國的根本重要事項，包括國家的體制、政府的組織職權、人民的權利義務、基本國策等，於是學者通稱憲法爲國家的根本法（Fundamental Law）。所謂根本法，不僅是指憲法所規定的都是國家根本組織事項，同時又是國家一切法律的基礎，或稱之爲母法（Mother Law），舉凡國家所有立法部門制定之法律、行政部門頒布之命令，皆直接間接根據憲法而產生。

憲法的根本性不僅包含成文憲法，且不成文憲法亦包括在內。成文憲法國家多稱憲法（Constitution, Verfassung）的名稱，另外如西德一九四九年憲法則稱「基本法」（Grundgestz, Basic Law），西班牙亦稱憲法爲基本法。從上可知，憲法的根本性早經確立，甚且若干國家直接以基本法名之，有其實質意義。就不成文憲法的英國而言，雖沒有統一的成文法典，其有關國家的根本事項，如政府重要機關的組織、人民的權利義務等，卻散見於各種法規、判例、習慣之中。因之，英國在形成上雖無憲法與普通法律之別，然法規等之具有根本性者，則概稱之爲憲法（Constitutional Law），如英國劍橋大學出版社即出有自一二一五年大憲章以來具

[66] 參閱張知本，憲法論，台三版（台北：三民書局，民國六十八年二月），頁五四—五六。管歐，憲法新論，七版（台北：五南圖書公司，民國六十九年七月），頁一一—四。劉慶瑞，中華民國憲法要義，修訂十三版（台北：三民書局，民國七十四年五月），頁五—一八。左潞生，前揭書，頁十六—十七。

[67] 張治安，中國憲法及政府，增訂三版（台北：五南圖書公司，民國八十三年十月），頁四—五。

[68] 董翔飛，中國憲法與政府，修訂二十四版（台北：自發行，民國八十一年九月），頁二—五。

[69] 管歐，前揭書，頁四—六。

[70] 左潞生，前揭書，頁二六—三一。

有憲法效力的文獻（documents）6 大冊，合計起來有 3,000 頁，收入文獻達 1,000 種。由此可見憲法的根本性，是一般憲法所共有。

2.最高性：此爲憲法在形式上所具有的特性，一般成文憲法，在形式上多以憲法效力高於普通法律，普通法律不得與憲法牴觸，否則無效，是爲憲法的最高性。絕大多數成文憲法國家都強調「法的位階」，憲法—法律—命令，其中法律、命令不得與憲法牴觸。例如美國稱憲法爲最高法（Supreme Law），凡普通法律與憲法相牴觸，並經最高法院確定者，即認爲違憲而無效。一九三五年五月，美國聯邦最高法院認羅斯福總統（Franklin D. Roosevelt）之「復與法」（N. R. A.）違憲，宣告無效。我國憲法第一七一條規定：「法律與憲法牴觸者無效」，第一七二條規定：「命令與憲法或法律牴觸者無效」。法國第五共和憲法第六二條第一項規定：「凡宣告爲違憲的法規，不得公布或付諸實施。」意大利憲法第一三六條：「憲法法院宣告法律或具有法律效力之命令爲違憲時，該法律或命令自判決公布次日起失效。」比利時憲法第一三八條：「法律、命令、章程及其他行爲之牴觸憲法者，應自憲法生效之日起，均予廢止。」綜上所述，憲法的最高性，不僅爲各國憲法所確認，甚且明定於憲法之中。

3.固定性：憲法的固定性，亦屬於憲法形式上的性質，此因憲法效力高於普通法律，爲維持憲法的最高性，有必要對憲法採取較固定的原則，使不能任意變動。成文憲法的修改多依特別程序爲之。例如美國憲法第五條規定：「國會遇兩院議員三分之二人數認爲必要時，應提出本憲法之修正案，或因三分之二州之州議會之請求，召集會議以提議修正案。以上兩種情形中之修正案，經各州四分之三之州議會，或經各州四分之三之會議批准時，即認爲憲法之一部分，而發生效力。」美國憲法修改手續繁複，且標準亦高，修憲案須經聯邦參、眾兩院各以三分之二多數通過，再交由各州之州議會或州憲法會議，必須四分之三贊成表示該州通過修憲案，而最後須有四分之三的州通過，該修憲案始成立，其困難度可見。

憲法的固定性雖僅限於剛性憲法，而爲柔性憲法所無，然以現代國家之中，柔性憲法者極少，絕大多數爲剛性憲法，因之固定性仍不失爲一般憲法所具有之性質。至於固定性的程度，則視各國憲法剛性的程度而定。總之，一般國家爲求長治久安、政治安定，多於憲法中採取固定原則，非凝聚相當程度之國民共識，不宜任意變更之，以資保障。

4.適應性：憲法爲國家根本大法，且有其固定性，不應輕易變動，以致影響政治秩序及人民生活。唯國事無常，變動不居，社會現象亦因時代發展而變化無窮；另就憲法條文運行中，難免扞格不入或窒礙難行者，此時如一味抱殘守缺，不僅無法應付時代巨變，且可能影響國計民生，因之憲法的適應性乃有其必要。

憲法的適應性表現於以下幾方面：（1）根據憲法以制定法律，補充憲法之不足。此因憲法僅得爲原則性、基本性之規定，至於詳盡而周延的運作細節，則規範於法律或命令規章中。（2）依循憲法慣例，以濟事實之窮。例如美國自華盛頓（George Washington）總統以來所創下的總統拒作第三任的憲法慣例，久爲美國政府所遵守，直到二次大戰的羅斯福始被打破。另如司法審核權（Judicial Review）

亦是始於馬布里與麥迪遜案例（Marbury Vs. Madison）之中。（3）透過憲法的修改，以順應實際之需要。韓非子所云：「法與時轉則治，治與事宜則有功。」因為國家環境的經常變動，在制定憲法時，認為最適當的條文，經過若干歲月之後，就可能顯得不合時宜了；同樣的，原先不重要或不重視的原則，亦可能變成憲法中的基本法則，類此情形，就必須透過修憲以維持憲法的價值和功能。（4）解釋憲法，以闡明憲法的意旨。憲法以其條文簡潔，欲以有限條文字句，規範無窮事務，有賴憲法之解釋。我國憲法第七十八條：「司法院解釋憲法，並有統一解釋法律及命令之權。」增修條文第四條：「司法院設院長、副院長各一人，大法官若干人，由總統提名，經立法院同意任命之，不適用憲法第七十九條之有關規定。司法院大法官，除依憲法第七十八條之規定外，並組成憲法法庭審理政黨違憲之解散。」

　　5.調和性：各國憲法在理論上，是以各該國之立國主義或理想為依據，然後判定某種主義或理想的憲法。但事實上，各國常因時勢所迫、傳統所牽、或為其他力量所限，不得不折衷眾意，兼籌並顧，而制定出為各方所能接受的憲法，這就是憲法的調和性，或稱憲法的妥協性。

　　憲法的調和性所表現的憲政重要精神即在容讓妥協的精神發揚。正因制定憲法是為了走民主的道路，民主之可貴在於不自專，憲法的制定、發展、變遷或修改之過程，都是當時各方政治力量的反映，並非全憑法理推敲的結果。例如我國憲法制定過程，即是五權憲法與三權憲法的調和。王寵惠的名言：「余亦知本憲法為各方所不盡滿意之憲法，然而正因其為各方所不盡滿意，故能為各方所接受。」[71]可為最佳註腳。另外如美國國會參眾兩院的設計，是大州與小州的調和；法國第五共和的雙行政首長制（或稱半總統制）是總統制與內閣制的調和。

三、憲法的種類

　　憲法之分類，由於界定觀點的不同，而有各種類別。就憲法制定機關言，可分欽定憲法、協定憲法、民定憲法；就憲法之形式言，可分成文憲法與不成文憲法；就憲法修改之難易言，可分為剛性憲法與柔性憲法。就憲法規定之政府組織及職權分配言，可分為三權憲法與五權憲法。

　　1.欽定憲法、協定憲法、民定憲法

　　凡憲法由君主制定，且未徵求其他機關的同意而頒布者，稱為欽定憲法。如法國一八一四年路易十八的憲法、意大利一八六一年憲法、日本明治維新憲法、中國滿清宣統三年的十九信條均屬之。

　　凡憲法由君民共同制定或經雙方協議制定者，稱為協定憲法。如英國一二一五年的大憲章、法國一八三○年的憲法、普魯士一八五○年憲法均屬之。

　　凡憲法由人民制定者，稱為民定憲法。民定憲法可分為兩種：一是直接民定憲法，憲法的制定，須經公民複決（referendum）來決定，如法國第四、第五共

---

[71] 王子蘭，現行中華民國憲法史綱，增訂一版（台北：台灣商務印書館，民國七十年六月），頁一一六。

和憲法屬之。二是間接民定憲法，即憲法的制定，或由普通議會制定、或由特別制憲團體制定，前者如法國第三共和憲法，後者如美國一七八七年憲法會議（Constitutional Convention）、我國現行憲法在民國三十五年由制憲國民大會制定等是。

上述三類憲法中，欽定憲法因君主享有特權，專制色彩重，並不符合民主政治的精神，現已成爲歷史陳跡。而協定憲法，因出於部分人民與民主協議制定，但當君主或人民任何一方權力伸展之後，即會不滿意此項憲法，而加以修改或廢棄，故此類憲法只是憲政史上的過程，不易長久存在。至於民定憲法，其精神在於尊重民意，使人民能直接或間接參與過程，符合主權在民的原則，在民主政治的潮流下，已爲世界各國普遍通行之制。

2.成文憲法、不成文憲法

凡將國家根本組織、人民權利義務等事項，有系統的編成一個完整法典（code），獨立於普通法律之上者，稱爲「成文憲法」（written constitution）。成文憲法又可分爲兩類，一是由單一文書之「一個文獻」（a document）編纂而成，一七八七年的「美利堅合眾國憲法」爲世界憲法史上第一部有系統且完整的成文憲法，以後其他各國多仿效之，我國現行憲法亦屬此類。另一是由數個文書合併成「一個文獻選集」（a collection of constitutional documents），如法國第三共和憲法由「參議院組織法」（Law Upon the organization of the Senate）「公權組織法」（Law Upon the Organization of the Public Powers） 與「公權關係憲法」（Law Upon the Relations of the Public Powers） 三種文書共計三十三個條文合併而成，另西班牙憲法由「勞工憲章」、「議會組織法」、「元首繼承法」、「人民憲章」等文書構成。

不成文憲法（unwritten constitution）則是國家根本組織事項，散見於單行法規、習慣、判例中，並不特別編成法典。不成文憲法以英國爲著，其構成要素有如下：（1）歷史上的重要文件（Landmarks of Historic Documents）：例如一二一五年的「大憲章」（Magna Carta, Great Charters）、一六二八年的「權利請願書」（Petition of Rights）、一六八九年的「權利法典」（Bill of Rights）。（2）含有憲法性質的「國會制定法」（Parliamentary Statutes）：例如有關王權及行政權之一七○一年「王位繼承法」（Act of Settlement）、一九三六年「禪位法」（Act of Abdication）、一九三七年「攝政法」（Regency Act）、一九三九年「國務大臣法」（Minister Act）等；有關國體與領土者之一七○七年「與蘇格蘭聯合法」（Act of Union with Scotland）、一八○一年「與愛爾蘭聯合法」（Act of Union with Ireland）、一九三一年「西敏寺法」（The Statute of Westminister）等；有關立法議會者之一七一六年「七年會期法」（The Septennial Act）、一九一一年與一九四九年「議會法」（The Parliament Act）、一八三二年與一八六七年「改革法」（The Reform Act）、一九一八年與一九四九年「人民代表法」（Representation of the People Act）等；有關人民權利者之一六七九年與一八一六年「人身保護法」（Habeas Corpus Act）、一七九二年「誹謗法」（Libel Act）等是。（3）法院所作的判例（Judicial Decision）例如一六七○年法院以 Bushells' Case 的判例，確定陪審員地位，認爲陪審團獨立，

不受法官意見之拘束。又如一六七八年法院以 Howells' Case 的判例，將法官依法獨立審判的特種解釋確定。（4）爲習慣法的原則（Rules of Common Law）：此純由事實生長，無明文規定，不斷沿用，成爲慣例，具有憲法的效力，如虛君政治、內閣制度、政黨制度、人民享有身體、言論、居住、集會與結社等自由均屬之。

前述成文憲法與不成文憲法的區別，並非全然沒有問題的，因爲此兩者的分法，乃是程度問題，並非截然可分。成文憲法中亦不乏含有憲法風俗（constitutional custom）、憲法協約（constitutional convention）、憲法習慣（constitutional usage）者，如美國憲法在二次大戰前的總統「反三任」、聯邦最高法院大法院之「司法審核權」等是。不成文憲法，則每因有根本法性質之各種法規摻雜其中，而有許多成文部分，如英國劍橋大學即整理具有憲法效力的文獻，達六大冊，收錄文獻一千餘種。

3.剛性憲法、柔性憲法

凡憲法的修改機關與普通立法機關不同，或其修改程序比普通法律爲困難者，稱爲「剛性憲法」（Rigid Constitution）。就修改機關不同而言，如美國憲法的修改須得國會兩院的決議，並經各州議會的批准。就修改程序比普通法律困難而言，美國憲法修改須經參、眾兩院各以三分之二通過（一般法律案以二分之一爲通過），並經四分之三的州通過。每州之州議會（或州憲法會議）須以四分之三通過爲準。比利時憲法修改須經議會三分之二出席，出席三分之二表決贊成爲通過。

凡憲法之修改，並無特定的程序，或特設的機關，純由普通立法機關以普通立法程序修改者，稱爲「柔性憲法」（Flexible Constitution），或稱彈性憲法。例如英國含有憲法性質之法律的修改，即是由國會採取普通法律修改的程序爲之。

有謂成文憲法必是剛性憲法，不成文憲法必是柔性憲法，此說則不能成立，因剛性憲法必是成文憲法，但成文憲法未必是剛性憲法，如一八四八年意大利憲法爲成文憲法，但其修改程序與普通法律無異；再如紐西蘭憲法亦然。另外同理，不成文憲法必是柔性憲法，但柔性憲法未必是不成文憲法。

剛性憲法與柔性憲法的區分標準係出自英國學者浦萊士（James Bryce）在一九〇一年出版的名著「歷史與法學研究」（Studies in History and Jurisprudence）中。唯若進一步分析此種分類法，亦有商榷之處。因爲有異於一般法律修改程序的憲法，不一定就因其阻礙重重而難於修改，如瑞士憲法，雖有繁複修改程序，但其憲法仍能不時修改，以適應新的需要。相反的，有的憲法雖沒特殊修改程序的規定，也並不因修改時較少阻礙而隨時修改。如英國雖爲柔性憲法，但由於英國人民的保守性甚強，其憲法上的根本制度如虛位元首、責任內閣制、王位繼承制等重要原則，多半已成爲牢不可破之習慣，故其固定性反超過剛性憲法，與其說英憲屬於柔性憲法，倒不如說英憲是經驗主義下的慎重產物，而具備著事實上的剛性。

4.三權分立、五權憲法

　　三權憲法、五權憲法乃是以權力分配之標準而爲之分類。法人孟德斯鳩（Montesquieu）在其「法意」（L Esprit des Lois, The Spirit of Laws）一書中，闡述三權分立學說。孟德斯鳩認爲要保障人民的自由，就必須要限制政府的權力，其法則爲「權力分立」，尤應將政府的權力分爲立法、行政、司法三種，這三種權力分別由三個機關行使，並互相制衡，以防止權力集中、濫用，並達到保障人民的自由。三權憲法的設計，依行政與立法的關係，又可分爲：內閣制、總統制、委員制、混合制（如法國第五共和之雙行政首長制）等。

　　國父孫中山先生認爲三權分立有兩項缺點，一是人才選用的不當，另一是國會的專制，故而將行政機關的考試權與立法機關的監察權獨立出來，並將行政、立法、司法、考試與監察等權歸之於政府的治權機關，另以國民大會爲最高政權機關，以此完成五權憲法的學說。五權憲法的「權能區分」理論，在於以人民的四種政權（選舉、罷免、創制、複決）來監督政府，政府則以五種治權來爲人民辦事。國父中山先生的五權憲法精神雖表現於民國二十五年公布的「五五憲草」中，但至抗戰勝利後，經過政治協商會議十二項原則，五權憲法原貌已被改變，至中華民國現行憲法的制定階段，更在多方容讓妥協之下，形成僅具五權憲法的架構（國民大會、總統、行政院、立法院、司法院、考試院、監察院均列有專章），其精神則已非原來國父五權憲法之理念。中華民國現行憲法雖不完全符五權憲法精神，但卻是反映了現實政治的狀況，表現民主政治容忍妥協的精神。

四、憲法的成長與憲政精神

　　憲法是反映制憲時的政治、社會、經濟等狀況，憲法制定後，即已成爲具有長久性的固定規範，但從人類長遠歷史角度分析，政治、社會、經濟的狀態是變動不居的，爲適應時代的潮流與環境的改變，憲法乃不得不發生變遷，憲法的變遷方法主要有三：一是憲法習慣、二是憲法解釋、三是憲法的修改。這三種方法，一方面可以維持憲法的根本精神，它方面又能兼顧政治、社會、經濟的需要，不僅是漸進溫和的改變，並且摒棄任意毀憲、制憲之不當，使憲法真正深植人心，國家得保長治久安，因而這三種變遷的方式又稱之爲憲法的成長或發展。

1.憲法習慣

　　習慣者，即某種政治行爲，由於反覆遵行，成爲一種經驗，歷時既久，約定成俗，經一般人所承認，而具有法律拘束力之慣例。憲法習慣（customs）包括了憲政傳統（convention）、憲法慣例（usage）、憲政權變（expediency）等。這種習慣雖未被規定在憲法條文中，但其拘束力不亞於憲法條文。不成文憲法的主要淵源之一就是習慣，就成文憲法而言，習慣對於憲法的發展亦有甚大影響，美國憲法運用上，依靠習慣者非常多，例如總統選舉人團選舉總統的方法，眾議院議員必爲選舉區（district）的居民，司法審核權的採行，政黨的組織及其作用等是。

2.憲法解釋

　　憲法之所以需要解釋，原因如下：（1）發揮憲法的適應性，此因社會情況變遷，修憲又一時緩不濟急，只有藉由解釋的方法，使原有條文適應新的環境，例如我國大法官會議於民國四十九年二月釋字第八十五號，對國民大會代表總額的

解釋，即爲著例。（2）闡釋憲法的適用疑義，此因憲法多採概括條款形式，加以條文簡潔、語義抽象，非有正確解釋難爲具體之運用，例如美國憲法修正第四條、第十五條均有「正當法律程序」（due process of law），但何謂正當法律程序？即有待解釋。（3）違憲解釋的必要，此因一般成文憲法的國家，憲法、法律、命令三者具有上下的位階性，因之當法律、命令有無牴觸憲法發生疑義時，必須對憲法的意義作一解釋，以維護憲法的尊嚴。

至於憲法解釋的主要方法有三種：（1）文義解釋：亦稱文字解釋，即依照憲法條文的字句而闡明其意義。例如我國司法院大法官會議釋字第四二號解釋，謂憲法第十八條所稱之「公職」，指「各級民意代表、中央及地方機關之公務員及其他依法令從事於公務者」。（2）論理解釋：即觀察全部條文，用邏輯學的方法，確定該憲法條文之意義。例如美國聯邦最高法院於一九二○年在 National Prohibition Case 中，對美國憲法第五條所規定，國會提出憲法修正案，須經兩院議員三分之二（two thirds of both houses）的同意，其中「三分之二」是指法定出席人數的三分之二，非指議員總數的三分之二。其理由爲憲法第一條第五項第一款規定「國會各院執行職務，以議員過半數爲法定人數」，且第五條中並無除外規定，自應解釋爲法定人數的三分之二。（3）類推解釋：即爲對於憲法未規定的事項，援引類似的規定而爲之解釋。例如我國大法官會議釋字第三號、一七五號，以憲法規定考試院有提案權，而類推監察院與司法院也有提案權。

憲法的解釋機關，有屬於司法機關，或有另設釋憲機關者，我國釋憲屬於司法院大法官會議。一般而言，憲法的解釋，不僅可賦予憲法新的生命與內容，使憲法的固定性與適應性相得益彰，且可解決憲政問題，化解政治危機，促進憲法的發展。

3.憲法的修改

憲法固可透過解釋，賦予其新的生命和內容，然而憲法的解釋有其限度，如若社會、政治環境發生劇烈的改變，或制度運作間的窒礙難行，則憲法的修改自屬必要，各國憲法亦大都有修改憲法的規定。憲法的修改有兩種情形，一是原憲法所未規定之事項，因事實需要而增加新的條文內容；另一是原憲法所訂之條文內容已不適合現今環境而予以修改。前者如我國第一屆國代爲因戡亂需要，透過修憲程序完成之臨時條款，賦予總統「緊急處分權」，政府來台後，又有多項擴張，這部分將在本書第二章中詳爲論述，此處不贅言。後者如民國八十年第一階段修憲，賦予自由地區中央民意代表產生的法源依據，以調適原憲法之不適合當前環境狀況。

憲法修改的方式約有：（1）一部份修改，即變更憲法中的部分內容，如一九三一年瑞士修改憲法第七十六條所規定，眾議員任期由三年改爲四年。（2）刪除條文，即刪除憲法中某些特定條文。（3）增添條文，即不廢止舊條文而增補新條文。如美國憲法修憲方式屬之，我國增修條文七次修憲亦採此法。

憲法修改是否應有限制？也就是憲法的任何條文是否均可隨時修改？這一問題則是仁智互見，主張憲法的修改應無限制者，其理由爲：（1）憲法中任何條

文，效力都是相等的，不應有高低的分別。而且在事實上，對憲法的條文，究以何者得修改，何者不得修改，也是很難劃分。（2）有些憲法上雖規定某些事項不得修改，但此種限制，在憲法上並無多大意義。例如法國第四共和憲法第五條規定，共和政體不得修改，但憲法並未保障第九十五條本身不得修改，因此，有權修改憲法的機關，便可先將第九十五條刪去，而後再修改第五條，此亦爲法理之可通。

另一方面，則認爲憲法的修改應該有限制，主張應予限制者，所持理由爲：（1）一部憲法有其根本精神，特別是中央體制設計，由於這根本精神，就產生了一部憲法，所以有關根本精神的條文，是站在其他條文之上的，不應加以修改，否則，如將此根本精神的條文修改，則整個憲法基礎必然動搖。（2）憲法制定權與憲法修改權兩者性質不同，憲法制定，不是受之於法，而是產生於力（指政治力量）。反之，憲法修改不是產生於力，而是受之於法，亦即是以力制定了憲法，再由憲法授權予某一機關以修改憲法。如若憲法所創設的修改憲法權，竟然破壞了憲法的根本精神，在邏輯上亦不可通。（3）民主憲政的實施依靠憲法的運作，憲法在政治、社會環境發生改變，或機關運作上扞格不入時，自應修憲以爲之，然而民主憲政欲求長治久安，憲法精神欲求深入民心，則其立國精神與中央體制（如總統制、內閣制…）不宜任意修改，如果超越限制，則無異廢棄舊憲法，而制定新憲法，今日之人不尊重原憲法基本精神，他日之人又如何能尊重現今制定之憲法。如此循環，絕非國家民族之福。

整體言之，憲法修改有其必要性，但憲法有其基本精神，憲政精神的發揚，端賴於全國人民奉行憲法、尊重憲法，真正民主憲政上軌道的國家，不在於是否有一部憲法，而在於其「憲政精神」（constitutionalism），正如中山先生所云：「國人習慣，多以定章程爲辦事，章程定而萬事畢，以是，事多不舉。異日制定憲法，萬不可仍蹈此轍，英國無成文憲法，然有實行之精神。吾人如不能實行，則憲法猶廢紙耳。」[72]明乎此理，則可知修憲有其必要性，然而任意廢棄憲法另制新憲，或將憲法基本精神予以修改，冀圖以修憲之名，行毀憲制憲之實，其對民主憲政長遠的發展弊害，乃不言而喻。

肆、政黨政治

政黨是近代民主政治萌芽以來的產物，民主政治亦由於政黨政治而發展，此因民主政治的重要內涵，如容忍、妥協、責任、法治、民意、多數決等精神，均須經由政黨間的競爭互動，得以表現出來。正如徐慈乃德（E. E. Schattschneider）所說：「政黨的興起，是現代政府的主要特色之一。政黨在政府中扮演一個主要角色，尤其是在民主政治的體制下，如果沒有政黨，民主政治便成爲不可想像之事。」[73]杭廷頓亦謂：「一個沒有政黨組織的政權，既缺乏推動社會變遷和吸收此

---

[72] 中國國民黨中央黨史委員會編訂，國父全集，第二冊，再版（台北：中央文物供應社，民國七十年八月），頁三五八。

[73] E. E. Schattschneider, *The American Party System in Basic Issues of American Democracy*, by Hillman M. Bishop etc, 4th edition (New York: American Century Crafts, 1961), P. 261.

變遷所產生衝擊制度的方法，其政治、經濟社會現代化的能力也相當有限。」[74]
正因爲政黨政治和民主政治兩者的息息相關，政黨對政治發展實居關鍵性的地位。

　　政黨政治是民主政治的重要表徵，也是政治體系民主化的主要指標之一，政黨與民主政治的選舉、議會運作、政府權力、壓力團體等之不可分，更顯示政黨在現代政治的重要性。有關政黨的界定、功能、分類、政黨與政黨政治、政黨體系的類型均是研究政黨政治極須認知者，茲分別論述如后。

一、政黨的界定

　　政黨（political party）係來自拉丁文 pars，其原義乃指「一部分的集團」（part）之意。在中文初無「政黨」兩字，而「黨」在古代，是地方單位的名稱，周禮地官大司徒條說：「五族爲黨」，即以五百家爲黨，故「黨」引申意義就是「黨助」。但其後「黨」之含義漸變，而帶有「黨同伐異」之義，如孔子：「君子矜而不爭，群而不黨」，荀子：「不比周，不朋黨。」朋黨（factions）既是一群黨同伐異者的結合，在昔日君主專制時代，爭奪政治權力人物，往往攻擊對方爲「朋黨」，使君主對之忌恨厭惡。如東漢末年的「黨錮之禍」，唐代有「牛、李黨」之爭，宋代有「新、舊黨」之爭，明代有「東林黨、反東林黨」之爭，清代末季有「維新黨與守舊黨」之爭。

　　朋黨與政黨雖同爲政治性的組織，但兩者有顯著的差異，朋黨乃是少數人於權利的取得，非依民主程序決定於選舉勝負的環境中，而是少數人爭奪政治權力的非正式結合。[75]因之，傳統上皆以朋黨指一般所稱的「朋比爲奸」、「結黨營私」，歐陽修在「朋黨論」指出：「君子群而不黨，小人黨而不群。」正足以說明「朋黨」所具有一種被輕視、小團體、小圈圈、爭權奪利之意。

　　西方政黨發祥最早的國家是英國，韋伯（Max Weber）將英國政黨的發展分爲三個階段：第一階段的政黨，純粹是貴族的隨從（pure followers），第二階段的政黨，是名望家的政黨（parties of notables），此爲依資產階級的利益而形成，其在地方爲有資產與有智識者非正式的結合，在中央則爲國會中人士的結合。第三階段的政黨，爲現代群眾性組織的政黨，藉由選舉擴及全民的結果。[76]杭廷頓則將政黨的發展區分爲四個階段：第一階段的政黨是「黨派主義」（factionalism），第二階段爲「分極化」（polarization），第三階段爲「擴大化」（expansion），第四階段爲「制度化」（institutionalism）[77]陳水逢就政黨的演進過程，分爲四個階段：（1）國家敵視政黨的時期。（2）國家放任政黨的時期。（3）國家承認政黨的時

---

[74] Samuel P. Huntington, *Political Order in Changing Societies*, (New Haven: Yale University Press, 1968), P. 398.

[75] 雷飛龍，「朋黨與政黨的比較觀」，見張劍寒等著，動態政治，三版（台北：台灣商務印書館，民國六十五年四月），頁一二一。

[76] H. H. Gerth and Wright Mils, From *Max Weber Essays in Sociology* (New York: Oxford University Press, 1958) PP. 99-104.

[77] S. P. Huntington, *Political Order in Changing Societies* (New Haven: Yale University Press, 1972) P. 44.

期。（4）政黨影響甚至左右政府的時期。[78]

政黨一詞的定義，學者們因國情環境的不同，研究角度的互異，而有不同的見解，僅就西方與我國學者的界定，歸納整理，說明如下：

（一）柏克（Edmund Burke）認為：「政黨乃是一群人，為了共同努力增進國家的利益，基於某些他們一致同意的特定主義，結合而成之團體。」[79]

（二）何爾康（Arthur N. Holcombe）：「政黨是在國家或自治地區中，對於各種公共政策問題，或各種公職選舉，具有共同意見或行動的人們之結合，以異於其他人們的結合。」[80]

（三）徐慈乃德（E. E. Schattschneider）：「政黨乃是以取得政治權力為目的，循制度架構，以和平途徑，經由選舉獲得多數支持為手段的組織體。」[81]

（四）渥克（Harvey Walker）：「政黨乃一個對於公共問題，具有相同理想之選民所組成之團體，彼等企圖透過各種公職之提名與選擇，以實現其理想。」[82]

（五）郭德門（William Goodman）：「一個政黨乃其黨人均充分緊密地結合在一起，以贏得各種選舉為目的的一種組織，使其有權行使政府之權力，以期享有影響、恩惠、與權威上之各種利益。」[83]

（六）蘭尼與肯道爾（Austin Ranney and Willmoore Kendall）：「政黨是自主性的團體組織，從事候選人的提名及競爭，期以最後獲致並施行對政府的人事和政策之控制。」[84]

（七）錢柏士（William N. Chambers）：「現代意義的政黨乃是具有相當的持久性的社會集合，它追求政府中的權力職位，顯現聯繫政府的中心領袖與政治領域中的大批跟從者之組織結構，以產生共同的觀點或至少效忠的認同之符號。」[85]

（八）韋氏大辭典（Webster's Third New International Dictionary）解釋作：「一群人以指導政府政策為目的而組成的團體。」[86]

（九）社會科學百科全書（The Social Science Encyclopedia）：「『政黨』一詞在十九世紀隨著歐美代議制度的發達與選舉權的擴張而產生。它指的是與一個或更多的政黨競爭而贏得公職選舉為目標的組織而言。後來，『政黨』的意義逐漸引

---

[78] 陳水逢，現代政黨政治論（台北：財團法人中日文教基金會，民國八十年四月），頁一五——九。

[79] Edmund Burke, "Thoughts in the Cause of Present Discontents", in *The Works of Edmund Burke* (London: Bahn, 1981), P. 530.

[80] Arthur N. Holcombe, Theory, Political Parties, Encyclopedia of the Social Science, ed., (Boston: Rouledge and Hegan Paul, 1985), P. 590.

[81] E. E. Schattschneider, *Party Government,* (New York: Greenwood Press, Inc., 1977), P. 1.

[82] Harvey Walker, *The Legislative Process* (New York: The Ronald Press Company, 1948), P. 78.

[83] William Goodman, *The Two-Party System in the United States*, 2nd. ed., (New York: D. Van Nostrand Company, Inc., 1960), P. 6.

[84] Austin Ranney and Willmoore Kendall, *Democracy and the American Party System* (New York: Horcourt, Brace Company, 1956), P. 85.

[85] William N. Chambers, "Party Development and the American Mainstream", *The American Party System; Stages of Political Development,* ed., William N. Chambers and Walter D. Burnham, P. 5.

[86] *Webster's Third New International Dictionary* (Massachusetts: G. & C. Merriam Company, Publishers, 1971, (Taipei: Mei Ya Publication, Inc., 1972), P. 1648.

申，亦包括並非從事選舉競爭的政治組織；諸如事實上無法透過選舉而取得公職的小黨、尋求廢除選舉競爭的革命組織，以及極權國家統治集團等是。」[87]

以上西方對政黨所作的定義，有的標列出類似英國政黨追求理想主義的傳統與風格，出自主義本位觀點。有的則強調類似美國政黨追求現實的實情，以政權爭取爲探討核心。以下並論述國人對政黨的看法：

（一）孫中山先生：「政黨者，所以鞏固國家，即所以代表人民心理。」[88]

（二）薩孟武：「政黨是一部份國民，要利用統治權，以實行一定政見而組織的團體。」[89]

（三）鄒文海：「政黨是一種政治團體，它以推行某種特殊政策爲目的，而以爭取政治地位爲手段。」[90]

（四）張金鑑：「政黨就是一部分人要以集體的努力與奮鬥，去爭取民眾，控制政府，藉以實現其共同之政治主張時，依志願結合成功的一種有組織、有紀律的政治團體。」[91]

（五）浦薛鳳：「政黨者，乃由於無數個人或許多團體所聯合組成，具有規模及永久性的公開社會，努力取得政府之治權，並求所以實現其所持之主義與政策。」[92]

（六）江炳倫：「政黨乃是一部分具共同政治立場的公民，自由組成的自主性的政治團體，透過動員民眾支持的途徑，希冀獲取全部或部分政權的最終之目標。」[93]

（七）「人民團體法」第四十五條之規定：「符合下列規定之一者爲政黨：1. 全國性政治團體以推薦候選人參加公職人員選舉爲目的，依本法規定設立政黨，並報請中央主管機關備案者。2.已立案之全國性政治團體，以推薦候選人參加公職人員選舉爲目的者。」

綜合以上中西學者對政黨所作的界定，有其差異性存在，尤其欲以簡潔的語句，來描述一般政黨的全貌，確屬不易，故而晚近的歐美政治學者，對於政黨研究，大都不作定義的解釋，而着重於性質與功能的描述與探討。整體而言，政黨具有下列特徵：（1）政黨是由一部分的人，基於共同的理念或政治理想，所自由組織而成的政治團體。（2）社會承認他們有權去完成組織的目標，以實現黨的主張。（3）政黨的重要活動是透過選舉的途徑，推舉候選人，提出政見，組織動員群眾，爭取勝選或執政的機會。

---

[87] Adam Huper and Jessica Huper, *The Social Science Encyclopedia*, ed., (Boston: Rouledge and Heggn Paul, 1985), P. 547.

[88] 孫中山，「政黨之目的在鞏固國家安寧社會」，國父全集，第二冊，第三版（台北：中國國民黨中央黨史委員會，民國六十九年八月），頁八四二。

[89] 薩孟武，政治學，增訂新版（台北：三民書局，民國七十二年一月），頁五○五。

[90] 鄒文海，政治學，二十二版（台北：三民書局，民國八十年十一月），頁二二三—二二四。

[91] 張金鑑，政治學概要，七版（台北：三民書局，民國七十五年九月），頁一七三。

[92] 浦薛鳳，政治論叢，二版（台北：正中書局，民國五十六年九月），頁二五。

[93] 江炳倫，「政黨與政黨體系研究」，國立政治大學學報，第六十二期，民國七十九年十二月，頁一一二。

二、政黨的功能

政黨是現代民主政治不可或缺的要項，它與民主政治是互為因果、互為條件、互為作用的。法國政治學者杜瓦傑（M. Duverger）即指出：「政黨的發展，係隨民主政治之發展而來。」又說：「一個沒有政黨的政治體系，必然是一個保守的政治體系。」[94]羅習特（C. Rossiter）亦強調：「政黨與民主政治兩者間之關係，是無法劃分的。正如眾所周知之事實，民主政治澎湃洶湧之浪潮，首先賦予政黨以生命，反之，政黨又是民主政治發展過程中的先驅。故在美國的政治中，政黨與民主政治兩者之產生，究竟孰先孰後？殊難斷論。」[95]學者對於政黨的出現，多持肯定，認為可促進民主政治的成長和發展，發揮現代民主政治多方面功能，例如貝利（S. Bailey）、莫里遜（D. H. Morrision）、柏恩斯坦（M. H. Bernstein）、墨可林（J. E. Mclean）、卡爾（R. K. Carr）等人，均持類似態度。

陳水逢歸納政黨的基本功能如下：1.組織民眾與教育民眾。2.政治人物的甄補、推舉（Recruitment, Selection of Political Leaders）。3.利益的匯集與表明（Aggregation and Articulation of Interests）。4.組織決策機構（Organization of Decision Making Machinery）。5.凝結民意、製造公意，為民眾與政府間的橋樑。6.調和解決集團的爭議。7.具有技術職務（Attribution Technique）功能。8.減少偏見和敵意、消除暴亂。9.政治的社會化功能。[96]彭懷恩歸納政黨的功能為：1.參與選舉。2.利益表達與匯聚。3.監督政府。4.動員社會。[97]

政黨在代議政治體制與民主政治運作中所扮演的角色與功能，要而言之，包括以下七項：

（一）教育民眾與政治社會化功能：黑斯和托尼（Robert Hess and Dudity Torney）對於政黨教育民眾方面，稱為「政治教育與啟蒙」（political education and enlightenment）的功能。[98]無論執政黨或在野黨對於國會中的政策議題辯論內容，透過電視、廣播與報章雜誌等大眾傳播的報導，正是政黨對民眾進行教育的一部分。再者，各個政黨在競選活動中，有關政綱、政策的宣揚，重大問題的論辯，這些透過文宣、公辦與自辦政見會、電視演講會與辯論會方式，均有助於民眾對公共議題的認知，這些都與政黨教育民眾有直接的關聯。

（二）組織動員民眾的功能：民主政治的真諦是主權在民，民意的表達是以「多數決」（majority decision）為之，因而從政黨的立場言，政黨如若不能動員組織民眾，則無法在選舉中獲勝，進而掌握政權。職是之故，政黨為達到組織動員民眾的目標，必須要有中央以至地方的各級組織結構，平日必須加強選民之服務以爭取向心，政黨要有好的領袖人才與眾多秀異份子以號召選民支持，政黨更須向選民表達公共政策的意見以獲取選民認同。總之，政黨欲求選舉之勝利，亟須

---

[94] Maurice Duverger, Political Parties (New York: John Wiley, 1954), P. 426.

[95] Clinton Rossiter, *Parties and Politics in America* (New York: Cornell University Press, 1960), P. 60.

[96] 陳水逢，前揭書，頁三一至四一。

[97] 彭懷恩，台灣政黨政治（台北：風雲論壇出版社，民國八十三年五月），頁四至六。

[98] 陳水逢，前揭書，頁三一。

發揮組織動員能力，網羅政黨取向（party-oriented）、候選人取向（candidate-oriented）與政見取向（issue-oriented）等各類型選民，達到執政的目標。

（三）利益表達與匯聚的功能：奧蒙（G. Almond）所指稱的利益表達（interest articulation）是指社會上的個人或集團把自己的意見明白地向正式的決策者或其他民眾表現的過程，通常這些意見是以向決策者的要求或對決策者的支持等形式表現出來。至於利益匯集（interest aggregation）則是把已表明出來的多種利益，整理成若干組適合於決策者處理時參考的政策模型的功能。[99]這種將社會上所發生的種種利益予以呈明，使之顯現於政策過程管道上的，便屬於政黨的重要任務。

（四）培養政治人物的功能：在工商業發達的社會，甚或人口眾多的大都市，一般民眾工作忙碌，往來不多，極難認識並選出適當人士來擔任公職，此時透過政黨的提名以向社會大眾推荐候選人，正是向選民訂立一項保證責任契約。政黨的候選人往往是該黨菁英（elite），此因政黨推舉出來的候選人不受歡迎或知名度不夠，其形象不但受損，且可能招致選舉失敗。致使政黨必須審慎選擇有才幹、品德高尚、學養俱優，有獻身精神的優秀黨員競逐公職人員，該等秀異份子在擔任公職的歷練中，或可逐漸培養出政治人物的涵養、氣質，故而政黨具有培養政治人物的功能。

（五）強化選舉的功能：政黨的最大目的在於取得政治權力，亦即取得執政的機會，而民主國家的政黨取得政治權力的方法是選舉，選舉與政黨的關係相當密切，倘若缺乏政黨存在，則選民無法準確知道何人具備充份條件適任公職，且亦缺乏責任政治的效能。反之，由於政黨的存在，則可以政黨之名，推舉適當人選以供選民抉擇，而政黨為確保繼續取得執政的機會，必須體察民意，重視民意，督促從政黨員的施政績效，此一責任精神的表現，對政黨而言，不僅是在於勝選，更重要的是強化了選舉的意義和功能。

（六）決定政策的功能：政黨與社會上其他團體最大的不同，在於政黨能提供一個關係到全國人民利益的全盤性決策，而各種社會團體、職業團體乃至於壓力團體通常只就與本身利益有關，或某一特定問題表示意見。政黨在現代民主政治體制下，扮演著政府決策運作的功能，政黨組織有助於把政府的行政、立法部門聯結起來，政黨領袖們審查各種政策得失利弊而決定是否予以支持、修改或反對。

（七）監督政府的功能：政黨政治的施行下，執政黨固然掌握決定政策的能力，然而反對黨的主要功能就在於批評政府決策缺失之所在，以放大鏡、顯微鏡暴露、抨擊政府的施政弊病，提醒執政黨權力的使用有無偏差或過當，防止政治之惡化、腐化，使執政黨戰戰兢兢，不能不謹慎施政。

三、政黨的分類

政黨的分類可從不同角度分析，而有不同分類法，馬起華將政黨分為：（1）

---

[99] Gabriel Almond and G. Bingham Powell Jr., *Comparative Politics: A Development Approach* (Boston: Little, Brown and Company, 1966), P. 89.

人物黨（personality party）（2）主義黨（party of principle or doctrinal party）（3）權力黨（party of power）（4）階級黨（class party）（5）宗教黨（religious party）。人物黨是以領導人物爲中心的；主義黨是以主義信仰爲中心的；權力黨是以取得權力和優惠爲中心的；階級黨是以有計劃地實現階級利益爲中心的；宗教黨是以宗教信仰爲中心的。此五種政黨僅是就其特徵區分，並不是絕對相互排除的。[100]

呂亞力則將政黨分類爲七種：（1）極權黨。（2）傳道黨。（3）掮客黨。（4）遺老黨。（5）個人扈從黨。（6）名流黨。（7）聯盟黨。[101]

以上國內學者馬起華、呂亞力的分類法外，學術界主要分類法有從政黨的起源、政黨的性質、政黨的組織結構、政黨的意識型態等加以區分，分析如下：

（一）從政黨的起源區分：

法國學者杜瓦傑（M. Duverger）就政黨的起源不同，區分爲內造政黨（internally created parties）與外造政黨（externally created parties）兩種。[102]內造政黨乃是由於公民選舉權逐漸推展，國會議員爲爭取連任的機會，互相聯結成黨，並在地方選區成立選舉聯絡處或類似的組織，此種政黨的中堅人物，多爲政壇中的民意代表等公職人員。杜瓦傑以英國在十九世紀產生的保守黨與自由黨爲例，說明內造政黨乃由既有菁英所建立之政黨。

外造政黨則是由議會菁英以外的政治活躍份子所領導建立的政黨，這類型政黨包括歐洲各國的社會黨、新興地區的民族主義政黨等。他們的組黨乃在向統治階層的挑戰，例如十九世紀後期，西歐社會的勞動人口漸增，但勞工的社會經濟權利受到忽視，亦少有參政的機會，於是在社會問題的刺激下，各地出現工會，進而形成政黨組織。以英國觀之，工黨即屬外造政黨，先有工會運動，再有政黨組織，最後才進入國會。

（二）從政黨的性質區分

依政黨的性質可分爲「民主政黨」、「極權政黨」、「革命政黨」與「革命民主政黨」四類。「民主政黨」乃權力之形成、權力行使之方法，均本諸民主政治的常軌，經由和平的途徑，以選舉爲爭取執政的步驟，提出政見，贏得選民的支持，獲得政治權力，並以和平轉移政權，一般民主國家政黨等均屬之。

「極權政黨」乃是專制統治下的產物，其特質爲，將政治權力高度集中於黨魁與少數人之手，黨的各級組織機構及其組成份子均爲領導結構（leading structure）與權力結構（powerful structure）中命令服從的工具，第二次世界大戰前的德國納粹黨與義大利法西斯黨，以及二次戰後的共產極權國家之共產黨均屬之。

「革命政黨」則是指由一群志同道合具有政治革命理想人士，所結合而成的政治團體，多爲秘密組織型態，有較嚴格的紀律，欲以武力推翻不合理的統治，

---

[100] 馬起華，政治學精義，（下冊），六版（台北：帕米爾書店，民國七十一年七月），頁六四六－六四九。

[101] 呂亞力，政治學（台北：三民書局，民國七十五年），頁一〇五。

[102] Maurice Duverger, op. cit., PP. 60-63.

以改善國家政治，維護人民公益。革命政黨通常是過渡性質者，當其推翻不合理統治後，則須調整其政黨屬性，或成爲民主政黨，或成爲極權政黨。

「革命民主政黨」則是同時具有革命政黨與民主政黨的雙重特性，它將革命、民主兩者結合爲一體，同時具有革命和民主的雙重精神和功能。此類型政黨乃兼顧歷史與現實下產生，通常亦爲過渡階段的性質，例如我國之中國國民黨在政府來台之初，爲因應戡亂與行憲，在民國四十一年十月第七次全國代表大會修改黨章新增：「本黨爲革命民主政黨。」到了民國八十二年八月第十四次全國代表大會時，因應戡亂時期終止，且推動自由地區政治民主化走向，再將「革命民主政黨」修改爲「民主政黨」：「中國國民黨爲民主政黨，以實現三民主義、五權憲法爲宗旨，負有建設中華民國爲自由、民主、均富、統一的民主共和國之使命。」有關革命民主政黨於本書第二章第三節中詳述，這裡不贅言。

（三）從政黨的組織結構區分

杜瓦傑（Duverger）根據組織結構的不同，將政黨區分爲「幹部政黨」（cadre party）與「群眾政黨」（mass party）兩種類型。[103]「幹部政黨」的黨員遴選過程，重視少數人的社會聲望、財經資源與動員能量，組織體系中的層級間缺乏垂直與水平的連繫關係，權力結構則較爲傾向分權的運作方式。

「群眾政黨」的黨員遴選原則，強調一般黨員的平等參與和正式的權利義務關係。政黨組織有較爲密切的垂直與水平連繫關係，尤其在工業化與都市化發展下，因溝通能量的提昇而產生。「群眾政黨」發展策略，是深入社會爭取支持者，教育黨員，發展組織動員能量，其權力結構則較爲重視集權的運作方式。

（四）從政黨的意識形態區分

蘭尼（A. Ranney）將民主國家依意識型態程度，分類爲「使命型政黨」（missionary party）與「掮客型政黨」（broker party）兩種。[104]「使命型政黨」具有救國救民，立志重塑社會之強烈意識型態的政黨，此類政黨是堅持追求某些特定理想或原則的實踐，如強調社會主義意識之荷蘭、挪威的勞工黨，義大利、法國的社會黨等，或基於宗教信仰之巴基斯坦的伊斯蘭教黨（Pakistan's Islamic party）等均屬之，一般而言，歐陸國家的左翼（社會黨、共黨）與右翼（保守黨、保皇黨）政黨比較偏向於「使命型政黨」。

「掮客型政黨」則不太關注教條或意識型態，其主要目標在於儘可能反映輿論公意的需要，以符合大多數人的利益或思想，爭取該黨候選人的當選機率。該類型政黨的政治主張往往因時因地制宜而調整，較具有彈性，又稱「實用主義政黨」（pragmatic party），例如美國的民主黨、共和黨均是屬於此類型政黨。

世界各國政黨不少均處於「使命型政黨」與「掮客型政黨」之間，強調使命型的政黨，爲取得執政機會，仍須取得大多數民眾的支持，例如英國工黨僅靠工會組織系統的支持，將永遠無法成爲國會中的多數黨，故而在其一定程度的意識

[103] Ibid., PP. 63-67.
[104] Austin Ranney 原著，Governing: An introduction To Political Science,，胡祖慶譯，政治學，二版（台北：五南圖書公司，民國八十年七月），頁二一一 —二一二。

型態中，仍有掮客型的成份，這從工黨放棄公有制可明顯看出。以我國解嚴前的國民黨，是屬於意識型態較濃的「使命型政黨」，解嚴後為因應政治民主化與激烈政黨競爭，其意識型態已有較淡的趨勢，並且有相當程度的「掮客型政黨」型態，以爭取繼續執政的地位。

四、政黨與政黨政治

浦薛鳳曾言：『何謂政黨？此一定義似易而實難。何謂政黨政治？此更不易，不易，不在定義，而在定義之能包括世界上所謂有政黨政治之一切國家。蓋政黨政治，猶之政黨，其所指之現象及所含之意義，往往隨空間時間而有出入。』[105]政黨政治一如政黨，極難有共同一致的界說。此因國家之有政黨，或有政黨活動，但非即有政黨政治，在某些獨裁或共產國家雖有政黨型態存在，或亦允許若干花瓶政黨存在，但該等極權國家，利用政黨來控制人民、以黨意來編造民意，並不符合一般民主國家政黨之通制。在今日民主國家通稱之政黨政治，乃是排除一黨專政制度下的獨裁政治，而就民主精神下，政黨政治乃係以政黨運作的實際政治為研究主題，包括：「黨內民主」、「黨際競爭」兩大精隨。

謝延庚對政黨政治的涵義，曾指出：「所謂政黨政治，簡單的說，就是由政黨在政治舞台上扮演主要的角色，說得明白些，政黨政治的實質意涵，就是在民主體制之下，同時有兩個以上的政黨存在，透過定期選舉，作公平競爭，並有和平更替與交互執政的可能。」[106]程全生亦謂：「真正的政黨政治，僅能存在於自由民主國家之中，由於在自由民主國家，人民享有充分的結社集會的基本自由，這才符合組織政黨的先決條件。」[107]

從上述可知，有意義的政黨政治存在於民主政治之中，民主政治的構成基礎：民意政治、法治政治、責任政治與寬容妥協的政治，實亦成為政黨政治的重要精神：

（一）政黨政治是民意政治：民主政治是以民意為依歸，國是取決於公意〈general will〉，政策歸本於民心。美國「獨立宣言」明白宣稱：『政府的正當權力，是經被治者的同意而產生的，任何形態的政府破壞了這些權利，人民有權將其變更或廢除，而另建新政府。』政黨如欲在選舉中獲勝，亟須爭取民意，執政黨欲尋求繼續執政，施政必須符合民心，在野黨為爭取下次選舉的扭轉情勢，更是監督政府，並訴諸於選民。民主國家的定期選舉，由人民對政府操去留之權，正是強調以人民為本的政治。

（二）政黨政治是法治政治：在多元競爭的政黨體制，各個政黨在憲法或相關法律（如西德、韓國的「政黨法」，我國的「人民團體法」）規範下，公平競爭，依人民選擇取得權力。執政黨在推行政策必須依法行事，而法律在立法的過程中，各政黨都可表達其意見，使得法案經過充分討論，民意能充分表達，政府與人民皆以法律為依歸。總之，政黨的追求權力、行使權力都必須接受法律的規範，

---

105 浦薛鳳，前揭書，頁二三六。

106 謝延庚，「現代政黨政治的主流及其趨向」，憲政思潮，第九十一期，民國七十九年九月，頁一七二。

107 程全生，政黨與政黨政治（台北：華欣文化事業中心，民國六十五年六月），頁三二。

此正足以說明政黨政治即是法治政治。

（三）政黨政治是責任政治：政黨政治之下，由執政黨組織政府，並由執政黨向人民負責，以順應民意。所謂責任政治，即在於政府的行政若有違反民意或牴觸法律時，須負起責任，前者違反民意則政府應負「政治責任」，「政治責任」有個別責任與集體責任兩種。至於政治責任對「何人」負責？一般言之，由何處產生即對之負責：1.民選官員對選民負責。2.民選民意代表對選民負責。3.議會選出或產生的官員對議會負責。4.國家元首或行政首長所委派的官員對國家元首或行政首長負責；後者違反法治則應負「法律責任」，「法律責任」又可分刑事責任、民事責任與懲戒責任。民主政治中的人民有選舉權、罷免權，可以迫使執政黨或在野各政黨不得不全力以赴的負起治理國家與監督國政的責任。

（四）政黨政治是寬容妥協的政治：政黨政治的成功，實有賴於執政黨和反對黨之相互監督，政治才會進步。反對黨對執政黨的批評，不僅是它應有權力，也是它的職責。木下廣居所著「英國的國會」一書中，就英國反對黨的角色，有如下描述：「除非有能夠徹底批評政府之可怕的反對黨以制衡，是不可能有好的政治的。正因為對於反對黨承認這樣大的價值，並以它做『無形的內閣』，所以自一九三七年以來，對於反對黨的黨魁，亦即下一屆內閣的首相特別支付 2,000 英磅的年薪（下院議員的年薪是 1,750 英磅）總之，無論那一個內閣，都對於自己所最懼怕的批評家以最大的尊敬。」[108]政黨政治的運作，能把握過程中，「多數尊重少數」；表決結果後，「少數服從多數」，並以寬容妥協為其中之潤滑劑，則民主政治將是可大可久。

五、政黨體系的功能

政黨是現代政治體系中政治運作的中心，政黨間互動作用所展開的關係稱為政黨體系，學者對政黨體系的分類標準不一，杭廷頓提出兩項分類的指標：一是政黨數量，一是政黨在其範圍力量的大小，前者將各國政黨政治體系區分為無黨、一政黨、一黨獨大、兩黨、多黨等五種類型；後者則基於政黨獨佔政治體系的（1）合法性，（2）政治人才的甄補，（3）利益匯集與決策，分為強、中、弱三段。[109]

薩托里（G. Sartori）則以為政黨體系是指政黨與政黨之間競爭而形成的互動體系，依此原則，政黨體系只有存在於擁有一個以上政黨的國家，因此無黨與獨一政黨的國家，並沒有政黨體系，例如共黨國家的北韓、古巴均不屬於有政黨體系。[110]

本文以下擬就學界在政黨體系之分類中，最常採用之競爭活動的政黨數目為

---

[108] 木下廣居著，陳鵬仁譯，英國的國會，三版（台北：幼獅文化公司，民國八十一年三月），頁一〇。

[109] Samuel P. Huntington 著，江炳倫等譯，轉變中社會的政治秩序，三版（台北：黎明文化公司，民國七十四年十二月），頁四〇八。

[110] Giovanni Sartori, *Parties and Party Systems: A Framework for Analysis*, (New York: Cambridge University Press, 1976), PP. 43-44.

準，區分爲一黨制（one-party system）、兩黨制（two-party system）、多黨制（multi-party system），論述其特色及成因等相關理論。

（一）一黨制

一黨制是指國家內僅有一個政黨獨佔政治權力，其他政黨或因受壓力根本無法存在，或被吸收容納爲一體，或即使存在亦不能分享同等待遇；無法取得部分權力，甚且不能發生任何作用。[111]一黨制又可分爲一黨極權制（one party totalitarian）、一黨威權制（one party authoritarian）、一黨多元制（one party pluralistic）與一黨優勢制（pre-dominant party）等四種型態。[112]除一黨極權制絕對違反民主政治理念外，其餘三種體制，在某些情況下，對一個國家的政治發展與社會現代化而言，仍有其或多或少之功能。

1.一黨極權制：這類型國家，政權是由一個極權的政黨所獨掌，國家與政府都只是此極權政黨統治的工具，且不借使用一切手段以達到政治上的目的。其控制人民方法，包括不休止的宣傳、經濟控制以及個別或全面的恐怖活動。[113]在一黨極權制之下，其他政黨無論是否存在，都完全不具備與掌權執政大黨競爭之條件，亦可稱之爲「非競爭體系」。例如共產國家的共產黨。

2.一黨威權制：這類型國家係指國家權力爲一個獨佔性強的政黨所佔有，並信奉著某種意識型態或理念，該政黨對內而言，可牢牢掌握權力，對外而言，往往不能容忍政治反對份子、團體或政黨之存在，然其統治未達到不理智與極權的地步，雖亦有某種程度的選舉，但絕大部分政治資源、媒體爲該黨所有。在新興國家或開發中國家，其政黨多屬此類。此種類型之政黨或爲求國家的統一，或爲求政治的穩定，對內標舉某種意識型態，對外不容政治反對勢力之存在，可稱之爲「半競爭體系」。

3.一黨多元制：乃指國家權力常爲一黨所獨佔，該黨長期居於執政的地位，其組織是多元的，在與其他政治團體或黨派的關係上，多採容忍的態度，唯就彼此的競爭基礎並不完全相等，執政黨擁有較完善的資源，或可運用各種方法削弱競爭者的競爭能力，亦可稱爲「半競爭體系」，此類型可以墨西哥的公民團體革命黨（P. R. I.）爲代表。[114]

4.一黨優勢制：此一類型之異於前述三種者，一黨優勢是屬於民主體制內各政黨間，立足點公平的競爭，其或因歷史的因素，或因社會的因素，使得執政黨能掌握政權。基本上，因爲人民的自由抉擇，使執政黨在政黨政治的運作上取得一黨優勢的形態。這類政黨可以一九五五年至一九九三年之間的日本自民黨爲代表；我國在戡亂時期終止後的二屆立委與二屆國代選舉，國民黨分別獲得二分之一與四分之三以上的席次，亦可歸屬此類。

（二）兩黨制：

政黨體系內的成員如何計算，並不是根據一國之內所有存在政黨數目而定，

---

[111] 程全生，政黨與政黨政治（台北：華欣文化事業中心，民國六十五年六月），頁三二。

[112] 江炳倫，前揭書，頁六六。

[113] 程全生，前揭書，頁三五。

[114] 彭懷恩，當代各國政體導讀（台北：洞察出版社，民國七十五年十一月），頁七六。

故而學術界多不認同凱茲（Richard S. Katz）所謂美國是一個「五十二個政黨體系（fifty two-party systems）的國家」。[115]薩托里（G. Sartori）提出兩項評估政黨體系的標準：1.具備執政能力；或具有參與聯合執政潛力的政黨。2.具備威脅執政者潛力的政黨。[116]從這標準而言，美國顯然屬於兩黨制國家。

雷伊（D. W. Rae）對政黨體系的認定標準：如果一個國家最強的一個政黨得票率超70%，則為一黨獨大的政黨體系（one-party dominant system）；假如一個國家最強的兩個黨其得票率加起來超過90%，而此兩大黨之任何一黨，無法獲得70%以上的選票，即可稱為兩黨制。[117]

李普森（L. Lipson）以兩黨制須符合三個條件：1.任何時候，只有兩個政黨有取得權力的真實機會。2.兩黨中的一個政黨，能夠在選票與席次上贏得必要的過半數，而不需要藉助於第三黨支持而執政。3.在一段時間中，由兩黨輪流執政。[118]

從以上之論述，兩黨制者並不是政治體系內只容許兩個政黨存在，而是在公平競爭的基礎上，只有兩個大黨能夠贏得選舉的多數，交替執政，其他的政黨雖然存在，但基礎薄弱，無法在政治體系中發揮明顯作用。例如英、美兩國是兩黨制最具代表性者。英國主要政黨保守黨、工黨對黨員之黨紀要求較嚴格，組織權力較集中，亦被歸類為「強兩黨制」；美國兩黨之黨紀非常鬆懈，組織權力結構相當分散，則被稱為「弱兩黨制」。

兩黨制的產生因素，如從英、美觀之，頗為複雜，整體而言，約有以下三者為最要：[119]

1.歷史演進的結果：就英國而言。在十七世紀查理一世時代，即有擁護君權的騎士黨（Cavaliers）與反對君權的圓顱黨（Roundhead）對立；到查理二世，前者改稱為朝黨（Court Party），後者改稱為鄉黨（Country Party）；光榮革命後，至威廉三世，前者改稱托利黨（Tory），後者改稱惠格黨（Whig）；一八三四年托利黨改成保守黨（Conservative Party），惠格黨在一八三二年改為自由黨（Liberal Party）。從此時至一九一四年的八十二年間，兩黨交替執政，奠定兩黨制之規模。及至一次大戰，自由黨路易喬治、阿士魁斯不合，造成分裂，加以小選區制度下，自由黨雖擁有相當得票數，但席次數幾不成比例，此時工黨（Labor Party）的崛起，自由黨則更趨弱勢，到二次大戰後，乃由保守黨與工黨相抗衡。

美國兩黨制在建國之初，即因贊成聯邦權與主張州權之不同，而流露出兩個不同的「黨之意識」（the spirit of party），此即聯邦主義黨（Federalists）與反聯邦

---

[115] Richard S. Katz, *A Theory of Parties and Electoral System* (Baltimore and London: The Johns Hopkins University Press, 1980), P. 8.

[116] Giovanni Sartori, *Parties and Party System: A Framework for Analysis,* (New York: Cambridge University Press, 1976), P. 119.

[117] Douglas W. Rae, *The Political Consequences of Electoral Laws,* (New Haven: Yale University Press, 1967), P. 9.

[118] L. Lipson, "The Two Party System in British Politics", *American Political Science Review,* 1953, P. 338.

[119] 陳水逢，前揭書，頁四一六一四二三。

主義黨（Anti-Federalists），前者爲共和黨的前身，後者爲民主黨的前身。美國開國之初，一七八八年至一八〇〇年因華盛頓聲望而使聯邦黨佔優勢，一八〇一年至一八二八年爲反聯邦執政時期，一八二四年反聯邦主義黨的傑克遜競選失敗，乃另組一個新的民主黨（The Democratic Party），亞當斯則與聯邦主義者合組共和黨（The Republican Party），從此樹立民主、共和黨交互執政的規模。

2.選舉制度的影響：英、美兩國所採取「單一選舉區相對多數票」當選代表制，每選區僅產生一名，由得票最高者當選，故而不利第三黨或中間黨的形成，例如英國在一九二九年的國會議員選舉，自由黨得票 22.3%，當選席次僅佔 9.7%；工黨得票 37.8%，當選席次達 47.4%；保守黨得票 38.9%，當選席次達 42.9%。從數據顯示，自由黨得票爲工黨得票數的二分之一強，但席次率則爲五分之一弱，選舉制度是使得英國自由黨日趨式微的主因之一。英、美國會議員之小選區制不利小黨，有助益於兩黨制，由此可見。

3.傳統習慣的重視：英國選民長期習慣於兩黨的安排，他們常視選舉爲政府黨（government party）與反對黨（opposition party）雙方的競爭，甚或是以兩黨黨魁爲主掛帥的競爭，選民爲避免所投的選票歸於無效，故不投執政黨，即投反對黨；再者，兩黨互動型態下，有助於責任政治的確立，執政黨依據競選時之政見施政，在野黨則居於監督、批評的立場，功過分明，責任清晰，因而英國選民多願致力於兩黨制的穩定存在。

美國開國之初，因爲人民對於聯邦權與州權的主張，分爲兩派，亦使得美國民眾在長時間的體驗中，逐漸習慣於兩黨制，加以美國人的自由主義精神，而厭惡極端教條主義的觀點，彼等寧願選擇久具傳統的民主、共和兩黨，而較不易接受極端主張的政黨，傳統習慣的深植民眾心中，亦促使兩黨制的成長。

從上述對兩黨制度產生的說明，純就制度理論言，輪番更替的兩黨制易於確立責任政治。紐曼（Sigmund Neumanned）指出：「兩黨法則，是含有最大效能之民主方法。兩黨制是政黨制度中最理想的一種，尤其是反對黨存在，並參與輪流組織政府，能促進政治的進步。又可從監督執政黨政府工作中，充份發揮其效能。」[120]

談子民認爲兩黨制有以下優點：1.兩黨制能使政治責任分明。2.兩黨制分野自然，合於事物天然之性。3.兩黨制之下，乃一多數決法則之政治。4.兩黨制之政府，易趨穩定。5.兩黨制下之政府，爲選民所控制。6.兩黨制下之選民，易於選擇政黨，組織政府。7.兩黨制易使人才輩出，促進政治人才之新陳代謝，獲致賢能政治。8.兩黨制下的在野黨，易於發揮監督批評之功能。[121]

孫中山先生亦頗贊同兩黨制：「凡一黨執政，不能事事皆臻完善，必有在野從旁觀察以監督其舉動，可以隨時指明。國民見在位黨之政策不利於國家，必思有以改弦更張，因而贊成在野黨之政策者必居多數。在野黨得多數國民之信仰，

[120] Sigmund Neumanned, *Modern Political Parties* (Chicago: University of Chicago Press, 1956), P. 401.

[121] 談子民，政黨論（台北：正中書局，民國五十九年八月），頁三四—四四。

即可起而代握政權，變而爲在位黨。蓋一黨之精神才力，必有缺乏之時，而世界狀態，變遷無常，不能以一種政策永久不變，必須兩黨在位在野互相替代，國家之政治方能日有進步。」[122]

具體言之，兩黨制的優點爲：

1.兩個組織健全與人才濟濟的政黨，皆有能力組織政府，以和平方式轉移政權，憲政體制能夠繼續維持。

2.兩個政黨輪流執政，能夠避免一黨長期執政而造成腐敗或鬆懈的弊端。

3.責任分明，政黨爲爭取民心支持，必然將優點表現出來，極力避免缺點，而能達到促進政治進步的理想。

4.反對黨能發揮監督的功能，使執政黨的施政趨於合理與有效能。

兩黨制雖有多項優點，但亦非完美無缺的，要而言之，兩黨制缺點爲：1.未能代表社會上多方面之利益與意見。2.易招致多數專制之弊。3.易使政府趨於保守。

（三）多黨制

多黨制乃是指一國之內有二個或三個以上之政黨存在，然而其中並無一個政黨有特別超越其他政黨之勢力存在，使能夠長期執政。以內閣制國家而言，即指沒有一個政黨在國會中佔有過半數的議席，以組成一黨治理國政之內閣政府，必須聯合兩個以上政黨的力量，始能達到過半數之議席，以「聯合內閣」（coalition cabinet）形式主政。此種政黨制度盛行於歐陸國家。

多黨制產生之因約有以下幾個：1.選舉制度的影響：一般而言，採用「比例代表制」的國家，因是一種分配政黨當選名額的方式，此法按政黨所獲得選民投票數的比例，決定該黨在議會中產生代表的名額，獲得選票多者，固可取得較多議席，即使獲得選票較少者，亦可獲得少數議席，此制有利小黨發展，不利於兩黨制發展。「比例代表制」雖有刺激多黨制之作用，但並非多黨制產生的唯一條件。2.社會經濟的原因：一個國家之內的政治社會結構存有深厚隔閡亦易於產生多黨制，例如宗教、社會、政治等存有多元化的社會，彼此間利益的不一致，容易促成多黨制出現，此時代表各種不同利害、意見、主義、政綱的政黨便應運而生。3.歷史因素的影響：歷史背景的特別性，亦爲促成某些國家產生多黨制的重要因素，例如法國十八世紀末葉大革命後，因受到歷史的刺激，而產生了山岳黨（Girondn's）、雅各賓黨（Jacobins）等，兼以法人之個人主義色彩濃厚，終致形成多黨林立局面。[123]

多黨制下，由於各黨往往無力單獨組成內閣，而須仰賴各黨派組成「聯合內閣」以推行政務，但各黨派間或因意識型態不同，或因黨綱不一，容易出現政局不穩和行政效率低落的情況。例如法國在第四共和時代，一九四六年至一九五八年間，成立內閣達廿六個，平均每一內閣壽命不到六個月。[124]但是多黨制亦有相

---

[122] 孫中山，「政黨之要義在爲國家造幸福人民謀福利」，見中國國民黨中央黨史會編，國父全集，第二冊，第三版（台北：中央文物供應社，民國六十九年八月），頁三三三。

[123] 陳水逢，前揭書，頁四二五—四二七。

[124] 左潞生，「法國的政黨政治」，國民大會憲政研討會編，各國政黨政治（台北：正中書局，民

當和諧、穩定的，例如丹麥的社會民主黨、社會自由黨、自由黨、保守黨等四個超過百分之十五國會議席的政黨，其政治體系相當和諧。[125]

多黨制具有以下的優點：

1.多黨制能充份代表和迎合一國之內各種不同階級或團體的意見、心理及其利益。

2.選民在投票時有更多的選擇機會和自由，可因而減少政治冷漠感，遊離選民較少。

3.多黨制下之政府，往往因其為聯合政府，故而政策多為各黨政見折衷妥協之結果，因而比較溫和，較激進的極右派或極左派政黨，不易掌握政權，頗適合於一個政治已上軌道且安定的國家。

多黨制則有如下缺點：

1.多黨制因容易出現聯合內閣政府，其政策多需經由讓步妥協而制定，因之各政黨在競選時所提出之政見，不易完全兌現。

2.多黨制下之聯合政府，必須遷就議會中的各政黨，在組閣時頗費周章，在團結程度亦顯薄弱。

3.多黨制若採聯合政府，政府施政之得失成敗，亦難以明確釐清責任歸屬，而易流於不負責任之政治。

綜觀以上各種政黨體系，各有其優劣與特色所在，而民主國家中的政黨體系之屬何種類型，是自然形成的，並非來自外力強制造成。正如杭廷頓所言「兩黨制固然是為熱愛民主人士所追求，其演化乃是社會變遷之結果，而非必然的政黨體系。」[126]質言之，一個國家的歷史環境、政治制度、選舉制度、意識型態、社經發展、政治文化、國民心理、民族性等層面，均與政黨體系的生成變化息息相關。至於一個國家究竟要走向何種政黨類型，極難找出絕對的標準。例如一黨威權制會在特殊政治精英引導下，有利於突破國家所面臨之各種困局逆境，甚至扭轉乾坤，使新興國家步入現代化之林，然而，值得關注的是：如何從威權政體轉化為民主政體？以我國而言，政府來台之初，面臨嚴重危機，實需一個強有力的政黨掌握大局狀況，半競爭的一黨體制在某些方面可能具有相當程度的貢獻，然而從政治發展的內涵分析，一黨威權體系只能被視為暫時的權宜作為，有其階段性意義，不應被視為政治發展的正途，政治發展的理想途徑，最後仍是應透過兩個以上的政黨，在憲法體系下和平、公平競爭，如此政治體系才得以真正穩定、進步。[127]

當我國政治隨著解嚴、開放黨禁、人團法的修改、戡亂時期終止，台灣自由地區的多元發展，終於在 2000 年大選後，出現首次的「政黨輪替」；2008 年大選

國七十年四月），頁九五。

[125] 彭懷恩，中華民國政治體系的分析（台北：時報文化出版公司，民國七十二年一月），頁二〇一。

[126] Samuel Huntington, *Political Order in Changing societies* (New Haven: Yale University Press, 1968), P. 231.

[127] 江炳倫，政治學論叢（台北：華欣文化公司，民國六十四年三月），頁六九。

後，出現第二次的「政黨輪替」。隨著第七次修憲，立法委員選舉制度採用「單一選區兩票制」，未來將更有利於兩黨制的發展方向。

伍、政治參與

政治參與（political participation）雖遠自古希臘城邦政治時期已有公民（自由民）參與政治的事實，但其普遍的流行，卻是十八世紀以來，許多政治理論家，如盧梭（Jean Jacques Rousseau）、彌爾（John Stuart Mill）等人的自由主義思想，特別強調政治參與、普及乃是政治進步的表徵。[128]這些思潮激發了人民的參政意識，隨著工業社會的出現，都市中產階級的興起，參與權日益普及。

民主思潮伴隨著民主革命運動，帶動更多的社會成員捲入政治參與的過程中，從專制到立憲、從王國到共和、從有限選舉權（財產、學歷、性別等限制）到普遍選舉權之「一人一票、票票等值」〈one man one vote, one vote one value〉，從歐美國家到世界各個角落，促使政治被賦與新的參與形式（form of participation）和更多、更公平的參與機會。降至二十世紀，全民普遍參與政治不僅是民主政治所揭櫫的理想，更是多元開放社會所共同具備的特徵。尤以開發中國家，擴大政治參與是一項重要發展目標，也是政治發展過程中最重要的指標之一。[129]正如阿爾蒙（G. Almond）與弗巴（S. Verba）所言：「新興的世界政治文化，將是參與的政治文化，如果整個世界爆發政治革命，必定是『參與爆炸』（participation explosion）。」[130]科恩（Carl Cohen）並對政治參與和民主的密切關係加以陳述：「民主的廣度是由社會成員是否普遍參與來確定。而民主的深度是由參與時是否充分、參與的性質來確定。」[131]政治參與既是政治發展的重要指標，又為民主政治的必要條件，故而政治參與的研究益形重要。

一、政治參與的意義

政治參與雖是普遍流行的觀念，但卻是眾說紛云，沒有一個普遍公認的說法。故而有的從參與的行為分析，有的從參與的態度論斷，有的強調影響政府決策與人事的活動，有的則包含一切與政治有關的活動；有的僅算有效的活動，有的則涵蓋一切與政府有關的活動；有的僅涉及合法的活動，有的則包含非法的活動；研究政治參與的學者，往往針對個人的理論需要或研究旨趣，而採擇其自認為適當的界說。[132]美國學者韋納（Myron Weiner）整理出十種不同政治參與概念：[133]

1.政治參與是一般人民支持和要求「政府精英」（government elites）的一種行

---

[128] 呂亞力，政治學（台北：五南圖書公司，民國七十二年十二月），頁六二。

[129] 朱雲漢，台灣地區政治參與模式之研究，國立台灣大學，政治研究所，碩士論文，民國六十八年六月，頁一一二。

[130] Gabriel A. Almond and Sidney Verba, *The Civic Culture: Political Attitudes and democracy in Five Nations* (N. J.: Princeton University Press, 1963), P. 4.

[131] John Cohen 著，聶崇信、朱秀賢譯，民主概論（台北：台灣商務印書館，民國七十九年），頁二〇。

[132] 黃德福，暴力與發展中國家的政治參與，國立政治大學，政治研究所，碩士論文，民國六十九年六月，頁六八。

[133] Myron Weiner, "Political Participation: Crisis of Political Process", L. Binder, et al., eds., *Crisis and Sequences in Political Development,* (N. J.: Princeton University Press, 1971), PP. 161-164.

爲，政治參與意指「普遍的正當性」。在專制政體中，權威當局運用公民複決或群眾大會，以展示其權力植基於人民的同意時，此種非民主國家以操縱控制方法，所發動的或強迫人民的作爲不是政治參與行爲。

2.政治參與乃是人民成功的影響政府活動或成功選擇政府領袖的一種行爲。不能成功的一切努力，無論是改變政策或更換領袖，都只是一種形式的或無意義的行爲，並非真正的參與行爲。

3.政治參與乃是投票、示威、請願及遊說等法律認可的公民行爲。依照激進人士的用法，群眾抗議或公民不服從等違法行爲，才是真正的政治參與。

4.政治參與乃是民選議員遵守選民付托，在議會內所發表的言論與所作的表決，此爲代議理論中的「委託說」。另就「代表說」言，政治參與乃是民選議員本諸自由意志而在議會內所發表的言論和所作的表決。

5.政治參與乃是指一般人民體認其任何政治行動勢將毫無作用的一種政治感覺。

6.政治參與乃是指政治活躍人士競爭公職、加入政黨、參與公共集會與致力於公共事物等行爲，亦包含投票、表達個人政治意見，接受大眾媒體的政治訊息等行爲。

7.政治參與乃是指一些制度化的公民活動，有時也包括暴動、暴民私刑及政治暗殺等突發性的行動。

8.政治參與是指選擇領導人物和影響政策的行爲，但有時也涵蓋農民和商人等影響行政官僚的行爲。

9.政治參與是指人民影響政治體系政策的種種活動，亦包括人民介入地方性政治事物的行爲。

10.政治參與是指人民影響政府施政的政治行爲。然而「政治行爲」的認定頗不一致，不同的社會，可能有不同的答案，而在同一社會，也可能因爲不同的歷史時期，而有不一致現象。

從上述的說明，政治參與的概念似是林林總總，難以得其全貌，特別是在政治參與的主體誰屬？政治參與的動機何在？政治參與的方式爲何？學術界的紛歧看法，亦因而對政治參與有著不同的見解。

就政治參與的主體而言，有兩種截然不同的看法，一是突顯政治體系當中的政治熱中份子、決策制定者，正如麥克勞斯基（H. McClosky）所謂「政治參與是政治成員選擇領袖與直接或間接影響公共政策形成的自願性行動。」[134]另一是單指一般公民，而不包括政黨幹部、政府官員在內，弗巴、尼爾（Norman H. Nie）即指：「政治參與是一般公民以合法性的行動，或多或少直接嘗試影響政府的決

---

[134] Herbert McClosky, "Political Participation", in *International Encyclopedia of the Social Science*, (New York: Macmillan Company, 1968), PP. 252-253.

策。」[135]

就政治參與的動機而言，亦有兩種不同的看法，一是認爲非志願性的介入政治事務行動並不能視爲政治參與，韋納即認爲非民主國家以操縱控制方式，所發動的或強迫人民的作爲不是政治參與行動，此類「支持性的參與」（support participation）或「強制性的動員」（coercive mobilization），雖然有一定的效果，但不可跟真正的政治參與混爲一談。[136]另一種看法則認爲志願性與操縱性的政治參與兩者，並無法清楚的劃分。杭廷頓（S. P. Huntington）即主張凡是對政治系統發生影響的行動，無論是否出自操縱性，都應視之爲政治參與，此因操縱性政治參與對實際政策也可能發生影響。[137]

就政治參與的方式而言，非法性的政治活動可否算爲政治參與，弗巴與尼爾等人主張政治參與應僅屬於合法的活動，或合法而正當的方式，從這一角度分析，則政治參與顯然不包括暴動、抗議、暗殺、叛亂以及各種群眾暴力行爲。[138]但另一部分學者則以爲政治參與應包括非法性活動在內。韋納即認爲政治參與的方式有各種成功的或不成功的、有組織的或無組織的、連續的或突發的、合法的或非法的行動均屬之。[139]杭廷頓與尼爾森（S. P. Huntington and J. M. Nelson）亦認爲公民意圖影響政府政策決定的行動就是政治參與，它是政治現代化的一個主要特徵，政治參與是包括各種企圖運用暴力或非暴力、合法或非法的方式，以改變公共政策的行爲。[140]

我國學者陳義彥與盛杏湲將政治參與分爲兩大類：第一類的範圍比較狹窄，僅侷限於公民企圖影響政府的實際行動。另一類的範圍較廣義，並不單指影響政府的實際行爲，有關政治動機、觀念、態度等心理定向均屬於政治參與。[141]

綜上所述，政治參與可界定爲：「社會中一般公民乃至於人民團體、決策制定者，採各種方式如四權行使、政黨活動、利益團體活動、大眾傳播、群眾運動等，試圖透過選舉或罷免公職人員，以取得政治職位，或對政策、法令表示支持、反對，以提出政治要求，由直接或間接途徑影響政府機關的人事與政府決策之各種作爲。」說明如下：

1.政治參與的主體包括一般社會成員的參與及行爲，以及人民團體、決策制定者等，例如政黨幹部、利益團體領袖等均屬政治參與的研究範圍。一方面，政

[135] Sidney Verba and Norman H. Nie, "Political Participation", in Fred Greenstein and Nelson Polsby ed., *Handbook of Political Science, Vol. 4, Nongovernmental Politics* (Reading, Mass: Addison-Wesley, 1975), P. 31.

[136] Weiner, *op. cit.,* PP.159-164.

[137] Samuel P. Huntington and Joan M. Nelson, *No Easy Choice: Political Participation in Deverloping Countries* (Cambridge: Harvard University Press, 1976), PP. 8-10.

[138] S. Verba and N. H. Nie, *op. cit.,* PP. 2-8.

[139] Weiner, *op. cit.,* PP. 161-164.

[140] S. P. Huntington and J. M. Nelson, *op. cit.,* P. 4.

[141] 陳義彥、盛杏湲，「台灣地區民眾接觸政府參與行爲的影響因素」，中央研究院民族學研究所專刊乙種之二十，民國七十七年，頁三七七。

治參與是一互動現象，抗議者（protestors）與溝通者（communicators）必須接觸官員（contacting officials）試圖影響法律、政策，另一方面各個政黨希望在選舉中獲勝，以成為執政黨，發揮執行政策的功能，而在野黨或各種利益團體則運用議會或群眾路線圖抵制或改變某些政策，這些政治參與和作為不僅有一般公民，亦包括政黨幹部、利益團體主導者等的運作與反運作。

2.政治參與的方式很多，包括四權行使、政黨活動、利益團體活動、大眾傳播、群眾運動，其目標在於選舉公職人員或罷免公職人員，以取得政治職位；或對政策、法令予以支持、反對、提出政治要求等。政治參與不僅包括自主性、合法性的活動，亦包括動員性、非法性的政治參與活動。

二、政治參與的類型

政治參與的對象相當廣泛，但早期的研究，大多是從投票行為著手，這是因為在民主國家中，投票行為是最普遍也最常見的參與行為；政治學者對政治參與的研究是從研究投票行為開始，各種有關政治參與的理論亦多源自於投票理論。[142]然而晚近的政治參與研究學者逐漸將其研究範圍予以擴大，尤其是經過弗巴與尼爾領導的工作組，對美國、日本、印度、荷蘭、奧地利、奈及利亞、南斯拉夫等七國所作的比較研究，以及麥布瑞斯（Lester W. Milbrath）所領導，在水牛城（Buffalo）所進行的調查研究，這些研究均是把政治參與從單一面向（unidimension）發展到多面向（multidimensional phenomenon）的研究。

弗巴等將政治參與的十三個項目，建構在五種面向或基本性質上，亦即：1.影響類別（the type of influence）：一般公民基本上可以透過許多方式，影響政府人事或決策。2.結果範圍（the scope of outcome）：政府的活動，通常影響到公民群體或其大部分成員。3.衝突強弱（the degree of conflict），在有限的政治資源與政治利益之下，政治參與行為可能引起公民彼此之間的相互衝突。4.主動程度（the degree of initiative），政治參與的主動程度，除了顧及所須投入的時間和精力之外，尚須注意到行為者是否可以選擇行為時機、方式、內容或對象。5.合作層次（the degree of cooperation），指參與者一起行動的程度。[143]

麥布瑞斯的政治參與模式，則歸納為以下六種：1.投票（voting）2.政黨及競選工作者（party and campaign workers）3.社區活動者（community activists）4.接觸官員（contacting officials）5.抗議者（protestors）6.溝通者（communicators）。[144]

政治參與的面向廣泛複雜，研究學者或將之分為：1.法律性的參與，其方式有投票、請願、訴願。2.政治性的參與，其方式有集會遊行、怠工罷工、消極抵制。3.團體性的參與，其方式有職業團體、政黨等。4.個人性的參與，方式有投

---

[142] 朱雲漢，台灣地區政治參與模式之研究，國立台灣大學，政治研究所，碩士論文，民國六十八年五月，頁六。

[143] Sidney Verba and Norman H. Nie, *Participation in America: Political Democracy and Social Equality* (New York: Harper & Row, 1972), PP. 47-51.

[144] Lester and M. L. Goel, *Political Participation: How and Why Do People Get Involved Politics?* (Chicago: Rand Mcnally College Publishing Company, 1976), PP. 18-21.

遞文書、口頭申訴、在報章雜誌上發表意見。5.臨時性的參與，政府爲解決臨時發生的政治問題，召集有關人員舉行臨時而非制度性的會議，如國是會議、國家發展會議的召開。6.定期性的參與，政府爲推行國家建設或解決某項政務問題，定期性舉行的會議，如國建會、全國教育會議等。7.永久性的參與，一類是依憲法所設置的各級民意代表機關，如國會、省市議會等；另一類是行政機關所設置的顧問、諮詢機構。[145]然而這七種參與方式並非絕對相互排除的，如團體性的參與亦同時可是政治性的參與、法律性的參與、臨時性的參與等是。

　　政治參與的研究面向並無一定的標準，欲求得周延舉盡亦非易事，整體而言，政治參與實與下列四大項密不可分：

　　1.四權行使：包括選舉、罷免、創制、複決等。

　　2.人民團體：包括職業團體、社會團體、政治團體、政黨、利益團體等。

　　3.大眾傳播：包括出版品與電子媒體等。

　　4.群眾運動：包括請願、靜坐、絕食、示威、遊行、演講、杯葛、罷工、怠工、拒繳、抗稅、公然侮辱、唆使、拉扯、毀損、傷害、封鎖、佔領、接管等。

　　在研究政治參與的內涵時，必須同時掌握其規範面與運作面，規範面即其制度化程度（the degree of institutionalization），制度化表現於法規之上，杭廷頓即以制度化爲組織與程序獲得價值與穩定性的過程。伯倫和塞茲尼克（L. Broon and P. Selznick）亦以制度化是從不穩定與缺乏嚴謹度的行爲模式發展成有秩序、穩定與社會整合形態的行爲模式之過程。[146]至於運作面則是實際政治參與行爲的發展情形。規範面與運作面是政治參與的一體兩面，缺一不可，本書以下第二、三、四、五各章的第四節，在析論各時期政治參與發展情況時，將分別探究其規範面與運作面兩大部份。

　　要而言之，政治參與的類型包括四權行使、人民團體、大眾傳播、群眾運動，茲分述如下：

（一）四權行使

　　選舉、罷免、創制、複決統稱爲參政權（political rights），是人民處於主動地位，參加國家統治權行使的權利。參政權並非任何人民皆可享有，而須以取得公民資格爲其先決條件，故參政權亦稱之爲公民權。

　　參政權的內容，各國規定均有所不同，在許多國家，參政權僅指選舉權而言，唯亦有些國家，除選舉權外，並包括罷免權、創制權及複決權。前者如英國，後者如瑞士。

　　選舉權是共有公民資格的人民，以書面或非書面的方式選舉其民意代表或官吏等公職人員的權利。關於選舉權的行使，所涉問題甚多，如選舉行爲、選舉制度、投票行爲等。就選舉行爲而言，包括普通選舉（universal suffrage）、平等選

---

145 江啓元，解嚴後台灣地區政治穩定之研究，中國文化大學，政治研究所，碩士論文，民國八十年，頁八四－八五。

146 L. Broon and P. Selznick, *Sociology* (New York: Harper & Row, 1977), P. 227.

舉（equal suffrage）、直接選舉（direct suffrage）與祕密投票（secret suffrage）。普通選舉是指選舉權的取得，於公民的積極資格與消極資格外，不另設其它資格限制者，亦即沒有任何財產、教育、性別等種種限制。平等選舉指每人只有一個投票權，且每一投票的價值相等。（one man one vote, one vote one value）。直接選舉是指選舉人能直接選出最後當選人者。秘密投票是採用無記名方式，故又稱無記名投票。

就選舉制度而言，各國都以憲法及法律爲根據，其內容差異甚大。對於元首、行政首長選舉辦法約有：議會選舉、間接選舉、人民直接投票選舉。對於民意代表的選舉辦法則有多數代表法（representation of majorities）、少數代表法（representation of minorities）與比例代表法（proportional representation）等。多數代表法又有單數選舉區制（single vote）與複數選舉區連記投票法（block vote）之別，前者每一選區僅產生一位當選者，當選者必屬得票最多之人；後者得票較多的政黨，可以一票之差，壟斷該選舉區所應選出的全部議員人數。少數代表法只能行之於複數選舉區之內，又包括有限投票（limited vote）、累積投票（cumulative vote）、遞減投票（graduated vote）、複數選區單記投票法等。比例代表法是使各政黨能夠比例它們所得票數，多數黨選出多數代表，少數黨選出少數代表。比例代表制又可分單記比例代表法（single transferable vote）與名單比例代表法（list system of proportional representation）。[147]

就投票行爲而言，投票行爲是指選民的實際行爲模式，它所研究的包括：什麼人參加投票？投票者爲何投票？前者在研究選民的特性，後者在研究選民如何決定將選票投給某位候選人，由選民的投票取向大體可以分爲三類：1.政黨取向（party-oriented）2.候選人取向（candidate-oriented）。3.政見取向（issue-oriented）。

罷免權乃是人民得以投票方式罷免其所選出之各項公職人員之權利。罷免權的行使對象，各國法制並不一致，有對行政官員行使者，如美國各州及瑞士各邦公民，得罷免民選的行政官員；有對議員行使者，如美國 California, Oregon, Washington 等州公民得個別罷免議員個人（稱爲 recall），或瑞士 Born, Aargau 等邦公民得罷免議會全體議員（稱爲 abberufung）。我國憲法第十七條規定：「人民有罷免之權。」第一三三條規定：「被選舉人得由原選舉區依法罷免之。」由此可知，在我國，凡被選民選出來的公職人員，均得爲罷免權行使的對象。依據「公職人民選舉罷免法」則規範了時間上的限制、提議人的限制、連署人的限制、表決人數通過的限制、再罷免的限制等項。

依我國公職人員選舉罷免法中，有關時間上的限制，爲就職未滿一年者，不得罷免。（第六十九條）有關罷免案提議人之規定，以被罷免人原選區選舉人爲提議人，其人數應爲原選舉區選舉人總數百分之二以上。前項罷免案，一案不得爲罷免二人以上之提議，但有二個以上罷免案時，得同時投票。（第七十條）罷免案之連署人，以被罷免人原選舉區選舉人爲連署人，其人數應爲原選舉區選舉人總數百分之十三以上。（第七十四條）罷免案投票人數不足原選舉區選舉人總

[147] 薩孟武，前揭書，頁四三八─四七八。

數二分之一以上或同意罷免票數未超過有效票數二分之一以上者，均爲否決。(第八十三條)罷免案通過者，被罷免人自解除職務之日起，四年內不得爲同一公職人員候選人，其於罷免案宣告成立後辭職者亦同。罷免案否決者，在該被罷免人之任期內，不得對其再爲罷免案之提議。(第八十五條)

創制權是公民得以法定人數的簽署，提出法案，而議決之爲法律的權利。創制的目的在於防止議會的失職或蔑視民意。創制權依表決方式之不同，可分直接創制(direct initiative)與間接創制(indirect initiative)，前者爲法案不經過議會表決，而逕交公民表決者；後者則是法案先交議會討論，議會通過，固然成立爲法律，議會如予以否決或加以修改，則提交公民表決。

創制權就其範圍之不同，可分憲法的創制與立法的創制，前者爲公民對於憲法修改問題，得提出法案者，如瑞士聯邦只採憲法的創制；後者爲對於普通立法問題，得提出法案者，如西班牙只採用立法的創制，另瑞士各邦與美國各州則多兼用憲法的創制與立法的創制。

創制權就其程序之不同，可分兩種：一是僅提出法案的原則，交由議會機關代爲起草完整的法案，如瑞士聯邦關於憲法全部的修改採取之。二是公民自行提出完整的法案，如美國各州關於憲法和法律的創制採取之。

創制權就其限制之不同，可分兩類：一是連署人的限制，即爲防止創制權的濫用，規定創制案的提出須有一定人數的連署，如瑞士聯邦關於憲法創制案須有五萬人連署，德國聯邦的創制案須有公民十分之一連署等是。二是事項的限制，依各國規定，大抵預算案、租稅案等多禁止人民創制。

我國原憲法關於創制權的規定有：第十七條：「人民有創制之權」，第二七條：「…關於創制、複決兩權，除前項第三第四兩款規定外，俟全國有半數之縣市曾經行使創制、複決兩項政權時，由國民大會制定辦法並行使之。」第一二三條規定：「縣民關於縣自治事項，依法律行使創制、複決之權。」第一三六條規定：「創制、複決兩權之行使，以法律定之。」到了民國九十二年十二月，我國立法院通過「公民投票法」，並經陳水扁總統公佈實施。至民國九十七年，已經進行3次6項議題的全國性公民投票。詳細內容見本書第五章第四節。

複決權是公民對於立法機關或制憲(修憲)機關所通過的法律案或憲法案，以投票表決其應否成爲法律或憲法之權利。複決權就其對象之不同，可分爲制憲的複決(constitutional referendum)與立法的複決(legislative referendum)，前者乃複決憲法案，如美國聯邦憲法修憲案，須經四分之三之州的同意，始爲通過。後者乃複決一般法律案。瑞士、德、奧各國則兼採兩制。

複決權就其行使方式之不同，可分兩類，一是強制複決(obligatory referendum)，乃是法案必須交付公民複決者；另一是任意複決(optional referendum)，乃是法案修改後，不一定要交付公民複決，唯遇有公民或有權機關要求時，始交付複決者。瑞士、法國、美國對於憲法修改均採強制複決，德國則採任意複決。

複決權依據程序不同、限制不同之分類法，與前述創制權者相似，茲不贅言。依我國憲法第十七條、二七條、一二三條、一三六條觀之，可解釋在我國，憲法

及中央法律的複決權操之於國民大會,一般公民則對省(市)、縣(市)自治法規,行使複決權。目前由於立法工作均未完成,故而尚未有創制、複決兩權的實施。

(二) 人民團體

解嚴後,「人民團體法」經修改,就原有職業團體、社會團體加上政治團體,並以政治團體規範政黨。政黨已在上文中論述,至於職業團體與社會團體之區別,前者為同業間之互相協調關係,並增進共同利益所組成的團體,如工會、農會、漁會、水利會、商會、工業公會、各同業公會等。後者則是非同業所組成,係一般民眾為推廣文化、教育、學術、體育、慈善等所組成的社會公益團體,其中如長老教會等,也扮演著重要的政治角色。由於職業團體與社會團體是具有共同利益(包括經濟性利益、非經濟性利益)的一群人,以集體行動,維護會員的利益,其利益不論是抽象的價值觀念、興趣嗜好、信仰等,或實質的金錢、福利所得等均屬之,故又稱之為「利益團體」(interest group)。職業團體與社會團體等之各種類型人民團體,往往採取各種方式,透過公共政策的影響,發揮出明顯的政治參與功能,表現出了利益團體的特色。因而各種人民團體等之表現利益團體的特色者,在民主政治中,有其重要地位。

利益團體是民主政治的產物,馬起華指出,利益團體乃是一種民間組織或團體,它由一部分利益關係人所組成,以維護、爭取或增進團體成員共同的需要、利益或現實。[148]美國學者杜魯門(David Truman)亦說明:「一個利益團體即是在對社會的其他團體作出某些要求時,表示一種或多種共同觀點(shared-attitude)的團體,假如它對政府機構作出某些要求時,它即是政治利益團體。」[149]

利益團體的存在與活動,是民主政治發展過程中,無可避免的趨勢,其多藉遊說,公聽會、參與選舉活動、官方協議以遂行其影響力。利益團體的消極意義,在於防止團體本身利益之受損害,積極的意義,則在於影響公共政策的制定,以擴大團體利益。

政府來台迄今,利益團體的形態有顯著改變,解嚴是重要的分水嶺,解嚴前的狀況,田弘茂認為:「台灣的利益團體,特別是有政治傾向的利益團體,等於是列寧式傳聲筒:它們傳遞消息,動員政治力量支持和協助履行執政黨以及政府的政策。此外,政治領導階層也設法控制或消滅所有可能表達單獨利益的團體,以確保不會有反對力量與這些利益團體掛勾。因此台灣政府經常控制監督利益團體的活動,管理其人事、預算,以及它們在議會裡的代表。」[150]解嚴後,利益團體與政府的關係形態已有許多轉變,因為政治環境的漸趨自由化、民主化,利益團體的自主性亦提高,許多過去「命令 — 順從」的形態已漸鬆動,民國八十三年國營中油的工會組織發展即為著例。國內的各種利益團體,可大致劃分以下三類:[151]

---

[148] 馬起華,政治行為,初版(台北:正中書局,民國五十六年一月),頁二八五。

[149] David B. Truman, *The Governmental Process,* (New York: Alfred A. Knopf, 1955), P. 37.

[150] 田弘茂,大轉型,(台北:時報出版社,民國七十八年),頁六四。

[151] 陳朝平,「金錢、政客、蝕—為當前台灣政經關係把脈」,聯合月刊,第十期,民國七十一年

1.是掌握大宗的民生物資與工業生產力之利益團體：這類型利益團體與政府行政部門關係密切，對許多政策的意見可透過各級行政機關直接傳達給決策者，例如改善投資環境、降低銀行利率、新台幣貶值以刺激外銷等主張，均是彼等的「利益期望」，這從政府對建築業的抒困措施可以看出，這類利益集團在經濟政策形成過程中對政府的壓力越來越明顯。

2.是新興的中小企業及中產階級所組成的利益團體：彼等對行政機關與立法機關影響力有限，較缺乏持續性，但亦有組織化傾向者。因這類利益團體組織鬆散，只有本身利害受到侵害時才會促成軍。

3.是動員式的利益團體：這類團體的利益目標不顯著，且多屬社會性而非政治性的，如文化教育團體、藝術團體、同鄉會、宗親會等，這些團體在決策過程中雖沒有積極的影響力，卻是選票的重要來源。

總之，利益團體對政治發展的影響相當大，關於解嚴前的利益團體所處背景、發展條件、表達方式以及解嚴後的發展情形與走向，均是本書以下各章探討的重點。

（三）大眾傳播

大眾傳播對於政治系統內政治消息的傳播影響是多方面的，它能發揮政治社會化的功能，透過民眾「知」的權利，大眾傳播無論是出版品，抑或是電子媒體，其教育與影響民眾範圍廣泛，並可加深或改變民眾政治認知與態度。大眾傳播有關政治消息傳播的過程，又可稱之為政治傳播（political communication），或政治溝通。阿爾蒙即將政治溝通視為政治系統重要的「輸入功能」。[152]白魯恂亦以政治溝通與政治發展之間有密切的關係。[153]

杜意奇（K. W. Deutsch）在其「政府之神經：政治傳播與控制之模型」（The Nerves of Government: Models of political Communications and Control）一書中，即是以操控學的理論作基礎，並以系統理論之觀念，來討論政治傳播的問題，該文以各種模型，希圖在各種政治體系中，建立控制傳播的方法。[154]

費根（R. Fagen）著有「政治與傳播」（Politics and Communication）一書，以傳播的觀點，研究比較政治，其以一切與政治有關的資訊傳遞都視為政治傳播，但其焦點則擺在傳播過程與選擇政治領袖、確定政治議程、參與決策、批評政治和政治社會化之關係等。[155]

依據彭懷恩的研究，我國在過去有關政治傳播的研究可大致分為三類：1.是

五月，頁一九。

[152] Gabriel A. Almond and J. S. Coleman (eds.), *the Politics of the Developing Areas* (Princeton: Princeton University Press, 1960) P. 364.

[153] Lucian W. Pye, *Communication and Political Development* (Princeton: Princeton University Press, 1963) P. 3.

[154] Karl Deutsch, *The Nerves of Government: Models of Political Communications and Control* (New York: Free Press, 1963)

[155] R. Fagen, *Politics and communication* (Boston: Little Brown, 1966)

研究國人的傳播行爲，其間涉及到政治資訊的傳播過程，包括徐佳士、楊孝濚、柴松林等所從事的傳播行爲研究。2.是研究傳播媒體對政治行爲的影響，特別是選舉行爲的影響，包括林吉安、王端正、李瞻等人對選舉行爲調查。3.是研究政治體系危機時，對傳播行爲的影響，包括楊孝濚、趙嬰、楊志弘等人。[156]

大眾傳播在政治體系內，對於政治資訊的傳播與交流，扮演積極的角色，在十九世紀中葉，英國報業成爲貴族、僧侶與平民以外之第四階級（Fourth Estate），同時在美國，亦成爲政府行政、立法與司法外之第四部門（Fourth Branch of Government），學者亦有提出「第四權理論」（the fourth estate theory），以強調新聞媒體在現代國家中擔任著監督政府的角色與功能，促使人們對政府與公共事務的關心，並進而引起公眾討論，發揮其功能。[157]

然而二十世紀後，廣播電視等電子媒體興起，其與報業等出版品，合稱爲大眾傳播媒介，這些傳播媒介的理想功能爲何？如何使之達到國家現代化之目標？依據一九四七年的美國新聞自由委員會（Commission on Freedom of the Press）調查報告，指出欲使大眾傳播協助國家發展，其必須達到下列基本目標：（1）真實、綜合而明智的報導：大眾傳播應做到正確而不說謊；不但要真實報導新聞，還應報導事實之真理。2.作爲大眾意見與批評之論壇：大眾傳播應視自身爲公共討論之工具，固然不可能也不應發表每一個人之意見，但應負責發表與自己看法相反之重要意見。3.反映社會團體之實況：大眾傳播對任何社會團體之優點或缺點，應做正、反兩面之平衡報導。4.澄清社會之目標與價值：大眾傳播不但要揭發社會之黑暗面，更應該表揚人類之光明面。5.充分報導當前之新聞：大眾傳播機構所提供之新聞越多，越完整，則人民對公共事務將可做更明智之抉擇。[158]

大眾傳播與民主政治的密切關係，正如冷納（D. Lerner）的分析，國家現代化的過程，是先用人民之媒介參與（media participation）、政治參與（political participation），再至經濟參與（economic participation），亦即國家現代化程序爲：1.人民應先會看報紙、聽廣播與看電視，以吸收新觀念、新知識，並瞭解公共事務之真相。2.瞭解公共事務之真相後，進而根據自己之判斷，參與政治之決策。3.根據政治參與，認識經濟發展之重要性，竭盡其所能，積極參與國家之經濟建設。[159]施蘭姆（W. Schramm）更指出大眾傳播具有三大功能：1.守望（the media as watchmen）。2.決策（the media in the decision process）。3.教育（the media as teachers）。[160]

當今界各國都有報紙、雜誌、廣播、電視等大眾傳播事業，但在政策、制度

---

[156] 彭懷恩，中華民國政治體系的分析（台北：時報文化出版公司，民國七十二年一月），頁二四五—二四六。

[157] 林子儀，言論自由與新聞自由（台北：月旦出版社，一九九三年四月），頁六六。

[158] Commission on Freedom of the Press, *A Free and Responsible Press* (Chicago: University of Chicago Press, 1947) PP. 21-49.

[159] Daniel Lerner, *The Passing of Traditional Society* (Glencoe: The Free Press, 1958).

[160] Wilbur Schramm, *Mass Media and National Development* (Paris: Unesco, 1964) PP. 127-144.

方面，則各有不同。英國學者威廉斯（Raymond Williams）將世界各國型態加以歸納，可分為三種傳播制度：威權傳播制度（authoritarian system）、商業傳播制度（commercial system）與共產傳播制度（communist system），並以所謂的自由傳播制度，早已為商業傳播制度所淹沒。[161]傳播制度深受政治、社會制度之影響，因之，威權國家必為威權傳播型態，共產國家必為共產傳播型態，資本主義國家則為商業傳播型態。

解嚴以前國內的大眾傳播因國家安全受到中共威脅，故無論傳播媒體的數量，乃至於傳播內容都受到相當程度的約制，直到解嚴後，大眾傳播媒體大幅成長，過去的禁忌漸漸鬆弛，隨著國內民主化走向，政治傳播的領域更加廣闊，這當中有其利弊得失，均值關切、重視。誠如聯合國教科文組織所成立的國際傳播問題研究委員會（International commission for the Study of Communication Problems）在一九八〇年向教科文組織提出報告的名稱：「很多意見，一個世界：傳播與社會，現在與未來」（Many Voices, One World: Communication and Society, Today and Tomorrow），正足以顯示大眾傳播的複雜性，也因此，有必要做嚴肅、廣泛而深入的研究。

（四）群眾運動

群眾表現其政治力量的方式甚多，參加政黨、派系、利益團體或運用大眾傳播媒介等均是。但在上述參與途徑皆不能滿足其參與目標時，群眾極可能選擇直接向有關政府部門陳情、請願或聚眾示威等方式，類此群眾以室內或室外活動方式，表達特定理念與訴求，統稱為群眾運動。群眾運動以室內活動為主的，包括：演講、舞台劇（反諷性質）等方式，對社會的直接影響性較小。另外則是室外活動方式，以街頭遊行向一定對象公開表示不滿情緒的一種集體抗議行為，稱為街頭運動，或稱街頭示威（street demonstration）、街頭抗議（street protest）。[162]街頭運動往往一邊行進，一邊呼口號，時而前進，時而停下演說，故而對社會震撼性較大，有時會產生群眾失控之暴力流血事件。一般而言，街頭運動在示威、遊行、請願、演講等常見方式外，亦時伴隨著靜坐、絕食、罷工、怠工、拉扯、傷害、霸佔交通、破壞公物、封鎖、佔領、接管等情事。

以國內街頭運動種類，馬起華將之分為三類：1.政治性街頭運動。2.經濟性街頭運動。3.社會性街頭運動。[163]後兩者之經濟性、社會性街頭運動又可泛稱之為社會運動，以有別於政治抗爭之街頭運動。至於街頭運動的群眾心理，約有以下各項：1.不滿意。2.焦點化。3.兩極化。4.隱匿化。5.高估性。6.感染性。7.情緒化。8.非理性。9.盲目性。10.攻擊性。[164]

台灣地區光復以後，政治抗爭之街頭運動，以「二二八事件」為初始，其活動範圍遍及全省，亦不僅限於街頭遊行，「二二八事件」的影響至今仍隱存在社會之中，並未完全撫平。解嚴以前重要政治抗爭的街頭運動，有民國六十六年的

---

[161] Raymond Williams, Communications (London: Chatto & Windus, 1966) P. 123.
[162] 馬起華，街頭運動之研究（台北：中華民國公共秩序研究會，民國七十六年九月），頁六六。
[163] 同上，頁四。
[164] 同上，頁六八—七五。

「中壢事件」，民國六十八年的「高雄美麗島事件」，民國七十五年的「五一九綠色行動」、「司法新廈滋擾案」、「中正機場滋擾案」等，解嚴前後各種政治性街頭運動則如雨後春筍，層出不窮。

國內社會運動之街頭活動，隨著解嚴前後，威權體系的鬆動而有迅速發展，其議題對公權力的衝擊不亞於政治抗爭，諸如勞工運動、農民運動、環保抗爭等。蕭新煌列出解嚴前後（民國六十九年至七十八年）10 年間，計有 18 種的社會運動：1.消費者運動。2.反污染自力救濟運動。3.生態保育運動。4.婦女運動。5.原住民人權運動。6.學生運動。7.新約教會抗議運動。（以上均為解嚴前發生）。8.勞工運動。9.農民運動。10.教師人權運動。11.殘障及福利弱勢團體抗議運動。12.老兵權利自救運動。13.政治受刑人人權運動。14.外省人返鄉運動。（以上為解嚴前後出現）15.台灣人返鄉運動。16.反核運動。17.客家母語文化運動。18.無住屋者團結運動。（以上為解嚴後發生者）[165]

依據歷史發展角度來詮釋街頭運動，則可看出無論政治抗爭，抑或社會運動，均是對「政治力」與「經濟力」在過去的一元化支配特性下，發展出的一種「反動」的本質。由於歷史背景下所形成的戒嚴，在解嚴以前的威權體制運作過程中，一方面所有的典章制度與價值觀念都須遵照一定的規範準據，另一方面，在此一元中心價值下，建立起的各種階層關係往往是互動，但不平等的關係，呈現「主從依恃」或「核心 — 邊陲」的連結。到了解嚴前後，社會上的政治抗爭、社會運動逐漸展開和發展，「公民社會」（civil society）理念亦加速了政治參與的走向，一方面要求資源分配的合理性，另一方面則訴求社會的自主性。因之，在政治層面的訴求乃朝向解嚴、開放黨禁、報禁，乃至於國會結構爭議性等議題；在社會經濟層面的訴求，乃是起於長期以來，為發展工商貿易，而有意無意的忽略或壓抑的弱勢團體、環保等之覺醒，以其自身力量尋求一個具有公平性或被尊重的地位。

仔細分析國內各種政治、社會運動之發展特性，約有三個顯著要點：第一是群眾運動無論政治性抗爭、社會運動，都以國家，甚或執政的國民黨為其抗爭的主要對象。第二是各種群眾運動或因不滿，或因反對，而表現出一種強烈的受害意識。第三是政治勢力的刻意拉攏社會運動團體，因為社會運動所帶有的「政治資源」特性，使政治勢力重視其影響性，並促使社會運動有政治化的明顯趨勢。[166]

群眾運動表現於外在的集會、遊行，基本上是憲法保障人民的自由權，如何使這項自由權的行使，既順暢又對社會可能帶來的不便，甚或不利影響減至最低，有賴一套完整的規範。再者，各種群眾運動所代表政治參與功能，亦值得執政者的重視，一個民主國家在強調大眾參與的同時，政府應以積極正面的態度來處理群眾運動，不可抱著消極逃避的心理，以免延誤處理的時機。政府並可主動

---

[165] 蕭新煌，「多元化過程中社會與國家關係的重組」，「二十一世紀基金會」與「時報文教基金會」聯合主辦之公共政策研討會論文集，民國七十九年二月，頁一一一一二。

[166] 龐建國，「台灣地區的社會運動與政治民主化」，民主基金會主辦「台灣地區政治民主化的回顧與展望」學術研討會論文，民國七十九年十一月，頁一一五一一一七。

與群眾運動者協商解決辦法，其限於法令、經費或其他困難而無法辦理者，亦應坦誠以告，以國內近年來群眾運動的發展，以及民眾教育水準的提昇，對既有生活條件的珍惜，均有助於群眾運動與政治體系建立良性的互動關係。

三、政治參與政治穩定

政治穩定（political stability）是政治體系持續發展的前提要求，研究政治共識與政治穩定的學者，對政治穩定的界說，歸納如下看法：1.政治穩定是一種無變遷的狀態。2.政治穩定是一種有適應變遷能力的狀態。3.政治穩定是一種合法性的狀態。4.政治穩定是一種均衡的狀態。5.政治穩定是一種持久性的民主政治。6.政治穩定即是維持憲政秩序。7.政治穩定是政治權威持續的狀態。8.政治穩定是不存在政治暴亂與騷動的。[167]綜合而言，建立政治穩定的社會，有助於安定中求進步。唯學者因為觀察政治現象之觀點不同，對建立政治穩定的社會，產生兩種不同的理論，一是衝突理論（conflict theory）；一是整合理論（integration theory）。

實則單從衝突或整合觀點，都無法對政治體系提供一個完整的解釋。這兩種狀態是相互補充的，政治衝突與政治共識都是政治社會所具有現象，如果過於強調政治衝突，則無異將政治體系描繪成整日奪權鬥爭的場所，如果過於突顯政治共識，則可能導致社會停滯不前，且在人類複雜紛歧的政治社會中是不可能出現的。

政治體系之內在價值稀少，慾望無窮，甚或僧多粥少，都有發生政治衝突的可能性。伊士頓（D. Easton）主張政治體系的功能在於，替社會做權威性的價值分配。[168]正因為政治決策的特徵在於分配利益與不利，政治體系所做的決定，效果絕不會是中性的，這些決定往往造成某些人或某些團體的便利，以及其他人或其他團體的不利。政治社會中的個人或團體因為存有不同的需求、利益、信仰、態度、意見及行動取向，於是造成爭執，甚至互相對立[169]。

政治衝突依其關係不同，又可分為縱的衝突與橫的衝突。前者乃是政治體系中的統治者與被統治者間之衝突。[170]麥可（Roberto Michels）即謂，論述組織就是論述寡頭政治（to say organization is to say oligarchy），[171]此因組織的「官僚體系」（bureaucracy）中，權力分配的型態呈金字塔型，愈往高位，則獲得此高位者愈少，此即所謂的「寡頭鐵律」（iron law of oligarchy）[172]後者之權力衝突則是由於在權力的同一層面上，各份子間水平面上的競爭，例如個人對個人、團體對團體、階級對階級的衝突，其目的在取得權力、分享權力，或影響權力。[173]

政治衝突在政治體系中極難避免，傳統的社會學者、政治學者都視政治衝突為百害而無一利，然而自考舍（Lewis A. Coser）所著「社會衝突的功能」（The

---

[167] 李光平，政治共識與政治穩定，再版（台北：黎明文化公司，民國七十四年八月），頁一八一二七。

[168] David Easton, *A Framework for Political Analysis* (Englewood Cliffs: Prentice-Hall, 1965), P. 50.

[169] 陳德禹，「論政治衝突」，憲政思潮，第四十九期，民國六十九年三月，頁七。

[170] 賴淑珍譯，「衝突和衝突的管理」，憲政思潮，第四十九期，民國六十九年三月，頁一二九。

[171] Roberto Michels, *Political Parties* (New York: Free Press, 1958) PP. 393-409.

[172] Dennis Pirages, *Managing Political Conflict* (New York: Praeger Publishers Inc., 1976), P. 15.

[173] 賴淑珍譯，前揭文，頁一四〇。

Function of Social Conflict） 一書中，提出衝突的功能理論後，使學術界對於衝突的功能，又有了新的評估，滕尼（J. H. Tunner）在其「社會學理論的結構」（The Structure of Sociological Theory）一書中，將考舍的衝突功能論歸納爲九個研究命題：[174]

1.衝突的嚴重性愈深，則團體間之界限愈清晰分明。

2.衝突的嚴重性愈深，以及衝突團體內之分工愈細，則該團體乃愈可能步入中央集權制。

3.衝突的嚴重性愈深，以及衝突對每一團體的部門之影響愈重，則團體內份子間之結構型態乃愈緊密一致。

4.衝突的嚴重性愈深，以及衝突團體內份子之關聯愈親近，則壓制流離份子以就範於團體規範與價值之手段乃愈厲害。

5.如果衝突團體之結構並不嚴謹，衝突之次數雖多，然不嚴重，則衝突之方向乃愈可能朝向推進社會適應與整合之方式之改變的方向。

6.當衝突的次數過多時，則其真正反映社會中心價值之可能性愈少，此有助於社會均衡的維持。

7.當衝突之次數多時，但不嚴重，則節制衝突之規則愈可能推行。

8.若社會結構體系並不嚴謹，則衝突愈可能有益於建立其體系內權力之均衡與階層順序。

9.若社會結構體系並不嚴謹，則衝突愈可能促成增強體系之和諧與整合。

考舍對於衝突的正負功能區分，指出政治衝突並非絕對的不利於政治體系的穩定，然而政治衝突的發生，難免使兩方面或多方面，產生緊張，且有可能導致極端的暴力或破壞。不可否認，政治衝突有其負面影響：1.衝突對手之間，不再視對方爲中性或友善，而相互敵視，減少了溝通機會，亦因彼此的偏見，易於產生政治暴力。2.體系內由於衝突，致使形成了鴻溝，不易協調、合作，有害於體系的整合。3.衝突的各方，因彼此間對抗的自衛行爲，破壞政治共識之基礎。[175]

正因爲政治體系中存有的衝突是不可避免的事實，衝突亦非全然一無是處，然而衝突有其破壞性，亦容易造成政治體系的不安，如何來發揮政治衝突的正面功能，並防範政治衝突的負面影響，縮小衝突面，擴大合作面，以促使政治穩定的達成非常重要，尋求解決的重要途徑中，政治參與的意義與功能則具關鍵性。杭廷頓即以政治制度化與政治參與的動態關係，來決定政治不穩定或暴力，兩者的差距愈大，政治不穩定或暴力的可能性也愈大。[176]

杭廷頓的動員制度化分析途徑（mobilization institutionalization approach）集中於社會動員的速率與大眾的政治參與。

---

[174] Jonathan H. Turner, *The Structure of Sociological Theory* (Homewood: The Dorsey Press, 1974), PP. 116-117.

[175] 李光平，前揭書，頁七五。

[176] Samuel P. Huntington, Political Order in Changing Societies (New Haven: Yale University Press, 1968), P. 79.

　　設若一個社會的垂直流動（vertical mobility）— 如職位與所得的提高，與水平流動（horizontal mobility）— 如都市化的機會充分且開放，這兩者充分表現，便足以疏解社會挫折；若社會流動機會極少或完全閉塞，社會挫折乃引導人民要求政府，予以滿足，政治參與即爲最有效的手段。如果一個社會中，政治制度化程度極低，以致人民無法或難以經由體系內部的合法途徑，來陳述需求，則政治參與的急速擴張，便很容易形成政治不安或產生暴力的行爲。[177]

　　學者在強調政治參與的同時，亦發覺政治參與的危機，阿爾蒙（G. A. Almond）即以新興世界的政治文化，將是參與的政治文化。[178]韋納（M. Weiner）則指出，現代化運動所引起政治參與的壓力，爲當代最具爆炸性的危機之一。[179]杭廷頓在分析發展中國家的政治發展歷程中，各個政治體系是面對民主、競爭與穩定、衰敗的矛盾。尤其是在邁向競爭性與民主政治的趨勢中，業已廣爲「腐化的民主政治」（erosion of democracy）、專制的軍人政權、一黨政權等傾向所代替，沒有安定，僅有一再重現的政變與叛亂。[180]這些現象造成民主政治的困境與不安。

　　政治參與既然和民主政治息息相關，何以政治參與又在開發中國家造成危機？韋納提出以下看法：1.統治者可能相信，唯有他們才有統治的權利，因而不容許其他的個人或社會團體有任何的政治參與。2.參與要求者所組成的機構，爲統治者認爲非法的組織所引起。3.參與者所表示參與需求的方法，爲統治者認爲非法的方法所引起。4.參與者的要求，爲統治者認爲非法的需求所引起。5.新參與者不願與原有的統治者共享統治權，並欲取而代之的情況所引起。[181]

　　布拉克（C. E. Black）亦將政治參與問題之所以複雜不易解決，歸納出三個原因：1.在將新的政治競爭的組織，結合在一種新的爭議解決，和政策制定之模式中時，常會發生某些難以解決的制度化問題。2.當各個政黨，致力於爭取民眾的支持，以圖取得政府之控制權，往往會使選民之間的分裂加深，需求也因之而提高。3.當普選的原則一經確定後，在範圍與程度兩方面的參政權要求，便會繼之而生，此時的政府，如企圖解決這些問題，又不使之危及本身的安定性與行政效力，則它本身必須在事前便已完成制度化的過程。[182]

　　參與危機的發生，多源於統治者與參與要求者之間，未能建立彼此溝通的政治共識，使得成員參與感未能獲得滿足，導致政治體系無法在穩定中求發展。開發中國家面臨發展過程中，維持政治穩定的難題時，杭廷頓提供了一個重要原則—制度化，特別是「政黨制度化」，其核心精神是以「政治穩定」爲政治體系的重要價值，但其忽略了民主理想爲終極價值的思考，致使其未強調政治體系所必需具備的政治共識，而誤以具有高度制度化政黨的共產國家，也是政治穩定的類

[177] Ibid., PP. 54-55.
[178] G. A. Almond and Sidney Verba, *op. cit.,* P. 4.
[179] Myron Weiner, *op. cit.,* P. 159.
[180] Samuel P. Huntington, Political Development and Political Decay, *op. cit.,* P. 224.
[181] M. Weiner, op. cit., PP. 187-192.
[182] Jason L. Finkle and Richard W. Gable, *Political Development and Social Change* 翟國瑾譯，政治發展與社會變遷（台北：政治作戰學校，民國六十七年六月），頁四九二─四九三。

型。[183]實則缺乏政治共識的制度化，是獲得短期政治穩定的一種策略，如欲使政治體系長期穩定，並在穩定中求發展，則必須具備政治共識。否則此一政治發展仍將面臨認同危機（identity crisis）、合法性危機（legitimacy crisis）、貫穿的危機（penetration crisis）、參與危機（participation crisis）、分配危機（distribution crisis）與整合危機（integration crisis）。[184]

由於杭廷頓認爲現代化過程中，經濟社會所形成的重大壓力，若沒有制度化（特別是政黨）的政治體系來處理，不是帶來發展，反而是政治衰敗，於是辯解對於發展中國家，政治秩序的價值是要比物質進步或大眾參與爲高。誠然杭廷頓的看法曾引起各種辯論，但其「政治居主」的觀念，將政治發展的動力轉移到政治制度上，是有其價值的。

從各種實務經驗與歷史發展來看，政治參與的制度化方式，並非僅如杭廷頓所謂政黨制度化一途而已，此外選舉制度、利益團體、大眾傳播乃至於法律規範下的群眾運動訴求等，均可在某一特定面向上解決參與的危機，使政治社會成員中，透過逐步建立的各種參與制度化途徑，有公平、公正參與政治體系的機會，更有積極預防參與危機產生的作用，這種型態是爲穩健的政治參與。

政治參與的落實，有助於政治穩定的強化，與縮小政治衝突的範圍。雖然開發中國家在政治發展的過程中，初始或強調維繫基本的政治穩定，才有發展的基礎和潛力，在相當的程度下，建立各種參與管道的規範與限縮，或屬必要，但發展到一個程度，主政者就必須大膽放手，向真正的民主政治過渡。朝野政黨遵守參與的遊戲規則，是民主政治運作之基本原則。當政治社會中的每一成員都能參與民主政治制度的建構；同時培養民主精神的氣度，則政治參與不僅使得政治體系在安定中求取進步，更能夠避免劣質化的政治衝突所造成的惡性循環夢魘層出不窮。

---

[183] S. P. Huntington, Political Order in Changing Societies, *op. cit.,* P.408.
[184] Leonard Binder et. Al., Crisis and Sequence in Political Development (N. J.: Princeton University Press, 1971) P.74.

第二章　　民主奠基期的政治發展

　　從民國卅八年政府播遷來台，迄民國六十六年「中壢事件」前，這段時間爲「民主奠基期」。由於遷台之初，中共軍事赤化的威脅，台灣地區經濟能力的薄弱，社會條件不足，乃至於人心的不安，使得政府民主政治的發展取向，須同時兼顧國家安全、社會安定的考量，這是一個兩難（dilemma）的困境。本章即在探討斯時內外環境的因素與憲政體制、政黨政治、政治參與互動與影響。

第一節 環境因素

壹、外環境因素

　　影響中華民國政府政治發展的外環境因素，最主要的有二：一爲中共的直接威脅；二爲國際環境的變化。

一、中共的直接威脅

　　中共的威脅在本時期約可分爲兩個階段，第一個階段自民國卅八年至四十八年，爲「武裝解放台灣時期」；第二個階段自民國四十九年至六十七年爲「和平解放台灣」時期。

（一）「武裝解放台灣」時期

　　政府遷台時，國家情勢處於危疑浮動之中，中共挾席捲大陸之勢，欲在短時間內以武力解放台灣。民國卅八年九月中共「第一屆政治協商會議第一次會議致解放軍通電」文中，即要求共軍「徹底消滅一切不投降的敵人，解放台灣」，中共三野副司令員粟裕並認爲可在短期內完成解放台灣的任務，司令員陳毅更威脅要血洗台灣。[1]民國卅八年十月廿五日，中共發動對金門的登陸攻擊，在此一「古寧頭戰役」中，激戰 3 日後，8,000 名共軍死亡，6,000 名被俘，中共遭到第一次渡海攻擊挫敗，繼以其參與韓戰，中華民國政府乃得稍事來台後整補休養。

　　中共旋因民國四十二年七月廿七日，韓戰停火協定簽字，四十三年七月，中南半島戰爭也結束，乃集中兵力，再度動武，同年九月三日，中共向金門砲擊，引起台海危機，中美共同防禦條約在四十三年十二月一日簽署。中共復於民國四十四年一月十九日對一江山進行陸海空三面攻擊，國軍 720 人全部成仁，一月廿五日美眾議院通過授權艾森豪總統使用美國武裝部隊保護台澎及「有關地點及區域」的安全。中共表示攻擊一江山是征服台灣的前奏，且係表明爲解放台灣而戰的堅決意願。[2]二月七日在美國第七艦隊協助下，國軍撤防大陳列島。至此一江山、大陳、南麂、南澎、東山島先後陷落。

　　中共第三次大規模對金馬採取軍事行動，是在民國四十七年八月廿三日猛烈砲擊大小金門，二小時內落彈 4 萬餘發，防衛副司令趙家驤、吉星文、章傑殉職，國軍官兵奮勇反擊，並得美國第七艦隊護航下，我國軍補給船赴金馬補給物資，

---

[1] 姚競之，「中共對台策略之演變」，共黨問題研究，第十三卷，第十一期，民國七十六年，頁五二。

[2] 陳志奇，美國對華政策三十年（台北：中華日報，民國六十九年），頁一〇三。

「八二三砲戰」總計落彈 45 萬餘發，在國軍官兵浴血奮戰，海空戰鬥皆捷，終而迫使中共採隔日砲擊金馬，直到民國六十八年中共與美建交，始由中共國防部長下令停止砲擊。

綜觀政府來台後各次重要台海戰役（如表二——一）無不悠關台灣地區人民生死存亡，設若金馬不守，台澎將直接面臨威脅，更無安定環境來發展政經。明顯的，中共在民國四十、五十年代的軍事威脅，成為政府來台發展民主政治走向的首要考量因素。

（二）「和平解放台灣時期」

「八二三砲戰」後，中共雖繼續對金門隔日砲擊，但因美國積極支持我國，加上其與蘇聯一九六〇年絕裂、中印邊界戰爭以及文化大革命等內外問題，使之不再大規模侵犯金馬，但中共一直未放棄以武力解放台灣的政策。[3]民國四十八年到五十六年間，國共雙方軍事上仍有多次的零星接觸與海、空戰鬥。[4]民國五十六年以後台海直接發生軍事衝突的情形減少。中共此時大肆利用與美國關係的改善，進入聯合國及保釣運動發展和平攻勢，這一階段，即採所謂「回歸、認同、統一」和平解放台灣，而不排除武裝解放的政策。

中共提出「和平解放台灣」的說法，雖早在民國四十四年七月卅日，周恩來於中共「人大」第一屆第二次會議上即已提出，[5]但主要是為其開始與美國嘗試緩和關係，所為之外交策略運用，其後民國四十六年五月，中共向台北所提出十項和談條件，[6]亦是同出一轍，此時中共實際上還是以武力解放台灣為主，這從中共在民國四十七年掀起「八二三砲戰」台海危機的行動可證明。

事實上，中共積極推動對台統戰，是到了民國六〇年代，主因是中共在民國六十年（一九七一年）進入聯合國，美國總統尼克森，日本首相田中角榮相繼訪問中國大陸，中共認為國際情勢及海外華人有利於中共再發動對台統戰，於是乃提出「認同、回歸」的口號。以下先行分析保釣運動、認同、回歸的本質與內涵：

1.保釣運動

保釣運動是民國五十九年（一九七〇年）十二月中旬，美國東普林斯頓、哥倫比亞的中國留學生發動「留美學生保衛釣魚台」運動，原本目的在於支持中華民國政府保衛國土，但此一運動迅即為中共滲透，中共統戰份子影響了多數組織，於民國六十一年（一九七二年）三月十二日以「全美五十三個釣魚台行動委員會」名義發給中華民國政府一封限期答覆信，其所提十項要求，有如兩敵對國家在宣戰前所提之「最後通牒」。爾後在各項華府大遊行、研討會中，該等將中

[3] 蔡政文、林嘉誠，台海兩岸政治關係二版（台北：國家政策研究資料中心，民國七十九年三月），頁十七。

[4] 上官戟等著，台海戰雲（台北：風雲論壇社，民國八十三年七月），頁三二—四五。

[5] 周恩來，「目前國際形勢和我國外交政策」，見北京，人民日報，一九五五年七月卅一日，版二。

[6] 蔡政文、林嘉誠，前揭書，頁一九—二〇。

表二 — 一　中共對台灣重要軍事威脅

時間	民國 38 年 10 月 25 日	民國 43 年 9 月 3 日	民國 44 年 1 月 19 日、2 月 7 日	民國 47 年 8 月 23 日
名稱	古寧頭戰役	金門砲戰〈第一次台海危機〉	一江山戰役、大陳撤退	八二三砲戰〈第二次台海危機〉
地點	金門	金門	一江山列島、大陳列島	金門、馬祖
軍事威脅方式	兩棲登陸攻擊	砲擊、海戰、空戰	兩棲登陸攻擊	砲擊、封鎖金門、馬祖、海戰、空戰
事件	共軍於古寧頭登陸後，激戰 3 日。	一、海軍於 7.2 在浙海白沙山附近擊沉中共艦艇 2 艘。二、海軍 8.9 掃蕩東山島，擊毀中共艦艇 12 艘。三、中共 9.3 向金門砲擊。四、空軍噴射機群首次出動、飛廈門上空作戰。	中共對一江山、大陳列島進行攻擊。	一、47 年 6 月起馬祖附近即已發生海、空激戰。二、47 年 8 月 23 日起，中共猛烈砲擊金門、馬祖。其間並發生海戰、空戰。
結果	共軍死亡 8000 人、被俘 6000 人，中共登陸攻擊失敗。	國軍選定大陸特定目標還擊。	一、一江山島淪陷，國軍 720 人全部成仁。二、大陳列島撤守陷共。	一、我國防部長受傷。二、我三位副司令官喪生。三、擊落米格 17 共 31 架。四、中共宣布對金門「單打雙不打」
備註		12 月 2 日中美簽訂共同防禦條約。	1 月 25 日美國國會授權艾森豪總統使用武力保護台澎。	9 月 4 日美國國務卿杜勒斯發表聲明協防金門。

資料來源：作者整理

共統治下的中國大陸描寫成天堂，把中華民國台灣地區描寫成地獄，「保釣」已變質爲「保毛」。[7]

2.認同

中共多年來皆在執行破壞中國傳統文化的政策，「破四舊」最足以代表。但民國六十年以後，中共對外宣傳，不提「破四舊」，且反而多方面宣傳中國固有文化。如美國總統尼克森、日本首相田中角榮訪問中國大陸，中共以廿五史及楚辭集注相贈，並邀其遊故宮及萬里長城，其目的，在使海內外中國人相信：中華民國政府宣傳中共的破壞、消滅中華文化是不正確的，毛澤東也是在中國文化長大的，大家都是一樣的中國人，這是「文化認同」；另一方面經由此一思維推理，共產黨政權就是毛澤東政權，毛澤東是中國人，所以共產黨就是中國人的政權，這是「政治認同」。中共因之提出：「中國人近百年來國力的積弱不振，受外國壓迫輕視，今天的大陸強大，就應向大陸的中國『認同』。」[8]

3.回歸

中共進行「認同」的同時，即對海外華僑、學人表示：「既然認同大陸，就應『回歸』大陸。但是『回歸』並不一定要海外僑胞都回到大陸去，只要心向大陸，精神歸向大陸就可以。」並指出：「如果今天的海外包括台灣的中國人，都能『認同』、『回歸』大陸，國家民族『統一』了，就可以使中國成爲一個空前強大的中國。」[9]

在中共「認同」、「回歸」、「統一」的口號下，極力爭取旅美高級知識份子前往大陸訪問，此一做法，固然使海外華人認清中國大陸在中共統治下的落後景象，但也有若干華人回到美國後，無視大陸同胞的苦境，反而讚揚中共政權。金達凱分析指出：（1）海外知識份子在政治觀念上，常隨美國走。美國反共時，他們也反共；如今美國不反共，其也隨著美國去接近中共。（2）若干海外知識份子，對中共本質無眞正的認識，更無仇恨共黨的思想意識。（3）他們有些家庭或親友在大陸，利用鐵幕半開機會，去探望久別的親人。[10]

綜合中共在民國卅八年到六十六年間對台政策，雖可大致區分爲「武裝解放台灣」時期與「和平解放台灣」時期，但其策略本質爲：[11]

（1）武裝解放台灣是其一貫政策，其理由爲台灣是中國（共）的領土，不容外力干預。

（2）和平解放是中共在有外交進展時所提出，實乃具有「招降誘和」之意。

（3）中共和平談判的基本立場乃是其爲中央政府，台灣是地方政府，故中共反對任何「兩個中國」、「一中一台」、「台獨」的形勢和主張。

---

[7] 謝傅聖，大陰謀（台北：聯經出版公司，民國六十八年），頁四七—四八。

[8] 張念鎭，「當前中共和平統戰策略剖析」，問題與研究，第十八卷，第六期，民國六十八年三月，頁七十四。

[9] 金達凱，中共統戰策略研究（台北：黎明文化公司，民國七十四年十月），頁一六三—一六四。

[10] 同上，頁一六四—一六五。

[11] 上官戟等著，前揭書，頁廿三—廿四。

二、國際環境的變化

中華民國的國際地位隨著世界局勢的變化而改變。此一複雜的情況導源於民國卅八年中華民國政府播遷來台，中國大陸淪陷於中共政權的控制，從此中國面臨長期的分裂分治局面，由於國際法上的承認學說無法涵蓋多體制國家的狀況，也漸影響到中華民國政府的國際地位處境。一般學者與國際間對於國家或政府的承認上，大致有兩種學說：一種主張，認為國家與政府存在是一個事實問題，承認僅是確認這一個事實（構成說）；另一種主張，則認為不被承認的國家和政府，視為不存在，沒有任何法律地位（宣示說）。

由於現行國際法理論中，缺乏對長期分裂分治國家有明確的主張，導致其他國家在與分裂國家交往時，遭遇極大困難，其結果是往往以現實主義為外交決策的準則，這對處於相對劣勢的一方，自然造成不利的處境。中華民國政府即是在此情形下，逐漸喪失了大多數國家的承認。有關本時期國際環境對中華民國影響最重大者，約可包括三方面：（一）美國對「中國政策」的改變。（二）退出聯合國。（三）中日斷交。

（一）美國對「中國政策」的改變

民國卅八年國民政府情勢逆轉之時，美國對華政策是欲置身於中國事務外，除發表白皮書落井下石外，美國國務卿艾奇遜認為中共將完全控制台灣，美國應和國民政府劃清界限。[12]此一存亡之秋，若非國軍創造金門「古寧頭大捷」，加以中共海、空實力不足，台澎有海峽天險，蔣中正總統復行視事，領導全民堅苦奮鬥，則中華民國之國運早已斷絕。[13]

民國卅九年（一九五〇年）六月廿五日，韓戰猝然爆發，使杜魯門總統放棄對華的「袖手政策」（hand—off policy），由於台灣地位重要，杜魯門基於韓戰需要與美國利益，於六月底下令第七艦隊協防台灣，但同時亦防止我對大陸攻擊。民國四十年，國務院證實美國之軍援台灣已經恢復的事實，民國四十三年簽署「中美共同防禦條約」，將台灣納為美國在全世界圍堵共產主義的戰略，自此以後的二十年間，在美國支持下，確定了中華民國在國際社會中的地位。

然而民國六十年代國際情勢發生結構性的轉變，使美國逐漸調整前述之戰略外交思想，根據華特斯（W. Watts）等學者的看法，美國的著眼點在於：（1）越戰長期懸而未決，造成美國國內政治擾攘不安，使美國重新檢討亞洲共黨問題，企圖與中共接觸，以謀解決越南問題。（2）因為美國經濟成長緩慢，相對的蘇聯勢力增強，美國基於此政治現實，故其希望與中共進行「和解」。[14]

此時中共與蘇聯之間的衝突—珍寶島事件，給了美國走上「聯中（共）制俄」的絕好時機。民國六十年（一九七一年）四月，美國乒乓球隊在東京參加世界大

---

[12] 田弘茂，大轉型（台北：時報文化出版，民國七十八年），頁二六九。

[13] 趙明義，當代國際關係綜論，增訂二版（台北：帕米爾書店，民國七十四年十月），頁二八六—二八七。

[14] Willam Watts, George R. Packard, Ralph N. Clough and Robert B. Oxnam; Japan, Korea and China: Amercrican Perceptions and Policies (Lexington Massachusetts: D. C. Heath and Company, 1979), P.103.

賽，受周恩來邀請訪問大陸，此爲「乒乓外交」的開始。民國六十一年（一九七二年）二月，美國總統尼克森訪問北平，並與周恩來發表「上海公報」，公報中說明美國的立場是「美國認知（acknowledge）在台灣海峽兩邊的所有中國人都認爲只有一個中國，台海是中國的一部份，美國對這一立場不提出異議」，但另一方面「美國重申它對中國人自己和平解決台灣問題的關心」。杜蘅之指出，美國在這「公報」聲明中，放棄自二次大戰以來其所持「兩個中國」的構想，但亦不贊成任何一方對另一方以武力威脅其存在。[15]

民國六十二年（一九七三年）二月，美國與中共互設「聯絡辦事處」，此一「聯絡辦事處」的設立，實質上已分別完成了「關係正常化」。民國六十四年（一九七五年），中共正式提出「建交三原則」—斷交、撤軍、廢約，並同意美國在不違反此三原則的情況下，可照「日本模式」（Japan Formula）與台灣交往。唯民國六十四、六十五年間，美國政府因爲水門案件，根本無法在關係正常化上使力，直到民國六十六年（一九七七年）卡特上台後，才於民國六十七年（一九七八年）十二月十六日宣布雙方於民國六十八年（一九七九年）一月一日起正式建交。

（二）退出聯合國

從民國卅九年一月起，蘇聯代表團屢次在安全理事會提議排擠中華民國代表，而其附庸國則隨聲附和。阿爾巴尼亞年年都在聯大提出引中共入會案，終因美國支持我國，大多數民主國家亦對我表支持，故而歷屆大會都以多數票予以否決。

民國五〇年代末期，聯合國內姑息氣氛日濃，加以第三世界國家因反殖民意識的影響常加入反西方的共產陣營，使一向支持中華民國會籍的美國，發現在此一議案上已不能再控制大多數會員國。[16]到了民國六十年（一九七一年）秋的聯合國第廿六屆大會，終於通過了「排我納中共」的阿爾巴尼亞案，我國當時鑑於聯合國完全喪失維護正義的立場，於投票之前，由外長周書楷發表聲明，毅然宣布退出聯合國，此一決定，使我國外交上遭到相當嚴重的頓挫，其後各國相繼的承認中共，在此消長中，我國面臨日益孤立的國際環境。（如表二—二）

中共進入聯合國後，即要求聯合國有關的國際組織，如教科文組織、世界衛生組織…等排擠我國，讓其加入；在民間的團體組織，中共態度做法亦然。凡此均使我國面臨日益孤立的國際環境。正如卡波（J. F. Copper）所言，退出聯合國對於中華民國的國威是一個重擊，特別因爲它堅持毫不妥協的反共主義立場，以及缺乏預防外交挫折的意願，反而錯誤地預期聯合國會員國「恢復理智」。[17]當然此一外交挫敗源自「漢賊不兩立」態度，直到民國七十年代以後，我國外交面臨

---

[15] 杜蘅之，「美國對中華民國安全承諾之分析」，杜蘅之著，台灣關係法及其他，人人文庫（台北：台灣商務印書館，民國七十三年），頁三三—三四。

[16] Bruce Russett and Haney Starr, World Politics: The Menu for choice (San Francisco: W. H. Freeman and company, 1981), P.529.

[17] John F. Copper, "Political Development in Taiwan", China & Taiwan Issue, ed. N. Y. Praeger, 1979, P.61.

表二 — 二　與我國及中共建交國家數目一覽表

時間 / 分類	民國39年	民國52年	民國55年	民國59年	民國60年	民國61年	民國63年	民國65年	民國66年	民國68年
與我建交者	53	58	60	68	66	39	20	26	23	21
與中共建交者	26	42	50	53	48	85	93	109	111	118

時間 / 分類	民國69年	民國70年	民國74年	民國75年	民國77年	民國79年	民國80年	民國81年	民國82年	民國83年
與我建交者	21	22	25	23	22	27	29	29	29	29
與中共建交者	121	122	129	131	134	134	133	152	156	158

資料來源：外交部條約司

更加孤立，政府才逐漸檢討並調整外交策略，以一個中國的大前提下，在國際間強調「在現階段下分裂分治的事實」，以務實外交爭取國際活動空間。

（三）中日斷交

美國與中共關係的逐漸改變，明顯的迅即影響西太平洋地區國際情勢，夾在美國與中共權力當中的日本、韓國，乃至位於外緣的東南亞各國，其外交路線亦必然隨之重做調整，亦即當意識形態外交瀕於破滅之際，介於兩大權力之間的諸小國家，紛紛採取自保性的中立外交路線。[18]

日本在民國五十三年（一九六四年）起，不斷有親中共言行出現，最著者是民國五十七年（一九六八年）與中共簽署「貿易協定」。[19]民國六十年（一九七一年）八月二日，日本首相田中角榮表示即將訪問中共，六十一年（一九七二年）五月十五日，美日兩國政府私相授受釣魚台列嶼，中華民國政府抗議無效。隨後七月五日，日本首相田中角榮聲言將撕毀「中日和約」，努力「日、中（共）關係正常化」。終而日本與中共簽署建交聲明，接受中共所提三項原則：（1）日本承認中共是中國唯一合法政府。（2）承認台灣是中國一省（日本在聲明中僅表示充分理解和尊重中國政府的這一立場。並堅持遵循波茨坦宣言第八條的立場），（3）廢除中日和約。這一結果使我政府與日本只能從非官方途徑，如成立「交流協會」與「亞東關係協會」等機構進行連絡，來維持雙方實質關係，既缺乏法律保障，又有所不便，這就是所謂「日本模式」（Japan Formula）。[20]

綜言之，民國六十年退出聯合國，是我國對外關係消長的關鍵時刻，民國六十一年的中日斷交，基於日本與我之地緣、歷史關係，此一斷交對我造成極大傷害。其後我國在內部「漢賊不兩立」觀念與中共「排他性承認」原則之下，逐漸步上外交孤立的困境。

貳、內環境因素

政治體系並非孤立的體系，外在環境固然影響政治體系，內在環境因素如經濟、社會的變化，亦將會直接、間接的對政治體系產生衝擊。民國卅八年整個政局的逆轉與經、社發展的失利實有著密切的關連。政府來台，對經、社發展的方向，一方面在如何將當時脆弱的農、工業以及社會力予以調整體質；另一方面在於如何使社經逐漸發展中，同時穩健地發展民主政治。上述兩目標的實現是困難的，金耀基指出台灣地區在這政治發展的過程中，跳過了兩大政治陷阱：一是馬克斯情景（Marxist Situation）的陷阱 — 即在現代化發展過程的早期，開發中的國家因「經濟成長」與「公平分配」的矛盾衝突，導致社會混亂與不安，而激起暴烈的共產主義或社會主義的革命。二是極權統治（Totalitarian Rule）陷阱 — 即在現代化發展過程的初期，爲了有效推動並加速現代化，開發中國家政治上的領導精英，往往以藉口來壓制人民的「政治參與」，採集權的統治方式進行控制（共

---

[18] 陳鴻瑜，「彈性外交的兩難情結」，時報雜誌，第一四○期，頁七。

[19] Lee, Chae-jin, Japan Faces China, (Baltimore: Johns Hopkins University Perss, 1976) PP. 65-82.

[20] 丘宏達，中美關係論集（台北：時報出版公司，民國六十七年），頁七四─七八。

產黨式的或非共產黨式的），以強化「政府效能」。[21]民國卅八年以來，台灣和平穩健的經社發展，使從無到有，進而蓬勃的社會力，亦使民主政治的腳步逐漸加快。以下即分別探討本階段經濟、社會發展的狀況。

一、經濟狀況

政府在大陸時期挫敗的原因之一，乃是中共利用農民對於土地制度的不滿，而以「農村改革者」的姿態出現，造成政府失去廣大農民的支持。另一個重要原因是經濟措施失利，通貨膨脹惡化，民國卅七年八月，國民政府採取幾項措施，試圖挽救經濟危機，包括：發行金圓券取代法幣（一元金圓券兌換三百萬法幣），強制收購金銀和外匯，禁止商家在未經政府許可下提高工資及物價等，但隨著軍事的失利，使得國內經濟壓力更加惡化，十一月，政府放棄控制物價的努力，通貨膨漲同時間影響台灣，斯時台灣物價漲幅達百分之一千一百四十五。[22]政府遷台後，在經濟方面即全力解決兩大問題：一是進行土地改革，發展農業；一是穩定物價，發展工商業。

（一）農業發展

政府著手於農業發展政策是採和平漸進的方式，整體分析本時期可概分：第一次土地改革、農業培植工業、工業發展農業、第二次農地改革等四個進程。

1.第一次土地改革

政府遷台後，對於二次大戰期間遭到破壞的農業力圖恢復，第一次土地改革是由民國卅八年推行耕地三七五減租、四十年的公地放領到四十二年公布「實施耕者有其田條例」，分三個步驟進行。這一連串的土地改革是成功的，其成效兼具社會與經濟功能。就社會面而言，土地改革消除了地主剝削佃農，改善農村貧富不均的現象，並提高佃農子弟受教育人數與水準。魏鏞即分析從民國卅七年到六十年間，佃農人家出身的子弟就讀小學的數目增加了二五七％，就讀中學者增加了六二七％，就讀大學者增加了一六八二〇％，若將這些數字與該期間農村所僱用人口的增加率一二八％相比，更可見佃農子弟的受教育機會是大幅地升高了。[23]而同時，農民取得土地成為自耕農後，社會地位相對增加，參與政治與關心地方公益的熱忱也跟著提高。

就經濟面而言，由於地主將土地資金轉投資於工商業，有助於工商業的發達與國民所得的提高。隨著減租政策實施，佃農搖身變為自耕農時，透過土地自有的誘因，大幅提高了它的生產力。謝森中即分析指出：[24]

[21] 金耀基，中國民主之困局與發展（台北：時報文化出版公司，民國七十三年五月），頁六—八。

[22] 高棣民（T. B. Gold）著，胡嘉煜譯，從國家與社會的角度觀察—台灣奇蹟（台北：洞察出版社，民國七十六年十一月），頁九六。

[23] 魏鏞原著，朱雲鵬譯，「台灣的現代化」，收錄於金耀基等著，中國現代化的歷程，四版（台北：時報出版公司，民國七十二年十一月），頁二八九。

[24] 謝森中，「經濟發展的迷思—循序策略與整合做法」，自由中國之工業，第六十八卷，第四期，民國七十六年十月，頁一一—一二。

現耕佃農經過土地改革的推行，得到其所租佃而來耕作農地的所有權。因此，土地改革只影響農地所有制的轉移。而佃農本身，在土地改革之前，已實際參與農場經營管理的決策並承擔風險，所以當其變成自耕農時，在農場管理及操作方面具無困難，生產力自會大為增加。這是我國佃農與其他開發中國家佃農只從事農場勞工最不同之處。

2.農業培植工業

從民國四十二年到五十七年間為「農業培植工業」的政策時期，政府實施了四期四年經濟建設計畫，在農業上，因為土地有限，而農村勞力充裕，乃採行精耕方式，增加每一單位面積之勞動力投入量，以提高土地生產力，達到增產目的；同時，提高農產品以及農產加工品之輸出能力，以換取工業之機器設備，而從事工業化。有關這段期間農業成長狀況是很明顯的：[25]

（1）第一期四年經建計畫時期（民國 42 年至 45 年），此時台灣人口成長快速，平均成長率達三・四六％，農業每年成長率平均為四・八％，比人口的增加速度還快。

（2）第二期四年經建計畫時期（民國 46 年至 49 年），人口成長率平均為三・三％，但是農業成長率更快，平均每年成長四・二二％。

（3）第三期四年經建計畫時期（民國 50 年至 53 年），人口成長率已降為二・五五％，然而農業更加速成長，平均每年成長率為五・七八％。

（4）第四期四年經建計畫時期（民國 54 年至 57 年），人口成長率為二・五六％，農業成長率為五・六五％。

此時期台灣地區之農、林、漁、牧生產，無論就生產技術或單位面積產量來說，都有顯著之成長；對糧食之供應、工業發展之支持、社會經濟之繁榮與國力之增進具有積極意義。

3.工業發展農業

從民國五十七年到六十四年間，政府實施第五、第六期經建計畫，就農業而言，此時為「工業發展農業」政策。過去不到二十年的經濟快速成長，已漸擺脫農業為主要產業的傳統社會，脫胎換骨，成為工業社會。由於工商業的快速發展，農村產生季節性勞動不足現象，農村工資隨之上漲，農業經營不復採取勞力密集方式。政府乃於民國五十八年訂定「農業政策檢討綱要」十四點，其要點為：擴大農業經營規模、推行農業機械化、穩定農產價格、強化農民組織、發展農業加工、提高運銷效率、加強山坡地開發、提高技術水準、及修正和訂定有關法令，於是農業發展逐漸變為擴大合作經營方式，並引進農業機械，改善運銷制度；同時發展生產勞力較少，而價值較高之外銷農產品，以達到改善農產品結構，農村逐漸用科學方法來經營，確保整個經濟健全發展，提高生產力，另降低肥料價格，增加農民所得。

政府並於民國六十一年九月宣布「加速農村建設重要措施」：（1）廢除肥料

---

[25] 周煌明，農地改革研究（台北：帕米爾書店，民國七十二年五月），頁二六一二七。

換穀制度。（2）取消田賦附徵教育費，以減輕農民負擔。（3）放寬農貸條件，便利農村資金融通。（4）改革農產運銷制度。（5）加速農村公共投資。（6）加速擴大綜合技術栽培。（7）倡設農業專業區。（8）加強農業試驗研究與推廣工作。（9）鼓勵農村地區設立工廠。同時政府每年以二十億以上的資金投入農業的建設工作，以維護農業生產力。

前述措施中，尤以肥料換穀制度的廢除意義最大。此制度已實施多年，原係由糧食局以肥料貸配給農民，其中一部分由農民於收獲後，按當時所定比率以稻穀償還。因為化學肥料是公營獨佔事業，而所有稻穀的收購都是按低於市價甚多的政府收購價格計算，加以政府訂定稻穀與各種肥料間的交換比率，以稻穀計算的交換比率顯得肥料價格十分昂貴。政府其後因考量增加農民收益，自民國五十九年起迭次予以降低，至六十二年初，終將肥料換穀制度廢止，農民所需肥料改由糧食局全額貸放，於當期收獲後由農民選擇以現金或稻穀折價償還。

4.第二次農地改革

經濟結構的轉變，由「農業培植工業」發展到「工業發展農業」，固然已使經濟邁向工業型態，但相對的農業產生弱化現象，這可從以下各方面看出：

（1）農民所得偏低：自民國五十三年到五十六年，農業工資只漲十六％，而工業各部門工資的上漲率最小者也有三○％（礦業），較大者高達四七％（衛生服務業）。[26]因之，台灣農民與非農民所得的相對水準，自民國五十六年起開始惡化。[27]至於就農家之家計費充足率，[28]在民國五十七年以前，以農業所得支付家計費猶綽綽有餘（家計費充足率在一○九％以上），但五十七年以後日形見絀，到民國六十七年僅七一‧八四％，換言之，民國六十五年之後所有農家以農業所得已不足以維持家計，故紛紛兼業以貼補家用。

（2）兼業的比例高：民國四十四年專業農戶佔三九‧八五％，民國四十九年稍升至四七‧六一％，至民國六十四僅有二五‧四五％，而兼業農戶則從民國四十四年六○‧一五％，至民國六十四年高達七四‧五五％。

（3）農業勞動力老化：農業與非農業收入差距，成為農村青年外移的動力，據統計農村勞力平均年齡，民國五十八年為三三‧八歲，民國六十八年為四一‧三歲，有逐漸老化的趨勢。[29]

（4）地未盡其利：正如前述各種不利因素之衝擊，農村人力、資金逐漸外移，農村因勞力缺乏而工資上漲，生產成本增加，加以農產品價格長期偏低，影響農民所得及其投資的意願，於是土地利用漸趨粗放（extensive）。而耕地利用率

---

[26] 黃際鍊，「台灣農家勞動力之供給價格及流出」。余玉賢主編，台灣農業發展論文集（台北：聯經出版公司，民國六十四年九月），頁二七四。

[27] 張漢裕，「台灣農家所得的變化與食品加工業之發展」。同上註，頁二九一。

[28] 家計費充足率表示農業所得能支援家計費之程度，以農業所得除以家計費再乘一○○而得。

[29] 蔣彥士，「我國當前農業政策的商榷」，見台北，中央日報，民國六十九年十二月十四日，版一。

[30]亦從民國五十五年的八九‧一四％降至民國六十七年的七八‧六一％。[31]

上述情形的發展趨勢,政府亦已察覺,乃推動第二次農地改革,在民國六十五年開始實施第一個六年經濟計畫,農業發展的目標為:提高農民所得,增加農業生產,加強農村建設。發展策略為:(1)促進水土資源的規畫和有效利用,以求綜合開發,增加農業生產及農民所得。(2)擴大耕作規模,加速推行農業機械化。(3)擴建農村公共設施,開發工業區,以協助小農轉業,減少農業就業人口。(4)改善農村生活環境,以實現離農不離村政策。

綜合而論,本時期的農業政策發展實包含下列特色:

(1)和平漸進的土地改革,不僅改變了地主與佃農間的社會結構關係,亦使台灣經濟奠定了繁榮的基礎。

(2)工業化與都市化的發展,農業在總產值的比重下降,農民所得偏低,已是不可避免,唯農產品價格長期偏低,終於發生其後民國七十年代農民抗爭行動。

(3)政府本於「以農立國」與重視農業發展條件是可以肯定的,這從實施多年不利於農民的「肥料換穀」制度,終於經過政府全面檢討後予以廢除,並降低肥料價格等可以看出。

(4)台灣農業發展良好,除土改政策成功,農會組織亦扮演重要角色,台灣省暨縣、鄉、鎮均有農會之設置,省有省農會、縣(市)有縣(市)農會、鄉鎮(市)有鄉鎮(市)農會,農會是為農民服務的機構,如提供信用貸款、引進新式農耕技術、提供改良品種、代銷農產品等,這些項目對農民提供直接服務,使農會與農民緊密結合,對農村繁榮貢獻很大。

(二)工業發展

政府遷台時,通貨膨脹的嚴重已如前述,而工業基礎更是薄弱,在民國四十年代面臨著巨額貿易逆差;民國四十一年到五十年,按美金計算的出口佔進口的比率,平均只有60％強,貿易逆差將近進口的40％。雖如此,政府仍努力尋求發展策略,逐漸使由一落後的農業,蛻變為以工業生產為主體,以對外貿易為導向的工商社會。在本時期的經濟發展經過兩個階段:第一次進口代替階段(民國42年—57年);第一次出口擴張階段(民國58—65年)。

1.第一次進口代替階段

政府自民國四十二年至民國五十七年的第一至第四期經濟計畫期間,積極鼓勵發展民營勞力密集的民生輕工業,以進口基本原料、半製成品等,來製造各種消費品,也就是發展替代進口的工業以彌補基本民生必需品之不足,此為「第一次進口代替」階段;一方面減少進口輕工業消費品以節省外匯,另一方面積極發展生產事業以達增加就業之目的。李國鼎認為此一階段政府的重要政策為:(1)積極推動經濟發展工作。(2)重視經濟的穩定。(3)基本建設與社會建設的配合發展。(4)農業與工業的配合發展。(5)輕工業至重工業循序漸進發展。(6)改

---

[30] 耕地利用率=[(作物面積×生長日數)÷(耕地面積×365)]×100％

[31] 周煌明,前揭書,頁一七一—一八九。

善投資環境促進投資。(7)鼓勵出口。(8)有效運用美援。[32]本階段有四項特色：

（1）**公營事業功能的發揮**：近年來公營事業民營化是必然的趨勢，但在經濟發展的早期，公營事業有其重要意義，于宗先指出：[33]

> 在一個國家經濟發展早期階段，要想使民間企業能負起財政、經濟與社會的責任，可能性不大。在過去，政府需要消費支出，維持足夠的武力保衛國土，維護社會安寧，更需要大量投資支出，建設各項公共設施，使各業生產活動順利運作。問題在於徵稅困難，財源不足。但是，公營事業憑政府的力量，得以有計畫地發展，不僅充裕的稅源，支持了工商的發展，也盡了許多社會責任。

就徵稅問題而言，當一個國家處於貧窮和落後狀態時，僅憑賦稅徵課來充裕國庫是有其困難，公營事業的繳庫盈餘益顯重要，如台灣省煙酒公賣局的專賣盈餘在民國五十一年，曾佔全國稅收的 27%，即使到民國六十年，仍佔 16%。[34]

（2）**民營事業帶動經濟發展**：從光復到民國卅八年，台灣的民營工業非常脆弱，原因為：1.重要工業在二次大戰多被炸毀。2.光復後，日本人撤走，日本工業人才與資金斷絕，大陸上無餘力向台灣發展，本地也因資金等條件不足下，一時形成真空，當政府接收後，一時無法轉讓民營，遂變成公營事業。3.此一時期，惡性通貨膨脹使經濟陷於混亂，缺乏發展民營的環境。[35]

政府在民生主義的制度下，主張公營與民營並重，早期之公營事業，包括了電力、自來水、運輸、電信等公用事業，和肥料、製糖、煙酒等特殊的事業，其餘的工業在民國四十二年，第一期四年經建計畫時釐定，鼓勵由民間投資興辦，尤其是新工業差不多都保留給私人投資，政府更在民國四十三年，將四大公營事業 — 水泥、造紙、工礦、農林開放給民間。[36]

民營工業的迅速發展是從民國四十二年起連續四期的四年經建計畫，在民國四十一年，公營事業生產佔工業總生產淨值的 57%，民營佔 43%，到民國五十六年公營降為 30%，民營所佔比重提高到 70%。

（3）**勞動密集產業的效果**：一般而言，發展資本密集產業必須具備若干條件；相當的教育水準、較高的儲蓄力、充足的資金累積等，若捨此條件而貿然走上資本密集產業，則無異揠苗助長，如二次大戰後的印度因先發展資本密集產業，致使沒能解決一般社會大眾的基本生活問題。

台灣早期的經濟，雖無充裕資本，但有為數眾多的勤奮勞工，先推動勞力密集產業的發展，在國際間貿易以比較利益原則，即可使一種出口產業獲得快速發

---

[32] 李國鼎，台灣經濟快速成長的經驗，三版（台北：正中書局，民國六十九年七月），頁三三—三七。

[33] 于宗先，「台灣經濟發展經驗之啓示」，見邢國強主編，華人地區發展經驗與中國前途（台北：政大國關中心，民國七十七年七月），頁三六四。

[34] 同上。

[35] 李國鼎，前揭書，頁二三五。

[36] 同上，頁二六九。

展。此時期在政府獎勵措施下，以勞力密集爲主的產業，如農產加工、紡織、合板、塑膠、日用品工業等，本爲以代替進口爲主要目的，但因逐漸成長，遂擴大爲出口工業。

（４）經濟自由化的逐步發展：自民國卅八年起，因國內面對著相當程度的貿易逆差、外匯不足、產品簡陋、國外競爭不易，在此情況下，保護本身脆弱的產業基礎，以及在穩定經濟、抑制物價、平衡國際收支等考量原則，採取進口限制與外匯管制爲必要的政策。但到民國四十年代末期，情況有了改變：1.民國四十五年第一次四年經建計畫完成時，國內市場已達飽和，必需進一步打開外銷市場和國際市場作公平而激烈競爭。2.政府在民國四十八年預期美援結束爲期不遠，必須有全面革新投資環境條件配合。[37]

政府乃於民國四十九年公布「十九點財政改革計畫」，其要點爲：1.全盤檢討過去所執行的各種管制方法，作爲今後經濟邁向自由化參考。2.給予民營企業較好的經營環境，例加租稅、外匯管制、融資方面較爲放寬。3.改革及賦稅管理，強化資本形成。4.放寬外匯管制及貿易制度，建立單一匯率。5.擴大出口獎勵措施。[38]

政府於民國四十九年根據上述「十九點財政改革計畫」，制訂「獎勵投資條例」。民國五十四年修訂「獎勵投資條例」，並擴大獎勵之範圍，成立高雄加工出口區。在出口區內免徵進口稅，政府的經濟策略已朝向出口擴張政策。

2.第一次出口擴張階段

民國五十八年至六十四年爲政府實施第五及第六期四年經濟計畫時期，此時我國進入「第一次出口擴張」，由於我國勞力密集的民生輕工業不斷發展，經營效率逐年提高，使生產成本降低，不但可供國內消費，且具備在國際市場上競爭的潛力。到此時期國內之經濟已開始起飛，民國卅八以來的貿易進出口一直逆差的狀況，在民國四十九年爲逆差一億三千三百萬美金，民國六十一起結束長期逆差，是年貿易出超爲二億一千六百萬美金。

第一次出口擴張階段時，我國工業經濟型態已穩固建立，值得特別說明的乃是「國際經濟合作發展委員會」（以下簡稱經合會）設於民國五十二年九月，負責督導了第四、五、六等三個時期的經建計畫執行。經合會乃是政府爲因應國際開發總署將於民國五十四年撤消，將美援運用委員會併入新成立的經合會，直接隸屬於行政院之下，由行政院長嚴家淦兼主委，副主委由李國鼎擔任。民國五十年代的經合會不僅負責經濟政策的設計，更重要的是其負責爭取國際資金。在當時中央政府每年預算才一百多億新台幣的時候，經合會能動支的就達二十億，可

---

[37] 康綠島，李國鼎口述歷史－話說台灣經驗（台北：卓越文化公司，民國八十二年十二月），頁一一九－一二二。

[38] 王作榮，我們如何創造了經濟奇蹟？（台北：時報文化公司，民國六十七年），頁五七－六一。

知其影響力。[39]高棣民（T. B. Gold）認為有下列兩層意義：1.代表政府有繼續推動並協調中央各部門所擬定的經濟計畫的決心。2.顯示我國政府已脫離美援階段，在國際社會中占有一席之地。[40]

綜合而論，本時期的工業發展政策實包含以下特點：

（1）**經濟政策穩健有效率**：由農業培植工業到工業發展農業，由輕工業演進到重化、精密工業，各時期經濟建設計畫循序漸進，使台灣由貧窮到富裕繁榮。

（2）**經濟成長與經濟穩定並重**：英國菲力（A. W. Phillips）研究英國的失業率與工資上漲，發現兩者呈反向變動，意即要達到充分就業就必須犧牲工資的穩定，工資的穩定又影響生產成本，進而影響物價水準，因而認為穩定與成長是不可兼得。[41]但在台灣經驗中確實做到了「穩定」與「成長」並重。

（3）**貧富差距縮小**：無論採用吉尼係數法（Gini Coefficient）或戶數五等分位法，本時期貧富差距都有明顯縮小趨勢。就吉尼係數言，由民國四十二年的 0.558 降到五十三年的 0.321，再降到六十五年的 0.280；就戶數五分位法言，由民國四十二年的 15.98，五十三年降為 5.33，六十五年再降為 4.18，均顯示所得分配的平均程度甚佳。[42]

（4）**技術官僚扮演重要角色**：民國卅八年五月，「台灣生產管理委員會」成立，主要任務是穩定經濟，其成員為以工程師背景為主的經濟官員組成，民國四十年成立的「經濟安定委員會」，由上海財團出身的尹仲容領導。民國四十七年改設「美援運用委員會」，行政院長陳誠兼任主委，尹仲容以副主委身分擔負實際責任，建立了現代化經濟的制度基礎，開創民國五十年代台灣經濟的快速成長。尹氏於五十二年病逝，年底行政院改組，嚴家淦以財經專家身分被當局器重組閣，自此財經官員逐漸蔚為領導層主流，嚴氏內閣財經決策高層人士包括：財政部長陳慶瑜、經濟部長楊繼曾、經合會副主委李國鼎、中央銀行總裁徐柏園等，這批學有專長的技術官僚，成為台灣經濟發展的舵手。[43]如李國鼎即以對台灣經濟發展提供有力而正確的領導，獲得民國五十七年菲律賓麥克塞塞獎。[44]

（5）**經濟發展促進現代化**：經濟力量的強弱直接影響國力，政府遷台之初，百廢待舉，民生凋敝，於是經濟發展成為建設的首要目標。一方面全力穩定經濟，消除長期存在的惡性通貨膨脹；一方面積極從事經濟建設，使台灣經濟逐漸邁向

---

[39] 彭懷恩，台灣發展的政治經濟分析，再版（台北：風雲論壇出版社，民國八十年十月），頁一六六。

[40] 高棣民（T. B. Gold）著，胡嘉煜譯，前揭書，頁一四五。

[41] 邊裕淵，「均富、成長與穩定」，見主流選集，第一集（台北：中央日報社，民國六十九年），頁一三二。

[42] 行政院研究發展考核委員會編印，中華民國行政概況（台北：行政院研考會，民國八十二年三月），頁八七。

[43] 彭懷恩，前揭書，頁一六三——一六七。

[44] 康綠島，前揭書，頁二九五—二九六。

現代化。[45]民國四十、五十年代經濟建設的基本目標在改善國民生活水準，增強國家實力。民國六十年代以後，重點成為建立自主的經濟系統。[46]我國於是從一個落後的經濟逐漸邁向一個經濟快速發展的道路。

二、社會狀況

（一）社會變遷的發展

台灣都市化與社會經濟結構巨大轉變是在政府來台以後，日據時代由於處於殖民的邊陲（peripheral）和皇民化不平等地位，以農業為主導的發展策略乃主宰著當時的社會結構和城鄉關係，社會結構也呈現出日本殖民統治者外，就是以小地主和小佃農為主的社會形成（social formation）。[47]此時本土的工商階層沒有充分的空間與自主性去從事發展，商人只是扮演一個附屬的角色，一般人的生活水準也不可能在此種結構中有所提昇。

台灣光復後，隨著殖民社會的結束，社會結構有了改變，原來的殖民資本主義這一層消失，然而此一真空，在前述民營經濟發展中已提到，政府在主客觀環境下順利填補，這樣的轉換及所形成的結構對於其後台海的社會經濟發展有很大影響，這與資本主義社會發展是迥然不同的。另一個社會結構上的大變化，則是政府來台後的「土地改革」，就絕大多數農民而言，土地改革前，他們能夠藉其努力工作獲得溫飽已是難得，更無太多餘裕投入「市場經濟」（market economy）[48]的交換，進而從交換中得到利潤。

土地改革後，自耕農的顯著改變，使整個「市場經濟」開始擴張與活躍。這不但奠定日後經濟發展的基礎，也塑造了基本的社會結構，[49]自耕農參與社區活動的熱誠提高，願使其子女受到較高的教育。在原先的地主（政府用公營事業股票與政府公債來賠償他們土地的損減）方面，他們將注意力轉向在都市地區創立事業，獲取利潤，而漸漸地對農村政治地位消失了興趣，留下的政治真空漸漸地被地方的自耕農所取代，所以，台灣農村的土地改革也造成了鄉村和小鎮地區政治權力重分配的效果。[50]質言之，光復前由殖民官僚、地主、佃農階級構成的農業社會，在光復後政府來台不到二十年，取而代之的是農村的自耕農和在城鎮中漸趨活躍之新興中小工商階層，亦即台灣已從殖民的農業社會結構，轉變成工商

---

[45] 李國鼎，前揭書，頁二三八。

[46] 吳中立，「中華民國經濟發展的回顧與展望」，第七屆中韓學術會議，民國七十八年十一月。

[47] 蕭新煌，「台灣社會的發展經驗：從殖民主義到資本主義」，見邢國強主編，前揭書，頁三七七。

[48] 市場經濟依法國「年鑑學派」大師布勞岱（F. Braudel）的解釋，乃指生產的目的主要是為了交換，從交換中獲得需求的滿足與利潤。

[49] 高承恕，「台灣四十年來社會結構變遷初探」，見臺灣省新聞處發行，台灣光復四十年專輯（社會建設篇），（台中：台灣省新聞處，民國七十四年十月），頁六—七。

[50] 魏鏞原著，朱雲鵬譯，前揭書，頁二八六。

與農業並存的社會。

到了民國五十年代中期後，台灣的社會結構又有了改變，這主要原因來自工業化（產業結構與就業結構的轉變）和都市化（都市人口的集中化），產業結構改變和就業機會擴大，加上都市發展提供了許多社會流動機會，各類都市中的工商業和服務業大增，逐漸形成另外兩個新生的階層，一是城市的勞動階層，二是城市的中產階級。[51] 農業人口不斷下降，自耕農在土地改革後興起，但在工業化過程中，面臨改變，他們已不再是社會的主導。

民國六十年代以降，工商業加速發展，社會變遷從經濟、教育兩方面，擴展到政治、文化，快速成長的中產階級與勞工階層，已經逐漸成為新社會的中堅份子，不僅掌握了台灣社會的經濟命脈，而且對政治、輿論兩方面展現影響力。

（二）社會變遷發展的特色

1.文化的保存與發揚

政府來台後，對中華文化的延續薪傳是很重視。蔣中正總統於民國四十一年推行「反共抗俄總動員運動」，促使經濟的、社會的、文化的、政治的全面改造；四十二年發表「民生主義育樂兩篇補述」，指出文化建設和文藝政策的方向。唯政府積極的以行政力量推動國家文化的努力，乃是始於民國五十六年七月廿八日，蔣中正總統號召成立「中華文化復興委員會」（簡稱文復會）於台北。其目的在以文化復興運動對抗中共於民國五十五年起發動的「文化大革命」所造成的中國文化危機，並保存中國文化命脈。繆玉青認為文復會重要成效：[52]

（1）興建圖書館、音樂廳、文化中心（按此項應屬其後文建會時期）等一百多所處。

（2）中國古籍的整理與保存。計出版中華文化叢書 107 種，編印古籍今譯 33 種，出版「中國之科學與文明」中譯本 15 冊，出版「中華科學技藝史叢書」共 16 冊，出版「中華文化復興叢書」18 集。

（3）文藝的研究與各種講座的舉辦。

（4）民俗藝術的推廣，特別是對國劇之提倡最具成效。

（5）孝行的獎勵與好人好事之推舉。

（6）書法繪畫藝術之倡導。

整體來說，文復會著重靜態文化的整理，以文化建設三項指標：文化活動指標、文化環境指標、文化素養指標[53]而言，則是以其後文建會時期有較顯著成效。

2.教育的普及與提升

民國卅八年赤焰彌漫，如何保障台澎金馬免於赤化，如何建設三民主義模範省，其根本在於教育，此時教育的發展方向包括了兩條軸線—「立」與「破」。「立」

---

[51] 蕭新煌，前揭書，頁三八七。

[52] 繆玉青，「中華文化復興運動推行委員會成立廿週年」，中華文化復興月刊，第二十卷，第七期，民國七十六年七月，頁四九—五四。

[53] 李亦園，「台灣光復以來文化發展的經驗與評估」，同註 33，頁四二○—四三五。

三民主義建國的宏規；「破」共產主義思想的滲透。民國卅九年的「台灣省非常時期教育綱領實施辦法」以及「戡亂建國實施綱要」把反共復國時期之文教措施的基準定出，實有其嚴肅之時代意義。

立與破兩條主軸教育的「政治社會化」（political socialization）影響，對風雨飄搖中之國家社會的重建，社會大眾的團結，有其正面意義。一個不存在的國家、社會、人民，還有什麼價值是必要的？仔細分析在此反共、愛國的政治社會化下，「自由」、「民主」、「均富」、已普遍內化到每一個自由地區的中國人。隨著經濟發展、社會多元、教育普及，一種較活潑的、彈性的教育方式取代嚴肅的、制式的教育方式，在民國七十年代以後被提出，則是必然的趨勢。

民國五十七年九月政府開始實施「九年國民義務教育」，對提升國民品質有關鍵性作用。從民國卅九年到六十四年間，國（初）中學生數，從 6 萬多人到104 萬人；高中、職學生人數也從 3 萬多人激增到 57 萬人，高等教育（含專科、大學、研究所）人數從 66,000 多人增加到 30 萬人以上。[54]顯示教育程度逐漸普及且向上提高，為社會培育豐沛的人力資源。

3.社會多元化與民主政治

傳統社會一旦開始工業化，就逐步邁向開放化，進而引發社會的分化（diff－erentiation）與調適（adaptation），[55]逐漸形成多元社會。特別值得注意的一個現象是，近代社會中凡是以自由經濟制度與民主政治為導向的，它必然是建立在個人自由競爭與自由發展的基礎上，在此情形下，許多傳統規範與限制都已失去原有的制約力，使社會整體的開放程度大幅增高，而社會的多元化也自然地展現。在前工業社會，經濟關係是廣大社會關係的一部分，它建立在家庭、親族關係、階級關係或宗教的結合。到了工業社會，經濟關係脫離此一關係網，而單獨發生功能，此時，成就地位取向使封閉的社會階層（social stratification）系統變得更為開放，職業成為重要指標。[56]

就中華民國卅八年以來在台灣地區社會多元化的意義，實蘊含了兩個層面：一是從農業社會脫胎換骨成為工商業社會；一是社經力量逐漸增強下，民主政治的開放腳步亦隨之逐漸加速。就後者民主政治發展而言，中華民國在卅八年面臨了中共「立即而明顯」的武力威脅（clear and present danger），美國初始的「袖手政策」，以及台灣農、工經濟條件的低落，人心的不安，凡此均可體認到，政府此時為求政治穩定、為求生存，若干對個人、社會的自由、民主限制作為是可理解的，但長達六十多年的分裂分治持續狀況，則是始料不及且既存的事實，政府與民眾在台灣經過本階段的努力，使經濟、社會漸趨厚實，加以教育程度提高，這些是其後限制逐步解除，民主政治能更穩健成長的有力條件。

---

[54] 行政院研究發展考核委員會編印，中華民國行政概況，前揭書，頁二○九。

[55] 蔡明哲，社會發展理論─人性與鄉村發展取向（台北：巨流圖書公司，民國七十六年八月），頁二○─二二。

[56] Blau & Duncan, The American Occupational Structure, (New York: Wiley, 1967) , P. 7.

第二節　憲政體制的探討

當代憲法概念源自於西方，從近代西方立憲國家憲政發展的歷史及憲法的形式與內容觀察，憲法乃是規範了國家體制、政府的組織職權、中央與地方的權限、人民的權利義務，以及其他重要事項—如憲法修改程序、基本國策（或稱「政策條款」）等，凡此均為國家基本組織事項，而全國一切法令必須本諸憲法，且憲法效力高於一切法律，所以，憲法是國家的基本大法。

我國現行憲法在制定過程中，是由全國各黨派、與社會賢達共同參與，故而憲法內容充滿了容忍、妥協的民主精神，也因此它在有關中央政府基本結構方面與西方民主國家三權憲法、國父五權憲法相較、均呈現出許多不同之處，這在日後施行上發生許多了爭議。[57]誠如蕭公權所說：「為中國人民計，與其耗唇舌於批評憲法，不如致精力於實行憲法。條文縱有瑕疵，盡可俟將來之修正也。」[58]此一行憲、守憲的「憲政精神」（constitutionalism）建立，是民主政治不可或缺要素。

然而更大的憲政危機，則在於我國行憲之初始，舉國已烽火連天，政府來臺後，在前述環境因素中已明顯看出，國家內憂外患，危急存亡之時，救亡圖存應為最高的法則，正如著名的法諺：「刀劍之下，法律沉默」（Amidst arms the laws are silent），英國在第一次世界大戰有「國防法」（The Defence of the Realm Acts），第二次界大戰有「緊急權力法」（Emergency Power Defence Acts）予政府廣泛命令權。又如美國開國之初華盛頓（G. Washington）、亞當斯（J. Adams）起樹立「反三任」的憲法慣例，亦因戰爭關係，羅斯福（F. D. Roosevelt）連四任。就我國而言，如何以有效手段渡過難關，使國家民族免於危亡，實應正視，臨時條款、戒嚴法，都是基於此種「救亡圖存」的法理而來。[59]雖有論者提出不同看法，如：「一九四八年四月，在內戰的藉口下，第一屆國民代表大會就制定了使憲法凍結的『動員戡亂時期臨時條款』。」[60]「我國自行憲以來，即籠罩在強人的威權統治之下，憲政結構始終無法確立，民主化的進展即常失去依憑，難以落實。」[61]究為「藉口」抑或「事實」？「籠罩在強人的威權統治」的背後是否有其不得已的情境因素？似亦值探究。

臨時條款與戒嚴的實施，對憲政發展有相當程度的影響，然而政府對憲法的重視與行憲的決心從未忽視，蔣中正總統即如此說明：[62]

> 我們中華民國憲法，是一部血汗凝成的寶典，其崇高的原則，便是保障

[57] 羅志淵，中國憲法與政府，三版（台北：正中書局，民國六十八年），頁三七七。

[58] 蕭公權，憲政與民主（台北：聯經出版公司，民國七十一年），頁一七〇。

[59] 耿雲卿，中華民國憲法論（台北：華欣文化事業中心，民國七十一年五月），頁二六三。

[60] 江啓元，解嚴後台灣地區政治穩定之研究，中國文化大學，政治研究所，碩士論文，民國八十年，頁五六。

[61] 胡佛，「當前政治民主化與憲政結構」，見國家政策研究中心，改革憲政（台北：國家政策研究資料中心，民國七十九年四月），頁四四。

[62] 蔣中正，「中華民國五十五年二月八日在國民大會臨時會閉會致詞」，見中央文物供應社，總統　蔣公對國民大會致詞彙編（台北：中央文物供應社，民國六十七年五月），頁一三一。

人民的權益與增進人民的福利。…在此期間，我們依據憲法所產生的中華民國政府，在復興基地台澎金馬，以憲法為準繩，以民生為首要，使國家各項建設齊頭並進，人民的權益與福利得到充分的保障。

中華民國現行憲法的推行，實亦樹立諸多優良憲政規範，與任何民主先進國家相較，絲毫不遜色。例如民國六十四年四月五日，蔣中正總統逝世，由嚴家淦副總統依憲法第四十九條「總統缺位時，由副總統繼任，至總統任期屆滿為止」之規定，於次日宣誓就任總統，此一民主和平之轉移國家領導權，亦為行憲以來，樹立民主政治最佳表現之一章。又如文人政治的踏實基礎亦頗具成效，杭廷頓（S. Huntington）在「轉變中社會的政治秩序」一書中，指出開發中國家政治發展過程中的一個通病：「政治現代化諸多面向中，首推軍事干涉政治最為突出，亦最為常見。…不管那一洲，不管那一個國家，軍事干涉顯然是政治現代化不可分的一部分。」[63]此一論述，觀之於中南美洲、東南亞的許多開發中國家，政治不穩定，經濟難以發展，軍事力量控制了政府、社會，軍人干政現象層出不窮，最常見的就是「軍事執政團」（junta），此一軍事執政團不僅阻礙了民主政治，亦使得經濟力、社會力大幅滑落。反觀我國則完全不見此種落後情形，穩健踏實的文人政治，使政治發展日趨成熟，文人政治亦落實在每個國民理念中。

誠然中華民國政府在行憲上有其成果，但在非常時期之下的臨時條款、戒嚴等，對民主憲政有相當影響亦是事實，茲分述如后。

壹、臨時條款與憲政發展

一、臨時條款的時代背景

民國卅七年三月第一屆行憲國民大會開幕之時，國共衝突已蔓延各地，尤其北方情勢最嚴重，部分人士有鑒於憲法賦予總統之權力，不足以應付緊急時機，乃主張宜將憲法作適度修改，但憲法甫經公布，尚未施行即予修改，將損及憲法之尊嚴，尤為少數黨所不願。幾經會內外磋商，多數人認為若能暫不牽動憲法，以適當方式賦予政府臨機應變，處理緊急情勢的權力，並得適應動員戡亂的需要，有其必要。於是有國大代表莫德惠、王世杰等 1,202 人提案制定臨時條款，經國民大會第一次會議第十二次大會，在民國卅七年四月十八日，依憲法第一百七十四條第一款規定修改憲法之程序，完成動員戡亂時期臨時條款，國民政府於民國卅七年五月十日明令公布。初次制定之臨時條款，全文如下：[64]

茲依照憲法第一百七十四條第一款程序，制定動員戡亂時期臨時條款全文如左：總統在動員戡亂時期，為避免國家或人民遭遇緊急危難，或應付財政經濟上重大變故，得經行政院會議之決議，為緊急處分，不受憲法第卅九條或第四十三條所規定程序之限制。前項緊急處分，立法院得依憲法第五十

---

[63] S. P. Huntington, Political Order in Change Countries 江炳倫、張世賢、陳鴻瑜合譯「轉變中社會的政治秩序」（台北：黎明文化公司，民國七十二年十月），頁二〇一。

[64] 林紀東，中華民國憲法釋論，卅一版（台北：大中國圖書公司，民國六十六年四月），頁四〇七—四〇八。

七條第二款規定之程序，變更或廢止之。動員戡亂之終止，由總統宣告，或由立法院咨請總統宣告之。

第一屆國民大會，應由總統至遲於卅九年十二月二十五日以前，召集臨時會，討論有關修改憲法各案，如屆時動員戡亂時期，尚未依前項規定宣告終止，國民大會臨時會應決定臨時條款應否延長或廢止。』

當時連署該案的王世杰代表，對於臨時條款之提案要旨有如下說明：[65]

> 我們七百餘人提這個議案，其根本目的，在求行憲戡亂並行不悖。我們知道，現在政府有兩大任務，一爲開始憲政，一爲動員戡亂。但在憲法裡，對於政府在變亂時期的權力，限制綦嚴，如果沒有一個適當辦法補救，則此次國民大會閉會以後，政府實行憲政，必然會有兩種結果：一爲政府守憲守法，但不能應付時機，戡平叛亂，挽救危機；一爲政府爲應付戡亂需要，蔑視憲法或曲解憲法條文，使我們數十年流血革命，付了很大犧牲而制定的憲法，變爲具文，我們提這個案，以沉重的心情，要使國民大會休會以後，真正能行憲而且能戡亂，故有此提案。‧‧‧‧

綜此臨時條款制定之經過，可看出其乃爲適應國家動員戡亂時期之需要，賦予元首以緊急應變的臨時權限，這在國際憲政史上亦不乏其例，如美國國會之對羅斯福總統授權，英國國會之對邱吉爾授權，這是爲了避免國家遭到非常變故下所發展出來的結果。[66]唯此一臨時條款對憲政造成重大影響，實肇因：（1）中華民國與中共分裂分治之久，爲始料不及。（2）中華民國雖以法統自持，但因主權不及於大陸，造成嗣後中央民意代表無法全面改選之困境。（3）非常時期之國家元首深受台澎金馬軍民所依托，憲法上有關總統任期問題亦浮現。於是使臨時條款不僅未能在短時期中止，其內容且有增加。

二、臨時條款的延長與擴張

臨時條款第四項原規定，應由總統於民國卅九年十二月廿五日以前，召集國民大會臨時會，討論有關修改憲法各案，如屆時動員戡亂時期尚未宣告終止，應由國民大會臨時會決定臨時條款應延長或廢止。惟因時局關係，國民大會臨時會未能如期召集，臨時條款應否延長或廢止之問題，因而亦無從決定。直到民國四十三年二月十九日，第一屆國民大會第二次會議在台北舉行時，始由陳其業、莫德惠等 877 位代表提出臨時動議：「請由大會決議，動員戡亂時期臨時條款繼續適用案」。其理由爲：[67]

> 現在急欲反攻大陸，動員戡亂的情勢，更爲緊張，本條款不能廢止，固

---

[65] 國民大會祕書處編，第一屆國民大會實錄，第一編（台北，國民大會祕書處，民國五十年），頁一一一九。

[66] 董翔飛，中國憲法與政府，廿四版（台北：自發行，民國八十一年九月），頁六八三。

[67] 國民大會祕書處編，第一屆國民大會實錄，第二編（台北：國民大會祕書處，民國五十年），頁二〇四—二〇五。

不待言。而針對目前情形，主張修改，亦有其理由。但本條款是依照憲法第一百七十四條第一款的程序制定，須有國民大會代表總額五分之一提議，方能廢止與修改。目前由於大陸淪陷，在台代表總額三分之二之出席，既不可能，則對於本條款之廢止與修改，均難實現，本條款在未依照法定程序廢止與修改以前，自應繼續有效。

上述提案經大會於三月十一日議決通過：「動員戡亂時期臨時條款在未經正式廢止前，繼續有效。」

民國四十九年二月十日第一屆國民大會第三次會議在台北集會，當時輿論及與會國大代表咸認此時此地，不宜修憲，然而臨時條款的制定，已達十餘年之久，實有修訂的必要，俾能適應戡亂的需要。而在前第二次會議時所面臨的憲法所稱代表總額問題，亦於民國四十九年二月經司法院大法官會議釋字第 85 號解釋為：「憲法所稱國民大會代表總額，在當前情形，應以依法選出而能應召集會之國民大會代表人數為計算標準」，得到解決。於是在民國四十九年三月十一日通過了第一次修訂臨時條款，其後於五十五年二月十五日第三次會議臨時會、五十五年三月廿二日第四次會議、六十一年三月廿三日第五次會議，分別做了第二、三、四次的修訂臨時條款，第一次修訂至第四次修訂增刪情形如表二—三。

綜合而論，臨時條款制定及歷次修訂之主要作用為：

（1）初次制定臨時條款的重點，在授予總統以「緊急處分權」之行使，在程序上不受憲法有關條文（卅九條、四十三條）之限制。

（2）第一次修訂臨時條款的重點，在賦予蔣中正總統得以繼續出任第三任總統的法源，對於鞏固當時領導中心，有著積極的意義。

（3）第二次修訂臨時條款的重點有二：一為國民大會創制複決兩權之行使。二為設置研究機構，研討憲政有關問題。

（4）第三次修訂臨時條款的重點有二：一為授權總統設置動員戡亂機構，決定動員戡亂有關大政方針，並處理戰地政務。二為總統因動員戡亂需要，得調整中央政府之行政機構及人事機構，並增補選中央公職人員。

（5）第四次修訂臨時條款的重點有二：一為擴大中央政府基礎，在自由地區增加中央民意代表名額。二為授權總統訂定遴選辦法，使僑居國外國民亦有選出或遴選之立法委員、監察委員等參與中央政治。

三、臨時條款的施行

臨時條款所規定內容的實施，可以從七個方面分析：（1）緊急處分權的運用。（2）總統得連選連任。（3）創制複決權的行使。（4）設置憲政研討會。（5）設置動員戡亂機構。（6）設立人事行政機構。（7）充實中央民意代表機構。

（一）緊急處分權的運用

依現行憲法第四十三條規定，總統有權依該條所定程序發布「緊急命令」，但一則發布緊急命令所必需依據之「緊急命令法」迄未制定，使憲法第四十三條無由實施；二則該條所定發布緊急命令之原因限於「國家遇有天然災害、癘疫、或國家財政經濟上有重大變故」，戡亂難以包括其中。職是之故，臨時條款之「緊

表二 — 三　動員戡亂時期臨時條款歷次修訂情形

修訂次數	修訂時間	修訂會期	修訂內容
第一次修訂	49.3.11	第三次會議	新增二項： 1. 動員戡亂時期總統副總統得連選連任，不受憲法第四十七條連任一次之限制。 2. 國民大會創制、複決兩權之行使，於國民大會第三次會議閉會後，設置機構，研擬辦法，連同有關修改憲法各案，由總統召集國民大會臨時會討論之。 修正三項： 1. 國民大會臨時會由第三任總統於任內適當時期召集之。 2. 動員戡亂時期之終止，由總統宣告之。 3. 臨時條款之修正或廢止，由國民大會決定之。
第二次修訂	55.2.15	第三次會議臨時會	新增三項： 1. 動員戡亂時期，國民大會得制定辦法，創制中央法律原則與複決中央法律，不受憲法第二十七條第二項之限制。 2. 在戡亂時期，總統對於創制案或複決案認為有必要時，得召集國民大會臨時會討論之。 3. 國民大會於閉會期間，設置研究機構，研討憲政有關問題。 刪除兩項： 1. 國民大會創制、複決兩權之行使，於國民大會第三次會議閉會後，設置機構、研擬辦法，連同有關修改憲法各案，由總統召集國民大會臨時會討論之。 2. 國民大會臨時會由第三任總統於任內適當時期召集之。 〈以上刪除原因，為本次臨時會已召集，達成其既定目標，已無實質存在意義〉

第三次修訂	55.3.22	第四次會議	新增兩項： 1. 動員戡亂時期，本憲政體制，授權總統得設置動員戡亂機構，決定動員戡亂有關大政方針，並處理戰地政務。 2. 總統為適應動員戡亂需要，得調整中央政府之行政機構及人事機構，並對於依選舉產生之中央公職人員，因人口增加或因故出缺，而能增選或補選之自由地區及光復地區，均得訂頒辦法實施之。
第四次修訂	61.3.23	第五次會議	新增一項： 1.動員戡亂時期，總統得依下列規定，訂頒辦法充實中央民意代表機構，不受憲法第二十六條、第六十四條及第九十一之限制〈1〉在自由地區增加中央民意代表名額，定期選舉，其需由僑居國外國民選出之立法委員及監察委員，事實上不能辦理選舉者，得由總統訂定遴選辦法遴選之。〈2〉第一屆中央民意代表，係經全國人民選舉所產生，依法行使職權，其增選補選亦同。大陸光復地區次第辦理中央民意代表之選舉。〈3〉增加名額選出之中央民意代表，與第一屆中央民意代表，依法行使職權。增加名額選出之國大代表，每六年改選，立法委員每三年改選，監察委員每六年改選。

資料來源：作者整理

急處分」即增加「爲避免國家或人民遭遇緊急危難」一語。另緊急處分乃授予總統臨機應變的權力，在程序上，便可不必經由憲法第三十九條經立法院通過或追認之程序；亦可以不依照憲法第四十三條規定的「緊急命令法」（此法迄未制定）的規定，也不需依照同條規定須於發布命令後一個月內提交立法院追認，因之「緊急處分」與「緊急命令」的法源依據、原因、程序等均顯然不相同。

臨時條款制定後，總統運用緊急處分數量不多，在大陸時期所發布者有民國卅七年八月十九日，總統頒布「財政經濟緊急處分令」、民國卅七年十二月十日，總統發布「全國戒嚴」、民國卅八年一月十九日，總統發布「黃金短期公債」、同年三月廿五日代總統發布「財政金融改革案」、七月二日代總統復頒「制定銀元及銀元兌換券發行辦法」、七月廿三日代總統再頒布「戒嚴令」、七月廿三日代總統頒布「愛國公債條例」。[68]

政府來台後，緊急處分總共使用四次。第一次爲民國四十八年八月卅一日，蔣中正總統頒布對於「八七水災」的搶救、重建工作的緊急處分令，規定緊急處分事項共 11 種。[69]

第二次爲民國六十七年十二月十六日，美國宣布與中共建交，時值當年度增額中央民意代表競選期間，由於國家安全整體考量，蔣經國總統乃即日頒發緊急處分令：（1）軍事單位採取全面加強戒備之必要措施。（2）行政院經濟建設委員會會同財政部、經濟部、交通部，採取維持經濟穩定及維持發展之必要措施。（3）正進行中之增額中央民意代表選舉，延期舉行，即日停止一切競選活動。[70]

第三次爲民國六十八年一月十八日，蔣經國總統復發布緊急處分令補充令。[71]以解決中央增額選舉經前項緊急處分宣告停止，而依臨時條款規定於六十一年及六十四年選出之增額國民大會代表、立監委員之任期將於六十八年初屆滿問題，而得以解決。

第四次爲民國七十七年李登輝總統發布於國喪期間，禁止人民集會遊行請願。

（二）總統得連選連任

依憲法第四十九條之規定：「總統副總統之任期，均爲六年，連選得連任一次。」亦即限制總統作兩次以上連任。憲法之規定，自當爲人人所謹遵。唯因我國於民國三十年代末期以來，即處於動員戡亂，非屬承平，沒有卓越、堅強又爲全體國民所信服之領導中心，凝聚全民力量，恐無法渡過那段艱辛、百廢待舉、內憂外患的局面。爰於臨時條款第三項特別規定：「動員戡亂時期，總統副總統得連選連任，不受憲法第四十七條連任一次之限制。」根據此一規定，蔣中正總統得於民國四十九年、五十五年、六十一年連任中華民國第三、四、五屆總統，以其豐富反共經驗，堅定革命意志，領導國人一面對抗共產政權、一面增強國力，

---

[68] 谷祖盛，臨時條款與憲法的適應或成長，政治作戰學校，政治研究所，碩士論文，民國七十三年六月，頁九０－九一。

[69] 總統府公報第一０四九號令，民國四十八年八月卅一日，頁一二。

[70] 總統府公報第三四四八號令，民國六十七年十二月十八日，頁三。

[71] 總統府公報第三四六二號令，民國六十八年一月十八日，頁一。

不僅渡過重重難關，且銳意建設台澎金馬，始有其後台灣富裕繁榮之社會。

（三）創制複決兩權行使

國民大會之創制複決兩權，依憲法第二十七條第二項之但書：「關於創制複決兩權，俟全國有半數之縣市曾經行使創制、複決兩項政權時，由國民大會創定辦法並行使之。」規定，政府來台後，主權不及於大陸，國民大會之創制複決兩權因而完全冰封凍結了。國民大會乃擬循臨時條款把它從憲法解凍出來，國民大會臨時會於民國五十五年二月七日第三次大會修訂臨時條款，增加第四項「動員戡亂時期，國民大會得制定辦法，創制中央法律原則與複決中央法律，不受憲法第二十七條第二項之限制。」唯並於第五項中規定「在動員戡亂時期總統於創制案或複決案認為有必要時，得召集國民大會臨時會討論之。」即把是否行使此兩權必要的決定權交給總統。亦即「有無必要行使兩權，以及要不要召集國民大會」權在總統，國民大會不得自行集會行使兩權。[72]

基於上述臨時條款第四項之規定，國民大會臨時會乃在民國五十五年二月八日舉行第四次大會，三讀通過「國民大會創制複決兩權行使辦法」，全文共分總則、創制、複決、程序及附則等5章，凡13條。主要內容在規定國民大會，對中央法律原則有創制權（第3條）。對中央法律有複決權（第6條），其明文訂定國民大會代表提出之創制、複決案，須有代表總額六分之一簽署（第8條），二分之一以上之出席及出席代表二分之一以上之同意，否則不得決議（第10條）。並咨請總統於六個月內公布之（第13條）。[73]總統於同年八月八日公布本法。

「國民大會創制複決兩權行使辦法」公布實施後，因臨時條款第五項之規定，將有無必要行使兩權，以及要不要召集國民大會討論之權，賦予總統，國民大會不得自行集會行使兩權。因之，國民大會雖常有行使兩權之議，然以終未獲總統回應而作罷，故而形成雖有兩權辦法之制訂，但並無任何行使的紀錄。

（四）設憲政研討會研討憲政有關問題

國民大會憲政研討會乃是依據五十五年二月十五日第二次修改臨時條款，其第六項「國民大會於閉會期間，設置研究機構，研討憲政有關問題。」而產生，以國民大會全體代表為委員組織而成。其組織綱要於民國五十五年三月廿三日經過國民大會第四次會議第十次大會通過，並於六十七年三月十八日經國民大會第六次會議第十次大會修正。有關國大憲政研討會組織的重要規定如下：[74]

1.憲研會設主任委員、副主任委員各一人，主任委員公推總統擔任，副主任委員由主任委員就委員中指定之。（第五條）

2.憲研會設十三個研究委員會，其中台北區設第一至第九研究委員會與第十三研究委員會；台中區設第十、十一研究委員會；台南區設第十二研究委員會。分別研討有關憲法憲政、內政、外交、國防、財政經濟、教育文化、交通、邊疆、

---

[72] 董翔飛，前揭書，頁一八一。

[73] 總統府公報第一七七三號令，民國五十五年八月九日，頁一—二。

[74] 國民大會祕書處編印，國民大會統計輯要（台北：國民大會祕書處，民國八十年十二月），頁二五。

僑務、司法等事宜。（第六條）

3.每一位代表以自由參加一委員會為限，每年認定一次。另自七十一年度起，每位代表於認定登記時，除參加一個研究委員會外，同時依其志願可登記列序參加另一委員會。（第七條）

4.憲研會綜合會議，每三個月舉行一次。（第十條）

5.憲研會全體會議，每年十二月舉行一次，由主任委員召集。（全體委員出席，討論各委員會提出之研討結論。）（第十一條）

憲研會從民國五十五年至八十年的廿五年間，各研究委員會提出之研討論，共有 1,091 件，全部完全成者 1,054 件，佔總件數百分之 96.8%，其中完成達百分之百者，有第五、六、七、十三研究委員會。歷年來各研究委員會研究成果統計（如表二—四），其中內政類 153 件、憲法憲政類 143 件、教育文化類 137 件、財政經濟類 131 件，國防類 10 件（歷年來各研究委員會研究成果分類統計如表二—五）。經憲研會綜合會議或全體會議通過者，函送政府各機關參辦者計 985 件，佔完成總數 95.6%，其中函送政府機關部門者，包括：行政院、司法院、考試院、國家安全會議、文復會等等，並轉發其他有關工作單位參採辦理，參辦率為 80% 以上（歷年來憲研會各研究委員會完成研討結論，其處理情形統計詳如表二—六）。

（五）設置動員戡亂機構

民國五十六年二月一日，總統依照臨時條款第四項「得設置動員戡亂機構」的規定，公布「動員戡亂時期國家安全會議組織綱要」；同日頒布命令：「國防會議自動員戡亂時期國家安全會議成立之日起撤銷，原隸國防會議之國家安全局及戰地政務委員會改隸於國家安全會議。國防計畫局分別併入國家安全會議計畫委員會及國家總動員委員會。」[75]（嗣令奉核定將行政院經濟動員計畫委員會併入國家安全會議）。

國家安全會議依其組織綱要第二條之規定，共有七項任務：①動員戡亂大政方針之決定事項。②國防重大政策之決定事項。③國家建設計畫綱要之決定事項。④總體作戰之策定及指導事項。⑤國家總動員之決策與督導事項。⑥戰地政務之處理事項。⑦其他有關動員戡亂之重要決策事項。

至其組織成員，依同法第六條規定，國家安全會議除以總統為主席外，由副總統、總統府祕書長、參軍長、總統府戰略顧問委員會主任、副主任、行政院長、副院長、國防部長、外交部長、財政部長、經濟部長、參謀總長、該會秘書與各委員會主任委員，以及總統特別指定的人員組成。總統為國家安全會議主席，主持會議，總統因事不克出席時，由副總統代理之。

國家安全會議為一合議制之機構，唯因其一切決議，須經總統核定後，再依其性質交主管機關實施，故其精神具有獨位首長制的色彩。故有謂：「國家安全會議不但是戡亂時期政府的決策機關，而且是決策的中樞所在，在其決策範圍之

---

[75] 總統府公報第一八二四號令，民國五十六年二月三日，頁一—二。

表二 一 四　國民大會歷年來各研究委員會研究工作成果統計表

委員會別	提出研討結論件數	經綜合會議完成者	完成件數佔提出%	備註
總計	1091	1054〈實際完成 1030〉	96.6%	1054 件因爲完成件數合併而減少 24 件，實際完成者 1030 件
第一研究委員會	88	78	88.6%	完成件數 78 件，內含 5 件與第十研究委員會合併整理。
第二研究委員會	85	83	97.6%	完成件數 83 件，內含 9 件與其他研究委員會合併整理。
第三研究委員會	96	88	91.7%	
第四研究委員會	102	101	99.0%	
第五研究委員會	89	89	100%	完成件數 88 件，內含 2 件與第十二研究委員會合併整理。1 件與第十研究委員會合併整理。
第六研究委員會	88	88	100%	
第七研究委員會	87	87	100%	
第八研究委員會	71	67	94.4%	
第九研究委員會	80	79	98.8%	
第十研究委員會	102	101	99.0%	完成件數 101 件，內含 2 件與第十二研究委員會合併整理。
第十一研究委員會	81	79	97.5%	完成件數 79 件，內含 1 件與第十三研究委員會合併整理。
第十二研究委員會	81	73	90.1%	完成件數 73 件，內含 2 件與第十研究委員會合併整理。
第十三研究委員會	41	41	100%	

資料來源：國民大會秘書處編印，國民大會統計輯要〈台北：國民大會秘書處，民國八十年十二月〉

表二 — 五　國民大會歷年來各研究委員會研究成果分類統計

年度別	項別	合計	憲法憲政類	內政類	外交類	國防類	財政經濟類	教育文化類	交通類	邊疆類	僑務類	司法類
總計	提出件數	1091	143	153	97	107	131	137	95	72	81	75
	完成件數	1080	121	141	89	106	127	132	94	68	80	72
〈一〉第一研究階段	提出件數	233	49	32	22	31	25	23	13	13	13	12
	完成件數	217	41	31	20	30	21	23	13	10	13	12
五十六年度	提出件數	29	13	1	4	1	4	2	-	1	2	2
	完成件數	22	9	1	2	1	4	2	-	-	2	2
五十七年度	提出件數	46	20	3	4	3	3	6	1	2	2	2
	完成件數	46	20	3	4	3	3	6	1	2	2	2
五十八年度	提出件數	38	3	9	3	9	4	3	1	2	2	1
	完成件數	38	3	9	3	9	4	3	1	2	2	1
五十九年度	提出件數	48	7	8	6	7	6	4	3	3	3	6
	完成件數	45	6	7	6	7	5	4	3	3	3	6
六十年度	提出件數	53	4	7	4	8	6	6	5	4	1	-
	完成件數	50	2	7	4	8	6	6	5	3	1	-
六十一年度	提出件數	19	2	4	1	3	2	2	3	1	20	14
	完成件數	16	1	4	1	2	2	2	3	-	20	12
〈一〉第二研究階段	提出件數	240	30	26	25	24	27	37	25	12	4	2
	完成件數	226	27	24	22	24	27	34	25	11	4	2
六十二年度	提出件數	48	10	5	7	6	5	4	3	2	3	3
	完成件數	43	9	5	5	6	5	3	3		3	3
六十三年度	提出件數	41	4	3	4	4	6	8	5	2	4	3
	完成件數	39	4	3	4	4	6	7	5	1	4	2
六十四年度	提出件數	33	1	6	4	2	3	6	3	1	3	4
	完成件數	30	1	5	3	2	3	5	3	1	3	3
六十五年度	提出件數	47	7	3	4	5	7	7	5	1	3	2
	完成件數	46	6	2	4	5	7	7	5	1	3	2
六十六年度	提出件數	48	5	45	4	4	4	8	6	4	4	2
	完成件數	45	5	39	4	4	4	8	6	4	4	2
六十七年度	提出件數	25	3	3	4	5	7	7	5	4	3	2
	完成件數	23	2	2	4	5	7	7	5	3	3	2

年度別	項別	合計	憲法憲政類	內政類	外交類	國防類	財政經濟類	教育文化類	交通類	邊疆類	僑務類	司法類
〈一〉第三研究階段	提出件數	287	26	45	22	26	36	37	29	22	21	23
	完成件數	267	21	39	19	26	33	37	28	22	20	22
六十八年度	提出件數	52	7	5	4	6	6	7	6	4	3	4
	完成件數	48	6	4	2	6	6	7	6	4	3	4
六十九年度	提出件數	47	3	9	4	5	5	7	4	4	3	3
	完成件數	46	3	8	4	5	5	7	4	4	3	3
七十年度	提出件數	45	5	9	4	4	4	5	5	3	3	3
	完成件數	41	5	6	4	4	4	5	4	3	3	3
七十一年度	提出件數	52	3	8	4	4	7	7	5	4	5	5
	完成件數	48	3	8	4	4	4	7	5	4	5	4
七十二年度	提出件數	53	4	7	4	4	9	6	6	4	4	5
	完成件數	50	2	7	3	4	9	6	6	4	4	5
七十三年度	提出件數	38	4	7	2	3	5	5	3	3	3	3
	完成件數	34	2	6	2	3	5	5	3	3	2	3
〈四〉第四研究階段	提出件數	293	33	44	25	23	39	34	25	22	24	24
	完成件數	285	29	41	25	23	39	33	25	22	24	24
七十四年度	提出件數	50	5	7	5	4	9	5	4	3	4	3
	完成件數	50	5	7	5	4	9	5	4	3	4	3
七十五年度	提出件數	48	3	7	4	4	5	5	5	4	4	5
	完成件數	45	2	6	4	4	7	4	5	4	4	5
七十六年度	提出件數	53	5	9	5	4	8	6	4	4	4	4
	完成件數	52	5	8	5	4	8	6	4	4	4	4
七十七年度	提出件數	52	9	6	4	4	6	7	4	4	4	4
	完成件數	51	8	6	4	4	6	7	4	4	4	4
七十八年度	提出件數	51	6	8	4	4	5	6	5	4	4	5
	完成件數	49	1	8	5	4	5	6	5	4	4	5
七十九年度	提出件數	39	5	7	3	3	4	6	3	3	3	2
	完成件數	38	5	6	3	3	4	6	3	3	3	2
〈五〉第五研究階段	提出件數	38	5	6	3	3	4	6	3	3	3	2
	完成件數	35	3	6	3	3	4	6	3	3	3	2
八十年度	提出件數	38	5	6	3	3	4	6	3	3	3	2
	完成件數	35	3	6	3	3	4	5	3	3	3	2

資料來源：國民大會秘書處編印，國民大會統計輯要

表二 — 六　國民大會歷年來各研究委員會完成研討結論處理情形分類統計

民國五十五年七月至八十年三月　　單位：件

案件類別	合計	函參送辦政者府機關	留時待條修款憲參或考臨者	報第告五國次民會大議會者	報第告六國次民會大議會者	報第告八國次民會大議會者	交繼由續原研委究員者會	請察主者任委員鑑	移辦送者祕書長參	簽未報經主核任可委者員	保留或緩議者	其他	備註
總計	1091	985	20	13	1	3	34	3	1	2	3	2	合併減少24件
憲法憲政類	143	79	20	12	1	2	15	3	1	1	2	2	合併減少5件
內政類	153	141	-	-	-	-	2	-	-	-	-	-	合併減少10件
外交類	97	89	-	-	-	-	7	-	-	-	1	-	
國防類	107	106	-	-	-	-	1	-	-	-	-	-	
財政經濟類	131	126	-	1	-	-	1	-	-	-	-	-	合併減少3件
教育文化類	137	132	-	-	-	-	2	-	-	-	-	-	合併減少3件
交通類	95	94	-	-	-	-	1	-	-	-	-	-	
邊疆類	72	68	-	-	-	-	4	-	-	-	-	-	
僑務類	81	79	-	-	-	2	1	-	-	-	-	-	
司法類	75	71	-	-	-	-	-	-	-	-	-	-	合併減少3件

資料來源：國民大會秘書處編印，國民大會統計輯要，頁39

內，行政院倒退而成爲執行其決策的機關。」[76]

依國家安全會議組織綱要第四條規定「總統行使動員戡亂時期臨時條款第四項及第五項之職權時，以命令行之。」此中所稱「命令」與憲法第三十七條「總統依法公布法律，發布命令須經行政院長及有關部會首長副署」所稱之「命令」，是否具有相同含意？即是否與憲法三十七條一樣，須經行政院長副署，或不須副署？論者從臨時條款授與總統之職權計有一、四、五、六、七、九項等，其中第一、六、七項有「不受憲法有關條文之限制」之除外規定，獨第四、五、九項沒有除外之規定，因而認爲總統行使此項權力以命令爲之，仍應依憲法三十七條規定，須經行政院長之副署。[77]故以過去總統頒布「動員戡亂時期國家安全會議組織綱要」、「行政院人事行政局組織規程」時，均未經行政院長或相關部會長首長副署，似值商權。[78]唯臨時條款一、六、七項之所以有除外規定，乃因該等條文明顯牴觸原憲法條文；而四、五、九項條文本爲憲法中所無明確規範，故沒有除外規定。事實上，觀之於有除外規定之臨時條款第一項，過去總統在行使緊急處分權時亦有行政院院長之副署，因之總統以命令行使臨時條款職權時，是否須經行政院院長副署，應無關是否有除外規定，而應注意到臨時條款是否有規定總統行使命令，不受憲法第三十七條之限制，如果沒有，則總統行使臨時條款職權時之命令，均宜須行政院長之副署。

歷來國家安全會議，授權總統對戡亂有關大政方針決定事項中，若干重要性決策如：（1）民國五十六年設置行政院人事行政局。（2）民國五十七年實施九年國民教育。（3）民國六十八年擴大領海爲十二海浬，經濟海域爲兩百海浬（原領海爲三海浬，經濟海域爲十二海浬），（4）民國五十六年「動員戡亂時期自由地區中央公職人員增選補選辦法」與六十一年「動員戡亂時期自由地區增加中央民意代表名額選舉辦法」，辦理中央民意代表在自由地區之增額選舉以及華僑地區之遴選。上述事項均發揮相當大作用。

（六）設置行政院人事行政局

總統於動員戡亂時期，爲統籌所屬各級行政機關及公營事業機構之人事行政，加強管理，並儲備各項人才，於民國五十六年六月十四日，蔣中正總統在國家安全會議中裁示決定：「行政院設置人事行政局案，可依動員戡亂時期臨時條款第五項之規定，由總統以命令行之。」關於『行政院人事行政局組織規程』，由總統於五十六年七月二十七日明令公布實施。[79]

依據「行政院人事行政局組織規程」第三條至第六條規定，人事行政局之職權計有人事管理權、法規研議權、人才調查儲備權、人員分發權、組織編制審議權、公務人員訓練進修規畫權、考核政績獎懲核議權、待遇獎金福利規劃權、退休撫卹保險建議權、及人事資料建立運用權等。其與考試院所屬之銓敍部共有之

---

76 羅志淵，前揭書，頁四九六。
77 董翔飛，前揭書，頁二五五。
78 同上。
79 總統府公報第一八七四號令，民國五十六年七月廿八日，頁一一二。

職權合計達十項之多，相異之職權不多。[80]此所以人事行政局既係行政院所屬之機構，復就有關人事考銓業務，並受考試院指揮監督之故（組織規程第一條），其對於行政院所屬各級人事機構之組織、編制、人員派免，於核定之後，尚應報送考試院銓敘部備查（組織規程第十四條），體例至為特殊。

（七）充實中央民代機構

蔣中正總統根據民國五十五年三月，國民大會增訂臨時條款之授權，爰交由國家安全會議通過「動員戡亂時期自由地區中央公職人員增選補選辦法」，於五十八年三月二十七日正式公布。繼而制定施行細則，舉行選舉。於當年十二月廿日投票後，圓滿選出國民大會代表 15 名，立法委員 11 名，及監察委員 2 名，是為我國中央民意機關來台首次增加新血輪。

臨時條款於民國六十一年經修正之後，復授權總統不受憲法有關條文之限制，辦理中央民意代表在自由地區之增額選舉以及華僑地區之遴選。總統即於民國六十一年六月廿九日公布「動員戡亂時期自由地區增加中央民意代表名額選舉辦法」，並於同年七月廿七日公布「動員戡亂時期僑選增額立法委員及監察委員遴選辦法」。按照此兩項辦法，於自由地區選出增額國民大會代表 53 名，增額立法委員 36 名，增額監察委員 10 名；另僑區遴選增額立法委員 15 名，增額監察委員 5 名，共計選出增額中央民意代表 119 名。並於民國六十四年辦理增額立法委員改選一次。[81]

民國六十七年，原定依據臨時條款辦理三項增額中央民意代表之改選，旋因中美斷交而由總統發布緊急處分令予以停止。至民國六十九年六月十一日，總統發布三項命令，規定同年舉行六十七年經延期停止之選舉，並就其應選名額大幅增加，制定「動員戡亂時期自由地區增加中央民意代表名額選舉辦法」，修訂「動員戡亂時期僑選增額立法委員及監察委員遴選辦法」，並廢止六十一年公布之增選辦法。據此，乃於民國六十九年底辦理選舉，在國內自由地區選出增額國民大會代表 76 名，增額立法委員 70 名，增額監察委員 22 名；僑選增額立法委員 27 名，增額監察委員 10 名，共計選出增額中央民意代表 205 名。此後增額國大代表並於民國七十五年選出 84 名，增額立法委員亦分別於民國七十二年、七十五年、七十八年分別選出 98 名、100 名、130 名；增額監察委員於民國七十六年選出 32 名。[82]

四、臨時條款的爭議—性質論

臨時條款的時代背景，乃為切合國家之特殊需要，加強憲法之適應法。亦即因應動員戡亂時期，以不修改憲法本文的原則下，維持憲法的穩定性與適應性；

---

[80] 陳聰勝，行政院人事行政局地位與組織之研究，台灣大學，政治研究所，碩士論文，民國五十九年六月，頁三四五。

[81] 中央選舉委員會，中華民國選舉統計提要（三十五年—七十六年）（台北：中央選舉委員會，民國七十七年六月），頁四四一八四。

[82] 同上，頁八四——五一。

同時使行憲與戡亂並行不悖，合於平時與戰時的雙重要求，戡亂時期終止，則臨時條款即予廢止。正因其體例的特殊，益使臨時條款的性質極具爭議，大別之，有兩種說法：一謂臨時條款是構成憲法之一部分；一謂臨時條款係獨立於憲法之外，分述如下：

（一）主張臨時條款爲憲法之一部分

此即憲法內容說，以臨時條款乃爲構成憲法之一部分內容，附隨憲法而存在，與憲法所規定之其他部分，同爲根本大法，捨憲法則臨時條款失所附麗，而無單獨存在之餘地。就制定程序言，臨時條款完全適用修憲之程序；就效力言，臨時條款有停止或變更憲法之效力，其他任何法律能變更法律、命令，但不能變更憲法，改變憲法者，只有憲法，臨時條款能變更憲法，其爲憲法無疑。[83]

持相反看法者，認爲臨時條款並未嵌入憲法典內構成憲法之一部，而係自立於憲法外與中華民國憲法併列的獨立法典，縱因其具憲法位階效力，也只是「實質憲法」（materielle verfassung）而非「形式憲法」（formelle verfassung）。論者並就臨時條款內容佐證，指出其第十一項規定「臨時條款之修訂或廢止，由國民大會決定之」，如臨時條款爲憲法一部，則依憲法第一百七十四條之規定，其修改或廢止決定權本屬國民大會，何需再設第十一項？此外如臨時條款第一、二、三、六、七項在引述憲法本文時，均不厭其煩一一詳指「憲法第X條」，而非用「本憲法第X條」或直呼「第X條」，因之認爲臨時條款應非憲法內容之一部分。[84]

（二）主張臨時條款獨立於憲法之外

特此種看法者，又有許多不同學理主張，如憲法之特別法說、戰時憲法說、授權法說…不一而足。

1. 憲法之特別法說

該說主張臨時條款與憲法並存，兩者之關係一如特別法與普通法的關係，適用「特別法優於普通法原則」（lesspecialis derogat legi generali）亦即臨時條款可凍結部分憲法條文而優先適用。[85]

此說亦有若干疑問存在，一則特別法與普通法乃係一般法律的分類，可否用於憲法仍有爭議。再則如有所謂特別憲法，那麼應由制憲國民大會制定，而臨時條款是由行憲國大完成，行憲國大之職權爲修憲權而非制憲權。

2. 戰時憲法說

該說以「平時法」、「戰時法」概念著手，臨時條款因係爲動員戡亂時期而制定，適用於非常時期，因具有戰時憲法之性質。戰時憲法乃因應社會情勢之劇烈

---

[83] 左潞生，比較憲法，再版（台北：文化圖書公司，民國五十六年六月），頁三二○—三二一。

[84] 許宗力，「憲政改革途徑的比較分析與建議」，見國家政策研究中心，前揭書，頁五五—五六。

[85] 持此一張之學者有林紀東、涂懷瑩、管歐、耿雲卿等人。見林紀東，中華民國憲法逐條釋義（台北：三民書局，民國七十一年），頁三九七。此外見管歐之中華民國憲法論，頁三三三—三三八；耿雲卿之中華民國憲法論，頁二六七；涂懷瑩之中華民國憲法原理，頁二七。

變動，故所依據之法理、規定之內容與平時憲法有異。[86]

此說亦不甚周延，因臨時條款所規定者，並非具有完整性且可單獨存在，正因臨時條款並非完整憲法法典形式，其所大部分未規定者，仍適用憲法，故而臨時條款尚難謂即取得憲法之地位而代之。

3. 授權法說

此說謂臨時條款係國民大會授權於總統在動員戡亂時期所得行使之職權，即加強戰時統帥權之行使，與各國在戰時由國家制定授權法案，以授權政府在戰時之職權相同，故臨時條款具有授權法之性質。

此說固然指出臨時條款乃國民大會對於總統授權淵源，但未說明臨時條款本身之性質為何？以及臨時條款與憲法之關係為何？因之顯然有欠周延性與完整性。

4. 獨立於憲法之外，惟法制地位等於憲法

此說認為臨時條款係獨立於憲法之外，但法制之地位等於憲法，高於普通法律或命令。此因臨時條款係由有權機關 — 國民大會依法定程序完成，並先後經國民政府、總統公布，是為成文法之一種，自得為憲法之法源。且臨時條款因有「變更憲法之力」，則又有優於憲法之處，此外，臨時條款冠以「臨時」二字，限以「動員戡亂時期」，衡諸憲法之永久性，則臨時條款究其實，不能與憲法相提並論，當動員戡亂時期終止時，臨時條款即廢止，然在限定時期內，臨時條款則有高於憲法與獨立於憲法外之效力。[87]

此說認為臨時條款獨立於憲法之外，即表示其非憲法之一部分內容，但以國民大會僅有修憲權而無制憲權，並不能「制定」任何「法制地位等於憲法」之憲法典，故此說仍難成立。

5. 獨立於憲法之外，類似威瑪憲法之「破憲法律」

此說認為臨時條款不是憲法的一部，而是國民大會越權所制定的一部適用上優先於憲法之新的、獨立的特別憲法，其體例相當於德國威瑪時代破壞憲法統一、完整之法典性的「破憲法律」（verfassungsdurchbrechende gesetze）。[88]德國威瑪憲政史上的「破憲法律」乃指其修憲機關在保持憲法典原封不動之前提下，依修憲程序制定出一個與憲法典有別，但內容與之牴觸且適用順序又較為優先的特別法律。[89]

此說認為臨時條款為國民大會「越權」所制定的一部獨立的特別憲法，然衡諸事實亦有失允當，一則臨時條款全文之首已說明國民大會依照憲法第一百七十

---

[86] 董翔飛，前揭書，頁六八五。

[87] 王成聖，中華民國憲法要義，再版（台北：中外圖書出版社，民國六十二年十二月），頁一七二。

[88] 許宗力，前揭書，頁六三。

[89] 許宗力，「動員戡亂時期臨時條款之法律問題」，中國比較法學會學報，第九輯，民國七十七年六月十五日，頁二二。

四條第一款程序爲之，就法言法，並無「越權」；二則臨時條款先採原則性敘述，而在第二次修正後，改採條項列舉，然無論原則性敘述抑或條項式列舉，內容均非完整憲法典，尚不足以稱爲「獨立」的特別「憲法」。

上述各種論及臨時條款的性質中，看法互異，差別亦大，要較明確論述臨時條款之性質，宜從四方面分析：即臨時條款由誰制定？臨時條款依據爲何？臨時條款制定目的爲何？臨時條款的體例與世界憲政發展經驗的同異爲何？

（一）臨時條款由國民大會制定，而非由立法院或行政部門制定，故就其位階性而言，絕非法律、命令之層級，而是憲法之同等位階。

（二）臨時條款的依據爲「依照憲法第一百七十四條第一款程序」。憲法一百七十四條第一款爲修憲程序，亦即說明臨時條款乃「由國民大會代表總額五分之一提議，三分之二之出席，及出席代表四分之三之決議，得修改之。」而完成。行憲國民大會所擁有的憲法職權爲修憲權而非制憲權，因之臨時條款爲行憲國大依修憲程序完成的憲法修正條款，自然與憲法有相同的合法效力。

（三）臨時條款的目的，依王世杰代表說明，得知在求行憲與戡亂並行不悖，維持憲法的穩定性與適應性，從臨時條款目的當中，亦可暸解臨時條款效力具有時間性 — 即動員戡亂時期，當動員戡亂時期終止，臨時條款即予廢止。

（四）臨時條款的體例與世界憲政發展經驗的同異方面，確實較爲特殊。臨時條款係行憲國民大會依憲法第一百七十四條第一款之修憲程序完成的憲法修正條款。依近代各國憲法經驗，憲法之修改約有三種：修改條文、刪除條文、增補條文。[90]其中增補條文，乃不廢止舊條文，而另行增加新條文列於憲法之後，再依「後法推翻前法原則」（lex posterior derogat legi priori），新增補條文有效，被修改之條文雖形式上仍在憲法中，但已失去效力，僅具歷史意義而已，美國修憲即是著例。就我國臨時條款而言，有與之相近者，一爲均採增補條文列於憲法之後的方式，二爲均是採用「後法推翻前法」原則，原憲法條文與臨時條款牴觸者均失其效力。但兩者亦有不同處，臨時條款使原憲法條文失去效力僅是凍結暫不適用之條文，而非使之廢止，戡亂時期結束，臨時條款即廢止，原有條文，仍回復其效力。因之，這確是各國所少見。我國臨時條款的體例有其獨創性，殆無疑義。或有學者指出，行憲伊始，正值戡亂時期，烽火已經燒起全國半壁江山，國民大會能及時透過臨時條款途徑，使國家行憲與戡亂得以並行，正是行憲代表高度智慧的表現，也是中國憲政史上不可磨滅的一頁。[91]

綜合前述四點，臨時條款乃係行憲國民大會依憲法第一百七十四條第一款：「由國民大會代表總額五分之一提議，三分之二之出席，及出席代表四分之三之決議，得修改之。」而制定，爲動員戡亂時期臨時性的憲法修正條款。就法律效力而言，國民大會既有修憲權，其依修憲程序所制定的憲法修正條款，自然具有與憲法相同的合法效力。就體例而言，則有其獨創性，雖不易於從世界各國憲法

---

[90] 左潞生，比較憲法，台八版（台北：正中書局，民國六十九年十月），頁六五一。

[91] 董翔飛，前揭書，頁六八四。

實例中找出相似者，但卻爲生存、爭自由民主，對抗中共極權專政的中華民國政府留下歷史的可貴紀錄。謝瀛洲即說明：[92]

> 臨時條款係依憲法第一百七十四條第一款之程序而制定，其性質等於原憲法之修正，原憲法之條文與之牴觸者，均失其效力，而以臨時條款所規定者爲適用之根據，其與通常所稱憲法修正案有所不同者，即原憲法經修正後，其被修正的條文，即行廢止，而臨時條款僅凍結憲法中暫不適用之條文而已，時機一至，原有條文，即仍然回復其效力。

謝瀛洲此說頗爲公允，並明確指出臨時條款的性質與意義。

五、臨時條款的評析

臨時條款是非常時期下的產物，基本上它凍結了憲法上原有的部分條文，就憲政而言是有負面影響的，但也因它而使台澎金馬得以穩定，更爲其後帶來自由地區經、社發展的有力契機。臨時條款存在的另一個重要因素，即是與中共長期的軍事對峙，到民國四十七年尚有「八二三砲戰」，中共全面停止砲擊金馬，則是民國六十七年中美斷交後的事，這也造成戡亂時期持續下去，遲遲無法回歸憲法。終止戡亂時期，廢止臨時條款則是到了民國八十年，這長達四十餘年的臨時條款所造成的爭議很多，持平地說，其對憲政體制的發展有正面的價值，亦有負面的影響。而事實上，就同一件事情，論者評之往往亦是正反兩面的，茲以總統任期爲例，臨時條款凍結憲法第四十九條之連選連任一次規定，就肯定者言，蔣中正總統的在位，穩定全國軍民士氣，並凝聚出堅定的團結意志，當其之時，除蔣中正總統外，何人能有此領袖魅力（charisma）？故有謂瑕不掩瑜。但質疑者就其連任達五次，在位近三十年之久，以民主憲政體制而言殊非常態。

（一）臨時條款正面的價值

1.具有穩定政局的功能

國家承平時代，只須憲法正常運作，即可有條不紊。正因時局逆轉，生存遭受威脅，乃有臨時條款，臨時條款成之於亂世，故而其凍結、改變原憲法條文，如授與總統緊急處分權，授與總統設置動員戡亂機構，決定國家安全大政方針，凍結總統連選連任一次的規定，使蔣中正總統得以領導全民走過風雨飄搖的歲月，不僅台、澎、金、馬士氣振奮，上下團結和諧，且造成軍事上局部的優勢，經濟上繁榮的基石，爲其後「台灣經驗」奠定良好的基礎。

2.緊急處分權運用謹慎

緊急處分權的力量甚大，但觀之政府來台，緊急處分總共使用四次：民國四十八年的「八七水災」，民國六十七年的中美斷交，民國六十八年的解決中央增額選舉經前一年中美斷交而停止後，所面臨的原任將到期，新任未選出的解決補充令。第四次爲民國七十七年李登輝總統發布於國喪期間，禁止人民集會遊行。這四次都是重大事故，且事涉國家安全、人民生命財產，總統乃以緊急處分權因

---

[92] 謝瀛洲，中華民國憲法論（台北：司法院祕書處，民國六十五年十月），頁十一十一。

應，應屬得宜。

3.國家安全會議決定大政方針之成效甚佳

民國五十七年實施九年國民義務教育，使教育落實普及，民智大開，民國五十八年起辦理增選補選中央民意代表，民國六十八年因應國際間共同發展的趨勢，將領海擴大爲十二海浬，經濟海域擴大爲二百海浬，上述均是臨時條款授權總統有關大政方針的決策而來，這些決策都是具有前瞻性，而影響深遠的。

4.中央民代增補選擴大政治參與

民國五十八年起，總統依據臨時條款的授權，在自由地區辦理中央民意代表之增選補選，使國會得以灌注新的血輪，同時也擴大了政治參與的管道，將民選的層級由地方自治範疇，達到中央階層的選舉，對民主政治的逐步落實甚具貢獻。

（二）臨時條款的負面影響

1.改變憲法原有精神

依據中華民國現行憲法的條文，我國雖有五權憲法的架構（憲法中「國民大會」、「總統」以及五院都列有專章），但依職權分析，我國憲法的體制較傾向於內閣制，在臨時條款規定下，總統依授權設置國家安全會議，決定國家建設與動員戡亂大政方針，原行政院每年提出於立法院的預算案、法律案，依憲法第五十八條規定，只需提出行政院會議即可，在國家安全會議成立後，前述各案在行政院會通過後，尚須報請國家安全會議審議，始能向立法院提出，而國家安全會議對行政院提報之預算及法案，有變更之權。[93]明顯的，國家安全會議成爲決策中樞，行政院倒退成爲執行其決策的機關，因之破壞了現行憲制由行政院爲最高行政機關的體制。

2.總統職權擴大

臨時條款第四項「授權總統得設置動員戡亂機構，決定動員戡亂時期有關大政方針」，於是國家安全會議設置，由總統擔任主席，行政院長成爲其幕僚長，加以國安會的精神具有獨位首長制的色彩，國安會一切決議，須經總統核定後，再依其性質交主管機關實施。由於總統職權擴大，乃有利於強人政治的發展，此一趨勢，固然對事權統一、政局安定有相當價值，但相對也使憲政所規範體制受到改變。論者或指因內戰下，面對國家危急情勢，賦予總統的權力是必要的。然而，隨著臨時條款持續施行幾十年後已引起更多爭論，斯時，許多人相信台灣的軍事與政治現狀，已不需要再賦予總統緊急處分權，台灣海峽軍事及政治表面緊張局勢的減輕更支持此一論點[94]。台灣地區在政治民主化的走向下，到了民國八十年，政府乃宣布終止戡亂時期，廢止臨時條款，這一部分則在第四章論述。

貳、戒嚴令與憲政發展

一、戒嚴的緣起

政府因戡亂需要，於民國卅七年十二月十日由總統依據憲法第三十九條前半

---

[93] 田弘茂，前揭書，頁七〇四。

[94] 同上，頁一三六。

段規定：「總統依法宣布戒嚴，但須經立法院之通過或追認。」發布戒嚴令，明令「全國各省市，除新疆西康青海台灣四省及西藏外，均宣告戒嚴。」[95]並畫分「警戒地域」及「接戰地域」。民國卅八年，大陸情勢危急，戰爭即將影響到達台灣地區，五月十九日，台灣省警備總司令部發布戒嚴令，並自五月廿日起實施。同月廿七日，該部訂定「戒嚴期間防止非法集會、結社、遊行、請願、罷課、罷市、罷業等規定實施辦法」及「戒嚴期間新聞圖書管制辦法」，分別公布實施。這乃是根據戒嚴法第三條所為臨時戒嚴的宣告。

民國三十八年十一月二日，行政院第九十四次會議通過國防部代電：「為匪軍深入我東南及西北各省，而海南島、雲南、西康各地，猶深藏隱憂。為加強戰備，用挽危局計，請將全國，包括海南島及台灣，一併劃作接戰地域，實施戒嚴。」同月廿二日，咨請立法院查照，並由東南軍政長官公署於民國三十九年一月八日以三九署檢字第四二二號代電分行並公告在案，畫定台灣省為「接戰地域」，實施戒嚴，該項命令於民國卅九年三月十四日經立法院第五會期第六次會議通過。[96]國防部四十二年二月廿五日廉庶字第○一三號令：[97]

> 三十八年五月台灣省戒嚴令，係依戒嚴法第三條規定之程序，並經呈報在案。卅九年一月頒行之全國戒嚴令，將台灣畫分為接戰地區，並經立法院追認有案，則台灣省之戒嚴，自應溯及於卅八年五月頒行戒嚴令之時，其所頒之戒嚴令，自不應因全國戒嚴令之頒行而失效。

民國卅八年下半年中共企圖以武力解放台灣，並高喊要「血洗台灣」，故而當時台灣戒嚴，是必要而無可避免的；同年十二月廿五日，共軍進犯金門，古寧頭戰役國軍大捷，從而暫時穩定台海局勢，但因中共始終並未放棄併吞台灣的企圖，對於台灣的威脅一直存在，這是台灣戒嚴長期存在的主因。唯亦因此遭到諸多批評，因之，須先瞭解台灣戒嚴的真實狀況與範圍，才能正確評論台灣實施戒嚴的得與失。

二、戒嚴實施的範圍

戒嚴法的完全實施，其影響憲法保障個人基本自由，主要來自戒嚴法第六條、第七條、第八條、第九條、第十一條（如表二—七）。

戒嚴法最嚴厲的是第六、第七兩條。第六條：「戒嚴時期、警戒地域內地方行政官及司法官處理有關軍事之事務，應受該地最高司令官之指揮。」第七條規定：「戒嚴時期，接戰地域內地方行政事務及司法事務，移歸最高司令官掌管；其地方行政官及司法官應受該地最高司令官之指揮。」此種戒嚴與民主政治的軍民分治及司法獨立不相容，西方人士概念中的戒嚴是此種軍事管制的，但中華民國政府並未實施這些部分。

---

[95] 段紹禋，最新六法判解彙編，下冊，七版（台北：三民書局，民國七十一一年七月）頁一七八五——七八七。

[96] 國家政策研究資料中心，臺灣歷史年表：終戰篇I（台北：國家政策研究資料中心，民國七十九年十一月），頁八二——一○六。

[97] 馬起華，民主與法治（台北：黎明文化公司，民國六十九年），頁一八四。

我國憲法保障個人基本自由包括了：人身自由（第八條、第九條）、居住遷徙自由（第十條）、意見表達自由—言論、講學、著作及出版自由（第十一條）、通訊自由（第十二條）、信仰宗教自由（第十三條）、集會結社自由（第十四條）、生存權、工作權、財產權（第十五條）等。戒嚴法第八條、第十一條雖限制了基本個人自由，但其實施範圍非全面的，而是有限度的，事實上，我國戒嚴的期間，有許多並未限制而形同具文，有些執行寬鬆，有些執行很嚴格。歸納而言，政府來台後，戒嚴實施的影響主要在以下各項：

（一）人身自由方面

人身自由方面最值得注意的乃是非軍人由軍事審判。現行憲法第九條規定：「人民除現役軍人外，不受軍事審判。」而戒嚴法第八條則規定刑法上的十種罪—內亂罪、外患罪、妨害秩序罪、公共危險罪、偽造貨幣、有價證券及文書、印文各罪、殺人罪、妨害自由罪、搶奪強盜及海盜罪、恐嚇及擄人勒贖罪、毀棄損壞罪等，軍事機關得自行審判或交由法院審判。此一範圍確實廣泛但又有其不確定性。行政院於民國五十六年四月一日修正「台灣省戒嚴時期軍法機關自行審判及交法院審判案件畫分辦法」，確定軍法機關自行審判的案件縮小為三種：

1.軍人犯罪。

2.犯戡亂時期檢肅匪諜條例、懲治叛亂條例所定之罪。

3.犯陸海空軍刑法第七十七條、第七十八條之屬於盜賣、買受軍油案件，及懲治盜匪條例第四條第一項第三款—盜取、毀損軍事交通或通訊器材；戰時交通電業設備及器材防護條例第十四條—竊盜或毀損交通電業設備及器材，第十五條 — 收受、搬運、寄藏、押保、熔毀被竊盜之交通電業設備及器材等罪。

由此可知，非軍人在戒嚴時期確有受軍事審判之規定，但非軍人受軍事審判的範圍不大，只有上列少數犯行，才由軍事審判，質言之，絕大多數人與此項審判無關。

（二）遷徙自由方面

戒嚴時期對人民遷徙自由影響最大者為「三防」管制與檢查，我國由於大陸淪於共產黨的統治之下，中共對我台澎金馬，必欲得而甘心，造成了國家特別的緊急危難，當此之時，如何防止敵人對島內的滲透、顛覆活動，刻不容緩，因之，加強三防 — 國境防、海防、山防乃為首務。

就國境防而言，旨在防止危害國家安全、社會安定的人和物入境，防止應受法律制裁的要犯或出境後有害於國家利益的人出境。戒嚴法第十一條以及依據戒嚴法制頒的子法有「戒嚴時期入境出境管理辦法」、「台北國際機場安全秩序維護辦法」、「台灣地區國際港口旅客行李檢查室安全秩序維護辦法」等，均對人民入出境有所規範。

就海防而言，台灣（含澎湖）海岸線長達 1,566.7 公里，海岸線就是國防線，海防即國防。為防止危害國家安全與社會秩序分子的偷渡進出、各種物資的走私、武器彈藥及毒品的非法入境，應加強海防，海防自然也會影響人民出入海岸的自由。關於在戒嚴時期，管制人民進出海岸的子法規定有：「戒嚴時期台灣地

表二 — 七　戒嚴法全文中影響憲法保障個人基本自由的條文

條文	內　　容
第六條	戒嚴時期，戒嚴地區內地方行政官及司法官處理有關軍事之事務，應受該地最高司令官之指揮。
第七條	戒嚴時期，接戰地域內地方行政事務及司法事務，移歸該地最高司令官掌管，其地方行政官及司法官應受該地最高司令官之指揮。
第八條	戒嚴時期，接戰區域內關於刑法上下列各罪，軍事機關得自行審判或交法院審判之：一、內亂罪。二、外患罪。三、妨害秩序罪。四、公共危險罪。五、偽造貨幣、有價證劵及文書、印文各罪。六、殺人罪。七、妨害自由罪。八、搶奪強盜及海盜罪。九、恐嚇及擄人勒贖罪。十、毀棄損壞罪。
第九條	戒嚴時期，接戰地域內無法院或與其管轄之法院交通斷絕時，其刑事及民事案件，均得由該地軍事機關審判之。
第十一條	戒嚴地域內，最高司令官有執行下列事項之權： 一、得停止集會結社及遊行請願，並取締言論、講學、新聞、雜誌、圖畫、告白、標語暨其他出版品之認為與軍事有妨害者。 　　上述集會、結社及遊行、請願，必要時並得解散之。

	二、	得限制或禁止人民之宗教或動有礙治安者。
	三、	對於人民罷市、罷工、罷課及其他罷業,得禁止及強制其回復原狀。
	四、	得拆閱郵信、電報。必要時並得扣留或沒收之。
	五、	得檢查出入境內之船舶、車輛、航空機及其他通訊交通工具,必要時得停止其交通,並得遮斷其主要道路及航線。
	六、	得檢查旅客之認為有嫌疑者。
第十一條	七、	因時機之必要,得檢查私有槍砲、彈藥、兵器、火具及其他危險物品,並得扣留或沒收之。
	八、	戒嚴地域內,對於建築物、船舶及認為情形可疑之住宅、得實施檢查,但不得故意損壞。
	九、	寄居於戒嚴地域內者,必要時得命其退出,並得對其遷入限制或禁止之。
	十、	因戒嚴上不得已時,得破壞人民之不動產,但應酌量補償之。
	十一、	在戒嚴地域內,民間之食糧物品及資源可供軍用者,得施行檢查或調查登記,必要時得禁止其運出。

資料來源:作者整理

區各機關及人民申請進出海岸及重要軍事設施地區辦法」、「台灣地區沿海海水浴場軍事管制辦法」、「戡亂時期台灣地區各港區漁民進出港口檢查辦法」、「戒嚴時期台灣地區國際港口登輪管制辦法」等。

　　就山防而言，台灣面積爲三萬六千平方公里，而山地（含山坡地及高山林區）佔了 73.65%，其中高山林區即佔了全台面積 46.6%，無論人和物均易於隱匿，且不易發覺，如有危害國家安全、社會秩序的分子潛入山地，後果嚴重，故而山防顯屬重要，山防規定自然也影響人民出入山地的自由。戒嚴時期關於山防的子法有「戒嚴時期台灣省區山地管制辦法」。

　　綜合而論，港口、機場出入境，以及海岸、山區的警戒與檢查，縱使平時已不可少，況在戒嚴時期？故而其價值應是肯定的，唯爲防範匪諜以及危害國家、社會安寧之分子，亦自必對一般人民在入出境、山防、海防造成不便，則是極難兩全的困境。

（三）意見表達自由方面

　　戒嚴法中有關意見表達自由方面影響與爭議最多的，則是在於出版品的管理：出版法第 34 條規定：「戰時或遇有變亂，或依憲法爲急速處分時，得依中央政府命令之所定，禁止或限制出版品關於政治、軍事、外交之機密，或違反地方治安事項之記載。」本條所稱「戰時或遇有變亂」可涵蓋戒嚴時期，本條對於出版品的禁限亦可適用於戒嚴時期。此後行政院於民國五十九年五月五日核准修正「台灣地區戒嚴時期出版物管制辦法」，這是戒嚴時期檢查、取締、扣押出版物的主要依據。唯該辦法中以「淆亂視聽、足以影響民心士氣」作爲禁限出版品的依據，則易受到批評，咸以此種詞句，內容含糊，難有標準，給予查禁單位以過大的行政自由裁量權。此外，報紙限制家數、張數亦是戒嚴時期的規定。

（四）集會結社遊行方面

　　戒嚴期間，集會雖須事先請治安機關核准，但很少有集會是先報准的，故集會方面執行較寬鬆。相對於集會，則禁止組黨可稱之爲戒嚴時期執行較嚴格的一項，在禁組政黨之下，雷震的組黨失敗可爲一例。此外，就遊行而言，亦是禁止的。

　　綜合而論，戒嚴的實施，並非完整的戒嚴法全部執行，其第六、七兩項的軍事管制並未實施，而基隆高雄的宵禁只在戒嚴初期實施了極短的時間，罷工、罷課、罷市雖是禁止，但從未發生過。戒嚴執行較有影響的則是：非軍人須受軍事審判、入出境的限制、出版品的管制、禁組政黨、限制報紙張數、禁止遊行等。此時期，警備總部有權管轄人民的入出境及新聞工作，並由軍事法庭審理非軍人犯罪案件，此外基於政治安定的作用，乃禁止組成新政黨，報紙的家數、張數亦受到限制，由於「黨禁」的原因，使此一時期的政治反對力量薄弱。張劍寒研究指出，台灣戒嚴體制對民眾權益的限制，至少包括限制在憲法上明定的人身自由權，如言論、講學、出版、通訊、集會、結社的自由。[98]

---

[98] 張劍寒，戒嚴法研究（台北：漢苑出版社，民國六十五年六月），頁一〇八。

三、戒嚴的檢討

台灣地區實施戒嚴，對我國政治發展是利弊互見，茲分析如下：

（一）實施戒嚴的功能

戒嚴的實施在於防止匪諜及台獨的活動，維持社會的安定。蔣經國總統即指出：「政府從卅八年播遷來台之後，為防制中共的武力進犯與滲透顛覆，乃將台澎金馬列為戒嚴地區，來維護國家整體安全，保障一個安定行憲的環境。」[99]

葛永光認為實施戒嚴對台灣的利益，有三個方面，一是由於嚴格的入出境管制，以及嚴密的山防和海防管制措施，使中共的滲透和顛覆活動受阻。二是戒嚴禁止新政黨的成立，因而，沒有出現分裂國家意志和多黨林立現象，黨爭和權力傾軋的情形也不致出現，國民意志亦較能集中，政治較易維持團結和諧。三是戒嚴禁止罷工、罷課、罷市、及限制聚眾遊行，因使社會秩序得以維持。[100]

持平論之，政府執行戒嚴，花費了相當大的人力和財力，其目的，乃在於國家安全、社會安定。基本上，它是達到了階段性的功能，戒嚴並未全部執行，它使部分人民的部分自由受到因戒嚴才有的限制，此即戒嚴雖是影響了民主政治的常態運作，但以戒嚴實施的年代，極廣大民眾並未有太多切身感受的原因。

（二）實施戒嚴的弊端

戒嚴的缺失，馬起華指出有三點：一是戒嚴執行的技術，似乎沒有多少改進，使之更合理，就違反戒嚴法令受到處罰的人，也少有作如何不違反法令以減少處罰的打算。二是缺少溝通的政治藝術，化解許多不必要的衝突，當然有關此點，馬氏亦認為體制外的分離運動是沒有溝通妥協的餘地。三是戒嚴時期對出版物品的管制雖可援引「出版法」和「台灣地區戒嚴時期出版物管制辦法」，但事實上所採用的是後者，而非前者；後者是行政命令，前者卻是法律，此一做法不符「法律效力高於命令」的規範。[101]

張玉法認為實施戒嚴，對於我國民主政治的發展有下列不利因素：（1）使我國以戒嚴法統治聞名於世界，對國家形象損傷甚大。（2）人民的政治自由受限制，使權力的分配和轉移，趨於僵化。（3）基本人權不能獲得良好的維護與保障，不僅受世人抨擊，而且直接影響人民對政府的向心力[102]。

戒嚴的實施對民主政治的不利影響是多方面的，歸納分析如下：

1.就國家形象言：戒嚴雖只實施部分，但 martial law 對西方世界的直接感受是刻版的（stereotypes）—軍事管制、宵禁、戰車停於路中，人權受完全壓抑等，

---

[99] 行政院新聞局編印，蔣故總統經國先生七十六年及七十七年言論集，第一版（台北：行政院新聞局，民國七十七年六月），頁一六八。

[100] 葛永光等著，現代化的困境與調適—中華民國轉型期的經驗（台北：幼獅文化公司，民國七十八年一月），頁一五。

[101] 馬起華，當前政治問題研究（台北：黎明文化公司，民國八十年一月），頁七。

[102] 張玉法，「從戒嚴到解嚴的一萬三千九百三十五天」，自立晚報，民國七十六年七月廿日，版二。

我國雖非如此，但傷害是巨大的。

2.就民主政治發展言：戒嚴因考量政治安定，禁組新政黨，政黨政治是民主政治的精髓，因而戒嚴對民主政治發展是不利的。同時，戒嚴因限制集會、遊行、結社、故而對民主政治中政治參與規範面的設計不充分，沒有政治團體、政黨、集會遊行等相關規範來導引民主運作，對民主的實施是不完整的。

3.就憲法保障個人基本自由言：部分非軍人觸犯特別規定項目，須受軍事審判；此外言論、講學、出版、通訊、入出境管制等，對憲法保障人民自由都有一定程度的限制與影響。

4.就執行戒嚴的技術面言：缺乏有效或漸進的檢查、取締改革作為，以致民主政治的容忍和妥協無法有效產生。以出版品管制為例，因採事後檢查，一些內容經認定違禁的刊物多在印刷廠中、書報攤架上遭扣押，使得血本無歸，而另一方出版人及作者往往不理會「台灣地區戒嚴時期出版物管制辦法」的條文，造成兩極化對立態勢，而出版品取締條文的標準欠缺明確，亦易使查禁單位有過大的自由裁量權。

綜合以上所論述戒嚴的得與失，衡諸戒嚴的成因、實施的範圍，戒嚴對我國政治發展是有利有弊，但整體說來，允宜利多於弊。戒嚴的目的在保障國家的安全、社會的安定，人民的生命，而戒嚴發布於烽火連天之際，共產赤焰的威脅立即而明顯，戒嚴令源之於戒嚴法，戒嚴法為特別法，故而戒嚴的時機、性質均屬合宜，而政府的實施有其限度，使生活在自由地區的多數民眾並未感受到戒嚴的存在。戒嚴時期，提供了一個國家社經發展的有力安定條件，對國家實力的厚植、社會動能的蓄積，意義是肯定的。誠然，戒嚴使部分人民的部分自由受到限制，戒嚴亦影響了民主政治的發展，以及國家的形象。以大環境來看，非常時期能以有限的戒嚴，保障生存，而生存是最根本的，沒有生存，何談民主？能厚積國力，穩定時局，然後於適當時機，回復正常運作，這在危機中的國家應是最佳的選擇和步驟，中華民國政府即準此原則，逐步走向民主政治之理想。

第三節　政黨政治的探討

民國卅六年十二月廿五日我國憲法正式施行，在建國程序上，我國應進入憲政時期的政治運作。依憲法第十六條：「人民有集會結社之自由，非依法律不得限制之。」此時的政治運作表現於政黨政治，應為多元競爭的政黨制度。然而行憲之初，烽火不斷，大陸局勢隨之逆轉，政府遷台，此時中共挾席捲大陸之勢，放言「解放台灣」，故而以言客觀環境，確實屬於戰時狀況。政府決策菁英為因應國家安全的優先需要，採取權力的集中與擴張乃為必然途徑，此外各種因應安全需要的決策；諸如戒嚴令的頒布，臨時條款的實施等，都或多或少的限制了憲法賦予人民的集會、結社自由權，也阻止了新政黨的成立，因此多元競爭的政黨制度一直到解嚴之前是沒有出現的。

政府遷台後，我國政治體系中雖有三個政黨－中國國民黨、中國青年黨、中國民主社會黨。中國國民黨在環境時局發展下，權力基礎更形堅實，在政治運作

與決策過程中，長時期的執政，並扮演重要的主導角色。其他的政黨，如民、青兩黨並無具體的影響力，而此時期，因戒嚴禁止組黨，能與執政黨競爭的力量，僅有零星的地方在野勢力，以下就中國國民黨，民、青兩黨，以及政治異議表達的發展情形，分析本時期政黨政治的運作。

壹、中國國民黨的改造

中國國民黨在一個世紀的歷史中，每逢遭受挫折或時代劇烈的變遷，即實行改組，以為因應。（歷次改組表如表二—八）面對大陸淪陷的慘痛教訓與黨內組織渙散，乃有民國卅九年起的改造，直到民國四十一年十月國民黨召開第七次全國代表大會，改造工作結束，歷時二年又二個月。由於中國國民黨為執政黨，其黨務改造的影響是多層面，同時亦是中華民國安危所繫的關鍵時期，故而改造的時代意義是重大的，其不僅對組織結構、黨政關係都有深遠影響，亦確立了一黨優勢的地位。

一、國民黨改造的肇始

國民黨蔣總裁在檢討大陸失敗原因時指出：「戡亂失敗最後的一步，還是在黨的失敗。」[103]「大陸反共軍事悲慘的失敗，並不是共匪有什麼強大的力量，足夠打敗我們國民革命軍，完全是領導國民革命的本黨，組織瓦解、紀綱廢弛、精神衰落、藩籬盡撤所招致。」[104]有鑑於此，乃決心改造中國國民黨。民國卅九年七月廿二日中國國民黨中常會通過黨務改造案：「本案承本黨以往歷史，應當前革命需要，並循全體同志要求，歷經慎重研議，復請總裁審訂，應予通過，迅付施行。」[105]

「中國國民黨改造案」實包含三項文件：（一）關於實施本黨改造之說明。（二）本黨改造綱要。（三）本黨改造之措施及其程序。

「關於實施本黨改造之說明」，指出：「本黨這次改造，在消極方面，對原有黨員有腐化貪污的事實，反動投機的傾向，毀法亂紀自私自利者，要嚴厲整肅，以恢復本黨革命的精神。在積極方面，對海內外仁人志士，愛國青年，要精誠號召，親密合作，以擴大革命陣營。」[106]

「本黨改造綱要」計分：（一）總則。（二）黨的構成分子及社會基礎。（三）黨的組織原則。（四）黨的組織。（五）黨的幹部。（六）黨的作風。（七）黨的領導。（八）黨員之權利義務。（九）黨的紀律。（十）黨的祕密組織。（十一）黨政關係。[107]其中總則部分規定：「本黨為革命民主政黨，信守三民主義，領導國民

[103] 張其昀，國民黨的新生（台北：中央文物供應社，民國四十一年十二月），頁一六。

[104] 蔣中正，「關於實施本黨改造之說明」，蔣總統思想言論集，卷二（台北：蔣總統思想言論集編輯委員會，民國五十五年十月），頁一五九——六〇。

[105] 李雲漢，「中國國民黨遷台前後的改造與創新（一九四九—一九五二）」，近代中國，第八十七期，民國八十一年二月，頁廿六。

[106] 革命文獻，第六十九輯，「中國國民黨宣言集」（台北：中國國民黨中央黨史委員會，民國六十五年十一月），頁四四六—四五三。

[107] 革命文獻，第七十輯，「中國國民黨黨章政綱集」（增訂本）（台北：中國國民黨中央黨史委員會，民國六十五年十一月），頁一七一——七九。

表二 — 八 中國國民黨歷次改組簡表

名 稱	領 導 人	時 間	地 點	主要任務	重大決策	備註
興中會	國父孫中山先生	民國前18年〈一八九四年〉十一月二十四日	美國檀香山	驅逐韃虜、恢復中華、創立合眾政府	〈1〉發表宣言，指斥滿清政府政治的腐敗。〈2〉募集革命軍債，積極擴展會務。	
同盟會	國父孫中山先生	民國前7年〈一九五0年〉八月二十日	日本東京	驅逐韃虜、恢復中華、建立民國、平均地權。	革命進行的步驟分三個時期：〈1〉軍法之治。〈2〉約法之治。〈3〉憲法之治。	
國民黨	國父孫中山先生	民國元年〈一九一二年〉八月二十五日	北京	謀求統一與和平、鞏固共和、實行平民政治。	〈1〉將革命黨改為普通政黨。〈2〉化秘密組織為公開活動。	「同盟會」聯合「統一共和黨」、「國民共進會」、「國民公黨」、「共和實進會」4個政團，正式改組為「國民黨」。

中華革命黨	國父孫中山先生	民國三年〈一九一四年〉七月八日	日本東京	統率同志再舉革命，與反革命勢力搏鬥	〈1〉革命程序區分為三個時期：軍政時期、訓政時期、憲政時期。〈2〉淘汰偽革命黨，正本清源。	改採嚴格秘密組織。
中國國民黨	國父孫中山先生	民國八年〈一九一九年〉十月十日	上海	鞏固共和、實行三民主義。	〈1〉黨的組織，在上海設立本部，另在國內及海外各地分設總支部、支部、分部。〈2〉黨設總理一人，綜攬黨務，下設總務、黨政、財務。	
中國國民黨〈中央改造委員〉	總裁蔣中正先生	民國三十九年〈一九五〇年〉八月五日	台北	重整革命組織，恢復革命精神，使台灣成為我國復興基地。	〈1〉成立中央改造委員會，進行黨的改造。〈2〉發表「現階段政治主張」。	改造工作至四十一年十月完成。

資料來源：張鳳歧，中國國民黨奮鬥史〈台北：黎明文化公司，民國七十年〉頁二〇一—二〇二。

革命，堅持反共抗俄之鬥爭，以求現實現國家獨立，人民自由，政治民主，經濟平等，世界和平。」從改造後的組織型態，則可看出：（1）在黨的構成份子及社會基礎方面：確立以青年、知識分子及農、工生產者等廣大勞動民眾為社會基礎，結合其愛國的革命分子為黨的構成分子。（綱要第四條）（2）在黨的組織原則方面：採取民主集權制，由選舉產生幹部，以討論決定政策，個人服從組織，組織決定一切，少數服從多數，下級服從上級。在決議以前得自由討論，一經決議，須一致執行，以求行動之統一與力量之集中（綱要第五條）（3）在黨組織系統方面：設各級（中央）、省（省轄市）、縣（市）、區（區分部）委員會，區分部委員會得分小組。（綱要第九條）

「本黨改造之措施及其程序」規定：實施改造即行採取五項措施：（1）第六屆中央執行委員會暨中央監察委員會，均停止行使職權。（第六屆中央執委有 286 名，候補委員 146 名）（2）成立中央改造委員會，行使中央執行委員及中央監察委員會之職權，中央改造委員名額為 15 人至 25 人，由總裁遴選之。（3）中央改造委員會下設各種工作部門或委員會，其人員由總裁遴派之。（4）本黨設中央評議委員若干人，對黨的改造負督導與監察之責，由總裁聘任之。（5）台灣省各級黨部及海外各級黨部之執行委員會、監察委員會與特別黨部工作人員，暫均照舊工作，承中央改造委員會之命，進行黨的改造。[108]

民國卅九年七月廿六日，蔣總裁在台北賓館召集國民黨中央執行委員，到會委員 150 餘人，蔣總裁宣布中央評議委員及中央改造委員名單。中央評議委員聘 25 人：吳敬恆、居正、于右任、鈕永建、丁惟汾、鄒魯、王寵惠、閻錫山、吳忠信、張群、李文範、吳鐵城、何應欽、白崇禧、陳濟棠、馬超俊、陳果夫、朱家驊、張厲生、劉健群、王世杰、董顯光、吳國禎、章嘉、張默君。中央改造委員陳誠等 16 人。（如表二—九）

八月五日，中央改造委員會正式宣布成立，並召開第一次會議，由蔣總裁主持，並通過「中央改造委員會組織大綱」及「中央改造委員會組織系統表」（見表二—十），八月七日，第六屆中央執行委員會及中央監察委員會辦理移交，由中央改造委員會接管。八月十六日，中央改造委員會第四次會議，通過「中央改造委員會會議規則」十一條，其要點為：每星期開會一次（第一條）、開會時由總裁主席，總裁因事不克出席時，由出席委員互推一人為主席（第二條）、非有委員二分之一以上出席，不得開會，決議以出席委員過半數行之（第五條）、表決以舉手方式行之，必要時得用起立或無記名投票行之（第七條）。此後，八月十七日，中央改造委員會通過「中央改造委員會各處組會組織規程」。廿四日通過「本會當前急切工作要項」，改造工作至此大致就緒。

二、國民黨改造的內容

中國國民黨中央改造委員會在歷時二年二個月的改造期間，其改造工作的範

---

[108] 革命文獻，第六十九輯「中國國民黨宣言集」（台北：中國國民黨中央黨史委員會，民國六十五年十一月），頁四四六—四六二。

表二 一九　中國國民黨中央改造委員簡表

姓名	陳誠	張其昀	張道藩	谷正綱	鄭彥棻	陳雪屏	胡健中	袁守謙	崔書琴	谷鳳翔	曾虛白	蔣經國	蕭自誠	沈昌煥	郭澄	連震東
別號	辭修	曉峰		叔常				企止								定一
年齡	54	50	55	49	48	49	48	47	45	44	55	41	44	38	44	47
籍貫	浙江青田	浙江鄞縣	貴州盤縣	貴州安順	廣東順德	江蘇宜興	浙江杭州	湖南長沙	河北故城	察哈爾龍關	江蘇常熟	浙江奉化	湖南邵陽	江蘇吳縣	山西陽曲	台灣台南
學歷	保定軍校八期	南京高等師範	英國倫敦大學	德國柏林大學	廣東大學高師部	美國哥倫比亞大學	復旦大學	黃埔軍校一期	美國哈佛大學	北平朝陽學院	上海聖約翰大學	莫斯科中山大學	國立政治大學	上海光華大學 美國密西根大學	北平中國大學	日本慶應大學
備註																

資料來源：李雲漢，「中國國民黨遷台前後的改造與創新〈一九四九——一九五二〉」
　　　　近代中國，第八十七期，頁二七。

表二－十　國民黨中央改造委員會組織系統表

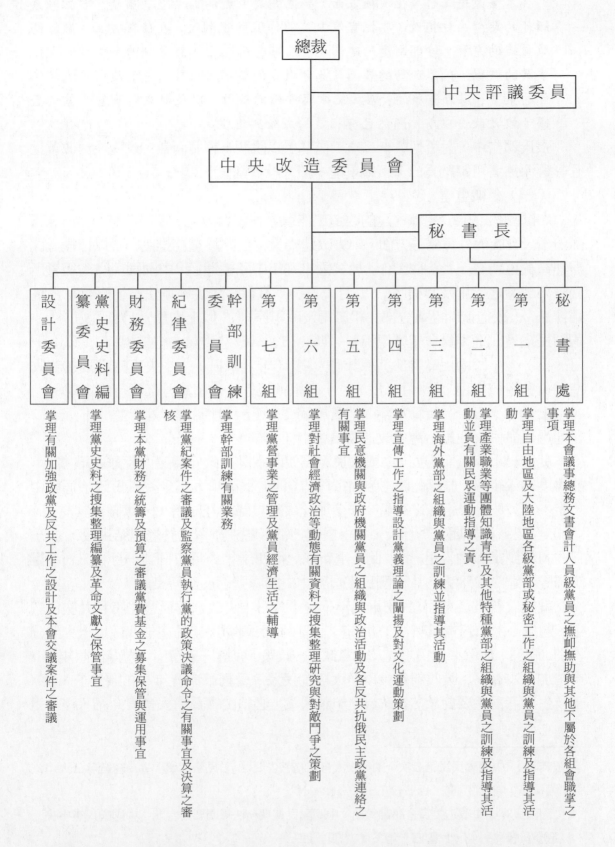

| 總裁 |
| 中央評議委員 |
| 中央改造委員會 |
| 秘書長 |

設計委員會	纂委員會	黨史史料編	財務委員會	紀律委員會	委員會 幹部訓練	第七組	第六組	第五組	第四組	第三組	第二組	第一組	秘書處
掌理有關加強政黨及反共工作之設計及本會交議案件之審議	掌理黨史史料之搜集整理編纂及革命文獻之保管事宜	掌理本黨財務之統籌及預算之審議黨費基金之募集保管與運用事宜	掌理黨紀案件之審議及監察黨員執行黨的政策決議命令之有關事宜及決算之審核	掌理幹部訓練有關業務	掌理黨營事業之管理及黨員經濟生活之輔導	掌理對社會經濟政治等動態有關資料之搜集整理研究與對敵鬥爭之策劃	掌理民意機關與政府機關黨員之組織與政治活動及各反共抗俄民主政黨連絡之有關事宜	掌理宣傳工作之指導設計黨義理論之闡揚及對文化運動策劃	掌理海外黨部之組織與黨員之訓練並指導其活動	掌理產業職業等團體知識青年及其他特種黨部之組織與黨員之訓練及指導其活動並負有關民眾運動指導之責。	掌理自由地區及大陸地區各級黨部或秘密工作之組織與黨員之訓練及指導其活動	掌理本會議事總務文書會計人員級黨員之撫卹撫助與其他不屬於各組會職掌之事項	

資料來源：改造，第一期（台北：中國國民黨中央改造委員會秘書處編，民國三十九年九月），頁二九。

圍，中央改造委員會秘書長張其昀有明確說明：[109]

> 本黨改造工作，在消極方面，要把失敗主義的毒素徹底肅清，要把派系傾軋的惡習痛切悔改，要把官僚主義的作風切實剷除。在積極方面，關於基層組織的充實，幹部制度的建樹，黨政關係的確立，教育訓練的實施，文化事業的鼓勵，民眾運動的展開，社會調查的舉辦，設計研究的進行，大陸工作的策畫，海外黨務的發展，紀律與考核的執行，以及財政與黨營事業的整頓，較之改造以前，顯然已有相當的成績與進步。

張氏報告中，對所列舉十二項工作都予以說明，整體而言，改造最具改革性且影響深遠者可歸納為三：組織重建、擴大社會基礎、重視文宣工作。

（一）組織重建

中國國民黨關於組織重建的改造工作重點在重新登記、吸收新黨員、汰除莠劣份子、發展海外黨務等方面。中央改造委員會為順遂黨務推動，得以積極展開辦理黨員重新登記及編隊工作，於民國卅九年中陸續通過「中國國民黨省級暨所屬黨部改造之措施及其程序」（九月九日）、「黨員歸隊實施辦法」、「原有黨員整肅辦法」、「改造期間區黨分部小組劃編及改組原則」（以上均為九月廿九日）、「中國國民黨省改造委員會組織規程」、「縣（市）黨改造委員會組織規程」（以上十月一日）、「中國國民黨幹部訓練計畫大綱」（十月二日）、「中央直轄職業黨部改造委員會組織規程」（十月三日）、「小組組織規程」、「區黨分部暫行組織規程」（以上十月十日）、「特種黨部改造實施綱要」（十月廿四日）等，並於十月十二日通過任命倪文亞為台灣省改造委員會主任委員。

就黨員重新登記方面，中國國民黨為使因戰亂及政府播遷而脫離組織黨員，能再度納入組織，並以此機會強固黨員信念，於民國卅九年十月六日政治通報中規定：（1）凡脫離組織之黨員，未參加此次黨員歸隊登記者，一律撤消其黨籍。（2）登記黨員日期定為廿天，不得展延。（3）各主辦單位於登記結束後，十五日內將報到黨員納入組織。[110]此一重新登記從四十年一月四日到一月廿三日，響應歸隊者達 20,258 人，中國國民黨員對中央歸隊號召反應極良好。[111]

就吸收新黨員方面，民國卅九年十月十八日中央改造委員會在第廿九次會議中，通過「徵求新黨員辦法」，規定：「凡中華民國國民年齡在十八歲以上，無分性別、職業，凡信奉三民主義及本黨政綱、政策，與遵守黨章者，均得依照規定，申請加入本黨。」吸收新黨員以廣大勞動民眾、愛國革命青年、知識分子、農、工及生產者為主要對象，新黨員之申請入黨，必須由黨員二人負責介紹，經小組

---

[109] 張其昀，「中國國民黨第七次全國代表大會黨務報告要略」，見秦孝儀編纂，總統蔣公大事長編初稿；卷七（下），頁三一五─三一七。

[110] 中國國民黨中央改造委員會祕書處編，中國國民黨黨務法規輯要（台北：中國國民黨中央改造委員會祕書處，民國四十年三月），頁一四七─一五二。

[111] 中國國民黨中央改造委員會編，一年來工作報告（台北：中國國民黨中央改造委員會，民國四十年八月），頁四。

審查通過，經過兩個月考核訓練，再由中央正式發給黨證。到民國四十一年完成改造時，一般黨員人數增至 17 萬人，較改造前，增加比例約百分之二百強。[112]

就汰除莠劣份子方面，中國國民黨為整飭黨紀，在「本黨改造綱要」第八條規定：「舊有黨員應予徹底整肅之條件：（1）有叛國通敵之行為者。（2）有跨黨變節之行為者。（3）有毀紀反黨之行為者。（4）有貪污瀆職之行為者。（5）生活腐化，劣跡顯著者。（6）放棄職守、不負責任者。（7）信仰動搖，工作弛廢者。（8）作不正當經營，以取暴利為目的者。」其後中央改造委員會第廿七次會議，通過「原有黨員整肅辦法」規定：「黨員與幹部均應透過組織，由下而上整肅，但幹部得由上而下先行整肅。」[113]根據紀律委員會統計：自中央改造委員會成立，一年之內審議決定黨員違紀案件共 126 人，其中投共者 94 人，參加偽革命者 10 人，參加其他政黨者 3 人，不出席會議者 4 人，侵吞公款及貪污者 5 人，違反黨的命令及政府法令者 10 人，均經決議，分別予以處分，計永遠開除黨籍者 24 人，開除黨籍者 94 人，開除黨籍一年者 1 人，停止黨權一年者 2 人，停止黨權六個月者 2 人，警告者 3 人。[114]

就發展海外黨務方面，在改造時期，海外僑胞的人數，較台灣地區的人數為多，中國國民黨員在僑胞中所佔人數比為 2.05%，海外黨務乃列為重點，中央改造委員會第三組主管海外黨務，主任鄭彥棻先後訪問菲律賓、美國、中南美各國、中南半島各國，展開海外黨務之革新工作。[115]海外的僑團負責人多為中國國民黨黨員，彼等配合國策，發揮國民外交功能，達到匡正國際視聽的效果，具有積極正面的意義。

（二）擴大社會基礎

中國國民黨的改造本於「改造綱要」第四條之規定，以青年知識份子、農、工生產者等廣大勞動民眾為社會基礎。因而對青年知識份子、勞工、農漁民、婦女等，均至為重視。

就知識份子言，中國國民黨在大陸的失敗，知識份子的離異是主要因素之一。因而改造過程中有三方面作為，應可提出：（1）對知識份子予以重視；中央改造委員中，張其昀、陳雪屏、胡健中、崔書琴、曾虛白等都是知名學者。此外中央設計委員會及革命實踐研究院都重視研究工作，研究方向除黨的主義與革命理論外，對政黨政治、國際關係等也從事研究，因而聘請了相當數目的學者專家，參與其事。（2）專科以上設置知識青年黨部；民國卅九年九月廿九日，中央改造

---

[112] 中國國民黨中央改造委員會祕書處編，「改造」半月刊，第四十七、四十八期合刊，民國四十一年八月一日，頁四〇。

[113] 中國國民黨中央改造委員會祕書處編，中國國民黨黨務法規輯要（台北：中國國民黨中央改造委員會祕書處，民國四十年三月），頁一五三。

[114] 中國國民黨中央改造委員會編，一年來工作報告（台北：中國國民黨中央改造委員會，民國四十年八月），頁一一八。

[115] 鄭彥棻海外工作情形參見中國國民黨中央改造委員會祕書處編，「改造」半月刊第四期、第五期、第七期、第十二期、第十三期。

委員會第廿九次會議通過中央直屬青年黨部設置原則及組織規程。計先後在台灣大學、師範學院、台中農學院、台南工學院、台北工專、台灣省立行政專科學校及台灣省青年服務團建立第一至第七知識青年黨部，爭取知識青年入黨，並策畫開展各種學術、文化、康樂、服務等活動。民國四十一年暑假期間，知識青年黨部分別舉辦夏令講習會與冬令講習會，促進知識青年黨務之開展。[116]（3）中國青年反共救國團成立；民國四十一年青年節，國民黨蔣總裁提出組織中國青年反共救國團號召，中央改造委員會第三三二次、三三八次會議審查並通過組織原則。[117]由國防部總政戰部負責籌備，另蔣經國兼任首任團主任，於十月卅一日正式成立。

關於擴大中國國民黨的社會基礎，除知識份子外，中央改造委員會陸續推展青年運動、勞工運動、婦女運動與農民漁民運動。就青年運動方面，於民國四十年一月廿九日第七十八次會議通過「中國國民黨現階段青年運動指導方案」，其工作要領：（1）文化工作—發動三民主義文化運動。（2）生產運動—發動青年參加生產工作。（3）服務工作—發動青年參加服務工作。（4）軍事工作—發動青年從軍報國。（5）敵後工作—激發青年參加敵後工作。（6）海外工作—號召華僑發動反共抗俄運動。[118]

就勞工運動方面，於民國四十年一月卅一日中央改造委員會第七十九次會議通過「中國國民黨現階段勞工運動指導方案」，[119]以爲各級幹部及一般黨員遵循方向。就婦女運動方面，亦於七十九次會議通過「中國國民黨現階段婦女運動指導方案」，[120]以展開婦女運動、團結婦女力量、保障婦女權益。就農民方面，於七十九次會議通過「中國國民黨現階段農民運動指導方案」，[121]以擴大國民黨在農民漁民的社會基礎。

中國國民黨的改造並不限於其本身內部，中央改造委員會於民國卅九年九月發布「本黨現階段政治主張」，申言：「一切要從台灣做起，我們不只保衛台灣，還要建設台灣。」[122]因之，中國國民黨的改造運動已擴展爲全國性的革新運動。民國四十一年二月一日，中央改造委員會通過「反共抗俄總動員運動綱領」，其主旨在於聯合黨政軍三方面的力量，發揮全國人力、物力，建設台灣，俾早日光復大陸，爭取反共抗俄戰爭的勝利。爲增進效能，設置總動員運動會報，由國民

[116] 中國國民黨中央改造委員祕書處編，中國國民黨中央改造委員會會議決議案彙編（台北：中國國民黨中央改造委員會祕書處，民國四十一年），頁一九○—一九四；三四一—三四四；四四一—四四四。

[117] 同上，頁四○六。

[118] 革命文獻，第七十九輯（台北：中國國民黨中央黨史委員會，民國六十五年十一月），頁七—九。

[119] 同上，頁十一—十五。

[120] 同上，頁一六—一九。

[121] 同上，頁一九—二五。

[122] 革命文獻，第七十輯，「中國國民黨黨章政綱集」（增訂本）（台北：中國國民黨中央黨史委員會，民國六十五年十一月），頁四○○。

黨蔣總裁親自主持，黨政軍有關負責人之為國民黨籍者完全參加，並分設經濟、社會、文化、政治四組，負責推動四項改造運動。[123]綜合言之，中國國民黨在改造時期，同時推動青年知識份子運動、勞工運動、婦女運動與農民漁民運動等以「人」為主軸的方向，加上「反共抗俄總動員運動」之經濟、社會、文化、政治等以「事」為主軸的工作，結合「人」、「事」所形成的力量是巨大的，社會基礎更形穩固。

（三）重視文宣工作

抗戰勝利後到大陸淪陷這段期間，中國國民黨的文化宣傳聲勢和效果，遠遠比不上國際共黨，如顧貝克（Anthony kubek）著之「遠東怎樣失去的」，以及美國參議院司法委員會編之「太平洋學會調查報告」等均有詳盡分析。[124]中央改造委員會成立後，將文化宣傳列為工作改進重點，其第四組為文化宣傳的主管單位，職責為：「掌理宣傳工作之指導設計，黨義理論之闡揚，及對文化運動之策劃。」另有「黨史史料編纂委員會」負責「掌理黨史史料之搜集整理編纂及革命文獻之保管事宜」。中國國民黨改造時期的文化宣傳功能發揮，表現於以下方面：

1.成立中華文化出版事業委員會與中央文物供應社：中華文化出版事業委員會乃以謀中國的文藝復興為目標，其工作方針為：①文化遺產的整理。②世界思潮的探擷。③科學新知的普及。該會先後編纂國民基本知識叢書一百種，並出刊「學術季刊」與「新思潮」月刊，前者刊載長篇學術論著，後者介紹西洋重要新著。另中央文物供應社負責印行中國國民黨的出版物，在改革時期完成總理全書（增訂本）、總裁言論選輯、黨史概要等文獻、史料。[125]

2.改組黨報：中央改造委員會對兩家黨報—中央日報、中華日報均加以改組，力謀業務之改善，以達到企業化為目標。

3.出刊「改造」半月刊：中央改造委員會成立後，由祕書處籌備出刊機關刊物，並於民國卅九年九月一日創刊，定名「改造」，為半月刊，其宗旨為：「發揚改造精神，溝通全黨思想，報導黨務設施，以及加強黨員訓練。」內容包括①總裁訓詞。②有關本黨歷史與理論之著述。③重要文告及決議案。④重要黨務法規。⑤各地黨務動態。⑥黨員通訊。⑦其他，如有紀念性的圖片等。「改造」共出刊五十一期，第五十一期出刊日期為民國四十一年十月一日，正當中國國民黨第七次全國代表大會開幕前九日。「改造」半月刊內容具有高度史料價值，受到史學、政治研究者的重視。如第四十七、四十八兩期為合刊，係「中國國民黨現況」專

---

[123] 關於總動員運動之經濟、社會、文化、政治四大改造內容，請參閱「改革」半月刊，第四十五期，民國四十一年七月一日。

[124] 顧見克（A. Kubek）原著，陳國儁譯，遠東是怎樣失去的（台北：新中國出版社，民國五十九年五月）。另美國參議院司法委員會編，太平洋學會調查報告，第二版（台北：黎明文化公司，民國六十二年一月）。

[125] 張其昀，「中國國民黨第七次全國代表大會黨務報告要略」，見秦孝儀編纂，總統蔣公大事長編初稿；卷七（下），頁三一五－三一七。

號，實爲改造時期的一段黨史，甚具價值。另第卅七期之「總動員運動專號」、第四十六期之「七全大會文告規章」等，均爲重要史料。

改造時期的文化宣傳工作是多面性的，李雲漢即分析指出，改造時期之文宣不再單純的作主義政綱政策的解說，而擴及於學術文化的全面，與當時世界潮流的介紹，其對象已不限於黨員，而係國民全體。如國民基本知識叢書第一輯 100 冊，內容包括主義理論、東西文化、國情研究、國際現勢等；再如「新思潮」月刊介紹歐美最近出版名著，維持有一定之學術水準。[126]

三、國民黨改造的評析

中國國民黨在民國四十一年十月十日在台北召開第七次全國代表大會，這代表改造時代的結束與新里程的開始。中國國民黨的改造確立了革命民主政黨強固的領導中心，改造期間不僅迅速成立各級黨部改造機構，實施黨員歸隊，淘汰腐敗和不忠實分子，吸收知識份子、青年、農工群眾以擴大社會基礎，同時透過黨政關係的運作，帶動政治、經濟、社會、文化各方面的改造運動，使國民黨很快在台灣發展成爲一個強勢的政黨。因之，國民黨的改造蘊含三個極具關鍵的面向 — 國民黨的屬性問題、國民黨的組織結構與國民黨一黨優勢的形成。

（一）國民黨的屬性問題

國民黨在改造時期之初始，「本黨改革綱要」第一條規定：「本黨爲革命民主政黨。」改造完成後的民國四十一年十月第七次全國代表大會修正黨章，其第二條即爲新增條文：「本黨爲革命民主政黨。」民國四十六年十月第八次全國代表大會修正黨章，其第二條增修：「本黨爲革命民主政黨，負有完成國民革命之歷史使命，以鞏固中華民國爲三民主義之民主共和國。」直到民國六十五年十一月，在中國國民黨蔣總裁逝世後一年的第十一次全國代表大會，修正黨章第二條：「本黨爲革命民主政黨，負有完成國民革命之歷史使命，致力於實踐三民主義，光復大陸國土，復興民族文化，堅守民主陣容，建設中華民國爲統一的、自由的、安和樂利的三民主義民主共和國。」[127]

「革命民主政黨」在革命理論上爲一項開創，此一中國國民黨的屬性，出自國民黨蔣總裁的創意，在當時及以後均曾引發黨內、黨外若干爭議。蔣氏在中央改造委員會成立第九天，即民國卅九年八月十四日作了如下說明：[128]

> 本黨改造綱要第一條規定「本黨爲革命民主政黨」。黨中同志對於這一規定，有各種不同的意見。其實無論在理論上或是實際上，本黨爲革命民主政黨，都是無可懷疑的。總理手訂革命方略，由軍政訓政入憲政，就是用革命步驟來達到民主國家的目的。今天我們是在憲政時期，但在蘇俄帝國主義侵略與共匪極權暴政壓迫之下，如不用革命精神和革命手段，還有什麼方法

---

126 李雲漢，「中國國民黨遷台前後的改造與創新（一九四九—一九五二）」，近代中國，第八十七期，民國八十一年二月，頁卅六。

127 革命文獻，第七十輯，「中國國民黨黨章政綱集」（增訂本）（台北：中國國民黨中央黨史委員會，民國六十五年十一月），頁一七一、一八〇、二一八、三二三。

128 蔣中正，「本黨今後努力的方針」，改革半月刊，第一期，頁一一五。

可以救國救民來挽救危急的國家，維護民主政治呢？須知革命這個名詞廣泛的意義，不一定是以政府為革命對象的。總理常把革命解釋為非常的手段，在這國家危急存亡時期，不用革命手段，沒有革命精神，就不能克服危難，完成救國建國的使命。

經過蔣總裁前述說明，中央改造委員會為求建立共識，免除爭議，乃於民國卅九年八月廿四日第十次會議通過「本會當前急切工作要項」，其中有如下說明與要求：[129]

在思想上「革命民主政黨」一名詞之下，革命與民主的統一之實質，本會應作明白縝密之決定。今日革命打擊民主，及以民主取消革命之兩種思想，已有衝突，如不能及時以統一的解釋為之溝通，將發生嚴重之後果，上述之決定應列為宣傳綱領之要目，在宣傳會議中剴切說明，俾宣傳工作者得向一般黨員及民眾加以宣傳。

依照蔣總裁對「革命民主政黨」說明，包含如下意義：（一）要以革命組織與革命精神來保障民主制度。（二）要實踐五權憲法精義，完成反共復國的任務。（三）三民主義的國民革命，是為了要建立「民有、民治、民享」的民主制度。（四）革命定義廣泛，並非專指以政府為革命對象，亦可解釋為非常的手段。[130]

蔣經國主席則認為「革命」就是指「不斷創新」，就是指歷史使命感和時代責任感而言。[131]學者因而指出「革命民主」其革命乃為民主而革命，其民主乃為革命而奮鬥，亦是以民主的精神集結力量，號召群眾，保證革命的成功；以革命的精神適應變局克服危難，維護民主政治的實施，所以肩負革命救國的歷史使命之中國國民黨為革命民主政黨實有其必然性。[132]

「革命民主政黨」的屬性問題間有論者持質疑的看法：

1.就憲政理論，「革命的」（revolutionary）與「民主的」（democratic）意涵，本質上並不協調。且若以「革命」一詞突顯其應付變局的主動、積極精神而言，證之於西方國家的民主政黨，何嘗不能應付變局，發揮主動、積極的精神？如英國保守黨在二次大戰時之「戰時內閣」是。[133]

2.革命手段與憲法中的正當法律程序（due process of law）是不相容的，民主的目的如何能達成？民主制度又如何能保障？復興基地作為實行憲政之民主政黨，對中共鬥爭作為革命政黨，看似為兩全之策，但此一相拒相斥的體質，將不免對民主憲政一面迎合，又一面抗拒，並可能導致適應不良和角色錯亂。[134]

---

[129] 中國國民黨中央改造委員祕書處編，前揭書，頁一〇。

[130] 秦孝儀，「革命民主政黨的本質與時義初詮」，近代中國，第五十五期，民國七十五年十月，頁八二。

[131] 馮滬祥，「經國先生的政治思想」，憲政思潮，第八十一期，民國七十七年三月，頁一一二。

[132] 孫正豐，革命民主政黨論（台北：黎明文化公司，民國六十七年三月），頁七二。

[133] 陳慧中，政府遷台後我國政黨政治運作之研究，政治作戰學校，政治研究所，碩士論文，民國七十七年六月，頁二一二—二一三。

[134] 謝廷庚，「民主政黨的體質與定向—給執政黨的諍言」，見台北，中國時報，民國七十七年四

　　討論「革命民主政黨」的看法極多，平情論之，若純以西方民主政治理念來衡量「革命民主」，必然會產生兩者不能相容；但兼顧歷史與現實，觀之於中國國民黨的整個發展歷史背景，它具有國民革命傳承下的「革命」特質，以民國卅八、九年中華民國的處境，正面臨狂飆的時代，國民黨在改造時期，為兼顧一面行憲一面戡亂的使命，「革命民主政黨」的屬性毋寧是極為自然的。隨著時勢發展，環境改變，到了民國八十年代以後，在憲政上，終止戡亂時期，廢止臨時條款，在中國國民黨內部，於十四全會修改黨章第一條為：「中國國民黨為民主政黨，以實現三民主義、五權憲法為宗旨，負有建設中華民國為自由、民主、均富、統一的民主共和國之使命。」已完全回歸民主政黨的精神。

　　在探討中國國民黨屬性的同時，另一被普遍討論者，乃是組織原則中的「民主集權制」問題，致有以「民主集權制」頗似共產國家政黨的「民主集中制」。「民主集權制」一詞，首先出現於民國卅四年五月國民黨六全大會，其後改造時期的「本黨改造綱要」第五條：「本黨組織採取民主集權制，由選舉產生幹部，以討論決定政策，個人服從組織，組織決定一切，少數服從多數，下級服從上級。在決議之前，得自由討論，一經決議，須一致執行，以求行動之統一與力量之集中。」之後並於七全大會訂入黨章第四條。唯至八全大會即刪除「民主集權制」這一名詞，而為：「本黨組織原則為：由選舉產生幹部，以幹部健全組織；個人服從組織，少數服從多數；在決議以前自由討論，一經決議，須一致服從。」

　　衡之事實，「民主集權制」一詞出現於抗戰最後艱苦時期之六全大會、大陸來台之初的改造時期，與其後的七全大會之中。純粹來看「選舉產生幹部，以幹部健全組織，個人服從組織，少數服從多數，在決議以前自由討論，一經決議，須一致服從」等原則，亦屬民主國家之常態，在一些黨紀（尤其是議會政治運作上）較嚴格的民主國家政黨亦多有重視此一精神者。在民國四十六年八全大會刪除「民主集權制」五個字，應為正確。改造時期前後文件之若干用字遣詞，似有較強烈之感（drastic），這可從許多地方察覺；如「本黨改造綱要」第八條：「本黨為淘汰腐惡份子，加強革命陣容，原有本黨黨員凡有下列情形之一者，應予徹底『整肅』…」又如七全大會通過之「加強大陸地區對敵『鬥爭』工作案」等是。這當中無論「民主集權制」、「整肅」、「鬥爭」等用語，其真正意義與文字之字面意義是有所差距的。它的真實意涵，「民主集權制」實乃民主但要求黨員團結一致，「整肅」實乃強力鞏固反共陣營，「鬥爭」實乃勇敢對敵戰鬥之謂。為證實此點，茲以「整肅」（purge）為例，蘇聯「列寧式」的整肅，在一九三三年黨員人數為 2 百 20 萬 3 千 9 百 51 人，經過一九三四年的大整肅，至一九三八年，黨員總數減為 1 百 40 萬 5 千 8 百 79 人，且此一整肅亦危及生命及財產安全，[135]縱令逃至海外，亦不能避免追殺。然觀之中國國民黨改造時期，如前所述，不僅限於個人行為表現，總共 126 人，且處分最重者，為永遠開除黨籍，無關生命、財產

月十一日，版二。

[135] 程全生，政黨與政黨政治，四版（台北：華欣出版社，民國七十八年四月），頁八〇。

安全問題，此與「列寧式」共黨之整肅方式實不可並論，乃爲明顯。

（二）中國國民黨改造後的組織結構

中國國民黨在民國卅九年起的改造，是其遷台後最重要的變革，往後時期中國民黨的權力結構、組織規程等，並無顯著更動，因之改造後的黨章，對中國國民黨的組織結構具有絕對的影響。依據黨章，國民黨的組織體系如圖二——一。

1.全國代表大會：

經過改造後的中國國民黨組織體系，呈現層級節制的金字塔型結構。全國代表大會雖爲中央的權力機關，但以其會期間隔過長（黨章規定每隔 4 年由中央委員會召集，但事實上遷台後第七至第十四次全會間隔均在 5—7 年間），會議過短（不超過 20 天），成員過多（尤以十全大會以後代表超過 1,200 人以上），並無法成爲真正決策機構。它有如下特色：（1）雖然代表對重要的決策有最後的同意權，但因多數代表對實務不熟悉，從上而下的建議與推薦乃成爲決策重要基礎。（2）由於代表選自各階層，代表不同利益，代表的意見和建議，在決策過程中，確實得到了決策者充分的尊重與慎重的考慮，代表乃成爲黨員與決策者的溝通角色，彼等履行的功能是利益表達與利益匯集。[136]全代會只是形式上的最高權力機構，它扮演了一個利益表達與匯集的角色，但並非實際的權力決策機關。

2.中央委員會：

中央委員會亦如同全代會，由於甚少召集（至少 1 年）、會期甚短、人數眾多，其黨章所賦予職權有名無實，具體的決策影響力不明顯。唯中委會下設有許多功能性的業務機構（如表二—十一），負責黨務的正常運作，其領導者 — 秘書長，與部分機構 — 如政策委員會，則在決策過程中扮演重要角色。中委會祕書長在黨內明顯的舉足輕重地位，乃緣於以下：（1）祕書長秉承主席之命執行黨務，對高層決策發生直接影響力。（2）政策之專業化有助於祕書長對決策過程的影響。（3）祕書長負責編訂中常會之議程，各常務委員及各單位提案或報告案，在開會前須送祕書處呈核彙編，祕書長有權決定提案之提出與否，以及提出的優先順序。（4）由祕書長督導下之組織工作會，負有中央、地方各級民意機關及民選行政首長候選人之提名與輔選，因而祕書長之政治影響力可見。[137]

另政策委員會在國民黨決策過程中，扮演重要角色，葛永光有深入研究：[138]

〈1〉有關黨務的決策：如係與業務承辦單位有關的提案或法案，通常提至中央工作會議即可，如爲重要案件，則可逕送中常會討論。此外，如果爲與政策有關的提案，須先送政策會審議，再送至中常會核可，其過程如〈圖二—二〉。

---

[136] 葛永光，中日韓政黨體系的比較研究，台灣大學，政治研究所，碩士論文，民國六十九年，頁九四。

[137] 同上，頁九六。

[138] 同上，頁一○六——一○七。

圖二－一　中國國民黨組織系統圖:

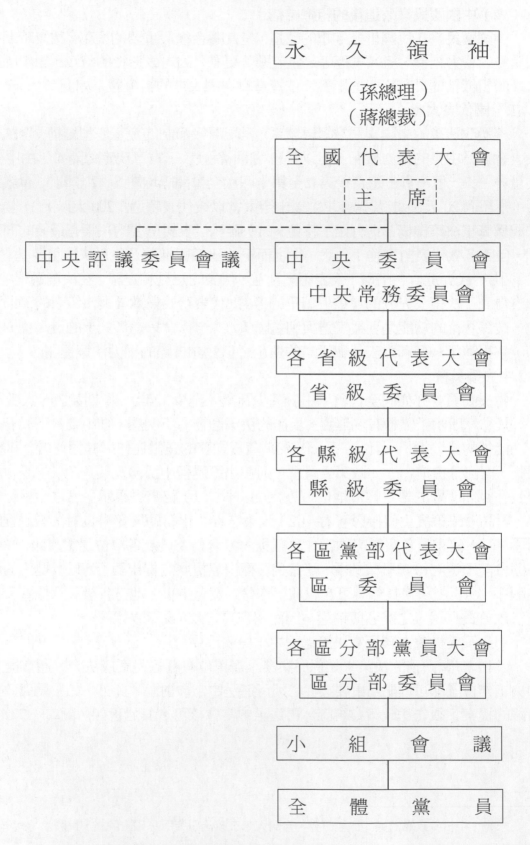

資料來源：彭懷恩，中華民國政治體系的分析，三版（時報文化
　　　　　出版公司，民國七十四年十一月），頁二一〇。

〈2〉有關行政部門法案之決策過程：首先是由行政院各部會提出草案至行政院院會討論通過後，交政策委員會審議，再送請中常會核定，之後函送立法院完成立法程序，三讀後，再交由行政部門執行，其過程如〈圖二—三〉。

〈3〉有關立法部門法案決策過程：黨籍立委的提案先送交立法院黨部審查，然後送政策會審議，最後再送回立法院完成三讀立法程序。其過程如圖二—四。

綜上所述，政策委員會因各種重要政策或法案，均須送其審議，再提交中常會，故而在決策、法案的制定中，實具有重要份量，政策委員會可視之為中國國民黨決策中心的一環。

3.中央常務委員會

國民黨黨章規定：「中央委員會互選常務委員若干人，組織常務委員會。在中央委員會全體會議閉會期間執行職務，對中央常務委員會負其責任。」[139]中常會慣例是於每星期三由黨領袖（總裁、主席）主持。從歷屆中常會成員觀察，內含黨、政、軍的重要負責決策人士，同時，舉凡中國國民黨的黨政重大決策，均在中常會中議決，因之，中常會可視為國民黨中央實際決策的最重要機構。

中常會的表決方式，以舉手方式行之，採民主多數決程序，以絕對多數（由中常委總額二分之一以上出席為法定人數，決議以出席委員過半數為之）為準。但事實上，在決策過程中，有二個重要的特點，其一是在大多數情況下，決策是在尊重、互諒與說服當中制定；其二是黨領袖（總裁、主席）是擔任中常會主席，對決策的最後定案有決定權。[140]

4.黨領袖

中國國民黨的領袖在遷台後為總裁，蔣中正總裁於民國六十四年四月五日逝世，六十五年召開的第十一次全國代表大會將第五章「總裁」予以保存，以為永久之紀念，另增設第六章「主席」，綜攬全黨黨務。因之，總裁、主席乃為中國國民黨之領袖。

根據中國國民黨黨章所賦予總裁與主席的職權相差甚多。就總裁而言，乃為行使總理之職權。因而包括：〈1〉全國代表大會主席。〈2〉中央委員會主席。〈3〉對全國代表大會之決議有交複議之權。〈4〉對中委會之決議有最後決定權。然而黨章中對主席職權之規定，則為：「本黨設主席，由全國代表大會選舉之，綜攬全黨黨務，為全國代表大會暨中央委員會之主席。」而對前述總裁享有之複議與決議之權，未做規定，因此純就黨章規定而言，總裁的決策權顯然強於主席。

就政治實際運作觀察，在國民黨改造後的本時期，無論總裁或主席，由於個人聲望與領導特質所塑造的「克力司馬」（charisma）領袖魅力，使前任蔣（中正）總裁與後任蔣（經國）主席都是擁有實權的領袖。因彼等是全代會、中委會、

---

[139] 七全大會為第四十條，八全、九全大會為第卅二條，十全大會為第廿五條，十一全大會後為第廿六條。詳見革命文獻，第七十輯，「中國國民黨黨章政綱集」（增訂本），前揭書。

[140] 葛永光，中日韓政黨體系的比較研究，台灣大學，政治研究所，碩士論文，民國六十九年，頁一○三。

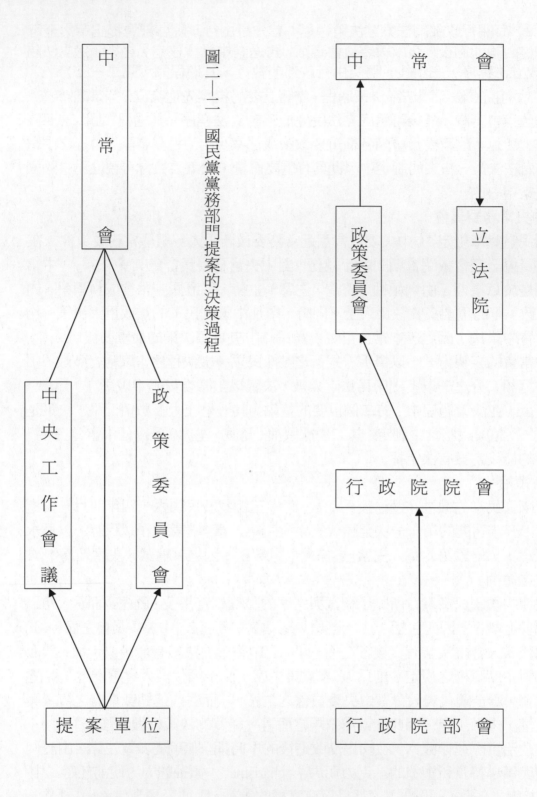

圖二—二 國民黨黨務部門提案的決策過程

圖二—三 國民黨有關行政部門法案之決策過程

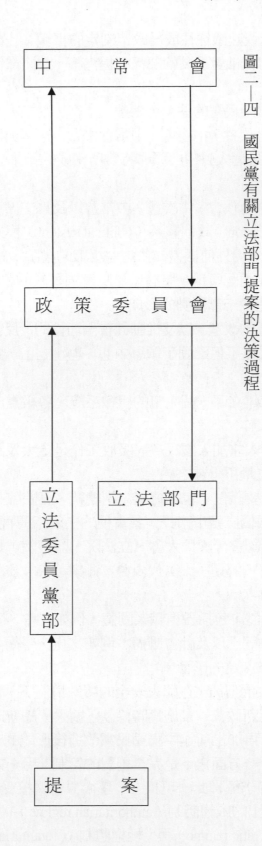

圖二─四　國民黨有關立法部門提案的決策過程

中常會主席，其指示或建議往往成為政策制定的根源；另外在「以政策決定人事」的黨章規定下，黨的領袖對重要幹部都有提名權，益使黨領袖地位凌駕於決策與權力的層峰。[141]

綜合言之，中國國民黨的領袖（總裁、主席）其權力來自兩方面，一是黨章所賦予 — 如擔任全代會、中委會、中常會主席、複議與決議之權（主席一章則未有此項規定），一是個人聲望與領導特質所構成的領袖魅力 — 對決策、人事有絕對的決定權。

根據前述國民黨全代會、中委會、中常會以及黨主席所構成的權力核心，葛永光依伊士頓（D. Easton）政治體系（political system）模式繪成國民黨決策體系模式（如圖二—五），另外何振盛亦依這些組織的權限，繪出國民黨的權力結構（如圖二—六）由此兩圖所示，將有助於瞭解國民黨的組織結構與決策核心。

（三）國民黨改造後一黨優勢的形成

經過國民黨內部的改造，以及推動社會全面性的「反共抗俄總動員運動」之後，執政的中國國民黨不但鞏固了領導中心，也建立了一黨優勢的政治體系，它具體表現在以下各方面：

1.從中央到地方建立了一個完整的組織系統，各級黨部均有專職黨工，專門辦理經常性的黨務工作。

2.大力吸收優秀人才加入國民黨，吸收工作是走大眾路線，採質、量並重，但亦有學者分析有重量不重質之感。[142]

3.政府各部的重要職位，包括總統、副總統、五院院長、副院長、各部會首長、省政府主席和兩個直轄市市長、各軍種的主要指揮官，多是國民黨黨員。

4.在中央的三個國會（國民大會、立法院、監察院）以及省議會、縣（市）議會、縣（市）政府、鄉鎮（市）代表會、鄉鎮（市）公所、村里長，國民黨經常掌握80%以上的席次。

5.民間功能性團體，包括各種職業團體，例如工會、各級農會、水利會、商會、漁會、專業公會等；以及社會團體，例如文化、學術、宗教、體育和社會服務團體，都有國民黨深遠的影響。

本時期台灣的政治型態，在國家安全的特殊情況下，實施了戒嚴，限制了部分的人身自由，禁組新政黨；實施臨時條款，擴大了總統的職權，也改變憲法較傾向內閣制的設計；再加上前述中國國民黨改造後形成的一黨優勢，使得成為了一個較特殊的體例：一方面它不是完全絕對的管制；另一方面也非如承平時的完全民主、自由。在尋求解釋此一現象上，學術界普遍接受美籍西班牙學者林茲（Juan J. Linz）所提出的威權體制（authoritarian regime）的概念，林茲因有感於「民主體制」（democratic regime）與「極權體制」（totalitarian regime）的二分法，不足以解釋佛朗哥政權統制下的西班牙政治特徵，乃提出「威權體制」的概念。

---

[141] 同上，頁一○二——○三。

[142] 江炳倫，「黨務革新的理論基礎與方向」，台北，中央日報，民國七十七年四月一日，版二。

圖二－五　國民黨決策體系模式

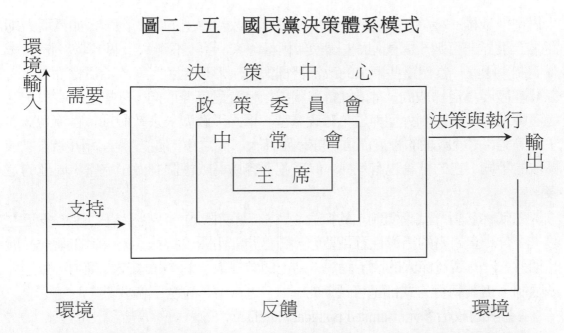

資料來源：葛永光，中日韓政黨體系的比較，國立台灣大學政
治研究所碩士論文，民國六十九年，頁一〇一。

圖二－六　國民黨金字塔型權力結構

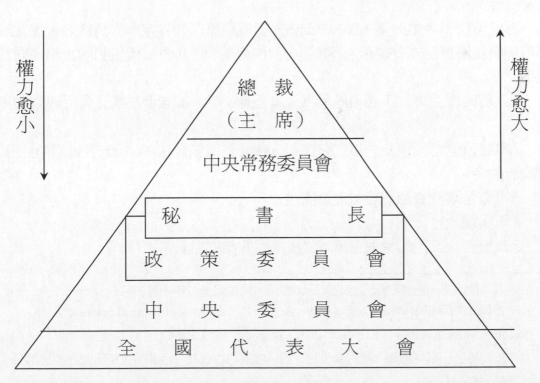

資料來源：何振盛，戒嚴時期台灣地區的民主化與政治變遷－
一個發展途徑的研究，國立政治大學三民主義研究
所碩士論文，民國七十八年，頁一〇七。

「民主—威權—極權」光譜的分類，似可解釋政治學上的若干困境，如呂亞力即認爲全世界一百數十餘國，民主國家與極權國家，合計不到六十個，其餘都是「威權體制」國家。當然這些國家的政治目標與體制形形色色，就政治目標而言，有以社經發展爲目標取向，有以維持現狀抗拒變遷爲目標取向，有些是走向民主的過渡驛站等；就體制外型而言，有政黨型、軍人干政型、宗教領袖、官僚型、君主型等等；[143]就威權的程度而言，亦差距甚大。因之東、西方學者所研究國家或區域的不同，它的結論也有差異，似乎並不容易爲威權體制做出完整、周延的定義。

先就林茲對「威權體制」的概念：「它有著有限的、不需負責的政治多元主義；沒有一套精密的指導性意識型態，卻有非常明顯的特殊心態；除在某一發展時期外，沒有廣泛深入的政治動員；由一個領袖或一個小集團支配權力，雖無太多限制，但其執行方式卻是可預期的。」[144]這當中，包含三個要素：

1.有限的政治多元（limited political pluralism）

2.明顯的特殊心（distinctive mentalities）

3.有限的政治動員（limited political mobilization）

林茲的定義標準，就「意識型態」（ideological）所謂「沒有一套精密的指導性意識型態」，與日本學者若林正丈的分類中，將威權體制的意識型態歸之於「曖昧的使命感。」[145]與我國實際狀況都是未必相符的，中華民國政府自遷台後，即特別強調以自由、民主、均富的三民主義對抗共產極權主義，對意識型態的重視非常明確。

再就美國學者帕爾莫（D. S. Palmer）對威權體制的界定，亦負盛名，然其解釋情境與我國實況亦有差距，因其著力於中南美洲，其對威權體制的政治面向意義爲[146]

1.政府的產生方式不必經過選舉，或經過選舉，卻無合法或有效反對黨的挑戰。

2.軍事政變常困擾此一事實存在（de facto）但非合法（de jure）政府所建立的政治秩序。

3.軍方是政府資源消耗的重要部門。

4.軍人統治。

5.政府行政部門的權限遠超越立法部門的制約力量。

---

[143] 呂亞力，政治學，再修訂版（台北：三民書局，民國八十二年十月），頁一六一—一七一。

[144] Juan J. Linz, "Totalitarian and Authoritarian Regimes", Handbook of Political Science, Vol. 3 (Reading, Mass: Addison-Wesley Publishing Company, 1975), P264.

[145] 若林正丈原著，張炎憲譯，脫內戰化的政治—轉型期的台灣（台北：故鄉出版社，民國七十八年），頁一九〇。

[146] D. S. Palmer, "The Politics of Authoritarianiam in Spanish America, " in James M. Malloy, ed.. Authoritarianism and Corporatism in Latin America (Pittsburgh, Pa: University of Pittsburgh Press, 1979), P.12.

從以上論述，「民主—威權—極權」的分類是普遍被採用，但學術界對威權的界定、程度及其未來走向，則是不一致的。研究我國政治發展的學者，普遍認為在解嚴以前的政治體制，從憲政發展、人民自由、政治參與、權力分配、政治競爭等變數而言，在此一光譜中，應是落在威權體制的範疇內。美國學者阿爾蒙與鮑威爾（G. A. Almond & B. G. Powell）將台灣的發展策略，歸類為「威權—科技專家—動員型」（authoritarian-technocratic-mobilizational patten）[147]觀之於民國四十、五十年代以來，台灣地區在威權的憲政體制（即臨時條款）、政黨體制（即戒嚴）下，長時期維持了政治、社會安定，技術官僚亦在此安定基礎下，創造了經濟有利條件，經濟發展帶動工業化、都市化，形成社會多元的景象，此與阿爾蒙等之分析頗為契合。

至於在此時期一黨優勢的威權體制下，其合法性（legitimacy）基礎為何？高朗分析合法性的四大支柱：[148]

1.蔣中正總統個人的聲望與魅力，使全國上下都擁護他、追隨他，他散發出的「克力司馬」，使自身成為合法性的根源。

2.法統觀念下，說明中華民國政府是中國唯一合法政府，同時為第一屆選出之國會不能全面改選，提出有力辯護。

3.民國五十、六十年代經濟計畫逐步實施，帶來高度經濟成長率，造福廣大民眾，生活的大幅改善使人民不去計較政治權利所受到的限制。

4.國共對抗所引發的人民危機意識，海峽兩岸持續四十餘年的緊張關係，替威權體制的合理性提供有力憑據。

這四點將中華民國政治發展的背景、精神大致描述，第一項指出領導者的人格特質，第二項指出法統依據，第三項指出社、經發展情況，第四項指出影響安全的因素。政府合法性的基礎，更精確的說，來自中華民國憲法，蓋因憲法代表國家執政者權力的合法性，一個政府是根據憲法獲得權力，其行使權力遵照憲法的實質與程序的規定，即有其合法性存在。[149]我國憲法是在民國卅五年經由五方面參與 — 國民黨、共產黨、青年黨、民社黨與社會賢達（無黨無派），共同經過政治協商會議，確立十二項原則，而後召開制憲國民大會制定的（當時中國共產黨未參加制憲，唯政府仍為其保留席次）。因而中華民國憲法所代表法制—理性的合法性（legal-rational legitimacy）無庸置疑。整體來說，在本時期因外在安全顧慮，加上前後任總統的普受愛戴，社會長期穩定，經濟持續發展，整個社會呈現蓬勃朝氣，復以在威權體制下，執政的國民黨與地方派系形成共存共榮密切關係，地方派系享受國民黨的政治恩惠與經濟利益，亦同時在選舉中支持國民黨

[147] G. A. Almond and B. G. Powell, Comparative Politics: System, Process and Policy, (Boston: Little Brown & Company, 2 nd Edition, 1978), PP.372-373.

[148] 高朗，「從合法性轉換看二屆國代選舉」，見華力進編，二屆國代選舉之評估（台北：理論與政策雜誌社，民國八十一年），頁三七。

[149] 呂亞力，政治學，再修訂版（台北：三民書局，民國八十二年十月），頁九〇。

政權於不墜，此時國民黨政府的受人民支持程度是高的。

貳、中國青年黨與中國民主社會黨的運作

中國青年黨（以下簡稱青年黨）與中國民主社會黨（以下簡稱民社黨），雖然黨員人數並不多，在歷屆選舉中，得票率有限，但因在民國七十六年解嚴前，我國只有三個政黨，即執政的中國國民黨與在野的青年黨、民社黨，故而青年黨、民社黨雖然在實際的政治制衡力甚微，但就中華民國政黨政治的發展角度，乃至於我國制憲工作的貢獻，實佔有相當地位，要論及在野勢力，須先就此兩個政黨開始探討。

一、中國青年黨

青年黨乃是由「少年中國學會」演變而來的，[150]民國十二年十二月二日留法右派學生，由曾琦、李璜等傾向國家主義的學人，領導組織「國家主義青年團」，鼓吹國家主義，以對抗當時在法國成立的另一組織「中國少年共產黨團」。[151]創辦先聲週報，採用五四運動時「內除國賊，外抗強權」的口號，其發表宣言指出：「文化運動不足以救國，階級專政不適合國情」，主張「推倒禍國殃民之軍閥，實行全民政治之信條」，[152]基本上，青年黨最初也是以反共救國組織型態出現。

民國十三年九月曾琦、李璜等返國，創辦「醒獅周報」，擴大宣傳國家主義，故有「醒獅派」及「國家主義派」之稱，其時曾琦等國家主義派尚屬革命組織，一切活動均採祕密方式，對外宣傳號召或發布公告，一律以「中國國家主義青年團」名義行之。直到民國十七年國民政府統一全國，中國國民黨執政，轉採民主開放政策，可籌組各種人民團體，於是在民國十八年八月廿日，「國家主義青年團」第四次全代會中，正式改組為「中國青年黨」。[153]

民國廿七年三月，中國國民黨以抗日戰爭全面展開，在武漢召開臨時全國代表大會，通過抗戰建國綱領，圖促成國內各種力量的團結，青年黨代表左舜生致函執政黨總裁，表示該黨願服膺國民黨之領導，精誠團結共赴國難，國民黨蔣總裁亦復書該黨，希望該黨能與國民黨共濟艱危。到了民國卅年，青年黨以調處國共糾紛為由，由李璜、左舜生等領導，聯合各小黨派，在重慶組織「中國民主政團同盟」（以下簡稱「民盟」），此時民盟中以青年黨勢力較雄厚，青年黨亦少單獨發表主張，全力於民盟工作，民盟的各種主張，多即為青年黨的主張，該黨並一度放棄反共態度，與中共採取聯繫，而中共認為青年黨的放棄反共乃是暫時的，故多方運用親中共之派系與青年黨抗衡，抗戰勝利後，青年黨對中共之武裝叛亂，極為不滿，乃恢復其一貫之反共態度。[154]

---

[150] 王覺源，中國黨派史，台初版（台北：正中書局，民國七十二年十月），頁三〇八—三一一。

[151] 同上，頁三〇〇。

[152] 孫子和，民國政黨史料，台初版（台北：正中書局，民國七十年十月），頁二五四。

[153] 同上，頁二五五。

[154] 同上，頁二五八。

　　民國卅四年十二月，青年黨在重慶召開第十次全國代表大會，會中決議更改原先之宗旨，即將「本黨本國家主義之精神，採全民革命的手段，以外抗強權，力爭中華民國之獨立與自由，內除國賊，建設全民福利的國家為宗旨。」具有革命政黨的性質，更改為「本黨本國家主義之精神，民主政治之原則，內求統一與自由，外保安全與獨立，以建設全民福利的現代國家，並促進平等合作的和平世界為宗旨。」成為一民主政黨的性質。[155]並通過其政綱政策，希望能藉此促成國內民主政黨政治的早日施行。

　　中華民國制憲大業，青年黨是全力投入，從早先的「政治協商會議」開始，民國卅五年一月，該黨派出 5 員代表為曾琦、陳啓天、楊永浚、余家菊、常乃惪；與其他各黨派代表共 38 人，經過 21 天 10 次大會，無數次分組討論，完成修改五五憲草十二項原則。[156]嗣後，制憲國民大會代表共 700 名，經分配青年黨為 100 名。該黨領袖左舜生並發表書面談話，強調參與制憲的決心與意義：[157]

> 　　吾人為促使民主憲政之實施，並與若干社會賢達表示一致之行動，已不願引起全國日陷水深火熱，及人民發生過度失望之感，始將本黨代表名單，毅然提出。‧‧‧有人認為參加國大，足以破壞和平，吾人則認為停戰既已實行，惟一致參加國大，和平始有繼續維持之希望。有人謂參加國大足以招致分裂，吾人則認分裂本為數年來已成之事實，惟有一致參加國大，始有促進全國統一之可能。有人認為參加國大足以妨害民主，吾人則認為惟有將政協改訂之憲章，在本屆國大會中通過，獲得舉國一致之支持，民主始能獲得一有力之保證。

　　青年黨對中共、民盟有心杯葛制憲的「所謂中華民國憲法草案修正案，根本就沒有經過憲草審議委員會通過及政協一切手續。」[158]一詞，即提出嚴正辯駁，曾琦說明事實真相：[159]

> 　　薈萃各方人士意見，以政協決議為基礎的憲章，不但有國民黨與青年黨的支持，而且民主社會黨代表（即是指張君勱）也參加了最後的修訂工作，所以這部憲草通過制定後，一定是具有充分民主精神的憲法。

　　一部極具民主容忍與妥協精神的中華民國憲法終而誕生，民國卅六年六月，政府以行憲在即，乃成立選舉總事務所，辦理第一屆行憲國大代表及立法委員選舉，監察院亦由各省市參議會選舉，青年黨當選國大代表者 230 餘人，立法委員

---

[155] 程全生，政黨與政黨政治，四版（台北：華欣出版社，民國七十八年四月），，頁四三一—四三二。

[156] 齊光裕，政治協商會議與我國民主憲政之發展，政治作戰學校，政治研究所，碩士論文，民國七十四年六月，頁一四七—一七八。

[157] 南京，中央日報，民國卅五年十一月十五日。

[158] 重慶，新華日報，民國卅五年十二月卅一日。

[159] 黃香山主編，國民大會特輯，再版（南京：東方出版社，民國卅六年九月），頁一九七。

16 名，監察委員 11 名。[160]

　　民國卅八年四月，大陸戡亂軍事逆轉，政府來台，青年黨中央與各省重要幹部，多相率來台。該黨來台後，與國民黨相同，曾致力於黨務之重整與組織之發展，唯青年黨的黨務仍呈每況愈下情勢，長期的積弱，未能扮演積極反對黨的角色。究其實，內部的分裂實爲最大原因，青年黨主席曾琦於民國四十年五月病逝，代理主席李璜又因滯留香港，該黨於是年六月四日發生爭執，分裂爲二：一是由臨時全國代表大會所產生的主席團，一是由第十一屆中常會召開第十二屆全國代表大會所選舉之中央常務委員會。其後經國民黨、民社黨及社會賢達人士爲之奔走調停，至民國四十五年四月十六日成立新中央黨部，該黨乃告復合。[161]然至民國四十九年該黨再度分裂，直至民國五十八年七月該黨召開十二屆全國代表大會，始再度復合。[162]六十八年七月青年黨十三屆全國代表大會雖然共同推舉李璜、陳啓天擔任主席，但因黨內資深幹部，長久的處於派系的內鬥之中，致使這個擁有 10,000 左右黨員的合法政黨，組織益形鬆散，而成爲多頭馬車。[163]

　　青年黨的積弱不振，緣於派系分裂，如以余家菊爲主的青島東路派，李璜爲主的中園派，立法委員董微爲主的董微派，國大代表黃鳳池爲主的黃鳳池派，林敏權爲主的中青派等，派系使組織鬆弛，它的直接影響是群眾基礎薄弱，最明顯指標可從選舉看出。在歷屆選舉中，青年黨所佔的席次比率與得票均甚微；以立法委員爲例，民國六十一年當選 1 位，六十四年當選 1 位，六十九年以後均無當選者。[164]得票率，民國五十八年 3.2%，六十一年爲 6%，六十四年 4.2%，六十九年以降均未達 1%。[165]以省議員而言，民國五十年以後，除五十二年及七十四年各曾當選 1 名外，其他均無所獲，得票率在五十二年、五十三年爲 4.4%，五十七年爲 1.7%，六十一年以後均未達 1%。[166]而國大代表、縣市長方面均無人當選過。從而也顯示青年黨缺乏政治上的制衡力量，其內部派系的分裂嚴重，到解嚴後遂紛紛自行組黨。

二、中國民主社會黨

　　梁啓超於民國十餘年自歐考察回國後，在北京講學，致力於學術研究工作，頗多著述，同時培養了爲數不少的知名學者，國人稱之爲「研究系」。民國十九

---

[160] 王覺源，前揭書，頁三七九。

[161] 孫子和，前揭書，頁二六二。

[162] 「中國青年黨史略」，大學雜訪，第一四〇期，民國六十九年十一月，頁二一一二二。

[163] Jurgen Domes, "Political Differentiation on Taiwan". Asian Survey, (Oct. 1981), PP.1011-1029.

[164] 吳中立，「中華民國經濟發展的回顧與展望」，第七屆中韓學術會議論文，民國七十八年十一月，頁二三。

[165] 盛杏湲，國民黨與黨外中央後援會選舉競爭之研究（台北：桂冠圖書公司，民國七十五年十月），頁十。

[166] 同上，頁九。

年研究系重要人物張君勱，聯合徐傅霖、張東蓀、羅隆基等學者名流，先在上海時事新報，鼓吹民主社會主義，繼而組織「再生社」，發行「再生雜誌」，民國廿一年十月，在北平正式發起籌備，民國廿二年召集「再生社」臨時代表大會，決定成立「國家社會黨」。民國廿三年召集第一次全國代表大會，發表宣言及政綱。[167]此時該黨組成分子只有少數上層人士，而無群眾基礎，故缺乏組織力量。

　　抗戰爆發，該黨擁護政府抗戰政策，熱誠表示支持抗戰建國綱領，因而與中共之主張多有衝突，曾於宣言中斥之為匪黨。民國卅年，新四軍叛亂發生後，張君勱發表「致毛澤東一封公開信」，要求中共放棄武力割據，實現國家統一，足見該黨反共的本質。

　　民國卅三年十二月，張君勱赴美，與美洲立憲民主黨領袖伍憲子等人磋商合作（伍乃康有為的學生，與梁啓超為同門弟子，故兩黨同承康梁之餘緒），決定兩黨合併，改名為「中國民主社會黨」，抗戰勝利次年，民國卅五年八月十五日正式成立於上海，選出張君勱任主席，伍憲子為副主席，徐傅霖等 27 人為常務委員。民國卅六年該黨各省、市黨部相繼成立，逐步成為具有全國實力的合法政黨，並於卅七年在上海召開第一次全國代表大會。民社黨政綱之主張：「民主社會主義為今後惟一立國之道」，「根據民主方法實現民主社會主義的國家。」「民主社會主義之鵠的，在使個人自由之發展，社會盡分工合作之能事，國家負計畫與保護之責任，國際進於各國之協調與世界政府之建立。」凡此，均可見民社黨為一強調民主、自由、國家的民主政黨。[168]

　　民社黨對我國制憲工作全力投入，從政治協商會議，到政協憲草審議委員會，再到制憲完成，該黨的影響甚大，尤以張君勱的憲法理念多出現在制憲過程中，如政治協商會議修改五五憲草十二點原則中，廣泛引起爭議的「無形國大」，實源自張氏早在民國十四年起「上海國是會議憲法草案」，即曾擬議由地方議會聯合組織大總統選舉會，並先經地方推薦總統候選人。[169]此乃參酌美國之制而變通之，期使「總統之選舉，有民意左右其間。」[170]再如行政院對立法院負責，採責任內閣制之原則，亦明顯更改了國父五權憲法，以及五五憲草的精神，此亦深受張氏影響，張氏即曾云：「中山先生為民國之創造人，其憲法要義自為吾人所當尊重，然民主國憲法之根本要義，如人民監督政府之權，如政府對議會負責，既為各國通行之制，吾國自不能自外。」[171]政治協商會議的十二點原則，張氏著力甚多，其後組成的憲草審議委員會，亦是根據張氏所起草條文，逐條審議，正式完成了「政協憲草修正案」，此案亦是政治協商會議對五五憲草的最後定案，

[167] 孫子和，前揭書，頁三九三─三九四。

[168] 張君勱，立國之道。轉引自程全生，政黨與政黨政治（台北：華欣文化出版社，民國六十五年六月），頁四三五。

[169] 張君勱，國憲議（台北：台灣商務印書館，民國五十九年二月），頁五八。

[170] 同上。

[171] 張君勱，中華民國民主憲法十講，台一版（台北：台灣商務印書館，民國六十年二月），頁一。

直到民國卅五年十一月廿八日由國民政府蔣中正主席親將憲草向制憲國民大會提出。[172]

民社黨在參加制憲上，乃是積極的，彼等原亦參加民主同盟，因感於「共產黨是爲了爭地盤，民社黨是爲了爭民主。」[173]故而決定單獨採取行動，在原則上決定參加國大，該黨領袖張君勱明白表示：「祇要政府實施民主，我等隨時可幫忙，若政府不實施民主，我等隨時不幫忙。」[174]張氏復上書蔣主席，略謂：[175]

　　善爲運籌，而先盡其在我者，一爲如何徹底執行停戰命令，以防戰區之擴大而示誠心求取和平之至意？二爲如何徹底實現政協決議之精神，以召示實行民主之決心於國人。

張君勱最後表示：[176]

　　君勱對於憲草既已隨政協之後，參加於事先，自願完成審議工作。‥‥民主社會黨同仁，雖深以各黨不克共聚一堂爲缺憾，然在此還政於民之時，自當出席以贊大法之完成。

至此，民社黨乃於民國卅五年十一月廿三日提出所分配該黨參加制憲國大40人名單。（其後實際出席 39 人）。

民國卅七年三月廿九日，第一屆行憲國大揭開我國憲政時代的新紀元，民社黨並推舉黨員徐傅霖參加競爭激烈的副總統選舉，雖未當選，但對該黨的民主形象和政黨地位均有所提升。之後，因民社黨乃由兩個政黨合併組成，及其成立後，缺乏一股大的整合力量，終而產生派系爭端，伍憲子等人另組革新委員會，張派人士仍掌握民社黨之組織，民社黨經此一分裂後，組織內部陣容，實較初成立時完整。[177]

民國卅八年政府遷台，民社黨主席張君勱來台，決定移設中央總部於台北，不久獲聘赴國外講學，無法在台處理黨務，民國卅九年五月委託中央常委徐傅霖爲代理主席，到民國四十二年，該黨中央常務委員來台者達 10 人，其中 8 位常務委員對徐氏處理黨務看法不一，致使民國四十三年四月，民社黨來台後首度發生分裂，雙方各自成立黨部。同年稍早的三月，第一屆國民大會在台召開第二次會議，選舉總統、副總統，該黨由代主席徐傅霖參加總統競選，監察委員石志泉參加副總統競選。民國四十六年九月，民社黨在主要幹部呼籲團結，以及各方人士奔走下，雙方重行整合，然到了民國四十八年秋再度分裂，各自召開全代會，成立中央黨部，民國五十一年四月，該黨創黨人張君勱由美來信，號召該黨團結，

[172] 國民大會祕書處編，國民大會實錄（南京：國民大會祕書處，民國卅五年十二月），頁二九八。

[173] 民社黨孫寶毅招待記者會談話。南京，中央日報，民國卅五年十一月十五日。

[174] 南京，中央日報，民國卅五年十一月十八日。

[175] 齊光裕，政治協商會議與我國民主憲政之發展，政治作戰學校，政治研究所，碩士論文，民國七十四年六月，頁二〇六。

[176] 同上。

[177] 王覺源，前揭書，頁三七三—三七四。

用以配合政府反共復國，另函該黨元老戢翼翹、金侯城，請彼等從中斡旋，遂於民國五十二年五月十一日達成協議，結束分裂。[178]然而到民國六十年於臺北召開三全大會，開幕當天協商主席團人選產生歧見宣告休會，即未曾再召開全國大會，內部分裂嚴重。其中有李緞領導的「五號」，向構父領導的「六號」，楊毓滋的「老四號」、孫亞夫的「聯誼社」等派，互不相讓。

民社黨來台後，各項選舉所獲得的席次與得票率均低，甚至不及青年黨。該黨除了在五十三年縣市長選舉中當選 1 人，並得到 4.1% 選票外，其他各屆無人當選，至於立法委員、國大代表、省議員均未有人當選，且得票率均在 1% 以下。[179]亦顯示該黨基層組織發展有限，無法深入群眾，對選舉可說毫無著力之處。

綜合而論，青年黨與民社黨在遷台以後的發展狀況與處境，頗為相似：

（1）派系分裂不斷困擾著兩個政黨，反復的分裂、結合，再分裂、再結合已成共同模式。

（2）組織鬆散，基礎薄弱，有效動員能量低，致使歷屆選舉結果乏善可陳。

（3）兩黨均無法發揮在野政黨監督執政黨功能，一方面兩黨派系分裂，無法有效發展基層黨務，在選舉中發揮制衡作用，另一方面則是因為國民黨優遇民、青兩黨，每月均發給兩黨「反共宣傳費」。[180]民、青兩黨因每個月領取「反共宣傳費」，亦引起相當爭議。

參、政治異議表達的發展

民社黨、青年黨兩個合法政黨因陷於內部分裂，致使長期不振，在選舉無情的考驗中，每況愈下，相對於國民黨的一黨優勢，逐漸取代民、青兩黨成為在野反對勢力者，厥為無黨籍人士。在政府來台以迄民國六十六年「中壢事件」以前的期間，台灣的政治異議表達最主要表現在兩個時期——一是「自由中國」半月刊與籌組「中國民主黨」時期；二是「大學雜誌」時期。

一、「自由中國」半月刊與「中國民主黨」

政府來台早期的反對運動，以「中國民主黨」的組黨事件，達到最高峰。而該事件與「自由中國」雜誌關係密切。「自由中國」刊物早在民國卅八年國軍與中共隔長江對峙時期即擬出版。當時一部分的國民黨人和自由主義的知識份子，

---

178 孫子和，前揭書，頁三九七。

179 若林正丈原著，張炎憲譯，脫內戰化的政治—轉型期的台灣（台北：故鄉出版社，民國七十八年），頁九—十。

180 大陸時期青年黨主掌經濟部、農林部眾多職位，政府卅八年來台後，因中央組織縮編，上述職位由國民黨籍人士接任，為照顧青年黨讓出職位黨員生活，乃由執政黨安排按月貼補青年黨若干經費補助，以安定讓位黨員生活，民社黨亦比照辦理，名為「反共宣傳費」。此筆經費隨四十年物價波動成長，至民國七十年代後期，兩黨每月各領取新台幣二百六十八萬元，其中部分經費並逐漸挪用至黨務推動，也使兩黨內部產生「分配」問題，引發嚴重爭議。參見聯合報，民國七十八年一月廿五日，版三。

雷震、胡適、杭立武、王世杰等人數度交換意見，主張在上海辦「自由中國」刊物，藉以影響共產黨統治下的人心。雷震自述：[181]

> 我們經常見面，對於時局應該如何來盡國民一份子之力量來圖挽救，因為中國還有半壁江山存在也。我們集談結果，主張辦個刊物，宣傳自由與民主，用以對抗共產黨專政的極權政治，以之挽救人心。

唯「自由中國」尚未及出版，共軍已以金條打通長江天險（買通江陰要塞司令戴戎光），整個出版社隨之移轉來台，並於民國卅八年十一月二十日在台北首次發行半月刊，其發刊宗旨乃出自胡適手筆，刊登於每期之頁首，要點如下：[182]

1.我們要向全國國民宣傳自由與民主的真實價值，並且要督促政府（各級的政府），切實改革政治經濟，努力建立自由民主的社會。

2.我們要支持並督促政府用種種力量抵抗共產鐵幕之下，剝奪一切自由的極權政治，不讓他擴張他的勢力範圍。

3.我們要盡我們的努力，援助淪陷區的同胞，幫助他們早日恢復自由。

4.我們最後的目標是要使整個中華民國成為自由的中國。

綜觀以上宗旨和實際內容，「自由中國」確為秉持著自由主義宣傳自由、民主的刊物。且其發刊的前幾年，與執政國民黨當局維持良好關係。論者分析「在自由中國半月刊的創辦初期，不僅與國民黨政權有密切關係，甚至可以看成國民黨在危厄環境中，試圖以新形象來爭取海內外支持的宣傳刊物。」[183]該刊物與國民黨間的良好關係可從以下方面看出：

1.「自由中國」半月刊的創辦與發行人雷震，在當時是國民黨當局極受信任的人物，在抗戰勝利後曾擔任「政治協商會議」祕書處之祕書長（另有三位祕書是中共齊燕銘、民盟蔣勻田、青年黨蕭智僧）。以雷震的角色，來推動此刊物，有其特殊意義。[184]

2.刊物初創時期的經費由教育部教育宣傳費項下，每月撥付約合美金500元的台幣；另由台灣省政府撥公務員住宅一棟，供雜誌社使用。[185]

3.早期國軍亦都有訂購「自由中國」半月刊供官兵閱讀，其時流亡在越南西貢附近富國島的黃杰部隊，也都要看「自由中國」，黃杰曾寫信向雷震索閱，雷震每期都寄10本，直到部隊來台為止。[186]

然上述關係到了民國四十年代中期逐漸發生變化，或謂「國際情勢的變化逐

[181] 雷震，雷震回憶錄—我的母親續篇（香港：七十年代社，一九七八年），頁五八。

[182] 胡適，「『自由中國』的宗旨」，「自由中國」半月刊，第一卷，第一期，民國卅八年十一月廿日，頁二。

[183] 彭懷恩，台灣政治變遷四十年（台北：自立晚報，民國七十年十月），頁七二—七三。
李筱峰，台灣民主運動四十年（台北：自立晚報，民國七十六年十月），頁五八。

[184] 李筱峰，前揭書，頁五八。

[185] 李子堅，「我所認識的雷敬寰先生，訪前自由中國編輯黃中」，亞洲人，第四卷，第四期，一九八三年三月一日，頁八一。

[186] 雷震，前揭書，頁三—四。

漸有利於台灣，由於台灣政局的漸趨穩定，『自由中國』雜誌的存在，對政府而言，其意義就不顯得原先那麼直接而迫切了。」[187]但真正關鍵因素，毋寧是「自由中國」半月刊本身的轉變，「自由中國」論政方向一轉，漸由原先對中共、俄共的批判，轉移到對台灣內部的檢討，於是兩者關係逐漸疏遠，並進而對立。

　　民國四十年六月（第四卷、第十一期）出刊一篇由夏道平執筆的社論「政府不可誘民入罪」，針對政府金融管制引起的一宗情治人員貪污案加以抨擊，首次受到來自黨政軍的壓力。民國四十四年，「自由中國」刊登一篇討論國民黨黨紀的投書，國民黨將雷震開除黨籍。[188]此後，「自由中國」的言論更趨「尖銳」，民國四十五年「自由中國」推出「祝壽專號」（第十五卷、第九期），以為蔣中正總統七十大壽祝賀，邀請知名學者胡適、徐復觀、陳啓天、毛子水、陶百川、蔣勻田、夏道平、徐道鄰、王師曾、雷震等分別撰文。在社論「壽總統蔣公」一文中，建議：①選拔繼任人材②確立內閣制③實行軍隊國家化。該期各篇文章均評論時政，廣泛建言，並有論及蔣氏性格及其統御方式的建議等，甫經出刊，即受各界注意，並曾印行至九版。

　　「自由中國」的批判方式和理想主義色彩，在民國四十、五十年代的時空因素下，自然遭受到執政當局相當程度的反擊。尤以國民黨對於大陸時期的失敗教訓記憶深刻，對於民主黨派所標榜的民主運動，乃至學運、工運、兵運也知其破壞性威力，當此整軍經武，力圖反攻階段，動員全民團結猶感不足，一種標榜反對、質疑領導中心的言論，就時空條件不足下，自然引起廣泛的批駁，此時中央日報開始拒絕刊登該刊出版廣告，中華日報主持人為文主張「搗毀」雜誌社，國防部總政治部亦印行一本名為「向毒素思想總攻擊」的小冊子，指責「自由中國」的成員和作家。[189]

　　「自由中國」的言論範圍，繼續觸犯執政當局的禁忌，民國四十六年起，一系列訂名為「今日的問題」之社論，前後共計 15 篇：「是什麼，就說什麼」、「反攻大陸問題」、「我們的軍事」、「我們的財政」、「我們的經濟」、「美援運用問題」、「小地盤、大機構」、「我們的中央政制」、「我們的地方政制」、「今天的立法院」、「我們的新聞自由」、「青年反共救國團問題」、「我們的教育問題」、「近年的政治理想與作風」、「反對黨問題」。民國四十八、九年間，「自由中國」進一步就「修憲風波」 — 蔣中正總統二屆任滿之憲政問題；「政黨的承認問題」 — 組織新政黨問題，加以討論，凡此更引起雙方在文字戰場形成攻防戰。整體說來，政府以及持保守穩重之學者專家，強調時空因素、環境因素，亦即「此時何時？此地何地？」認為適度的戒嚴、臨時條款，有其安定的作用，唯有團結一心，才能自保並求壯大。「自由中國」論點則強調理想主義，否定大環境有危機存在，縱令有危機，亦反對任何限制民主的作為。正如台大哲學系教授殷海光所說：「自從大陸淪陷，撤退台灣以來，台灣在一個大的藉口之下，有計畫地置于一個單一意

---

[187] 程全生，前揭書，頁五九—六〇。
[188] 胡適，前揭文，頁三五六。
[189] 李子堅，前揭文，頁六一。

志和單一勢力嚴格支配之下，這一計畫，逐年推進…官方據以控制言論自由的王牌有如後幾張 — 『國家利益』、『基本國策』、『非常時期』‧‧‧」[190]

民國四十六年起，「自由中國」與台籍在野反對人士逐漸結合，彼等之結合緣自選舉。政府來台後，自民國卅九年即實施地方自治，舉辦地方選舉。民國四十六年四月下旬，在台省舉行縣市長及省議員選舉之後，在野的反對人士召開「選舉檢討座談會」，並決議由李萬居等人籌組「中國地方自治研究會」，七、八月間兩度向政府提出登記申請，均遭駁回。此時「自由中國」開始積極討論地方自治、地方選舉的問題。在民國四十七年二月十六日的「自由中國」第十八卷、第四期中，刊出「反對黨問題」之社論，以及朱伴耘的「三論反對黨」、梁叔文的「論政黨政治」。胡適並公開主張：「讓教育界、青年、知識分子出來組織一個不希望取得政權的『在野黨』…」[191]於是「自由中國」的理念得到本土反對人士共鳴，這是本土在野人士與外省籍知識份子的初次結合，並朝向籌組新政黨的實際行動，「自由中國」與青年黨「民主潮」、李萬居「公論報」互相呼應。

「自由中國」由批判時政，到具體發展「中國民主黨」的組黨行動，乃起於民國四十九年四月的地方省議員選舉後，該年四月雷震在「自由中國」發表「反對黨的自由及如何確保」，四月份的選舉過後，民、青兩黨與無黨籍人士於五月十八日在台北民社黨總部召開「在野黨及無黨派人士本屆地方選舉檢討會」，與會人士有：雷震、吳三連、李萬居、楊金虎、許世賢、高玉樹、王地、郭雨新、郭國基、夏濤聲、成舍我、傅正等 72 人。[192]郭國基的發言更直接促成了眾人組黨的決定。郭氏說到：[193]

> 今天民青兩黨的力量委實太小了。我也無意批評民青兩黨，我希望民青兩黨自動解散，另外組織一個強有力的新黨。…現在國民黨一黨專政，也是認為中華民國的創立，是國民黨一黨的貢獻，現在應該由他們一黨來享受革命勝利的果實。…所以我希望把民青兩黨整個全部解散，和台灣一般民主人士共同來組織一個強有力的在野黨，發揮民主的力量。

郭氏的「一黨享受革命勝利的果實」與國民黨「責任感、歷史使命感」恐為認知上無法化解的差距。也就在郭氏發言後，當天會議即決定組織「地方選舉改進座談會」，此後籌組新政黨趨於積極。六月廿六日，「選舉改進座談會」召開第一次委員會，李萬居表示：「我們所積極籌畫的工作雖是『選舉改進座談會』，實際上是在替組織新的反對黨做舖路的工作。」[194]七、八月間分別於台中、嘉義、高雄、中壢召開「選舉改進座談會」，各次會議中均提及將於九月底或十月初正式成立新政黨。針對此一發展態勢，執政當局與相關刊物群起批駁，表示對新政黨的不能承認。「自由中國」與李萬居的「公論報」、青年黨的「民主潮」則予反

---

[190] 殷海光，「是什麼，就說什麼」，自由中國，第十七卷，第三期，民國四十六年八月一日，頁三—四。

[191] 參見自由中國，第十八卷，第十一期，民國四十七年六月一日，頁九—十。

[192] 李子堅，前揭文，頁七四。

[193] 參見自由中國，第廿二卷，第十一期，民國四十九年六月一日，頁二二。

[194] 參見自由中國，第廿三卷，第一期，民國四十九年七月一日，頁一六。

擊，展開激烈的文宣戰。

　　民國四十九年九月，朝野間的互動由文宣言論提升至行動層次，九月一日「自由中國」刊出殷海光主筆的社論「大江東流擋不住」，堅決表示組黨的必然性。[195]九月四日警備總部以涉嫌叛亂，拘捕雷震與「自由中國」編輯傅正等人。「自由中國」亦告停刊，該期（廿三卷五期）也成為「自由中國」半月刊的最後一期。雷震被捕後，其他在野人士仍思堅持組黨，九月十日改「選舉改進座談會」為「中國民主黨籌備委員會」。十月八日雷震以「為匪宣傳」（曾於「自由中國」第十七卷第三期散布「反攻無望論」）、「知匪不報」（雜誌社內的會計劉子英被指為匪諜，雷震沒有檢舉他）被判有期徒刑十年。到了次年，民國五十年一月廿三日中國民主黨籌備會在台北舉行第五屆縣市議員選舉檢討座談會。此後，中國民主黨籌備會沒有再進行活動，組織新政黨運動歸於沈寂。雷震則於十年刑期之後出獄。

　　「中國民主黨」組黨運動的失敗，不僅是政府基於安全、安定考量而不被容許，即使當時社會、經濟等結構性的條件亦都不夠成熟，分述之如下：

　　1.民國四十七年「八二三」砲戰，外在「明確而立即的危險」，促使民眾認知局勢的不安定性，亦即「非常時期」是事實，而非口號，此亦有助國民黨政府緊縮政策。

　　2.就內在環境來看，當時台灣仍屬典型農業社會，工業基礎薄弱，一般國民生活水準偏低，故而追求台灣經濟發展與提升，確保人民生活安定與溫飽乃為第一要務，敏感的政治問題非首要之務。

　　3.中產階級人數少，多為大陸遷台的軍、公、教人員構成，彼等深知中共本質，亦懼怕大陸時期的民主運動、學潮、工潮等之負面效應，特別重視安定、團結的重要。彼等亦普遍認為，當時除國民黨外，沒有一個力量足以抵擋中共；除台澎金馬外，沒有可退守之地，因而強調「力量集中」、「意志集中」。

　　4.土地改革後，政府贏得廣大農民支持，相對於早期本土反對勢力，多由日益沒落的士紳階級組成，彼等或已失去權力基礎，而在社會變遷的潮流漸漸淘汰。

　　就民國四、五十年代的內外環境來看，組合而成的反對勢力，在主、客觀條件均有侷限的情況下，自然不易有成。唯論者亦有從另一角度觀察組黨運動，認為倘若執政當局容忍「中國民主黨」的產生，極可能防止日後反對運動走向本土化，強化省籍分歧。因為這次的組黨運動，提供了本省籍與外省籍同胞的結合機會，對於加速淡化二二八事件以來彼此對立的心態，必有正面的作用。[196]當然，事實的發展並非如此，因而籌組新政黨的參與人士分別發展，若干地方的政治反對勢力，仍始終扮演和執政當局抗衡的角色，如李萬居、許世賢、黃玉嬌等，這股相沿承傳的在野勢力，對往後的黨外運動、民進黨的成立，有其深遠的影響。

　　二、「大學雜誌」時期

　　經過民國四十年代末期的「自由中國」與「中國民主黨」組黨失敗，民國五

---

[195] 參見自由中國，第廿三卷，第五期，民國四十九年九月一日，頁四—一六。

[196] 何振盛，前揭論文，民國七十八年一月，頁一二〇。

十年代相對而言，政局上的反對勢力並不顯著，除了一些孤星式的抗爭，[197]並沒有凝結成集體性的政治改革運動。一方面是受雷震案的影響，一方面是當時台灣政治體系的內外環境有利國民黨執政。外環境上，古巴危機、越戰衝突升高、中共內部的「文革」動亂，有助中華民國與自由集團國家緊密結合；內環境上，社會的穩定，計畫的周詳，一批學有專長的技術官僚，成為引導台灣經濟發展的舵手，經濟成功的萌芽，人民物質生活獲得改善，多數人相當支持執政當局的統治地位。直到民國六十年代，始出現以「大學雜誌」為主導的「知識份子論政運動」。

「大學」雜誌初創刊於民國五十七年元月，由台大畢業青年鄧維楨獨資創辦（名義上發行人是林松祥），其後因財務因素，三度易手。唯「『大學』雜誌起初僅是一個小型的同仁雜誌，除了介紹一些文化、思想、藝術等層面的內容之外，沒有較敏感或高層次的論政，因此還談不上形成政治革新的氣候。」[198]其真正形成一種政治革新運動，則是民國六十年元月具體改組「大學」雜誌後，由丘宏達擔任名譽社長，楊國樞擔任編輯召集人，社務委員網羅當時俊彥五、六十人，（六十年至六十一年曾在「大學」雜誌擔任職務的知識份子，如表二—十二）從六十年元月號（第卅期）開始，「大學」雜誌提昇對現實政治的討論，一種類似「自由中國」半月刊論政方式再度展現。

「大學」雜誌改組時的國際背景：民國五十九年「釣魚台事件」、六十年「退出聯合國」，這些事件刺激知識青年關心國事的熱忱，並投身於評論時政、推動革新的活動。值得注意者，「大學」雜誌本質並不是反政府的，相反的，國民黨曾扮演著「催化」的作用，[199]因而彼等屬「革新保台派」。正因「大學」雜誌的改組、發展，有政府當局的支持、關切，張俊宏曾論及此種關係為「智者與權者的交流」。[200]時任行政院副院長的蔣經國就有閱讀「大學」雜誌的習慣，並用紅筆劃圈，且會在官方會議中提及，凡此顯示蔣經國對「大學」雜誌的重視。[201]

從民國六十年一月「大學」雜誌的完成改組，到民國六十二年一月的趨於分裂式微止，在政論表達上堪稱豐富，茲舉其中犖犖大者：

（一）民國六十年元月號，劉福增、陳鼓應、張紹文聯合發表「給蔣經國先生的信」，提出三點建議：1.多接觸想講真心話的人。2.提供一個說話的場所。3.若有青年人被列入「安全紀錄」而影響到他的工作或出國時，請給予申辯和解釋的機會。[202]

（二）民國六十年四月號，由93位學者、中小企業家共同署名發表「我們

---

[197] 彭懷恩，「四十年來曲折多變的台灣反對運動」，當代雜誌，第九期，民國七十六年一月，頁三二。

[198] 程全生，前揭書，頁九0。

[199] 同上，頁九二。

[200] 廖達琪、秦鳳英著，「知識菁英團體對威權體制民主化的影響—台灣『大學雜誌社』個案分析」，中山社會科學季刊，第七卷，第四期，民國八十一年十二月，頁五三。

[201] 同上。

[202] 參見「大學」雜誌，第卅七期，民國六十年一月，頁一七。

表二 ― 十二　民國六十一至六十二年在「大學雜誌」擔任職務知識菁英名單

姓名	陳少廷	楊國樞	孫震	張俊宏	許信良	陳鼓應	蘇俊雄	王拓	王人傑	王文興	王杏慶	王曉波
擔任職務	社長、編委	總編輯	編委	編委	編委	編委	社委	社委	社委	社委	社委	社委

姓名	邱宏達	白秀雄	呂俊甫	宋淵貴	沈君山	李鍾桂	林清江	林正弘	林鍾雄	金神保	吳豐山	施文森
擔任職務	社委	社委	社委	社委	社委	社委	社委	社委	社委	社委	社委	社委

姓名	施啓揚	高準	高智亮	張尙德	張潤書	張玉法	陳三井	陳陽德	劉福增	魏鏞	關中	
擔任職務	社委	社委	社委	社委	社委	社委	社委	社委	社委	社委	社委	

資料來源：廖達琪、秦鳳英，「知識菁英團體對威權體制民主化的影響 ― 台灣『大學雜誌社』個案分析，中山社會科學季刊，第七卷第四期，民國六十一年十二月，頁五０。

對釣魚台問題的看法」，略謂：「釣魚台列嶼在歷史上、地理上與法律上應爲中國領土，台灣省的不可分割部分，我們堅決反對任何外國以任何方式侵占我們這片領土，並堅決支持我國政府維護該列嶼主權的措施。」本文可視爲保釣運動的先聲，也開啓知識份子關心國事，實際行動之風氣。[203]

（三）民國六十年五月號，發行「保釣專號」，報導各大學校園以及學術界的保釣運動。

（四）民國六十年七月 — 九月號，連載「台灣社會的分析」。全文由張景涵（俊宏）、張紹文、許仁真（信良）、包青天（奕洪）聯合撰寫。在文中分別剖析了舊式地主、農民及其子弟、知識青年、財閥、企業幹部、中小企業者、勞工、公務員等階層的性格，建議政府應重視並運用這些最具潛力的人力資源，用以從事社會建設。[204]

（五）民國六十年十月號，發表「國是諍言」，由楊國樞、張俊宏、高準、陳鼓應、許信良、包奕洪、丘宏達、呂俊甫、吳大中、金神保、孫震、陳少廷、張尙德、張紹文、蘇俊雄等 15 人聯合署名的大文章。文中對政治改革提出多方面主張，如治理階層必須革新 — 包括國防軍事、外交經費、行政機構、公營事業的節流。法治政治的確立 — 包括行政權的約制、制度的建立、司法的獨立、立法的健全、監察制度的改革。多元價值的開放社會 — 包括思想統一不是國家統一的先決條件、教育制度的改革、對安全機構的批評、學術自由的重要、開放對大陸研究之必要、門戶開放之必要等項。此外對於中央民意代表久未改選提出批判，質疑其代表性等問題。[205]

本期另有社長陳少廷發表「中央民意代表的改選問題 — 兼評周道濟先生的方案」，提出中央民意代表全面改選的主張。認爲當時的中央民意代表已失去「代表性」，籲請執政當局增訂憲法臨時條款，在自由地區及海外僑界，全面改選中央民意代表，產生新的國會。[206]這些言論，顯然地較「自由中國」時代，更進一步探觸到政府統治的合法性與代表性等問題。

本期發行後的二個月 — 十二月七日，陳少廷更與國家法學博士周道濟，就「應否全面改選中央民意代表」爲題，在台大體育館的會場，舉行一場盛況空前的辯論，轟動一時。

（六）民國六十一年元月號，發表「國是九論」，慶祝該社成立四週年。九篇廣受注目的文章，分別是：（1）論保障基本人權（陳鼓應），包括區分批評政治與顛覆政治、分別黨務工作與特務工作、案件偵察中得選任辯護人，不以非法方式偵審、司法公正與審判獨立、公布審判案件、工作權之保障、維護學生說話的權利、輿論應盡喉舌之職責、律師公會組織人權小組研究有關保障人權理論

---

[203] 參見「大學」雜誌，第四十期，民國六十年四月，頁一八一二四。

[204] 參見「大學」雜誌，第四十三、四、五期，民國六十年七、八、九月。

[205] 參見「大學」雜誌，第四十六期，民國六十年十月，頁一——二。

[206] 同上。

等。（2）論人事與制度（張俊宏、許信良），認為解決不適任高層冗員、文官避免安撫、酬庸，應本建立獨立超然文官制度。（3）論生存外交（張俊宏），本於國家退出聯合國的外交困境，應明快採取兩個重點方向：爭取重點支持的外交、發展經濟的外交以建立全球主要市場的調查中心。（4）論經濟發展（林鐘雄），確保我國經濟發展的重要途徑，在於開發國內市場 ─ 尤重住宅產業、耐久消費品產業、開發重化工業，國內市場開發可解決對外經濟的高依賴，同時可開發新輸出品。（5）論農業與農民（蔡宏進），包括強化農會之間的合作運銷、正確農情資料的提供給農民、重視農民福利事業、及早實施農民健保。（6）論社會福利（白秀雄、包奕洪），包括社會福利基金須專款專用、規畫失業保險、建立年金制度、積極性創造發展機會以消滅貧窮、發動社會力量協助社會建設。（7）論教育革新（呂俊甫），分別從行政、考試、教師、課程、私校及評審六方面檢討，培養為國家社會做事的第一流人才。（8）論地方自治（陳德陽），主張修正「財政收支劃分法」賦予地方更多權力。（9）論青年與政治（王漢興、陳華強），建議讓青年人與聞國是，從中產生認同感，如此才能使國家結合青年發揮力量。[207]

本期除「國是九論」外，尚有陳鼓應發表「開放學生運動」一文，要求知識份子積極參與，並建議在學校內開闢「民主廣場」，讓學生自由發言。

「大學」雜誌的知識份子經過兩年的集體論政，卻在民國六十二年一月，走向分裂，楊國樞辭去總編輯職務，原來在每期雜誌中所列社長、總編輯以及 10 名編輯委員的名單，自六十二年一月號（第六十一期）起已不再出現。此時由原任職國民黨中央黨部的張俊宏擔任「執行祕書」，張氏前一年（六十一）年底爭取國民黨黨內提名未果，轉而全心投入「大學」雜誌編務，民國六十二年「大學」雜誌實由張氏主導。此時張氏與黨部關係漸變，最後脫離國民黨，與黨外康寧祥結合，參加六十二年底的台北市議員選舉，也使「大學」雜誌在民國六十二年下半年，幾乎成為其選舉的宣傳品，原社長陳少廷對之頗有意見，最後變更發行人，張氏離開「大學」雜誌。六十二年初的分裂，加上其後漸失論政之風采，亦促使「大學」雜誌更趨式微。[208]

造成「大學」雜誌的成員走上分裂的原因，論者約有如下看法：

（一）依據張俊宏就時代的背景分析，有兩個原因：一方面是退出聯合國後，經過一段時間緩衝，國人情緒復歸平靜。另一方面是執政黨內部的轉型已完成，新內閣順利接棒，知識份子也不再有太大的空間。[209]

（二）依據當初整合雜誌出力最甚的張紹文分析：「『大學』雜誌改組後，成員相當複雜。大家的觀點、立場並不一致，平常也沒有緊密的連繫和溝通，我想

---

[207] 參見「大學」雜誌，第四十九期，民國六十一年一月，頁七─九。

[208] 李子堅，前揭文，頁一〇六──一〇八。

[209] 張俊宏，我的沈思與奮鬥（台北：自發行，民國六十六年十月），第一章。

這是它後來離散的重要原因之一。」[210]證之以張氏的看法，民國六十年元月廿日「大學雜誌」卅八期余雪明、李鍾桂、關中、施啓揚共同發表的「對上期的幾點意見」一文中[211]，正可說明成員間立場看法的互異。

（三）依據廖達琪、秦鳳英採用文獻資料和深度訪談的研究途徑，認爲執政當局與成員間實有互動關係，其過程約分三階段：1.收編 ― 予以厚望，約在民國五十年代末期，因爲內外環境配合，「大學」雜誌在當局相當的鼓勵默許下，開始勇於建言，對「革新」寄予厚望。2.大鳴大放 ― 分化，約在民國六十年初至六十一年中期，知識份子勇於表達意見，言論漸超過尺度（如主張學生運動等），民國六十一年二月，執政當局表達對編輯政策的意見，大學雜誌的領導群因而對編輯政策產生歧見，甚至脫期出版。3.壓制 ― 四處擴散，約在民國六十一年末期，政府當局已採較具體行動，如鼓勵撰文駁斥「大學」雜誌主張，六十一年四月孤影的「一個小市民的心聲」廣爲發行，對「學生運動」有所批駁。另如警總約談陳鼓應、王曉波等人（因有人密告彼等要組織讀書會、閱讀中共文件及毛著作，搞學生運動，經警總傳訊拘留，後由台大校長閻振興保釋），以及台大哲學系十三位教師不續聘案（即「台大哲學系事件」），大學校園再度歸於平靜。民國六十二年後，各路知識份子終在見解、立場互異下各奔前程。[212]

基本上，「大學」雜誌走上分裂最主要原因，應是在於政治環境的改變，以及成員中思想路線與政治路線的差異，彼此均爲知識菁英，平日既少連繫、溝通，又各有其見解、立場，從該等往後發展路徑觀察，此一分裂也是有跡可尋。從分裂後的「大學」雜誌成員流向，約有以下數類：1.從事出版事業。2.進入政治體系。3.進入反對運動。4.繼續任職學術界。分析如下：

（一）　從事出版事業：楊國樞等人離開「大學」雜誌，另組「人與社會」雜誌。其餘繼續從事出版事業者甚多（如表二―十三）。

（二）　進入政府體系者：「大學」雜誌成員有許多受執政黨拔擢而進入黨政體系，成爲國民黨內新生代的政治勢力，如關中（曾任中央青工會副主任、台北市黨部主委、中央組工會主任、中央委員會副祕書長、中廣公司董事長、立委等職）、孫震（曾任行政院經建會副主委、國防部長）、施啓揚（曾任中央青工會副主任、教育部常務次長、法務部政務次長、法務部長、行政院副院長、司法院長）、李鍾桂（曾任教育部國際文化教育事業處處長、中央婦工會主任、中國青年反共救國團主任）、白秀雄（曾任社工會編審、台北市黨部總幹事、高雄市社會局長、台北市社會局長等職）、林清江（曾任教育部高教司長、常務次長、中央海工會主任、台灣省教育廳長等職）、張潤書（曾任台灣省政府顧問、行政院青輔會研究委員、行政院人事行政局人事革新小組委員等職）、魏鏞（曾任行政

---

[210] 張紹文，「中國民主運動發展史（二）―台灣部份」座談，八十年代，第四卷，第一期，民國七十一年二月。

[211] 參見「大學」雜誌，第廿八期，民國六十年二月，頁一。

[212] 廖達琪、秦鳳英著，前揭文，頁四八。

表二 — 十三 「大學」雜誌之知識分子繼續從事出版事業名單

姓名	吳豐山	陳德陽	關中	王杏慶	陳少廷	張玉法
擔任職務	自立晚報採訪主任、總編輯	大時代出刊人	亞洲與世界雜誌總編輯	中國時報編輯	改組後之大學雜誌總編輯	新知雜誌編輯

姓名	邱宏達	楊國樞	魏鏞	關中	張俊宏	陳鼓應	王拓
擔任職務		人與社會、中國論壇編委			台灣政論、這一代主編	夏潮	

資料來源：廖達琪、秦鳳英，前揭文，頁四九。

院研考會主委、革命實踐研究院副主任、主任、立委）。

（三）進入反對運動者：「大學」雜誌成員加入反對運動，參與實際的政治活動，以許信良、張俊宏最具代表性。許信良於民國六十六年違紀競選桃園縣長，遭國民黨開除黨籍，並當選是年第八屆桃園縣長。張俊宏於民國六十二年退出國民黨後，與王昆和、康義雄、陳怡榮組成「黨外四人聯合陣線」，參與是年年底的台北市議員選舉，並獲得黃信介、康寧祥兩人支持，選舉結果，四人皆高票落選，但在競選期間，亦漸帶起台北市民聆聽政見的高潮。此後張氏並於民國六十四年主編「台灣政論」雜誌（黃信介爲發行人、康寧祥爲社長、法律顧問爲姚嘉文、張俊宏任總編輯，於民國六十四年底因選舉期間，雜誌言論涉及「煽動他人觸犯內亂罪，情節嚴重」，[213]在發行五期後即結束出刊。）民國六十六年主編「這一代」雜誌，是年並高票當選省議員。

（四）繼續任職學術界：知識份子原多爲各校教席，故此項人事多與前三者有重覆的。〈任職學術界者見表二—十四。〉

綜合觀察「大學」雜誌的崛起、發展、內容風格以至分裂式微，可大致歸類以下要點：

（一）「大學」雜誌乃是配合民國六十年代初期我國政治體系主、客觀條件所發展出的知識份子集體論政運動。它本身組織是鬆散的，主要以對國事政局的關心，使得這批使命性強的知識份子，結合在此園地內，欲以各自專長領域所得，貢獻一己之心力給國家社會。

（二）「大學」雜誌本身並未形成「集團」形式，且未發展出與執政黨從事組織間的政治競爭，本質上它並不是反對執政當局的勢力，而是提供建言，推動政治革新的理念，它們言辭雖甚犀利，或對當局進行某種程度的言論批判，但卻是大異於一般的政治反對團體。

（三）「大學」雜誌對社會群眾影響力不大，但對政府施政、以及校園內的學生有相當影響。就政府施政而言，時任行政院長的蔣經國若干政策，或多或少有來自「大學」雜誌之建言，茲以「國是九論」中林鐘雄的「論經濟發展」來看，林氏主張開發國內市場，尤須開發重化工業，蔣氏內閣推動十大建設似正落實此一看法。就校園內的學生，似也感受到「大學」雜誌的影響，台大學生在民國六十年十一月至六十一年十二月間，舉辦了多次政治性活動，如「台大法代會」邀請陳少廷、周道濟論證「中央民代應否全面改選」；「台大法言社」邀請學者座談「開放學生運動」與「一個小市民的心聲」兩者的本質與內涵等等。使長久以來沈寂的大學校園，再度浮現了政治氣息，唯這些運動並未持續或擴大，到了民國六十二、三年以後，隨著「大學」雜誌的分裂，以及台大哲學系事件，校園再次歸於寧靜。

---

[213] 「台灣政論」第五期文章主要包括：姚嘉文的「憲法與國策不可以批評嗎？」、陳鼓應的「早日解除戒嚴」，特別是邱垂亮「兩種心向」一文中觸及台海關係與台灣前途，因而被強制停刊。

表二 — 十四　「大學」雜誌知識分子任教名單

姓名	陳陽德	陳三井	孫震	宋淵貴	施文森	今神保	王文興	呂俊甫	高準	蘇俊雄	魏鏞	張潤書	林清江	白秀雄	林鍾雄
任職、任教單位、學校	東海大學	東海大學	台灣大學	政治大學	政治大學	政治大學	台灣大學	政治大學	文化大學	台灣大學	政治大學	政治大學	師範大學	政治大學	台灣大學
姓名	楊國樞	高智亮	張潤書	張尙德	施啓揚	張玉法	王人傑	沈君山	關中	李鍾桂	邱宏達	陳鼓應	林正弘	劉福增	王曉波
任職、任教單位、學校	台灣大學	淡江大學	政治大學	文化大學	台灣大學	中研院	政治大學	清華大學	台灣大學	台灣大學	美國馬里蘭大學	台灣大學	台灣大學	台灣大學	世界新專

資料來源：廖達琪、秦鳳英，前揭文，頁五二。

（四）「大學」雜誌的言論深度較之「自由中國」半月刊更勝一籌，相當多的文章均引起當時政界、學界、輿論界的矚目，例如張俊宏等人的「台灣社會力分析」、楊國樞等人的「國是諍言」、王文興等人的「國是九論」、陳少廷的「中央民意代表改選問題」、陳鼓應的「開放學生運動」等等，其中言論較之「自由中國」更進一步觸及政府法統的「合法性」、「代表性」，以及「學運」等諸多問題。當然這些民主化言論在當時，絕大多數未從「政治體系」（political system）的決策管道中，相對應的輸出。然而民主化的過程實際是一個長期累積的效應，若干新的觀點、理念，在持續發展中，配合時空以及環境因素下，逐漸產生歷史累積的能量與龐大之政治影響力。

（五）「大學」雜誌在民國六十年、六十一年的廿四期中，討論「中央民意代表全面改選」的文章有 20 篇之多，雖然當時的蔣氏內閣未實施全面改選，但卻做了某種調適，於民國六十一年正式舉辦中央民代增額選舉，增加自由地區與海外華僑的代表人數，並使中央民代部分定期改選制度化，雖然大陸選出的民代仍不改選，但增額選舉的實施，在後續的影響力上，則為台灣民主化極為重要的一個推動力。[214]荊知仁更就民國六十一年的增額選舉與民國五十八年的增補選加以比較，指出後者乃因台灣人口增加，以及第一屆代表出缺，為求符合憲法名額分配的原則，才辦理的「純法律性」的選舉；前者則因民國六十年，我國退出聯合國，國內普遍求變的衝擊，加之為求解決中央民意機構老化的問題，而舉辦「政治性」的創舉。[215]增額中央民意代表選舉辦法，實為過渡階段一應變的制度，對於加強台灣地區的政治民主化，保持我國民主憲政制度的精神，乃至政治反對人士參與中央事務的管道，有其積極的意義。

（六）「大學」雜誌的知識菁英，以當時論政風采，無論其後是進入政府體系，抑或投入反對陣營，在民國七十年代以後多有成為朝、野各方面的領導菁英者，尤其是在野反對勢力中，張俊宏其後所辦「台灣政論」，不僅填補「大學」雜誌後的言論空間，更開創往後之以反對運動、知識份子、雜誌三者，結合選舉的環環相扣關係。

第四節　政治參與的探討

卡爾科恩（Carl Cohen）分析指出：「民主的廣度是由社會成員是否普遍參與來確定。而民主的深度則是由參與時是否充分，是由參與的性質來確定。」[216]政

214　若林正丈、松永正義者，廖兆陽譯，中日會診台灣—轉型期的政治（台北：故鄉出版社，民國七十七年），頁四一。

215　荊知仁，「增額中央民意代表選舉與憲法之適應」，收錄於荊知仁，憲政論衡（台北：商務印書館，民國七十二年），頁二三四—二四〇。

216　Carl Cohen 著，聶崇信、朱秀賢譯，民主概論（台北：商務印書館，民國七十九年），頁二〇。

治參與機制的廣度與深度，可透過規範面 — 法規制訂，與運作面 — 實施狀況等兩方面加以檢驗。本文之規範面將就四權行使法規、人民團體組織法規、大眾傳播法規、集會遊行法規的分析；運作面就四權行使、人民團體、大眾傳播、群眾運動的分析，來深入探討本時期之政治參與程度。

壹、政治參與規範面分析

一、四權行使法規

四權行使法規可概分選舉罷免法規與創制複決法規兩部份。選舉罷免法規本時期又可分總統副總統、中央民意代表（國大代表、立法委員、監察委員）、與地方自治（省市長、省市議會、縣市長、縣市議會、鄉鎮市長、鄉鎮市民代表會、村里長）三大部份探討。創制複決法規則依國父五權憲法精神與現行憲法規範，可分中央、地方兩部份探討。

（一）**選舉罷免法規**：本時期雖然國民黨以一黨優勢的政治結構為主，但當它面臨「黨外」勢力的崛起與擴大時，一方面容忍其存在，另方面於民國六十一年起開始辦理中央民意代表增額選舉，其所採取的是把「黨外」運動引導到可以規範的選舉活動中的策略。[217] 當然此一選舉的規範因外在形勢的影響，有些規畫較完備，如省議員、縣市長以下之各級地方選舉（以行政命令方式行之）有些部份規畫則因格於形勢而做了相當程度的變化，如總統選舉、中央民意代表選舉（以臨時條款方式行之），有些則並沒有規畫，如省市長選舉。分別說明如次：

1.總統副總統選罷法規：依原憲法第廿七條第一項規定：國民大會有選舉總統副總統及罷免總統副總統之職權。憲法第四十五條規定：「中華民國國民年滿四十歲者，得被選為總統、副總統。」第四十六條規定：「總統、副總統之選舉，以法律定之。」民國卅六年三月十一日國民政府公布「總統副總統選舉罷免法」。

依「總統副總統選舉罷免法」第四條第一項規定：「國民大會代表一百人以上，得於大會決定之期限內，連署提出總統候選人，但每一代表僅得提名或連署一次。總統候選人之名單，應以連署提出之代表人數多寡為先後，開列各候選人姓名，並應於選舉前三日公告之。」副總統提名程序相同。第二條第一項規定：「每屆國民大會應於前屆總統副總統任滿前六十日，舉行總統副總統之選舉。」第三條規定：「總統副總統之選舉，應分別舉行，先選舉總統，再選舉副總統。」第四條第一項規定：「國民大會代表，應就選舉票上所列之各候選人中，以無記名投票法，圈選一名為總統，以得代表總額過半數之票者當選。」副總統選舉相同。第四條第三項規定：「如無人得前項之過半數時，就得票比較多數之首三名重行投票圈選一名；如無人當選時，舉行第三次投票，圈選一名；如仍無人當選時，就第三次得票比較多數之首二名圈選一名，以得票多數者為當選，票數相同時，以得較多票者為當選。」副總統選舉亦同。

---

[217] 馬立引，國民黨政府與台灣政治發展，國立台灣大學，政治研究所，碩士論文，民國七十七年五月，頁九八。

民國四十三年三月，行政院函請立法院修正「總統副總統選舉罷免法」第四條第三款，經三讀通過增列如下：「如候選人僅有二名，第一次投票無人得代表總額過半數之票數時，就該二名重行投票，圈選一名，以較多數票者爲當選；票數相同時，重行圈選一名，以得較多票數者爲當選。如候選人僅有一名，第一次投票未能得代表總額過半數之票數時，重行投票，以得出席過半數之票數者爲當選；如所得票數不足出席過半數時，重行投票。」因之解決二人選舉或同額選舉之疑義，總統並於同年四月十三日公布。

民國四十九年五月廿日，第二屆總統副總統的任期將屆滿，憲法第四十七條規定：「總統、副總統之任期爲六年，連選得連任一次。」而早先國內外各界對蔣中正總統兩任將滿，均甚關注，蔣氏更於民國四十七年十二月廿三日，表示不贊同修改憲法後，群情惶惑，由於國內外普遍有要求蔣氏繼續領導者，國民大會於民國四十八年五月九日對當時行憲問題，發表兩項意見：「一、一致支持蔣總統繼續連選連任，完成反共抗俄大業；二、修改憲法或臨時條款應由國民大會直接爲之。」揭示明確之目標。民國四十九年二月十七日，國民黨中常會通過國大代表黨團所提修正「動員戡亂時期臨時條款」，以鞏固國家領導中心案。同年三月十一日，國民大會第三次會議第六次大會以 1,188 人起立表決方式，三讀通過臨時條款增修案，其第三項是：「動員戡亂時期，總統副總統得連選連任，不受憲法第四十七條連任一次之限制。」[218]故而原憲法第四十七條總統連選得連任一次之規定，乃經由臨時條款修訂方式予以凍結。

至於總統副總統之罷免案，原憲法第廿七條賦予國民大會罷免總統、副總統之職權。惟有關罷免案提出之規定有二：其一是依「總統副總統選舉罷免法」第九條之規定，由國民大會代表總額六分之一以上之代表簽名、蓋章，方得提出。其二是依據憲法第一百條之規定，由監察院提出彈劾案，而彈劾案的提出，須有全體監委四分之一以上之提議，全體監委過半數之審查及決議，向國民大會提出。另依憲法第卅條之規定，依監察院之決議，對於總統副總統提出彈劾案時，由國民大會函立法院院長通告召集臨時會處理。

2.中央民意代表的選舉罷免法規：依據憲法第三章「國民大會」、第六章「立法院」、第九章「監察院」等相關條款的規定，加上大法官會議釋字第七十六號解釋：[219]

> 國民大會代表全國國民行使政權，立法院爲國家最高立法機關，監察院爲國家最高監察機關，均由人民直接間接選舉之代表或委員所組成。其所分別行使之職權，亦爲民主國家國會重要之職權…就憲法上之地位及職權之性質而言，應認國民大會、立法院、監察院共同相當於民主國家之國會。

---

218 國民大會祕書處編，第一屆國民大會實錄，第三編（台北：國民大會祕書處，民國五十年），頁三〇五—三〇六。

219 司法院祕書處編，司法院大法官會議解釋彙編（台北：司法院祕書處，民國五十三年一月），頁一〇三。

　　故而我國憲法在民國八十年修改前的國民大會代表、立法委員、監察委員均包含爲我國的中央民意代表之列。就國民大會代表選舉罷免之法規，立法院於民國卅六年三月卅日三讀通過「國民大會代表選舉罷免法」，另依「國民大會代表選舉罷免法」第四十七條之規定，應另定施行條例，經立法院第三二二次會議三讀通過，於同年五月一日明令公布。「國民大會代表選舉罷免法」第二條規定：「國民大會代表之選舉，以普通、平等、直接及無記名單記法行之。」第四條規定應選名額爲 3,045 人，其名額之分配，另以法律定之。第十二條規定提名與登記：「有被選舉權而願爲候選人時，經五百人以上選舉人之簽署或由政黨提名，得登記爲候選人，公開競選。非經登記者，不得當選，但僑居國外國民之候選人，經二百名以上選舉人之簽署，職業團體候選人及婦女團體候選人經五十名以上簽署人之簽署，即得登記爲候選人。」是則採取政黨提名制及簽署制，另代表的產生除區域選舉，尚包括職業團體、婦女團體、蒙古、西藏、邊疆地區各民族及僑民等。

　　立法委員的選舉法規，於民國卅六年三月卅日完成「立法院立法委員選舉罷免法」，其第四、五條規定，第一屆的立委應選名額爲：各省市選出 622 名，蒙古、西藏、僑民選出 62 名，職業團體選出 89 名，總共 773 名，其中含女性立委82 名。第八條規定每一選舉人只有一個選舉權，於本法第四條各款有二個以上選舉權者，限參加一種，由選舉人於登記選舉人名冊時，自行聲明」第二條規定：「有被選舉權而願爲候選人時，經三千名以上選舉人之簽署，或由政黨提名，得登記爲候選人，公開競選。非經登記者，不得當選。」另依該法第四十七條規定：「本法，施行條例另定之。」於是在民國卅六年六月十四日三讀完成公布「立法院立法委員選舉罷免法施行條例」，依本條例第四十七條規定：「選舉票應載明各該選舉區全體候選人姓名，由選舉人就中圈選一人，依照規定名額，以得票比較多數者爲當選。候選人爲婦女時，應於姓名下註明一女子。」條例第五十八條規定：「辦理選舉違背法律，或選舉舞弊，涉及選舉人名冊十分之一以上，由選舉人或候選人提起選舉訴訟，經判決確定者，其選舉無效，應即重選。」

　　監察委員的選舉，依照原憲法第九十一條：「監察院設監察委員，由各省市議會、蒙古西藏地方議會及華僑團體選舉之，其名額分配依左列之規定：（一）每省五人（二）每直轄市二人（三）蒙古各盟旗共八人（四）西藏八人（五）僑居國外之國民八人。」故可知監察委員係由省市議會間接選舉產生，不同於國大代表、立法委員之直接選舉。監察委員選舉的相關法規包括民國卅六年三月卅一日公布之「監察院監察委員選舉罷免法」及同年五月廿八日公布之「監察院監察委員選舉罷免法施行條例」。依監察委員選舉罷免法第三條規定：「每省監察委員名額中，婦女當選名額定爲一名。」第五條規定：「監察委員之選舉人，在各省市爲各省市議會議員，在蒙古西藏爲蒙古西藏地方議會議員，在華僑團體爲各該選區內華僑團體會員之代表，其屬於兩個以上華僑團體者，應向主管選舉機關自行聲明，擇定其一。」第九條規定：「選舉人就候選人名單中以無記名單記法圈選一人。」第十條規定：「各省監察委員五名，其中四名以得票比較多數之男子候選人首四名爲當選；其餘一名以得票比較多數之婦女候選人一名爲當選，各婦

女候選人所得票數單獨計算。」

我國中央民意代表，依憲法及前述各項選舉罷免法、選舉罷免法施行條例之規定分別產生第一屆國民大會代表、立法委員、監察委員。依憲法廿八條、九十三條之規定，國大代表及監察委員任期均爲六年，依憲法第六十五條之規定，立法委員任期爲三年，然而我國中央民意機構自民國卅七年建制以來，在制度的運作上，隨著民國卅八年大陸淪陷後，發生最嚴重的問題，亦即中央民意代表不能在任期屆滿後，依各項法規於全國各地全面改選，以產生第二屆之國大代表、立法委員、監察委員。

遷台後，首先發生問題是立法委員法定任期三年即告屆滿，當時執政黨以立法權不能中斷，因此採取每年由行政院建議總統咨請立法院同意繼續行使職權的辦法，延長任期。到民國四十三年國民大會代表、監察委員任期亦已屆滿，國大代表任期依憲法第廿八條第二項規定：「每屆國民大會代表之任期至次屆國民大會開會之日爲止。」因此在解釋上，可以認爲由於第二屆國大代表事實上無法產生，所以仍由第一屆代表行使職權，政府乃採用此種解釋作爲國大代表繼續行使政權的根據。至於立法委員、監察委員任期問題，爲求得以解決，乃由行政院函司法院大法官會議解釋。民國四十三年一月廿九日，大法官會議以釋字第 31 號解釋如下：[220]

> 憲法第六十五條，規定立法委員之任期爲三年，第九十三條規定監察委員之任期爲六年，該項任期，本應自其就職之日起，至屆滿憲法所定之期限爲止，惟值國家發生重大變故，事實上不能依法辦理次屆選舉時，若聽任立法監察兩院職權之行使，陷於停頓，則顯與憲法樹立五院制度之本旨相違。故在第二屆委員，未能依法選出與召集以前，自應仍由第一屆立法委員監察委員繼續行使其職權。

此後，大陸選出的第一屆中央民意代表在大陸未光復前，得以繼續行使職權，並取得了釋憲之法理依據。[221]民意代表的任期制，實爲民主憲政的常軌，但由於事實上的無法改選，而經由憲法解釋的途徑，得以繼續行使職權，這在政治學的學理上，稱之爲憲法或制度的適應。如英國在兩次世界大戰期間，停止平民院議員的改選是。不過類似此種變局，應該只是一種暫時現象，若原屬應變的權宜措施，長時期存在，就會產生現實的問題，正因我國台海兩岸分裂分治之久，爲始料不及，故而中央民意機構所面臨的困境，隨著時間的飛逝而與日俱增。在本時期，雖無法全面改選，但政府在法律上與政治上的因素考量，乃有民國五十八年、六十一年所辦理的中央民代增補選舉與增額選舉。

先看民國五十八年的增補選，早在民國五十五年時，國大代表張知本等多人提案增列憲法臨時條款，主張定期改選台灣自由地區之中央民意代表，並依人口增加狀況增加名額。張氏等人於是年二月十九日第一屆國民大會第四次會議中，

---

220 同上，頁四九。

221 丘宏達，「關於充實中央民意機關問題之分析」，中國時報，民國七十五年四月十八日，版二。

提案如下：

　　　　查依憲法第十七條之規定，選舉權產生者，任期早已屆滿，限於實況久未改選，遂使此一部選舉權，迄未能行使。此在淪陷區同胞，受匪迫害，固屬無法自由表達其意志，然在自由地區或光復地區之國民，殊無久不選舉之理由。尤其年輕一代，漸趨成長，其在社會各方面多所建樹之優秀人士　，更屬今後復國建國之中堅力量，如以民意機構久未改選而無法容納，實為國家之嚴重損失，且亦有失民主政治之真義。至於人口自然增加，則亦當設法依其比例予以增選，以符規定。故在現能進行增選之地區，或光復地區能舉行選舉時，我國民大會應授權上述機構，適時有權決定舉辦是項選舉，以期開創政治新機，增強民意的代表性，使整個民主政治益趨正軌，實屬切要。

張氏之改革建議實兼顧大陸無法改選，與自由地區民主發展之必要性。唯對於定期改選台灣自由地區之中央民意代表一事，執政黨仍持保留態度，只接受增選或補選因人口增加或因故出缺者。故而最後通過之臨時條款為：「總統為適應動員戡亂需要，得調整中央政府之行政機構及人事機構，並對於依選舉產生之中央公職人員，因人口增加或因故出缺，而能增選或補選之自由地區及光復地區，均得訂頒辦法實施之。」

根據此一臨時條款的授權，總統交由國家安全會議制定「動員戡亂時期自由地區中央公職人員增選補選辦法」，報請總統於民國五十八年三月廿七日公布實施。該辦法重要條文為，第二條：「本辦法所稱中央公職人員之增選補選如下：（1）國民大會代表之增選補選。（2）立法院立法委員之增選。（3）監察院監察委員之增選。」第三條：「動員戡亂時期自由地區中央公職人員之增選補選，悉依本辦法之規定。現行國民大會代表、立法院立法委員及監察院監察委員選舉罷免法律有關選舉之規定，除本辦法引用者外於依本辦法辦理之增選補選不適用之。」此即明定有關選舉之規定已引用者外，各該法律不適用於本辦法所定增選補選，以排除各該法律拘束，俾便另訂施行細則。唯有關本辦法增選補選之罷免，則仍適用各該選舉罷免法中有關罷免之規定。第四條：「依本辦法增選補選之中央公職人員，分別與原中央公職人員依法行使其職權。」第五條：「本辦法所定之增選補選，國民大會代表及立法院立法委員，以普通、平等、直接及無記名單記法行之；監察院監察委員由省市議會以無記名單記法行之。」

民國五十八年的「動員戡亂時期自由地區中央公職人員增選補選辦法」，其意義為：

（1）此一中央公職人員增選補選辦法，為政府遷台後，針對中央民意代表（國大代表、立、監委）無法全面改選，所做的第一次因應，它所採取幅度不及張知本案之定期改選台灣自由地區之中央民意代表，而僅係檢討因人口增加、選區變動，或出缺無人可資遞補者，所以有二項特色；一為增加名額不多（國大代表 15 名，監委 2 名，立委 11 名），二為此次係「純法律性」的選舉（辦理之目的在符合憲法名額分配的原則）而非「政治性」的選舉。

（2）依本次辦法增選補選出來的代表，與第一屆中央民意代表一樣，均受

司法院大法官會議釋字第 31 號之解釋，即第二屆未選出之前，繼續行使職權，俱不改選。

（3）本次中央公職人員選舉，國民大會代表選舉兼辦增選補選，而立、監委選舉則僅辦增選。實因國民大會依憲法廿八條第二項規定：「每屆國民大會代表之任期，至次屆國民大會開會之日為止。」現在第二屆國民大會既未開會，則第一屆國民大會代表之任期自未終止，故其候補人可依法遇缺遞補，若缺額無候補人遞補者，則應辦理補選。至於立、監委之未辦補選，係因其第一屆任期，依大法官解釋「自其就職日起至屆滿憲法所定之期限為止」，故現在係繼續行使職權，因而立、監委員出缺不得由候補人遞補。[222]

（4）本次增選補選辦法所稱之「中央公職人員」似有欠妥當，依大法官會議釋字第 42 號解釋：「憲法第十八條所稱之公職，涵義甚廣，凡各級民意代表、中央與地方機關之公務員，及其他依法令從事於公務者皆屬之。」如此則中央民意代表及中央機關之公務員均包含在中央公職人員之內，而且憲法上並沒有「中央公職人員」一詞，故而此次以「中央公職人員」來指稱「中央民意代表」，並未恰當，唯本次選舉之後，即已不再使用「中央公職人員」一詞。[223]

民國六十一年的增額中央民意代表選舉，則緣於前一年十月我國被迫退出聯合國，在外交失利下，國人遂把注意力集中於內部，以革新內政為自主圖強之道，而國會功能的強化與更新，亦為主張改革的焦點之一。此時社會上約有至少兩派流行的意見：一派為全面改選。其論點強調，現行三個中央民意代表機構，均為廿餘年前的選民所選出，只能代表當時的民意，現在民意已有很大的變動，而選民卻無法選出代表，來替他們表示意見，至為不合理，故主張全面改選。另一派則在維護法統大前提下，主張局部改選。即在自由地區選出之中央民意代表，應到期改選，至於大陸各省所選出之代表，因其選民現已失去自由，自無法改選，故繼續行使職權，直到能夠改選時為止。[224]

上述兩派主張，均有理論與實務上窒礙難行之處，但在要求政治革新的壓力下，政府自必需對中央民意代表的政治基礎，予以妥適之解決，求得一個較圓滿的交代。民國六十一年二月廿日集會的第一屆國民大會第五次會議中，由谷正綱等 879 位代表（後連署代表增為 1,039 位）提出「為適應動員戡亂需要，特擬具動員戡亂時期臨時條款修正草案，提請核議案。」此即所謂的「谷案」。

谷案幾經討論修改，國民大會於二月十七日通過，其條文如下：

六、動員戡亂時期，總統得依下列規定，訂頒辦法，充實中央民意代表機構，不受憲法第廿六條、六十四條及九十一條之限制：

---

[222] 郎裕憲、陳文俊編著，中華民國選舉史（台北：中央選舉委員會，民國七十六年六月），頁三九○。

[223] 馬起華，民權主義與民主憲政（台北：正中書局，民國八十一年十一月），頁二三二—二三三。

[224] 袁頌西，「在危機中成長的我國民主憲政」，見中國論壇編輯委員主編，挑戰的時代—對當前問題的一些看法（台北：中國論壇社，民國六十九年)，頁一九——四○。

（一）在自由地區增加中央民意代表名額、定期選舉，其須由僑居國外選出之立法委員及監察委員，事實上不能辦理選舉者，得由總統訂定辦法遴選之。

（二）第一屆中央民意代表，係經全國人民選舉所產生，依法行使職權，其增選補選者亦同。大陸光復地區次第辦理中央民意代表之選舉。

（三）增加名額選出之中央民意代表，與第一屆中央民意代表；依法行使職權。增加名額選出之國民大會代表，每六年改選，立法委員每三年改選，監察委員每六年改選。

此為以修訂臨時條款通過於國民大會，確定增選中央民意代表的法源。臨時條款於民國六十一年三月廿三日經總統公布。執政的國民黨中常會旋決定函請「國家安全會議」規畫實施，後者於同年六月廿八日通過「動員戡亂時期自由地區增加中央民意代表名額選舉辦法」（以下簡稱「增額選舉辦法」）九章五十三條。國安會並決議廢止「動員戡亂時期自由地區中央公職人員增選補選辦法」。

根據「增額選舉辦法」第八條至第十三條之規定，台灣省、台北市及福建省金、馬地區合計應選出國大代表 53 名，立法委員 51 名，監察委員 15 名；由海外遴選的立法委員 15 名，監察委員 5 名，兩者相加，總計 119 名。其中增額國大代表與立法委員，均分區域、山胞與職婦團體三部份。

民國六十一年「增額選舉辦法」的實施，其中包含兩要點：

（1）對中央民意代表的新陳代謝，提供了一個可能的途徑。正如荊知仁指出，增額中央民意代表選舉制度，不僅為有志的精英份子，提供了一個合法的程序和機會，同時也為三個中央民意機構，提供了一個有效的新陳代謝和活化生機的機會；更重要的是，它又為憲法中有關中央民意代表選舉制度，提供了一個補充應變的途徑。荊氏亦提及，雖然增額選舉辦法有些地方與憲法的規定不盡相同，但這正是應變的結果，而又因為此一應變的制度，其作用是在加強政治的民主化；其目的在保持中華民國民主憲政體制的完整，所以它的變，乃是憲法的適應，而憲法的適應，則又是憲政制度成長過程中的常態現象。[225]

（2）民國六十一年的「增額選舉辦法」與五十八年的「增選補選辦法」相較，已如前文中所述，實為「政治性」與「純法律性」之區別。此一逐漸發展的方式，是有其正面意義的，金耀基指出，中央民代增補選舉的另一個意義乃是，我國民主發展的道路是漸進的，不同於若干國家，在民主追求上，無視客觀的條件，急躁的結果，反而造成社會的動亂不安。而我國民主漸進的目標，是希望為經濟發展提供一個「安定」的環境。[226]整體言之，政府來台之後，中央民意機關的改選，面臨既無法全面（大陸淪陷），又無法局部（公平性問題）的兩難困境，乃由五十八年「增選補選辦法」，到六十一年「增額選舉辦法」，逐步擴大政治參與的管道，也使具有最新民意基礎的新血輪注入國會之中。

3.地方自治選舉罷免法規：台灣於民國卅四年光復，恢復為中華民國行省之

---

[225] Carl Cohen 著，聶崇信、朱秀賢譯，前揭書，頁二三九—二四〇。

[226] 金耀基，前揭書，頁二四一二五。

一，當時國內各省省政府採合議制，設省政府委員會，中央鑑於台灣初經光復，省之職權應予提高，暫不宜取一般制度，故特定爲首長制，省之行政首長爲行政長官，國民政府於民國卅四年九月公布「台灣省行政長官公署組織大綱」。至民國卅六年五月十六日，行政長官公署奉命改組爲省政府，設委員會。台灣省地方自治開始甚早，在行政長官公署時代，即於民國卅四年十二月廿六日公布「台灣省各級民意機構成立方案」，以爲各級議會設置的依據，民國卅五年選舉，除村里長由村里民選舉產生外，其餘各級地方公職人員均採間接選舉產生，即由村里民大會選舉鄉鎮（市）區民代表，由鄉鎮（市）區民代表會選舉縣市參議員，由縣市參議會選舉省參議員，成立台灣省參議會。這是光復初期的必要和過渡的選舉模式，以此揭開了台灣省地方公職人員選舉的序幕。而當年台省所制頒多種單行規章：「台灣省鄉鎮民代表會組織規程」、「台灣省鄉鎮民代表選舉條例」、「台灣省轄市民代表會組織規程」、「台灣省轄市民代表選舉規則」及「台灣省縣市村里民大會開會規則」等，[227]則亦影響民國卅九年以後制定的各級自治法規。

中央政府來台後，台灣省在民國卅九年四月廿四日公布「台灣省各縣市實施地方自治綱要」，正式的在台灣地區推行地方自治。雖然憲法第一一二條規定，省縣自治法的制定，須根據中央立法院制頒之「省縣自治通則」，唯因國家局勢的轉變，「省縣自治通則」遲遲未能制定，政府即思在台灣省提前實施地方自治，以落實民主憲政的理想，特別是中央民意代表格於時局，無法全面改選下，地方自治選舉所代表主權在民之民主政治意義至爲重大。

政府首先於民國卅八年間籌組「地方自治研究會」，聘請中央與地方之代表與學者專家，從事法規之研擬，是年八月十五日成立，以張厲生爲主任委員，阮毅成、連震東、林彬、楊大乾、劉闊才等28人爲委員，研擬完成「台灣省調整行政區域草案」、「台灣省各縣市實施地方自治綱要草案」、「台灣省縣市議會議員選舉罷免規程草案」三種，並將尚未完成之「台灣省縣市長選舉罷免規程草案」一併送台灣省政府。四案中尤以「台灣省各縣市實施地方自治綱要」，實爲台灣省辦理縣市地方自治之基本法規，經省府委員一再討論修正後送省參議會審議，於民國卅九年三月四日提經台灣省政府委員會第一三九次會議通過，呈奉行政院核准，於同年四月廿四日由省政府公布實施。[228]其後陸續公布實施的有：[229]

（1）民國卅九年四月廿五日由台灣省政府公布「台灣省各縣市議會議員選舉罷免規程」、「台灣省各縣市議會組織規程」及「台灣省各縣市縣市長選舉罷免規程」。

（2）民國卅九年五月五日由台灣省府公布「台灣省各縣市議會議員選舉罷免規程實施細則」、「台灣省各縣市議會議員選舉事務所組織規程」、「台灣省各縣市議會議員選舉投票所辦事細則」、「台灣省各縣市議會議員選舉開票所辦事細

---

[227] 金體乾，台灣的地方自治（台北：正中書局，民國卅九年），頁一一二、二三九。

[228] 馬起華，前揭書，頁五一八─五一九。

[229] 同上，頁五一九─五七三。

則」。

（3）民國卅九年六月十七日台灣省府公布「台灣省妨害選舉取締辦法」、「台
灣省縣市選舉監察委員會組織規程」兩種。

（4）民國卅九年七月十二日台灣省府公布「台灣省鄉鎮民代表會組織規
程」、「台灣省鄉鎮區長選舉罷免規程」及「台灣省各縣市村里長選舉罷免規程」。

（5）民國卅九年七、八月間公布「台灣省各縣市長選舉事務所組織規程」、
「台灣省各縣市縣市長選舉投票所辦事細則」、「台灣省鄉鎮區長選舉事務所組織
規程」。

（6）民國四十年九月公布「台灣省臨時省議會組織規程」及「台灣省臨時
省議會議員選舉罷免規程」兩種。

（7）民國五十六年六月廿二日行政院頒布「台北市各級組織及實施地方自
治綱要」，以配合同年七月一日台北市改爲直轄市（院轄市），依本綱要設置台北
市議會，由公民選舉市議員組成，爲市的立法機構。

前述各項法規除台北市改隸較晚，其餘各項法規多在一年之內完成，以配合
地方自治的實施，但亦不可避免法規欠週，故而其後又經七次修正，以適應時、
地之需要，地方自治法規亦由 17 種之多簡併至 6 種，以收化繁爲簡之效。本時
期各項地方自治法規的完成實施，台灣地區的地方選舉包括各類型如下：

1.台灣省議會議員選舉。

2.台北市直轄市市議會議員選舉。[230]

3.各縣市縣市長選舉

4.各縣市議會議員選舉

5.各縣鄉鎮縣轄市長選舉。

6.各縣鄉鎮縣轄市民代表會代表選舉

7.村里長選舉。

在台灣地區的地方自治中，其中省政府主席，從民國卅九年起，並未隨各項
選舉同時實施，省主席（省長）在當時決定暫不實行民選的原因，蔣中正總統曾
有如下說明：[231]

> 　　台灣爲中國的一省，在目前大陸未復，億萬同胞正顛頷於匪僞虐政之下
> 的當口，台灣省的地方自治，只是爲建設三民主義模範省的試行階段，而並
> 不是已經到了完全實行的時期。台灣省今日得以選舉各級地方議會與長官，
> 以及選舉縣市鄉鎮自治人員，都是中央政府臨時試行自治的一種措施。　總
> 理說：「真正的地方自治，必待中國全體獨立之後，始能有成。」同時又說：
> 「一省之內，所有經濟問題、政治問題、社會問題，惟有於全國規模中始能

---

230 除台北市升格爲直轄市，另一升格直轄市者爲民國六十八年的高雄市，依本書之分期，屬第
　　二個階段時期。民國九十九年升格者有新北市、台中市、台南市，依本書分期屬第三階段。

231 蔣中正，「黨的基本工作和發展方向」，見中國國民黨中央委員會編，先總統　蔣公政黨政治
　　講詞集，卷二（台北：中國國民黨中央委員會，民國六十年十月），頁四六一。

解決，則各省真正自治之實現，必在全國國民革命勝利之後」。這一則遺教，在今日是尤其值得大家深長思之的，何況目前是好匪正在對我們復興基地，朝夕窺伺，如果大家無視於共匪所叫囂的「和平解放台灣」，與「血洗台灣」的陰謀威脅，貿然實施民選省長，那就只有徒滋紛擾、動搖反共基地，無異多給共匪製造挑撥分化的機會，而對台灣省同胞是「不惟無益，而又害之」的，政府決不能做這樣不智的事。所有明白事的反共愛國的台灣同胞，此時也決不肯有這樣主張，來為共匪奴役我們臺省同胞鋪路，而願自受其大陸同胞所遭受的空前浩劫。

根據蔣中正總統的說明，應包括如下要點：①當時國家處於非常時期，同時台灣的地方自治仍在試行階段。②真正的自治必待大陸光復，全國統一之後方能有成。③中共正叫囂「和平解放台灣」與「血洗台灣」的陰謀詭計，如若貿然實施民選省長，將無異多給中共製造挑撥分化的機會。

唯以前述之說明，若擔心中共挑撥分化，則各項選舉亦已實施，如省議員、縣市長、縣市議員‧‧‧；若言地方自治正在試行階段，則多一項省長試行，亦或可增加民主程度；若言真正的自治必須待全國統一始有成，則此與省長民選關連因素亦非直接。考斯時省長不採民選，「省」地位層級的特別情境，應是主要原因。當中央政府來台，則中華民國主權與台灣省範圍幾近重疊，無論民國卅八年，乃至蔣中正總統發表本篇講詞的民國四十九年九月，當時尚無院轄市（台北市為民國五十六年七月一日升格，高雄市為民國六十八年七月一日升格），中華民國主權所轄除金、馬外島，則為台灣省，以言範圍、人口、資源均近重疊，民選省長之聲望、地位必高，加以民意基礎穩固，相對於間接選舉產生的「總統」一職（由國民大會選舉產生），則在政治上必將發生微妙情境，這在動員戡亂時期，首重鞏固領導中心而言，應是主要考量。

中華民國政府來台以後所實施地方公職人員選舉與中央民意代表的增額選舉，分別適用不同法規，中央民意代表增額選舉，係依據「動員戡亂時期臨時條款」授權總統訂頒選舉辦法，具有法律地位。而地方公職人員選舉，則依據「台灣省各縣市實施地方自治綱要」等相關規章，此些「綱要」、「規程」、「細則」並非中央法規標準法第二條所稱之法律（含「法」、「律」、「條例」、「通則」），而是中央法規標準法第三條所稱之命令（含「規程」、「規則」、「細則」、「辦法」、「綱要」、「標準」或「準則」）。此兩種選舉法規在制度上頗多差異：[232]

（1）在選舉機關上，中央民意代表選舉時，其選舉事務所係臨時成立，而地方選舉則是以行政首長為選舉監督，僅於市縣以下成立臨時性選舉事務所。

（2）在選舉監察方面，中央民代選舉係由最高法院檢察署檢察長督率各級檢察官執行選舉監察職務，地方選舉則有常設之選舉罷免監察委員會執行。

（3）在候選人之學歷資格認定方面，中央選舉由選務機關就候選人所繳學

---

[232] 居伯均，「選舉罷免法的目的與功能」，台灣省政府新聞處編，民主憲政的理想與實踐（台中：台灣省政府新聞處，民國七十四年），頁二三一一二四。

歷證件審定，而地方選舉則由考試院檢覈其資格。

　　整體而言，本時期的選舉制度，就地方自治選舉法規而言，雖無「省縣自治通則」，以及據以完成的「省縣自治法」，但秉持有效實行的自治章程，穩固的建立民主基石，在這些法規下，貫徹了民主憲政中政治參與、地方自治的精神，培養無數基層人才，藉由各層級選舉，不斷歷練，由村里而鄉鎮，由鄉鎮而縣市，由縣市而省議會，到民國五十八年、六十一年以降的中央民意代表增額選舉實施，更使省籍政治精英由地方而至中央民意機構，一脈相連。

　　（二）創制複決法規：創制權（initiative）乃公民得以法定人數的簽署，提出法案而議決為法律的權利。故為公民積極的直接立法。複決權（referendum）乃公民對於立法機關或制憲（修憲）機關所議決的法律案或修憲案，以投票決定其應否成為法律或憲法之權利。故為公民消極的直接立法。創制權就表決方式，可分直接創制（direct initiative）與間接創制（indirect initiative）；就行使範圍，可分制憲創制（constitutional initiative ）與立法創制（legislative initiative ）；就行使的程序言，可分原則創制、條文創制。複決權就行使範圍，可分制憲複決（constitutional referendum）與立法複決（legislative referendum）；就表決方式可分強制複決（obligatory referendum）與任意複決（optional referendum）；就複決之要求機關言有由公民之要求、地方政府之要求、立法機關之要求、元首決定者四種。創制與複決常有聯帶關係，故一般學術上習慣於合併予以討論。

　　本時期之創制複決兩權法規，可從憲法與民國五十五年國民大會依據修訂臨時條款，三讀通過「國民大會創制複決兩權行使辦法」來分析。我國憲法關於創制複決權之規定有五個條文：

　　憲法第十七條：「人民有選舉、罷免、創制、複決之權。」

　　憲法第廿七條：「國民大會之職權・・・三、修改憲法，四、複決立法院所提之憲法修正案。關於創制、複決兩權，除前項第三第四兩款規定外，俟全國有半數之縣市曾經行使創制、複決兩項政權時，由國民大會制定辦法並行使之。」

　　憲法第一二三條：「縣民關於縣自治事項，依法律行使創制、複決之權。」

　　憲法第一三六條：「創制、複決兩權之行使，以法律定之。」

　　憲法第一七四條：「憲法之修改……二、由立法院立法委員四分之一提議，四分之三之出席，及出席委員四分之三之決議，得擬定憲法修正案，提請國民大會複決。此項憲法修正案，應於國民大會開會前半年公告之。」

　　綜合前述憲法規定，國民大會對中央（即立法院）法律，有創制複決之權，（廿七條）對立法院擬定憲法修正案，有複決之權，（廿七條、一七四條）且此一憲法複決為強制複決。就人民而言，其行使創制複決權的範圍，僅限於縣市自治法規，並不及於省法規與中央法律，也不及於修憲之創制、複決權。（一二三條）唯對於省民是否可對省自治法有創制、複決之權？憲法未有明文規定，然論者就政治學理言，認為應作肯定解釋，始符合公民直接立法之真義。[233]

---

[233] 張治安，中國憲法及政府，二版二刷（台北：五南圖書公司，民國八十二年十月），頁二二○。

　　究其實，本時期並未有人民行使創制、複決權之法規，亦即憲法第一三六條所規定：「創制、複決兩權之行使，以法律定之。」第一二三條：「縣民關於縣自治事項，依法律行使創制、複決之權。」在政府來臺後，並未制定相關法律，故一般公民無法行使縣以下或省之創制、複決兩權。就國民大會行使創制、複決兩權，雖然憲法第廿七條規定：「國民大會之職權・・・關於創制、複決兩權，除前項第三第四兩款規定外，俟全國有半數之縣市曾經行使創制、複決兩項政權時，由國民大會制定辦法並行使之。」大陸淪陷後，國民大會行使創制複決顯然被凍結了，但第一屆國民大會透過第三次大會以修訂臨時條款方式，於民國五十五年二月七日通過「動員戡亂時期，國民大會得制定辦法，創制中央法律原則與複決中央法律，不受憲法第廿七條第二項之限制。」（臨時條款第四項），並通過「在動員戡亂時期，總統對於創制案或複決案認爲有必要時，得召集國民大會臨時會討論之。」（臨時條款第五項）此即將有無必要行使此兩權之決定權交給總統，國民大會本身並不得自行集會行使兩權。

　　根據臨時條款第四項之規定，國民大會在民國五十五年二月八日第四次大會，三讀通過「國民大會創制複決兩權行使辦法」，全文共計五章十三條，五章分別是；總則、創制、複決、程序及附則。其重要條文如下：

　　第三條：國民大會對中央法律有創制權。

　　第四條：國民大會創制之立法原則，咨請總統移送立法院，立法院應於同一會期內，依據原則完成立法程序。但內容繁複，或有特別情形者，得延長一會期。前項立法原則，立法院不得變更。

　　第五條：國民大會創制之立法原則，經完成立法程序後，非經國民大會決議，立法院不得修正或廢止。

　　第六條：國民大會對於中央法律有複決權。

　　第七條：國民大會複決成立之法律，經公布生效後，非經國民大會決議，立法院不能修正或廢止，經複決修正否決或廢止之法律，立法院不得再制定相同之法律。

　　第八條：國民大會代表提出創制案複決案，須有代表總額六分之一簽署。

　　第九條：國民大會代表提出創制案複決案須具備提案書，載明下列事項：1.案由 2.理由 3.內容 4.簽署人 5.年月日。

　　第十條：國民大會討論創制複決案，非有代表總額二分之一以上之出席，不得開議，非有出席代表二分之一以上之同意，不得決議。前項決議，須經三讀程序，但廢止或否決之法律得省略第三讀會。

　　第十一條：經國民大會複決成立或廢止之法律，應咨請總統於收到後十日內公布之。經國民大會否決之創制複決事項，在同一會期內不得再行提案。

　　依上述條文規定，國民大會對中央立法的創制爲「原則創制」，對中央立法的複決爲「任意複決」，創制複決案須代表總額六分之一簽署，二分之一以上之出席，出席代表二分之一以上之同意才得決議，並咨請總統於十日內公布。

　　綜合論之，本時期人民並無對省或縣自治事項，行使創制、複決兩權之法規。

而國民大會的創制複決權，雖然於民國五十五年八月八日由總統公布「國民大會創制複決兩權行使辦法」，唯臨時條款第五項規定，將有無必要行使兩權，以及要不要召集國民大會討論之權，賦予總統，國民大會本身不得自行集會行使兩權。

二、人民團體組織法規

本時期規範人民團體組織的法規，主要是來自民國卅一年由國民政府公布施行的「非常時期人民團體組織法」，另相關法規較重要的包括：

「人民團體選舉罷免辦法」（民國五十七年公布，後經民國五十九年、七十九年、八十一年、八十五年、九十四年、九十七年修正）

「工業團體法」（民國六十三年公布、九十一年、九十八年修正）

「商業團體法」（民國六十一年公布，後經民國七十一年、八十五年、八十六年、九十一年、九十八年、九十九年修正）

「工會法」（民國十八年公布，後經民國卅八、六十四年、八十九年、九十九年修正）暨「工會法施行細則」（民國卅三年公布，後經民國卅七年、六十四年、九十年、一〇〇年修正）。

「農會法」（民國十九年公布，後經廿六年、卅二年、卅七年、六十三年、七十四年、八十年、八十三年、八十八年、八十九年、九十年、九十三年、九十六年、九十七年、九十八年、一〇一年修正）暨「農會法施行細則」（民國六十三年公布，後經民國六十四年、七十年、七十四年、七十七年、八十八年、九十年、九十六年修正）。

「漁會法」（民國十八年公布，後經民國廿一年、卅七年、六十四年、七十年、七十四年、七十七年、八十年、八十八年、八十九年、九十年、九十三年、九十六年、九十八年、九十九年、一〇一年修正）暨「漁會法施行細則」（民國十九年公布，六十五年、七十四年、七十七年、八十八年、九十一年、九十六年、一〇一年修正）。

因本時期屬戒嚴時期，故而「戒嚴法」亦同時對人民團體的組織、運作有相當影響。前述各項法規就政治參與、政治發展角度觀察，有兩項要點：

（一）「政治團體」或「政黨」相關法規，付之闕如：「非常時期人民團體組織法」中之「人民團體」，實與西方的自主團體（voluntary associations）意涵相近，乃是人民基於合意共同組成的團體，與政黨屬不同概念。[234]該法之人民團體，乃是職業團體、社會團體，其與政治團體、政黨並無關聯。職業團體為同業間之互相協調關係，並增進共同利益所組成的，非常時期人民團體組織法中之第三、四、五、十、十八條，均明確標示「職業團體」名稱。社會團體則非由同業組成，乃一般民眾為推廣文化、教育、宗教、體育、慈善、學術‧‧‧等所組成的公益團體。在非常時期人民團體組織法第六條：「凡具有兩種以上人民團體之會員資格者，得同時加入兩種以上之團體為會員。」此即除職業團體外，亦可加入各種社

---

[234] 葉俊榮，「動員戡亂時期人民團體法的常態化」，中國比較法學會編，戡亂終止後法制重整與法治展望論文集（台北：中國比較法學會，民國八十年四月），頁二〇三。

會團體，並不受數額限制。因「非常時期人民團體組織法」無關於政治團體、政黨，直到解嚴之後，民國七十八年一月將「非常時期人民團體組織法」修正爲「動員戡亂時期人民團體法」，才納入「政治團體」，並將政黨定位爲政治團體的一種。

總之，本時期之人民團體法規，因無相關政治團體法規、政黨法規，加以戒嚴時期，依照戒嚴法第十一條第一項之規定「得停止集會結社」，組黨爲戒嚴時期所禁止，政府對黨禁執行甚嚴格。這時期的人民團體組織法規所規範，很明顯僅有職業團體、社會團體，而無政治性團體、政黨。

（二）人民團體組織法中，行政監督趨向嚴格：執政的國民黨鑑於大陸失敗之經驗教訓，對人民團體的規範面甚廣，行政部門指導監督權責有如下規定：

1.非常時期人民團體組織法第二條：「人民團體之主管官署，在中央爲社會部，在省爲社會處，未設社會處之省爲民政廳，在院轄市爲社會局，在縣市爲縣市政府。在其目的事業，應依法受該事業主管官署之指揮監督。」

2.工會法第三條：「工會之主管機關，在中央爲內政部，在省（市）爲省（市）政府，在縣（市）爲縣（市）政府。但其目的事業應受各該事業之主管機關指導、監督。」此外農會法第三條、漁會法第三條均有同樣規定。

3.工業團體法第五條：「縣（市）工業會主管機關爲縣（市）政府，直轄市工業同業公會及工業會，主管機關爲直轄市政府之社會局，省工業同業公會及工業會，主管機關爲省政府之社會處。特定地區工業同業公會、全國工業同業公會、全國各業工業同業公會聯合會及全國工業總會，主管機關爲內政部。前項各類工業團體之目的事業，應受各該目的事業主管機關之指導監督。」商業團體法第六條對商業團體的主管機關規定相同。

行政機關對人民團體的監督範圍，從各種組織法中來看，相當廣泛，各種職業團體法中並列有「監督」專章，茲分述如下：

1.非常時期人民團體組織法第十八條：「人民團體違反法令，妨害公益，或怠忽任務時，主管官署得分別施以下列之處分：（1）警告（2）撤銷其決議（3）整理（4）解散。職業團體經解散後，應即重行組織。」

2.工會法第七章爲「監督」，共有九條。第廿六條爲罷工之程序及限制：「勞資或僱傭間之爭議，非經過調解程序無效後，會員大會以無記名投票經全體會員過半數之同意，不得宣告罷工。工會於罷工時，不得妨害公共秩序之安寧，及危害於他人之生命財產及身體自由。工會不得要求超過標準工資之加薪而宣告罷工。」第廿七條爲規定工會每年十二月應將（1）職員之姓名、履歷（2）會員入會出會名冊（3）會計報表（4）事業經營之狀況（5）各項糾紛事件之調處經過，等內容函送主管機關備查。第廿八條規定：「工會章程之修改或重要職員之變更，應函請主管機關備查。」第廿九條：「工會或職員、會員不得有下列各款行爲：（1）封鎖商品或工廠。（2）擅取或毀損商品工廠之貨物器具。（3）拘捕或毆擊工人或僱主。（4）非依約定不得強迫雇主僱用其介紹之工人。（5）集會或巡行時攜帶武器。（6）對於工人之勒索。（7）命令會員怠工之行爲。（8）擅行抽取佣金或捐款。」第卅條：「工會之選舉或決議，有違背法令或章程時，主管機關得撤銷之。」第

卅一條：「工會章程有違背法令時，主管機關得函請變更之。」第卅二條：「工會對前二條之處分有不服時，得提起訴願，但訴願之提起應於處分決定公文送達之日起卅日內爲之。」第卅三條：「工會理事監事有違背法令或失職情事時，會員大會得議決罷免之，並函請主管機關備案。」第卅四條：「工會與外國工會之聯合，須經會員大會或代表大會之通過，函經主管機關認可後行之。」

　　3.農會法第九章爲「監督」，共計七條。第四十一條：「農會怠忽任務，妨害公益、或逾越其任務範圍時，主管機關得予以警告。」第四十二條：「農會之決議有違反法令，妨害公益，或逾越其宗旨、任務時，主管機關得令撤消其決議。」第四十三條：「農會違反其宗旨或任務，其情節重大者，主管機關得予以解散或撤銷其登記。農會經解散後，應即重行組織。」第四十四條：「下級機關爲第四十二條、四十三條之處分時，應經上級主管機關之核准。」第四十五條：「農會經營不善、虧損嚴重或有其他重大事故，主管機關認爲必要時，得經中央主管機關之核准，停止會員大會、理事、監事之職權，並予整理，經整理後，應即令其改選。」第四十六條：「農會理、監事及總幹事如有違反法令、章程，嚴重危害農會之情事，主管機關得報經上級主管機關之核准，或逕由上級主管機關予以停止職權或解除職務。」第四十七條：「農會解散時，應由主管機關指派清算人。清算人有代表農會執行清算事務之權。」

　　4.漁會法第九章爲「監督」，共計七條，即該法第四十四條至第五十條，內容規定與農會法第九章大致相同。

　　5.工業團體法第四章爲「監督」，共計七條。第五十九條規定工廠不依法加入工業團體之處罰。第六十條規定工業團體之會員不按章程繳納會費之處分。第六十一條爲會籍註銷之規定。第六十二條爲工業團體理監事之罷免規定。第六十三條爲工業團體違背法令、廢弛會務、妨害公益、逾越權限之處分，工業團體重行組織等之規定。第六十四條規定工業團體本身不得兼營營利事業。第六十五條爲禁止工業團體向所屬會員勸募捐款。

　　6.商業團體法第四章爲「監督」，共計八條，即該法第六十三條至七十條所規定事項與工業團體法第四章大致相同。

　　前述各項人民團體組織法規，有關行政部門的監督指導，事實上亦不限於各該法之專章中，在各法各項條文中，亦有行政機關監督之處。以工會法爲例，除其中第八章八個保護條文，其他各條文實多可視爲「監督」工會會務之條文。茲舉較重要之條文，說明如次：

　　1.工會法第八條：「凡同一區域或同一廠場內之產業工人，或同一區域之職業工人，以設立一個工會爲限。」即將產業工會組織限於個別企業、廠場之內，在一個企業或廠場，只能成立一個產業工會。或謂以我國企業八成以上均屬中小企業，以類似「企業工會」（enterprise-wide union）、小麻雀工會，自難與雇主作必要之抗衡，基層實力如此，奠基於其上的各上級工會更難施展。[235]

---

[235] 劉志鵬，「從廢止『人團法』重新架構『工會法』」，見同上，頁三二三。

2.工會法第十條：「工會章程應載明下列事項：（1）名稱（2）宗旨（3）區域（4）會址（5）任務或事業（6）組織（7）會員入會出席及除名。（8）會員之權利與義務。（9）職員名額、權限、任期及其選任、解任。（10）會議（11）經費及會計（12）章程之修改。」此為規定章程應載事項。

3.工會法第十二條：「凡工會組織區域內，年滿十六歲之男女工人，均有加入其所從事產業或職業工會為會員之權利與義務，但已加入產業工會者，得不加入職業工會。」此為採取強制入會主義，就優點而言，可保障勞工之權益，但亦不無剝奪勞工結社自由之權。

4.工會法第十七條：「工會理事、監事之任期均為三年。其連選連任者，不得超過三分之二，理事長之連任，以一次為限。」此為規定理事長連任限定一次。

5.工會法第廿二條：「工會經費以下列各款充之；（1）會員入會費。（2）特別基金。（3）臨時募集金。（4）政府補助金。・・・政府補助金以補助縣（市）以上總工會為限，並應分別列入國家、地方預算。」政府補助縣（市）級以上總工會，似有違勞資雙方關係中，政府應守之中立原則，且易啟人以政府藉由補助金控制縣市以上總工會的疑慮。

6.工會法第四十條：「工會有下列情事之一時，主管機關得解散之：（1）成立之基本條件不具備者。（2）破壞安寧秩序者。工會對於解散處分有不服時，得於處分決定公文送達之日起，三十日內提起訴願。」此為工會之解散與不服解散處分之救濟。

7.工會法第五十五條：「違反本法第廿六條各項（按：指罷工之程序暨限制）之規定者，其煽動之職員或會員，觸犯刑法者，依刑法之規定處斷。」工會法中之罰則，除本條外，尚有第五十六條（違反第廿九條規定之處罰）、第五十七條（違反第卅五條、第卅六條、第卅七條規定之處罰）以及第五十八條（工會理事違反規定之處罰）等。

前述工會法中所規範者，可看出政府行政部門與工會組織之關係，此外如農會組織、漁會組織、工業團體組織、商業團體組織、社會團體組織等，亦大致相同。行政機關因各相關法規中所賦予職權，實亦加重其對各種人民團體（含職業團體、社會團體）的影響力。有關本時期人民團體組織與政府之關係，因政府來台之初，檢討大陸的失敗，對於人民團體組織影響社會、經濟、人心的安定，有不容忽視的作用。因而對「非常時期人民團體組織法」、「工會法」、「農會法」・・・等，加強行政機關的監督功能，純就時代背景而言，此一做法有其功能。民國三十、四十年代的台灣經濟力不足、社會條件欠缺，外在中共的威脅下，只有「安定」才能建設、發展，蓄積國力，中華民國其後能創造「台灣經驗」的成果，安定的環境是功不可沒的。時代背景給予政府作為以有力支持，亦使得各種人民團體組織特性，並無法朝向「組織自由化、會務自主化、運作民主化」發展，以言工會法，應是以工會為主體而出發，以保障勞動基本權為依歸之工會法，其他農會法、漁會法、各種社會團體法規亦莫不如此。本時期人民團體組織法規之特色，一方面缺乏政治性團體法規、政黨法規，且在戒嚴下實施黨禁，故組織政治團體、

政黨無法可依，亦不被允許；另一方面，對一般人民團體（職業團體、社會團體）亦在時代、環境因素下，法規無法完全走向「組織自由化、會務自主化、運作民主化」，各種法規表現傾向政府本位主義，缺乏人民團體的自主性，行政機關對職業團體、社會團體的指導監督功能是很直接、明顯的。

三、大眾傳播法規

意見自由（Freedom of Expression）即人民得自由發表意見，國家不得非法侵犯之意，此為民主國家都認同肯定的基本人權之一。我國憲法第十一條：「人民有言論、講學、著作及出版之自由。」蓋以民主政治即為民意政治，如民意無法自由表示，則民主政治亦無從實現，但是國家所以保障意見自由，其目的在促進社會文化之向上，如人民所發表意見有違公序良俗、妨害治安、煽動犯罪等，國家亦得以限制之。是故憲法第廿三條：「以上各條列舉之自由權利，除為防止妨礙他人自由、避免緊急危難、維持社會秩序或增進公共利益所必要者外，不得以法律限制之。」

從政治參與的角度來看意見自由表達，基本上，有「出版品」與「電子媒體」兩大眾傳播主軸。在本時期，規範出版品、電子媒體的法規，主要有下列數種：

「出版法」（民國十九年公布，後經廿四年、廿六年、四十一年、四十七年、六十二年修正公布）

「廣播電視法」（民國六十五年公布，後經七十一年、八十二年修正公布）

「廣播電視法施行細則」（民國六十五年公布，後經六十八年、七十二年、七十七年、八十一年修正。）

「妨害軍機治罪條例」（民國四十年公布，後經四十三年、四十六年、六十一年修正公布）

「懲治叛亂條例」（民國卅八年公布，後經三十九年、四十七年修正公布）

「國家總動員法」（民國卅一年公布）

「妨害國家總動員懲罰暫行條例」（民國卅一年公布，後經卅九年、四十二年修正公布）

「台灣地區戒嚴時期出版物品管制辦法」（民國五十九年公布）

「戒嚴法」（民國廿三年公布，後經卅七年、卅八年修正公布）

本文以下從「出版品」、「電子媒體」兩部分，分析本時期大眾傳播相關法規的內涵與影響：

（一）出版品法規

出版品的主要規範有出版法、出版法施行細則、台灣地區戒嚴時期出版物管制辦法、國家總動員法、戒嚴法、妨害國家總動員懲罰暫行條例、懲治叛亂條例等。先就出版法中重要條文說明如下：

1.主管官署的規定：出版法中所稱主管官署者，在中央為行政院新聞局，在地方為省（市）政府及縣（市）政府。（第七條）

2.出版前須經申請核准：新聞紙或雜誌之發行，應由發行人於首次發行前，填具登記聲請書報經該直轄市政府或該管縣（市）政府轉報省政府，核與規定相

符者，准予發行，並轉請行政院新聞局發給登記證。前項登記手續各級機關均應於十日內為之。並不收費用。登記聲請書應載明之事項：①名稱②發行旨趣③刊期④組織概況⑤資本總額⑥發行所及印刷所之名稱及所在地⑦發行人及編輯人姓名、性別、年齡、籍貫、經歷及住所。（第九條）前條所定應聲請登記之事項有變更者，其發行人應於變更後七日內，按照登記時之程序，聲請變更登記。（第十條）另出版品之為學校或社會教育各類教科圖書發音片者，應經教育部審定後，方得印行。（第廿一條）

3.出版品獎助規定：出版事業或出版品，合於下列各款情形之一者，應予以獎勵或補助：①合於憲法第一百六十七條第三款之規定者。（按：指於學術或技術有發明者）②對教育文化有重大貢獻者。③宣揚國策有重大貢獻者。④在邊疆海外或貧瘠地區，發行出版品，對當地社會有重大貢獻者。⑤印行重要學術專門著作，或邊疆海外及職業學校教科書者。前項獎勵或補助另以法律定之。（第廿三條）

4.出版品刊載的限制：出版品不得為下列各款之記載：①觸犯或煽動他人，觸犯內亂罪、外患罪者。②觸犯或煽動他人，觸犯妨害公務罪，妨害投票罪，或妨害秩序罪者。③觸犯或煽動他人，觸犯褻瀆祀典罪、或妨害風化罪者。（第卅二條）

出版品對於尚在偵查或審判中之訴訟事件，或承辦該事件之司法人員，或與該事件有關之訴訟關係人，不得評論，並不得登載禁止公開訴訟事件之辯論。（第卅三條）

戰時或遇有變亂，或依憲法為緊急處分時，得依中央政府命令之所定，禁止或限制出版品關於政治軍事外交之機密或危害地方治安事項之記載。（第卅四條）以上為戰時或變亂，政府得以命令禁止或限制登載事項。

5.罰則的規定：出版品如違反本法規定，主管官署得為下列行政處分：①警告。②罰鍰。③禁止出售散布進口或扣押沒入。④定期停止發行。⑤撤銷登記。（第卅六條）

行政處分中採警告情形為出版品違反第卅二條第三款及第卅三條之規定，情節輕微者，得予以警告。（第卅七條）行政處分中採罰鍰情形為出版品有下列情形之一者：①違反第十四條或第廿二條之規定，不寄送出版品，經催告無效者，處一百元以下罰鍰。②不為第十三條或第廿條所規定之記載，或記載不實者，處三百元以下罰鍰。③不為第十五條之更正，或已更正而與登載事項涉及人或機關，要求更正或登載辯駁書之內容不符，經當事人向該主管官署檢舉，並查明屬實者，處五百元以下罰鍰。（第卅八條）

行政處分中禁止出售散布或扣押者，為出版品有下列情形之一者：①不依第九條或第十六條之規定，呈准登記。而擅自發行出版品者。②出版品違反第廿一條之規定者。③出版品之記載，違反第卅三條第二款及第三款之規定者。④出版品之記載，違反第卅三條之規定，情節重大者。⑤出版品之記載，違反第卅四條之規定者。依前項規定扣押之出版品，如經發行人之請求，得於刪除禁載或禁令

解除時返還之。(第卅九條)

　　行政處分中定期停止其發行者,為出版品有下列情形之一:①出版品就應登記事項為不實之陳述而發行者。②不為第十條或第十七條之聲請變更登記,而發行出版品者。③出版品之記載違反第卅二條第一款之規定者。④版品之記載違反第卅二條第二款及第三款之規定情節重大者。⑤出版品之記載違反第卅四條之規定情節重大者。⑥出版品經依第卅七條之規定連續三次警告無效者。前項定期停止發行處分,非經行政院新聞局核定不得執行,其期間不得超過一年。違反第一項第三款之規定者,得同時扣押其出版品。(第四十條)

　　行政處分中之撤銷登記者,為出版品有下列情形之一:①出版品之記載,觸犯或煽動他人觸犯內亂罪、外患罪、情節重大,經依法判決確定者。②出版品之記載,以觸犯妨害風化罪為主要內容,經予以三次定期停止發行處分,而繼續違反者。(第四十一條)

　　行政處分中之出版品沒入情形為出版品經依法註銷登記,或撤銷登記,或予以定期停止發行處分後,仍繼續發行者。(第四十二條)另出版品禁止進口情形為國外發行之出版品,有應受第卅七條及卅九條至四十一條處分之情形者,行政院新聞局得禁止其進口 。(第四十三條)

　　出版品因受本法所定之行政處分提起訴願時,其受理官署,應於一個月內,予以決定。訴願人如依法提起行政訴訟時,行政法院應於受理日起一個月內裁決之。(第卅條)此為規定訴願、行政訴訟之裁決期限。

　　除前述出版法外,在戒嚴時期執行出版品檢查、取締、扣押的主要依據,為「台灣地區戒嚴時期出版物管制辦法」,此辦法由行政院於民國五十九年頒布,依此法出版品檢查工作交由警備總部政六處文化審核小組執行,禁止刊載的事項,包括:國防、政治、外交機密、為匪宣傳,詆譭元首,違背反共國策之言論,挑撥政府與人民情感,淆亂視聽、足以影響民心士氣等。

　　此外,「國家總動員法」第廿二條:「本法實施後,政府於必要時,得對報館及通訊社之設立,報紙通訊稿及其他印刷物之記載,加以限制停止,或命其為一定之記載。」第廿三條:「本法實施後,政府於必要時,得對人民之言論、出版、著作、通訊、集會、結社,加以限制。」以上為對出版、新聞自由之限禁。「妨害國家總動員懲罰暫行條例」第八條:「有下列情事之一者,處一年以下有期徒刑、拘役或一千元以下罰金···(3)違反或妨害依國家總動員法第九條、第十一條、第十二條、第廿三條規定,所發之命令者。」第十條:「違反依國家總動員法第廿二條規定所發之命令者,其處罰依出版法之規定,必要時,並得加重其刑至二分之一。」以上為對妨害國家總動員法之罰則。另依戒嚴法第十一條第一項規定:「得停止集會結社及遊行請願,並取締言論、講學、新聞雜誌、圖書、告白、標語暨其他出版物之認為與軍事有妨害者。」戒嚴時期,對出版品有所管制者,尚有「懲治叛亂條例」,該法第六條規定:「散布謠言或傳播不實之消息,足以妨害治安或搖動人心者,處無期徒刑或七年以上有期徒刑。」第七條規定:「以文字、圖書、演說,為有利於叛徒之宣傳者。處七年以上有期徒刑。」

　　本時期，另一有關新聞紙類的管制爲「報禁」，民國卅九年，政府以台三九教字第六五一六號訓令報紙減篇幅，限今日報不得超過一大張半。民國四十年以行政院台四十教字第三一四八號訓令：「台灣省全省報紙、雜誌已達飽和點，爲節約用紙起見，今後新申請登記之報社、雜誌、通訊社，應從嚴限制登記。」民國四十四年公布施行「戰時新聞用紙節約辦法」，規定各報社除特定紀念日外，其篇幅不得超過對開兩張半，特定紀念日得出增刊，但其篇幅不得超過對開一張。民國六十三年四月起再調整爲三大張。至於新報社於民國四十九年起不再核准，直至民國七十七年一月一日解除報禁。

　　綜論前述各項有關出版品之法規，可歸納以下說明：

　　1.我國出版業登記採先聲請，經核准始得發行。依出版法第九條之規定，新聞紙或雜誌之發行，應向政府聲請，聲請書應包括名稱、發行旨趣、刊期、組織概況等九項（如前文述），另依「出版法施行細則」第九條則指出「出版法第九條第三項第二款所定之發行旨趣，必須符合闡揚基本國策，激勵民心士氣之旨，並應在登記聲請書上，就其目的、性質、範圍具體載明。」另依出版法第十條規定，上述資料有變動，須依時限內申報，如未照前述規定辦理，依出版法第卅九條、四十條之規定，將予禁止出售、散布、扣押、停止發行等處分。

　　2.發行後出版品採追懲制，違犯出版法以行政處分行之。一般國家處罰違法出版物有兩種方式，一爲行政處分，即行政機關對其所認爲違法的出版物，可不經法院的審判而逕行處分；一爲司法處分，即對於違法的出版品，須經法院的審判始得處分。就保障出版自由之立場，一般而言，司法處分宜較妥當，故而民主國家，多採司法處分行之。本時期，我國法律對於違犯刑法的出版品，採用司法處分（刑法第一五三條、二三五條、三一〇條），而對於違犯出版法的出版物，則採用行政處分的方式，即行政官署得爲警告、罰鍰、禁止出售散布進口或扣押沒收，定期停止發行、撤銷登記等行政處分爲之（出版法第六章）。

　　3.出版法採行政處分，賦予行政機關過大之行政裁量權。出版法第卅六條至第四十三條、賦予行政機關審核出版品是否有違反出版法所規定事項，並得科以行政處分。而戒嚴時期，警備總部則根據「台灣地區戒嚴時期出版物管制辦法」執行檢查、取締，其第三條所規定八項禁止刊載事項，則多予行政裁量以較大之空間（此八項爲：(1)洩露國防、政治、外交機密者。(2)爲匪宣傳者。(3)詆毀國家元首者。(4)違背反共國策之言論者。(5)洩露未經軍事新聞機關公布，屬於「軍機範圍令」所列之各項軍事消息者。(6)挑撥政府與人民情感。(7)內容猥褻，有悖公序良俗或煽動他人犯罪。(8)淆亂視聽，足以影響民心士氣。）因之出版物內容是「良藥苦口」抑或「居心叵測」？是「直諫建言」抑或「有意導誤」？誠難即予辨視，在認定標準上，給予行政機關過大之裁量權。

　　出版法對於違法出版品之處罰，頗爲嚴格，民國五十三年監察院特就以下論點，請司法院大法官會議予以解釋：[236]

---

[236] 監察院公報第五〇一期，民國五十三年十一月七日，頁四七二二。

　　現行出版法第四十條及四十一條所定對於出版品得予以定期停止其發行，及撤銷其登記之處分，雖得解釋爲憲法第廿三條所定：「爲防止妨礙他人自由，避免緊急危難，維持社會秩序，或增進公共利益之必要」而設之處分，但此處分之權，均操之於省縣政府及行政院新聞局，且其處分，足以妨害出版人之營業與生存，其不經司法程序，而由行政官署直接爲之，難免擅專用事，使出版事業處於危殆地位，似與憲法第十一條保障出版自由之規定與精神相悖謬，且已超過憲法第廿三條規定之「必要」程度，與違反五權分立不相侵犯之精神，究有無違憲之處，不無令人疑惑者。

司法院大法官會議針對以上聲請，於民國五十三年七月，以釋字第 105 號令作如下之解釋：[237]

　　出版法第四十條、第四十一條所定定期停止發行，或撤銷登記之處分，係爲憲法第廿三條所定必要情形，而對於出版自由所設之限制，由行政機關逕予處理，以貫徹其限制之目的，尚難認爲違憲。

大法官會議解釋出版法第四十、四十一條，認並無違憲。有謂出版自由所設之限制，旨在於防止人民濫用出版自由，危及公益，出版人如不服該項處分，依出版法第卅條，尚得提起訴願及行政訴訟以尋求救濟，對於人民出版自由，有相當程度重視。[238]唯亦有謂，過度擴張行政裁量權，侵犯司法領域，破壞權力制衡的民主原則，另出版法第卅二條將刑法上所規範之內亂罪、外患罪・・・列爲禁止刊載事項，將刑事罪與行政罰重覆處理，一罪數罰，或將擾亂司法和行政體系。[239]

　　4.我國出版法有獎助、鼓勵、保障之作用。依出版法第四章「出版之獎勵與保障」，包括廿三條至卅一條。就獎勵而言，對於學術、技術有發明者；對教育文化有重大貢獻者；在邊疆海外或貧瘠地區，發行出版品，對當地社會有貢獻者，均立意甚佳，確應予以獎勵或補助。唯其中第三項之宣揚國策有重大貢獻者，或以價值中立，政策之優劣亦非單一選擇，避免歌功頌德，並隱喻學術須爲政策服務，則並不妥當。

　　5.我國以戒嚴時期，意見表達自由上，因屬非平時，故而管制出版品之法規頗多，已如前述。民主國家言論自由界限及內容的理論與實務，至今仍頗多爭議，以美國憲法言之，言論自由權乃其第一條修正案中所保障之各種自由權利的一種，其強烈規定國會不得制定任何法律來限制言論的自由（U. S. Constitution, Amendment 1：Congress shall make no law respecting an establishment of riligion, or prohibiting the free exercise there of, or abridge the freedom of speech, or of the press .）然而美國兩白多年來，主張絕對的言論自由主義之大法官僅有梅可強（Alexander Meikel john）、布萊克（Hugo Black）、道格拉斯（William O. Douglas）、馬歇爾

---

[237] 三民書局編，大法官會議解釋彙編（台北：三民書局，民國八十四年四月），頁四五。

[238] 董翔飛，前揭書，頁一二三。

[239] 賀德芬，「戡亂終止後，言論自由的復原工程」，中國比較法學會編，前揭論文集，頁七八九。

（Thurgood Marshall）等數位。而多數大法官傾向言論自由乃是居於「優先的地位」（preferred position）而非一絕對的權利（not an absolute right）。「優先地位」觀念出於卡多索（Ben jamin N. Cardozo）在 Palko v.s. Connecticut（1937）；而首先爲大法官史東（Harlan F. Stone）在 Jones v.s. Opelika,（1942） 一案中所使用。也因言論自由非爲絕對權利觀念下，美國國會爲保障國家安全及社會的公共利益，亦時有透過立法途徑，對這種言論自由加以限制或取締。如一次大戰，美國因對德宣戰而必須抑制非戰及替德國宣傳的言論。一九一七年發生的赤色革命，亦促使聯邦國會通過「偵察法」（Espionage Act of 1917），該法亦被稱爲「危害治安法」（Sedition Act of 1917），另有各州之州議會通過反工團社會主義法、反無政府主義法。在二次大戰前夕，戰爭陰影籠罩之下，美國國會制定「史密斯法」（Smith Act），亦稱「外民登記法」（Alien Registration Act of 1940），用以懲罰各種危害美國國家安全的非法破壞及顛覆活動。美國憲政上「平時可說的，在戰時卻不可說」乃爲明確。（When a nation is at war many things that might be said in time of peace are such a hindrance to its offort that their utterance will not be endured）

言論自由的保障與限制，如何取得平衡，是很重要，然而亦非易事，過分強調國家社會公益，將使憲法賦予人民的言論自由形同虛設，但若過分強調個人言論自由，對一個非平時狀態的國家社會，亦是有害的。我國在政府來台時面臨之中共威脅，以實際狀況言之，應屬非平常時期，言論自由管制的存在有其必要，但言論管制與執行方式的利弊亦是互見的。

（二）電子媒體法規

本時期電子媒體的法規「廣播電視法」，直到民國六十五年一月八日始誕生，並於民國七十一年六月七日修正。「廣播電視法」重要內容爲：

1.立法之目的：廣電法乃爲管理與輔導廣播及電視事業，以闡揚國策，宣導政令，報導新聞，評論時事，推廣社會教育，發揚中華文化，提供高尚娛樂，增進公共福利而制定。（第一條）

2.主管機關之規定：廣播、電視及廣播電視節目供應事業之主管機關爲行政院新聞局。電台主要設備及工程技術之審核，電波監理、頻率、呼號…由交通部主管。（第三條）

3.電台設立申請程序：電台設立應填具申請書，送新聞局轉交通部核發電台架設許可證，始得裝設，裝設完成，分別由交通部發給電台執照、新聞局發給廣播或電視執照後，始得正式播放。（第十條）廣播電視執照有效期間爲二年（十二條）。廣播電視從業人員之資格（十三條）。廣播電視之停播、股權轉讓、變更名稱或負責人，應經新聞局許可（十四條）。廣播電視事業設盈餘發展基金（十四條之一）。廣播電視之設備、工程人員應符交通部規定（十五條）。

4.節目管理：廣播節目分四類；新聞及政令宣導節目、教育文化節目、公共服務節目、大眾娛樂節目（第十六條）。各種節目內容標準及時間分配（十七條）。播音語言以國語爲主，方言應逐年減少。（廿條）廣播電視節目內容，不得有下列情形之一 ：(1)損害國家利益或民族尊嚴。(2)違背反共復國國策或政府法令。

(3)煽惑他人犯罪或違背法令。(4)傷害兒童身心健康。(5)妨害公共秩序或善良風俗。(6)散布謠言、邪說或淆亂視聽。(廿一條)不得評論審判中之案件(廿二條)。電台報導錯誤，經於十五日內要求更正，電台應於接到要求七日內更正(廿三條)。廣播電視涉及被評論者，得予相等之答辯機會(廿四條)電台節目除新聞外，均得送新聞局審查(廿五條)。電台節目表應送新聞局核備(廿七條)。新聞局得指定公、民營電台聯合或個別播放新聞(廿六條)。電台使用節目均應經新聞局許可(廿八條)

5.廣告管理：民營電台具有商業性質的，得播送廣告，其餘電台，非經新聞局許可，不得為之。(卅條)電台播送廣告，不得超過播送總時間百分之十五，於節目前後播出，不得於節目中插播，但節目時間達半小時者，得插播一次或二次。(卅一條)廣告應依規定送新聞局審查，經許可之廣告不得變更(卅三條)廣告內容涉及藥品、食品、化粧品、醫療器材等，應先送衛生主管機關核准，取得證明文件(卅四條)。廣播、電視臺負責人等不得將電台設備交由廣告者直接使用(卅五條)。

6.獎勵輔導：廣播電視事業合於以下情形之一者，應予獎助：(1)宣揚國策或闡揚中華文化，成績卓著者。(2)維護國家或社會安全，具有績效者。(3)辦理國際傳播，對文化交流有重大貢獻者。(4)推行社會教育或公共服務，成績卓著者。(5)參加全國性或國際性比賽，獲得優勝或榮譽者。(6)在邊遠、貧瘠或特殊地區，經營廣播電視事業，成績卓著者，(7)對廣播、電視學術有重大貢獻，或廣播、電視技術有發明者(卅六條)。前條之獎勵，除合於其他法律之規定者，依其規定辦理外，由新聞局核給獎牌、獎狀或獎金(卅七條)。

7.罰則：廣播電視事業違反本法規定者，視情節輕重，由新聞局予以警告、罰鍰、停播、吊銷執照(第四十一條至四十九條)。

從廣電法內容分析，國內電子媒體的管理、督導歸於新聞局、交通部兩個單位，從申請設立、節目內容管理、廣告管理、獎勵輔導以及行政處分等，都有明確規範，依本法規之運作下，將不致有太大逾越政府立場之行逕。以言本時期內外環境下，電子媒體的淨化、健康形象有助於社會、人心的力量集中、意志集中，但純從大眾傳播角度言，卻未能發揮其功能。再者，長時間以來，廣播、電視的設立許可由新聞局、交通部掌理，交通部則以頻道不敷為由，阻擋禁止民間業者經營，亦使電子媒體與言論自由相合的正向發展，很長一段時期陷於停滯。

至於廣電法較引起重視者，究其規範之重點為何？宜應偏重頻道使用之硬體方面管理監督，控制「公共領域」，以利未能掌握媒體的絕大多數人民，擁有發言空間？抑或著重節目審檢工作，甚至連廣告管理亦成重點之一？以民國六十五年之廣電法觀之，顯較傾向於後者，而忽略前者。本時期電子媒體法規，僅有廣電法及其施行細則，並無其他類似公共電視法、有線電視法等各種法規。

四、集會遊行法規

我國憲法第十四條規定：「人民有集會結社之自由」，但本時期並無對集會、遊行專門法律之規定，而是散見於下列各法：

「戒嚴法」第十一條第一項：「戒嚴時期，戒嚴地域的最高司令官得停止集會及遊行。」

「國家總動員法」第廿三條：「本法實施後，政府於必要時，得對人民之言論、出版、著作、通訊、集會、結社加以限制。」

「違警罰法」第五十五條第六項：「未經官署許可，聚眾開會或遊行，不遵解散命令者，處五日以下拘留或三十圓以下罰鍰。」

「刑法」第一百四十九條：「公然聚眾，意圖為強暴脅迫，已受該管公務員解散命令三次以上，而不解散者，在場助勢之人處六月以下有期徒刑、拘役或三百元以下罰金。首謀者，處二年以下有期徒刑。」

戒嚴時期，我國因無集會遊行法的法條，從上述各法綜合而言，多屬管制、禁止、處分之規定，而依戒嚴法，本時期不允許集會、遊行之作為。

貳、政治參與運作面分析

政治參與的運作面乃是配合規範而而來，下文亦分別就四權行使、人民團體組織、大眾傳播、集會遊行分析本時期的各種發展狀況。

一、四權行使

田弘茂指出我國選舉歷年來依循著下列幾項發展趨勢：(1)候選人不再侷限於地主、商人、社會名流之狹窄的社會階層，台灣經歷了參與爆炸，特徵為眾多的人競選各級公職。(2)有更多不同背景身分的人爭取國民黨提名，而反對派的勢力也日益高漲，組織益形強化，選舉競爭趨於劇烈。(3)國民黨視選舉結果為民意支持的考驗，因而投下巨大精力以期贏得選舉。[240]選舉的實施是民主政治的重要指標之一，在本時期中，直接由人民選舉產生者，有省議員（民國四十三年起），縣〈市〉、鄉〈鎮、市〉、村〈里〉長暨縣〈市〉議員、鄉〈鎮、市〉民代表（民國卅九年起），中央增額民意代表 — 國大代表、立法委員（民國五十八年起）。此外，總統副總統依憲法由國民大會選舉產生，增額監察委員由省、直轄市議會產生，省主席、直轄市長為官派，非由民選產生。

（一）總統副總統選舉罷免

本時期總統副總統選舉（至民國六十六年以前），經歷第二屆、第三屆、第四屆、第五屆總統副總統選舉，另有第一任副總統李宗仁的罷免案。

1.第一任副總統的罷免

民國卅八年下半年大陸戰事逆轉，代行總統職權的副總統李宗仁於同年十一月二十日由南寧飛赴香港，託言就醫，拒絕回到重慶，十二月五日由港飛美。政府來台後，有關李氏違法失職之提案，由監察院於民國四十一年一月十二日提出彈劾，案由監察委員金維繫等 92 人連署，並經監察院全體委員過半數共同審查，當經決議，本案應予成立，並依憲法一百條之規定，向國民大會提出，另觸犯刑法部份，依監察法第十五條之規定，經送司法機關依法辦理。[241]

---

[240] 田弘茂，前揭書，頁二〇一。

[241] 劉錫五，中華民國行憲史（台北：中華文化出版事業委員會，民國四十七年)，頁三四九。

第一屆國民大會第二次會議，於民國四十三年三月十日，舉行第六次會議，就監察院提出之彈劾案，依總統副總統選舉罷免法第十二條之規定，準用同法第十條及第九條爲罷免與否之決議（即監察院提出彈劾案，經國民大會決議，以出席國民大會代表三分之二之同意行之），是日，國民大會 1,486 人出席投票，發票 1,481 張，投同意票罷免李宗仁者 1,403 票，廢票 14 票，空白票 24 票，不同意罷免票 14 票，已過法定人數，副總統李宗仁依法應予罷免。大會並經決議「總統副總統任期瞬即屆滿，正值國民大會集會期間，改選再即，副總統遺缺不予補選。」[242]三月十一日，國大祕書長分函立法院、監察院查照。

2.第二任總統副總統選舉

依據「總統副總統選舉罷免法」第四條、第五條規定，總統、副總統候選人之產生，由國民大會代表一百人以上於大會決定之期限內連署提出。國民黨於民國四十三年二月十五日臨時中全會，推舉蔣中正總裁爲第二任總統候選人，十六日提名中央委員陳誠爲副總統候選人。民社黨亦於三月七日經各級幹部會議決定，提名該黨代主席徐傅霖爲總統候選人，該黨中央委員石志泉爲副總統候選人。中國青年黨決定不提名。兩黨所提總統、副總統人選，依法須由國民大會代表連署提出。

三月十七日，國大主席團公布總統候選人名單爲：蔣中正（1,303 人連署）、莫德惠（118 人連署）、徐傅霖（113 人連署），三月十九日公布副總統候選人名單爲：陳誠（1,253 人連署）、王雲五（118 人連署）、石志泉（103 人連署）。三月十九日，莫德惠、王雲五致函國大祕書處：「德惠依法簽署提名爲第二任總統候選人，雲五依法簽署爲副總統候選人，均經公告在案。茲查大會程序即將進行投票。德惠等審度再四，不擬參加，用特具函聲明，希將德惠勿庸列入總統候選人，雲五勿庸列入副總統候選人。」經國大主席團決議：候選人未進行選舉之前，自可聽其自由放棄候選之權利，應無庸列入選舉票上。[243]至於王雲五、莫德惠當初決定參選的原因，王雲五曾有詳細說明：[244]

> ‧‧‧但因國民黨當局爲尊重民主體制，極盼他黨有人出而競選。聞經洽詢青年黨及民社黨意見。青年黨遽予婉謝，民社黨允予考慮，但遲遲未決。於是國民黨祕書長張其昀奉命來勸無黨派之莫德惠先生與余，代表無黨派人士出而競選。余固絕對無此奢望，且亦不願作此嘗試，莫先生亦同此意。‧‧‧最後余向張祕書長坦率直言：「余等勉允參加，係因民社黨尚未決定態度，爲尊重國民黨之精神，姑爲伴隨。但如民社黨稍緩仍願參加，則余等自當退出，以免因三方競選，勢須多一次選舉會。」‧‧‧莫先生與余之參選雖醞釀已有若干時日，惟具體化則始於十四、五日。越一日，民社黨表示出而競選，以徐傅霖石志泉兩先生分別爲總統及副總統候選人。至此，余本欲即行退出，力請關係方面不必公布莫先生與余之名。無如各方面一切手續均已齊

---

[242] 劉錫五，中華民國國民大會志（台北：民主憲政雜誌出版，民國五十六年），頁三二。

[243] 董翔飛，中華民國選舉概況，上篇（台北：中央選舉委員會，民國七十三年），頁八。

[244] 王雲五，岫盧八十自述，三版（台北：台灣商務印書館，民國五十六年），頁六○五—六○六。

備，驟然不予公布固有不宜；且多一方面參加選舉，更合乎民主方式。莫先生亦以事經決定，公布恐不能避免，且俟完成公布手續後再商。

莫、王兩人既經國大主席團決議得以退出選舉。三月廿日，國民大會舉行第一次選舉大會，出席代表 1,573 人，投票結果，蔣中正得 1,387 票，徐傅霖得 172 票。依「總統副總統選罷法」規定，以得代表總額過半數之票數爲當選，本屆代表總額爲 3,045 人，過半數爲 1,523 人，因此兩位候選人均未達半數。三月廿二日舉行第二次總統選舉，出席國代 1,576 人，選舉結果，蔣中正 1,507 票，徐傅霖 48 票。依「總統副總統選罷法」第四條第三項第二款：「如候選人僅有二名，第一次投票無人得代表總額過半數之票數時，就該二名重行投票，圈選一人，以得票較多數者爲當選。」候選人蔣中正得 1,507 票，已得較多數票，依法當選中華民國第二任總統。[245]

三月卅日，國民大會第三次選舉大會，選舉第二任副總統，出席代表 1,572 人，候選人陳誠得 1,276 票，石志泉得 231 票，均未達法定過半數之票數。廿四日，舉行第四次選舉大會，出席代表 1,570 人，陳誠得 1,417 票，石志泉得 109 票，陳誠以得較多數票，當選第二任副總統。[246]

3.第三任總統副總統選舉

民國四十九年五月廿日，爲第二任總統副總統任滿之期。是年，國民大會依憲法第廿九條：「國民大會於每屆總統任滿前九十日集會，由總統召集之。」，乃由總統於二月廿日召集國民大會，並於中央政府所在地台北市集會。唯早先於一月間，行政院即據內政部呈報，以國民大會代表總額如仍以應行選出人數爲計算標準，則國大行使職權，恐不無窒礙，（一屆國大應選 3,045 人，實選 2,953 人，大陸淪陷至第三次會議召開時，國大代表到會人數減少，勢所必然，計約僅有一千五百餘人）經國民大會祕書處函請司法院解釋代表總額之疑義。司法院大法官會議於二月十二日舉行第一三八次會議，以大法官會議釋字第 85 號：「憲法所稱國民大會代表總額，在當前情形，應以依法選出而能應召集之國民大會代表人數爲計算標準。」當經內政部以大法官會議八十五號解釋文之意旨統計，截至民國四十九年二月十六日止，第一屆國大代表現有人數爲 1,576 人，即以此爲代表總額計算標準。[247]

憲法第四十七條規定：「總統副總統任期六年，連選得連任一次。」第二屆總統副總統將於民國四十九年五月廿日屆滿，自民國四十七年以來，社會各界多有希望蔣中正總統繼續領導反共大業者，國民大會乃於民國四十九年三月十一日，在第三次會議第六次大會中，以 1,188 人起立表決三讀通過臨時條款，其第三項是：「動員戡亂時期，總統、副總統得連選連任，不受憲法第四十七條連任

---

[245] 國民大會祕書處編，第一屆國民大會實錄，第二編（台北：國民大會祕書處，民國五十年），頁二一六—二一八。

[246] 同上，頁二二〇—二二一。

[247] 國民大會祕書處編，第一屆國民大會實錄，前揭書，頁二一六。

一次之限制。」亦即以修訂臨時條款的方式，凍結憲法第四十七條之規定。

民國四十九年三月十二日，國民黨臨時中全會，會中一致推舉蔣中正總裁、陳誠副總裁爲中華民國第三任總統、副總統候選人，此時，民社黨、青年黨以及無黨無派的莫德惠、王雲五均無意競選。三月十八日，國民大會主席團公告第三任總統候選人蔣中正（獲得 1,430 位國大代表連署提名）、三月十九日公告第三任副總統候選人陳誠（獲得 1,428 位國大代表連署提名）。

國民大會旋於三月廿一日，舉行總統選舉，出席代表 1,510 人，發票 1,509 張，蔣中正得 1,481 票，廢票 28 票。本次會議代表總額爲 1,576 人，過半數爲 789 人，蔣中正得代表總額過半數之絕大多數的票數（得票率 93.9%）當選爲第三任總統。[248]

三月廿二日，國民大會舉行副總統選舉大會，發票 1,505 張，陳誠得票 1,381 票，廢票 124 票，陳誠以代表總額過半數以上之大多數得票（得票率 87.62%）當選爲第三任副總統。[249]

4.第四任總統副總統選舉

第三任總統副總統任期至民國五十五年五月廿日任滿，總統爰依憲法廿九條之規定，召集國民大會於民國五十五年二月十九日在中央政府所在地台北市集會。

三月八日，國民大會祕書處統計，共收到海內外各界擁護蔣中正總統競選連任的文電 10,699 件。三月九日，國民黨第九屆中央評議委員在北投復興崗舉行第二次會議，張知本等 109 人提出：「擬建議本黨第九屆中央委員會第三次全體會議，推舉總裁爲中華民第四任總統本黨候選人，並請其提名副總統本黨候選人，是否有當，敬請公決案。」經全體評議委員一致通過。三月十日，國民黨第九屆中央委員會第三次全體會議舉行第六次大會，決定依法選舉第四任總統國民黨候選人，選舉結果，全票（74 票）一致通過，票選蔣中正總裁爲第四任總統候選人，復由蔣總裁提名嚴家淦（時任行政院長）爲副總統候選人。民、青兩黨及無黨派人士均無人參與競選。[250]三月十八日，國大主席團公告第四任總統候選人蔣中正（獲得 1,386 位代表連署提名）、三月十九日公告第四任副總統候選人嚴家淦（獲得 1,225 位代表連署提名）。

國民大會於三月二十一日，舉行總統選舉大會，出席代表 1,427 人，發出選票 1,425 張，蔣中正得 1,405 票，廢票 20 票。本次會議代表總額爲 1,488 人，過半數爲 744 人，蔣中正得代表總額過半數之絕大多數的票數（得票率 94.42%）。當選第四任總統。[251]

---

[248] 同上，頁三〇七—二〇八。

[249] 同上，頁三——。

[250] 董翔飛，中華民國選舉概況，上篇，前揭書，頁二一二—二一四。

[251] 國民大會祕書處編，第一屆國民大會實錄，第五編（台北：國民大會祕書處，民國五十五年），頁三八一。

三月廿二日，國民大會舉行副總統選舉大會，出席代表 1,406 人，嚴家淦得票 782 票，廢票 624 票，嚴家淦以代表總額過半數以上大多數的票數（得票率 65.82％）當選第四任副總統。[252]

5.第五任總統副總統選舉

第四任總統副總統任期至民國六十一年五月廿日任滿，總統依憲法廿九條之規定，召集國民大會於民國六十一年二月廿日在中央政府所地台北市集會。

前一年（民國六十年）我國被迫退出聯合國，在國家處境困難、國際形勢險惡交逼下，國人及海外華僑熱切期盼蔣中正總統繼續領導，民國六十一年國民大會集會前至三月十二日止，國大祕書處直接收到各界支持蔣氏連任的文電 2,612 件。國民黨於三月十日舉行三中全會，一致推舉蔣總裁為第五任總統候選人，並由蔣氏提名嚴家淦為副總統候選人。民、青兩黨均未提名，並聲明擁護蔣總統繼續連任。[253]三月十八日，國大主席團公告第五任總統候選人蔣中正（獲得 1,289 位代表連署提名），三月十九日公告第五任副總統候選人嚴家淦（獲得 1,251 位代表連署提名）。

國民大會於三月二十一日，舉行總統選舉大會，出席代表 1,316 人，發出選票 1,316 張，蔣中正得 1,308 票，廢票 8 票。本次會議代表總額為 1,374 人，過半數為 688 人，蔣中正得代表總額過半數之絕大多數的票數（得票率 95.19％）當選第五任總統。[254]

三月廿二日，國民大會舉行副總統選舉大會，出席代表 1,307 人，嚴家淦得票 1,095 票，廢票 212 票，嚴家淦以代表總額過半數以上大多數的票數（得票率 79.69％）當選第五任副總統。[255]

第五任總統蔣中正於民國六十四年四月五日逝世任內，依憲法第四十九條規定：「總統缺位時，由副總統繼任，至總統任期屆滿為止。」副總統嚴家淦因於同日上午十一時繼任總統。從此至六十七年五月廿日止，沒有副總統。

（二）中央民意代表選舉

民國卅六年十月廿一日至廿三日選出之第一屆國大代表 2,961 人，民國卅六年十二月廿日至卅七年一月十日選出之第一屆監察委員 180 人，民國卅七年一月廿一日至廿三日選出之第一屆立法委員 757 人，因大陸淪陷，政府來台，而至無法全面改選。但政府為重視自由地區人民政治權益，乃於民國五十八年三月廿七日公布「動員戡亂時期自由地區中央公職人員增選補選辦法」，到了民國六十一年又先後公布「動員戡亂時期自由地區增加中央民意代表名額選舉辦法」及「動員戡亂時期僑選增額立法委員及監察委員遴選辦法」。在本時期，共計辦理：五

---

[252] 同上，頁三八三。

[253] 國民大會祕書處編，第一屆國民大會實錄，第六編（台北：國民大會祕書處，民國六十一年），頁三四九。

[254] 同上，頁三五五—三五七。

[255] 同上，頁三五八—二五九。

十八年中央公職人員增補選、六十一年中央民意代表之增額選舉，以及六十四年立法委員增額選舉。

1.民國五十八年中央公職人員增補選

蔣中正總統於民國五十八年三月廿七日公布「動員戡亂時期自由地區中央公職人員增選補選辦法」（以下簡稱增補選辦法），行政院並於七月一日公布增補選辦法施行細則及選舉總事務所組織規程。七月八日，總統特派周至柔、鄭彥棻、連震東、田烱錦、徐慶鐘、查良鑑、蔣彥士 、吳三連、阮毅成、王師曾、楊毓滋等十一人爲選舉總事務所選舉委員會委員，指定周至柔爲主任委員並爲監察委員增選之選舉監督。七月十七日，該選舉委員會召開第一次會議，通過以高應篤爲總幹事，居伯均、劉榮光爲副總幹事，並於當日發布成立公告，自是日起，選舉總事務所即正式宣告成立。[256]

選舉總事務所規定增選、補選之投票日爲民國五十八年十二月廿日（國民大會代表及立法院立法委員選舉）及十二月廿九日（監察院監察委員選舉）分別舉行，故台灣省各縣市選舉事務所依照增補選辦法施行細則第五十條：「・・・於增選補選選舉三月前成立」之規定，於民國五十八年九月廿日成立。

〈1〉國民大會代表增選、補選：總共當選 15 人。

　　a.區域代表：台北市平均投票率 42.98%，台灣省爲 54.61%，當選者有陳寶川、劉介宙（以上爲台北市選區）楊德壽（台北縣選區）、洪挑（彰化縣選區）、羅文堂（宜蘭縣選區）、嚴江津（苗栗縣選區）、高宗仁（台南縣選區）、顏欽賢（基隆市選區）合計 8 人。（因本次選舉爲增補選性質，故僅台北縣、彰化縣因人口增長，宜蘭縣、苗栗縣因爲行政區調整新增之縣，基隆市、台南縣爲原選代表出缺無人遞補，台北市爲五十六年改制爲直轄市，故辦理是項選舉）。

　　b.職業與婦女代表：台北市部分當選者有何天明（農會）、洪東興（工會）、鄭李足、王吳清香（以上婦女團體）。台灣省部分當選者有吳泉波、朱萬成（以上農會）、吳必恩（工會）共計 7 人。

〈2〉立法委員增選：總共當選 11 人。

　　a.台北市：平均投票率 43.57%，當選者有謝國城、洪炎秋、張燦堂、黃信介 4 人。

　　b.台灣省：平均投票率 56.89%，當選者有劉闊才、李儒聰、劉金約（以上 3 人爲第一選區，包括南投縣以北九縣市）吳基福、黃宗焜、梁許春菊、郭國基（以上 4 人爲第二選區，包括彰化縣以南、花東、澎湖十一縣市）合計 7 人。

〈3〉監察委員增選：總共當選 2 人。

　　a.台北市：投票率 100%，當選者有周百鍊、蔡章麟 2 人（監察委員爲間接選舉，台北市因五十六年改制直轄市，依憲法九十一條規定直轄市產生 2

---

[256] 馬起華，前揭書，頁三八九—三九〇。

名監委，本次由台北市議會議員 48 人全數出席投票）。

　　b.台灣省：未辦理監委增選。（依憲法九十一條規定每省產生 5 名監委，而本次選舉前台灣省原已由省議會選出監委 5 名，故不辦增選。）

　　本次選舉無黨籍當選立法委員有 3 人，分別是郭國基、黃信介、洪炎秋，監察委員 1 人，蔡章麟。其餘均爲國民黨黨籍。老一代的郭國基（時年 70 歲）在選舉時訴之以「賜我光榮死在議壇」口號，在第二選區 11 位候選人中，以第四高票吊車尾當選，未幾因癌症病逝，其競選之言竟一語成讖。另一位重要在野政治人物即黃信介，其已當選過兩屆台北市市議員，這次選舉得康寧祥（康本人亦於是年稍早十一月當選台北市議員）等人助選，在 11 位候選人，一如郭國基以第四高票在台北市選區吊車尾當選。

2.民國六十一年中央民意代表增額選舉

　　六十一年的中央民意代表增額選舉，是自由地區增加中央民意代表名額的第一次，它包括了國大代表、立法委員、監察委員三種選舉。投票日期爲民國六十一年十二月廿三日（國大代表、立委選舉）；民國六十二年二月十五日（監委選舉）。總計選出 119 人，包括：

〈1〉　**國民大會代表** 53 人（含區域席次 36 人、職業團體席次 10 人、婦女團體席次 5 人、原住民席次 2 人）：

　　a.區域席次：喬寶泰、林至信、陳丸福、黃天福〈以上台北市〉陳金讓、邱碧治、鄭逢時、謝報、李發、鄒滌之、劉定國、黃演熾、林隆士、吳望雄、張春男、陳銘木、鍾炳輝、吳修量、林郭碧梅、謝明陽、李耀乾、吳豐山、吳江洲、劉尚修、鍾士勇、王獅、鄭烈、楊守全、藍丁貴、陳阿蘭、何宗龍、林全興、林瓊瑤、洪照男〈以上台灣省〉、謝炳南、曹順官〈以上福建省〉。

　　b.職業團體席次：廖坤元、張春盛、羅傳進、李龍星、李友吉、王清連、劉文騰、劉今程、蔡旅濱、許國雄。

　　c.婦女團體席次：官桂英、黃吳彩雲、張賴彩蓮、陳石滿、傅王遜雪。

　　d.原住民席次：張有德、林榮明。

〈2〉**立法委員** 36 人（含區域立委 27 人、職業團體立委 8 人、原住民立委 1 人）：

　　a.區域席次：李志鵬、康寧祥、蔡萬財、周文璣、李東輝〈以上台北市〉、鄭水枝、邱永聰、張淑真、呂學儀、邱仕豐、邱家湖、張啓仲、陳幼石、劉松藩、洪宣治、黃順興、許世賢、蕭天讚、辛文炳、張文獻、陳水亮、張瑞妍、洪慶麟、李長貴、黃銅樹、許添枝〈以上台灣省〉、吳金贊〈以上福建省〉。

　　b.職業團體席次：黃世英、蔡友土、黃澤青、謝深山、楊登洲、汪竹一、黃綿綿、劉芳遠。

　　c.原住民席次：華愛。

〈3〉**監察委員** 10 人（含台灣省議會產生 7 人、台北市議會產生 3 人）：

　　a.台灣省議會產生：李存敬、黃尊秋、林亮雲、沈榮、莊君地、黃光平、林蔡素女。

　　b.台北市議會產生：周財源、沈宗琳、楊毓滋。

此外，本次增額中央民意代表尚包括：海外遴選立法委員 15 人，監察委員 5 人（此一部分由總統依遴選小組推薦而決定，並不實際舉行投票），遴選結果：

　　立法委員：林以文、徐亨、謝伯昌、黎晉偉、阮樂化、張亦錚、蔡廷碩、簡如茂、郭武林、梅友謀、司徒政、宇托‧多吉玉純、陳錦濤、孫耀光、劉彰德。

　　監察委員：李恒連、黃耀錦、陳烈甫、甄庸甫、陳作睦。

本次選舉，國大代表投票率，台北市為 56.12%，台灣省為 69.04%，福建省為 93.33%，平地山胞 77%，山地山胞 87%。立法委員投票率，台北市為 56.20%，台灣省為 68.05%，福建省為 93.33%。立法委員選舉中，國民黨籍當選 30 人，青年黨籍當選 2 人：黃順興（台灣省第三選區）、張淑真（台灣省第一選區），無黨籍當選 4 人。無黨籍中，尤以許世賢（台灣省第四選區）、康寧祥（台北市選區）2 人的當選，對日後在野勢力發展，有極大影響。許世賢為早期「中國民主黨」籌組政黨時的重要人物，這次在第四選區以最高票當選，許世賢之前並於民國五十七年當選嘉義市長。康寧祥則以台北市議員身分投入立委選戰，並以第二高票當選。國大代表選舉部分，國民黨籍當選 43 人，無黨籍當選者 10 人，其中以黃天福（台北市選區選出，黃信介胞弟）、張春男（彰化縣選區選出）與其後黨外發展中關係密切。

3.民國六十四年增額立法委員選舉

民國六十一年增選的立法委員 51 人，至民國六十五年一月卅日任期屆滿，並應於前三個月內改選。總統令派林金生、連震東、李連春、王任遠、毛松年、李煥、董世芳、沈龍、李元簇、張劍寒等為選舉總事務所委員，並指定林金生為主任委員。台灣、福建、台北等省、市選舉事務所，則於民國六十四年八月十九日同時成立各縣、市選舉事務所，亦依法於同年九月廿日前成立。本次選舉並定於民國六十四年十二月廿日投開票。

本次選舉共選出 52 人，包含區域立委 28 人，職業團體立委 8 人，原住民立委 1 人，海外遴選立委 15 人：

〈1〉 **區域立委**：李志鵬、李東輝、蔡萬才、康寧祥、周文璣（以上台北市）邱永聰、林榮三、張淑真、鄭水枝（以上台省一選區）、呂學儀、邱仕豐、邱家湖（以上台省二選區）陳幼石、劉松藩、張啓仲、洪宣治、黃順興（以上台省三選區）張文獻、陳水亮、蕭天讚、辛文炳、許世賢（以上台省四選區）洪慶麟、王金平、張瑞妍、李長貴（以上台省五選區）許添枝（以上台省六選區）吳金贊（以上福建省部分）。

〈2〉 **職業團體立委**：黃世英、蔡友土（農民團體）、黃澤青（漁民團體）、謝深山、楊登州（工人團體）、江竹一（工業團體）、黃綿綿（商業團體）、劉芳遠（教育團體）。

〈3〉 **原住民立委：**華愛。

〈4〉 **海外遴選立委：**林以文、謝伯昌、徐亨、黎晉偉、蔡廷碩、余鶴史、雲昌鎊、陳錦濤、劉英若、李實卿、梅有謀、司徒政、陳錦濤、陳沛泉、劉彰德。

本次選舉聲請登記爲候選人有 4 人審查未通過，其中原因或爲學歷資格不符、或爲參加兩種之登記，另一爲余登發，在高雄縣長任內，因圖利他人被依瀆職罪判處有期徒刑兩年確定，以貪污案件，依法不得登記爲候選人。[257]另本次選舉，國民黨籍當選 42 人（含海外遴選 12 人）。青年黨當選 1 人 — 張淑真（台灣省第一選區），黃順興改以「黨外」名義競選蟬連成功（原青年黨籍），無黨籍共當選 9 人（含海外遴選 3 人）。康寧祥、許世賢均係再度蟬聯。以六十七歲喊出「老驥伏櫪，志在千里」口號的郭雨新，參選第一選區（宜蘭縣、台北縣、基隆市），這位「中國民主黨」籌組政黨時代重要人物，提出的政見結合了「自由中國」、「大學」、「台灣政論」以來的訴求內容，最後以 8 萬零 3 百 98 票的第五高票，居落選之首，依據李筱峯分析，郭氏參選而落選，卻有兩方面的結果：[258]

> 一是導出林義雄、姚嘉文兩人逐漸投入現實的政治之中。郭氏落選後，委託林、姚兩位律師控告國民黨籍林榮三賄選，最後雖經台灣高等法院駁回，但林、姚兩人後來將這次選舉與官司有關資料，出版「虎落平陽？」一書，彼二人亦漸成爲日後黨外運動的重要角色。二是郭氏生命中的最後一場選戰中，有多位大學生知識份子的投入助選，如林正杰、吳乃仁、吳乃德、蕭裕珍、周弘憲等人，打破過去「黨外的助選員都是地方流氓」的形象，這些人都成爲日後黨外運動中的文宣「黨工」。

（三）地方自治選舉

國民黨在戒嚴體制與其內部改造的雙重作用下，長期維持了一黨優勢的政治體制，唯國民黨並未放棄選舉的真實意義，以民意的反映作爲執政的基礎。特別是地方自治選舉，從民國四十年即不斷實施，透過選舉參與管道，甄補台籍菁英，促進政治整合，穩固執政的合法性與正當性，國民黨也視民眾的選舉支持程度爲其施政基礎。然而選舉管道的暢通，固然使國民黨獲得絕大多數的席次，但同時也使若干反對人士，藉由選舉管道，表達不同的意見，求取更大的政治資源。一般而言，本時期無黨籍人士的參選影響力甚小。從時間上來看，民國六十二年「大學」雜誌瓦解，可視爲無黨籍體質發展的分水嶺，之前的無黨籍多不脫草莽英雄的性格，且以運用中下階層不滿的情緒而當選，因之不易獲得知識份子的認同。「大學」雜誌瓦解後，除張俊宏、許信良等脫離國民黨投入無黨籍的運動，與地方政治人物相結合，另外亦有當時大學校園中的青年學生深受「大學」雜誌影響所及，彼等知識份子進入無黨籍勢力，開始運用文宣力量，以民主制衡的理念，使無黨籍運動從原本草莽性格，漸漸成爲爭取民主的反對人士。不過此時期知識

[257] 王雲五，前揭書 ，頁六六七。

[258] 李子堅，前揭文，頁一一七—一二二。

份子中持理想主義色彩者仍不多，基本上，大多數知識份子雖深知民主、自由的真諦，但更從務實的角度思索問題，以外在中共的壓力，支持彼等認同中央政府之有限度的限制若干民主完全開放的作為。本時期各種地方自治選舉狀況如下：

1.省議員選舉：

民國卅九年九月以前，本省有 8 縣、9 省轄市，1 管理局（陽明山），2 縣轄市，66 省轄市區公所、52 區署、225 鄉、75 鎮、2875 村、2543 里。為了配合地方自治的實行，乃於民國卅九年九月，重劃行政區域為 16 縣、5 省轄市、1 管理局、6 縣轄市、234 鄉、78 鎮、42 省轄市區、另區署裁撤。[259]其中 16 縣 5 市成立縣市議會，致使民國卅五年以來，原 8 縣 9 市參議會選出之台灣省參議員組成的省參議會，因原選舉區變動而失去代表性。中央政府乃決定，在「省縣自治通則」未制頒前，先成立台灣省臨時省議會，以取代省參議會。

行政院於民國四十年九月公布「台灣省臨時省議會組織規程」及「台灣省臨時省議會議員選舉罷免規程」各一種，於是台灣省臨時省議會共選舉了三屆，行政院直到民國四十八年六月廿四日令改「台灣省臨時省議會」為「台灣省議會」（取消臨時），乃於臨時省議會第三屆議員任期內改稱第一屆省議會。

第一屆臨時省議會省議員於民國四十年十一月十八日選舉，參選人數 140 人，當選人數 55 人，投票率 99%，國民黨籍當選 43 位（78.18%），青年黨籍當選 1 位（1.81%），無黨籍當選 11 位（20%）。本次選舉係由各縣市議會議員 792 人投票選舉省議員，並非普選產生。

第二屆臨時省議會省議員本應於民國四十二年十一月改選，由於縣市議會係普選，臨時省議會亦改為普選，乃將任期由 2 年改為 3 年，並延長第一屆省議員任期至與第二屆縣市長選舉合併舉行。民國四十三年四月十八日選舉，參選人數 110 人，當選 57 人，本次投票率 74.40%，國民黨籍當選 48 人（84%）。無黨籍當選 9 人（16%）。

第三屆臨時省議會省議員（任期內改稱第一屆省議員）選舉，於民國四十六年四月廿一日與第三屆縣市長合併舉辦，參選人數 118 人，當選人數 66 人，本次投票率 78.20%，國民黨籍當選 53 人（80.30%）。青年黨籍當選 1 人（1.51 %）無黨籍當選 12 人（18.19%）。

第二屆省議員於民國四十九年四月選舉，參選人數 126 人，當選人數 73 人，投票率 72.52%，國民黨籍當選 58 人（79.45%）。無黨籍當選 15 人（20.55%）。

第三屆省議員於民國五十二年四月舉行選舉，參選人數 137 人，當選人數 74 人，本次投票率 69.26%，國民黨籍當選 61 人（82.43%）。青年黨籍當選 1 人（1.35 %），無黨籍當選 12 人（16.22%）。

第四屆省議員於民國五十七年四月選舉，參選人數 129 人，當選人數 71 人，投票率 74.28%，國民黨籍當選 60 人（84.50%）。無黨籍當選 11 人（15.50%）。

第五屆省議員於民國六十一年十二月舉行選舉，參選人數 121 人，當選人數

---

[259] 台灣省政府新聞處編，台灣光復卅五年（台中：台灣省府新聞處，民國六十九年），頁三三。

73 人，本次投票率 70.33%，國民黨籍當選 58 人（79.45%）。無黨籍當選 15 人（20.55
%）。

2.台北市議員選舉：

台北市於民國五十六年七月一日改制爲直轄市（院轄市），同年稍早六月廿
二日行政院頒布「台北市各級組織及實施地方自治綱要」之規定，設置台北市議
會，由公民選舉市議員組成，爲市的立法機關。

第一屆市議員於民國五十八年十一月十五日選舉，參選人數 77 人，當選人
數 48 人，投票率爲 63.98%，國民黨籍當選 44 人（91.67%），無黨籍當選 4 人（8.33
%）。

第二屆市議員於民國六十三年十二月一日選舉，候選人數 63 人，當選人數
49 人，投票率 60.57%。國民黨籍當選 45 人（91.84%）無黨籍當選 4 人（8.16%）。

3.台灣省各縣市議會議員選舉

第一屆縣市議會議員於民國卅九年七月二日至四十年一月廿八日，分六期在
全省廿一縣市分別選舉，候選人數 1,827 人，當選人數 814 人，投票率 80.73% 。
國民黨籍當選 513 人（63.02%）青年黨籍當選 4 人（0.49%），無黨籍當選 297
人（36.48%）。

第二屆縣市議會議員於民國四十一年十二月廿八日暨四十二年二月八日分
兩期選舉，候選人數 1,844 人，當選人數 860 人，投票率 79.72%。國民黨籍當選
516 人（60%），民社黨當選 2 人（0.23%）無黨籍當選 342 人（39.77%）。

第三屆縣市議會議員於民國四十三年十二月十九日暨四十四年一月十六日
分兩期選舉，候選人數 1,579 人，當選人數 928 人，投票率 78.88%。國民黨籍當
選 657 人（70.80%），無黨籍當選 271 人（29.20%）。

第四屆縣市議會議員於民國四十七年一月十九日合併選舉，候選人數 1,621
人，當選人數 1,025 人，投票率 78.31%。國民黨籍當選 657 人（64.10%）青年黨
籍當選 1 人（0.10%），無黨籍當選 367 人（35.80%）。

第五屆縣市議會議員於民國五〇年一月選舉，候選人數 1,629 人，當選人數
929 人，投票率 73.83%。國民黨籍當選 579 人（63.33%）民社黨籍當選 1 人（0.10
%），青年黨籍當選 2 人（0.22%），無黨籍當選 347 人（36.35%）。

第六屆縣市議會議員於民國五十三年一月選舉，候選人數 1,563 人，當選人
數 907 人，投票率 76.76%，國民黨籍當選 670 人（73.87%），民社黨籍當選 2 人
（0.23%），青年黨籍當選 5 人（0.55%），無黨籍當選 230 人（25.36%）。

第七屆縣市議會議員於民國五十七年一月選舉，候選人數 1,262 人，當選人
數 847 人，投票率 78.02%。國民黨籍當選 626 人（73.91%），民社黨籍當選 1 人
（0.12%），青年黨當選 5 人（0.59%），無黨籍當選 215 人（25.38%）。

第八屆縣市議會議員於民國六十二年三月選舉，候選人數 1,480 人，當選人
數 850 人，投票率 73.30% ，國民黨籍當選 625 人（73.53%），青年黨籍當選 3
人（0.35%），無黨籍當選 222 人（26.20%）。

4.台灣省各縣市長選舉

　　民國卅九年四月廿四日公布「台灣省各縣市實施地方自治綱要」中，第廿一條規定：「縣市設縣市政府，置縣市長一人，由縣市公民選舉之，任期三年（後改為四年），連選得連任，但以一次為限。」縣市長乃由官派改為民選。

　　第一屆縣市長選舉自民國卅九年十月起至民國四十年五月止分八期於 21 縣市舉行，以絕對多數（過半數）為當選。候選人數 90 人，當選人數 21 人，投票率 79.61%。國民黨籍當選 17 人（80.95%）無黨籍當選 4 人（19.05%）。

　　第二屆縣市長於民國四十三年四月舉行選舉，候選人數 38 人，當選人數 21 人，投票率 74.85%，本次改採相對多數（以得票最高者當選，毋需考慮是否過半數）。國民黨籍當選 19 人（90.48%），無黨籍當選 2 人（9.52%）。

　　第三屆縣市長於民國四十六年四月舉行選舉，候選人數 40 人，當選人數 21 人，投票率 78.20%，國民黨籍當選 20 人（95.24%），無黨籍當選 1 人（4.76%）。

　　第四屆縣市長於民國四十九年四月舉行選舉，候選人數 35 人，當選人數 21 人，投票率 72.49%，國民黨籍當選 19 人（90.48%），無黨籍當選 2 人（9.52%）。

　　第五屆縣市長於民國五十三年四月舉行選舉，候選人數 47 人，當選人數 21 人，投票率 69.05%。國民黨籍當選 17 人（80.95%），民社黨當選 1 人（4.76%）無黨籍當選 3 人（14.29%）。

　　第六屆縣市長於民國五十七年四月舉行選舉，候選人數 43 人，當選人數 20 人（台北市已改制不選），投票率 74.26%。國民黨籍當選 17 人（85%），無黨籍當選 3 人（15%）。

　　第七屆縣市長於民國六十一年十二月舉行選舉，候選人數 39 人，當選人數 20 人，投票率 70.31%。國民黨籍當選 20 人（100%）。

5.台灣省各鄉鎮縣轄市民代表會選舉

　　民國卅九年「台灣省鄉鎮市民代表會組織規程」、「台灣省鄉鎮民代表選舉罷免規程」等法規公布後，第三屆鄉鎮縣轄市民代表會選舉開始實施。

　　第三屆鄉鎮縣轄市民代表選舉於民國卅九年十二月舉行，候選人數 18,519 人，當選人數 9,778 人，投票率 65.79%。有關各政黨黨籍分析，第三至第六屆因若干縣市資料不全，無法統計。

　　第四屆鄉鎮縣轄市民代表選舉於四十一年十二月舉行，候選人數 9,754 人，當選人數 5,695 人，投票率 57.01%。

　　第五屆鄉鎮縣轄市民代表選舉於民國四十四年四月舉行，候選人數 9,907 人，當選人數 6,397 人，投票率 62.65%。

　　第六屆鄉鎮縣轄市民代表選舉於民國四十七年四、五月間舉行，候選人數 10,617 人，當選人數 6,834 人，投票率 64.67%。

　　第七屆鄉鎮縣轄市民代表選舉於民國五十年四、五月間舉行，候選人數 8,833 人，當選人數 5,260 人，投票率 72.40%。國民黨籍當選 2,292 人（43.57%），民社黨當選 2 人（0.04%）青年黨當選 1 人（0.02%），無黨籍當選 2,965 人（56.37%）。

　　第八屆鄉鎮縣轄市民代表選舉於民國五十三年五月舉行，候選人數 8,510

人，當選人數 4,776 人，投票率 74.96%。國民黨籍當選 2,355 人（49.31%），民社黨當選 2 人（0.04%）青年黨當選 1 人（0.02%）無黨籍當選 2418 人（50.63%）。

第九屆鄉鎮縣轄市民代表選舉於民國五十七年五月舉行，候選人數 7,769 人，當選人數 4,709 人，投票率 72.71%。國民黨籍當選 2,507 人（53.24%）青年黨籍當選 1 人（0.02%），無黨籍當選 2,201 人（46.74%）。

第十屆鄉鎮縣轄市民代表選舉於民國六十二年十月舉行，候選人數 5,575 人，當選人數 3,757 人，投票率 58.40%。國民黨籍當選 2,709 人（72.11%），青年黨籍當選 3 人（0.08%），無黨籍當選 1,045 人（27.81 %）。

6.鄉鎮縣轄市（區）長選舉

民國卅九年「台灣省鄉鎮縣轄市區長選舉罷免規程」公布後，第一屆鄉鎮縣轄市區長選舉開始實施。

第一屆鄉鎮縣轄市區長選舉於民國四十年十一月舉行，候選人數 1,077 人，當選人數 360 人，投票率 64.82%。有關各政黨黨籍分析，第一 、二 、四屆，因若干縣市資料不全，無法統計。

第二屆鄉鎮縣轄市區長選舉於民國四十二年、四十三年間舉行，候選人數 804 人，當選人數 360 人，投票率 61.77%。

第三屆鄉鎮縣轄市區長選舉於民國四十四年至四十六年間陸續舉行，候選人數 573 人，當選人數 360 人，投票率 58.48%。國民黨籍當選 310 人（86.11%），無黨籍當選 50 人（13.89%）。

第四屆鄉鎮縣轄市長選舉於民國四十八年十二月舉行，此次選舉取銷區長選舉，因地方自治法規修正後，已將省轄市之區長改為官派。候選人數 563 人，當選人數 319 人，投票率 63.57%。

第五屆鄉鎮縣轄市長選舉於五十三年舉行，候選人數 580 人，當選人數 319 人，投票率 77.86%。國民黨當選 274 人（85.9%），無黨籍當選 45 人（14.1%）。

第六屆鄉鎮縣市長選舉於民國五十七年一月舉行，候選人數 525 人，當選人數 313 人，投票率 79.28%。國民黨籍當選 268 人（85.63%），無黨籍當選 45 人（14.38%）。

第七屆鄉鎮縣轄市長選舉於民國六十二年三月舉行，候選人數 488 人，當選人數 313 人，投票率 73.88%。國民黨籍當選 288 人（92.01%），無黨籍當選 25 人（7.99%）。

7.村里長選舉

民國卅九年「台灣省各縣市村里長選舉罷免規程」公布後，自第三屆起，村里長選舉開始實施。村里長選舉，以該管縣市長為選舉監督。

第三屆村里長選舉於民國卅九年九、十月間舉行，本次選出村里長 6,464 人，其餘統計數字，以若干縣市資料不全，（包含三至九屆各政黨黨籍），無法統計。

第四屆村里長選舉於民國四十一年十二月至四十二年三月陸續舉行，候選人數 10,743 人，當選人數 6,517 人，投票率 51.72%。

第五屆村里長選舉於民國四十四年四月舉行，候選人數 8,635 人，當選人數

6,571 人，投票率 57.33%。

　　第六屆村里長選舉於民國四十七年四、五月間舉行，候選人數 8,907 人，當選人數 6,608 人，投票率爲 58.18%。

　　第七屆村里長選舉於民國五十年四、五月間舉行。候選人數 10,395 人，當選人數 6,548 人，投票率 62.24%。

　　第八屆村里長選舉於民國五十四年四、五月間分別舉行，候選人數 9,763 人，當選人數 5,743 人，投票率 52.06%。

　　第九屆村里長選舉於民國五十八年三、四月間舉行，候選人數 8,954 人，當選人數 5,105 人，投票率 53.29%。

　　第十屆村里長選舉於民國六十二年十月舉行，候選人數 9,899 人，當選人數 6,544 人，投票率 55.58%。國民黨籍當選 4,369 人（66.76%），民社黨籍當選 1 人（0.02%），青年黨當選 1 人（0.02%），無黨籍當選 2,173 人（33.20%）。

（四）四權行使得失：

　　本時期的初始，正逢國家情勢險惡之際，政府以全國國民共同制定的中華民國憲法法統自持，但此一法統的合法性權威來自兩方面：憲法以及憲法據以產生之政府（中央以至地方），前者對中華民國政府而言是有利的，但後者 — 據憲法產生的中央到地方各級政府，則發生兩難困境，尤其是三個中央民意機構，一方面事實上無法全面改選，但不全面改選，則第一屆中央民意機構又將維持多久？不改選則新的民意如何產生？法統的真精神又何在？另一方面如果全面改選，則又陷於勢將全部從台灣地區產生，原憲法中的大格局如何因應？政府來台之初所依恃的全中國法統主權所在又如何自處？本時期從中央以至地方，有關人民四權行使情形，分析如左：

　　1.三個中央民意機構透過憲法第廿八條第二項暨大法官會議釋字第 31 號，使第一屆中央民意機構成員，在大陸未光復前，得以繼續行使職權，並取得法理依據。唯政府亦評估新民意對法統的價值和功能，乃透過修訂臨時條款方式，由民國五十八年「法律性」的增選補選，到民國六十一年起的「政治性」增額選舉，以舒緩中央層級民意代表久不改選的困境，此雖非治本之道，但對逐步擴大政治參與管道是有正面意義。運用修訂臨時條款的方式，另外還表現在總統副總統選舉上，蔣中正總統對民國三十、四十年代以來，在台灣自由地區大多數國人而言，是安定與團結的象徵（「自由中國」當時之看法，附和者仍是少數的），於是國民大會以臨時條款方式，凍結憲法四十七條連選得連任一次之規定。

　　2.總統副總統選舉除連任問題外，另一困擾因素來自國民大會代表總額問題，憲法規定總統副總統間接由國民大會選舉產生，但第一屆國代 3,045 名，隨政府來台，至民國四十三年爲 1,570 人，依「總統副總統選舉罷免法」規定，須獲國代總額半數（即 1,523 票）以上爲當選，若總統候選人不止一人時，獲得上述票並不容易。加上第一屆國代逐漸凋零，人數減至 1,523 人以下時，更不可能當選。嗣後透過大法官會議釋字第 85 號解釋，國代計算標準以能應召集之國大代表人數爲準，如此才解決選舉總統副總統的問題（亦使國大修訂臨時條款的法

定人數得以達到）。本時期蔣中正總統爲對國家有重要貢獻，受人民擁戴的人物，故而每次均以高票當選，民國四十三年、四十九年、五十五年、六十一年分別爲95.6％、98.1％、98.5％、99.4％。蔣中正總統於民國六十四年四月五日，在任內逝世，副總統嚴家淦於同日上午十一時，依憲法第四十九條規定繼任總統，爲我國憲政史上依法轉移政權，開創優良之一章。

3.本時期中央增額民意代表選舉、地方各項公職人員選舉，當選者均以國民黨籍佔多數，一方面顯示其組織動員能力雄厚，另一方面國民黨亦網羅各層級精英，意欲往政治發展者，亦多加入國民黨。隨著選舉發展，固然使政治的參與普及，地方自治更趨落實，然而地方派系亦隨之擴張，地方派系與金牛（財閥）、暴力（黑道）、賄選（買票）又往往糾纏一起，使得金權掛鉤、人才庸俗化、選風日下成爲國人日益重視的另一問題。

4.實施地方自治所依據的雖非「省縣自治通則」、「省縣自治法」，而是「台灣省各縣市實施地方自治綱要」等各種行政命令性質的法規，但就實施成效而言是積極、肯定的。透過各級地方選舉歷練，逐漸由下而上，地方公職人員特別是省議員往往更上層樓，選任中央民意代表，部分縣市長亦有出任中央及省級政府官員，例如第七屆縣市長（民國六十一年選舉產生）中，即有台南縣長高育仁、台東縣長黃鏡峰、花蓮縣長黃福壽、桃園縣長吳伯雄調升省或中央。這是民權政治以地方自治爲基礎的一個實質體現。

5.本時期青年黨、民社黨以及無黨籍人士在各項選舉所佔席次仍低，青年黨、民社黨因內部分裂，使發展實力受損。無黨籍人士亦乏組織動員力，多靠中下階層支持而當選，民國四十、五十年代無黨籍人士中較活躍的，有所謂「省議會五虎將」的台北市郭國基、宜蘭縣郭雨新、雲林縣李萬居、台南縣吳三連、高雄市李源棧。加上嘉義市許世賢（其後曾任嘉義市長、立法委員）合稱「五龍一鳳」。此外，高玉樹曾任第二屆、第五屆台北市長，葉廷珪曾任第三屆、第五屆台南市長，林番王曾任第四屆、第五屆基隆市長，黃順興曾任第五屆台東縣長（後曾任立法委員），楊金虎曾任第六屆高雄市長。民國六十年代前後崛起者以康寧祥（曾任台北市議員、立法委員）、黃信介（曾任台東縣長、立法委員）、黃天福、張春男（以上兩人曾任國大代表）等具代表性。

6.台灣地區選民投票行爲上，大致可分爲三類，即政黨取向（party-oriented）、候選人取向（candidate-oriented）與政見取向（issue-oriented）。就政黨取向而言，支持國民黨的選民結構中性別、省籍、教育程度、經社地位等方面較平均，一般而言，支持國民黨者以軍、公、教人員的政黨取向最高，特別是外省籍的軍公教人員可視爲國民黨的鐵票，而教育程度，經社地位越高，支持國民黨的傾向亦甚明顯。支持反對勢力者，普遍上本省籍多於外省籍，男性多於女性，其職業偏重於農、工、漁、自營商等。就候選人取向而言，應是台灣各項選舉中，影響最大者，尤以前面所述及派系因素，加上鄉親、宗親、同學等縱橫關係，都可獲得爲

數可觀的基本票。[260]就選民的政見取向上，以我國過去選舉經驗而言，選民在投票時雖較少考慮候選人的政見，但政見會的發表，卻可使候選人特殊的風格、氣質、感染給選民，加深選民印象。如本時期康寧祥的政見會上場面盛大，張俊宏參選時，亦掀起台北市民聆聽政見的熱潮。[261]

二、人民團體組織

本時期因戒嚴，實施黨禁，故而除國民黨、青年黨、民社黨三個合法政黨以外，沒有也不准許成立政黨，民國四十九年「自由中國」停刊，雷震、傅正下獄，使「中國民主黨」的籌組新黨運動畫下句點。

國民黨則自民國卅九年起的改造，陸續推動「現階段勞工運動指導方案」、「現階段農民運動指導方案」、「反共抗俄總動員運動綱領」等，由國民黨內部的改造運動擴展為全面性的革新運動，亦將影響力擴散到社會民間團體。國民黨特別重視支配物資和人力資源的重要團體，如農會、工會、水利會等，這些屬於經濟性的團體，被視為利益團體，因其有明顯的政治利益，國民黨重視程度甚高。

（一）農會

農會組織最早始於日據時代的一九〇〇年，其運作方式與政府行政部門相似，其目的則在提供農民各種農業推廣方面的服務，會員與會費都出自農家，到了民國二十年代前後，這些農會組織總共僱用了 40,000 名員工為農民提供服務，其中包括 13,000 名農業推廣人員和 9,000 名農業顧問[262]，這種農會模式，對台灣農業發展的貢獻是顯著的。

民國卅八年以後，農業合作社與農會合併，並在農復會的建議下，將農會發展成一個由會員主控的體制，其結構是有階層性的，由鄉鎮農會、縣市農會以至臺灣省農會，會員包括一般會員與贊助會員，前者為自耕農、佃農、僱農、公營實驗農場的員工；後者則為不屬一般會員者。每一階層會員定期直接選出鄉鎮農會代表，由代表們選出鄉鎮理事會、監事會、上級縣市農會代表，再由各鄉鎮出席縣市農會的代表選出縣市理監事和省農會代表。各縣市出席省農會代表選出省農會理監事。各層級的理事會產生總幹事，由省政府農林廳加以正式任命。

農會正因為掌握農村地區龐大的經濟、財務資源，故而總幹事、理、監事等重要職位的競選充滿派系之爭。國民黨與農會關係密切則可從黨員比例中看出，農會的會員中，國民黨黨員人數不多，但理、監事、總幹事則以國民黨黨員為主，層級越高的農會，其理監事、總幹事黨員比例更高。由表二—十五中，可看出在出席鄉鎮農會代表中屬於國民黨黨員人數並不多，但所產生理、監事，黨員比例甚高，而理、監事會主席更佔絕對優勢。另出席農會會議代表層級越高，黨員比

---

[260] 彭懷恩，中國政治文化的轉型—台灣政治心理取向。（台北：風雲論壇出版社，民國八十一年一月），頁一一七——二〇。

[261] 李子堅，前揭文，頁一一三——一一四。

[262] 田弘茂，前揭書，頁六七。

例也越高,產生之各級理、監事中黨員數相對增加,以民國六十四年省農會而言,出席會議代表中,國民黨員佔百分之九十九,理、監事則全屬國民黨籍。

農會對廣大農村的貢獻是顯著的,包括引進新式農耕技術、改良品種、提供信用貸款,成立產銷合作社等,對於促進農村繁榮,嘉惠農民確具功能。此外,農會掌握農村龐大經濟、財務資源,此一廣大組織網絡也能轉化為政治能量,最明顯的,就是在各項公職選舉中,為各政治派系運用來發揮動員選票作用,故而農村菁英份子對理、監事、總幹事的競逐,也充滿派系之爭。

(二)水利會

水利會負責灌溉用水的使用、監督,水壩、水道、橋樑等的構築、修復,並在缺水地區,實施輪灌計劃。故而水利會與農民關係密切,在水利會灌溉區內,有農地的所有農民均須入會,水利會按農地大小、等級徵收,所有資料並都登記於各縣市政府主管農政單位。台灣共有 15 個水利會,其中有 4 個較小的水利灌溉區以縣為單位,另 11 個較大的水利會分別灌溉 2 到 4 個縣市,其中最大的為「嘉南農田水利會」,供應嘉義縣市、台南縣市的農田用水。水利會之間具為平行單位,並無從屬關係,直接受省政府監督。各水利會分別收繳水利會費,執行監督灌溉用水。[263]

水利會由其代表會和代表選出的會長來管理,代表會代表的成員名額,由所屬會員數決定。水利會會長因其業務職掌所及,擁有廣泛人事權、財政權,亦促使地方政治派系經常介入水利會選舉,意圖獲得多數代表的席位,進而選出一位屬其派系,或該派系所支持的會長。水利會一如農會,憑藉其雄厚的體制資源,成為政治系統中極受重視的一環。[264]

(三)工會

依工會法規定,工會組織限於個別企業,廠場之內,十六歲以上男、女工人均得為會員,會費額度:入會費每人不得超過其入會時兩日工資,經常會費不得超過各該會員一個月收入 2%。因而我國工會係以企業工會為基層,逐級而上為縣、省工會,各企業工會為縣、省工會的支部,台灣省工會雖名義上隸屬全國總工會,但卻是獨立運作。全國總工會下除省工會外,尚有 14 個全國工會和加工出口區的 171 個工會。

工會一如農會、水利會均有政府補助經費,並明文列入相關法規(工會法、農會法等)中,如此或將影響政府在勞資關係中的中立原則。前文所述人民團體組織的各項法規中,亦明確指出政府行政機關對各工會、農會等的指導監督範疇,相當廣泛。就執政的國民黨而言,則以維持政治和諧與社會秩序之優先目標下,積極鼓勵黨員組織產業工會,並積極吸收新黨員、訓練幹部,以公營企業中的工人為首要徵募對象,次為私人企業工人。國民黨特別成立製造業黨部(產業黨部),對造船、鐵路、公路、郵政的黨組織有管轄權,其直接受中央黨部社會

---

[263] 同上,頁六九。

[264] 同上,頁六九—七〇。

表二 — 十五　農會五十八年和六十四年當選工作人員爲國民黨黨員百分比

單位%

單位 數額	會議代表		理事會		監事會		理事會主席		監事會主席	
時間	58 年	64 年	58 年	64 年	58 年	64 年	58 年	64 年	58 年	64 年
鄉鎮農會	40	56	69	83	64	86	98	100	76	97
縣市農會	66	82	82	96	83	95	100	100	100	100
省農會	97	99	100	100	100	100	100	100	100	100

資料來源：田弘茂，大轉型〈台北：時報文化公司，民國七十八年十一月〉，頁八五。

工作會的督導。其他民間團體內的黨組織則直接隸屬於省黨部委員會、直轄市黨部委員會之下。國民黨並定期選訓各級工會的國民黨籍幹部，依資料顯示，到民國六十二年止，有超過 12,000 名來自各級工會的幹部，前往位於陽明山的國民黨革命實踐研究院，接受三民主義、國民黨勞工政策、工會組織業務和勞工福利的課程訓練。[265]

政府在本時期的勞工政策之一，在全力防止罷工的發生，因罷工對社會正常秩序的安定性有著極大傷害，但罷工權的被剝奪，亦是廣泛引起爭議。資本主義國家對工會乃至其罷工權的存在，是經過長時期的發展而來，終至讓步、承認，用以緩和其體制內的矛盾。因歐美國家亦發現勞工沒有生產資本、工具，只能將勞動力當作商品，透過契約形式，售給僱主，彼等以弱勢面對僱主經濟強大力量，爲謀改善本身惡劣勞動條件，乃以組織力量來期使僱主改善。綜觀本時期政府強力防止罷工，從幫助經濟快速發展、社會秩序穩定角度，有其正面意義，但對勞

---

[265] 同上，頁八二—八三。

工權益則明顯加以抑制。

（四）人民團體與政治活動關係

人民團體無論職業團體或社會團體參與政治活動，常表現在參與選舉、遊說、政治理念的訴求等方面。就參與選舉而言，職業團體因其擁有完整結構的組織網，對群眾動員、競選經費、文宣品分發均佔優勢，一方面可直接選出中央民意機構的職業代表（農民團體、漁民團體、工人團體、工業團體、商業團體、教育團體等）。另一方面則通常支持國民黨所提名的候選人，尋求在各級民意機關中非正式的代言人，以擴張其影響力。社會團體的參與選舉多是會員個人作為，因各種社會團體（如文化、體育、社會服務、學術等）的同質性高，因而透過候選人取向，亦可爭取相當票源。

遊說（lobby）乃在於獲得有利的政府行動，或改變政府不利於其的行動之作為。各種人民團體對中央的遊說目標雖以立法為主，但對象則包括國民黨要員、政府官員、民意代表三方面。此因國民黨為執政黨，依國民黨黨章第五條規定，以政策領導政治，故而國民黨要員往往是遊說的對象。政府官員之成為遊說對象，乃因憲法第五十八條規定，行政院可向立法院提出法案權，立法院諸多草案（bill）多由行政部門提出。至於立法院職司立法工作，當然是遊說的必然目標。遊說的團體或個人會員採取遊說的方法不一，或直接透過職業團體選出之立法委員，或聘任退休的黨政官員擔任立法顧問。而受利益團體影響的立法委員則利用立法程序來支持或打消某些草案，或利用預算、質詢方式來影響行政院的各種措施。

政治理念的訴求在本時期並不普遍，一般社團多支持政府政策。就社會團體而言，其宗旨本身即與政治路線不同，故而政治色彩較淡，除少數如長老教會者外，鮮少政治反對立場。就職業團體而言，則長期以來與國民黨關係深厚，其組織的重要幹部（理、監事、理事長、總幹事）或組織中負行政責任的職員多為國民黨黨員。基督教長老教會是台灣基督教派中歷史最久、信徒最多的一個教派，自西元一八六五年英國宣教師馬雅各來臺傳播福音，已逾130年歷史，約十餘萬人，多為本地人，其經常與政府當局為敏感問題爭執，「台灣教會公報」為長老教會的刊物，創刊於一八八五年，長期以來提倡本土文化，並對於現實政治加以批判，備受國民黨政府注目。

民國六十年十二月廿九日，長老教會高俊明發表一篇「對國是聲明與建議」，內中表示「反對任何國家罔顧台灣地區一千五百萬人民的人權與意志，只顧私利而作出任何違反人權決定。」又說「我們切望政府於全國統一之前能在自由地區作中央民意代表的全面改選，以接替二十餘年前在大陸所產生的現任代表。」以本時期言論尺度言，確實相當敏感。而長老教會堅持傳教、頌讀聖經使用方言，則是與政府之間的另一項爭議，民國六十四年長老教會發表「我們的呼籲」，要求「有權使用自己的語言崇拜上帝」。民國六十六年八月發表「人權宣言」則達到最高潮，內容主張：「台灣的將來應由台灣一千七百萬住民決定」，無異於支持

台灣獨立。長老教會的政治言論，在反對運動中佔有相當份量。[266]唯以長老教會組織健全，且有國際關係奧援，政府並未太過壓制其活動。

三、大眾傳播

中華民國台灣地區大眾傳播的發展，大致上有兩類媒體 — 出版印刷、電子通訊。就本時期的民國六十六年統計資料：報紙有 31 家、通訊社有 44 家、雜誌有 1,556 種、出版社有 1,618 家、唱片業有 185 家、無線電視臺有 3 家、廣播事業有 33 家。有關大眾傳播媒體與民主政治發展的關係，鄭貞銘從報紙、雜誌、廣播、電視等四種媒介，分析台灣民眾接觸媒介的習慣，以及平日和選舉時，獲知訊息的程度，認為民眾接觸頻率最高的是電視，其次為報紙、廣告和雜誌；但對消息來源獲知最多，並能影響民眾態度的是報紙，其次是電視。唯在農村方面，農民公共事務消息主要來源是口傳，其次是報紙、電視，因為電視新聞國語發音，許多農民聽不懂，收視興趣不濃，因此在公共事務影響力不顯著。[267]

（一）報紙

戒嚴時期因報禁，政府對報紙限家限張，故長時間報紙均維持 31 家。國民黨經營者 3 家（中央日報、中華日報、英文的中國新聞報—（China News），省政府有兩家（台灣新生報、台灣新聞報），國防部有兩家（青年日報、台灣日報），行政院新聞局有一家（英文的自由中國紀事報（Free China Journal）。民營報紙中發行量最大者為聯合報（其報系尚有經濟日報、民生報）、中國時報（其報系尚有工商時報）2 家，而民營報紙中對敏感政治問題表現較為獨立的有自立晚報、民眾日報等。

中央日報為國民黨發行的報紙，其社論新聞稿的處理上，充分反映執政黨決策的主張。英文的中國新聞報由國民黨文工會所發行（解嚴後由民間人士接手）。中華日報亦屬國民黨，唯其重點在地方新聞，除反映黨的立場之外，對政策表達上較具彈性，該報以台南為總社，台北為分社（台北分社直到民國七十六年與總社合併）。台灣省政府所有之台灣新生報在臺北發行，台灣新聞報則在高雄發行。青年日報（前身為青年戰士報）為屬於國防部總政戰部，其主要讀者為學生、軍人，言論趨向支持政府政策。另有台灣日報雖是企業家陳茂榜等民間合資企業，但與國防部有密切關聯。由國民黨、政府等發行的報紙，因從中央以至地方的各級政府和公家機構，必須優先訂閱這些報紙，此其在發行上較佔優勢之處，但除中央日報、青年日報等著重既定立場，大部分國民黨、政府的報紙為取讀者與市場，在支持官方政策之外，仍需採取較為獨立的新聞觀點，以在競爭的同業間維持一席之地。

民營報紙中以聯合報、中國時報擁有較大發行量。兩報創辦人王惕吾、余紀

266　李子堅，前揭文，頁一五六——五九。

267　鄭貞銘，「大眾傳播在民主政治運作中的功能」，中華學報，第十卷、第二期，民國七十二年七月，頁廿四—三〇。

忠都擔任過國民黨中常委，兩人被視為台灣傳播媒體中最有影響力的人物，兩大報之間競爭激烈。其他較具代表性的民營報紙為自立晚報、民眾日報，這兩家報紙在政治問題上經常觸及敏感言論，表現較為獨立。自立晚報創始發行人為吳三連，乃早期籌組「中國民主黨」時的重要人物之一，為無黨籍人士，曾任台北市第一任市長（民國四十年至四十三年）。民眾日報發行於高雄，由李瑞標、李哲朗父子經營，該報亦常報導反對派之政治活動內容。

（二）雜誌

雜誌對思想觀念表達的傳遞是直接的，也是重要傳播媒體之一。雜誌的種類很多，這裡是以政論性雜誌為主要探討對象。政論性雜誌涵蓋各種政治立場，有維護現狀，溫和改革、全面民主。本時期多數政論性雜誌都較傾向維護現狀，兼有溫和改革，如國民黨中央黨部發行的「中央月刊」、胡秋原的「中華雜誌」（兼有民族主義情感的發揮，尤以日本為對象）、任卓宣的「政治評論」、張希哲的「革命思想」等，這些雜誌基本上強調民國卅八年政府來台後的時空情境，亦即「此時何時」？「此地何地」？先就「此時何時」而言，所謂「此時」，即 1.自卅八年大陸變色，政府來台，繼續反共大業，以圖重整河山之時。2.正是中共妄言「解放」台灣，圖我日亟，先以武力進犯，砲轟金馬，後以統戰策略，圖以「內部分化，外部孤立」，瓦解復興基地之時。3.正是國際姑息氣氛瀰漫，正義公理不伸，只重利益利害，不重道義之時。4.正是台澎金馬復興基地，上下一心，埋頭苦幹，辛勤建設三民主義模範省之時。

所謂「此地」，即 1.台澎金馬為中華民國唯一未被中共蹂躪之地區。2.台澎金馬為今日反共復國的基地。3.台澎金馬為民主陣營西太平洋之堅強堡壘和屏障。4.隔岸中共戰鬥機數分鐘可到之地。

因此，多數知識份子歸結中華民國斯時正處非常之時期，內部經濟、社會均呈薄弱，審之以時事，度之以實情，唯有國民黨有足夠力量與中共抗衡，捨國民黨而四分五裂，復興基地終將不保，因而支持國民黨政府。同時亦認為欲求進步、繁榮，只有團結和諧，同心一命。欲求享有真自由、真民主，大敵當前之時，適度作為，如戒嚴令、戡亂時期臨時條款，將有助穩定時局、突破困境。尤以民國卅八年來台人士多抱持孤臣孽子之心，反共意志堅決，更加速類此主張的廣度與深度。

另一類政論性雜誌則具理想主義色彩，主張全面民主，提出民主憲政全面改選、以及政黨政治的呼籲。在本時期民國卅八年至六十六年間，該類政論性雜誌尚未普遍，可舉四種較具代表性者：「自由中國」、「文星」、「大學」、「台灣政論」。「自由中國」半月刊創刊於民國卅八年十一月廿日，結束於民國四十九年九月一日（廿三卷五期），它的重要成員有殷海光、雷震、蔣勻田、夏道平、毛子水、胡適、聶華苓、傅正、宋文明、宋英、馬之驌、瞿荊洲等人，其特別強調反對黨的重要價值。「文星」雜誌始於民國四十六年十一月，停刊於民國五十四年底，共計出版九十八期，該雜誌由蕭孟能創辦，重要成員有殷海光、李敖、李聲庭、陸嘯釗等人，內容風格尤重人權理念的闡揚。「大學」雜誌則以六十、六十一兩

年爲全盛時期，六十二年初編輯即走向分裂，前文已詳述。「台灣政論」月刊始於民國六十四年八月，結束於該年十二月，共只發行五期即遭停刊。「台灣政論」以黃信介任發行人，康寧祥任社長，張俊宏任總編輯，姚嘉文爲法律顧問，重要成員尚有張金策（筆名金曲辰）、陳鼓應、黃華、邱垂亮等，該雜誌並觸及解除戒嚴、台灣前途等問題。上述四種雜誌，除「大學」雜誌是因編輯群散去而漸式微，其他三種「自由中國」、「文星」、「台灣政論」都因言論尺度問題而遭停刊。

（三）廣播電視

台灣地區電視事業始於民國五十一年的台灣電視公司成立，其後於民國五十八年有中國電視公司成立，民國六十年則有中華電視公司的成立。這三家電視臺，台視最大股份爲台灣省政府，台灣省政府透過所轄的三商銀，控制台視建台時49%的股份，其他股份分別由日本公司、國民黨黨營企業，民間私人投資所持有。中視則爲國民黨的黨營事業，黨營的中國廣播公司控有中視50%股份，成爲中視最大股東，其他民營廣播電台、工商界人士各擁有28%、22%的股權。[268]華視在民國五十一年原是教育部所屬的一家小型教育電視臺，經擴建而成華視，建台時國防部佔有51%股份，教育部佔有49%股份。因此可知，三家電視台建台時與黨政軍關係密切。台視最大股東爲台灣省政府，中視最大股東爲國民黨，華視最大股東爲國防部、教育部。

廣播電台的發展開始較早，在民國卅四年日本撤回前，已有5家電台在台北、台中、台南、嘉義及花蓮播送節目。[269]國民黨在民國卅九年成立中國廣播公司，並在台北及其他主要城市設置九座廣播站。[270]中廣爲所有廣播電台之中最有影響力者，其強力傳送設備可將其廣播送至全省各地，並遠及海外、大陸地區。本時期公、民營電台廣播事業共計33家。

（四）大眾傳播媒體與政治生態

在戒嚴時期依據戒嚴法、國家總動員法、出版法、出版法施行細則、廣電法等等法規下，由行政院新聞局、警備總部等單位執行大眾傳播媒體的管制、檢查工作，行政部門可直接以行政處分，對違反法規命令的出版品、新聞媒體加以不同程度的懲戒（如警告、罰鍰、沒收、停播、吊銷執照）。在執行任務時，對違法程度標準之認定，有極大行政裁量權。

本時期正因戒嚴，故而政府對大眾傳播媒體的管制與要求是嚴格的，尤其對質疑反共基本國策、政權合法性，三民主義統一中國等，或具有台灣獨立傾向、強調誇大中共實力之言論者，都在禁止之列。其理由在於面對中共的威脅下，團結才能產生力量，而出版品、新聞紙、廣播電視所發出訊息對人心影響無以估計。

[268] 李瞻，我國電視系統與政策之探討（台北：行政院所究發展考核委員會編印，民國六十八年月），頁三五—三六。

[269] 台灣省政府新聞處編，「經濟建設篇」台灣經濟發展的經驗與模式（台中：台灣省政府新聞處，民國七十四年），頁一二一。

[270] 同上，頁九八。

加以民國卅八年以來，到民國四十、五十年間，社會中確實潛藏了匪諜，如無反制作為，絕難做到鞏固心防、維護社會安寧以及國家安全的重大目標。大陸淪陷前的經驗，諸如謠言滿天、空穴來風，其對民心士氣影響極大，如無管制，則各種出版品言論齊飛，或如「中共武力一天就可攻佔台灣」等說法，在此時代背景下，所造成人心惶惶可想而知。政府面對此種情形下，勢將疲於奔命，陷於被動消極，而未必有成效。最佳途徑，乃為化被動為主動，採取新聞品管制或出版品管制。這些管制對淨化反共基地而言，可達到預期成效，但是也存在著負面作用：

第一是阻塞建言。政策的選擇並非單一，兩利相較取其重，兩害相較取其輕，而出版品等管制亦往往造成對政策的不可質疑。以民國六十年退出聯合國為例，當時政策是「漢賊不兩立，敵我不並存」，亦即中共進入，我國退出，與中共建交者，我即與之斷交。如當時有謂「彈性外交」，或謂「外交戰場一如軍事戰場，須面對面交鋒，而非迴避」，則必然遭致淆亂視聽的指責，但事實上，如果六十年代初始的外交政策是務實、靈活、積極，則我國外交處境發展或未必如此窘困。

第二個副作用是政治態度形成兩種極端 — 政治冷漠或政治激進。為避免以言賈禍者即越少說話，而避開政治不談。另者，越壓制則反彈越高，言論尺度更開放，並執意向禁忌碰觸，當然所再遭受壓制越大，終至惡性循環，政府來台後的反對運動，即在此種情勢下發展演進。

新聞管制、出版品管制在時代背景下，其來有自，有其成果亦有其負面影響，更值得重視者，時代的演進下，各種管制解禁的時機為何？解禁的程度為何？亦即新聞、出版品的管制與新聞、出版品的自由，其均衡點何在？誠為思考的方向。

四、群眾運動

群眾運動在戒嚴時期，依戒嚴法、國家總動員法等均規定不得遊行，但這應係指反對政府性質的遊行。本時期反對政府的遊行，並未曾發生。但是以支持政府形態的遊行則是存在，如保釣運動時，社會各界、學生團體都有集會遊行支持政府的立場，作為政府的後盾，又如國慶日、光復節之屬，各縣、市政府或有安排學生於街頭遊行以示慶祝，然類此或多為政府支持安排，僅具有政治性象徵意義。至於罷工、怠工一如反對政府的遊行，這一時期並未發生過。

集會在本時期依國家總動員法第廿三條規定是被限制的，但政府並未特別管制，係採許可態度，唯依照違警罰法第五十五條規定，集會須事先報請警察機關核准。而事實上一般會議大都不需事先報准，自行召開，至於政治性集會，較須按程序辦理。本時期較顯著的集會，有民國四十九年五月十八日無黨籍人士和民青兩黨人士，在台北市民社黨總部的集會，檢討地方選舉和商量組織新黨事宜，參加人員有雷震、吳三連、李萬居、郭國基、郭雨新、夏濤聲、蔣勻田、成舍我等 72 人。

本章小結

綜合本章所述，茲歸納下列要點，予以說明：

（一）民主奠基期國家處境是危險的，政府輾轉來台，面臨中共武力直接威

脅，台灣地區當時經濟條件、社會條件薄弱的狀況下，人心浮動不安，故不宜以正常狀態視之。斯時政府首要工作，乃在安全考量，免於被中共赤化。但在安全優先考量下，無可避免的對民主政治正常發展造成影響，臨時條款的繼續實施與歷次擴張，使得無法回歸憲法。戒嚴令的頒行影響憲法中所保障的個人自由、組黨、政治參與。也因黨禁，使政黨政治、政治競爭、和平轉移政權等無由推展。而大陸淪陷，使得第一屆選出的中央民意代表面臨無法全面改選，破壞民主政治所重視的任期制精神。這些問題是兩岸分裂分治下所產生的困擾，臨時條款、戒嚴都是階段性、臨時性的，它有起始點，必然也有結束點，這是過去反對運動者所抗爭的焦點。問題是這個結束點在何時？何種條件之下最有利？畢竟兩岸分裂分治之久持續至今仍在進行，也非政府來台時所想像得到。

（二）本時期在臨時條款的運作下，使憲法所規定者若干被凍結，有些則為原憲法所無。前者如憲法第四十七條總統副總統連任一次的限制，後者如設置國家安全會議、行政院人事行政局，以及中央民意代表增額選舉等。因而容易引起從憲法觀點的爭論，此一論戰涵蓋面甚廣，包括了臨時條款的性質，法統的爭議等。臨時條款與戒嚴雖廣受批評，就臨時候款而言，其以修憲方式完成，但體例特殊，為各國所無，亦與民國八十年以後之憲法增修條文不同，就其所標示「臨時」應無疑義。若無臨時條款以濟憲法運作之窮，則無法授與總統相當便宜行事之權，以適應非常時期的需要；亦無法訂定充實中央民意代表的辦法，以解決早期政治參與，民意代表法統性的若干瓶頸。就戒嚴而言，雖亦造成民主政治的許多限制，但從防制匪諜的活動、維持政治、社會、人心的安定，它卻有利於促使環境穩定、經濟的發展，並適度保障了多數人的自由權利。

（三）執政的國民黨因環境時局發展下，外在的戒嚴法、國家總動員法等運作，內在的國民黨改造，不僅使國民黨內部趨於純淨，內聚力更強，亦向社會各階層迅速擴張，終而形成一黨優勢的局面，或稱威權體系的建構。德國學者杜勉（Jurgen Domes）研究我國之威權體系，指出具有四種特徵：(1)是政治權力由一個統治的團體或政黨所壟斷，但並沒有企圖約制社會及個人生活的每一個面向，因而和理念取向的極權體系完全不同。(2)權力運作之標的，是基於建立一個發展的工業化社會。並不是在維持傳統的社會結構，此有別於拉丁美洲某些國家保守的專制體系。(3)是基於政治和行政次級體系的不同利益而產生諸多功能性團體，提供了多元化因素滋長的契機。(4)隨著社會分化（differentiation）程度的提升，政治競爭亦逐漸增加。[271]國民黨所扮演的角色，依田弘茂分析，主要有六：(1)統治(2)拔擢政治精英(3)政治社會化(4)政治動員(5)政治整合(6)社會服務及社會控制。[272]田氏亦進一步指出，國民黨所發揮的功能遠在大多數民主國家的政黨之

---

[271] Jurgen Domes, "Political Differentiation in Taiwan: Group Formation within the Ruling Party and the Opposition Circles 1979-1980", Asian Survey, (Oct. 1981), PP.1011-1028.

[272] 田弘茂，前揭書，頁九五—九六。

上，且不全部依賴高壓及控制來保障其支配地位。[273]

（四）政治參與中的選舉，肇始於地方自治。民選的各項公職人員，從省議員、縣市議員、鄉鎮市民代表，到縣市長、鄉鎮市長、村里長，均由人民直接選出。另省主席、直轄市長則非民選而爲官派。中央民意代表雖無法全面改選，但民國五十八年、六十一年起的增額選舉，則使自由地區民意所產生的代表進入中央民意機構，使台灣地區的民主選舉由地方自治延伸到中央，亦使中央民意機構有了最新民意基礎的民意代表，唯該些民意代表因人數比例偏低，故仍多依附於既有派系之中，尚難謂有完全自發性的政治影響力。無黨籍人士在本時期尚多屬單打獨鬥，雖然當選席次遠遜於國民黨，但逐漸累積的選舉經驗和資源，亦逐漸形成一定規模，在相當長的時間當中，國民黨的得票率與席次，約在七至八成，無黨籍的得票率與席次，約在二成至三成。

---

[273] 同上，頁九六。

第三章　　民主茁壯期的政治發展

　　民國六十六年「中壢事件」，在政府來台後政治發展上，透露出些許政治變化端倪。「中壢事件」後，黨外開始群眾〈街頭〉運動走向，黨外也漸漸地往「政團」的雛型發展；政府對「中壢事件」，則是採取理性溝通處理。此後戒嚴雖仍持續進行，但台灣內、外環境有利發展態勢，反對運動有規模的進行，蔣經國總統則決心向民主過渡。民國七十六年解除戒嚴，是政府來台後，民主發展的分水嶺，在政治發展上佔有重要一頁。意味著威權體制轉型，不但開始政治自由化發展，更開啟政治民主化契機，本章之「民主茁壯期」：從民國六十六年「中壢事件」起，經過七十六年解除戒嚴，以迄民國八十年終止戡亂時期以前的政治發展。

第一節　環境因素

壹、外環境因素

一、中共的統戰策略

　　本時期中共對台政策本質上仍持續其以往統一政權之目標，唯在手段方法上，由「解放台灣」改為「和平統一」，但不排除使用武力。中共「不排除使用武力」的聲明，從民國六十八年到七十九年，共計五十八次之多。[1]中共手段策略之改變，實肇始於民國六十七年（一九七八年）十二月十六日，中共與美國的宣布建交。就中共外交關係而言，為其進入聯合國之後，又一有利形勢，中共乃於十二月廿七日，第十屆三中全會正式確定以「和平」方式進行統一工作，拋棄以往一再宣稱之要以武力「解放台灣」的軍事路線。田弘茂指出，這是鄧小平在獲得領導權的過程中，以其為首之改革派，為了配合大陸現代化路線，迫於形勢所採取的一種策略轉變，目的未變，只是策略有所改變。[2]

　　中共在本時期強調和平統一，雖仍不排除武力犯台做威脅的手段，但至少在對台政策的表面上已有相當變化。這時鄧小平推動四個現代化，採行對外的開放政策，也漸使兩岸緊張關係略有緩和，尤以中共也自認為經濟要學台灣，中共在民國六十八年前是絕口不提台灣經濟發展的成就。是年八、九月間，中共前「中央政治局委員」、「國務院」副總理兼「國家計畫委員會」主任余秋里，首次提出「蔣經國使台灣經濟迅速發展」；「五十年代台灣與大陸差距非常小，由於雙方採取的發展模式不同，結果台灣慢慢前進，大陸則一直倒退，雙方的差距愈來愈大」；「台灣一般人民生活都比大陸各省人民生活高幾倍」[3]鄧小平在民國六十九年（一九八〇）一月十六日的中共黨內幹部會議表示，台海兩岸的經濟差距很大，要想實現統一目標，大陸先要把經濟建設搞好。[4]

---

[1] 行政院新聞局編，對中共所謂「不排除使用武力犯台」之研析（台北：行政院新聞局，民國八十年），頁一一一六〇。

[2] 田弘茂，「現階段與台灣未來的內外政局 ── 一個海外學者的觀點」，中國論壇，第二四七期，民國七十五年一月，頁二三。

[3] 余秋里，「關於政治與經濟關係」，見「學習資料」（北京：中共國務院辦公廳祕書處編印，一九七九年九月四日）。

[4] 鄧小平，「目前的形勢和任務」，鄧小平文選（北京：外國語文出版社，一九八四年），頁二二

中共在外交上，與美國建交；在內部經濟上，採取改革開放，這使其對台政策的表相上，較趨於緩和。這段時期中共的「和平統一」政策，可概分爲三階段：「三通四流」、「葉九條」與「鄧五點」、「一國兩制」。

（一）三通四流

民國六十八年（一九七九年）一月一日，中共全國人大常委會發表「告台灣同胞書」，表示中共在解決中國統一問題時，將要尊重台灣現狀和各界人士意見，採取合情合理的政策和辦法，不使台灣人民蒙受損失。並在此文告中，倡議通郵、通航、通商（即「三通」），以利海峽兩岸人民間可以直接接觸、互通訊息、探訪親友、旅遊參觀。並且提出學術交流、文化交流、科技交流、體育交流（即「四流」）的主張。[5]

爲配合此一和平攻勢，中共國防部長徐向前並下令福建前線部隊，從此停止對大小金門、大二擔等我方前線島嶼之砲擊。[6]民國六十八年（一九七九年）一月卅日，鄧小平訪問美國時，對各界的談話，凡有關兩岸問題，都強調一月一日的中共立場，同時宣布往後不再使用「解放台灣」的說法。唯鄧亦表示以何種方式解決統一問題，乃中國內政問題，不過短期內不會對台使用武力。[7]此爲中共與美建交後，首先對台實施之「三通四流」和平統戰口號，同時鄧小平對卡特政府未做任何放棄使用武力的承諾。

對於三通四流的建議，我國政府當即拒絕。當時行政院長孫運璿於民國六十八年（一九七九年）一月十一日發表聲明指出，「和平統一是全體中國人的願望」，但中共必須「排除馬列思想，放棄世界革命；廢棄共產獨裁，保障民權自由；取消人民公社，發還人民財產。」同年四月四日蔣經國總統宣稱：「基於過去反共的經驗，採取不妥協、不接觸、不談判的立場，不惟是基於血的教訓，也是我們不變的政策。」各輿論亦撰文反擊中共的建議，其中多從中共本質出發，認爲其目的在瓦解我內部戰鬥意志。[8]蔡政文、林嘉誠則從兩岸間接貿易有明顯增加（民國六十七年上半年，台灣經香港輸往大陸僅五萬美元，到民國六十八年上半年增爲三百萬美元）以及民國六十八年（一九七九年），兩岸人民代表至少在十八個國際會議中同時出席，認爲這主要是我國採行不退縮政策，這種現象至少使中共感覺，台灣方面表面上強硬，但多少仍有彈性，故而一再對台發動和平攻勢。[9]

（二）葉九條與鄧五點

民國七十年（一九八一年）九月卅日，中共全國人大常委會委員長葉劍英發表「關於台灣回歸祖國實現和平統一之九條方針政策」（以下稱「葉九條」），提

五。

[5] 北京，人民日報，一九七九年一月一日，版一。

[6] 北京，人民日報，一九七九年一月一日，版一。

[7] 北京，人民日報，一九七九年二月一日，版一。

[8] 丘宏達，「中共對台統戰的研究」，台北，聯合報，民國六十八年七月一日，版二。又如司馬竹，「從三通看和談」，台北，聯合報，民國六十九年一月廿二日，版二。

[9] 蔡政文、林嘉誠，台海兩岸政治關係，二版（台北：國家政策研究資料中心，民國七十九年三月），頁二九。

出中共對台之和平統一政策，內容如下：[10]

1.爲了盡早結束中華民族分裂的不幸局面，國共兩黨應舉行對等談判，實行第三次合作，共同完成祖國統一大業，雙方可先派人接觸，充分交換意見。

2.海峽兩岸共同爲通郵、通商、通航、探親、旅遊以及展開學術、文化、體育交流提供方便，達成有關協議。

3.實現統一之後，台灣可作爲特別行政區，享有高度自治權，並可保留軍隊，中央政府不干預台灣地方事務。

4.台灣現行社會，經濟制度不變，生活方式不變，同外國的經濟文化關係不變，私人財產、房屋、土地、企業所有權、合法繼承權和外國投資不受侵犯。

5.台灣當局和各界人士，可擔任全國性政治機關的領導職務，參與國家管理。

6.台灣地方財政遇有困難時，可由中央政府酌情補助。

7.台灣各族人民，各界人士願意回祖國大陸定居者，保證妥善安排，不受歧視，來去自由。

8.歡迎台灣工商界人士到大陸投資，興辦各種經濟事業，保證其合法利潤及權益。

9.統一中國，人人有責，歡迎台灣所有人民，通過各種渠道，採取各種方式提供建議國是。

葉劍英九條方案，仍是堅持其對台的一貫政策：「北京中央 ─ 台北地方」。即將台灣視爲地方政府，是一個自治區，雖維持現狀，可保留軍隊，但主權在中共，不能有外交關係。「葉九條」暴露出兩個問題，一是名爲對等談判，實已將台灣貶爲地方，並非真正對等。二是此其時之中共財經尚遠遠落後台灣，卻大談補助台灣，其對自由地區的社會、人民之缺乏瞭解可見一般。

民國七十二年（一九八三年）六月廿六日，鄧小平接見楊力宇教授時，提出五點有關統一問題的意見：(1)統一後，中共不派軍政人員到台灣。(2)台灣維持獨立的立法權、現行法律及司法機構。(3)台灣維持自己的軍隊，但不能對大陸構成威脅。(4)台灣將可維持處理外事的若干權力。(5)台灣可使用特別旗幟及中國台灣的稱呼。[11]「鄧五點」與「葉九條」並無差別，如出一轍。中共的統戰向來是採兩手策略，雖然一再發動和平攻勢，但從未停止在國際間對我之孤立，以及恫嚇對台動武。如民國七十年（一九八一年）十月十九日，中共對香港統戰高層人員之宣傳指示有兩要點：一是「應視台灣爲第一號敵人，蘇俄是次要敵人，『台灣問題』一日不解決，始終是建設社會主義中國之障礙。」二是「最高決策人已表示，解決『台灣問題』最後手段還是非用武力解決不可。」民國七十二年（一九八三年）十一月七日，中共「人大」副委員長黃華在會見哥倫比亞國會議員代表團時表示「假如不能以和平談判方式收復台灣，則將使用武力。」[12]

---

[10] 北京，人民日報，一九八一年十月一日，版一。

[11] 王景弘，「從華府看鄧小平的五條方案」，聯合報，民國七十一年八月十四日，版二。

[12] 行政院新聞局編，對中共所謂「不排除使用武力犯台」之研析，前揭書，頁一三。

（三）一國兩制

中共最早提出「一國兩制」概念，始於民國七十三年（一九八四年）二月，鄧小平在北平會晤美國喬治城大學戰略與國際問題研究中心高級顧問布里辛斯基（Zbigniew K. Brzezinski）時指出，「統一後，台灣仍搞它的資本主義，大陸搞社會主義，但是，是一個統一的中國，一個國家，兩種制度。」[13]五月間，中共總理趙紫陽在第六屆人大會中表示：「我們從國家和民族的根本利益出發，鑒於歷史的經驗和台灣的現實，提出祖國統一之後可以實行一個國家、兩種制度的設想。」[14]而「一國兩制」的正式提出，則是在民國七十三年（一九八四年）中共與英國就「香港問題協議」初簽之後，即一再宣揚「一國兩制」，把台灣與香港比擬，基本上，仍是過去中共和談建議的延續，中共對台擁有「主權」，中共是「中央政府」，台灣將如香港，是特別行政區，擁有「局部治權」，係「地方政府」。[15]此後以至於今，「一國兩制」都是中共對台和平統戰的主要論調。然而「一國兩制」的宣傳是有其缺失的，一則把台灣與香港相比擬，更無法讓台灣自由地區的人民安心。二則「一國兩制」恐使中共弄巧反拙，其欲安撫台灣民心，但卻自陷困境，等於昭告世人，共產主義、共產制度是不理想的。尤有甚者，鄧小平「政左經右」，其經濟改革採取允許私有財產、私有市場等所謂之「有中國特色的社會主義」，實已背離了馬、列、毛，而走向資本主義的「市場經濟」特色。

相對於中共的和平統戰攻勢，中華民國政府則堅持「一個中國」，懷抱「統一中國」的主張，採不與中共接觸、談判、妥協的「三不政策」。此種態勢直到民國七十五年（一九八六年）五月，華航一架貨機由王錫爵駕駛飛往廣州，致使華航與「中國民航」在香港進行直接談判，索還人機，初次改變了臺灣從前守勢，一成不變的形象。[16]此外，台灣女籃隊與三家電視台記者終於前往莫斯科與包括大陸隊在內的共黨球隊競技。政府對大陸文藝、學術作品也已漸形開放，與日俱增的兩岸離散家庭信件往來，以香港為主的轉口貿易、台灣民眾經由香港、東京回大陸探親的活動等，使兩岸民間互動關係趨於明顯。在中共不斷以和平統一為宣傳，我政府亦因採行「以自由、民主、均富統一中國」的政策，欲以「台灣經驗」發揮一定程度的影響作用。隨著兩岸民間不斷的往來，我政府在民國七十六年宣告解嚴後，並開放國人赴大陸探親。

國內解嚴從外在環境看，中共改採和平統一策略（雖然從未放棄武力犯台）、經濟改革開放以及兩岸民間的發展，促使海峽趨於緩和，具有相當的影響。解嚴後，兩岸的發展模式，亦進入一個嶄新的時期。中國國民黨十三全會於民國七十七年（一九八八年）七月七日舉行，通過「現階段對大陸政策」，內容分為支援大陸政治民主化，促進大陸經濟自由化、推動大陸社會多元化、導引大陸文化中國化等四大綱領。隨後並成立國民黨內部運作的「大陸工作指導小組」和政府運

---

[13] 北京，人民日報，一九八四年二月廿三日，版一。

[14] 北京，人民日報，一九八四年五月十六日，版四。

[15] 蔡政文、林嘉誠，台海兩岸政治關係，前揭書，頁三五。

[16] 王莉莉，以『挑戰對統戰』— 一九八六年國共宣傳戰（台北：圓神出版社，民國七十六年），頁三八—三九。

作的「大陸工作會報」。民國七十九年（一九九○年）十月七日，總統府成立「國家統一委員會」，同年十一月廿一日成立民間機構的「海峽交流基金會」，行政院並於民國八十年（一九九一年）一月廿八日，在總統公布「行政院大陸委員會組織條例」後，正式成立「行政院大陸委員會」。

中共方面，前總理趙紫陽發表了中共對台政策「和平統一、一國兩制」的基本方針，確立「消除敵意」、「循序漸進」、「尋求共識」、「協商統一」的原則，採取放寬探親旅遊的各項規定，諸如熱情歡迎，來去自由、平等對待等細節。並在「國務院」籌設「台灣事務辦公室」，專責處理台胞探親及有關的台灣工作事宜。其後設立「海峽兩岸關係協會」之民間機構，與我民間機構「海峽交流基金會」形成對口交流協商機制。（兩岸初始交流模式及決策組織見表三──一）至此，在政策層面，台海兩岸逐漸結束過去壁壘對峙狀態，走向和緩互動局面。[17]

二、國際的情勢發展

民國六十六年（一九七七年），卡特當選美國總統後，繼續走向與中共「關係正常化」。此一政策深受布里辛斯基（Zbigniew K. Brzezinski）的影響。[18]布氏的理念在其早先著作中即可看出，彼認為蘇聯將永遠是美國的敵人，而西方國家卻可以與中共採取「妥協」。[19]卡特政府懷著三種「祕思」（myth）和中共積極接觸：(一)美國與中共建交將加強美國的戰略姿態及抵銷蘇聯在遠東的擴張。(二)中共是美國的一個聯盟友邦。(三)鄧小平完全掌握中共政權，其將帶領中國走上民主，遠離落後貧窮。如給予中共外交承認，將使美國與中共建立政治與經濟關係的新世紀。[20]

美國一方面基於權力平衡（balance of power），聯中共以牽制蘇聯，另一方面認為欲影響中共，則必須接觸而非排斥。卡特政府官員加強與中共進行建交的祕密談判。卡特總統並完全接受中共堅持的「建交三原則」：全面中止美國和中華民國的外交關係；廢除「中美共同防禦條約」；自台灣撤出所有美軍。同時卡特總統亦放棄前任尼克森總統、福特總統早先提出的兩項條件：(1)循聯絡辦事處的制度，美國與中華民國建立半官方的外交關係；(2)取得北京當局的保證，絕不以軍力與台灣達成「統一」。另外，卡特總統同意停止對中華民國出售武器一年，美國未來對華軍售問題，留待以後解決。

由於美國的種種讓步，卡特總統在民國六十七年（一九七八年）十二月十六日宣布承認中共政權，美國和中共同意自民國六十八年（一九七九年）一月一日起，建立完全的外交關係，美國與我之外交關係亦隨之中斷。美國並未採用「日本模式」，而是自創了一個新的「美國模式」（American Formula），這個模式一方面達成與中共建交目的，另一方面透過國內立法 ─ 「台灣關係法」（Taiwan

---

[17] 宋國誠，「中華民國大陸政策與中共對台政策的比較評估」，中國大陸研究，第三十五卷，第一期，民國八十一年一月，頁六。

[18] 李本京，七十年中美關係評估（台北：黎明文化公司，民國七十四年），頁九九。

[19] 轉引自何振盛，戒嚴時期台灣地區的民主化與政治變遷──個發展途徑之研究，國立政治大學，三民主義研究所，碩士論文，民國七十八年一月，頁一三二。

[20] Ray S. Cline, "U.S. Foreign Policy for Asia", in Ramon H. Myers, ed., A U.S. Foreign Policy for Asia: The 19805 and Beyond. (Stanford California: Hoover Institution Press, 1982), pp.5-9.

表三－一　兩岸初始交流模式及決策組織表

中　華　民　國	中　共　當　局
國家統一委員會 （總統府）	中央對台工作領導小組 （中國共產黨）
李登輝總統兼任主任委員、李元 簇副總統、郝柏村院長、高玉樹 資政兼任副主委。 功能： 任務編組、國家統一大政方針的 諮詢與研究	楊尚昆國家主席兼任組長，副總 理吳學謙兼任副組長，其他成員 尚包括江澤民、丁關根、王兆 國、孫曉郁等。 功能： 爲中共當局擬定對台政策的決 策機構，交國台辦協調執行，由 海峽兩岸關係協會在第一線執 行。
大　陸　委　員　會 （行政院）	台　灣　事　務　辦　公　室 （國務院）
主任委員黃昆輝、副主委馬英 九、高孔廉。 功能： 大陸政策的研究、規劃、審議、 協調與部分執行	主任王兆國，副主任孫曉郁、張 克輝。 功能： 現爲對台政策的制定單位。
財團法人海峽交流基金會 （民間機構）	海　峽　兩　岸　關　係　協　會 （民間機構）
董事長辜振甫、副董事長許勝 傑、陳長文、秘書長陳榮發。 功能： 接受政府委託辦理兩岸民間交 流中涉及公權力而不便由政府 出面辦理的事務性、技術性事項	會長汪道涵，副會長唐樹備、經 叔平，副會長兼秘書長鄒哲開。 功能： 以民間爲單位型態出現，接受中 共當局委託與海基會接促從事 兩岸交流活動，成立宗旨爲「三 通」、「雙向交流服務。」

資料來源：中國時報，民國八十一年二月二十九日，第二版
資料提供：海基會董事長

Relation Act）的方式，與中華民國繼續發展實質關係。根據中美斷交時的文件顯示：美國仍「繼續關心台灣問題的和平解決，並期望台灣問題由中國人自己和平解決」，也將繼續出售武器給台灣。有關台灣的地位，美國知悉（acknowledge）中共立場，但事實上既未「承認」也未「否認」中共對台灣的「主權」主張。[21]

中共與美國建交後，中華民國的國際外交處境更加孤立。造成此一孤立原因在於，中共與中華民國都堅持「一個中國」的政策〈One China Policy〉。中華民國政府在中共進入聯合國前，即因堅持「一個中國」與漢賊不兩立之立場，逐漸由國共對抗的主動地位，淪於不利局面。部份觀察家認為若中華民國當局在中共進入聯合國之前，修正它「一個中國」的政策，也許就可避免其後的一連串的外交挫敗。[22]王國璋亦分析指出，我國曾經在聯大表決之前，決定要接受「雙重代表」的安排，但是外長周書楷在發表聲明時語意不明，使得其他國家產生困惑，因此在投票時才無法做出對我最有利的安排。一些資深外交官因此表示，如果我們能及早聲明願意接受雙重代表的安排，並朝此方向去部署票源，投票結果可能不同。[23]在退出聯合國、中日斷交，再到了中美斷交後，我國外交挫折仍持續著，民國六十九年（一九八〇年）喪失「國際貨幣基金會」、「世界銀行」、「國際銀行公司」、「國際開發協會」的會員資格，至此完全被排擠於聯合國專門組織之外。哥倫比亞（民國六十九年）、象牙海岸、賴索托（民國七十二年）、玻利維亞、尼加拉瓜（民國七十四年）、烏拉圭（民國七十七年）相繼與中共建立外交關係，而與我國斷交。

中共「一個中國」政策的目的，在使中華民國外交孤立與國際地位不穩，其一再強調中華人民共和國為中國唯一合法主權，而台灣是中國的一部分。用意即在將台灣地位歸於地方政府，台灣問題也就成為「中華人民共和國的內政問題」。民國七十七年（一九八八年）、七十八年（一九八九年）間，中華民國連續和與中共已建交的格瑞納達、賴比瑞亞、貝里斯建立外交關係，意圖建立「雙重承認」模式，但中共立即和這些國家終止外交關係。民國七十八年（一九八九年）一月十四日中共「外長」錢其琛在法國巴黎訪問時，對法國政府擬在台北成立「法國在台協會」表示憂心。[24]同年一月廿四日，中共更派代表團，由「人大」常委會副委員長葉飛率領，前往馬尼拉訪問，目的在警告菲律賓不得提升與我中華民國的關係層次。[25]

中美斷交是我國本時期國際情勢發展最重要事件，這以後有兩個重要發展面向：一是美國「台灣關係法」對台灣的發展與影響，二是中華民國政府外交策略漸趨彈性。

（一）「台灣關係法」的發展與影響

---

[21] 丘宏達，七十七年中美關係論集（台北：時報文化公司，民國六十八年），頁一五三──一五四。

[22] Chiao Chiao Hsieh, Strategy for Survival (London: The Shewood Press, 1985), p.285.

[23] kuo-Chang Wang ,United Nations Voting on Chinese Representative Monographs on American Political Studies, No2(Taipei: Institute of American Culture, Academia Sinica, 1984), p. 140.

[24] 台北，中國時報，民國七十八年一月十七日，版三。

[25] 台北，中國時報，民國七十八年一月廿七日，版十。

　　民國六十八年（一九七九年）一月廿六日，卡特總統向國會提出「維持中美未來關係法案」，簡稱「綜合法案」（Omnibus Legislative Bill），以期對台灣關係取得一些法律上的根據。此法案是在維持美國與台灣的人民之間來往將繼續進行。該法案經國會兩個月討論與修正後，於同年三月廿八日，眾議院以 339 票：150 票；三月廿九日，參議院以 84 票：15 票，絕對多數通過兩院協調委員會所協議之「台灣關係法」，卡特總統於四月十日正式簽署。該法在國際關係上，可說是結束了一個舊有的國際秩序的重要文件，同時規範新的國際事務交往的規則。[26]其後台灣與美國之「非官方關係」，主要即依據這項法律來進行。

　　「台灣關係法」共有三個主題：其一是美國對台的安全保障，含「軍售」規定。其二是商務、文化及其他關係的維持。其三是「美國在台協會」（American Institute in Taiwan or AIT）的組織及其實施原則。在「台灣關係法」的運作下，依邵宗海研究指出，中美雙方的經貿、文化等方面，都能在坦途的環境下進行，「政治」的接觸，也巧妙的運用所謂「非官方」的層次，達到一些原先期望的目的。質言之，儘管沒有實際上的正式外交管道，但雙方實質的「政貿關係」仍與日俱進，沒有因斷交之後陷於斷層的現象。[27]然而「台灣關係法」中有二個議題，卻是被廣泛討論，一是「軍售」問題；二是「人權條款」問題。

　　依據台灣關係法的規定，美國同意提供防禦性武器給台灣，且美國為使台灣能夠獲得使其維持足夠的自衛能力，總統和國會應依據他們對台灣防衛需要的判斷，依法定程序，來決定提供上述防衛物質及服務的種類及數量。卡特總統為不刺激中共政權，特意停止民國六十八年（一九七九年）與中共建交那年台灣關係法對我之軍售，幸而依照中美軍事協防條約規定，條約中止後，尚有一年的照會時間，我政府因而簽約購買大約五億九千餘萬的武器。民國六十九年（一九八〇年）、七十年（一九八一年）美國均提供約值近三億元的武器予我國。「軍售」問題實為台灣、美國、中共互動過程中最微妙的因素，尤其在一向以反共立場著稱的共和黨雷根入主白宮時，更引起中共的不安，北京即以「軍售」問題警告美國，認為任何對台灣武器供應的增加，都會對雙方的關係，造成嚴重的後果。[28]

　　雷根主政後，一再公開表示將切實執行台灣關係法，但這僅給我政府短暫的興奮，隨即民國七十一年（一九八二年）八月十七日公布的「美中（共）對台灣問題公報（U.S.-China Communique on Taiwan）而澆熄。在「八一七公報」中，美國同意對台的軍售數量將逐年減少，並模糊不清地暗示這項軍售減少的措施，能在一段時間內達成最後的解決辦法。（The U.S. intends to reduce gradually its sales of arms to Taiwan, leading over a period of time to a final resolution）就此公報內容雙方有不同解釋，中共認為美國對台軍售已有期限出現，而美國則否認此說，只表示逐漸減少軍備，是在解除與中共間長期存在的矛盾。[29]美國以中共牽

26　李本京，七十年中美關係評估，前揭書，頁 154。

27　邵宗海，「中美非官方關係的推進與前瞻」，見葛永光等著，現代化的困境與調適—中華民國轉型期的經驗，二版（台北：幼獅文化公司，民國八十一年二月），頁六三。

28　Robert L. Dewnen, Of Great Concern? (Washington: Georgetown University Press,1981), P.16.

29　David S. Chou, "ROC-US Political Relations As Seen From The Implementation of The Taiwan

制蘇聯的戰略概念，仍爲雷根政府所信守，故而中共在對美關係上佔了上風。另方面，雷根在對台軍售，金額雖每年略有減少，但比起卡特時代的數量和價值超出許多，且武器的素質、性能均甚爲精密。[30]此外雷根曾對我方提出六項保證，[31]且允許美國廠商提供技術協助，幫台灣自行發展高性能戰機，使得中華民國政府稍微安心。

人權條款爲美國制定台灣關係法時所列入，該法第二條第三款規定，法案中規定的事項不得與美國人權政策相牴觸。這一條的意義非常含混，一方面在台灣任何人權問題，都可以作爲美國不履行或延緩履行「台灣關係法」的口實[32]，另一方面美方將經常透過聽證會與決議案，形成對中華民國內政上實質的干預。

民國六十八年（一九七九年）的美麗島事件，係對台灣關係法之人權條款造成首次衝擊，眾議院通過七〇八號決議，重申保障及促進台灣人權是美國的目標，並呼籲台灣放鬆對言論自由的限制，並持續擴大政治參與。[33]民國七十年（一九八一年）以後，美國國會舉行有關台灣政治發展重要的聽證會如下：

1.有關戒嚴法問題（Martial law on Taiwan and United States Foreign Policy Interests 1982）

2.有關陳文成命案（Taiwan Agents in America and Death of Professor Wen-Chen Chen 1982）

3.有關台灣未來問題（Future of Taiwan 1982）

4.有關台灣政治發展問題（Political Development in Taiwan 1984）

5.有關劉宜良命案（The Murder of Henry Liu 1985）

6.有關蔣經國總統去世後台灣政治發展問題（Political Trends in Taiwan Since the Death of Chiang Ching-kuo 1988）

7.有關台灣選舉問題（The Upcoming Election in Taiwan 1989）

除了各次聽證會外，美國國會議員亦不時對我政府施壓；民國七十四年（一九八五年）十一月民主黨籍眾議員索拉茲（Stephen Solarz）、李奇（Jin Leach）聯合提出二三三號共同決議案，要求我國擴大民主改革、開放黨禁報禁、廢除戒嚴令。[34]到次年二月在美國的台灣人公共事協會（FAPA）召開相關座談會。民主

Relation Act" ,symposium on ROC-US Relations Under "The Tainan Relation Act: Practice And Propect (Taipei, Taiwan: Institution of International Relations, National Chieng-chi University, 1988) pp.29-30.

[30] 雷根政府時代所售中華民國精密武器系統有地對空 chapanel 飛彈、海對空 Sm-l standard 飛彈、空對空 AIM-7F Sparrow 飛彈、C-130 運輸機等。

[31] 雷根政府在八一七公報宣告前一個月，曾致函台北當局，説明美國今後對華政策的重點：(一)對中華民國軍售政策沒有設定結束期限。(二)對中華民國之軍售措施絕對沒有事先預告中共。(三)不扮演國共之間的調人。(四)不準備修改台灣關係法。(五)不準備改變美國對台灣主權認識的立場。(六)不會對中華民國當局施加壓力來進入與中共之間的和談。

[32] 杜蘅之，中美新關係與國際法，人人文庫（台北：台灣商務印書館，民國七十二年），頁一〇一。

[33] "Implementation of the Taiwan Relation Acts", Hearing before the subcommittee on Asian and Pacific Affairs of the Committee on Foreign Affairs, 96th Congress 2nd Session, June 11, 1980 (Washington D.C. Government Printing Office,1981), p. 3.

[34] 裘兆琳編，中美關係報告：一九八五──一九八七（台北：中研院美研所，民國七十八年），頁

黨籍參議員甘迺迪（Edward Kennedy）、派爾（Claiborne Pell）則於三月間提出「呼籲台灣全面民主化決議案」，五月間參、眾兩院領袖組成「台灣民主委員會」進一步向國民黨當局施壓，而後一向同情並支持台獨運動的派爾出任參院外委會主席。八月一日眾院外委會終於通過前一年索拉茲等提出之二三三號決議案。

隨著台灣關係法人權條款的列入，美國國會常藉台灣發生的事件，如陳文成命案、劉宜良命案、李亞蘋案舉行聽證會或通過決議案，評論國內民主政治發展、戒嚴、黨禁、人權、言論自由等問題。而這些來自美國國內不斷升高的干涉，對我政府產生相當的困擾和壓力。

（二）我國外交策略漸趨彈性

退出聯合國以來，我國即面臨中共全面的外交孤立策略。面對此一情勢，在蔣經國擔任行政院長時，開始推動「總體外交」工作，圖以財經、文化與體育等實質關係，來代替正式的外交關係，以避免踏上國際孤立無援的困境。民國七十七年（一九八八年）李登輝總統就任以後，務實外交更為明確，當時外交部長連戰於民國七十八年（一九八九年）四月發表中華民國的主要外交政策，要點有三：[35]

> 一、本獨立自主之精神及平等互惠之原則···以積極進取的態度，靈活務實作法，推展總體外交。二、加強我國與各友邦之雙邊關係並與無邦交國家建立和增進貿易、文化、科技等各項互惠實質關係，進而提高雙邊交往層次，使其制度化。三、積極參加國際組織及活動，分擔國際義務並輔導民間團體及個人參與，加強國際間對我奮鬥目標的認識，推廣國際交流與合作。

李登輝總統則在民國七十九年（一九九〇年）十一月廿四日亞洲華爾街日報上明白表示務實外交的作為：[36]

> 為了國家生存與發展，中華民國將繼續採務實及前瞻性步驟，以改善世界各國的關係···雖然中共在國際上企圖孤立我國，但中華民國以主權國家地位，有充分權利參加國際組織，並與世界各國建立友好關係。

務實外交包括改善我國與世界各國的關係、積極參與國際組織及其活動兩大重點。就改善與世界各國的關係言，包括與我國有邦交及無邦交的國家。與有邦交國家加強雙邊既有之關係，與無邦交國家除加強經貿、文化及科技合作等實質關係外，並期能提高我國駐外機構的層次與制度化。在務實外交的背後，我國雄厚的資金已成為外交的後盾，民國七十八年設立的「國際經濟合作發展基金」（International Economic Cooperation Development Fund or IECDF）資金 114 億美元，以提供開發中國家優惠貸款，[37]善盡國際互助合作之義務。我國並於民國六十八年（一九七九年）開放東歐貿易，七十七年（一九八八年）三月廿五日更正

八。

[35] 連戰，「當前國際情勢與中華民國的外交政策」，問題與研究，第廿八卷，第七期，民國七十八年四月，頁五。

[36] 賴澤涵主編，光復後台灣地區發展經驗（台北：中央研究院，民國八十年十月），頁三三三。

[37] 張瑞猛，「國際經濟下的台灣—競爭與貢獻」，台北，中國時報，民國八十年八月廿一日，版十一。

式發布對東歐七國（東德、波蘭、捷克、匈牙利、南斯拉夫、保加利亞、羅馬尼亞）進行直接貿易。民國七十九年（一九九〇年），東歐國家商務貿易等部門官員陸續訪華，並有匈牙利等國籌設辦事處於台北，顯示我國外交策略已放棄了意識型態對立的僵化政策，以現實主義來面對共產國家。[38]而務實外交的推展下，我國與世界各國關係，到民國八十年（一九九一年）爲止，在台北設置「聯絡代表處」的無邦交國家有三十個，機構有三十六個之多（如表三—二）。就積極參與國際組織方面，本時期亦已逐漸起步，並期以經濟實力來獲得國際間重視。民國八十年(一九九一年)，台灣與中共、香港同時加入「亞太經濟合作會議」（APEC）極具意義。

　　中華民國在務實外交政策下，採取較大的彈性以應付外來的壓力，尤其是已摒棄「漢賊不兩立」的作法，以維持某種程度的國際人格，例如民國七十三年（一九八四年）以「中華台北」的名義參加洛杉磯奧運。民國七十六年（一九八七年）的「亞銀易名事件」，雖然我沒有參加，但次年在菲律賓馬尼拉召開的「亞銀年會」，海峽兩岸官方代表一同赴會。民國七十八年（一九八九年）五月，我國財政部長郭婉容更進一步率領台北代表團前往北京出席亞銀年會。凡此展現出務實外交政策已由過去消極退避，轉而在國際舞台上，與中共面對面的交往，積極的競爭。

貳、內環境因素

一、經濟狀況

　　我國經濟經過六期四年經建計畫，經濟成長穩定，但在經濟結構上看來，仍屬發展中國家的經濟，即以勞動力密集的輕工業爲主。因而當世界第一次石油危機爆發時，於民國六十二年造成世界經濟激烈通貨膨脹，並在民國六十三、六十四年轉爲嚴重的經濟衰退，我國亦受波及，造成六十三、四兩年的頓挫，貿易轉爲逆差。當時蔣經國擔任行政院長期間，乃毅然決定以發展資本密集和技術密集的的策略性工業、重化工業爲首要目標。將正在實施中的第六期四年經建計畫提前一年結束，改以六年爲期的第七期經建計畫（民國六十五年至七十年），全力推動「十大建設」，特別是鋼鐵及石化工業，這使得基本的石化原料可由國內生產供應，不必仰賴進口，並建立了一貫作業的石化工業，這是「第二次進口品替代」的工業發展階段。此階段有別於第一次進口品替代的產業階段，乃是後者爲替代輕工業民生消費品的進口　，而前者爲替代基本原料和機器設備的進口　。

　　在第七期六年經建計畫後，政府賡續推動第八期（民國七十一年至七十四年）、第九期（民國七十五年至七十八年）的四年經建計畫，與第十期的六年經建計畫（民國七十九年至八十四年）。在當時行政院長孫運璿領導下，公共投資已由「十大建設」進而爲推動「十二項建設」，期以擴大政府公共建設，帶動景氣復甦。在一連串經濟發展策略下，輕重工業比重已有重大改變，以往工業係以

---

[38] 蔡政文等著，我國對外政策與行動取向（台北：國家政策中心，民國八十年），頁二〇〇—二〇六。

表三 — 二　各無邦交國駐我國代表機構

地區	國家	機構名稱	是否接受簽證
亞洲	印尼	印尼商會	是
	日本	交流協會台北辦事處	是
	日本	交流協會高雄辦事處	是
	菲律賓	菲律賓經濟文化辦事處	是
	泰國	泰航行政辦事處	是
	泰國	泰航商務處	是
	馬來西亞	馬來西亞友誼及貿易中心	是
	約旦	約旦商務辦事處	是
	沙烏地阿拉伯	沙烏地阿拉伯駐台北辦事處	是
大洋洲	澳大利亞	澳大利亞商工辦事處	是
	紐西蘭	紐西蘭工商辦事處	是
	巴布亞紐幾內亞	巴布亞紐幾內亞駐華名譽商務代表處	是
歐洲	奧地利	奧地利商務代表團台北辦事處	是
	英國	英國貿易促進會	是
	比利時	比利時貿易協會駐華辦事處	是
	丹麥	丹麥商務辦事處	是
	法國	法亞貿易促進會	是
	法國	法國在台協會	是
	愛爾蘭	愛爾蘭投資貿易促進會	是
	義大利	義大利貿易推廣辦事處	是
	德國	德國經濟辦事處	是
	德國	台北德國文化中心	是
	希臘	希臘共和國外貿促進組織駐華名譽辦事處	是
	荷蘭	荷蘭貿易促進會台北貿易暨投資辦事處	是
	西班牙	西班牙商務辦事處	是
	瑞士	瑞士商務辦事處	是
	瑞典	瑞典工商代表辦事處	是
	挪威	挪威商務辦事處	是
美洲	美國	美國在台協會台北辦事處	是
	美國	美國在台協會高雄辦事處	是
	加拿大	加拿大駐台北貿易辦事處	是
	墨西哥	墨西哥駐華商務辦事處	是

資料來源：外交部禮賓司特權科，轉引自彭懷恩，中華民國政府與政治

勞力密集之輕工業爲主（民國四十一年輕重工業所占比重爲 75.2％及 24.8％）到民國八十年，在加速工業升級下，輕工業已降至 43.3％，而重工業則升到 56.7％。[39]

在本時期經濟發展觀之，有三方面值得特別重視：（一）策略性工業的發展。（二）經濟自由化的走向。（三）所得分配逐漸加大。

（一）策略性工業的發展

民國六十七年（一九七八年）伊朗政治危機再次導致國際油價的上漲，第二次能源危機又困擾政府經濟決策當局。政府改組「經濟建設及發展委員會」，以收集中並強化經濟決策之功能。[40]經建會成立後，爲期提高台灣產品在國際市場的競爭能力，決定改變台灣工業發展的重點，以消耗能源少、無污染和技術密集的工業來取代重工業和勞力密集的工業。於是「策略性工業」列爲特別發展目標，諸如：電腦、電傳資訊、消費性電子、自動化等技術密集工業。

爲配合「策略性工業」的發展，政府乃決定建立自己的研究發展部門，民國六十九年成立科學園區於新竹，而「獎勵投資條例」修正後於民國七十年一月一日正式生效。被視爲台灣「矽谷」的新竹科學園區創設主要目的：(1)吸引國內及國外高科技產業，以提升工業結構。(2)生產高附加價值的產品，如電腦及精密的電子產品及機器。(3)鼓勵研究及發展。(4)設立對技術人員的訓練計畫。科學園區內提供投資者一個周全的環境，如低廉的土地及廠房租金、政府的保護、產品的專利、租稅獎勵、專業人才的充分發揮學能等。

新竹科學園區包括了官方著名的聯合工業研究中心，外國投資者有王安、奎恩等大電腦公司，台灣本土投資的有宏碁電腦、神通電腦等。到民國八十年，在科學園區設廠營運者超過 100 家，年營業額爲 700 餘億元。科學園區在政府的大力規畫，配合清華大學、交通大學、工研院等研究機構的知識及人才資源，並加上新竹縣、市之規模、條件，爲台灣策略性工業發展奠定優良基礎。

（二）經濟自由化的走向

經濟自由化係指尊重市場機能，促進競爭，並減少不必要的干預，以提高資源的使用效率。政府在本時期走向經濟自由化的腳步更爲加快。究其原因，可從貿易、金融、產業經營三方面分析。就貿易面言，有四：(1)我國貿易大幅出超，引起貿易對手國重視，美國貿易主管部門已一再要求改善中美貿易狀況。(2)持續巨額出超，外匯急速累積，將造成通貨膨脹的重大壓力。(3)走向自由化有助於吸收外國資金、引進新科技。(4)國內受保護的產業，常因受庇護而不求上進，反造成壟斷，少數廠商受利、多數消費者受損。

就金融面言，隨著經濟快速發展，國民所得大幅成長，平均國民所得由民國七十年的 2,443 美元提升到八十年的 8,815 美元，但在儲蓄大幅增加中，國內投資反呈下降，造成超額儲蓄激增。此時投資理財蔚爲風氣，然而金融管制尚未解

[39] 行政院研考會編，中華民國行政概況（台北：行政院研考會，民國八十二年三月），頁一二三。
[40] 高棣民（T. B. Gold）著，胡煜嘉譯，從國家與社會角度觀察─台灣奇蹟（台北：洞察出版社，民國七十六年十一月），頁一九五─一九六。

除，於是金融服務不足需求下，助長社會不當投機風氣，並促使地下投資公司、期貨公司等地下金融活動猖獗，破壞金融秩序。這些顯示出金融體系必須進行大幅度調整，以因應經濟環境的變遷。

就產業經營面言，公營事業因主管及監督機關太多，遵守的法令規章繁雜，缺少競爭性，保守觀念重，公營負責人多有酬庸性質者，而公營事業常負有政府指定的特殊政策性任務，只顧目的不計成本，亦往往導致虧損。

政府經濟自由化的方向，主要係從「貿易自由化」、「金融自由化」、「公營事業民營化」三個方面進行。「貿易自由化」乃在於進口管制的放寬與關稅稅率的降低。就前者來看，民國五十七年管制進口 4,551 項，到民國八十年僅 241 項，其中主要類別為農產品和工業產品中的軍用品及有毒物品；就後者來看，民國七十四年以後，真實稅率降低將近 30%。[41]

「金融自由化」的作法包括利率、外匯、金融管理自由化。「利率自由化」係採逐步撤除管制的方法，首先由貨幣市場開始，逐漸及於存放款利率，其步驟為：(1)民國六十九年十一月頒布「銀行利率調整要點」，允許銀行自行訂定可轉讓定期存單利率，以及金融債卷及短期票卷的貼現利率。(2)民國七十四年三月起，各大銀行陸續實施基本放款利率制度，銀行在中央銀行核定之利率上下限間，自行訂定利率。(3)民國七十四年八月廢止「利率管理條例」，提高金融機構訂定存放款利率之彈性。(4)民國七十五年一月將中央銀行核定之 13 種銀行業存款最高利率簡化為 4 種，並規定各金融機構應在最高存款利率範圍內，自行訂定並牌告各期別存款利率。(5)民國七十八年七月「銀行法」修正公布，取消對利率管制之條文，使對利率之管制規定完全取消。[42]

「外匯自由化」方面，我國於民國六十七年八月宣布放棄固定匯率制度，改採機動匯率制度，並於民國六十八年二月建立外匯市場，開始逐步推動「外匯自由化」，並於民國七十八年四月取消實施已久的中心匯率制度及匯率波動幅度限制，使新台幣匯率之變動主要由外應供需所決定。[43]新台幣對美元的匯率，從民國四十七年改採單一匯率，大致為 36.38：1，民國五十年貶值為 40：1，此一匯率維持到民國六十二年，始升值為 38：1，民國六十七年七月再度升值為 36：1，民國六十八年二月改採機動匯率，自此以後，新台幣的價位不再釘住美元而是浮動的。

「金融業務自由化」方面，政府為加強金融機構市場競爭及增加金融服務多樣化，銀行業務之管制亦逐步解除。諸如：放寬各銀行設立國外部，經營外匯業務；民國七十七年五月准許 7 家本國銀行成立信託部，加強辦理信託、投資及證卷業務。民國七十九年四月准許外商銀行得設立儲蓄部，並得設置信託部辦理證卷業務。民國八十年初「公營事業移轉民營條例」已經立法院三讀通過，民營化的法令已趨完備，就銀行界而言，今後除負有特殊政策任務的公營銀行外，均將

---

[41] 真實稅率係關稅收入淨額除以進口總值。
[42] 王建煊，「開創我國金融發展之新紀元」，見中華民國八十年全國金融會議專題報告（台北：財政部，民國八十年），頁一一一一二。
[43] 同上，頁一三。

陸續移轉民營。[44]

　　公營事業移轉民營爲世界性的潮流，一九七〇年代以來，先進國家如英、日等國推動民營化已有許多成功事例。而「公營事業民營化」的推動具有幾項功能：(1)解除政府主管機關、民意機構及法令的束縛，可提高經營效率，增強因應國內外經濟變化的能力。(2)出售公營事業股票或資產，可增加民間投資管道，活用民間資金，以抑制社會投機氣息。(3)出售公營事業股票或資產，吸收過剩游資，可紓解通貨膨脹壓力。(4)政府取得充分財源，以支應公共建設投資需要。(5)落實經濟自由化、國際化政策。基於這些功能，「公營事業民營化」成爲必然的趨勢。行政院於民國七十八年七月廿五日成立「公營事業民營化推動專案小組」，負責推動此一政策。並選定中鋼、中化、台機、中船、中華工程、中國產物、一銀、華銀、彰銀、唐榮、中興紙業、農工企業、高雄硫酸錏、台灣中小企銀、台灣土銀、台灣人壽、台灣產物、台灣航業、台汽客運等 19 家公營事業，列爲第一批進行民營化的對象。

（三）所得分配逐漸加大

　　我國所得分配雖長期以來與世界各國比較，屬少數所得分配較平均的國家之一。以民國八十年爲例，戶數五等分位組爲 4.97 倍，高於日本的 4.6 倍，而低於韓國 5.7 倍、法國 6.5 倍、美國 8.9 倍、新加坡 9.6 倍、巴西 26.1 倍。[45]回溯民國六十九年以後，我國國內的所得分配逐漸加大（見表三—三），民國七十年戶數五等分位組爲 4.21，增至七十五年 4.60，再到七十七年爲 4.85，七十九年爲 5.18，八十年則爲連續十年上升後，首度下降爲 4.97。再看吉尼係數，民國七十年爲 0.281，升爲七十五年的 0.296，再到七十七年爲 0.303，七十九年爲 0.312，八十年則降爲 0.308。從數據顯示所得差距加大，雖然民國八十年較上年略有縮小，但仍高於往年。從經濟發展動力、個人工作意願及創新誘因等觀點，適當的所得差距乃個人貢獻與產業分工的表徵，有其必然性。但站在經濟建設成果普遍爲大眾社會所共享的角度，則連續十年所得差距的加大是值得重視，尤其貧者愈貧，富者愈富的經濟問題勢將影響社會安定性的層面。

　　綜合而論，本時期的經濟發展在政府「計畫性的自由經濟」制度下，有計畫的導引經濟策略，同時亦尊重與發展民營企業、私人經濟，以有效的公共投資帶動經濟成長。在通過石油危機，與經濟結構的調整後，台灣逐漸發揮經濟潛能，成爲舉世所注視的新興工業化國家，經濟自由化腳步更加快速。而經濟成功的意義一方面促進社會的繁榮和進步。另一方面則維持台灣政治體系的穩定。卡柏（J. F. Copper）即指出：「中華民國的領導者顯然努力運用經濟成長，以彌補其在國際事務上的挫敗 — 特別是失去聯合國的席位及美國的外交關係 — 而在特別重要的時刻，快速的經濟成長也減輕了國內政治問題的嚴重性。」[46]

---

[44] 同上，頁二——二二。

[45] 行政院研考會編，中華民國行政概況，前揭書，頁八六。

[46] J. F. Copper, "Political Development in Taiwan", China & Taiwan Issue, ed. (N.Y. Praeger, 1979) p.49.

表三 — 三　戶數五等分位組之所得分配比與所得差距

| 年別 | 可支配所得按戶數 5 等分組之所得分配比〈%〉 | | | | | 第 5 分位組為第 1 分位組之倍數〈倍〉 | 吉尼係數 |
	1〈最低所得組〉	2	3	4	5〈最高所得組〉		
五十三	7.71	12.57	16.62	22.03	41.07	5.33	0.321
五十五	7.90	12.45	16.19	22.01	41.45	5.25	0.323
六十五	8.91	13.64	17.48	22.71	37.26	4.18	0.280
七十	8.80	13.76	17.62	22.78	37.04	4.21	0.281
七十五	8.30	13.51	17.38	22.65	38.16	4.60	0.296
七十七	7.89	13.43	17.55	22.88	38.25	4.85	0.303
七十八	7.70	13.50	17.72	23.07	38.01	4.94	0.303
七十九	7.45	13.32	17.51	23.22	38.60	5.18	0.312
八十	7.76	13.25	17.42	22.97	38.80	4.97	0.308

資料來源：行政院主計處

　　經濟成長的豐碩，亦帶來負面的影響因素，過去太重視：量的成長，而忽略了質的增進，因而社會逐漸面臨各種環保、消費者、勞工運動的困擾。[47]這些非經濟因素如果無法有效解決，不僅影響經濟發展，對政治體系的穩定性產生變數。

　　二、社會狀況

　　台灣經濟的長期發展下，工業化促成都市化，使從傳統的社會邁向現代社會，展現出社會多元化的面貌。由傳統社會變遷到現代社會，造成分化（differentiation）現象，另外又有一種調適（adaptation）的力量。在現代化社會成長過程中，不斷的進行「分化」與「調適」的歷程，其中或有「脫序」產生。法國社會學者涂爾幹（E. Durkheim）對此有深入研究，其「社會分工」（De la Divsion du Travail Social）一書中指出，在傳統機械連帶的環節性（segmental）社會結構中，由於

---

[47] 梁國樹、石齊平，「經濟為十字路口何去何從—評經濟再提昇與利益再分配兩文」，台北，中國時報，民國七十七年五月三十日，版三。

人口的增加、城市的興起、交通運輸技術的改進等三個動力，使人際之間的社會互動關係日益頻繁，亦促使社會密度的增加。在此種社會環境下，不僅傳統環節社會結構與機械連帶關係完全被破壞無遺，也使得人們為生存產生的競爭越來越激烈，而形成「脫序」（Anomie）。涂爾幹在解釋如何避免上述情況的惡化，乃提出了所謂溫和解決的社會分工，藉著職業分化（differentiation）與專門化（specialization）為基礎，將人類的衝突與競爭，轉變為互助與合作。至此傳統環節性結構乃變成為組織性社會結構（organized social structure）。[48]

　　台灣的社會在經濟發展、教育普及下，工業化與都市化的「推拉」作用，促使社會多元化。社會多元化的內涵是傳統式微，自由、民主（法治）的精神散布於整個社會各層面。社會多元化的重要指標是職業。有關職業聲望（occupational prestige）、社會地位（social standing）的研究，主要源自韋伯（M. Weber）的階級、地位和權力論，布洛等（Blau & Duncan）更認為在近代高度分化和專業化的社會裏，經濟階層和政治權力都植根於職業上。因此職業是社會階層最基本、最主要的指標。[49]聲望（prestige）須由社會人們所給，無法由其本人自封。

　　國內學者文崇一、張曉春於民國六十八年做過「職業聲望與職業對社會的實用性」之研究。另瞿海源於民國七十四年發表「台灣地區職業地位主觀測量之研究」。文、張的樣本來自整個台灣地區，共有1500多個樣本，所採用的職業共有94種，職業聲望最高的前十名，依次為：(1)省主席(2)教授(3)科學家(4)大使(5)大法官(6)國大代表(7)市長(8)立法委員(9)軍官(10)監察委員。[50]（見表三—四）

　　瞿海源的研究樣本來自國科會所支持的大型研究計畫－「台灣地區社會變遷基本調查」的預試資料，共有樣本數1,037人。所採用職業為29種，此次研究所得到的各種職位聲望，其前十名，依次為：(1)教授(2)省主席(3)法官(4)省議員(5)大企業家(6)醫生(7)立法委員(8)中學教師(9)律師(10)銀行經理。[51]（見表三—五）

　　從兩次職業聲望的研究中，前十名的職業，一般民眾對其評價相當接近，顯示出人們對職業聲望的評價有其普同性，並未因職業、年齡、性別、居住地區等之不同而有很大差異。

　　社會多元化中，社會階層的結構變遷非常明顯，農民的社會地位削弱，勞工階層與中產階層成為社會中的主力，針對這一轉型態勢，可進一步分析如下：

（一）農民

　　農民階層無疑的是整個階層結構轉型中，下降得最明顯的一個。在民國四十七年，亦即土地改革完成後的第五年，農民佔就業總人口的51.11%，有了絕對優勢。在工業化「出口導向」下，急速地降到民國六十年的35.14%，到了民國

[48] E. Durkheim, De la Division du Travail Social, Paris; P.U.F. 6ed, pp. 123-150.

[49] Blau & O. D. Duncan, The American Occupational Structure (N. Y.:Wiley, 1967) p.7.

[50] 文崇一、張曉春，「職業聲望與職業對社會的實用性」，見中央研究院經濟研究所主編，台灣人力資源會議論文集（台北：中央研究院經濟研究所，民國六十八年），頁六二三—六六九。

[51] 瞿海源，「台灣地區職業地位主觀測量之研究」，見中央研究院三民主義研究所主編，第四次社會科學會議論文（台北：中央研究院三民主義研究所，民國七十四年），頁七。

表三 — 四　文崇一與張曉春之台灣職業聲望量表

等級順序	職業項目	平均值	標準差	相對離差	樣本數
1	省主席	91.2	15.2	16.6	1513
2	教授	87.9	15.8	18.0	1516
3	科學家	86.5	17.4	20.1	1516
4	大使	84.0	18.4	21.9	1507
5	大法官	83.8	19.9	23.7	1517
6	國大代表	81.5	19.5	24.0	1517
7	市長	81.3	18.1	22.3	1513
8	立法委員	80.5	19.5	24.3	1514
9	軍官	79.7	18.3	23.0	1519
10	監察委員	78.9	19.0	24.1	1513
11	大企業家	78.9	19.8	25.1	1510
12	中學教師	78.8	16.2	20.5	1517
13	工程師	78.8	16.5	21.0	1513
14	醫生	78.6	18.9	24.1	1518
15	郵政局長	75.9	17.9	23.6	1512
16	小學教師	75.1	18.2	24.3	1519
17	飛機駕駛員	74.7	18.1	24.2	1506
18	經濟學家	73.6	19.0	25.9	1511
19	董事長	73.3	20.3	27.6	1516
20	消防隊員	72.7	20.9	28.8	1519
21	作家	72.3	19.3	26.7	1506
22	省議員	71.9	20.5	28.5	1512
23	火車站長	71.5	18.5	25.9	1518

表三 — 四　文崇一與張曉春之台灣職業聲望量表〈續〉

等級順序	職業項目	平均值	標準差	相對離差	樣本數
24	音樂家	71.3	19.5	27.3	1510
25	郵差	70.9	22.0	30.9	1519
26	律師	70.5	19.1	27.0	1519
27	總經理	70.4	18.8	26.7	1512
28	縣市議員	69.9	20.3	29.0	1517
29	銀行經理	69.4	19.9	28.6	1516
30	警官	69.3	19.9	28.6	1514
31	推事	68.7	20.4	29.7	1505
32	農人	68.4	25.4	37.1	1518
33	農會總幹事	68.4	18.2	26.6	1516
34	護士	67.6	19.2	28.5	1518
35	工廠廠長	67.0	18.2	27.1	1516
36	助產士	66.8	20.0	29.9	1515
37	中醫師	66.7	17.7	26.5	1517
38	新聞記者	66.0	21.1	31.9	1517
39	社會工作者	65.7	19.3	29.4	1502
40	神父	65.5	23.7	36.1	1509
41	科長	64.9	16.8	25.9	1506
42	村里幹事	64.8	19.7	30.4	1518
43	會計師	64.6	18.1	28.1	1512
44	警察	64.5	21.3	33.1	1520
45	空中小姐	64.3	19.2	29.8	1503
46	畫家	63.9	19.7	30.8	1512

表三 — 四　文崇一與張曉春之台灣職業聲望量表〈續〉

等級順序	職業項目	平均值	標準差	相對離差	樣本數
47	機械修理工	63.7	19.8	31.0	1514
48	藥劑師	63.6	18.4	28.9	1515
49	代耕隊員	61.6	21.2	34.3	1495
50	牧師	61.1	22.0	36.0	1509
51	商店老闆	59.8	17.3	28.9	1513
52	電話接線生	58.7	20.3	34.6	1515
53	辦事員	58.3	17.2	29.5	1516
54	人事管理員	57.8	18.1	31.3	1507
55	圖書館管理	57.6	18.3	31.7	1506
56	會計師	57.3	16.9	29.5	1509
57	科員	56.7	16.4	29.0	1504
58	出納員	55.9	17.0	30.3	1508
59	房地產經理	55.8	19.0	34.1	1503
60	代書	55.1	18.8	34.1	1513
61	船員	55.1	19.4	35.2	1513
62	司機	54.5	19.6	36.0	1512
63	攝影師	54.2	17.4	32.0	1513
64	裁縫	54.1	19.5	36.0	1518
65	木匠	53.8	19.8	36.8	1509
66	泥水匠	53.8	21.3	39.5	1508
67	電視裝修工	53.7	18.9	35.1	1513
68	廚師	53.7	19.9	37.1	1516
69	工頭	53.5	18.6	34.8	1509

表三 — 四　文崇一與張曉春之台灣職業聲望量表〈續〉

70	打字員	53.4	17.4	32.6	1510
71	和尚	53.3	22.8	42.8	1506
72	加油站員工	52.4	19.8	37.8	1516
73	店員	51.6	27.9	24.7	1518
74	清道夫	51.5	25.2	48.9	1519
75	礦工	51.3	21.7	42.3	1512
76	導遊	50.6	19.0	37.5	1513
77	鐘錶修理匠	50.5	18.2	36.0	1515
78	演員	48.9	19.3	39.4	1514
79	工廠女工	48.5	21.4	44.0	1517
80	車掌	47.5	18.0	37.8	1517
81	美容師	46.2	18.3	39.6	1514
82	歌星	45.7	20.7	45.4	1518
83	理髮師	45.6	18.9	41.5	1515
84	推銷員	45.3	19.2	42.3	1510
85	遊覽車小姐	45.3	18.1	39.9	1514
86	工友	44.7	20.5	45.9	1513
87	道士	43.8	20.2	46.1	1507
88	攤販	43.8	19.6	44.8	1512
89	侍者	42.5	19.9	46.8	1504
90	風水師	42.2	21.3	50.5	1510
91	女佣人	41.8	20.1	48.1	1512

資料來源：文崇一、張曉春，「職業聲望與職業對社會的實用性」。台灣人力資源會議研討會〈台北：中央研究院經濟研究所，一九七九年〉，頁六三一至六三二。

表三 — 五　瞿海源之台灣職業聲望量表及與其它量表之比較

職業名稱	瞿海源 1984	文 — 張 1979	Treiman ISPS〈b〉 1977	Crichting 1970	張曉春 1970	何 — 廖 1969	Marsh 1963
教授	8.900	87.9	78	83	91.3	2.42	88
省主席	8.822	91.2	82	76	-	-	-
法官	8.789	83.9	78	76.66	-	-	-
省議員	8.772	71.9	66	62	-	-	-
大企業家	8.672	78.9	70	80	-	-	72
醫生	8.252	78.6	78	78	90.4	3.74	87
立法委員	8.174	80.5	86	-	-	-	-
中學教師	8.116	78.8	64	68.66	78.0	4.90	66
律師	7.780	70.5	71	65	83.8	-	-
銀行經理	7.733	69.4	60	-	86.2	6.49	-
機關職員	7.579	64.9	55	63	68.2	6.49	-
小學教師	7.561	75.1	57	66	-	4.90	-
村里幹事	6.735	64.8	-	-	-	-	-
警察	6.516	64.5	40	49	-	9.96	53
護士	6.416	67.6	54	70	-	-	-
農人	5.850	68.4	47	73.48	50.8	8.89	54
雜貨店主	5.646	59.8	48	-	68.3	9.05	54
歌星	5.508	45.7	32	41	-	11.70	-
工頭	5.376	53.5	38	50	-	-	54
水電工	5.344	-	34	-	-	-	-
機車修理	5.264	63.7	43	53	-	-	37

泥水匠	5.059	53.8	34	-	-	-	-
司機	4.942	54.5	31	50	44.6	11.27	49
推銷員	4.921	45.3	32	48	53.4	-	-
店員	4.860	51.6	28	49	43.6	11.72	44
攤販	4.678	43.8	-	-	-	-	-
工廠女工	4.553	48.5	-	-	-	-	-
工友	4.478	44.7	21	38	-	-	30
理髮師	4.323	45.6	30	44	36.7	12.78	37

註：1.Treiman ISPS 爲 Treiman 之標準國際職業聲望量表

　　2.Crischting 之中文名字爲顧浩定

　　3.「文—張」爲文崇一、張曉春

　　4.「何—廖」爲何友暉、廖正宏

資料來源：瞿海源，台灣地區職業地位主觀測量之研究」，第四次社會科學會議
　　　　論文〈台北：中央研究院三民主義研究所，一九八五年〉，頁七。

七十年 18.84％ ，民國七十八年更降到 12.90％ ，民國八十年爲 12.94％（見表三—六），若再深入農民階層的內部結構，更發現農家所得的一項特徵是，它含有大部分的非農業所得，尤以民國六十年代前後，快速的工業化創造了大量就業機會，非熟練工迅速被吸收，對於提高農民所得大有助益。以民國六十八年爲例，農家所得爲非農家所得的 79％ ，民國七十五年達 83.32％，民國八十年爲 79.95％。（見表三—七）

　　農業隨著工業化發展，不僅使農業在總產值的比重急速下降，由民國四十七年的 26.77％，到民國七十五年的 5.54％，民國八十年爲 3.70％（見表三—六）

而農民所得亦有偏低現象，政府除基於「以農立國」之道，並考慮政治、社會之因素，乃有「第二次農地改革」的推動，以降低肥料價格，減少耕作成本，突破機械化耕作的瓶頸 — 即欲採「合耕制」的辦法，將零碎的土地儘量擴大，以利機械化耕作（因當初土地改革限制每個自耕農「土地不能超過三甲」，隨著國人的傳統繼承制度下，土地更形支離破碎，不利於大規模機械化耕作），並推展精緻農業，使農業生產多元化，避免供過於求的現象，以增加農民的利潤。唯從過去長時期的發展觀之，農業曾有其輝煌時代，也在工業化發展上，直接間接的做了最大的貢獻，到了工業化時代，農業的就業人口，產值的比重大爲下降，其社會影響力大爲減低是不可避免的趨勢。

（二）勞工

勞工階層在經過工業穩健發展策略下，已漸發展成和中產階級並列的二大社會主導力之一，從表三－六可看出，工業就業人口在民國四十七年時佔總就業人口 19.73％，民國六十五年增至 36.41％，到民國七十八年爲 42.24％，民國八十年佔 40.13％。工業產值民國四十七年僅佔 24.82％，民國六十五年爲 43.17％，民國七十八年 43.60，民國八十年爲 42.47％，與農民發展狀況正好一消一長，非常明顯。

勞工階層可以說是與台灣經濟一起成長，依照過去的發展，在民國六十年代中期以前，台灣工業幾乎多屬勞力密集工業，大爲提高當地的就業機會，許多大大小小工廠遍布鄉村和都市，吸引了無數的城市居民和農村人口前往就業。在民國六十年前後，台灣已經接近"零失業率"的水準。失業率的程度影響社會安定甚大，就過去的經驗而言，失業率甚低，縱使遭遇國際間的經濟不景氣，亦沒有顯著的失業問題。這可從兩方面說明：(1)早期的勞工有極大多數來自鄉村，縱令第一代的都市勞工亦多來自鄉村，當他們對工作有所不滿或解雇時，總可收拾行李，重回鄉下，最明顯的例子是民國六十二年石油危機期間，許多勞工被工廠解雇遣散，但没有形成嚴重的失業問題，當時的農村扮演著都市社會安全的提供者角色。[52](2)政府的公共投資直接間接的增加了就業機會，民國六十年代起的十大建設、十二項建設、十四項建設不僅直接提供了許多就業和工作機會，更刺激社會需求，帶動許多產業的活絡。

台灣勞工階層的一大特色是女性勞工佔了相當高的比例，大多數的年輕婦女勞工湧入工廠，占了總勞動力的三分之一，她們通常只工作幾年，就會擇人而適，同時她們常將其工資所得交給家裏，好讓家裏爲她們辦份體面的嫁妝，等她們到了適婚年齡後，便開始其相夫教子的工作，離開工廠回到鄉村。[53]

勞工階層的另一項特色是第一代與第二代都市勞工觀念並不相同，第一代都市勞工雖由鄉村到都市生活，但還是相當認同於鄉下的土地和老家，到了民國六十年代後產生的第二代都市勞工則多已有城市經驗，並將其生活與生存重心由鄉

---

[52] 蕭新煌，「台灣社會的發展經驗：從殖民主義到資本主義」，見邢國強主編，華人地區發展經驗與中國前途（台北：政大國關中心，民國七十七年七月），頁三九三。

[53] 高棣民（T. B. Gold）著，胡煜嘉譯，前揭書，頁一七〇。

表三 — 六　台灣產業結構表

年別	產值〈合計 100%〉			就業人口〈合計 100%〉		
	農業	工業	服務業	農業	工業	服務業
四十七年	26.77	24.62	48.41	51.11	19.73	29.16
五十年	27.45	26.57	45.98	49.84	20.89	29.27
五十五年	22.52	30.55	46.93	43.44	23.38	33.18
六十五年	13.07	38.94	47.99	35.14	29.91	34.95
七十年	7.30	45.51	47.19	18.84	42.18	38.98
七十五年	5.54	47.64	46.82	17.03	41.47	41.50
七十七年	5.02	45.69	49.29	13.71	42.55	43.74
七十八年	4.89	43.67	51.51	12.90	42.24	44.86
七十九年	4.13	42.53	53.34	12.84	40.87	46.29
八十年	3.70	42.47	53.83	12.94	40.13	46.93

資料來源：行政院主計處

表三 — 七　台灣農家與非農家平均每戶及每人可支配所得　　　單位：元；%

年度	平均每戶可支配所得			平均每人可支配所得		
	農家	非農家	比較	農家	非農家	比較
五十五年	30,424	23,717	92.99	4,244	6,206	68.39
六十年	38,538	53,789	71.65	5,839	9,979	58.51
六十五年	100,041	121,887	82.08	16,440	24,601	66.83
七十年	219,696	279,956	78.48	39,483	61,260	64.39
七十五年	294,148	353,023	83.32	57,339	80,415	71.30
七十七年	343,140	424,814	80.77	71,488	101,874	70.17
七十八年	384,559	481,149	79.93	83,238	115,107	72.31
七十九年	424,205	539,024	78.70	9,103	131,469	69.24
八十年	484,495	606,021	79.95	105,095	148,535	70.76

資料來源：行政院主計處，調查區域包括：台灣省、台北市與高雄市

村轉向城市，對於城市和工廠的認同加深，故而第二代都市勞工顯得比較活躍，對於自己權益的爭取也較積極。[54]民國七十年代勞資爭議時有發生，其焦點多集中於工資、工時、工作環境等問題。而在本時期的勞資抗爭中，政治上反對勢力常加入聲援，執政黨團及其相關組織少有支援者，亦使勞工運動有「泛政治化」的色彩傾向。勞工合理的權益爭取應屬必要，政府亦逐漸重視到勞工權益的相關問題，其做法則有：(1)民國七十三年實施「勞動基準法」以法條保障勞工，強化勞資合作關係。(2)政府依「行政院組織法」第六條規定：「行政院經行政院會議及立法院之決議，得增設裁併各部、各委員會或其他所屬機關」，於民國七十八年八月成立「勞工委員會」，處理各項勞工政策與法規作業。(3)各級勞工行政單位依據「遴聘勞資爭議仲裁委員注意事項」、「各級勞工行政主管機關辦理勞資爭議事件應行注意事項」、「處理重大勞資爭議事件實施要點」來妥適處理勞資爭議，並求勞資和諧，以民國八十年來看，台灣地區勞資爭議案件計 1,801 件，相關爭議人數計有 12,696 人。(4)為提高勞工生活品質，辦理各項勞工休閒活動，設立勞工休閒場所，並充實其設備，到民國八十年計有台北市等十處勞工育樂中心完工啓用。(5)勞保規畫與實施，至八十年投保人數超過 700 萬人。[55]

（三）中產階級

中產階級為隨著教育的普及、工商業的發達、社會的進步，所興起的一群人們。他們包括了從事專業技術人員（如律師、建築師、工程師、醫師、會計師、藥劑師等）、企業幹部（即歐美所謂的經理級人員，資本家創業後，常需要很多企業幹部幫其經營或管理各類事務）、小規模自營商業的小資本家（petty bourgeoisie）和公、教人員等。中產階級為一異質性高的層級，彼等思想和見解，不一定易為人所知，因此有學者持保留態度，認為不宜遽然認定中產階級是保守的、穩定的、或是激進的、動態的。[56]一般說來，中產階級的思想較敏銳、學識較豐富、經濟基礎不弱，其對本身所處的時代、環境和社會有相當深刻認識。

中產階級雖具有高異質性，但仍有若干一般性的特色存在：(1)中產階級因教育程度較高，所以對事情的看法較深入，他們希望社會有不斷的改革，但是也更重視「公民社會」的價值判斷，亦即以邏輯、理性和秩序為崇。(2)中產階級因經濟基礎不弱，故而有廣泛結社的傾向，同時珍惜現有一切，對於法治精神非常強調，不認同暴力行徑。

(四)資本家

資本家這一層級依許嘉猷分析，包括三大類：(1)由地主變成資本家者。(2)大陸來台者，例如裕隆汽車、遠東紡織、太平洋建設等。(3)由黑手發跡者。[57]此外，尚有一大批白手起家者，這批傑出的企業家，有些原本多為家境小康，和外

[54] 邢國強主編，前揭書，頁三九二—三九三。
[55] 行政院研考會編，中華民國行政概況，前揭書，頁一六○—一六三。
[56] 高承恕，「台灣四十年來社會結構變遷初探」，見台灣省政府新聞處發行，台灣光復四十年專輯（社會建設篇），（台中：台灣省新聞處，民國七十四年十月），頁一二。
[57] 許嘉猷，社會階層化與社會流動（台北：三民書局，民國七十五年五月），頁一九。

商公司合作方式，獲得成功，例如：大同公司、聲寶公司、台灣松下企業等。[58]

　　台灣之資本家有兩個重要特色：(1)關係企業的多角化發展非常普遍，民國六〇年代初期，許多賺錢的企業和企業家開始籌組關係企業，其目的在於分散風險，整合生產過程，並利資本的調度。如遠東紡織不但將棉紡、人纖紡織與成衣製作結合在一起，也開了多家百貨公司及水泥公司。台元紡織另成立裕隆公司。台南紡織所屬企業除紡織外，還包括水泥、食品、塑膠工業等。民國六〇年代中期，企業界已有 100 個左右的關係企業集團。[59](2)家族企業型態普遍。台灣大多數的企業，其所有權和經營權是混合的，一些重要的職位，如會計、財政、人事等方面由自己人來管理，至於生產、研發等部門，則可由外人進入，同時第二代的資本家多經由繼承，而非創業，逐漸接掌家族企業。

　　資本家這一層級雖然人數最少，但對政治、社會、經濟的影響力卻是非常之大，隨著經濟快速發展，其重要性亦日益凸顯。有關家族企業擴展到某種程度，擁有權和經營權混合或適度分開，則將是資本家所面臨的問題。

　　綜合而論，台灣社會變遷的過程，確實可以發現隨著經濟發展，由工業化而都市化，配合教育普及與大眾傳播媒體的功能，社會體系的結構日趨分化，政治體系的能力逐漸增強，自由、民主觀念已內化到社會之中，這些現象在本時期對整個社會產生極大影響。金耀基即指出：「由於經濟現代化的結果，社會的力量越來越雄厚，同時，更出現了社會多元化的傾向，這是台灣趨向全面政治民主化的有利的社會結構。」[60]因之，在內、外環境因素的影響之下，本時期之國民黨逐漸採取政治革新措施，而反對勢力亦因而拓展了前所未有的政治活動空間，將民主政治發展帶入一個新的階段。同時，原有的體制結構在民主化的衝擊下，其適應上出現難題，產生脫序現象，在本時期各種抗爭亦是不可避免。

第二節　憲政體制的探討

　　從民國卅八年起的威權體制，直到民國七十五年中國國民黨十二屆三中全會後，宣示六大革新議題，在解嚴、開放黨禁等一連串措施下，使得民主轉型開始推動，並經「國是會議」後呈加速度的前進，至於政治轉型的內涵為何？是否有衡量的指標？其動因如何解釋？又我國轉型的發展如何？都是極待探討的。而本時期的解嚴、國是會議等重大措施都在台灣民主轉型過程中佔有歷史的地位。

壹、威權體制的轉型

一、威權體制轉型的相關概念

　　「威權 — 民主」的轉型過程，由於中國國民黨推動一連串重大政治改革，以及最大反對黨民進黨的成立，使台灣的政治發展進入「轉型期」。「自由化」、「民主化」為重要概念。

　　普利茲沃斯基（A. Przeworski）將「自由化」（liberalization）視之為威權體

---

[58] 高棣民（T. B. Gold）著，胡煜嘉譯，前揭書，頁一五八──一六〇。

[59] 同上，頁一六八──一六九。

[60] 金耀基，從傳統到現在（台北：時報出版社，民國七十六年），頁十。

制的解體（the disintegration of authoritarian），而將「民主化」（democratization）視之爲民主制度的出現（the emergence of democratic）。[61]

奧唐諾（G. O' Donnell）與史密特（P. C. Schmitter）對於自由化與民主化的界定，「自由化」乃意指「保護古典自由主義者所主張基本的個人或社會權利，使其不受國家或第三者恣意或非法的侵犯。」而「民主化」則指「將公民權和民主程序原則取代先前運用其他統治原則的國家，或擴充人民參與政策、體制的討論、決定。」[62]亦即自由化指涉「公民權」（civil rights）的範疇，民主化則指涉「政治權利」（political rights）。

道爾（R. A. Dahl）則認爲唯有進行公開競爭（public contestation）和參與（participation）兩個層面並重的改革，才能達到「多元政治」（poliarchy）的目標，亦才得以建立民主化的政權。[63]

史提本（A. Stepan）將一個朝向民主化努力的現代化政體區分爲三個領域：民間社會（civil society）、政治社會（political society）、與國家（the state）。「民間社會」是指企圖透過組織運作而表達意見與增進本身利益的各種階級所組成的民間組織。「政治社會」是指企圖透過政治競爭而獲得對公權力和國家機關控制的政治團體。「國家」則不僅是要透過行政體系對國家機關進行控制，更進一步建立市民與公權力、市民與政治社會間的結構關係。因而政治自由化指的是民間社會的開放，政治民主化指的則是政治社會的開放。[64]

田弘茂認爲，自由化代表公民集會、結社、言論出版、資訊傳播以及社會、政治運動等方面的自主性趨勢（trend toward autonomy），這意味「黨國」逐漸減少對公民活動的干預和限制。而民主化則是一個演進的政治過程，逐漸將人民主權（popular sovereignty）與政治平等（political equality）的理想付諸實施。[65]

呂亞力以自由化乃爲種種限制人民自由與權利行使之束縛的解除，以及其主觀意識之自我解放，尤其是從對權威恐懼與敬畏中擺脫；民主化則是指權力之重新分配，政治參與的擴充或落實、民意對政策影響增加與特權的消除等。[66]

周陽山謂自由化是指旨在保護個人與社會團體，使其避免國家非法或違憲侵害的種種權利，得以發生實際效能的一段歷程。這些權利包括：使傳播媒體免於檢查或減少查禁；使自主性的社會團體有更大的組織活動空間；正當法律程序的

---

[61] Adam Przeworski, "Some Problems in the Study of the Transition to Democracy", in Guillermo O'Donnell, Philippe C. Schmitter, and Laurence Whitehead, eds., Transitions from Authoritarian Rule: Comparative Perspectives (Baltimore: John Hopkins university Press, 1986), p.56.

[62] Guillermo O'Donnell and Philippe C. Schmitter, "Defining Some Concepts", in O'Donnell and Schmitter, eds., Transition from Authoritarian Rule: Tentative Conclusions about Uncertain Democracies (Baltimore: John Hopkins University Press, 1986), pp.7-8.

[63] Robert A. Dahl 著，張明貴譯，多元政治—參與和反對（台北：唐山出版社，民國七十八年），頁六—八。

[64] Stepan 著，引自吳乃德，「不確定的民主未來：解釋台灣政治自由化現象」，時報文教基金會主辦，「中國民主前途研討會」論文，民國七十八年，頁五。

[65] Hung-mao Tien, "The Transformation of an Authoritarian Party-State: Taiwan's Developmental Experiences, Issues & Studies, July 1989. p.119.

[66] 呂亞力，「政治自由化及民主化發展」，見二十一世紀基金會，時報文教基金會合辦，「『台灣經驗』新階段：持續與創新」研討會論文，民國七十九年二月，頁一。

人身保護；確保隱私權、言論自由、通訊自由、請願自由等，以及最重要的一點，是容許反對勢力的出現，並得自由的參與政治活動。至於民主化則係專指公民權或公民地位恢復與擴張的歷程，其進一步要求開放參政管道，甚至包括完全開放的競爭性選舉，其結果很可能是政權的合法轉移。[67]

　　前述界定紛陳，基本上，「自由化」乃是保障或恢復個人基本權利，以我國憲法言之，即憲法第八條至第十四條之人身自由、居住遷徙自由、意見自由（言論、講學、著作及出版自由）、祕密通訊自由、信仰宗教自由、集會結社自由等。「民主化」則是保障或恢復公民參政權利，以我國憲法言之，即憲法第十七條、十八條之四權行使和應考試、服公職之權。由公民參政權向外延伸的法制化（含憲法、各種選罷法規）、政黨競爭、和平轉移政權都屬政治民主化的範疇。

二、威權體制轉型的指標分析

　　「威權轉型」，係指從威權轉變到民主的一段歷程。在轉型期中，有些民主型式已經奠立，但仍有某些屬於威權政體的保留部份，而從國際間的經驗來看，轉型期的時間長短不一，且並非是直線的或不可逆轉的。有鑒於此，如何確保自由化、民主化的實踐，有賴尋找一些明確的「指標」（indicators），用以衡量自由化、民主化的程度，並導引其進展。

　　明尼（C. S. Meaney）建立的指標具體可行，他認為自由化需要有一個政治空間，使團體及個人的權利得以行使，但不含「執政黨轉讓其對成果的控制」。亦即自由化指標至少包括以下：[68]

　　1.新聞檢查的放鬆。

　　2.允許集會、抗議和示威。

　　3.容忍來自人民及反對勢力的批評。

　　4.組織政治團體或政黨的自由。

　　至於民主化，則在「轉讓對所有團體或組織成果的控制」此一定義之下，其指標包括：[69]

　　1.允許政黨交替執政的政治制度與安排（不考量是否真正發生過）。

　　2.活躍而非橡皮圖章的國會。

　　3.軍隊或相關安全單位的勢力，從國內的政治過程中撤出。

　　4.政黨、國家機關和人事的相互分開。

　　除此四點外，各項選舉的選舉品質（如過程的非暴力、無賄選、公平、公正、公開等）以及任期制建立，亦是民主化的重要指標。

　　結合我國實際狀況，則「政治自由化」的指標應包括：(1)解除戒嚴。(2)開放組黨。(3)新聞及言論自由。(4)集會遊行法制化。(5)刑法一○○條（內亂罪）的修改。(6)准許海外異議份子返國。(7)開放大陸返鄉探親。(8)出版、廣播電視

---

[67] 周陽山，「民主化、自由化與威權轉型—國際經驗的比較」，國立台灣大學中山學術論叢，第八期，民國七十七年十二月，頁八○一八一。

[68] Constance Squires Meaney, "Liberalization, Democratization, and the Role of the KMT ", in Tun-jen Cheng, et.al., eds., Political Change in Taiwan (Boulder:Lynne Rienner Publishers, 1992),pp.98-99.

[69] Ibid, PP.99-100.

法規再修訂。

我國「政治民主化」的指標包括：(1)國是會議的召開。(2)終止動員戡亂時期。(3)廢止臨時條款。(4)回歸憲法。(5)修憲（含一機關兩階段修憲及後續）。(6)資深中央民意代表完全退職。(7)國會（國民大會、立法院）全面改選。(8)地方自治法制化。(9)省長、直轄市長民選。(10)總統公民直選。

三、威權體制轉型的理論依據

威權體制何以會發生轉型？研究者往往從各種面向去分析，例如領導者的認知與決心、經濟社會發展對政治結構的衝擊、反對運動的影響、政治文化與選舉競爭的因素、環境因素等，分述如下：

（一）領導者因素：

領導者因素乃重視人類行動者（human agent）的研究途徑，認為領導者（個人或團體）是具有意志（volitional），其會依照理性而選擇最適當的策略來達到目標，最後的結果是領導者意志的表現，因而研究的重心乃擺在領導者的觀念、態度、價值取向、策略形成等方面，亦即強調人創造結果，非環境造成。

（二）經社衝擊影響

主張經社衝擊影響最具代表性者為「現代化理論」（Modernization Theory），此一理論認為民主政治乃是存在於富裕社會中，即經濟發展是民主化最先決條件。因為經濟發展引發了工業化、都市化和提升教育水準，使人民具備充分能力參與政治。李普塞（S. M. Lipset）即持此一觀點，認為民主政治與經濟是不可分的，同時民主政治與若干現代化的社會條件有關，例如社會的開放性、健全的溝通系統、低度分歧性等。[70]

（三）反對運動的影響

持反對力量的研究途徑，乃認為轉型的推動，反對勢力是最主要的觸媒。因為透過反對運動 ── 無論採用和平或暴力手段，使一般民眾產生對若干問題的思索，亦迫使政府當局面對改革壓力，重新塑造新的遊戲規則。反對運動的研究途徑，包括其組織的產生背景、組織的結構、組織的發展路線與策略、發展的有利因素等之探討。

（四）政治文化因素

政治文化（political culture）是指一政治體系的成員所共同具有之政治信仰與態度，為維持並持續該體系的政治結構之必要條件。政治文化所包含的準則、價值與認同，則透過政治社會化的過程，灌輸到體系中的每一成員，形成他們的政治態度。[71]

依照白魯恂（Lucian W. Pye）對政治文化的看法，包括三個面向：(1)認知圖（cognitive map），為人民對於政治事務所具有的知識和信念。(2)情感取向（affective orientation），對政治事務的好惡及熱心或冷漠態度。(3)評價過程

---

[70] S. M. Lipset, "Some Social Requisites of Democreacy: Economic Development and Political Legitimacy", American Political Science Review, Vol. 53, No.1, March 1959, pp.69-105.

[71] 羅志淵，雲五社會科學大辭典，第三冊，政治學，第六版（台北：台灣商務印書館，民國七十三年十一月）頁一九〇。

（evaluative process）對事務的見解和價值判斷。[72]因此政治文化可分三類，即地域性取向（parochial orientation），成員中對政治體系的認知、情感及評價都偏低。臣屬性取向（subject orientation）為對投入、參與的知識和行動偏低，但對政治體系及其決策，有較佳的知覺。參與性取向（participant orientation）對政治體系的知覺和涉入都有較高傾向。[73]亦即當政治參與的文化升高，以及人民對民主政治文化具有高度共識時，有助於轉型的發展。

（五）選舉競爭因素

任一政權都將面臨到民眾支持的問題，亦即如何建立政府統治基礎的合法性（legitirmacy）至為重要，而舉辦選舉則可達到政權已獲「大眾同意」的合法性作用。選舉為一嚴酷考驗，對執政的政黨固可測試其組織動員能力，或繼續獲得合法地位的作用。[74]但對反對勢力而言，亦可透過競選活動深入群眾，組織、甄補、宣傳、教育選民、建立基層組織，是以選舉成為反對運動累積其政治資本的最佳途徑。

選舉一方面有促使政治文化變遷的作用，此因民眾置身於競選期間大量資訊刺激的環境，可使其有更多比較、分析的素材；另一方面透過選舉亦可使反對勢力成員逐漸接近國會議堂，雖其力量或未逮贏得政權，但亦可在法定程序上產生相當程度的制衡作用。選舉、反對勢力相互運作，成為一體兩面，對轉型期的發展有極大影響作用。

（六）國際結構因素

結構分析的研究途徑，強調結構限制了政治、經濟與社會過程，並影響決策者的「行為模式」。亦即認為國內政治、經濟各層面皆整合到國際體系中，受到國際體系變動的影響，當研究政治體系內的政治民主化、自由化問題時，國際環境是相當重要的關鍵。

綜合前述各種構成威權體制轉型的理論，可知轉型是複雜多面性的，並非只有單一因素，亦絕對無法認定某種研究途徑是唯一可行的。國內亦有學者從事檢討各種解釋台灣政治變遷的文獻，認為台灣政治自由化與民主化呈現高度的複雜性，不可偏執單一因素，各種理論需綜合，做多面向的觀察，才能一窺全貌。[75]

貳、解除戒嚴的實施

實施戒嚴乃是為維護國家整體安全，保障一個安定行憲的環境，保護一個全中國唯一未被赤化的淨土。戒嚴的實施為權宜之計，中央政府來台亦並未嚴格全

---

[72] Lucian W. Pye, "Introduction :Political Culture and Political Development ", in Lucian W.Pye and Sidney Verba, eds., Political Culture and Political Development, (N.J.: Princeton University Peess, 1965) p.218.

[73] G. A. Almond & Sidney Verba, The Civil Culture: Political Attitude and Democracy in Five Nations, (Princeton, N.J.: Princeton University Press, 1963), chap.l.

[74] Fred M. Hayward, "Introduction", in Fred M. Hayward eds., Election in Indipendent Africa, (Boulder, Co.: Westview Press, 1987) p.13.

[75] 張佑宗，「對台灣『政治自由化與民主化』的解釋問題」，政治學刊，創刊號，一九九〇年九月，頁一——二。

面的執行「戒嚴法」，而有「百分之三」的戒嚴之說。[76]雖然絕大多數的人沒有感受到戒嚴對於生活的不便，但政府執行嚴格的那一部份：如非軍人由軍事審判、黨禁、報禁、禁止罷工、罷課、罷市、出版物的管理等（詳見第二章第二節），則明顯的影響了政治自由化，亦間接使政治民主化無法徹底推動。如組黨是屬政治自由化，但因黨禁，而使得政黨政治下的政黨選舉競爭並不具備（民、青兩黨實力薄弱，缺乏制衡之力），且沒有政黨組織的零散力量（無黨籍人士）亦不足以構成政權轉移（透過選舉）的條件。「政黨—政黨」的參與競爭和政權移轉是屬政治民主化，它是必須植基於允許組黨的政治自由化之上。故而戒嚴的管制項目雖多爲政治自由化的層面，但不可避免地對政治民主化產生廣泛影響。

再者，政府實施黨禁、報禁，以及對言論自由和出版品的限制，雖然僅佔戒嚴所有項目的百分之三，但卻是部分在野人士欲積極參與政治活動的最大限制。（例如民主奠基期的「中國民主黨」組黨失敗是。）

政府實施戒嚴是一個兩難困境，民國卅八年的軍事危機，到民國四十七年的「八二三砲戰」，以及其後延續到中美斷交才停止的中共砲擊金馬外島，可說明我國處於「非常時期」，戒嚴有其必要性和背景因素，亦即戒嚴是「軍事」考量。到了民國七十六年七月一日，蔣經國總統宣告台澎地區自十五日零時起解嚴，正式開啓政治自由化的一連串改革，此時中共仍然存在，且仍是對我有敵意（其三不政策爲：不承認我爲政治實體、不放棄使用武力、不停止國際間對我之孤立），是故解嚴顯然是「政治」考量。

一、解嚴的背景因素

（一）中共的影響

台海兩岸的長期對峙狀態，對我國家安全構成威脅，亦因初始的安全考量乃有戒嚴的頒布（decree the martial law）。唯中共的對台政策，亦隨時空的變化而有所調整，雖本質上其欲達到統一政權的目標始終未變，但手段方法上，到了民國六十七年底，中共與美國宣布建交後，則有了改變。中共因國際上的有利形勢、國內經濟上改革開放的需要，乃將對台政策由過去「解放台灣」改爲「和平統一」（但乃不排除使用武力），在「和平統一」下，先後推出「三通四流」、「葉九條與鄧五點」、「一國兩制」等一連串主動示好行動。

對於中共的和平統戰攻勢，我政府在「挑戰 — 回應」（challenge and response）的模式上，[77]基於過去歷史的教訓，採取「不接觸、不談判、不妥協」的三不政策，同時認爲中共和平統戰的目的，在於瓦解我心防，鬆懈敵我意識，故而我政府並不理會中共和平統戰論調，且逐一予以批駁。民國七十五年華航貨機飛往廣州，華航與中共民航在香港的接觸、談判，索還人機，則是初次改變過去一成不變的守勢形象。爲擴大國際空間，在外交上，政府亦趨積極不迴避態度，唯就「政府 — 政府」關係上，則仍是相當堅持原則的。

---

[76] 耿雲卿，「台灣僅實施了百分之三點七的戒嚴」，中央日報，民國六十七年十二月廿二日，版二。

[77] 彭懷恩，中華民國政治體系的分析（台北：時報出版公司，民國七十二年一月），頁卅六。

　　促使政府進一步考量兩岸關係的發展，基本上並非回應中共的統戰策略，而是兩岸民間的活動日益頻繁有以致之。與日俱增的兩岸離散家庭信件往來、探親、貿易（以上多透過香港、日、韓進行），最後終使我政府在宣告解嚴後，並基於人道立場，開放國人赴大陸探親。質言之，解嚴並非政府接受中共的「和平統一」策略，但中共「和平統一」的推動下，增加了台海表面穩定的氣氛，緩和過去劍拔弩張的緊張態勢，則是政府得以考慮解嚴的重要因素。

（二）國際的影響

　　國際對我國的影響，最主要的來自兩方面，一是美國、一是東亞鄰國。就美國而言，由於我國在政治、經濟、軍事上的依賴程度甚大，在爭取美國有形無形的支持時，往往須承受其自由民主人權觀念的壓力。[78]特別是在中美斷交後，「台灣關係法」〈Taiwan Relation Act〉第二條第三項的「人權條款」，說明：「本法任何條文不得與美國對人權之關切相抵觸，尤其是有關居住在台灣的一千八百萬全體人民之人權」。民國六十八年以後，美國國會針對我國之政治發展舉行多次聽證會，自由派議員索拉茲（S. J. Solarz）、李奇（J. Leach）、派爾（C. Pell）、甘迺迪（E. Kennedy）等人，均認為戒嚴的存在會破壞雙方關係。[79]這從其後政府宣告解嚴，美國務院立即表示歡迎，並稱對未來的改革深具信心，[80]顯示內政上的解嚴與國際外交上，仍有密切關連性。亦即解嚴有助於國際形象的改善。

　　就東亞鄰國的影響而言，主要是菲律賓、韓國的民主化運動。菲律賓在一九四六年至一九七二年採行美式的典型民主體制，被譽為亞洲「民主櫥窗」，但因嚴重的官員貪污、經濟蕭條、貧富差距擴大、共黨滲透破壞等亂象，[81]馬可仕（Ferdinand Marcos）在一九七二年宣布實施戒嚴，馬可仕政權的特權橫行、貪污腐化與家族政治，到了一九八三年八月，因馬可仕的政敵，前參議員艾奎諾被暗殺身亡，人民紛紛走上街頭，要求民主與人權，終而導致一九八六年的二月革命，這一場不流血革命，使馬可仕下台去國，艾奎諾夫人在人民力量付託下接掌政權。

　　韓國的政治環境受到地理位置、歷史背景、民族性、南北韓分裂以及償還推動經濟建設的巨額外債等因素之影響甚大，使韓國難有安定的政局。一九七九年十月廿六日朴正熙被刺身亡，結束其長達十八年的執政。全斗煥就任總統後，民間提出修改憲法，保障基本人權，由人民直選總統等要求，終於在一九八七年六月爆發全國大示威，約有百萬人以上參與，美、日等國紛紛規勸韓國政府勿採戒嚴等方式對抗。[82]此時盧泰愚終於發布「民主化特別宣言」，進行修憲工作，此

---

[78] 裘兆琳編，中美關係報告：一九八五——一九八七，前揭書，頁四三。

[79] 林正義，「斷交後美國政府對中華民國政治發展的影響」，美國月刊，第五卷，第二期，民國七十六年一月，頁五一七。

[80] 賴遠清，台灣地區解嚴後政治民主化轉型之研究，中央警官學校警政研究所，碩士論文，民國八十年六月，頁六八。

[81] 郭淑敏，菲律賓從民主到獨裁—結構與文化因素之探討，國立政治大學，政治研究所，碩士論文，民國七十七年九月，頁一七五——七六。

[82] 高崇雲，「南韓政局峰迴路轉」，亞洲與世界文摘，第七卷，第二期，民國七十六年八月，頁三九一四〇。

項關鍵性抉擇爲韓國局勢帶來正面影響。

韓國、菲律賓的政治發展是否對我國產生影響？影響程度有多大？有謂鄰國民主化氣氛的感染，最能解釋拉丁美洲及東亞各國的局勢，東亞各國的民主化浪潮，從菲律賓、南韓到台灣，並進而波及東南亞各國。[83]亦有謂這些鄰國的波動對國民黨政府構成無形的壓力。[84]基本上台灣與韓、菲兩國政情並不相同，差別且甚大。韓國的長期軍人干政、經濟困境、貧富懸殊、學生運動均與台灣不同，菲律賓的經濟長期衰退、內政不彰更無法與台灣相比擬。若加分析，我國政局在解嚴前，因經濟持續繁榮、社會充滿活力，以當時的反對運動實力，尚不足對國民黨造成立即而嚴重的威脅，因此東亞局勢對主政當局採取解嚴屬無形的壓力。

（三）國內經社的發展

台灣地區經濟發展成就斐然，它所締造的奇蹟包括：(1)由落後的農業社會，轉變爲新興工業化社會。(2)自惡性物價膨脹，進步爲穩定而快速成長。(3)從依賴美援，達到自力成長。(4)突破資源貧乏，國內市場狹小限制，成爲貿易大國。(5)自財政收支鉅額赤字，轉變爲剩餘。(6)自失業問題嚴重，進步到充分就業。(7)自所得不均，轉變爲所得差距最小的國家之一。[85]以台灣過去的經濟發展來看，由於中產階級出現，加上教育普及，都市化程度高，使政治愈趨多元化。

現代化理論普遍認爲經濟發展是民主化最先決的條件。間有學者提出質疑，認爲經濟狀況與政治狀況之間，並非是有著不變的相關性，甚且快速的經濟發展，常招來政治的不穩定。[86]卡波（J. F. Copper）即表示，台灣加速邁向多元化的工業社會，這種多樣而深層的變化，將對政治體系產生廣泛的穩定或不穩定的成用，可能提昇政治現代化，或者給主政者製造嚴重的問題。因此社會的變遷，明顯的具有雙重作用。[87]

經濟發展與社會變遷對政治穩定而言，存在著諸多變數，如參與需求擴大、社會分化造成脫序、主政者的態度等均是。以台灣解嚴前發生的社會運動有：[88]

1.消費者運動（民國六十九年）

2.反污染自力救濟運動（民國六十九年）

3.生態保育運動（民國七十年）

4.婦女運動（民國七十一年）

5.原住民人權運動（民國七十二年）

6.學生運動（民國七十五年）

---

[83] 周陽山，「東亞的民主化浪潮—觀念層次的澄清」，亞洲與世界文摘，第九卷，第三期，民國七十七年九月，頁五二—五三。

[84] 張忠棟，「國民黨台灣執政四十年」，中國論壇，第三一九期，民國七十八年一月，頁六六。

[85] 葉萬安，「台灣地區實踐民生主義的經驗成果與展望」，台大中山學術論叢，第七期，民國七十六年，頁九〇—九五。

[86] Mencur Olsen, Jr., "Rapid Growth as a Destabilizing Forces", Journal Economic History, 23, Dec. 1967, 轉引自江炳倫，「我國政黨政治的現況與未來」，中國論壇，第二四八期，民國七十五年一月，頁一五。

[87] 同註 46，頁五七。

[88] 蕭新煌，「多元化過程中社會與國家關係的重組」，廿一世紀基金會與時報文化基金會合辦，「台灣經驗新階段：持續與創新」研討會論文，民國七十九年二月廿三日，頁一一。

7.新約教會抗議運動（民國七十五年）

蕭新煌分析其中原因，或為民間社會不滿政府對於新興社會問題的漠視；或為對某些特定政策或措施的抗議；或為有意識的向國家機關長期對民間社會的支配進行挑戰；或為有意突破某種敏感的政治約束。[89]就在民國七十年代以後，「經濟力」培植了「社會力」，「社會力」多面向尋求突破「政治力」已是發展趨勢。唯就我國長期以來經濟、社會穩健的成長，對於政治民主化或轉型毋寧是有助益的：

1.民主政治的失敗，多發生於貧窮、落後、混亂與文盲的社會，因其群眾最易被激發、煽動。而在台灣的社會邁向富裕、進步、穩定、教育程度高的同時，較少有激情而能為社會大眾所接受，故較有利於透過理性、思辯過程，建構和諧融洽的環境。

2. 台灣地區的發展已進入資本制生產的社會經濟體制，這種講求公平競爭的企業精神下，容易產生民主價值的信仰，而對於金錢與權力的不當結合，亦能展現出反感和牽制的作用。

3.中產階級形成為社會的中堅份子。中產階級亦提高了社會及政治意識，促使民眾期待民主化腳步加快，而其所具有一定的「公民社會」價值判斷，有助於社會的進步和穩定。

台灣地區的經濟條件、社會型態和教育普及均是走向民主的有利因素，蔣經國總統即表示：「在現階段解除戒嚴，是政府一貫恪守誠信的明證，是國家邁向一個新里程的開始，也是我們對國家前途充滿信心的宣示。」[90]解嚴前台灣地區經濟發展和社會變遷所孕育的特質，確有助於使主政者下定決心向民主過渡。

（四）反對運動的訴求

在戒嚴時期，政治反對運動是透過定期的公職選舉而逐漸凝聚，形成相當的力量。道爾（R. A. Dahl）指出，民主制度的發展有三個面向，以投票參與政府決定的權利，選舉被代表的權利，在選舉和在國會中成立有組織的反對派爭取選票以對抗政府的權利。[91]國內反對運動的人士經由歷來各項選舉的逐次考驗，所獲得的當選率和得票率，呈現緩慢而穩定的成長，顯示台灣地區已朝多元化的政治方向發展。

台灣反對運動的成長過程，係由無黨無派的獨立個體，進而為「黨外」政團型態的鬆散組合，再進一步成立政黨組織。「黨外」名稱的廣泛使用，是在民國六十六年十一月五項公職人員選舉時，國民黨在該次選舉成績欠佳。「黨外」人士以全島串聯方式，贏得 5 席縣市長、21 席省議員、6 席台北市議員。次年（民國六十七年）的增額中央民意代表選舉期間，反對人士組成「台灣黨外人士助選

---

[89] 蕭新煌，「台灣新興社會運動的剖析：民主性與資源分配」，蕭新煌等著，壟斷與剝削—威權主義的政治經濟分析（台北：台灣研究基金會，民國七十八年），頁二八一—二九。

[90] 蔣經國先生全集編輯委員會編，蔣經國先生全集，第十五冊（台北：行政院新聞局，民國八十年十二月），頁一九六—一九九。

[91] Robert A. Dahl 著，「政府與反對派」，黃德福譯，幼獅文化公司編譯，總體政治理論（台北：幼獅文化公司，民國七十二年六月），頁一四一。

團」全省巡迴助講，並提出共同政見和選舉主題。「黨外」一詞成為無黨籍人士中的政治異議分子共同使用的符號。嚴格分析，「黨外」一詞有語義上的混淆，因「黨外」的最初意義，是執政的國民黨稱本身為「本黨」，稱非國民黨籍者為「黨外」，這是以國民黨本位立場的表達法，其後為無黨籍反對人士使用，自稱己為「黨外」，則語意相當含混。

民國七十年地方選舉，黨外人士組成「黨外選舉團」、七十二年增額立委選舉，成立「黨外中央後援會」，另有部分黨外新生代組成「黨外編輯作家聯誼會」，七十三年五月「黨外公職人員公共政策研究會」（公政會）成立，並設立「黨外中央選舉後援會」。七十五年全省各地紛設公政會分會（共計 14 個分會），前述發展顯示黨外已有雛型政黨的規模與運作基礎。國民黨亦於民國七十五年三月，十二屆三中全會通過「以黨的革新帶動全面革新」案，並於四月起由 12 位中常委研擬「解除戒嚴」、「開放黨禁」、「充實中央民意代表機構」、「地方自治法制化」、「社會風氣與治安」、「黨的中心任務」等六項革新方案。[92] 黨外人士於民國七十五年九月廿八日搶先在政府宣佈解嚴前，於台北圓山飯店成立「民主進步黨」。

反對運動與解嚴之間的關係實相連，如無政治上反對勢力，執政的國民黨則無需當下即討論解嚴、開放黨禁等六項議題，討論該等問題，反對運動顯已具有相當程度影響力。唯論者或有謂反對運動為此次改革最主要觸媒，其以國民黨一方面未受到資本家全然支持，投資率逐漸下降，另一方面反對運動不斷對其政權進行體制內、外抗爭，其正當性基礎甚受質疑。[93] 對上述觀點作者持保留態度：

1.從解嚴前歷次選舉得票率、當選率觀察，黨外人士的實力，尚不足以稱已構成對國民黨的直接威脅。以民國七十四年省市議員選舉，經黨外推薦當選席次 25 人（佔 14.71%），得票率為 15.74%。同年的縣市長選舉，經黨外推薦當選者 1 人（佔 4.76%），得票率 14.86%。民國七十五年底立法委員選舉，黨外推薦當選席次 12 人（佔 16.44%），得票率 22.17%。如包含其他反對候選人士（即一般無黨籍者，有別於黨外推薦的「真黨外」，黨外身份之認定可參考李筱峰「台灣民主四十年」一書）七十四年縣市長當選 4 人（佔 19.05%），得票率 37.61%，省市議員當選 39 人（佔 22.95%），得票率 30.10%。民國七十五年立法委員選舉當選 14 人（佔 19.17%），得票率 31.01%。民國七十五年的選舉，國民黨仍得到總投票率 69%的支持，顯示當時國民黨執政仍是獲得多數人民的認同。

2.從社會穩定性觀察，雖在解嚴前已有若干社會運動，但層面仍是有限。我國經濟持續成長，投資的不振，因素甚多，非一個原因所能涵蓋，政府推動經濟自由化的努力，亦在解決若干問題。社會平穩除選舉中支持國民黨籍候選人佔相當高比例外，另從民國七十六年的民意調查顯示，我國成人有 50%以上自認是中產階級，這些自認是中產階級的民眾，都認為他們的社會地位比上一代高，而他們下一代的社會地位又會比他們高。[94] 余英時曾指出：「經國先生推行民主改革，

---

[92] 台北，聯合報，民國七十五年四月十日，版二。

[93] 王振寰，「台灣的政治轉型與反對運動」，台灣社會研究季刊，第二卷，第一期，民七十八年，頁七一一——一六。

[94] 魏鏞，「為成長、平等與民主而規劃—中華民國發展過程中的非經濟性因素」，中央月刊，第

決不是完全向台灣的社會現象求取妥協與適應。他集大權於一身，而總不濫用權力，甚至容忍少數人對他的無理辱罵，我不相信這是由於他為客觀形勢所迫，而不得不示弱；相反的，他是為了民主理想的實現，而寧願付出這一點無足輕重的代價。」[95]從整個社會結構穩定性分析，解嚴前的反對勢力雖有其一定程度影響力，但全局尚在國民黨政府主導下，殆無疑義。

（五）執政者改革的決心

解除戒嚴和推動改革的全面性變遷，除了內外的環境因素考量外，執政者的認知與決心應是最具決定的關鍵因素。蔣經國總統晚年所發動的民主改革，使政治環境有了大幅改觀。曾任行政院長的孫運璿指出：「我擔任行政院長時，經國先生曾多次與我談及有關政治革新的問題，在他內心有一個時間表，認為經濟建設成功，社會穩定，人民安和樂利了再尋求政治發展建設。」[96]蔣經國即在我國經濟持續成長、社會日趨多元化下，全力推動政治革新工作。白魯恂（L. W. Pye）指出，蔣經國有兩項主要成就，使其列為世界級的卓越領袖，一是以極佳方法，減低本省人和外省人之間的差距，並使台灣地區所有中國人之間保持和諧；二是他促使政治反對力量合法化，並設定了民主政治發展的各個階段。[97]

誠然改革之途並不容易，杭廷頓（S. P. Huntington）即認為，改革者道路之艱難來自三方面，一是他面臨保守者、革命者兩面作戰。二是改革者須比革命家更懂得掌握社會勢力和社會變遷。三是改革者如何選擇改革途徑及其優先順序頗值困擾。因此，成功的革命家不一定是一流的政治家，成功的改革者則必是出色的政治家。[98]蔣經國主導的政治改革起點，是於民國七十五年三月廿九日舉行的國民黨十二屆三中全會，會議中達成了「以黨的革新帶動全面革新」的共識。其後蔣氏四月九日指定國民黨十二位中常委員負責研擬六項革新方案（包括解除戒嚴、開放黨禁、充實中央民意代表機構、地方自治法制化、社會風氣與治安、黨的中心任務），負責人為技術官僚出身的前總統嚴家淦以及台籍菁英輩份甚高的前副總統謝東閔，其他成員分別包括了黨內自由派、保守派中極具影響力者。

蔣經國推動的政治改革極具前瞻性，其在國民黨中常會多次談話，可見其理念和決心：「時代在變，環境在變，潮流也在變，因應這些變遷，執政黨必須以新的觀念、新的做法，在民主憲政體制的基礎上，推動革新措施，唯有如此，才能與時代潮流相結合才能與民眾永遠在一起。」[99]其並勉勵五院院長：「只要有決心和誠意，認清形勢，把握原則，事事以國家整體利益和民眾福祉為先，走正

廿卷，第十一期，民國七十六年十一月，頁三七–四八。

[95] 余英時，「吾見其進，未見其止─經國先生的現實與理想」，歷史巨人的遺愛（台北：中央日報社，民國七十七年），頁二二四。

[96] 孫運璿，「我失去一位敬重的長者」，黎明文化公司編印，蔣故總統經國先生追思錄，三版（台北：黎明公司，民國七十七年十月），頁一五〇。

[97] Lucian W. Pye 著，吳瓊恩譯，「後蔣經國時代可有良策？」，聯合報，民國七十七年九月廿日，版二。

[98] Samuel P. Huntington 著，江炳倫等譯，轉變中社會的政治秩序（台北：黎明文化公司，民國七十七年），頁三五四。

[99] 行政院新聞局編，蔣總統經國先生七十五年言論集（台北：正中書局，民國七十六年），頁八五。

確的道路，踏穩腳步，勇往直前，自必克服一切困難。」[100]唯當時國民黨內部仍有阻力，據稱在中常會有超過三分之二的資深委員反對他的改革，軍方（尤其是警備總部）對解嚴後大權旁落亦深感不悅，蔣氏終能以不斷宣示其決心和見解，消除若干疑慮和不前。[101]

民國七十五年六月，十二人小組提出六點改革計劃：(1)充實中央民意代表機構。(2)地方自治法制化。(3)簡化國家安全法律。(4)制定人民團體組織法。(5)強化公共政策。(6)強化黨務工作。蔣氏特別指示先針對(3)、(4)兩項擬定更詳細的計畫。[102]

蔣氏推動改革的同時，則予反對人士以較大寬容。首先是國民黨在決定研擬六項方案之後，黨外「公共政策研究會」紛紛成立分會，引起國民黨內部反對之聲，亦成為蔣氏推動政治革新的一項難題，然蔣氏欲以「溝通」方式與黨外取得解決方案，其後「溝通」雖了無進展或被迫取消，但因執政當局始終未對「公政會」分會採取實際行動，無形中等於「默許」黨外提昇「組織化」的作為。其後是蔣氏在民國七十五年七月在接受訪問時明確表示，未來一年內台灣地地區將解嚴，黨外即於九月廿八日在台北圓山大飯店搶先宣布成立「民主進步黨」，突破了將近卅八年的黨禁封鎖。此時國民黨內部多主張取締，但蔣氏不贊成鎮壓行動，反而指示與尚無法律地位的民進黨溝通，以化解政治衝突。[103]隨後在十月十五日國民黨中常會優先通過解除戒嚴和開放黨禁兩項議題：（一）廢止戒嚴令，代之以「國家安全法」。（二）修改「人民團體組織法」中禁止新黨之規定，但要求新登記的政黨須符合「反共」、「遵守憲法」、「不得有分離意識」的三項原則。上述動作，等於已默許民進黨的存在。到了民國七十六年六月底立法院三讀通過「動員戡亂時期國家安全法」，七月十五日政府正式宣布解除戒嚴，我國憲政發展進入一個新的階段。

綜觀解嚴的條件，是相互影響與催化的作用。正如蔣氏所稱：[104]

經國自己深感責任重大，相信每一位同志對於自己的責任都有同感。但是，外來的壓力越大，我們內部越要團結···環顧今日國內外的環境，我們要求突破困難，再創新局，就必須在觀念上及作法上作必要的檢討與研究。

從上述談話中，可以肯定國際局勢、兩岸態勢、國內社會變遷、經濟發展以及執政者改革的決心、反對運動者對民主的需求等，對於解嚴的形成都有影響。就程度而言，執政者改革的決心與反對運動的發展占重要地位。唯深論之，政府能在民國七十六年即宣布解嚴，而未延至其後任何時期，或使民主改革遙遙無

---

[100] 中央日報社編，蔣總統經國言論選集，第九輯（台北：中央日報出版部，民國七十七年三月），頁五七。

[101] Harvey J. Feldman 著，劉宗賢譯，「台灣正向前大步邁進」，亞洲與世界文摘，第八卷，第一期，民國七十七年一月，頁五—六。

[102] Chou Yang-Sun & Andrew J. Nathan, "Democratizing Transition in Taiwan", Asia Survey, March 1987, p.11.

[103] 李東明，「經國先生與台灣地區的政治發展（一九七二——一九七八）」，憲政思潮，第八一期，民國七十七年，頁七九。

[104] 行政院新聞局編，蔣總統經國先生七十五年言論集，前揭書，頁八二—八三。

期，執政者改革的決心，則應居於關鍵地位。其他外環境因素以及國內經濟發展、社會變遷則屬相關的情境因素影響。

二、解嚴的時代意義

民國七十六年七月十四日總統令：「准立法院中華民國七十六年七月八日（76）台院議字第一六四一號咨，宣告台灣地區自七十六年七月十五日零時起解嚴。」七月十四日行政院新聞局所發表的「解嚴聲明」，說明解嚴的意義如下：[105]

> 　　民國三十八年中共全面叛亂，國家處於危急存亡之秋，政府為確保復興基地的安全，別無選擇的宣告台灣地區戒嚴。三十餘年來，一方面採行最小限度的戒嚴措施，一方面積極推動民主憲政，終於獲致政治民主、經濟繁榮、文化發達、社會安定的卓越成果。在此過程中，事實上，國人受到戒嚴措施的影響極其有限，甚至尚有部分國人不知台灣地區一直實施戒嚴。因之，為期加速推動民主憲政，貫徹憲法精神，使政治更民主，社會更開放，人民更幸福，政府乃宣告台灣地區自明日零時起解嚴。此一決定，實為我國民主憲政發展史上一個新的里程碑。

邵玉銘指出，解嚴至少有三方面的實質意義：[106]

1.軍事管制範圍的減縮與普通行政及司法機關職權的擴張：平民不再受軍事審判，而且縱使是現役軍人，如其所犯者為較輕微的犯罪行為，也不受軍事審判。出入境及出版品的管理，分別由警察機關及行政院新聞局負責。

2.人民從事政治活動，將以普通法律保障並促成，因之，在立法院通過「人民團體組織法」與「集會遊行法」後，人民將可依法組黨結社及集會遊行。

3.行政主管機關的行政裁量權也不再如戒嚴時期的廣泛和較有彈性，使一般人民或民意機關更能發揮督促或監督的功能。

行政院新聞局於七月十四日同時宣布廢止了與「戒嚴法」有關的行政命令，共計有三十種之多：[107]

1.戒嚴時期台灣地區港口機場旅客入境出境查驗辦法。

2.戡亂時期台灣地區內河船筏檢查管理辦法。

3.戒嚴時期台灣地區各機關及人民申請進出海岸及重要軍事設施地區辦法。

4.戰時台灣地區公路交通管制辦法。

5.台灣地區戒嚴時期出版物管制辦法。

6.戡亂時期台灣地區各港區漁船漁民進出港口檢查辦法。

7.管制匪報書刊入口辦法。

8.台灣地區沿海海水浴場軍事管制辦法。

9.台北衛戍區人員車輛及危險物品進出檢查管制辦法。

10.戒嚴時期台灣地區查禁匪偽郵票實施辦法。

11.戒嚴時期台灣省區山地管制辦法。

---

[105] 馬起華，民權主義與民主憲政（台北：正中書局，民國八十一年十一月），頁四〇九。
[106] 謝瑞智，憲法大辭典（台北：國家發展策進會，民國八十年），頁一六二。
[107] 馬起華，前揭書，頁四一〇—四一二。

12.戒嚴時期台灣地區國際港口登輪管制辦法。

13.台灣地區戒嚴通行核發辦法。

14.戡亂時期台灣地區入境出境管理綱要。

15.電信密檢聯繫辦法。

16.台灣省戒嚴時期郵電檢查實施辦法。

17.台灣地區戒嚴時期軍法機關自行審判及交法院審判案件劃分辦法。

18.台灣地區國際港口旅客行李檢查室安全秩序維護辦法。

19.台灣地區國際民用航空器旅客空勤人員及物品檢查辦法。

20.台北國際機場安全秩序維護辦法。

21.戡亂時期台灣地區民航機構空地勤人員管理辦法。

22.戡亂時期台灣地區民航機構空地勤人員管理辦法施行細則。

23.台灣地區環島飛行民航機旅客檢查及限制辦法。

24.攝影記者進入台北國際機場攝影規則。

25.台灣警備總司令部航空安全工作督導實施辦法。

26.台灣地區國際港口軍援船檢查辦法。

27.戡亂時期台灣地區入境出境管理辦法。

28.台灣地區國際港口出入國境證照查驗站編組辦法。

29.台灣省戒嚴時期取締流氓辦法。

30.台灣省戒嚴時期戶口臨時檢查實施辦法。

這批行政命令均為依「戒嚴法」所頒行的子法，隨著解嚴而停止適用。解嚴的意義從憲政發展觀點言，則為人民權利義務將恢復憲法第二章的條文施行，它與戒嚴時期有很大的出入（參見表三—八），人民可依法集會、結社、享有充分言論自由和人身自由，不僅確保政治自由化的落實發展，並有助於導引政治民主化的逐步達成。

三、解嚴後發展情形

解嚴後，在國家安全的維護及落實政治自由化上，有「國家安全法」的實施，以及開放組黨、新聞及言論自由、集會遊行合法化、准許海外異議人士返國、開放返鄉探親等自由化的推展。

（一）國安法的實施

國安法是我國行憲以來爭議甚多的法典之一。它從制定的過程當中，各方面贊成、反對、批評的言論沓至，可說發言盈庭，立法院內激烈辯論，院外「只要解嚴，不要國安法」的街頭運動不斷。[108]反對派人士街頭抗爭達八次之多。[109]

國安法的制定源於民國七十五年十月十五日，國民黨中常會通過決定要廢止戒嚴令，同時要另行制定「國家安全法」。民國七十六年三月九日立法院內政、司法、國防三委員會開始審查，先後舉行十五次聯席會議，委員發言 340 人次，

---

[108] 同上，頁三九〇。

[109] 潘啓生，台灣地區政治抗爭之研究一九七七—一九八八，國立政治大學，三民主義研究所，碩士論文，民國八十年一月，頁七十五。

表三 — 八　解嚴前後人民權利義務狀況對照表

項目	解嚴前	解嚴後
入出境管理	一、申請入出境需由各縣市警察局核准。 二、出境需覓保證。 三、出入境證遺失，申請補發，需繳交遺失保證書。 四、申請入出境所繳戶籍謄本有效期為三個月。 五、未經許可之入出境案件未有複審制度。	一、直接送境管局辦理，可節省 4 - 7 天。 二、除其他法令需具保者外，其餘一律免保 三、遺失申請補發免繳保證書。 四、有效期限延長為六個月。 五、特設審查委員會複審未經許可入出境案件。
海岸管制	一、海岸管制地區為各海岸距離高潮線 500 公尺以內地區。 二、經常管制區長 1,374 公里，面積 617 平方公里；特定管制區 37 公里，18.5 平方公里	一、縮短為高潮線 300 公尺。 二、經常管制區縮減為 507.8 公里、面積 152.3 平方公里；特定管制區減為 33.5 公里，面積為 10.5 平方公里。
山地管制	有 30 山地管制區〈即山地鄉〉，21 個山地管制遊覽區，62 個山地開放區及 6 個平地行政管理區。	簡化為 29 個山地經常管制區及 32 個山地特定管理區。其中山地開放區、平地行政管制區均解除限制。
犯罪管制區	一、非軍人犯匪諜叛亂案件、竊盜或損毀戰時交通或通信器材罪，以及重大殺人強盜案，得經行政院核定由軍事機關審判。 二、軍人犯罪概由軍事機關自行審判。	一、非現役軍人不受軍事審判。 二、軍人除犯刑法六十一條輕微罪，移由普通法院審理外，其餘均交軍事審判。
人身自由	治安人員得於晚間實施臨檢，晚間查察戶口。	政府擬議警察人員如有必要於夜間查察戶口時，得經警察首長核准，會同村里長行之。
集會遊行	最高司令官得停止集會遊行，必要時得解散之。	將制定「集會遊行法」加以規範，依法定程序申請許可。
結社自由	戒嚴地域內最高司令官得停止結社。政府事實上禁止政治團體、政黨成立。	政府將修訂「非常時期人民團體組織法」及「動員戡亂時期公職人員選舉罷免法」，有條件開放政治團體的成立。
言論自由	軍事機關得取締言論、講學、新聞、雜誌、圖書等出版物之認為與軍事有妨害者。其審查權利相當廣泛。	出版物審查均劃歸文職機關掌理。對於違法出版品的認定，有必較明確的標準。
通訊自由	軍事機關得拆閱郵信電報，必要時並得扣留或沒收。	依據戡亂時期及動員時期法令規定，軍政機關仍具有電信及郵電抽查權。
勞資自由	軍事機關得禁止罷工。	依據法令規定，罷工仍受禁止，不過政府已研擬有限度開放罷工權的行使。

資料來源：聯合報，民國七十六年七月十七日，第二版

三月十六日並舉行學者專家聽證會。經提報院會於六月十九日、廿三日討論，有委員 37 人次發言，終於在廿三日三讀通過，由蔣經國總統於七月一日公布，全文 10 條。其內容大要如下：

第一條係闡明動員戡亂時期，為確保國家安全，維護社會安定而制定本法。

第二條乃規範人民集會、結社，不得違背憲法或主張共產主義，或主張分裂國土。

第三條為人民入出境應向內政部警政署入出境管理局申請許可。未經許可者，不得入出境。

第四條為警察機關必要時得對下列人員、物品及運輸工具實施檢查：(1)入出境之旅客及其所攜帶之物件。(2)入出境之船舶、航空器或其他運輸工具。(3)航行境內之船筏、航空器及其客貨。(4)前兩項運輸工具之船員、機員、漁民或其他從業人員及其所攜帶之物件。

第五條乃為確保海防及軍事設施安全並維護山地治安，得由國防部會同內政部指定海岸、山地或重要軍事設施地區劃為管制區。人民入出前項管制區，應向該管機關申請許可。

第六條、第七條為罰則。違反第三條第一項未經許可入出境，處三年以下有期徒刑、拘役或併科三萬元以下罰金。違反第四條者處六月以下有期徒刑、拘役或併科五千元以下罰金。違反第五條第二項者處六月以下有期徒刑、拘役或併科五千元以下罰金。

第八條為規定非現役軍人，不受軍事審判。

第九條為戒嚴時期戒嚴地域內，經軍事審判機關審判之非現役軍人刑事案件，於解嚴後之處理情形。

第十條為國安法施行細則及施行日期，由行政院定之。

國安法於民國七十五年七月一日公布，七月七日立法院通過「解嚴案」及「動員戡亂時期國家安全法施行細則」50 條。七月十四日總統宣告次日起解嚴。同日行政院令，國安法定於同年七月十五日施行。政府對國安法的實施有如下說明：[110]

> 中共對我之威脅迄未稍減；對我之滲透、顛覆不會放鬆，故我國仍處於動員戡亂時期，而絕非太平盛世局面···因此，若干必要防範措施，實屬不可避免。解嚴之後，為確保國家安全、維護社會安定，乃將與國家安全有關而為各國所採行的入出境管理、公共安全之檢查以及山防、海防等尚無其他法律加以規範的事項，以稍簡的方式，採行最少限度的立法精神，制定了「動員戡亂時期國家安全法」，期能一方面邁向民主憲政的大道，一方面維護國家的安全、社會的安定以及人民的安康。

國安法在制定過程中，贊成者多以國家安全為首要考慮，而反對者則約有兩種主張，一是根本否定國安法制定的必要性；一是主張不制定國安法，而另制定

---

[110] 馬起華，前揭書，頁四一○。

法律或修改其他法律以爲替代。主張制定國安法者理由如下：[111]

1.解嚴並非解除武裝，故而有必要制定國安法，彌補解嚴後留下的國防漏洞。特別是依據戒嚴法所制定有關鞏固三防（國境防、海防、山防）的子法都要廢除，國安法即在堵塞解嚴後留下的安全空隙。

2.國安法與各種有關國家安全的法律並不重疊，且這些國家安全有關的法律，不足以勝三防之任。如「要塞堡壘法」，只是點的防衛，無法概括海防，因爲海防是線的防衛；「非常時期農礦工商管理條例」及「國家總動員法」，均無三防的規定；「懲治叛亂條例」、「妨害軍機治罪條例」、「戡亂時期檢肅匪諜條例」及刑法的「內亂罪」和「外患罪」，不僅無三防的規定，且都是懲治性的，與國安法之具有預防性者不同。如不制定國安法而制定他法或修改他法，不僅曠日持久，且同樣有爭論。

3.保障國家安全是國家重要目的和手段。生存是國家第一法則，國家須先求生存、後求發展，因此國家必須排除危害其安全的各種因素，包括外來的侵犯和內在的顛覆。從政治上看，憲法、共產主義、台獨與國家安全有關，憲法是國家根本大法，共產主義不合人性且危及國家安全，台獨主張分離運動，偏狹短淺且徒增紛擾。故以國安法第二條「三原則」有其必要性。即人民集會、結社，不得違背憲法、主張共產主義，或主張分裂國土。

4.國安法的位階在法制級序上是憲法第一七〇條所稱的法律，是中央法規標準法第十一條規定在憲法之下，命令之上的法律。將原戒嚴法的部分子法所定的事項，規定在國安法中，乃是爲保三防所必需，不但提高了原位階，而且規定亦不盡相同，並不是以國安法取代戒嚴法，亦非換湯不換藥。故不宜以對待戒嚴法的同樣態度來對待國安法，亦即現階段不必戒嚴，但不能說現階段不要三防。

反對制定國安法者理由如下：[112]

1.徵之以世界法學發展趨勢，鮮有國家制定國家安全法者。一則，現行法律已夠保障國家安全，有無國安法，無關乎國家安全宏旨；再則，制定國安法，將使國家緊急法制權更形紊亂，悖離憲政精神，故而無須國安法。

2.觀之以憲法與戒嚴法所規定的解嚴條件，都不包括制定國安法，顯然該法並非解嚴的必要條件，乃是戒嚴法的借屍還魂，換湯不換藥，新瓶裝舊酒，無此必要。

3.可分別制定「出入境管理條例」、「解嚴程序條例」、「集會法」、「結社法」、「軍事設施管制法」，並修改「要塞堡壘地帶法」以涵蓋海防、山防，不必要制定國安法。

4.從國安法之法條內容分析，國家安全的大架構下，內容顯得貧乏，並沒有整合現有全部國家安全的法律，使之更臻完備。第二條之「三原則」和其他條文不連貫，頗似拼裝車，其爲政治用語，非法律用語，且本條無罰則，不能執行，形同具文，沒有實質意義。

---

[111] 同上，頁三九四—四〇五。
[112] 同上，頁三九七—三九八。

上述國安法贊成、反對意見紛歧，一項由民意調查文教基金會以大學法學院教師及律師爲調查對象的研究報告顯示，贊成與反對制定國安法的人數相近。在受訪者 742 人中，贊成者 342 人（45.6％），反對者 323 人（43.1％）。政治學者有 60.3％贊成，法律學者則有 65.9％反對。執業律師中，贊成者佔 45.5％，反對者佔 45％。對於第二條「三原則」，多數受訪者認爲應保留或保留並作明確界定，贊成保留比主張刪除者高出一倍。[113]

國安法的性質是政治性抑法律性？從其以國家安全爲首要考慮，且列舉「三原則」的內涵來看，應屬政治性的法律，或政治性很高的法律。觀之以國安法十項條文，除去立法精神（第一條）、憲法已有規定者（第八條）、軍事審判在解嚴後之處置（第九條）、施行細則及施行日期（第十條）外，其主要重點有二：「三防」及「三原則」。「三防」可否分別制定或修法方式爲之？亦有仁智之見。故「三原則」實爲國安法重要精神，或謂國安法乃國民黨爲安撫反對解除戒嚴的勢力。所採取妥協方式，提出的一套象徵意義大於實質意義的法典。[114]而反對人士之杯葛制定國安法，實即憂慮在國安法「三原則」下，其有關台灣獨立之主張，在解嚴之後，仍無法在公開場合進行宣揚。[115]然以「三原則」並無罰則，只具宣示效果，故而國安法的制定雖有高爭議性，但是落實在執行面，亦僅有「三防」而已。

（二）政治自由化的推展

解嚴後，政治自由化的腳步加快，舉凡開放組黨、集會遊行、新聞及言論自由、准許海外異議份子返國、返鄉探親方面有一番氣象。就開放組黨而言，民進黨搶先於民國七十五年九月逕行成立，並未遭到取締，實已使得行之有年的黨禁名存實亡。解嚴後，黨禁正式結束，七十八年一月廿七日「動員戡亂時期人民團體法」公布實施，開放政治團體及政黨的籌組，奠定政黨政治之基礎。該法對政治團體採立案制、政黨採備案制，亦即凡有意組黨者，在向內政部提出申請後，只要形式要件無缺失，即可准予成立，內政部無審查權。由於組黨從寬原則，自七十八年內政部民政司開始受理政黨登記起，第一年當中，我國政黨數量以平均每月成立三個的驚人速度增加中。[116]雖然經過內政部在民國七十九年上半年曾訪視各政黨，發現有許多小黨結構及體質並不很健全，真正用心於發展黨務，並以競選公職爲主要目的之新成立政黨寥寥可數。但大體言之，我國政黨政治已朝向民主目標邁進，政黨並成爲我國民主發展的主角，選舉所代表的功能和意義將日益凸顯，由於政黨競爭的出現，民主化發展將益趨快速。

集會遊行法制化工作於民國七十七年一月十一日立法院三讀通過「動員戡亂時期集會遊行法」，並在一月二十日公布實施，該法對於民眾集會遊行之申請及主管機關予以許可的要件，作了詳細規定。在限制方面，明定遊行須遵循國安法「三原則」─ 即不得違背憲法、主張共產主義、分裂國土 。並規定不得在政府

---

[113] 台北，聯合報，民國七十六年三月廿三日，版二。

[114] 彭懷恩，台灣發展的政治經濟分析，再版（台北：風雲論壇出版社，民國八十年十月），頁二二三。

[115] 潘啓生，前揭論文，頁七四。

[116] 台北，中央日報，民國七十九年五月廿九日，版二。

重要機關附近遊行。該法保留了政府管制的權力，但終使長久以來的集會遊行之自由得以抒解。

就新聞及言論自由方面，在戒嚴時期的報禁，政府採限家限張發行，而出版品方面，警總因行政裁量權甚大，多有扣押或查禁情事。在民國七十四年，所有發行反政府的政論性刊物，約有 75% 被查禁；民國七十五年則幾乎每一本反對的政論性刊物均遭查禁，迫使其轉入地下發展。[117]直到民國七十六年初解嚴在即，行政院長俞國華於二月五日聽取輿情報告後，指示新聞局重新研議報紙登記及張數問題，首次表明政府欲解除報禁的立場。[118]隨著解嚴，「台灣地區戒嚴時期出版物管制辦法」廢止，出版品的管理審查轉由新聞局負責。十二月一日新聞局宣布，自民國七十七年元旦起，正式開放報紙登記。報禁的解除，使報紙的種類激增，戒嚴時期一直維持 31 種，到民國七十七年增為 124 種、七十八年 208 種，七十九年更達 221 種。不僅報紙，各種出版事業亦呈現蓬勃發展的情形。

就准許海外異議份子返國方面，因憲法規定人民有遷徙之自由，返鄉也是聯合國人權公約中肯定的基本人權之一。解嚴後，民國七十七年七月，國建會學人向境管局問及出入境「黑名單」問題，國民黨籍立委李勝峰（後為新黨）等要求准許在外台胞返國，及准許世台年會在台灣舉行。民進黨中常會則決定訴諸群眾運動，聲援台胞返鄉運動。[119]政府對此問題則是採取逐漸放寬的態度，民國七十七年十一月，國民黨中央邀集黨政及情治單位首長進行政策性討論，並達成逐漸放寬政治異議份子申請入境的共識，但對倡議推翻政府、主張激進台獨路線以及曾獲准返台卻參加違法活動或破壞協議者，仍持續以往較嚴格的審理態度。[120]政府的「和諧專案」亦從民國七十七年十月起，陸續核准多位海外異議人士入境，其背景涵蓋「台獨聯盟」、「FAPA」、「台灣民主運動海外組織」、「台灣人權協會」、「台灣民主運動支援會」等。民國八十一年五月內政部長吳伯雄在立法院首次承認有黑名單存在，並表示歷年累積下來的「列註名單」只有 282 人，並將在短期內大幅放寬。[121]之後，五月十六日立院修改刑法一○○條「內亂罪」，七月七日修改國安法，刪除三原則中「不得違背憲法」之規定，吳伯雄部長隨即表示，根據國安法修正原則，原「列註名單」將僅剩 5 人。[122]流亡海外多年的台獨教父彭明敏，亦於是年十一月返台，顯示政府接納政治反對人士的決心。

就返鄉探親方面，兩岸長期分隔，使骨肉親情因時代影響，致無法相聚團圓。隨著解嚴的宣布，政府即基於人道立場，採取開放民眾返鄉探親之一系列措施：

1.開放一般民眾赴大陸探親（七十六年十一月）

2.准許大陸同胞來台探病及奔喪。（七十七年九月）並擴大對象及於配偶之

---

[117] 法治斌，「近年來中華民國法律改革與憲法解釋」，見張京育編，中華民國民主化—過程、制度與影響（台北：政大國關中心，民國八十一年），頁三三九。

[118] 林東泰，「台灣地區大眾傳播媒體與政治民主化歷程」，台灣地區政治民主化的回顧與展望研討會論文集 （台北：民主基金會，民國八十年），頁一二○。

[119] 台北，中國時報，民國七十七年七月廿八日，版三。

[120] 台北，聯合報，民國七十七年十一月卅日，版三。

[121] 台北，自立早報，民國八十一年五月五日，版三。

[122] 台北，聯合報，民國八十一年七月八日，版一。

父母（翁姑、岳父母）及兄弟姊妹；且如申請人因年邁或重病、重傷，致無法單獨來台者，開放配偶同行來台照料。（八十年十一月）

　　3.開放海峽兩岸民眾間接電話（報）及改進郵寄信件手續，（七十八年六月），開辦郵寄航空掛號函件。（八十年六月）

　　4.開放大陸民運人士來台參觀訪問及居留。（七十八年七月）

　　5.開放在大陸地區居住未滿二年；因重病或其他不可抗力之事由，致繼續居住逾二年，未滿四年；及回台領取本人之戰士授田憑據補償金，無有效證照者亦得申請回台。（八十年十一月）

　　6.開放各級政府機關及公營事業機構基層公務員赴大陸探親，（七十九年一月）並擴及未涉及機密之雇用人員。（八十年十一月）。

　　7.開放部分滯留大陸台籍同胞返台探親，（七十九年一月）並擴及公費留學生。（八十年四月）

　　8.開放各級民意代表赴大陸探親及訪問。（七十九年四月）

　　9.准許軍、公、警人員在大陸配偶或三親等以內血親來台探親，（七十九年六月）如申請人因年邁或重病重傷，致無法單獨來台者，開放其配偶同行來台照料（八十年十一月）

　　10.開放各級公務人員赴大陸探病、奔喪（七十九年六月）並擴大對象及其祖父母。（八十年二月）

　　11.開放未涉及機密之軍中聘任人員准赴大陸探病奔喪。（八十年十一月）

　　12.開放大陸同胞來台居留或定居。（八十年十一月）。

　　政府逐步放寬兩岸民間交流、探親種類與範圍，同時兼顧人道立場與安全考量，有助於雙方的認知和了解，對中國未來走向將有俾益。

叁、國是會議的召開

　　民國七十九年召開的「國是會議」，為我國繼解嚴之後，由政治自由化步向政治民主化關鍵的一步。「國是會議」所作成「動員戡亂時期終止、臨時條款廢止、修定憲法」的結論，改變了過去長期以來，中央政府一貫以修改臨時條款代替「修憲」的作法，憲政改革自此有了全新的起點。其後的「第一階段修憲」更確定中央民意代表的法源依據，使國會全面改選順利展開。

一、國是會議召開的緣起與經過

（一）國是會議召開的緣起

　　「國是會議」的召開，直接導源於國民大會的擴權行動，引發「三月學潮」後的一項回應結果。民國七十九年三月間第一屆國民大會召開第八次會議，利用選舉第八任總統、副總統之機會，國大自行增加出席費，並在審查「動員戡亂時期臨時條款」修正案中，通過國大代表每年集會一次，行使創制複決兩權，以及增額國大代表六年任期延長為九年等。這一幕幕上演的「山中傳奇」，引起全國譁然，認為國大代表私心自用，擅自擴大職權。乃紛紛表達對憲政問題以及將來政治發展的看法。大專學生並於三月十六日發起到台北中正紀念堂廣場靜坐抗

議，三月十九日學生開始聚集，並提出「解散國民大會、廢除臨時條款、召開國是會議、訂定民主改革時間表」四大改革訴求。整個現場氣氛更因東海大學學生方孝鼎等 15 人發動絕食而升高，引起媒體高度關注。到三月廿一日參加人數超過 6,000 人，爲四十多年來，規模可數的大型學潮 —「野百合學運」〈或稱爲「台北學運」〉。[123]

學潮期間，李登輝總統爲回應國人殷切的期望，於三月廿日指示籌備召開「國是會議」，並指派當時總統府資政蔣彥士、行政院長李煥、總統府祕書長李元簇及執政黨中央委員會祕書長宋楚瑜四人，就「國是會議」有關問題先行研商。三月廿一日國民黨中常會決議，由蔣彥士任召集人，組織籌備委員會，負責籌備事宜。當天晚上，李總統召見 50 名學生代表，承諾提前召開「國是會議」、擬定政經改革時間表。但認爲現階段不適宜修憲，關於憲法修改，至少要兩年。二月廿二日早上學生即在宣布組織「全國學生聯盟」，並發表「我們的聲明 — 追求民主永不懈怠」後解散，結束歷時一週的「野百合學運」。[124]

「國是會議」得以召開，三月學潮有直接影響作用。李登輝總統固然是回應大專學生及社會大眾的呼聲，但他本人對召開「國是會議」，亦有強烈的推動意願，蓋因「三月學潮」時，大專學生曾要求李總統以強烈手段排除國民大會，或拒絕老代表之投票。唯李總統囿於既有之政治體制，仍以傳統方式完成第八屆之總統選舉。其本人雖無力於迅即解決經年累月所堆陳的政治結構問題，卻有著憲政改革的決心，正好配合國內民間的強烈要求，透過非體制內的「國是會議」方式，壓制國民黨內反對力量，取得改革動力。[125]

（二）國是會議召開的經過

李登輝總統於民國七十九年三月廿日，正式宣布將召開「國是會議」，並指派總統府資政蔣彥士爲「國是會議」籌備委員會召集人，從此展開「國是會議」之序幕。此時第一項工作在於如何產生「國是會議」籌備委員之名單，因其關係著國內政治生態現實力量的反映。執政黨最須考量的參與對手，自然是長久以來最大的反對黨 — 民進黨。國民黨透過商界陳重光居間協調，先後有三月廿日國民黨祕書長宋楚瑜與民進黨主席黃信介見面，三月廿九日總統府資政蔣彥士親訪黃信介，除邀請民進黨參與「國是會議」之籌備外，並確定李總統將於總統府與黃信介主席見面之事。[126]四月二日李總統邀請民進黨主席黃信介到總統府「喝茶」。黃信介代表民進黨提出四項訴求：1.制定憲政體制改革時間表。2.平反政治案件。3.徹底落實政黨政治。4 有效維護治安。李總統則向黃表示，將在兩年內完成憲政改革目標，同時指出，不能違反中華民國之認同。[127]

四月一日，民進黨召開臨時中常會，以附帶條件方式通過，原則確定參加「國是會議」籌備會。政府因而得以順利完成了籌組籌備會工作，並以各方代表：國

---

[123] 李炳南，憲政改革與國是會議（台北：永然文化出版公司，民國八十一年四月），頁二八。
[124] 同上，頁二九。
[125] 同上，頁三四—三五。
[126] 台北，中國時報，民國七十九年三月三十日，版三。
[127] 台北，聯合報，民國七十九年四月三日，版一。

民黨 11 人，民進黨 4 人，無黨籍 5 人，學者公正人士 5 人之比例完成適切反應政治生態現狀的組合。[128]

籌備委員會於民國七十九年四月十四日召開第一次會議，並經持續兩個多月的策畫，「國是會議」終於在六月廿六日到七月四日在台北圓山大飯店舉行，出席人數應爲 150 人（包含籌備會審核推薦 115 人，總統遴選 35 人），實際參加者共有 141 人（如表三—九）。

國是會議是政府來台後，政治體制邁向全面改革的一個起點，它的性質雖不具有法律上的合法性地位，僅爲總統的諮詢會議，但因其網羅朝野各界代表，且在若干重要問題上獲得原則性的共識，使其後的政治改革有了著力點，所代表的政治意義重大，同時亦將佔有顯著的歷史地位。國是會議從近處觀察，乃是國內七十九年二月以來動盪不安的政局，得到一個舒緩的空間，維持了政局的穩定，並圖開創另一個嶄新格局。從遠處來看，乃是在台灣四十多年來經濟發展與社會變遷快速下，相對的政治體系中分配機能（distribution function）與參與機能（participation function）則顯得僵化，其中所造成的「歷史包袱」，實有賴國是會議此一超體制的、非常的途徑，以解決經年累月交錯複雜的憲政困境。[129]

二、國是會議的內容與發展

國是會議是以國人最關切之兩大問題「健全憲政體制」及「謀求國家統一」爲討論範圍，其五項議題爲：(1)國會改革問題。(2)地方制度問題。(3)中央政府體制問題。(4)憲法（含臨時條款）修定方式有關問題。(5)大陸政策及兩岸關係。其中獲與會朝野人士取得共識的部分如下：[130]

（一）國會改革問題
1.第一屆中央資深民意代表應該全部退職。
2.反對國民大會維持現狀。
3.淨化選舉風氣。

（二）地方制度問題：
1.回歸憲法或授權立法院立法，甚至循修憲方式達成改革。
2.地方自治應以民選、自主爲基本要求，依據台灣目前發展，兼顧憲法體制及實際狀況，將國家主權與國內行政的需求作合理的統合。
3.地方自治與制度的改革，應正視地方派系糾紛，選舉風氣敗壞的現象。
4.肯定台灣發展的成就，主張在改革地方制度時，應保留台灣省名稱，維護台灣經驗的良好形象。

（三）中央政府體制問題
現行總統選舉之方式應予改進。

（四）憲法（含臨時條款）修定方式有關問題：
1.終止動員戡亂時期，廢止臨時條款。

---

[128] 李炳南，前揭書，頁三六—三七。
[129] 同上，頁二一。
[130] 台北，中國時報，民國七十九年七月五日，版五。

表三 — 九　國是會議參與人員名單

組別	人　員　名　單
第一組	尤清、王昭明、朱士烈、吳明進、呂亞力、李念祖、李鴻禧、林棟、邱垂亮、姚舜、柯明謀、苗素芳、殷允芃、高玉樹、康水木、張俊宏、梅可望、許勝發、陳水扁、陳金德、陳健治、彭光正、黃石城、黃鎮岳、趙少康、蔡友土、鄭次雄、楊黃幸美、謝崑山、蘇永欽。
第二組	王又曾、王桂榮、朱堅章、吳英毅、呂秀蓮、李長貴、沈君山、林仁德、邱聯恭、姚立明、洪冬桂、郎裕憲、翁松燃、高希均、康寧祥、張俊雄、莊海樹、許倬雲、陳必照、陳長文、陳璽安、彭明敏、黃信介、楚松秋、楊選堂、趙昌平、蔡政文、鄭竹園、謝深山、蘇俊雄。
第三組	王世憲、王惕吾、朱雲漢、吳哲朗、宋楚瑜、李哲朗、汪彝定、林永樑、金神保、姚嘉文、洪俊德、徐亨、荊知仁、高育仁、張文獻、張淑珠、許仲川、郭仁孚、陳永興、陳建中、陳繼盛、葉加志、黃崑虎、楊日旭、葉金鳳、劉炳偉、蔡勝邦、鄭彥文、謝瑞智、蘇裕夫。
第四組	王玉雲、丘宏達、余紀忠、吳豐山、李仁、李海天、周聯華、林佾廷、金耀基、宣以文、胡佛、徐賢修、馬克任、高忠信、張旭成、張博雅、許宗力、陳川、陳田錨、陳重光、陶百川、辜振甫、黃越欽、楊志恒、葉潛昭、蔣彥士、蔡鴻文、覺安茲仁、鄭欽仁、謝學賢。
第五組	王作榮、田弘茂、余陳月瑛、吳灃培、李伸一、李鍾桂、林空、法治斌、艾阿翰、施啟揚、胡志強、悟明、馬英九、高英茂、張京育、張富美、許信良、陳五福、陳江章、陳唐山、傅正、黃主文、黃煌雄、楊國樞、廖述宗、蔣廉儒、鄭心雄、謝長廷、簡明景、饒穎奇。
備註	王世憲、宣以文、胡佛、朱雲漢、楊國樞、李鴻禧、陳唐山、彭明敏因故宣佈退出。

資料來源：李炳南，憲政改革與國是會議〈台北：永然文化出版公司，民國八十年四月〉，頁三九八—三九九。

2.憲法應予修定。

3.修定應以具有民意基礎之機關及方式爲之。

（五）大陸政策及兩岸關係：

1.制定開放與安全兼顧的階段性大陸政策。

(1)應以台灣人民的福祉爲前提。

(2)考慮國際形勢限制，中共政權性質及大陸人民心理等客觀因素。

(3)在能力範圍內，促使大陸走向民主自由。

2.兩岸關係之界定方面，體認兩岸分別爲政治實體之現實。

3.現階段實際運作，放寬功能性交流，政治性談判則從嚴。

(1)功能性交流方面：①開放應有條件，有限制。②訂定安全、互惠、對等、務實四點作爲交流原則。③學術文化科技交流放寬爲雙向，並考慮合作的可能。④規劃開放記者及體育的雙方訪問和比賽。⑤經貿在不危及安全及妨礙整體經濟發展原則下，穩定前進。⑥功能性交流談判，在方式上以政府授權之「中介團體」對等談判爲宜。

(2)政治性談判方面：大多數皆認爲時機未成熟，須滿足下述先決條件後，始可考慮：①中共放棄武力犯台。②不反對中華民國國際參與。③台灣達成內部共識。④建立朝野共信，權責分明的談判機構。

4.從速設立專責的政策機構和授權的中介機構。

國是會議開幕時李登輝總統親臨主持，閉會時李總統也親自到場聆聽總結報告，充分顯示其對此項會議的重視。國是會議閉會時，主席團曾提議設置「憲政改革諮詢小組」，以求落實國是會議結論，但國民黨內部傾向於在黨內設置「憲改小組」，以落實各項憲改事宜。[131]民國七十九年七月十一日，國民黨中常會決定於其黨內設置「憲政改革策畫小組」，由副總統李元簇擔任召集人，（如表三—十）下設「法制」與「工作」兩個分組。前者，負責憲法修定及修定程序之研擬；後者則負責有關憲政改革意見之搜集、整理、分析與有關機關、政黨就憲政改革事項的協調與聯繫。有關國民黨「憲政改革策劃小組」之決議事項如下：[132]

（一）有關國民大會問題：策劃小組決議爲：1.國民大會之制度應予維持。2.關於國民大會代表區域選舉之辦理方式，採以複數當選人爲主之選舉區制。3.有關國民大會之職權，俟相關議題討論獲有結論後，再行討論。4.國民大會代表應爲無給職，惟出席法定會議時得支給出席費。

（二）有關監察院問題：策劃小組之決議爲 1.監察院制度應予維持。2.省市選出之監察委員仍由省市議會選舉產生。3.有關監察委員總名額應爲若干及省市名額分配原則如何；前項究應在憲法增訂條文予以規定抑或另以法律定之；監察委員應否酌留一定比例名額做爲全國不分區代表，其產生方式如何？及第二屆監察委員產生時間等問題，應再詳加研究，另行討論。4.監察委員候選資格應予提高，由內政部從政主管同志研究。

---

[131] 同上。

[132] 台北，中央日報，民國七十九年十二月六日，版二。

表三 — 十　國民黨「憲政改革策劃小組」成員結構分析表

小組職務	召集人	副召集人	副召集人	副召集人	成員	成員	成員
姓名	李元簇	郝柏村	林洋港	蔣彥士	梁肅戎	黃尊秋	林金生
黨政職務	副總統	行政院長	司法院長	總統府祕書長	立法院長	監察院長	考試院副院長
背景	李總統有關憲政問題的諮詢對象重要	國是會議黨內重要成員　議題小組	國是會議黨內召集人　議題小組	國是會議召集人	國民黨中評委	國民黨中常委	國民黨中常委

小組職務	成員	成員	成員	成員	成員	成員
姓名	何宜武	蔣經國	李煥	邱創煥	宋楚瑜	連戰
黨政職務	國民大會祕書長	國安會祕書長	資政	資政	國民黨祕書長	台灣省府主席
背景	國民黨中常委	國民黨中評委	國是會議黨內召集人　議題小組	國是會議黨內成員　議題小組	國是會議主席團主席	國民黨中常委

資料來源：高永光，修憲手冊〈台北：民主文教基金會，民國八十年十一月〉
　　　　　頁三七—三八。

（三）有關第二屆中央民意代表產生時間及名額問題：策劃小組決議之第二屆中央民意代表產生時間，在民國八十年十二月辦理第二屆國大代表選舉，在民國八十二年二月一日前辦理第二屆立法委員、監察委員選舉。

至於第二屆中央民意代表名額問題，法制分組建議：1.國民大會代表之區域選出者，每直轄市、縣市各選出代表2人，但其人口逾10萬人者，每增加5萬人增選1人；逾50萬人者，每增加10萬人，增選1人；逾300萬人者，每增加20萬人，增選1人。此外山胞選出者，平地山胞及山地山胞各選出3人。另全國不分區選出者，其名額佔總額五分之一。2.立法委員之區域選出，每省、直轄市人口在20萬以下者，選出2人，逾20萬人者，每增加10萬人增選1人；逾100萬人者，每增加15萬人增選1人；逾400萬人者，每增加25萬人增選1人；逾1,500萬人者，每增加35萬人增選1人。此外山胞選出者，平地山胞及山地山胞各選出3人。另全國不分區選出者，其名額佔總額五分之一。3.監察委員名額之分配，每省議會選出30人，每直轄市議會各選出12人。上述省選出之監察委員應有婦女當選名額3人，市應各有1人。

（四）有關中央民意代表之僑選、職業團體、婦女團體代表問題：策劃小組之決議為：1.中央民意代表應包含海外僑選代表，產生方式及名額，再行研究。2.廢除職業團體代表選舉。3.凍結憲法第二十六條第七款之適用，中央民意代表中之婦女代表名額依憲法第一百三十四條規定辦理。

（五）有關設置全國不分區名額代表問題：策劃小組討論不分區代表名額佔總名額之比例，以及採政黨名單比例代表制方面，有如下結果：

1.國民大會之全國不分區代表名額佔總名額比例有甲、乙兩案，甲案主張佔總名額五分之二，乙案主張佔總名額三分之一，表決結果，贊成甲案12人，贊成乙案13人。

2.立法院之全國不分區代表名額佔總名額比例有甲、乙兩案，甲案主張佔總名額三分之一，乙案主張佔總名額四分之一，表決結果，贊成甲案者8人，贊成乙案者15人。

3.監察院是否設置全國不分區代表有甲、乙兩案，甲案主張設置全國不分區代表名額，又有一、二兩案，第一案主張佔總名額三分之一，第二案主張佔總名額四分之一。乙案主張不設全國不分區代表名額。表決結果，贊成甲案者19人，贊成乙案者4人，其中主張甲案之第一案者8人，主張第二案者15人。

4.全國不分區代表之選出方式採政黨名單比例代表制，就選舉票式與投票方式，有甲、乙兩案。甲案主張全國不分區代表選舉不另行印製選舉票（即一票制），以區域選舉各政黨候選人得票數或當選人數按比例計算分配其當選名額。乙案主張全國不分區代表之選票另行印製（即兩票制），其選舉票僅列印政黨名稱，選舉人只能圈選政黨。表決結果，贊成甲案者13人，贊成乙案者11人；其中主張甲案以各政黨候選人得票數之比例分配當選名額者11人，主張各政黨候選人當選人數比例分配當選名額者9人；無論主張甲、乙兩案者，均認為政黨須先公布提名候選名單。

5.政黨參加全國不分區代表，決定不設條件限制，由經依法登記之政黨，自由提出全國不分區代表候選人名單，但參選之政黨應繳納一定數額之保證金，得票不足規定標準者，其保證金不予發還。

6.政黨分配當選名額之條件是否需要，有甲、乙兩案。甲案為設定條件限制，如政黨得票率未達 5%以上者，不予比例分配名額。乙案為不設條件限制，完全依政黨得票數比例分配當選名額。表決結果，贊成甲案者 22 人，贊成乙案者 3 人。

7.實施方式採憲法增修條文、修改公職人員選舉罷免法。就憲法增修條文，有甲、乙兩案，甲案主張凍結憲法相關條文，增訂中央民意代表之名額另以法律規定，並於所訂法律內，分別明定由全國不分區選出之代表名額。乙案主張凍結憲法相關條文，於所增修條文中，分別明定全國不分區選出之代表名額。表決結果，贊成甲案者無，贊成乙案者 19 人。就修改公職人員選舉罷免法，增訂全國不分區選出之中央民意代表名額，採政黨比例代表制，及其相關之選舉作業規定。

（六）**有關總統、副總統民選問題**：策劃小組經討論認為法制分組所提有關總統、副總統選舉方式之委任代表制、直接民選及改進之法定代表制等三案，各有利弊，除請幕僚單位將有關資料分送與會人士參考，並請法制分組再深入研究。

（七）**有關總統、行政院及立法院之關係問題**：策劃小組討論本案時，有甲、乙兩案。甲案主張臨時條款廢止後，總統、行政院、及立法院之關係，原則上均依憲法本文之規定。惟在國家統一前，為謀求政治安定、經濟發展及處理緊急事件發生，宜在憲法增修條文中，增列兩項條文：1.增訂條文（一）：「總統為應付國家發生天然災害或財政經濟上發生重大變故，或為避免國家或人民遭遇緊急危難，得經行政院會議之決議，發布緊急命令，為必要之處置；但須於發布命令後十日內提交立法院追認，如立法院不同意時，該緊急命令立即失效。」2.增訂條文（二）：「為決定國家統一及國家安全有關大政方針，得設置諮詢機關，由總統召集之。」乙案則主張臨時條款廢止後，總統、行政院及立法院之職權及相互關係，均依憲法本文之規定，但應於動員戡亂終止前，制定緊急命令法，以落實憲法第四十三條之規定。表決結果，贊成甲案者 19 人，贊成乙案者無。對於甲案增訂條文（二）項，主張廢除者 10 人，主張維持者 4 人。

（八）**有關行政院長副署問題**：策劃小組根據法制分組所建議之五案予以討論：甲案主張維持現行副署制度，憲法第三十七條完全不變。乙案主張保持副署制度，總統公布法律、發布命令，按該項法律、命令之性質，分別由行政院長副署或其他相關院院長副署；而不必全部一律由行政院院長副署，或行政院院長及有關部會首長副署。丙案主張保持憲法第三十七條原有精神，即總統公布法律、發布命令，須經行政院院長副署；但該項法律、命令與其他院有關者，須經行政院院長及相關院院長共同副署。丁案主張總統公布「法律」及發布「法規命令」，仍須經行政院院長副署；人事命令則分為兩部分，屬行政院，由行政院長副署，或院長及有關部會首長副署；行政院以外者，除行政院院長副署外，並經有關院、部、會首長共同副署。戊案主張總統公布「法律」及發布「法規命令」，仍須經

行政院院長副署；人事命令，一般仍由行政院院長副署，或院長及有關部會首長副署，但依憲法規定，須經立法院或監察院行使同意權後任命者，總統依法任免時，其命令毋庸副署。表決結果，贊成甲案者 10 人，贊成乙案者 2 人，贊成丙、丁案者無，贊成戊案者 14 人。

（九）有關中華民國憲法（含臨時條款）修訂方式問題：策劃小組討論「第一階段憲法增修條文參考內容要點」時，有如下決議：

1.有關名稱問題，甲案主張「中華民國憲法增修條文」，乙案主張「中華民國憲法第一次增修條文」，丙案主張「中華民國憲法憲政改革特別條款」，丁案主張「中華民國憲法增修準備條文」。表決結果，贊成甲案者 15 人，贊成乙案者 3 人，贊成丙案者 1 人，贊成丁案者 6 人。

2.有關前言部分，原則通過，文字再做修正。

3.有關第二屆中央民意代表之產生與集會。主張三種中央民意代表之法源均應列入增修條文者 21 人，主張僅將第二屆國大代表列入者 6 人。

4.有關「省市長民選」應否列入憲法增修條文，贊成者 1 人，反對者 20 人。

5.有關「兩岸關係」應否在憲法增修條文中規範，贊成者 9 人，反對者 14 人。

6.有關憲法增修條文之有效期應否刪除，贊成者 16 人，反對者 3 人。

關於修憲體例部分，策劃小組決議憲法本文不動，以「附列增訂條文」方式修憲；增修部分採集中條列方式，附在憲法本文之後，名稱定為「中華民國憲法增修條文」；增修條文之前言或第一條，應說明係在國家統一前適用；至於修憲程序及修憲機關部分，決定：

1.建議國民大會在民國八十年四月底前舉行臨時會，並完成第一階段修憲，即訂定中華民國憲法增修準備期間有關過渡條文，並廢止「動員戡亂時期臨時條款」。

2.建議國民大會在第二屆國民大會代表於民國八十年十二月選出後，一個月內舉行臨時會，進行第二階段修憲，即訂定「中華民國憲法增修條文」，並廢止前述過渡條文，俾在民國八十一年年中完成憲政改革。

（十）有關動員戡亂時期宣告終止問題：策劃小組決議於國民大會臨時會在八十年四月底前，訂定中華民國憲法增修準備期間有關過渡條文，廢止「動員戡亂時期臨時條款」後，建議總統宣告動員戡亂時期終止。

（十一）有關動員戡亂時期終止後，有關機關之存廢或調整問題：策劃小組對於戡亂時期的有關機關存廢討論時，有如下決議：

1.動員戡亂時期終止，臨時條款廢止後，「國家安全會議」（含祕書處）仍應繼續存在，於憲法增修條文中，明定直接隸屬於總統；其組織與職掌，於國家安全會議組織法中規定，俾能釐清與行政院職權之關係，並充分發揮其功能。另「國家安全局」亦應繼續存在，隸屬於國家安全會議，其組織與職掌應以法律定之。

2.「國家建設研究委員會」及「科學發展指導委員會」均隨動員戡亂時期終止、臨時條款之廢止而結束。

3.「台灣警備總司令部」應在保持其維護國家安全及社會安定之必要功能原則下繼續存在,其組織與業務職掌應如何配合當前社會需要及民主憲政發展作適當調整,由行政院檢討並修正相關法規。

4.「行政院人事行政局」於臨時條款廢止後,仍應設置為常設機構,於中華民國憲法增修條款中,規定其法源依據,並於行政院組織法中,明定其機關名稱及組織職掌,同時應把握下列基本原則:(1)凡憲法第八十三條規定,屬全國性考銓政策與考銓制度之研議訂一定事項,係為考銓機關之職掌權限,應排除於其組織條例之外。(2)在既定考銓政策與考銓制度規範下之執行或研擬建議事項,及憲法第八十三條未列舉之其他人事行政業務,可列為其組織條例之職掌事項。(3)有關「人事考銓業務」,應於組織條例中明定並受考試院之指揮監督。

（十二）有關戡亂時期終止後相關法令修改或廢止問題:工作分組之機關調整組已將有關法令彙整完畢,其中行政院及所屬機關主管以動員戡亂時期為適用要件之法規,已有 3 種法律案,由行政院送立法院審議,16 種命令由行政院或所屬各機關發布修正或廢止;其餘各機關報行政院審查之 54 種法規,除正交有關機關（單位）研議者外,有 24 種業經行政院修法專案小組審查竣事,其中 9 種已審議通過修正或廢止,4 種決議不修正,另有 11 種請有關機關再行研議。

（十三）有關地方制度法制化問題:策劃小組獲得決議者有:1.在中華民國憲法增修條文中規定,凍結憲法有關省縣自治條文,並規定省縣地方自治另以法律規定。2.在省長民選原則下,由內政部研擬省縣自治法草案,報請行政院核定後送立法院審議。3.在直轄市市長民選原則下,由內政部研擬直轄市自治法草案,報請行政院核定後送立法院審議。

（十四）有關地方政府行政組織層級問題:策劃小組獲得決議者有:1.省制應予維持。2.有關地方政府層級問題,維持現行省（市）、縣（市）、鄉鎮縣轄市三級制,或地方政府採行省（市）、縣（市）二級制,鄉鎮縣轄市長採任命制,尚待討論。

三、國是會議的檢討

國是會議是在順應民意趨勢,整合朝野國是意見,以做為政府制定政策參考的體制外會議,它所代表的是政治上的一個指標,在我國政治發展的過程中,具有相當的政治影響力。有謂民主可貴,在於人人可表達意見,而非定於一尊,唯「一人一義,十人十義」,如何歸納整合,並在異中求同,尋求「共識」,殊非易事。國是會議亦面臨同樣困難,會議之後,各種民意測驗、學者座談,對國是會議評分都不太高,有 38.9%的受訪民眾認為國是會議成功,30.4%認為不成功。法政學者打 57 分,增額中央民代打 50 分。[133]指標量化只是分析的方法之一,有助於對整體概括的認識。唯其中包含諸多情境因素,則不易察覺,尤以國是會議成員廣泛,會議進行中的黨派利益導向,易趨於各說各話,一般民眾中無論保守者抑或積極改革者,對於各種與其相左之意見,不無疑慮,而對各自的理想目標能否達到,亦易由疑惑產生失望,正因人們主觀的衡量標準和觀點各異,而有不

---

[133] 綜合民國七十九年七月七日、八日聯合報、中國時報、自由時報。

同的評價。整體分析國是會議的得失如下：

（一）憲政改革的開展

國民黨於民國七十五年〈一九八六年〉即推出「六大政治革新」，由於體制內的改革是十分困難的，尤以既得利益者阻撓體制變革為最，故革新工作一直未能全部落實。更以民國七十九年〈一九九０年〉春，第一屆國民大會第八次會議的擴權牟利動作，引發大眾的關切和指責，亦直接促成了國是會議的召開。

國是會議是一體制外的形態，不受體制的拘束，可以提出各種憲政改革的主張。它一方面肯定了相對於政府公權力的社會力，已成熟到可成為主導社會的一股新力量，日後可能在決策體系過程中發揮更大作用。另一方面，傳統的政黨和政府有從威權型態走向更開放民主的準備。[134]在國是會議所達成的共識中，廣泛的涉及憲政問題。有些不須修憲：如終止動員戡亂時期、廢止臨時條款、新國會產生的時間、防止金錢污染、暴力介入選舉，國土重劃等；有些必須透過修憲方式達成：如中央民意代表產生的法源依據、總統副總統民選問題、國民大會與五院組織及職權問題等。上述無論是否須修憲，均使憲政改革自此有了新起點。

國是會議對憲政改革的開展具有積極意義，有了國是會議的結論共識，政府當局即著手進行大幅憲政改革工作。有關憲法面臨之問題，有兩個途徑可資運用：一是修憲，一是釋憲。前者透過「一機關兩階段」進行修憲，一機關即「國民大會」；兩階段即「第一階段修憲」— 程序修憲，「第二階段修憲」— 實質修憲。後者則透過大法官會議釋憲，民國七十九年六月二十一日釋字第 261 號文：「為適應當前情勢，第一屆未定期改選之中央民意代表除事實上已不能行使職權或經常不行使職權者，應即查明解職外，其餘應於中華民國八十年十二月三十一日以前終止行使職權，並由中央政府依憲法之精神、本解釋之意旨及有關法規，適時辦理全國性之次屆中央民意代表選舉，以確保憲政體制之運作。」[135]國內的憲政發展從戡亂時期終止，廢止臨時條款，回歸憲法，並進行修憲工程，國是會議實居關鍵性地位，並有著政治革新的催化作用。

（二）教育功能的發揮

國是會議經由大眾傳播媒體多方面廣泛的報導和評論，各種不同的意見及理性溝通的方式呈現在社會大眾面前，使一般民眾知道國是會議討論的主題是什麼？同時知道憲政改革的爭議性有那些？減少了民眾對政治的冷漠和疏離，拉近了彼等和國家的距離與關心。

然而國是會議能否稱為憲法教育？學界看法不一，馬起華即持否定看法，其以國是會議是一種國是教育，而非憲法教育。民眾由於國是會議而對於憲法的了解幫助不大，尤以民意測驗顯示，受訪民眾有 48％沒有讀過中華民國憲法，對中華民國憲法有印象的只佔 22％。馬氏推斷，沒有讀過中華民國憲法的人，不大可能因為國是會議而去讀它，對它沒有印象的人也不大可能因此而有清晰的瞭解。而國是會議在討論憲法修訂時，是把各種不同的意見通通呈現出來，在此情

---

[134] 李炳南，前揭書，頁四二。

[135] 三民書局編，大法官會議解釋彙編（台北：三民書局，民國八十四年四月），頁二一七。

形下，一般民眾對涉及的憲法條文不易條理清晰，更難以判定優劣，如有主張看法，亦多非經由憲法學理的認知，而爲情感好惡的表達。[136]

基本上，國是會議應爲國是教育而非憲法教育，在國是會議期間，各種媒體報導，有助民眾對「國是」的認知和關心，而對於憲法教育的功能則顯有不逮，因國是會議是將各種主張併陳，至於其背後的憲法學理則付之闕如，民眾甚難由檯面上的各種看法，辨明其優劣。例如有人主張修憲，有人主張制憲，而「基本法」、「大憲章」、「現行憲法」之優劣如何？一個未受憲法教育者，可能無法明確分辨「憲法」、「憲政」與「憲政精神」三者的基本意涵，如這三者無法釐清，如何能知修憲、制憲的利弊？因此，國是會議有其教育意義，但屬於偏向一種國是教育，並非憲法教育。

（三）容忍異議的典範

國是會議出席的代表涵蓋面相當廣，政黨的代表包括：國民黨、民進黨以及無黨籍；公職人員包括：國代、立委、監委、中央官員及地方公職人員；另外尚有海外人士（包括海外反政府、主張台獨的異議份子）、國內學者、大學校長、學生代表、少數民族、宗教、企業界、傳播媒體、社會賢達等。雖然出席代表的憲政專業知識或有不足，但是從與聞國是角度而言，則是有其普遍性。尤以此種大規模的座談方式，其成員包括長久以來被政府當局視爲「叛亂」的海外異議份子，這種突破不但代表時空環境的改變，亦顯示了執政黨的決心與誠意。

國是會議的出席代表都享有廣泛發言的自由，可以暢所欲言其主張理想，會中並無任何限制，充分展現容忍異議的精神，故而國是會議發言內容充滿分歧，且看法廣泛不一，欲尋求交集實屬不易，卻是民主時代中完全言論自由的表現。唯就有關憲政的主題而言，雖然看法見解互異，基本上仍可分成兩大組群，一是以民進黨爲中心的組群（包括民進黨、無黨籍人士、海外異議人士、部分國內學者），一是以國民黨爲中心的組群。因此言論表達形式上是自由發言，但言論表達的內容則有兩極化的傾向。

（四）集思廣義的成效

國是會議籌備委員會在國是會議召開之前，爲了要讓更多國人有機會參與國是建言，做爲國是會議的參考，於是採取各種措施來聽取各方的建言。如：1.舉辦「分區國是座談」、「學者諮詢座談」、「海外國是座談」、「青年座談」等，共計119 場次的座談會，邀請 13,000 人參加。2.設置「國是信箱」，收到 2,187 封信函，「國是熱線電話」，接聽 1,180 通電話。辦理民意調查，共計實施 3 次。另外國民黨、救國團也舉辦多場的國是座談會，廣泛地使關心國是的人，都有表達意見的機會。[137]

國是會議期間，朝野政黨人士、海內外各方代表、學術界菁英、各階層人士共聚一堂，溝通憲政改革以及大陸政策的意見，達成若干原則性的共識，雖然這些共識在實行程序和方法上都是有歧見的，但也正是言路廣開的必然結果。在集

---

[136] 馬起華，前揭書，頁七四八—七四九。

[137] 李炳南，前揭書，頁三七—三八。

思廣義下，對加速民主改革的步伐產生極大的正面作用。

（五）理論深度的不足

國是會議討論主題以憲政改革與大陸政策兩大問題爲主，故參與人員宜應慎選朝野政黨及海內外之法政學者、大陸問題學者專家爲重點，以增加討論內涵的深度和廣度，但實際狀況並非如此，由於政治色彩過於濃厚，對於憲政、憲法外行者過多，演變成朝野政黨間以爭奪更大的政治資源及傳播效用爲主要目標，亦即不少人以國是會議爲其作秀、鬥爭的場所，且動輒以集體退出之方式表達，不僅模糊了國是會議的真正焦點，也使討論缺少應有的深度。

（六）預設立場的爭議

國是會議實爲一政治性極重的會議，欲達到參與各方具接受的結論本屬困難，如何能使各方意見完整表達，並有原則性共識產生已屬難能可貴。國是會議之目的在尋求共識，但對於國是會議的本體，卻因參與之兩大組群 — 國民黨與民進黨的彼此預設立場，而始終無法達成最基本的會議共識。這些最基本的會議共識包括：國是會議的性質、討論的主題、結論的效力等，均因雙方各有一套基本的價值體系而產生極大差異。

就國是會議的性質而言，國民黨認爲會議屬體制外，並無法律依據，僅爲總統所邀請的社會代表，以個人身份組成，不代表政黨，故而將國是會議定位於總統的諮詢會議。民進黨則認係兩黨之政治協商會議，因爲政治主權高於法律主權，所以不必有法的依據，即可以政治方法解決。[138]

就國是會議討論主題而言，國民黨認爲應以憲政改革與國家統一兩主題並行，民進黨則認爲「國家統一問題」因涉及統獨爭議，且「國家統一」已明顯地預設了統一的立場，不該成爲協商議題，多次討論後，改爲「大陸政策與兩岸關係」。民進黨尤將國是會議之討論重點定在四十年來不妥的政治體系 ━ 即憲政改革上。[139]

就結論的效力言，國民黨認爲國是會議屬於總統的諮詢會議，只須整合出一個共識來，將來由政府落實到政策面，亦即並不表示國是會議的結果具強制力。[140]民進黨則認爲因屬政治協商，則應討論出結論，此一結論具有無形的拘束力，政府應該確實執行。[141]

綜合前述國是會議的六項檢討，前四項爲優點，後兩項則爲缺失。整體言之，國是會議是我國在非戰爭時期所召開的政治會議。它使我國內部政治結構的爭執和困擾，用和平公開的方式尋求解決。有了國是會議的若干共識，「憲政改革策劃小組」乃得以積極務實的態度，向憲政改革推動。它最具關鍵性的決定：終止戡亂時期、廢止臨時條款、回歸憲法、採用一機關兩階段修憲方式、修憲用附加條款並冠以「中華民國憲法增修條文」等，將民國三十八年政府來台後所運作的非常時期體制，予以徹底改革，使政治民主化得以穩健發展。

---

[138] 台北，首都早報，民國七十九年四月二日，版三。

[139] 台北，首都早報，民國七十九年四月二日，版六。

[140] 國是會議祕書處編，國是會議實錄（未出版），頁二三一。

[141] 台北，自立早報，民國七十九年四月一日，版二。

第三節　政黨政治的探討

民主茁壯期從民國六十六年到民國八十年間，我國政黨政治的發展有重大突破。民國六十六年的「中壢事件」與是年的公職選舉，爲往後政治勢力的多元化，提供了一個開端，黨外人士透過選舉、宣傳、組織的結合運用模式，使群眾基礎與得票率均呈穩定緩慢成長，到了民國七十六年解嚴，政府開放黨禁，我國政黨政治正式邁向新紀元，政黨林立，民進黨亦儼然成爲第一大反對黨。

壹、解嚴前後政治反對勢力的組織發展

政治反對勢力從解嚴前的黨外，到解嚴後的民進黨，逐漸確立其重要性和影響力，除了國民黨所據有的顯著主導地位之外，民進黨的發展亦具有不容抹殺的一席之地。因此之故，民進黨是否能夠健全發展，將關係政黨政治及政治民主化的發展。本時期從民國六十六年到八十年終止動員戡亂時期之前爲止，政治反對勢力的發展爲便於分析，可約略分爲四個階段，即：「中壢事件」、「美麗島事件」、「美麗島事件」後到「公政會」成立前，「公政會」到民進黨成立後。

一、中壢事件與美麗島事件

（一）中壢事件

早期無黨籍候選人多以「無黨無派」爲標榜，自從民國六十四年十二月的中央增額民意代表選舉，有黃順興、康寧祥、許世賢等人以「黨外」名義參選，並獲當選。到了民國六十六年十一月的五項地方公職選舉時，「黨外」名稱已被廣泛使用，並走向全島性的串聯，規模聲勢均大。推動、運作全島性串聯的核心人物是康寧祥、黃信介兩位黨外立委。康氏曾在選舉前，兩度巡訪全省，尋問各地參選者，是否需要黨外支援，並協調、安排巡迴助講事宜。選舉期間，康寧祥、黃信介兩人南北巡迴助選，助長了黨外人士全島性的串聯活動，而本次選舉中，使用「黨外」名義參選者極多。[142]

民國六十六年這次的選舉，因包含了五項公職人員競選，故爲台灣地區實施地方自治以來，規模最大的一次地方選舉。參與民眾之多、情緒之高均屬空前，由於選情激烈，在開票當天爆發了「中壢事件」。桃園縣長選舉設在中壢國小的投票所，因發生選舉舞弊的嫌疑情事，萬餘民眾抗議處理不公，包圍中壢警察分局，期間中央大學學生江文國不幸受槍擊死亡，另一青年張治平亦身亡，憤怒失控的群眾焚燒中壢警察局、造成十六輛警車被毀。

中壢事件發生後，國民黨的處置非常謹慎，除採取法律途徑加以解決，並延請名流與黨外人士進行政治溝通，以期減少這次事件所可能產生的後遺症。然而中壢事件仍顯示了政治、社會的若干徵候，高棣民（Thomas B. Gold）認爲，一方面表示台灣這三十年來處於威權體制下，已有部分原本抱持政治冷漠的人，敢於訴諸群眾運動，來表達心中的意見。二方面則突顯出在台灣這個快速發展的新興工業社會中，竟能長期維持沒有任何政治和社會的動盪現象，並非易事。[143]隨

---

[142] 李筱峰，台灣民主運動四十年（台北：自立晚報社，民國八十二年一月），頁一二二——一二三。

[143] Thomas B. Gold. "State and Society in The Taiwan Miracle", (New York: M.E. Sharpe, Inc., 1986), p.3.

著中壢事件的發生與選舉結果，在政治層面產生了若干影響：

1.黨外實力增強且漸具「政團」雛型：這次選舉結果，黨外與無黨籍人士大有斬獲，贏得了 4 個縣市長（桃園縣許信良、台中市曾文坡、台南市蘇南成、高雄縣黃友仁），省議員有 21 席（基隆市周滄淵、台北縣陳金德、邱益三、桃園縣黃玉嬌、新竹縣陳天錫、苗栗縣傅文政、台中縣洪振宗、林漢周、台中市何春木、彰化縣洪木村、南投縣張俊宏、雲林縣蘇洪月嬌、張賢東、嘉義縣林樂善、台南縣蔡江琳、台南市蔡介雄、高雄縣余陳月瑛、高雄市趙綉娃、施鐘響、屏東縣邱連輝、宜蘭縣林義雄），台北市議員有 6 席（林文郎、徐明德、康水木、王昆和、陳勝宏、陳怡榮）。「黨外」在選舉中的成果加上中壢事件所突出的群眾力量，使「黨外」人士產生鼓舞作用，不僅使「黨外」稍微掌握到地方政治的影響力，亦使彼等體認到組織的重要性，「黨外」不再是零星的、地域性的孤軍奮鬥，而朝向一種類似「政團」的型態，以集體的、長期的及全國性的反對運動發展。

2.群眾路線的負面教育影響：中壢事件的群眾暴力路線使部分「黨外」人士察覺到群眾力量的存在，認為可廣為運用。彭懷恩分析：「群眾運動固然動搖了執政當局的權威，但也給予反對運動錯誤的徵候，以為街頭的群眾動員、法律邊緣的抗爭，將是黨外民主運動的動力。」[144]這種迷信群眾運動的錯誤方向，亦使得中產階級、企業界長時期對之缺乏安全感和信任心，並質疑其執政能力。唯中壢事件之群眾運動在「黨外」的內部亦產生分歧的看法，李筱峰分析指出：「中壢事件使部分黨外運動者察覺到群眾力量的存在，認為民心可用，但也使部分黨外運動者意識到群眾行為所隱藏的內在危險性。因此，自『台灣政論』開始起，由康寧祥和黃信介所連線形成的黨外運動的領導主軸，經此事件後逐漸呈現鬆散的現象。」[145]中壢事件的群眾暴力路線給予許多「黨外」人士產生錯覺，以為台灣人民一夜之間覺醒，台灣民主政治垂手可得，促成了黨外陣營各路人馬，人人躍躍欲試，形成「自我膨脹」，終致失序狀態。[146]這種迷信群眾路線的做法，給社會造成負面不良的作用，民國六十八年的高雄「美麗島事件」實深受影響。

3.國民黨面臨反對勢力的更大挑戰：中壢事件明顯地使國民黨長期以來「支配者」的角色受到了挑戰，特別是在國內長期威權體系下的政治穩定，出現些許不安的局面。加以五項公職人員選舉是政府來台後，推行地方自治選舉以來，喪失席位最多的一次，選舉結果促使國民黨開始承認有競爭者的存在，尤其「黨外」的漸趨組織化選舉作戰方式，國民黨的危機感加大，其內部的凝聚力則亦隨之加強，這可從民國六十六年到八十年的各項選舉中，國民黨均尚能維持在 60% 至70% 的得票率中看出。

綜合而論，中壢事件使國民黨統治權威亮起紅燈，這對日趨平穩的政權有了刺激，加快了國民黨民主改革的步伐。[147]高棣民（T. B. Gold）則以為，過去以

---

[144] 彭懷恩，從政治發展看台灣政黨體系（台北：洞察出版社，民國七十六年九月），頁八〇。

[145] 李筱峰，前揭書，頁一二五。

[146] 楊旭聲，「台海黨外運動的三大波」，見楊旭聲等著，透視黨外勢力（台北：風雲論壇社，民國七十二年），頁五〇。

[147] 同上。

來，中華民國的發展策略，是以一個強有力的威權體制，一方面推動快速的經濟成長，另一方面則壓制在這過程中所出現的不同社會力量和政治活動，中壢事件是此一策略的最高峰，亦是其盡頭。[148]誠然，往後對政治性活動的漸趨寬容與放鬆主要來自政府的態度。另就中壢事件的負面影響，是群眾暴力運動給了社會一個反面教育，反對人士因中壢事件的鼓舞，認為群眾運動可以採行，而事件後政府在行動上是採取忍讓政策，並未深究舉事者，將之繩之以法，使黨外人士誤認國民黨政府不敢對之採取行動，於是黨外人士中較激烈者，圖以群眾展現其政治實力，並作為政治上的籌碼。這種做法模糊了民主政治時代，展現政治實力的途徑在選舉，選舉則在團體形象、候選人條件以及公共政策取向。黨外人士的採取群眾路線，雖其選舉有成長但無法大幅突破。它所獲得的多為同情票、堵爛票，中產階層的對之疑慮，說明群眾路線、草莽性格在教育日趨普及的台灣地區是不理想的道路。

（二）美麗島事件

　　民國六十六年選舉成果的激勵，使黨外在民國六十七年底的中央民代增額選舉中，參與熱烈，包括姚嘉文、陳鼓應、張德銘、王拓、黃煌雄、呂秀蓮、陳婉真等人。立法委員黃信介並組成「台灣黨外人士助選團」，除提出黨外候選人的共同政見，並巡迴全省各地助選，然因中美斷交而使本次選舉延期。在選舉期間，黨外核心份子因拉不攏「康寧祥 — 黃信介」這條軸線，乃擬請黨外前輩黃順興出面領導，為黃順興婉謝。於是轉而找到曾任制憲國大代表、橋頭鄉長、高雄縣長，此時已年屆 75 歲的高雄黑派大老余登發。諸多黨外人士預備在民國六十八年二月初，齊集鳳山為余登發舉辦生日晚會。然而就在一月廿一日，余登發、余瑞言父子以「涉嫌參與匪諜吳泰安叛亂」之名，為警備總部逮捕。[149]

　　余氏父子被捕次日，黨外人士緊急聚會，共同發表「為余氏父子被捕告全國同胞書」，當天下午，許信良、張俊宏、黃順興、林義雄、邱連輝、張春男、施明德、姚嘉文等黨外人士齊集高雄橋頭鄉，沿街步行散發傳單，此一示威遊行為政府遷台實施戒嚴以來第一次。其後並引發一連串後續反應，桃園縣長許信良因參與這項示威，省府依據「公務員懲戒法」規定，移請監察院察查，經監察院通過，移送司法院「公務員懲戒委員會」，予許氏以休職處分。黨外人士為聲援許信良，於五月廿六日在中壢市鳳仙飯店舉行「許信良生日晚會」，吸引 2 萬大規模群眾與會，這也是第一次非選舉期間的大規模群眾大會。這些活動都未引起當局的鎮壓，亦使黨外激進分子認為這是政府對事實的承認和讓步，黨外群眾路線從此更加熱絡。[150]到了六月二日，「中央民意代表選舉黨外候選人聯誼會」成立，舉辦各地群眾演講。

　　黨外除了以示威、集會等群眾運動展現政治實力外，並以辦雜誌強化其宣傳效果。唯黨外此時期的路線差異，反映在民國六十八年六月、八月創辦的兩份重

---

[148] 高棣民（T. B. Gold）著，胡煜嘉譯，前揭書，頁二三四。

[149] 李筱峰，前揭書，頁一三九——一四一。

[150] 同上，頁一四〇——一四一。

要雜誌 ──「八十年代」及「美麗島」上。康寧祥所領導的「八十年代」集團，成爲黨外的溫和自由派，其成員包括總編輯司馬文武（江春男），編輯群爲康文雄、史非非（范巽綠）、李筱峰、林濁水、林世煜等人。[151]黃信介所領導的「美麗島」集團，則成爲黨外的激進行動派。在人類傳統之兩極化政治競爭下，美麗島隱然匯成無黨籍路線的主流派，主導了民國六十八年下半年的無黨籍政治人士運動方向。[152]

黨外陣營的「美麗島」與「八十年代」，若從組織規模、參與者的地位與人數相較，則顯然「美麗島」更具影響力，「美麗島」雜誌以黃信介爲發行人，許信良爲社長，呂秀蓮、黃天福爲副社長，張俊宏任總編輯。編輯有魏朝廷、王拓、謝三升、施明德、黃煌雄、陳忠信、姚嘉文、林義雄等人，「美麗島」雜誌且以社務委員的形式組成，網羅了全省各地的黨外人物，社務委員多達 61 人。因此「美麗島」具有政黨的雛形，被視爲黨外運動的機關刊物。[153]亞可布（Bruce Jacobs）即進一步分析指出：「『美麗島』雜誌與別的政治雜誌不同，因爲它是一個公開的反對團體，是一個『有實無名的政黨』，它的領導人物在全省各縣市設立服務處，以舉辦各種聚會與座談會，討論各種問題。」[154]此外包斯文（耿榮水）針對「美麗島」創刊有如下分析：[155]

第一，「美麗島」的社務委員涵蓋了重要的無黨籍人士，包括「八十年代」的發行人在內，顯示「美麗島」是無黨籍真正的「機關」刊物，是無黨籍主流。

第二，「美麗島」發行人黃信介在發刊詞中說明「在歷史轉捩點的今天，推動新生代的政治運動，讓民主永成爲我們的政治制度，是在台灣一千八百萬人民對中華民族所能作的最大貢獻。」明確的標示無黨籍人士的方向，似已有理論基礎的指導。

第三，「美麗島」英文名爲 Formorsa，在其下並註明這是一本「台灣民主運動的雜誌」（The Magazine of Taiwan's Democratic Movement），其意義頗耐人尋味，尤其海外的「台獨」組織，正將其以往採用的「台灣獨立運動」（Taiwan's Independent Movement）改稱「台灣民主運動」（Taiwan's Democratic Movement），兩者間有無關聯，引起多方猜測。

「美麗島」在八月創刊，但到了九月八日才在台北市中泰賓館舉行創刊酒會，其後陸續於九、十、十一月間在全省各大都市分別成立「美麗島」分社及服務處，每成立一處服務社，便在該地展開群眾演講會。而在「美麗島」創辦期間，國內政治亦因左右兩派極化的對立狀況，使得緊張情勢升高。九月八日「美麗島」在台北中泰賓館的創刊酒會，遭到「疾風」雜誌社爲首的人員抗議與抵制，是爲

---

[151] 同上，頁一四三。

[152] 彭懷恩，「黨外挑戰國民黨回應」，時報雜誌，第二一三期，民國七十二年十二月廿八日，頁四二。

[153] 李筱峰，前揭書，頁一四四──一四七。

[154] 轉引自何振盛，戒嚴時期台灣地區的民主化與政治變遷──一個發展途徑之研究，國立政治大學，三民主義研究所，碩士論文，民國七十八年一月，頁一八一。

[155] 包斯文，黨外人士何去何從（台北：四季出版公司，民國六十九年），頁七七──七八。

「中泰賓館事件」。[156]隨後,「美麗島」在全省各地的宣傳與演講活動,又多與憲警發生磨擦,逐漸擴大了衝突的層面。

民國六十八年下半年的黨外人士活動,實即「美麗島」路線的發展,最後終於發生「美麗島事件」,或稱「高雄事件」。美麗島事件發生於民國六十八年十二月十日,美麗島人士以「世界人權日」之名,在高雄舉辦演講、遊行活動,因事先並未獲得執行戒嚴令之治安單位許可,加上十二月十日正值國民黨十一屆四中全會揭幕,又係「春元七號冬防演習」的第一天,憲、警齊集,然以美麗島人士志在必行,終而參與群眾與鎮暴部隊發生嚴重衝突,造成 180 名憲、警人員受傷,是為「美麗島事件」。

美麗島事件後,舉國震驚,媒體的分析報導,使得黨外聲勢一時跌落谷底。政府於十二月十二日採取法律行動,先後逮捕美麗島首要人士:張俊宏、姚嘉文、林義雄、陳菊、呂秀蓮、施明德等人,並於十四日,警總行文立法院,經立法院同意後,逮捕立委黃信介。民國六十九年二月二十日,美麗島事件在押人犯經軍事檢查官偵察完畢,其中黃信介、施明德、林義雄、姚嘉文、陳菊、呂秀蓮、張俊宏、林弘宣等 8 人以「叛亂罪」提起公訴,周平德、楊青矗、王拓等 37 人移送司法機關偵辦。民國六十九年三月十八日起為期 9 天的軍法大審,備受國內外重視。四月十八日,警備總部軍事法庭判決施明德處無期徒刑,黃信介 14 年有期徒刑,姚嘉文、張俊宏、林義雄、林弘宣、呂秀蓮、陳菊各處有期徒刑 12 年。經過美麗島事件後使「美麗島」政團瓦解,亦使黨外幾年來累積的資本遭到頓挫,僅存的無黨籍勢力是以康寧祥為首的溫和改革派。分析美麗島事件與黨外的發展情形:

1.黨外採取群眾路線高估本身力量:美麗島事件的發生,實可溯及中壢事件,中壢事件爆發後,黨外依恃頗能贏取部分民眾的接納,加上政府態度的趨於容忍;使黨外人士對群眾運動具有偏好,並希以此來顯示實力,擴張本身影響力。洪得瑞奇(Ted Honderich)指出,民主暴動的特徵之一,為政治上的弱勢者想向居強勢者爭取對所有公民近乎相同的影響力,而暴力路線的採取,正給予弱勢者相當程度的影響力滿足感。[157]黨外人士經過中壢事件、橋頭示威以及美麗島成立後一連串宣傳演講活動,不斷鼓舞著美麗島領袖迷信民眾,也高估了黨外的力量。而美麗島重要成員平時言論就較傾向激烈,尤其喜歡作暴力暗示,如林義雄曾公開表示如選舉不公,其「不反對再來一次中壢事件」,張俊宏則明白宣稱和平改革已「絕望」,這說明美麗島要採溫和反對策略是困難的。[158]正因美麗島堅持採取街頭冒進的群眾路線,終於造成群眾失控的高雄暴力事件發生。

2.事件後黨外維持平穩發展:美麗島事件後,相關人等相繼被逮捕起訴,美麗島系統雖在頃刻間土崩瓦解,僅存的黨外勢力是以康寧祥為首的溫和改革派。但因為美麗島事件的直接關聯,引出了黨外兩股重要系統:一是受刑人家屬,一

---

156 李筱峰,前揭書,頁一四七。
157 Ted Honclerich, Political Violence (New York: Cornell University Press, 1976), p. 113.
158 李筱峰,前揭書,頁一四六——一四七。

是美麗島大審的辯護律師。受刑人家屬其後參與選舉的有姚嘉文的妻子周清玉、張俊宏的妻子許榮淑、林義雄的妻子方素敏、黃信介的弟弟黃天福等人。美麗島大審時，軍法、司法審判中，美麗島被告的辯護律師係在康寧祥、張德銘奔走下組成，這批辯護律師由於承辦本案，多人漸從幕後走到幕前，包括：尤清、江鵬堅、張俊雄、謝長廷、陳水扁、蘇貞昌等人。美麗島事件後黨外雖元氣大傷，但從其後幾次選舉中，受刑人家屬、辯護律師以及溫和改革派仍紛紛當選，顯示黨外已有固定的群眾基礎。黨外鑑於美麗島事件的失利，在民國六十九年起恢復的增額中央民意代表選舉中，為扭轉選民的印象，在姿態上表現的非常低，以哀兵的形象出擊，爭取選民的同情，此一策略的運用相當成功，深深符合中國政治文化中同情弱者的哲理。

二、美麗島事件後到民進黨成立

（一）美麗島事件後到公政會成立前

黨外的發展，主要是以選舉為主要的場所。政府來台後的各項地方公職人員選舉、中央民意代表增額選舉，除顯示主權在民的民主精神外，就執政的國民黨而言，選舉使其繼續取得政治統治的合法性；就在野的黨外人士而言，選舉可透過形式上與執政黨從事公開競爭的機會，發展基層組織以及接近國家權威的制度性資源。黨外的發展從美麗島事件後以至於民進黨的成立，其活動力隨著選舉而增強，選舉與黨外的發展實緊密相連，而選舉中更突顯了黨外的宣傳與組織化。選舉、黨外雜誌、組織型態三者連成一體。

黨外雜誌初始多由擔任公職的民意代表所創辦，藉由此類政論性刊物宣傳其問政成績，建立其知名度，奠定選舉的優勢。美麗島事件後，黨外雜誌的紛紛出現，有如雨後春筍般，成為黨外運動發展的一大特色。美麗島事件後初期，黨外雜誌是以「八十年代系列」（康寧祥的「八十年代」月刊、司馬文武的「亞洲人」、康文雄的「暖流」這一系列）獨領風騷。其後黨外勢力漸趨成長，許多公職人員亦辦各種黨外雜誌，如周清玉的「關懷」；許榮淑的「深耕」、「生根」、「臺灣年代」；黃天福的「鐘鼓樓」、「蓬萊島」；蘇秋鎮的「代議士」；林正杰的「前進」；尤清的「博觀」；黃煌雄的「開創」等，這些雜誌都吸引許多黨外知識青年投入編輯、採訪的工作。[159]

黨外雜誌除了公職人員紛紛辦雜誌外，一般黨外青年不具公職身份者，亦有許多人投入辦雜誌的行列，如：鄭南榕的「自由時代」系列週刊（包括「自由時代」、「先鋒時代」、「民主時代」、「開拓」、「發展」、「發揚」、「民主天地」等。）；鄧維楨、鄧維賢兄弟的「政治家」、「民主人」；邱義仁、吳乃仁、洪奇昌、林濁水、林世煜等的「新潮流」等。

美麗島事件後的黨外政論雜誌，在內容風格與早期的「自由中國」、「大學」相較下，實不可同日而語，後者在知識分子論政下，無論用字遣詞的筆法，理論學術的旁徵薄引，都見其功力；前者或以競爭市場，或以抹黑打擊執政黨，或內部路線爭執，內容多充斥小道消息，挖掘國民黨高層，甚至前後兩位蔣總統的內

---

[159] 同上，頁一九五——一九六。

幕，間有黨外內部的一些攻訐、批判等，字裏行間亦顯粗俗。這時期黨外雜誌因市場取向，常以煽情文字觸碰戒嚴時期的敏感避諱問題，故亦常遭警總單位以「淆亂視聽，足以影響民心士氣」予以查扣、查禁。敏感問題初始極易吸引廣大讀者，但久而久之，其敏感程度即相對減低，這對言論禁忌的突破有一定程度影響。唯黨外雜誌的內容層次亦因此而頗遭議論，或謂：[160]

> 不少人將黨外的未來寄予新生代，黨外新生代固然是一批待竄起的勢力，但是，就目前在政治雜誌工作的新生代，其所表現出的急躁、倖進，與其說是黨外未來的一股推力，毋寧說是黨外進步的一種阻力。以今日黨外新生代刊物靠小道消息、靠危言聳聽先求答案再求論題的寫作手法，欲黨外層次有所提昇，似乎不可能，如果欲再覓得一個敢擔當、肯走大路的黨外人士，豈非緣木求魚。

黨外運動除了明顯地表現在黨外雜誌紛紛出籠；更具引導黨外發展的首推「組織化」的嘗試和摸索。杭廷頓（Samuel P. Huntington）指出：「在發展中國家，無論是透過在政治體制內組織群眾，或是異議菁英組織群眾，誰有組織，誰就能掌握其政治前途。」[161]黨外從民國六十一年的增額中央民意代表選舉起，將反對人士從各個獨立的候選人間，因提供了全國性的政治目標，而有結合成全國選舉聯盟的機會。[162]在美麗島事件之前，無黨籍人士於民國六十六年五項地方公職選舉時，初次廣泛地以「黨外」名稱走向全島性的串聯，次年中央民代增額選舉中，立法委員黃信介所組成「台灣黨外人士助選團」，提出黨外候選人的共同政見，並全省巡迴助選，與國民黨進行組織化的對抗。「黨外」一詞開始普遍成爲無黨籍人士中之政治異議分子共同使用的符號。民國六十七年的選舉因中美斷交而暫停，延期實施。民國六十八年六月黨外人士仍成立「中央民意代表選舉團黨外候選人聯誼會」，八月，「美麗島」雜誌創刊，以聯線作業在全省成立分社和服務處，亦顯示濃厚的政團色彩。[163]後因美麗島事件使得美麗島組織歸於瓦解。

黨外由於美麗島的瓦解，重心落在溫和改革派的康寧祥身上。政府於民國六十九年上半年，美麗島事件的軍法審判定讞後，隨即於六月宣布，在是年底恢復增額中央民代的選舉。此時黨外的運作因受前一年事件的打擊而顯得缺乏整體步調，沒有全省巡迴助選團，亦無共同的政見。僅以民國六十八年的「中央民意代表選舉黨外候選人聯誼會」名義，印發了一份給選民認同「真黨外」的「認同聲明」。這次選舉中，康寧祥審慎的結合了無黨籍溫和形象的菁英、美麗島受刑人家屬角逐選戰，採取較低姿態的文宣訴求，爭取選民同情。選舉結果，大體上執

---

[160] 吳三峰，「民主政治誰不要？—黨外近年來紛擾平議」，見程福星等編，美麗島事件後的黨外〈台北：自發行，出版年不詳），頁七八。

[161] Samuel P. Huntington, Political Order in Changing Societies, (New Havven, Conn : Yale University Press, 1968), P.461.

[162] Chu, Yun-Han ,Crafting Democracy in Taiwan, (Taipei: Institution For National Policy Resarch, 1992), P.52.

[163] 黃德福，「民進黨與台灣地區的政治民主化」。見民主基金會編，台灣地區政治的回顧與展望研討會論文集（台北：民主基金會，民國八十年），頁一九〇。

政黨與黨外間互有勝負。[164]就黨外而言，美麗島受刑人家屬參選成果斐然，周清玉以台北市第一高票當選國大代表，許榮淑也以高票當選立法委員，另外康寧祥、張德銘、黃煌雄、黃天福的當選立委，成為黨外在立法院的要角。這次選舉的成果鼓舞了黨外人士再度組織化的信心。

民國七十年的地方公職人員選舉，黨外人士以前一年選出之黨外立委為主幹，輔之以監委尤清、國代周清玉、林應專等人，組成「黨外推薦團」，以類似政黨的提名制度，推薦黨外認定的候選人。推薦的四項原則：1.選情單純地區，聯合推薦以集中力量。2.對選情複雜地區，保持超然，不公開推薦，只側面重點支持。3.尊重當地協調與安排。4.依現階段之實力，來決定推薦人數的多少。[165]這次選舉的「黨外推薦團」更其備了雛型政黨的條件，除了類似政黨的提名制度外，並提出「制衡」的共同主題，如「民主要制衡、制衡靠黨外」等。另出現綠色系統，上面書寫「黨外」的旗幟。很明顯看出黨外的組織化又向前邁進了一步。

民國七十二年又逢增額立委選舉，黨外認為推薦制度的成效良好，乃由黨外中央民意代表、省市議員、黨外雜誌代表二十餘人共同通過了「七十二年黨外人士競選後援會草案」，九月十八日此一「黨外中央後援會」的成立，使反對組織更具制度化和民主化。然而此時部分黨外雜誌的新生代編輯群對主導模式頗為不滿，乃先行於九月九日成立了「黨外編輯作家聯誼會」杯葛後援會的推薦作業，而「黨外中央後援會」亦因內部山頭林立，必須遷就現實，使得出現推薦、報備、徵召等情形，在參選爆炸下，間接的導致一些黨外領導者落選，如康寧祥、張德銘、黃煌雄等「主流派」系統的落選，頗令時人感到意外。本次「黨外中央後援會」亦提出10項共同政見，其中第一條：「台灣的前途，應由台灣全體的住民共同決定」，因中央選委會認為有濃厚的「台獨意識」予以刪除，然而黨外人士仍共同推出「民主、自決、救台灣」之口號。[166]這一階段的「黨外推薦團」、「後援會」等實已具備相當「雛形政黨」的條件。

（二）從「黨外公政會」到民進黨成立

民國七十三年初，黨外部分民意代表，有鑒於要有效整合在野力量，須成立一個常設的機構，亦即必須使反對運動進一步組織化。此舉執政當局持否定態度，並有部分親執政黨的學者於此時組織了一個名為「中華民國公共政策學會」的團體，並向內政部先行登記。根據「人民團體組織法」，規定同性質團體只能設置一個，此一團體先行成立，即表示黨外原擬成立的「公共政策研究會」遭到「技術性」的阻止。[167]然而「黨外公職人員政策研究會」（簡稱「公政會」）仍在五月十一日成立，黨外立委費希平任理事長，台北市議員林正杰為祕書長。公政會並於九月找到會址，掛牌運作，兩個月後，內政部長吳伯雄在立法院答覆執政

---

[164] 盛杏湲，國民黨與黨外—中央後援會選舉競爭之研究（台北：桂冠出版社，民國七十五年），頁一六。

[165] 李筱峰，前揭書，頁一七二。

[166] 同上，頁一八九——一九五。

[167] 陳慧中，政府遷台後我國政黨政治運作之研究，政治作戰學校，政治研究所，碩士論文，民國七十七年六月，頁一七六。

黨籍立委質詢時表示，公政會爲「非法組織」，將依法處理，頓使政治緊張氣氛隨之昇高。[168]

　　七十三年十二月六日公政會理事長費希平具名致函執政黨祕書長蔣彥士，表示溝通意願，頗使緊張情勢緩和。然而費希平致函一事，再次引發黨外的內部爭論。基本上，此爲溫和與激進兩條路線之爭，亦即對國民黨應持何種態度問題？該函就內容而言，應屬上乘，文中情理並述，不僅從理論的闡釋著手，更推及國民黨孫中山總理、蔣中正總裁當年之若干行誼與現今實況對比，全文看似平和，實則句句相扣，意喻深遠，反諷之意躍然紙上。然而該函立刻引起黨外新生代之抨擊，如陳水扁、邱義仁、曾心儀等及作家李敖均爲文反對，大致上認爲這封信函顯示，部分黨外領導人士在面對國民黨壓力下，自願甘拜下風，且有失一個反對派立場。民國七十四年三月公政會改組，費希平黯然下台，尤清擔任理事長，謝長廷爲祕書長。[169]

　　民國七十四年底的地方公職人員選舉再度來臨，黨外的內部雖仍有歧見，在經過協調後，公政會與編聯會暫釋前嫌，合組「黨外後援會」，推薦候選人，且提出共同政見 20 項，並以「新黨新氣象，自決救台灣」爲共同口號，黨外組織發展至此，已儼然以政黨的地位自居。

　　民國七十五年底有增額中央民意代表選舉，四月開始，黨外推動各縣市設立公政會分會，期以較嚴密的組織與國民黨對抗。四月十二日，康寧祥首先向公政會提出成立分會的申請，並帶動全省各地的申請成立風潮，此時朝野關係再趨緊張。國民黨主席蔣經國自公政會成立起，以至各地公政會分會紛紛成立，其始終以最大寬容態度處之，一方面在執政黨中常會內推動六項革新工作，另一方面則緩和黨內若干強力壓制公政會成立的主張，而要求代之以溝通的方式。正式溝通於七十五年五月九日，由 4 位中介學者 — 陶百川、胡佛、張忠棟、李鴻禧出面邀請雙方而展開。國民黨參與代表爲中央政策委員會的 3 位副祕書長 — 梁肅戎、蕭天讚與黃光平，黨外則爲康寧祥、尤清、黃天福、費希平、張俊雄、江鵬堅、游錫堃、謝長廷 8 人，在 5 個多小時討論，雙方有 3 項結論達成：[170]

　　1.對憲法實施雙方都有共識，至於如何積極推動民主憲政，仍有待繼續磋商。

　　2.公政會與分會可以成立，細則則有待進一步磋商。

　　3.參加人士一致同意，在磋商期間要共同爲政治和諧而努力。

　　這次溝通在我國政黨政治發展而言，深具意義，可視爲多年來，朝野第一次「黨際」互動與對話。就國民黨而言，乃爲面對環境變遷，調整其與在野勢力互動的一大步；就黨外而言，則顯然已取得公開、合法地位的前奏。然長期以來朝野人士及廣大民眾的認知，很難一時間改變彼此原有態度與看法，故而無論保守人士、激進人士均對溝通有微言，甚或強烈抨擊者。如雙方主要溝通代表梁肅戎、康寧祥分別逕被冠予「梁勾結」、「康放水」。[171]顯然，我國在走民主政治道路上，

---

[168] 李筱峰，前揭書，頁一九九。

[169] 同上，頁二一三—二一七。

[170] 台北，聯合報，民國七十五年五月十月，版一。

[171] 台北，自立早報，民國七十七年一月廿三日，版五。

表三 — 十一 民進黨成立前之「黨外」組織化過程

組織名稱	成立日期	備註
台灣黨外人士助選團	67.10	選舉後自然解散
中央民意代表選舉黨外候選人聯誼會	67.6.2	選舉後自然解散
美麗島雜誌社分社及服務社	68.9 開始	高雄事件後解散
關懷中心	70 年初	
黨外推薦團	70.9	選舉後自然解散
黨外編輯作家聯誼會	72.9.9	75.12.25 解散
黨外中央後援會	72.9.18	選舉後自然解散
高李麗珍服務處	73.1.4	
台灣人權促進會	73.12.10	
原住民權利促進會	73.12.29	
黨外台北聯誼會	74.5	
黨外桃園北區聯誼會	74	
黨外彰化聯誼會	74.12.20	
黨外屏東聯誼會	74.12.29	
黨外新化聯誼會	75.3.23	
黨外桃園南區聯誼會	75.4	
黨外高雄縣聯誼會	75.4	
黨外嘉義聯誼會	75.5.28	
黨外選舉後援會	74.9.28	選舉後自然解散
黨外公職人員公共政策研究會	73.5.11	75.12.31 解散
黨外公政會台北市分會	75.5.10	民進黨成立後，公政會各地分會逐
黨外公政會首都分會	75.5.17	漸形成地方黨部。而首都分會於
黨外公政會打狗分會	75.5.23	76.1.25 宣布解散
黨外公政會港都分會	75.5.25	
黨外公政會宜蘭分會	75.5.25	
黨外公政會台北縣分會	75.5.26	
黨外公政會台中分會	75.6.6	
黨外公政會桃園分會	75.6.8	
黨外公政會屏東分會	75.6.22	
黨外公政會新竹分會	75.8.9	
黨外公政會基隆分會	75.8.10	
黨外公政會台南分會	75.8.15	
黨外公政會高雄縣分會	75.8.15	

資料來源：黃德福，「民進黨與台灣地區的政治民主化」，台灣地區政治化的回顧與展望論文集〈民主基金會，民 80〉

所重視的將不僅是「民主制度」的規劃、設計，更須注重「民主精神」容忍、妥協的認知、建立。

到了五月廿四日舉行的第二次溝通，因前次溝通所造成雙方內部的爭議，只得到一個共同聲明：「參加人士對於第一次溝通所獲致結論之一、二點，皆仍一致表示同意。惟第二點中有關公政會名稱及登記問題，經交換意見後，容再溝通。」[172]因之，第二次溝通朝野關係並無突破性的進展。

原定於六月七日舉行的第三次溝通，則在「蓬萊島」一案的宣判後，黨外的激烈路線獲得有力支持，迫使溝通停止。「蓬萊島案」乃是學者馮滬祥控告「蓬萊島」雜誌誹謗的官司，於五月底判決確定，發行人黃天福、社長陳水扁、總編輯李逸洋三人被判有期徒刑八個月。這一官司的判決，引起黨外激進人士的不滿，乃進而杯葛正在進行中的溝通。溝通被迫停止後，黨外發展除既定的組織化目標外，並將發展方向推到一連串街頭司法抗爭的群眾運動。

蔣經國總統斯時已表示政府將於次年（民國七十六年）解嚴，黨外人士則趁年底中央民代選舉召開後援會推薦大會時，於民國七十五年九月廿八日搶先宣布成立「民主進步黨」，此時以政黨型態運作，各地公政會分會則改為民進黨的地方黨部。民進黨組織化終告完成。（民進黨成立前黨外組織化過程如表三—十一）

民進黨成立後，執政黨則顯然採取較寬容政策，九月三十日國民黨中央政策會副祕書長梁肅戎等三位溝通代表與中介學者深談後發表聲明，願與籌備組黨的無黨籍人士繼續溝通，民進黨代表亦隨之呼應，朝野關係維持穩定。十一月十日，民進黨召開第一次全國代表大會，通過黨章、黨綱，並選舉主席及重要幹部，由江鵬堅當選第一任主席，民進黨已完成形式與實質的建黨工作。民國七十八年一月立法院修正通過「人民團體組織法」，民進黨於同年五月領取政黨證書，成為第一大反對黨。

貳、解嚴前後國民黨的改革推動

國民黨在戒嚴體制下，長期維持了一黨優勢（dominate one-party system）的體制，但國民黨並未放棄透過選舉所反映的民意做為其統治的基礎。加以有效、成功的經濟、社會發展策略，促使經、社繁榮、富足，亦連帶的有助於政治發展的穩健進行。台灣地區四十年選舉的成長史，亦帶動了無黨籍人士的反對運動發展、茁壯，解嚴的背景因素已如前述，黨外發展的條件雖為解嚴的重要因素，但從中壢事件以至黨外公政會成立、民進黨成立，國民黨的態度誠為政府步向民主化的關鍵。依照謝爾（Donald Share）對威權體制民主轉型分類法觀察，我國應屬「和解式的轉型」（transition through transaction），亦即轉型是由執政菁英所控制或接受，並在極短時間內進行。[173]蔣經國總統晚年所發動政治改革並不算遲，在反對勢力尚未強大到足以取代國民黨政權時，就已經適度的滿足了來自四面八方的要求。[174]繼任的李登輝總統則在政治自由化基礎下，大步邁向政治民主化。

---

172 台北，聯合報，民國七十五年五月廿五日，版一。

173 Donald Share, "Transition to Democrecy and Transition through Transaction", Comparative Political Studies, vol. 19, no.4 (Jan. 1987), p.529

174 吳乃德，「不確定的民主未來：解釋台灣政治自由化現象」，時報文教基金會主辦，「中國民主

執政黨政府在本時期自民國六十六年到八十年間，經歷三位總統 — 嚴家淦（民國六十四年四月～六十七年五月）、蔣經國（民國六十七年五月～七十七年一月）、李登輝（民國七十七年一月～八十九年五月）。三位副總統 — 謝東閔（民國六十七年五月～七十三年五月）、李登輝（民國七十三年五月～七十七年一月）、李元簇（民國七十九年五月～八十五年五月）。五位行政院院長 — 蔣經國（民國六十一年五月～六十七年五月）、孫運璿（民國六十七年五月～七十三年五月）、俞國華（民國七十三年五月～七十八年五月）、李煥（民國七十八年五月～七十九年五月）、郝柏村（民國七十九年五月～八十二年二月）。以上發展均是在憲政體制的秩序下，完成繼任。唯相較於政治職位人事的多次變動，國民黨黨主席之位則顯得更加穩定，前後只有一次變動，即蔣經國主席於民國七十七年一月逝世，由李登輝繼任主席。質言之，國民黨推動的轉型，其改革的發動者 — 蔣經國；改革的承繼者 — 李登輝，彼兩人實佔有重要的角色、地位。

一、改革的發動者 — 蔣經國

蔣經國雖是蔣中正先生的長子，但其成長過程卻是倍極艱辛的，民國十四年十月廿五日，蔣經國十六歲即赴俄留學，民國十七年中俄斷交，不幸成爲人質，被史達林放逐到西伯利亞集體農場勞改，然後又在烏拉爾山利亞狄拿馬電氣廠做工，認識了蔣方良女士 ，並與其結婚。民國二十二年中俄復交，民國二十六年三月蔣經國返國。這一段特殊的成長環境，養成其吃苦、耐勞、儉樸的習性，對農工小民深具同情心，這些都影響其日後從政的態度和施政理念。蔣經國返國之後，擔任諸多要職（主要經歷如表三—十二）。特別是政府遷台後，在有計畫的安排下，使其歷任黨、政、軍、青、特等重要正副職務。這些歷練培養其綜攬全局的領導才能，並使之輕易進入權力核心。事實上，自從陳誠逝世之後，蔣經國即已成爲蔣中正總統的唯一政治繼承者。尤其蔣中正晚年，蔣經國已大權在握，其後民國六十年代中期的政治權力移轉。過程十分平順。

蔣中正總統於民國六十四年春因病逝世，副總統嚴家淦依憲法第四十九條繼任總統。另蔣經國接任國民黨主席，而國家決策中心自民國六十一年起，即已轉移到行政院長蔣經國所領導的內閣，故政治體系得以穩定渡過內憂外患時代。民國六十七年國民大會第六次會議召開，準備選舉中華民國第六任總統、副總統。

早先在六十七年一月初，嚴總統以國民黨中央常委的身份，致函中央委員會祕書長張寶樹請轉中央常會，內文正式推薦蔣經國爲總統候選人，並希望中常會討論是項建議。一月七日，國民黨召開臨時中常會，接受嚴家淦總統推薦信函，決定建議以蔣經國爲國民黨總統候選人。嚴總統信中要而言之，有以下幾點：[175]

1. 革命情勢愈接近最後成功，困難愈多，衝擊愈大。非有堅忍、弘毅與睿智之革命領導，不足以克服重重險阻，達成反共復國之艱鉅任務。

2. 國民黨主席及行政院長蔣經國，追隨蔣公力行國父遺教達四十年，志節堅

前途研究會」論文，民國七十八年八月十六日，頁一九。
[175] 陳明寬，「嚴家淦與蔣經國——個政治承傳的典範」，見楊旭聲等著，透視接班動向（台北：風雲論壇社，民國七十三年），頁九〇一九一。

表三 — 十二　蔣經國生平主要經歷

時間	主要經歷職務
民國27年	任江西新兵督練處處長。
民國28年	任贛南第四行政區行政督察專員，贛縣縣長兼保安司令。
民國33年	任中央訓練團教育長。
民國34年	任中央組織部委員，中央訓練委員會委員，青年軍政治部主任。
民國36年	任中國國民黨台灣省黨部主任委員。
民國37年	任上海地區經濟管制督導員辦事處副主任。
民國39年	任國防部總政治部主任，並任中國國民黨中央改造委員會委員。
民國41年	連任國防部總政治部主任，成立中國青年反共救國團，任主任。
民國43年	任國家安全會議副祕書長。
民國46年	任行政院退除役官兵輔導委員會主任委員。
民國49年	晉升為陸軍二級上將。
民國53年	任國防部副部長。
民國54年	任國防部長。
民國58年	任行政院副院長。
民國61年	任行政院院長。
民國67年	任中華民國第六任總統。
民國73年	任中華民國第七任總統。

資料來源：作者整理

貞，勛績昭著。

3. 自蔣經國出任行政院長及國民黨主席以來，在主持國家大計，推動政策，發展建設，肆應國際變局等方面，均能操慮忠誠、群情悅服，其樸實平易、勤政親民，更爲國內外一致推崇。

4. 蔣經國實爲國民黨提名爲第六任總統候選人之最適當人選。

當天臨時中常會之與會中常委均表支持這項歷史性的提名。何應欽將軍發言表示「蔣主席實爲本黨和國家最有魄力、最具經驗、最富創意的領導人。」[176]於是一個新的「蔣經國時代」來臨。蔣經國以其權利與魅力，推動著國家機器前進。蔣經國主政期間較之以往有兩大特色：一是領導階層的「專業化」、「本土化」、「年輕化」。二是主導政治革新，揭開政治自由化、民主化的序幕。

（一）領導階層的菁英轉變 — 本土化政策

國民黨領導階層的菁英流轉（elite circulation）在政府遷台後，由民國四十年代的「革命菁英」，到民國五十年代的「革命菁英」與「技術官僚」結合，到民國六十年代的「本土化」政策。[177]民國四十年代由於中共陳兵對岸，在軍事威脅下，領導階層的主要構成份子，是以出身黨政軍的「革命菁英」爲主。陳誠於民國三十九年三月擔任行政院長，到了民國四十三年六月雖由俞鴻鈞擔任行政院長組成財經內閣，然而這些財經部會首長等「技術官僚」在黨內地位偏低，並未進入中常會。民國四十七年台海危機時，陳誠以副總統再兼行政院長，仍是以軍事菁英主導國政。[178]

民國五十二年陳誠因身體違和請辭行政院長兼職，嚴家淦以財經專家身分組閣，自此財經官員地位正式提升至領導階層。這批「技術官僚」包括李國鼎、孫運璿、俞國華、張繼正、徐柏園等人，配合著台灣經濟發展，政治體系日趨分化與專門化，使政治領導階層必需甄補一批技術專才，以有效應付日益複雜的公共政策問題。在這批理工、財經專家的技術官僚領導下，終於創造民國五十年代起的高速經濟成長奇蹟。正如高棣民（T. B. Gold）指出：「創造台灣奇蹟的不是空喊口號的理論家，而是身體力行的實踐家。」[179]

蔣經國主政後在人才選拔方面，放棄過去二十年所採行的「中央 — 大陸人」與「地方 — 台灣人」兩元化甄補政策，改探「本土化」政策，使成長於台灣的新生代政治菁英納入國民黨的領導階層，這一批菁英的特色是五十歲以下，具備研究所以上學歷，有專業知識技術的學者專家。[180]這些「青年才俊」亦顯示了「年輕化」，「專業化」。

民國六十七年三月，國民大會選舉蔣經國爲第六任中華民國總統，並選舉台籍政治菁英謝東閔爲副總統，所顯示政治意義重大。同年六月，孫運璿擔任行政

---

[176] 同上，頁九一。
[177] 彭懷恩，台灣發展的政治經濟分析，再版（台北：風雲論壇社，民國八十年），頁一六〇——六七。
[178] 同上，頁一六〇——六三。
[179] 高棣民（T. B. Gold）著，胡煜嘉譯，前揭書，頁二二三。
[180] 彭懷恩，前揭書，頁一六八。

院長，所組成的內閣中，台籍人數仍維持 8 名，但因內閣總數減少 1 名，故而比例增加 2%。（見表三—十三）民國六十八年十二月十四日，國民黨第十一屆四中全會選出中常委，首次使執政黨領導階層真正面臨政治轉捩點，在 27 位中央常委中，台籍菁英大幅增加，計有：謝東閔、林洋港、邱創煥、林金生、林挺生、李登輝、徐慶鐘、蔡鴻文、洪壽南等 9 名，所佔比例達 33.3%。（見表三—十四）領導階層已開始發生結構性改變，除台籍菁英外，其他出身背景為：[181]

　　1.技術官員所佔比例呈穩定增加，也佔中央委員三分之一（其中部分與台籍菁英重疊），分別是嚴家淦、孫運璿、李國鼎、邱創煥、林挺生、李登輝、徐慶鐘、趙聚鈺、俞國華、王任遠。

　　2.軍事菁英仍享有重要決策地位，但比率開始下降。分別是馬紀壯、宋長志、高魁元、袁守謙、王昇、黃杰。

　　3.黨國元老地位從排名、數量來看，已有下降趨勢，但老成謀國的黃少谷、谷正綱、袁守謙仍留任。

　　4.大眾傳播媒介負責人，取代過去黨部文宣主管的政治地位，兩大報系負責人王惕吾〈聯合報〉、余紀忠〈中國時報〉亦進入中常會。

　　民國七十三年二月，蔣經國提名台籍學者李登輝搭檔競選第七任中華民國總統、副總統。民國七十六年又相繼支持台籍領導人物黃尊秋出任監察院長，林洋港出任司法院長。在民國七十七年初，蔣經國總統逝世前，行政院中之台籍閣員所佔比例為 40%，國民黨中央常會的台籍中央常委比例為 45.1%。比例雖尚不能反應台灣地區的人口分配，但已看出蔣經國推動本土化政策的成效。本土化政策顯示了兩方面的意義，一是更能反映台灣民意取向，強化政權合法性。二是逐漸形成更有利於改革的權力結構。

（二）國民黨的政治革新

　　蔣經國在民國六十一年組閣，到了民國六十四年接任國民黨主席，民國六十六年則遭遇「中壢事件」的難題，又面臨實施地方自治以來最大的選舉挫折，顯示國民黨支配者的地位已面臨挑戰。雖然終其一生，國民黨的主導優勢仍然保持，但蔣經國的勤政、睿智仍促使其不斷推動革新。若加以區分，蔣經國主政初期著重於行政革新，晚期則致力於政治問題的革新。

　　行政革新強調施政的廉潔、效率，有助於黨、政形象的提昇。其重要措施為：嚴厲打擊貪污犯罪，力行節約儉樸，防杜奢靡風氣，倡導便民措施，推動公共建設等。尤以公務人員之「十大革新要求」、「梅花餐」等的推展，在蔣經國本人儉僕自然，平易近人的風範下，自易收上行下效之功。正是曾國藩「原才」所言：「風俗之厚薄奚自乎？自乎一二人之心之所嚮而已。」

　　政治革新的開展，始於民國七十五年三月廿九日國民黨十二屆三中全會，該次會議達成「以黨的革新帶動全面革新」之共識。蔣經國主席並指定十二位中常委負責研擬「解除戒嚴」、「開放黨禁」、「充實中央民意代表機構」、「地方自治法

---

[181] 孫徹，「多元化政治精英的呈現—國民黨中常委組成的變遷」，聯合月刊，第卅一期，民國七十三年二月，頁一三。

表三 — 十三　行政院內閣台籍政治人物參與比例〈民國 61 年至民國 77 年〉

時間	院長	內閣總人數	台籍人數	所佔比例
61.6 至 67.6	蔣經國	21	8	38%
67.6 至 73.6	孫運璿	20	8	40%
73.6 至 77.7	俞國華	20	8	40%

資料來源：自立早報，民國七十七年七月十六日，第五版

表三 — 十四　國民黨中常會台籍政治人物參與比例〈民國 62 年至民國 77 年〉

時間	屆別	中常委總人數	台籍中常委人數	所佔比例
民國 62 年	十屆四中	21	3	14%
民國 65 年	十一屆一中	22	4	18%
民國 68 年	十一屆四中	27	9	33.3%
民國 73 年	十二屆二中	31	12	38.7%
民國 75 年	十二屆三中	31	14	45.1%
民國 77 年	十三屆一中	31	16	51.6%

資料來源：自立早報，民國七十七年七月十五日，第二版

制化」、「社會風氣與治安」、「黨的中心任務」等六項革新方案。從蔣經國推動政治革新上，可看出其具有極佳的前瞻性和極大的寬容性。

就前瞻性而言，國民黨內部對即刻展開的政治革新，仍有多數人抱持疑慮與反對的態度，但蔣經國的眼光看的極遠，在其風燭殘年之際，奮力一擊，相繼完成解嚴、開放黨禁、報禁、准許國人赴大陸探親等重大改革，不僅揭開威權體制轉型的序幕，更使其身後政局的安定增加助益。

就寬容性而言，中壢事件以來，到黨外公政會的設立、民進黨的搶先成立，雖然引起執政當局內部的不快，且多有主張嚴格取締，但蔣經國則不斷的容忍，不斷的放寬，且主張代之以溝通型式，正是其對於民主憲政有著一份執著的表現。

國民黨的政治革新工作能夠平穩持續的發展，使其後政治自由化、民主化落實，蔣經國的貢獻是肯定的。他反對採取鎮壓、取締手段並非示弱，從其雷厲風行推動行政革新的魄力可以瞭解。其以大處、高處、遠處看國家前途，引導民主理想的實現，使「和解式的轉型」順利進行，避免了暴力、激情對國家、國人的撕裂與重大傷害，這該是他值得推崇之處。

二、改革的承繼者 —— 李登輝

民國七十七年一月十三日，蔣經國總統逝世，副總統李登輝在不到四小時內，完成了政權移轉的法定程序，繼任總統。民國七十七年七月，國民黨召開十三大推舉李登輝為黨主席，此次會議並產生新的中央常會，台籍中常委達 16 人，在全體中常委 31 人中，比例達 51.6%，反映出本土菁英已居於半數以上的優勢。民國七十九年五月廿日，李登輝就任中華民國第八任總統。

李登輝受到國內外人士矚目，因其為台籍第一位中華民國總統與國民黨主席。國民黨推動的政治改革工作，並未因蔣經國的去世而延緩或停頓，反而因李登輝的開創性格，加快了改革的速度與範圍。李登輝推動改革與蔣經國的背景是極不相同的。蔣經國的發動民主轉型，可以運用強人聲望與威權地位，使各方阻力予以排除。李登輝雖因繼承蔣經國之權位，在國民黨內成為正統而佔有「天時」，且因省籍背景，使廣大的台籍人士認同而佔有「地利」。但「人和」方面則不盡理想，甚至國民黨內充滿緊張情勢。這主要原因有二：一是李登輝身處國民黨的權力結構中，深知如欲有所作為，必須徹底打破原有結構組織，否則只能扮演「虛位元首」的角色。二是李登輝的領導風格和路線方針亦廣泛引起物議。

就國民黨的權力結構，李登輝了解只有徹底更換蔣氏父子的「權臣」，才能有一番作為。因其本身就任總統初期力量有限，乃利用國民黨內部黨、政、軍三大系統的矛盾，採「遠交近攻」的方式，逐一將各方勢力淘汰出局。李登輝總統先是結合國民黨祕書長李煥，更換了官邸出身的行政院長俞國華。李煥擔任閣揆未滿一年，李登輝又將行政院長職位交予擁有軍方支持的郝柏村。這一步具有雙重意義，以郝取代李，一方面消除李煥長時期在黨、政、團中廣泛人脈的影響力，另一方面看出雖然在軍中擁有廣泛人脈的郝柏村，其在黨、政關係上則無深厚淵源，正利於李登輝逐漸發展政治人事部署。最後，李登輝再聯合民選台籍菁英對郝柏村施以壓力，迫使郝柏村下台，由李登輝所支持的省主席連戰出任行政院

長，使台灣政治正式進入「李登輝時代」。[182]

在權力轉型的過渡階段，國民黨內部迄今未發展出「協商式民主」（consociational democracy）[183]，黨內部分元老級人物認爲，蔣氏父子之後，國民黨內應以集體式領導，建立符合台灣政治特色與歷史的民主政治。[184]政壇原先多期待李登輝做一位平庸的總統，但李登輝不甘做「傀儡總統」，他要走出小格局，冀求做歷史性政治人物。[185]民國七十七年七月國民黨十三全大會時因選舉黨主席方式產生「票選派」與「起立派」之爭議，民國七十九年三月總統選舉時，又引發黨內兩派的白熱化內訌。這些顯示李登輝在黨內遭到相當程度的阻力。

李登輝所遭到的批評和挑戰，多源於李登輝式的領導風格和路線方針。[186]就領導風格而言，李登輝爲農經學者，對政治運作、政治藝術並不十分在行，或因黨內之阻力不斷，李氏的反彈亦強，缺少兼容並蓄的風格，這尤其表現於國民黨中常委選舉，除指定人選外，票選產生者亦要「規劃」（國民黨祕書長許水德稱之爲「參考名單」），在國民黨領導國家走向民主化的同時，國民黨內的反民主一言堂發展，頗值深思。

李登輝的路線方針亦常引起部分人士的質疑、批評，依李登輝的治國哲學，接納與寬容政治異議人士，是一個國家走上政黨政治、民主道路的必經途徑。[187]雖然對於統獨爭議，他不止一次表示中國必須早日統一，且在七十八年十二月廿三日接見民進黨國代指出：「『台獨』這種政治主張，我無法同意，相信絕大多數同胞也不會接受、同意的！」但卻也有「只要中華民國，沒有統，也沒有獨。」「台灣早已是一個主權獨立的國家，它的名字叫中華民國」等言論，予人以「獨台」的口實。尤以將國民黨稱之「外來政權」，列爲黨內民意調查內容，更引起譁然與諸多爭議。

李登輝承繼蔣經國推動民主轉型，除前述兩人的背景條件完全不同外，另一個重大差異是，蔣經國晚年所推展有成的是解除戒嚴、開放黨禁等，這些屬於政治自由化的範疇，尚未觸及到修憲的問題。李登輝則進一步地推動政治民主化。他在民國七十七年七月七日國民黨十三大致詞時表示：

> 我們應以更主動負責的態度，加速完成蔣故主席經國先生所擬定的革新方案，從中央到地方、從民意機構到行政體系，均能針對現象需要，予以徹底的檢討、充實與改善，以強化民主政治的體質與功能。

李登輝並於民國七十八年六月表示，要以前瞻性眼光，全盤檢討修訂動員戡亂時期臨時條款。[188]然而李登輝所欲進行的政治民主化工程，其困難程度又超過類似解嚴、開放黨禁的政治自由化工程。因前者面臨憲政改革的難題，將遭受黨

---

[182] 周玉蔻，李登輝的一千天（台北：麥田出版社，民國八十二年），頁一一三〇七。

[183] 彭懷恩，台灣政黨政治（台北：風雲論壇社，民國八十三年五月），頁一二六。

[184] 周玉蔻，前揭書，頁一三〇。

[185] 同上，頁二七八、三三一。

[186] 張正莉，國民黨威權統治型態的轉型（一九八六～一九九二），國立政治大學，政治研究所，碩士論文，民國八十二一年一月，頁七九。

[187] 周玉蔻，前揭書，頁二七〇。

[188] 台北，聯合報，民國七十八年六月四日，版一。

內既得利益者（如資深中央民意代表）、保守者強力的阻礙，而在憲政體制下，總統一職尚須由國民大會選舉產生。故而李登輝認定他所面對的政治改革，是一場不流血的革命，推動政治改革，必須要有革命般的勇氣，否則隨時都有慘敗的危險。[189]

李登輝面臨政治改革的困境，所擬採取的對策，一是召開一項國是會議之類的民意牌，一是民進黨牌。[190]前者在民國七十九年三月一場大學生中正紀念堂抗議資深國代擴權行動，要求加速政治改革聲中，促使李登輝比預定時間表提早地對外透露了召開國是會議的腹案。後者民進黨牌，乃是李登輝運用民進黨削弱制衡國民黨內抵擋改革潮流的保守勢力。[191]李登輝邀請民進黨主席黃信介於民國七十九年四月二日到總統府「喝茶」，會談後黃信介指出，李登輝總統非常賢明，相信他一定會做好總統這個角色，之後乃有所謂民進黨的「李登輝情結」一說。

民國七十九年五月廿日，李登輝於發表第八任總統就職演說時，披露其修憲的決心：「希望能在最短期間，依法宣告終止動員戡亂時期，並經由法定程序，就憲法中有關中央民意機構、地方制度及政府體制等問題，作前瞻與必要的修訂。」[192]李總統並在兩天之後的首次記者會中，進一步說明：「要在兩年內完成憲政改革，一年內終止動員戡亂時期。」此後，李總統在民國七十九年六月廿八日召開國是會議，用以凝聚海內外中國人對憲政改革的共識。李登輝於開幕典禮致詞時指出：「憲政改革是突破當前發展瓶頸的關鍵，憲政必須改革，也必將改革。」[193]七月四日在國是會議閉幕式中，李登輝說明：「政府有關單位正積極從事法令的整理修訂，以配合結束動員戡亂時期，做為憲政改革的基礎。」[194]

李登輝推動政治改革的道路是艱辛的，他繼續了蔣經國的改革工作，經由有計劃的逐步推動憲政改革，國是會議的召開，到憲政改革策劃小組運作，再到其後終止戡亂時期、廢止臨時條款、回歸憲法、一機關兩階段修憲、第三次修憲、地方自治法制化、省、直轄市長民選、以及總統公民直選。國民黨在台灣轉型期的政治改革中，前後兩位黨主席蔣經國、李登輝都具有前瞻性眼光、開創性能力，故而在「和解式轉型」方式下，由政治自由化而政治民主化，使國內政治環境丕變。

叁、解嚴後新興政黨林立

政府於民國七十六年七月十五日解嚴之後，依戒嚴法第十一條第一款，有關停止集會結社之規定，自解嚴之日起，一律回復原狀。雖此時尚未有任何「政治團體」的規範，而在民國七十八年一月廿日人團法修訂實施前，已有許多政黨陸

---

[189] 周玉蔻，前揭書，頁二〇八—二〇九。

[190] 同上。

[191] 同上，頁二〇四—二〇五。

[192] 李登輝，「第八任總統就職演説」，見李登輝先生言論集編輯委員會編輯，李登輝言論集，第九輯（台北：正中書局，民國八十一年），頁一四八—一五七。

[193] 李登輝出席國是會議開幕詞：「健全憲政體制，謀求國家統一」，見同上，頁二一三—二一七。

[194] 李登輝出席國是會議閉幕詞：「尊重民意，完成改革」，見同上，頁二二二—二二六。

續成立，如民進黨（七十五年九月）、農民黨（七十六年二月）、中國自由民主黨（七十六年八月）、中國民主革新黨（七十六年九月）、工黨、中國民眾黨（以上七十六年十一月）、中國民主正義黨（七十六年十二月）、中華共和黨、中國統一黨、統一民主黨（以上七十七年三月）、中國民主黨（七十七年八月）、中國大同民主黨（七十七年十月）、中國老兵統一黨（七十七年十一月）等的成立。到了「動員戡亂時期人民團體組織法」修訂公布實施之後，一時之間各政黨更如雨後春筍般成立，至本時期末的民國八十年五月，已達 61 個政黨。

　　黨禁開放後有許多政黨成立，依據內政部民國七十九年上半年的訪視結果，發現許多小黨組織結構及體質很不健全，如果以「人民團體法」第四十五條之政黨成立標準來衡量，則顯然此些政黨仍有相當一段差距。依該法第四十五條第一項規定為：「全國性政治團體以推薦候選人參加公職人員選舉為目的。依本法規定設立政黨，並報請中央主管機關備案者。」四十五條第二項規定為：「已立案之全國性政治團體。以推薦候選人參加公職人員選舉為目的者。」在眾多新成立政黨中，以競選公職為主要目的，可說少之又少。政黨中仍以中國國民黨、民主進步黨擁有各級公職人員及廣大選民基礎，最具政黨規模，至於在其後民國八十二年成立的新黨則在都會區有一定支持比例外，其他政黨似乎只能在政黨名單中聊備一格。

一、新興政黨產生因素分析

　　解嚴後政黨林立的情形，象徵我國多元民主政治的氣息，也反映了社會各階層的意見透過組黨來表達。國內政黨成立的目的與動機不一。茲分析新興政黨成立因素如下：

　　（一）具有特定對象為訴求的政黨：如農民黨、中國婦女黨、中國婦女民主黨、中國全民福利黨，又如因勞工運動結合的工黨、勞動黨，因檳榔業者而組成的中國檳英富國黨等是。

　　（二）創辦政論性雜誌，進而欲實現某種理念的政黨：如忠義致公黨、大公黨等。

　　（三）由幫派組成的政黨：如洪門蜀龍山的中國聯合黨、洪門西華山的中國忠義黨、與洪門五聖山關係密切的中國中和黨以及青幫的中國民眾黨。

　　（四）由個人對政黨的興趣，擴大為親友結合之政黨，如統一民主黨。[195]

　　（五）由原政黨分裂而獨立者：我國約有三分之一的政黨是「系出名門」，由其他政黨中「分裂」成立，包括青年黨、民社黨、民進黨、國民黨等。青年黨的變化程度最大，其內部早存在「中園派」、「中園革新派」、「南部中央派」、「少壯派」等派系，黨禁開放後，各派人馬紛紛自立門戶，共分出了 16 個政黨，分別是：中國民主正義黨、中國聯合黨、中國統一黨、中華青少黨、青年中國黨、中國民青黨、中國鐵衛黨、中國團結黨、中國自由民主黨、中國國安黨、中國和平黨、中國民主革新黨、行動黨、中國民主憲政黨、中國自強黨、中國中青黨等。青年黨自民國八十年底，僅存的一些國會席次，隨著資深中央民代退職而完全流

---

[195] 台北，自由時報，民國八十年七月廿九日，版三。

失後，已逃不過衰敗的定數，分裂後的諸多小黨亦甚難成氣候。[196]

　　民社黨一如青年黨，在隨政府來台後，即陷於人事傾軋。解嚴後，改革派從民社黨中分出兩個政黨 — 中國民主黨、大同黨，以民社黨與分裂出兩個政黨的內部結構與組織能力觀察，其前景似也不樂觀。[197]

　　民進黨於民國七十六年十二月分出工黨，工黨成立之初，是由三股力量匯合而成。一是以「主席」王義雄爲首的地方政治人物之「服務路線派」；二是以「祕書長」蘇慶黎等「夏潮」系統的知識份子之「運動路線派」；三是以「副主席」羅美文等部份自主工會的工會幹部之工會系統。[198]夏潮系統旋因理念不和，脫離工黨於民國七十七年十二月卅一日另行成立勞動黨。脫離民進黨而成立之工黨，與脫離工黨而成立的勞動黨，此兩黨在民國七十八年底三項公職人員選舉中，工黨推出 15 位候選人，在高雄市取得 1 席市議員，勞動黨提名 4 位候選人，均未當選。民國八十年底二屆國大選舉，工黨推出 3 位候選人，勞動黨則全力輔選該黨主席羅美文，結果全軍盡墨，顯示工黨、勞動黨的發展困難。

　　工黨之外，另一由民進黨分裂出來的是中華社民黨。中華社民黨創黨主席朱高正於民國七十五年踏入政壇，從黨外時期到民進黨成立，號稱「台灣頭號戰艦」，後因民進黨提出了「台獨黨綱」，令其無法接受，乃於民國八十年三月一日脫離民進黨，另創社民黨。[199]標舉內閣制的憲政理念，對於政治改革議題也有清晰的藍圖，唯因社民黨缺乏全國知名的黨內優秀幹部，其內部結構充滿朱高正個人色彩，這種「一人黨」本身體質的缺陷，注定它發展的侷限性，民國八十年底二屆國大代表選舉，社民黨推出 45 人，結果無人當選，亦未達 5%門檻限制，無法分配到全國不分區代表名額。是以，社民黨想從社會汲取壯大發展的動能，確是困難重重。[200]直到新黨成立後，朱高正頗認同其所標榜廉潔，及以孫中山思想者自居，朱高正並代表新黨參選民國八十三年底首次民選省長選舉，社民黨並於選舉後與新黨合併。

　　以國民黨黨員爲主要成員所組成的政黨有中國老兵統一黨、中華共和黨、中國統一黨、統一民主黨，但最受矚目是民國八十二年由國民黨內部脫離而出的新黨。新黨的成立實源於不滿國民黨李登輝主席的領導策略與路線方針。就領導策略而言，李登輝掌權之後，借助本省籍民意代表、財團、地方派系的力量來排除長期主控國民黨中央的外省「黨、政、軍」綜合體，在此民主化伴隨本土化的同時，使國民黨內外省籍新一代菁英的生存空間面臨擠壓。而李登輝之當權派又持續採取「零和戰術」，否決了「協和民主」模式，在民國八十二年八月的國民黨十四全大會，以「當然黨代表」方式來抑制非主流勢力，致令以趙少康、王建煊爲首的「新國民黨連線」出走，另成立新黨。[201]

---

[196] 台北，自由時報，民國八十年十一月十六日，版四。

[197] 台北，聯合報，民國七十八年一月廿五日，版三。

[198] 台北，中央日報，民國七十七年六月廿七日，版二。

[199] 台北，聯合報，民國八十三年九月十二日，版四。

[200] 台北，中國時報，民國八十年十二月廿二日，版二。

[201] 彭懷恩，台灣政黨政治（台北：風雲論壇社，民國八十三年五月），頁六三。

　　就路線方針而言，雖然李登輝明白表示中國必須統一，且遵循「國統綱領」採取逐步推展兩岸的關係，然而其言論卻常予人以「獨台」的弦外之音。其本土化政策與地方派系緊密結合，經過長時間所逐漸暴露出地方派系的金權政治與黑道猖獗，亦顯示距離國民黨三民主義的理想漸行漸遠，國民黨內「非主流派」成員在生存空間日趨窄化下，乃跳出國民黨之外另組新黨，以孫中山先生的三民主義理想爲號召，定位爲小市民的代言人，且塑造成一個揹國旗者的姿態，以贏取民眾的支持。對國民黨構成嚴重的心理與選票雙重威脅。

　　綜言之，解嚴後政黨林立的情形，或爲實現政治理想而結合，或因政治理念不同而分裂自組政黨，或因寧爲雞首毋爲牛後的心理等等。亦即在特殊利益的強調、理念的歧異、人事的分合、自主心理的高漲等因素下，產生解嚴後國內競相組黨的現象。

二、新興政黨的活動狀況

　　解嚴後開放黨禁，隨著人團法的修訂實施，我國政黨政治跨出劃時代的意義。在新興政黨林立之下，它所代表的不僅是數量的多寡，更將影響我國未來政治生態的發展，從這些爲數眾多的政黨運作情形，可歸納以下特色：

（一）民進黨以外之新興政黨力量薄弱

　　馬起華分析一個政黨要能存在發展，並在政治歷程中扮演重要角色，必須具備六個條件：1.卓越而有全國知名的領袖或黨魁。2.爲國家、社會及人民所需要的意識型態、黨綱和政策。3.當選相當多的公職人員。4.有相當多的黨員。5.有足夠的經費。6.有相當多的優秀幹部。[202]以言我國各新興政黨符合該等條件者，微乎其微。另依人團法對政黨的設立，是「以推薦候選人參加公職人員選舉爲目的」（第四十五條），就民國七十八年底三項公職人員選舉（立法委員、省市議員、縣市長）爲例，在七十八年底完成登記的政黨有 40 個，但推出候選人的政黨僅有 16 個，候選人中 90% 均由國民黨、民進黨所推薦。選舉結果，無黨籍人士以外，僅工黨獲得高雄市議員 1 席，其餘席次由國民黨、民進黨所朋分。（如表三一十五）其中國民黨佔總席次 70%，民進黨佔總席次 22%。[203]就民國八十年底二屆國代選舉，除了兩大黨之外，尚有 15 個小黨參選，選舉結果：國民黨當選 179 席，得票率 71.17%；民進黨當選 41 席，得票率 23.94%；「全國民主非政黨聯盟」當選 3 席，得票率 2.27%；無黨籍人士當選 2 席，得票率 2.85%；其餘 15 個小黨所推出候選人 23 人全盤盡墨。[204]（如表三一十六）。其後民國八十一年底二屆立法委員選舉，除了兩大黨之外，尚有 13 個政黨參選，選舉結果；國民黨當選 95 席，民進黨當選 51 席，「全國民主非政黨聯盟」當選 14 席，其餘 13 個小黨僅中華社會民主黨當選 1 席。[205]（如表三一十七）。從上述選舉結果觀察，政黨林立的背後顯示小黨的實力薄弱。政黨是種自然成長的團體，基礎奠定

---

[202] 馬起華，前揭書，頁七〇〇。

[203] 台北，聯合報，民國七十八年十二月四日，版一。

[204] 台北，中國時報，民國八十年十二月廿二日，版二。

[205] 中央選舉委員會編，第二屆立法委員選舉實錄（台北：中央選舉委員會，民國八十一年十二月），頁一〇三五。

表三 ― 十五　民國七十八年各政黨參選三項公職人員統計表

選舉類別 政黨名稱	立法委員	縣市長	省〈市〉議員	總計
中國國民黨	142〈72〉	27〈14〉	179〈119〉	348
民主進步黨	57〈21〉	18〈6〉	88〈37〉	163
工　　　黨	8〈0〉	1〈0〉	6〈1〉	15
中國青年黨	3〈0〉		1〈0〉	4
中國民主社會黨	2〈0〉		3〈0〉	5
勞動黨	3〈0〉		1〈0〉	4
青年中國黨	2〈0〉			2
中國團結黨	1〈0〉		1〈0〉	2
中國民主黨	2〈0〉			2
中華共和黨	1〈0〉		1〈0〉	2
中國共和黨	1〈0〉			1
中國復興黨			1〈0〉	1
中國自強黨			1〈0〉	1
忠義致公黨	1〈0〉			1
中國民眾黨			1〈0〉	1
大公黨	1〈0〉			1
無黨籍	78〈8〉	21〈1〉	70〈14〉	169
總計	302	69	351	722

〈　〉內為當選人數

資料來源：**1.**自由時報，民國七十九年四月十六日，第三版。

　　　　　2.聯合報，民國七十八年十二月三日，第一版。

表三 — 十六　二屆國代各政黨參選區域候選人數統計表

種類　政黨名稱	參選人數	當選席次	提名當選率	得票率
中國國民黨	214	179	83.64%	71.17%
民主進步黨	94	41	43.62%	23.94%
中華社會民主黨	45	0	0	2.13%
全國民主非政黨聯盟	35	0	8.57%	2.27%
中國青年黨	5	0	0	0.85
工黨	3	0	0	0.9%
中國復興黨	3	0	0	0.01%
中國民主社會黨	2	0	0	0.008%
中國老兵統一黨	2	0	0	0.01%
勞動黨	1	0	0	0.21%
中興黨	1	0	0	0.005%
中國全民福利黨	1	0	0	0.005%
農民黨	1	0	0	0.05%
中華共和黨	1	0	0	0.07%
中國民主憲政黨	1	0	0	0.008%
中國大同民主黨	1	0	0	0.02%
中國忠義黨	2	1	50%	0.003%
無黨籍	225	56	24.8%	2.85%

資料來源：中國時報，民國八十年十二月二十二日，第三版

表三 — 十七　二屆立法委員各政黨參選區域候選人數統計表

政黨名稱	參選人數	當選席次
中國國民黨	114	67
民主進步黨	58	38
中國民主社會黨	1	0
工黨	1	0
中國忠義黨	1	0
勞動黨	2	0
中國團結黨	4	0
中國大同民主黨	1	0
中國中青黨	1	0
中興黨	1	0
真理黨	5	0
中華社會民主黨	22	1
中國全民福利黨	1	0
中國人民行動黨	2	0
中國民主非政黨聯盟	116	13
合計	330	119

資料來源：中央選舉委員會編，第二屆立法委員選舉實錄 〈台北，中央選舉委員會，民國八十一年十二月〉，頁 1031- 1035。

於人民的支持和動員力，表現在選舉結果的席位和得票率。[206]政治講求的是實力的展現，如果政黨在選舉中無法擴展勢力，則將無法發揮作用，成為所謂的「泡沫政黨」。從本時期歷次之選舉以言政黨政治生態發展，仍是國民黨與民進黨對抗的局面。

（二）第三勢力發展的不易

國民黨與民進黨的朝野兩黨政治實力格局，使侷限於其間的諸多政黨無力破政治瓶頸，檢驗該些政黨，由於組織的不健全、財力的不足、欠缺有聲望的政治人物、領導幹部的薄弱，且無法獲得地方派系的支持，致使朝野兩黨之外的第三勢力並無實質的影響力。（這種情形一直要到民國八十二年新黨的成立，才有第二個達到 5%門檻的在野黨出現。）

依我國朝野兩黨發展態勢而言，所謂的第三勢力，在理論面上有其發展空間，在實務面上短期間則困難重重。就理論面而言，第三勢力的生存發展空間，與國人對朝野兩黨表現的滿意程度，存有高度互動的關係。一般言之，對國民黨不滿者，主要原因是認為其民主改革的步調太緩慢；對民進黨不滿者，則主要是認為它縱容群眾暴力。[207]更深一層分析，國民黨的一黨獨大優勢，源於環境因素與強人政治。其三大支撐點為：外省籍選民、軍公教人士、地方派系聯盟。外省籍選民與軍公教者在新黨未成立前，是國民黨的「鐵票」，但隨著政治環境改變已逐漸產生變化。一方面國民黨內部層峰的領導策略與路線方針，使部份人士產生疏離感，而這些人中不乏原先國民黨內極忠貞份子。另一方面國民黨所倚靠地方派系，其建立在相當脆弱的基礎上，基層黨員黨性薄弱，派系情結凌駕黨性之上，四十年來的派系發展所造成金權政治、黑道充斥的嚴重性，在都會區的知識份子與中產階層已有廣泛認知，若普遍於城鄉產生共識，則派系力量未來的發展頗值觀察。事實上，派系林立之中，利益分配得當與否？亦是派系力量面臨的變數之一。

以民進黨言之，雖其不斷擴張政治勢力，成為最大反對黨，但其策略基本上是建立在「族群分歧」（ethnic cleavage）之上。從民進黨前身在黨外時期即不斷以「自決」的觀念出發，但卻以「民主」的口號加以包裝，免於觸法。隨著言論自由尺度開放，「台獨」主張乃正式浮出檯面，這一國家認同問題上的分歧，不僅造成民眾的疑慮不安，更將混亂常態政黨政治發展的腳步。此外民進黨的群眾路線，並非政治家以「愛」為出發，其言辭充滿憤恨與情緒性，亦常伴隨暴力、高分貝喧囂出現。民進黨在面對不同意見時，其不能容忍他人的表達方式，亦常有違「民主進步」的精神。一般普遍認為，民進黨高喊國人應有「百分之百的言論自由」〈強調這是「普世價值」〉，但指的是他們群眾高喊「台獨」的自由；如果是有人高喊「反台獨」的言論，民進黨對這些人可就不是享有「百分之百的言論自由」。如新黨成立後在高雄舉辦說明會遭鬧場事件是。

綜合而論，朝野兩大政黨在理論面上都有其盲點存在，似應有利於第三勢力

---

[206] 林嘉誠，「泡沫政黨的存廢」，參見中時晚報，民國七十八年十一月四日，版三。
[207] 台北，聯合報，民國七十九年四月十九日，版四。

的主觀生存空間。但事實不然，除第三勢力本身力量不足外，國民黨、民進黨長期以來所走的是「全民政黨」（catch-all party）路線。從選民投票取向來看，國內選民投票取向大致為「候選人取向」、「政黨取向」、「政見取向」；其中前兩項均是感情的附著，這類感情的認同經常可維持長時期的穩定，不容易發生變動。以政黨的認同而言，支持國民黨的選民，除了支持這個政黨，更是對現有政治、經濟、社會體制的支持，甚至源自彼等對其生活週遭社會關係的支持，這些都會轉變為對國民黨的認同。國民黨的選民結構與台灣社會結構差距不大，國民黨的地方派系候選人在民國七十八年省議員選舉中的總得票率為 44.1%，與地方派系有密切關係的當選人數佔總當選人的 55.6%，如就國民黨提名候選人中，與地方派系具有密切關係者佔 55.4%。民國七十五年與七十八年的增額立委選舉中，國民黨籍候選人中與地方派系有密切關係者各為 47.1% 與 52.8%，這些地方派系關係密切的候選人總得票率各為 37% 與 39.2%，而地方派系有密切關係的當選人佔總當選人數各為 46.3% 與 53.5%。[208]從數據中可知，國民黨與地方派系關係密切，其選舉中如注意到地方派系的協調與利益平衡，則派系力量仍不容忽視。

就支持民進黨選民而言，大多由對過去反對勢力的支持所轉變而來。伴隨著民進黨成長的一個重要發展，是有更多的選民產生了特定的政黨認同態度。在競爭激烈的選戰中，助長了選民的政黨認同，而民進黨亦已成功的將選舉導引為兩黨之間的全面性政治競爭。呂亞力分析民進黨的選民有若干特徵：1.絕大多數為台籍，尤其是閩南語系者，客家語系支持雖亦可觀，但不及閩南語系者。2.民進黨的支持者一般比國民黨支持者年輕。3.民進黨包含較高比例的窮人或經濟前途不穩定的人。[209]彭懷恩另有補充兩種類型；一是年輕的知識份子和專業人士，因相信競爭性政黨制的價值而支持民進黨。二是社會與教育背景差異甚大者，他們多為社會地位低，教育少的人，都因種種政治理念與私人的理由仇視國民黨。這些人中有些把大陸人當作國民黨的支持者，大多數這類人支持民進黨是因為他們相信這是台灣人的政治運動。[210]

總之，國民黨四十多年的組織發展與民進黨在選舉中逐漸累積的資本，強化了廣大對這兩個政黨的認同，人們或對其所支持政黨的政策不滿意，但基於感情認同卻讓他們對該黨繼續支持。也因我國政治文化中有極化的傾向，當社會的分歧已被兩大黨明顯的加以代表時，新興政黨要成長的空間也非常有限，加上該些新興政黨的本身條件不足時，更不易發展。

（三）第三勢力的兩種策略 — 串聯與議會路線

新成立的諸多在野政黨與無黨籍人士，政治資源十分有限，人才亦缺乏，如何在國民黨與民進黨的夾縫中找尋政治發展的空間，關係該等政黨的生存與否。在此情形下，第三勢力逐漸發展出兩種模式，即串聯與走議會路線。前者有「中國在野政黨國是研究委員會」、「全國民主非政黨聯盟」、「在野聯盟」等；後者則

---

[208] 黃德福，民主進步黨與台灣地區政治民主化（台北：時英出版社，民國八十一年）。

[209] 呂亞力，「台灣的反對黨—民進黨的發展」，見張京育主編，中華民國民主化（台北：政大國關中心，民國八十一年），頁一九五—二二一。

[210] 彭懷恩，前揭書，頁一五八。

如新黨的發展路線。

「中國在野政黨國是研究委員會」是一些在野政黨，如中國民眾黨、統一民主黨、新興社會黨、中國自由民主黨、中國統一黨、中國民主正義黨、中國聯合黨、老兵統一黨及中國中和黨所共同成立，以反對「台獨」為主的在野黨聯盟。[211]這些新興政黨為求選舉的突破，積極聯合運作，並試圖邀請在國民黨初選中失利者加入，期能凝結一切可能力量，使他們候選人在選戰中獲勝。但此種方式，並無法發揮多大作用，即歸於無疾而終。

「全國民主非政黨聯盟」在本質上並不具政黨實質型模，此一聯盟的初始是階段性的產物，但聯盟其後漸有籌組政黨的發展趨勢。「全國民主非政黨聯盟」係由無黨籍人士的結合，聯盟總部為取得全國不分區代表的名額與地區候選人結合，地區候選人則欲從總部得到財力上的奧援，兩者互有所圖。此一結合，彼此各有政治打算，政治上的共識較不足。在第二屆國代選舉中聯盟推出 35 人參選，當選 3 席，得票率為 2.27%。（如表三─十六），第二屆立委選舉中，聯盟推出 116 人，當選 13 席。（如表三─十七），民國八十三年一月地方基層選舉，聯盟中無黨籍成員在縣市議員獲得 191 席，鄉鎮市長部分得到 34 席，成效大幅成長。聯盟亦因這次選舉當選席次大增，加上國內政黨政治的日漸成型，未來或有考慮聯盟以「全民黨」或「民族黨」等之名義正式籌組政黨，並擬採柔性政黨體質，黨機器只負責輔選，而不具政策主導權。[212]

「在野聯盟」則是民國八十二年首次省長民選中，新黨省長候選人朱高正串連工黨、勞動黨、社民黨與新黨共同組成，以爭取結合「非兩黨」的政治勢力。該跨黨結盟組織定期由各政黨負責人士集會，共商選戰策略。[213]「在野聯盟」藉由省長選戰推動第三勢力整合，正是典型的在野政黨串聯模式。

在野政黨除民進黨已具備與國民黨從事政黨競爭條件外，僅有民國八十二年脫離國民黨的新黨稍具潛力。唯新黨人力、財力亦屬有限，對於「單一名額」的「行政首長」選舉，無法短期奏效，故而置重點於「議會路線」，其策略為不放棄任何種類選舉，藉由各種選舉瞭解支持票源所在，並發展基層組織實力。「議會路線」在選舉採複數選區（大選區）之下，有助該黨發展由中央到地方各級民意代表席次。民國八十三年一月的地方縣市議員選舉，新黨獲得 8 席，其中台北縣 5 席、新竹市 1 席，中南部 2 席，此一選舉結果有助於其議會路線的發展。

綜合而論，我國政黨政治的發展，在朝野兩黨的選情緊繃下，本時期除新黨外，第三勢力的基礎如果無法達到組織健全、財力充裕、人才拓展的條件，在選舉的嚴厲考驗下，終將成為泡沫政黨，無法發揮這些政黨的功能與目的。政黨是種自然成長的團體，基礎奠定於人民的支持和動員力，表現在選舉結果的席位和得票率。政治講求的是實力的展現，如果政黨在選舉中無法擴展勢力，則將無法發揮作用，成為所謂的「泡沫政黨」。從本時期歷次之選舉以言政黨政治生態發

---

[211] 台北，聯合報，民國七十八年五月廿六日，版六。
[212] 台北，中時晚報，民國八十三年一月十日，版二。
[213] 台北，中時晚報，民國八十三年九月十九日，版二。

展，仍是國民黨與民進黨對抗的局面。

第四節　政治參與的探討
壹、政治參與規範面分析
一、四權行使法規

本時期有關選舉罷免法規最大特色爲民國六十九年制定的「動員戡亂時期公職人員選舉罷免法」。在本法規定以前的中央民意代表增額選舉與地方公職人員選舉，分別適用不同法規，因兩種選舉法規在制度上頗多歧異，在實務上諸多不便，益以選舉規章中關於選舉活動之規定，並無罰則，違規者肆無忌憚，守法者之權益，反無適切之保障，非立法不足以維護公平之競爭。社會輿論、學者專家以及選舉實務人員均認應有統一立法之必要。內政部於民國六十八年間，參酌各方意見，反覆研究，並以因應動員戡亂時期之需要，草擬「動員戡亂時期公職人員選舉罷免法草案」，報經行政院送立法院審議。立法院於民國六十九年五月制定「動員戡亂時期公職人員選舉罷免法」（以下簡稱「選罷法」），選罷法並於民國六十九年五月十四日總統（六九）台總（一）義字第二六六〇號令公布實施。其相關法規爲行政院核定，內政部於民國六十九年六月五日發布了「動員戡亂時期公職人員選舉罷免法施行細則」。

選罷法乃基於統一立法的必要，對於民選中央及地方公職人員一體適用，過去適用於地方民選公職人員的所有行政命令一律廢止。選罷法於民國六十九年公布施行後，在本時期（民國六十六年至八十年），並分別於七十二年、七十八年修正兩次。

（一）民國六十九年選罷法：

選罷法共計七章一一三條，其內容要義如下：

1.公職人員的界定：選罷法所稱公職人員，包括：①中央公職人員：國民大會代表、立法院立法委員、監察院監察委員。②地方公職人員：省（市）議會議員，縣（市）議會議員，鄉（鎮、市）民代表會代表，縣（市）長，鄉（鎮、市）長，村、里長。（第二條）公職人員選舉以普通、平等、直接及無記名投票法行之。但監察委員選舉，由省（市）、縣（市）議會議員以無記名單記投票法行之。（第三條）

2.選舉罷免機構的規定：公職人員選舉，中央、省（市）、縣（市）各設選舉委員會辦理之。（第六條）中央公職人員及省（市）議員選舉，由中央選舉委員會主管，並指揮、監督各級選舉委員會辦理之。縣（市）議員及縣（市）長選舉，由省選舉委員會主管，並指揮、監督縣（市）選舉委員會辦理之。鄉（鎮、市）民代表及鄉（鎮、市）長選舉，由縣選舉委員會辦理之。村里長選舉，由各該市、縣選舉委員會辦理之。（第七條）

中央選舉委員會隸屬行政院，置委員九人至十五人，由行政院院長提請總統派充之，並指定一人爲主任委員。省（市）選舉委員會，置委員七人至十一人，由中央選舉委員會提請行政院長派充之，並指定一人爲主任委員。縣（市）選舉

委員會，置委員五人至九人，由省選舉委員會遴報中央選舉委員會派充之，並指定一人爲主任委員。省（市）、縣（市）選舉委員會組織規程，均由中央選舉委員會擬定，報請行政院核定之。各級選舉委員會委員均爲無給職，任期二年。（第八條）

各級選舉委員會分別掌理下列事項：①選舉、罷免公告事項。②選舉、罷免事務進行程序及計畫事項。③候選人資格之審定事項④選舉宣導之策劃事項。⑤選舉罷免之監察事項。⑥投票所、開票所之設置及管理事項。⑦選舉、罷免結果之審查事項。⑧當選證書之製發事項。⑨其他有關選舉、罷免事項。（第十一條）

中央、省選舉委員會各置巡迴監察人員若干人，並指定一人爲召集人；直轄市、縣（市）選舉委員會各設監察小組，置小組委員九人至十五人，並指定一人爲召集人，執行各項違反選罷法規之監察事項。（第十二條）

3.選舉的相關規定：規定中華民國國民年滿二十歲，無下列情形之一者有選舉權：①褫奪公權尚未復權者。②受禁治產宣告尚未撤銷者。（第十四條）有選舉權人在其本籍或在各該選舉區繼續居住六個月以上者，爲公職人員區域選舉各該選舉區之選舉人。（第十五條）有選舉權人對同一類之選舉具有兩個以上選舉人資格者，應擇一行使選舉權。（第十七條）同時具有職業團體或婦女團體及區域選舉人資格者，除於投票前六十日，向所屬團體聲明參加區域選舉外，應參加各該職業團體或婦女團體選舉。同時具有職業團體及婦女團體選舉人資格者。除於投票前六十日，向所屬職業團體聲明參加職業團體選舉者外，應參加婦女團體選舉。同時具有兩個職業團體以上選舉人資格者，應於投票前六十日，向所願參加選舉之團體聲明參加該團體選舉，不聲明者，應參加先加入之團體選舉。同一日加入兩個以上團體者，應參加區域選舉。此外，生活習慣特殊國民具有職業團體、婦女團體選舉人資格者，除於投票前六十日，向所屬之職業團體或婦女團體聲明參加該團體選舉者外，應參加生活習慣特殊國民選舉。前項各款之聲明，均應以書面爲之。（第十八條）

選舉人年滿廿三歲得登記爲公職人員候選人。但監察委員候選人須年滿三十五歲，縣（市）長候選人須年滿三十歲；鄉（鎮、市）長候選人須年滿廿五歲。（第卅一條）登記爲公職人員選舉候選人，除由農民、漁民、工人團體選出之國民大會代表、立法委員、村里長候選人外，應具備下列之學、經歷：①國大代表、立、監委候選人須高中以上學校畢業或普考以上考試及格或曾任省（市）議員一任以上。②省（市）議員候選人須高中以上學校畢業，或普考以上及格或曾任縣（市）議員一任以上。③縣（市）議員候選人須國中以上畢業或丁等特種考試以上及格或任鄉（鎮、市）民代表一任以上。④鄉（鎮、市）民代表須國小以上學校畢業或曾任村、里長一任以上。⑤縣（市）長候選人須專科以上學校畢業或高考以上及格，具有行政工作經驗二年以上，或曾任中央公職人員、省（市）議員、縣（市）議員、鄉（鎮、市）長一任以上。⑥鄉（鎮、市）長候選人須高中以上學校畢業或普考以上考試及格，具有行政工作經驗二年以上，或曾任縣（市）議員、鄉（鎮、市）民代表、村里長一任以上。（第卅二條）

　　有下列情事之一者，不得申請登記爲候選人：①曾因內亂、外患行爲犯罪，經判刑確定者。②曾因貪污行爲犯罪，經判刑確定者。③犯前兩款以外之罪，判處有期徒刑以上之刑確定，尚未執行或執行未畢者。但受緩刑宣告者，不在此限。④受保安處分宣告確定，尚未執行或執行未畢者。⑤受破產宣告確定，尚未復權者。⑥依法停止任用或受休職處分，尚未期滿者。⑦褫奪公權，尚未復權者。⑧受禁治產宣告，尚未撤銷者。（第卅四條）下列人員不得申請登記爲候選人：①現役軍人或警察。②現在學校肄業學生。③辦理選舉事務人員。（第卅五條）

　　經申請登記爲候選人者，於登記期間截止後，不得撤回其候選人登記；在登記期間截止前經撤回登記者，不得再申請同一種類公職人員候選人登記。（第卅七條）候選人於申請登記之同時，應繳納保證金，該項保證金應於公告當選人名單後十日內發還。但得票不足各該選舉區應選出名額除該選舉區選舉人總數所得商數百分之十者，不與發還。（第卅八條）

　　公職人員選舉，候選人競選活動時間爲：①國大代表、立委爲十五天。②省（市）議員、縣（市）議員，縣（市）長爲十天。③鄉（鎮、市）民代表，鄉（鎮、市）長爲五天。④村里長爲三天。（第四十五條）競選活動的項目爲：①舉辦政見發表會。②印發選舉公報。③印發名片或傳單。④懸掛標語。⑤使用宣傳車輛及播音器。⑥訪問選舉區內選民。（第四十八條）政見發表會區分公辦政見發表會與自辦政見發表會。自辦政見發表會之期間在先，公辦政見發表會之期間在後。自辦政見會每日不得超過六場，每場以兩小時爲限。（第四十九條）候選人印發名片或傳單，應註明印刷所之名稱及地址。候選人製作標語，其懸掛或豎立地點不得妨害交通。（第五十一條）候選人爲競選活動使用宣傳車輛之數量，每人不得超過八輛。但以直轄市或縣（市）爲其選舉區者，每人不得超過四輛，以鄉（鎮、市）爲其選舉區者，每人不得超過兩輛。（第五十二條）

　　候選人或其助選員競選言論，不得有下列情事：①煽惑他人犯內亂罪或外患罪。②煽惑他人以暴動破壞社會秩序。③觸犯其他刑事法律規定之罪。（第五十四條）候選人或其助選員競選活動，不得有下列情事：①競選辦事處或助選員之設置，不合法令規定。②於規定期間或每日起、止時間之外從事競選活動。③辦政見發表會外，另行公開演講。④結衆遊行。⑤競選活動超越各該選舉區。⑥從事第四十八條規定項目以外之競選活動。⑦燃放鞭炮，影響社區安寧。⑧以擴音器呼叫，妨害候選人發表政見。（第五十五條）非助選員不得公開演講爲候選人宣傳。（第五十六條）

　　選舉票有下列情事之一者無效：①不用選舉委員會製發之選舉票者。②圈二人以上者。③所圈地位不能辨別爲何人者。④圈後加以塗改者。⑤簽名、蓋章、按指印、加入任何文字劃寫符號者。⑥將選票撕破致不完整者。⑦將選舉票染污致不能辨別所圈爲何人者。⑧不加圈完全空白者。⑨不用選舉委員會製備之圈選工具者。該項無效票，應由開票所主任管理員會同主任監察員認定；認定有爭議時，由全體監察員表決之。表決結果正反意見同數時，該選舉票應爲有效。（第六十二條）在投票所或開票所有下列情事之一者，主任管理員應會同主任監察員

令其退出：①在場喧嚷或干擾勸誘他人投票或不投票，不服制止者。②攜帶武器或危險物品入場。③有其他不正當行爲，不服制止者。（第六十三條）

公職人員選舉，按各選舉區應選出之名額，以候選人得票比較多數者，爲當選；票數相同時，以抽籤決定之。（第六十五條）候選人數未超過或不足各該選舉區應選出之名額時，除監察委員及村、里長選舉仍以得票比較多數者當選外，應以所得票數達下列規定以上者始爲當選：①國大代表，立法委員，省（市）議會；縣（市）議員，鄉（鎮、市）民代表選舉以各該選舉區應選出之名額除該選舉區選舉人總數所得商數百分之廿。②縣（市）長，鄉（鎮、市）長選舉爲各該選舉區選舉人總數百分之廿五。上項選舉結果未能當選，或當選不足應選出之名額時，縣（市）長，鄉（鎮、市）長應於投票後一定期間內公告重行選舉；國民大會代表、立法委員，省（市）議員，縣（市）議員，鄉（鎮、市）民代表視同缺額。同一選舉區內缺額達二分之一時，應定期重行選舉。（第六十六條）

當選人在就職前死亡或被判決當選無效者，依下列規定辦理：①縣（市）長、鄉（鎮、市）長，村里長應定期重行選舉。②國大代表，立法委員，監察委員，省（市）議員，縣（市）議員，鄉（鎮、市）民代表均視同缺額。同一選舉區內缺額達二分之一時，應定期補選。（第六十七條）

4.罷免案的規定：公職人員之罷免，得由原選舉區選舉人向選舉委員會提出罷免案。但就職未滿一年者，不得罷免。（第六十九條）罷免案的提出，應附理由書，以被罷免人原選舉區選舉人爲提議人，其人數應合於下列規定：①國大代表，立法委員，省（市）議員，縣（市）議員，鄉（鎮、市）民代表，爲原選舉區應選出之名額除該選舉區選舉人總數所得商數百分之五以上。②監察委員，爲原選舉區之省（市）議會議員總數百分之十以上。③縣（市）長，鄉（鎮、市）長，村、里長，爲原選舉人總數百分之二以上。上項罷免案，一案不得爲罷免二人以上之提議。但有二個以上罷免案時，得同時投票。（第七十條）現役軍人、警察或公務人員不得爲罷免案提議人。（第七十一條）

選舉委員會收到罷免案提議後，應於十五日內查對其提議人，如合於規定，即通知提議人之領銜人於十日內領取連署人名冊，並於一定期間內徵求連署。前項提議人有不合規定者刪除，並即通知提議人之領銜人於五日內補足，逾期不予受理。（第七十三條）罷免案之連署，以被罷免人原選舉區選舉人爲連署人，其人數應合於下列規定：①國大代表，立法委員，省（市）議員，縣（市）議員，鄉（鎮、市）民代表，爲原選舉區應選出之名額除該選舉區選舉人總數所得商數百分之十五以上。②監察委員，爲原選舉區之省（市）議會議員總數百分之廿以上。③縣（市）長，鄉（鎮、市）長，村里長，爲原選舉區選舉人總數百分之十八以上。（第七十四條）罷免案宣告成立後，應將罷免理由書副本送交被罷免人，於十日內提出答辯書。（第七十七條）選委會應於被罷免人提出答辯書期屆滿後五日內，就下列事項公告之：①罷免投票日期及投票起、止時間。②罷免理由書。③答辯書。但被罷免人不於規定期間內提出答辯書者，不予公告。（第七十八條）

罷免案之投票，應於罷免案宣告成立後三十日內爲之。（第八十條）罷免票

應在票上刊印「同意罷免」、「不同意罷免」兩欄。（第八十一條）罷免案投票結果，投票人數應合於下列規定，同意罷免票多於不同意罷免票者，即爲通過：①國大代表，立法委員，省（市）議員，縣（市）議員，鄉（鎮、市）民代表，應有原選舉區選舉人三分之一以上之投票。②監察委員，應有原選舉區之省（市）議會全體議員；二分之一以上之投票。③縣（市）長，鄉（鎮、市）長，村里長，應有原選舉區選舉人二分之一以上之投票。投票人數不足上項規定數額或同意罷免票未超過不同意罷免票者，均爲否決。（第八十三條）

　　罷免案經投票後，選委會應於投票完畢七日內公告罷免投票結果。罷免案通過者，被罷免人應自公告之日起，解除職務。（第八十四條）罷免案通過者，被罷免人自解除職務之日起，四年內不得爲同一公職人員候選人。罷免案否決者，在該被罷免人之任期內，不得對其再爲罷免案之提議。（第八十五條）

　　5.妨害選舉罷免處分的規定：違反第五十四條第一款者，處七年以上有期徒刑；違反第二款者，處五年以上有期徒刑；違反第三款規定者，依各該有關處罰之法律處斷。（第八十六條）利用競選或助選機會，公然聚眾，以暴動破壞社會秩序者，處七年以上有期徒刑，首謀者處無期徒刑或十年以上有期徒刑。（第八十七條）接受外國團體、法人或個人之財務支助從事競選活動者，處一年以上，七年以下有期徒刑。（第八十八條）對於候選人行求期約或交付賄賂或其他不正利益，而約其放棄競選或爲一定之競選活動者，處五年以下有期徒刑，得併科五萬元以下罰金。（第八十九條）

　　以強暴、脅迫或其他非法之方法爲下列行爲之一者，處五年以下有期徒刑：①妨害他人競選或使他人放棄競選者。②妨害他人爲罷免案之提議、連署或使他人爲罷免案之提議、連署者。（第九十條）有下列行爲之一者，處五年以下有期徒刑，得併科五萬元以下罰金：①對於該選舉區內之團體或機構，假借捐助名義，行求期約或交付財物或其他不正利益，使其團體或機構之構成員不行使投票權或爲一定之行使。②以財務或不正利益，行求期約或交付罷免案提議人或連署人，使之不爲提議或連署，或爲一定之提議或連署者。（第九十一條）

　　意圖使候選人當選或不當選，以文字、圖畫或演講，散布虛構事實，足以生損害於公眾或他人者，處五年以下有期徒刑。（第九十二條）有第六十三條第一項各款情形之一，經令其退出而不退出者，處二年以下有期徒刑。（第九十三條）罷免活動有下列情形之一者，在場助勢之人，處一年以下有期徒刑、拘役或一萬元以下罰金，首謀及著手實施者，處五年以下有期徒刑：①聚眾包圍被罷免人、罷免案提議人、連署人或其辦事人員之服務機關、辦事處或居住、所者。②以強暴、脅迫或其他非法之方法，妨害被罷免人執行職務或罷免案提議人、連署人或其辦事人員對罷免案之進行者。（第九十四條）

　　拘留、毀壞、調換或奪取票匭、選舉票、罷免票、選舉人名冊、投票報告表、開票報告表或圈選工具者，處五年以下有期徒刑。（第九十五條）違反第四十九條第一項、第三項或第五十六條之規定，經監察人員制止不聽者，處二年以下有期徒刑。（第九十六條）違反第五十一條、第五十二條、第五十三條或第五十五

條經監察人員制止不聽者，處一萬元以下罰鍰。（第九十七條）犯本章之罪，其他法律有較重處罰之規定者，從其規定。（第九十八條）。

6.選舉罷免訴訟的規定：選舉委員會辦理選舉、罷免違法，檢察官、候選人、被罷免人或罷免案提議人，得自當選人名單或罷免投票結果公告之日起十五日內，以各該選舉委員會爲被告，向管轄法院提起選舉或罷免無效之訴。（第一○一條）選舉或罷免無效之訴，經法院判決無效確定者，其選舉或罷免無效，並定期重行選舉或罷免。其違法屬選舉或罷免之局部者，局部之選舉或罷免無效，並該局部無效部分定期重行投票。但局部無效部分顯不足以影響選舉或罷免結果者，不在此限。（第一○二條）

當選人有下列情事之一者，選委會、檢察官或同一選舉區之候選人得以當選人爲被告，自公告當選人名單之日起十五日之內，向該管轄法院提起當選無效之訴：①候選人資格不實者。②當選票數不實，足以影響選舉結果者。③違反第四十九條第一項、第三項，第五十五條規定，不服取締者。（第一○三條）當選無效之訴經判決無效確定者，其當選無效。（第一○四條）

選舉人發覺有構成選舉無效、當選無效或罷免無效、罷免案通過或否決無效之情事時，得於當選人名單或罷免投票結果公告之日起七日內，檢具事證，向檢察官或選舉委員會舉發之。（第一○七條）選舉、罷免訴訟之管轄法院，依如下之規定：①國大代表，立法委員，監察委員，省（市）議員，縣（市）長之選舉、罷免訴訟，由該管高等法院或其分院管轄。②縣（市）議員之選舉或罷免無效之訴訟，由該管高等法院或其分院管轄。當選無效、罷免案通過或否決無效之訴訟，由該管地方法院管轄。③鄉（鎮、市）民代表，鄉（鎮、市）長，村里長之選舉、罷免訴訟，由該管地方法院管轄。上項各款所稱該管法院，指選舉、罷免行爲地之管轄法院。（第一○八條）

選舉、罷免訴訟，設選舉法庭，採合議制審理，並應先於其他訴訟審判之，以一審終結。有下列各款情形之一者，得以再審之訴，對於前項訴訟之確定終局判決，聲明不服：①有民事訴訟法第四百九十六條第一項規定各款情事之一者。②原判決就足影響於判決之重要證物漏未斟酌者。③判決不備理由或理由矛盾者。④違背言詞辯論公開之規定者。前項訴訟以一次爲限，受理法院應於三個月內審結。對於再審之裁判，不得聲明不服。

（二）民國七十二年選罷法的第一次修正

選罷法公布施行後，經過民國六十九年增額中央民意代表的選舉、民國七十年及七十一年地方公職人員的選舉，從其中發現選罷法的若干缺失，特別是暴力介入選舉和金錢污染選舉，於是中央選舉委員會便著手從事選罷法的修正，後經立法院完成三讀修正案，由總統在民國七十二年七月八日公布施行。選罷法第一次修正刪除第四十三條及五十三條，番號仍維持一一三條，但增添了九個附條（之一、之二等），實爲一二○條。修正要點爲：

1. 監委選舉方式改變：原選罷法第三條規定：「監察委員選舉，由省（市）議會議員以無記名單記投票法行之。」修正爲：「監察委員選舉，由省（市）議

會議員以無記名限制連記法行之，其連記人數以不超過應選名額二分之一為限。」
亦即由無記名單記法改為無記名限制連記法。修法原因起於民國六十九年監委選
舉賄選風波，監委本身職司風憲，糾彈公務人員的違法失職，如其以賄選出身，
本身不正，何以正人？行政院對修法說明：[214]

> 監察委員選舉投票方式，六十九年選舉辦竣後，各方建議改進投票方
> 法。為防止賄選，提高當選人之代表性，爰將監察委員選舉方法改採限制連
> 記法，其連記人數以不超過應選名額二分之一為限。

改採限制連記法的爭議有二：一是能否真正有效防止賄選？二是當選票數增
加不利少數派議員。就前者能否防止賄選而言，持肯定論者以為，過去 5 個議員
可選一個監委，修法後則需 25 人連記方可，5 人與 25 人花費相差 4 倍，比較起
來不大容易，且人數多，不易保持賄選之祕密。[215]持否定論者以為，由一人一票
改為連記法，不過是由個別買票變為集體買票，因此本法修正，表面上是防止金
錢介入，實際上是增強買票的有效性與可靠性。[216]就後者而言，候選人當選所需
票數比原法規定為多，以當時黨外候選人而言，則不易湊足當選票數。深入分析，
限制連記法是否會封殺少數，端看多數派議員是否願與少數派議員交換投票，如
若不然，少數派本身可投的票便不夠支持候選人當選。因之立院修法時，幾乎所
有黨外立委都反對，在表決時全體退席，反對的主因是認為此法將使黨外人士一
個監委都選不上。唯就執政黨而言，無論採用何種方式，都將取得多數當選，限
制連記法或將使其輔選工作增加選票排列組合的困難。

2. **限制競選經費**：選舉必須花錢，唯經費過巨，形成浪費，導致社會奢靡
之風，且易於造成賄選，於是乃有以法律限制競選經費。選罷法特別增列第四十
五條之一：

> 各種公職人員競選經費最高限額，應由選舉委員會訂定，並於發布選舉
> 公告之日同時公告之。前項競選經費最高限額，應斟酌公職人員選舉種類、
> 法定競選活動項目訂定基本金額；並以選舉區應選名額除選舉人口總數，乘
> 基本金額及物價指數計算之。

為落實限制競選經費要求，乃有第四十五條之三規定：

> 候選人應設競選經費收支帳簿，並由其本人或指定人員負責記帳保管，
> 以備查考。前項候選人應於投票日後三十日內，檢同競選收支結算申報表，
> 向選舉委員會申報競選經費收支結算，並應由本人或指定記帳人員簽章負
> 責。選舉委員會對前項所申報競選經費之支出，有事實足認其有不實者，得
> 要求檢送支出憑據或證明文件，以憑核辦。競選經費支出憑據、證明文件等，
> 應於申報後保管六個月。但是發生訴訟時，應保管至判決確定後三個月。

另有增列競選經費捐助的限制，選罷法第四十五條之二規定：「候選人不得
接受下列競選經費之捐助：一、外國團體、法人或個人之捐助。二、同一種選舉

---

214 立法院公報，民國七十二年六月十五日，第七十二卷，第四十八期，頁二一。
215 同上，頁九六。
216 同上，頁八四。

其他候選人之捐助。」

　　限制競選經費以防浪費及賄選，並不一定有效，尚須有其他條件相配合，諸如選民教育程度、社會風氣及有效經費稽察途徑等。以英國觀之，一八八三年成立「取締賄選法」，加重賄選收買等不法行爲之罪責，並限制選舉費用，且需宣誓其會計報告爲真實，否則不能正式就任國會議員。一個候選人如果買票，必定失去其社會和政治生命。英國的選舉運動是非常冷靜的，選民非常關心勝負之誰屬，候選人則以政策來爭取選票。[217]反觀我國，賄選之形成冰凍三尺非一日之寒，徒有競選經費限制，鮮能發揮功效，以民國七十二年、七十四、七十五年的各項中央及地方公職人員選舉，即依本規定實施，候選人亦照法律的規定向選委會報帳，大家都沒有超過最高限額，然而日益敗壞的選風，顯非表面上的假象所可遮掩，要使我國民主政治更上軌道，選民程度必須與法律並進方得有功。

　　3.強化防止暴力介入：暴力行爲不僅破壞選舉秩序、社會安定，亦有違民主政治精神，故應嚴加防制。原選罷法第八十七條規定：「利用競選或助選機會，公然聚眾，以暴動破壞社會秩序者，處七年以上有期徒刑，首謀者處無期徒刑或十年以上有期徒刑。」本條文對於暴力行爲，處罰較賄選爲重，但仍不夠周延，於是修正選罷法時，在本條文之後，增補了兩條：

　　第八十七條之一：「辦理選舉罷免期間，意圖妨害選舉或罷免，對於公務員依法執行職務時，施強暴脅迫者，處五年以下有期徒刑。犯前項之罪因而致公務員於死者，處無期徒刑或七年以上有期徒刑；致重傷者，處三年以上十年以下有期徒刑。」

　　第八十七條之二：「公然聚眾犯前條之罪者，在場助勢之人處三年以下有期徒刑、拘役或三萬元以下罰金；首謀及下手實施強暴脅迫者，處三年以上十年以下有期徒刑。犯前項之罪因而致公務員於死者，首謀及下手實施強暴脅迫者，處無期徒刑或七年以上有期徒刑：致重傷者：處五年以上十二年以下有期徒刑。」

　　4.防止期前活動：原法第九十七條規定違反候選人競選活動時間之罰則。修正後增列第九十七條之一：「自發布選舉公告之日起至第四十五條所定競選活動期間前，任何人爲自己或他人從事下列活動之一，經監察員制止不聽者，處一千元以上一萬元以下罰鍰：

　　①公開演溝或公開集會，從事競選宣傳。

　　②發傳單或懸掛、豎立、張貼標語、壁報從事競選宣傳。

　　③用宣傳車輛或當眾呼叫從事競選宣傳。」

　　5.搓圓仔湯自首及相關規定：選罷法第八十九條第二項原規定：「候選人或具有候選人資格者，要求期約或收受賄賂或其他不正利益，而許以放棄競選或爲一定之競選活動者亦同。」在修正法則補充規定第九十七條之二：「犯第八十九條第二項之罪或刑法第一百四十三條第一項之罪，於犯罪後三個月內自首者，免除其刑；逾三個月者，減輕其刑或免除其刑；在偵查或審判中自白者，減輕其刑。」

---

[217] 木下廣居著，陳鵬仁譯，英國的國會，三版（台北：幼獅文化公司，民國八十一年三月），頁一七一一八。

「意圖他人受刑事處分，虛構事實，而爲前項之自首者，依刑法誣告罪之規定處罰之。」

6.對宣傳品的規定：原選罷法第五十一條規定：「候選人印發名片或傳單，應註明印刷所之名稱及地址。」「候選人製作標語，其懸掛或豎立地點不得妨害交通。」因有些印刷所可能不願印某些候選人的名片或傳單，本項修正爲「候選人印發傳單，應親自簽名。」另外，候選人往往在大街小巷懸掛、張貼標語，雜亂不整齊，影響市容觀瞻，故本項修正爲：「名片、傳單除選舉委員會提供或指定地點外，不得張貼。」修正後的集中張貼方式，立意雖佳，但因傳單看版普遍不夠大，擺放地點不方便閱覽，致使效果大打折扣。

（三）民國七十八年選罷法的第二次修正

選罷法於民國七十二年修正後，適用於七十二年的立委選舉、七十四、七十五年的中央民代增額選舉及地方公職人員選舉，發現不少缺失，「中華民國公共秩序研究會」於民國七十六年一月十八日舉行選罷法修正研討會，提出了建議修正的重點和項目。之後，中選會提出了「動員戡亂時期公職人員選舉罷免法修正草案」，經行政院會通過後，送請立法院於民國七十八年一月通過，總統於二月三日公布施行。本次修法並未恢復已刪除之四十三、五十三兩條，番號仍爲一一三條，但附條有十五條，實共爲一二六條。選罷法第二次修正要點如下：

1.選務機關的改制：第二次修正選罷法第八條：「中央選舉委員會隸屬行政院，置委員若干人，其具有同一黨籍者，不得超過委員總額二分之一。‧‧‧省（市）選舉委員會隸屬中央選舉委員會‧‧‧縣（市）選舉委員會隸屬省選舉委員會‧‧‧」中央選委會委員規定同一黨籍者，不得超過委員總額二分之一，有助於立場之中立、公正、公平原則。

2.投票人投票場所便利原則：選民投票時須憑身分證領票一次，並在身分證上只能蓋一個領票戳記。爲順遂選民投票秩序。修正選罷法第二十條增列規定：「二種以上公職人員選舉同時辦理時，依規定選擇行使選舉權者，以在同一投票所投票爲限。聲明在工作地投票者，亦同。」

3.政黨參選之規定：修正選罷法增設第三十五條之一：「依法設立之政黨，得推薦候選人參加公職人員選舉。經推薦之候選人，應檢附政黨推薦書向選舉委員會登記。」第三十七條亦增列：「‧‧‧經政黨推薦之候選人，政黨得於登記期間截止前，撤回其推薦‧‧‧」此一增訂乃爲配合呼應「人民團體組織法」第四十五條規定，全國性政治團體以推薦公職人員參加公職選舉爲目的者爲政黨；第四十八條規定，政黨得依選罷法之規定，推薦候選人參加公職人員選舉。

爲優待政黨推薦的候選人，第卅八條增列規定：「‧‧‧政黨推薦之候選人，其保證金減半繳納。但政黨撤回推薦者，應全額繳納‧‧‧」政黨有關政治獻金部分，增列第四十五條之四規定：「個人對於依法設立政黨之捐獻，不得超過綜合所得總額百分之二十，其總額並不得超過新台幣二十萬元；其爲營利事業捐贈者，不得超過所得總額百分之二十，其總額並不得超過新台幣三百萬元。」

政黨在競選中的輔選工作規定，亦增列於第五十一條之一：「政黨於競選活

動期間，得爲其所推薦之候選人舉辦政見發表會及印發宣傳品。前項政見發表會，除候選人及其助選員外，由政黨向選舉委員會報備之人員，亦得在場演講。政黨印發之宣傳品，應載明政黨名稱。」

　　過去戒嚴時期政黨未合法化，原選罷法中之投票所、監察員因不能由政黨所推薦，故規定由候選人就所需人數平均推薦，送由選舉委員會審核派充之。隨著人團法修正，選罷法第五十九條亦修正如下：「監察員由候選人就所需人數平均推薦，送由選舉委員會審核派充之。但經政黨推薦之候選人，其監察員之推薦，由所屬政黨爲之。候選人或政黨得就其所推薦之監察員指定投票所、開票所，執行投票、開票監察工作，如指定之監察員超過該投票所、開票所規定名額時，以抽籤定之。但投、開票所監察員不得全屬同一政黨。」

　　4.禁止之競選活動的增減：第二次選罷法的修正中，將第五十五條規定候選人或其助選員不得作爲的情事由九項減爲五項：「①在政見發表會外，另行公開演講。②於規定期間之每日起、止時間外從事公開競選活動。③結眾遊行。④發動選舉人簽名或於廣播、電視播送廣告，從事競選活動。⑤燃放鞭炮。」另增加第五十五條之一規定政黨不得作爲之事項有七款：「①在政見發表會外，公開演講爲候選人宣傳。②設立競選辦事處及助選員。③使用宣傳車輛或於政見發表會外使用擴音器，爲候選人宣傳。④結眾遊行，爲候選人宣傳。⑤於政黨辦公處三十公尺範圍外，張貼宣傳品，或懸掛、豎立標語、看板、旗幟、布條等廣告物，爲候選人宣傳。⑥發動選舉人簽名或於廣播、電視播送廣告，爲候選人宣傳。⑦燃放鞭炮。」

　　5.罰則規定的增減：選罷法第九十五條特別增加「藏匿」之處罰：「意圖妨害或擾亂投票、開票而扣留、毀壞、隱匿，調換或奪取投票匭、選舉票、選舉人名冊、投票報告表、開票報告表、開票統計或圈選工具者，處五年以下有期徒刑。」另刪除選罷法第九十七條之一：「自發布選舉公告之日起至第四十五條所定競選活動期間前，任何人爲自己或他人從事下列活動之一，經監察人員制止不聽者，處一千元以上一萬元以下罰鍰：①公開演講或公開集會，從事競選宣傳。②散發傳單或懸掛、豎立、張貼標語、壁報從事競選宣傳。③使用宣傳車輛或當眾呼叫從事競選宣傳。」

　　6.大眾傳播工具的使用規定選罷法第五十條第五項具體規定：「選舉委員會得視實際需要，選定公職人員選舉種類，透過電視或其他大眾傳播工具，辦理選舉活動。」利用大眾傳播工具作選舉活動，可使選民坐在家中即瞭解候選人的政見和基本思維、表達、推理能力。其缺點則是口才與辦事能力、服務態度並非成正比，口才稍拙劣者，服務精神與操守或許極佳，但透過大眾媒體則易居於劣勢。

　　7.競選經費最高限額的修改：選罷法第四十五條之一有關競選經費最高限額的規定有如下修改：「各種公職人員競選經費最高限額，應由選舉委員會訂定，並於發布選舉公告之日同時公告之。前項競選經費最高限額，應依公職人員選舉種類、競選活動期間，斟酌選舉區面積、交通狀況、競選活動項目及必須費用，並參酌物價指數，訂定基本金額；而以選舉區應選出名額除選舉區人口總數，乘

基本金額計算之。」

8.政治獻金規定的增修：選罷法第四十五條之二原內容有所增加：「候選人不得接受下列競選經費之捐助：①外國團體、法人、個人或主要成員為外國人之團體、法人之捐助。②同一種選舉其他候選人之捐助。」另增訂第四十五條之四規定：「候選人之競選經費，於第四十五條之一規定最高限額內而非接受捐贈者，得於申報所得稅時，作為當年度列舉扣除額。個人對於候選人競選經費之捐贈，不得超過新台幣二萬元；其為營利事業捐贈者，不得超過新台幣三十萬元。候選人接受競選經費捐贈之總額，不得超過第四十五條之一規定之競選經費最高限額。個人對於依法設立政黨之捐贈，不得超過綜合所得總額百分之二十，其總額並不得超過新台幣廿萬元；其為營利事業捐贈者，不得超過所得總額百分之十，其總額並不得超過新台幣三百萬元。前二項之捐贈，個人得於申報所得稅時，作為當年度列舉扣除額；其為營利事業捐贈者，得列為當年度之費用或損失。營利事業連續虧損三年以上者，不得捐贈競選經費。」

9.公職候選人學經歷的修改：原法對監察委員候選人規定須高中以上學校畢業，或普通考試以上考試及格，或曾任省（市）議員以上公職一任以上。經修改提高為：「監察委員候選人須專科以上學校畢業，或高等考試以上考試及格，具有行政、司法工作經驗四年以上；或曾在專科以上學校任教或執行律師、會計師業務四年以上；或曾任省（市）議員以上公職一任以上。」此外縣（市）長候選人之經歷提高：「…並且有行政工作經驗四年以上，或曾在專科以上學校擔任講師四年以上，或執行經高等考試以上考試及格之專門職業四年以上。」此外，鄉（鎮、市）長與村里長的學經歷資格則降低。鄉（鎮、市）長候選人學經歷資格修改為：「鄉（鎮、市）長候選人須國民中學以上學校畢業或普通考試以上考試及格，並且有行政工作經驗四年以上或曾任鄉（鎮、市）民代表以上公職一任以上。」村里長候選人學歷資格亦由國中降為小學，由普考降為丁等特考。

10.候選人補貼制度的增訂：選罷法修改後增加了第四十五條之五的補貼制度：「公職人員候選人得票超過各該選舉區最低當選票數四分之三以上者，應補貼其競選費用，每票補貼新台幣十元，但其最高額不得超過各該選舉區候選人競選經費最高限額。」

（四）選罷法的評析

選罷法於民國六十九年制定，並經七十二年、七十八年的兩次修訂，條文不斷增加，雖番號仍為一一三條，但附條有十五條，扣除原條文刪除兩條，實共有一二六條，其綜合分析如下：

1.選務中立性：選罷法有關選舉機關乃是朝向常設選舉委員會的設計，採「委員會制」，同時選監合一。其立法意旨，是要由一個客觀超然的選務機構，統一主持選政，以專責成。選委會採委員會制，具有合議制之客觀性，而規定中央選舉委員會之委員具有同一黨籍者不得超過委員總額二分之一，亦較能避免中央選委會為某一政黨所控制之弊。至於省（市）及縣（市）選委會之組織並未有二分之一明文的規定，雖理論上，中央選委會在決定時應會顧及政黨比例之問題，唯

不若直接由法律明文規定來的明確、具體。

選罷法採選監合一，使選務行政事權統一。由選委會遴聘社會公正人士擔任監察工作，自中央至縣市監察體系一貫，依選罷法第十二條規定，中央選舉委員會置巡迴監察員，直轄市、縣市選委會設監察小組，省之監察工作則由省選舉委員會掌理，並於辦理選舉時，聘政見發表會監察員、投開票所監察員，均係遴聘社會公正人士擔任，投開票所監察員並由候選人及候選人所屬政黨推薦，依法執行監察職務。另依選罷法第一百條之規定，中央公職人員選舉，由最高法院檢察署檢察長督導各級檢察官，地方公職人員選舉，由該管地方法院首席檢察官督導所屬檢察官分區查察。在選舉監察與司法檢察並行下，民眾亦可依法檢舉、告發，以確保選務之中立性、獨立性以及選舉之公平、公正、公開。

2.候選人資格的限制：選罷法第卅二條對各類公職候選人均有學歷和經歷之要求，條文內容已如前述。依憲法對被選舉人的限制，僅有憲法第一三○條年齡的規定，而選罷法對學、經歷的要求或著眼於選賢與能，唯學識能力、服務熱忱與學、經歷不一定相關連，亦即並無必然的因果關係。或以被選舉權參與公職之競選，其當選與否，全由選民以選票決定，這是民主的直接表現，是否宜需政府以立法設限之方式代人民作初步之過濾或決定？似值商榷。[218]

選罷法第卅五條第一項第二款規定「現在學校肄業學生」不得申請登記為候選人，其中亦不乏可議之處。一則具有候選人資格之在學學生年齡至少在廿三歲以上（選罷法第卅一條），已具有完全行為能力及識別能力之成年人，應可完全對自己之行為負責。再則，常有民意代表入校念書或攻讀學位者，若反過來不許學生競選公職人員，這是相矛盾的。三則，空中行專的學生，大都有職業且適齡為公職人員；而攻讀高級學位者在校在外兼職者，亦所在多有。[219]禁止在校肄業學生登記為候選人之規定，似欠允洽。

3.選舉活動的行使與限制：競選活動中，何者可為，何者不可為，對於公平競爭的候選人而言，關係重大，因而選罷法中對選舉活動之遊戲規則有廣泛規範。以民國七十八年選罷法第二次修正後之規定，提出下列說明：

（1）禁止的競選活動列舉依選罷法第五十四條規定不得為之言論有三款，第五十五條規定候選人或其助選員不得作為的情事有五款，第五十五條之一規定政黨不得作為之事項有七款，第五十六條則規定競選活動期間，除候選人及其助選員或政黨依本法規定從事競選活動外，任何人不得有之六款行為。質言之，選罷法採禁止作為事項之列舉方式，其他未列舉事項不受限制，此法使政黨、候選人、民眾有明確方向。唯禁止作為事項中，有兩項在執行上會有爭論，一是不得結眾遊行，一是不得燃放鞭炮。前者候選人到處拉票，如有群眾因看熱鬧或支持而追隨其後，或有候選人帶領大批群眾在街頭「散步」，在執行取締結眾遊行時有其困難。後者放鞭炮有礙住民安寧，但可放鞭炮之原因、理由甚多，取締亦不

---

[218] 林子儀，「『動員戡亂時期公職人員選舉罷免法』之修正與重建」，見李念祖編著，從動員戡亂到民主憲政（台北：民主文教基金會，民國八十年十一月），頁二○一－二○二。

[219] 馬起華，前揭書，頁四九三。

容易，反而有損公權力尊嚴。

（2）政見發表會方式的檢討：政見發表會分為公辦和自辦兩種，依選罷法第四十九條規定，自辦政見發表會之時間在先，公辦政見發表會之時間在後。此法可以冷卻自辦政見發表會所激起聽眾高昂的情緒，免於發生暴亂。但其缺點則易使候選人在自辦政見會時所吸引的群眾，因時間因素失去對候選人的熱忱和向心力。民國七十八年修改選罷法時，中央選委會曾提出修改草案，唯未被採行，該草案乃以公辦政見發表會及自辦政見發表會，應間日舉行，其舉辦之做法，由選舉委員會按投票日前一日舉行公辦政見發表會向前推算之次序排定之，並於候選人登記公告時一併公告。此種隔日交叉舉行公、自辦政見發表會應為可研究之途徑。

利用大眾傳播媒體從事競選活動：依選罷法第五十條第五項規定，僅允許選舉委員會得視實際需要，選定公職人員選舉種類，透過電視或其他大眾傳播工具，辦理選舉活動。而選罷法第五十五條、第五十五條之一、第五十六條限制候選人及政黨利用廣播或電視作為競選活動之手段。事實上，大眾傳播乃為目前傳達資訊最有效之工具，為了使候選人及選民經由選舉活動充分表達及獲得充分之資訊，對於大眾傳播媒體應妥為利用。唯廣播、電視的無限制使用亦有其弊端，一則造成競選經費雄厚之候選人或政黨之優勢；二則眾多候選人平等使用原則下，電視頻道在競選期間，必將形成競選廣告充斥，妨害電視台的常態營運及廣大觀眾的收視。因之，在求有效利用大眾傳播媒體之時，更應講求技術上運用的合理，例如以公費購買時段，平均分配給所有政黨候選人使用。或以一定規則下進行電視、廣播政見發表會、辯論會。

4.選舉經費的規範：選舉必須花錢，但花錢太多，形成浪費，會導致社會奢靡之風。有錢人或金牛型候選人比較容易賄選，不僅造成選舉惡質化，而且極易政商掛鉤，使廉潔、效能的政治更形遙遠。有鑑於此，選罷法對選舉經費乃加以規範，其方式有：(1)競選經費最高限額的訂定，第四十五條之一即為此規定。但以四十餘年來，選風之劣質，如無法從社會風氣、教育程度、查賄技術、嚴格罰則諸方面尋求徹底解決，徒有經費最高限額規定仍難收其效。(2)政治獻金的規定，第四十五條之二、之四，分別限制不得接受之經費捐助，以及所可接受個人、營利事業捐贈最高額度。(3)公費補助制度，第四十五條之五規定候選人得票達一定數額者，補貼其競選費用。本法用意在幫助候選人競選經費，唯論者亦分析指出，一則競選是一種權利而非義務，乃是自由參加而非強迫，故不宜由多數人民納稅供給少數人競選。再則公職人員競選種類不同，花費亦各不相同，不分種類，一律每票補貼十元，不甚合理。三則候選人財力各不相同，一律同額補助，並不公道。[220]

5.選舉區的劃分：選舉區劃分對於候選人競選活動、政黨參選策略、選民投票、選舉當選席次都有密切關係。依選罷法第卅九條規定採「地域代表制」，國大代表、立法委員、省議員、直轄市議員、縣（市）議員、鄉（鎮、市）民代表

---

[220] 同上，頁五一八 — 五一九。

均各以其行政區域爲選舉區，並得在其行政區域內劃分選舉區，上述均爲大選舉區制。另縣（市）長、鄉（鎮、市）長，村里長選舉各依其行政區域爲選舉區。選罷法第四十條、四十一條則有國代、立委之「職業代表制」、國代之「婦女代表制」以及各級公職選舉「生活習慣特殊國民代表制」。從國民主權原理以及人人各有其職業觀之，職業代表制似宜檢討廢除。另爲健全政黨政治，避免金權政治流弊，拔取有才德無財富的才俊之士，則全國不分區代表，以政黨比例代表制方式選出有其價值，這在其後第一階段修憲被納入憲法增修條文以及回歸憲法後落實於「公職人員選舉罷免法」中具有積極意義。

綜合而論，選舉制度爲民主政治不可缺少的制度，而選罷法更爲不可缺少之立法，我國選罷法內容相當廣泛，本時期從制定，並經過二次修正，若干缺失、爭議已如前述，如何強化法規內涵，並促使國內硬體的民主制度規範與軟體的民主素養相結合，信爲我國選舉發展成敗之根源。

二、人民團體組織法規

解嚴後開放組黨，我國有關政黨的規範付之闕如，此時期並未制定類似德國、韓國之「政黨法」，而是將民國卅一年制定的「非常時期人民團體組織法」加以修改，並於民國七十八年一月廿七日公布「動員戡亂時期人民團體法」（以下簡稱人團法），其相關法規是「人民團體選舉罷免辦法」。修改後的人團法中，有關政治團體與政黨的規範及其要點分析如下：

（一）**人民團體採三分法**：修改後的人團法將舊人團法中，傳統的人民團體所分職業團體、社會團體兩種，加入政治團體，使人團法之人民團體包括：職業團體、社會團體和政治團體。（第四條）並將政黨定位爲政治團體的範疇。人團法增加之政治團體列爲第九章（第四十四條至五十二條），政黨與職業團體、社會團體差距甚大，性質、目的迥異，宜否合併立法殊值三思。

（二）**政治團體概念模糊**：依人團法第九章之內容，在理念上是以政黨爲本位，而用政治團體作法律上的設計。第九章除了定名「政治團體」，以及第四十四條爲界定「政治團體」，第四十九條規定政治團體之章程應載事項，第五十一條規定禁止捐助之對象，其餘多爲政黨之相關事項，使得政黨以外的政治團體概念不夠明確。第四十四條政治團體，乃指係以共同民主政治理念，協助形成國民政治意志，促進國民政治參與爲目的，由中華民國國民組成之團體。事實上要將一個團體分別爲政治團體或社會團體並不容易，政治團體除了簡單名詞界定外，並無廣泛政治團體的細節規定，使第九章「政治團體」內涵過於貧乏與模糊。

（三）**政黨採備案制，政治團體採立案制**：政黨的定義，依人團法第四十五條規定：「符合下列規定之一者爲政黨：1.全國性政治團體以推薦候選人參加公職人員選舉爲目的，依本法規定設立政黨，並報請中央主管機關備案者。2.已立案之全國性政治團體，以推薦候選人參加公職人員選舉爲目的者。」政黨之設立依人團法第四十六條規定採備案制：「依前條第一款規定設立政黨者，應於成立大會後三十日內，檢具章程及負責人名冊，報請中央主管機關備案，並發給證書

及圖記。」政黨設立採備案制甚符合政黨政治對政黨成立不作實質審查，並減少行政體系不當干預作為的可能性，是為明確作法。唯對於非政黨的政治團體則必須適用人團法第八條，與職業團體、社會團體相同的立案制：「人民團體之組織，應由發起人檢具申請書、章程草案及發起人名冊，向主管機關申請許可。」

　　人團法對政黨採寬鬆的態度，對政黨以外之政治團體以及職業團體、社會團體採審查制度，此「一法兩制」規定似值商榷。另人團法中對違反備案、立案規定者並有刑事處罰。第六十條：「未經依法申請許可或備案而成立人民團體，經主管機關通知限期解散而不解散者，處新台幣六萬元以下罰鍰。人民團體經主管機關撤銷許可或解散，並通知限期解散而不解散，或違反第六十五條規定，經通知限期辦理立案或備案而未辦理者，亦同。」第六十一條：「未經依法申請許可或備案而成立人民團體，經主管機關通知限期解散而不解散，仍以該團體名義從事活動，經該主管公務員制止而不遵從，首謀處二年以下有期徒刑或拘役。人民團體經主管機關撤銷許可或解散並通知限期解散而不解散，或違反第六十五條規定經通知限期辦理立案或備案而未辦理，仍以該團體名義從事活動，經該管公務員制止而不遵從，首謀者，亦同。」

　　（四）人團法三原則政治性大於法律性：人團法延續國安法三原則，於第二條規定：「人民團體的組織與活動，不得違背憲法、主張共產主義或主張分裂國土。」另第五十三條規定：「申請設立之人民團體有違反第二條或其他法令之規定者，不予許可；經許可設立者，撤銷其許可。」三原則中之不得違背憲法，依法之位階性而言，憲法位階最高，任何法律、命令、規章均不得與之相牴觸，否則無效，故而人民團體組織不能違背憲法為理所當然。民國八十一年七月修正人團法時，本條即刪除「不得違背憲法」。至於不得主張共產主義在於防止中共的極權反民主；不得主張分裂國土在於防止台獨的島國心態，都是政治性大於法律性的。

　　（五）政黨須為全國性不得為區域性：人團法第四十七條規定：「政黨以全國行政區為其組織區域，不得成立區域性政黨，但得設分支機構。」此一條文增加語意上的紛歧，其本意或係限制某一政黨成為台獨黨，然而「全國」究指包含全中國大陸，抑或中華民國目前主權所及的台灣省、福建省（金門縣、連江縣）？現今政黨均在台灣地區，算是全國性抑或區域性？另一方面，政黨成立之初始，力量往往有限，在地方自治下，多為先對某地域的關心，擴大成為及於全國的政黨，禁止區域性政黨，實抹殺漸進式政黨的產生。故而本條不僅有語意的困擾，且有違地方自治的精神，實宜刪除。

　　（六）政黨審議委員會的設置：依人團法第五十二條：「內政部設政黨審議委員會審議政黨處分事件。政黨審議委員會由社會公正人士組成，其具有同一黨籍者，不得超過委員總額二分之一，其組織由內政部定之。」第五十八條並規定：「‧‧‧對於政黨之處分以警告、限期整理及解散為限。政黨之解散，由主管機關檢同相關事證移送司法院大法官審理。前項移送司法院大法官審理，須經政黨審議委員會出席委員三分之二以上認有違憲情事者為限。」依人團法設立政黨審

議委員會審議政黨處分事項，而有關政黨解散的處分，須政黨審議委員會出席委員三分之二以上認為有違憲情事者，移送司法院大法官審理。

（七）**政治團體收受捐助的限制**：人團法第五十一條規定：「政治團體不得收受外國團體、法人、個人或主要成員為外國人之團體、法人之捐助。」違犯此一規定的罰則為第六十二條：「違反第五十一條規定收受捐助者，處二年以下有期徒刑，拘役或新台幣六萬元以下罰金。犯前項之罪者，所收受之捐助沒收之，如全部或一部不能沒收時，追徵其價額。」

綜合而論，隨著解嚴開放組黨，人團法亦做了修改，其中政治團體與政黨在規範上的若干檢討已如前述。此外，對於最根本的一個問題，即人團法中宜加入政治團體抑或單獨制定政黨法？仍是仁智互見。固然當今世界各國中僅有少數國家，如德國、韓國、巴西訂有政黨法，許多民主先進國家多未訂定，然未必表示我國無此需要，尤以我國民主政治、政黨政治正待建構良好基礎，宜乎明確法律規範的程度，而高度政治性的規範與一般職業性、社會性的規範混合於同一法中，其性質的不齊一，甚至有「一法兩制」的情形，顯示政黨法應有其必要性，一方面有助於人團法回歸原本面貌，另一方面則使政黨的規範周延而明確。

三、大眾傳播法規

本時期後半段，在民國七十六年戒嚴令解除以後，政治、社會各方面變化甚大。而有關大眾傳播法規亦隨之調整，就出版法規方面，「台灣地區戒嚴時期出版品管制辦法」以及當時有權審查機關所作之解釋，均因為解嚴而停止施行或廢止。另解嚴前警總參與執法的行政命令，諸如「出版品進出口管理與輔導要點」、「管制匪報書刊入口辦法」、「台灣地區省（市）縣市文化工作辦理要點事項」，在解嚴後，或者修正，或者廢止，有關出版品的審查工作改由新聞局執掌。在民國四十年起實施的報禁行政命令，於民國七十七年一月一日正式開放報禁後，即形同撤銷，而同一行政禁令中之雜誌社申請登記則早已開放。就電子媒體法規方面，有關廣播、電視之頻道，在本時期則並未因解嚴而開放，這一直到民國八十二、八十三年間才有大幅成長。

（一）**出版品法規**

解嚴後有關出版品管理依據的主要法規是「出版法」及其施行細則，已如前章述及。另「台灣地區戒嚴時期出版品管制辦法」等的廢止，將出版品的管理審查轉交由新聞局負責。對於出版品進出口，原有之「出版品進出口管理與輔導要點」，於民國七十六年七月十六日修改，除了警總不再參與執法，就大陸出版品進入本國地區，有如下規定：1.中共機構及個人出版之出版品，一律禁止其進入本國自由地區，但政府機關、學術研究及大眾傳播機構，因業務需要得備文載明出版品名稱及詳細用途，向新聞局專案申請核准進入本國自由地區。該專案核准其進入本國自由地區之出版品，應由申請者負責妥善保管，禁止其散布流傳。2.淪陷區發行之出版品，其內容屬科技、藝術及史料文獻或反共言論者，出版事業個案向新聞局申請進入本國自由地區。該出版品在本國自由地區發行時，應重新

編印，禁用簡體字。

民國七十六年十一月十七日新聞局發布「申請出版淪陷區出版品審查要點」14要點，以因應大陸政策逐漸開放後，規範出版業者出版大陸出版品相關事宜，重點爲：1.出版淪陷區出版品，其內容以屬於科技、藝術、史料文獻、反共言論以及相關出版品爲限。2.申請出版前，應與自由國家或地區之獲得原著作權人或製版權人授權出版之人，簽訂授權契約。前項著作權人或製版權人，限非中共機構及其人員；授權契約應經過自由國家或地區公證人公證，並經我國官方機構驗證。3.申請出版經新聞局審查後，出版業依審查意見辦理，並重新整理編印，將簡體字改爲正體出版。4.本要點實施前，出版業在本國自由地區出版之淪陷區出版品，應由各該業者補列清冊，辦理送審手續，經審查核准後得繼續發行。5.如未補辦送審手續，以後喪失申請出版淪陷區出版品之資格。6.核准出版之淪陷區出版品，如有權利爭議，由出版業自行處理。

民國七十七年因我國對大陸政策更爲開放，新聞局發布「淪陷區出版品、電影片、廣播電視節目進入本國自由地區管理要點」以規範出版品、廣播、電視、電影等，其要點如下：

1.中共機構或人員在自由國家或地區出版、發行或製作之出版品、電影片或廣播電視節目以在淪陷區出版、發行或製作論。

2.淪陷區出版品、電影片、廣播電視節目有下列情形之一者，不得進入本國自由地區。但政府機關、學術研究團體或大眾傳播機構，因業務需要經專案申請行政院新聞局核准者，不在此限：(1)中共機構或人員出資、出版、發行或製作者。(2)宣傳共產主義者。(3)有中共圖案、標誌者。(4)有懲治叛亂條例第六條及第七條規定之情形者。(5)違反出版法、電影法、廣播電視法或其他有關法律規定者。出版品有前項第一款、第三款之情形者，行政院新聞局得將文字、圖案、標誌或其他不當部份處理後，准其進入本國自由地區。

3.淪陷區出版品、電影片或廣播電視節目進入本國自由地區，經核驗結果，認爲與規定無違者，得予放行。認爲有疑義者，得留置審查。留置審查期間不得逾三十天。

4.淪陷區出版品、電影片或廣播電視節目進入本國自由地區後，如出版、發行、製作、映演或播送（放），應依法向行政院新聞局申請核准。由新聞局依下列規定辦理：(1)認有違反規定者，應不予核准。但因劇情需要有中共圖案、標誌顯現者，不在此限。(2)使用簡體文字者，通知其訂正或修改後再行送核。

5.同一淪陷區出版品、電影片或廣播電視節目，有二個以上業者申請在本國自由地區出版發行、製作、映演或播送（放），行政院新聞局應以收到申請案之先後次序決定之。如有私權爭執，應以業者循民事訴訟程序，尋求解決。

6.申請出版淪陷區出版品，應填具申請書並繳驗授權契約，但無著作權或著作權製版期間屆滿之淪陷區出版品，應提出足資證明之文件，免繳驗授權契約。前項授權契約得由出版業或其授權之人與著作權人、製版權人或其授權之人在淪陷區或自由國家或地區（包括本國自由地區）簽訂。

7.淪陷區電影片之申請檢查，依電影法有關之規定，其未經行政院新聞局檢查核准之淪陷區電影片，不得公開映演或發行。

8.申請發行、製作或公開播送（放）淪陷區廣播電視節目者，應填具申請書詳載來源、名稱、內容、規格及數量。

9.不得進入本國自由地區之淪陷區出版品、電影片或廣播電視節目，應由其所有人或持有人退運、銷磁或銷毀。前項出版品、電影片或廣播電視節目得留存行政院新聞局三十天，所有人或持有人逾期不處理時，行政院新聞局得逕行處理之。

10.來源不明或不依本要點申請出版、發行、映演或播送（放）之淪陷區出版品、電影片、廣播電視節目，依有關法律規定辦理。

綜合而論，解嚴前後，出版品管理有相當大的差異，就管理審查機構言，由警總轉移至新聞局。就相關法規言，由戒嚴時期「台灣地區戒嚴時期出版品管制辦法」（共有十一條）等多項行政命令以及報禁等規定，回復到以出版法（共有六章，四十六條）為管制出版品的主要法律，另有出版法施行細則（共有卅五條）以及修正後的若干行政命令。就出版品的開放程度言，不僅國內出版品、雜誌、報紙呈現多彩多姿的面貌，大陸出版品的進口規範亦已建立，並逐年逐漸放寬。

（二）電子媒體法規

本時期在解嚴前後關於廣播電視管理的主要法令是「廣播電視法」及其施行細則。電子媒體的規範並未因解嚴後，立即大幅調整，主要仍是依據民國六十五年一月公布，七十一年六月修正的廣電法，其中廣播、電視的設立由新聞局、交通部掌理，廣播、電視的頻道並未如同報禁的解除而大量開放。在廣電法中從廣播電視的申請設立、節目內容、廣告內容、獎勵輔導以及行政處分均有明確規定，已如前章說明。本時期行政院依據廣電法完成一系列行政命令：「電視節目製作規範」、「廣播節目製作規範」、「廣播電視節目供應事業管理規則」、「廣播電視廣告內容審查標準」等。解嚴後，因應兩岸交流，行政院又公布施行「現階段大眾傳播事業赴大陸地區採訪、拍片、製作節目報備作業規定」、「現階段廣播電視事業、廣播電視節目供應事業赴大陸地區製作節目報備作業實施事項」「現階段大陸人士來台參觀訪問申請作業要點」及「大陸地區各主要大眾傳播事業所屬有關事業人士來台參觀訪問申請須知」等行政命令。茲引具代表性者如下：

1.「電視節目製作規範」：於民國七十二年四月卅日公布實施，並於七十二年十月、七十六年十月、七十九年七月、八十二年十二月經過多次修正。內容分三章：前言、節目製作的原則、廣告處理的原則。前言中標示本規範乃依據廣播電視法施行細則第十七條（按：即廣播電視節目之內容，其製作原則由新聞局定之。）規定，本著自律的精神、道德的良知、社會的責任來擬定，作為業者製作電視節目時共同遵行的原則。第二章「節目製作原則」之一般原則：(1)新聞性節目應遵照中國新聞記者信條、中華民國電視道德規範之規定處理。(2)對人格尊嚴、團體名譽應予尊重，不刻意貶抑或嘲笑殘障者或精神病患。(3)不宜強調種族、性別、宗教、職業、貧富及地域之歧視或偏見。(4)任何刻意廣告化之內

容均應避免。(5)不得有足以使人迷信、不安之情節。(6)對幫派活動過程及結果之描繪，不得有不良啓示作用。(7)不得刻意描繪犯罪、自殺、殘暴行爲等之細節或過程。(8)模仿播送新聞或號外，應以不致引起觀衆誤會或虛驚爲原則。(9)涉及性關係之情節，應避免引起猥褻、色情之聯想。(10)節目內容不得流於低級趣味或表演，並不得有意含淫邪、低俗之雙關語與動作。(11)特技表演或特殊效果處理之危險鏡頭，不宜過分強調。(12)對於法所禁止足以貽害青少年、兒童身心健康之場所、戲劇等應避免引用作爲背景畫面。(13)節目中對於兒童角色之安排應特別愼重，在其有關情節中不宜有姦淫、搶劫、綁架之動作。(14)爲預防對語言習慣產生不良之影響，應儘量避免模仿口吃、嚴重語法錯誤、過分歪曲方言。(15)電視用語不得使用嘲弄、污蔑、歧視、誹謗、猥褻之詞句。(16)不得提示醫療方法之具體建議，若述及醫學專業知識，其主講人應具有專業醫師資格或內容應經醫學團體認可。(17)節目中涉及歷史性及專業性之情節，宜請專家指導。(18)節目中之競賽遊戲應有教育意義，以才藝競技爲主，不得以投機取巧方式處理，以免養成觀衆不勞而獲之僥倖心理，主持人應秉公裁決，不可濫加贈獎。(19)21時30分以前之內容均應以適合全家觀賞爲原則。

　　節目製作之特定原則：(1)兒童節目皆應含有教育意義，應注意兒童身心之健康及正常人格之發展。(2)兒童節目應愼重處理社會所發生之罪惡、怪異、卑劣、驚駭及反常等現象。(3)凡不適於兒童觀賞之廣告或節目預告，均不得安排於兒童節目中播放。(4)危害兒童安全之內容，均應避免。(5)電視台週一至週五每日17時至19時30分間，均應安排半小時之兒童節目，週六或週日應安排一小時或各半小時，其中並有二檔須爲自製。(6)電視台播映之卡通，以內容分：親情、倫理、知識、公德等類之比例，合計不得低於50%。(7)播映卡通，不得含有色情、暴力之內容。(8)卡通節目之配音，應注意其自然、和諧，避免怪異刺耳。

　　第三章「廣告處理的原則」包括：節目錄製長度與廣告之比例、廣告時間的計算方式、廣告之播出等規定。

　　2.「**廣播節目製作規範**」：於民國七十七年八月十九日公布實施，並於民國八十年四月、八十二年八月修正。內容有兩章：節目製作的一般原則，節目製作的特定原則。一般原則的主題及內容：(1)不違背國策，不觸犯法令。(2)不傳播危害國家安全或社會安定之內容。(3)不影響民心士氣或國內外同胞之團結。(4)不煽動群衆從事非法活動。(5)不強調種族歧視、性別歧視、宗教歧視、地域觀念、貧富對立。(6)不妨害公序良俗，不提倡迷信、邪說、賭博或其他不正當活動。(7)不渲染社會黑暗面。(8)不渲染不良幫派活動。(9)對各種犯罪過程或可能產生不良影響之情事，不作細節描述。(10)對犯罪人物下場之描述宜具警世作用。(11)對人格、職業之尊嚴應予尊重，不可故意戲弄，歧視或污蔑。(12)不故意貶抑或嘲笑殘障者或精神病患。(13)不侵犯無關社會公益之個人隱私。(14)涉及性關係之情節，應避免低俗誨淫。(15)涉及鬼、狐、精怪、靈異等內容情節，應避免引起聽衆恐懼或不安。(16)節目內容如涉及真實事件應確實查證以避免誤

導。(17)模仿播送新聞或號外之內容,應避免引起聽眾誤會或虛驚。

第二章廣播節目製作的特定原則包括:教育文化節目、公共服務節目、醫療衛生節目、兒童節目、戲劇節目、綜藝節目以及競賽益智節目等之特別規範。

3.「現階段大眾傳播事業赴大陸地區採訪、拍片、製作節目報備作業規定」:於民國七十八年四月公布實施。對於依法設立有案之通訊社、報社、雜誌社、廣播電台、電視電台之新聞從業人員,或「港九電影戲劇事業自由總會有限公司」之會員,申請赴大陸地區採訪、拍片或製作節目時,應依本規定辦理。其要點有:(1)大眾傳播事業赴大陸地區採訪、拍片或製作視聽節目,不得接受中共之資金,或與中共共同採訪、製作、出版、發行或與中共進行其他合作事宜,但因工作需要接受當地技術層面之支援或雇用當地臨時性人員者,不在此限。(2)赴大陸地區採訪所得新聞報導內容或赴大陸地區所拍影片、所錄製廣播電視或其他電視節目,不得有下列事項:①有懲治叛亂條例第六條及第七條規定之情形。②違反出版法、電影法、廣電法或其他有關法令規定。③刻意表現代表中共之圖誌或使用簡體字。但因內容或劇情需要者,不在此設。(3)台灣及香港九龍地區電影、廣播電視及其他影藝人員在大陸地區不得從事妨害國家安全或利益之活動。(4)具有國際組織會員資格之新聞、電影、廣播電視及視聽民間團體,得依有關法令規定,向主管機關另行申請參加該組織在大陸舉行之會議及活動。(5)違反本規定者,依有關法令處理。

綜合而論,本時期在解嚴後,電子媒體的法規以廣電法與廣電法施行細則為主體,並包含行政院新聞局發布施行的多種行政命令。基本上,各種法規較著重於節目、廣告內容的規範審檢。廣電法第四條:「廣播、電視事業使用之電波頻率,為國家所有,由交通部會同新聞局規劃支配。」第八條:「電台應依電波頻率之分配,力求普遍均衡;其設立數目與地區分配,由新聞局會同交通部定之。」第十條:「電台之設立,應填具申請書,送由新聞局轉送交通部核發電台架設許可證,始得裝設。」該等廣播、電視的設立規定,政府均以頻道不敷之說,使相關條款形同具文。

四、集會遊行法規

憲法第十四條規定,人民有集會之自由。遊行則非憲法列舉之自由,應屬於憲法第廿二條規定的「其他自由」。集會遊行為人民的自由,然而我國過去並無集會遊行的規範,加以戒嚴時期這些作為是禁止的,因此在解嚴後,為因應人民這項自由的行使,乃由行政院於民國七十六年九月十七日院會通過草案,向立法院正式提出審議。「動員戡亂時期集會遊行法」於民國七十七年一月十一日三讀通過,同月廿日總統公布,其後並於民國八十一年七月廿七日總統令將「動員戡亂時期集會遊行法」修正為「集會遊行法」,並修正部分條文內容。「集會遊行法」的主要內容如下:

(一)基本內涵的闡述:「集會遊行法」制定目的在保障人民集會、遊行之自由,維持社會秩序。(第一條)集會係指於公共場所或公眾得出入之場所舉行

會議、演說或其他聚眾活動。遊行係指於市街、道路、巷弄或其他公共場所或公眾得出入之場所之集體行進。（第二條）集會遊行不得違背憲法或主張共產主義，或主張分裂國土。（第四條）此三原則係照引自國安法第二條，民國八十一年修正時刪除「不得違背憲法」。此外對於合法舉行之集會、遊行，不得以強暴、脅迫或其他非法方法予以妨害。（第五條）

(二)**禁制區範圍規定**：集會、遊行不得在下列地區及其週邊範圍舉行，但經主管機關核准者，不在此限：1.總統府、行政院、司法院、考試院、各級法院。2.國際機場、港口。3.重要軍事設施地區。前項第一款、第二款地區之週邊範圍，由內政部劃定公告。第三款地區之週邊範圍，由國防部劃定公告，但均不得逾三百公尺。（第六條）

（三）**集會遊行應有負責人**：依法設立之團體舉行之集會、遊行。其負責人為該團體之代表人或其指定之人。（第七條）室外集會、遊行，應由負責人填具申請書，載明下列事情，於七日前向主管機關申請許可，但因天然災變或其他不可預見之重大事故而有正當理由者，得於二日前提出申請：1.負責人或其代理人、糾察員姓名、性別、職業、出生年月日、國民身分證統一編號、住居所及電話號碼。2.集會、遊行之目的、方式及起訖時間。3.集會處所或遊行之路線及集合、解散地點。4.預定參加人數。5.車輛、物品之名稱、數量。第三款集會處所，應檢具該處所之所有人或管理人之同意文件，遊行應檢具詳細路線圖。（第九條）

有下列情形之一者，不得為應經許可之室外集會、遊行之負責人，其代理人或糾察員：1.未滿二十歲。2.無中華民國國籍者。3.經判處有期徒刑以上之刑確定，尚未執行或執行未畢者，但受緩刑之宣告者，不在此限。4.受保安處分或感訓處分之裁判確定，尚未執行或執行未畢者。5.受禁治產宣告尚未撤銷者。（第十條）

集會、遊行之負責人應於集會、遊行時親自在場主持，維持秩序。（第十八條）集會、遊行之負責人因故不能親自在場主持秩序時，得由代理人代理之，代理人之權責與負責人同。（第十九條）集會、遊行之負責人得指定糾察員協助維持秩序。糾察員在場協助維持秩序時，應佩戴「糾察員」字樣臂章。（第二十條）集會、遊行之參加人，應服從負責人或糾察員關於維持秩序之指揮。對於妨害集會遊行之人，負責人或糾察員得予以排除，受排除之人，應立即離開現場。（第廿一條）集會、遊行之負責人宣布中止或結束集會、遊行時，參加人應即解散。宣布中止或結束後之行為，應由行為人負責。（第廿二條）集會、遊行之負責人，其代理人或糾察員及參加人均不得攜帶足以危害他人生命、身體、自由或財產安全之物品。（第廿三條）

（四）**集會遊行採許可制**：集會遊行法所稱主管機關係指集會、遊行所在地之警察分局。集會、遊行所在地跨二個以上警察分局之轄區者，其主管機關為直轄市、縣（市）警察區。（第三條）室外集會、遊行應向主管機關申請許可，但下列情形不在此限：1.依法令規定舉行者。2.學術、藝文、旅遊、體育競賽或其他性質相類之活動。3.宗教、民俗、婚喪、喜慶活動。另室內集會無須申請許可，

但使用擴音器或其他視聽器材足以形成室外集會者，以室外集會論。（第八條）申請室外集會、遊行除有下列情事之一者外，應予許可：1.違反第四條、第六條、第十條之規定者。2.有事實足認爲有危害國家安全、社會秩序或公共利益之虞者。3.有危害生命、身體、自由或對財務造成重大損壞之虞者。4.同一時間、處所、路線已有他人申請並經許可者。5.未依法設立或經撤銷許可或命令解散之團體，以該團體名義申請者。6.申請不合第九條規定者。（第十一條）

室外集會、遊行申請之許可或不許可，主管機關應於收到申請書之日起三日內以書面通知負責人，依第九條第一項但書之規定提出申請者，主管機關應於收受申請書之時起廿四小時內，以書面通知負責人，主管機關未在前二項規定期限內通知負責人者，視爲許可。（第十二條）室外集會、遊行許可之通知書，應載明下列事項：1.負責人姓名、出生年月日、住居所。有代理人者，其姓名、出生年月日、住居所。2.目的及起迄時間。3.集會處所或遊行之路線及集合、解散地點。4.參加人數。5.車輛、物品之名稱、數量。6.糾察人員及其姓名。7.限制事項。8.許可機關及年月日。另室外集會、遊行不予許可之通知書，應載明理由及不服之救濟程序。（第十三條）

主管機關許可室外集會、遊行時，得就下列事項爲必要之限制：1.關於維護重要地區、設施或建築安全之事項。2.關於防止妨礙政府機關公務之事項。3.關於維持交通秩序或公共衛生之事項。4.關於維持機關學校等公共場所安寧之事項。5.關於集會、遊行之人數、時間、處所、路線事項。6.關於妨害身分辨識之化裝事項。（第十四條）另室外集會、遊行經許可後，因天然災變或重大事故，主管機關爲維護社會秩序、公共利益或集會、遊行安全之緊急必要，得撤銷許可或變更原許可之時間、處所、路線或限制事項。其有第十一條第一款至第五款情事之一者，應撤銷許可。前項之撤銷或變更，應於集會、遊行前以書面載明理由，通知負責人。（第十五條）

室外集會、遊行之負責人對於主管機關不予許可、許可限制事項、撤銷許可、變更許可事項之通知，得於收受通知之日起二日內，以書面附具理由提出於原主管機關向其上級警察機關申復，但第十二條第二項情形，應於收受通知書之時起廿四小時內提出。原主管機關認爲申復有理由者，應即撤銷或變更原通知。認爲無理由者，應於收受申復書之日起二日內連同卷證檢送其上級警察機關，但第十二條第二項情形，應於收受申復書之時起十二小時內檢送。上級警察機關應於收受卷證之日起二日內決定，並以書面通知負責人。但第十二條第二項情形，應於收受卷證時起十二小時內決定並通知負責人。（第十六條）依前條規定提出之申復，不影響原通知之效力。（第十七條）

（五）主管機關之權責：主管機關除前述申請時之許可或不許可，集會、遊行時，警察人員得到場維持秩序，主管機關依負責人之請求，應到場疏導交通及維持秩序，（第廿四條）有下列情事之一者，該管主管機關得予警告、制止或命令解散：1.應經許可之集會、遊行未經許可或其許可經撤銷而擅自舉行者。2.經許可之集會、遊行而有違反許可事項、許可限制事項者。3.利用第八條第一項各

款集會、遊行，而有違反法令之行爲者。4.有其他違反法令之行爲者。上述制止、命令解散，該管主管機關得強制爲之。（第廿五條）集會遊行之不予許可、限制或命令解散，應公平合理考量人民集會、遊行權利與其他法益間之均衡維護，以適當之方法爲之，不得逾越所欲達成目的之必要限度。（第廿六條）

（六）罰則規定：經許可集會、遊行之負責人未親自在場，亦未委託代理人主持集會、遊行者，處一萬元以下罰鍰。受託主持前項集會遊行之代理人，未親自在場主持者，亦同。（第廿七條）集會、遊行經該管主管機關命令解散而不解散者，處集會、遊行負責人或其代理人或主持人一萬元以上，五萬元以下罰鍰。（第廿八條）集會、遊行經該管主管機關命令解散而不解散，仍繼續舉行經制止而不遵從，首謀者處二年以下有期徒刑或拘役。（第廿九條）集會、遊行時，以文字、圖畫、演說或他法，侮辱、誹謗公署、依法執行職務之公務員或他人者，處二年以下有期徒刑、拘役或併科二萬元以下罰金。（第卅條）違反第五條之規定者，處二年以下有期徒刑、拘役或併科一萬元以下罰金。（第卅一條）集會、遊行時，糾察員不法侵害他人之權利者，由負責人與行爲人連帶負損害賠償責任，但行爲人基於自己意思之行爲而引起損害者，由行爲人自行負責。（第卅二條）第廿三條規定之物品，不問屬於何人所有，均得扣留並依法處理。（第卅三條）依本法所處罰鍰經通知繳納逾期不繳納者，移送法院強制執行。（第卅四條）

綜合而論，集會遊行法本身是一種政治性程度相當高之法律，集會與遊行兩者有相同亦有相異處，相同點乃是同爲人民以肢體語言，表示其對於公共問題、本身權益的意見或對於政府的不滿態度。相異點而言，集會大都是坐著開會，比較靜態，對於社會大眾的直接影響較小。遊行亦稱「街頭運動」，採取行進方式，間有呼喊口號、高聲演說，配合高音量分貝之麥克風、鼓聲、氣笛喇叭聲，對於遊行地帶及機關、學校、醫院等地，往往造成震撼，且遊行爲動態活動，有時在群眾情緒失控下，易於演變成暴力或多股竄擾街頭，因之遊行的影響通常較之集會爲大。

集會遊行雖爲人民之自由，但其行使如無規範則易產生負面影響，民國七十七年的集遊法制定有其必要性。唯因集遊法是一種政治性的法律，故而立法程序中、實際施行中之爭議不斷，其焦點大致在於：國安法三原則、禁制區的範圍、活動申請方式、警察機關的定位等。就集遊法中列入國安法三原則，尤以「不得主張分裂國土」顯係針對台獨而來，故而民進黨堅決反對。就禁制區範圍而言，原草案中將國民大會、立法院和監察院亦均列入禁制區，後因民進黨反對甚烈而刪除。就活動申請方式而言，有「許可制」、「報備制」之別，我國集遊法採許可制。兩制之合憲性爭議有仁智之見。[221]就警察機關的定位而言，集遊法乃以警察局爲主管機關，集會遊行採許可制能否獲准？主管機關（警察局）擁有相當權力。且如集遊法第十一條第二款「有‧‧‧之虞者。」得不許可室外集會、遊行，行

---

[221] 黃教範，「『動員戡亂時期集會遊行法』之憲法學批判考察—以許可制爲主」，見中國比較法學會編，戡亂終止後法制重整與法治展望論文集（台北：中國比較法學會，民國八十年四月），頁二八七—三一○。

政裁量權甚大，或謂宜有一超然公正委員會決定。[222]

貳、政治參與運作面分析

一、四權行使

本時期選舉的實施，除了民國六十七年增額中央民意代表選舉進行時，因發生中美斷交，選舉延期到民國六十九年，其餘所有各項選舉均定期辦理實施。

（一）總統、副總統選舉

總統、副總統選舉在本時期經歷第六任、第七任、第八任之選舉。

1.第六任總統、副總統選舉：

第五任總統蔣中正於民國六十四年四月五日在任內逝世，副總統嚴家淦依憲法第四十九條規定於同日繼任總統。民國六十七年五月廿日，總統任期行將屆滿，嚴總統乃於同年一月九日，依法召集第一屆國民大會第六次會議於民國六十七年二月九日在中央政府所在地台北市集會。

國民大會第六次會議，正當先總統蔣中正逝世三年，世局益形紛亂，嚴家淦總統以國民黨中常委身份致函國民黨中常會，推舉國民黨主席蔣經國（時任行政院長）為中華民國第六任國民黨總統候選人，再由總統候選人提名副總統候選人。國民黨中常會於民國六十七年一月七日接受嚴氏建議，通過決議向第十一屆中央委員會第二次全體會議提案，請提名蔣經國為第六任總統候選人。二月十五日國民黨第十一屆中央委員會第二次全體會議一致決議，提名蔣經國為第六任總統候選人，並通過蔣氏提名謝東閔為第六任副總統候選人。至三月十日止，國大祕書處直接收到支持擁護文電 1,136 件。青年黨、民社黨則同時聲明不另提名，以示團結與支持。[223]三月十八日，國大主席團公告第六任總統候選人蔣經國（獲得 1,196 位國大代表連署提名）。三月十九日，國大主席團公告第六任副總統候選人謝東閔（獲得 1,145 位國大代表連署提名）。

國民大會於三月廿一日舉行總統選舉大會，出席代表 1,204 人，共發出選票 1,204 張，蔣經國得 1,184 票，廢票 20 張。本次會議代表總額為 1,248 人，過半數為 624，蔣經國以代表總額過半數以上大多數的票數（得票率 94.87%）當選第六任總統。

三月廿二日，國民大會舉行副總統選舉大會，出席代表 1,189 人，謝東閔得941 票，廢票248 張，謝東閔以代表總額過半數以上大多數的票數（得票率75.40%）當選第六任副總統。[224]

2.第七任總統、副總統選舉

第六任總統、副總統任期至民國七十三年五月廿日任滿。蔣經國總統乃依法召集第一屆國民大會第七次會議在中央政府所在地台北市集會。國民黨於二月十五日第十二屆二中全會通過決議，提名蔣經國主席為第七任總統候選人，並提名

---

[222] 李震山，「非常體制轉變後集會遊行法應有之興革」，同上，頁三九九。

[223] 國民大會祕書處編，第一屆國民大會第六次會議實錄（台北：國民大會祕書處，民國六十八年），頁五五三－五五五。

[224] 同上，頁五六一－五六三。

蔣氏遴提的李登輝爲第七任副總統候選人。三月十八日，國大主席團公告第七任總統候選人蔣經國（獲得 1,010 位國大代表連署提名）。三月十九日，國大主席團公告第七任副總統候選人李登輝（獲得 905 位國大代表連署提名）。

國民大會於三月廿一日，舉行總統選舉大會，出席代表 1,022 人，蔣經國得 1,012 票當選第七任總統。三月廿二日，國民大會舉行副總統選舉大會，發出選票 1,000 張，李登輝得 873 票，當選第七任副總統。

第七任總統蔣經國於民國七十七年一月十三日逝世任內，副總統李登輝依憲法第四十九條規定，於不到四小時內，繼任總統，完成政權移轉的法定程序。從此至民國七十九年五月廿日止，沒有副總統。

3.第八任總統、副總統選舉

第七任總統、副總統任期至民國七十九年五月廿日將屆滿（此時李登輝以副總統繼任總統，而無副總統），李登輝總統依法召集第一屆國民大會第八次會議於中央政府所在地台北市集會。國民黨內部因派系影響，致使國民大會第八次會議選舉第八任總統、副總統時，一度出現兩組人馬競選，經整合後，仍只有一組人馬競選。

國民黨於七十九年二月十一日，在十三屆臨時中全會對推舉總統、副總統候選人，分爲起立派（後來演變爲主流派）和票選派（後來演變爲非主流派），起立派以 99 票比 70 票勝過票選派，通過以起立方式推舉李登輝、李元簇爲正、副總統候選人。二月廿日，部分資深國大代表擬推舉林洋港以及蔣緯國搭檔競選總統、副總統，林、蔣二人均自稱候選而不競選。主流派乃請出八大老（蔣彥士、謝東閔、陳立夫、黃少谷、倪文亞、辜振甫、袁守謙、李國鼎）與非主流派之林洋港、蔣緯國、李煥、郝柏村等人斡旋。經過三月五日、九日兩度整合，終使情勢急轉直下，林洋港九日晚致函發動擁林蔣的資深國代滕傑，要求放棄連署他競選總統，蔣緯國亦於三月十日宣布退選，至此僅有李登輝、李元簇一組人馬參選。三月十八日，國大主席團公告第八任總統候選人李登輝（獲得 636 位國大代表連署提名）。三月十九日，國大主席團公告第八任副總統候選人李元簇（獲得 594 位國大代表連署提名）。

國民大會於三月廿一日舉行總統選舉大會，出席代表 668 人，李登輝得 641 票（得票率 95.96％）當選第八任總統。三月廿二日，國民大會舉行副總統選舉大會，出席國代 715 人，發出選票 644 張，李元簇得 602 張票（得票率 93.48％）當選第八任副總統，這也是過去副總統選舉最高的得票率。

（二）中央與地方公職選舉

本時期除民國六十七年中央增額民代選舉因中美斷交，延期到民國六十九年舉行，其餘各項選舉均定期舉行。

1.民國六十六年地方公職選舉

民國六十六年政府辦理五項地方公職人員選舉，即省議員（第六屆）、台北市議員（第三屆）、縣市長（第八屆）、縣市議員（第九屆）、鄉鎮縣轄市長（第

八屆）。因同日投票，故爲台灣地區實施地方自治以來，規模最大的一次地方選舉，選情激烈。國民黨提名採小組意見反映，但由省、黨中央最後審核決定。無黨籍人士中已有相當部分人士使用「黨外」名稱，逐漸發展下有別於一般單純之無黨無派者。同時黨外立委康寧祥、黃信介的南北巡迴助選，黨外人士不再是以往單打獨鬥，逐漸強化了全島性的串聯活動。這次選舉因桃園縣長選舉發生舞弊嫌疑情事造成「中壢事件」。

民國六十六年十一月十九日選舉投票，第六屆省議員選舉計有 125 位候選人角逐 77 席，國民黨籍候選人當選 56 席（佔 72.73%），無黨籍候選人當選 21 席（佔 27.27%）。台北市第三屆市議員選舉計有 61 位候選人爭取 51 席，國民黨籍候選人當選 43 席（佔 84.31%），無黨籍候選人 8 席（佔 15.69%）。第八屆縣市長選舉共計有 36 位候選人角逐 20 席，國民黨籍候選人當選 16 席（佔 80%）無黨籍候選人當選 4 席（佔 20%）。第九屆縣市議員選舉計有 1,271 位候選人爭取 857 席，國民黨籍候選人當選 717 席（佔 83.66%），青年黨籍候選人當選 1 席（佔 0.12%），無黨籍候選人當選 139 席（佔 16.22%）。第八屆鄉鎮縣轄市長選舉計有 439 位候選人爭取 313 席，國民黨籍候選人當選 292 席（佔 93.29%），無黨籍候選人當選 21 席（6.71%）。[225]綜合五項地方公職選舉結果，國民黨的當選席次較之以往略爲退步，無黨籍較之以往則略有增長。

2.民國六十七年中央增額選舉的延期

民國六十七年正逢由六十一年增額選出的國大代表、監委以及六十四年增額選出的立委任期屆滿。改選工作在中央設立選舉總事務所及遴選工作委員會，地方則設立省、市選舉事務所及縣、市選舉事務所負責辦理選務工作。國代、立委定十二月廿三日投開票，監委定十二月廿七日舉行選舉會。國代應選名額 56 名，立委 53 名，監委 10 名。

本次選舉空前激烈，國代共有 125 位候選人角逐 56 個席次，立委共有 127 位候選人角逐 53 個席次。國民黨提名策略採黨員意見徵詢，最後由省、中央來審核決定人選。「黨外」人士投入選舉者有張德銘、陳鼓應、楊青矗、姚嘉文、黃煌雄、康寧祥、王拓、陳婉真、呂秀蓮、何文振等人，黨外人士首度成立「台灣黨外人士助選團」，巡迴全省各地助選，並提出「十二項政治建設」爲黨外候選人的共同政見。[226]十一月廿四日成立的「全省黨外助選團」總部，由黃信介擔任總聯絡人，施明德任總幹事兼發言人。黨外助選團以「人權」爲選舉的主題，設計了一個共同使用的標誌 — 一個緊握的拳頭，旁邊環繞著象徵和平的橄欖枝。此一標誌則爲右派國家主義人士視爲「黑拳幫」，意思是一群強調拳頭的暴

---

[225] 中央選舉委員會編，中華民國選舉統計提要（卅五年至七十六年）（台北：中央選舉委員會，民國七十七年），頁一五八—一九九。

[226]「十二項政治建設」爲：①徹底遵守憲法。②解除戒嚴令。③尊重人格尊嚴、禁止刑求、非法逮捕和囚禁。④實施全民醫療及失業保險。⑤廢除保障資本家的假保護企業政策。⑥興建長期低利貸款國民住宅。⑦廢止田賦。⑧制定勞動基準法。⑨補助漁民改善漁村環境。⑩制定防止環境污染法和國家賠償法。⑪反對省籍和語言歧視。⑫大赦政治犯。

力集團。[227]

十二月五日,「台灣黨外人士助選團」在台北市中山堂召開全國黨外候選人座談會,這是三十年來最大規模的黨外政治人物公開活動,由黃信介、姚嘉文、黃玉嬌擔任主席團,康寧祥演講「黨外人士對國家及人民的責任」、張俊宏演講「新生代與民主政治」。[228]基本上,此時黨外候選人因無相關政治經驗及資料,無法提出具體政見,多以「民主」一詞抨擊執政的國民黨,破壞其形象,以向選民訴諸同情與支持。十二月十日國內大專教授 186 人發表對國是意見,反對黨外人士恣意歪曲攻訐,呼籲候選人以國家整體利益爲大前題。[229]十二日民、青兩黨人士指斥黃信介歪曲事理,侮辱中傷之讕言。[230](黃說民、青兩黨是廁所裡的花瓶)十四日,台中地區大專 1,700 多位教授發表對當前國是之共同意見,指出少數候選人以所謂「社會人士」或「黨外人士」等用語之不當。[231]

這次選舉的過程激烈對峙局勢,遠甚於以往各次選舉。陳鼓應在台灣大學附近設置海報稱做「民主牆」,右派人士則在附近設置「愛國牆」,針鋒相對。正當投票前一星期的十二月十六日競選白熱化之際,美國宣布和中共建交,並與我國斷交、廢約、撤軍。因中美關係是我外交重點,消息傳來,國人震驚。蔣經國總統除立即發表聲明,向美國提出嚴重抗議,重申我堅決反共、光復大陸的立場絕不改變。並依據臨時條款發布緊急處分令三項措施,其第三項即「正在進行中之中央民意代表選舉,延期舉行,即日起停止競選活動。」此一處分令並未規定延期舉行選舉的期限,蔣經國總統乃於民國六十八年一月十八日發布緊急處分令補充事項:[232]

> 查民國六十七年增額中央民意代表選舉,前經於同年十二月十六日發布緊急處分令,延期舉行在案。茲以國家面臨之非常情況仍在繼續狀態,尚須體察情勢發展,再行定期選舉。而原增額選出之中央民意代表改選期間,即將屆滿;爰經行政院會議決議,依動員戡亂時期臨時條款第一項規定,發布緊急處分令第三項之補充事項如下:「在增額中央民意代表選舉延期舉行期間,暫仍由原增額選出之中央民意代表繼續行使職權,至定期舉行選舉所選出之增額中央民意代表開始行使職權之日爲止。」

民國六十七年的增額中央民意代表選舉因中美斷交而延期,但本次選舉期間之氣氛是前所未有的,支持執政黨人士與反對人士激烈爭辯不已。就黨外人士在競選期間有以下特色:一是首度有大規模助選團形態,隨著往後多次選舉進行,奠定黨外人士的力量漸趨集中及其組織化的發展。二是首度有大規模的黨外集會活動,十二月五日在台北市中山堂召開的全國黨外候選人座談會,到會者約 500 人左右,規模爲前所未見。三是黨外候選人多有出刊專書者,如姚嘉文的「護法

---

[227] 李筱峰,前揭書,頁一三〇。

[228] 同上,頁一三〇——三一。

[229] 台北,中國時報,民國六十七年十二月十一日,版二。

[230] 台北,聯合報,民國六十七年十二月十三日,版二。

[231] 台北,中國時報,民國六十七年十二月十五日,版二。

[232] 總統府公報第三四六二號令,民國六十八年一月十九日,頁一。

與變法」、黃煌雄的「國民黨往何處去？」、陳鼓應的「民主廣場」、何文振的「給國民黨的諍言」、康寧祥的「問政六年」等。除做宣傳外，並可開闢競選經費之財源，往後選舉中，候選人出書乃相沿成習，蔚為風潮。

3.民國六十九年中央增額民代選舉

民國六十七年延期的增額選舉到民國六十九年，國家面臨的緊張情況已趨緩和，總統乃於民國六十九年六月十一日發布命令：[233]

‧‧‧茲據行政院呈，以體察國家當前情勢發展，為增進民主憲政功能，上項增額中央民意代表選舉，經行政院會議決議報請於本（六十九）年內定期舉行。特核定如下：〈1〉前依緊急處分令第三項延期舉行之增額中央民意代表選舉，應於六十九年內定期舉行。〈2〉上項增額中央民意代表選舉之名額，應予擴增，經依動員戡亂時期臨時條款第六項規定，制定「動員戡亂時期自由地區增加中央民意代表名額辦法」，並修正「動員戡亂時期僑選增額立法委員及監察委員遴選辦法。」，另令公布。〈3〉本年內定期選舉所選出之增額中央民意代表，應自七十年二月一日起依法行使職權。其選舉之投票日期，由中央選舉委員會依法定之。

本年的選舉雖是民國六十七年選舉的延期舉行，但有兩大差別：一是首次採用新制定的「動員戡亂時期公職人員選舉罷免法」，將過去增額中央民意代表選舉與地方公職人員選舉適用不同的選舉法典予以統一。二是依據民國六十九年六月十一日修正通過的「動員戡亂時期自由地區增加中央民意代表名額辦法」，並廢止民國六十一年制定之舊法，另外通過「動員戡亂時期僑選增額立法委員及監察委員遴選辦法」。依據民國六十九年自由地區增加中央民代名額辦法，國大代表應選名額由原 56 名增為 76 名[234]，立法委員應選名額由 53 名增為 70 名[235]，

---

[233] 總統府公報第三六八〇號令，民國六十九年六月十一日，頁五。

[234] a.區域國代：陳金讓、郭正一、趙長江、連勝彥、謝隆盛、陳靜琴、郭儒鈞、蕭清海、趙昌平、簡欣哲、林木連、林政則、范揚恭、張戊基、林鎮濃、陳川、楊順隆、洪葉玉貞、陳陽德、李讀、林源朗、林俊惠、吳修量、黃俊博、林健治、葉棟樑、林丙丁、王鼎勳、林應專、林榮治、劉尙修、黃安慶、紀天發、鄭烈、楊守全、鄭光博、李伯元、林平原、陳森茂〈以上台灣省〉、周清玉、喬寶泰、陳炯松、李黃恒貞、黃書瑋、吳永成、王兆釧〈以上台北市〉、許仲川、湯阿根、許嘉生〈以上高雄市〉、謝炳南、陳仁官〈以上福建省〉。

b.職業團體國代：陳望雄、黃昭仁、蕭生財、黃國風、林水波、邱清輝、蔡義雄、顏武勝、楊天生、陳哲芳、劉文騰、黃英雄、許志鋦、廖金順、許國雄、陳璽安。

c.婦女團體國代：葉金鳳、郭金芳、黃吳彩雲、蘇玉尾、官桂英〈以上台灣省〉、曾嬣〈台北市〉、蔡淑媛〈高雄市〉。

d.原住民國代：武榮盛、林榮明。

[235] a.區域立委：林坤鐘、周書府、周大業、蔡讚雄、吳梓、蔡勝邦、黃煌雄、鄭余鎮、呂學儀、劉碧良、溫錦蘭、古胡玉美、張德銘、李天仁、謝生富、劉松藩、許張愛簾、林炳森、洪昭男、許榮淑、林庚申、沈世雄、周基順、蕭天讚、林聯輝、郭俊次、洪玉欽、許哲男、游榮茂、黃正安、李宗仁、李明相、鍾榮吉、王金平、黃余綉鸞、黃河清、郭榮宗、饒穎奇〈以上台灣省〉、紀政、康寧祥、李志鵬、黃聯富、黃天福、周文勇、林鈺祥、雷渝齊〈以上台北市〉、王清波、于樹潔、方啓榮、蘇秋鎮、張榮顯〈以上高雄市〉、吳金贊〈以上福建省〉。

b.職業團體立委：蔡友土、蕭瑞徵、蘇火燈、陳瑞斌、黃澤青、林榮國、謝深山、李友吉、陳錫淇、楊登州、許勝發、黃志達、蔡萬才、黃綿綿、譚鳴皋、賴晚鐘。

c.原住民立委：林通宏、華愛。

監委則由 10 名增爲 22 名 [236]。

　　民國六十九年的選舉，黨外因受前一年（六十八年）「美麗島事件」影響，大多數具知名度的黨外人士因案入獄，乃由康寧祥結合了無黨籍溫和派的菁英、美麗島受刑人家屬，採取低姿態戰略，以柔性文宣訴求，爭取選民同情、支持，如周清玉「走那沒有走完的路」傳單，許榮淑「薪火相傳」傳單訴求等是。同時本次選舉，黨外因力量的受挫，故無全省巡迴助選團，亦無共同政見，而以民國六十八年的「中央民意代表選舉黨外候選人聯誼會」名義發表一份認同「真黨外」的「認同聲明」，經「聯誼會」認定的「真黨外」候選人有 19 人（國代 9 人，立委 10 人）。[237]

　　十二月六日選舉日的總投票率是 66.3%，選舉因候選人參選爆炸，選情異常激烈，國大代表 185 名候選人爭取 76 席，當選率爲 40.08% ，立法委員 218 名候選人爭奪 70 席，當選率爲 32.11%。選舉結果，國民黨與黨外之間互有勝負。國民黨在總席次上大勝，得八成以上席次。國代選舉 76 席獲得 61 席，佔 80.26%，（另外民社黨 1 席，無黨籍 14 席）。在立委選舉 70 席獲得 56 席，佔 80%，（另外的無黨籍得到 14 席）。黨外則有以美麗島受刑人家屬參選的周清玉在台北市獲得第一高票當選國代，許榮淑亦在第三選區當選立委，黃天福在台北市當選立委。此外國代當選者有王兆釧、林應專；立委當選者有康寧祥、黃煌雄、張德銘、黃余綉鸞等人。[238]

　　十二月十日僑選遴定立委 27 人（國民黨 23 人，青年黨 2 人，無黨籍 2 人），監委 10 人（國民黨 5 人，民社黨 1 人，無黨籍 4 人）。十二月廿七日台灣省、台北市議會及高雄臨時市議會選出監委 22 人（國民黨 16 人，青年黨 1 人，無黨籍 5 人）。[239]

4.民國七十年、七十一年地方公職選舉

　　民國六十六年五項公職人員選舉合併辦理，發生轟動一時且影響甚巨的「中壢事件」，或以多種選舉合併舉行難以兼顧、易滋爭端。故此後地方公職人員選舉分爲兩個梯次辦理，即先選省市議員、縣市長，再選縣市議員、鄉鎮市區長。民國七十年十一月十四日辦理第七屆省議員、第四屆台北市議員、第一屆高雄市議員（高雄市於民國六十八年七月一日改制升格爲直轄市）、第九屆縣市長選舉

---

　　d.僑選增額立委：李合珠、馬晉珽、徐亨、梁永燊、湯煥暉、卜少夫、張寬、陳廣深、陳昌耀、柯叔寶、許國良、劉英若、馬須鈴、羅世宗、伍千鈞、曾燕山、胡國棟、朱榮業、謝文慶、陳松波、黃聰、范國恩、李朱志筠、余宜滄、林基源、謝學賢、張海清。

[236] a.台灣省議會選出監委：林榮三、李炳盛、許文政、謝崑山、張文獻、黃尊秋、陳時英、黃光平、周哲宇、林亮雲、尤清、郭吳合巧。
　　b.台北市議會選出監委：陳瑞卿、林純子、許炳南、傅王遜雪、趙純孝。
　　c.高雄市議會選出監委：洪俊德、朱安雄、施鐘响、李存敬、林孟貴。
　　d.僑選增額監委：李海天、梁瑞英、馬經武、梅培德、陳華權、張大勇、嚴諾、曾積、王爵榮、張敦華。

[237] 李筱峰，前揭書，頁一六六。

[238] 中央選舉委員會編，中華民國選舉統計提要（卅五年至七十六年）（台北：中央選舉委員會，民國七十七年），頁八五──一〇五。

[239] 同上。

投票。民國七十一年一月十六日辦理第十屆縣市議員、第九屆鄉鎮縣轄市區長選舉投票。

本次選舉黨外人士因前一年（六十九年）中央民意代表選舉時，受刑人家屬參選的成果豐碩，乃以前一年當選之黨外立委、國代、監委組成「黨外推薦團」，以類似政黨提名制度，推薦黨外認定的候選人。[240]

民國七十年十一月十四日的選舉投票，第七屆省議員選舉計有 199 位候選人角逐 77 席，國民黨當選 59 席（佔 76.62%）無黨籍當選 18 席（佔 23.38%）。台北市第四屆市議員選舉計有 83 位候選人爭取 51 席，國民黨當選 38 席（佔 74.50%），無黨籍當選 13 席（佔 25.50%）。高雄市第一屆市議員選舉計有 81 位候選人爭取 42 席，國民黨當選 32 席（佔 76.19%），無黨籍當選 10 席（佔 23.81%）。第九屆縣市長選舉，計有 56 位候選人爭取 19 席，國民黨當選 15 席（佔 78.95%），無黨籍當選 4 席（佔 21.05%）。[241]

民國七十一年一月十六日的地方公職人員選舉，第十屆縣市議員計有 1,683 位候選人爭取 799 席，國民黨當選 640 席（佔 80.10%），青年黨當選 2 席（佔 0.25%），無黨籍當選 157 席（佔 19.65%）。第九屆鄉鎮市區長選舉計有 754 位候選人爭取 312 席，國民黨當選 288 席（佔 92.31%），無黨籍當選 24 席（佔 7.69%）。[242]

5.民國七十二年增額立委選舉

民國六十九年增額選出的立法委員到民國七十二年屆滿改選，七十二年立委共計有 171 位候選人角逐 71 個名額[243]（因人口增加較六十九年增加 1 名），競爭相當激烈，當選率為 41.52%。本次選舉所依據的選罷法是民國六十九年公布施行以來，到民國七十二年六月第一次修正後，適用第一次修正的選罷法。

七十二年的增額立委選舉，國民黨採高額提名，不許自由競選，但仍有違紀參選或逕自競選者。黨外則因前一年（七十一年）地方公職人員選舉時組成「黨外推薦團」，此一類似政黨提名制度頗具成效，民國七十二年九月十八日組成「黨

---

[240] 李筱峰，前揭書，頁一七二一一七四。

[241] 中央選舉委員會編，中華民國選舉統計提要（卅五年至七十六年）（台北：中央選舉委員會，民國七十七年），頁一五八一一七五。

[242] 同上，頁一七六──八九。

[243] a.區域立委：方素敏、張堅華、周書府、蔡勝邦、林永瑞、林坤鐘、謝美惠、鄭余鎮、吳梓、劉興善、劉碧良、黃榮秋、溫錦蘭、黃主文、呂學儀、林庚申、許榮淑、洪昭男、許張愛簾、謝生富、劉松藩、林炳森、沈世雄、郭林勇、林聯輝、蕭天讚、廖福本、林樂善、吳賢二、李宗仁、洪玉欽、黃正安、余陳月瑛、陳進興、王金平、鍾榮吉、黃河清、饒穎奇、郭榮宗〈以上台灣省〉、簡又新、林鈺祥、洪文棟、蔡辰洲、李志鵬、高忠信、紀政、江鵬堅〈以上台北市〉、孫禮光、王清連、張俊雄、吳春雄、吳德美〈以上高雄市〉、吳金贊〈福建省〉。

b.職業團體立委：吳海源、蕭瑞徵、蔡友土、蘇火燈、羅傳進、黃澤青、謝深山、李友吉、吳勇雄、陳錫淇、許勝發、李英明、張平沼、周文勇、于衡、賴晚鐘。

c.原住民立委：楊傳廣、華愛。

d.僑選增額立委：李合珠、王瑞武、梁永燊、徐亨、卜少夫、湯煥輝、張寬、曾雄、雲昌任、黃文貴、蔡慶祝、張爾煊、伍千鈞、朱榮業、曾燕山、胡國棟、林仲文、簡漢生、陳得時、朱建人、謝達壽、劉富權、林基源、郭瑞訓、謝學賢、葉詠泉、汪振華。

外中央後援會」（簡稱後援會），但此一後援會卻成爲黨外陣營分裂的觸媒。因爲過去黨外選舉活動都是由黨外領導人物發動「由上而下」的形式，但因部分黨外新生代希望後援會透過民主程序推出候選人，採「由下而上」的形式。此一理念的差異對既有的權力結構形成衝突，衝突終於發生在後援會籌組階段，在草擬後援會章程時，部分新生代主張候選人要先經後援會內初選通過才能參選，康寧祥則提出後援會應保障現任公職者的競選資格，這項要求立刻被新生代強烈反對。此一保障現職的條文後雖作成妥協性的修改，唯部分黨外新生代已另外先行於九月九日成立「黨外編輯作家聯誼會」（簡稱編聯會），杯葛後援會的推薦作業。此次選舉亦因僧多粥少，參選者意願強烈，形成互不相讓。黨外後援會既受編聯會杯葛，又無力整合各地山頭，使得組織運作功能無法發揮，推薦結果必須牽就現實條件，最後出現報備、徵召等參選爆炸情形。[244]

　　在十二月三日的選舉投票，總投票率爲63.17%。選舉結果，國民黨在71席增額立委中當選62席，佔87.32%，成績斐然。無黨籍則因參選爆炸，僅當選9人，佔總席次12.68%。其中經黨外推薦、報備、徵召者，以美麗島連線系統成績最好，7人中有4人當選，包括林義雄妻子方素敏（第一選區最高票當選）、張俊雄妻子許榮淑（第三選區）以及軍法大審辯護律師江鵬堅（台北市）、張俊雄（高雄市）。另外鄭余鎮（第一選區）、余陳月瑛（第五選區）亦告當選。「主流派」系統的黨外領導者康寧祥、張德銘、黃煌雄則告落選。本次選舉選出之增額立委71人，於七十三年二月一日起依法行使職權。

6.民國七十四、七十五年地方公職人員選舉

　　民國七十四年十一月十六日爲第八屆省議員、第五屆台北市議員、第二屆高雄市議員、第十屆縣市長選舉。次年(七十五年)二月一日爲第十一屆縣市議員、第十屆鄉鎮市區長選舉。

　　本次選舉國民黨提名政策仍延襲以往由黨中央（或省）來審核決定候選人，黨員們只是將意見反映，無論黨員直接反映或以小組方式反映，僅作爲提名的參考。提名最主要的考量在於黨內派系與地方派系兩者，唯因參與者眾，可供分配資源有限，故而提名完成後的黨內協調工作更形重要，包括：安撫未被提名者、清除派系間潛在的暗流、妥善處理違紀競選者。基本上，國民黨的提名決策值得檢討者：①提名過程中雖有徵詢黨員意見，但僅供參考，最後決定權責在省黨部與中央黨部，提名人選的考量條件與評估標準，對未獲提名者均缺乏明確交待，黨員事實上亦無從過問。②國民黨對未獲提名而違紀競選者，一律以開除黨籍處理，致違紀參選者反以國民黨爲攻擊對象，批評提名不公及黨工顢頇，徒增諸多困擾。③國民黨間有採「報備競選」亦涉及黨紀維護與提名程序之矛盾。綜言之，國民黨在引導全國走上民主化同時，其黨內提名之黑箱作業值得檢討，亦即如何採取類似初選制以建立「程序公平」的制度化應爲重要考量。惜乎國民黨一直到2000年總統大選政黨輪替後，才有真正黨內公平之初選制度實施。

　　七十四年選舉前的上半年五月十六日，黨外發生14位第七屆黨外省議員集

---

[244] 李筱峰，前揭書，頁一八九──一九一。

體總辭事件，導火線爲堅持刪除超額省政府委員預算案未果。（按：省政府組織法第三條規定，省府委員最多 11 人，當時省府委員人數爲 23 人。）第八屆省議員選舉後，其中 10 位又重返省議會。[245]這次事件則凸顯地方自治中，省及直轄市法制化問題，長期以來省（市）首長非民選，省（市）議會所依據法規爲行政院頒布之「台灣省議會組織規程」、「台北市議會組織規程」、「高雄市議會組織規程」等行政命令，省政府所依據者爲「省政府組織法」。事實上，根據憲法規定的中央制定「省縣自治通則」，而後由省（市）據以完成「省（市）自治法」，在本事件後則又晚了將近十年，到民國八十三年才以修憲方式，確定省（市）法制化工程走向。

黨外在民國七十四年的選舉前，除了省議員總辭事件外，另一極待克服的問題是黨外公職人員組成的「公政會」與新生代爲主的「編聯會」之整合工作，在新上任公政會理事長尤清協調下，兩者暫釋前嫌，再組「黨外選舉後援會」，提出共同政見 20 項，[246]推薦大會於長達 6 小時集會、審查、投票之後，在 81 位登記參選者中，正式推薦出 42 位候選人。[247]

民國七十四年十一月十六日的選舉投票，第八屆省議員選舉計有 158 位候選人角逐 77 席，國民黨當選 59 席（佔 76.62%）青年黨當選 1 席（佔 1.30%）無黨籍當選 17 席（佔 22.08%）。台北市第五屆市議員選舉計有 74 位候選人爭取 51 席，國民黨當選 38 席（佔 74.50%），無黨籍當選 13 席（佔 25.50%）。高雄市第二屆市議員選舉計有 71 位候選人爭取 42 席，國民黨當選 33 席（佔 76.19%），無黨籍當選 10 席（佔 23.81%）。第十屆縣市長選舉計有 54 位候選人爭取 21 席，國民黨當選 17 席（佔 80.95%）無黨籍當選 4 席（佔 19.05%）。整體分析，本次地方選舉與七十年的選舉結果大致相似。[248]

民國七十五年二月一日第十一屆縣市議員選舉計有 1,472 位候選人爭取 837 席，國民黨當選 659 席（佔 78.73%），無黨籍當選 178 席（佔 21.27%）。第十屆鄉鎮市區長選舉計有 584 位候選人爭取 309 席，國民黨當選 289 席（佔 93.53%），無黨籍當選 20 席（佔 6.47%）。[249]與七十一年地方選舉比較，國民黨在鄉鎮市區長選舉較前次略好，無黨籍則在縣市議員選舉較前次略佳。

[245] 鄭牧心，台灣議會政治四十年（台北：自立晚報，民國八十年十一月）頁二三八—二四二。
[246] 20 項共同政見爲：①台灣前途，應由台灣全體住民共同、決定。②徹底實行憲法，廢止臨時條款。③立即制定省縣自治通則及直轄市自治法。④解除戒嚴。⑤嚴禁非法逮捕、拘禁及刑求。⑥實行全民健康保險。⑦保障勞工權益。⑧嚴格督促衛生品，保障消費者福利。⑨防治公害。⑩尊重台灣地方語言。⑪杜絕國防費用之浮濫。⑫建立正確農業政策。⑬保障漁民海上作業安全及其收入。⑭建立小匯存儲制度。⑮建全金融體系。⑯反對財閥壟斷。⑰整頓經濟秩序，肅清貪污。⑱裁撤虧損過鉅之公營事業。⑲檢討現行學制。⑳徹底檢討山地政策。
[247] 李筱峰，前揭書，頁二一三—二一四。
[248] 中央選舉委員會編，中華民國選舉統計提要（卅五年至七十六年）（台北：中央選舉委員會，民國七十七年），頁一五八—一九九。
[249] 中央選舉委員會編，中華民國選舉統計提要（卅五年至七十六年）（台北：中央選舉委員會，民國七十七年），頁一五八—一九九。

7.民國七十五年、七十六年中央增額民代選舉

民國六十九年選出的國代、監委及七十二年選出的立委到七十五年都任期屆滿需要改選。國民黨的提名原則是：「足額規劃，不足額提名」及「尊重黨員意見反映及幹部評鑑結果」。八月廿日國民黨中央通過名單，國代 353 人登記，提名 59 人，立委 202 人登記提名 62 人。蔣經國主席於通過提名名單的中常會上說明如下：[250]

> 本黨每次提名同志參加各項民意代表或地方首長選舉，完全是爲國舉才，爲社會舉才，絕不是爲了某一個人或某一團體的利益。我們也希望藉由這些同志參選，而擴大民主憲政的基礎，並爲增進國家利益和民眾福祉，作最大的貢獻。這次參加黨內提名登記的同志，爲數不少，因限於名額，自難免遺才之憾。惟黨員報國之道甚多，希望各位同志無論是否獲得提名，都能一本初衷，繼續站在各種不同崗位上努力。

民國七十五年底的選舉，黨外已於九月廿八日召開後援會推薦大會時，搶先宣布成立「民主進步黨」，後援會推薦國大代表 25 人，立法委員 21 人。故而這次增額中央民意代表選舉，是甫成立的民進黨首次以正式政黨形式，推薦候選人，透過黨際競爭與國民黨候選人角逐，極具重大意義。民進黨在這次選舉中能否得到民眾支持，亦關係其日後生存與發展。

十二月六日的選舉投票，國大代表 169 位候選人爭取 84 席[251]，國民黨當選 68 席（佔 80.95%），民進黨當選 11 席（佔 13.10%），民社黨 1 席（佔 1.19%），無黨籍 4 席（4.76%）。立法委員計有 137 位候選人爭取 73 席[252]，國民黨獲得

---

[250] 台北，中國時報，民國七十五年八月廿一日，版一。

[251] a.區域國代：洪奇昌、趙長江、謝隆盛、石瓊文、郭儒鈞、翁純正、連勝彥、周勝彥、葉英傑、張貴木、趙昌平、呂河清、林木連、范振宗、江聰仁、陳川、林欽濃、傅雲海、洪英花、陳寶彬、翁金珠、陳照娥、林詩輝、許文村、吳修量、黃清江、蔡天再、吳豐山、鄭彥文、張簡將弘、蔡寬永、蘇培源、汪俊容、曾永權、蘇嘉全、宋彥雄、張俊雄、許水神、李伯元、林政則、謝憲明、劉熾燿、張文英、許石吉、蘇裕夫〈以上台灣省〉、周清玉、洪冬桂、喬寶泰、林秋山、蔡式淵、李黃恒貞、劉炳森、王應傑〈以上台北市〉、孫禮光、黃昭輝、孫榮吉、高登得〈以上高雄市〉、謝炳南、陳仁官〈以上福建省〉。
　b.職業團體國代：李華洋、李明治、黃昭仁、黃獻池、楊吉雄、徐美英、蔡義雄、邱清輝、楊天生、李宗正、簡欣哲、林資清、吳哲朗、陳丸福、陳璽安、蔡本全。
　c.婦女團體國代：葉金鳳、蔡陳翠蓮、郭慶芳、陳阿蘭、張昭昭〈以上台灣省〉、曾嬸〈台北市〉、蔡淑媛〈高雄市〉。
　d.原住民國代：楊仁煌、何耀寰。

[252] a.區域立委：尤清、周書府、吳梓、黃煌雄、孫勝治、蔡勝邦、張堅華、林永瑞、謝美惠、許國泰、呂學儀、溫錦蘭、劉興善、黃主文、劉碧良、許榮淑、洪昭男、黃明和、潘志誠、沈世雄、許張愛簾、林炳森、劉松藩、林源朗、林庚申、朱高正、李勝峰、林時機、林健治、陳適庸、廖福本、林聯輝、洪玉欽、李宗仁、溫興春、黃河清、邱連輝、王金平、余政憲、饒穎奇、黃正一〈以上台灣省〉、趙少康、康寧祥、紀政、洪文棟、簡又新、黃書瑋、吳淑珍、林鈺祥〈以上台北市〉、王義雄、蕭楚喬、張俊雄、黃正雄、吳德美〈以上高雄市〉、黃武仁〈福建省〉。
　b.職業團體立委：蕭瑞徵、吳海源、蔡友土、蘇火燈、黃澤青、羅傳進、謝深山、李友吉、吳勇雄、王聰松、許勝發、張世良、周文勇、張平沼、賴晚鐘、陳哲男。
　c.原住民立委：蔡中涵、林天生。
　d.僑選增額立委：陳道、李海天、曾恩波、馮彥、梁風、鍾偉光、陳恩賜、張立明、蔡文曲、

59 席（佔 80.82％），民進黨獲得 12 席（佔 16.44％），無黨籍獲得 2 席（佔 2.74
％）。整體分析，兩黨各有得失；國民黨得票率近七成（國大代表 68.31％，立法
委員 69.87％），當選席次均達八成以上，顯示解嚴前後國民黨的社會支持穩定性
高，反應社會普遍期望繼續安定、祥和與進步。民進黨總得票率為兩成（國代
18.90％，立委 22.17％），當選席次為 13％與 14％，但在國代、立委中有 10 位
得到選區或團體最高票。民進黨在諸多的選區獲得最高票原因，一方面其採精兵
提名政策，每一選區為 1 至 3 人，易於形成明星式候選人；另一方面在於國民黨
本執政之民主多數原則，重點為取得多數席次，在每一選區「足額規劃，不足額
提名」，故強調組織戰均衡配票，以團隊精神（teamwork）爭取較多席次之故。

　　民國七十六年一月十日舉行增額監察委員選舉，台灣省議會、台北市議會、
高雄市議會共選出監察委員 22 人〈另加上海外遴選 10 人，共計 32 席〉[253]。

8.民國七十八年增額立委、地方公職選舉

　　民國七十八年十二月二日舉辦第六次增額立委、第九屆省議員、第六屆台北
市議員、第三屆高雄市議員、第十一屆縣市長選舉。第六次增額立委名額，包括
選舉產生者 101 席，總統遴選海外增額立委 29 席，總共有 130 席。[254]這次選舉
就我國政治發展而言，具有如下特別意義：〈1〉這是民國七十六年解嚴後第一次
公職人員選舉。〈2〉這是開放黨禁以及七十八年一月廿七日修正公布「人民團體
法」後第一次公職人員選舉，在當時已登記的 40 個政黨中有 16 個政黨推薦候選
人（見表三—十五），政黨競爭的態勢，已略見雛形。〈3〉這是七十八年二月三
日選罷法第二次修正公布後第一次公職人員選舉。

立亮實、楊慶南、馬國祥、朱永匡、莫翔興、黃元生、謝汝彬、左光煊、簡漢生、徐能、
郭瑞訓、嚴諾、柳復起、牟宗燦、馬克任、吳豐堃、宣以文、汪振華。

[253] a.台灣省議會選出監委：黃尊秋、陳錫章、柯明謀、陳哲芳、鍾榮吉、林榮三、李詩益、陳
恒盛、張文獻、謝許英、謝崑山、黃光平。

b.台北市議會選出監委：羅文富、許炳南、古家華、趙純孝、林純子。

c.高雄市議會選出監委：朱安雄、王玉珍、施鐘响、洪俊德、林孟貴。

d.僑選增額監委：王瑞武、梁秉樞、林玉崑、梅培德、梁賢繼、林椿蓀、陳汶生、源廣揚、
李少光、顧恭凱。

[254] a.區域立委：周書府、謝美惠、林志嘉、劉盛良、游明財、郭正一、洪秀柱、吳梓、盧修一、
鄭余鎮、蔡勝邦、林聰明、陳定南、朱鳳芝、楊敏盛、劉興善、黃主文、許國泰、徐益權、
何智輝、劉國昭、劉松藩、吳耀寬、李子駸、田再庭、許張愛簾、林錫山、黃明和、陳湧
源、沈世雄、彭百顯、廖福本、吳賢二、朱高正、邱俊男、翁重鈞、李宗仁、李勝峰、洪
玉欽、魏耀乾、黃河清、蕭金蘭、王金平、余政憲、王素筠、林國龍、邱連輝、饒穎奇、
黃正一、陳癸淼、張堅華、許武勝、洪昭男、沈智慧、劉文雄、張博雅、王滔夫、洪奇昌
〈以上台灣省〉、丁守中、趙振鵬、周荃、趙少康、謝長廷、陳水扁、洪冬桂、林鈺祥、郁
慕明、張志民、葉菊蘭、林正杰〈以上台北市〉、王志雄、林壽山、李慶雄、黃天生、王天
競、吳德美、張俊雄、林宏宗〈以上高雄市〉、黃武仁〈福建省〉。

b.職業團體立委：許福曜、吳海源、蘇火燈、蔡友土、戴振耀、羅傳進、王世雄、李友吉、
謝深山、葛雨琴、王聰松、吳勇雄、謝來發、張世良、張平沼、王令麟、陳哲男、蔡璧煌。

c.原住民立委：蔡中涵、莊金生、高天來、華加志。

d.僑選增額立委：薛國樑、許禎祥、陳耀南、黎嘉潮、黃興邦、馮彥、陳恩賜、張立明、蔡
文曲、林空、覺安慈仁、李碧祥、馬國祥、陳歷健、朱辛流、莫翔興、張蓀甫、蔡奮鬥、
許之遠、曾芙美、王鼎嘉、姚舜、歐忠男、楊雪峯、牟宗燦、馬克任、高資敏、史振茂、
左光渲。

這次選舉國民黨首次實驗初選制，雖並非完全依初選投票結果提名，但已提供「程序公平」，避免侍從（patron-client）關係。[255]民進黨亦採用初選制，但以斯時黨員人數太少，地方黨部易受派系左右，在「人頭黨員」問題下，無法正確反映選民的真正結構。[256]

十二月二日的選舉，增額立委 101 個席次中，國民黨當選 72 席（佔 71.29％），民進黨當選 21 席（佔 20.79％），無黨籍當選 8 席（佔 7.92％）。第九屆省議員計 77 席中，國民黨當選 54 席（佔 70.13％），民進黨當選 16 席（佔 20.78％），無黨籍當選 7 席（佔 9.09％）。第十屆縣市長 21 席，國民黨當選 14 人（佔 66.67％），民進黨當選 6 人（佔 28.57％），無黨籍 1 人（佔 4.76％）。

本次選舉結果顯示，主要是國民黨與民進黨爲主軸的選舉競爭，其餘 14 個推薦候選人的政黨，除工黨在高雄市議會獲得 1 席外，全數盡沒。而國民黨過去長期以來一黨優勢的地位已受到嚴厲挑戰，民進黨則漸漸地確立了威脅性的反對黨地位。就得票率而言，立委選舉，國民黨佔 60.1％，民進黨佔 28.2％。省議員選舉，國民黨佔 62.1％，民進黨佔 25.6％。縣市長選舉，國民黨佔 51.9％，民進黨佔 33.3％。總得票率國民黨佔 58.03％，尚不及六成，民進黨佔 29.03％，接近三成的選票。民進黨已建立了最大反對黨地位，唯其組織戰的配票不及國民黨，故使國民黨當選率恆高於得票率。國民黨得票率不及六成，但當選率卻在七成左右，民進黨得票雖近三成，但當選率僅只二成二左右。

二、人民團體組織

解嚴後的人團法以併入政治團體（第九章）方式，規範政黨。國民黨以其長時期的地方經營，組織化功能，在一定時間內仍能展現強大影響力。故而無論政黨、利益團體在解嚴後的本時期，國民黨實力仍最強，在政黨之選舉、利益團體內部之運作，外部之活動方面均可明顯看出。唯不同於解嚴前的是，國民黨以後的地位維持必須靠政黨領袖、菁英份子的聲望、才能，施政的表現以及組織戰、文宣戰的成效決定。國民黨和其他政黨（尤其以民進黨爲主）平等的立於競爭中的條件、地位將日趨顯現，從政治發展角度來看，解嚴無疑是我國民主發展的一大步。

戒嚴時期的黨禁隨著解嚴而消除，人團法對政黨的成立採從寬的備案制，促使政黨在本時期的解嚴後到八十年五月以前，以平均每個月成立 3 個政黨的數目增加達到 61 個政黨。政黨數目的快速成長，並未使我國迅即成爲多黨制。如以解嚴後本時期的幾次選舉分析：民國七十五年增額中央民代選舉、民國七十八年增額立委選舉與地方省議員、縣市長選舉，基本上，仍是一黨優勢的型態，並未形成兩黨體制，但已形成兩黨爲主要競爭的局面：亦即一大（國民黨）、一中（民進黨）。諸多政黨中，僅國民黨、民進黨最具政黨規模，其他政黨所表現出的功能和屬性則多爲「泡沫政黨」。

民主政治中對政治參與、公共政策有直接影響作用者，除政黨外以利益團體

---

[255] 彭懷恩，台灣政黨政治（台北：風雲論壇社，民國八十三年五月），頁一一四。
[256] 同上。

（interest group）最屬重要。利益團體乃是一種組織或團體，它由一部分利益關係人所組成，以維護、爭取或增進團體成員共同的需要、利益或實現，達成本團體共同的宗旨爲目標。[257]利益團體約有二類：一是經濟性的職業團體，係由各種基於經濟利益爲主所組成的團體，如工會、農會、商會、水利會、漁會以及各種專門職業組織。這些組織的人際網絡所能產生的政治能量相當龐大，無論在決策的產生，選舉的動員上有積極的影響力。二是非經濟性的社會團體，其利益目標不顯著，組織活動多非政治性的。諸如教育文化團體、藝術團體、宗教團體、科技學術團體、宗親會、同鄉會等。社會團體雖然對政治缺乏積極的興趣，唯在選舉時選票緊繃狀況下，該些團體是選票的重要來源。

解嚴前的利益團體與政治間關係，政府多處於主動控制的地位。[258]而具有政治傾向的利益團體多爲傳遞訊息、動員政治力量和協助履行執政黨和政府的政策。[259]解嚴後的利益團體，其活動空間逐漸加大，有關社團負責人的產生，內部的運作，都逐漸緩慢的朝自主性發展，亦即漸由過去「命令 ─ 順從」的型態，轉變成「利益交換」型態。[260]唯從解嚴後到民國八十年以前，除了台灣人權協會、長老教會、中華民國比較法學會等自主性極大的團體外，絕大多數利益團體仍與國民黨保持相當密切關係，一方面該些派系的重要成員多爲國民黨籍，四十年的執政黨與地方派系、團體負責人有良好關係，一時不易改變；一方面許多社會團體多屬中產階層，重視既存之穩定局面，認爲這將有助國家、社會、個人利益，對於反對勢力之街頭路線、省籍意識頗表疑慮。這種利益團體與國民黨間的關係，直到民國八十年代以後，才因爲利益團體內部自主性意識升高，派系觀念凌駕政黨之上，國民黨內部本土化走向等因素，逐漸有鬆動現象。

三、大眾傳播

解嚴前後大眾傳播媒體的發展有明顯改變，尤以出版品的成長快速，電訊媒體因頻道開放問題，延後到了民國八十二、三年才漸突破。報禁時代的報紙長期維持在 31 家，解嚴後成長爲民國七十七年 124 種，七十八年 208 種，七十九年 221 種，八十年 219 種。報紙家數增加，頁數亦增加，過去的禁忌題材與主題都不存在。唯報業的樹立權威性地位，有賴大量的人才、雄厚的資金來相配合，並經過長時期民眾逐漸接受始期有成。是以，解嚴後雖有高數量的報紙種類成長，仍以中時報系、聯合報系最受讀者接受，各種新興報業尚乏與該兩大報系並駕齊驅者。

雜誌在戒嚴時期即是反對派政治傳播的重要渠道。這類政論性雜誌因報禁的實施，反對派人士乃以發行雜誌表達其理念。在民國七十六年以前經常遭受違反「台灣地區戒嚴時期出版物管制辦法」，受到扣押、沒收甚或停止發行處分，但這些雜誌發行人往往藉由名稱的更改而重新出刊。早期的雜誌多由黨外公職的民

---

[257] 馬起華，政治行爲，初版（台北：正中書局，民國五十六年一月），頁二八五。

[258] 彭懷恩，中華民國政治體系的分析（台北：時報出版公司，民國七十二年一月），頁二三五。

[259] 田弘茂，大轉型（台北：時報出版公司，民國七十八年），頁六四。

[260] 江啓元，解嚴後台灣地區政治穩定之研究，中國文化大學，政治研究所，碩士論文，民國八十年，頁九一。

意代表所創辦，其後亦有一批不具公職身份的黨外青年辦雜誌。前者如「八十年代」、「亞洲人」、「暖流」、「關懷」、「深耕」、「生根」、「台灣年代」、「鐘鼓樓」、「蓬萊島」、「代議士」、「前進」、「博觀」、「開創」等。後者如「自由時代」、「先鋒時代」、「民主時代」、「開拓」、「發展」、「發揚」、「民主天地」、「政治家」、「民主人」、「新潮流」等是。這些政論雜誌的共同特色爲以小道消息、挖掘內幕方式，抹黑打擊國民黨和政府，並透過敏感問題吸引讀者。這在長期來以反共、光明面爲主導的出版業，自然容易因人們好奇心趨使下，一時之間取得相當大的關注、市場。

黨外政論雜誌走向小道內幕消息的挖掘，以文字、格局而言，層次並不高，但以當時國民黨長期執政取得穩固的支持基礎，加上經濟建設成果日益顯現，從正面批判不易奏效，且易引起反感。相較之下，小道消息、內幕報導則兼具吸引讀者的市場取向以及打擊國民黨形象的雙重策略效果。言論禁忌的漸漸鬆弛與突破，亦逐漸有助於使敏感性、神祕性色彩緩和。

我國雜誌種類成長快速，在民國六十五年有 1,459 種，七十年有 2,244 種，七十五年有 3,023 種，七十六年 3,422 種，七十七年 3,748 種，七十八年 4,112 種，七十九年 4,021 種，八十年 4,232 種。雜誌的蓬勃發展顯示我國民主多元化的走向是平穩漸進的，到解嚴後，已沒有任何一份反對刊物遭到查扣，大陸出版品的限制亦逐步放寬，言論自由表現於雜誌出版品是正面肯定的。

電訊媒體類的電視台、廣播電台在解嚴後並未完全開放，由於頻道未能釋放出來，電視台在解嚴前爲 3 家，到民國八十年仍爲 3 家。廣播電台在解嚴前爲 33 家，到民國八十年亦爲 33 家。不僅電視台、廣播電台數量未增加，且國內 3 家電視台最大股東分別是台灣省政府、國民黨、國防部，其經營管理、新聞節目的取捨，仍有利於本時期國民黨政府單向政令之傳播。

四、群衆運動

朱雲漢就國外群衆運動表現方式分爲 5 個層次，依序爲：(1)請願(2)演講、示威、靜坐、遊行(3)杯葛、怠工、罷工、罷課、拒繳、抗稅(4)公然羞辱、唆使(5)封鎖、佔領、接管、毀損、傷害。[261]就我國實際狀況則可分成三個層次：(1)請願、演講、靜坐、絕食。(2)遊行、示威。(3)拉扯、毀損、封鎖、傷害。[262]

集會遊行在戒嚴時期是被禁止的，而到了本時期開始的民國六十六年「中壢事件」以後，政府並沒有真正完全禁止政治抗爭與社會運動等的群衆運動。就政治抗爭面而言，民國六十八年「橋頭事件」，黨外人士採遊行方式抗議國民黨政府對余登發「政治迫害」。同年五月廿六日在中壢集會演講，聲援因遭監院彈劾而休職兩年的許信良。民國六十八年十二月十日「美麗島事件」以集會遊行方式，期間發生群衆失控，打傷百餘名員警情事。民國七十三年五月四日，周清玉、黃天福、康寧祥等三、四十人在台北長老會義光教會以絕食方式要求特赦美麗島事

---

261 朱雲漢，「從總體社會的變遷看自力救濟街頭運動的湧現」，明德基金會主辦，自力救濟與公權力座談會，民國七十七年。

262 馬起華，民權主義與民主憲政（台北：正中書局，民國八十一年十一月），頁八十五。

件受刑人。民國七十四年五月七日，康寧祥以請願方式在北市議會、監院、立院抗議政府查扣黨外雜誌。同月三十日高雄黨外人士黃昭星、陳武勳、吳大清採取示威方式抗議市長官派。同年十一月十六日高雄縣黃余綉鸞、新竹市施性融分別發生聚眾抗議「選舉不公」情事。民國七十五年五月十九日台北江鵬堅、洪奇昌、鄭南榕等「五一九綠色行動總部」以靜坐方式抗議戒嚴法。六月二日黨外公政會台北分會以集會演講方式為陳水扁、李逸洋、黃天福 3 人因「蓬萊島雜誌社」誹謗案舉辦坐監說明會，其後並有一連串遊行活動。八月中、下旬分別有黨外公政會首都分會、新潮流雜誌社以演講方式舉辦組黨說明會。九月三日林正杰因「胡益壽案」誹謗罪判刑，一連 12 天街頭演講遊行抗議「司法不公」，並南下中壢、新竹、高雄市，九月廿七日在法院前演講，因有人侵入法院張貼標語、布條，引起「法院滋擾事件」，導致 10 人被起訴、判刑。十一月卅日民進黨及支持者千餘人到中正機場接許信良返國，與憲警對峙，丟擲石塊，毀損 30 餘輛警車。

民國七十六年一月十日，民進黨支持者分別在台北市、高雄市及台灣省議會持標語抗議監委、限制連記之選舉辦法及賄選情事。二月十五日由陳永興主導的「二二八和平日促進會」開始為「二二八」而走，於一月中旬到四月，以演講、座談、追思祭拜、遊行等活動在台北市、縣，高雄市，台中縣、市，嘉義市，雲林縣舉行。五月十九日民進黨發動「五一九行動」遊行，反對制定國安法，在國父紀念館前與警方對峙到深夜。六月十日民進黨發起一連 3 天反對制定國安法遊行示威，十二日並與前來反制的「反共愛國陣線」人士發生互毆流血事件。九月十二日台北地院開庭審理「六一二」主要涉案人洪奇昌、謝長廷、江蓋世、許承宗、吳東沂、民進黨群眾千餘人包圍在法院四週，並遊行示威經過立法院到台灣日報台北辦事處，抗議「報導不公」，並砸毀報社、毆傷辦事人員。七月十五日民進黨台北市黨部謝長廷、顏錦福等人以歡迎解嚴，發動示威遊行。八月八日美麗島政團黃信介在屏東中山公園以演講方式辦理「美麗島說明會」。八月二日與廿九日分別有民進黨台北市、高雄市黨部發動群眾遊行抗議「市長官派」。八月卅日「台灣政治受難者聯誼總會」成立，公然宣告「台灣應該獨立」之主張，蔡有全、許曹德被起訴。九月五日楊祖珺以「上街頭、救民主」舉行演講、遊行。九月八日民進黨中央黨部發起「六一二萬年國會事件起訴說明」演講活動；民進黨台南市黨部以抗議「司法不公」，於台南高分院示威聚眾；民進黨台中市黨部同日則抗議「執政黨佔用公產」舉行遊行示威。九月廿八日民進黨於北、高兩市均有「突破黨禁週年慶」之演講、遊行。十月十二日起北、高兩市分別有一連串「聲援蔡許案」之演講、遊行。十一月十三日高雄長老教會牧師團主張「台獨」，發動遊行。十一月十四日民進黨桃園縣黨部發動群眾至中正機場接張俊宏、王聰松摘回之「民主聖火」，並遊行示威。十二月廿五日民進黨以「國會全面改選」遊行示威。

民國七十七年三月四日起，民進黨發動一連串「要求國會全面改選」之演講、遊行。三月廿九日傍晚以向資深民代「請益國是」，到內湖大湖山莊遊行，群眾與警方數度激烈衝突。四月五日，雲嘉地區千餘群眾至台視抗議「大湖山莊事件

報導欠公」。五月七日、十七日「台灣人權促進會」以陳情、示威「聲援施明德」。五月廿日「雲林農民權益促進會」聚集全省各地農民、群眾四、五千人，提出「七大要求」，向國民黨中央黨部發動示威請願活動，於連續 17 小時的活動中，在 5 個地點發生暴動、縱火，數百位警民受傷，示威者百餘人遭逮捕，93 人被起訴，這是政府來台後最大的一次街頭流血事件。七月廿四日，民進黨聲援陳婉真闖關，於中正機場與警方拉扯、衝突，後陳婉真遭送出境，民進黨 9 民代遭起訴。十二月十日，在台北有「台灣人權促進會」、「長老教會」等四十餘團體千餘人以遊行方式，提出「要求人權，主張新國家運動」之訴求。同日在高雄民進黨聚集數千人「慶祝人權紀念日，紀念美麗島」之遊行活動。十一月十六日，「台灣政治受難者聯誼會」黃華等人自當日起在全國展開為期 40 天的「新國家運動」，公開主張台灣獨立。十二月廿五日，民進黨於台北新公園發起簽名運動要求「國會全面改選」。

民國七十八年一月十七日，民進黨中央以抗議「萬年國會」及執政黨強力審查資深中央民代退職條例，採取包圍立法院之示威活動，該黨主席黃信介及林正杰、洪奇昌、謝長廷、姚嘉文輪番演講。一月十九日，民進黨中央黨部再次於立院以「國會全面改選」訴求，聚集四、五百人示威抗議。一月廿九日，民進黨發動「一二九國會全面改選」示威遊行，數千人分北、中、南三區進行。五月十九日，「五一九」民進黨全省各黨部共同參與台北舉行的為引火自焚之時代系列雜誌負責人鄭南榕出殯遊行活動。五月廿日，「五二○」週年紀念大遊行在台北市舉行，有三千餘人參與，三大訴求除了一項以農民為主題 — 實現真正的農民保險，基本上仍以前一年之「五二○事件」審判與「台灣獨立」為訴求。十二月二日起，一連數日發生縣市長選舉之後，民進黨台南縣長候選人李宗藩抗議選舉不公，其支持群眾包圍台南縣政府，並發生攻擊、燒燬公共設施事件。十二月十一日「新國家聯線」、部分長老教會成員共二百餘人，在台北地院士林分院聲援羅益世，要求停押交保。民國七十九年三月十九日起至廿二日，大專學生於中正紀念堂廣場靜坐抗議，提出「解散國大」，「廢除臨時條款」，「召開國是會議」及「訂定民主改革時間表」等 4 大訴求。五月起又有一連串「反對軍人干政」，抗議郝柏村組內閣，尤以五月廿日學生、社運人士所發起與五月廿九日民進黨中央黨部發起者規模最大，後者並在示威中引爆 10 枚汽油彈。

從民國六十六年到民國八十年，反對勢力藉由街頭群眾運動凸顯政治上的訴求，其脈絡大要已如上述。歸納該等政治抗爭的主題如下：(1)反對戒嚴體制。(2)國會結構問題。(3)抗議司法不公。(4)抗議選舉不公。(5)二二八事件問題。(6)人權問題。(7)反對直轄市長官派。(8)反對制定國安法。(9)台灣獨立問題。(10)聲援政治人物（如蔡許案、施明德、許信良、陳婉真等）。(11)其他。

本時期群眾運動除政治抗爭外，尚有許多新興社會運動。依蕭新煌的研究，民國六十九年到七十八年間新興社會運動有 18 種，可分三個時期：(1)解嚴前已出現者：消費者運動、反污染自力救濟運動（以上六十九年）、生態保育運動（七十年）、婦女運動（七十一年）、原住民人權運動（七十三年）、學生運動、新約

教會抗議運動（以上七十五年）。)(2)解嚴前後出現者：勞工運動、農民運動、教師人權運動、殘障及福利弱勢團體抗議運動、老兵權利自救運動、政治受刑人人權運動、外省人返鄉運動（以上均爲七十六年）。(3)解嚴後出現者：台灣人返鄉運動、反核運動（以上七十七年）、客家母語文化運動、無住屋者團結運動（以上七十八年）。[263]蕭氏的社會運動分類中亦涵蓋部分政治抗爭。社會運動如爲健康而理性的訴求，不僅有助公平正義社會的實現，且可邁向祥和安康的社會。以本時期各種新興社會運動的發展，呈現出三種特性：(1)以「國家」（尤其是執政黨）爲主要對象。(2)各該團體流露出一種強烈的「受害意識。」(3)社會運動成爲重要「政治資源」，社會運動有「泛政治化」的發展趨勢。[264]

　　綜論本時期群眾運動層出不窮，其所顯示意義爲：

　　（一）反對派由於國會結構問題以及本身民代實力不足，使黨外民意代表在議場上一旦觸礁，即摒棄議會路線而走群眾路線，期以抗爭運動做爲擴張政治實力，並以群眾力量對政府決策形成壓力。有謂此爲「民主陣痛期」，實則朝野無法在議會中展現精緻圓熟的折衝技術與樹立「過程」多數尊重少數，「結果」少數服從多數的民主精神，對民主成長是一潛在隱憂。

　　（二）群眾運動在民主國家是很正常的政治行爲，但因其所付出的社會成本過大，諸如阻礙正常交通、妨害周圍商家的營業、警察鎮暴設備的大量購置等是。且群眾運動在某種場合、時機，有演變成暴力失控的傾向，這種並非常態作息的抗爭若過於頻繁，易使民眾對社會產生不安的感覺，亦不利工商業投資的環境。政府長期以來缺乏統一的法規，過去以違警罰法、行政執行法、請願法等有關法令處理抗爭運動，對群眾運動之申請、許可、執行都不夠明確，益增紛擾。民國七十七年「集會遊行法」施行，警方正逐漸建立處理群眾運動的能力和執行公權力威信。

　　（三）群眾運動就政治面而言，反對人士所抗爭的議題實多源自民國卅八年政府來台時的現實環境；如中共軍事威脅、中華民國事實主權僅及於台澎金馬，面臨依憲法規定無法全面改選的困境等。由此衍生出來戒嚴體制、臨時條款、國會結構等問題，這些在國家風雨飄搖的年代應有其重要意義，但隨著內部經、社成長，部分民眾的參政意願強化之際，原有政治結構的型態，不利於少數有心從政的發展，和議會表決的態勢，抗爭乃隨之發生。反對人士以憲政體制與政治結構之「民主」改革訴求爲核心，並透過「二二八事件」、「司法不公」、「選舉不公」等作爲打擊執政黨威信的策略。

　　（四）群眾運動就經社面而言，政府長期追求經濟高成長與經濟穩定下，資本家、中產階層受到相當關切，而忽略了社經地位較低，缺乏強有力謀生工具的勞工、農民階層，在相對剝奪情境下，造成農民、勞工以及弱勢團體的走上街頭。此外經濟高速發展，使許多社會問題如消費者權益、環境污染等漸漸浮現，成爲

---

[263] 蕭新煌，「多元化過程中社會與國家關係的重組」，廿一世紀基金會與時報文化基金會合辦，「台灣經驗新階段：持續與創新」研討會論文，民國七十九年二月廿三日。

[264] 龐建國，「台灣地區的社會運動與政治民主化」，民主基金會主辦，台灣地區政治民主化的回顧與展望研討會，民國七十九年十一月，頁一五一一七。

新興社會運動的訴求，這些抗爭多數引起政府相關部門的重視和檢討。在新興社會運動的發展過程中，因其多以政府爲主要訴求對象。故往往成爲政治上反對勢力拉攏、依附的目標，將矛頭一致對準政府主政者。故而本時期新興社會運動的政治化非常明顯，只要有社會運動就會看到黨外或在野的政治份子如影隨形般，加入吶喊行列。

（五）我國群眾運動的發展因時代的進步和教育、經濟、社會條件的配合，一般社會運動團體的訴求能得到相對重視和回應，如勞委會、環保署、消基會等部門的成立和諸多法律、行政命令的配合等是。政治抗爭的訴求，亦因主政者改革的決心和大環境已不同於民國三、四十年代，而漸有善意之回應。最先完成的是有關政治自由化之解嚴，至於憲政體制、政治結構的民主化問題，則因牽涉制度變革層面甚廣，直到國是會議後始大幅展開。民主化過程在民主國家亦是漸進的，英國在一八三二年的「大改革法案」（Great Reform Act），把下議院的議席作了重新分配，放寬選民資格限制，使下議院真正成爲人民之代表機關。其後又經國會接連在一九一八年與一九四九年的「人民代表法」（Representation of the People Act）及一九二八年「平等選舉法」（Equal Franchise Act），對人民代表法逐漸修正放寬，使 21 歲以上的男女，完全享有選舉權利等是。至於國內反對運動政治抗爭最具爭議性，最後亦將不易解決的，就只剩下「台獨」問題，因其已非單純政治問題，而牽涉到民族主義範疇。

本章小結

綜合本章所述，歸納要點如下：

（一）民主茁壯期國家內外環境與上一時期相較，國際關係持續低迷，每下愈況，尤其是民國六十七年遭逢中美斷交、廢約、撤軍。其後美國以其國內法性質之「台灣關係法」架構中美發展關係。在兩岸互動上，中共一改民國三十八年以來的「解放台灣」策略，改彈「和平統一」的調子。加之以鄧小平復出後，推動四個現代化政策，採行對外開放，均使兩岸在表象上趨於和緩。唯中共雖對我投資商人、返鄉探親民眾擺出笑臉，但在國際間不放鬆對我之孤立，不承認我爲政治實體，亦不放棄對台用武，凡此可判定中共的「和平統一」爲其統戰手段甚明。本時期國內的經濟、社會蓬勃發展，政府以計劃性自由經濟取向，隨著「第二次進口替代」的工業發展策略，配合公共投資的推動，使產業升級加速，同時漸漸重視經濟自由化。經濟快速發展，在推、拉作用下，社會都市化形成，多元社會成爲台灣自由地區的特徵之一。

（二）本時期開展了政治自由化與民主化的契機。民國三十八年政府來台後的威權體制是時局環境造成。若無中共直接威脅，何需戒嚴？若中華民國主權及於中國大陸，二屆立委、國代、監委早在民國四十年、四十三年即已全面改選，何需以臨時條款方式辦理增額中央民意代表選舉？故可知倉促來台的政府，一方面雖保障台灣軍民同胞生命安全之需要，乃有戒嚴實施；另一方面又需以台澎金馬自由地區，來標舉政府自由、民主的法統地位，中華民國憲政體制一時不宜劇

變，乃有第一屆中央民代無法全面改選的窘境，和臨時條款的增訂之權宜。這些都不是常態，關鍵在於，什麼時機與條件下，得以恢復正常憲政運作？尤其兩岸分裂分治持續下去，當初的權宜或法統，逐漸面臨自由地區民主化發展的兩難困境。民國七十六年的解嚴有其主、客觀條件配合，並非某一因素可居全功；兩岸關係如在民國七十年代前後有發生類似古寧頭戰役、八二三砲戰等台海之緊張情勢，是否仍可能在七十六年解嚴？台灣經濟成長，教育普及、社會多元如不成功，政府有無信心加快民主化速度？如無反對運動訴求，政府是否及早重視此一問題？如無國民黨主政者的民主信念和主導推動，力排黨內之異議，在民國七十五年國民黨尚穩居一黨優勢下，是否會當下推動六大革新議題？本時期威權體制的轉型，由民國七十六年解嚴邁出重要一步，國是會議的召開更確立了憲政發展的方向，使終止戡亂時期、廢止臨時條款、回歸憲法、一機關兩階段修憲的憲改工程得以遂行。

（三）本時期政黨政治在解嚴開放黨禁後，呈現了民主政治的全新風貌，政黨林立是一項特色，但絕大多數均為實力微弱的小黨，並無法發揮影響政治的能力，在面臨選舉時更凸顯該等組織的不健全，人才的缺乏，財力的不足，實為泡沫政黨之典型。執政的國民黨以其長久以來一黨優勢，具有龐大的資源與組織專才，在選舉中仍能保持執政多數。然就該黨主席李登輝的領導風格和路線發展，新國民黨連線的出走另組新黨是一大隱憂，因新黨所帶走的多為理念型支持者，國民黨的一個支柱漸鬆動，另一支柱的地方派系，利益色彩高於政黨理念，派系的金權掛鈎、賄選是其負面因素，正面的功能是派系尚有其組織與吸票能力。隨著國民黨日益本土化，其與地方派系的共生依存關係更形顯著，派系的消長將直接影響國民黨實力。民進黨在解嚴後，累積黨外時期的資源，成為最大反對黨。民進黨的成員初始多基於對政府執政黨不滿情緒，其支持者亦多基於同情因素，此種發展態勢與族群分歧相結合，隱然存在狹隘不開闊的「島國心態」（insula）。這種意識型態的分歧，造成國家認同的困擾，亦將破壞政黨政治的基本精神。尤當民進黨力量增強之際，如其不審度「台獨」發展理念：台灣主權未定論 →住民自決 → 公民投票 → 獨立建國之重大危害，將為台灣社會安定、政黨政治、兩岸發展埋下變數。

（四）本時期政治參與的各個面向 — 四權行使、大眾傳播、政治團體與政黨、集會遊行，都隨著解嚴而賦予新的詮釋和生命。法規或修或立，「動員戡亂時期公職人員選舉罷免法」於民國六十九年制定，並經七十二、七十八年兩次修正，完成統一立法，並求維護公平之競爭。「動員戡亂時期人民團體法」於七十八年修正將人民團體三分，以納入政治團體，並將政黨定位為政治團體範疇。「動員戡亂時期集會遊行法」於七十七年制定，將集會遊行規範明確化。出版法雖早經制定，亦在解嚴後，廢止「台灣地區戒嚴時期出版品管制辦法」，出版法才成為主要依據。上述該等法規有助我國民主成長和步上軌道，但因其多屬政治性高的法律，立法前後朝野爭議亦多，如「三原則」等是。另如集遊法之採許可制、政治團體、出版品之核准制，以及各該法的行政裁量權規定，亦有仁智之見。就

政治參與的運作面言之，各項的選舉固能落實主權在民、地方自治的理念，然而台灣選舉之賄選、金權政治甚為嚴重。政黨與政治團體在解嚴後有如雨後春筍般成立，群眾運動在解嚴前政府即已放寬，解嚴後更形充斥。大眾傳播的出版品成長快速，唯電子媒體則因頻道的未開放，在原地不動。整體觀察，自由、民主的氣氛在本時期後段趨於顯著，我國政治發展在硬體的政治制度、法規走向全盤檢討之際，全民的民主精神和民主素養再提升亦屬刻不容緩。

第四章　民主落實期的政治發展〈一〉

民國八十年開始迄今進入「民主落實期」。本章先論述從民國八十年終止動員戡亂時期開始，到民國八十五年初第一次民選總統以前的政治發展。民國八十年到八十五年初，政治民主化繼政治自由化之後，主導國內政局的發展，動員戡亂時期的終止，意味憲政新里程已展開，在廢止臨時條款、回歸憲法、一機關兩階段修憲、第三次修憲，加上資深中央民意代表的全部退職，中央民代全面改選、省市長、總統、副總統的採用民選方式產生，加速了政治民主化腳步；再者，修憲的結果也爲未來中央體制走向增添變數，政黨政治的發展更將隨著中央民代與總統、副總統選舉結果牽動中央政權的與替。一個嶄新民主政治發展時代已經來臨。

第一節　環境因素

壹、外環境因素

一、中共的統戰策略

民國八十年（一九九一年）十二月六日起，中共在北京召開「全國對台會議」，由此一會議可歸納中共對台政策仍持續以往之（一）和平統一，不排除武力。（二）政經分離。（三）一國兩制。（四）促進三通四流，誘談誘和。（五）孤立台灣，逼談逼和。（六）分化台灣人民的共識。[1]

「全國對台會議」的執行策略包括短、中、長程「三段策略」：[2]

就短程方面，中共希望以「經濟交流」手段，達到「政治統戰」目的。一方面藉用台資以壯大其經濟實力，一方面則在台灣內部創造許多與大陸關聯密切的利益團體，運用經濟利益的融合和勾連，透過這些利益團體影響台灣內部的公共輿論與政府策略，達到「以民逼官」的策略。

就中程方面，中共採「以外圍包夾中心」的策略，針對台灣已是一個多元化的民主社會，乃擴大對台民間的宣傳統戰，針對媒體、統派團體、學術知名人士、社會名流和人民團體，圖以通過團體遊說和輿論壓力，從民間逼迫我政府與中共進行談判。

就終極方面，中共運用各種有利形勢，逐漸由「功能性的交流」過渡到「官方談判」，以達成「三不政策」結構性障礙的化解。當兩岸關係呈現出具體功能性的依賴和互補關係時，由交流到談判自然水到渠成。若當「三段策略」都無法奏效時，武力解決就可能成爲最後攤牌的手段。

這一策略基本上是延續中共「國台辦」主任王兆國在民國八十年（一九九一年）六月七日發表之「對台三點建議」，依其內容，中共係將對台工作劃分爲「兩岸三通與雙向交流」、「國共直接商談」與「談判統一」三個層次。[3]在「六七談

---

[1] 蔡政文、林嘉誠，台海兩岸政治關係，二版（台北：國家政策研究資料中心，民國七十八年三月）。頁四〇。

[2] 台北，中央日報，民國八十年十一月十日，版二。

[3] 張所鵬，「中共七屆人大五次會議前瞻系列報導，三之三，中共力圖主導兩岸關係進程」，中國時報，民國八十一年三月廿日，版三。

話」中之第一項是屬民間接觸層次，第二項是屬官方接觸的層次，第三項則是進到政治接觸的地步。中共至此乃有較明確傾向設立類似我國「海基會」之執政當局授權的團體商談現實問題的形式。[4]蓋因中共過去認為兩岸之間必須按照其「一國兩制」中央對地方的格局直接進行「三通」，毋需任何中介團體。但隨著兩岸民間交流、商務往來的諸多民、刑事糾紛，在中共以「國台辦」之「官」對我方的一海基會」之「民」的解決過程中，明顯將中共決策層直接推向第一線。因之，中共乃於民國八十年（一九九一年）十二月十六日，成立「海協會」，以與「海基會」對口。「海協會」常務副會長唐樹備強調，成立「海協會」並不意味中共對台政策改變：而是為兩岸民間交往和交流工作開闢一個新的（統戰）渠道。[5]

（一）兩岸事務性商談的開始

民國八十年間，中共以兩岸政治性談判的目的一時難以達到，遂成立「海協會」以為因應，唯中共追求政治性談判決心從未改變，「海協會」隨時可因情勢需要而搖身變成政治性談判的利器。[6]我方在李登輝時代，依當時「國家統一綱領」，進入中程（互信合作）階段，建立兩岸官方溝通管道之大前題，必須在近程（交流互惠）階段完成「兩岸摒除敵對狀態、互不否定對方為政治實體、互不干擾國際活動」。因此本時期兩岸官方接觸卡在三個問題上：武力犯台、政治實體與中華民國國際生存空間問題。我政府以中共未有善意回應前，無法從事政治性談判。兩岸乃展開一系列事務性商談，其重要者：兩岸紅十字會之「金門會談」、到「海基會」與「國台辦」等二次接觸，再到「海基會」、「海協會」之「辜汪會談」、「廈門會談」、「台北會談」、「焦唐會談」、「北京會談」、第二次「焦唐會談」與「南京會談」。各次會談深具有時代意義〈會談經過與內容如表四－一〉。

（二）中共對台統戰策略析論

兩岸隨著海基會、海協會的互動發展，中共對台政策本質上並未改變，直到民國八十四年一月江澤民提出之「江八點」，仍以「和平統一，但不排除使用武力」為主軸。在此目標下，以「三位一體」為「統一」之運作；「中央對台工作領導小組」─「國務院台灣事務辦公室」（國台辦）─「海峽兩岸關係協會」（海協會）三者經由決策 ─ 協調 ─ 執行功能之聯結與發揮運作一體成效。以「一個中國」為「統一」之架構；延續其「一國兩制」，否認我為政治實體，不承認我司法體系，並持續在國際間孤立我國，圖將台灣塑造成為其「內政」問題。以「三段策略」為「統一」之途徑；強調兩岸三通與雙向交流走向以通促統，並透過「兩黨（國共）談判」，促成「和平統一」。

1. 以「三位一體」為運作

中共目前對台工作組織可分為黨、政、軍、民間團體和宣傳機構等共計五大類，就組織功能來區分有四類：(1)直接參與制訂或執行對台政策、處理涉台事務

[4] 張源愛，「『以官扮民，以民逼官』─評中共成立『海協會』」，中國大陸，第二五卷，第二期，民國八十一年二月，頁五二。
[5] 同上。
[6] 中國時報，社論「兩岸交流溝通政治問題與事務問題不可糾纏不清」，民國八十一年三月二十五日，版三。

表四 — 一 **1990** 年至 **1994** 年間兩岸事務性商談的經過與內容

時間	1990 年 9 月
地點	金門
會談名稱	金門會談
雙方機構	雙方紅十字會
雙方代表	台灣：紅十字會秘書長陳長文 大陸：紅十字會秘書長韓長林
召開背景	一、「閩平漁事件」，一批偷渡客遣返時，被船老大置於底艙，因空氣不足，致遭悶死。 二：大陸併船遣返之船隻在海上遭艦艇撞沉事件。
議題	大陸偷渡客事件與遣返問題
會談結果	一、協議文件中不涉及雙方現階段無法達成共識的政治立場與原則。 二、兩岸紅十字會不使用正式名銜，而通稱「海峽兩岸紅十字組織」。 三、代表雙方之負責人，不使用正式職銜，而通稱「兩岸紅十字組織代表」。 四、協議文件簽署日期，不載明「西元」或「中華民國」之紀元文字，僅列月份及日期。 五、協議文件中表明遣返船及引導船均懸掛白底紅字旗，不掛其他旗幟。
影響	一、「金門協議」為兩岸的接觸與談判樹立新模式，即由個案走向通案解決。 二、形式上以個人名義簽署的兩岸合作文件，實經兩岸最高執政當局認可的文件。 三、其後雙方政府軍事部門單位不但密切配合紅十字會執行協議所定遣返任務，雙方也根據協議要求對方協助遣送刑事犯及嫌犯。

表四 — 一　**1990** 年至 **1994** 年間兩岸事務性商談的經過與內容〈續 **1**〉

時間	1991 年 5 月	1991 年 7 月
地點	北京	廣東省、市、福建省、福州市、廈門市、上海市
會談名稱	海基會第一次大陸行	海基會第二次大陸行
雙方機構	台灣：海基會 大陸：國台辦	台灣：海基會 大陸：上述省市政府及「對台辦」
雙方代表	海基會秘書長陳長文 國台辦主任王兆國	海基會副秘書長：石齊平 中共上述省市政府及「對台辦」有關人士
召開背景	海基會 1991 年 3 月 9 日成立後，對中共有關機構部門的拜會與認識。	海基會爲瞭解大陸東南沿海地區，並希與中共相關的經貿和旅遊單位建立彼此的溝通和瞭解。
議題	規劃兩岸交流活動，並解決兩岸人民交流所衍生的問題。	兩岸經貿旅遊、交流瞭解與衍生問題之解決。
會談結果	一、海基會可與中共各有關「部會」直接聯繫，但雙方來往信件應抄報「國台辦」。 二、海基會未來到大陸討論問題，可向「國台辦」或「新華社」香港分社申請。 三、「國台辦」可委託或指定有關部門與該會交換意見。	一、旅遊方面在建立熱線、設立熱線、設立旅遊糾紛的仲裁組織均獲得共識。 二、我方反映「台胞證」期限應予延長，意外保險制度應予建立。 三、大陸對我方建議之集合服務團到大陸巡迴服務廠商，以及成立台商聯誼會等表樂觀其成。 四、中共亦提出「八大難題」，請我政府研究解決：〈1〉台商間接投資手續繁瑣，利益受損。〈2〉打擊海上走私。〈3〉兩岸「蛇頭」勾結走私人口。〈4〉海上搶劫。〈5〉台灣黑社會份子在大陸從事犯罪，我方應提供合作。〈6〉金馬守軍扣押、槍擊大陸漁民。〈7〉滯留大陸台胞返台問題。〈8〉旅遊糾紛問題。
影響	本次會議確定了「海基會」未來和大陸聯繫的管道與溝通方式。	一、我方海基會繼續建立與大陸方面之溝通管道。 二、兩岸在一些技術性事務上以能建立共識。

表四 — 一　**1990 年至 1994 年間兩岸事務性商談的經過與內容〈續 2〉**

時間	1993 年 4 月
地點	新加坡
會談名稱	辜汪會談
雙方機構	台灣：海基會 大陸：海協會
雙方代表	海基會董事長辜振甫 海協會會長汪道涵
召開背景	中共海協會於 1991 年 12 月成立後，兩會於 1992 年 3 月與 10 月兩度在北京就「兩岸文書查證」、「兩岸掛號信函查詢補償」協商，雖達成若干共識，但雙方仍有若干歧見無法達成，延至本次會議。
議題	共有 7 項議題：〈1〉兩岸公證書使用查證協議。〈2〉兩岸掛號信函查詢補償協議。〈3〉辜汪會談共同協議。〈4〉兩岸召開經濟會議。〈5〉科技、文化及青少年交流。〈6〉今年內兩會五項待解決事項。〈7〉兩會聯繫及會談制度協議。
會談結果	一、兩岸公證書使用查證協議。 二、兩岸掛號信函查詢補償協議。 三、兩會聯繫及會談制度協議。今後兩會董事長、會長不定期會面，副董事長、副會長每六個月在兩岸或第三地會晤；會晤人員每年一次會談，但排除具官方身分人士。 四、辜汪會談共同協議：名稱達成共識，但有關協議內容是否載入兩岸簽署投資保障協議及修改二十二條兩會看法分歧，經折衝後，決以簡單文字表達，將來在擇時擇地再討論。 五、兩會除正式簽署前列四項文件，另亦達成若干共識：包括科技、文化及青少年交流，可望列入會談協議書中，兩會並同意該年內討論非法出入境遣返、共同打擊海上犯罪及走私、海上漁事糾紛解決、智慧財產權保護、司法機關聯繫協助等五項議題。
影響	一、今後兩岸人民交往有關婚姻、繼承及其他公文書往來可透過兩岸官方公證，保障兩岸民眾權益。 二、掛號信函遺失查詢及補償可確保兩岸民間信函往返權利、兩岸郵政作業互動，間接影響日後兩岸直接通郵。 三、「辜汪會談共同協議」開創兩岸交往模式，內容宣示作用開啓下一階段兩會會談契機。 四、兩會雙向聯繫開啓海協會人士進入台灣管道，今後大陸人士赴台將會增加，有助中共對自由地區之瞭解，亦會激發島內統獨之爭。

表四 — 一 **1990** 年至 **1994** 年間兩岸事務性商談的經過與內容〈**續 3**〉

時間	1993 年 11 月	1993 年 12 月
地點	廈門	台北
會談名稱	廈門協商	台北會談
雙方機構	台灣：海基會 大陸：海協會	台灣：海基會 大陸：海協會
雙方代表	海基會副秘書長許惠祐 海協會副會長孫亞夫	海基會副秘書長許惠祐 海協會副會長孫亞夫
召開背景	為延續「辜汪會談」所達成的共識，解決日益複雜的兩岸關係所衍生的事務。	延續「辜汪會談」所達成的共識，試圖解決兩岸交流所衍生的事務。
議題	一、劫機犯遣返議題。 二、漁事糾紛調處議題。 三、偷渡客遣返議題。	一、以劫機犯遣返、偷渡客遣返、漁事糾紛三項議題為主。 二、就其他年度協商議題，及台商投資權益問題交換意見。
會談結果	一、實質協商進展有限，大陸方面只提劫機犯遣返八點意見，不願簽協議。 二、否定我公務船官方功能，不願使調處結果具法律效力。 三、大陸在偷渡客協議中加入直航、官方接觸等政經問題。	一、劫機犯遣返議題上有共識者：〈1〉劫機犯原則一律遣返。〈2〉人道原則涵蓋政治犯不遣返。〈3〉人機分離遣返。尚有分歧者：〈1〉「己方人民不遣返」文字表述問題。〈2〉刑期抵免。〈3〉一事不再理。〈4〉準用條款是否列入問題。 二、漁事糾紛議題有共識者：〈1〉雙方各自成立調處委員會，各自運作。〈2〉賦予調處一定效力。
影響	雙方首度就涉及法律管轄權議題進行實質商談，但以中共方面不承認我司法管轄權，並以迴避策略處理，造成兩會最後不歡而散，本次協商並未獲致任何實質成果。	中共方面抽掉協議中有關政經議題之籌碼。三項協議中涉及司法管轄權部分仍存有相當歧見。諸如中共不接受「一事不再理」原則，漁船糾紛的公務船，調處效力的爭議問題仍未獲致解決。中共方面要求來台「實地查核」侵犯我司法調查權等。

表四 — 一　**1990 年至 1994 年間兩岸事務性商談的經過與內容〈續 4〉**

時間		1994 年 2 月
地點		北京
會談名稱		焦唐會談
雙方機構		台灣：海基會 大陸：海協會
雙方代表		海基會副董事長焦仁和 海協會副會長唐樹備
召開背景		溝通之前數次法律管轄權觀念，突破雙方協商瓶頸。
議題		一、劫機犯遣返等議題困境的再協商。 二、兩會會務有關事項。
會談結果	尚有分歧者：〈1〉中共不願賦予調處一定的「法律效力」。〈2〉中共不同意調處不成後，採取訴訟手段。 三、偷渡客遣返議題上有共識者：〈1〉另訂協議取代「金門會談」。〈2〉增列空運遣返方式。〈3〉原則上同意我方可主動遣返。 尚有分歧者：〈1〉中共方面希望實地查核。〈2〉適用對象、費用仍有歧見。	一、劫機犯遣返議題上有共識者：〈1〉中共同意「己方人員不遣返」。〈2〉中共同意扣除劫機犯在台羈押時間。〈3〉單純劫機犯在偵查中送回，其他經司法程序偵結後送回。〈4〉我方同意「準用條款」放入共同打擊犯罪議題協商。 二、漁事糾紛議題上有共識者：〈1〉雙方各自成立調處機構，共同運作。調處結果具執行效力。〈2〉我方同意公務船不列入。 三、偷渡客遣返議題上有共識者：〈1〉中
影響		本次會談的「口頭共識」成為下次「北京會談」的爭議焦點。因焦仁和口頭允諾對於漁事糾紛調處適用排除「公務船」，刑事犯「準用條款」不納入劫機犯遣返等，但這項「默契」被陸委會否決，因此並未寫入「焦唐會談」共同新聞稿。致使其後之「北京會談」，中共認為應以焦唐共識為主，我方認為正式的共識應以新聞稿為準。

表四 — 一　**1990 年至 1994 年間兩岸事務性商談的經過與內容〈續 5〉**

時間		1994 年 3 月
地點		北京
會談 名稱		北京會談
雙方 機構		台灣：海基會 大陸：海協會
雙方 代表		海基會副秘書長許惠祐 海協會副會長孫亞夫
召開 背景		繼續「焦唐會談」未完成之各項爭議協商。
議題		主要協商劫機犯遣返等三項議題。
會談 結果	共同意偷渡客遣返，不實地查核。〈2〉遣返費用等留待下次事務性商談時再議。	一、劫機犯遣返議題上原有分歧意見者，多仍呈現膠著：〈1〉「己方人員不遣返」、「一事不再理」等雙方均同意原則，但對表述意見無共識。〈2〉我方調整「焦唐會談」時共識，「準用條款」仍應納入，刑期抵免仍應在協議中具體表達。〈3〉我方認為遣返期限不應設限，中共方面則希望有期限。 二、漁事糾紛議題上達成共識識者：〈1〉雙方原則同意，清償不得違反雙方
影響		一、本次會談因雙方對「焦唐會談」所達成「共識」解釋有所不同，使會談瀕臨破裂。 二、由三項議題缺乏共識部份觀察，中共仍堅持其為中央，我為地方之政治心態有以致之。因中共不承認我為政治實體，僅是默認我有相當的司法管轄權，故而三項議題面臨膠著狀態，多因中共不願承認我司法體系、也並不尊重我司法管轄權。

表四 — 一　**1990 年至 1994 年間兩岸事務性商談的經過與內容〈續 6〉**

時間		1994 年 8 月
地點		台北
會談名稱		第二次焦唐會談
雙方機構		台灣：海基會 大陸：海協會
雙方代表		海基會副董事長焦仁和 海協會副會長唐樹備
召開背景		持續兩岸各項相關事務性問題之協商解決。
議題		包括劫機犯遣返三項議題之事務協商等八部分。
會談結果	有關規定。〈2〉顧慮兩岸法治不同，漁事糾紛所引起之刑事告訴乃論罪暫不納入。至於仍無共識者：〈1〉中共不同意納入公務船在適用範圍內。〈2〉我方認為調解不成，應有訴訟手段，中共則認為應放在司法協助議題內談。 三、遣返偷渡客議題上仍缺乏共識者：〈1〉我方認為逾期不接返可主動遣返，中共認為雙方經商定得進行主動遣返。〈2〉費用方面，我方認為應由損壞來源一方付費，中共則主依現行狀況各自分擔。	一、本次會談因雙方歧見仍多，並未正式地簽署協議，而以發表「共同新聞稿」方式，將雙方共識列述。 二、雙方已達成共識，並有極大進展者，包括：加強兩會多層次溝通、文書使用查證、增辦兩岸快捷〈遞〉郵件業務、改善兩岸通話品質、加強經濟交流、文教科技
影響		一、本次會談之「共同新聞稿」內容分八部分，達成增辦兩岸快捷〈遞〉郵件業務、改善通話品質、具體列舉文教科技交流項目等意義重大。 二、新聞稿中對「劫機犯遣返」等三項議題，雖表示已就解決主要分歧達成具體共識，同意

表四 — 一　1990 年至 1994 年間兩岸事務性商談的經過與內容〈續 7〉

時間		1994 年 11 月
地點		南京
會談名稱		南京會談
雙方機構		台灣：海基會 大陸：海協會
雙方代表		海基會副秘書長許惠祐 海協會副會長孫亞夫
召開背景		繼續焦唐會談未完成之各項爭議協商
議題		一、主要協商劫機犯遣返等三項議題。 二、公證文書、開辦快捷〈遞〉郵件等議題討論。
會談結果	交流、相互協助辦理有關遺產繼承事項。 三、中共拒絕就旅遊安全及賠償問題、台商保障及新聞交流進行協商。 四、雙方事務性協商之「劫機犯遣返」、「漁事糾紛」、「偷渡客遣返」三項議題的主要歧見仍未能解決。	一、劫機犯遣返主要歧見有三：〈1〉刑期抵免：海基會認為涉及司法單位對劫機犯犯罪事實的留置、羈押、偵訊、審判、服刑等程序，必須載明。而海協會同意刑期抵免，但只同意以「羈押」兩字加以規範。〈2〉溯及既往：海基會認為刑期抵免文字有所安排後，在兼顧人道及秩序前提下，可以考慮。海協會認為應有限度的溯及既往。〈3〉刑事犯準用條款：海基會主張加上「最重本
影響	儘速商定文本，簽署協議。然則在如何落實於文字上，則涉及中共不得否定我法制的存在問題，這亦是兩岸事務性協商遲緩的主因。	一、本次協商唯一具體成果是增加寄送公證書副本範圍商定文本，兩會同意增加經歷、病歷、稅務、專業證明四項公證書副本寄送，並將擇日換文生效進行。 二、首度就開辦兩岸快捷郵件進行商談，因「物品」是否列入開辦範圍項目？沒有共識被擱置。 三、劫機犯遣返等三項議題，兩會已敲定草案大部分條款，目前所僵持部份實因涉及敏感的法律主權與司法

表四 — 一　**1990** 年至 **1994** 年間兩岸事務性商談的經過與內容〈續 **8**〉

時間	
地點	
會談名稱	
雙方機構	
雙方代表	
召開背景	
議題	
會談結果	刑五年以下」，海協會認爲違反焦唐共識，且不同意「準用」字眼，希望改爲「參照」或「適用」。 二、漁事糾紛調處主要分歧有三：〈1〉公務船舶試行和解活動範圍，海基會主張將「一方公務船舶」，修正爲「離岸較近一方公務船舶規定範圍內」，海協會認爲應依照焦唐會談共識。〈2〉溯及既往：海基會主張不宜納入，海協會主張涉及民事糾紛部份準用。〈3〉調處規則研擬作業：海基會認爲應在協議過程中同步進行，海協會認爲可延後再研議。 三、偷渡客遣返議題主要爭議有二：〈1〉主動遣返：海基會主張將「指定碼頭」修正爲「指定碼頭或泊靠地點」；海協會不同意更動。〈2〉溯及既往：海基會主張明列，海協會不同意。
影響	管轄權問題，有待兩會繼續協商解決。

資料來源：作者整理

與從事統戰活動的專責機構，如中共中央對台工作領導小組、中央調查部、國務院台灣事務辦公室等。(2)參與對台統戰活動或處理台灣事務的非專門機構的官方組織，如中共中央統戰部、人大常委會、政協會議、政協祖國統一聯誼會、國家安全部、公安部、僑務辦公室、新聞辦公室以及新華社香港分社等。(3)接受中共領導的外圍團體。該等不具官方身份，在中共統籌下開展對台和海外的聯絡工作，並呼應中共統戰工作。包括八大「民主黨派」（即「民革」、「民盟」、「民建」、「民進」、「農工」、「致公」、「九三」、「台盟」）、「工商聯」、「台聯」、「文聯」、「作協」和「記協」等。(4)在對台工作中，具有宣傳功能的傳播媒體。如「瞭望」週刊海外版之統戰刊物，評論我方大陸政策，或為中共對台政策宣傳、辯護。[7]唯在上述各類組織中，直接負責對台工作的機構，則是中共「中央對台工作領導小組」及受其業務領導之國台辦和海協會。[8]

中共「中央對台工作領導小組」現由中共中央政治局常委會領導。領導小組的成立宗旨，主要在如何配合「一個中國」的大政方針，落實「一國兩制」以解決兩岸統一的問題，研究擴大海峽兩岸的貿易，促進「三通」的大計，宣示反對台獨，注意我方未來發展動向，並領導中共黨、政、軍、民間系統各有關部門。領導小組的決策具體落實在兼具決策與協調功能的「國台辦」和負責實際執行政策的「海協會」兩單位的工作之上，並對該兩單位的業務，「經常提供權威性的意見」。[9]

「國台辦」成立於民國七十七年（一九八八年）八月廿五日，是國務院領導下的部級機構，接受中共「中央對台工作領導小組」和「國務院」的雙層領導。它負責把領導小組的決定化為具體的政策條文和協調國務院有關部門與地方政府之涉台事務，督促國務院有關單位和地方有關部門貫徹執行工作。「國台辦」設主任一名，副主任數名。下設秘書行政、交流聯絡、經濟貿易、人員往來、綜合業務、政策研究、宣傳、新聞等各局。「國台辦」主要職掌有九項：(1)貫徹實施中共中央對台方針、政策，實行「三通」，發展人員往來和經貿關係。(2)督促檢查國務院有關部門和各省、自治區、直轄市貫徹執行中央、國務院對台工作方針、政策的情況。承辦有關部門和各省、自治區、直轄市關於台灣事務向國務院的請示。(3)了解掌握國內外涉台事務的重要信息，及時報告中共中央、國務院，並通報有關部門。(4)調查研究對台工作中的情況和問題，組織有關部門提出對工作的具體政策法規及開展對台工作的意見。(5)統籌指導對台經濟合作、建設開發項目，利用台灣資金、技術、市場；協調有關教育、科技、文化、衛生、體育交流等事項。(6)會同有關部門，做好台灣各界和有關方面知名人士來訪接待工作。(7)負責對台工作事務的對外發言。(8)承辦中共中央、國務院領導成員交辦的事

---

[7] 「中共『新時期』對台工作策略與運用—兼評『海峽兩岸關係協會』之成立，中共問題資料週刊，第五一〇期，民國八十一年三月十六日，頁四四—四五。

[8] 同上。

[9] 李國強等著，「國務院台灣事務辦公室主任丁關根」，中國當代名人錄（第九集）（香港：廣角鏡出版社，一九八九年二月），頁五〇。

項。(9)督導「海協會」的職責。[10]

　　「海協會」成立於民國八十年（一九九一年）十二月十六日，其組織形態爲理事會型式，閉會期間由會長、常務副會長，副會長、祕書長組成常務理事會，履行理事會職務。理事會由工商企業、科技文化、教育、體育、學術、法律等之「三通」部門、民主黨派、群眾團體、「國家」機關等各方代表組成，均以個人身份參加，「國台辦」參加人員則以辭去公職方式加入。基本上，「海協會」成員主要骨幹，仍以「國台辦」部分官員爲主（如「國台辦」副主任兼發言人唐樹備轉任「海協會」常務副會長，負責實際執行工作，「國台辦綜合局」局長鄒哲開轉任「海協會」副會長兼任祕書長。此外「海協會」下四部主管多由「國台辦」官員轉任）並網羅各個沿海省市「台辦」的主任或副主任，司法部、郵電部等與對台工作有關的負責幹部等。該等成員組織明顯地乃是一個「官轉民」的機構，網羅熟悉台灣事務，具備法律專業素養的人員爲班底，辦理兩岸民間交流實質業務。「海協會」接受中共中央領導小組和「國台辦」的指導，依照協會章程規定，積極開展有關業務。其主管事項主要以執行「國台辦」委託事項，和兩岸民間交流的事務性工作爲主。包括與「海基會」在對等的基礎上，推展兩岸間的事務性工作、兩岸司法機關的聯繫與合作、吸引台商與台資問題、經貿交流問題、資料的蒐集與提供、人員往來及體育文化交流的促進。

　　中共在對台工作整體運作上即是：「領導小組」制定各項協商的原則與底線，「國台辦」居間，秉承「領導小組」的授命與「國務院」的授權，對於「海協會」的兩岸協商工作進行協調、監督與指導。「海協會」則接受「國台辦」的督導，就現階段的直接「三通」與「雙向交流」實際負責和我方「海基會」進行協商。

2. 以「一個中國」爲架構

　　中共對台政策雖或有策略層面的變更與重點的調整，但基本政策始終一貫。在「一個中國」原則下，否認我爲政治實體，表現於國際社會者，即反對「兩個中國」、「一中一台」、「台灣獨立」、「一國兩府」、「彈性外交」與「雙重承認」，全力孤立與打壓我政府之國際活動空間。表現於兩岸事務性商談者，則爲不尊重我司法管轄權，不願承認我司法體系。表現於其解決兩岸關係的模式，則爲「一國兩制」，台灣成爲中共「特別行政區」。

　　民國八十年四月間，我「海基會」第一次大陸行，訪問團成員於廿九日與時任「國台辦」副主任的唐樹備等中共官員舉行第一回合會談時，唐樹備即提出中共「處理海峽兩岸交往中具體問題應遵循的五項原則」，其要點是：(1)台灣是中國領土不可分割的一部分。(2)堅持「一個中國」的原則，反對任何形式的「兩個中國」、「一中一台」，也反對「一國兩府」及其類似的主張和行爲。(3)兩岸應消除敵意，加深瞭解、增進共識，建立互信，維護兩岸同胞的正當權益。(4)促進和擴大民間往來，儘早實現直接「三通」，鼓勵和發展「四流」及學術等雙向交流。(5)繼續發揮許多促進「三通」和「四流」的兩岸團體和個人的作用，並應儘早促

---

[10] 中國機構編制委員會辦公室編，中國政府機構一九九〇（北京：中國經濟出版社，一九九〇），頁二九二。

成兩岸有關方面以適當方式直接商談。[11]

中共「一個中國」的政策下，以全中國唯一合法代表自居，凡是與其建交的國家，都被迫承認此一原則，且須承認台灣是中國的一部分，中共並要求與其建交的國家必須與中華民國斷絕外交關係，此外，凡與我國建交者，中共即與之斷絕外交關係。中共並積極阻撓我加入聯合國及各種國際組織。

李登輝總統時期，兩岸初步發展階段，中共「一個中國」在兩岸事務性問題上，強調屬於「國內事務」。在不承認，不能尊重我司法體系、司法管轄權下，諸如劫機犯遣返議題上的「一事不再理」、「刑期抵免」、「遣返期限」等問題；海上漁事糾紛調處議題上的「公務船納入與否」、「調處效力」、「訴訟問題」等問題，往往陷於膠著，因中共堅持其為中央，我為地方之政治心態，並不承認我為政治實體，使早期「海基會」與「海協會」一連串的事務性商談無法有效的、迅速的解決其中核心問題。兩岸兩會直到 2008 年馬英九當選總統後，雙方在接受「一個中國」，有默契的各自表述下，強調「求同存異」的精神，促使兩岸事務性商談屢有重大成果，可參閱本書第五章第一節部份。

3. 以「三段策略」為途徑

中共提出「對台三點建議」與「全國對台會議」的「三段策略」均以「兩岸三通與雙向交流」為近程重點工作，並進而催促「國共兩黨直接商談」，達到「談判統一」的最終目標。實際上中共早在民國六十八年即已提出與我直接「三通」的要求，這是它訴諸武力之外，企圖以迂迴、滲透、顛覆各種方式，遂其兼併台灣的一種策略。中共對於三通四流向來具有高度的積極性和主動性，尤其兩岸民間互通後，在吸引台商投資上，主動要求擴大往來，並且不惜忍受巨額貿易赤字和外匯流失，其目的在加強兩岸聯繫的密切，逐步形成彼此緊密相連，難以分離的局面，以遂其「以商圍政」、「以民逼官」，達到「以通促統」的目標。中共於民國七十九年七月在其「對台工作方案」擬定「一個中心，三大塊」方針。「一個中心」即「增強台灣民眾的向心力，以消弭分離主義，加強和平統一」的中心目標；「三大塊」包括「經貿」、「人員往來」和「關於文化、體育、教育、藝術等民間往來活動」等三方面實際工作。[12]其中「經貿」方面以吸引台資、台商赴大陸投資、設廠、貿易為主要重點，促成兩岸早日直接貿易和投資。[13]

民國八十年五月一日我政府公布終止動員戡亂時期後，中共於五月廿日在「瞭望」週刊海外版刊登「中國社會科學院台灣研究所」副所長姚一平之「『動員戡亂時期』終止後的兩岸關係基本態勢評估」專文，文中論及積極意義，認為：(1)表明我已認同和平統一的方式。(2)有助於兩岸關係進一步緩和。(3)有助於兩岸接觸、對話、談判的開展。文中並評估兩岸關係將進入新階段，其特點有四：(1)事務性接觸對話、談判將漸次開展。(2)將朝直接「三通」發展。(3)「雙向交

---

[11] 共黨問題研究中心編印，兩岸關係大事紀─民國八十年（台北：共黨問題研究中心，民國八十一年四月），頁九〇－九一。

[12] 台北，中國時報，民國七十九年七月六日，版三。

[13] 同上。

流」將日益擴大。(4)滲透與反滲透的將會日趨尖銳複雜。[14]是年我方「海基會」的四月及七月兩次訪問大陸，中共當局的態度是積極的，因中共認爲，讓「海基會」到大陸訪問拜會，一方面將可爲兩岸高層正式接觸商談揭開序幕；另一方面可以拿「海基會」訪大陸作爲槓桿，進一步促成兩岸的「三通」。[15]

中共「三段策略」圖以「三通四流」、「雙向交流」催促「國共兩黨直接商談」達到「談判統一」的目標。中共對兩黨高層協商和政治談判具有高度的興趣和期望，其主要的政策考量爲：(1)國共之間在過去歷史曾有多次談判、合作的經驗，國共兩黨談判是過去兩黨解決中國問題的習慣性模式，而其結果，中共均能取得大的勝利和發展。(2)政治談判和高層協商將可以直接就雙方利益與歧見，彼此討論，這亦是兩岸真正「接觸」的開始，最重要者，中共始終認爲它將在政治性談判中取得優勢地位。[16]九０年代時，中共領導人江澤民、楊尙昆以及「國台辦」，不止一次地對外公開言論，表示中共有意與國民黨以商談的方式，解決兩岸敵對狀態。爲此，中共亟待打開兩岸官方接觸的僵局，以超越原有「三通」工作目標，而往國共兩黨談判統一的目標邁進。

中共對台是採「和平統一，但不排除使用武力」的兩手策略。雖然其「三點建議」、「三段策略」是倡導和平統一，但從未放棄以武力達成統一台灣的目標。依中共使用武力之說法爲：(1)台灣有分離意識存在(2)有外國力量支持台獨時。(3)台灣本島有內亂時，要出兵平亂。[17]此外，中共內部是否有發展「和平演變」趨勢，信爲中共使用武力的另一關鍵，隨著兩岸交流，中共本身則有被「地方包圍中央」、「沿海包圍內陸」等「質變」可能，藉由軍事途徑轉移內部不滿情緒和漸增壓力，以達鞏固其政權目的，亦將是中共使用武力的考量因素。

4. 中共統戰與我因應對策

中共以「中央對台工作領導小組」—「國台辦」—「海協會」與我方之「國家統一委員會」—「陸委會」—「海基會」形成對口。中共「領導小組」的對台統戰係以「一個中國」的大政方針，透過「三段策略」、「三點建議」的三個層次達到「一國兩制」，解決兩岸統一的問題，同時不排除使用武力犯台。

中共的「一個中國」主張與我方之見解差異極大。我之「一個中國」是以「一個中國，兩個對等政治實體」著重兩岸現階段分裂分治事實，期重建一個自由、民主、均富的統一中國。中共之「一個中國」是強調中國只有一個，台灣是中國的一部分，以「一國兩制」統一中國。（見表四—二）中共在這思考模式下，充分顯示「北京中央—台北地方」的心態，因而不斷地孤立、打壓我之國際生存空間，不承認我爲政治實體，且不放棄武力犯台主張。中共對我缺乏善意回應，使我「國家統一綱領」無法由近程（交流互惠）階段，進入中程（互信合作），

---

14 瞭望週刊，海外版，一九九一年，第廿期。引自共黨問題研究中心編印，前揭書，頁一一０。

15 李英明，「海峽交流基金會的角色與功能之研究」，民主基金會主辦「兩岸關係與中國前途」學術研討會論文，民國八十年十一月九日至十日，頁五－八。

16 宋國誠，「中華民國大陸政策與中共對台政策比較評估」，民主基金會「兩岸關係與中國前途」學術研討會，民國八十年十一月九日至十日，頁廿一 — 廿二。

17 李怡，「中共對台用武政策的新構想」，中國時報，民國七十七年九月廿九日，版二。

表四 — 二　兩岸對「一個中國」的立場與見解

內涵項目　　兩岸	台　　　　　灣	大　　　　　陸
政　　　策	一、一個中國。 二、在理性、和平、對等、互惠的前提下，重建一個民主、自由、均富的統一中國。	一、一個中國。 二、中國只有一個，台灣是中國的一部份。 三、以「一國兩制」統一中國。
涵意及體制	三民主義的中華民國	社會主義的中華人民共和國
一個中國 與 事務性問題	兩者應該分開，不該爲了一個中國原則的不同解釋而妨礙了兩岸功能性事務交流。	一、堅持再「一個中國」的前提下，共同協商解決問題。 二、強調屬於「國內事務」。
可能的思考及動機	一、避免落入中共曲解及混淆國際視聽的圈套。 二、避免國內反對人士「出賣說」借題發揮。 三、海基會在近程階段不宜談此政治問題，等進入中程再談。	一、貫徹政策方向。 二、對台獨的疑慮，找機會要求台灣方面在協議上被書。 三、藉此進行國際宣傳，製造台灣認同中華人民共和國的假象，矮化台灣，遂行「一國兩制」的目的。
備　　　註	依據「國家統一綱領」原則及精神。	依據中共江澤民等領導階層之談話

資料來源：聯合報，民國八十一年四月二十三日，第三版

亦使九０年代初期之「海基會」、「海協會」的事務性商談存著相當歧見，難有突破性進展。

中共最期待黨對黨談判，然本時期兩岸政治性談判在中共「北京中央 — 台北地方」的態度，中共是「以大吃小」的態勢。我政府評估政治性談判時機尚未成熟，仍應以兩岸民間交流所衍生事務性問題為商談重點。李登輝主政時期兩岸有關統一問題的談判，顯然並非適當之時機，而這個時機點必須審視以下各條件的成熟度：(1) 我方「國家統一綱領」所揭示的兩岸關係之發展已進入第三個階段，亦即協商統一階段。(2) 兩岸之間各項間接交流，已發展到使數十餘年來彼此間的敵對意識完全消除，並全面進入直接交流階段。(3) 兩岸間各項事務性、功能性的談判已累積足夠雙方進行有關政治統一談判的互信感。(4) 兩岸領導人已有進行政治談判的共同意願。(5) 我方內部各黨派，各階層有關政治統一談判的共識已建立。[18]

二、國際的情勢發展

一九九０年代國際體系進入「後冷戰時期」，它是一九八０年代和解體系的延續和發展。後冷戰時期共產主義的政治、經濟制度徹底失敗，民主化和市場經濟加速了全球的經濟整合，與民族主義的復甦。[19]這當中顯示了以下現象：

（一）共產世界的瓦解：

民國八十年（一九九一年）是國際間極具關鍵性的一年，蘇聯於八月十九日在保守派份子發動的政變，最後宣告失敗，同時此一「八月政變」更敲響了蘇聯共黨長達七十四年極權專制的喪鐘，將俄羅斯總統葉爾辛推向權力的舞臺。同年十二月廿一日，俄羅斯、白俄羅斯、烏克蘭、阿爾明尼亞、阿塞爾拜疆、莫爾達維亞、哈薩克、塔吉克、烏茲別克、土庫曼、吉爾吉斯等國在阿拉木圖簽署獨立國家協定，稱之為「獨立國協」（Commonwealth of Independent States）。

蘇聯政權的瓦解使「蘇東波」共產政權「非共化」、「向右轉」達到高潮。這一「骨牌效應」可向上追溯到民國七十八年（一九八九年），中共發生「六四」天安門事件，兩個月後波蘭團結工會主席華勒沙迫使波共所提的總理人選季斯札克讓步，由非共黨派籌組聯合內閣；是年十月廿三日匈牙利國民議會透過和平方式一舉將國體與政體同作變更，宣布改名「共和」，並於十一月廿五日選舉「匈牙利共和國」第一任總統；羅馬尼亞的獨裁者希奧塞古企圖仿照中共模式，殘酷地殺害了一萬餘名羅馬尼亞平民，終而促使羅國全民起義，一舉推翻專制政權，並將希奧塞古送上斷頭台。捷克、保加利亞等國亦走上和平革命，到了民國七十九年（一九九０年）十月二日午夜的自由鐘聲，宣告兩德統一。

蘇聯的瓦解使二次大戰之後的「冷戰時期」結束，亦使國際間共黨勢力衰微。它對我國之意義為：一方面是前蘇聯分裂成為十五個自治共和國，因本身經濟的困頓，部分國家與我國之經貿接觸漸增；另一方面民主化浪潮下，中共畏懼的「和

---

[18] 吳安家，「未來中共可能的談判策略、組織及人員之模擬分析」，中時晚報主辦「兩岸事務性、功能性和政治性接觸談判」研討會論文，民國八十年八月三十一日，頁一。

[19] 波克拉，「國際新紀元下台灣的因應策略」，中國時報，民國八十年八月廿日，版十。

平演變」將更不可預測和避免。

（二）美國仍居國際領導地位：

俄羅斯經濟的持續惡化，迫使葉爾辛加強與美國、西方的關係，美國雖因冷戰結束，使其影響力減少，但其仍是全球最大的經濟生產國，也是軍事力量最強大的國家，這兩大優勢使美國在國際體系中舉足輕重。美國外交政策尤重扶弱抑強，故其主導地位對潛在的侵略者、獨裁者有相當的嚇阻作用，如伊拉克入侵科威特引發的波灣戰爭，及對巴拿馬、海地軍事強人的作爲採積極介入態度可見。美國由於此種超強地位，使其在處理與他國間經貿問題時，爲保護其本身經濟利益，常表現出更強硬的態度。

美國在一九七〇、一九八〇年代，由於全球戰略上的考慮，採取和中共關係正常化的政策，導致我國與世界各國外交關係全面崩盤。到了一九九〇年代以後，世界局勢轉變，美國亦開始重新檢討對台政策。民國八十三年（一九九四年）九月，美國克林頓政府在中美斷交十五年後，首次決定改善中美關係（如表四—三），唯美國對台政策的走向，仍然顯示其從現實角度出發，考慮中共「一個中國」原則下的對台政策，特別是四個方向：(1)我駐美代表處更名爲「台北駐美國經濟文化代表處」（原名爲「北美事務協調委員會駐美國辦事處」，我方原本希望爭取至少英國模式之「台北代表處」，卻仍限制在「經濟文化」層級。）(2)美方對我高層首長（總統、行政院長）赴美，美方只允許過境，卻未更具體同意訪問。(3)美國對我參與聯合國問題仍表示目前無法支持。(4)美方官員可來我外交部，我駐美代表卻無法入國務院洽公。[20]一個月後的十月六、七日，美國參、眾議院通過「移民與國籍法技術修正法案」，附加在該法案的第五條修正案：「台灣的總統或其他高層官員討論下列事項，而申請訪美時，應獲准進入美國，除非該官員爲移民法所禁止入境：(1)與台灣貿易或商務將減少美國對台貿易赤字。(2)防止核子擴張。(3)對美國國家安全之威脅。(4)保護全球環境。(5)保護瀕臨絕種生物。(6)區域災害。」[21]克林頓總統於十月廿五日簽署，雖該項條文原始提案人參議員布朗（共和黨，柯羅拉多州）認爲新法將爲中華民國總統的赴美打開大門。但以美國外交權主要在總統手中，故此案的通過，其象徵意義仍大於實質意義。值得關注的是美國國會於民國八十四年（一九九五年）五月在眾議院以 396：0；參議院以 97：1 票，先後以壓倒性票數通過支持李登輝總統至康乃爾大學提案，克林頓政府乃准許李總統於同年六月九日赴美私人訪問。這在實質意義上，李總統赴美訪美已爲中美關係立下先例。然而中共爲防止中華民國外交成功出擊的骨牌效應擴大，除召回其駐美大使李道豫、將辜汪會談延期、實施一連串的導彈軍事演習，並透過傳播媒體大肆抨擊李總統，這不僅使兩岸關係降到民國六十八年（一九七九年）以來的最低點，亦使美、中、台三角關係面臨新的挑戰。

（三）經貿整合力量的興起：

後冷戰時期的經貿發展成爲各國政府的重要施政目標，以提昇其國力。同時

---

[20] 台北，聯合報，民國八十三年九月九日，版三。
[21] 台北，聯合晚報，民國八十三年十月八日，版一。

表四 — 三　李登輝時代美國對台政策變動一覽表

項目	意涵
1.允許高層首長過境，但不能從事公開活動。	我行政院長以上高層之官員仍得訪問美國。美方在政策中明文對我高層往訪設限，並建立標準化程序，未來李登輝總統訪美可能性遭杜絕。
2.由美國在台協會主辦中美兩國次卿級的「經濟對話」，以及洽談簽署兩國投資貿易架構協定。	未來中美雙方經貿對話由代表提升而為「次長」級，目前已草擬的「投資貿易架構協定」亦可望由中美雙方次長級官員簽署，為一大突破。
3.台灣若欲加入不是以國家身分參加的國際組織，美國願給予更多支持。對於以國家身分無法參加的國際組織，美國會設法讓我國意見得以傳達。	美國對於聯合國等僅以國家身分為會員之國際組織，不支持我參加。但我方可以憑藉美方「某種程度的支持」，找尋適合的國際組織，積極參加。
4.美國政府負責經貿、技術部門高層官員以及國務院負責經貿、技術的資深官員可以訪華。	日後美國若派高層官員訪華，內閣級官員已涵蓋於其中，但仍限於經貿、技術部門。至於國務院，只允許最高到事涉經貿技術層面的次長級官員訪華。
5.美方官員可以因公到台灣旅遊，並且可以拜會任何層級的台灣官員。	我外交部長和國防部長不能訪問美國華盛頓首府〈Washington D.C.〉的慣例仍未改變。我國官員仍不得進入國務院、白宮及白宮旁的舊辦公大樓洽公。雙方待遇並不對等，美方開放「官署辦公」部分仍嫌不務實。
6.美國在台協會官員可以到外交部洽公	
7.我國負責經貿技術的內閣級官員，可以到美國相對應的官署洽公。	
8.國務院負責經貿和技術次長級以下官員，可以在非正式的情況下與我國官員會晤。	
9.我駐美代表處更名為「台北駐美國經濟文化代表處」〈原名「北美事務協調委員會駐美國辦事處」〉	美方同意我更名，卻限制在「經濟文化」層級，一如我駐日機構名稱模式，我方原本爭取至少應國模式「台北代表處」，未能如願，但除形式不足之外，運作功能並不受影響。

資料來源：聯合報，民國八十三年九月九日，第三版

爲保護其國內和區域內市場，塊狀經濟區正在全球逐漸形成。經濟區域整合較爲成功者首推「歐洲聯盟」（European Union, EU），包括法國、德國、義大利、比利時、荷蘭、盧森堡（一九六七年，六國爲創始會員國）、丹麥、英國、愛爾蘭（以上一九七三年加入）、希臘（一九八一年加入）、葡萄牙、西班牙（一九八六年加入）、芬蘭、瑞典、奧地利〈一九九五年加入〉、愛沙尼亞、拉脫維亞、立陶宛、波蘭、捷克、斯洛伐克、匈牙利、斯洛文尼亞、馬爾他、塞浦路斯〈二 00四年加入〉、羅馬尼亞、保加利亞〈二 00 七年加入〉。亞太地區則在一九八九年成立「亞太經合會議」（Asia-Pacific Economic Cooperation, APEC），包括美國、加拿大、日本、韓國、澳洲、紐西蘭、泰國、菲律賓、馬來西亞、新加坡、印尼、汶萊等十二個國家爲創始會員國，民國八十年（一九九一年）我國與中共、香港同時加入，亞太經合會已邁向高峰會議模式發展。另美國、加拿大、墨西哥亦於民國八十三年（一九九四年）一月正式成立「北美自由貿易區」（North American Free Trade Area, NAFTA）。這種塊狀區域經濟組合發展提昇了經濟保護主義，對於區域彼此間的經濟對抗型態發展影響面是巨大的。我國以經濟實力，同時在美國及歐洲主要工業國家的支持下，於二 00 二年一月進入「關稅暨貿易總協定」（General Agreement on Tariffs & Trade, GATT），成爲第 144 個會員。中華民國以雄厚的資金爲後盾，在後冷戰時期以經貿爲導向的趨勢下，積極朝向拓展更活躍的國際空間發展。

（四）聯合國地位益形重要：

冷戰時期美、蘇兩強對抗下，聯合國因彼此杯葛而成效不彰。進入後冷戰時期，美蘇關係的改善，重振了聯合國的地位。例如聯合國安理會於一九九〇年，通過制裁伊拉克的六七八號決議案，促使美國等國家「使用所有必要之手段」收復了科威特。其後聯合國對世界其他地區的動亂亦採取較積極的態度，先後派遣和平維持部隊前往高棉、前南斯拉夫和索馬利亞。一九九三年五月安理會更通過決議案，要求北韓不得退出「禁止核子擴散條約」，並接受國際組織檢查。凡此顯示了聯合國所扮演的角色之重要，這亦使得國內朝野又對這個於一九七一年退出的組織產生高度興趣。

從上述後冷戰時期的各種現象，對海峽兩岸而言，亦有相當深遠的影響；就中共而言，因東歐、蘇聯變局與其內部經濟改革，更加深其對「和平演變」的不安與抗拒。就我國而言。因中共不斷對我孤立、矮化，我國則因經濟實力拓展旺盛的外交活動，乃興起「重行參與聯合國」。

（一）中共防範「和平演變」之發展：

隨著東歐、蘇聯的變局，使中共倍覺四面楚歌，表示要提高警惕，慎防內外敵對勢力的「和平演變」。中共對「和平演變」的解釋是：「在不經過戰爭的情況下，使一個政黨的性質和一個國家的社會制度，發生根本的變化」並指出：[22]

> 國外反對勢力對大陸進行「和平演變」的渠道增加了，內容更多了，手段更陰險了。一方面，他們利用互派留學生、邀請訪問、學術交流等機會，

---

[22] 北京，人民日報，一九九二年三月十五日，版一。

企圖在某些出國人員，特別是某些領導幹部及其子女身上進行「永久性的投資」，以培養他們在華的勢力；另一方面，通過廣播、電視、專利等方面，把「和平滲透」重點放在動搖青年一代對黨的領導和社會主義制度信念上。

中共擔心「和平演變」，尤其在蘇聯變局發生後，擔心其黨內人心不穩，人民起而效尤，危及中國共產黨統治政權。因之，中共在國際上採取措施：

1. 以「和平共處五原則」—互相尊重主權和領土完整、互不侵犯、互不干涉內政、平等互利、和平共處。來抗拒西方國家對大陸人權、民主和自由等狀況的關心。

2. 努力發展與第三世界國家的關係，突顯「南北矛盾」（按：係指世界窮困國家與富有國家的矛盾）以牽制西方，削弱其對大陸民運的關注。

3. 加強宣揚馬克斯主義人權觀，積極由歷史面來否定西方人權觀。

4. 藉政黨關係，與各國共產黨、社會黨和其他類型之政黨，進行廣泛聯繫，以爭取一較有利之國際環境。

就中國大陸內部，中共採取的維穩措施有所謂「五個堅持、五個反對」：

1. 堅持黨的領導，反對多黨制。

2. 堅持黨對軍隊的絕對領導，反對軍隊參加政治。

3. 堅持人民民主專政，反對議會制。

4. 堅持走中國式社會主義道路，反對民主社會主義。

5. 堅持公有制為基礎的經濟法制，反對私有化。

中共在反「和平演變」、「反資產階級自由化」鬥爭中，從思想上、政治上和作風上企圖築起抵禦「和平演變」的鋼鐵長城，並將之視為一項戰略任務。唯中國在鄧小平改革開放後，大陸「民間社會」（civil society）已有開啟的契機：[23]

1. 隨著大陸經改，兩岸交流，大陸人民的視野擴大，逐漸的使彼等在透過比較、省思後，對「民主」、「自由」重新認定。

2. 經改的推動允許私營企業、個體戶的存在，這些是孕育自由思想的起點，中共「公有利」是一種思想的統制，當工商者可以自由買賣，當農民實施「包產到戶」時，「我」、「我的」觀念已經產生。

3. 私營企業、包產到戶的推動，使廣大的農、工、商從事者經濟條件逐漸增強，彼等對生活的品質、社會的條件要求相對增加。

4. 經改的推動，經濟發展到一個程度，「左」的政制、法制無法滿足自由市場、股票市場（按：中共在深圳、上海兩地有股票市場），並從一九九二年，中共當局授權深圳自行立法可為說明。

5. 中共允許個體戶，代表的是社會階層流動性加大，對整個中國大陸社會的影響將是全面性的。

美國普林斯頓大學教授余英時指出：[24]

---

[23] 齊光裕，「我對國家統一綱領的看法」一文，見行政院大陸委員會，中國大陸問題研究中心編印，我對國家統一綱領的看法（台北：中國大陸問題研究中心，民國八十二年一月），頁二七─二八。

[24] 余英時，「和平演變與中國遠景」，今日中國，第三五〇期，民國八十一年三月十五日，頁六。

　　　　僵局是中國大陸的近景，那麼它的遠景如何？我們不需要辨證法的啟示也都知道，社會不可能完全靜止不動的，它每一分每一秒都在「演變」之中。因此無論是爲中共政權計，還是爲整個中國民族計，「和平演變」都是唯一的出路。時至今日，在世界潮流浩浩蕩蕩的衝擊之下，沈緬在列寧、史達林式的「專政」的迷夢中的人實在應該清醒了。

　　中國大陸雖然仍是「政治社會」，然而社會逐漸鬆動的因子，普遍存在每一角落，在二十餘年經改前，不具備此一條件，二十餘年經改後的今天，從許多跡象可以肯定此一說法。「民間社會」的理念對於形成民主的社會有啓示發揚的作用，亦符合人性、理性的人類基本需求。

（二）我國尋求重返聯合國：

　　我國爲聯合國之創始會員國，於一九七一年聯合國第 2758 號決議排我納中共。但此一決議文並未真正解決兩岸分裂分治的事實，且明顯的對中華民國及其二千餘萬人民正常參與國際活動的基本權利造成傷害。我國立法院於一九九一年六月十八日通過「以中華民國名義於適當時機重返聯合國」。

　　一九九三年第四十八屆聯合國大會，中美洲薩爾瓦多、瓜地馬拉、尼加拉瓜、哥斯大黎加、宏都拉斯、巴拿馬、貝里斯七國友邦於是年八月六日，正式向聯合國祕書長提出爲我國參與聯合國之「設立研究委員會案」，然因中共之強力阻撓，在九月廿二日的總務委員會經過熱烈發言與辯論後，終未能獲得列入該屆聯大議程。[25]其後聯大第四十八屆常會總辯論自九月廿七日至十月十三日止共有尼加拉瓜等 18 個友邦或無邦交國直接表示支持我參與聯合國；另象牙海岸等 5 國代表則藉提會籍普遍化之原則，間接表示支持我參與聯合國案；智利則在其他委員會中發言。[26]聯大四十八屆常會中發言支持我國者共計有 24 國（如表四－四）。

　　一九九四年第四十九屆聯合國大會，尼加拉瓜等 12 個友邦於是年七月十五日，正式向聯合國祕書長提出將我參與聯合國相關之「設立研究委員會」案列入議程之要求。（其後又有哥斯大黎加、幾內亞比索、瓜地馬拉連署是項提案，使提案國總數達到 15 國）。九月廿一日的聯大總務委員會亦因中共強力阻撓，在一個半小時討論，發言支持我國者 7 國，反對者有 20 國，總務委員會主席象牙海岸外長伊賽（Amara Essey）逕予裁決不將我案列入議程。[27]聯大第四十九屆常會總辯論自九月廿六日至十月十二日止共有尼加拉瓜等 16 國明確發言支持我國參與聯合國及其他組織；薩爾瓦多等 6 國以會籍普遍化原則間接呼應；另巴布亞紐幾內亞等四國則表達盼海峽兩岸持續對話或雙方共同參與國際事務有助建立互信之善意。[28]聯大四十九屆常會發言支持我國者，有 26 國（如表四－五）。

　　過去多年來，參與聯合國是我朝野關切之焦點，上文中特就民國八十二、三年爲例，說明連續兩度受挫，雖然在後者之提案連署國、發言支持國總數均多 2 國，且該等國家區域分布擴大，發言內容亦更充實具體（八十二年、八十三年

25　台北，外交部新聞稿，民國八十二年九月廿三曰，第二〇二號，頁一。

26　台北，外交部新聞稿，民國八十二年十月十四日，第二一八號，頁一。

27　台北，外交部新聞稿，民國八十三年九月廿二日，第二二八號，頁一。

28　台北，外交部新聞稿，民國八十三年十月十四日，第二四三號，頁一。

表四 — 四 聯合國四十八屆常會總辯論發言支持中華民國一覽表

發言國家	直接支持	提及會籍普遍化原則	邦交國	非邦交國
薩爾瓦多	○		○	
尼加拉瓜	○		○	
史瓦濟蘭	○		○	
聖克里斯多福	○		○	
巴拿馬	○		○	
瓜地馬拉	○		○	
新加坡	○			○
哥斯達黎加	○		○	
中非共和國	○		○	
多明尼加	○		○	
海地	○		○	
聖露西亞	○		○	
多米尼克	○		○	
幾內亞比索	○		○	
聖文森	○		○	
格瑞那達	○		○	
馬拉威	○		○	
所羅門群島	○		○	
象牙海岸		○		○
尼日		○	○	
巴拉圭		○	○	
烏拉圭		○		○
巴哈馬		○	○	
註:智利在其他委員會發言。				

資料來源:外交部新聞稿,民國八十二年十月十四日,第二一八號

表四 — 五　聯合國四十九屆常會總辯論發言支持中華民國一覽表

發言國家	直接支持	提及會籍普遍化原則	提及兩岸關係	邦交國	非邦交國
尼加拉瓜	○			○	
哥斯達黎加	○			○	
瓜地馬拉	○			○	
巴 拉 圭	○			○	
布吉納法索	○			○	
中非共和國	○			○	
史瓦濟蘭	○			○	
所羅門群島	○			○	
聖克里斯多福	○			○	
多米尼克	○			○	
聖 文 森	○			○	
巴 哈 馬	○			○	
尼 日	○			○	
格瑞那達	○			○	
幾內亞比索	○			○	
聖露西亞	○			○	
薩爾瓦多		○		○	
約 旦		○			○
拉脫維亞		○			○
捷 克		○			○
菲 律 賓		○			○
貝 里 斯		○		○	
巴布亞紐幾內亞			○		○
比 利 時			○		○
斐 濟			○		○
馬 拉 威			○		

資料來源：外交部新聞稿，民國八十三年十月十四日，第二四三號

友邦推動我加入聯合國之比較，如表四－六）。事實上，從民國八十二年迄今，我重返聯合國最大阻礙在中共，中共為聯合國安全理事會五個常任理事國之一，享有否決權。單就聯合國到二０一二年，共有193個會員國，以簡單多數表決需要97國支持，就申請入會案若被視為重要問題，需要130票，我國目前有23個邦交國。由過去發展來看，我參與聯合國絕非一朝一夕之功，宜將參與聯合國列為中長程目標，當前對外關係的首要工作，第一是維護及開拓雙邊正式外交關係與發展無邦交國之實質關係；其次為參與重要政府間國際組織，如各種聯合國專門機構；最後則為爭取美國、中共的支持。兩岸持續平穩交流互動，在「大屋頂中國」[29]概念下，透過「會籍普遍化」與「平行代表權」模式尋求重返聯合國。

貳、內環境因素

中華民國政府在台灣地區的建設發展獲得世人諸多讚譽，過去被稱為「台灣經驗」（Taiwan Experience）或稱之為「台灣奇蹟」（Taiwan Miracle）、「台灣模式」（Taiwan Model）。陳其南在「關鍵年代的台灣」一書中說到：[30]

在過去四十年中，台灣讓人感到最顯著的變化，不只是經濟生活和物質建設，而是社會形態的轉型，以及蘊藏在底層，也呈現在表層的社會動力。…台灣不再是代表古國傳統的靜態社會，他已經穿破了密不通風的老繭，展現一幅火鳳凰的英姿。

Jan S. Prybyla 在 The Economies of Island and Mainland China: Traiwan as a Systemic Model 一文中指出，「台灣經驗」有其嚴謹的「系統模式」，此一「系統模式」具有如下特色：[31]

1.「台灣經驗」係透過系統性的安排，經濟制度的運作，集體決策的方式，獎勵政策的施行，以及財貨服務合理配合各方面綜合而成的。

2.「台灣經驗」乃有系統的吸收了儒家的傳統思想和孫逸仙三民主義，同時在自由市場經濟哲學上成功的扮演了調節性和支援性的角色所致。

3.「台灣經驗」為一個真正具有中國特色的創造性經驗。它不但提供人們不虞匱乏的物質生活，進而創造了一個多元化和民主化的社會與政體（a pluralistic and democratic society and polity）。

4.「台灣經驗」的本身乃是一個開放系統，其哲學基礎源自於個人經濟、自由貿易和公開競爭，如「獎勵出口政策」即為明證。

5.「台灣經驗」之系統價值，如系統性的經濟哲學、多元性的政治文化與擴展性的民主政治等，都應予以肯定並認真學習。

6.「台灣經驗」代表的是從戰亂中重建，從動盪中穩定，從貧窮落後中邁向富裕進步。民國八十年代以後，中華民國的經濟發展、社會多元都進入快速的成

---

[29] 「大屋頂中國」概念可見本書第五章第一節。

[30] 陳其南，關鍵年代的台灣（台北：允晨文化公司，民國七十七年十月）。頁四－五。

[31] J. S. Prybyla, "The Economies of Island and Mainland China: Taiwan as a Systemic Model" in Shaw Yu-Ming(ed)., The Republic of China on Taiwan Today: Views from Abroad, (Taipei: Kwang Hwa Publishing Company, 1900) PP.91-106.

表四 — 六　友邦推動中華民國加入聯合國提案內容比較表

提案	民國八十二年〈1993 年〉	民國八十三年〈1994 年〉
時間	八月六日 開議前十天提出爲「補充項目」	七月十五日 開議前六十天提出爲「臨時議程」
國家數	中美洲 7 國	尼加拉瓜等各區域 12 國
致聯合國秘書長函	請祕書長蓋里在常會中列入標題爲「根據會籍普遍原則並按照分裂國家在聯合國已建立的平行代表權模式，審議在台灣的中華民國在國際體系中的特殊情況」。	請祕書長蓋里在常會中列入標題爲「根據會籍普遍原則並按照分裂國家在聯合國已建立的平行代表權模式，審議在台灣的中華民國在國際體系中的特殊情況」。
解釋性備忘錄	分六點闡述在台灣的中華民國經貿政治成就，聯合國承認我權利，符合會籍普遍和各國法律地位平等原則；聯合國應研究在台灣的中華民國的情況，它與中華人民共和國完全不同。	1. 一九七一年聯國國大會通過二七五八號決議案，將在台灣的中華民國排除在外。 2. 以實例說明二七五八號決議案剝奪在台灣的中華民國治下的二千一百萬人民權益。 3. 第二七五八號決議案未能合理解決中國分裂後的代表權問題，台海兩岸政治實體應平等參與國際組織。 4. 提出分裂國家平行代表權在聯合國之先例，不會阻止各方最終的統一。 5. 聯合國承認中華民國的權利，符合會及普遍及各國法律地位平等原則。 6. 聯合國正視中華民國情況，符合預防性外交的精神和原則。
決議草案	根據憲章精神，在聯合國範圍內設立特設委員會，分析研究此一特殊情況的一切方面，向下一屆常會提出建議。	根據憲章精神，在聯合國範圍內設立特設委員會，分析研究此一特殊情況的一切方面，向下一屆常會提出建議。
提案連署國總數	13 國	15 國
發言支持國總數	24 國	26 國

資料來源：聯合報，民國八十三年七月二十日，第二版

長階段，也與世界先進國家相同，一方面擁有繁榮進步，另一方面伴隨著工業化、都市化程度愈深，所衍生出來的問題也相對增加。

一、經濟狀況

本時期經濟發展，持續民國七十年代以來的六年經建計畫（民國七十九年至八十四年爲第十期的六年經建計畫）、十四項重要建設計畫。政府賡續推動的改善傳統性工業生產效率、發展策略性工業以及經濟自由化的走向更爲明確。民國八十一年政府所擬定「十大新興工業發展策略」包括通訊、資訊、消費性電子、半導體、精密器械與自動化、航太、高級材料、特用化學品、製藥、醫療保健及污染防治等十項工業。並全力開發主導性產品，包括高畫質電視機、飛機及零組件製造、汽電共生設備、汽車電子、電腦工作站、光碟資訊儲存系統、環保處理及監控設備等七大主導性產品，爲未來十年我國在世界競爭的產品。

民國七十年代中期以後的國內外經濟環境因逐漸產生的諸多不利因素，使國內經濟快速成長之際，遭到前所未有的變動和挑戰。首先，貿易的巨幅順差導致新台幣大幅升值，同時龐大的儲蓄和外匯存底卻因國內的投資環境不盡理想，工資持續上升、土地取得困難、非經濟因素的社會運動抗爭頻度過大等，均不利投資，更不利國內傳統產業的出口，這些國內的不利因素，加上東南亞和大陸市場正極力吸引外資，國內產業的對外投資乃蔚爲風潮，並引起「產業空洞化」的疑慮。

國內企業對大陸、東南亞的投資逐年增加，外來投資則自民國七十八年達到24億美元最高峰之後逐年滑落。如何改善國內投資環境，使外移或已經國際化的本國企業能夠「根留台灣」，尤有甚者，如何使外資繼續投入台灣，並帶來高科技、經營理念與管理技術，將直接影響我國能否邁入工業化國家並持續成長的關鍵。基於此種情勢，國內擴大公共投資、加速產業升級、相關法律的制定與修正、發展策略性工業、經濟自由化與國際化均是重要步驟，然而在使我國經濟發展邁入二十一世紀的重要戰略，則應爲發展台灣地區成爲亞太營運中心。

區域營運中心（Regional Operations Center；R.O.C. ）是一種將跨國公司的營運決策由中央集權轉變爲分權的作法。亞太營運中心即在把中華民國台灣地區作爲跨國企業的亞太市場，針對未來一 、二十年，亞太地區將是世界上成長最快、潛力最大的市場之一，把台灣地區變成爲高度自由、開放的經濟體，以市場經濟比較利益的優勢條件將我國經濟能力發揮出來。質言之，不論本國或外國企業，以台灣爲根據地，從事投資並開發經營亞太地區市場（包括東南亞及大陸），並發展與亞太各國間全方位的經貿關係，以使台灣成爲各種區域性經濟活動（包括製造、轉運、金融、通信、傳播）的中心點，即爲亞太營運中心之宗旨。亞太營運中心的優點在於：(1)減輕總公司負擔。(2)確定營運的責任。(3)縮短決策過程。(4)提高決策效率。(5)有利於提昇企業的營運效率。[32]

---

[32] 薛琦，「發展台灣成爲亞太營運中心的意義與應有的做法」，理論與政策，第八卷第三期，民國八十二年五月，頁四六－五〇。

　　台灣地區發展亞太營運中心，依薛琦分析有如下優勢條件：(1)就地理位置言，台灣位於東北亞、東南亞的連接位置，並西鄰中國大陸，此一中心位置，在交通、運輸和通訊便捷的考量上對台灣有利。(2)就經濟實力而言，我國重視工業發展，製造業佔國民生產毛額的 34.4%，領先新加坡的 29.5%，香港的 17.2%。我國製造業產值為 1,744 億美元，分別是香港 413 億，以及新加坡 433 億美元的 4 倍左右。(3)就社會、文化因素言，新加坡、香港早已成為國際性都會，且英語為官方語文，其多元性和國際性優於台灣。但由於大型國際企業近年來相當重視中國大陸市場，則文化同質性較高的台灣，以及台灣企業對大陸投資、管理上的經驗，又使我國超越新加坡、香港。(4)亞太營運中心的營運總部需要大格局，香港九七大限之困，新加坡腹地小，條件都不足以成為營運總部，台灣地區的優越條件適宜成立營運總部。[33]整體分析，我國的高素質人力，充沛的基金、製造業的基礎、優越的地理位置與格局、完整的海外貿易網路有助亞太營運中心的成立。

　　台灣發展成為亞太營運中心將具有下列意義：(1)可使台灣經濟發展中所累積的資本、技術及人力資源得以充分的發揮，解決企業出走問題，並使企業「根留台灣」。企業以超國界的胸襟，在此一經濟體系下，由建立行銷網路、廣設生產據點，進而發展相關服務業之系統。(2)可吸引外商來華設立區域營運中心，與我國企業共同拓展亞太市場，此一理念的落實，可望使台灣在此一經濟體系中扮演樞紐的角色。(3)中華民國到民國八十三年底的外匯存底達九百餘億美元，此一經濟實力，絕對有資格在國際舞台佔有一席之地，如能成為亞太營運中心，將可有效運用現有資源，不囿於政治上的困境，提昇國際地位與影響力。(4)從政治經濟觀點來看，如發展成為亞太營運中心，亞太地區各國與我國之關係將更趨緊密結合，在利害與共情形下，有利於維持本地區之區域安全與民主體制之推展。[34]

　　綜合論之，台灣過去多年來的發展和累積，經濟表現的主要指標：經濟成長（economic growth）、經濟穩定（economic stabilization）與所得分配（imcome distribution）顯示出為開發中國家少數「發展」（成長）與「穩定」並重的成功事例。隨著民國七十六年兩岸關係開始交流接觸，我國經濟結構面臨巨大改變，故而極需在國際大環境中，找出世界潮流脈動與我本身的定位。國家之經濟發展是要建構跨世紀的規模體系，此一經濟戰略藍圖為建設台灣地區成為亞太之營運中心，帶動自由化、國際化與產業升級，將台灣地區發展出高度自由、開放的經濟體，並在廿一世紀中建立「競爭中求合作、合作中求競爭」的嶄新局面。

二、社會狀況

　　進入民國八十年代後，社會多元化已是台灣地區明顯的標示。社會多元化為經過現代化的社會變遷過程當中，經由自發性的社會分化與調適所達到的一種境界，其發展極大動因來自經濟方面，隨著工業化的浪潮，鬆弛了傳統規範與權威

---

[33] 同上，頁四八－五〇。

[34] 同上，頁四八。

的束縛，開啟了多元化的契機。社會多元化一如社會變遷，它代表的是一種境界，一個階段，其本身並不含有「好的」或「不好的」價值判斷，好與不好的關鍵在於社會發展的「基本精神」。基本上，台灣累積四十餘年的發展所奠定的社會多元化前景是樂觀的，理由有三：「自由的氣氛」、「民主的理念」與「教育的普及」。這當中亦隱含若干困擾極待克服：自由的過度強調、輕忽人際間的相互尊重、表現自我本位主義與自我膨脹，形成另一種思想之「霸凌」心態。另外民主的內涵 — 制度與精神亦待建立。「民主制度」是重要「遊戲規則」，「程序正義」之重要不容忽略。如無法建立「過程」的多數尊重少數，則「結果」的少數服從多數亦難實現。教育普及雖提昇民眾知識水準，但廣泛卻未能深入的結果，術業有專攻的另一層面是其他領域未必熟知，往往造成似是而非、人云亦云。

　　社會多元化是參與多元化、財富分配多元化、職業多元化、消費型態多元化，因爲社會的多元化也使社會價值不斷普及化。有各種不同的職業，在社會上都是有價值的。有各種不同的思想觀念，社會認爲是有價值的。「行行出狀元」是社會多元化的表徵，著名的科學家、企業家、藝術家以及體育方面的棒球明星、籃球明星、田徑選手同等受到社會讚賞，富裕的社會展現多彩多姿的社會多元化景象。

　　經濟長足的成長，帶動了社會的進步，但也帶來了許多傳統社會所未曾發生過的困擾，這可分兩方面說明：

　　（一）都市化造成人口分布不均：都市化的形成國內外皆然，它具有若干積極的正面意義：(1)都市化擴大了市場活動領域，使得許多新興產業都獲得開發及成長的機會，直接促進生產的增加。(2)都市化使技術及知識傳播加速進行，使勞動生產力提高。(3)都市化促進分工細化，配合科技、資訊的提供，可滿足人們求知、經濟、文教的需求。

　　都市化另一面則因都市過分快速的成長，人口群集於少數都市，導致了國內的資源不能充份的開發和均衡的分配，就都市而言，易造成生活品質下降，如垃圾處理、環境污染、治安問題、交通擁擠、公共設施不足等問題。就鄉村而言，人口大量外移的結果，造成建設不足、發展遲滯落後。

　　工業化、都市化的加速發展下，許多問題的處理、規畫並非私人能力所能及，有賴政府的積極作爲。它包括：行政組織與法令規章配合、區域計畫的規劃執行、新市鎮開發、海埔新生地開發工業區計畫、建設生活圈（六年計畫中將台灣地區劃分爲十八個生活圈，以縮小地區間的不均衡。）以及交通網的開闢等。

　　（二）都市化衍生各種社會問題：都市化、工業化下產生的社會問題包括環境污染、藥物濫用、青少年犯罪、教育問題、文化危機、交通問題，乃至於海沙屋、幅射鋼筋屋、鎘米、毒葡萄、死豬肉等，這是過去傳統農業社會所沒有，或程度較輕微的，也是今日工業國家所共同具有的現象。欲求解決這些問題，有賴政府、民間與社會學者三方面通力合作，才能有所成效。就政府而言，一方面調整行政機能，重組行政單位或設置、擴大行政組織；如設環保署以處理環境污染問題；設衛生署以處理藥物濫用、全民健保等問題；設文化部以衡平文化衝突等

問題。另一方面完成各項相關法規，以使行政部門依法執行公權力，並使社會大眾得以遵循、警惕或保障。就民間而言，政府從民國八十年起頒獎表揚的「和風獎」，正是對社會各界、宗教界等的移風易俗之功，予以正面肯定與提倡。就社會學者而言，秉持知識份子的職責，敏銳的洞悉社會缺失，善籌解決之道。

台灣地區經過長時間的社會發展，呈現社會多元化的面貌，表達了社會的富裕，也發抒了人們的心靈世界，擴大了社會活動空間。「民間社會」（civil society）理念的發揮燈塔效應，亦將有助於中國大陸「和平演變」的走向，藉由兩岸之間持續的交流互惠，「民間社會」的符合人性、理性之自由、民主、均富生活方式，將有導引催化之功效。

第二節　憲政體制的探討

民國八十年是我國開啓憲政發展重要的一年。前一年（民國七十九年）召開的國是會議〈詳見第三章第二節〉，終於確定結束解嚴後氣息已弱的威權體制，包括：終止動員戡亂時期、廢止臨時條款、回歸憲法、一機關兩階段修憲。其後又因第二階段修憲時對總統選舉產生方式未達成共識，乃有第三次修憲。本節將論述民國八十年至八十三年間，三次修憲的狀況。這三次修憲一方面將憲法帶回正軌，另一方面卻又引出若干困擾。就前者而言，廢止臨時條款、回歸憲法以及資深中央民意代表全部退職，二屆國代、立委、監委全面改選等等，代表民主憲政的新里程；就後者而言，經過三次的修憲，對於中央體制衍生出諸多爭議，為未來的憲政走向增添變數。

壹、回歸憲法與一機關兩階段修憲

一、回歸憲法與第一階段修憲

（一）第一階段修憲的經過

國是會議閉幕後，國民黨內部即開始著手進行憲政改革。原國是會議主席團提議設置「憲政改革諮詢小組」以落實國是會議結論，唯國民黨高層內部傾向由黨內設置「憲改小組」，以推動各項憲政改革事宜。民國七十九年七月十一日，國民黨中常會決議在黨內設置「憲政改革策劃小組」，由副總統李元簇擔任總召集人，下設「法制」、「工作」兩個分組。前者負責憲法修定及修定程序之研擬；後者負責有關憲政改革意見之搜集、整理、分析與有關機關、政黨就憲政改革的協調與聯繫。[35]

國民黨「憲改小組」於民國七十九年八月十五日召開第三次全體會議中確定小組本身的行政作業組織、職權與流程：「法制分組」確定 10 項修憲議題及其研議小組，預計 6 個月完成規劃。「工作分組」，其下分設資料、宣傳、協調、機構調整與地方制度 5 個小組，預計 8 個月時間完成相關議題之研議，並協調行政事宜。「法制小組」與「工作分組」的權限，僅在於研議分析各項改革方案之利弊，再將意見彙整提報「憲改小組」審議參考，最後才由國民黨中常會核定具體方案，

---

[35] 台北，中國時報，民國七十九年七月十二日，版一。

作爲國民黨推動憲政改革之藍本。[36]

　　民國七十九年九月廿六日「憲改小組」舉行第六次全體會議獲得如下共識：(1)現行憲法條文不動。(2)增修條文不用第十五章，而用附加條款方式，附在本文之後。(3)增修條文集中條例，不分散在各章中。(4)名稱冠以「中華民國憲法增修條文」。(5)增修條文之前，要有序文，說明在國家統一前適用。[37]到同年十二月廿六日「憲改小組」第十五次會議在多項憲政改革關鍵性問題上，獲得重大突破性決議：(1)建議國民大會在民國八十年四月舉行臨時大會，訂定「中華民國憲法增修準備期間過渡條文」，並廢止動員戡亂時期臨時條款。(2)建議總統於國民大會完成前項任務後，咨請公布過渡條款及公布臨時條款之廢止時，宣告動員戡亂時期終止。(3)建議政府在民國八十年十二月辦理第二屆國大代表選舉。(4)建議國民大會在第二屆國大代表選出後一個月內舉行臨時會，進行第二階段實質修憲，並在民國八十一年年中完成憲政改革。(5)有關過渡條文之內容，請「工作分組」之資料組研議，送請「法制分組」儘速討論，再提報「憲改小組」審議。國民黨「一機關兩階段」之修憲策略正式確立。[38]

　　民國八十年一月四月「憲改小組」總召集人李元簇指出「一機關兩階段」修憲方式之理由：(1)應以國家利益至上。(2)應顧及國家安全及人民福祉。(3)應維護憲法基本精神。(4)應考慮環境因素，適應當前環境需要。(5)應考慮時間因素，在兩年內完成憲政改革。[39]一月六日，「法制分組」將第一階段修憲案名稱，從「過渡條文」易名爲「中華民國憲法增修條文」，提報審議。[40]一月十四日，「法制分組」針對第一階段修憲之憲法增修條文進行討論，提出九條增修草案，包括：國民大會代表、立法委員、監察委員之法源依據、選舉方法、二屆國代任期、總統緊急命令權、動員戡亂時期法律未及修訂者繼續適用、以及國安會等機關繼續存在法源等。[41]

　　民國八十年三月廿六日，李登輝總統正式頒布國大臨時會召集令。三月廿五日，國民黨憲改小組通過「中華民國憲法增修條文」草案。[42]第一屆國民大會代表第二次臨時會於三月廿九日起辦理報到，四月八日開幕，出席代表 582 人。李登輝總統致詞時指出，適時適當的增修憲法，並解決終止戡亂時期所產生的若干問題爲全體國代歷史任務。[43]唯朝野兩黨對國大臨時會修憲案歧見無法溝通，民進黨「憲政危機處理小組」於四月十五日決定放棄議會路線，於十七日舉辦「上中山樓，反對老賊實質修憲」大遊行。[44]李總統於四月十六日表示，民進黨退出

[36] 台北，聯合報，民國七十九年八月十六日，版六。
[37] 台北，聯合報，民國七十九年九月廿七日，版一。
[38] 台北，聯合報，民國七十九年十二月廿七日，版二。
[39] 台北，聯合報，民國八十年一月五日，版二。
[40] 台北，聯合報，民國八十年一月八日，版二。
[41] 台北，中國時報，民國八十年一月十五日，版六。
[42] 台北，聯合報，民國八十年三月廿六日，版一。
[43] 台北，聯合報，民國八十年四月九日，版一。
[44] 台北，聯合報，民國八十年四月十六日，版一。

國大臨時會及決定發動群眾遊行，認爲非常令人遺憾，憲改不是革命，須依程序辦理。[45]十七日民進黨發動遊行，朝野雙方在午夜協商決定：國安會、國安局及人事行政局等「三機關」在憲法增修條文中訂定「日落條款」，即三機關的組織法規繼續適用到民國八十二年底，且在第二屆國代產生前不得以法律訂之。[46]

民國八十年四月廿二日，第一屆國民大會第二次臨時會依照憲法第廿七條第一項第三款及第一百七十四條第一款之修憲規定，同時亦仿照美國憲法之修憲案（Amendment）方式，完成「中華民國憲法增修條文」第一條至第十條，共計十條的三讀程序。根據「動員戡亂時期臨時條款」第十一項之規定，通過廢止動員戡亂時期臨時條款。[47]李登輝總統於四月卅日依總統職權發布總統令，明令公告終止動員戡亂時期，廢止動員戡亂時期臨時條款，公布「中華民國憲法增修條文」，三項總統命令自民國八十年五月一日零時起生效。[48]這次國民大會臨時會，對資深的國大代表而言，是一次承先啓後的重要修憲會議，確定了第二屆中央民代的法源依據。到了民國八十年五月一日起終止戡亂時期，正式結束長達四十餘年的動員戡亂時期非常體制，廢止臨時條款，重新回歸憲法，也代表我國民主憲政的發展從此進入新的里程。

（二）第一階段修憲的內容

第一階段修憲內容主要有六：

1.確立中央民意代表法源依據：對於國民大會代表、立法委員及監察委員的選舉規定加以修改，使不受憲法第廿六、一三五、六十四、九十一條之限制，以符合自由地區選舉之實際狀況（增修條文第一、二、三條），對上述中央民意代表之任期予以明確規定（增修條文第五條）。同時在中央民意代表產生的方式上，也首次採取政黨比例方式，選出僑居國外國民及全國不分區名額（增修條文第四條）。

2.規定第二屆國大代表臨時會的召集：決定二屆國代產生後三個月內，由總統召集國代臨時會，進行第二階段修憲的重要任務（增修條文第六條）。

3.修正總統發布緊急命令的程序：總統發布緊急命令得不受憲法第四十三條之限制，但須於發布命令後十日內提交立法院追認，如立法院不同意時，該緊急命令立即失效（增修條文第七條）。

4.賦予依據臨時條款成立之國安會三組織的法源暨落日條款：在動員戡亂時期，依據臨時條款授權所成立的國家安全會議及所屬國家安全局與行政院人事行政局等三組織，於回歸憲法後，仍得依法設立組織。除取得設立的法源外，並允許其原有組織法規得繼續適用至民國八十二年底，以使前三項機關之組織在未完成立法程序前，能維持正常運作，是爲落日條款之規定（增修條文第九條）。

5.規定原戡亂時期法律的適用期限：動員戡亂終止時，原僅適用於動員戡亂時期之法律，其修訂未完成程序者，得繼續適用至民國八十一年七月卅一日止（增

---

[45] 台北，聯合報，民國八十年四月十七日，版一。

[46] 台北，聯合報，民國八十年四月十八日，版一。

[47] 台北，中國時報，民國八十年四月廿三日，版一。

[48] 總統府公報，第五四〇二號令，民國八十年四月卅曰，頁一。

修條文第八條）。

　　6.授權制定兩岸關係的相關法律：對於自由地區與大陸地區間人民權利義務關係及其他事務之處理，得以法律爲特別之規定（增修條文第十條）。使政府今後得制定相關法律，處理兩岸因交流互動所衍生的各種事務。

（三）第一階段修憲的評析

　　第一階段修憲依增修條文之「前言」宣言，係以「因應國家統一前之需要」爲目的，針對民國卅六年一月一日公布之現行中華民國憲法進行修訂。這次修憲的評析可分修憲過程與修憲內容兩部分：

1.從修憲過程面析論

　　第一階段修憲從草案研擬初始，不僅執政的國民黨內部主流派、非主流派有「一機關兩階段」與「一機關一階段」之論戰，朝野政黨之間的修憲、制憲歧異更是鉅大。就國民黨內部的爭議言，民國八十年一月三日，國民黨首邀中常委就憲改協調工作進行座談，關於修憲程序問題出現了不同聲音，李煥、沈昌煥主張由現有國代直接進行修憲即可，是爲「一機關一階段論」。國民黨高層內部主流派與非主流派權力傾軋，是否以憲政改革之爭另闢戰場？引起關注。[49]一月十一日，「憲改小組」成員施啓揚、馬英九、鄭心雄針對「一機關兩階段」修憲案與執政黨籍部分增額國代、立委溝通。增額國代多數支持「一機關一階段」方案，另以「集思會」、「新國民黨連線」爲首的增額立委們，由於強烈要求參與修憲，乃紛紛質疑兩階段修憲方式的適當性，並擔心引發統獨大戰，措詞強烈，並指「兩階段」案是「化簡爲繁」、「二流貨」、「禍國殃民」。此一態度頗令施等人感驚愕。[50]一月廿六日李煥在「民主基金會」上，重申「一機關一階段」修憲主張。而國民黨內重量級人物在與「憲改小組」的憲政溝通會上，公開言明主張一階段修憲者，包括林洋港、沈昌煥、蔣緯國、許歷農等人。國民黨內憲政改革頗陷爭議。

　　朝野政黨的憲政主張差異極大，從起草階段即已各行其是。國民黨中常會決議在黨內設「憲政改革策劃小組」，以取代國是會議主席團所提議之「憲政改革諮詢小組」。民進黨因應「憲改小組」，亦經由其中常會決議成立「制憲運動委員會」。由民進黨主席黃信介出任召集人，黃煌雄爲執行長，成員包括美麗島、新潮流與五個議會黨團召集人，合計 11 人，民進黨以推動「民主大憲章」，進行全民複決爲訴求。[51]

　　民國七十九年七月廿一日，民進黨「制憲運動委員會」第一次會議，決定去函國民黨要求就國是會議結論展開政黨協商，並要求與執政黨憲改策劃人士公開對話，向全民提出具體時間表，其並指出將邀請學術界、海外人士、無黨籍等改革派代表，成立「憲政改造監督小組」，對國是會議結論繼續追縱，定期向社會大眾公布評估報告。[52]九月十五日，民進黨「制憲運動委員會」決議：反對國

49　台北，聯合報，民國八十年一月四日，版二。
50　台北，聯合報，民國八十年一月十二日，版五。
51　台北，中國時報，民國七十九年七月十二日，版二。
52　台北，中國時報，民國七十九年七月廿二日，版二。

民黨「法制分組」所提之修憲途徑，將擬另籌備「憲政會議」，邀各界人士討論憲政。民進黨並提出其四項基本主張：(1)憲政改革必須由台灣直接選出之代表進行爲基礎。(2)憲法內容必須適合於台灣二千萬人民。(3)憲法內容交由公民投票作最後決定。(4)所有憲政改革工作，須於一九九一年底完成。[53]九月十九日，民進黨第四屆第廿三次中常會，成立「憲政會議」籌備會工作小組，成員爲陳永興、傅正、許信良、姚嘉文、謝長廷、洪奇昌、吳哲朗，黃煌雄爲執行長。[54]

民進黨「制憲運動委員會」，於民國七十九年十一月一日提出其五階段推動「憲政會議」時間表：(1)由黨團舉辦憲政改革全省說明會。(2)一九九〇年十二月廿五日召開憲政改造人民大會。(3)一九九一年一至二月間召開憲政改造研討會。(4)一九九一年三至四月間召開憲政會議籌備會。(5)一九九一年五至六月間召開「憲政會議」。[55]民國八十年一月十七日民進黨「制憲運動委員會」暨「憲政會議籌備會工作小組」第二次會議，定三月三十、卅一日舉辦其「憲改研討會」，由黃信介、黃煌雄、謝長廷、吳哲朗、姚嘉文、張俊宏、吳豐山、莊碩漢、許宗力、吳乃仁、張德銘擔任籌備委員。[56]

民國八十年四月八日第一屆國民大會代表第二次臨時會開幕，國民黨以多數黨籍國代取得修憲主導優勢。四月十三日國大臨時會進行修憲案一讀會，民進黨國代發言首見「制訂新憲法」，無黨籍國代對增修條文所標示「國家統一目標」提出質疑，國民黨籍資深、增額國代則予以反駁，在討論過程中已隱約可見統、獨爭議。[57]到了四月十五日朝野兩黨對修憲案歧見已深，民進黨捨議會路線改採群眾路線，並宣布退出國大臨時會。四月十七日，約有三萬人參加民進黨舉辦之「上中山樓，反對老賊實質修憲」大遊行。[58]民進黨的退出，使第一階段的修憲成果 — 「中華民國憲法增修條文第一 —十條」成爲非朝野兩大黨共識下的產物。唯國民黨修憲與民進黨制憲的統、獨爭議，或將是難以找到民主政治容忍妥協的交集地帶。

2. 從修憲內容面析論

第一階段修憲在「內容」上，憲法增修條文具有如下特點：

(1) 提供中央民代之法源依據，得以完成全面改選

依據憲法增修條文第一 、二、三條之規定，使國大代表、立法委員、監察委員等中央民意代表改選，得到了必要的憲法法源依據，能在國家統一之前，未能在全國各地區進行改選的情況下，合憲地在台、澎、金、馬「自由地區」（相對於「大陸地區」）進行全面改選，以維持民主政體於不墜。[59]

[53] 台北，聯合報，民國七十九年九月十六日，版二。
[54] 台北，中國時報，民國七十九年九月十九日，版二。
[55] 台北，中國時報，民國七十九年十一月二日，版三。
[56] 台北，中國時報，民國八十年一月十八日，版二。
[57] 台北，聯合報，民國八十年四月十四日，版二。
[58] 台北，聯合報，民國八十年四月十八日，版一。
[59] 傅崑成，「修憲之後的中華民國總統權限」，中山大學社會科學季刊（高雄：中山大學研究所，民國八十一年六月），頁七。

(2) 中央民代選舉兼採「選區制」與「政黨比例代表制」

依據憲法增修條文第四條規定，國代、立委、監委選舉中，僑居國外國民及全國不分區名額，採政黨比例方式選出。亦即國代選舉之僑居國外國民 20 人，全國不分區 80 人（第一條）、立委選舉之僑居國外國民 6 人，全國不分區 30 人（第二條）、監委選舉之僑居國外國民 2 人，全國不分區 5 人（第三條），均由政黨比例方式產生。「全國不分區」的設計具有兩方面的意義；一方面對國家未統一之事實下，又能兼顧省籍代表性，有其政治性價值。另一方面可改善民主政治往往形成富人政治的弊端，透過全國不分區代表可拔擢各個政黨有才無財的優秀菁英參政。然而欲使前述兩項目的得以達到，則「全國不分區」應採「兩票制」為宜，亦即選民同時投兩票，一是投區域選舉，一是投「全國不分區」之政黨，如此有助於各個政黨在提名「全國不分區」時，更審慎重視該黨提名人選。在民國九十四年第七次修憲以前，國內均是採取「一票制」，即選民只投區域選舉，而以各政黨所有區域候選人總票數決定各該黨「全國不分區」之名額。「一票制」雖有減輕選務之優點，但不若「兩票制」更具價值。第七次修憲後，國內立法委員選舉已採取「兩票制」。另選罷法第六十五條第六款的百分之五「門檻限制」，有助防止小黨林立，相對地不利於小黨發展。

(3)「程序修憲」中含有「實質修憲」，擴大總統職權

原本第一階段「程序性」修憲應指不作憲法實質上的變動，僅在對「憲法之修定應以具有民意之機關為之」的共識，作程序上的準備，「實質修憲」則在第二階段修憲為之。事實上，在第一階段「程序修憲」中，即已作若干的「實質修憲」，且極受爭議之處者，該等「實質修憲」內容，均屬於動員戡亂時期臨時條款之規定，本應隨戡亂時期的終止，臨時條款的廢除，回歸憲法後撤銷，以回復憲法原來面貌。今皆透過憲法增修條文予以「就地合法」，如戡亂時期的總統「緊急命令權」以及國安會、國安局、人事行政局等機構是。

回歸憲法本應還給現行憲法原來體制，李登輝主導之國民黨修憲，卻將戡亂時期之總統「緊急處分權」，結合憲法四十三條「緊急命令權」，並且不受憲法四十三條有關依據「緊急命令法」之程序及法律依據的限制。增修條文第七條：「總統為避免國家或人民遭遇緊急危難或應付財政經濟上重大變故，得經行政院會議之決議發布緊急命令，為必要之處置，不受憲法第四十三條之限制。但須於發布命令後十日內提交立法院追認，如立法院不同意時，該緊急命令立即失效。」在中華民國憲法體制總統與行政院長職權劃分極待釐清之際，此「緊急命令權」之賦予總統，實暗示未來制度之修改，有總統制傾向。

而「國家安全會議」亦屬戡亂時期產物，往往被稱為「太上行政院」，是掌管全國情治及國家安全的最高指導機關。另所屬「國安局」則掌握全國軍、情、特、警系統之最後協調權。增修條文第九條將此兩機關納於總統府之下，等於使總統成為強勢之行政領導者，並且也規避了立法院之監督，形成有權者（總統）無責，有責者（行政院長）無權。此舉亦暗示將來制度之修改，有朝向總統制之發展趨勢。就增修條文第九條：「總統為決定國家安全有關大政方針，得設國家

安全會議及所屬國安局。」至於「國家安全」、「有關大政方針」均缺乏明確的界定，此舉將使總統等於是全國最高行政首長，行政院或將成執行機構而已。

總之，第一階段修憲所含的實質修憲，將若干動員戡亂時期規定予以保留。其中總統之緊急命令權、國安會、國安局等設置，均擴大憲法中總統的職權，更使憲法中央體制的未來發展帶來許多困擾。

(4) 解決戡亂時期終止，相關法律修訂不及，法源已消失的困境

動員戡亂終止時，原僅適用於動員戡亂時期之法律，隨著法源依據消失，而新法修訂不及下，該等法律本當無效，現可透過增修條文第八條，將原適用於戡亂時期之法律，因修訂不及，未完成程序者，得繼續適用至民國八十一年七月卅一日止。

(5) 使政府得制定相關法律，處理兩岸因交流互動所衍生事務

增修條文第十條授權政府，對於自由地區與大陸地區人民權利義務關係及其他事務之處理，得以法律為特別之規定。此有助於解決自民國七十六年開放大陸探親以來，日益增多兩岸民間交往互動下的各種問題。

二、第二階段修憲

（一）第二階段修憲的經過

第一屆國民大會在民國八十年五月一日完成第一階段修憲後，國民黨在同年八月十四日再次成立「第二階段憲改策劃小組」，明顯主導第二階段憲改方向。第二階段修憲策劃小組總召集人由李元簇副總統擔任，下設兩分組，研究分組由施啓揚召集，協調分組由蔣彥士召集。（國民黨第二階段修憲組織運作及成員分析見表四—七）。八月廿七日國民黨第二階段修憲策劃小組召開第一次會議，決定分成五大議題研究，各議題的小組召集人、成員及撰稿人亦經定案，並決定最遲十月初將提出利弊分析。五大議題是：(1)研究有關總統選舉與國民大會問題。(2)研究有關總統、行政院及立法院之關係問題。(3)研究有關考試院及監察院問題。(4)研究有關地方制度及中央權限劃分問題。(5)研究其他有關憲法修改問題。[60]九月一日，國民黨第二階段修憲策劃小組的協調分組召開首次會議，會中決定黨內高階層凝聚共識，作業由蔣彥士主導，洪玉欽負責與在野黨、無黨籍人士協商，相關工作將次第展開。[61]九月十四日，國民黨第二階段修憲策劃小組研究分組召開第二次全體會議，會中討論總統選舉與國民大會問題，確認未來採委任代表制選總統，憲法現行規定之國大議決領土變更權不列入修憲範圍，國大仍將擁有修憲及議決領土變更權。[62]

與第二階段修憲有決定性意義者，厥為民國八十年十二月廿一日的第二屆國大代表之選舉。本次國代選舉的積極意義，在於其結果攸關民國八十一年的第二階段修憲之主導誰屬。選舉結果：國民黨得到 71.7% 的政黨得票率，當選 254 席

---

[60] 台北，聯合報，民國八十年八月廿八日，版二。
[61] 台北，聯合報，民國八十年九月三日，版二。
[62] 台北，聯合報，民國八十年九月十五日，版一。

表四 ― 七 國民黨第二階段修憲組織運作及成員分析

名　　稱	成　員　名　單
修憲策劃小組	召集人：李元簇。 成員：郝柏村、蔣彥士、林洋港、李煥、黃尊秋、邱創煥、宋楚瑜、梁肅戎、林金生、蔣緯國、朱士烈、施啓揚、連戰。
研究分組〈29人〉	政府官員：施啓揚、汪道淵、吳伯雄、董世芳、馬英九、陳水逢。 黨務主管：林棟、陳金讓、祝基瀅、華力進。 國大代表：趙昌平、葉金鳳、汪俊容、孫禮光。 立法委員：洪玉欽、李宗仁、劉興善、丁守中。 監察委員：張文獻。 學者專家：蔡政文、吳庚、蘇俊雄、王友仁、荊知仁郎裕憲、謝瑞智、姚立明、蘇永欽、李念祖
協調分組〈34人〉	政府官員：蔣彥士、邱進益、邵玉銘、蕭天讚。 黨務主管：鄭心雄、林棟、陳金讓、祝基瀅、王述親簡漢生、黃鏡峰。 地方議長：簡明景、陳田錨、陳健治。 國大代表：脫德榮、謝隆盛、陳川、陳璽安、許石吉林詩輝、李伯元、周勝彥、王應傑、蔡淑媛 立法委員：洪玉欽、王金平、沈世雄、饒穎奇、黃主文、黃正一、陳癸淼、蕭金蘭。 監察委員：林榮三、柯明謀。

資料來源：高永光，修憲手冊〈台北：民主文化基金會，民國八十年十一月〉，頁三八―三九。

（含區域 179 席，不分區 60 席，僑選 15 席），再加上第一屆增額國代 64 席，總共 318 席。民進黨得到 23.94％的政黨得票率，當選 66 席（含區域 41 席，不分區 20 席，僑選 5 席），再加上第一屆增額國代 9 席，總共 75 席。

　　第二屆國代選舉，執政的國民黨大勝，總計 318 席，佔總席次 403 席之 78.91％，明顯超過通過憲法修正案所需的四分之三多數，擁有修憲之絕對主導權，確立其在二屆國代修憲之強勢地位。相對於國民黨，在野的民進黨總計 75 席（李宗藩代表於八十一年四月一日病逝，剩下 74 席），所佔總席次 18.61％，總數未達足以否決修憲案所需的全部國代四分之一議席，甚至必須聯合全部在野之力量（無黨籍 5 席、非政黨聯盟 4 席、民社黨 1 席），才勉強達到法定五分之一的提案權。在此情形下，民進黨在二屆國代的第二階段修憲中，僅能扮演配角而無法影響修憲的重大方向。

　　國民大會第二屆第一次臨時代表大會於民國八十一年三月廿日，在台北市陽明山中山樓揭幕，隨即召開準備會議，會中因推選主席問題，爆發肢體衝突，民進黨國代不斷以程序發言為由杯葛議事。三月廿一日舉行第一次預備會議，討論主席團選舉辦法。三月廿五日主席團召開第一次會議，會中決議延長議程十天。[63]三月廿六日臨時會第一次大會，民進黨繼續以「張一熙黑槍事件」杯葛主席謝隆盛，並不斷以「權宜問題」干擾議事進行。四月十日國大祕書處截止收受提案，提案數達 155 件，經由大體討論後，隨即於四月十三日交付一讀會。四月十四日召開第一審查委員會第一次會議，開始審查各項修憲提案，參與第一審查會國代計 401 人。該委員會自四月廿三日至五月四日止，共舉行八次會議，審查修憲提案達 121 件。期間朝、野政黨抗爭激烈，民進黨籍國代數度退席，秩序問題與權宜問題成為會議之主題。四月十六日更爆發了行憲以來最嚴重的流血暴力事件，民進黨於四月十九日起發動「四一九火車站前街頭運動」，並於五月四日宣布退出國大臨時會，無黨籍國代稍後也宣布退出修憲行列，因有民社黨代表尚留在大會參與討論，否則難免使國民黨蒙上「一黨修憲」之陰影。

　　第二屆國代的第二階段修憲過程中紛擾衝突不斷，朝、野抗爭中民進黨、無黨籍先後退出修憲，再加上國民黨內部對「總統委選、直選案」、「立委任期延長案」均未達到多數一致的共識，甚且因意見不合互相攻訐，亦見修憲歧見之複雜難解。民進黨退出修憲後，五月六日二屆國大臨時會第二至第八之一般提案審查會完成 124 件一般提案審查。五月十二日截止收受修憲的修正案。五月十三日起進入二讀會，五月廿五日國民黨為避免國民大會、立法院衝突加大，乃擱置「立委延長四年案」，至此，被稱為「黨九條」的國民黨修憲條文，正式縮減為「黨八條」。五月廿六日國大臨時會完成二讀會，五月廿七日完成三讀，通過中華民國憲法增修條文第十一條至十八條。李登輝總統並於五月廿八日公布實施，國大臨時會於五月卅日閉幕，第二階段修憲乃告完成。

（二）第二段修憲的內容

　　第二階段修憲共計通過憲法增修條文八條，就性質言，可分為中央政府體制

的調整（增修條文第十一條至十六條）、地方制度法制化的貫徹（增修條文第十七條）及基本國策與人民權利的增列（增修條文第十八條）等三部分。

1. 中央政府體制的調整

　　第二階段修憲所涉及中央政府體制之變動包括國民大會職權之擴增，總統副總統選舉、罷免辦法、任期與職權之改變以及司法院、考試院與監察院三院組織及職權之調整。

(1) 國民大會職權擴張與任期變更

　　①國民大會人事同意權之行使：依憲法第廿七條規定，國民大會具有選舉及罷免總統、副總統、修改憲法與複決立法院所提憲法修正案。本次修憲，國民大會乃擴增其對司法院、考試院、監察院三院之人事同意權。憲法增修條文第十一條第一項規定：「國民大會之職權，除依憲法第廿七條之規定外，並依增修條文第十三條第一項、第十四條第二項及第十五條第一項之規定，對總統提名之人員行使同意權」，即賦予國民大會對於總統提名之司法院院長、副院長、大法官、考試院院長、副院長、考試委員、監察院院長、副院長、監察委員等人員，行使同意權。至於人事同意權之行使，依增修條文第十一條第二項：「由總統召集國民大會臨時會爲之，不受憲法第三十條之限制」。

　　②國民大會集會規定之改變：依憲法第廿九條之規定，國民大會六年集會一次。另需依憲法第三十條規定事項召集臨時會。第二階段修憲時，依增修條文第十一條第三項規定：「國民大會集會時，得聽取總統國情報告，並檢討國是，提供建言」，而且「如一年內未集會，由總統召集臨時會爲之，不受憲法第三十條之限制」，此即保證國民大會今後至少每年集會一次。

　　③國民大會代表任期之變更：爲配合總統任期的改變，國民大會代表的任期亦隨之調整。增修條文第十一條第四項規定：「國民大會代表自第三屆國民大會代表起，每四年改選一次，不適用憲法第廿八條第一項之規定」，即國民大會代表自第三屆起，由過去每六年改選一次，改爲每四年改選一次。

(2) 總統、副總統選舉、罷免辦法、任期與職權的改變

　　①總統、副總統選舉之變更：憲法第廿七條規定，總統、副總統由國民大會代表選舉產生。唯在民國七十九年國是會議中，與會人士曾對總統選舉由民選方式產生達成共識。因之第二階段修憲時，將總統、副總統選舉方式改變，增修條文第十二條第一項規定：「總統、副總統由中華民國自由地區全體人民選舉之，自中華民國八十五年第九任總統、副總統選舉實施」。由於國民黨內部在第二階段修憲時，無法對委任直選、公民直選達成共識，故憲法增修條文第十二條第二項規定：「前項選舉之方式，由總統於中華民國八十四年五月二十日前召集國民大會臨時會，以憲法增修條文定之」，將總統選舉方式延至下次修憲決定。

　　②總統、副總統任期的變更：憲法第四十七條規定，總統、副總統任期爲六年，連選得連任一次。本次修憲將總統、副總統之任期由六年改爲四年。憲法增修條文第十二條第三項：「總統、副總統之任期，自第九任總統、副總統起爲四年，連選得連任一次，不適用憲法第四十七條之規定。」

③總統、副總統罷免方法的變更：隨著總統、副總統選舉方法的變更，其罷免規定亦改變。我國憲法對於總統、副總統之罷免原無具體規定，而係規定於「總統副總統選舉罷免法」，該法第九條規定，國民大會對總統、副總統之罷免，是由代表總額六分之一之提議，以代表總額過半數之贊成通過。另第一條規定，國民大會在處理監察院提出總統彈劾案時，則以出席國民大會代表三分之二同意行之。第二階段修憲則加以變更，依憲法增修條文第十二條第四項之規定，總統、副總統之罷免有二，一是「由國民大會代表提出之罷免案，經代表總額四分之一罷免之提議，代表總額三分之二同意，即為通過。」二是「由監察院提出之彈劾案，國民大會為罷免之決議時，經代表總額三分之二同意，即為通過。」

④總統、副總統補選規定：我國原憲法中，對於副總統缺位並無任何補選之規定，憲法增修條文第十二條第五項對此有新的規定：「副總統缺位時，由總統於三個月內提名候選人，召集國民大會臨時會補選，繼任至原任期屆滿為止。」至於總統、副總統均缺位時，憲法增修條文第十二條第六項之規定，與憲法原來第三十條、四十九條之規定相同：「總統、副總統均缺位時，由立法院院長於三個月內通告國民大會臨時會集會補選總統、副總統，繼任至原任期屆滿為止。」

⑤總統人事提名權的擴增：我國憲法原規定總統在五院中僅有行政院長之提名權。依增修條文第十三條第一項規定：「司法院設院長、副院長各一人，大法官若干人，由總統提名，經國民大會同意任命之，不適用憲法第七十九條之有關規定。」增修條文第十四條第二項規定：「考試院設院長、副院長各一人，考試委員若干人，由總統提名，經國民大會同意任命之，不適用憲法第八十四條之規定。」增修條文第十五條第二項規定：「監察院設監察委員二十九人，並以其中一人為院長，一人為副院長，任期六年，由總統提名，經國民大會同意任命之。憲法第九十一條至九十三條、增修條文第三條及第四條、第五條第三項有關監察院之規定，停止適用。」綜言之，修憲後，司法院院長、副院長、大法官，考試院院長、副院長、考試委員，監察院院長、副院長、監察委員均由總統提名，經國民大會同意任命。

(3) 司法院組織與職權的變更

①司法院人員產生方式的改變：憲法第七十九條原規定，司法院院長、副院長及大法官由總統提名，經監察院同意任命之。修憲後，監察院性質已由準民意機關一變而為準司法機關，司法院人員產生方式亦隨之變更。憲法增修條文第十三條第一項規定，司法院院長、副院長、大法官由總統提名，經國民大會同意任命之。

②憲法法庭的設立：依照憲法第七十八條、七十九條規定，司法院設大法官會議，行使解釋憲法並統一解釋法律命令之權。憲法增修條文第十三條第二項除維持大法官原有釋憲之職權外，並規定由大法官「組成憲法法庭審理政黨違憲之解散事宜」。至於政黨違憲之含義，依增修條文第十三條第三項乃指「政黨之目的或其行為，違害中華民國之存在或自由民主之憲政秩序者為違憲。」

(4) 考試院組織與職權的變更：

①考試院人員產生方式的改變：憲法第八十四條原規定考試院院長、副院長及考試委員由總統提名，經監察院同意任命之。現監察院性質已改變，故依憲法增修條文第十四條第二項規定，考試院院長、副院長及考試委員由總統提名，經國民大會同意任命之。至於前述有關司法院、考試院人員任命之規定，依憲法增修條文第十六條第三項：「自中華民國八十二年二月一日施行。中華民國八十二年一月三十一日前之提名，仍由監察院同意任命。但現任人員任期未滿前，無須重新提名任命。」

②考試院職權的變更：憲法第八十三條規定：「考試院為國家最高考試機關，掌理考試、任期、銓敘、考績、級俸、陞遷、褒獎、撫卹、退休、養老等事項」。即考試院的職掌除考試外，兼行考試與銓敘兩項職權，因之考試院除為國家最高考試機關外，亦為全國最高人事行政機關。唯考試院兼掌人事行政權，勢將影響到行政機關首長對內的指導監督，故憲法增修條文第十四條第一項將考試院職權加以調整：「考試院為國家最高考試機關，管理左列事項，不適用憲法第八十三條之規定：

一、考試。

二、公務人員之銓敘、保障、撫卹、退休等事項。

三、公務人員任免、考績、級俸、陞遷、褒獎之法制事項。」

依上述規定，考試院除繼續掌理考試及公務人員之銓敘、保障、撫卹、退休等事項，至於有關公務人員任免、考績、級俸、陞遷、褒獎，則只負責法制事項，其實際業務則由行政院人事行政局掌理。

③分省定額制度的取消：憲法增修條文第十四條第三項規定：「憲法第八十五條有關按省區分別規定名額，分區舉行考試之規定，停止適用。」取消分省定額制度旨在於避免相關考試法規與憲法相牴觸的情形繼續存在。

(5) 監察院組織與職權的變更：

①監察委員產生方式的改變：依據憲法第九十一條及憲法增修條文第三條、第四條及第五條第三項規定，監察委員由省市議會選舉，等於是經人民間接選舉產生。監委既由人民間接選出，監察院遂具有準民意機關性質。依憲法第九十二條規定：「監察院院長、副院長由監察委員互選產生。」依憲法第九十三條規定「監察委員任期六年，連選得連任之。」唯因監察委員由省市議會間接選舉產生，易生賄選，而監察院職司風憲，更時遭致輿論批評。憲法增修條文第十五條第二項因而規定，監察院院長、副院長及監察委員均改由總統提名，經國民大會同意任命之。

②監察委員性質改變：監察委員產生由省市議會選舉，改為總統提名，經國民大會同意任命。則原先監察院所具有準民意機關性質，亦改為準司法機關。憲法增修條文第十五條第六項乃要求：「監察委員須超出黨派以外，依據法律獨立行使職權。」此一規定與憲法第八十條與八十八條法官及考試委員獨立行使職權之意義相同。另監察委員因不具民意代表身份，故憲法第一○一條及一○二條有關監察委員身體及言論之保障，亦停止適用。

　　③人事同意權的取消：憲法增修條文第十五條第一項有關監察院職權修改爲：「監察院爲國家最高監察機關，行使彈劾、糾舉及審計權，不適用憲法第九十條及第九十四條有關同意權之規定」。即監察院對於司法院院長、副院長、大法官及考試院院長、副院長、考試委員之產生，不再行使同意權。

　　④監察權行使程序的修正：憲法第九十八條、九十九條規定，監察院對於中央、地方公務人員及司法、考試兩院人員之彈劾案，須經監察委員一人以上之提議，九人以上之審查及決定。一般彈劾案僅須監察委員一人即可提議，似略草率，故憲法增修條文第十五條第三項規定：「監察院對於中央、地方公務人員及司法院、考試院人員之彈劾案，須經監察委員二人以上之提議」，以示慎重。

　　⑤監委彈劾對象的擴大：監察委員既已不具民意代表身份，則亦當成爲彈劾權行使之對象。憲法增修條文第十五條第四項規定：「監察院對於監察院人員失職違法之彈劾，適用憲法第九十五條、第九十七條第二項及前項之規定。」

　　⑥彈劾總統、副總統程序的修正：憲法第一〇〇條對於總統、副總統彈劾案之處理程序規定：「須有全體監察委員四分之一以上之提議，全體監察委員過半數之審查及決議」。增修條文第十五條第五項則將彈劾總統、副總統之提議人數及決議人數大幅提高：「監察院對於總統、副總統之彈劾案，須經全體監察委員過半數之提議，全體監察委員三分之二以上之決議，向國民大會提出，不受憲法第一百條之限制。」

2.地方制度法制化的貫徹

　　行憲未久，政府即來台，「省縣自治通則」受主、客觀政治因素影響，一直未能完成三讀程序。政府來台雖即實施地方自治，但基本上並未依照憲法之規定程序辦理，其所依據者乃行政命令。職是之故，憲法有關地方制度之規定，與政府四十餘年來在實際運作上有著甚大差距。

　　第二階段修憲乃通過憲法增修條文第十七條，將地方制度法制化問題加以解決。依據憲法增修條文第十七條規定：「省縣地方制度，以法律定之，其內容應包含左列各款，不受憲法第一百零八條第一項第一款、第一百十二條至第一百十五條及第一百二十二條之限制：

　　　一、省設省議會，縣設縣議會，省議會議員、縣議會議員分別由省民、縣民選舉之。
　　　二、屬於省、縣之立法權，由省議會、縣議會分別行之。
　　　三、省設省政府，置省長一人，縣設縣政府，置縣長一人，省長、縣長分別由省民、縣民選舉之。
　　　四、省與縣之關係。
　　　五、省自治之監督機關爲行政院，縣自治之監督機關爲省政府。」

3. 基本國策與人民權利的增列

　　政府四十餘年在台、澎、金、馬自由地區的經濟建設與社會快速變遷，使得憲法原先對於基本國策與人民權利的規定，需要適時檢討，適當增訂。依據增修條文第十八條規定，增訂有關民生經濟事項之基本國策與人民權利，具體之內容

包括：

一、國家應獎勵科學技術發展及投資，促進產業升級，推動農漁業現代化，
　　重視水資源之開發利用，加強國際經濟合作。

二、經濟及科學技術發展，應與環境及生態保護兼籌並顧。

三、國家應推行全民健康保險，並促進現代和傳統醫藥之研究發展。

四、國家應維護婦女之人格尊嚴，並保障婦女之人身安全，消除性別歧視，
　　促進兩性地位之實質平等。

五、國家對於殘障者之保險與就醫、教育訓練與就業輔導、生活維護與救濟，
　　應予保障，並扶助其自立與發展。

六、國家對於自由地區山胞之地位及政治參與，應予保障；對其教育文化、
　　社會福利及經濟事業，應予扶助並促其發展。對於金門、馬祖地區人民
　　亦同。

七、國家對於僑居國外國民之政治參與，應予保障。

（三）第二階段修憲的評析

1. 從修憲過程面析論

　　第二階段修憲的過程中，國民黨內部不僅因「總統選舉方式」分成對立的「直選派」、「委選派」，又「立委任期延長四年案」，形成國民大會、立法院兩者之嚴重衝突。而國民黨與民進黨的「修憲」、「制憲」之爭，亦使在二屆國代中居於少數的民進黨捨棄議會路線走上街頭抗爭，最後更退出修憲行列。綜觀第二階段修憲過程可謂波折橫生、爭議不斷，其中影響最鉅者分列如下：

(1) 總統選舉方式之爭 — 國民黨三中全會的妥協

　　國民黨十三屆三中全會於民國八十一年三月十四日到十六日召開。三中全會本當為二屆國代第二階段修憲的「任務提示」，結果形成總統選舉方式的大辯論，與會者反無暇深入討論修憲小組所提的其他議題，諸如：國代是否每年集會、國代職權、行政院長副署權、立委任期、監委產生方式等。質言之，三中全會成為國民黨內部主流派與非主流派、直選派與委選派的拉鋸戰。

　　基本上，民國八十一年三月以前，國民黨對於民進黨的公民直選總統主張，均是表達強烈反對態度。在八十年底的二屆國代選舉中，國民黨以「革新、安定、繁榮」的文宣口號，主張修憲與委選，獲致大勝。到了八十一年三月四日，李登輝總統約見國民黨省市黨部主委與地方首長後，乃有傳出國民黨高層有改採公民直選的消息，三月五日無黨籍代表吳豐山透露李總統支持公民直選。三月八日，國民黨修憲策劃小組經過四小時激辯，有七位（蔣緯國、李煥、郝柏村、梁肅戎、邱創煥、林金生、朱士烈）贊成委選，六位（連戰、黃尊秋、蔣彥士、林洋港、宋楚瑜、施啟揚）贊成直選，故而以兩案併陳方式送至臨中常會。三月九日的臨中常會，仍無法對總統選舉方式作單一決定；而採兩案併陳送三中全會。

　　三中全會開議後，直選、委選兩派分別展開連署。其中委選派批評決策反覆，李煥、邱創煥並先後上台為委選強力辯護。林洋港則堅持反對強行表決，以免造

成國民黨嚴重分裂。林洋港、郝柏村、蔣彥士、李煥、邱創煥、宋楚瑜、施啓揚、馬英九等經過協商密談，認爲應以整體考量爲主，調合兩派爲先。會後並推舉宋楚瑜向李登輝主席報告，李在情勢不夠明朗，且無絕對把握下同意。最後經過三天議程，通過了對二屆國代的任務提示。有關總統選舉方式：「總統、副總統由中華民國自由地區全體選民選舉之，其方式應依民意趨向審慎研定，自中華民國八十五年第九任總統、副總統選舉施行。」

綜觀國民黨三中全會是一場「妥協」的戰爭，兩派在權力對峙下，透過政治藝術化、以集體智慧之妥協方式，將戰場延續至國大臨時會，甚至延續到民國八十三年的第三階段修憲。國民黨政策的急轉彎，除了最高層李登輝總統之外，無人能有此直接、鉅大影響力。或謂它暴露了國民黨由上而下的決策過程，顯得任性且草率，使「黨內民主化」的屬性再次受到衝擊。[64]

(2) 國大擴權修憲案 — 國大立院職權的爭議

二屆國大開議後，四月十四日，李勝峰立委在立院指責國代王應傑爲「垃圾」，王並回罵李「蟑螂」。四月廿七日，國民大會一讀會通過「國大每年定期集會三十天」、「設置正副議長」、「國會設立預算局」、「國大立院互審預算」等多項國大擴權修憲案，引發社會輿論譁然，尤以諸多項目關係到立法院在原有憲政結構的權限，立委紛紛提出異議：國民黨立院黨團決議，由黨鞭王金平向中央表達嚴正反對態度；民進黨陳水扁發起一人一信聲討國大運動；謝長廷建議修改「國大組織法」，限制國大有關自身的修憲權；張俊雄提案在立院成立「修憲特種委員會」；新國民黨連線舉行記者會訴諸輿論，共同聲討國大之提案。[65]

二屆國大的修憲從「垃圾蟑螂事件」，到國大一連串擴權修憲案，終至形成國民大會與立法院間的職權之爭，並直接影響了「黨九條」中的立法委員任期延長爲四年案。五月五日，有 233 位國代主張將立委任期改爲二年，或二年改選一半，符合美國眾議院情形。此時國民黨爲避免國大、立院兩個國會間對立情勢的昇高，乃於五月廿五日，決定擱置立委任期延長四年案，同時打消縮減爲兩年的提案。至此，被稱爲「黨九條」的國民黨修憲條文，正式縮減爲「黨八條」。

國大反對立委任期延長的意見主要有五：1.立院一院獨大的情況已經引起各方反感，如果任期再予延長，更無法駕馭。2.立院議事效率低落，重大民生法案堆積如山，連帶影響行政效率與施政計劃。3.美國總統任期四年，相當於我國立委的眾議員任期只有兩年，如今我國總統任期已從六年降爲四年，立委任期自應減爲兩年才合理。4.當前金權政治越來越明顯，如果任期縮短爲兩年，在投資報酬率大幅降低的情況下，賄選及金權情況或有所改善。5.立委縮短爲兩年，對於一些大鬧議場的不肖立委，民眾也有機會在短期內用選票將之趕出國會。[66]

國民黨原政策是要將立法委員任期改爲四年，用以配合總統、國民大會任期（前述均由六年改爲四年），一則可統一所有中央民代任期，二則立委任期配合

---

[64] 李炳南，憲政改革與國民大會（台北：月旦出版社，民國八十三年），頁一九。
[65] 台北，中時晚報，民國八十一年四月廿八日，版二。
[66] 台北，台灣新聞報，民國八十一年五月廿一日，版二。

總統任期，亦有助於行政院長位置之安定性（亦可固定爲四年），否則立委任期維持三年，總統任期爲四年，則行政院長短則一年，長則三年即面臨去留的困境（因逢總統、立委改選）。此一影響已顯現在民國八十四年十月十三日，大法官會議所做成釋字第三八七號之上，該案正式確定在立委改選後（按：從第三屆立委起），內閣應總辭。修憲本當爲莊嚴慎重之大事，卻因兩院會間情緒性的反應，而無法對修憲內涵、理念等憲政體制予以認真檢討，亦爲憾事。

(3) 朝野兩黨理念之南轅北轍 — 統獨爭議的兩極化

民進黨在二屆國大代表選舉後，已確定其在修憲中的少數地位。唯其「制憲建國」、「總統直選」的主張，從第一階段修憲結束後，民進黨「人民制憲會議」通過「台灣共和國」的「台灣憲法草案」；到二屆國代選舉，民進黨首度公開將「台灣獨立」的政見提出；再到第二階段修憲的「四一六流血事件」、「四一九大遊行」，民進黨的宣揚「台獨」理念、推動「台灣憲法草案」與主張「總統公民直選」是一貫的。雖然期間民進黨遭逢二屆國代選舉的挫敗與「四一九遊行」的無法拉抬聲勢，但其路線未曾變更。亦使其「台獨」、「制憲」的主張與國民黨「中華民國」、「修憲」的主張極難取得交集地帶，此一國家認同問題將爲我國民主憲政蒙上陰影。

第一階段修憲結束後，相對應於國民黨第二階段憲改策劃小組的成立，民進黨政策中心主任黃煌雄於民國八十年七月十一日表示，民進黨將於八月七日以前提出「新憲法草案」初稿，八月廿四日舉行大規模的「人民制憲會議」，欲藉此凝聚在野力量，共同訂定新憲法草案，作爲民進黨參與二屆國代選舉的共同政見及最高指導原則。到了八月十三日，民進黨結合無黨籍及部分學界人士，正式公布擬定的「台灣憲法草案」（共分十一章，一〇八條），以「事實主權」原則，主張「台灣獨立」，建立「台灣共和國」。八月廿五日，民進黨主導的在野人士「人民制憲會議」，通過明確標舉台灣國號爲「台灣共和國」的「台灣憲法草案」。八月廿八日，民進黨中常會決議承認「台灣憲法草案」。國民黨發言人中央文工會主任祝基瀅譴責民進黨「人民制憲會議」通過「台灣憲法草案」。[67]

第二階段修憲的前哨戰 — 二屆國代選舉，民進黨首次公開將「台灣獨立」的政見投入本次選舉，由民眾進行公決。選舉結果，民進黨重挫（得票率 23.9％，在 403 席中僅有 75 席），明顯失去主導能力。唯民進黨國代早已計畫在第二階段修憲中，採取各種政治抗爭手法，於二屆國大開幕式，李總統蒞臨致詞時，彼等身穿「制憲建國」背心，以站立方式在會場拉「總統直選」的白布條抗議。其後國代舉行宣誓，由大法官史錫恩監誓，民進黨要求自行宣誓，國大祕書處未能適時制止，民進黨又把誓詞加添「台灣」及「一九九二」字跡，並高呼「台灣共和國萬歲」。[68]民進黨「台獨」、「制憲」主張表露無遺，亦埋下二屆國代修憲諸多紛擾不安的根源。

朝野兩黨爲順遂第二階段修憲任務，曾進行多次會外協商，希冀能達成彼此

---

[67] 台北，聯合報，民國八十年八月廿九日，版一。
[68] 台北，中國時報，民國八十一年三月廿一日，版一。

共識。以民進黨而言,「總統直選」爲其主要訴求,而總統選舉方式在國民黨三中全會無法達成共識,因此無法與民進黨在總統選制這個重大議題進行協商。民進黨則對國民黨在三中全會時總統選制發生變化,認爲有機可乘,除了在議場訴求外,更積極籌畫「四一九總統直選」大遊行,圖以「裡應外合」迫使國民黨在修憲中決定總統選舉方式。

國民黨國代爲避免替民進黨造勢,在四月十九日前,未使國大進入一讀會,四月十六日,民進黨主席許信良在未經大會許可下,率眾入場爲「四一九大遊行」宣傳。民進黨國代穿著「四一九大遊行」綠色背心繞行議場,抗議國大未能及早進入一讀會,結果引發嚴重肢體衝突,「四一六流血事件」,不僅有國民黨籍國代余松俊、王百祺與民進黨籍國代劉貞祥受傷送醫,導致議事癱瘓;更因媒體廣爲報導,傳播到國內、外,使政府推動憲改決心、形象遭受重大衝擊。

「四一九」遊行,民進黨國代集體退席,發動群眾走上街頭進行集體抗爭,實則在民國八十年底的二屆國大代表選舉,民進黨因以「台獨」爲訴求而遭遇重挫,也反映出台灣民眾企求安定的心聲。唯民進黨人並未仔細體察此一民意的歸向,仍然以同樣訴求並佔據台北交通大動脈的火車站前,造成民眾交通、生活的不便。民進黨原預估三萬人的動員人數,事實上僅達十分之一,人數最多時約四千多人,靜坐時也只維持六百至一千人左右,至四月廿四日,警方看民眾已深感不耐,認爲時機成熟,乃以警力進行驅離,民進黨街頭抗爭劃下句點。

民進黨結束街頭抗爭後,並未儘速回到國大會場參與修憲工作,反而以退出國大圖造成一黨修憲爲要脅,逼迫國民黨答允其所提「兩大開會條件」:總統民選修憲提案公開討論不得擱置;兩黨修憲提案重大歧異部分,由兩黨國代舉行交叉辯論。前者,國民黨認爲直選原則下「選舉方式」之技術問題,涉及整個憲政體制的變革,不能不以更多的時間斟酌損益。後者,「一對一交叉辯論」會剝奪多數代表的發言權等不公平情形,國民黨國大黨團書記長謝隆盛乃予嚴詞拒絕。至此,民進黨在進退維谷下,於五月四日宣布退出國大臨時會,無黨籍國代稍後亦宣布退出修憲行列。

綜論朝野政黨在修憲過程中的整體表現;就國民黨而言,在一讀審查會中,趁民進黨代表不在場時,將民進黨提出的修憲案全盤封殺,有違「多數尊重少數」與「程序正義」原則。就民進黨而言,民主絕非少數暴力,民進黨參與國代選舉,則應在議場當中就其理念與國民黨進行理性辯論,且民進黨雖居於少數,仍宜在修憲過程中,指出國民黨所提方案的缺失,並提出自身合理的理由深入分析,讓民眾瞭解問題所在,或經過時間考驗,深入民心,擴大影響層面,有朝一日,自然水到渠成。動輒走上街頭實有違「少數服從多數」,大開民主倒車,尤其二屆國代全係自由地區民選產生,民進黨仍以過去方式抗爭,殊不合宜。至於其「台獨」、「制憲」等大方向決策,亦應考量全民接受程度和現實環境,尤以所謂的「台灣共和國」已超出民主政治範疇,而牽涉到民族主義的情感問題。在中華民國台灣地區日益走上民主化的同時,民進黨若採理性問政,實有執政機會,是否需要以「台灣獨立」挑起族群分歧意識:造成國內政局及兩岸緊張氣氛,間接破壞了

政治安定、經社繁榮，亦值民進黨審慎評估。

2.從修憲內容面析論

第二階段修憲在「內容」上，憲法增修條文具有如下特點：

(1) 增修條文體例與原憲法不同：

第二階段修憲當中，總計有二十六條憲法條文及三條憲法增修條文受到影響，包括憲法第廿七條、第廿八條、卅條、四七條、七八條、七九條、八三條、八四條、八五條、九〇條、九一條、九二條、九三條、九四條、九五條、九七條、九八條、一〇〇條、一〇一條、一〇二條、一〇八條、一一二條、一一三條、一一四條、一一五條、一二二條。另第一階段修憲通過的憲法增修條文第三條、第四條及第五條第三項，於第二階段修憲後亦已停止適用。前述憲法內容所造成的變遷不可謂之不大。爲了避免予人以憲法改變過鉅，第二階段修憲僅只增加八條增修條文，但亦因原憲法條文變動幅度甚大，在將修改內容歸併在八條增修條文之中，一條增修條文實包含原憲法一章中的數類事項，使得第二階段修憲條文都是冗長繁複，亦破壞了憲法原有的簡潔體例原則。

(2) 總統選舉方式暫予擱置：

國民黨在十三屆三中全會時，企圖就修憲內容建立共識，但因國民黨內部對於總統產生方式及可能衍生出的中央政府體制變動過鉅等問題，存著兩派極大差異的看法，無法達成妥協。在二屆國大臨時會上仍無法有所突破進展，於是僅確立總統、副總統由中華民國自由地區全體人民選舉之原則，但並未決定總統選舉方式，只規定在民國八十四年五月廿日前再召開國民大會臨時會決定之。這也意謂著「一機關兩階段」並未完成憲改的工作，將會在八十四年五月前再次進行第三次修憲。

(3) 中央政府體制出現微妙的轉變：

我國現行憲法有關中央體制規定，外表爲五權憲法的架構，但較傾向於內閣制的色彩。行政院、立法院分別爲國家最高行政與立法機關（憲法第五三條、第六二條），行政院須向民選產生的立法院負責（憲法第五十七條）。至於國民大會平時只有選舉及罷免總統、副總統與修憲權（憲法第廿七條）、並且每六年集會一次（憲法第廿九條）。現行憲法有關中央體制的設計與國父五權憲法的實質精神顯有差異，但較接近西方三權代議制度的精神。

第二階段修憲時，國民大會自主意識提高，要求大幅擴權，後個人提案雖被打消，卻爲第三次修憲的發展奠立基礎。第二階段修憲並賦予國民大會對司法院院長、副院長、大法官，考試院院長、副院長、考試委員，監察院院長、副院長、監察委員等的人事同意權。（增修條文第十三條第一項、第十四條第二項及第十五條第二項）國民大會並得至少每年集會一次（增修條文第十一條第三項），國民大會集會時，得聽取總統國情報告，並檢討國是，提供建言。（增修條文第十一條第四項）本次修憲國民大會職權的增加，到了第三次修憲更形擴大。國民大會自主權提高，對國民大會與立法院之間的關係產生影響，而有「雙國會」的走向趨勢。

　　總統選舉方式的改變，其民意基礎將增加。第二階段修憲並賦予總統有關司法院院長、副院長、大法官，考試院院長、副院長、考試委員，監察院院長、副院長、監察委員等的人事提名權。（增修條文第十三條第一項、第十四條第二項、第十五條第二項）另外提高監察委員彈劾總統的標準，將彈劾「提議權」由四分之一提高爲二分之一，並將「決議權」由二分之一提高爲三分之二，增加彈劾總統的困難度。（增修條文第十五條第五項）此外再加上第一階段修憲所賦予總統緊急命令權（增修條文第七條），以及總統爲決定國家安全有關大政方針，得設國家安全會議及所屬國家安全局（增修條文第九條）。總統職權的大幅增加，其與行政院長在原憲法制度上的關係將有所改變，這一轉變的趨勢距離原憲法體制漸行漸遠，反有朝「雙行政首長制」發展的趨勢。

(4) 憲法法庭審理政黨之違憲解散：

　　我國行政院下設政黨審議委員會，專司審核政黨違反人團法事宜，其嚴重者可處以解散處分。當事人如不服處分雖可提起訴願，並聲請停止執行，最後亦可向行政法院提起行政訴訟。但因行政訴訟乃是針對中央或地方機關之違法行政處分，認爲損害其權利而提起（行政訴訟法第一條），與政黨審議委員會處理政黨違法案件之性質完全不同。若最後由行政法院承審決定，不單會使法院之職權混淆，且將使問題更爲複雜。鑒於歐陸各國多有設置憲法法院或憲法委員會，以審查法令違憲或違法的問題，且德國並將政黨有關爭議事項，完全委由聯邦憲法法院審理。因此，第二階段修憲，我國即參考他國之著例，增訂組成憲法法庭審理政黨違憲事項，且對「違憲」亦有詳細解釋，以杜爭議。增修條文第十三條第二項及第三項規定：「司法院大法官，除依憲法第七十八條之規定外，並組成憲法法庭審理政黨違憲之解散事項。政黨之目的或其行爲，危害中華民國之存在或自由民主之憲政秩序者爲違憲。」

(5) 監察院定位爲「準司法機關」：

　　第二階段修憲，五院之中變動較大者爲監察院。監察委員改由總統提名，國民大會同意任命，自提名第二屆監察委員起實施。原爲「共同相當於西方國會」之監察院，被定位爲「準司法機關」，監察委員不再行使考試院、司法院人員之同意任命權，且不再享有言論免責權，而受「公務員服務法」之約束。對監察委員的行使職權，並增列了「須超出黨派以外，依據法律獨立行使職權」。修憲中並提高「提議」彈劾案之人數，由原憲法規定，發動彈劾案，須監委一人以上之提議，改爲須經監察委員兩人以上之提議。至於審查及決議之人數不變。（增修條文第十五條第三項）對總統、副總統之彈劾人數亦提高，原憲法規定全體監委四分之一以上提議，過半數審查和決議，修憲改爲過半數以上之提議，三分之二的決議，始得向國民大會提出。（增修條文第十五條第五項）

(6)考試院職權的釐清：

　　憲法原規定考試院職權包括考試與銓敍兩部分，考試院不僅爲家最高考試機關，同時亦爲全國最高人事行政機關。爲避免影響到行政機關首長對內的指揮監督，故增修條文第十四條第一項乃重新釐清考試院職權，將公務人員的考試、銓

敍、保障、撫卹、退休等由考試院掌理，其他之任免、考績、級俸、升遷、褒獎等之「執行」，規劃由行政院人事行政局與各用人機關掌理，考試院則專責其「法制事項」。

(7)地方自治法制化：

　　政府在台實施四十餘年地方自治，均非依照憲法之規定程序，而係依據行政命令辦理。故而第二階段修憲予以明確規定，並賦予地方自治法源，將省、縣、市之監督機關予以釐訂，使地方自治法制化更具明確性。經過本次修憲，台灣省長、台北市長、高雄市長即可依據法律規定產生，開啓中華民國台灣地區地方自治的新里程。

　　總言之，國民大會第二屆第一次臨時會，在七十天期間，將國民黨所擬九條修憲草案，除對立法委員之任期案予以擱置外，其餘均獲通過。李登輝總統在修憲完成後指出：「這次修憲的成就具有四大特色：一、內容程序民主化。二、貫徹執政黨三大決議。三、維持五權架構。四、涵蓋六大革新。」然而平情論之，修憲期間，朝野兩黨對於修憲的方向，多以達到黨派及個人政治上目的為主，忽視憲法有其根本性與固定性。憲法為國家根本大法，不宜輕言變更，尤以中央體制為然，除非扞格不入，或窒礙難行，才得予以修正，否則難以建立優良「憲政精神」，更難樹立其長治久安的價值及獲得人民的尊重。任意妄為之行徑，予人以藉修憲之名，行制憲之實，而有「中華民國第二共和」之非議。觀乎民進黨「台灣憲法草案」之總統制，或主導第一、二階段修憲的國民黨，朝向「雙國會」、「雙行政首長」發展，均明顯破壞憲法原有的體制與設計，對於憲政成長勢將造成嚴重斲傷，並使修憲之後呈現治絲益棼，為國家民主憲政發展增加不確定性。

貳、第三次修憲
一、第三次修憲的經過

　　民國八十一年五月第二屆國民大會臨時會的第二階段修憲，雖然通過總統、副總統自民國八十五年第九任起改由自由地區全體人民選舉之，但選舉方式究竟採取公民直選或委任直選，並沒有具體結論。因此，規定由總統於民國八十四年五月廿日前召集國民大會臨時會，以憲法增修條文定之。（增修條文第十二條第二項）到了民國八十二年八月間，國民大會代表陳子欽等128人簽署，依據憲法第三十條第一項第四款規定，請求召集國民大會臨時會，修改憲法。另第五屆司法院大法官亦將於民國八十三年九月任期屆滿，新任人員必須經由總統提名，經國民大會同意任命。李登輝總統乃於民國八十三年三月廿九日，發布第二屆國民大會第四次臨時會召集令，定於四月廿九日集會。

　　國民黨因第二階段修憲未能確定總統選舉方式，且有若干相關問題，有待研議，故而早在民國八十一年六月即成立「憲政研究小組」，由全體黨籍國民大會代表組成，中央委員會祕書長擔任召集人，並設四個研究分組，分區研討憲政問題。民國八十二年十月間，國民黨國大工作會決定，撰寫修憲參考提綱，俾供國大代表研提修憲條文之參考。後由國民黨籍國代中之憲法學者：荊知仁、郎裕憲、

董翔飛及謝瑞智等四人分提「總統制修憲案」、「內閣制修憲案」、「雙重行政首長制修憲案」及「現行制度改良案」四種，於八十二年十二月提供國民黨籍國代研討之用。

國民黨於民國八十二年十二月廿二日，中常會第十七次會議決議成立「修憲策劃小組」，以順遂修憲策劃工作，由李元簇副主席擔任召集人，成員包括郝柏村、林洋港、連戰、蔣彥士、邱創煥、劉松藩、施啓揚、許水德、宋楚瑜、陳金讓、饒穎奇及謝隆盛等 13 人。「修憲策劃小組」之下成立「諮詢顧問小組」，成員 29 人，由國大代表、立法委員、學者專家及政府相關部門人員參加，參與修憲研議工作。

國民黨所進行各項修憲研擬規劃，均先經由國民大會「憲政研究小組」及黨內「諮詢顧問小組」研討，待獲至初步結論後，始提報「修憲策劃小組」。「諮詢顧問小組」共舉行 15 次會議，「修憲策劃小組」亦先後共舉行 11 次會議。

國民黨所擬修憲提案在最後送達國民大會之前乃是依循：修憲諮詢顧問小組→修憲策劃小組→中常會→十四全臨中全會的階段進行。經過十四全臨中全會討論，國民黨最後通過「黨八條」修憲案。並確定修憲之原則，爲「維持五權憲政體例，適應國家統一前之需要及當前民意趨向，作必要之增修」；修憲之體例，「不修改憲法本文，而將增修條文除作必要之增修外，並將現行規定作必要之整理及調整其條文順序，使規定更爲明確周延」。[69]

第二屆國民大會第四次臨時會於民國八十三年五月二日舉行開幕典禮，李登輝總統蒞臨致詞。李總統並於十九日蒞臨國民大會作國情報告後，以六日時間全程參與聽取代表對國事之建言。二屆國大第四次臨時會所進行的第三次修憲，國民黨提出「黨八條」，民進黨則推出「黨六點」作爲對抗籌碼。民進黨除了總統直選、原住民正名兩案外，其餘有關總統制、總統提前直選、單一國會等主張均與國民黨版本無緩衝空間。

第三次修憲的二屆國大第四次臨時會，在民國八十三年五月二十七日，第十四、十五、十六次大會議事日程安排修改憲法提案第一讀會大體討論時，就有關第一讀會開議出席法定人數問題，引發激烈爭議，在野黨代表認爲應依憲法第一百七十四條第一項第一款之三分之二出席，而國民黨代表則認爲應依照國民大會組織法第八條規定，以三分之一人數作爲第一讀會之開議出席人數。雙方互不讓步，民進黨並採強力杯葛策略，導致連續數日發生互毆後散會情事，影響到第一讀會大體討論無法順利進行。其後經過朝野政黨協商，至第十八次大會討論後決議：「有關修憲第一讀會開議出席人數之爭議，送請司法院大法官會議解釋。至於聲請書之內容，授權祕書處依司法院大法官審理案件法之有關規定擬定之。」唯至本次臨時會結束時，大法官會議仍未就本釋憲案做成決議。（按：直到民國八十四年六月九日，大法官會議始以釋字第三八一號解釋，認爲修憲一讀會開議人數，屬於議會自律之事項，可由國大自行訂定。）

---

[69] 國民大會祕書處編印，第二屆國民大會第四次臨時會修憲提案（台北：國民大會祕書處印，民國八十三年五月），頁二八一。

　　國大於六月六日起，開始進行一讀修憲提案審查會，至六月廿三日止共召開13次會議，審查112件修憲提案 ─ 其中國民黨版1件，民進黨版33件，無黨籍版2件，國民黨國代自行提案66件，新黨10件。該審查會原定於廿四日結束，因民進黨國大黨團於廿三日中午下山聲援原住民的遊行活動，於是國民黨籍國代乃放棄發言的機會，加速審查的進行，而提前於廿三日下午結束，一讀審查結果，共通過13條修憲提案。七月五日進入二讀會後，民進黨因其9項修憲案的修正案被表決撤銷，以及力主「僑民選舉總統」採分段表決，不斷杯葛大會議程，直到七月廿八日，大會才對修憲提案及其修正案展開逐條表決工作。民進黨於是日晚上九時許，宣布退席抗議，國民黨籍國代則因之順利完成二讀會，並趁民進黨國代不在議場，當晚漏夜挑燈夜戰，於廿九日凌晨三點廿分第卅二次大會，三讀通過「中華民國憲法增修條文十條」。李登輝總統並於八月一日將憲法增修條文公布實施，第三次修憲乃告完成。

二、第三次修憲的內容

　　依據國民黨版第三次修憲之修訂方式為：1.本次修憲不修改憲法本文，而將憲法增修條文作必要之修訂。2.憲法增修條文除依上列內容要點修訂外，並將現有增修條文，依下列原則作必要之整理修訂：〈1〉已失規範意義之過渡規定及未及實施之規定，均予刪除。〈2〉無須由憲法規定者，酌予刪除。〈3〉條文順序依憲法章次，酌予調整。3.現有增修條文除依前項修訂者外，均予保留。[70]故而第三次修憲案，採重新整理第一、二階段增修條文方式，將原第一、二階段增修條文十八條全部併入第三次修憲案內，而成為最新之憲法增修條文第一至第十條。第三次修憲完成之憲法增修條文十條，除與原一、二階段修憲相同者外，新修正條文內容如下：

（一）**國民大會職權重行規定：**

　　國民大會職權不適用憲法第廿七條第一項第一款之規定，其內容為：1.依增修條文第二條第六項之規定，補選副總統。2.依增修條文第二條第八項之規定，提出總統、副總統罷免案。3.依增修條文第二條第九項之規定，議決監察院提出之總統、副總統彈劾案。4.依憲法第廿七條第一項第三款及第一七十四條第一款之規定，修改憲法。5.依憲法第廿七條第一項第四款及第一百七十四條第二款之規定，複決立法院所提之憲法修正案。6.依增修條文第四條第一項、第五條第二項、第六條第二項之規定，對總統提名任命之人員，行使同意權。（憲法增修條文第一條第三項）

（二）**國民大會開會召集權修正：**

　　國民大會依增修條文第一條第三項行使職權時，第一款及第四款至第六款的規定集會，或有國大代表五分之二以上請求召集時，由總統召集之；依第二款或第三款之規定集會時，由國民大會議長通告集會，國民大會設議長前，由立法院院長通告集會；前述之規定不再適用原憲法第二十九條及第三十條。（憲法增修

---

[70] 同上。

條文第一條第四項）

（三）二屆國代任期的規定：

爲使國民大會代表之選舉與任期配合總統，修憲中乃爰將國民大會第二屆國民大會代表任期至民國八十五年五月十九日止，第三屆國民大會代表任期自民國八十五年五月廿日開始，不適用憲法第廿八條第二項之規定。（憲法增修條文第一條第七項）

（四）國民大會設議長、副議長：

我國憲法原無國民大會設置議長之規定，依「國民大會組織法」，以主席團主持議事，然以每次集會選舉主席團頗費周章，且常因主席團輪流主持會議而影響議事效率。爰考慮設置議長以提昇議事效能。並於本次修憲中明定，國民大會自第三屆起設議長、副議長各一人，由國民大會代表互選之。議長對外代表國民大會，並於開會時主持會議。（憲法增修條文第一條第八項）

（五）總統、副總統由人民直選：

總統、副總統之選舉，在第二階段修憲時僅明定由自由地區全體人民選舉產生，惟選舉方式尚待確定。至本次修憲時，直接選舉方式，已成社會共識。故而增修條文乃明定總統、副總統由中華民國自由地區全體人民直接選舉之，自民國八十五年第九任總統、副總統選舉起實施。並規定總統、副總統候選人應聯名登記，在選票上同列一組圈選。其當選票數採相對多數，以得票最多之一組爲當選。僑居國外之中華民國自由地區人民選舉權之行使，以法律定之。（增修條文第二條第一項）

（六）副署權縮減：

憲法第卅七條規定之副署制度，其範圍並無限制。本次修憲則規定，總統發布依憲法經國民大會或立法院同意任命人員之任免命令，無須再經行政院長之副署，不適用憲法第卅七條之規定。（增修條文第二條第二項）根據此規定，有關行政院院長、司法院院長、副院長、大法官、考試院院長、副院長、考試委員、監察院院長、副院長、監察委員等由總統提名，經國大、立院同意之任免命令，無須行政院長之副署。

（七）總統、副總統的缺位補選：

依第二階段之憲法增修條文第十二條第五項規定：「總統、副總統均缺位時，由立法院院長於三個月內通告國民大會臨時會集會補選總統、副總統，繼任至原任期屆滿爲止。」因第三次修憲，總統、副總統既已改由人民直接選舉，故而總統、副總統均缺位時，由行政院院長代行其職權，並由人民投票補選總統、副總統，繼任至原任期屆滿爲止，不適用憲法第四十九條之有關規定。（增修條文第二條第七項）

（八）總統、副總統的罷免：

依第二階段之憲法增修條文第十二條第四項第一款規定，總統、副總統之罷免，由國民大會代表提出之罷免案，經代表總額四分之一之提議，代表總額三分之二之同意，即爲通過。到了第三次修憲，總統、副總統改由人民直接選舉後，

其罷免亦經修改，規定總統、副總統之罷免案，須經國民大會代表總額四分之一之提議，三分之二之同意後提出，並經中華民國自由地區選舉人總額過半數之投票，有效票過半數同意罷免時，即爲通過。（增修條文第二條第八項）

（九）國代、立委可以單獨自行調整待遇：

　　中央民代之待遇應以法律加以規定，大法官會議已有解釋。故而第三次修憲特予明定，國代、立委之報酬或待遇，應以法律定之。除年度通案調整者外，單獨增加報酬或待遇，應以法律定之。除年度通案調整者外，單獨增加報酬或待遇之規定，應自次屆起實施。（增修條文第七條）

三、第三次修憲的評析

（一）從修憲過程面析論

　　第三次修憲過程中，朝、野兩黨不僅在議事出席人數標準無交集，就修憲內容方面，單一國會、僑民選舉權、立委任期、國大設議長、副議長等案亦具爭議，故而爭端的發生，乃勢所難免。其中影響較廣泛者爲：第一讀會開議人數標準之爭、第二讀會九項修正案撤銷之爭、僑選總統引發「條項款」與「分段」表決之爭。

1.一讀會議人數標準的爭議

　　二屆國大第四次臨時會於民國八十三年五月廿七日第十四次大會，其間進入修憲提案第一讀會大體討論，當時出席國代僅 119 人，大會主席仍以一般大會開議法定人數計算宣告開會，及至進入修憲第一讀會時，主席略謂：「現在已進行到修憲提案的讀會程序，應先確定第一讀會開會人數問題。無論是依憲法第一百七十四條之規定或臨時條款之制定、修訂以及第一、二兩階段修憲之經過，均是按高標準之規定。」經清點人數，在場國代 126 人，主席以不足法定三分之二人數爲由，逕行宣布：「改開談話會。」到了第十五、十六、十七次大會，朝野兩黨時因開議人數問題，引起零星衝突，使得第一讀會大體討論停滯不前。大部分國民黨籍國代認爲應以「國民大會組織法」第八條規定，以三分之一人數出席爲第一讀會之開議出席人數。唯民進黨籍國代則認爲應以憲法相關規定辦理，以憲法第一百七十四條第一項第一款已明定三分之二出席，出席代表四分之三決議爲準。

　　六月一日第十七次大會時，會議一開始，民進黨一如前數日佔據主席台，並發生若干零星衝突，主席郭柏村宣布休息。十一時之後，主席欲上台繼續開會，並找高光承宣讀議事錄，此時民進黨籍國代以自備之口哨，吹得會場雜音四起，受到其他國代不滿，欲制上彼等吹哨子，於是引發一場混亂的打群架衝突事件，數十位朝野國代分成數個衝突地點，由主席台打到會場中央，持續混亂約達五分鐘。[71]

　　另當民進黨國代進行議事抗爭時，該黨穿著短窄裙的某女國代爬上主席桌上坐下，其餘十多位民進黨籍國代也跟著坐成一排，全體主席團主席成員則退回到

---

[71] 台北，中國時報，民國八十三年六月二日，版二。

會場的座位上。次日輿論媒體報導在台下的代表有窺視該女國代內褲情事。六月三日因媒體的報導，遂在大會中提出討論，一位女國代發言表示：「事出有因，女性自己要檢點···」，當事人憤而上前打其一記耳光，使其眼鏡被打落，淚流滿面，站立發言台不肯下來。[72]後該國民黨籍女國代要求大會請陽明山管區警員來作筆錄，提出告訴。[73]國民黨籍另有一位女國代因情緒太過激動，導致高血壓病發送醫急救。

六月一日上午的衝突，到了下午議事時反倒意外的順利，經朝野政黨協商後，由鄭寶清與邵宗海向大會報告協商結果：1.朝野政黨一致譴責大會所發生肢體衝突之暴力事件。2.開會時僅報告現有出席人數即可，俟簽到人數已達 210 人時，祕書處即報告大會。3.會議進行中，朝野兩黨不得提議清點人數。4.有關一讀會開議人數究為三分之一或三分之二之爭議，同意由大會決議送請司法院大法官會議解釋。[74]

一讀會開議出席法定人數問題，兩種主張各有所本（如表四－八），朝野雙方都不妥協，以致在野黨採取強力杯葛策略，引發國大衝突不斷，議事停滯，天天上演互毆後散會之情形。最後終於發生打群架、掌摑事件。值得探討的是，過去反對黨杯葛的訴求是資深中央民代所造成的國會結構問題，現今二屆國代均係在自由地區選出，故而顯然並非體制結構一詞所可解釋。質言之，朝野政黨間如何提升議事品質、問政態度？如何建立協商溝通管道、技巧與容忍妥協概念？達到「過程當中，多數尊重少數；表決結果，少數服從多數」的民主精神，應是台灣走向民主化軟體建設首要之途。

2.一讀會九項修正提案撤銷的爭議

國大於七月五日進入二讀會，即因出席標準究竟是三分之一或三分之二，修憲提案審查報告書之議決應以過半數同意或四分之三通過，再度發生爭議，整日陷入混亂癱瘓。六日全天朝野政黨仍圍繞此一話題，相互推擠、叫罵下度過。七日下午國民黨國大工作會主任謝隆盛提出緊急動議，略謂，民進黨的本質就是暴力，甚至在主席團會議中掀翻桌椅，破壞國大形象，建議大會休會三天，以示對民進黨的抗議。此舉再度演成民進黨國代周家齊與國民黨國代劉孟昌的推擠，雙方人馬扭打成一團。其後主席張輝元進行表決謝隆盛所提緊急懲戒動議之提案，在場 196 人，以 109 票通過休會的提案。[75]

國大於七月十六日復會後，即對修憲提案逐案進行討論並提付表決。至七月廿二日林銘德等 40 人提程序動議，修憲提案審查結果修正案第三、八、十二、十三、十四、十五、十六、十八及二十等九案（國民黨一件，民進黨八件）因不符修正案要件，為恪遵議事原理與常規，應不予成立，請大會公決案。民進黨則認為國民黨黨團為使其二讀會如期進行，竟提出程序動議，以民進黨所提修憲案的修正案不合法為由，要求大會予以撤銷，乃表達強烈抗議，並以退席、拉扯麥

---

[72] 台北，中央日報，民國八十三年六月四日，版二。

[73] 台北，聯合晚報，民國八十三年六月三日，版三。

[74] 見第二屆國民大會第四次臨時會，第十七次大會議事錄。

[75] 台北，聯合報，民國八十三年七月八日，版四。

表四 — 八　國民大會修憲第一讀會開議人數主張與理論依據

一讀會人數的主張	主張理由
以三分之一為一讀會開議人數	一、依據憲法上法定人數向有「得議事之法定人數」與「得議決之法定人數」之分，民國三十五年「國民大會組織法」第十二條規定：「國民大會非有代表過半數之出席不得開議，其議決以出席過半數之同意為之，憲法之通過應有代表三分之二以上之出席。」故從制憲之歷史言，憲法第一七四條的「出席人數」應指議決人數。 二、依各國之狀況，鮮有以憲法規定議會之開議人數，而多借諸立法制定或以議會內規加以決定。且一般開議法定人數的決定，其目的亦在於保障議事效率，而不在於使之成為限制少數黨表達意見之高門檻。 三、依「國民大會組織法」第八條規定：「國民大會非有代表三分之一以上人數之出席，不得開議。」即以三分之一為唯一之大會開議法定人數。另依「國民大會議事規則」第四十四條、四十六條分別規定第二讀會、第三讀會修憲案之議決，應以代表總額三分之二之出席，出席代表四分之三之議決行之。而第四十三條第一讀會則未規定出席與議決人數。 四、一讀會並未審查，亦未進入實質討論階段，因無議決情事，故無須規定議決人數，因之一讀會開議人數應依國民大會組織法第八條規定。
以三分之二為一讀會開議人數	一、依憲法第一七四條第一款之文義而言，規定「三分之二出席」及「出席代表四分之三決議」等文字前後排列，已清楚看出前者為出席代表，而非決議表決人數。故修憲第一讀會須以代表總額三分之二為開議人數。 二、依修憲程序設計言，為使憲法的尊嚴和穩定受到保障，各國多以高額標準為之，我國亦不例外。若以讀會進行，自應全程適用以上標準。且一讀會有實質修憲提案審查權，能否進入二讀，完全由其決定。 三、依以往修憲成例言，臨時條款的判定與第一、二階段修憲均於一讀會即已達三分之二的高標準。

資料來源：作者整理

克風、捧會議資料爲激烈抗爭。朝野兩黨在中午延長開議時間大打出手，主席李碧梅宣布重新清點在場人數，計有 237 人，民進黨國代王雪峰等群聚主席台，台上、台下國大代表爆發肢體衝突，主席乃於台前左側，就林銘德所提「程序動議案」，在混亂中表決通過。[76]

當天下午民進黨籍蔡文斌主持下，首先宣布上午的表決爲不合法，並有民進黨籍顏明聖等 30 人提「革命程序動議」：「當前政局因體制含混，顯有不妥。身爲最高政權機關的國民大會，宜應負起因應或引導社會快速變遷的功能。茲援引林代表銘德的程序動議，本席提出『革命程序動議』，呼籲同仁身先士卒，以革命精神與行動，解散國民大會，是爲革命程序動議。」主席蔡文斌以議事規則、會議規範均無「革命程序動議」，本案不予受理。[77]

到了七月廿五日，朝野兩黨對於前一週引發衝突的剔除九項修正案一事，民進黨仍持堅決反對立場，而國民黨則以該九項修正提案不符提案條件，堅持不應討論，主席團會議最後經表決通過將該九案剔除，民進黨經聲明不接受此一結果後退席抗議。當天下午議程焦點，仍集中在民進黨籍國代所提八項修憲提案修正案遭大會封殺一事上，引發朝野國代針鋒相對，最後仍無任何進展，連前一週大會議事錄都未通過。[78]

七月廿六日，國大首先對主席團前一天決議不列入二讀的九項修正案進行討論，在朝、野兩黨多人發言後，主席黃來鎰宣布表決，在場有 248 人，贊成者有 205 人，通過。主席以場面混亂，再次清點人數，結果在場人數 263 人，贊成者 202 人，表決通過。

綜論之，國民黨強烈反對這九項修憲修正案，乃因該等修憲修正案是針對這次並無更動的憲法條文所做的修正案。設若允許沒有更動條文內容的憲法增修條文也予重新表決，萬一發生人數不足或表決未通過，更將節外生枝。因之，無論開議人數「三分之一、三分之二」問題，乃至民進黨八項修憲修正案撤銷的核心關鍵，在於二屆國大代表議事精神不足。以國民黨二屆國代人數遠超過四分之三多十席，尚且爲三分之一、三分之二與修憲修正案爭議不休，正顯見問政態度和議事品質乃是國大問題之所在。

3. 僑選總統引發「條項款」與「分段」表決的爭論

「僑民選舉總統」是否入憲的爭議，其關鍵在於「僑民」界定的紛歧，引發諸多顧慮和反對聲浪。持反對理由者，認爲三千萬僑胞都回來投票，台灣地區僅有兩千萬，豈非要由華僑來決定誰來當總統？而由台灣地區人民來背書，這些人既不當兵，又不繳稅，賦予其選舉權，有違權利義務關係。另持贊成意見者，多將「僑民」做狹義解釋，國代謝瑞智即認爲「僑民」乃指在台、澎、金、馬擁有戶籍，因經商、求學或旅遊等原因而居住國外者，爲選舉法上所稱之僑民，並非泛指一般之僑民，故而人數不過 30 萬左右。[79]

---

[76] 台北，聯合報，民國八十三年七月廿三日，版二。

[77] 同上。

[78] 台北，中國時報，民國八十三年七月廿六日，版二。

[79] 謝瑞智，修憲春秋，增訂版（台北：文笙書局，民國八十三年十一月），頁一七四。

　　「僑民選舉權」的爭議尤表現在修憲方式上，七月廿五日上午，國大主席團會議通過修憲提案二讀進行方式，決依憲法章節對經審查會通過送大會二讀之修憲提案及其修正案分類後，各類別在進行廣泛討論後，進行逐條、逐項、逐款表決。民進黨則主張必要時應於每款中再逐段表決，並以「僑民選舉權」爲例發表意見。主席團將是否分段表決的主張，提交大會決定。[80]當天下午，朝野黨團的協商會議並未達成共識，民進黨國大黨團向謝隆盛提出三點要求：(1)在憲法中明訂保障原住民傳統命名權，並對原來將原住民所區分之平地原住民、山地原住民取消合併。(2)有關總統直選條文和僑民選舉總統應分段表決。(3)憲法前言中「爲因應國家統一前之需要」改成「因應國家發展之需要」等較中性字眼，並在「中華民國自由地區」下加「台澎金馬」等字眼。

　　前述三條件經國民黨中央議決，不接受該等作法，並決定採取強勢作爲維持會場秩序。認爲就「僑民選舉權」引發之分段表決若獲成功，則等於通過民進黨版直選案及封殺國民黨版，屆時修憲就成爲民進黨滿分，國民黨零分。[81]唯國民黨內部意見本即分歧，僑選國代與國大次級團體「松柏聯誼會」王慈官、趙玲玲等呼籲支持黨版修憲案，不同意採分段表決。[82]另「國大聯誼社」陳瓊讚、王文正等及「同心會」張光輝等則反對僑民投票權入憲，此種現象與第一階段修憲時直選、委選頗有異曲同工之妙。[83]

　　七月廿七日，國大主席團報告，是否應「分段」表決二讀修憲提案時？引發「僑民選舉總統」是否入憲之爭議？「松柏會」和僑選國代抗議國民黨國大黨團「暗示」部分黨籍國代，可「分段」表決總統直選條文的立場。而民進黨則和支持「分段」表決的國民黨國代「合流」。[84]就民進黨黨團所提出之動議，乃將國民黨版之總統直選與僑民選總統合併條文分成三段表決。另國民黨之國大次級團體「國大聯誼社」等則提出針對同一條文分成兩段表決的動議，兩者雖在分段上有不同，但在排除僑民選舉權上則是一致的。最後大會未能對「條項款」表決或「分段」表決做成任何結論。[85]到了廿八日中午十二點，大會才對修憲提案及其修正案展開逐條表決工作。至晚間九點四十五分，民進黨代表見大勢已去，宣布退席抗議。民進黨退出會場後，國民黨籍國代最後終以「僑居國外之中華民國自由地區人民選舉權之行使，以法律定之」，獲得共識，亦順利完成其他各條文的表決與二讀的程序，至廿九日凌晨三點廿分，終於完成三讀的修憲任務。

　　綜論修憲過程之中，朝野政黨互動所顯示最大的困境，在於彼此缺少交集，甚至修憲主張上南轅北轍，除了原住民之正名案較具共識，其餘各案雙方落差皆大，以致本質上，未曾開議即已蒙上陰影。再者，朝野政黨間，無法約束黨員建立以「說理代替動手」的民主精神，使得雙方無法平心靜氣面對程序上、憲法草

---

[80] 台北，自立早報，民國八十三年七月廿六日，版四。
[81] 台北，中央日報，民國八十三年七月廿八日，版四。
[82] 台北，自立早報，民國八十三年七月廿七日，版三。
[83] 台北，聯合報，民國八十三年七月廿八日，版二。
[84] 台北，聯合報，民國八十三年七月廿八日，版二。
[85] 同上。

案上的諸多不同意見。一方指責對方挾多數暴力，違反修憲程序；另一方指責對方少數暴力，違反議事精神。凡此導致民進黨不斷杯葛，一幕幕的「全武行」，破壞了國大形象，並在二讀時集體退席。國民黨則因為二讀會後的下次會議主席團主席輪由民進黨籍代表任主席，故而漏夜完成三讀修憲程序。質言之，第三次修憲的過程中，無法體現憲政主義的民主、漸進、容忍、妥協及共識諸原理，對我國民主發展留下極待省思的一頁。

（二）從修憲內容面析論

第三次修憲在「內容」上，憲法增修條文具有如下特點：

1. 修憲體例特殊，造成嚴重程序瑕疵：

在第一、第二階段修憲時均採美式修憲「增修」方式，維持憲法原有條文不動，將修改條文列於本文之後。然而到了第三次修憲，卻將前兩次修憲所增修的十八條條文，加上本次新增內容，又重新調整為十條條文，不同於美式「增修」原則。[86]整個修憲過程，並未依法定程序將原有十八項增修條文刪除，形成嚴重的程序瑕疵。[87]三次的修憲體例前後不一，再加上修憲後的體例亦與原憲法條文的簡潔形成對比，皆開世界修憲史之先例，殆無疑義。

2. 總統、副總統相關規定浮現若干憲政問題：

第三次修憲，主要是針對總統選舉方式，總統選舉方式採取公民直選，朝野政黨亦已有共識。憲法增修條文第二條第一項確立總統、副總統由人民直選，然而修憲後的總統、副總統選舉、罷免、彈劾以及職權亦有若干值得商榷之處：

(1)相對多數原則易形成「少數總統」：依憲法增修條文第二條第一款，「總統、副總統候選人應聯名登記，在選票上同列一組圈選，以得票最多之一組為當選。」此即採行「相對多數」而摒棄「絕對多數」方式。絕對多數者即須過半數，而相對多數者即以得票最高即宣告當選，毋需考量是否過半數。此兩種方式實各有利弊，以言絕對多數，有利於產生更具民意基礎的總統，但不利於社會成本，尤當參選總統、副總統組數過多，在第一輪中恐將難以產生絕對多數總統，或須參考採行類似法國「兩輪多數決」方式，勢將增加社會成本，再者，亦將使選舉激情時間延長，而少數政黨或將成為關鍵少數的決定性因素。就相對多數言，雖產生方便，避免社會成本過高，免於社會激情持續過久，唯其缺點在於總統得票數較低，其民意基礎不若絕對多數產生者穩固，而形成「少數總統」。

(2)副總統缺位由國民大會補選，有違民選精神：依憲法增修條文第二條第七項規定：「副總統缺位時，由總統於三個月內提名候選人，召集國民大會補選，繼任至原任期屆滿為止。」另增修條文第一條第三項第一款亦規定，國民大會之職權為依增修條文第二條第七項之規定，補選副總統。唯從第九任總統、副總統選舉已由公民直選，則副總統缺位時亦將以民選為宜，規定由國民大會補選，將與民選的精神相牴觸。

[86] 張治安，中國憲法及政府，增訂三版（台北：五南圖書出版公司，民國八十三年十月），頁一二五。

[87] 台北，聯合報，民國八十三年七月卅日，版二。

(3)總統、副總統罷免案須由國民大會提出，有違民主原理：依憲法增修條文第二條第九款規定：「總統、副總統之罷免案，須經國民大會代表總額四分之一之提議，三分之二之同意後提出，並經中華民國自由地區選舉人總額過半數之投票，有效票過半數同意罷免時，即爲通過。」亦即總統、副總統之罷免，應由國民大會提出通過，始得由全民行使罷免投票決定。若國民大會不予提出罷免案，或提出罷免案未達規定之國代四分之一提議，三分之二同意，則選民無以實施罷免案。依憲法修改後，總統、副總統已由國民大會選舉，改爲直接民選產生，則其罷免案之主控權亦應直接操之於全民，而非由國民大會代勞，此一做法有違民主精神。

(4)總統、副總統彈劾案實施方式，有欠妥當：依憲法增修條文第二條第十項規定：「監察院向國民大會提出之總統、副總統彈劾案，經國民大會代表總額三分之二同意時，被彈劾人應即解職。」另增修條文第六條第五項規定：「監察院對於總統、副總統之彈劾案，須經全體監察委員過半數之提議，全體監察委員三分之二以上之決議，向國民大會提出，不受憲法第一百條之限制。」亦即總統、副總統之彈劾，應由監察院通過後提出，交由國民大會行使同意權。事實上，憲法經三次修改後，監察委員產生方式已改變，彈劾案宜否仍由監察院提出不無疑問。原憲法規定，監察委員是由省、市議會選舉產生，故由監察院提出對總統彈劾，交由國民大會行使同意權尚屬合理。現今憲法增修條文規定監察委員是由總統提名，經國民大會同意任命（增修條文第六條第二項）。對總統之彈劾案卻由經總統提名之監察委員提出，殊值考量。

(5)總統職權擴張，趨向模糊不清的憲政體制：我國憲法有關中央政府體制之規定，原較具有濃厚的內閣制精神（亦非完全的內閣制），行政院與立法院分別爲國家最高行政與立法機關，行政院須向民選產生之立法院負責。行政院長擁有絕大多數行政權。總統所擁有者多爲國家元首權，其所具有之行政實權不多，如憲法卅六條「總統統率全國陸海空軍。」憲法五十五條：「行政院長由總統提名。」憲法四十四條：「總統對於院與院間之爭執，除本憲法有規定者外，得召集有關各院院長會商解決之。」另憲法四十三條之緊急命令權，須經行政院會議之決議行之。因之，依我國現行憲法之規定，總統概爲「統而不治」，行政院長爲「治而不統」。經過三次修憲，總統職權增加，卻未有相對制衡的設計，此一種缺乏權責平衡之憲政體制，更增添未來憲政發展的變數。

憲法增修條文所增加總統職權，嚴重改變原憲法精神者有二：①規定總統得設國家安全會議及所屬國家安全局。這兩個機構本爲動員戡亂時期臨時條款所設非常體制的產物，本當隨戡亂時期終止而予廢除，卻未料隨著回歸憲法與修憲之際，予以「就地合法」，明顯破壞原憲法中總統與行政院長之既存關係。且增修條文中所謂「總統爲決定國家安全有關大政方針，得設國家安全會議及所屬國家安全局，其組織以法律定之。」然則，何謂「國家安全」？又何謂「有關大政方針」？關於總統權力之規定，見諸憲法卅五條至四十四條，均採列舉主義，現卻陡然授予總統如此多超越憲法的權力，甚至形同發交了一張空白的權力支票。另

國安會之組織法，無論將國安會定位為決策機構或諮詢機構，而以總統為主席，行政院長為「第二副主席」之設計，不僅破壞憲法上最高行政決策權的規定，且此一「太上行政院」造成有權者（總統）無責（無須對立院負責），有責者（行政院長）無權。②總統在政府五院中擁有四院的人事提名權。原憲法僅規定行政院長由總統提名，經立法院同意任命。憲法增修條文第四條、第五條、第六條，將司法院院長、副院長、大法官、考試院院長、副院長、考試委員、監察院院長、副院長、監察委員，均規定由總統提名，經國民大會同意任命之。此一提名權賦予總統更廣闊的政治影響力。以言監察院職司風憲，且賦有對總統彈劾之權，然而經總統提名之監察委員，與總統關係絕非陌路，欲以之彈劾總統顯非至當。另大法官、考試委員均應一本至公，執行憲法規定執掌，今以總統提名，反有人情之嫌。實則司法院、考試院、監察院相關人員宜由中央民意機關，以所需具備條件加倍提名，並以多數決選舉產生，更能凸顯司法院、考試院、監察院等機關所應具有之公正、無私特性，並獲全民信賴，且可擯除「國王人馬」之譏。

憲法增修條文一方面將總統職權擴張，另一方面建立總統直選機制，使一股銳不可當的民粹政治的空間更形擴張。然而憲法明定行政院長是最高行政首長，向立法院負責，面對民選且職權不斷擴張的總統，中央政府體制的走向將使憲政發展更趨模糊，亦將危及憲法的根本。

3. 國大職權增加與組織常設化，形成「雙國會」走向：

依憲法增修條文第一條第二項規定國民大會的職權，包括：補選副總統，提出總統、副總統罷免案，議決監察院提出之總統、副總統彈劾案，修改憲法，複決立法院所提之憲法修正案，對總統提名任命之人員行使同意權。增修條文第一條第五項規定：「國民大會集會時，得聽取總統國情報告，並檢討國是，提供建言。」同條第九項並規定：「國民大會行使職權之程序，由國民大會定之。」且不受立法院之立法規範。

除了職權擴張，國大亦邁向常設化、制度化。增修條文第一條第八項規定：「國民大會自第三屆國民大會起，設議長、副議長各一人，由國民大會代表互選之，議長對外代表國民大會並於開會時主持會議。」這使國大成為常設化的「第二國會」，亦使「雙國會」發展趨勢更為顯著。然而「對立法院負責的行政院長」與「向國民大會做國情報告的總統」僅是開啟憲政體制複雜難解的開端。隨著國民大會行使職權之程序，由國民大會本身定之，不受立法院之立法規範，往後國民大會若自行立法恢復創制、複決兩權，則更將在「立法」權方面形成「不平衡」的兩國會；蓋立法院制定法律，國民大會有複決權，而立法院未制定者，國民大會可運用創制權立法。質言之，第三次修憲確立國大常設化、制度化，以及職權的增加，一方面已形成雙國會走向，另一方面更為往後憲政體制的複雜性、衝突性發展形成困擾。

4. 行政院職權的減縮：

憲法增修條文第二條第二項：「總統發布依憲法經國民大會或立法院同意任命人員之任免命令，無須行政院長副署，不適用憲法第三十七條之規定；行政院

院長之免職命令，須新提名之行政院院長經立法院同意後生效」此一規定，破壞了原憲法第三十七條所寓含之「責任內閣制」精神，混淆了憲政主義所強調的「權責相符理念」，變成權責不清的「總統有權、內閣負責制」。此一限制行政院長副署權非為憲政的成長，實乃憲政主義權責理念的逆退。

綜觀第三次修憲，無論在過程上或內容上，均為我國民主憲政發展史上留下諸多可議之處。修憲過程中，朝野政黨歧見未能達成共識，不斷的杯葛、武打場面，最後在野黨退出國大臨時會，不肯參與修憲工作，成為執政黨一黨主導修憲的局面，而執政黨的修憲未能顧及程序正義原則，造成修憲過程充滿瑕疵。就修憲內涵而言，總統與國民大會權力增加，且因總統於第三次修憲已改由人民直接選舉產生，更使今後總統權力的擴增在理論上有所依據。國民大會的常設化與職權增加，亦使未來國民大會功能、地位更明確。「雙行政首長」與「雙國會」的形成，增加總統與行政院長，國民大會與立法院之間職權分際的不明確和困擾，亦將導致我國中央政府體制出現微妙的轉變，此一發展趨勢，對「憲政精神」的精義將產生不利的影響。

第三節 政黨政治的探討

民國八十年終止動員戡亂時期以後，到八十三年止，台灣地區經歷以下數項重要之選舉：民國八十年第二屆國大代表選舉、民國八十一年第二屆立法委員選舉、民國八十二年縣市長選舉、民國八十三年初縣市議員選舉及八十三年底省市長、省市議員選舉。在上述各類選舉中，雖然國內的「政黨林立」，但由於大多數的政黨在選舉時，不能夠提出該黨的候選人，且絕大多數的政黨均未能在各級公職人員、民意代表選舉中，至少贏得一席。因此，國內實際上為數眾多的政黨屬於無政治影響力的「泡沫政黨」。

政黨體系與政黨類型在當前世界各國是錯綜複雜，極難以科學的分類予以釐清，以比較政治的觀點來論，若依政黨的數量區別，簡略可分為無黨制、一黨制、兩黨制與多黨制。唯政黨數目固然是一個分類及研究的標準，但其衡量的標準與重心，仍多放在政黨的政治實力，並非拘泥於數字。故而凱茲（Richard S. Katz）雖提出美國是一個五十二個政黨體系（fifty two-party systems）的國家。[88]學界持不同意見者甚眾。薩托里（Giovanni sartory）即提出兩項評估政黨的標準：1.具備執政能力；或具有參與聯合執政潛力的政黨。2.具備威脅執政者潛力的政黨。[89]準此觀之，美國是屬於兩黨制：因為在全國大選中，只有兩黨具備執政或威脅執政的能力。

雷伊（Douglas W. Rae）則提出政黨體系究為一黨制、兩黨制或多黨制的計算方式，如果一個國家最強的一個政黨其得票率超過70%，則為一黨獨大政黨體系；假如一個國家最強的兩個政黨其得票率加起來超過90%，而此兩大黨中

---

[88] Richard S. Katz, A Theory of Parties and Electoral System. (Baltimore and London: The Johns Hopkins University Press, 1980) P.8.

[89] Giovanni Sartori, Parties and Party System: A Framework for Analysis, (New York: Cambridge University Press, 1976) P.119.

之任何一黨，無法獲得 70%以上選票，此即可稱爲兩黨制（two-party system）。[90]

　　依雷伊與薩托里的分類標準，觀察台灣地區從民國八十年至八十三年各項選舉（如表四-九），在民國八十年的二屆國大代表選舉，國民黨獲得 69.2%，民進黨僅得到 23.2%，其他政黨或無黨籍候選人則佔 7.6%得票率，就此而言，國民黨僅差相當有限的得票又可恢復一黨優勢的政黨體系。到了民國八十一年的立法委員選舉，國民黨卻只得到 53%的選票，而民進黨在有史以來的中央民意代表選舉部分，首次突破 30 個百分點。八十二年的縣市長選舉，國民黨因內部以趙少康、王建煊等爲首的非主流勢力「新國民黨連線」於是年出走，另行成立「新黨」，致使國民黨縣市長選舉得票率僅達 47.3%，民進黨得票率則達 41.2%。雖然國民黨在 23 縣市贏得 16 席，民進黨只贏得 6 席，但在這一對一選舉中，民進黨有 4 縣市與國民黨得票率相差在 10%以內（基隆市 9.32%，雲林縣 6.22%，桃園縣 3.05%，屏東縣 2.77%）。新黨的倉促組黨，群眾基礎並不堅實，以致無法於該次地方選舉中得到任何一席的縣市長，顯示台灣地區的政黨發展，已走向國民黨與民進黨爲主軸的競爭型態。國民黨在省市長方面得票率爲 52.1%，三席中得到兩席（台灣省長、高雄市長），省市議員方面得票率 49.09%。民進黨在省市長方面得票率爲 39.4%，三席中得到 1 席（台北市長），省市議員方面得票率 31.67%。新黨在省市長方面得票率爲 7.7%，三席盡墨，省市議員方面得票率 6.22%。以三黨得票率與當選席次之分析，互有勝負。國民黨的得票與民進黨差距拉近，雖然在台灣省長、高雄市長獲勝，卻失去台北市長；就省市議員部分，國民黨高雄市議員僅在 44 席中得到過半數的 23 席，台北市議員在 52 席得到 20 席，並未達半數席次。民進黨則在台北市長選舉獲勝。新黨在省市長選舉雖盡負，但台北市長選舉得票率超越國民黨成台北市第二大黨，新黨台北市議員當選 11 席，取得關鍵少數的地位。經過八十三年底的選舉結果顯示，台灣地區已形成國民黨與民進黨的競爭模式，新黨則可定位爲「北部都會型政黨」或「議會政黨」。以下分析國民黨、民進黨、新黨三黨在民國八十年至八十五年間，各黨發展所浮現之缺失與困境。這也就是國民黨到了 2000 年失去政權，民進黨讓許多民眾還有疑慮、新黨在 2000 年後會被親民黨取代之主因。

壹、國民黨的發展

　　自民國七十五年民進黨成立後，打破國民黨長期壟斷的政局，學者或稱之爲「一個半」（one and an half-party system）政體體系。即國民黨雖擁有絕對優勢，但在得票率與國會議席上的分配比例是：國民黨擁有三分之二，民進黨佔有三分之一的形態。[91]民國八十一年的立委選舉後，國民黨一黨佔優勢似已成歷史紀錄，一種具有完全性競爭的政黨體系，正式開始成形。

　　國民黨所面臨的壓力日增，除了外部的黨際競爭，內部亦遭遇來自「民主化」與「本土化」的衝擊與困境。就民主化而言，國民黨自建黨以來在權力分配與決

[90] Douglas W. Rae, The Political Consequences of Electoral Laws, (New Haven: Yale University Press, 1967), PP.49-58.
[91] 彭懷恩，台灣政黨政治（台北：風雲論壇出版社，民國八十三年五月），頁六〇。

表四 一 九　民國八十年至八十三年各項選舉政黨得票率統計

項　　　　　目	國　民　黨	民　進　黨	新　　　　黨	其　他
80 年國大代表選舉	69.2%	23.2%	一	7.6%
81 年立法委員選舉	53.02%	31.03%	一	15.95%
82 年縣市長選舉	47.3%	41.2%	3.1%	8.4%
83 年縣市議員選舉	55.20%	15.34%	1.98%	27.48%
83 年省市議員選舉	49.1%	31.7%	6.2%	13%
83 年省市長選舉	52.1%	39.4%	7.7%	0.8%

資料來源：中央選舉委員會

策過程均是由上而下的威權式領導及支配。在強人統治時代可凝聚成一個有力的「革命民主政黨」，但隨著強人時代的逐漸遠離，民意逐漸高漲的時代來臨，國民黨內部要求由下而上的民主化呼聲日益強烈。自蔣經國過世後，國民黨內部在民主化的努力仍有未逮，一旦國民黨無法成功的完成這種轉換，分裂的可能性是存在的，如後來新黨、親民黨的自立門戶。國民黨在民國八十年代期間的提名制度，亦因李登輝強勢主政下未曾建立。直到 2000 年政黨輪替，國民黨輸掉政權後，制度化才建立起來。

就本土化而言，李登輝在國民黨主席的位置上，借助本省籍財團與地方派系的力量來排除長時期以來主控黨中央的外省「黨、政、軍」綜合體（complex）。[92]民國八十二年三月的十四全大會以「當然黨代表」方式，採取「零和戰術」，致使非主流派的「新國民黨連線」脫離國民黨，另組新黨。唯國民黨中央的本土化，助長了財團和地方派系的力量，而財團、地方派系的政商掛鈎，獲取「不當利得」，致使金牛、黑道充斥政壇，民主政治的惡質化顯露無遺。本土化與派系、財團、黑道的關係，則是極須探究的另一問題。

一、國民黨與民主化

國民黨黨內民主的重要性隨著政治環境的愈加開放而浮出了檯面。吳文程指出，威權型或極權型一黨制既沒有黨內民主的事實，也沒有黨內民主的需要，唯有到了競爭性的政黨體系，才有黨際之間的競爭，也由於有了黨際競爭，才有了黨內民主的迫切需要。[93]質言之，政黨內部由上而下的寡頭式（oligarchy）領導、決策模式與未經民主程序提名方式，均將引起質疑、反彈，或至離心離德。

陳一新曾將道爾（Robert A. Dahl）衡量多元政治（polyarchy）的兩個層面、八項制度性安排予以檢示，做成衡量黨內民主的標準（如圖四－一）。在此標準下，國民黨的民主化所宜朝向目標為：[94]

1.黨員可自由組織次級團體，進行良性競爭，黨中央不應一味打壓，引起對立。

2.「黨意」並非「黨中央」少數人的意見，而應是全體黨員的共識。黨員有表達意見的自由，黨中央則應兼聽納諫，集思廣義。

3.建立公平的黨內選舉制度。自黨主席到地方黨部主委等代表性職位，均應由選舉方式產生，並有固定任期，特別是黨主席一職，必須經由黨代表大會或中央委員會祕密投票選出。黨內提名公職人員候選人應由黨內初選產生，黨內政策及人事競爭應公開化、制度化，建立由下而上的黨內民主。

4.黨的決策過程要民主化。黨主席票選產生，中常會應採合議制，並調整人事結構，提高民意代表的加入，以減少黨意與民意的落差。

基本上，國民黨的黨內民主化是改變黨體質的有效作法，其基礎則應落實於

---

92 同上，頁六三。

93 吳文程，「中國國民黨黨內民主化的芻議」，中國國民黨北知青黨部主辦「九十年代國民黨的挑戰與回應」學術研討會論文，民國七十九年六月九日，頁三。

94 陳一新，「中國國民黨黨務革新與黨內民主」，見政黨政治與民主憲政學術研討會論文集（台北：民主基金會，民國八十年），頁九三－九五。

圖四－一　國民黨黨內民主化的發展模式

公開競爭的六項制度性安排
1.組織團體的自由
2.表達意見的自由
3.投票的選制
4.黨員參加黨內選舉的規範
5.自由公正的黨內選舉
6.公平的資訊來源

公開競爭

政治參與

政治參與的二項制度性安排
1.參選的權利
2.決策民主化

資料來源：陳一新，「中國國民黨黨務革新與黨內民主」，政黨政治與民主憲政學術研討會論文集（台北：民主基金會，民國八十年），頁92。

政治參與、公開競爭兩個層面。政治參與尤重決策民主化，這應從黨中央著手始克全功。公開競爭則首先須重視黨內初選制。

（一）國民黨中央與決策民主化

國民黨的權力結構，根據國民黨黨章第廿三條的規定，全國代表大會本應為黨的最高權力機關，它的職權包括了修改黨章、決定政綱政策、檢討中央委員會之工作討論黨務與政治議題、選舉黨主席、同意任命黨主席提名之副主席、通過黨主席提名之中央評議委員以及選舉中央委員會委員（黨章第廿四條）。亦即國民黨所有基本黨務與人事的最終權力來源，都須經由全代會來賦予其合法性與正當性。然而每二年在中央黨部所在地舉行一次（黨章第廿三條）的規定，等於將全代會諸多權力變成徒具形式的意義。

再就中央委員會來看，黨章規定全代會閉會期間，由中央委員會全體會議執行職務。（黨章廿四條第二項）它的職權包括：執行全代會決議，對外代表國民黨、討論及處理黨務與政治事項、選舉中常委、組織各級黨部並指揮之、培養並管理黨的幹部、執行黨的紀律以及籌集並支配黨務經費。（黨章第廿六條）這些職權顯示中全會亦可視為國民黨的決策核心。然而中全會每年在中央黨部所在地舉行一次的規定（黨章第廿五條第二項），亦使各項權力，變成形式上的意義。

全代會與中全會因開會間隔過長（全代會二年一次，中全會一年一次）、每次開會時間過短（約七天），故而真正的權力運作核心，在於中央委員全體會議閉會期間，實際操縱黨務的黨主席、中央常務委員會與祕書處。質言之，在實質政治運作上，全代會甚至中全會的召開，其政治功能僅具有濃厚的「儀式性」與「支持性」的象徵意義。[95]反映出該等會議所具有象徵性質，則可從其員額急速膨脹看出。以全代會為例，國民黨遷台後歷屆全代會與黨代表都不斷膨脹。民國四十一年召開的七全大會，出席人數僅 200 人，民國七十年的十一全大會出席人數已達 1,500 餘人，到了民國八十二年的十四全大會則達到 2,500 餘人。（如表四－十）欲求一個由 2,500 多人所組成的大會，在七天中，有效行使黨章中所賦予的職權，甚至千餘項提案的審查、討論，而能精緻深入，殊非易事。同樣的情形，也出現在中央委員會與中常委的員額擴張上，民國四十一年七屆一中全會所選出的中央委員僅 22 人，中常委 10 人。民國七十年的十一屆一中全會的中央委員達 130 人，中常委 22 人。到民國八十二年的十四屆一中全會，中央委員已達 210 人，中常委 31 人。（如表四－十一）一個 200 餘人組成的中委會在每年幾天的會議中，很難真正有效行使黨章所賦予的職權。固然員額的擴增，從某一角度看，它意味黨支持基礎的擴大，必須納入更多的參與，然而實際上，這種參與的特色並不完全呈現在多元的競爭與整合，而是在顯示各部門的整合與支持。在此情形下，名額的增加，更顯示其無法發揮真實決策的功能。

中常會實為國民黨最重要的決策機構，舉凡黨政的重大決策、人事，均在此會議中決定。因之，中常會可視為國民黨中央的實際負責決策的機構。國民黨黨

---

[95] 台北，中國時報，民國八十二年八月十日，版四。

表四 ─ 十　國民黨第七屆 ─ 第十四屆全會與會人數暨黨代表增加表

屆別	時間	與會人數	黨代表數
第七屆全會	41.10	200 餘	不詳
第八屆全會	46.10	500 餘	不詳
第九屆全會	52.11	800 餘	不詳
第十屆全會	58.3	1200 餘	670
第十一屆全會	65.11	1300 餘	不詳
第十二屆全會	70.3	1500 餘	991
第十三屆全會	77.7	1500 餘	1059
第十四屆全會	82.8	2500 餘	2100

表四 ─ 十一　國民黨第七屆 ─ 第十四屆中央委員暨中常委增加表

屆別	時間	中央委員數額	中常委數額
七屆一中全會	41.10	32	10
八屆一中全會	46.10	50	15
九屆一中全會	52.11	74	15
九屆二中全會	53.11	74	17
九屆五中全會	56.11	74	21
十屆一中全會	58.4	99	21
十一屆一中全會	65.11	130	22
十一屆四中全會	68.12	130	27
十二屆一中全會	70.4	150	27
十二屆二中全會	73.2	150	31
十二屆三中全會	75.3	150	31
十三屆一中全會	77.7	180	31
十四屆一中全會	82.8	210	31

資料來源：中國時報，民國八十三年八月十日，第四版

主席因綜理全黨黨務，爲全國代表大會、中央委員會及中央委員會常務委員會之主席（黨章第廿二條第三項），故而往往對決策有很大的決定權；此外主席在重要決策上，可以有所指示和建議，這些指示與建議往往亦是政策制定時的主要根據。國民黨內另一個重要的決策機構是中央政策會，其負責政策的研討、法制的研審暨政情的研究，中常會討論的議案需先送交政策會研究後提出討論。國民黨中常會並在民國八十一年二月十九日通過提升中央政策會決策層級（如圖四－二）。

綜論國民黨中央權力結構組織，全代會、中全會的實際功能甚難發揮，權力主要在於黨主席、中常會、祕書處、政策會，尤以黨主席爲決策核心。在檢討國民黨中央與決策民主化的同時，以下兩方面應是重要關鍵：

1.全代會、中全會功能的加強：全代會與中全會的「儀式化」，亦相對的使它在政治過程中的實質功能大幅消減。因之，國民黨在過去甚少真正遵照黨章的規定召開全代會或中全會，（如表四－十二）全代會均超過四年，甚至達六、七年之久。中全會召開的次數也逐屆減少，從第七屆的共計召開九次，到第十二屆僅有召開三次中全會。

隨著民國七十六年以後威權轉型的發展影響，國民黨內部的「黨內民主」聲浪此起彼落。全會與中常會往昔莊嚴肅穆的政治儀式風格正逐漸褪色，代之而起的則是不同意見、聲音的出現，不再是形式上的儀式性與支持性。例如民國七十七年十三屆全代會的「票選派」與「起立派」之爭議，民國七十九年十三屆臨中全會推舉總統、副總統人選，民國八十一年三中全會有關修憲案，總統直選、委選爭議，民國八十二年十四屆全代會的「配票聯盟」競逐中央委員選舉等等，均顯示全代會、中全會的象徵性功能與意義面臨重新檢視的必要。

解嚴、終止動員戡亂時期之後，國內民主化的腳步快速向前，國民黨實有必要加快調整內部的民主化走向。就全代會、中全會而言，有兩個做法是可考量的：(1)全代會、中全會召開間隔時間酌予縮短。國民黨十四全會時，前立法委員張世良即連署黨章修正案，主張將每四年舉行一次全國代表大會，修正爲每年舉行一次；同時，將每年舉行一次中全會，修正爲每三個月舉行一次。[96]其後通過之國民黨黨章，乃將全國代表大會修正爲每二年舉行一次。中全會則未予修改，仍爲每年舉行一次。縮短全代會、中全會召開間隔時間，將有助於強化全代會、中全會的組織功能，並蘊涵有提昇實質性意義存在，改變以往開黨大會如同「大拜拜」情形。(2)由下而上民意表達的重視。這尤其表現在改變以往「儀式性」、「功能性」的象徵性意義。舉凡全代會、中全會的職掌任務有關，而必須投票、表決者，應尊重由下而上的民意，以落實民意即黨意。故而就全代會、中全會選舉中央委員、中常委、黨主席乃至修改黨章、決定政綱政策、討論及處理黨務與政治事項等，只要不涉及賄選、也沒有違法事宜，則應尊重出席代表的意志、表達意見的自由以及建立自由公正的黨內選舉。

2.中常會代表性功能的強化：中常會在中央委員會全體會議閉會期間執行中

---

[96] 同上。

圖四-二：中國國民黨組織層級圖

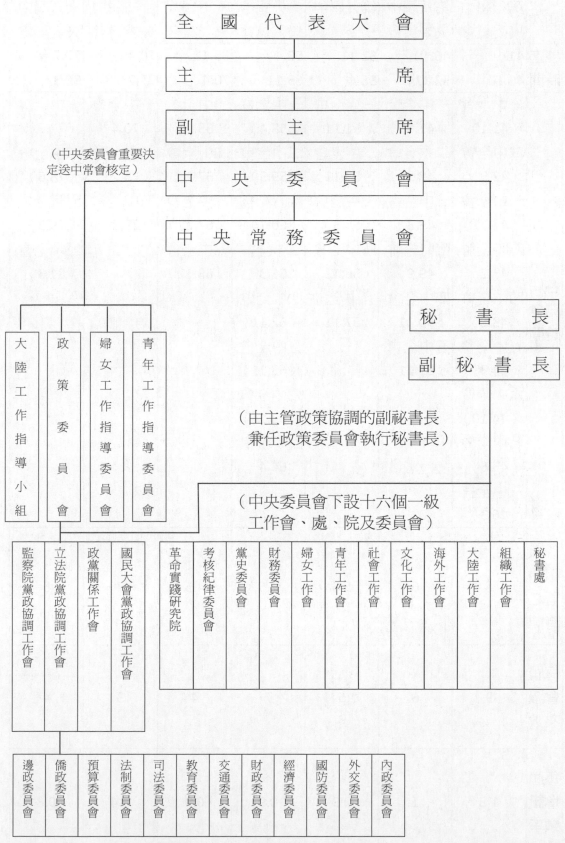

資料來源：　1.聯合報民國八十一年二月十九日，版二
　　　　　　　2.中國國民黨黨章（民國八十二年八月十七日第十四次全國代表大
　　　　　　　會第十二次修正版本）

表四 — 十二　國民黨第七屆 — 第十三屆中央委員會概況表

屆次	第七屆中央委員會	第八屆中央委員會	第九屆中央委員會	第十屆中央委員會	十一屆中央委員會	十二屆中央委員會	十三屆中央委員會
啓迄時間	41.10 至 46.10	46.10 至 52.11	52.11 至 58.4	58.4 至 65.11	65.11 至 70.4	70.4 至 77.7	77.7 至 82.8
各屆開會時間	一中全會〈41.10〉 二中全會〈42.5〉 三中全會〈42.11〉 臨時全會〈43.2〉 四中全會〈43.8〉 五中全會〈44.3〉 六中全會〈44.10〉 七中全會〈45.5〉 八中全會〈46.3〉	一中全會〈41.10〉 二中全會〈48.5〉 三中全會〈49.3〉 臨時全會〈49.9〉 四中全會〈50.11〉 五中全會〈51.11〉	一中全會〈51.11〉 二中全會〈53.11〉 三中全會〈55.3〉 四中全會〈56.12〉 五中全會〈57.11〉	一中全會〈58.4〉 二中全會〈59.3〉 臨時全會〈60.10〉 三中全會〈61.3〉 四中全會〈62.11〉 五中全會〈63.11〉 六中全會〈63.11〉 臨時全會〈64.4〉	一中全會〈65.11〉 二中全會〈67.2〉 三中全會〈67.12〉 四中全會〈68.12〉	一中全會〈70.4〉 二中全會〈73.2〉 三中全會〈75.3〉	一中全會〈77.7〉 二中全會〈78.6〉 臨時全會〈79.2〉 三中全會〈81.3〉
各屆次涵蓋之時間	5	6	5.5	7.5	4.5	7	5
每屆會議次數	9	6	5	7	4	3	4
每屆會議頻率	1.8	1	0.9	0.9	0.9	0.4	0.8

資料來源：中國時報，民國八十二年八月十日，第四版

委會各項職務，故而每週三上午舉行之中常會可視為國民黨中央的實際負責決策的機構。而依民國八十三年十四屆二中全會所產生中常委過程與結果可看出有兩方面爭議：(1)選舉過程違反黨章規定精神，並造成「一言堂」的大逆退。依國民黨黨章第廿七條規定：「中央常務委員會置常務委員三十一人，由主席依職務需要指派十至十五人為常務委員，餘由中央委員會委員互相票選之，選舉辦法另定之。」此一黨章精神在於兼顧重要職務的業務性功能和自由選舉的民主性功能。在十四屆二中全會 31 位中常委名額分配，乃以 15 人為指派，另 16 人為中央委員會委員互相票選產生。然而這 16 個由中央委員自行選舉的部分，亦出現規劃名單（或稱「參考名單」），選舉後的結果顯示，規劃名單全數上榜，致使選舉精神全失，並形成同質性極高（泛稱之「主流派」）的一言堂。[97](2)民意無法與黨意相結合：中常會負有全黨決策的功能，其參與決策的中常委名額中，應包括相當數量的各級民意代表（立法委員、國大代表、省、市議員）。然而十四屆二中全會後所產生之中常委，卻以不具民意基礎的行政官員、技術官僚佔絕大部分，國會代表僅有 5 位，其中立委 3 位，致使具民意基礎的立法委員與黨中央所決定的政策常相左，時而造成「黨意」與「民意」落差的失衡現象。

針對前述情形，中常委選舉有關開放競選部分，宜應避免規劃名單，以廣納人才，匯集言路，藉收集思廣義之效。另中常委名額中，應包含相當部分的民意代表，使民意、黨意之間的問題得以疏解。正因為威權時代以黨意決定政策的作法隨著民意的高漲，將逐漸受到質疑、挑戰，而民意代表本身是背負著沈重的選民壓力，代表民意的民意代表所具有意義更加顯著，順應民主時代以民意結合黨意將是必然趨勢。然而民意代表的良窳，又深深影響民主政治的品質，因之，如何慎選民意代表是一個重要問題，它牽涉到提名制度以及國民黨本土化發展下派系坐大，以及財團、黑道等問題，本文以下並將逐一探討這些問題。

（一）公開競爭與黨內初選制

黨內民主化可具體表現於提名制度的採取黨內初選制（primary）。黨內初選是以黨員意見為提名的主要依據，它落實了政黨提名制度中民主化、公開化和制度化的作法，也健全了黨內民主、強化黨的體質。楊泰順提出初選對國民黨的正面效應在於：1.候選人清楚的將個人和黨的淵源做一項訴求，使黨的標誌處處可見。2.候選人藉著初選時各項活動而提高知名度，這對於國民黨未來競爭部署而言，也有明顯好處。3.國民黨的過去提名是一種內部作業，在黨的操控下，主導了人事的安排。初選制的實施，將對此類不符民主原則的施受關係產生壓抑性的效果，並有助於國民黨走向制度性的發展。[98]

國民黨曾在民國四十年代一度採用初選來提名候選人，但隨即停辦，直到民國七十八年公職人員選舉，國民黨再度開始採取黨員初選制，但並非依初選投票結果提名，而僅是作為提名參考依據。（如表四－十三）事實上，國民黨所採行的初選制僅具其形，未得其精神，亦即只有投票的「行為」，而摒棄了初選制的

---

[97] 台北，聯合報，民國八十三年八月廿七日，版二。
[98] 楊泰順，「初選制對國民黨體質有何影響？」聯合報，民國七十八年七月卅一日，版四。

精義：黨內同志公平的競爭拉票，黨員擁有絕對自主權。因為初選目的，在於取得僧多粥少的候選資格，參加初選者皆為同黨人士，上級黨部如強勢組織運作，不僅「子彈打自己人」，且使良法美意變質，「過程」無法多數尊重少數，其「結果」如何會使少數服從多數？其理至明。故而黨內初選制如成為民主化的重要步驟，一個公平、公正、公開的自由投票模式更是初選制的不二法門。初選制雖可避免黑箱作業等違反民主化的作為，然而初選制仍有其盲點存在：

1.參與人數多寡影響初選效果：初選制在於透過黨員的共同參與，拔擢黨內優秀人才，唯若黨員出席投票率偏低，將難以透過初選制反映整個社會的真正脈動，甚且無法代表大多數黨員的心聲。因之如何促使一般黨員參與初選，並使初選的結果足以反映民意，應是實施初選制度極須克服的第一個難題。

2.地方派系左右初選結果：地方派系挾其龐大的人力、財力資源，極易在初選中佔有極大的優勢，而對於形象清新、有才無財的黨內新人，勢將無法與之匹敵。國民黨長期與地方派系結盟，致選舉提名不能不拉攏地方勢力，而隨著政治民主化發展，金權政治、黑道漂白亦如影隨形而至。愈來愈多的財團、地主、黑道進入民選公職及議會，政商掛勾及政治貪腐現象日益顯現，國民黨不僅賠了形象，且受制於財團。民國八十三年一月縣、市議會選舉後的正、副議長賄選；乃至八十三年底省、市議會副議長選舉中，台灣省議會、高雄市議會副議長當選人都擊敗國民黨提名人選[99]。地方派系力量的超強更表現在民國八十三年的台灣省農會總幹事改選，國民黨提名候選人僅獲得一票。

或有謂民國八十年間，國民黨逐步走上「金權政治」，但黨中央並未進行黨內選舉改革。唯就國民黨而言，選舉改革與否都將面臨著困境，不改革選舉制度，將被批評為黑箱作業，反彈四起；改革選舉制度，實施初選制，除了台北市選民自主性較高外，其他各縣市地區，真正的初選結果，極可能出線者多為派系財團候選人，因之，如何順應民主潮流改革選舉制度，又能將派系影響減到最低，將是國民黨採行初選制的另一難題。

綜論之，民主化的呼聲是進入政黨競爭時代的主流，國民黨也面臨民主化改革的要求，然而國民黨累積過四十多年的統治優勢，其盤根錯節深入台灣地區各個層面，尤以與地方派系關係已達共生共存。未來黨內初選制的民主化走向取代黑箱作業似是必須進行的，包括派系中的有意參選者，亦有賴初選制取得公平的出線機會，以建立民主秩序。惜乎，國民黨在提名制度上，一直到民國八十九年「政黨輪替」之前，都未落實。「政黨輪替」之後，國民黨失去政權，沒有「強力的黨中央」，國民黨才真正推動實施黨內提名之初選制，這部分在本書第六章第三節中論述。

二、國民黨與本土化

國民黨在解嚴後，推動國家政治自由化與民主化的改革進程中，雖著力於「人才本土化」，但不僅未掌握政治與經濟間的分際，堅守廉能政治與均富社會的理

---

[99] 省議會副議長選舉楊文欣擊敗國民黨提名之林仙保；高雄市議會副議長選舉張瑞德擊敗國民黨提名之朱安雄。

表四 — 十三　國民黨民國 36 年 — 民國 83 年選舉黨內提名辦法

選舉類別	黨內提名作法	結果
八十三年省市長	「擴大參與，取決公意」，由主席、副主席、中央委員、省市級委員及全國、省市級代表大會相關代表投票決定。	結果公開
八十一年二屆立委	黨內初選投票，採無記名單記法圈選，黨員投票與幹部各佔 50%，一人一票，初選採彈性辦理。	初選之結果公開，做為提名參考
八十年第二屆國代	黨內初選投票，採無記名單記法圈選，黨員投票佔 60%，幹部評鑑佔 40%。	初選之結果公開，做為提名參考
七十八年增額立委、省市議員、縣市長	黨員初選投票，縣市長採無記名單記法圈選，立委、省市議員採無記名限制連記法，圈選人數不得超過應選名額二分之一。	初選之結果公開，做為提名參考。唯投票率未達 50%時，其結果僅供提名重要參考
七十五年增額國代、立委	徵詢黨員意見與幹部評鑑，兩者均依優先次序書寫適任同志姓名，人數不超過應選名額半數為原則，並根據優先次序加權。	結果不公開，作為提名之重要依據。
七十四年縣市長、省市議員	徵詢黨員意見與幹部評鑑，其舉薦人數由權責黨部自行決定，省市黨部舉辦民意測驗。	結果不公開，做為提名之重要依據。
七十二年增額立委	徵詢黨員意見與幹部評鑑，均以舉薦適任立委一至三人為原則。	結果不公開，做為提名之重要依據。
七十年縣市長、省市議員	黨員意見反映人數依優先次序為一至三人，幹部評鑑則選填最適任同志一人，舉薦對象不以辦妥黨內登記者為限。	結果不公開，做為提名之重要依據。
六十九年增額國代、立委	以小組會議方式個別徵詢黨員意見，並辦幹部評鑑，分別反映、評鑑最適任國代、立委同志各一人。另委託學術機構抽樣辦理民意	結果不公開，做為提名之重要依據。

表四 — 十三　國民黨民國 36 年 — 民國 83 年選舉黨內提名辦法〈續〉

六十七年縣市長、省市議員、增額國代、立委	以小組會議方式個別徵詢黨員意見。	結果不公開，做爲提名之重要依據。
六十四年增額立委	黨員意見反映分品德聲望與社會基礎兩項，前者分「優、劣、平平、無意見」四目，後者分「雄厚、平常、薄弱、無意見」四目。由小組會議方式經黨員討論後，彙爲小組集體意見。	結果不公開，報送中央審核。
六十一年縣市長、省議員、增額國代、立委	黨員意見反映分品德聲望與社會基礎兩項，由小組會議方式經黨員討論後，彙爲小組集體意見。	結果不公開，做爲提名之重要依據。
五十七年縣市長、省議員、五十八年中央民代增補選、台北市議員	以小組會議方式辦理黨員意見反映，惟辦理時間在黨內提名登記之前。	結果不公開，做爲提名之重要依據。
五十二年省議員	以小組會議方式辦理黨員意見反映，個別徵詢黨員意見，項目有：品德聲望、服務績效與社會基礎兩項，每項分「優、劣、平平、無意見」四目。	結果不公開，做爲提名之重要依據。
四十九年縣市長、省議員	廢止黨員投票，改以通訊方式徵詢黨員意見反映。	結果不公開，做爲提名之重要依據。
四十六年縣市長、省議員	1. 縣市長廢除黨內初選，改爲考評評估，以及小組爲單位辦理黨員意見反映。 2. 省議員仍維持黨員投票方式，公開開票。	縣市長結果不公開，做爲提名依據省議員以黨員投票結果提名
四十三年縣市長、臨時省議會議員、縣市議員	由黨內普選產生，以無記名單記法圈選，公開開票。	以得票較多者當選爲候選人
三十九年縣市長	擇優支持。	
三十六年第一屆中央民代	中常會提名	

資料來源：中國國民黨中央組織工作會

想，使社會日趨公正化，甚且將過去威權時期始終未放任地方派系發展超出掌握全區局面的態勢予以撤除。民國八十年間，李登輝主席將地方派系和財團力量拉抬到黨中央和國會裡，藉以鞏固黨的領導核心，並用以打擊與黨中央持不同理念或不同派系的力量。隨著「本土化」的發展，卻出現「金權化」、「黑道化」的反淘汰過程，終於使國民黨在大失人心下，民國八十九年慘遭「政黨輪替」。

　　「本土化」所牽引的地方派系、財團、黑道造成了民主政治發展惡質化，其中嚴重的金權腐化、貧富不均、貪瀆盛行、正義不彰等成為社會普遍的現象。而地方派系的力量全面進入中央以至地方各級政府、民意機關後，與國民黨的共生共存關係更為密切，地方派系憑藉其財勢、人脈穩住國民黨選舉優勢成果，國民黨對地方派系、財團的倚重程度日益加深。以民國八十三年十二月的省市長選舉觀之，國民黨的「抬轎團」乃是「金光閃閃」。省長候選人宋楚瑜在各地區性的總幹事與支持者多為財團，包括：統一集團、統聯建設、愛之味集團、東龍建設、凱聚實業等。台北市長候選人黃大洲的競選支持團，包括：力霸集團、威京集團、日盛企業、巨東建設、太平洋電線電纜、工信工程公司與莊頭北等。高雄市長候選人吳敦義則有王氏家族、長谷建設、燁隆集團、寶成建設與東南水泥等。[100]

　　地方派系在國民黨內所佔份量日益加重，亦使地方派系尾大不掉，不僅超出國民黨掌控，且反噬國民黨政權，民國八十三年台灣省議會副議長選舉、高雄市議會副議長選舉即是著例。另財團在議會亦因賄選案件，腐蝕國民黨形象，民國八十三年初，縣、市議會正、副議長選舉，廿一縣市中有十八個縣市涉及賄選，被起訴議員達 341 人。地方派系所衍生問題，不僅是財團，更包括黑道勢力進入政壇，民國八十三年一月選舉產生 858 名縣、市議員，其中 28 人曾被提報流氓管訓、22 人有暴力性犯罪前科、237 人有刑事前科。

　　從台灣地區有選舉以來，就與地方派系產生不可分離關係。唯解嚴前後，國民黨中央與地方派系之間主從互動關係差別甚大，尤以解嚴後的「本土化」發展，造成「派閥日盛，人品日下」。因之，有必要比較解嚴前、後的地方派系發展。

　　解嚴前地方派系可追溯至民國卅五年開始，地方派系的力量即已介入選舉。到了政府來台，實施土地改革之後，一般民眾因本身利益、安全、社會地位與歸屬感諸多考量，逐漸依附在由舊地主轉化而成的地方領袖或經由地方選舉產生的新政治人物左右。地方領袖與地方政治人物並利用其本身的財力或特殊地位，將資源分配到民眾或小社區之中，藉此維繫彼此主從關係，該等群眾則透過選舉鞏固其地方領袖的政治地位，以確保該等地方領袖繼續維持各種恩惠。然而選舉中各個候選人競爭非常激烈，對選票的需求更殷切，選票的獲得有賴人際關係的運用，於是候選人勢需擴大羅致諸多支持者，乃形成許多互相競爭的派系。這些派系使得地方社群四分五裂，地方同質程度降低。趙永茂的「台灣地方派系與地方建設之關係」中分析：[101]

---

[100] 台北，中國時報，民國八十三年十一月八日，版六。
[101] 趙永茂，台灣地方派系與地方建設之關係（高雄：德馨出版社，民國六十七年五月），頁五七。

地方派系產生之背景與互動關係中，乃涉及群體（group）與個人之互動行為，特別是群體與領袖間（個人）、領袖與領袖間，及領袖與其他個人間之行為。其中，當然還涵蓋了角色衝突（role conflict）與利益衝突（interest conflict）諸問題。

地方派系雖然推出候選人參選，但並無正式政治組織，也没有特定政治理想，多以「利益」（interest group）為主要取向，故與一般政黨、政治團體有別，且都依附在政黨之內扮演次級團體（secondary group）的角色，這種角色的功能，讓選民在心裡上產生「認知圖案」（cognitive map）的效果，且能發揮「參考團體」（reference group）的指標效應。其表現之於選民的投票取向即是「候選人取向」（candidate orientation）。[102]

地方派系的利益團體取向，面臨國民黨來台後的改造所形成一黨優勢，國民黨掌握政治、經濟的最大能量，使得地方派系為求分得更多資源和地位的穩固，大多加入國民黨，以取得信任，獲得地方政治、經濟權利。而國民黨在地方派系環繞下，巧妙的居於主導操控地位，國民黨的地方黨團則扮演中立仲裁的角色。國民黨對地方派系的基本方針在於培植地方派系，但掌握彼等在同一地區內不同派系的競逐，避免單一派系掌握全區的態勢產生。國民黨的策略約為：[103]

1. 輪流提名既有之地方派系，形成派系制衡：

國民黨對區域內已有各種派系者，採輪流提名方式，減少派系之嚴重摩擦對立，並藉以建立制度，同時使派系之間相互制衡，不致因長期執政而坐大。以台中縣為例，國民黨內地方派系分為紅派（林鶴年）和黑派（陳水潭），一、三、五屆縣長由紅派當選，二、四、六屆縣長由黑派當選。相同情形者有：彰化縣、嘉義縣、台南縣和高雄縣等。〈見國民黨地方派系表四—十四〉

2. 扶植新派系，抗衡既有派系：

在已有單一派系獨大的區域，國民黨或逐漸扶植新派系，或空降人選，形成派系制衡。前者如台南縣北門派在民國四十年至四十五年間為獨大鼎盛時期，國民黨台南縣黨部主委兼救國團支隊長的胡寶龍，經由各項輔選，深入基層，逐漸建立其系統，並於民國四十六年第三屆縣、市長選舉中獲勝，至此建立台南縣胡派與北門派對峙局面。[104]後者如雲林縣，林派原為當地獨大派系，當國民黨地方黨團深入到地方，亦已建立相當人脈基礎時，乃於民國五十三年第五屆縣長選舉時，空降廖禎祥以逼退林恆生，其後並當選連任，使林派勢力停滯九年。[105]

3.提高地方菁英參選異動，減弱個人勢力

---

[102] 林國棟，「基層選舉與政黨政治（上）」博愛雜誌，第十七卷第三期，民國八十三年五月一日，頁一三三。

[103] Wu, Nai-teh, "The Politics of a Regime Patronage System: Mobilization and Control whitin an Authoritarian Regime", (Ph. D. dissertation, University of Chicago, 1987), P.303.

[104] 王清治，「從北門出發—台南縣政治勢力的演變」，見台灣地方勢力分析（台北：時報文化公司，民國七十四年），頁一七〇—一七二。

[105] 劉琪哲，「斗山峰上揚吟幟：雲林地方勢力分析」，見台灣地方勢力分析（台北：時報文化公司，民國七十四年），頁一三六—一三七。

表四 ― 十四 國民黨地方派系成員表

縣市	派系		重 要 代 表 人 物	備註
宜蘭縣	盧派		代表人物是第一代的盧纘祥〈頭城鄉長、副議長、第一屆縣長、台灣省政府委員〉。派系重要成員有：盧逸峰〈盧讚祥之孫，省議員、立委〉、陳火土〈省議員〉、林才添（第三、四屆縣議長、第五屆縣長）。	
	林派－羅許派		林派最初領導人，後來成爲林派與羅許派的創始人是林才添（第三、四屆縣議長、第五屆縣長）。派系重要成員有：羅文堂（國代）、許文政〈第八、九屆縣議長、監察委員〉、羅國雄（羅文堂之子，第十一、十二屆縣議長）、林榮星〈第十三屆縣議長〉、黃義聯（羅東鎮長、國代）、尤松雙〈國代〉、林建榮（宜蘭市長、立法委員）。	林本是盧派成員，後獨立門戶，縣長選舉時，與溪南之羅文堂、許文政兄弟相結盟，共同對抗溪南的多山陳進東陳派。自此，宜蘭縣發展出全縣性的兩大派系：溪南陳派與溪北、溪南結盟的林－羅許派。
	陳派		創始人是陳進東（縣議員、副議長、第五屆、六屆縣長）、陳進富（副議長、縣議長）兄弟。重要成員有：邱永聰〈縣議長〉、謝阿旺〈副議長〉、林聰明（立委）。	陳進東兄弟過世後，後代皆無意從政，陳派勢力乃漸淡出政壇。
桃園縣	北區	老派	七0年代以前的地方政壇人物：徐崇德（第一、二屆縣長）、張富（第一、二屆縣議長）、陳長壽（第五屆縣長）。	老派勢力現已衰落
		新派	早期最重要人物爲許新枝（縣議員、桃園鎮長、省議員、第六屆桃園縣長、內政部政務次長）、徐鴻志（第九、第十屆縣長）、呂學	

表四 — 十四 國民黨地方派系成員表〈續1〉

縣市	派系		重 要 代 表 人 物	
桃園縣	北區	新派	儀（立委）、李詩益（監察委員、國策顧問）、李總集（農田水利會理事長）、呂吉助（八德鄉長、縣議員、省議員）、呂進芳（縣議員、省議員、國策顧問）、何寶珍（縣議員、省議員）。	
		親客家派	北區親客家派最初領導人是許三桶（縣議會副議長），力量集中在桃園市農會、大溪鎮農會、桃園市信用合作社等，晚近派系力量已式微，政治力不顯著。	
	南區	吳派	以中壢市為中心，早期的代表人物是吳鴻森（縣參議員、省參議員、補選第一屆國代）、吳鴻麟（縣議長、第四屆縣長）兩兄弟為主。林為添（吳伯雄舅父、苗栗縣長）、吳伯雄（吳鴻麟之子，省議員、第七屆縣長、內政部長、國民黨秘書長、榮譽主席）、吳文全（縣議長）、吳智烈（縣議長）、吳振（縣議長）、吳克清（立委）、吳志揚〈縣長〉。	
		劉派	也以中壢為發源地，代表人物有劉家興（中壢市長）、劉興善（農田水利會代表、立法委員）、劉邦友（劉興善之子，省議員、第十一、十二屆縣長）、劉守箴（縣議員）等。	民國85年劉邦友遭殺害，劉派受到重挫。
基隆市	謝派		早期重要人物有謝貫一〈第一、二、三屆市長〉、謝清雲〈省議員〉、蔡火炮〈第一至五屆議長〉。其後有謝修平〈謝清雲之子，省議員、議長〉、謝國樑〈謝修平之子，立委〉。	
	蘇派		最初領導人蘇德良〈議長、第五、六屆市長〉。派系重要人士有：張堅華〈立委〉、劉文雄〈省議員、立委〉。	劉文雄民國89年之後加入親民黨
	陳派		最初領導人為陳正雄〈第七、八屆市長〉。派系重要人物有：柯水源〈省議員、國代〉、林水木〈省議員、第十一、十二屆市長〉。	陳正雄原為蘇派，後自立門派。
	林派		林水木後發展出另一勢力。徐少萍〈林妻，立委〉、林沛祥〈林子，國民黨中央委員〉。	

表四 — 十四 國民黨地方派系成員表〈續2〉

縣市	派系	重　要　代　表　人　物	備註
新竹縣市	西許派	許金德〈創派者〉、鄒滌之〈第三屆縣長〉、彭瑞鷺〈第四、五屆縣長〉、藍榮祥〈縣議長、省議員〉、周細滿〈省議員〉、林保仁〈第七、八屆縣長〉、陳進興〈第九、十屆縣長〉	許金德當時住家在西門附近，故稱為「西許派」 許金德為新竹貨運公司創辦人，另有士林電機國賓飯店、南港輪胎等企業
	東許派	許振乾〈立派祖師〉、朱盛淇〈第一、二屆縣長〉、鄭再傳〈縣議員〉、鄭永金〈縣議員、立委、第十四、十五屆縣長〉、邱鏡淳〈省議員、立委、第十六屆縣長縣長〉、周金華〈新竹客運董事長〉。	許振乾的新竹客運公司因設於東門外火車站對面，故稱為「東許派」
苗栗縣	劉派　大劉派	劉闊才〈創派者，華視第一任董事長、立法委員、立法院長、總統府資政〉、謝金汀〈第九、十屆縣長〉、黃文發〈第六屆縣長〉、魏綸洲〈縣議長〉、劉國昭（劉闊才之子，立委）。	
	劉派　小劉派	劉國定〈第二、三屆縣長〉、林火順（縣議員、省議員、立委）、劉政鴻（縣議員、縣農會理事長、立委、第十五、十六屆縣長）、陳超明（省議員、立委）。	
	黃派　老黃派	黃運金〈第一屆新竹縣參議會議長、連任五屆省議員〉、湯慶松〈省議員〉、邱文光〈第七、八屆縣長〉、何智輝（立委、第十二屆縣長）	
	黃派　新黃派	林為恭〈第四、五屆縣長〉、張秋華〈第十一屆縣長〉、傅學鵬〈縣議員、省議員、第十三、十四屆縣長〉、徐成焜〈立委〉。	

表四 — 十四 國民黨地方派系成員表〈續3〉

縣市	派系	重 要 代 表 人 物	備註
台中縣	紅派	林鶴年〈創派者，第一、三、五屆縣長、總統府資政〉、蔡鴻文〈省議員、省議會議長、總統府資政、八大老之一〉、劉松藩〈立法院長〉、陳孟鈴（第七、八屆縣長、內政部次長、監察院副院長）、廖了以（第十一、十二屆縣長、內政部長、總統府秘書長、國民黨秘書長）、林敏霖（縣議會議長、總統府資政〉、劉銓忠（縣議員、省議員、立委〉、徐中雄〈立委〉、楊瓊瓔〈立委〉。	該派系最初選舉的旗幟是紅字〈黃底〉，故稱「紅派」
	黑派	陳水潭〈創派者，第二屆縣長〉、何金生〈第四屆縣長〉、王子癸〈第六屆縣長〉、陳庚金〈第九、十屆縣長、人事行政局局長〉、陳川〈國大祕書長、國大議長〉、陳傑儒〈立委〉黃仲生〈第十四、十五屆縣長〉、紀國棟〈立委〉、顏清標〈立委〉。	陳水潭選舉最初以黑色為標記。
台中市	張派	張啓仲〈開派者、市議長、市長、立委、國策顧問〉、張光儀〈張啓仲侄、五屆市議員、副市議長、國民黨評議委員〉、張光輝〈張啓仲子、國代〉、郭晏生〈市議長、省諮議員〉、張宏年〈張光儀子，市議長〉、張平沼〈立委、全國商業總會理事長〉、黃顯洲〈立委〉、張子源〈市長、中油董事長〉、	張啓仲接收原來之林派〈林派領導人林金標歷任縣參議會議長、二、三屆台中市長，卸任後淡出政壇。〉
	賴派	賴榮木〈立派祖師、省議員〉、賴榮松〈省議員〉、賴清海、賴誠吉父子〈均任市議員、省議員〉、賴順仁〈賴誠吉之子，市議員〉、林仁德〈市議長〉、沈智慧〈立委〉、林國華〈國代〉。	賴榮木接收原來之邱派〈邱派領導人邱欽洲歷任副議長、二、四屆市長，邱過世後勢力為賴榮木取代〉
	廖派	廖榮祺〈掌門人，四屆省議員、國策顧問〉、洪昭男〈立委〉、紀岳杉、廖佩春〈市議員〉	台中市第三勢力

表四 — 十四　國民黨地方派系成員表〈續4〉

縣市	派系	重　要　代　表　人　物	備註
彰化縣	紅派	呂世明〈派系始祖、第四、五屆縣長〉、呂俊傑〈呂世明弟、省議員〉、洪性榮〈縣議員、省議員、立委〉、謝言信〈國代、立委〉、鄭汝芬〈謝言信媳婦、立委〉、謝典霖〈謝言信孫、議長〉、白鴻森〈議長〉、陳紹輝〈議長〉、粘仲仁〈副議長〉、許張愛簾〈縣議員、立委〉、林進春〈立委〉、謝國雇〈省農會總幹事〉、陳進丁〈國代、立委，後爲「無黨團結聯盟」立委、2010年加入民進黨〉。	呂世明陣營選舉時用紅色印刷，佩帶紅色臂章而得名。
	白派	蘇振輝〈創派宗師、省議員〉、柯明謀〈省議員、監察委員〉、陳錫卿〈第一、二、三屆縣長〉、黃明和〈立委、秀傳醫院院長〉、陳釘雲〈農田水利會會長〉、陳朝容〈陳釘雲之侄，縣議員、省議員、立委〉、游月霞〈省議員、立委〉、游淮銀〈立委〉、黃石城〈第九、十屆縣長、中選會主委〉、謝章捷〈立委〉、陳明英〈第六屆縣長〉、吳榮興〈第七、八屆縣長〉。	蘇振輝陣營選舉期間文宣品用白色印刷、白色臂章而得名。
嘉義縣	黃派	黃老達〈派系宗師、議長、縣長〉、張文正〈議長〉、蔡長銘〈議長〉、李雅景〈縣議員、省議員、第十二、十三屆縣長、立委〉、陳適庸〈立委、第十一屆縣長，2001年加入親民黨〉、曾振農〈立委〉、翁重鈞〈立委〉。	民國82年黃派內鬨。李幫翁選立委、陳支持曾。陳、曾乃自黃派出走。
	林派	林振榮〈創派人，縣議員落選〉、謝明陽〈國代〉、蔡陳翠蓮〈省議員〉、陳明文〈縣議員、立委，民國九十年，代表民進黨參選縣長，擊敗翁重鈞，當選十四以及十五屆縣長〉、何嘉榮〈第十屆縣長，脫黨爲無黨籍，後加入民進黨，又退出民進黨，與陳明文、翁重鈞爭縣長，失利〉。	民國89年陳明文以國民黨長期的偏祖黃派李雅景、翁重鈞，脫離國民黨，加入民進黨，林派幾乎舉派加入民進黨

表四 — 十四 國民黨地方派系成員表〈續5〉

縣市	派系	重 要 代 表 人 物	備註
雲林縣	林派	林派最初之領導人是林金生〈第三、四屆縣長〉。重要派系成員包括：林恆生〈第七、八屆縣長、自來水公司董事長、國代〉、黃鎮岳〈監察委員〉、陳錫章〈立委〉、張榮味〈議長，民國八十六年未被國民黨提名選縣長，退出國民黨，兩年後補選上縣長，又連任第十四屆縣長〉、林明義〈立委，後加入民進黨〉。	民國91年林明義率許多林派成員加入到民進黨，林派實力已大減。
	許派	代表人物爲許文志〈省府秘書長、第九、第十屆縣長〉，重要成員有：許舒博〈許文志之子，省議員、立委〉、曾蔡美佐〈立委〉	
	廖派	代表人物爲廖泉裕，廖原是許派大將，勢力漸大自成一派〈西螺鎮長、省議員、第十一、十二屆縣長〉、侯惠仙〈縣議員、省議員、立委〉、蘇文雄〈縣議員、第十三屆縣長〉。	
	福派	代表人物是廖福本，其廣結善緣，在地方自成格局，當選四屆立委，與林派、許派、廖派關係均佳。民國九十年未被國民黨提名，加以後繼無人，福派之地方勢力已弱。	
台南縣	北門派〈海派〉	吳三連〈精神領袖〉、陳華宗〈議長、省議員〉、高文瑞〈第一、二屆縣長〉、劉博文〈第五、六屆縣長〉、李雅樵〈省議員、第十、十一屆縣長〉、洪玉欽〈立委〉。	吳三連、陳華宗、高文瑞等皆出身北門沿海地區，故名。
	胡派〈山派〉	派系掌門人爲胡龍寶〈國民黨台南縣黨部主委，第三、四屆縣長〉、張文獻〈胡之女婿，省議員、立委、監委〉、胡雅雄〈胡之子，南縣衛生局長、省立醫院院長〉、楊寶發〈第八、九屆縣長，內政部政務次長。〉	胡龍寶爲台南善化山區出身。
高雄縣	紅派	立派宗師爲洪榮華〈第一屆縣長〉，重要派系成員有：陳皆興〈第三屆縣長〉、戴良慶〈第五屆縣長〉、吳尙卿〈縣議長〉、陳子欽〈國代〉、林仙保〈省議員〉、陳義秋〈立委〉、黃河清〈立委〉、黃八野〈縣議員、鳳山	洪榮華陣營選舉時均戴紅帽，故後來稱之爲紅派。

表四 — 十四 國民黨地方派系成員表〈**續6**〉

縣市	派系	重　要　代　表　人　物	備註
		市長〉、許福森〈縣議長〉、黃銅樹〈農田水利會會長〉、林益世〈林仙保之子，立委〉。	
	白派	創派者為陳新安〈第二屆縣長〉，重要派系成員有：林淵源〈第六、七屆縣長〉、王金平〈立法院長〉、鍾榮吉〈立法院副院長，加入親民黨〉、鍾紹和〈立委〉、蔡明耀〈第九屆縣長〉、吳珠惠〈縣議長〉、吳光訓〈立委〉、吳鶴松〈副議長〉、黃鴻都、林志隆	
屏東縣	張派	創派者為張山鐘〈第一屆縣長〉。派系主要成員：張豐緒〈張山鐘之子、省議員、第五、六屆縣長、第十屆台北市長、內政部長〉、李世昌〈第四屆縣長〉、施孟雄〈第十屆縣長〉、郭廷才〈東港鎮長、縣議長、立委〉、曾永權〈立院副院長、國民黨副主席〉、柯文福〈第七、八屆縣長〉、陳進興〈縣議長〉。	
	林派	創派者為林石城〈縣議長、第二、三屆縣長〉。派系主要成員有：陳恆盛〈縣議長〉、程清水、林國龍〈立法委員〉、簡明景〈省議長〉、伍澤元〈第十二屆縣長、立委〉、廖婉汝〈國代、立委〉、張河川〈屏東市長、國民黨評議委員〉。	
南投縣	李派	最初領導人是李國楨〈第一、二屆縣長〉。李在縣長卸任後退出政壇，派系力量散落、政治能量已不顯著。	
	洪派	洪派也稱舊派。創立者為洪樵榕〈第三、四屆縣長〉、簡清章〈南投信用合作社理事會主席、議會副議長、兩屆的議會議長、省議員、縣農會理事長、省農會理事長〉。派系重要成員有：簡金卿〈副議長、省議員、縣農會理事長、省農會理事長、立委〉。	
	陳派	最初的領導人是陳萬、林益川〈縣議會副議長、省議員〉。	
	林派	林洋港〈省主席、司法院長〉、林源朗〈林洋港之弟，國代、立委、縣長〉。	

表四 — 十四 國民黨地方派系成員表〈續7〉

縣市	派系	重 要 代 表 人 物	備註
花蓮縣	客家派	最出領導者爲林茂盛〈第二屆縣長〉、黃金鳳〈省議員〉。客家派的重要政治人物有：馬有岳〈省議員〉、徐國輝〈省議員〉、吳水雲〈第八屆、第九屆縣長、省議員、革命實踐研究院副主任、第二屆監察委員〉、吳國棟〈省議員、第十一屆縣長〉、吳秀光〈吳水雲之子、台北市民政局長、台北市副市長、馬英九核心幕僚〉。	
	閩南派	派系重要成員有：柯丁選〈縣議長、第四屆五屆縣長、省建設廳長、行政院顧問〉、黃福壽〈第六屆、七屆縣長〉、陳清水〈第十屆縣長〉、王慶豐〈縣議長、省議員、第十二屆、十三屆縣長〉、林永梁〈省議員〉、張俊雄〈省議員〉、張福興〈省議員、二屆國代主席團主席、立法委員、十四屆縣長〉。	陳清水後因官司，但以最高票當選國代，與國民黨間漸行漸遠。
台東縣	黃派	派系重要人物有：黃拓榮〈第三、第四屆縣長〉、黃鏡峰〈第六、第七屆縣長、省建設廳長、國代、國民黨中央評議委員〉、蔣聖愛〈第八、第九屆縣長〉、黃健庭〈黃鏡峰之子、國代、立委、第十六屆縣長〉。	國民黨在藍大於綠的台東，亦時常跳脫派系提名，如：鄭烈、陳建年〈第一位原住民縣長〉當選縣長爲著例。
	吳派	派系重要人物有：吳金玉〈第一、二屆縣長〉、饒穎奇〈立委、立法院副院長、國民黨副秘書長〉、饒慶鈴〈饒穎奇之女，副議長、議長〉、黃忠、林德春等人。	
澎湖縣	北派	以高順賢〈第一屆省參議員、澎湖觀光發展協會第一屆會長〉爲首的政治勢力。	
	南派	以郭石頭〈農會副會長、省議員〉爲核心的政治勢力。	
	西〈蘭〉派	以鄭大洽〈澎湖區漁會理事長、縣議長、省議員〉爲主的政治勢力。	
	東〈許〉派	以許紀盛〈漁會理事長、議員〉爲主的勢力。	
	許素葉派	以許素葉〈省議員〉、王乾同〈縣長〉爲主。	

資料來源：作者整理

地方派系多以爭取地方政治權力，影響地方公共政策制定過程，或控制地方政治體系為主要目的之團體，一般均是利益團體的傾向，故而並無正式政治組織，常因人而異，人亡派息。亦即地方派系之特徵，在於缺乏組合團體的運作，採取個人人脈接觸的經營方式，因之需要長時期耕耘，始培養出其動員實力。國民黨在提名政策上，可根據此一特色，採取高異動率的作法，減低地方菁英的坐大。依統計，民國四十六年至七十年間，國民黨現任省議員再度被提名的機率為53.3%，三度提名者為24.3%，四度提名者11.2%，參選菁英異動比例甚高。[106]

威權時期的國民黨乃透過恩威並濟的模式，結合地方派系的特質，由於派系在地方上有著諸多競爭與制衡的力量存在，地方派系菁英又多將精力投入地方性派系的消長競爭中，國民黨中央得以巧妙的運用地方黨團所扮演中立仲裁的角色予以平衡化解，並防止地方派系獨大後發展出串聯態勢。研究者並指出：[107]

> 執政黨對派系政治的利害關係瞭然於胸，在處理地方政務時，充分利用「縣市地方自治綱要」所賦予之權力，高度地控制地方政府的人事、行政權力，以防派系人脈坐大失控；另一方面則利用「財政收支劃分法」緊縮縣市鄉鎮所能運用的經費，再利用經費補助的策略，使地方對中央之律令徹底遵從，也因此維繫了中央政府對地方的強力支配地位。

國民黨與地方派系的攜手合作，確立國民黨中央的主導權，中央給予地方派系政經特權，而地方為中央奠定民意基礎。在各縣市的地方派系相率進入國民黨的網羅之中，國民黨員也急速膨脹。茲以最基層的鄉鎮縣轄市觀察，在民國四十一年至四十二年，第四屆鄉鎮市民代表，當選4,002人，國民黨籍僅佔25.5%，到民國四十四年第五屆為42.2%，四十七年第六屆為54.4%，五十七年第九屆53.2%，六十七年第十一屆為76.1%。而基層行政首長中，國民黨籍比例更高，民國四十年至四十一年第一屆鄉、鎮、縣轄市長及區長，當選359人中，國民黨籍已佔70.1%，到民國五十三年第五屆高達92.2%。

在解嚴以前，地方派系與國民黨的良好關係，雖然明顯的使國民黨黨員大幅擴張，唯數字的背後，所顯示的另一層意義，在於派系乃是利益團體，它的「候選人傾向」性質，使得極大多數的地方派系成員及其支持者加入國民黨，並非是以政治理念、意識型態與同志情誼等理想來相結合。質言之，地方派系明顯特徵之一即派系屬性實高於黨性。解嚴前，因國民黨掌握得宜，中央主導力仍強。

解嚴之後，國民黨在短短七、八年間，將地方派系透過民主化與本土化，迅速擴張力量，李登輝主席借助財團與地方派系力量來排除長久以來在黨中央的外省籍力量。但在此同時，國民黨摒棄以往黨中央的完全主導力，甚且拔擢或提名地方派系、財團大量進入民意機關中，促使地方派系與財團以其雄厚經濟資源擴大串聯影響力。民國八十二年省農會理事長改選，國民黨提名人選以1：15敗於派系之手。緊接著，在是年底的省議會副議長選舉，國民黨提名人選以20：32

---

[106] 郭正亮，國民黨政權在台灣的轉化，國立台灣大學，社會研究所，碩士論文，民國七十七年，頁五八－五九。

[107] 潘啓生，台灣地區政治抗爭之研究一九七七——九八八，國立政治大學，三民主義研究所，碩士論文，民國八十年一月，頁四〇。

敗陣，五日後的高雄市議會副議長選舉歷史重演，國民黨提名人選以 14：16 再敗。

　　民國八十年代，國民黨的民主化與本土化發展過程中，並不考慮財團、黑道後遺症，當地方派系「擁護中央」爲名，交換到「力量擴張」之後，聲勢更爲浩大，表面上，國民黨的力量仍在，二屆立委掌握絕對多數以上席次，首屆民選省長贏了 250 萬票，但以民國八十三年輿論顯示，或以立法院之最大黨派爲「華隆黨」，[108]或謂省議會第一大黨爲「長億黨」。[109]財團介入政治，加上家族長期投入政治的背景，結合地方上工業、商業和政治圈中的各個山頭勢力，地方派系藉著國民黨本土化發展，進行全方位之跨地方的策略聯合，地方派系游走政、經兩界之間，所倚仗的已不是國民黨高層的庇護，而是本身實力的壯大。

　　綜論之，民國八十年代，李登輝主持下的國民黨，其民主化、本土化發展，並未隨著整個大環境的自由化、民主化同步向前，甚至有逆退和政黨危機潛存。黨內民主化雖不斷被提出，但票選中常委的規劃人選悉數上榜，國民黨中央的全壘打，形成完全一言堂；又省長選舉「吳宋相爭」局面的戲劇性變化，吳伯雄退出；總統選舉由黨代表以「舉手」通過採黨代表產生，凸顯政黨政治所賴以爲基礎的黨內競爭模式，尙未建立。國民黨的民主化結果是使權力愈趨集中化、更具壟斷性。本土化的結果，使得金權與黑道勢力日益膨脹，國民黨體質的改變刻不容緩，然而改革卻面臨兩難局面，若與金權確實劃清界線，執政地位的續保將添變數，且果眞壯士斷腕，則這些派系、財團的未來政治走向，或投入反對陣營，或另行結合，亦將促使國內政治生態產生變化。如若國民黨無法與金權黑道確實劃清界線，則國民黨的本質將逐漸改變，它的目標、理想性漸行消失，最後國民黨所擁有的將只是軀殼。歷經四十多年執政優勢下的國民黨，面臨此一處境，終於無法有效解決，而於 2000 年總統大選「變天」。

貳、民進黨的發展

　　台灣地區政治民主化的發展，在威權時期的「黨外」，民國七十五年九月廿八日，組織成立民進黨，並在其後選舉中樹立了最大反對黨地位，也對執政的國民黨形成相當大程度的挑戰。因之，台灣地區政黨政治的走向和政治民主化的成敗，除了國民黨所佔的顯著地位外，民進黨亦有著舉足輕重的份量。

　　民進黨的政治影響力與日俱增，而關係其能否健全發展的因素，大致來自兩方面：一是組織體質，一是意識形態。就組織體質而言，民進黨承襲早期「黨外」運動時期留下的形態，並有更加惡化的趨勢。亦即早期的「公職掛帥」、「山頭主義」，成爲反對運動組織體質的顯著特點，影響所及，民進黨成立後，由於領導菁英的社會淵源、路線方針等差異，形成激烈的派系相爭與對立，從中央黨務系統到地方基層組織，派系的權力相爭不斷地進行著，這種情形不僅使民進黨組織體系中各個相關部門之間，因過於強調自主性而導致彼此對立，妨礙內部權力的正常運作。並且深深地影響領導菁英的團結與穩定，常因內部派系的激烈權力鬥

---

[108] 台北，中時晚報，民國八十四年一月二日，版三。
[109] 台北，中時晚報，八十三年十二月廿一日，版二。

爭，造成壁壘分明的對立局面；甚或時有分裂的傳言。組織體質的健全與否？是民進黨一個值得探討的問題。

就意識形態而言，民進黨藉由台獨的主張，拓展政治資源。其前任黨主席許信良曾公開表示：「民進黨本來就是台獨黨，對於黨主張台獨的目標，黨內本來就沒有任何分歧，包括對台灣共和國這個國號也沒有不同的意見，過去黨內所爭論的只是在『甚麼時機』提出國號較適當。」[110]民進黨並於民國八十年十月十三日，五全大會中通過新潮流系「台獨條款」修正案：『基於國民主權原理，建立主權自主的台灣共和國及制定新憲法的主張，應交由台灣全體住民以公民投票方式選擇決定。』此一「台獨黨綱」所顯示的是以分離意識形態爲主要理念，由於在國家認同問題上的歧異，對朝野的衝突、社會的不安、民眾的疑慮、兩岸的緊張均有相當程度的影響，因之對於民進黨在意識形態上所主張的台獨，其成因、理論基礎和影響結果更有探討之必要，俾使民進黨的道路趨於穩健踏實。

一、民進黨的組織體質

政黨的政治競爭力取決於其組織結構制度化的程度，而組織結構制度化的程度則關乎政黨組織體質的強弱。法國學者杜瓦傑（Maurice Duverger）指出，政黨的組織結構，規約黨員活動的總體環境，確立黨員內部團結的基本形式，決定政黨領袖的選舉機制及其權力運作，因此直接地影響政黨的政治競爭能力，也造成政黨之間的強弱關係地位。[111]民進黨的組織體質深受「黨外」時期影響，亦即在「黨外」時期的組織核心是由結合公職人員以及地方反對勢力派系而成，民進黨成立後，其內部既存的派系狀況與地方政治勢力仍無法有效的整合，此不僅阻礙民進黨政治資源的相乘相加效果，反而削弱了其政治實力。

政黨內部派系的出現與發展，似是任何政黨不可避免，薩托里（G. Sartori）即指出縱使是極權政黨（totalitarian party）亦不例外。[112]至於政黨內部何以會形成派系，其原因甚多，米契爾（R. Michels）認爲派系成因包括了：領導菁英的社會淵源、政治見解、意識型態等的差異，而領導菁英間年齡的差異、彼此的不服與莫名的反感，也將造成政黨內部間派系的緊張關係。[113]黃德福則歸納爲三大類：(1)社會因素，包括文化規範、社會經濟結構、階層流動與傳統價值的遺產。(2)政治因素，以政治體系中的菁英主義、選舉制度與政黨制度三者爲要。(3)結構因素，包括政黨的意識型態、歷史淵源、組織體系與權力結構。[114]

（一）黨外到民進黨時期派系的分合

---

[110] 台北，自立早報，民國八十年九月十七日，版三。

[111] Maurice Duverger, "Political Parties: Their Organization and Activity in the Modern State." (translated　from the French Publication of 1951) (London: Methuen & Co., 1964), P.4.

[112] Giovanni Sartori, Parties and Party System : A Framework for Analysis, (NewYork: Cambridge University Press, 1976), P.72.

[113] Robert Michels, "Political Parties: A Sociological Study of the Oligarchical Tendencies of Modern Democracy, " (translated from French Publication of 1915) (New York : Ferr Press, 1958), PP.177-178.

[114] 黃德福，「民進黨的組織體質與權力生態：一九八六——一九九二」，政治學報，第廿期，民國八十一年十二月，頁二二一－二二二。

　　民進黨從黨外時期以來，內部一直存在派系政治，彭懷恩分析黨外時期派系成因，歸納爲三：(1)意識型態：長期以來內部對「台灣獨立」緩急的見解不同，再滲雜著「資本主義」、「社會主義」的分歧，於是以政治社會認同與政治經濟認同兩項指標下，形成「台灣右派」、「台灣左派」、「統一右派」、「統一左派」之別（如表四－十五）(2)權力結構：黨外運動初期已有議會路線與群眾路線，兩種不同的發展方向之爭，從早期「美麗島雜誌」集團與「八十年代雜誌」集團的互異，以至所謂「批康事件」、「雞兔同籠」問題，再到公職與非公職的黨外人士所分別組成「黨外公共政策研究會」（後演變成美麗島系）與「黨外編輯作家聯誼會」（後演變成新潮流系）的較勁。(3)選舉制：我國產生民意代表所採取的選舉制度爲複數選舉區單記非讓渡投票法，此制度乃是一人一票，在一個選區可產生兩個以上當選，因之易造成派系，並發生對立，如民國七十五年黨外後援會的推薦過程，台北市「黨外公政會」與「首都分會」即因票源有限，而互相對立現象。[115]

　　民進黨成立前之「黨外」時期派系經過長時間的演進（如圖四－三），直到民進黨成立之初，仍承襲了「黨外」運動時期所發展出來的派系，它包括「泛美麗島系」、「泛新潮流系」以及由康寧祥爲首的「康系及超派系」，由林正杰爲首的「前進系」。「泛美麗島系」在建黨之時力量仍相當薄弱，「康系及超派系」力量較大。「泛新潮流系」利用掌握「組織工作委員會」組織聯合謝長廷的「謝系」，而與「康系」分庭抗禮，將「泛美麗島系」排斥在黨領導核心外，第一、二屆黨主席江鵬堅、姚嘉文均爲「泛新潮流系」（民進黨黨主席選舉對照表如表四－十六）民國七十七年初，黃信介、張俊宏兩人出獄，提升了「泛美麗島系」的氣勢，並逐漸整合擴大，形成與「泛新潮流系」並駕齊驅。而「康系及超派系」部分成員爲「泛美麗島系」與「泛新潮流系」所吸收，其餘則逐漸演變成「中間派系」，標榜不介入派系紛爭的中立色彩。「前進系」在派系競爭中勢單力孤，因此併入「泛美麗島系」。民國七十七年十月，三全大會黨主席選舉時，乃成爲「泛美麗島系」與「泛新潮流系」兩大派系之間的權力競爭，三全大會與四全大會均由「泛美麗島系」的黃信介當選黨主席。「泛美麗島系」在中央機構的席位上佔優勢，奪取黨中央主控權。形成以黃信介、張俊宏、許榮淑、尤清、康寧祥、余陳月瑛、邱連輝、林正杰、朱高正等人爲代表的「泛美麗島系」。另外「泛新潮流系」代表人物除了核心的邱義仁、吳乃仁、洪奇昌 、林濁水、李逸洋、戴振耀等外，還有其支持者，如姚嘉文、江鵬堅、陳永興、張俊雄等人。

　　到了民國八十年十月，五全大會時，民進黨原有派系因爲海外台獨團體返台發展組織，產生重大衝擊。海外台獨團體結合島內台獨團體，並吸收了部分「泛新潮流系」與「泛美麗島系」中較爲激進的台獨意識者，逐漸發展出一個新興派系「台獨聯盟」，它改變了民進黨內「泛新潮流系」與「泛美麗島系」主控的局面。亦即「泛新潮流系」與「泛美麗島系」雖然聲勢最大，但皆無壓倒性優勢，屬於少數派的「中間派系」與「台獨聯盟」反而具有舉足輕重的影響力。十月十

---

[115] 詳見彭懷恩，台灣政黨政治，前揭書，頁一二七－一二八；以及透視黨外組織（台北：風雲論壇社，民國七十五年十二月），頁五－八。

表四 — 十五　「黨外」派系的意識形態類型

項目		政治社會認同	
		台灣	中國
政治經濟認同	資本主義	台灣右派	統一右派
	社會主義	台灣左派	統一左派

資料來源：彭懷恩，透視黨外組織〈台北：風雲論壇社，七十五年十二月〉頁九

圖四－三：「黨外」時期派系的演進過程

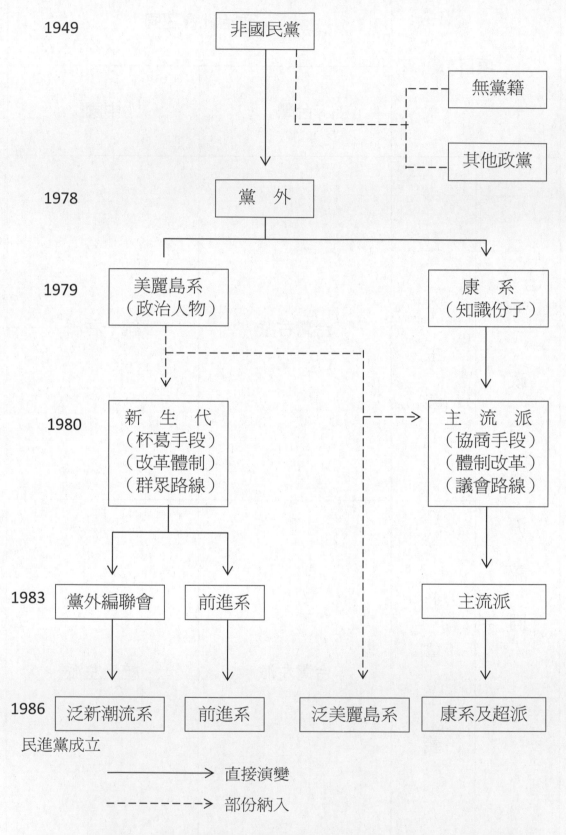

資料來源：黃德福，民主進步黨與台灣地區政治民主化（台北：時英出版社，民國八十一年）

表四 — 十六　民進黨七十五年 — 八十三年黨主席選舉對照表

屆數	一	二	三	四	五	六
選舉時間	75.11.11	76.11.10	77.10.30	78.10.29	80.10.13	83.5.1
黨主席當選人	江鵬堅	姚嘉文	黃信介	黃信介	許信良	施明德
派系屬性	泛新潮流	泛新潮流	泛新潮流	泛新潮流	泛美麗島	福利國連線
競爭對手	費希平	許榮淑	姚嘉文	陳永興	施明德	余陳月瑛
派系屬性	泛美麗島	泛美麗島	泛新潮流	泛新潮流	泛新潮流	泛美麗島
選票比數	13：12	17：13	123：97	110：93	1801：63	206：145
選舉方式	中執委互選	中執委互選	黨代表投票	黨代表投票	黨代表投票	黨代表投票

資料來源：聯合報，民國八十三年五月二日，第二版

二日，在五全大會中執委與中常委選舉中，「泛新潮流系」能夠適時統合「中間派系」與「台獨聯盟」力量，故而在中執委、中常委選舉獲得多數席次，使「泛美麗島系」成為中執委與中常委的少數派。然而「泛美麗島系」於次日（十月十三日）黨主席選舉時，透過黨綱中「台獨條款」的通過，策略性的拉攏了「台獨聯盟」所掌握的黨代表，將「泛美麗島系」的許信良推上黨主席位置。

民國八十三年四月六全大會，「泛新潮流系」與「泛美麗島系」兩大派系之外，「台獨聯盟」及其所分出之「公投會」，「中間派系」的「正義連線」都是首次以派系名義參選中執委與中常委，選舉結果中執委、中常委仍以「泛美麗島系」席次居首，「福利國連線」次之，「泛新潮流系」第三，另「正義連線」、「台獨聯盟」均在中執委、中常委兩項榜上有名，「公投會」、「前進系」亦在中執委選舉有斬獲。（六屆中執委、中常委各派系當選名單見表四－十七、四－十八）至於黨主席選舉則爆出冷門，原有意角逐黨主席的「泛美麗島系」蔡同榮與「台獨聯盟」主席張燦鍙意外在中執委選舉中落選，喪失競選黨主席資格，「福利國連線」的施明德在與「泛新潮流系」達成黨主席選舉結盟共識下，得以擊敗「泛美麗島系」臨時推出的余陳月瑛，由施明德當選第六屆民進黨黨主席。

經過民進黨第六屆全國代表大會，可以看出民進黨的派系情勢，與該黨成立之初已全然不同。（民進黨派系之演進過程如圖四－四）經過相當時期的競合與重組，「泛美麗島系」與「泛新潮流系」仍是民進黨最主要的派系，但「中間派系」的「福利國連線」、「正義連線」同樣具有相當的群眾基礎，台獨聯盟」、「公投會」亦有一定的支持群眾。從六全大會中更明顯看出：「福利國連線」、「正義連線」等中間派系漸成民進黨內有力的天平，將「泛美麗島系」與「泛新潮流系」之間的惡鬥情勢，不致導向分裂的途徑。唯民進黨內「中間派系」的茁壯，以及獨派團體的競合，固有助於降低派系競爭的兩極化現象；但另一方面，派系領導菁英激烈鬥爭的權力生態，已嚴重影響民進黨內部的團結與穩定，不僅減低民進黨組織結構的制度化程度，同時亦將削弱民進黨的黨際競爭能力，民國八十三年省長選舉、民國八十五年第一屆民選總統選舉結果正說明此一狀況。

（二）民進黨派系的主要分歧

民國八十年間，民進黨內部最主要的派系為「泛美麗島系」與「泛新潮流系」，兩大派系雖然掌握絕大多數中央黨務系統的席次，但皆無壓倒性的優勢，標榜中立色彩的「中間派系」發展出「正義連線」、「福利國連線」，此有助於緩和過去「泛美麗島系」與「泛新潮流系」的兩極緊張對立關係。然而長久以來「泛美麗島系」與「泛新潮流系」的嚴重對立，除了領導菁英之間的權力角逐、個人恩怨等因素外，兩派系在政策主張上實亦有著重大分歧。兩派系之主要分歧在於：

1.對民進黨屬性見解不同：「泛美麗島系」認為政黨的目的在於取得執政權，因此在政黨的基礎而言，必須得到大多數群眾的支持，亦即必須爭取不同階級或不同社運團體的支持，才有執政可能。民進黨如欲取得多數人支持，有關國家體制的主張，必須涉及全體台灣住民，政黨的性質要有泛階級（包括中產階級和工農）或泛社運團體的走向。一方面在反對運動中，以爭取公民權為鬥爭的主要目

表四 — 十七　民進黨第六屆中執委名單

派系別	泛美麗島系	泛新潮流系	福利國連線	台獨聯盟	正義連線	公投會	前進系
席次	11	6	7	2	3	1	1
中執委名單	張俊宏、傅文正、林純子、黃天福、洪平朗、魏延朝、余陳月瑛、林豐喜、朱星羽、張國堂、王隆基	黃昭輝、黃先柱、劉世芳、劉峰松、田秋堇、邱義仁	陳文獻、施明德、李茂全、蘇貞昌、謝長廷、林義成、尤清	張黨、黃永聰	彭百顯、邱連輝、陳水扁	許龍俊	周伯倫

表四 — 十八　民進黨第六屆中常委名單

派系別	泛美麗島系	泛新潮流系	福利國連線	正義連線	台獨聯盟
席次	4	2	3	1	1
中常委名單	余陳月瑛 朱星羽 張俊宏 王隆基	邱義仁 黃昭輝	施明德 謝長廷 蘇貞昌	邱連輝	黃永聰

資料來源：聯合報，民國八十三年五月一日，第二版

圖四－四：民進黨派系之演進過程

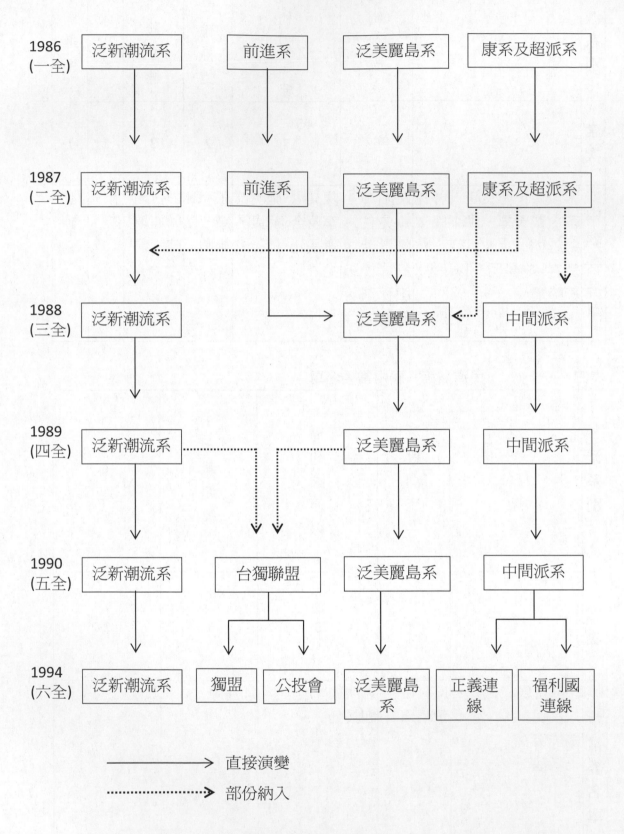

資料來源：黃德福，民主進步黨與台灣地區政治民主化（台北：時英出版社，
民國八十一年）

標出發，將民進黨建立成一個代表全體台灣人利益的「全民政黨」，另一方面則在打倒少數特權資本家，中立多數民營資本家，聯合中產階級和工農。質言之，「泛美麗島系」認為不應也不能將民進黨發展成為針對農工大眾的階級政黨，以免妨礙台灣人民內部的團結，甚且民進黨組織要以利益做為結合的基礎，不宜用抽象的道德理想來規範黨員。

「泛新潮流系」則強調民進黨的「階級屬性」，主張黨應站在被壓迫的農工及基層民眾的立場上，黨員要以理念做結合。民進黨所推動的台獨運動之主體應是權力核心之外的勞工、弱勢者及中產階級。台獨運動的同盟者是權力邊陲地帶的中小企業。質言之，「泛新潮流系」強調一個比較有紀律約束的剛性政黨，以工農為抗爭主體，聯合中產階級，目標對準黨國體制與大資本家。

2.**對發展路線策略不同**：「泛美麗島系」認為政治應有包容性，並要讓民眾改變對民進黨的敵意和恐懼，因此應透過和平改革，議會路線，用選票揚棄國民黨的法統體制，取得執政。群眾運動是一種不得已的抗爭手段，而現階段的反對運動應以爭公民權的鬥爭為主，不宜將階級運動和台獨運動結合為一，以免陡然造成人民內部的矛盾，耗損反對運動的政經資源。而「泛美麗島系」亦認為目前直接通過議會選舉出中央政權尚有一段距離，因此採取「地方包圍中央」的戰略，以取得執政為目標。

「泛新潮流系」認為國民黨政權的本質不會改變，也不會自動放棄政權，因之「泛美麗島系」的「地方包圍中央」以取得政權，是患了「執政幼稚病」，所謂的議會路線，將使民進黨變成一個「分沾國民黨唾液的花瓶政黨」。「泛新潮流系」主張用既不是武裝革命，也非體制內改革的第三條路線 — 依靠人民力量進行和平革命的方式，推翻國民黨政權。其步驟為在群眾中廣泛建立「民主草根組織」，透過思想鼓動工作，動員群眾自覺自發的投入運動。依循群眾路線將群眾的覺悟由「自力救濟」提高到「自我階級的解放」。而鬥爭的高度，達到「社會運動政治化，政治運動社會化」的目的。

3.**對台灣前途理念不同**：「泛美麗島系」認為政治是理想與實力的結合，民進黨應將最終理想與現行政策區分開來。以「完成台灣的實質民主」取向，先實現民主，掌握政權，使獨立獲得保障。亦即民進黨要以通過民主競爭取代國民黨而執政，使台灣成為一個自由、民主、富裕，最後走向獨立的台灣，現階段無須立刻提出台獨立張，而應以落實台灣民主化，提出公共政策為要。在政治上，由廢除臨時條款，修改憲法，全面改選國會，總統民選，實現政黨政治，逐步的開展，達到民進黨執政；在經濟上，發展自由經濟，公營企業開放民營，建立以台灣為主體的亞洲、太平洋共同市場；在外交上，支持政府當局的「彈性外交」，以此為基點，實現台灣的「實質獨立」，並為以後的「法律獨立」創造有利條件。整體來說，「泛美麗島系」乃強調政治民主化的追求先於台灣獨立。

「泛新潮流系」認為台獨是解決台灣前途最好的選擇，若沒有獨立就沒有民主，因此提出制定新憲法，選舉新國會，建立新國家，實現台灣獨立，並於民國七十八年七月提出「東方瑞士台灣國」的共同政見。新潮流版「台灣共和國憲法」

（共有五章、一二八條）第一條即揭示這個新國家精神：法治國、社會國及文化國原則，認爲「台灣共和國」這樣的新國家，同時是一種新政治、一個新社會以及一套新文化。基本上，「泛新潮流系」乃強調台灣獨立優先於政治民主化。

綜合前述比較，民進黨內部派系的分歧長久以來係「泛美麗島系」與「泛新潮流系」爲主軸，前者較偏重協商、體制改革與議會路線策略；後者較強調杯葛、改革體制與群眾路線策略。事實上，民進黨除「泛美麗島系」與「泛新潮流系」衝突外，內部的歧異仍複雜，尤以「台獨聯盟」與「泛新潮流系」間的「洋獨」、「土獨」矛盾關係，「台獨聯盟」採取的「既聯合又鬥爭」方式策略，先製造各種運動吸收新幹部，逐漸瓜分「泛新潮流系」擁有之資源；另方面「台獨聯盟」以爭取中產階級及知識分子的主要定位，亦與「泛新潮流系」積極推動島內的農民與工人運動，存在一定程度的歧見。上述透過民進黨六全大會之例，可看出民國八十年代，其傳統「泛美麗島系」與「泛新潮流系」的抗衡相當明顯，兩者亦具有較強固之基層實力。唯隨著「中間派系」快速發展（如「福利國連線」在民國八十四年一月，舉行成立以來首次會員大會，通過吸納非公職人員，並採派系方式運作，其成員達 80 餘人，約半數爲省市議員以上公職人員。）另獨派間勢力的競逐，使民進黨的派系權力更形激烈，所造成負面影響極爲深遠。民國八十九年「政黨輪替」後，「正義連線」陳水扁當選總統，亦深感派系制肘與紛擾，乃提出「解散派系」，亦可見派系對民進黨內部之影響甚鉅。

（二）派系與組織結構的關係

民進黨成立之後，其組織結構深受「黨外」運動時期體質影響，如前文所述，「公職掛帥」與「山頭主義」的延續，形成派系對立，派系的發展阻礙了民進黨組織結構制度化，茲列其要者如下：

1. **黨主席與中常會易行成雙元領導**：民進黨初成立時，黨章原規定主席與中常委皆由中執委選舉產生，任期二年，此時中常會採取合議制運作方式，由於派系間杯葛，使得決策效率不佳。到了民國七十七年十月民進黨三全大會，修改黨章，主席不再由中執委就中常委中推舉一位出任，而是直接由全國代表大會就中常委中選舉一人擔任。亦即全國代表大會選出中執委（31 人），任期二年，並由中執委互選 11 人爲中常委，任期二年，再由全國代表大會就中常委中選舉 1 人爲主席，任期二年，（民進黨組織結構如圖四－五）此種設計，不僅使黨的權力結構未得到改善，反而出現雙元領導之可能，當黨主席與中常會的多數委員分屬不同派系時，加深了黨中央決策與統合的困難。[116]主席所屬派系如能掌握中常委的過半數，權力運作的阻力較小，如三全大會與四全大會。但黨主席所屬派系與中常委的過半數分屬不同派系時，則雙元領導下的權力運作過程將形困難，如五全、六全大會。五全大會所產生主席爲「泛美麗島系」的許信良，而中常委則過半數爲「泛新潮流系」。六全大會所產生主席爲「福利國連線」的施明德，而中常委中無一派系過半。（如表四－十七）

2.各級組織間缺乏官僚體系（bureaucracy）的互動與合作：就民進黨中央黨

---

[116] 許介鱗，政黨政治的秩序與倫理（台北：國家政策研究資料中心，民國七十八年），頁三六。

圖四－五　民進黨結構圖

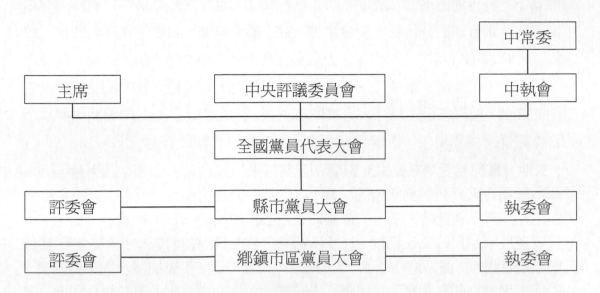

資料來源：許介鱗，政黨政治的秩序與倫理（台北：國家政策研究資料
中心，民國七十八年四月），頁四三。

圖四－六　民進黨黨部組織圖

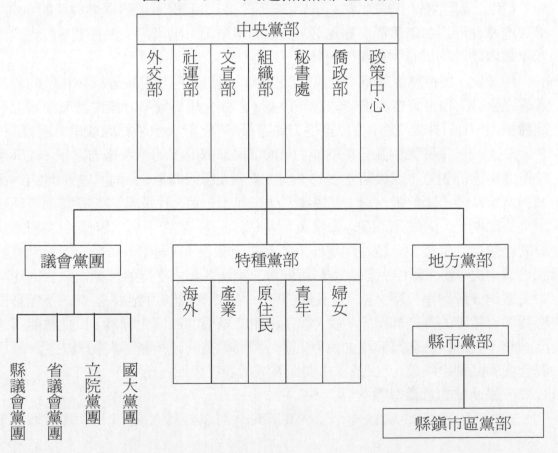

資料來源：許介鱗，前揭書，頁三五

部言，除祕書處外，設組織部、文宣部、社運部、僑務部與政策研究中心；中央黨部之下，設有地方黨部、議會黨部與特種黨部。地方黨部分爲縣市黨部與鄉鎮市區黨部；議會黨部分爲縣市議會黨團、省市議會黨團、立法院黨團與國民大會黨團。特種黨部分爲婦女、青年、原住民、產業與海外等五個黨部。（如圖四－六）基本上，民進黨的組織體系相當完整，究其實，則因派系權力的分配、民主原則的強調，使得各級組織都因過高的自主權，彼此缺乏垂直的統屬關係與水平的合作關係。這種現象，影響決策功能、執行效果與動員能力。[117]

　　3.地方黨部易受派系操縱，影響初選制結果：民進黨因山頭主義力量過大，其原本即爲在野反對勢力聯盟的結構，故而黨中央在選舉時，根本沒有決定提名人選之決定權，在此情形下，初選制即成爲必需使用的方法。唯黨員人數太少，無法正確反映選民的真正結構，甚且民進黨只有在黨內初選競爭激烈之時，黨員人數呈明顯增加。派系運作下的「人頭黨員」備受爭議，不僅組織發展未得落實，亦影響提名制度的真實意涵。民國八十三年的六全大會提出「預備黨員制度」與「兩階段初選制」，用以防範「人頭黨員」控制提名。前者乃以凡年滿十八歲，得申請爲預備黨員。預備黨員於一年預備期滿，並完成入黨手續者，得爲黨員。後者「兩階段初選制」，第一階段由黨幹部及黨員參加初選投票，佔提名成績的50%；第二階段開放予非政黨黨員亦可參加「公民投票」，也佔提名成績的50%。唯民進黨在通過二階段提名辦法後，又立即凍結第二階段之公民投票，直到八十四年黨內總統初選時才首次使用該法。

　　綜論之，民進黨從黨章中對黨組織結構的設計，在於擺脫分權與鬆散的幹部政黨，發展出較爲集權與嚴密的群眾政黨，以強化組織體系功能。然而事實上受制於派系、山頭林立，從中央以至地方的各級組織，無論水平組織或垂直組織間，普遍缺乏統一指揮與協調分工的能力。加以民進黨內部的派系權力之爭，或導源於意識型態的對立，或策略主張的不同，或個人恩怨的激化，從中央到地方，派系的抗爭持續不斷的進行著，如民國八十三年十一月，民進黨嘉義縣黨部不理會中央黨部制止，仍舊召開臨時黨代表大會，除通過「譴責中央立場偏差的聲明」，並開除包括中常委黃永聰在內等6人的黨籍及職務。[118]同年十二月，南投縣黨部函文黨中央，要求黨中央對立委彭百顯停止黨權3年，支持彭百顯之黨員則建議中央撤銷或解散南投縣黨部。[119]凡此種種，均顯示民進黨的派系衝突，不僅嚴重影響領導菁英的團結與穩定，並大幅削弱組織結構的制度化程度。民進黨能否適度調整不良的組織體質與權力生態，統合領導菁英的政治資源與動員力量，誠爲健全發展關鍵之所繫。〈民進黨主要派系成員表見表四－十九〉

　二、民進黨的意識型態

　　道爾（R. A. Dahl）曾分析反對黨的策略，可以分爲六種：1.反對黨爭取選舉

---

[117] 黃德福，前揭書，頁二二五－二二六。
[118] 台北，中國時報，民國八十三年十一月廿日，版九。
[119] 台北，聯合報，民國八十三年十二月廿八日，版四。

表四 — 十九　民進黨主要派系成員表

派 系 名 稱	派 系 重 要 成 員
新潮流系	邱義仁〈民進黨秘書長、行政院秘書長、國安會秘書長〉、吳乃仁〈民進黨秘書長、證券交易所董事長〉、林濁水〈立委〉、洪奇昌〈立委〉、段宜康〈立委、新潮流系總召〉、翁金珠〈立委、彰化縣長〉、蘇煥智〈立委、台南縣長〉、楊秋興〈立委、高雄縣長〉、簡錫堦〈立委〉、蔡明憲〈立委〉、彭紹瑾〈立委〉、李文忠〈立委〉、陳景峻〈立委〉、賴勁麟〈立委〉、邱太三〈立委〉、賴清德〈立委、台南市長〉、曹啓鴻〈立委、屏東縣長〉。
正義連線	陳水扁〈總統、精神領袖〉、沈富雄〈立委〉、陳哲男〈總統府副秘書長、行政院政務委員〉、陳其邁〈立委、高雄市代市長〉、鄭寶清〈立委、台糖董事長〉、張旭成〈立委〉、王雪峰〈立委〉、林重謨〈立委〉、張清芳〈立委〉、葉宜津〈立委〉、余政道〈立委〉、戴振耀〈立委〉、蔡煌瑯〈立委〉、王世勛〈立委〉。
福利國連線	謝長廷〈立委、行政院長〉、蘇貞昌〈屏東縣長、台北縣長、總統府秘書長、行政院長〉、尤清〈台北縣長、立委〉、柯建銘〈立委〉、卓榮泰〈立委〉、張俊雄〈立委、行政院長〉、李俊毅〈立委、福利國系總召〉、鄭朝明〈立委〉、蔡同榮〈立委〉、周清玉〈立委、彰化縣長〉、嚴錦福〈立委〉、張秀珍〈立委〉、邱垂貞〈立委〉、周慧瑛〈立委〉、張川田〈立委〉。
美麗島系	黃信介〈立委、黨主席〉、許信良〈桃園縣長、立委、黨主席〉、邱茂男〈台灣省諮議員〉、范巽綠〈立委〉、王拓〈立委〉、張學舜〈立委〉、許鍾碧霞〈立委〉、林豐喜〈立委、行政院中部聯合服務中心執行長〉、陳勝宏〈立委〉、陳忠信〈立委〉。
新世紀	張俊宏〈立委、從美麗島系帶領部分立委組成〉、湯金全〈立委〉、林宗男〈立委、南投縣長〉、何嘉榮〈立委〉、唐碧娥〈立委〉、周雅淑〈立委〉、陳昭男〈立委〉、巴燕達魯〈立委〉、林文郎〈立委〉、鍾金江〈立委〉、周伯倫〈立委〉、劉俊雄〈立委〉、林忠正〈立委〉。
新動力	許榮淑〈立委〉。
台獨聯盟	李應元〈立委、行政院秘書長〉、黃爾璇〈立委〉、王幸男〈立委〉、林國華〈立委〉。

註 1：各派系成員並非一成不變，不同時期或有脫離政黨〈如許信良、楊秋興〉、脫離派系、另組派系者〈如張俊宏原為美麗島系〉，本表僅為原則參考。

註 2：各成員之括弧內職務僅為代表性者，並非全部歷任職務。

註 3：「主流聯盟」乃 2000 年大選後，民進黨主政，以正義連線、福利國連線、新世紀、新動力、台獨聯盟等合組之策略聯盟，對抗聲勢日大之新潮流系。

　　　　　　　　　　　　　　　　　　　　　　　　　資料來源：作者整理

的勝利，掌握國會過半數席次而執政。2.反對黨無法取得過半數席次時，儘量增加國會席次，以便加入聯合政府，擴大其影響力。3.反對黨除了進入聯合政府外，並積極的影響半官方的（Quasi official）決策機構。4.反對黨認為選舉只是決策的手段之一，更應透過對中央與地方的行政、司法與利益團體的遊說與攏絡，積極影響政府的政策。5.在危機時期，為了國家生存的需要，反對黨加入聯合政府，以求降低政治衝突與對抗的程度。6.反對黨企圖運用各種手段摧毀現存的政治結構、社經結構與憲法秩序。[120]

依據上述，可以將反對黨的策略分為兩大類型，一是體制內或體制改革的策略，另一是體制外或改革體制的策略。[121]大多數民主國家反對黨所採取者為體制改革策略，通常是透過選舉競爭、議會運作、遊說活動等和平方式，一方面期影響政策，並有限的調整或改變政治結構，另一方面則以取得政權為目的。相對於此，若一個反對黨採取改革體制，以體制外的建立為訴求，則對政治環境必然造成衝擊，而對既存政治體的否定態度，也將造成對立、分化，其手段如係經由杯葛、示威、抗議、攻擊、暴力、革命等手段，更將成為國家政治民主化的絆腳石和政局動亂不安的根源。

有鑑於民主國家的反對黨多以認同於國家體制與基本憲政規範，扮演「忠誠的反對黨」角色，爭取民眾的信任，進而透過定期制選舉，取得執政地位。因之，反對黨訴求的議題如不涉及意識型態、國家認同等問題，顯較易得到政府當局與人民的信賴與回應，有助於政治發展與良性的政治互動關係。

民進黨成立後，其內部雖有路線差異之爭，然而本質上對於國家認同的否定態度並無二致，亦即民進黨在意識型態上採取「台灣獨立」運動（以下簡稱「台獨」）的發展策略，以造成台獨的最終目的，其在手段方法上有派系的爭議，但是分離主義的終極目標是相同的。民進黨內部在創黨以後，對「台獨」的主張與發展大要如下：

1.民國七十五年九月廿八日，民進黨成立，黨綱草案明示，台灣前途由人民自決決定。

2.民國七十五年十二月，民進黨以「住民自決」為增額中央民意代表選舉的訴求。民進黨十六項共同政見的第一項：「台灣前途應由台灣全體住民，以普遍且平等的方式共同決定。且憑此權利自由決定其政治地位，自由謀求其經濟、社會及文化發展。」

3.民國七十七年四月十七日，民進黨二中臨時大會通過四一七決議文，主張台灣國際主權獨立，不屬於「中華人民共和國」，而台灣國際地位變更，必須經台灣全體住民自決同意。

4.民國七十九年十月七日，民進黨四全大會通過一〇〇七決議文，主張我國事實主權不及於「中華人民共和國」及「蒙古人民共和國」。

---

[120] 道爾（Robert A. Dahl），「政府與反對派」，黃德福譯，總體政治理論（台北：幼獅出版社，民國七十二年六月），頁二一八－二二二。

[121] 黃德福，民進黨與台灣地區政治民主化（台北：民主基金會出版，民國八十年十一月），頁一六八。

5.民國八十年八月十四日，民進黨結合無黨籍及學界部分人士公布「台灣憲法草案」，決以「台灣」爲未來國號，而不冠以中華民國國號，並以「事實主權」原則規範台灣領土範圍。

6.民國八十年八月廿四日，「人民制憲會議」通過「台灣憲法草案」，主張「台灣爲民有、民治、民享之民主共和國」，國名爲「台灣共和國」。四天後的廿八日，民進黨第四屆第七十三次中常會決議，確認「人民制憲會議」所通過之「台灣憲法草案」，並做爲該黨是年底第二屆國大代表選舉候選人之共同政見。

7.民國八十年十月十三日，民進黨五全大會通過「泛新潮流系」之「台獨條款」修正案，將黨綱中刪除「台灣前途應由台灣全體住民自決原則」文字，並納入變更主張爲「建立主權獨立自主的台灣共和國」，強調基於國民主權原理，建立主權自主的台灣共和國及制定新憲法的主張，應交由台灣全體住民以公民投票方式選擇、決定。

8.民國八十一年一月十一日，民進黨國大黨團第一次會議決議：(1)以推動制定台灣憲法，宏揚憲政爲宗旨。(2)主張「制憲建國、總統直選及爭取社會權」爲其推動憲政改造及國大開會期間運作策略之立場與目標。

9.民國八十一年三月十一日，民進黨五全第五屆中常會議成立總統直選推動小組，並通過「總統直選」、「廢除國民大會」和「一九九三年舉行總統選舉的現階段憲政運動重點」。

10.民國八十三年六月廿四、廿五日，連續兩天的「第二次台灣人民制憲會議」通過「台灣共和國憲法」，其要點爲：台灣之領土包括台灣本島、澎湖群島、金門、馬祖、附屬島嶼及國家權力所及之其他地區，領土之變更，應依照當地住民自決原則；總統得就國家重大事項，依法提交公民投票。並於廿五日晚上在台灣大學升起「台灣新國旗」。

綜合上述發展可明顯看出最大反對黨的民進黨，其內部仍然停留在過去「黨外」時期，過於迷戀分離主義與改革體制的主張。當台灣地區由威權時期逐漸邁向民主政治的發展方向，民進黨的政治性訴求（解嚴、廢止臨時條款、國會全面改選、省市長民選、總統民選、媒體開放‧‧‧）逐一達成，政治民主化的快速腳步有助於內部的穩定發展，然而民進黨的國家認同歧異，勢必阻礙政黨政治的健全運作，將對我國的政治發展投下變數，也因台獨涉及民族主義層面，並非單一政治問題可解決，「台灣共和國」的訴求影響可謂極爲深遠。

台獨的起源和發展因素極廣，依馬起華的研究，它包含：1.早期發起和參加台獨的人，大都直接、間接和二二八事件有關。2.二次大戰後，日、美兩國部分人士想利用台獨，乃直接、間接支持台獨，使得這兩個國家先後成爲台獨的大本營。3.中共對於海外台獨的統戰和運用，暗中對於左派台獨的串連、支持，有助於台獨的發展。4.中華民國的處境艱難，對內發生了二二八事件、中壢事件、美麗島事件、林宅命案；對外則因退出聯合國，與美、日及其他國家的斷交，均使台獨份子增加文宣的材料和說詞。5.對政治現狀和政府不滿的人，有些產生台獨

的傾向。[122]解嚴前因國內政治生態影響，台獨的組織和派系大多在海外發展，初期在日本，而後以美國為活動大本營。隨著解嚴、動員戡亂時期的終止以及刑法一百條（內亂罪）的修改，台獨成為言論自由的範圍，國內至此，政治環境丕變，海外台獨組織與人士紛紛回來，「洋獨」、「土獨」各自尋求國內發展空間。

台獨的主張是政治的訴求，但也牽連民族主義的範圍。張俊宏分析：1.台獨為台灣人民與大陸「劃清界線」，拒絕接受大陸政權的統治。2.台獨是台灣人民要求當家作主。3.民主的制度和程序；唯有透過這個程序，實行真正的民主，人民才得穩定而長久的「當家作主」。4.國際人格的尊嚴，這是國際政治及外交的範疇。[123]台獨人士為了走台獨之路，乃提出許多理論主張，然而這些理論多有其破綻與爭議性，有關台獨理論在第六章中予以詳細論述評析，在民進黨已成為最大反對黨的同時，其台獨主張亦廣泛引起國人的憂慮，如能審慎考量放棄台獨，應是政黨發展的最大格局。正如康寧祥所言：[124]

> 民進黨成立以後，對國內民主政治的推動，雖然有某種程度的貢獻，可是在訴求與手段的表現上，卻往往偏離民主社會反對黨的正當角色。不以體制內推動政治改革、制衡執政黨為主要職責，雖然也打著民主旗號，卻往往把民主當作實現台獨的墊腳石，這點不但是它備受支持者爭議與質疑的癥結所在，而且也是邁向執政之路最大的阻礙。

道爾（R. A. Dahl）即稱，沒有一個實行民主的先進國家，是願意接受以政黨競爭，來從事否定國家及推翻憲法的政治參與。[125]民進黨應從體制外的抗爭走向體制內的競爭，則未來的政治發展，才能得以健全、穩定的成長。因為民進黨在接受國家認同之下，將具有如下意義：1.健全政黨政治的發展。2.袪除民眾的疑慮和不安。3.免除內部族群對立。4.走出悲情、仇恨與狹隘的島國心態（insula）。5.促進內部團結和諧，建設並繁榮台澎金馬。6.免除給中共可乘之機。

民進黨有謂：「主張台獨是愛台灣」。然而真正的狀況將是大相逕庭的，假設台灣獨立，則內部的分歧、對立必將產生，相對於中共政權以民族大義相號召下，十三億人民鼎沸而團結，師出而有名，力量集中；這時台灣的二千三百萬人民卻因對立與動亂，而陷於力量解體，這時候台灣的前途何在？台獨是愛台灣抑或害台灣？至為明顯。在今日台灣地區整體發展下的政治民主化日趨開放，社會多元化更趨活絡，民進黨果真能去除台獨的包袱，揚棄偏狹意識型態的制約，將有助於其長遠的發展和我國政黨政治的落實。

參、新黨的發展

新黨的前身乃是原國民黨內的「新國民黨連線」，促成新黨的誕生，最大動力還是來自國民黨本身。新黨脫離的主因有三：1.新黨核心成員趙少康、王建煊、

---

[122] 馬起華，「對台獨的認識與看法」，馬起華主編，台獨研究（台北：中華民國公共秩序研究會，民國七十七年十二月），頁一九〇。

[123] 張俊宏，「論台獨：善用它不要惡用它」，自立早報，民國七十七年四月廿五日，版五。

[124] 台北，世界論壇報，民國八十二年二月一日，版一。

[125] Robert A. Dahl, ed. Political Oppositions in Western Democracies, (New Haven : Yale University Press, 1966), PP.333-352。

郁慕明、周荃、李慶華、陳癸淼與李勝峰等人自認與國民黨中央理念不合，特別是與國民黨層峰〈李登輝〉之領導風格、路線方針表示不同意見。2.核心成員等屬於國民黨內非主流派者，在黨內發展空間日趨窄化，尤以民國八十二年國民黨十四全會以「當然黨代表」方式來抑制非主流勢力，此「零和戰術」實為新黨成立的直接導火線。3.國民黨本土化政策下與地方派系的緊密結合，逐漸使金權政治坐大、黑金橫行，顯示國民黨距離三民主義漸行漸遠，新黨乃以恢復國父三民主義理想，貫徹「反金權」為訴求。

　　新黨於民國八十二年八月十日，國民黨十四全會結束前，正式宣布成立，使國民黨面臨遷台以來第一次嚴重的裂痕與分化。新黨成立後的「宣言」，標示出：

　　1.是小老百姓的代言人：只問民心向背，是非曲直。只問公理正義，堅持理想。

　　2.是革新政治、安定政局、制衡兩黨：新黨強調是人民支持的有力少數，促使國民黨必須割捨金權腐敗，民進黨必須放棄台獨所可能引發的台海危機。

　　3.是真正的民主政黨：新黨是中國有史以來第一個以國會為中心，以民意為導向，以選舉為手段的民主政黨。揚棄國民黨、民進黨的列寧式政黨架構，不設主席、中常委、中執委等職，只設召集人，依民主程序，集體決策。

　　4.允許跨黨以及精神黨員存在：所謂精神黨員乃指不便登記為新黨黨員，但精神認同並支持新黨者。

　　5.認同國父孫中山先生的理想：新黨以追求民族統一、政治民主與民生均富為目標。

　　在新黨「宣言」中並闡述新黨的八大主張，包括：國家認同、大陸政策、外交政策、國防政策、社會福利政策、政治革新和如何促進台灣的政治安定等基本主張。（如表四－二十）新黨在脫離國民黨的同時，亦揚棄在「新國民黨連線」時期的「毀黨、造黨、救黨」和垮、分、合等主張，期走出「國民黨情結」：並切斷與國民黨臍帶。[126]唯事實上，不僅新黨的核心成員過去都曾是國民黨中壯一代的菁英，他們的上一代中有部分仍然是國民黨的元老；而且新黨成員的群眾基礎多數是原來國民黨的支持力量，所以短期之間，新黨與國民黨乃呈現互搶資源的競爭態勢，尤以北部都會區最明顯。新黨成立之後的各項選舉均推出該黨候選人，以示與國民黨的區隔明確。唯亦有國民黨中評委會議主席團主席蔣緯國將軍公開表示：「新黨是國民黨的第六代」之說法。其以國民黨的第一代是「興中會」，第二代是「同盟會」，第三代是「國民黨」，第四代是「中華革命黨」，第五代是「中國國民黨」，而「新黨」就是國民黨的第六代。新黨實是「新國民黨」的簡稱，因為內政部不准登記，才以「新黨」代替。[127]

　　新黨成立後，短短的一年半中，經歷民國八十二年底縣市長選舉，八十三年初縣市議員、鄉鎮市長選舉，八十三年底的省市長、省市議員選舉。八十二年底的縣市長選舉中，總得票率3.1%，無人當選。八十三年初的縣市議員選舉，總

---

[126] 台北，中國時報，民國八十二年八月十日，版一。
[127] 台北，聯合報，民國八十三年十一月廿五日，版二。

得票率 1.98％，當選 8 席（其中台北縣 5 席）；鄉鎮市長選舉，總得票率 0.01％，無人當選。八十三年底的省市長選舉，總得票率 7.7％，無人當選；省市議員選舉，總得票率 6.22％，台北市議員當選 11 席，省議員當選 2 席（台北縣選出），高雄市議員當選兩席。在民國八十五年以前各次的選舉，新黨所顯示的意義：

1.新黨是解嚴後，僅次於國、民兩黨，第一個達到超越百分之五門檻的政黨：新黨在民國八十三年底的省市議員得票率 6.23％，省市長得票率 7.7％，均已超過 5％的門檻，此時期成為國民黨、民進黨等朝野兩大黨之外，唯一達到門檻的政黨。其中台北市長的得票率達 30％，更超越國民黨，成為台北市第二大黨。但在新黨隱然浮現「第三大黨」趨勢的同時，因其得票分佈極不平均，體質仍弱，僅只勉強取得「關鍵少數」的地位。

2.新黨侷限成為「北部都會型政黨」：以民國八十三年初縣市議員選舉，新黨當選 8 席，但其中台北縣即佔 5 席，新竹市、台中市、台南市各一席。民國八十三年底的省市議員選舉，台北市議員當選 11 席（提名 14 人，當選率達 78.6％），省議員當選 2 席，均為台北縣選出；另高雄市議員當選 2 席，其他地區則無新黨候選人出線。新黨的支持者主要集中於都會區，尤其大台北都會區是新黨最大票源區。

3.新黨確定「議會路線」發展模式：新黨成立時間短，組織與動員能力有限，新黨的支持者集中於都會區，此種特色對「單一名額」的選舉較難發揮功能，亦即在省市長、縣市長、鄉鎮市長的選舉，朝野兩大黨佔有相當優勢下，新黨尚無實力獲勝。然就當時各級民意代表選舉（包括立法委員、國大代表、省市議員、縣市議員、鄉鎮市民代表）所採取「複數選舉區單記投票不可讓渡」的方式，則係在一個選區產生兩個以上的候選人，故有助於新黨在北部大都會區的民代選舉中，以比較多數原則獲得相當席次，並在議會中扮演「關鍵少數」的地位。例如新黨在民國八十三年初，台北縣議會當選五席，年底的台北市議會當選 11 席，台灣省議會當選 2 席（台北縣選出）。新黨台北市議會黨團在市議會選舉副議長一案，展現關鍵少數地位。以新黨的發展來看，議會路線是必然趨勢，然而是否取得關鍵少數地位，乃須取決於議會席次多寡。

4.新黨的新秩序與中產階級支持反映社會現狀：新黨在選舉中獲得相當程度的中產階級支持，由新黨動員群眾的街頭遊行活動中，衣著整潔、態度和氣、強調秩序，數萬人活動如辦嘉年華，結束後場地不留任何紙屑，這明顯的與過去民進黨的街頭活動有很大不同。究其實，北部都會區的這個大群體是先新黨而存在的，藉由新黨的出現，將這股中產階級積鬱已久的民氣，提供了爆發的觸媒〈到了民國八十九年親民黨成立，這股力量又轉移到親民黨身上〉。中產階級對新黨的支持，反映出對社會新秩序的要求，包括：反金權、反特權以及反對擾亂既定秩序的來自下層社會的社會運動。從新黨的崛起，及其支持者代表了社會中的一群人對現實秩序的不滿，而凝聚成新的政治勢力。[128]

5.新黨效應與兩黨的互動：新黨在第一屆省市長選舉中，於台北市爆發了驚

---

[128] 王振寰，「新黨現象的政治社會意涵」，見聯合報，民國八十三年十二月五日，版十一。

人的政治動員力量，其所高舉新秩序的要求，在於反對不正義的權力和財富〈政商掛鉤、不當利得等〉。新黨的支持者與國民黨、民進黨的支持者相比較，新黨的群眾與國民黨的在國家認同上較爲一致，但對公平和秩序的要求較強；而與民進黨的群眾比較，要求的社會公平與正義是一致的，但在國家認同有相當大的歧異。民國八十三年省市長選舉中，國民黨高層一反常態地把「反台獨」喊得斬釘截鐵，民進黨則諱談台灣獨立，甚至民進黨台北市長候選人還在國旗底下造勢，這種情形或被泛稱爲「新黨效應」。新黨效應與兩黨的互動可分別說明：就「新黨—民進黨」，如果最大的反對黨民進黨繼續堅持其推翻中華民國的台獨主張，則新黨即是唯一具有發展潛力之維護國家體制的在野黨。新黨的發展，對於在野政治力量的走向體制外分離路線或體制內民主改革路線，將有相當程度的制約作用。就「新黨—國民黨」，如果國民黨的「外來政權說」、「出埃及記」等理念成爲主流，其財團、地方派系所造成重重政商網路無法有效遏阻，則國民黨將喪失在政治與道德上的主流地位。新黨的繼續存在，對國民黨內的權力結構與內涵將會有影響。此則新黨雖然實力有限，但在國家認同、政治品質的現狀中，有其發展的空間，亦因其效應所及，朝野兩大黨的檢視調整亦不可避免。

　　新黨成立發展以來，從勉力求生，到初具規模，並已跨過百分之五門檻的「泡沫政黨」臨界點，前述意義正足以反映新黨的實質內涵。可惜新黨從成立到民國八十九年之間，其「制度化」精神，無法建立有效提名、輔選方針，擴大政治影響力量；其次，其「小市民代言人」的「普遍化」理想，亦無法有效化解省籍意識的政治攻擊，無力向農民、勞工、弱勢團體紮根，破除省籍情結的糾葛。2000年「政黨輪替」後，新黨終被宋楚瑜的「親民黨」取代，大幅喪失其政治力。

一、新黨與制度化

　　新黨成立之初，即已決定不實施列寧式政黨的架構，因此不同於國民黨、民進黨的設有主席、中常委、中執委、中央委員等官僚職位，而只設有召集人，負責召集主持會議，依照民主程序，集體決策。依新黨黨章規定，新黨以議會爲中心，民意爲依歸，選舉爲方法，做爲組織運作的基本原則。（第六條）因之，新黨是以民選公職人員爲組織運作之核心。（第十條）實則以民選公職人員爲組織運作核心，正符合「民意」結合「黨意」，具有落實主權在民的意義。

　　新黨在落實民主政黨精神的原則下，於中央政府所在地設置「立法院委員會」及「國民大會委員會」，用以制定及推動政策，另外並設置「全國競選暨發展委員會」，用以發展組織、服務人民，贏得選舉勝利。（第十二條）「立法院委員會」是由新黨籍立法委員組成之，委員達3人時，互推1人爲召集人，任期1年，不得連任。「立法院委員會」爲常設機構，並得視需要，設置各種諮詢及幕僚單位。（第十三條）「國民大會委員會」由新黨籍國大代表組成之，國大代表達3人時，互推1人爲召集人，任期1年，不得連任。「國民大會委員會」爲常設機構，並得視需要，設置各種諮詢及幕僚單位。（第十四條）

　　新黨爲發展組識，在全國（中央）及地方設「競選暨發展委員會」，並依實際需要訂定辦法設置各種委員會。（第十一條）「全國競選暨發展委員會」由新黨

表四 — 二十　新黨八大主張內容

條　項	內　　　　　容
一	壯大中華民國，保障台海安全是最高準則。
二	三黨合作一致對外，相互監督，避免台灣被出賣，積極與中共展開談判： 〈一〉拓展國際生存空間，重回國際舞台。 〈二〉開拓兩岸直航、促進全面交流。 〈三〉保障台商權益，爭取大陸市場。 〈四〉建立互利共生的大中華經濟圈。
三	建立權責相符，受國會監督的直接民選總統制，避免獨裁。
四	各族群一律平等，推動系列人權法案、保障人權。
五	改徵兵為募兵，採減兵不減官，儲備整軍幹部的菁英政策。推動國防科技化、現代化，確保安全。
六	設立直屬行政院之廉政總署，推動系列陽光法案，貫徹反貪污、反腐化、反特權。
七	反金權、不反商。尊重守法守分的企業家、生意人。使他們不受刁難，全力支援中小企業，要做他們的後盾。
八	規劃照顧弱勢團體的社會福利政策，保障小老百姓的生活。

資料來源：新黨競選暨發展委員會

表四 — 二十　新黨八大主張內容

籍現任立法委員、國大代表、各地方「競選暨發展委員會」召集人及「省議會黨團」召集人組成，互推一人爲召集人，任期一年，不得連任。「全國競選暨發展委員會」每六個月召開一次會議，惟經召集人要求，或四分之一委員連署，得召開臨時會。「全國競選暨發展委員會」爲常設機構，其幕僚單位之設置辦法由委員會訂定之。（第十五條）「全國競選暨發展委員會」若無法依前項規定辦法組成時，應由全體黨員選出黨員代表，召開黨員代表大會，選出委員組成。（第十六條）新黨之負責人由「全國競選暨發展委員會」、「立法院委員會」及「國民大會委員」召集人擔任。（第十八條）

　　新黨組織分全國、地方（省、縣）二級制。（第九條）地方組織亦包括「地方競選暨發展委員會」、「地方議會黨團」。新黨爲落實基層組織，在各直轄市及縣市設置「地方競選暨發展委員會」以處理地方相關事務。（第十九條）各「地方競選暨發展委員會」由新黨籍現任該地鄉鎮市長以上之民選行政首長及縣市議員以上之民意代表組成，委員達三人時互選一人爲召集人，召集人任期一年，不得連任。（第廿條）前條所列公職人員未達三人之地區，由前條所列公職人員及義工代表組成委員會，於取得「全國競選暨發展委員會」同意後，作爲新黨在地區之運作核心。（第廿一條）各「地方競選暨發展委員會」自行訂定委員會議召開辦法，同時其爲常設機構，幕僚單位之設置辦法，由該委員會訂定之。（第廿二條）除「地方競選暨發展委員會」外，省議會應設黨團，直轄市議會、縣市議會中新黨黨員得設黨團。（第廿三條）

　　綜合上述新黨組織架構及其柔性政黨性質，在強調制度化的功能上，有以下問題存在，也造成新黨始終無法突破困境，雖有輝煌一頁，但仍漸漸走上泡沫化：

1.柔性政黨的缺失：

　　新黨黨章將黨性定位爲柔性政黨，即在於參加新黨只要登記不須宣誓，不須繳黨費，無須開小組會議，也不製發黨證。可因理念相同而加入，隨時可因理念相異而離開，此爲取法美國政黨的完全柔性。然而國情的不同，政治文化的差異，新黨初成立時的完全柔性政黨亦逐漸受到修正，如原本不發黨證，在黨員熱切要求下仍然製發。另就政黨的發展需要，一方面如何有效掌握票源，在一區多席的選舉中，透過較精準配票輔選系統，爭取最多數席次，不致使票源不均，高票落選；另一方面如何讓黨員有參與感和歸屬感，新黨亦查覺有必要將地方組織發展到一定程度。是以，新黨的屬性有朝折衷柔性與剛性之間的走向，或有謂「彈性政黨說」。[129]

2.組織無法健全與落實發展：

　　新黨因柔性政黨及以民選公職人員爲組織運作核心，故而從中央到地方的組織成長均顯緩慢。就中央的「全國競選暨發展委員會」而言，在民國八十三年以前，並無祕書長一職的設置，亦即不一定要設祕書長，可由「全國委員會」召集人直接負責黨務。但因召集人本身具有立委身分，無法時刻坐鎮黨部，故而黨務及組織的推展，勢須有專職的幕僚長 — 祕書長來負責。原先非制度化的祕書長

---

[129] 台北，中國時報，民國八十四年一月一日，版四。

一職，因趙少康一度辭職而顯示出人事不夠安定的問題。故而新黨朝設定專職的祕書長一人，副祕書長二人有其意義。

新黨爲防止黨內山頭派系問題，所逐漸發展出獨立於公職人員之外的義工系統，由「全國競選暨發展委員會」直接指揮。避免個人自行打出新黨的名義設置後援會，一方面可統合社會支持力，再則可防止有人藉此名義斂財或從事破壞政黨形象行爲，且可避免山頭林立。然而以黨部統籌所有新黨資源分配給候選人，不准候選人自行以新黨名義設置後援會的方式，必然減緩新黨加速發展的腳步。新黨在重視理念、重質不重量的原則和政黨激烈競爭的現實面未能取得均衡點，是新黨其後被親民黨取代，逐漸弱化之主因。

就新黨地方組織的成長觀察，其發展是非常緩慢。以民國八十三年十二月論之，依據黨章中地方設置競選暨發展委員會規定辦法，而成立「地方委員會」者僅台北縣、台中市、台南市三地。另散布各地者，僅有限之新黨各級民選公職人員的服務處。相較於國民黨、民進黨的地方組織發展到鄉鎮村里區，甚至朝以投票所即區黨部的走向，新黨的組織顯然薄弱。新黨在缺少地方民選公職下，絕大多數縣市未有組織，更遑論及鄉鎮或其以下的層級組織。新黨面臨在柔性政黨與公職掛帥原則下，又須兼顧開拓基層，落實小市民的代言人角色，這是新黨組織發展中一直無法突破的兩難困境。

3.提名制度的缺乏：

民主政治的良性發展，首重制度的建立與精神的培養。「少數服從多數」的民主精神能夠落實，實有賴民主制度確立公正、客觀的標準。尤以僧多粥少的有限公職名額，如何建立一套公平正義原則的初選制提名辦法誠屬重要。新黨成立之後，即因缺乏一套完善提名制度，故而選舉成果深受影響。如民國八十三年初縣市議員選舉，新黨在首度參選的台中縣第一選區，提名2人均告落選；又桃園中壢市一地即提名3人的作法，均爲缺少完整而具公信力的黨內初選辦法所致。隨著新黨「以戰養戰」，政治資源略有基礎之際，亦當以建立制度爲首要工作。依據新黨在民國八十四年初所一度構想公職候選人提名辦法：其黨內初選擬採取「推薦候選人」與「通訊投票」兩階段方式。第一階段由新黨「全國競選暨發展委員會」成員、台灣省和北高兩市市議員以及若干顧問合組一個「推薦遴選委員會」，成員不超過35名，負責推舉各選區應提名名額的2倍，成爲新黨的推薦候選人。第二階段則由新黨祕書處將「推薦委員會」所推舉人選之選票，以寄發單掛號的方式送達新黨黨員，進行「全體黨員通訊投票」，新黨黨員在圈選屬意之人選後，寄回新黨祕書處公開計票，以此結果決定黨提名人選之名單。至於無法名列「推薦委員會」推舉名單的有意參選人士，可以直接向「提名作業申訴小組」提出異議，並委由準司法性質的仲裁委員會進行裁決。但此一辦法之構想旋因顧及尋找最佳人選而受到考驗，新黨或基於其建立時間短，黨員人數少，[130]極需有「高知名度人士」入黨參選，但又面臨內部既有成員希冀參選的兩難，過去

---

[130] 依據新黨競選暨發展委員會民國八十三年統計黨員分布：台北市約3萬人、台北縣約2萬人、高雄市約4千人、台灣省其他縣市約2萬人，總計新黨黨員約7萬人。

曾有「二軍」的抗議。新黨的「口袋名單」與「黑箱作業」一直遭到質疑，但基於候選人「高知名度」、「高學歷」的迷思，制度化未能建立是一大缺失。

二、新黨與普遍化

新黨發展的關鍵，除了制度化的建立外，另外最大的阻礙，在於易被朝野兩大政黨聯合批判爲「外省政黨」，甚至指其爲與中共唱和的「統派」，這種政治手法在中南部本土意識強的地區有其特定效果。「統獨 — 省籍情結」這一結構所造成的社會不安定性是有巨大破壞力。新黨被認定爲外省政黨，肇因於其成立之初的核心成員結構中，本省菁英不足（新國民黨連線時期之本省籍立委僅有陳癸淼、李勝峰），且新黨支持者的外省族群所佔比例甚高。依據新黨在選舉中所顯示具有都會、外省的特色，如未能爭取更多本省菁英的參與，以及向中、南部農民、勞工、廣大群眾透過理念、公共政策爭取認同，其發展是有侷限性。

新黨之被稱爲「外省政黨」，亦使新黨亟須突破省籍、族群意識的瓶頸。實則台灣戰後出生一代並無強烈省籍觀念，加以數十年來族群間婚姻、工作、就學的融爲一體，在平常的經濟生活及日常生活中已感覺不出所謂省籍情結，然而一到選舉期間，就會微妙的出現。新黨提出「反台獨」、「保衛中華民國」的政治訴求，被部份人士認爲挑起省籍情結，然而根據陸委會統計各界所辦理多次民調顯示，台灣地區的民眾絕大多數主張在統獨問題上維持現狀，反對台獨。而這與新黨「反台獨、反急統、反共產」三反的理念，基本上契合。[131]因之，「反台獨」、「保衛中華民國」實和多數本省籍、外省籍民眾的政治理念相同，新黨宣言中定位爲「小老百姓的代言人」，是超越各個族群之上的。然而新黨對族群融合的一大重點，在於改善支持者之省籍結構上，則是成效不佳。

新黨的挑起省籍情結之說，泰牛來自主張台獨及不認同中華民國者，故其政治標籤意涵遠超過於事實。實則新黨的「大中華民族觀」之下，是最不具省籍意識者，反就民國八十年間，朝野兩大政黨的取向，頗值關注；國民黨高層以本土化之運用，巧妙的在省籍意識下，獲取鞏固、排他性的政治權力，尤以民國八十三年十四屆二中全會的中常委選舉達到高峰。而國民黨在鞏固政權原則下，本土化所衍生的地方派系、財團坐大，形成一個利益共生體。民進黨的族群分歧意識更爲明顯，台獨主張幾是民進黨共同觀點，持中華民族意識者如林正杰、朱高正先後離開。其不斷的激化「二二八事件」之族群分歧仇恨，在立法院質詢「芋仔蕃薯」。在民進黨二屆立委 51 席中，並無一個外省籍，包括在不分區立委中亦未推薦外省籍者。

新黨尋求化解省籍、族群意識的困擾上，始終無法突破以下各點：(1)無法爭取多數本省籍菁英參與，尤以具影響力、形象清新者更是缺少。(2)無法擴大理念結合中南部群眾，尤以農業縣、工業都市的公共政策規劃和廉能、秩序的強調效果不彰。(3)「反台獨、反急統、反共產」之宣傳應並重，卻不夠落實，往往被誤解只反台獨，而遭致有省籍情結的錯誤導向。(4)無法整頓並強化組織，以致於缺乏涵蓋勞工、婦女、教育、中小企業、殘障等階層的智囊團，不能夠深入社會最

---

[131] 台北，聯合報，民國八十四年一月一日，版三。

基層、了解民意需求，成為真正反映小市民的心聲。(5)新黨各級民選公職人員應在問政與服務上超越省籍，自然地讓選民去跨越內心那道省籍認同的鴻溝，但這些努力顯然做得不夠理想。

綜合而論，新黨成立後，其群眾基礎已由初始的外省籍榮民、正統的國民黨支持者，發展到都會區的中產階層與知識份子。面對國民黨的政商複雜網路與民進黨的偏狹族群意識，新黨不僅有了相當的活動空間，並在釐清政治光譜上逐漸產生新黨效應，這些有助於新黨在民國八十年間，就朝野兩大黨外，扮演關鍵少數角色。惟就政黨政治長遠發展而言，新黨始終無法以制度化健全組織，以普遍化擴大認同，力量無法大幅擴充，在 2000 年總統大選後，許多新黨公職人員轉加入親民黨，多數新黨支持群眾亦轉投親民黨的票，新黨乃被親民黨取而代之。

第四節　政治參與的討論

壹、政治參與規範面分析

一、四權行使法規

本時期在四權行使法規方面，總統副總統選舉依民國八十三年七月國民大會第三階段修憲規定，總統、副總統由中華民國自由地區全體人民直接選舉之，自民國八十五年第九任總統、副總統選舉實施。總統與副總統候選人應聯名登記，在選票上同列一組圈選，以得票最多之一組為當選。（增修條文第二條第一項）「總統副總統選舉罷免法」則於民國八十四年七月二十曰，由立法院完成三讀，共計一百零七條文。

「公職人員選舉罷免法」於民國八十年八月、八十一年十一月、八十三年七月、八十三年十月又經過數次修正。另立法院在民國八十三年七月七日、八日分別通過「省縣自治法」、「直轄市自治法」，不僅確立民國八十三年十二月三日台灣省長、台北市長、高雄市長民選的法源，同時開啓了落實憲法地方自治精神的契機。台灣自光復四十餘年以來，台灣省所實行的地方自治，得由這兩項立法的完成，將原僅限於縣市以下的自治，提升到完整的憲法體系，由中央到地方的憲政分際及自治運作趨於完善。本文以下分別論述「總統副總統選舉罷免法」，「公職人員選舉罷免法」的歷次修正，「省縣自治法」與「直轄市自治法」。

（一）總統副總統選舉罷免法

「總統副總統選舉罷免法」於民國八十四年七月二十日立法院完成三讀，並經總統於同年八月九日公布施行。全文共計七章（第一章總則，第二章選舉罷免機關，第三章選舉，第四章罷免，第五章妨害選舉罷免處罰，第六章選舉罷免訴訟，第七章附則）一○七條。其重要規定包括：

1. 選舉罷免機關的規範：

總統、副總統選舉、罷免，由中央選舉委員會主管並指揮，監督省（市）、縣（市）選舉委員會辦理之。但總統、副總統罷免案之提議、提出及副總統之缺位補選，由國民大會辦理。（第六條）

中選會辦理事項為：(1)選舉、罷免之公告事項。(2)選舉、罷免事務進行程

序及計畫事項。(3)候選人申請登記事項。(4)候選人資格之審定事項。(5)選舉宣導之策劃事項。(6)候選人電視政見發表會之辦理事項。(7)選舉、罷免之監察事項。(8)選舉、罷免結果之審定事項。(9)其他有關選舉、罷免事項。(第七條)。

省選委會指揮、監督縣(市)選委會辦理各項規定之事項。(第八條)直轄市、縣(市)選委會分別辦理以下事項:(1)選舉、罷免事務之辦理事項。(2)選舉宣導之執行事項。(3)選舉、罷免之監察事項。(4)投、開票所之設置及管理事項。(5)其他有關選舉、罷免事項。(第九條)

2. 選舉人的規定:

中華民國自由地區人民,年滿二十歲,且無下列事項者,有選舉權:(1)褫奪公權尚未復權者。(2)受禁治產宣告尚未撤銷者。(第十一條)有選舉權人具備下列條件之一者,為選舉人:(1)現在中華民國自由地區繼續居住四個月以上者。(2)曾在中華民國自由地區繼續居住四個月以上,現在國外,持有效中華民國護照,並在規定期間內向其最後遷出國外時之原戶籍機關辦理選舉人登記者。(第十二條)

選舉人名冊由鄉(鎮、市、區)戶籍機關依據戶籍登記簿編造,凡投票前二十日已登錄戶籍登記簿,依規定有選舉人資格者,應一律編入名冊,投票日前二十日以後遷出之選舉人,仍應在原戶籍所在地行使選舉權。返國行使選舉權之選舉人名冊,應由最後遷出國外時之原戶籍所在地戶籍機關編造。(第十六條)

3. 候選人的相關規定:

總統、副總統候選人資格為中華民國自由地區繼續居住四個月以上且曾設籍十五年以上,年滿四十歲之選舉人,得申請登記。另有關回復中華民國國籍,因歸化而取得中華民國國籍或大陸地區人民經許可進入台灣地區者,不得登記為總統、副總統候選人。(第二十條)

總統、副總統候選人應聯名登記,未聯名登記或申請登記之表件不全者,不予受理。候選人產生方式有二,經由政黨推薦或連署人連署(公民連署)。(第二十一條)政黨推薦之政黨,為於最近一次省(市)選舉中,得票率達有效票百分之五以上之政黨。同一政黨不得推薦二組以上候選人,若有二組以上者,其後登記者不予受理。(第二十二條)依公民連署方式申請登記為候選人者,應於選舉公告發布後五日內,向中選會申請為被連署人,並繳交保證金新台幣一百萬元。連署人數必須在公告的四十五日內,獲得最近一次中央民意代表選舉人總數百分之一‧五以上時,中選會應定期為完成連署之公告,發給被連署人完成連署證明書,並發還保證金。如連署人數未達前項規定人數二分之一以上者,保證金不予發還。(第二十三條)

總統、副總統候選人,有下列情事之一者,不得登記為候選人:(1)戡亂時期終止後,曾犯內亂罪、外患罪,經依刑法判刑確定者。(2)曾犯貪污罪,經判刑確定者。(3)曾犯刑法第一百四十二條、第一百四十四條、公職人員選舉罷免法第八十九條、第九十條之一第一項、第九十一條第一項第一款之罪,經判刑確定者。(4)犯前三款以外之罪,判處有期徒刑以上之刑確定,尚未執行或執行未畢者。但

受緩刑宣告者，不在此限。(5)受保安處分或感訓處分之裁判確定，尚未執行或執行未畢者。(6)受破產宣告確定，尚未復權者。(7)依法停止任用或受休職處分，尚未期滿者。(8)褫奪公權，尚未復權者。(9)受禁治產宣告，尚未撤銷者。（第二十六條）下列人員不得申請登記為總統、副總統候選人：(1)現役軍人或警察。(2)辦理選舉事務人員。(3)具有外國國籍者。（第二七條）

　　總統、副總統候選人名單公告後，經發現候選人在公告前或投票前有下列情事之一者，投票前由中選會撤銷其候選人登記，當選後依第九十五條規定提起當選無效之訴：(1)候選人資格不合第二十條規定者。(2)有第二十六條各款情事之一者。(3)依第二十七條第一項規定不得登記為候選人者。(4)依第七十條規定不得登記為候選人者。（第二十八條）總統候選人之一於登記截止後至選舉投票日前死亡，主管機關應即公告停止選舉，並定期重行選舉。（第二十九條）經登記為總統、副總統候選人者，不得撤回其總統、副總統候選人登記。經政黨推薦為總統、副總統候選人者，其推薦之政黨，不得撤回其推薦。（第三十條）

4. 選舉公告的規定：

　　選舉委員會應依下列規定期間發布各種公告、選舉公告須載明選舉種類、選舉區、投票日期及投票起、止時間。並應於總統、副總統任期屆滿一百二十日前發布之。(2)候選人登記，應於投票日五十日前公布，其登記期間不得少於七日。(3)選舉人名冊，應於投票日十五日前公告，其公告期間不得少於五日。(4)候選人名單，應於競選活動開始前一日公告。(5)選舉人人數，應於投票日三日前公告。(6)當選人名單應於投票日後七日內公告。（第三十二條）總統、副總統選舉應於本屆任期屆滿前三十日完成選舉投票。（第三十三條）

5. 選舉活動的規範：

　　候選人競選活動期間為二十八日，以投票日前一日向前推算，每日競選活動之起、止時間，由中選會定之。（第三十四條）政黨及候選人不得接受下列競選經費之捐助：(1)外國團體、法人、個人或主要成員為外國人之團體、法人。(2)大陸地區人民、法人、團體或其他機構，或主要成員為大陸地區人民之法人、團體或其他之機構。(3)同一種選舉其他政黨或候選人。(4)公營事業或接受政府捐助之財團法人。（第三十五條）

　　同一組候選人競選經費最高金額，由中選會訂之，並於發布選舉公告之日同時公告之。前項競選經費最高金額，應以中華民國自由地區人口總數的百分之七十，乘以基本金額新台幣十五元所得數額，加上新台幣八千萬元之和。（第三十六條）同一組候選人應合併設競選經費收支帳簿，並由候選人指定合格會計師負責記帳保管，以備查考。候選人應於投票日後三十日，檢同競選收支結算申報表，向中選會合併申報競選費收支結算，並應由候選人及指定之合格會計師為簽章負責。競選經費收支憑據、證明文件等，應於申報後保管六個月。但於發生訴訟時，應保管至判決確定後三個月。中選會於收受競選收支結算申報表四十五日內，將資料彙整列冊，並刊登政府公報。（第三十七條）

　　自選舉公告之日起，至投票日後三十日內，同一組候選人所支付與競選活動

有關之競選經費，於規定競選經費最高金額內，減除接受捐贈，得於申報所得稅時合併爲當年度列舉扣除額。個人對於候選人競選經費之捐贈，不得超過新台幣二萬元，其爲營利事業捐贈者，不得超過新台幣三十萬元。上項之捐贈，個人得於申報所得稅時，作爲當年度列舉扣除額；其爲營利事業捐贈者，得列爲當年度之費用或損失。（第三十八條）

各組候選人選舉得票達當選票數三分之一以上者，應補貼其競選費用，每票補貼新臺幣三十元，但其最高額，不得超過候選人競選經費最高金額。政黨推薦候選人由各該政黨領取。（第三十九條）

總統、副總統選舉，中選會應以公費，在全國性無線電視頻道提供時段，供候選人發表政見，同一組候選人每次時間不得少於三十分鐘，受指定之電視台不得拒絕。經兩組以上候選人同意，個人或團體得舉辦全國性無線電視辯論會，電視台應予受理，並得向中選會申請經費補助。上項總統電視辯論會以三場爲限，每場每人限三十分鐘，副總統候選人電視辯論得比照辦理，但以一場爲限。（第四十二條）

候選人印發以文字、圖畫從事競選之宣傳品，應親自簽名，除候選人競選辦事處及宣傳車輛外，不得張貼。候選人懸掛或豎立標語、看板、旗幟、布條等廣告物，應於七日內自行清除，違者，依有關法令規定處理。（第四十三條）政黨於競選活動期間，得爲其所推薦之候選人印發以文字、圖書從事競選之宣傳品及懸掛或豎立標語、看板、旗幟、布條等廣告物。政黨印發之宣傳品，應載明政黨名稱，除政黨辦公處及宣傳車輛外，不得張貼。（第四十四條）

候選人或爲其助選之人競選言論，不得有下列情事：(1)煽惑他人犯內亂罪或外患罪。(2)煽惑他人以暴動破壞社會秩序。(3)觸犯其他刑事法律規定之罪。（第四十五條）政黨及候選人或爲其助選之人，不得有下列情事：(1)於規定期間之每日起、止時間之外，從事公開競選活動。(2)妨害其他政黨或候選人競選活動。（第四十六條）政黨及任何人不得於投票日從事競選或助選活動。政黨及任何人或法人代表不得於投票日前十日內發布有關候選人或選舉之民意調查資料。（第四十七條）

6. 投票及開票的規定：

總統、副總統選舉，應視選舉人分布情形，就機關、學校、公共場所或其他適當處所，分設投票所。投票所於投票完畢後，即改爲開票所，當衆唱名開票。開票完畢，開票所主任管理員與主任監察員即以書面宣布開票結果，除於開票所門口張貼外，應將同一內容之投開票報告表副本當場簽名交付推薦候選人之政黨及未受政黨推薦之候選人所指派之人員。（第四十八條）投、開票所置主任管理員一人，管理員若干人，由直轄市、縣（市）選委會派充，辦理投、開票工作。（第四十九條）投、開票所置主任監察員一人，監察員若干人，監察投、開票工作。監察員由各組候選人就所需人數平均推薦，送由直轄市、縣（市）選委會審核派充之。但經政黨推薦之候選人，其監察員之推薦，由所屬政黨爲之。（第五十條）

選舉票應由各直轄市、縣（市）選委會印製分發使用。選舉票上應刊印各組總統、副總統候選人之號次、姓名及相片，但經政黨推薦之候選人應同時刊印其黨籍。選舉票應於投票日前一日交各該投票所主任管理員會同主任監察員當眾點清。（第五十一條）選舉票有下列者為無效：(1)不用選委會製發之選舉票者。(2)圈二組以上者。(3)所圈地位不能辨別為何組者。(4)圈後加以塗改者。(5)簽名、蓋章、按指印、加入任何文字或劃寫符號者。(6)將選票撕破致不完整者。(7)將選票污染致不能辨別所圈選為何組者。(8)不加圈完全空白者。(9)不用選委會製備之圈選工具者。上項無效票，應由開票所主任管理員會同主任監察員認定；認定有爭議時，由全體監察員表決之，表決結果正反意見同數者，該選票應為有效。（第五十三條）

投、開票所有下列情事之一者，主任管理員應會同主任監察員令其退出：(1)在場喧嚷或干擾勸誘他人投票或不投票，不服制止者。(2)攜帶武器或危險物品入場者。(3)有其他不正當行為，不服制止者。（第五十四條）選舉投、開票，遇有天災或其他不可抗力情事，致不能投、開票時，應由投、開票所主任管理員報經直轄市、縣（市）選委會層報中選會核准，改定投、開票日期或場所。（第五十五條）

7. 選舉結果的規定：

選舉結果以候選人得票最多之一組為當選，得票相同時，應定期重行投票。候選人僅有一組時，其得票數應達選舉人總數百分之二十以上，始為當選。選舉結果未能當選時，應定期重行選舉。（第五十六條）同一組副總統候選人死亡，該組總統候選人仍當選為總統時，其副總統視同缺位。總統或副總統當選人之一在就職前死亡或經判決當選無效確定者，視同缺位。總統、副總統當選人在就職前死亡或經判決當選無效確定，致同時視同缺位時，應定期重行選舉。（第五十七條）總統、副總統之當選證書，由中選會製發。副總統缺位時之補選當選證書，由國民大會製發。（第五十九條）副總統缺位時，由總統於三個月內提名候選人，召集國民大會補選。（第六十條）國民大會補選之副總統應於當選後二十日內就任。（第六十一條）

8. 罷免的各項規範：

總統、副總統之罷免案，經國民大會代表總額四分之一之提議，三分之二之同意後，國民大會應為罷免案成立之宣告。（第六十二條）中選會應於收到國大移送之罷免理由書及答辯書次日起二十日內，公告如下事項：(1)罷免投票日期及投票起、止時間。(2)罷免理由書。(3)答辯書。（第六十三條）

罷免案之投票，中選會應於收到國大移送之罷免理由書及答辯書次日起六十日內為之，但不得與各類選舉之投票同時舉行。（第六十五條）罷免票應在票上刊印「同意罷免」、「不同意罷免」兩欄，由投票人以選委會製備之工具圈定之。（第六十六條）罷免案經中華民國自由地區選舉人總額過半數之投票，有效票過半數同意罷免時，即為通過。（第六十六條）罷免案經投票後，中選會應於投票完畢七日內公告罷免結果，罷免案通過者，被罷免人應自公告之日起解除職務。

（第六十九條）罷免案通過者，被罷免人四年內不得為總統、副總統候選人，其於罷免案宣告成立後辭職者，亦同。（第七十條）

9. 妨害選舉罷免行為的罰則：

違反第四十五條第一款者，處七年以上有期徒刑；違反第二款之規定者，處五年以上有期徒刑；違反第三款之規定者，依各該有關處罰之法律處斷。（第七十一條）利用競選、助選或連署機會，公然聚眾，以暴動破壞社會秩序者，處七年以上有期徒刑；首謀者，處無期徒刑或十年以上有期徒刑。（第七十二條）

辦理選舉、罷免期間，意圖妨害選舉或罷免，對於公務員依法執行職務時，施強暴脅迫者，處五年以下有期徒刑。犯前項之罪，因而致公務員於死者，處無期徒刑或七年以上有期徒刑；致重傷者，處三年以上十年以下有期徒刑。（第七十三條）公然聚眾，犯第七十三條之罪者，在場助勢之人，處三年以下有期徒刑、拘役或科新台幣三十萬元以下罰金；首謀及下手實施強暴脅迫者，處三年以上十年以下有期徒刑。犯前項之罪，因而致公務員於死者，首謀及下手實施強暴脅迫者，處無期徒刑或七年以上有期徒刑；致重傷，處五年以上十二年以下有期徒刑。（第七十四條）

候選人違反第三十五條第一項第一、二款規定接受捐助者，處五年以下有期徒刑；違反第一項第三款或第四款規定接受捐助者，處一年以下、拘役或科新台幣十萬元以下罰金。候選人或為其助選之人，違反第三十五條第二項規定者，處五年以下有期徒刑。政黨之負責人、代表人、政黨或候選人之代理人、受雇人犯前二項之罪者，依前二項之規定處罰。其所犯為第一項前段及第二項之罪者，並對該政黨或候選人科新台幣十萬元以上，五十萬元以下罰金；所犯為第一項後段之罪者，並對該政黨或候選人科新台幣十萬元以下罰金。（第七十五條）

對於候選人或具有候選人資格者，行求期約或交付賄賂或其他不正利益，而約其放棄競選或為一定之競選活動者，處五年以下有期徒刑，併科新台幣六十萬元以上六百萬元以下罰金。候選人或具有候選人資格者犯本項者，罰則亦同。有關賄賂沒收之，如全部或一部不能沒收時，追徵其價額。（第七十六條）

以強暴、脅迫或其他非法之方法為下列行為之一者，處五年以下有期徒刑：(1)妨害他人競選或使他人放棄競選者。(2)妨害他人依法為被連署人連署者。(3)妨害他人為罷免案之提議、同意或使他人為罷免案之提議、同意者。（第七十七條）對於有投票權之人，行求、期約或交付賄賂或其他不正利益，而約其不行使投票權或為一定之行使者，處五年以下有期徒刑，得併科新台幣四十萬元以上，四百萬元以下罰金。預備犯前項之罪者，處一年以下有期徒刑。預備或用以行使、期約或交付之賄賂，不問屬於犯人與否，沒收之。（第七十六條）

有下列行為之一者，處五年以下有期徒刑，併科新台幣五十萬元以上，五百萬元以下罰金：(1)對於團體或機構，假借捐助名義，行求、期約或交付財務或其他不正利益，使其團體或機構之構成員，不行使投票權或為一定之行使者。(2)以財物或其他不正利益，行求、期約或交付有連署資格之人，使其為特定被連署人連署或不為連署者。(3)以財務或其他不正利益，行求、期約或交付罷免案提議

人或同意人，使其不為提議或同意，或為一定之提議或同意者。預備犯前項之罪者，處一年以下有期徒刑。預備或用以行求、期約或交付之賄賂，不問屬於犯人與否，沒收之。（第七十九條）

意圖漁利，包攬第七十六條第一項、第二項、第七十八條第一項或第七十九條第一項各款之事務者，處一年以上七年以下有期徒刑，得併科新台幣五十萬元以上，五百萬元以下罰金。（第八十條）意圖使候選人當選或不當選，以文字、圖畫、錄音、錄影、演講或他法，散布謠言或傳播不實之事，足以生損害於公眾或他人者，處五年以下有期徒刑。（第八十一條）

違反第五十二條第二項或第六十六條第二項規定者，或有第五十四條第一項各款情事之一經令其退出而不退出者，處二年以下有期徒刑、拘役或科新台幣二十萬元以下罰金。（第八十二條）罷免案有下列情事之一者，在場助勢之人，處一年以下有期徒刑、拘役或科新台幣十萬元以下罰金；首謀及下手實施者，處五年以下有期徒刑：(1)聚眾包圍被罷免人、罷免案提議人、同意人之服務機關或住、居所者。(2)以強暴、脅迫或其他非法之方法，妨害被罷免人執行職務或罷免案提議人、同意人對罷免案之進行者。（第八十三條）

將領得之選舉或罷免票攜出場外者，處一年以下有期徒刑、拘役或新台幣一萬五千元以下罰金。（第八十四條）意圖妨害或擾亂投、開票而抑留、毀壞、隱匿、調換或奪取投票匭、選舉票、罷免票、選舉人名冊、投票報告表、開票報告表、開票統計或圈選工具者，處五年以下有期徒刑。（第八十五條）候選人違反第三十七條第二項規定，不為申報、不依法定方式申報或違反第三十七條第三項不依規定檢送收支憑據或證明文件者，處以新台幣十萬元以上，五十萬元以下罰鍰，並限期命其申報或補正，逾期不申報或補正者，得按次連續處罰。至於政黨及任何人或法人代表違反第四十七條第二項規定，或候選人對於競選經費之收入或支出金額，故意為不實之申報者，處新台幣五十萬元以上，二百五十萬元以下罰鍰。（第八十六條）

違反第三十七條第一項、第四項、第四十三條第一項、第四十四條第二項之規定者，處新台幣一萬元以上，十萬元以下罰鍰。違反第四十條第二項、第四十六條、第四十七條第一項及第六十四條之規定，經監察人員制止不聽者，亦同。將選舉票或罷免票以外之物投入票匭，或故意撕毀領得之選舉或罷免票者，處新台幣五千元以上，五萬元以下罰鍰。（第八十七條）犯第七十六條第二項之罪或刑法第一百四十三條第一項之罪，於犯罪後三個月內自首者，免除其刑；逾三個月者，減輕或免除其刑；在偵查或審判中自白者，減輕其刑。意圖他人受刑事處分，虛構事實，而為前項之自首者，依刑法誣告罪之規定處罰之。（第八十八條）

犯本章之罪，其他法律有較重處罰之規定者，從其規定。辦理選舉、罷免事務人員，假借職務上之權力、機會或方法，以故意犯本章之罪者，加重其刑至二分之一。犯本章之罪或刑法分則第六章之妨害投票罪，宣告有期徒刑以上之刑者，並宣告褫奪公權。（第八十九條）有關總統、副總統選舉、罷免，由最高法院檢察署檢察總長督率各級檢察官分區查案，自動檢舉有關妨害選舉、罷免之刑

事案件，並接受機關、團體或人民是類案件之告發、告訴、自首，即時開始偵查，爲必要之處理。前項案件之偵查，檢察官得依刑事訴訟法及調度司法警察條件等規定，指揮司法警察人員爲之。（第九十條）犯本章之罪或刑法第六章妨害投票之案件，各審受理法院應於六個月內審結。（第九十一條）

10. 選舉罷免訴訟的規定：

選舉罷免機關辦理選舉、罷免違法，足以影響選舉或罷免結果，檢察官、候選人、被罷免人或罷免案提議人，得自當選人名單或罷免投票結果公告之日起十五日內，以各該選舉罷免機關爲被告，向管轄法院提起選舉或罷免無效之訴。（第九十二條）選舉或罷免無效之訴，經法院判決無效確定者，其選舉或罷免無效，並定期重行選舉或罷免。其違法屬局部者，局部之選舉、罷免無效，並就該局部無效部分定期重行投票。但局部無效部分顯不足以影響結果者，不在此限。（第九十三條）

當選人有下列情事之一者，選舉罷免機關、檢察官或候選人得以當選人爲被告，自公告當選之日起十五日內，向管轄法院提起當選無效之訴：(1)當選票數不實，足認有影響結果之虞者。(2)對於候選人、有投票權人或選務人員，以強暴、脅迫或其他非法之方法，妨害他人競選、自由行使投票權或執行職務者。(3)有第七十六條、第七十九條第一項第一款、刑法第一百四十六條第一項之行爲者。(4)有第七十八條第一項之行爲，足認有影響選舉結果之虞者。（第九十四條）當選人有第二十八條各款規定情事之一者，選舉罷免機關、檢察官或候選人得以當選人爲被告，於其任期屆滿前，向管轄法院提起當選無效之訴。（第九十五條）當選無效之訴，經判決無效確定者，其當選無效。（第九十六條）

罷免案之通過或否決，有下列情事之一者，選舉委員會、檢察官、被罷免人或罷免案提議人，得於罷免投票結果公告之日起十五日內，以罷免案提議人或被罷免人爲被告，向管轄法院提起罷免案通過或否決無效之訴：(1)罷免案通過或否決之票數不實，足認有影響投票結果之虞者。(2)被罷免人或罷免案提議人對於有投票權人或選務人員，以強暴、脅迫或其他非法之方法，妨害他人自由行使投票權或執行職務者。(3)被罷免人或罷免案提議人有刑法第一百四十六條第一項之行爲者。(4)被罷免人或罷免案提議人有第七十八條第一項之行爲，足認有影響選舉結果之虞者。(5)被罷免人有第七十九條第一項第三款之行爲者。上述各項罷免案否決無效之訴，經法院判決無效確定者，其罷免案之否決無效，並定期重行投票。罷免案之通過經判決無效者，被罷免人之職務應予恢復。（第九十八條）

選舉人發覺有構成選舉無效、當選無效或罷免無效、罷免案通過或否決無效之情事時，得於當選人名單或罷免投票結果公告之日起七日內，檢具事證，向檢察官或選委會舉發之。（第九十九條）選舉、罷免訴訟，專屬中央政府所在地之高等法院管轄。（第一百條）選舉、罷免訴訟，設選舉法庭，採合議制審理，並應先於其他訴訟審判之，以二審終結，並不得提起再審之訴。各審受理之法院應於六個月內審結。（第一百零一條）本法所定罰鍰，由選委會裁定，經通知後逾期不繳納者，移送法院強制執行。（第一百零三條）自候選人登記截止日起，至

選舉投票日之翌日止，國安局應協同有關機關掌理總統、副總統候選人之安全維護事項。(第一百零四條)

綜合而論，「總統副總統選舉罷免法」是總統民選之制度規範，由於原草案的若干爭議性條款，其制定過程衝突不斷，雖有可議之處，唯在法律程序上的民主性和正義性，亦頗創造良好的議事典範。就前者而言，立法過程中不斷出現執政黨強勢支配和在野黨暴烈抗爭的局面，導致肢體衝突不斷。就後者而言，斯時主持會議的立法院院長劉松藩、副院長王金平等堅拒執政黨團進行「包裹表決」的要求，而接受民進黨所採合法的逐條提出修正案，逐條表決的冗長議事抗爭戰術，亦因而創下一次院會長達 4 天 3 夜，動用 393 次表決，持續開會 26 小時等新紀錄。此一顯示「議長中立」的作為，一掃過去立法院常見的多數黨結合該黨籍會議主席以「包裹表決」手段壓制少數黨的惡質作法，不僅維護在野黨的議事空間和朝野政黨間的協商空間，而且相當程度體現「過程中多數尊重少數」的民主議事精神。

本法的內容上，朝野政黨取得若干妥協，修改了由內政部研擬，行政院審查後所提出的草案版本，而做出了若干比較公允而合理的規定。蓋由於國內政黨彼此的互信未立，且在若干有意參選第九屆總統的人士均已浮上枱面情形下，草案中的一些規定，亦被反對者譏評為有「針對性」或「量身裁製」，故而本法經過朝野政黨的折衷妥協後，在內容有較妥適的規定，其要者如：(1)有關公民連署的方式：從公辦連署改為自辦連署，並降低了連署人數。(2)有關電視辯論的實施：規定經兩組以上候選人同意，個人或團體得舉辦全國性無線電視辯論，電視台應予受理，此法折衷了強迫辯論或不予辯論的兩極主張。

此外，本法尚有下列各項特點：

(1) **僑居國外國民的明確規範：**

修憲增修條文中僑居國外國民之參政權，一直是朝野討論的焦點，究竟選舉權上所指稱之「僑民」範圍為何？難獲一致結論。本次立法則明確界定「僑民」意涵，「僑民」乃指人在國外，但曾在台灣繼續居住四個月以上，持有中華民國護照者，可以申請返國投票，選舉總統、副總統。

(2) **競選經費最高金額的規定：**

競選經費的上限規定，有助於避免選舉浪費，並期以改善賄選的不良風氣。本法規定總統、副總統選舉之競選經費最高金額計算方式，乃以中華民國自由地區人口總數百分之七十，乘以基本金額新台幣十五元所得數額，加上新台幣八千萬元之和。依此計算，第九屆總統、副總統競選經費上限為 3 億元。

(3) **政治獻金的規定：**

選舉必須有相當的花費，唯為避免個人或營利事業的巨額捐贈，造成人情包袱或政商掛鉤，因而宜有政治獻金的規範，強調小額捐獻，以圖防杜政治惡質化。本法則做了相關規定，其中個人對於候選人競選經費之捐贈，不得超過新台幣二萬元；至於營利事業捐贈者，不得超過新台幣三十萬元，且營利事業連續虧損三年以上者，不得捐贈競選經費。

(4) 民意調查作法的規範：

本法除了規定選舉言論不得違法及妨害其他候選人活動外，並且通過立委趙永清修正動議，增列「政黨及任何人或法人代表不得在投票前十日內發布有關候選人或選舉之民意調查資料」，並定有罰則，違反此項規定，處新台幣五十萬元以上二百五十萬元以下罰鍰。

(5) 防暗殺條款的規定：

本法為防止重大陰謀危害選舉的公平性，乃有防暗殺條款的措施，即規定總統候選人之一於登記截止後，到選舉投票日前死亡，主管機關即公告停止選舉，並定期重行選舉。此外並規定辦理之重行選舉，於公告停止選舉前取得之總統、副總統候選人完成連署證明書，於重行選舉仍適用之。

(6) 安全維護條款的規定：

為了保護候選人安全，本法訂定「安全維護條款」，由國家安全局協同有關機關掌理選舉期間（自候選人登記截止日起，至選舉投票日之翌日止）總統、副總統候選人的安全維護事項。

總統民選是我國民主政治發展的重要里程碑，「總統副總統選舉罷免法」的遊戲規則，在立法過程中，雖因高度政治性而時有衝突爭議，但其立法過程大體已符合程序正義之民主要求，且在遵循憲法增修條文的基本精神與架構下，主要條文尚稱公平合理，爾後自可依據實踐經驗進行檢討、修正，期使此一選罷法規更趨公平、合理、可行。

（二）公職人員選舉罷免法的歷次修正

「公職人員選舉罷免法」於民國六十九年五月制定後，在民國八十年以前，已經過七十二年七月、七十八年二月兩次修正，詳如第三章第四節。進入民國八十年本時期以來，選罷法又於民國八十、八十一年、八十三年等數次修正。

1.民國八十年八月的修正

選罷法在民國七十八年二月第二次修正時，番號仍維持一一三條，但實際條文達一二六條。民國八十年八月的第三次修正，番號仍為一一三條，但計修改四十七條條文，增訂四條條文，刪除六條條文，故實際條文為一二四條。本次選罷法修正要點如下：

(1) 順應動員戡亂時期終止的調整：

本法原稱「動員戡亂時期公職人員選舉罷免法」，隨民國八十年五月一日終止動員戡亂時期，本法改稱「公職人員選舉罷免法」。其第一條亦刪除「動員戡亂時期」字樣，而成「公職人員選舉、罷免，依本法之規定，本法未規定者，依其他有關法令之規定」

(2) 中央公職人員選舉兼採政黨比例代表制的規定：

選罷法依據民國八十年五月第一階段修憲所賦予二屆立委、國代法源的不分區與僑居國外國民之選舉規定，修正第三條。增列：「中央公職人員全國不分區、僑居國外國民之選舉，採政黨比例方式選出之。」至於候選人資格依本次所修正之選罷法第卅一條：「選舉人年滿廿三歲，得由依法設立之政黨登記為中央公職

人員全國不分區選舉之候選人，但監委候選人須年滿卅五歲。」（第四項）「僑居國外之中華民國國民年滿廿三歲，在國外繼續僑居八年以上，得由依法設立之政黨登記爲中央公職人員僑居國外國民選舉之候選人，但監察委員候選人須年滿卅五歲。」（第五項）「政黨登記之全國不分區、僑居國外國民選舉候選人，應爲該黨黨員，並經各該候選人書面同意，其候選人名單應以書面爲之，並排列次序。」（第六項）第卅七條修正規定：「經政黨登記之全國不分區、僑居國外國民選舉候選人名單，政黨得於登記期間截止前撤回或更換。」（第三項）第卅八條修正規定：「全國不分區、僑居國外國民選舉候選人之保證金，依公告數額，由登記之政黨按登記人數繳納。」（第三項），另第四項第二款規定，全國不分區、僑居國外國民選舉候選人未當選者，保證金不予發還。

本法增訂第五十六條之二：「全國不分區、僑居國外國民選舉，政黨登記之候選人不得接受競選經費之捐贈，其競選活動，以參加第五十一條之一規定之競選活動爲限。」全國不分區、僑居國外國民選舉當選名額之分配規定：1.以國民大會代表、立法委員區域及山胞選舉，各政黨所推薦候選人得票數之和，爲各政黨之得票數，以各政黨得票數相加之和，除各該政黨得票數，求得各該政黨國民大會代表、立法委員得票比率。以監察委員省（市）議會選舉各政黨所推薦候選人得票數之和，爲各政黨得票數，以各政黨得票數相加之和，除各該政黨得票數，求得各該政黨監察委員得票比率。2.以應選之名額乘前款得票比率所得積數之整數，即爲各該政黨分配之當選名額，按政黨名單順位，依次當選。3.依前款規定分配當選名額，如有剩餘名額，應按各政黨分配當選名額後之剩餘數大小，依次分配剩餘名額，剩餘數相同時，以抽籤決定之。4.各政黨分配之婦女當選名額少於應行當選名額時，優先分配當選。5.政黨登記之候選人名單人數少於應分配之當選名額時，或婦女候選人數少於應分配之婦女當選名額時，均視爲缺額。6.各該政黨之得票比率未達百分之五以上者，不予分配當選名額，其得票數不列入第一款計算。7.無黨籍及未經政黨推薦之候選人之得票數，不得列入第一款及第六款計算。8.第一款至第三款及第六款小數點均算至小數點第四位。第五位以下四捨五入。（第六十五條第三項）

當選人在就職前死亡或經判決當選無效者，其遞補方式，全國不分區、僑居國外國民選出之國民大會代表、立法委員、監察委員所遺缺額，由該政黨登記之候選人名單按照順位依次遞補，如該政黨登記之候選人名單無人遞補時，視同缺額。（第六十七條第二項）

(3) 規範各級選委會政黨名額比例：

原選罷法僅規定中央選委會政黨名額，具有同一黨籍者，不得超過委員總額二分之一；至於省（市）選委會以下各級選委會均未規定政黨比例。本次修正後規定爲：「各選舉委員會委員，應有無黨籍人士，具有同一黨籍者，在中央選舉委員會不得超過委員總額五分之二，在省（市）、縣（市）選舉委員會不得超過各該選舉委員會委員總額二分之一。」（第八條）

(4) 刪除職業團體、婦女團體可於工作地的投票所投票之規定：

原選罷法規定職業團體、婦女團體，得在戶籍地或工作地之投票所投票。但欲在工作地投票者，應於投票日六十日前，以書面向所屬團體聲明之。本次修正，刪除在工作地之投票所投票規定，選舉人除另有規定外，應於戶籍所在地投票所投票。（第廿條）

(5) 競選活動規範的變更：

公職人員選舉，候選人競選活動時間，國代、立委、監委均由原來十五天縮短爲十天，其他省市議員、縣市議員、縣市長仍維持十天，鄉鎮市民代表仍爲五天，另鄉鎮市長由五天延長爲十天，村里長由三天延長爲五天。（第四十五條）政黨及候選人不得接受競選經費來源，由原規定兩種：①外國團體、法人、個人或主要成員爲外國人之團體、法人。②同一種選舉其他政黨或候選人。另增加一項：公營事業或接受政府捐助之財團法人。（第四十五條之二）

政府補貼競選經費的提高，由原規定達各該選舉區當選票數四分之三以上者，每票補貼新台幣十元，提高爲三十元。另增列規定，前項當選票數，當選人在二人以上者，以最低當選票數爲準。其最低當選票數之當選人，如以婦女保障名額當選，應以前一名當選人之得票數爲最低當選票數。（第四十五條之五）

政見發表會取消原先規定「自辦政見發表會之期間在先，公辦政見發表會之期間在後，公辦政見發表會期間不得多於自辦政見發表會期間。」另將原先規定自辦政見發表會每日不得超過六場，提高爲不得超過八場。（第四十九條）

增加政黨使用電視及其他大眾傳播工具從事競選活動之規定。第十一條各級選舉委會掌理事項，增列第九項：「訂定政黨使用電視及其他大眾傳播工具從事競選宣傳活動之辦法」。另第五十條增列第六項：「選舉委員會得視實際需要，選定公職人員選舉種類，透過電視或其他大眾傳播工具，辦理選舉及政黨選舉之活動，其辦法由中央選舉委員會定之。」

有關限制候選人或其助選員競選活動時，不得有之行爲，從五項減爲兩項。僅保留：①於規定期間之每日起、止時間之外，不得從事公開競選活動。②發動選舉人簽名，或於廣播、電視播放廣告，從事競選活動。取消的三條是：①在政見發表會外，另行公開演講。②結眾遊行。③燃放鞭炮。（第五十五條）有關限制政黨於競選活動期間，不得有之行爲，由原來七項，刪減四項另增加一項，而爲四項：①於規定期間之每日起、止時間之外，從事公開競選活動。②設立競選辦事處及置助選員。③於政黨辦公處三十公尺範圍外，張貼宣傳品或懸掛豎立標語看板、旗幟、布條等廣告物，爲候選人宣傳。④發動選舉人簽名或於廣播、電視播送廣告，爲候選人宣傳。刪除之四項爲：①在政見發表會外，公開演講爲候選人宣傳。②使用宣傳車輛或於政見發表會外使用擴音器，爲候選人宣傳。③結眾遊行，爲候選人宣傳。④燃放鞭炮。（第五十五條之一）此外，本次新增訂第五十六條之一：「政黨及任何人不得於投票日從事競選或助選活動。」

(6) 投開票及選舉結果規定的增列：

第五十七條原規定，開票完畢，開票所主任管理員與主任監察員即以書面宣布開票結果。現增加「並於開票所門口張貼」。另第六十條原規定，選舉票應由

選委會按選舉區印製分發應用，選票上應刊印各候選人之號次、姓名及相片。現增加「但中央公職人員選舉，經政黨推薦之候選人應同時刊印其黨籍。」

新增訂第六十七條之一：「當選人兼具外國國籍者，應於當選後就職前放棄外國國籍，逾期未放棄者，視爲當選無效，其所遺缺額，依前條規定辦理。」另新增訂第六十八條之一：「中央公職人員，除全國不分區、僑居國外國民選出者外，因辭職、罷免或其他事故出缺，致同一選舉區或省（市）議會選出者，其缺額達二分之一時，應由中央選舉委員會定期補選。但其所遺行使職權期間不足一年時，不予補選。」

(7) 罷免案規定的變更：

本法七十條規定，罷免案的提出，應附理由書，以被罷免人原選舉區選舉人爲提議人。人數規定方面，國代、立委、省市議員，爲原選舉區應選出之名額除該選舉區選舉人總數所得商數，本次修正由原來百分之五以上之規定，降爲：百分之三以上。並增列縣市議員、鄉鎮市民代表，爲原選舉區應選出之名額除該選舉區選舉人總數所得商數百分之五以上。另有關監察委員、縣市長、鄉鎮市長、村里長之罷免提議人數均無變更。

第七十四條罷免案之連署人規定，以被罷免人原選舉區選舉人爲連署人。人數規定方面，國代、立委、省市議員，爲原選舉區應選出之名額除該選舉區選舉人數總數所得商數，本次修正由原來百分之十五以上，降爲百分之十二以上。縣市長、鄉鎮市長，爲原選舉區選舉人，本次修正由原來百分之十八以上，降爲百分之十三以上。並增列縣市議員、鄉鎮市民代表，爲原選舉區應選出之名額除該選舉區選舉人總數所得商數百分之十五以上。另有關村里長的罷免案連署人數並無變更。

(8) 妨害選舉、罷免規定有關罰則的修正：

有關妨害選舉罷免的罰則，本次修正部分如下：①公然聚眾，犯第八十七條之一之罪者，在場助勢之人，由原規定三萬元以下罰金，修正爲新台幣九萬元以下罰金。（第八十七條之二）②對於候選人或具有候選人資格者，行求期約或交付賄賂或其他不正利益而約其放棄競選或爲一定之競選活動者，有關併科罰金部分，由原規定五萬元以下，修正爲新台幣十五萬元以下罰金。（第八十九條）③違犯第九十一條之規定，由原規定得併科五萬元以下罰金，修正爲新台幣十五萬元以下罰金。④違犯第六十一條第二項或第八十一條第二項規定或有第六十三條第一項各款之一，經令其退出而不退出者，原規定二萬元以下罰金，修正爲新台幣六萬元以下罰金。（第九十三條）⑤違犯第九十四條規定者，原規定一萬元以上罰金，修正爲新台幣三萬元以上罰金。⑥競選經費之支出超出選舉委員會，依第四十五條之第一項規定公告之最高限額者，原規定處一萬元以上五萬元以下罰鍰，修正爲處新台幣十萬元以上，五十萬元以下之罰鍰。（第九十五條之一）⑦違反第四十九條第三項、第五十六條第一款之規定，經監察人員制止不聽者，原規定處一年以下有期徒刑，修正爲處新台幣一萬元以上，五萬元以下罰金。（第九十六條之一）⑧政黨違反第五十一條之一第二項、第四項或第五十六條第一款

之規定，經監察人員制止不聽者，除行爲人依前條規定處罰外，原規定處政黨一萬元以上五萬元以下罰鍰，修正爲處新台幣三萬元以上十五萬元以下罰鍰。（第九十六條之一）⑨違反第四十五條之三第一項、第二項、第四項、第五十一條第一項、第三項，第五十一條之一第三項之規定或依第四十五條之三第五項所定準則或依第五十一條第二項之規定，原規定處一千元以上一萬元以下罰鍰，修正爲處新台幣三千元以上三萬元以下罰鍰。另將選舉票或罷免票以外之物投入票匭，或將領得之選舉票或罷免票攜出場外，或故意撕毀者，原規定處五百元以上五千元以下罰鍰，修正爲處以新台幣一千五百元以上一萬五千元以下罰鍰。（第九十七條）

　　綜合而論，民國八十年七月選罷法第三次修正，主要是配合動員戡亂時期終止，除了名稱上摘除掉「動員戡亂時期」字樣，並配合中央民意代表的全面改選，是年五月國民大會完成的第一階段修憲，賦與中央民意代表（國代、立委、監委）產生的法源，其中包括全國不分區代表與僑居國外國民選舉的名額分配。第三次選罷法修正最大特色，即在於規範全國不分區、僑居國外國民之國代、立委，各政黨比例代表的方式，並作成「門檻條款」：若政黨得票比率未達百分之五以上者，不予分配全國不分區代表。此次政黨比例分配名額係採一票制而非兩票制，因而在全國不分區與僑居國外國民部分，選民無法直接對政黨投票，故政黨名單的實質意義勢將大受影響，如若採行兩票制，則政黨對所提之全國不分區與僑居國外國民的名單，直接受到選民檢驗，政黨所提名單自須慎重。我國選舉不分區部分採行兩票制，到了民國九十四年第七次修憲才做成決定。

　　全國不分區與僑居國外國民的產生規定中，「門檻條款」的實施有助於大黨，不利於小黨。「門檻」的用意在於防止小黨林立、政局紛擾，唯以國內政黨政治起步未久，除朝野兩大政黨外，諸多新興小黨，成立時間太短，黨內人才有限，基礎不穩固情形下，門檻條款更將形成對諸多政黨的嚴格考驗。就百分之五的規定，對小黨或新興政黨普遍不利，但對政局穩定性有其一定效果，亦可幫助小黨檢視本身體質，間接亦可促使若干零散、薄弱的同質性政黨考慮結合發展的趨勢。

　　本次選罷法修正條文中，對競選活動規範、投開票及選舉結果之規定、罷免案提議人、連署人之人數規定及妨害選罷法規定之罰則等方面做成部分修正。此外，在各級選委會成員之規定上，亦做了更明確和客觀性的決定。不僅將原先並無任何成員政黨規定的省（市）、縣（市）選委會，規定應有無黨籍人士加入，具有同一黨籍者不得超過委員總額二分之一；同時更規範中央選委會之委員，具有同一黨籍者，由原先不得超過總額二分之一，修正爲不得超過委員總額的五分之二，且須有無黨籍人士參與，這使選務機關設計上，更朝向公正客觀目標運行。

2.民國八十一年至八十三年的修正

　　選罷法在民國八十一年十一月六日第四次修正。本次僅修正第卅一條條文，增列：「具有第五項資格之僑居國外國民，因擔任公職，或回國投資，於執行職務期間，在國內設籍者，亦得登記爲候選人。」（第八項）

　　到民國八十三年七月十五日，選罷法第五次修正，這次的修正主要係配合

省、直轄市長民選設立法源，對落實地方自治具時代意義。其修正要點：

(1) **確立省長、直轄市長民選之法源：**

民國八十三年七月七日、八日兩天，立法院先後完成「省縣自治法」與「直轄市自治法」，確立省、市長民選。故選罷法必須賦與省市長選舉、罷免等相關法源。本次修正所牽涉條文計有第二條、第七條、第十一條、第卅二條、第卅九條、第四十五條、第六十六條、第六十七條、第七十條、第七十四條、第八十條、第八十三條等條文。其中省、市長候選人學經歷條件方面，規定有二：①專科以上學校畢業或高考及格，曾在專科以上學校擔任講師以上教職、或執行高考及格之專門職業合計三年以上。②高中以上畢業或普考以上，並曾任省市議員以上公職或縣市長以上公職合計三年以上。（第卅二條）另省市長競選活動期間，省長為三十天，直轄市長十五天。（第四十五條）

(2) **刪除民意代表及村里長候選人學經歷限制：**

本次選罷法修正第卅二條，刪除所有民意代表（包含國代、立委、市議員、縣市議員、鄉鎮市民代表）以及村里長候選人的學經歷限制；僅保留省市長、縣市長、鄉鎮市長候選人的學經歷限制規定。

(3) **設置「防暗殺條款」：**

增訂第卅六條之一：「候選人登記截止後至選舉投票前，如有因候選人死亡，致該選區之候選人數未超過或不足該選出之名額時，應即公告停止選舉活動，並定期重行選舉。」本條立法旨在避免黑槍暴力在選舉中不當使用。

(4) **刪除政黨推薦候選人保證金減半之規定：**

選罷法第卅八條第二項原規定：「政黨推薦之區域、山胞候選人，其保證金減半繳納，但政黨撤回推薦者，應全額繳納。」本條文顯然有違法律之前公平競選的原則，故而本次修正時，該項予以刪除。

(5) **增修政府補貼政黨暨候選人規定：**

選罷法第四十五條之五原規定：「候選人除全國不分區、僑居國外國民選舉外，得票達各該選舉區當選票數四分之三以上者，應補貼其競選費用，每票補貼新台幣三十元，但其最高額，不得超過各該選舉區候選人競選經費最高限額。」本次修訂增列二項：「①政黨之全國不分區、僑居國外國民選舉得票率達百分之五以上者，由政府每票補貼政黨新台幣五元。②當選人在一人，得票為該選區當選票三分之一，當選人在二人以上，得票在該選區當選票二分之一以上者，每票補貼三十元。」

(6) **增訂舉辦電視政見發表會規定：**

原選罷法第五十條僅規定：「選舉委員會得視實際需要，選定公職人員選舉種類，透過電視或其他大眾傳播工具，辦理選舉及政黨選舉活動，其辦法由中央選舉委員會定之。」本次修正，則增訂第五十條之一，明確規定關於中央公職人員全國及不分區及省長、直轄市長選舉，各主管選舉委員會，應以公費在全國性無線電視頻道為競選人及其政黨舉辦兩次以上電視政見發表會，每次時間不得少於一小時，受指定之電視台，不得拒絕。

(7) 增列全國不分區、僑居國外國民之遞補原則：

原選罷法對中央公職人員出缺，僅規定區域選舉者辦理補選，並未提及全國不分區及僑居國外國民出缺之辦法。第六十八條之一：「中央公職人員，除全國不分區、僑居國外國民選出者外，因辭職、罷免或其他事故出缺。致同一選舉區或省（市）議會選出者，其缺額達二分之一時，應由中央選舉委員會定期補選，但其所遺行使職權期間不足一年時，不予補選。」本次修正該條文時，增列：「全國不分區、僑居國外國民選出之中央公職人員出缺，由該政黨登記之候選人名單依序遞補，如無人遞補，視同缺額。出缺原因為死亡、辭職或喪失所屬政黨黨籍，並自第二屆立委、國代實施。」根據遞補規定，自第二屆國代、立委開始適用，國民黨籍有張明政、張貞松、林聯登三名遞補國代。民進黨籍有黃修榮、高植澎、吳天富、吳文就四名遞補國代，陳昭南遞補立委。

(8) 當選無效之新增規定：

原選罷法第一○三條，有關當選無效之規定有二：①當選票數不實，足以影響選舉結果者。②違反第四十九條第三項之規定，經監察人員書面制止不聽者。本次修改條文，當選無效之規定有三，除保留原第一項「當選票數不實，足以影響選舉結果者。」另新增列之兩項：「以強暴、脅迫或其他非法之方法，妨害他人競選，自由行使投票權或執行職務者。」「有賄選、作票之行為者。」

(9) 相關罰則的增修：

本次修正妨害選舉罷免之罰則有以下數項：①增列違反經費捐助對政黨負責人處分規定，選罷法第八十六條修正後，將候選人違反競選經費之規定接受捐助者，除原規定處分候選人外，政黨違反規定，將處罰政黨負責人科以十萬元以上，五十萬元以下的罰金。②修正「搓圓仔湯」條款，選罷法第八十九條，原將候選人或具有候選人資格者，行求期約或交付賄賂或其他不正利益而約其放棄競選或為一定之競選活動者，處五年以下有期徒刑，併科十五萬元以下罰金；本次修正提高為六十萬元至六百萬元罰金。③增訂「拔除椿腳包攬買票條款」，本次增加九十條之一：「對於有投票權之人，行求期約或交付賄賂其他不正利益，而約其不行使投票權或為一定之行使者，處五年以下有期徒刑，併科罰金四十萬元至四百萬元罰金，預備犯前項者，處一年以下徒刑。犯罪後六個月內自首減輕或免除其刑。」另增加九十一條之一：「意圖漁利、包攬第八十九條第一項、第二項、第九十條之一第一項，或第九十一條第一項各款之事務者，處一年以上，七年以下有期徒刑，得併科五十萬元以上，五百萬元以下罰金。」④第九十四條新增列一項罰則，「將領得之選票或罷免票攜出場外者，處一年以下有期徒刑、拘役或一萬五千元以下罰金。」

(10) 選舉法庭規定的修正：

選罷法第一○九條，原規定選舉、罷免訴訟，設選舉法庭，採合議制審理，並應先於其他訴訟審判之，以二審終結，並不得提起再審之訴，各審受理之法院應於三個月內審結；本次修正將三個月改為六個月內審結。

綜論本次修法，確立省市長選舉規範，刪除民意代表及村里長候選人的學、

經歷限制，明定電視政見發表，增訂「反賄選條款」、「拔除椿腳包攬買票條款」等。然而仍有若干缺失，候選人設籍六個月改爲四個月（第十五條），增加選前幽靈人口移遷方便，減少空降候選阻力，並非良謀。全國不分區及僑居國外國民的採取遞補制，對區域選舉仍然採行補選制，形成了「一法兩制」，特別是規定自第二屆國大代表、立委起實施，有違立法不溯及既往原則。最大缺憾者則是原修正案中有兩項防弊條文：「防範黑道人士以參選滲入公職人員」、「政黨連坐以加重政黨推薦及輔選的政治責任」未獲修正通過，決議延至「第二階段」修正，或被稱之爲「截肢式」修法。[132]

到了民國八十三年十月廿日，立法院又將選罷法部分條文修正，這次修正的起因在於針對反核團體推動罷免北縣四位擁核立委（林志嘉、洪秀柱、韓國瑜及詹裕仁），執政的國民黨擬透過選罷法修正，提高罷免相關議程所需人數（包含提議人人數、連署人數、投票人數），修正條文分述如下：

(1)選罷法第七十條（提議人人數）：原條文規定，罷免案應附理由書，以被罷免人原選舉區選舉人爲提議人，其人數應合於下列規定：①國代、立委、省市議員，爲原選舉區應選出之名額除該選舉區選舉人總數所得商數百分之三以上。②縣市議員、鄉鎮市民代表，爲原選舉區應選出名額除該選舉區選舉人總數所得商數百分之五以上。③省市長、縣市長、鄉鎮市長、村里長，爲選舉區選舉人總數百分之二以上。前項罷免案，一案不得爲罷免二人以上之提議，但有二個以上罷免案時，得同時投票。

條文經修正爲，罷免案應附理由書，以被罷免人原選區選舉人爲提議人，其人數應爲原選舉區選舉人總數百分之二以上。前項罷免案，一案不得爲罷免二人以上之提議。但有二個以上罷免案時，得同時投票。

(2)選罷法第七十四條（罷免案連署人數）：原條文規定，罷免案之連署人，以被罷免人原選舉區選舉人爲連署人，其人數應合於下列規定：①國代、立委、省市議員，爲原選舉區應選出之名額除該選舉區選舉人總數所得商數百分之十二以上。②縣市議員、鄉鎮市民代表，爲原選舉區應選出之名額除該選舉區選舉人總數所得商數百分之十五以上。③省市長、縣市長、鄉鎮市長，爲原選舉區選舉人總數百分之十三以上。④村、里長，爲原選舉區候選人總數百分之十八以上。

條文經修正爲，罷免案之連署人，以被罷免人原選舉區選舉人爲連署人，其人數應爲原選舉區選舉人總數百分之十三以上。

(3)選罷法第八十三條（罷免投票人數）：原條文規定，罷免案投票結果，投票人數應合下列規定，「同意罷免票多於不同意罷免票者」，即爲通過：①國代、立委、省市議員、縣市議員、鄉鎮市民代表，應有原選舉區選舉人三分之一以上之投票。②省市長、縣市長、鄉鎮市長，村里長，應有原選舉區選舉人二分之一以上之投票。投票人數不足前項規定數額或「同意罷免票未超過不同意罷免票者」，均爲否決。

---

[132] 方人也，「評選舉罷免法之修正」，憲政評論，第廿五卷，第八期，民國八十三年八月十五日，頁一二一一五。

條文經修正為，罷免案投票人數不足原選舉區選舉人總數二分之一以上或同意罷免票數未超過有效票數二分之一以上者，均為否決。

綜合而論，選罷法經修正後，罷免相關程序所需人數均已提高，罷免案提議人數、連署人數以及投票人數的提高，增加罷免通過的困難程度。罷免案的通過實須同時通過兩項規定：①投票人數須超過原選舉區選舉人總數二分之一以上。②投票人數符合規定後，同意罷免票數須超過有效票二分之一以上。

前述三分之一抑或二分之一的合理性，或有以二分之一標準太高，實則以當時我國立法委員選舉尚採複數選舉區（一區多席）的方式下，二分之一是否太高？仍然值得論證。茲以台北縣為例，第二屆立委選舉產生 16 席，亦即參選之 64 位候選人中，得票居前 16 人宣告當選。該次選舉中最高票當選者僅得 20 餘萬票，最低票當選者亦不過 4、5 萬票。換言之，以當時台北縣選舉人總數 208 萬人中，未支持最高票者有 170 餘萬人，未支持最低票者達 190 餘萬人，今以 104 萬人（二分之一）投票，過半數之 52 萬人將某一位候選人罷免，在理論上是有缺失的。質言之，在採取大選舉區中，當選之候選人支持者本即是選舉區中一小部分，罷免時卻以極可能根本未投票支持其之大部分人士將某人罷免，實值商榷。尤其在黨同伐異的狀況下，以國民黨、民進黨在各選舉區都大致有動員相當大之數量選民能量，罷免掉事實上僅是少部分人支持的當選者，不僅就法理上不妥，且徒增社會不安的可慮情形。因之，欲檢討選罷法中罷免案投票人數，應先思考選舉制度本身規範，民國九十四年第七次修憲，立法委員改採小選舉區制（單一選舉區制）、兩票制。如此之下，則二分之一才是可行之途。

（三）「省縣自治法」與「直轄市自治法」的制定

民國八十三年七月七、八兩日，立法院三讀通過「省縣自治法」與「直轄市自治法」，它所代表意義在於，台灣省自光復四十餘年來，所試行之「半自治」、「畸形跛腳的自治」，得由這兩項的完成立法，在法制層面，擺脫原有「台灣省各縣市實施地方自治綱要」等行政命令形式，從此確立了各級地方政府的自治地位。特別是將四十多年來，僅限於縣市以下的試行自治，提升到憲政體系，從中央到地方合理的憲政分際及自治運作。

1.「省縣自治法」的制定

「省縣自治法」於民國八十三年七月七日立法院完成三讀，並經總統於同年七月廿九日公布施行。全文共計七章（第一章總則，第二章省、縣市、鄉鎮市民之權利與義務，第三章自治事項，第四章自治組織，第五章自治財政，第六章自治監督，第七章附則）六十六條。其重要規定包括：

(1) 省、縣市、鄉鎮市獲得自治法人地位：

依省縣自治法（以下稱本法）規定，省為法人，省以下設縣、市，縣以下設鄉、鎮、市，均為法人，各依本法辦理自治事項，並執行上級政府委辦事項。（第二條）人口在六十萬人以上得設省轄市。（第三條）人口在十五萬人以上者，得設縣轄市。（第四條）

省設省議會、省政府;縣(市)設縣(市)議會、縣(市)政府;鄉(鎮、市)設鄉(鎮、市)民代表會、鄉(鎮、市)公所,分別爲省、縣(市)、鄉(鎮、市)之立法機關及行政機關。區設區公所,村、里設村、里辦公處。(第五條)省自治之監督機關爲行政院,縣(市)自治之監督機關爲省政府,鄉(鎮、市)自治之監督機關爲縣政府。(第六條)省政府、縣(市)政府、鄉(鎮、市)公所所在地之變更,由省政府、縣(市)政府、鄉(鎮、市)公所提請各該省議會、縣(市)議會、鄉(鎮、市)民代表會通過後,報請自治監督機關備查。(第八條)

(2) 省、縣(市)、鄉(鎮、市)民權利與義務的規範:

省民、縣(市)民、鄉(鎮、市)民的權利包括:①對於地方公共設施有使用之權。②對於地方教育文化、社會福利事項,有依法享受之權。③對於地方自治事項有依法行使創制、複決之權。④對於地方政府資訊有依法請求公開之權。⑤其他法律及自治法規賦予之權利。(第十條)省民、縣(市)民、鄉(鎮、市)民之義務有三:①遵守自治法規之義務。②繳納自治稅捐之義務。③其他法律及自治法規所課之義務。(第十一條)

(3) 自治事項採取列舉式:

省自治事項包括了省之公職人員選舉罷免之實施事項,地政事項,教育文化事業,衛生環保事業,農、林、漁、牧、礦業,水利事業,交通事業,財產之經營及處分,公用及公營事業,觀光事業,工商管理,建築管理,財政、省稅捐及省債,省銀行,警政之實施事項,戶籍登記及管理事項,國民住宅興建及管理事項,合作事業,公益慈善事業與社會救助及災害防救事項,人民團體之輔導事項,國民就業服務事項,勞工行政事項,社會福利事項,文化資產之保存事項,禮儀民俗及文獻事項,新聞事業,與其他省、市合辦之事業,其他依法律賦予之事項。(第十二條)

縣(市)自治事項與前述省自治事項相同。(第十三條)鄉(鎮、市)自治事項包括了鄉(鎮、市)之公職人員選舉罷免之實施事項,教育文化事業,衛生環保事業,農、林、漁、牧、礦事業,水利事業,交通事業,財產之經營及處分,公用及公營事業,觀光事業,財政及稅捐事項,合作事業,公益慈善事業與社會救助及災害防救事項,社會福利事項,禮儀民俗及文獻事項,與其他鄉(鎮、市)合辦之事業,其他依法律、省法規及縣規章賦予之事項。(第十四條)省、縣(市)、鄉(鎮、市)對於自治事項遇有爭議時,由立法院院會議決之。(第十五條)

(4) 各級地方民意代表的規範:

省議會、縣(市)議會、鄉(鎮、市)民代表會由省民、縣(市)民、鄉(鎮、市)民依法選舉省議員、縣(市)議員、鄉(鎮、市)民代表組織之。省議員、縣(市)議員、鄉(鎮、市)民代表任期均爲四年,連選得連任。(第十七條)

省議員總額不得超過七十九人,每一縣(市)最少一人,最多不得超過十二人。縣(市)議員總額,縣(市)人口在一萬以下者,不得超過十一人,人口在廿萬人以下者,不得超過十九人,人口在四十萬人以下者,不得超過卅三人,人

口在八十萬人以下者，不得超過四十三人，人口在一百六十萬人以下者，不得超過五十七人，最多不得超過六十五人。鄉（鎮、市）民代表之總額，鄉（鎮、市）人口在一千人以下者，不得超過五人，人口在一萬人以下者，不得超過七人，人口在五萬人以下者，不得超過十一人，人口在十五萬人以下者，不得超過十九人，最多不得超過卅一人。（第十七條）

　　省、縣（市）、鄉（鎮、市）有平地原住民人口在一千五百人以上者，於前項總額應有平地原住民選出之議員、縣（市）議員、鄉（鎮、市）民代表名額。有山地鄉者，應有山地原住民選出之省議員、縣議員名額。各選舉區選出之省議員、鄉（鎮、市）民代表名額在四人以上者，縣（市）議員名額在五人以上者，應有婦女保障名額。縣（市）選出之山地原住民、平地原住民名額在五人以上者，應有婦女當選名額，鄉（鎮、市）選出之平地原住民名額在四人以上者，應有婦女當選名額。（第十七條）

　　省議會、縣（市）議會置議長、副議長各一人，由省議員、縣（市）議員分別互選或罷免之。鄉（鎮、市）民代表會置主席、副主席各一人，由鄉（鎮、市）民代表互選或罷免之。（第廿七條）

　　省議會、縣（市）議會、鄉（鎮、市）民代表會定期會開會時，省長、縣（市）長、鄉（鎮、市）長應提出施政報告，各級地方政府一級主管及各該直屬機關首長，得應邀就主管業務提出報告。省議員、縣（市）議員、鄉（鎮、市）民代表於議會、代表會開會有向前項各該首長及單位主管，就其主管業務質詢之權。（第廿八條）

　　各級地方民意機關開會時，各級地方民意代表對於有關會議所為之言論及表決，對外不負責任。（第卅條）各級地方民意代表除現行犯外，在會期內，非經各級民意機關之許可，不得逮捕或拘禁。（第卅一條）

　　各級地方民意代表得支研究費等必要費用，在開會期間並得酌支出席費、交通費及膳食費。（第卅二條）各級地方民意代表不得兼任公務員、公私立各級學校專任教師或其他民選公職人員，亦不得兼任各該省政府、縣（市）政府、鄉（鎮、市）公所及其所屬機關、事業機構任何職務或名義。應於就職前辭去原職，否則於就職時視同辭職。（第卅三條）

(5) 各級地方民意機關的規範：

　　省議會的職權包括，議決省法規，議決省預算，議決省特別稅課、臨時稅課及附加稅課，議決省財產之處分，議決省政府組織規程及省屬事業機構組織之規程，議決省政府提案事項，審議省決算之審核報告，議決省議員提案事項，接受人民請願，其他依法律或中央法規賦予之職權。（第十八條）

　　縣（市）議會之職權包括，議決縣（市）之規章，預算，特別稅課、臨時稅課及附加稅課，財產之處分，縣市政府組織規程及所屬事業機構組織規程，縣市政府提案事項，縣市議員提案事項，審議縣市決算之審核報告，接受人民請願，其他依法律、中央法規或省自治法規賦予之職權。（第十九條）

　　鄉（鎮、市）民代表會之職權，包括議決鄉（鎮、市）之規約，預算，臨時

稅課，財產之處分，鄉（鎮、市）公所組織規程及所屬事業機構組織規程，鄉（鎮、市）公所提案事項，鄉（鎮、市）民代表提案事項，審議鄉（鎮、市）決算報告，接受人民請願，其他依法律、中央法規或省、縣自治法規賦予之職權。（第二十條）

　　各級地方政府對各級地方民意機關之議決案應予執行，如延不執行或執行不當，各級民意機關得請其說明理由。（第廿一條）省、縣（市）、鄉（鎮、市）總預算案，省政府應於會計年度開始三個月前送達省議會，縣（市）政府、鄉（鎮、市）公所應於會計年度開始二個月前送達縣（市）議會、鄉（鎮、市）民代表會。各級地方民意機關應於會計年度開始一個月前審議完成，如未能依限完成，各級地方民意機關應於會計年度開始前半個月，議定包括總預算案未成立前之執行條款及繼續完成審議程序之補救辦法，通知各級地方政府。年度開始時仍未議定補救辦法時，各級地方政府得在年度總預算範圍內動支維持政府施政必須之經費、法律規定應負擔之經費及上年度已確定數額之繼續經費。如未於會計年度開始後三個月內完成審查，應報請自治監督機關於十五日內邀集各有關機關協商議、決之，各級地方民意機關對預算案不得為增加支出之提議。（第廿三條）

　　省、縣（市）決算案，應於會計年度結束四個月內，提出於該管審計機關，審計機關應於決算送達三個月內完成其審核，並提出決算審查報告於省、縣（市）議會。另鄉（鎮、市）決算報告應於會計年度結束後六個月內送達鄉（鎮、市）民代表會審議。（第廿五條）

(6) 各級地方政府覆議權規定：

　　各級地方政府對各級民意機關之議決案，如認為窒礙難行時，應於該議決案送達三十日內敘明理由送請各級民意機關覆議，覆議時如經各級民意機關之民意代表三分之二維持原議決案，各級地方政府應即接受。其中有關各級民意機關之民意代表所為提案事項、接受人民請願事項，如各級地方政府執行有困難時，應敘明理由函復其自治監督機關。（第廿二條）

(7) 以緩衝期解決中央法規與省間關係：

　　省議會議決事項，於本法施行後四年內，與中央法規牴觸者無效；期滿後，省議會議決自治事項與法律牴觸者無效，議決委辦事項與中央法規牴觸者無效。另外縣（市）議會議決事項與中央法規、省法規牴觸者無效；鄉（鎮、市）民代表會議決事項與中央法規、省法規及縣規章牴觸者無效。前述各項議決事項無效者，應由各該自治監督機關予以函告。各項議決事項與法規、規章有無牴觸發生疑義時，由司法院解釋之。（第廿六條）本條文即在期以四年為緩衝期，以便修訂、解決數十年來累積之中央集權施政架構下的紊亂法制。

(8) 各級地方政府組織的規範：

　　省政府置省長一人，綜理省務，並指導監督所轄縣（市）自治，由省民依法選舉之，任期四年，連選得連任一次。置副省長二人，襄助省長處理省政，一人職務比照簡任第十四職等，另一人職務列簡任第十四職等。前者職務比照簡任第十四職等之副省長，由省長報請行政院備查，省長辭職、去職或死亡時，應隨同

離職。省政府一級機關首長職務均比照簡任第十三職等，除副省長一人、主計、人事、警政及政風主管由省長依法任免外，餘由省長任免之。（第卅五條）

縣（市）政府置縣（市）長一人，綜理縣（市）政，並指導監督所轄鄉（鎮、市）自治，由縣（市）民依法選舉之，任期四年，連選得連任一次。（第卅六條）

鄉（鎮、市）公所置鄉（鎮、市）長一人，綜理鄉（鎮、市）政，由鄉（鎮、市）民依法選舉之，任期四年，連選得連任一次。山地鄉鄉長以山地原住民為限。（第卅七條）

市之區公所，置區長一人，依法任用之，並承市長之命綜理區政，指揮監督所屬人員。（第卅八條）村、里置村、里長一人，由村、里民依法選舉之，任期四年，連選得連任。村、里長選舉，經二次受理候選人登記而無人申請登記時，得由鄉（鎮、市、區）公所就該村、里有村、里長候選人資格之村、里民遴聘之，其任期以本屆任期為限。（第卅九條）村、里長受鄉（鎮、市、區）長之指揮監督，辦理村、里公務及交辦事項。（第四十條）村、里應召集村、里民大會，其實施辦法由省政府定之。（第四十一條）

省政府組織規程由省政府擬訂，經省議會同意後，報請行政院備查。縣（市）政府之組織由省政府擬訂準則，經省議會同意後，報請行政院備查；各縣（市）政府應依準則，擬訂組織規程，經縣（市）議會同意後，報請省政府備查。鄉（鎮、市）公所之組織由省政府擬訂準則，經省議會同意後，報請內政部備查；各鄉（鎮、市）公所應依準則，擬訂組織規程，經鄉（鎮、市）民代表會同意後，報請縣政府備查。（第四十二條）

(9) 自治財政的規範：

省之收入包括：稅課收入、工程受益費收入、罰款及賠償收入、規費收入、信託管理收入、財產收入、營業盈餘及事業收入、補助及協助收入、捐獻及贈與收入、公債及借款收入、自治稅捐收入以及其他收入。（第四十三條）縣（市）之收入項目與省相同。（第四十四條）鄉（鎮、市）之收入較省、縣（市）收入項目減少公債一項，其餘相同。（第四十五條）

省、縣（市）、鄉（鎮、市）應分配之國稅、省及直轄市稅、縣（市）稅之統籌分配比率，依財政收支劃分法規定辦理。另由省統籌分配所屬縣（市）之財源，其各縣（市）間應分配之比率，須經省議會之決議。這項統籌分配之比率，須比較各縣（市）基準財政需要額減基準財政收入額算定之。（第四十六條）

省、縣（市）、鄉（鎮、市）之收入及支出，應依本法及財政收支劃分法規定辦理。政府規費之範圍及課徵原則，依政府規費法之規定。其未經法律規定者，須經民意機關之決議徵收之。（第四十七條）各級地方政府應維持適度自有財源比例，以維自治財政之健全。且稅課收入佔年度預算比例亦應與中央、省、直轄市維持適度比例，其標準由行政院擬定，提請立法院決定。（第四十八條）

中央費用與地方費用之區分，應明定由地方自治團體全額負擔、中央與地方自治團體分擔以及中央全額負擔之項目，以確定地方財政之自主性。（第五十一條）鄉（鎮、市）應致力於公共造產事項，以增加其財源，省、縣得對鄉（鎮、

市）公共造產予以補助，補助辦法由省、縣訂定之，（第五十二條）各級地方政府應設置公庫，其代理機關，省由省政府擬定，經省議會核定；縣（市）以下由縣（市）政府擬定，經縣（市）議會核定。（第五十三條）

(10) 自治監督的規範：

省政府辦理委辦事項違背中央法令、逾越權限者，由中央主管機關報請行政院予以撤銷、變更、廢止或停止其執行。另省政府辦理自治事項違背法律者，由中央主管機關報請行政院予以撤銷、變更、廢止或停止其執行。（第五十四條）

縣（市）政府辦理委辦事項違背中央或省法令，逾越權限著，由省政府予以撤銷、變更、廢止或停止其執行。另縣（市）政府辦理自治事項違背中央或省法規者，由省政府予以撤銷、變更、廢止或停止其執行（第五十四條）

鄉（鎮、市）公所辦理委辦事項違背中央、省或縣法令，逾越權限者，由縣政府予以撤銷、變更、廢止或停止其執行。另鄉（鎮、市）公所辦理自治事項違背中央或省法規、縣規章者，由縣政府予以撤銷、變更、廢止或停止其執行。（第五十四條）

前述各級地方政府辦理之自治事項有無違背中央或地方法令，發生疑義時，由司法院解釋之。在解釋前，中央主管機關或自治監督機關，不得予以撤銷、變更、廢止或停止其執行。（第五十四條）

各級地方政府依法應為之行為而不為，其適於代行處理者，各該自治監督機關得命其於一定期限內為之，如逾期仍不為者，各該自治監督機關得代行處理。但情況急迫時，得逕行代行處理。以上代行處理辦法，由內政部會同中央相關主管機關擬訂，報請行政院核定。（第五十五條）此外各級地方政府平行之間發生事權爭議時，分別由各該自治監督機關解決之。（第五十六條）

省議員、省長、縣（市）議員、縣（市）長、鄉（鎮、市）民代表、鄉（鎮、市）長犯有下列情事之一者，由各該自治監督機關解除其職務：①經法院判決當選無效確定者。②犯內亂、外患罪，經判刑確定者。③犯貪污罪，經判刑確定者。④犯前二款以外之罪，受有期徒刑以上刑之判決確定，而未受緩刑之宣告或未執行易科罰金者。⑤受保安處分或感訓處分之裁判確定者。但因緩刑而付保護管束者，不在此限。⑥戶籍遷出各該行政區域六個月以上者。⑦褫奪公權尚未復權者。⑧受禁治產之宣告尚未撤銷者。該等經自治監督機關解除其職務，並由各該自治監督機關通知各該省議會、縣（市）議會、鄉（鎮、市）民代表會，應補選者，並依法補選。前述各條或因無罪確定，或因撤銷之裁定者，其原職任期未滿且尚未經選舉機關公告補選時，解除職務之處分均應予撤銷。（第五十七條）

省長、縣（市）長、鄉（鎮、市）長有下列情事之一者，由各該自治監督機關停止其職務：①涉嫌內亂、外患或貪污罪，經第一審判處有期徒刑以上之刑者。②涉嫌前款以外之罪，經第二審判處有期徒刑以上之刑者。但受緩刑之宣告或易科罰金者不在此限。③被通緝者。④在刑事訴訟程序被羈押者。（第五十八條）

(11) 「落日條款」的訂定：

明確規範「省縣自治法」在行政區域、行政層級重新調整劃分後一年內完成

本法之修正，逾期本法失效。（第六十六條）

　　綜合而論，「省縣自治法」的內容和精神，較之政府來台四十餘年所適用的「省政府組織規程」、「台灣省縣市實施地方自治綱要」等規章，確實納入了許多具體而微的新規定，尤以排除省政府應虛級化，確定省、縣（市）、鄉（鎮、市）均為自治法人地位，同時排除中央集權行政等規定，最具意義。該法中並明定省政府的領導組成和財務、人事的處理，將由民選省長主持。省長下設兩位副省長（一為政務官、一為事務官）但不與省長搭檔競選。另有關「覆議權」、民代「言論免責權」與「不受逮捕特權」均由中央延伸至地方，對地方自治法制化的落實甚具意義。唯加以分析，「省縣自治法」值得檢討之處仍多，說明如下：

(1) 中央與地方的權限仍有待明確釐清：

　　地方自治法制化後，過去四十餘年來中央、地方之間權責不明的「灰色地帶」極須更正。過去中央集權的施政架構下，權責不清所反映在法制層面，即中央相關法規的龐大而錯綜複雜，與地方政治形成纏繞紊亂。「省縣自治法」為便於中央修訂數十年所累積的相關法規，乃以四年為緩衝期，規定「在自治法施行四年內，與中央法規牴觸者無效，期滿後，省議會議決之事項與法律牴觸者無效，議決委辦事項與中央法規牴觸者無效。」以四年緩衝期，始回歸常軌，乃為曠日廢時。另「省縣自治法」第十五條：「對於自治事項遇有爭議時，由立法院會會議決之。」自治事項是屬於憲法（增修條文第八條）規定，立法院職司立法，並無憲法解釋權，自治事項遇有爭議，宜應由司法院之「憲法法庭」裁定為宜。[133]尤有甚者，未來中央修訂或調整有關自治法案時，亦應避免「球員兼裁判」，宜規定地方機關有事前參與陳述意見，事後聲請大法官會議解釋的權利，以解決長久以來中央與地方的權限爭議。

(2) 地方行政首長人事權限的不完整：

　　「省縣自治法」對省長的人事雖有擴張，但仍值得檢討；第三十五條規定，除副省長一人、主計、人事、警政及政風主管由省長依法任免外，其他一級主管，全部比照政務官，由省長任免。然則民選省長要向選民與議會負責，宜應有完整人事自主權，故而中央應朝向修正「主計機構編制訂定及人員任免遷調辦法」等多項特別法規，將主計、財稅、人事、警察等人事權，交還地方政府首長。隨著地方自治法制化的大勢所趨，「省縣自治法」所須再思考者，包括：完成地方機關職務列等，增訂地方機關與首長同進退員額數，賦予地方首長對人員直接任用權、人員任使調遷權、待遇調整權、考核決定權、懲戒核定權，確立完整一體的地方人事權定位。

(3) 地方財政問題未決：

　　「省縣自治法」對各級地方政府自行開發財源雖採取放寬方式，同意地方政府自行開發規費範圍和課徵原則，亦即得經過同級地方民意機關的同意增收規費以增加自有財源；然而自治法中僅籠統規定：「省、縣（市）、鄉（鎮、市）應維

---

[133] 陳耕，「兩項自治法立法太粗糙」，憲政評論，第廿五卷，第八期，民國八十三年八月十五日，頁二〇。

持適當自有財源比例，以維自治財政之健全。」「稅課收入佔年度歲出預算比例，省、縣（市）、鄉（鎮、市）與中央、直轄市間應維持適度比例」（第四十八條）這次立法未能明定一定比例的地方自主財源標準，必然面臨地方抗爭與要求。而占地方政府收入極大部分的稅課收入，主要依據之「財政收支劃分法」，在「省縣自治法」中亦僅規定「省、縣（市）、鄉（鎮、市）應分配之國稅、省及直轄市稅、縣（市）稅之統籌分配比率，依財政收支劃分法規辦理。」「行政院每年檢討各級政府財政情況，必要時修正調整財政收支劃分法有關各級政府統籌分配各稅之比率。」因之，財政大餅之主控權在中央，未來各級地方政府與中央財政收支劃分爭議，仍將延續和面臨不斷的折衝、協商。

2.直轄市自治法的制定

「直轄市自治法」於民國八十三年七月八日立法院完成三讀，並經總統於同年七月廿九日公布施行。全文共計七章（第一章總則，第二章市民之權利與義務，第三章自治事項，第四章自治組織，第五章自治財政，第六章自治監督，第七章附則）五十六條。其重要規定包括：

(1) 市為法人，區則非為自治法人：

依「直轄市自治法」規定，市為法人，市以下設區，區以內之編組為里，里以內之編組為鄰。（第三條）市設市議會、市政府，分別為市之立法機關及行政機關，區設區公所，里設里辦公處，（第四條）區公所置區長一人，依法任用之，並承市長之命綜理區政，指揮監督所屬人員。（第卅二條）亦即本法否定區成為自治法人，直轄市之區長為「官派」，而非「民選」產生。至於直轄市成立之標準，則為人口聚居達一百五十萬以上，且在政治、經濟、文化及都會區域發展上，有特殊需要者，得設市。（第二條）市自治之監督機關為行政院（第五條）市政府所在地之變更由市政府提請市議會通過後，報請行政院備查。（第七條）

(2) 市民權利義務的規範：

中華民國人民，現設籍在市行政區域內者，為市民。（第八條）市民的權利包括：①對於地方公共設施有使用之權。②對於地方教育文化、社會福利事項，有依法享受之權。③對於地方自治事項有依法行使創制、複決之權。④對於地方政府資訊有依法請求公開之權。⑤其他依法律及自治法規賦予之權利。（第九條）市民之義務有三：①遵守自治法規之義務。②繳納自治稅捐之義務。③其他依法律及自治法規所課之義務。（第十條）

(3) 自治事項採列舉式：

市自治事項包括了：市之公職人員選舉罷免之實施事項，地政事項，教育文化事業，衛生環保事業，農、林、漁、牧、礦事業，水利事業，交通事業，財產之經營及處分，公用及公營事業，都市計畫，觀光事業，工商管理，建築管理、財政、市稅捐及市債，市銀行，警政、警衛之實施事項，戶籍登記及管理事項，國民住宅興建及管理事項，合作事業，公益慈善事業與社會救助及災害防救事項，人民團體之輔導事項，國民就業服務事項，勞工行政事項，社會福利事項，

文化資產之保存事項，禮儀民俗及文獻事項，新聞事業，與其他省、市合辦之事業，其他依法律賦予之事項。（第十一條）對於自治事項遇有爭議時，由立法院院會議決之（第十二條）

(4) 市議員的規範：

市議會由市民依法選舉市議員組織之。市議員任期四年，連選得連任。市議員總額，市人口在一百五十萬人以下者，不得超過四十四人，最多不得超過五十二人。名額並應參酌各市財政、區域狀況，於「市議會組織規程」定之。直轄市內有原住民人口在四千人以上者，於前項總額內應有原住民選出之市議員名額。各選區選出之市議員名額在五人以上者，應有婦女當選名額。（第十四條）

市議會置議長、副議長各一人，由市議員分別互選或罷免之，其選舉罷免於「市議會組織規程」定之。（第廿二條）市議會定期開會時，市長應提出施政報告，市政府各局處會及直屬機關首長，得應邀就主管業務提出報告。市議員於議會定期會開會時，有向前項首長就其主管業務質詢之權。（第廿三條）

市議會開會時，市議員對於有關會議事項所爲之言論及表決，其對外不負責任。（第廿五條）市議員除現行犯外，在會期內，非經市議會之許可，不得逮捕或拘禁。（第廿六條）市議員得支研究費等必要費用，在開會期間並得酌支出席費、交通費及膳食費。（第廿七條）市議員不得兼任公務員、公私立各級學校專任教師或其他民選公職人員，亦不得兼任市政府及其所屬機關、事業機構任何職務或名義，但法令另有規定者，不在此限。當選市議員者應於就職前辭去原職，不辭去原職者，於就職時視同辭職，並由行政院通知其服務機關解除其職務或解聘。（第廿八條）

(5) 市議會的規範：

市議會的職權包括：議決市法規，議決市預算，議決市特別稅課、臨時稅課及附加稅課，議決市財產之處分，議決市政府組織規程及市屬事業機構之組織規程，議決市政府提案事項，審議市決算之審核報告，議決市議員提案事項，接受人民請願，其他依法律或中央法規賦予之職權。（第十五條）

市政府對市議會之議決案應予執行，如延不執行或執行不當，市議會得請其說明理由，必要時得報請行政院邀集有關機關協商解決之。（第十六條）市總預算案，市政府應於會計年度開始三個月前送達市議會，市議會應於會計年度開始一個月前審議完成。且不得爲增加支出之提議。市總預算案如不能於規定期限審議完成時，市議會應於會計年度開始半個月以前，議定包括總預算案未完成前之執行條款及繼續完成審議程序之補救辦法，通知市政府。年度開始仍未議定補救辦法時，市政府得在年度總預算案範圍內動支維持政府施政所必須之經費、法律規定應負擔之經費及上半年度已確定數額之繼續經費。市總預算案在年度開始後三個月內未完成審議，市政府得就原提總預算案未審議完成部分，報請行政院邀集有關機關協商議決之。（第十八條）

市決算，應於會計年度結束四個月內，提出於該管審計機關，該管審計機關應於決算送達後三個月內完成其審核，並提出審核報告於市議會。市議會審議市

決算審核報告時，得邀請審計機關首長列席說明，並準用決算法之規定。（第廿條）

「市議會組織規程」由市議會擬定，報請行政院核定。新設之「市議會組織規程」由行政院定之。前述組織規程，其有關考銓業務事項，不得牴觸中央考銓法規，並於核定後函送考試院備查。（第廿九條）

(6) **市政府覆議權規定：**

市政府對於市議會之議決案，如認為有窒礙難行時，應於該議決案送達市政府，三十日內敘明理由送請市議會覆議，覆議時如有出席議員三分之二維持原議決案，市政府應即接受。其中有關市議員提案事項、接受人民請願事項，如執行有困難時，應敘明理由函復市議會。（第十七條）

(7) **以緩衝期解決中央法規與市間關係：**

市議會議決事項，於本法施行後四年內，與中央法規牴觸者無效；期滿後，市議會議決自治事項與法律牴觸者無效；議決委辦事項與中央法規牴觸者無效。前項議決事項無效者，應由行政院予以函告。至於議決事項與法律、中央法規有無牴觸發生疑義時，由司法院解釋之。（第廿一條）本條文即在於以四年的緩衝期限，便於中央數十年來累積法規的整理、調整工作。

(8) **市政府組織的規範：**

市政府置市長一人，綜理市政，由市民依法選舉產生，任期四年，連選得連任一次。置副市長二人，襄助市長處理市政，一人職務比照簡任第十四職等，另一人職務列簡任第十四職等。職務比照簡任第十四職等之副市長，由市長報請行政院備查，市長辭職，去職或死亡時，應隨同離職。市政府一級機關首長職務均比照簡任十三職等，除副市長一人、主計、人事、警政及政風主管由市長依法任免外，餘由市長任免之。（第卅條）

市政府組織規程由市政府擬訂，經市議會同意後，報請行政院備查。新設之市政府組織規程由行政院擬訂，送立法院查照。唯前述之組織規程，其有關考銓業務事項，不得牴觸中央考銓法規，並於核定後函送考試院備查。（第卅一條）

(9) **區、里組織的規範：**

區公所組織規程由市政府擬訂，經市議會同意後，報請內政部核備。本項組織規程，其有關考銓業務事項，不得牴觸中央考銓法規，並於核定後函送考試院備查。（第卅三條）

里置里長一人，由里民依法選舉之，任期四年，連選得連任。里長選舉，如經二次受理候選人登記而無人申請登記時，得由區公所就該里具有里長候選人資格之里民遴聘之，其任期以本屆任期為限。（第卅四條）里長受區長之指揮監督，辦理里公務及交辦事項。（第卅五條）里得召集里民大會或基層建設座談會，其實施辦法由市政府定之。（第卅六條）

(10) **自治財政的規範：**

市之收入包括：稅課收入、工程受益費收入、罰款及賠償收入、規費收入、信託管理收入、財產收入、營業盈餘及事業收入、補助及協助收入、捐獻及贈與

收入、公債及借款收入、自治稅捐收入以及其他收入。（第卅七條）

市應分配之國稅、直轄市稅之統籌分配比率，依「財政收支劃分法」規定辦法。前項統籌分配之比率，行政院應每年檢討中央、直轄市、省政府財政情況，比較其基準財政需要額與基準財政收入額之比率，必要時修正調整「財政收支劃分法」有關各級政府統籌分配各稅之比率。（第卅八條）另市政府規費之範圍及課徵原則，依政府規費法之規定。其未經法律規定者，須經市議會之決議徵收之。（第卅九條）

市應維持適度自有財源比例，以維自治財政之健全。稅課收入佔年度歲出預算比例，直轄市與中央、省、縣（市）間應維持適度比例。前述之適度比例，由行政院擬定，提請立法院決定之。（第四十條）有關中央政府對直轄市之補助及協助，應由行政院訂定補助及協助辦法，明定補助金性質、補助對象之條件、補助率及補助基準，並送立法院審議。（第四十二條）中央費用與地方費用之區分，應明定由市政府全額負擔、中央與市政府分擔以及中央全額負擔之項目，以確定市財政之自主性，中央不得將應自行負擔之經費，轉嫁予市政府。（第四十三條）市應設置公庫，其代理機關由市政府擬定，經市議會核定。（第四十四條）

(11) 市自治監督規範：

市政府辦理委辦事項違背中央法令或逾越權限者，由中央主管機關報請行政院予以撤銷、變更、廢止或停止其執行。另市政府辦理自治事項違背法律者，由中央主管機關報請行政院予以撤銷、變更、廢止或停止其執行。上述自治事項有無違背法律發生疑義時，由司法院解釋之。市政府辦理自治事項有無違背法律，在司法院解釋前，行政院不得予以撤銷、變更、廢止或停止執行。（第四十五條）

市政府依法應為之行為而不為，其適於代行處理者，行政院得命其於一定期限內為之，如逾期仍不為者，行政院得代行處理，但情況急迫時，得逕行代行處理。有關代行處理辦法，由內政部會同中央相關主管機關擬訂，報請行政院核定。（第四十六條）市與省（市）間發生事權爭議時，由行政院召集有關機關協商解決之。（第四十七條）

市議員、市長、里長有下列情形之一者，市議員、市長由行政院解除其職務，並通知市議會；里長由區公所解除其職務，應補選者，並依法補選：①經法院判決當選無效確定者。②犯內亂、外患罪，經判刑確定者。③犯貪污罪，經判刑確定者。④犯前二款以外之罪，受有期徒刑以上刑之判決確定，而未受緩刑之宣告或未執行易科罰金者。⑤受保安處分或感訓處分之裁判確定者。但因緩刑而付保護管束者，不在此限。⑥戶籍遷出各該行政區域六個月以上者。⑦褫奪公權尚未復權者。⑦受禁治產之宣告尚未撤銷者。前述因第二款至第四款情事，而解除職務，經再審或非常上訴判決無罪確定者；因第五款情事而解除職務，保安處分經依法撤銷，感訓處分經重新審理更為撤銷者；或因第八款情事而解除職務，經提起撤銷禁治產宣告之訴，為法院判決撤銷宣告禁治產之裁定者，其原職任期未滿且尚未經選舉機關公告補選時，解除職務之處分均應予以撤銷。另有關市長、里長，因罹患重病，致不能執行職務繼續一年以上者，亦應由行政院解除其職務，

通知市議會，並依法補選。（第四十八條）

市長有下列情事之一者，由行政院停止其職務：①犯內亂、外患或貪污罪，經第一審判處有期徒刑以上之刑者。②涉嫌前款以外之罪，經第二審判處有期徒刑以上之刑者。但受緩刑之宣告或易科罰金者不在此限。③被通緝者。④在刑事訴訟程序被羈押者。然前項人員經刑事判決確定，如非前條應予解除職務者，應許其復職。（第四十九條）

市議員辭職、去職或死亡，缺額達總名額十分之三或同一選舉區缺額達二分之一時，均應補選。但其所遺任期不足一年者，不再補選。（第五十條）市長、里長辭職、去職、死亡者，或休職期間逾任期者，應辦理補選。但所遺任期不足一年者，不再補選。停職者，如屆任期亦應依法改選。（第五十一條）

(12)「落日條款」的訂定：

明確規範「直轄市自治法」在行政區域及行政層級重新調整劃分後一年內完成本法之修正，逾期本法失效。（第五十六條）

綜論「直轄市自治法」的立法精神，大體上均與「省縣自治法」相仿；除了「直轄市自治法」中，否定「區」為自治法人，使得直轄市之區長仍將「官派」，而非「民選」產生；其他有關直轄市自治法人的地位、市長民選與綜理市政、「覆議權」、市議員「言論免責權」、「不受逮捕特權」、市政府自行開發財源的放寬以及「落日條款」等均與「省縣自治法」規定大致相同。同樣的，「直轄市自治法」一如「省縣自治法」，對於中央與市的權限仍有待明確釐清、市長人事權的不完整以及直轄市財政問題未獲解決，是在落實地方自治法制化中極待解決的問題。

民國八十三年在政治體制上，是從中央以至地方成長快速的一年，民國八十三年七月廿九日國民大會第三階段修憲確立總統、副總統公民直選；七月七、八兩日的立法院完成「省縣自治法」、「直轄市自治法」，確立省、直轄市法人地位，省長、直轄市長由官派改為民選產生；七月十五日立法院並完成「公職人員選舉罷免法」的修正，賦予省長、直轄市長選舉的規範。至此，我國憲法體系已完成由中央到地方合理的憲政分際與自治運作。（如圖四－七）

二、人民團體組織法規

本時期始於民國八十年五月終止動員戡亂，原規範人民團體、政治團體以及政黨之「動員戡亂時期人民團體法」（於民國七十八年一月廿七日修正公布實施，內容見第三章第四節），再次經立法院三讀修正部分條文，並由總統於民國八十一年七月廿七日公布施行。除將「動員戡亂時期人民團體法」名稱修正為「人民團體法」，並修正以下諸條文：第二條、第四十八條、第五十二條、第五十八條、第五十九條、第六十條、第六十二條，並增訂第四十六條之一。

（一）第二條修正為「人民團體之組織與活動，不得主張共產主義或主張分裂國土。」原法係延續「國家安全法」三原則，其中規定之不得違背憲法，實則憲法之位階最高，任何法律、規章或行政命令均不得與之相牴觸，否則無效，因之，人民團體之組織、活動不得違背憲法是必然，故而本次修正人團法時，刪除「不得違背憲法」一項。

圖四－七　我國中央到地方的憲政分際依據

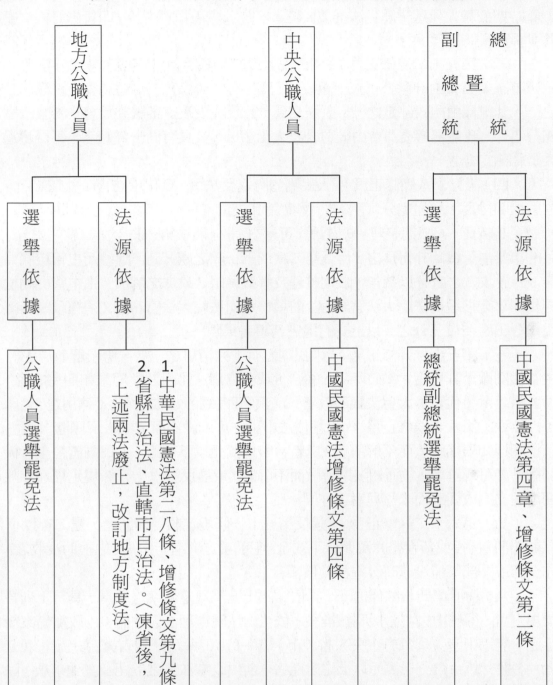

註：1.中央公職人員：立法委員
　　2.地方公職人員：直轄市長、直轄市議員、縣市長、縣市議員、
　　　鄉鎮市長、鄉鎮市民代表、村里長

3.中央公職人員原包括國代，於九十四年第七次修憲廢除國大後中止。

4.地方公職人員原包括省長、省議員，於八十六年第四次修憲凍省後停選。

資料來源：著者整理

（二）第四十八條修正爲：「依第四十六條規定設立之政黨，得依法推薦候選人參加公職人員選舉。」原條文爲「依第四十六條規定設立之政黨，得依動員戡亂時期公職人員選舉罷免法推薦候選人參加公職人員選舉。」即新修訂條文刪除動員戡亂時期等字樣。

（三）第五十二條修正爲：「內政部設政黨審議委員會審議政黨處分事件。政黨審議委員會由社會公正人士組成。其具有同一黨籍者不得超過委員總額二分之一，其組織由內政部定之。」原條文爲「行政院設政黨審議委員會，審議政黨處分事件。政黨審議委員會由社會公正人士組成，其具有同一黨籍者，不得超過委員總額二分之一。」

（四）第五十八條修正爲：「人民團體有違反法令、章程或妨害公益情事者，主管機關得爲下列之處分：①警告。②撤銷其決議。③停止其業務之一部或全部。④撤免其職員。⑤限期整理。⑥撤銷許可。⑦解散。前項第一款至第三款之處分，目的事業主管機關亦得爲之，但爲第二款或第三款之處分時，應會商主管機關爲之。對於政黨之處分以警告、限期整理及解散爲限。政黨之解散，由主管機關檢同相關事證移送司法院大法官審理。前項移送司法院大法官審理，須經政黨審議委員會出席委員三分之二以上認有違憲情事者爲限。」

（五）第五十九條修正爲：「人民團體有下列情事之一者，應予解散：①經主管機關撤銷許可者。②破產者。③合併或分立者。④限期整理未如期完成者。⑤會員（會員代表）大會決議解散者。前項第四款於政黨之解散不適用之。」

（六）第六十條修正爲：「未經依法申請許可或備案而成立人民團體，經主管機關通知限期解散而不解散者，處新台幣六萬元以下罰鍰。人民團體經主管機關撤銷許可或解散，並通知限期解散而不解散，或違反第六十五條規定經通知限期辦理立案或備案而未辦理者，亦同。」

（七）第六十二條修正爲：「違反第五十一條規定收受捐助者，處二年以下有期徒刑，拘役或新台幣六萬元以下罰金。犯前項之罪者，所收受之捐助沒收之，如全部或一部不能沒收時，追徵其價額。」

（八）增訂第四十六條之一：「依第四十五條規定備案之政黨，具有下列各款規定者，得經中央主管機關核准後，依法向法院辦理法人登記：①政黨備案後已逾一年以上者。②須有中央、省（市）、縣（市）民選公職人員合計五人以上者。③擁有新台幣一千萬元以上之財產者。前項政黨法人之登記及其他事項，除本法另有規定外，準用民法關於公益社團之規定。」

綜論之，民國八十一年七月修正的「人民團體法」，對於政治團體、政黨規範的修改幅度極微，今後修正本法時，針對國內政治民主化的大幅進展，政黨政治極待建構一個明確完整的法律規範，將政治團體與政黨等高度政治性團體混同於一般職業團體、社會團體的作法並不妥當，宜應考量「政黨法」的訂定；復次，如在「人民團體法」中去掉政治團體的架構後，於回復其原本精神，再檢討對人民團體的設立改採報備制，減少過度行政干預的規定，藉以培養國民在理性的態度上作集體決定（collective decisions）之能力，有助於國民利用結社形成共同意

志，追求共同理想的實現。[134]

三、大眾傳播法規

　　大眾傳播法規在本時期發展較快的是電子媒體法規方面。另實施近 70 年，普遍被詬病的「出版法」、「出版法施行細則」等，隨著台灣民主化腳步加快，立法院於民國八十八年一月十二日，將「出版法」廢除；同時亦將「出版法施行細則」、「出版獎助條例」、「出版品管理工作要點」、「郵寄進出口出版品核驗聯繫要點及作業程式」等法令一併廢止。這些政策走向，允宜利多於弊，使能回歸正常法制規範，是為一大進步，有助國內出版品、雜誌、報紙呈現多彩多姿的蓬勃發展，大陸出版品進口亦逐漸放寬中。

　　電子媒體在本時期進入嶄新階段，電子媒體大規模的開放，不僅將原有「廣播電視法」與「廣播電視法施行細則」更加落實，包括：廣播電台頻道大幅開放申請（含調幅、調頻小功率、中功率、大功率），第四家以上的無線電視台開放申請；另外「有線廣播電視法」、「有線廣播電視法施行細則」在引導有線電視（即第四台）進入競爭激烈的新時代。

　　以下就本時期「廣電三法」：「廣播電視法」修正情形，以及「有線廣播電視法」、「衛星廣播電視法」的立法、修正內容，分別予以分析：

（一）「廣播電視法」的修正

　　「廣播電視法」於民國六十五年一月八日公布，並於七十一年六月七日修正部分條文。到了本時期，民國八十二年八月二日，立法院修正刪除第二十條條文，經總統公布施行。本次修正的精神，在於檢討原播音語言的限制規定，原「廣播電視法」第二十條規定：「電台對國內廣播語言，應以國語為主，方言應逐年減少；其所應占比率，由新聞局視實際需要定之。」本法所規定以國語播音為主，方言應逐年減少之原則，隨著民主化與本土化的發展趨勢，對於本土文化的重視相對增加，因之在本次修法中刪除第二十條條文。民國八十八年四月、九十二年一月、九十二年十二月、九十五年六月、一〇〇年六月立法院又對本法作了 5 次的修正。在這 5 次修訂中有修正者、有增加者，列述如下：

1. 修正條文部分：
   〈1〉　**立法目的**：「為促進廣播、電視事業之健全發展，維護媒體專業自主，保障公眾視聽權益，增進公共利益與福祉，特制定本法。」〈第一條〉
   〈2〉　**主管機關**：「廣播、電視事業之主管機關為國家通訊傳播委員會，獨立超然行使職權。」「前項委員會組織，應於本法修正施行後一年內以法律定之。」「前項組織法律未施行前，廣播、電視事業及廣播電視節目供應事業之主管機關為行政院新聞局。電台主要設備及工程技術之審核、電波監理、頻率、呼號及電功率之使用與變更、電台執照之

---

[134] 葉俊榮，「動員戡亂時期人民團體法的常態化」，見中國比較法學會編，戡亂終止後法制重整與法治展望論文集（台北：中國比較法學會，民國八十年四月），頁二一二－二一三。

核發與換發，由交通部主管；其主要設備，由交通部定之。」〈第三條〉

〈3〉 **電波頻率之規劃支配**：「廣播、電視事業使用之電波頻率，為國家所有，由交通部會同主管機關規劃支配。」「前項電波頻率不得租賃、借貸或轉讓。」〈第四條〉

〈4〉 **廣播電視事業種類**：「政府為特定目的，以政府名義所設立者，為公營廣播、電視事業。由中華民國人民組設之股份有限公司或財團法人所設立者，為民營廣播、電視事業。」「廣播、電視事業最低實收資本額及捐助財產總額，由主管機關定之。」「無中華民國國籍者不得為廣播、電視事業之發起人、股東、董事及監察人。」「政府、政黨、其捐助成立之財團法人及其受託人不得直接、間接投資民營廣播、電視事業。」「除法律另有規定外，政府、政黨不得捐助成立民營廣播、電視事業。」「本法修正施行前，政府、政黨、其捐助成立之財團法人及其受託人有不符前二項所定情形之一者，應自本法修正施行之日起二年內改正。」「主管機關應自本法修正施行之日起六個月內，就不符第四項規定之政府、政府投資之事業、政府捐助成立之財團法人，制定其持有民營廣播、電視事業股份之處理方式，並送立法院審查通過後施行。」〈第五條〉

〈5〉 **播送節目之禁止**：「廣播、電視事業不得播送有候選人參加，且由政府出資或製作之節目、短片及廣告；政府出資或製作以候選人為題材之節目、短片及廣告，亦同。」〈第六條〉

〈6〉 **電台之設立與分配**：「電台應依電波頻率之分配，力求普遍均衡；其設立數目與地區分配，由主管機關會同交通部定之。」〈第八條〉

〈7〉 **空中教學與國際廣播之播放**：「為闡揚國策，配合教育需求，提高文化水準，播放空中教學與辦理國際廣播需要，應保留適當之電波頻率；其頻率由主管機關與交通部會同有關機關定之。」〈第九條〉

〈8〉 **廣播、電視事業申請設立許可程序及營運計畫應載事項**：「廣播、電視事業應經主管機關許可，並發給廣播、電視執照，始得營運。」「廣播、電視事業之許可，主管機關得考量設立目的、開放目標、市場情況、消費者權益及其他公共利益之需要，採評審制、拍賣制、公開招標制或其他適當方式為之。」「廣播、電視事業各次開放之服務區域、執照張數、許可方式及其他相關事項，由主管機關公告之。」「申請經營廣播、電視事業者，應檢具設立申請書、營運計畫及其他規定文件，向主管機關申請籌設；經核可或得標者，由主管機關發給籌設許可。」「前項營運計畫，應載明下列各款事項：一、總體規劃。二、人事結構及行政組織。三、經營計畫及營運時程規劃。四、節目規劃、內部流程控管及廣告收費原則。五、財務結構。六、如為付費收視聽者，其收費基準及計算方式。七、人才培訓計畫。八、設備概況及建

設計畫。九、其他經主管機關指定之事項。」「申請籌設應具備之文件不全或其記載內容不完備者，主管機關得以書面通知申請者限期補正；屆期不補正或補正不完備者，不予受理。」「主管機關發給籌設許可前，得命申請者依規定繳交履行保證金；申請者未依規定籌設或未依核可之營運計畫完成籌設者，主管機關不退還其履行保證金之全部或一部，並得廢止其籌設許可。」「廣播、電視事業許可之資格條件與程序、申請書與營運計畫應載明事項之細項、事業之籌設及執照之取得、履行保證金之繳交方式與核退條件及其他應遵行事項之辦法，由主管機關定之。」〈第十條〉

〈9〉　**執照之有效期間**：「廣播或電視執照，有效期間為九年。」「前項執照於有效期間屆滿前，應依主管機關之公告，申請換發執照。申請換發執照之資格、條件與程序及其應遵行事項之辦法，由主管機關定之。」「依前項規定申請換發執照者，應於執照有效期間屆滿前一年內之。」「申請換發廣播或電視執照所繳交之文件，經主管機關審查認應補正時，應以書面通知廣播、電視事業限期補正；屆期不補正或補正不全者，駁回其申請。」「換發廣播或電視執照申請書格式及附件，由主管機關定之。」「主管機關應就廣播或電視事業所提出之營運計畫執行情形，每三年評鑑一次。」「前項評鑑結果未達營運計畫且得改正者，主管機關應通知限期改正；無法改正者，主管機關得廢止其許可並註銷廣播、電視執照。」〈第十二條〉

〈10〉**廣播電視事業組織負責人從事人員之資格**：「廣播、電視事業之組織及其負責人與從業人員之資格，應符合主管機關之規定。」〈第十三條〉

〈11〉**應經主管機關許可事項**：「廣播、電視事業之停播，股權之轉讓，變更名稱或負責人，應經主管機關許可。」「前項停播時間，除不可抗力外，逾三個月者，其電波頻率，由交通部收回。」〈第十四條〉

〈12〉**節目之內容標準與分配時間**：「前條第一款至第三款節目之播放時間所占每週總時間，廣播電台不得少於百分之四十五，電視電台不得少於百分之五十。」「大眾娛樂節目，應以發揚中華文化，闡揚倫理、民主、科學及富有教育意義之內容為準。」「各類節目內容標準及時間分配，由主管機關定之。」〈第十七條〉

〈13〉**具特種任務或專業性電台播放節目之分配**：「電台具有特種任務或為專業性者，其所播放節目之分配，由主管機關會同有關機關定之。」〈第十八條〉

〈14〉**自製節目之比例及外國語言節目之規定**：「廣播、電視節目中之本國自製節目，不得少於百分之七十。」「外國語言節目，應加映中文字幕或加播國語說明，必要時主管機關得指定改配國語發音。」〈第十九條〉

〈15〉**節目之審查**：「電台播送之節目，除新聞外，主管機關均得審查；其辦

法由主管機關定之。」〈第二十五條〉

〈16〉**節目之指定**：「主管機關得指定各公、民營電台，聯合或分別播送新聞及政令宣導節目。」〈第二十六條〉

〈17〉**節目時間表之核備**：「電台應將其節目時間表，事前檢送主管機關核備；變更節目時亦同。」〈第二十七條〉

〈18〉**輸出輸入節目之許可**：「無論任何類型之節目，凡供電台使用者，其輸入或輸出，均應經主管機關許可。」〈第二十八條〉

〈19〉**播放節目之許可**：「電台利用國際電信轉播設備，播放國外節目，或將國內節目轉播國外者，應先經主管機關許可。」〈第二十九條〉

〈20〉**播送廣告之許可**：「民營電台具有商業性質者，得播送廣告。其餘電台，非經主管機關許可，不得為之。」〈第三十條〉

〈21〉**播送廣告時間與方式**：「電台播送廣告，不得超過播送總時間百分之十五。」「有關新聞及政令宣導節目，播放之方式及內容，不得由委託播送廣告之廠商提供。」「廣告應於節目前後播出，不得於節目中間插播；但節目時間達半小時者，得插播一次或二次。」「廣告播送方式與每一時段中之數量分配，由主管機關定之。」〈第三十一條〉

〈22〉**廣告內容之禁止規定**：「第二十一條及第二十六條之一第二項規定，於廣告準用之。」〈第三十二條〉

〈23〉**廣告內容之審查**：「電台所播送之廣告，應與節目明顯分開；內容應依規定送請主管機關審查。經許可之廣告內容與聲音、畫面，不得變更。」「經許可之廣告，因客觀環境變遷者，主管機關得調回複審。」「廣告內容審查標準，由主管機關定之。」〈第三十三條〉

〈24〉**獎牌獎狀獎金之核給**：「前條之獎勵，除合於其他法律之規定者，依其規定辦理外，由主管機關核給獎牌、獎狀或獎金。」〈第三十七條〉

〈25〉**限制建築事項**：「電台電波發射機天線周圍地區，因應國家利益需要，得由主管機關會同內政部、交通部劃定範圍，報經行政院核定後，函請當地主管建築機關，限制建築。」〈第四十條〉

〈26〉**處分種類**：「廣播、電視事業違反本法規定者，視情節輕重，由主管機關予以下列處分：一、警告。二、罰鍰。三、停播。四、吊銷執照。」〈第四十一條〉

〈27〉**警告之處分**：「廣播、電視事業有下列情形之一者，予以警告：一、違反第十條之一第二項、第十二條之二第一項、第十三條至第十五條、第十七條、第十九條、第二十條或第三十一條規定者。二、違反第二十三條第一項、第二十四條、第二十五條或第三十三條第一項規定者。三、違反依第二十六條之一第一項所定分級處理辦法者。」〈第四十二條〉

〈28〉**罰鍰之處分**：「有下列情形之一者，電視事業處五千元以上、二十萬元以下罰鍰；廣播事業處三千元以上、三萬元以下罰鍰：一、經警告後

不予改正，或在一年以內再有前條情形者。二、播送節目或廣告，違反第二十一條第三款至第六款規定之一或第三十二條準用第二十一條第三款至第六款規定之一者。三、違反第二十二條、第二十七條至第二十九條或第三十四條規定者。四、違反第三十三條第一項規定情節重大者。五、未依第二十六條之一第二項或第三十二條準用第二十六條之一第二項指定之時段播送節目、廣告者。」「廣播、電視事業因播送節目或廣告受前項規定處分者，得停止該一節目或廣告之播送。」〈第四十三條〉

〈29〉**罰鍰及停播處分**：「廣播、電視事業有下列情形之一者，除處三萬元以上、四十萬元以下罰鍰外，並得予以三日以上、三個月以下之停播處分：一、一年內經處罰二次，再有前二條情形者。二、播送節目或廣告，其內容觸犯或煽惑他人觸犯妨害公務罪、妨害投票罪、妨害秩序罪、褻瀆祀典罪、妨害性自主罪或妨害風化罪，情節重大，經判決確定者。三、播送節目或廣告，違反第二十一條第一款或第二款規定者。四、播送節目或廣告，違反第二十一條第三款至第六款之一，情節重大者。五、違反第三十條規定，擅播廣告者。六、違反第三十五條規定者。」「違反第五條、第五條之一第三項、第四項或第六條規定者，處廣播、電視事業十萬元以上、一百萬元以下罰鍰，並通知限期改正，逾期不改正者，得按次連續處罰。」〈第四十四條〉

〈30〉**管理規則與電臺設備標準之訂定**：「本法施行細則、廣播電視節目供應事業管理規則及 廣播電視事業負責人與從業人員管理規則，由主管機關定之。」「廣播電視事業工程人員管理規則及電台設備標準，由交通部定之。」〈第五十條〉

2.增加條文部分：

〈1〉**政黨政務人員及公職人員之限制**：「政黨黨務工作人員、政務人員及選任公職人員不得投資廣播、電視事業；其配偶、二親等血親、直系姻親投資同一廣播、電視事業者，其持有之股份，合計不得逾該事業已發行股份總數百分之一。」「本法修正施行前，廣播、電視事業有不符前項情形者，應自本法修正施行之日起二年內改正。」「政府、政黨、政黨黨務工作人員及選任公職人員不得擔任廣播、電視事業之發起人、董事、監察人及經理人。」「本法修正施行前，廣播、電視事業有不符前項情形者，應自本法修正施行之日起六個月內解除其職務。」〈第五條之一〉

〈2〉**政黨政務人員及公職人員之範圍**：「前條所稱政黨黨務工作人員、政務人員及選任公職人員之範圍，於本法施行細則定之。」〈第五條之二〉

〈3〉**申請電台架設許可及電台執照**：「取得廣播、電視事業籌設許可者，應於六個月內依電信法第四十六條規定向主管機關申請核發電台架設許

可證，於完成架設後，申請電台執照，並應於取得電台執照後六個月內，申請核發廣播或電視執照。」「廣播、電視事業之營運計畫有變更者，應向主管機關申請核准。」「廣播、電視事業於主管機關許可之原服務區域內增設分台者，應向主管機關申請營運計畫變更。」〈第十條之一〉

〈4〉**審查申請換發廣播或電視執照應審酌事項**：「主管機關審查申請換發廣播或電視執照案件時，應審酌下列事項：一、營運計畫執行情形、頻率運用績效評鑑結果及未來之營運計畫。二、財務狀況。三、電台發射機及天線地點是否與核准者相符。四、營運是否符合特定族群或服務區域民眾需求。五、依本法受獎懲之紀錄及足以影響電台營運之事項。」「前項審查結果，主管機關認該事業營運不善有改善之必要時，應以書面通知其限期改善；屆期不改善或改善無效者，駁回其申請。」「前項改善期間，主管機關得發給臨時執照，其有效期間爲三個月，並以一次爲限。」〈第十二條之一〉

〈5〉**執照毀損、變更或遺失之換、補發**：「廣播、電視執照毀損或所載內容有變更時，應於毀損或變更後十五日內向主管機關申請換發；遺失時，應登報聲明作廢，並於十五日內申請補發。」「依前項規定補發或換發之廣播、電視執照，以原執照之有效期間爲其有效期間。」〈第十二條之二〉

〈6〉**電視節目內容分級**：「主管機關應依電視節目內容予以分級，限制觀看之年齡、條件；其分級處理辦法，由主管機關定之。電視事業應依處理辦法播送節目。」「主管機關得指定時段，播送特定節目。」〈第二十六條之一〉

〈7〉**廣播電視廢止許可之情形**：「申請設立廣播、電視事業者，於許可設立後，有下列情形之一者，主管機關得廢止其許可：一、違反第第十條之一第二項規定，情節重大者。二、未於取得設立許可六個月內申請電台架設許可證、未於電台架設許可證有效期限內取得電台執照或未於取得電台執照六個月內申請廣播或電視執照者。三、申請廣播或電視執照，經主管機關駁回者。四、發起人所認股數變動達設立許可申請書所載預定實收資本額百分之五十以上者。五、捐助財產總額或實收資本額低於廣播、電視設立申請書所載者。」〈第四十四條之一〉

〈8〉**未依法定程序架設設備之處分**：「未依法定程序架設電台、轉播站或其他播放系統者，處三萬元以上、四十萬元以下罰鍰，並沒入其設備。」「未依法定程序架設電視增力機、變頻機或社區共同天線電視設備者，沒入其設備。」「前二項沒入處分，得請當地該管警察機關協助執行之。」〈第四十五條之一〉

〈9〉**違反廣播電視節目供應事業設立之處分**：「違反第二十九條之一之規定，經營、策劃、製作、發行或託播廣播電視節目、廣告、錄影節目帶者，處三千元以上、三萬元以下罰鍰，並沒入其節目。」〈第四十五條之二〉

〈10〉**於取得執照前營運及擅自增設分台之處分**：「取得廣播、電視事業籌設
　　　許可者，於取得廣播、電視執照前營運者，處三萬元以上三十萬元以下
　　　罰鍰，並通知立即停止營運；未停止營運者，得按次處罰，或廢止其籌
　　　設許可。」「廣播、電視事業違反第十條之一第三項規定，擅自增設分
　　　台者，處三萬元以上三十萬元以下罰鍰，並通知立即停止營運；未停止
　　　營運者，得按次處罰，或廢止其許可。」〈第四十五條之三〉

〈11〉**規費收取**：「主管機關依本法規定受理申請許可、審查、核發、換發、
　　　補發證照，應向申請者收取許可費、審查費及證照費；其收費標準，由
　　　主管機關定之。」〈第五十條之一〉

（二）「有線廣播電視法」的制定

　　「有線廣播電視法」的精神，在於促進有線廣播電視之健全發展，保障公眾
視聽之權益。「有線廣播電視法」經立法院三讀通過，並於民國八十二年八月十一
日由總統公布施行。全文共九章（第一章總則。第二章有線電視審議委員會。第
三章營運許可。第四章節目管理。第五章廣告管理。第六章費用。第七章權利保
護。第八章罰則。第九章附則）凡七十一條。行政院新聞局並於民國八十二年十
二月廿日發布「有線電視法施行細則」，共八章、四十一條。「有線廣播電視法」
其後於民國八十八年二月、八十九年一月、九十年五月、九十二年一月、九十二
年十二月、九十六年一月，共經過6次立法院三讀修正部分條文，最新者為：九
章、七十六條。

　　「有線廣播電視法」的主要內容：

1. 立法目的：

　　為促進有線廣播電視事業之健全發展，保障公眾視聽之權益，增進社會福
祉，特制定本法。（第一條）

2. 相關用辭界定：

本法用辭定義如下：

一、有線廣播電視：指以設置纜線方式傳播影像、聲音供公眾直接視、聽。

二、有線廣播電視系統（以下簡稱系統）：指有線廣播電視之傳輸網路及包
　　括纜線、微波、衛星地面接收等設備。

三、有線廣播電視系統經營者（以下簡稱系統經營者）：指依法核准經營有
　　線廣播電視者。

四、頻道供應者：指以節目及廣告為內容，將之以一定名稱授權予有線電視
　　系統經營者播送之供應事業，其以自己或代理名義為之者，亦屬之。

五、基本頻道：指訂戶定期繳交基本費用，始可視、聽之頻道。

六、付費頻道：指基本頻道以外，須額外付費，始可視、聽之頻道。

七、計次付費節目：指按次付費，始可視、聽之節目。

八、鎖碼：指需經特殊解碼程序始得視、聽節目之技術。

九、頭端：指接收、處理、傳送有線廣播、電視信號，並將其播送至分配線

網路之設備及其所在之場所。

十、幹線網路：指連接系統經營者之頭端至頭端間傳輸有線廣播、電視信號之網路。

十一、分配線網路：指連接頭端至訂戶間之纜線網路及設備。

十二、插播式字幕：指另經編輯製作而在電視螢幕上展現，且非屬於原有播出內容之文字或圖形。

十三、有線廣播電視節目（以下簡稱節目）：指系統經營者播送之影像、聲音，內容不涉及廣告者。

十四、有線廣播電視廣告（以下簡稱廣告）：指系統經營者播送之影像、聲音，內容為推廣商品、觀念、服務或形象者。〈第二條〉

3. **主管機關及其相關權責規定：**

本法所稱主管機關：在中央為行政院新聞局（以下簡稱新聞局）；在直轄市為直轄市政府；在縣（市）為縣（市）政府。有線廣播電視系統工程技術管理之主管機關為交通部。前項有關工程技術管理之規則，由交通部定之。（第三條）

系統經營者經營電信業務，應依電信法相關規定辦理。（第四條）

「系統經營者自行設置之網路，其屬鋪設者，向路權管理機關申請；其屬附掛者，向電信、電業等機構申請。經許可籌設有線廣播電視者，亦同。」「系統經營者前項網路之鋪設，得承租現有之地下管溝及終端設備；其鋪設網路及附掛網路應依有關法令規定辦理。」「中央主管機關應會同交通部協助解決偏遠地區幹線網路之設置。（第五條）

「前條第一項網路非通過他人土地或建築物不能鋪設，或雖能鋪設需費過鉅者，得通過他人土地或建築物鋪設之。但應擇其損害最少之處所及方法為之，並應為相當之補償。」「前項網路之鋪設，應於施工三十日前以書面通知土地、建築物所有人或占有人。」』依第一項規定鋪設網路後，如情事變更時，土地、建築物所有人或占有人得請求變更其鋪設。」「對於前三項情形有異議者，得申請轄區內調解委員會調解之或逕行提起民事訴訟。」（第六條）

「遇有天然災害或緊急事故時，主管機關為維護公共安全與公眾福利，得通知系統經營者停止播送節目，或指定其播送特定之節目或訊息。」「前項原因消滅後，主管機關應即通知該系統經營者回復原狀繼續播送。」「第一項之天然災害及緊急事故應變辦理，由中央主管機關定之。」（第七條）

4. **有線電視審議委員會的設置：**

中央主管機關設有線廣播電視審議委員會（以下簡稱審議委員會），審議下列事項：一、有線廣播電視籌設之許可或撤銷許可。二、有線廣播電視營運之許可或撤銷許可。三、執行營運計畫之評鑑。四、系統經營者與頻道供應者間節目使用費用及其他爭議之調處。五、系統經營者間爭議之調處。六、其他依本法規定或經中央主管機關提請審議之事項。（第八條）

「審議委員會置委員十三人至十五人，由下列人員組成之：一、專家學者十人至十二人。二、交通部、新聞局、行政院消費者保護委員會代表各一人。」「審

議委員會審議相關地區議案時，應邀請各該直轄市或縣（市）政府代表一人出席。出席代表之職權與審議委員相同。」「審議委員中，同一政黨者不得超過二分之一；其擔任委員期間不得參加政黨活動。」（第九條）

前條第一項第一款之委員由行政院院長遴聘，並報請立法院備查，聘期三年，期滿得續聘之，但續聘以一次為限。聘期未滿之委員因辭職、死亡或因故無法執行職務時，應予解聘，並得另聘其他人選繼任，至原聘期任滿時為止。（第十條）

審議委員會開會時由委員互推一人為主席，主持會議之進行。（第十一條）

審議委員會應有五分之三以上委員出席，始得開議，以出席委員過半數之同意，始得決議。（第十二條）

審議委員會之決議方式，由審議委員會討論後決定之。（第十三條）

審議委員會委員應本公正客觀之立場行使職權，有下列各款情形之一者，應自行迴避：一、審議委員會委員或其配偶、前配偶或未婚配偶，為申請經營有線廣播電視之董事、監察人或經理人者。二、審議委員會委員與申請經營有線廣播電視者之董事、監察人或經理人為五親等內之血親、三親等內之姻親或曾有此親屬關係者。（第十四條）

「申請經營有線廣播電視者對於審議委員會委員，認為有偏頗之虞或其他不適格之原因，得申請迴避。」「前項申請由主席裁決之。」（第十五條）

「審議委員會委員應自行迴避而不迴避時，中央主管機關於會議決議後一個月內，得逕行或應利害關係人之申請，撤銷該會議所為之決議。其經籌設許可或營運許可者，中央主管機關應撤銷其許可，並註銷其許可證。」「審議委員會對前項撤銷之事項，應重行審議及決議。」（第十六條）

審議委員會之審議規則，由中央主管機關定之。（第十七條）

5. 營運許可的規範：

有線廣播電視之籌設、營運，應申請中央主管機關許可。（第十八條）

「系統經營者之組織，以股份有限公司為限。」「外國人直接及間接持有系統經營者之股份，合計應低於該系統經營者已發行股份總數百分之六十，外國人直接持有者，以法人為限，且合計應低於該系統經營者已發行股份總數百分之二十。」「系統經營者最低實收資本額，由中央主管機關定之。」「政府、政黨、其捐助成立之財團法人及其受託人不得直接、間接投資系統經營者。」「本法修正施行前，政府、政黨、其捐助成立之財團法人及其受託人有不符前項所定情形者，應自本法修正施行之日起二年內改正。」「系統經營者不得播送有候選人參加，且由政府出資或製作之節目、短片及廣告；政府出資或製作以候選人為題材之節目、短片及廣告，亦同。」（第十九條）

「系統經營者具有中華民國國籍之董事，不得少於董事人數三分之二；監察人，亦同。」「董事長應具有中華民國國籍。」「政黨黨務工作人員、政務人員及選任公職人員不得投資系統經營者；其配偶、二親等內血親、直系姻親投資同一系統經營者，其持有之股份，合計不得逾該事業已發行股份總數百分之一。本法

修正施行前，系統經營者有不符規定者，應自本法修正施行之日起二年內改正。」
「政府、政黨、政黨黨務工作人員及選任公職人員不得擔任系統經營者之發起人、董事、監察人或經理人。本法修正施行前已擔任者，系統經營者應自本法修正施行之日起六個月內解除其職務。」「前二項所稱政黨黨務工作人員、政務人員及選任公職人員之範圍，於本法施行細則定之。」（第二十條）

「系統經營者與其關係企業及直接、間接控制之系統經營者不得有下列情形之一：一、訂戶數合計超過全國總訂戶數三分之一。二、超過同一行政區域系統經營者總家數二分之一。但同一行政區域只有一系統經營者，不在此限。三、超過全國系統經營者總家數三分之一。」「前項全國總訂戶數、同一行政區域系統經營者總家數及全國系統經營者總家數，由中央主管機關公告之。」（第廿一條）

「申請有線廣播電視之籌設，應填具申請書連同營運計畫，於公告期間內向中央主管機關提出。」「營運計畫應載明下列事項：一、有線廣播電視經營地區。二、系統設置時程及預定開播時間。三、財務結構。四、組織架構。五、頻道之規劃及其類型。六、自製節目製播計畫。七、收費標準及計算方式。八、訂戶服務。九、服務滿意度及頻道收視意願調查計畫。十、工程技術及設備說明。十一、業務推展計畫。十二、人材培訓計畫。十三、技術發展計畫。十四、董事、監察人、經理人，或發起人之姓名（名稱）及相關資料。十五、其他中央主管機關指定之事項。」（第廿二條）

「對於有外國人投資之申請籌設、營運有線廣播電視案件，中央主管機關認該外國人投資對國家安全、公共秩序或善良風俗有不利影響者，得不經審議委員會之決議，予以駁回。」「外國人申請投資有線廣播電視，有前項或違反第十九條第二項規定情形者，應駁回其投資之申請。」（第廿三條）

申請籌設、營運有線廣播電視之案件有下列情形之一者，審議委員會應為不予許可之決議：一、違反第十九條或第二十條規定者。二、違反第二十一條規定者。三、工程技術管理不符合交通部依第三條第三項所定之規則者。四、申請人因違反本法規定經撤銷籌設或營運許可未逾二年者。五、申請人之董事、監察人或經理人有公司法第三十條各款情事之一者。（第廿四條）

申請籌設、營運有線廣播電視案件符合下列規定者，審議委員會得為許可之決議：一、申請人之財務規劃及技術，足以實現其營運計畫者。二、免費提供專用頻道供政府機關、學校、團體及當地民眾播送公益性、藝文性、社教性等節目者。三、提供之服務及自製節目符合當地民眾利益及需求者。（第廿五條）

「申請書及營運計畫內容於獲得籌設許可後有變更時，應向中央主管機關為變更之申請。但第二十二條第二項第四款、第十一款、第十二款內容變更者，不在此限。」「前項變更內容屬設立登記事項者，應於中央主管機關許可變更後，始得辦理設立或變更登記。」「系統經營者之董事、監察人或經理人變更時，準用前二項規定。」（第廿六條）

「對於申請籌設有線廣播電視案件，審議委員會決議不予許可者，中央主管機關應附具理由駁回其申請；其決議許可者，中央主管機關應發給申請人籌設許

可證。」「不服前項駁回之處分，申請人得於駁回通知書送達之日起三十日內，附具理由提出覆議；審議委員會應於接獲覆議申請之日起三十日內，附具理由爲准駁之決定。申請覆議以一次爲限。」（第廿七條）

籌設許可證所載內容變更時，應於變更後十五日內向中央主管機關申請換發；遺失時，應於登報聲明作廢後十五日內申請補發。（第廿八條）

申請人經許可籌設有線廣播電視後，應於中央主管機關指定之地區與期間完成設立登記並繳交必要文件。文件不全得補正者，中央主管機關應通知限期補正。（第廿九條）

系統之設置得分期實施，全部設置時程不得逾三年；其無法於設置時程內完成者，得於設置時程屆滿前二個月內附具正當理由，向中央主管機關申請展期。展期不得逾六個月，並以一次爲限。（第卅條）

「系統之籌設應於營運計畫所載系統設置時程內完成，並於設置時程內向中央主管機關提出系統工程查驗申請。」「前項查驗由中央主管機關會同交通部及地方主管機關，自受理申請之日起六個月內爲之。」「系統經查驗合格後二個月內，申請人應向中央主管機關申請營運許可。非經中央主管機關發給營運許可證者，不得營運。」「系統經營者除有正當理由，經中央主管機關核可者外，應於取得營運許可證後一個月內開播。」（第卅一條）

有線廣播電視經營地區之劃分及調整，由中央主管機關會商當地直轄市或縣（市）政府審酌下列事項後公告之：一、行政區域。二、自然地理環境。三、人文分布。四、經濟效益。（第卅二條）

「有下列情形之一者，中央主管機關應另行公告重新受理申請：一、在公告期間內，該地區無人申請。二、該地區無人獲得籌設許可或營運許可。三、該地區任一系統經營者終止經營，經審議委員會決議，須重新受理申請。四、該地區系統經營者係獨占、結合、聯合、違反第二十一條規定而有妨害或限制公平競爭之情事，中央主管機關爲促進公平競爭，經附具理由，送請審議委員會決議，須重新受理申請。」「重新辦理公告，仍有前項情形者，中央主管機關得視事實需要，依下列方式擇一處理之：一、會同當地直轄市或縣（市）政府重新劃分及調整經營地區。二、獎勵或輔導其他行政區域之系統經營者經營。三、其他經審議委員會決議之方式。」「前項第二款獎勵之輔導及方式，由中央主管機關定之。」（第卅三條）

系統經營者不得委託他人經營。（第卅四條）

「系統經營者之營運許可，有效期間爲九年。系統經營者於營運許可期限屆滿，仍欲經營時，應於營運許可期限滿八年後六個月內，向中央主管機關申請換發。」「前項營運許可所載內容變更時，應於變更後十五日內向中央主管機關申准換發；遺失時，應於登報聲明作廢後十五日內申請補發。」（第卅五條）

「中央主管機關審查申請換發系統經營者之營運許可案件時，應審酌下列事項：一、營運計畫執行情形之評鑑結果及改正情形。二、未來之營運計畫。三、財務狀況。四、營運是否符合經營地區民眾利益及需求。五、系統經營者之獎懲

紀錄及其他影響營運之事項。」「前項審查結果，中央主管機關認該系統經營者營運不善或未來之營運計畫有改善之必要時，應以書面通知其限期改善。屆期無正當理由而未改善者，經審議委員會審議，並經中央主管機關決議不予換發營運許可者，駁回其申請。」「前項審查期間及改善期間，中央主管機關得發給臨時執照，其有效期間爲一年，並以一次爲限。」（第卅五條之一）

「審議委員會應就系統經營者所提出之營運計畫執行情形，每三年評鑑一次。」「前項評鑑結果未達營運計畫且得改正者，中央主管機關應依審議委員會決議，通知限期改正；其無法改正，經審議委員會決議撤銷營運許可者，中央主管機關應註銷營運許可證。」（第卅六條）

「系統經營者應同時轉播依法設立無線電視電台之節目及廣告，不得變更其形式、內容及頻道，並應列爲基本頻道。但經中央主管機關許可者，得變更頻道。」「系統經營者爲前項轉播，免付費用，不構成侵害著作權。」「系統經營者不得播送未經中央主管機關許可之境外衛星廣播電視事業之節目或廣告。」（第卅七條）

爲保障客家、原住民語言、文化，中央主管機關得視情形，指定系統經營者，免費提供固定頻道，播送客家語言、原住民語言之節目。（第卅七條之一）

系統經營者在系統傳輸及處理過程中，其電波洩漏不得超過交通部所定之最大電波洩漏量限值。（第卅八條）

「系統經營者擬暫停或終止經營時，除應於三個月前書面報請中央主管機關備查，副知地方主管機關外，並應於一個月前通知訂戶。」「前項所稱暫停經營之期間，最長爲六個月。」（第卅九條）

6. 節目管理的規範：

節目內容不得有下列情形之一：一、違反法律強制或禁止規定。二、妨害兒童或少年身心健康。三、妨害公共秩序或善良風俗。（第四十條）

「中央主管機關應訂定節目分級處理辦法。系統經營者應依處理辦法規定播送節目。」「中央主管機關得指定時段，鎖碼播送特定節目。」「系統經營者應將鎖碼方式報請交通部會商中央主管機關核定。」（第四十一條）

「節目應維持完整性，並與廣告區分。非經約定，系統經營者不得擅自合併或停止播送頻道。」「節目由系統經營者及其關係企業供應者，不得超過可利用頻道之四分之一。」「系統經營者應於播送之節目畫面標示其識別標識。」（第四十二條）

有線廣播電視節目中之本國自製節目，不得少於百分之二十。（第四十三條）

「主管機關認爲有必要時，得於節目播送後十五日內向系統經營者索取該節目及相關資料。」「主管機關於必要時，得要求系統經營者將提供訂戶之節目，以不變更內容及形式方式裝接於主管機關指定之處所。該節目係以鎖碼方式播出者，應將解碼設備一併裝接。」「前項指定之處所，以二處爲限。」（第四十四條）

7.廣告管理的規範

「系統經營者應同時轉播頻道供應者之廣告,除經事前書面協議外不得變更其形式與內容。」「廣告時間不得超過每一節目播送總時間六分之一。」「單則廣告時間超過三分鐘或廣告以節目型態播送者,應於播送畫面上標示廣告二字。」「計次付費節目或付費頻道不得播送廣告。但同頻道節目之預告不在此限。」(第四十五條)

頻道供應者應每年定期向審議委員會申報預計協議分配之廣告時間、時段、播送內容、播送方式或其他條件。頻道供應者如無正當理由拒絕依其申報內容與系統經營者協議,系統經營者得向審議委員會申請調處。(第四十六條)

「系統經營者得設立廣告專用頻道,不受第四十五條第二項之限制。」「廣告專用頻道之數量限制,由中央主管機關定之。」(第四十七條)

系統經營者非有下列情形之一者,不得使用插播式字幕: 一、天然災害、緊急事故訊息之播送。 二、公共服務資訊之播送。 三、頻道或節目異動之通知。四、與該播送節目相關,且非屬廣告性質之內容。五、依其他法令之規定。(第四十八條)

廣告內容涉及依法應經各該目的事業主管機關核准之業務者,應先取得核准證明文件,始得播送。(第四十九條)

「第四十條、第四十一條第二項、第三項、第四十二條第四項及第四十四條之規定,於廣告準用之。」「廣告製播標準由中央主管機關定之。」(第五十條)

8.費用規範的規範

「系統經營者應於每年八月一日起一個月內向直轄市、縣(市)政府申報收視費用,由直轄市、縣(市)政府依審議委員會所訂收費標準,核准後公告之。 」「直轄市及縣(市)政府得設費率委員會,核准前項收視費用。直轄市及縣(市)政府未設費率委員會時,應由中央主管機關行使之。」「系統經營者之會計制度及其標準程式,由中央主管機關定之。」「系統經營者應於每年一月、四月、七月及十月,向中央主管機關申報前三個月訂戶數。」(第五十一條)

「訂戶不按期繳交費用,經定期催告仍未繳交時,系統經營者得停止對該訂戶節目之傳送。但應同時恢復訂戶原有無線電視節目之視、聽。」「系統經營者依前項但書規定辦理時,得向訂戶請求支付必要之器材費用。」「第一項但書及前項規定,於視聽法律關係終止之情形,適用之。」(第五十二條)

「系統經營者應每年提撥當年營業額百分之一之金額,提繳中央主管機關成立特種基金。」「前項系統經營者提撥之金額,由中央主管機關依下列目的運用:一、百分之三十由中央主管機關統籌用於有線廣播電視之普及發展。二、百分之四十撥付當地直轄市、縣(市)政府,從事與本法有關地方文化及公共建設使用。三、百分之三十捐贈財團法人公共電視文化事業基金會。」「第一項特種基金之成立、運用及管理辦法,由中央主管機關定之。」(第五十三條)

主管機關依本法受理申請審核、查驗、核發、換發證照,應向申請者收取審查費、證照費;其收費標準由中央主管機關定之。 (第五十四條)

9. 權利保護的規範：

「系統經營者應與訂戶訂立書面契約。」「前項書面契約應於給付訂戶之收據背面製作發給之。」「中央主管機關應公告規定定型化契約應記載或不得記載之事項。」「違反前項公告之定型化契約之一般條款無效。該定型化契約之效力依消費者保護法第十六條規定定之。」「契約內容應包括下列事項：一、各項收費標準及調整費用之限制。二、頻道數、名稱及頻道契約到期日。三、訂戶基本資料使用之限制。四、系統經營者受停播、撤銷營運許可、沒入等處分時，恢復訂戶原有無線電視節目之視、聽，及對其視、聽權益產生損害之賠償條件。五、無正當理由中斷約定之頻道信號，致訂戶視、聽權益有損害之虞時之賠償條件。六、契約之有效期間。七、訂戶申訴專線。八、其他經中央主管機關指定之項目。」「系統經營者對訂戶申訴案件應即妥適處理，並建檔保存三個月；主管機關得要求系統經營者以書面或於相關節目答覆訂戶。」（第五十五條）

系統經營者應設置專用頻道，載明系統經營者名稱、識別標識、許可證字號、訂戶申訴專線、營業處所地址、頻道總表、頻道授權期限及各頻道播出節目之名稱。（第五十六條）

有線廣播電視播送之節目及廣告涉及他人權利者，應經合法授權，始得播送。（第五十七條）

「系統經營者無正當理由不得拒絕該地區民眾請求付費視、聽有線廣播電視。」「系統經營者有正當理由無法提供民眾經由有線電視收視無線電視時，地方主管機關得提請審議委員會決議以其他方式提供收視無線電視。」（第五十八條）

視、聽法律關係終止後，系統經營者應於一個月內將相關線路拆除。逾期不為拆除時，該土地或建築物之所有人或占有人得自行拆除，並得向系統經營者請求償還其所支出之拆除及其他必要費用。（第五十九條）

主管機關認為有線廣播電視營運不當，有損害訂戶權益情事或有損害之虞者，應通知系統經營者限期改正或為其他必要措施。（第六十條）

對於有線廣播電視之節目或廣告，利害關係人認有錯誤，得於播送之日起，十五日內要求更正，系統經營者應於接到要求後十五日內，在同一時間之節目或廣告中，加以更正，如認為節目或廣告無誤時，應附具理由書面答覆請求人。（第六十一條）

有線廣播電視之節目評論涉及他人或機關、團體，致損害其權益時，被評論者，如要求給予相當答辯之機會，不得拒絕。（第六十二條）

10.罰則規定

依本法所為之處罰，由中央主管機關為之。但違反依第三條第三項所定之規則及第三十八條規定者，由交通部為之；違反節目管理、廣告管理、費用及權利保護各章規定者，由直轄市或縣（市）政府為之。直轄市或縣（市）政府未能行使職權時，得由中央主管機關為之。（第六十三條）

經許可籌設有線廣播電視者或系統經營者有下列情形之一時，予以警告：一、工程技術管理違反依第三條第三項所定之規則者。二、未依第二十八條或第三十五條第二項規定辦理換發或補發許可證者。三、未於第三十一條第三項規定期限內，向中央主管機關申請營運許可者。四、違反第三十七條第一項、第四十一條第一項、第三項、第四十二條第一項、第二項、第四項、第四十三條、第四十五條、第四十八條或第五十條第一項準用第四十一條第三項、第四十二條第四項規定者。五、違反第五十一條第一項、第四項、第五十二條第一項但書或第三項規定者。六、違反第五十五條、第五十六條、第五十八條、第六十一條或第六十二條規定者。（第六十四條）

「系統經營者違反第三十八條規定者，處新台幣二萬元以上二十萬元以下罰鍰，並通知立即改正，未改正者，按次連續處罰。」「前項電波洩漏嚴重致影響飛航安全、重要通訊系統者，中央主管機關得依交通部之通知令其停播至改正為止。」（第六十五條）

經許可籌設有線廣播電視者或系統經營者，有下列情形之一時，處新台幣五萬元以上五十萬元以下罰鍰，並通知限期改正：一、經依第六十四條規定警告後，仍不改正者。二、未依第五條第一項規定申准，擅自鋪設或附掛網路者。三、違反主管機關依第七條第一項、第二項所為停止、指定或繼續播送之通知者。四、經中央主管機關依第三十六條第二項規定通知限期改正，逾期不改正者。五、違反第三十七條第三項或第三十九條規定者。七、未依第四十一條第二項或第五十條第一項準用第四十一條第二項指定之時段、方式播送者。八、拒絕依第四十四條第二項或第五十條第一項準用第四十四條第二項主管機關指定之處所裝接者。九、違反第五十七條規定者。十、未依第六十條規定改正或為其他必要措施者。（第六十六條）

「經許可籌設有線廣播電視者或系統經營者，有下列情形之一時，處新台幣十萬元以上一百萬元以下罰鍰，並通知限期改正，逾期不改正者，得按次連續處罰：一、一年內經依本法處罰二次，再有第六十四條或第六十六條情形之一者。二、拒絕依第四十四條第一項或第五十條第一項準用第四十四條第一項規定提供資料或提供不實資料者。三、違反第七十三條第二項規定者。」「系統經營者有前項第一款情形者，並得對其頻道處以三日以上三個月以下之停播處分。」（第六十七條）

「經許可籌設有線廣播電視者或系統經營者，有下列情形之一時，處新台幣十萬元以上一百萬元以下罰鍰，並通知限期改正，逾期不改正者，得按次連續處罰；情節重大者，得撤銷籌設許可或營運許可，並註銷籌設許可證或營運許可證：一、有第二十一條第一項各款情形之一者。二、有第二十四條第一款、第四款或第五款情形者。三、未依第二十六條第一項規定申准，擅自變更申請書內容或營運計畫者。四、未依第二十六條第二項或第三項規定，經中央主管機關許可變更，擅自辦理設立或變更登記者。五、未經中央主管機關依第三十一條第三項規定發給營運許可證，擅自營運者。六、違反第三十一條第四項規定者。七、未依第三

十七條之一中央主管機關之指定提供頻道，播送節目者。八、違反第四十二條第三項規定者。九、違反第五十三條第一項規定者。十、於受停播處分期間，播送節目或廣告者。」「前項限期改正方式如下：一、處分全部或部分股份。二、轉讓全部或部分營業。三、免除擔任職務。四、其他必要方式。」（第六十八條）

經許可籌設有線廣播電視者或系統經營者，有下列情形之一時，撤銷籌設許可或營運許可，並註銷籌設許可證或營運許可證：一、以不法手段取得籌設許可或營運許可者。二、一年內經受停播處分三次，再違反本法規定者。三、設立登記經該管主管機關撤銷者。四、違反第二十九條規定者。五、違反第三十條規定未於設置時程內完成系統設置者。六、違反第三十四條規定者。七、經依第六十五條第二項規定勒令停播，拒不遵行者。（第六十九條）

「未依本法規定獲得籌設許可或經撤銷籌設、營運許可，擅自經營有線廣播電視業務者，處新台幣二十萬元以上二百萬元以下罰鍰，並得按次連續處罰。」「前項經營有線廣播電視業務之設備，不問屬於何人所有，沒入之。」（第七十條）

依本法所處罰鍰，經通知限期繳納，逾期仍不繳納者，移送法院強制執行。（第七十一條）

11.附則規定

「本法施行前，未依法定程序架設之有線電視節目播送系統，於本法施行後，經中央主管機關發給登記證者，得繼續營業。」「系統經營者自開始播送節目之日起十五日內，該地區內前項有線電視節目播送系統應停止播送，原登記證所載該地區失其效力；仍繼續播送者，依第七十條規定處罰。但經中央主管機關許可得繼續經營者，不在此限。」「有線電視節目播送系統登記證之發給、註銷、營運及依前項但書許可繼續經營之條件及期限等事項，由中央主管機關另定辦法管理之。」「有線電視節目播送系統之節目管理、廣告管理、費用及權利保護準用本法各有關之規定。違反者，依本法處罰之。」「系統經營者於其播送節目區域內，有有線電視節目播送系統依第二項但書規定繼續營業時，不適用第二十五條第二款及第五十三條規定。」（第七十二條）

「主管機關得派員攜帶證明文件，對系統實施檢查，要求經許可籌設有線廣播電視者或系統經營者，就其設施及本法規定事項提出報告、資料或為其他配合措施，並得扣押違反本法規定之資料或物品。」「對於前項之要求、檢查或扣押，不得規避、妨礙或拒絕。」「第一項扣押資料或物品之處理方式由中央主管機關定之，其涉及刑事責任者，依有關法律規定處理。」（第七十三條）

「未經系統經營者同意，截取或接收系統播送之內容者，應補繳基本費用。其造成系統損害時，應負民事損害賠償責任。」「前項收視費用，如不能證明期間者，以二年之基本費用計算。」（第七十四條）

本法施行細則，由中央主管機關定之。（第七十五條）

綜論之，有線電視法的施行，將國內電子傳播媒體的發展，更帶入制度化的層面，有助於一般所謂「第四台」的有線電視，朝向健全的發展，並用以保障公

眾視聽的權益。「有線電視法」將有線電視納入規範發展有其重要意義。

（三）「衛星廣播電視法」的制定

「衛星廣播電視法」於八十四年完成立法三讀程序，至九十二年一月、十二月又進行兩次修正。有關「衛星廣播電視法」之規範如下：

1. 立法目的

為促進衛星廣播電視健全發展，保障公眾視聽權益，開拓我國傳播事業之國際空間，並加強區域文化交流。〈第一條〉

2.相關用詞界定

（1）衛星廣播電視：指利用衛星進行聲音或視訊信號之播送，以供公眾收聽或收視。

（2）衛星廣播電視事業：指直播衛星廣播電視服務經營者及衛星廣播電視節目供應者。

（3）直播衛星廣播電視服務經營者（以下簡稱服務經營者）：指直接向訂戶收取費用，利用自有或他人設備，提供衛星廣播電視服務之事業。

（4）衛星廣播電視節目供應者（以下簡稱節目供應者）：指自有或向衛星轉頻器經營者租賃轉頻器或頻道，將節目或廣告經由衛星傳送給服務經營者、有線廣播電視系統經營者（包括有線電視節目播送系統）或無線廣播電視電台者。

（5）境外衛星廣播電視事業：指利用衛星播送節目或廣告至中華民國管轄區域內之外國衛星廣播電視事業。

（6）衛星轉頻器（以下簡稱轉頻器）：指設置在衛星上之通信中繼設備，其功用為接收地面站發射之上鏈信號，再變換成下鏈頻率向地面發射。〈第二條〉

3. 主管機關規範

本法所稱主管機關為行政院新聞局。衛星廣播電視事業工程技術之主管機關為交通部。前項有關工程技術管理辦法，由交通部定之。（第三條）

「遇有天然災害或緊急事故，主管機關得指定衛星廣播電視事業播送特定之節目或訊息。」「前項原因消滅後，主管機關應即通知該衛星廣播電視事業回復原狀繼續播送。」「有線廣播電視系統經營者有關天然災害及緊急事故應變之規定，於衛星廣播電視事業準用之。」（第四條）

4.營運管理規範

衛星廣播電視之經營，應申請主管機關許可。（第五條）

「申請衛星廣播電視事業之經營，應填具申請書及營運計畫，向主管機關提出申請，經審核許可，發給衛星廣播電視事業執照，始得營運。」「前項執照有效期限為六年，期限屆滿前六個月，衛星廣播電視事業應向主管機關申請換照。」「申請經營衛星廣播電視事業填具之申請書或營運計畫資料不全得補正者，主管機關應通知限期補正；逾期不補正或補正不全者，駁回其申請。申請換照時，亦

同。」「主管機關應就衛星廣播電視事業所提出之營運計畫執行情形，每二年評鑑一次。」「前項評鑑結果未達營運計畫且得改正者，主管機關應通知限期改正；其無法改正，主管機關應撤銷衛星廣播電視許可，並註銷衛星廣播電視事業執照。」（第六條）

申請服務經營者之營運計畫應載明下列事項：一、使用衛星之名稱、國籍、頻率、轉頻器、頻道數目及其信號涵蓋範圍。二、開播時程。三、財務結構及人事組織。 四、節目規畫。五、經營方式及技術發展計畫。六、收費標準及計算方式。七、其他經主管機關指定之事項。（第七條）

申請節目供應者之營運計畫應載明下列事項：一、預定供應之服務經營者、有線廣播電視系統經營者（包括有線電視節目播送系統）或無線廣播電視電台之名稱。二、使用衛星之名稱、國籍、頻率、轉頻器、頻道數目及其信號涵蓋範圍。三、開播時程。四、節目規畫。五、收費標準及計算方式。六、其他經主管機關指定之事項。（第八條）

「衛星廣播電視事業之組織，以股份有限公司及財團法人為限。」「衛星廣播電視事業最低實收資本額及捐助財產總額，由主管機關定之。」「政府、政黨、其捐助成立之財團法人及其受託人不得直接、間接投資衛星廣播電視事業。」「除法律另有規定外，政府、政黨不得捐助成立衛星廣播電視事業。」「本法修正施行前，政府、政黨、其捐助成立之財團法人及其受託人有不符前二項所定情形之一者，應於本法修正施行之日起二年內改正。」「政黨黨務工作人員、政務人員及選任公職人員不得投資衛星廣播電視事業；其配偶、二親等血親、直系姻親投資同一衛星廣播電視事業者，其持有之股份，合計不得逾該事業已發行股份總數百分之一。本法修正施行前，衛星廣播電視事業有不符規定者，應自本法修正施行之日起二年內改正。」「政府、政黨、政黨黨務工作人員及選任公職人員不得擔任衛星廣播電視事業之發起人、董事、監察人及經理人。本法修正施行前已擔任者，衛星廣播電視事業應自本法修正施行之日起六個月內解除其職務。」「前二項所稱政黨黨務工作人員、政務人員及選任公職人員之範圍，於本法施行細則定之。」「衛星廣播電視事業不得播送有候選人參加，且由政府出資或製作之節目、短片及廣告；政府出資或製作以候選人為題材之節目、短片及廣告，亦同。」（第九條）

外國人直接持有衛星廣播電視事業之股份，應低於該事業已發行股份總數百分之五十。（第十條）

申請經營衛星廣播電視事業有下列情形之一者，主管機關應附具理由駁回其申請：一、違反第九條、第十條規定者。二、申請人因違反本法規定經撤銷衛星廣播電視許可未逾二年者。三、申請人為設立中公司，其發起人有下列各目情事之一者：（一）犯「組織犯罪條例」規定之罪，經有罪判決確定者。（二）曾犯詐欺、背信、侵占罪經受有期徒刑一年以上宣告，服刑期滿尚未逾二年者。（三）曾服公務虧空公款，經判決確定，服刑期滿尚未逾二年者。（四）受破產之宣告，尚未復權者。（五）使用票據經拒絕往來尚未期滿者。（六）無行為能力或限制

行爲能力者。（第十一條）

申請人取得衛星廣播電視事業執照後，應按營運計畫所載日期開播；其無法於該日期開播者，應附具理由，向主管機關申請展期。展期不得逾六個月，並以一次爲限。（第十二條）

「申請書及營運計畫內容於獲得許可後有變更時，衛星廣播電視事業應向主管機關爲變更之申請。但第七條第三款內容有變更者，不在此限。」「前項變更內容屬設立登記事項者，應於主管機關許可變更後，始得辦理設立或變更登記。」（第十三條）

「衛星廣播電視事業執照所載內容變更時，應於變更後十五日內向主管機關申請換發；遺失時，應於登報聲明作廢後十五日內申請補發。」「前項變更內容屬設立登記事項者，應於主管機關許可變更後，始得辦理設立或變更登記。」（第十四條）

「境外衛星廣播電視事業經營直播衛星廣播電視服務經營者，應在中華民國設立分公司，於檢附下列文件報請主管機關許可後，始得在中華民國播送節目或廣告：一、使用衛星之名稱、國籍、頻率、轉頻器、頻道數目及其信號涵蓋範圍。二、開播時程。三、節目規畫。四、收費標準及計算方式。五、其他經主管機關指定之事項。」「境外衛星廣播電視事業經營衛星廣播電視節目供應者，應在中華民國設立分公司或代理商，於檢附下列文件報請主管機關許可後，始得在中華民國播送節目或廣告：一、預定供應之服務經營者、有線廣播電視系統經營者（包括有線電視節目播送系統）或無線廣播電視電台之名稱。二、前項各款文件。」「第六條第二項至第四項、第十二條條至第十四條之規定，於境外衛星廣播電視事業之分公司或代理商準用之。」（第十五條）

「衛星廣播電視事業或境外衛星廣播電視事業擬暫停或終止經營時，該事業或其分公司、代理商應於三個月前書面報請主管機關備查，並應於一個月前通知訂戶。」「前項所稱暫停經營，其暫停經營之期間，由主管機關定之。」（第十六條）

5.節目及廣告管理規範

衛星廣播電視事業及境外衛星廣播電視事業播送之節目內容，不得有下列情形之一：一、違反法律強制或禁止規定。二、妨害兒童或少年身心健康。三、妨害公共秩序或善良風俗。（第十七條）

「主管機關應訂定節目分級處理辦法。衛星廣播電視事業及境外衛星廣播電視事業應依處理辦法規定播送節目。」「主管機關得指定時段、鎖碼播送特定節目。」「衛星廣播電視事業、境外衛星廣播電視事業之分公司或代理商應將鎖碼方式報請交通部會商主管機關核定。」（第十八條）

「節目應維持完整性，並與廣告區分。」「衛星廣播電視事業及境外衛星廣播電視事業應於播送之節目畫面標示其識別標識。」（第十九條）

衛星廣播電視事業非有下列情形之一者，不得使用插播式字幕：一、天然災害、緊急事故訊息之播送。二、公共服務資訊之播送。三、頻道或節目異動之通

知。四、與該播送節目相關,且非屬廣告性質之節目。五、依其他法令之規定。
(第二十一條)

「衛星廣播電視事業播送之廣告內容依法應經目的事業主管機關核准者,應
先取得目的事業主管機關核准之證明文件,始得播送。」「前項規定,於境外衛
星廣播電視事業播送在國內流通之產品或服務廣告,準用之。」(第二十二條)

「廣告時間不得超過每一節目播送總時間六分之一。」「單則廣告時間超過
三分鐘或廣告以節目型態播送者,應於播送畫面上標示廣告二字。」(第二十三
條)

服務經營者得設立廣告專用頻道,不受前條第一項規定限制。(第二十四條)

服務經營者不得播送未依第十五條規定許可之境外衛星廣播電視事業之節
目或廣告。(第二十五條)

主管機關認為有必要時,得於節目或廣告播送後二十日內向衛星廣播電視事
業、境外衛星廣播電視事業之分公司或代理商索取該節目、廣告及其他相關資料。
(第二十六條)

衛星廣播電視事業得將本國自製節目播送至國外,以利文化交流,並應遵守
國際衛星廣播電視公約及慣例。(第二十七條)

6.權利保護規範

「衛星廣播電視事業、境外衛星廣播電視事業之分公司或代理商應與訂戶訂
立書面契約。」「契約內容應包括下列事項:一、各項收費標準及調整費用之限
制。二、頻道數、名稱及授權期間。三、訂戶基本資料使用之限制。四、有線廣
播電視系統經營者、有線電視節目播送系統之訂戶數。但訂立書面契約之一方為
自然人時,不在此限。五、衛星廣播電視事業及境外衛星廣播電視事業受停播、
撤銷許可處分時之賠償條件。六、無正當理由中斷約定之頻道信號,致訂戶視、
聽權益有損害之虞時之賠償條件。七、廣告播送之權利義務。八、契約之有效期
間。九、訂戶申訴專線。十、其他經主管機關指定之項目。」「衛星廣播電視事
業、境外衛星廣播電視事業之分公司或代理商對訂戶申訴案件應即處理,並建檔
保存三個月;主管機關得要求衛星廣播電視事業、境外衛星廣播電視事業之分公
司或代理商以書面或於相關節目答覆訂戶。」(第二十八條)

「衛星廣播電視事業、境外衛星廣播電視事業之分公司或代理商應於每年定
期向主管機關申報前條第二項第一款、第二款、第四款及第七款之資料。」「主
管機關認為衛星廣播電視營運不當,有損害訂戶權益情事或有損害之虞者,應通
知衛星廣播電視事業、境外衛星廣播電視事業之分公司或代理商限期改正或為其
他必要之措施。」(第二十九條)

對於衛星廣播電視之節目或廣告,利害關係人認有錯誤,得於播送之日起,
二十日內要求更正;衛星廣播電視事業應於接到要求後二十日內,在同一時間之
節目或廣告中加以更正。衛星廣播電視事業認為節目或廣告無誤時,應附具理由
書面答覆請求人。(第三十條)

衛星廣播電視事業播送之節目評論涉及他人或機關、團體,致損害其權益

時，被評論者，如要求給予相當答辯之機會，不得拒絕。（第三十一條）

節目供應者無正當理由，不得對有線廣播電視系統經營者（包括有線電視節目播送系統）或服務經營者給予差別待遇。（第三十二條）

7.罰則規定

依本法所為之處罰，由主管機關為之。但違反依第三條第三項所定管理辦法者，由交通部為之。（第三十三條）

境外衛星廣播電視事業違反本法規定者，核處該事業在中華民國設置之分公司或代理商。（第三十四條）

衛星廣播電視事業或境外衛星廣播電視事業有下列情形之一者，予以警告：一、違反依第三條第三項所定管理辦法者。二、違反第十四條或第十五條第三項準用第十四條規定者。三、違反第十八條第一項、第三項、第十九條或第二十條第一項準用第十八條第三項、第十九條第二項規定者。四、違反第二十一條、第二十三條、第二十八條、第三十條、第三十一條或第三十二條規定者。（第三十五條）

衛星廣播電視事業或境外衛星廣播電視事業有下列情形之一者，處新台幣十萬元以上一百萬元以下罰鍰，並通知限期改正：一、經依前條規定警告後，仍不改正者。二、違反主管機關依第四條第一項、第二項所為指定或繼續播送之通知者。三、經主管機關依第六條第四項或第十五條第三項準用第六條第四項規定通知限期改正，逾期不改正者。四、違反第十六條、第二十二條或第二十五條規定者。五、違反第十七條或第二十條第一項準用第十七條規定者。六、未依第十八條第二項或第二十條第一項準用第十八條第二項指定之時段、方式播送者。七、未依第二十九條第一項規定申報資料者。八、未依第二十九條第二項規定改正或為其他必要措施者。（第三十六條）

「衛星廣播電視事業或境外衛星廣播電視事業有下列情形之一者，處新台幣二十萬元以上二百萬元以下罰鍰，並通知限期改正，逾期不改正者，得按次連續處罰：一、一年內經處罰二次，再有前二條各款情形之一者。二、拒絕依第二十六條規定提供資料或提供不實資料者。三、違反第四十二條第二項規定者。」「衛星廣播電視事業或境外衛星廣播電視事業有前項第一款情形者，並得對該頻道處以三日以上三個月以下之停播處分。」（第三十七條）

衛星廣播電視事業或境外衛星廣播電視事業有下列情形之一者，處新台幣二十萬元以上二百萬元以下罰鍰，並通知限期改正，逾期不改正者，得按次連續處罰；情節重大者，得撤銷衛星廣播電視許可並註銷衛星廣播電視事業執照或撤銷境外衛星廣播電視事業分公司或代理商之許可：一、有第十一條各款情形之一者。二、未依第十三條第一項規定申准，擅自變更者。三、未依第十三條第二項規定，經主管機關許可變更，擅自辦理設立或變更登記者。四、違反第十五條第三項準用第十三條規定者。五、於受停播處分期間，播送節目或廣告。（第三十八條）

衛星廣播電視事業或境外衛星廣播電視事業有下列情形之一者，撤銷衛星廣播電視許可並註銷衛星廣播電視事業執照或撤銷境外衛星廣播電視事業分公司

或代理商之許可：一、以不法手段取得許可者。二、一年內經受停播處分三次，再違反本法規定者。三、設立登記經該管主管機關撤銷者。（第三十九條）

　　未依本法規定獲得衛星廣播電視許可、境外衛星廣播電視事業分公司或代理商之許可或經撤銷許可，擅自經營衛星廣播電視業務者，處新台幣三十萬元以上三百萬元以下罰鍰，並得按次連續處罰。（第四十條）

　　依本法所處罰鍰，經限期繳納，逾期未繳納者，移送法院強制執行。（第四十一條）

　　「主管機關得派員攜帶證明文件，對衛星廣播電視事業或境外衛星廣播電視事業分公司、代理商實施檢查，並得要求就其設施及本法規定事項提出報告、資料或為其他配合措施，並得扣押違反本法規定之資料或物品。」「對於前項之要求、檢查或扣押，不得規避、妨害或拒絕。」「第一項扣押資料或物品之處理方式由中央主管機關定之，其涉及刑事責任者，依有關法律規定處理。」（第四十二條）

8.附則規定

　　主管機關依本法受理申請審核、核發證照，應向申請人收取審查費、證照費；其收費標準由主管機關定之。（第四十三條）

　　本法公布施行前經營衛星廣播電視業務者，應於本法施行後六個月內，依本法規定申請許可，取得衛星廣播電視事業執照或境外衛星廣播電視事業分公司或代理商之許可，始得繼續營運。（第四十四條）

四、集會遊行法規

　　本時期始於民國八十年五月終止動員戡亂，原規範人民集會、遊行，以保障人民上述自由，並維持社會秩序之「動員戡亂時期集會遊行法」（於民國七十七年一月廿日公布施行，內容見本書第三章第四節），經立法院三讀修正部分條文，並由總統於民國八十一年七月廿七日公布施行，除將「動員戡亂時期集會遊行法」名稱修正為「集會遊行法」，並修正以下條文：第一條、第四條、第九條、第十八條、第廿二條、第廿七條、第廿八條、第卅條、第卅一條諸條文。

　　（一）第一條修正為「為保障人民集會、遊行之自由維持社會秩序，特制定本法。」原條文中「動員戡亂時期」字樣刪除。

　　（二）第四條修正為：「集會遊行不得主張共產主義或分裂國土。」原條文乃係延續國安法三原則，「集會遊行不得違背憲法或主張共產主義，或主張分裂國土。」本次修正刪除不得違背憲法文字。蓋以憲法有其根本性、最高性，任何集會、遊行不得違背憲法實屬必然，故本次將之刪除。

　　（三）第九條修正為：「室外集會、遊行，應由負責人填具申請書，載明下列事項，於六日前向主管機關申請許可，但因天然災變或其他不可預見之重大事故而有正當理由者，得於二日前提出申請···前項第一款代理人應檢具代理同意書，第三款集會處所，應檢具該處所之所有人或管理人之同意文件，遊行應檢具詳細路線圖。」本次修正原條文處有二：一是申請時間由七日前修正為六日前。

二是增列「第一款代理人應檢具代理同意書」。

（四）第十八條修正爲：「集會、遊行之負責人，應於集會、遊行時親自在場主持，維持秩序。其集會處所、遊行路線於使用後遺有廢棄物或污染者，並應負責清理。」本次修正原條文處乃係增列後半段「其集會處所、遊行路線於使用後遺有廢棄物或污染者，並應負責清理。」

（五）第廿二條修正爲：「集會、遊行之負責人，宣布中止或結束會、遊行時，參加人應即解散。宣布中止或結束後之行爲，應由行爲人負責，但參加人未解散者，負責人應負疏導勸離之責。」本次修正原條文處乃係增列後半段但書規定「但參加人未解散者，負責人應負疏導勸離之責。」

（六）第廿八條修正爲：「集會、遊行經該管主管機關命令解散而不解散者，處集會、遊行負責人或其代理人或主持人新台幣三萬元以上十五萬元以下罰鍰。集會遊行負責人未盡第廿二條第二項但書之責，致集會遊行繼續進行者，處新台幣三萬元以下罰鍰。」原條文爲「集會、遊行經該管主管機關命令解散而不解散者，處集會、遊行負責人或其代理人或主持人一萬元以上五萬元以下罰鍰。」

（七）第卅七條修正爲「經許可集會、遊行之負責人或代理人違反第十八條規定者，處新台幣三萬元以下罰鍰。」原條文爲「經許可集會、遊行之負責人未親自在場，亦未委託代理人主持集會、遊行者，處一萬元以下罰鍰。受託主持前項集會、遊行之代理人，未親自在場主持者，亦同。」

（八）第卅條修正爲：「集會、遊行時，以文字、圖畫、演說或他法，侮辱、誹謗公署、依法執行職務之公務員或他人者，處二年以下有期徒刑、拘役或併科新台幣六萬元以下罰金。」原條文爲「集會、遊行時，以文字、圖畫、演說或他法，侮辱、誹謗公署、依法執行職務之公務員或他人者，處二年以下有期徒刑、拘役或併科新台幣二萬元以下罰金。」

（九）第卅一條修正爲「違反第五條之規定者，處二年以下有期徒刑、拘役或併科新台幣三萬元以下罰金。」原條文爲一萬元以下罰金，修正爲新台幣三萬元以下罰金。

綜論之，本時期集遊法雖經過修正，但基本精神仍與民國七十七年制定時相同，除了刪除「動員戡亂時期」字樣，刪除「不得違背憲法」以及若干增列、修正外，並無過大變動。

貳、政治參與運作面分析

一、四權行使

本時期（民國八十年起）我國民主政治發展邁入全新的階段，各項法制的配合，確立各種選舉的法源：第一階段修憲完成國大代表、立法委員全面改選的基礎；第三次修憲完成總統、副總統公民直選的依據；省縣自治法、直轄市自治法的三讀公布施行，完成台灣省長與北、高兩市市長民選根基。從民國八十年台灣地區出現了年年都有重大選舉的社會高度動員狀態，包括了：民國八十年底的二屆國大代表選舉，民國八十一年底的二屆立法委員選舉，民國八十二年底的縣市

長選舉，民國八十三年初的縣市議員、鄉鎮市長選舉，民國八十三年底的省市長選舉、省市議員選舉。本章將分述在民國八十三年底以前各項選舉以及自治史上第一件針對中央民意代表行使之擁核四立委罷免案。

（一）民國八十年第二屆國大代表選舉

民國八十年十二月廿一日舉行的第二屆國大代表選舉，其所具有之特殊意義為：1.本次國代選舉有別於以往各次選舉，以往國代選舉為增補選，本次第二屆國代則是首次全面定期的改選。2.立法院通過了資深中央民代自願退職條例，以及大法官會議所做成二六一號釋憲文，469位資深國代都在民國八十年十二月卅一日前退職，此舉使所謂「國會結構不合理」的問題從此成為歷史，二屆國代選舉亦開啓一個公平的政黨競爭環境。3.本次選舉首度採用「政黨比例代表制」，用以產生全國不分區和僑選代表。4.本次選舉產生的二屆國代，任務重大，將進行修憲，以完成憲政改革的工程。[135]

國民黨在本次選舉的口號為「革新、安定、繁榮」。黨內提名辦法採黨內初選投票，以無記名單記法圈選，黨員投票佔60%，幹部評鑑佔40%，黨內初選公開，其結果僅作為提名重要參考依據。國民黨初選制的實施是持續民國七十八年的三項公職人員選舉方式，並無助於改變黨的體質，在本次的初選制，黨部仍有規劃人選，未能完全保持中立，黨中央在提名過程中，居於決定性角色，國民黨提名制度仍有許多問題和缺失存在。[136]國民黨在本次國代選舉，提名區域候選人208人，原住民候選人6人，全國不分區候選人75人，僑居國外國民候選人15人，總計提名304人。

民進黨在二屆國代選舉中，訴求有二；一是獨立建國，二是總統直選。首次公開將「台灣獨立」的政見投入選戰中，以呼應其於是年八月廿八日該黨中常會決議承認，標舉台灣國號為「台灣共和國」的「台灣憲法草案」。民進黨在提名制度上，因受其原本地方派系結構影響，黨中央並無決定提名人選之決定權，故而仍是採用初選制。但以民進黨黨員太少，地方黨部容易被派系操縱，在「人頭黨員」的情形下，無法正確反映選民真正結構。民進黨在本次國代選舉，提名區域候選人94人，全國不分區候選人42人，僑居國外國民候選人8人，總計提名144人。

十二月廿一日選舉日的總投票率是68.32%，選舉因候選人參選爆炸，選情激烈，區域與原住民選舉，467位候選人爭取225席，當選率為48.18%。本次選舉共有17個政黨〈聯盟〉的候選人參選[137]。選舉結果，國民黨大勝，得票率為69.11%，在325席中獲得254席，佔席次率78.15%。其中區域選舉獲得173席，原住民選舉獲得6席，全國不分區獲得60席，僑居國外國民獲得15席。民進黨

---

[135] 吳文程，「從二屆國代選舉看政黨政治發展」，見華力進主編，二屆國代選舉之評估（台北：理論與政策雜誌社，民國八十一年六月），頁九九。

[136] 同上，頁一〇一。

[137] 17個政黨〈聯盟〉包括：中國國民黨、民主進步黨、全國民主非政黨聯盟、中華社會民主黨、勞動黨、工黨、農民黨、中國青年黨、中國復興黨、中國老兵統一黨、中國民主社會黨、中國民主憲政黨、中國共和黨、中興黨、中華全民福利黨、中國忠義黨、中國大同民主黨。

得票率為 23.25％，在 325 席中獲得 66 席，佔席次率 20.31％。其中區域選舉獲得 41 席，全國不分區獲得 20 席，僑居國外國民獲得 5 席。另外全國民主非政黨聯盟得票率 2.12 ％，在 325 席中獲得 3 席，席次佔有率 0.92％。無黨籍之得票率 2.89％，在 225 席中獲得 2 席，佔席次率 0.62％。[138]

　　本次選舉政黨得票比率超過百分之五者，僅有國民黨、民進黨，前者可分得 74.83％，後者可分得 25.17％，故而全國不分區政黨名單應選 80 名中，國民黨當選 60 人，民進黨當選 20 人；另僑居國外國民政黨名單應選 20 名之中，國民黨當選 15 人，民進黨 5 人。[139]

　　二屆國代選舉之後，國民黨包括原有增額國代 66 名，加上二屆國代選舉產生 254 名，總計在第二屆國民大會 403 個總席次中，獲得 318 席（增額國代陳川、謝隆盛同時當選二屆國代），佔總席次比例 78.91％，穩穩取得主導修憲的四分之三席次優勢。民進黨包括原有增額國代 9 名，加上二屆國代選舉產生 66 名，總計在第二屆國民大會 403 個總席次中，獲得 75 席，佔總席次比例 18.61％。非政黨聯盟包括原有增額國代 1 人，本次選舉產生 3 人，總計在第二屆國民大會中獲得 4 席，佔總席次比例 0.99％。無黨籍包括原有增額國代 3 人，本次選舉產生 2 人，總計在第二屆國民大會中獲得 5 席，佔總席次比例 1.24％。另外民社黨在本次選舉盡沒，但原有增額國代 1 人，故而在第二屆國民大會中有 1 席，佔總席次比例 0.25％。

（二）民國八十一年第二屆立法委員選舉

　　民國八十一年十二月十九日第二屆立法委員選舉，為立法院全面定期改選的開始，在資深立委悉數退職後，本次立委選舉，可視為立法院結構的全新調整。今後每次立委改選結果，均將影響政治生態，包括立法院多數黨的誰屬以及牽動行政院長的政黨與人選〈唯民國八十六年第四次修憲刪除立院閣揆同意權後，行政院長由總統直接任命〉。這些有助於政黨政治公平的競爭，亦有助於立法院地位的提昇。就前者而言，透過政黨的公平選舉，以「黨際競爭」產生全面性具有民意基礎的民意代表，隨著主權在民與民主政治圓熟成長，過去結構不合理的缺失亦已不復存在，於此情形下，往日動輒離開議堂，走向街頭路線的作為，將不足取法，各政黨應致力於民主制度（議事規則）的落實、民主精神（協調、容忍、妥協）的發揚。就後者而言，我國行憲以來，時局動盪，加以執政的國民黨屬性為「革命民主政黨」，掌握了龐大行政機關，重大決策皆由中常會通過，再交給執政黨員同志或由行政院向立法院提案審議。隨著立委全面改選，立院政治生態大異以往，將成為具有充分代表民意的機構。立委背負選民壓力與其自主意識普遍高漲下，今後國內決策焦點將逐漸轉向具有民意基礎的立法院，而各政黨具有民意基礎的立委菁英，更將逐漸掌握政治實權，形成各該黨決策中心。

　　國民黨在本次選舉的口號為「安定、繁榮、有信心」。黨內提名辦法採黨內

---

[138] 中央選舉委員會編，國民大會第二屆國民大會代表選舉實錄（下冊）（台北：中央選舉委員會，民國八十年十二月），頁一八八一 — 一九〇一。

[139] 中央選舉委員會編，國民大會第二屆國民大會代表選舉實錄（下冊）（台北：中央選舉委員會，民國八十年十二月），頁一九〇〇 — 一九〇一。

初選投票，以無記名單記法圈選，黨員投票與幹部各佔 50%，一人一票，初選採彈性辦理。初選結果公開，但亦僅作為提名參考。國民黨在本次立委選舉，提名區域候選人 114 人，原住民候選人 11 人，全國不分區候選人 27 人，僑居國外國民候選人 6 人，總計提名 158 人。

民進黨在本次選舉中，有鑑於前一年二屆國代選舉，直接提出台獨主張受到重挫，改採取較迂迴的策略，提出「一中一台」。在提名方面，推薦區域候選人 58 人，原住民候選人 1 人，全國不分區候選人 16 人，僑居國外國民候選人 3 人，總計提名 78 人。

十二月十九日選舉日的總投票率是 72.02%，選舉亦因候選人參選爆炸，區域與原住民選舉，348 位候選人爭取 125 席，當選率為 35.92%。本次選舉共有 14 個政黨參加登記競選 [140]，選舉結果朝野主要政黨呈現明顯的消長態勢，執政的國民黨受到重挫，得票率 53.02%，在 161 席中獲得 95 席，佔席次率 59.0%；其中區域選舉獲得 67 席，原住民胞選舉獲得 5 席，全國不分區獲得 19 席，僑居國外國民獲得 4 席。民進黨則在二屆立委選舉中大有斬獲，得票率達到 31.03%，在 161 席中獲得 51 席，佔席次率 31.68%；其中區域選舉獲得 38 席，全國不分區獲得 11 席，僑居國外國民獲得 2 席。除了朝野兩大黨外，另 12 個小黨中，僅社民黨朱高正 1 人當選，全部小黨得票率相加僅 1.92%，還未達政黨門檻的半數。無政黨推薦者總得票率 14.03%，當選 14 名。[141]

本次選舉政黨得票比率超過百分之五者，僅國民黨、民進黨，前者分配得 63.08%，後者得 36.92%，故而全國不分區政黨名單應選 30 名中，國民黨當選 19 人，民進黨當選 11 人。另僑居國外國民應選 6 人，國民黨當選 4 人，民進黨 2 人。[142]

---

[140] 14 個政黨包括：中國國民黨、民主進步黨、中華社會民主黨、真理黨、中國團結黨、勞動黨、中興黨、中國人民行動黨、中國中青黨、中國全民福利黨、中國民主社會黨、中國民主大同黨、中國忠義黨、工黨。

[141] 〈1〉國民黨籍：趙振鵬、王建煊、洪濬哲、丁守中、關中、周荃、郁慕明、潘維剛、魏鏞、李慶華、黃昭順、李必賢、林壽山、陳哲男、王天競、吳德美、陳建平、郭金生、陳宏昌、李顯榮、詹裕仁、趙少康、蔡勝邦、洪秀柱、趙永清、林志嘉、劉炳華、韓國瑜、鄭逢時、張堅華、林聰明、呂新民、朱鳳芝、游日正、黃主文、謝啓大、吳東昇、劉政鴻、何智輝、徐成焜、沈智慧、洪昭男、郭政權、陳傑儒、劉松藩、張文儀、吳耀寬、徐中雄、陳志彬、謝深山、林錫山、王顯明、洪性榮、游淮銀、陳朝容、廖福本、林明義、曾振農、翁重鈞、施台生、王國清、洪玉欽、高育仁、蘇火燈、王金平、王世雄、蕭金蘭、郭廷才、林國龍、曾永權、饒穎奇、陳癸淼、曹爾忠、蔡中涵、莊金生、高巍和、華加志、高天來。

〈2〉民進黨籍：謝長廷、林濁水、陳水扁、顏錦福、沈富雄、張俊宏、李俊雄、朱星羽、陳光復、黃昭輝、盧修一、黃煌雄、陳婉真、周伯倫、李進勇、邱垂貞、許國泰、呂秀蓮、柯建銘、林光華、洪奇昌、劉文慶、廖永來、彭百顯、黃信介、姚嘉文、翁金珠、廖大林、蔡同榮、蔡式淵、許添財、施明德、魏耀乾、蘇煥智、余政憲、尤宏、蘇嘉全、邱連輝。

〈3〉中華社會民主黨：朱高正。

〈4〉無黨籍：翁大銘、林正杰、葉憲修、陳定南、賴英芳、林源山、陳清寶、蔡貴聰。

[142] 〈1〉國民黨籍：陳建人、蔡友土、李鳴皋、周書府、嚴啓昌、陳健民、黃正一、李友吉、羅傳進、洪冬桂、陳錫章、劉瑞生、陳璽安、劉國昭、葛雨琴、李源泉、楊吉雄、劉光華、李宗正。〈以上不分區立委〉江偉平、郭石城、張建國、廖光生。〈以上僑選立委〉

　　本次選舉從選票數和當選議席上凸顯了朝野兩黨的實力，雖然尚未形成兩黨體制，但已形成兩黨爲主要競爭的局面，民進黨得到百分之三十以上的選票，議席超過 50 席位，在立法院中佔有三分之一席次，不僅擁有提案權，在法案議決、監督行政上，亦可具有制衡作用。國民黨在二屆立委選舉中得票率跌至百分之六十以下，席次雖擁有三分之二弱，但國民黨之內部派系及歧見，成爲「形式的多數，實質的少數」，直接影響立法院議事品質與效率，並使行政院遭到前所未有的沈重壓力與挑戰。經過本次選舉，顯示我國政治民主漸臻成熟，兩黨對峙的發展態勢更趨明顯。

（三）民國八十二年第十二屆縣市長選舉

　　第十二屆縣市長選舉於民國八十二年十一月廿七日舉行，國民黨內部非主流勢力的「新民黨連線」於是年十四全大會，因「當然黨代表」方式的壓縮其生存空間，乃脫離國民黨另組「新黨」，故而本次縣市長選舉包括國民黨、民進黨、新黨以及無黨籍的競逐。

　　選舉結果，國民黨以「有能力、愛國家、真實在、好將來」爲口號，但因新黨吸收部分選票，致使國民黨得票率首次跌破百分之五十，僅達 47.3%，23 縣市中贏得 16 縣市（包含金門縣與連江縣），但其中基隆市、雲林縣、桃園縣、屏東縣等四縣市勝負差在 10% 以內。民進黨只贏得 6 個縣市（台北縣、宜蘭縣、新竹縣、高雄縣、台南縣、澎湖縣），得票率則達 41.2%，與國民黨相差僅 6%，顯示國、民兩黨競爭差距已漸縮小。民進黨主席許信良依其選前表示未贏取過半數席次，將辭去黨主席，故在辭去民進黨主席之職後，由施明德接任。

　　新黨倉促組黨，群眾基礎尚薄弱，推出候選人亦有限，僅在台北縣提名李勝峰、新竹市提名謝啓大，其他尚有若干結盟的候選人，初試啼聲的成績不佳，尤其面對朝野兩黨聲勢與單一席次的競爭不易，新黨無法在該次縣市長地方選舉中獲得任何席次，不過新黨在台北縣獲得 21 萬餘票（得票率爲 16.3%，顯示該黨在北部都會區已有潛存實力。本次選舉另有 2 席無黨籍當選縣、市長，一是嘉義市「許家班」的張文英；一是苗栗縣的何智輝（原國民黨籍，違紀參選）。從本次選舉中顯示，台灣地區的政黨政治發展，已更明確走向國民黨與民進黨爲主軸的競爭型態，新黨則在都會區扮演牽制角色。

（四）民國八十三年第十三屆縣市議員、鄉鎮市長選舉

　　第十三屆縣市議員、鄉鎮市長選舉於民國八十三年一月廿九日舉行。縣市議員選舉總投票率 73.07%，在當選總名額 858 個席次，國民黨獲得 516 席，席次佔有率爲 60.14%，得票率 5.20%。民進黨獲得 92 席，席次佔有率爲 10.72%，得票率 15.34%。新黨獲得 8 席，席次佔有率 0.93%，得票率爲 1.98%。無黨籍獲得 242 席，席次佔有率 28.21%，得票率爲 27.40%。

　　鄉鎮市長部分，總投票率 74.10%，在當選總名額 309 人中，國民黨當選 214

〈2〉民進黨籍：葉菊蘭、張俊雄、戴振耀、余玲雅、林瑞卿、謝聰敏、黃爾璇、趙綉娃、侯海熊、方來進、葉耀鵬。〈以上不分區立委〉張旭成、陳唐山。〈以上僑選立委〉

名，佔有率爲 69.26％，得票率爲 59.54％。民進黨當選 21 名，佔有率爲 6.81％，得票率爲 14.69％。新黨及其他政黨均無當選者。無黨籍當選 74 名，佔有率爲 23.95％，得票率爲 25.66％。

本次選舉顯示，在基層地方公職選舉中，國民黨過去以來地方派系之深厚根基，掌握紮實之地方基礎，形成最大優勢。民進黨居次，其與國民黨的席次佔有率，得票率均有一段差距。新黨在單一席次的鄉鎮市長仍掛 0，在縣市議員則當選 8 席，其中台北縣即佔 5 席、另新竹市、台中市、台南市各有 1 席，新黨支持者明顯集中於都會區，尤其台北都會區更是新黨主要票源。無黨籍人士在基層地方選舉中仍佔有相當實力。此後台灣政壇屢有「鄉鎮市長官派」之呼聲，固然基層地方自治發展問題極多，但國民黨的地方實力過大應爲觀察之重點。

（五）民國八十三年民選省市長暨省市議員選舉

行憲以來台灣地區首次台灣省長，與改制後首次北、高兩市市長以及第十屆台灣省省議員、第七屆台北市市議員、第四屆高雄市市議員選舉，於民國八十三年十二月二日舉行。選舉結果，朝野政黨消長十分明顯，政黨競爭的政治態勢繼續強化；國民黨的氣勢受挫，原本掌握省市長及省市議會的多數席次，在選舉後，台灣省長與高雄市長雖然獲勝，但議會席次均已下降，在高雄市議會的多數席位也已瀕臨邊緣，最大挫敗則是台北市長失利，北市議會未能超過半數，使國民黨在台北市落居第三大黨。民進黨贏得台北市長寶座，另在省市議會大有斬獲，唯在省長、高雄市長選舉失利，並且落後幅度甚大。新黨在三個議會都建立了據點，其中台北市議會並且具備關鍵少數的實力，但在台灣省長、北、高兩市長選戰中均失利。

台灣省長選舉，共有 5 位候選人：國民黨籍宋楚瑜，民進黨籍陳定南，新黨籍朱高正，另有吳梓（國民黨自行參選）、無黨籍蔡正治。選舉投票率爲 75.19％，宋楚瑜以得票率 56.22％高票當選。另依次爲陳定南（得票率 38.72％），朱高正（得票率 4.31％），蔡正治（0.44％），吳梓（得票率 0.30％）。國民黨宋楚瑜僅在宜蘭縣小負於民進黨陳定南 3 萬 9 千餘票，在其餘 20 縣市均得勝，在總票數領先達 147 萬餘票。

台北市長選舉，共有 4 位候選人：國民黨籍黃大洲，民進黨籍陳水扁，新黨籍趙少康，無黨籍紀榮治。選舉投票率爲 77.52％，陳水扁以得票率 43.67％當選台北市長。另依次爲趙少康（得票率 30.17％），黃大洲（得票率 25.89％），紀榮治（得票率 0.28％）。陳水扁領先第二的趙少康達 19 萬餘票。

高雄市長選舉，共有 5 位候選人：國民黨籍吳敦義，民進黨籍張俊雄，新黨籍湯阿根，另有施鐘嚮（國民黨自行參選）、無黨籍鄭德耀。選舉投票率爲 79.44％，吳敦義以得票率 54.46％高票當選。另依次爲張俊雄（得票率爲 39.29％），湯阿根（得票率爲 3.45％），施鐘嚮（得票率爲 1.78％），鄭德耀（得票率爲 1.02％）。國民黨吳敦義領先第二的張俊雄達 11 萬餘票。

第十屆台灣省議會議員選舉，共計有 176 位候選人，爭取 79 席，當選率爲 44.89％，選舉投票率爲 75.95％。國民黨推薦 68 名，當選 48 席，當選率爲 70.59％，

得票率爲 51.03%。民進黨推薦 46 名,當選 23 席,當選率爲 50%,得票率爲 32.54%。新黨推薦 5 名,當選 2 席,當選率爲 40%,得票率爲 2.74%,無黨籍當選 6 席,得票率爲 12.69%。

第七屆台北市議員選舉,候選人數達 145 名,爭取 52 席,當選率爲 35.86%,選舉投票率爲 76.15%。國民黨推薦 50 名,當選 20 席,當選率爲 40%,得票率 39.48%。民進黨推薦 29 名,當選 18 席,當選率 62.07%,得票率 30.41%。新黨推薦 14 名,當選 11 席,當選率 78.57%,得票率 20.83%。另無黨籍人士當選者有 3 席。

第四屆高雄市議員選舉,候選人數達 129 名,爭取 44 席,當選率爲 34.11%,選舉投票率爲 79.01%。國民黨推薦 43 名,當選 23 席,當選率 53.49%,得票率 46.28%。民進黨推薦 21 名,當選 11 席,當選率 52.38%,得票率 24.85%。新黨推薦 5 名,當選 2 席,當選率 40%,得票率 4.82%。另無黨籍人士當選 8 席。

在「省縣自治法」、「直轄市自治法」施行後,到是年底的本次台灣地方自治發展史上最高層級之選舉,順利產生了首任的民選台灣省長,以及改制後第一次的民選台北市、高雄市長人選。本次選舉顯示意義在於:

1.政黨政治發展趨於競爭激烈:本次選舉國民黨、民進黨與甫成立一年多的新黨,在選舉組織、人力、財力、文宣、動員能力,都展現相當水準,各政黨的基本政策與支持群眾亦大致定型,尤其以新黨得票超過百分之五的門檻,在台北市議會具備關鍵少數的實力,這場「三贏」的選舉,使國內政黨政治發展情勢進入複雜多變。雖然本次地方選舉無關中央政權興替,但三黨發展對未來立委、總統選舉有直接關連。未來國會選舉與政黨關係將出現下列數種之一:(1)國民黨持續取得國會半數以上席次且當選總統;政黨型態爲一黨優勢之一大(國民黨)、一中(民進黨)、一小(新黨)。(2)民進黨取得國會半數以上席次或當選總統;政黨型態爲兩黨政治之二大(國民黨、民進黨)、一小(新黨)。(3)三黨均不過半:此時聯合內閣(行政院)出現,政黨型態爲多黨均勢。

2.中央與地方權力的重新分配:在「省縣自治法」、「直轄市自治法」施行前,尚談不上真正的「地方自治」,在地方上雖早有縣市長、鄉鎮市長選舉,但地方行政首長權力受到極大限制,這從人事任用、財政控制可見端倪。但在「省縣自治法」與「直轄市自治法」施行後,省市長的政治地位顯著提升,省市長以其深厚民意基礎,以及地方自治法所賦予人事任命權、各項自治權以及院會列席權的行使,可使其擴大運用政治資源,厚植政治資源。省市長地位提升後,地方與中央有關內政(如警政、教育)、財政的權限爭議必然加大,均權制度實際運作層面的檢討、改進益形重要。

3.選舉時省籍地域情結仍存在,但影響層面有限:四十餘年來,台灣地區民眾因婚姻、就業、就學的相處融合,平日並無明顯省籍地域情結,但每逢選舉,省籍問題即因選舉動員、選舉策略的運用,而微妙的出現。但徵諸本次選舉,在台灣省長選舉部分,雖然有許多地區打出「台灣人選台灣人」的口號,但最後外省籍的宋楚瑜獲得壓倒性的勝利,省籍效應顯然未產生太大影響。高雄市長選舉

部份，吳敦義也以非在地人獲得勝選，顯示地域因素影響亦有限。宋楚瑜、吳敦義的當選，對我國民主政治發展有良性的導引作用。

（六）第一次中央民代罷免案

台北縣選舉委員會於民國八十三年十月十七日以 5：3 比數，通過反核人士連署罷免台北縣選出之擁核四立委案（依據選罷法第七十六條規定，罷免案經查明連署合於規定後，選舉委員會應為罷免案成立之宣告。）這是台灣地方自治史上第一樁針對中央民意代表行使的罷免案。[143]

依據選罷法第八十條規定，罷免案之投票應於罷免案宣告成立後三十日內為之。故而台北縣擁核四立委（韓國瑜、林志嘉、洪秀柱與詹裕仁）罷免案於十一月廿七日舉行，台北縣符合罷免投票資格的公民有 2,074,387 人，當天的投票人數只有 44 萬 2 千多人，平均投票率 21.36%，地處核四預定地的貢寮鄉，投票率最高，達 46%，三重市 28% 次之，板橋、新莊都在 24% 左右，新店、中和、永和則在 13% 至 17% 之間。由投票情形亦反映出國民黨與民進黨在台北縣的實力分布情形。[144]

投票結果，贊成罷免韓國瑜 377,822 人，不同意罷免 55,541 人。贊成罷免林志嘉 367,496 人，不同意罷免 65,301 人。贊成罷免洪秀柱 367,363 人，不同意罷免 65,545 人。贊成罷免詹裕仁 377,642 人，不同意罷免 55,254 人。（如表四－二十一）

罷免投票結果，無論依據新修訂或未修訂的選罷法第八十三條罷免門檻，均未超過台北縣二分之一以上約 103 萬選民投票，也未超過台北縣三分之一以上約 69 萬選民投票，四立委罷免案遭到否決。

本次地方自治史上，首件對中央民意代表行使的罷免案，未獲得通過，但實施過程中，無論實務面、制度面均有探討必要：

1.就實務面而言，主管的中選會和主辦的台北縣選委會對於罷免案通過生效的認定，却有適用新舊選罷法規定兩種截然不同的立場，行政體系負責公權力的執行，在本身內部對法令的認定不一、步調不齊的情況下，即進行罷免投票，無論結果如何，本身即是一項不負責的作為。何況如果罷免案之投票結果剛好超過三分之一，而不及二分之一時，則勢必引起更大爭議。行政體系之間做好協調、溝通，應是極待重視的問題。

2.就制度面而言，執政的國民黨因應反核團體罷免案的運作，所採取主要對策之一，即修改選罷法，將其中第七十條、七十四條、八十三條等有關罷免案提議人人數、連署人人數以及投票人數提高，以增加罷免案通過的困難度。實則選罷法應該修正，唯本次著眼於人數提高的修正動機值得商榷。本書在前述「公職人員選舉罷免法」制訂時即已提出分析，罷免案的規定對於複數選區（大選舉區）是否合理？才是值得探討的重點，此處不再贅述。總之，尋求對罷免問題解答的同時，相關的選舉制度一併納入檢討才是根本之途。

---

[143] 台北，聯合晚報，民國八十三年十月十七日，版一。
[144] 台北，中國時報，民國八十三年十一月廿八日，版一。

表四 — 廿一　台北縣罷免擁核立委投票結果一覽表　　　總投票率：**21.36%**

項目	韓國瑜	林志嘉	洪秀柱	詹裕仁
同意罷免票	377,822	367,496	367,363	377,642
不同意罷免票	55,541	65,301	65,545	55,254
投票人數	443,023	442,988	442,987	442,993
公民總人數	2,074,387	2,074,387	2,074,387	2,074,387
罷免是否成立	否	否	否	否

資料來源：中國時報，民國八十三年十一月二十八日，第三版

二、人民團體組織

動員戡亂時期終止後，立法院修改「人民團體法」的幅度不大，人民團體仍舊區分三類：職業團體、社會團體與政治團體。政黨列屬於政治團體章中，並未朝單獨「政黨法」之方向發展。隨著民主政治腳步的快速發展，進入民國八十年代以後，職業團體原本諸多嚴格限制逐漸放寬，自主性亦趨強化。民國九十九年六月一日，立法院完成「工會法」修正，其修正重點在於：1.明定工會組織的類型有「產業」、「職業」、「企業」三大類。2.企業勞工有 30 人以上，就可以發起組織工會。3.外國人得擔任理事、監事職務。4.教師、軍人仍被列為禁止罷工的對象，但開放教師可以籌組工會。5.雇主如果對加入工會的勞工施以減薪、調職等不當懲處，除須回復勞工權益，將處以 3 萬元以上 15 萬元以下罰鍰，若雇主不依裁決書所訂期限為一定行為或不行為，將處以 6 萬元以上 30 萬元以下罰鍰。

另工會自主性亦大增，例如在民國八十三年台灣石油工會為配合全國總工會發起「九七萬人大遊行」，並展開內部積極作業，但不滿於全總在八月廿七日取消九七遊行活動，認為該次臨時會 58 位理監事，僅有 19 人同意取消，並未達到法定半數，決議應屬無效。石油工會並發起抵制全總，邀集 27 個公營事業工會（包括直屬全總的工會 — 郵務工會全國聯合會、鐵路工會全國聯合會、電力工會、電信工會、公路工會、石油工會、海員總工會等七個，以及不直屬全總的菸酒產業工會聯合會、汽車客運公司產業工會、台灣鐵路工會、高雄港務局工會、基隆與花蓮港務局工會等）積極另外籌組「中華民國公營事業工會全國聯合會」。[145]顯見未來工會自主性的走向。

以農會組織觀之，「農會法」從民國八十年到民國一０一年為止，共計修正達十一次。朝向提升農會經濟性格與功能，大幅改變農會財務結構，將全國 301 個各級農會財務結構改成企業化、農有化的會員股金制，改善農會與農民疏離現象，並減少農會政治化。然而農會採股金責任制亦有其困難待克服，諸如農會股金化涉及龐大利益重新分配，比重組農會更難。另農會變成純營利事業，可能減少農會推廣農民教育的意願，再則股金制稍有不慎，股票可能集中少數人手上，農會有遭人把持、操縱之虞。[146]

政黨政治的蓬勃發展，自解嚴開放組黨後即呈現新氣象，到民國八十年戡亂時期終止後，仍持續成長。根據內政部所印製的「中華民國政黨一覽表」（如表四－二二）與「中華民國政治團體一覽表」（如表四－二三），可清楚看出政黨與政治團體的狀況，到民國一０一年四月底為止，合法的政黨有 228 個，政治團體則有 51 個。在諸多政黨中，除國民黨（KMT）、民進黨（DPP）兩大黨之外，普遍缺乏政治影響力。這些為數眾多的小黨，在民國八十二年至民國九十年間，能達得到百分之五的門檻，僅有新黨（NP）；到了民國九十年以後，新黨勢力大部分被親民黨所接收。台灣除國、民兩大黨之外，能達到百分之五門檻者，亦僅僅是只有親民黨（PFP）、台聯（TSU）而已。民國八十年以來的各次選舉，從各黨

145　台北，聯合報，民國八十三年九月八日，版二。
146　台北，聯合報，民國八十三年七月廿八日，版一。

得票率與席次率分析，國內政黨政治型態面臨國民黨、民進黨相互競爭的態勢，2000 年以前，國民黨獨大局面，在 2000 年「政黨輪替」後，民進黨初次掌握中央權力，國內正式的進入「兩黨制」政黨形態。

三、大眾傳播

　　進入民國八十年代，大眾傳播的開放腳步加快，功能日益凸顯，尤以民國八十三年省市長選舉，更是傳播媒體發展一個劃時代的指標。本次選舉無論出版品之報紙、雜誌；電子媒體的三家電視台、有線電視台（第四台）、廣播電台（包括選舉期間尚未申准之地下電台），均隨選舉進行而扮演重要傳播媒體角色。以報紙而言，廣泛深入報導選情，或闢大幅專版提供民眾多方選舉有關資訊。國內兩大報：中國時報與聯合報並結合電子媒體，擴大媒體服務效果，中國時報與台視合辦十月二日「台北市長參選人電視辯論會」、十月卅日「高雄市長三黨參選人電視辯論會」，首開國內政治史上前所未有的候選人電視辯論會。聯合報與無線衛星台 TVBS 合辦「大選大家談」，從十月十七日晚上開始播出，至十二月八日最後一次播出，初始每週播出三次，選舉活動開跑後增為五次，提供三黨政治擂台與選民雙向溝通機會。

　　民國八十三年的首屆民選省市長牽動電子媒體趨於活躍，政府的電子媒體開放政策亦於是年起明顯加快，並於民國八十四年開花結果。新聞局在八十三年起陸續開放大、中、小功率廣播電台頻道申准作業；有線電視台（第四台）於八十三年底完成業者申請，並由審議委員會在八十四年完成審議，發出籌設許可；三台以外的第四家無線電視亦於八十四年完成審議通過、開播。本文以下就大眾傳播媒體發展情形予以析論：

（一）三家無線電視台：

　　民國八十三年省市長選舉透過國內三家電視台，完成我國政治發展史上兩項創舉，首次舉辦電視政見發表會與電視辯論會；前者由中央選舉委員會主辦，採現場直播方式，省市長各辦兩場。後者由中國時報與台視合辦，在北、高兩市各辦一場。（電視政見會與辯論會實施情形如表四－二四）無論由中選會所主辦的公辦電視政見發表會，或中國時報與台視主辦的電視辯論會，在我國選舉史上均首見，其功能在於：1.政黨政治在國內尚屬於萌芽階段，各政黨間缺乏對話與尊重，更少看見對手平起平坐的風度，透過電視立即轉播，可使各政黨候選人地位平等，各自有公正的時間發抒理念，直接面對對手侃侃而談至發動論戰。這種互動模式在相當程度上，也確立了政黨政治的運作，以及今後在野黨在政治舞台上的地位。2.就我國選舉發展過程而言，選舉活動由小眾傳播逐漸轉向大眾傳播，而公開電視政見會、辯論會便是大眾傳播的極致。這種不經過剪輯的全程實況播送，對社會有直接而強大的衝擊。3.台灣地區的都市化發展，尤以台北市、高雄市觀之，舊有社區逐漸解體，人際關係漸趨疏離，過去著重人際網絡的選舉方式

表四 — 廿二　中華民國政黨一覽表

編號	政黨名稱	成立日期 (民國/前)	負責人	地址	備案日期 (民國)
1	中國國民黨	-18/11/24	馬英九	台北市中山區八德路二段 232 號	78/2/10
2	中國青年黨	12/12/2	吳文舟	雲林縣斗六市府前街 29 號	78/2/24
3	中國民主社會黨	21/4/16	伊步倫	台北市和平東路三段 7 號 6 樓之 1	78/2/24
4	工黨	76/11/1	鄭昭明	台北市建國南路一段 44 巷 1 號	78/2/24
5	中國民主黨	77/8/14	沈朝江	台北市基隆路一段 350 號 6 樓之 41 室	78/3/24
6	中國民主正義黨	76/12/25	張大政	台北市中正區臨沂街 63 巷 12 號之 4	78/3/15
7	中華共和黨	77/3/9	汪英群	台北市文山區忠順街二段 90 巷 26 號 3 樓	78/3/16
8	中國聯合黨	78/2/12	王健全	台北市文林北路 220 號 17 樓之 1	78/3/16
9	中國新社會黨	36/11/12	陳健夫	台北市永康街 85 巷 6 號 1 樓	78/3/30
10	中國民眾黨	76/11/21	王忠泉	新北市永和區保平路 50 巷 10 弄 8 號 4 樓	78/4/8
11	中國中和黨	-18/4/5	鄭祥麟	台北市松江路 289 號 7 樓	78/4/12
12	中國統一黨	77/3/9	何茂松	台北市寧波東街 9 巷 22 之 1 號 4 樓	78/4/14
13	統一民主黨	77/3/2	孫生蓮	台北市重慶南路一段 13 號 5 樓	78/4/14
14	中國忠義黨	78/3/26	崔曉雲	台北市青年路 56 號 7 樓之 9	78/5/1
15	勞動黨	78/3/29	羅美文	台北市南京西路 344 巷 25 號 6 樓	78/5/5
16	民主進步黨	75/9/28	蘇貞昌	台北市北平東路 30 號 10 樓	78/5/5
17	中華青少黨	78/2/26	賴永清	台中市南區工學北路 56 號 5 樓之 5	78/5/18
18	中國老兵統一黨	77/11/12	陳玉珍	台北市和平東路三段 391 巷 8 弄 24 號 2 樓	78/5/20
19	青年中國黨	12/12/2	熊　愷	台北市新生南路三段 4 號 13 號	78/5/26
20	忠義致公黨	78/3/29	張晉瑋	新北市板橋區環河路 26 號	78/5/27
21	中國民主青年黨	42/3/21		新北市新店區清潭竹林路 2 巷 37 號 2 樓	78/5/31
22	中國鐵衛黨	78/3/24	費季良	台北市民生東路一段 25 號 13 樓	78/5/31
23	中國團結黨	78/5/21	吳志毅	台北市萬華區新起里 1 鄰康定路 47 號 8 樓之 2	78/6/14
24	中國自由民主黨	76/8/2	吳崑誠	台北市松隆里松山路 672 號	78/6/19
25	中國復興黨	78/5/30	王水村	台北市敦化南路二段 38 號 3 樓之 1	78/6/21
26	大同黨	78/5/20	江連興	台北市中山區長春路 100 號 9 樓之 4	78/6/21
27	中國國安黨	78/6/28	陳漢龍	台南市柳營區重溪里 36 之 12 號	78/7/6
28	中國和平黨	78/6/4	張文洋	台北市松江路 402 巷 7 弄 8 號	78/7/11
29	中國民主革新黨	76/9/13	高照雄	台北市四維路 14 巷 8 號 2 樓	78/7/11
30	民主自由黨	78/1/1	何偉康	台北市中正區濟南路二段 17 號 6 樓	78/7/26
31	民主行動黨	70/3/1	王明龍	台北市通化街 123 巷 1 弄 17 號 3 樓	78/7/26
32	中國民主憲政黨	78/7/15	陳　首	台北市大安區臥龍街 151 巷 70 弄 19 號	78/7/31
33	中國大同民主黨	77/10/10	陳恒升	台北市萬華區西寧南路 4 號 A 棟 13 樓之 3	78/8/7
34	中國洪英愛國黨	78/7/20	陳建宏	新北市中和區中山路二段 407 號 3 樓	78/8/5

35	大公黨	78/1/7		台北市民生東路 887 巷 7 弄 32 號	78/8/5
36	中國自強黨	78/7/7	陳信夫	台北市中山北路二段 115 巷 16 號 1 樓	78/8/9
37	中國中青黨	12/12/2	顏南昌	高雄市苓雅區武智街 8 號	78/8/15
38	中華正統黨	78/8/25		台北市中正區中華路二段 409 巷 13 弄 7 號 3 樓	78/9/11
39	中國民主統一黨	78/9/26	謝天添	台北市漢口街一段 132 號 8 樓之 1～4 樓	78/10/27
40	中國全民黨	78/10/30	劉　豹	新北市中和區保健路 10 巷 21 弄 7 號 3 樓	78/11/14
41	中國保民黨	78/12/16	莊正棟	台北市萬大路 12 號 3 樓	79/2/12
42	農民黨	78/2/3	張銘顯	台北市永吉街 225 巷 7 弄 28 號	79/2/15
43	中國崇尚正義黨	78/2/13	劉海洋	台北市忠孝東路四段 132 號 3 樓	79/3/7
44	中國民治黨	78/2/3	廖志雄	台中市大雅區文化路 17 號	79/3/9
45	中國人權促進黨	78/10/10	韓蔚天	台北市雅江街 1 號 2 樓 4 室	79/3/23
46	中國民政黨	79/3/31	呂振球	台北市內湖區內湖路一段 411 巷 12 號 4 樓	79/4/10
47	台灣原住民黨	79/3/18	伊掃魯刀	花蓮縣壽豐鄉志學新村 52-1 號	79/4/11
48	中興黨	79/4/5	李西唐	屏東縣內埔鄉內田村西安路 2 號	79/4/30
49	中國民富黨	79/4/16	于金印	台北市民權東路 1538 號	79/5/1
50	民主共和黨	79/5/5	楊文華	台北市成都路 110 號 4 樓之 3	79/5/18
51	自主民行黨	79/5/8	鄭純霖	新北市石碇區潭邊里 6 鄰湳窟路 41 號	79/5/18
52	中華全民均富黨	79/5/8	張沛江	台北市忠孝東路四段 181 巷 56 弄 14 號 1 樓	79/5/21
53	中國大同社會黨	79/5/11	陳天發	台北市士林區華齡街 40 巷 6 號	79/5/30
54	天下為公黨	79/7/12	吳文投	台北市杭州南路一段 6 巷 10 號	79/7/30
55	中國青年民主黨	79/8/6	陳秀雄	台北市和平東路二段 118 巷 54 弄 24 之 2 號	79/8/27
56	真理黨	79/9/18	蕭志宏	台北市中正區和平西路二段 136 號 1 樓	79/10/8
57	中國大同統一黨	79/10/7	計京生	新北市板橋區大觀路二段 265 巷 60 弄 1 號	79/11/7
58	中國檳英富國黨	79/9/5	曾　鑛	新北市淡水區民生路 62 號 3 樓	79/12/7
59	中華社會民主黨	79/11/18	朱高正	台北市青島東路 4 號 2 樓之 1	79/12/19
60	新中國民主建設黨	79/12/25	彭華甫	台北市民生東路 1001 號 15 樓	80/1/18
61	中國自由社會黨	80/1/13	黃漢東	台南市北區文賢二街 121 巷 12 號	80/1/28
62	中國自立黨	80/5/11	陳振瑞	台北市文山區萬隆街 62 巷 4 號之 1	80/5/23
63	中國全民福利黨	80/7/28	翟平洋	台北市西昌街 142 號 7 樓之 5	80/8/13
64	中國婦女黨	80/8/15	吳貞儀	台北市林森北路 289 號 10 樓 12 室	80/8/27
65	中國婦女民主黨	80/8/18	吳貴如	台北市中正區青島東路 9 號 7 樓之 1	80/8/27
66	全國民主非政黨聯盟	80/10/16	葉憲修	台北市懷寧街 42 號之 1 三樓	80/10/19
67	中國人民行動黨	80/9/28	馬謝祿	台北市中正忠孝西路一段 72 號 7 樓 710 室	80/10/28
68	中華勞工黨	80/10/25	蘇玉柱	台北市吉林路 185 號 3 樓	80/11/19
69	全國勞工黨	81/5/1	佐靜秋	台北市基隆路二段 131 之 8 號 5 樓	81/6/16
70	中華少數民族正義黨	81/6/21	陳弘建	台北市內湖區環山路三段 24 巷 4 弄 12 號 4 樓	81/9/3
71	中華民族共和黨	81/9/6	吳再生	台北市忠孝東路三段 214 號 10 樓之 1	81/9/24

72	中華安青黨	81/9/19	韓宏道	台北市南京東路一段 16 號 5 樓	81/12/7
73	公民黨	82/3/7	錢漢清	高雄市左營區重建路 66 號 11 樓之 2	82/4/3
74	新黨	82/8/22	郁慕明	台北市光復南路 65 號 4 樓	82/8/25
75	青年協和進步黨	83/8/9	柯乃豪	台北市汀州路二段 255 巷 5 弄 5 號 3 樓	83/10/5
76	中國國家黨	84/7/17	任台慶	台北市仁愛路二段 34 號 5 樓	84/8/14
77	人民團結黨	84/9/18	蘇秋鎮	台北市忠孝東路六段 230 號 2 樓	84/10/18
78	先進黨	85/1/1	陳裕祥	台北市浦城街 26 巷 2 之 2 號 3 樓	85/1/25
79	綠黨	85/1/25	文魯彬 余宛如	台北市忠孝東路一段 13 號 5 樓	85/1/31
80	國家民主黨	85/4/4	黃建源	台北市士林區文林路 176 號	85/4/23
81	自然律黨	85/9/22	陳榮順	台北市文山區景興路 195 號 3 樓之 3	85/10/30
82	建國黨	85/10/6	吳景祥	台北市南京東路五段 15 之 8 號 9 樓	85/10/30
83	中華新民黨	86/5/18	龔春生	台北市南京東路四段 197 號 6 樓之 2	86/6/6
84	社會改革黨	86/7/19	徐運德	台北市光復南路 421 號 5 樓之 1	86/8/11
85	民主聯盟	87/6/24	徐成焜	台北市杭州南路一段 15 之 1 號 16 樓	87/8/6
86	新國家連線	87/9/18	彭百顯	台北市松江路 9 號 14 樓	87/9/29
87	台灣民主黨	87/12/20	林玉印	新北市三重區安慶街 258 號	88/1/25
88	中國天同黨	88/4/18	邵伯祥	台北市昆明街 171 之 1 號 2 樓	88/5/10
89	中山黨	88/11/12		台北市大安區愛國東路 21 巷 4 弄 3 之 1 號	88/12/14
90	親民黨	89/3/31	宋楚瑜	台北市長安東路二段 63 號 2 樓	89/4/5
91	中國共和民主黨	89/3/12	林 雄	台北市忠孝東路四段 166 號 12 樓	89/4/12
92	大中華統一陣線	89/7/7	王昭增	台北市昆明街 125 號 3 樓	89/9/5
93	新中國統一促進黨	89/8/13	陳明雄	台北市新生北路二段 96 號 11 樓之 2	89/9/8
94	臺灣慧行志工黨	89/12/12	林呈財	台北市信義區林口街 190 號 1 樓	90/1/3
95	台灣團結聯盟	90/8/12	黃昆輝	台北市中正區紹興北街 3 號 7 樓	90/8/15
96	台灣族群統一聯盟	90/8/17		台北市中正區忠孝西路一段 7 號 2 樓之 1	90/8/29
97	台灣吾黨	90/9/21	魏吉助	台中市西屯區漢口路二段 136 號 2 樓	90/10/4
98	中國台灣致公黨	91/4/21	王瑞陞	台南市東區中華東路一段 37 號	91/5/16
99	富民黨	91/5/4	廖文志	新北市萬里區雙興里 15 鄰大坪 52 之 1 號	91/6/24
100	中國喚民黨	92/3/29	萬慶貴	新北市新店區中華路 54 巷 16 號 3 樓	92/5/14
101	台灣民主工黨	92/4/27	謝正一	台北市開封街二段 24 號 2 樓	92/5/14
102	全民忠義黨	92/7/27	楊掌朝	高雄市大寮區永芳里萬丹路 212 號	92/8/28
103	世界和平黨	93/3/13	林景松	苗栗縣三義鄉廣盛村八股路館前一巷 1 之 8 號	93/4/23
104	工教聯盟	93/3/21	林樵鋒	台中市太平區成功東路 332 號	93/5/12
105	民生權利進步黨	93/4/3	陳建州	台中市北屯區文心路四段 696 號 18 樓之 1	93/5/20
106	無黨團結聯盟	93/6/15	林炳坤	台北市中正區鎮江街 5 號 6 樓	93/6/29
107	崇嚴黨	93/6/20	曾穩達	台中市西區台中港路一段 201 號 25 樓	93/7/12

108	中華民國自由自在黨	93/6/8	蔡明達	台北市忠孝東路四段 553 巷 22 弄 49 之 1 號	93/7/21
109	保衛中華大同盟	94/3/12	林正杰	台北市民生東路三段 57 號 4 樓之 3	94/3/23
110	保護台灣大聯盟	93/8/1	楊緒東	台中市南屯區大墩三街 190 號 3 樓	94/5/12
111	台灣人民行動聯盟	94/7/23	黃文章	台北市萬華區中華路一段 80 號 12 樓	94/8/31
112	中華博愛致公黨	94/8/12	金念慈	新北市中和區景新街 467 巷 21 號之 3 四樓	94/9/12
113	中華統一促進黨	94/9/9	張馥堂	台北市民生東路三段 57 號 4 樓之 3	94/9/23
114	中國民主進步黨	94/10/16	周慶峻	台北市萬華區西寧南路 201 號 3 樓	94/12/8
115	新台灣黨	93/7/4	陳三興	台北市士林區士東路 200 巷 37 號	94/12/27
116	台灣建國聯盟	94/12/10	吳　清	新北市新莊區新中街 5 號	94/12/27
117	台灣黨	93/7/17	黃水木	台北市萬華區西園路二段 78 號	95/4/21
118	濟弱扶傾聯盟	95/4/12	黃啓埴	高雄市三民區遼寧二街 15 號	95/4/26
119	台灣生活黨	95/7/15	康惟壤	台北市大安區復興南路一段 122 巷 8 號 2 樓	95/7/31
120	黨外團結聯盟	95/9/1	張幸松	台北市文山區木新路二段 52 號	95/9/22
121	客家黨	95/10/14	溫錦泉	台北市民權西路 92 號 3 樓	95/10/31
122	全民廉政無黨聯盟	95/9/9	王春源	台北市信義區忠孝東路五段 71 巷 3 弄 7 號 1 樓	95/12/25
123	台灣新客家黨	96/2/11	古文發	台北市大安區樂業街 155 號	96/3/8
124	台灣平民共和黨	96/3/4	潘良華	高雄市苓雅區中山二路 320 號	96/3/21
125	全民健康聯盟	96/3/23	吳南河	台北市中正區紹興北街 5 號 8 樓	96/4/14
126	自由工黨	96/5/1	吳權鴻	台北市信義區忠孝東路五段 436 號 3 樓	96/6/4
127	台灣國民黨	96/5/27	甘乃迪	桃園縣桃園市中山東路 2 巷 2 號	96/6/26
128	台灣農民黨	96/6/15	謝永輝	高雄市三民區建國二路 241 號	96/7/9
129	台灣平民民主黨	96/6/6	林義憲	高雄市前鎮區二聖二路 66 號 2 樓	96/7/12
130	第三社會黨	96/7/15	周奕成	台北市大同區民生西路 288 號 4 樓	96/8/10
131	中華革興黨	96/6/30	康陳銘	台北市長沙街二段 11 號 8 樓之 4	96/8/22
132	大道慈悲濟世黨	96/9/22	王永慶	南投縣南投市三和里中興路 632 號	96/10/2
133	台灣國民會議	96/10/14	姚立明	台北市北投區行義路 130 巷 22 號	96/10/19
134	制憲聯盟	96/11/8	孫約翰	台北市南京東路五段 15 之 8 號 9 樓 B 區	96/11/14
135	民主和平黨	96/11/18	曾澤崑	台北市信義路四段 256 號 13 樓之 6	96/12/20
136	台灣民主共和黨	96/11/24	周振堅	台北市萬華區民和街 1 號 2 樓	96/12/21
137	世界和平中立黨	96/12/9	王可富	台北市羅斯福路一段 102 號 7 樓	97/1/31
138	台灣國家黨	97/4/26	孫政雄	台北市松山區延壽街 175 號 2 樓	97/5/5
139	本土公民黨	97/4/26	曾瀚篁	桃園縣桃園市中正五街 214 號 4 樓	97/5/14
140	中華民生黨	97/5/24	尹載福	新北市新店區安康路三段 550 號 4 樓	97/7/1
141	台灣共產黨	97/7/20	王老養	台南市新化區崙頂里崙子頂 30 之 120 號	97/8/12
142	世界勞工黨	97/11/1	王春長	台北市大安區安東街 45 號 2 樓	97/11/19
143	中華民族黨	97/11/8	程步青	台中市北區復興路五段 190 號	97/11/27
144	廣播電訊聯盟黨	97/11/29	許見菖	新北市新莊區民樂街 65 巷 19 號 7 樓	97/12/25

145	人民聲音廣播黨	97/12/27	洪明輝	台北市大同區西寧北路 55 號 5 樓	98/1/10
146	海峽兩岸和平大聯盟黨	98/3/1	簡炳洪	台東縣台東市正氣北路 313 號	98/3/19
147	中華民國共產黨	97/12/27		台北市長沙街二段 11 號 8 樓之 4	98/3/31
148	禮憲黨	98/5/23	藍世博	高雄市鳥松區松埔北巷 2-88 號 15 樓	98/6/30
149	台灣民生黨	98/6/23	賴繼雄	台中市西區忠明南路 303 號 26 樓	98/7/3
150	孝道黨	98/7/11	黃克林	台北市民權西路 216 號地下 1 樓	98/8/12
151	中華婦女黨	98/8/3	涂明慧	台北市中正區重慶南路一段 62 號 6 樓	98/8/18
152	中國共產聯盟	98/8/28	施鋒陽	台北市至善路三段 85 號 3 樓	98/9/24
153	人民最大黨	98/9/26	許榮淑	台北市青島東路 3-2 號 3 樓	98/10/9
154	東方紅黨	98/10/1	林原陞	台北市新生北路一段 51 號 2 樓	98/10/13
155	福爾摩沙法理建國黨				
156	人民黨	98/10/4	林 豐	台北市中正區汀州路一段 183 號 2 樓	
157	臺灣民主共產黨	98/10/1	陳天福	台北市中正區泉州街 26 號	
158	白黨	98/10/31	粘丁山	台北市中山區吉林路 277 號地下室	
159	鳳凰黨	98/12/27	洪美珍	台北市中正區林森北路 5 巷 8 號 1 樓	99/1/26
160	台灣福利黨	99/2/5	陳永松	台中市西區忠明南路 40 號 12 樓	99/2/26
161	中華天同黨	99/2/20	呂寶堯	台北市萬華區長沙街二段 11 號 8 樓之 4	99/3/2
162	中華客家黨	99/2/7	劉秉菘	台北市信義區永吉路 278 巷 27 弄 28 號 1 樓	99/3/3
163	大中華梅花黨	99/3/5	黃玉如	台北市信義區松信路 79 號 3 樓	99/3/12
164	中華生產黨	99/2/28	盧月香	台北市中正區忠孝西路一段 41 號 6 樓之 1	99/3/16
165	中華精英黨	99/3/21	吳誠致	新北市新莊區新樹路 170 號 1 樓	99/3/31
166	台灣主義黨	99/3/3	姜水浪	桃園縣中壢市環北路 398 號 16 樓之 1	99/4/2
167	中國洪門致公黨	99/5/21	蕭圓寶	高雄市前金區光復二街 47-4 號	99/6/2
168	台灣我們的黨	99/6/13	柳茂川	台北市大安區忠孝東路四段 177 號 10 樓之 7	99/7/14
169	大道人民黨	99/6/13	陳翠容	南投縣南投市三興里民族路 447 號	99/8/23
170	台灣民意黨	99/8/22	黃天辰	台南市南區福吉三街 2 號	99/8/31
171	台灣民主運動黨	99/8/26	林豐隆	台北市萬華區貴陽街 2 段 185 號 1 樓	99/9/7
172	台灣小農黨	99/9/5	傅澤雄	新北市新店區文中路 57 巷 2 號	99/9/15
173	中華家國黨	99/9/19	梅肖雲	台北市中正區林森北路 5 巷 8 號地下室	99/9/27
174	中國社會黨	99/9/12	周杰之	桃園縣中壢市中園路 2 段 135 巷 3 弄 7 號	99/9/29
175	中華建設黨	99/12/5	王格琦	台北市中正區忠孝西路一段 41 號 10 樓之 6	99/12/14
176	圓黨	99/12/26	溫程顯	新北市萬里區北基里大勇路 9 號 1 樓	100/1/24
177	中華維新黨	99/12/5	陳坤能	新北市三重區三和路 4 段 163 巷 98 號 1 樓	100/1/26
178	第三勢力聯盟	100/1/12	孫修睦	台北市松江路 277 號 5 樓	100/2/1
179	華聲黨	99/10/17	劉 敏	台北市中正區羅斯福路二段 68 號 4 樓	100/2/1
180	臺灣黃金黨	100/1/13	池鎮庚	南投縣草屯鎮北勢里玉屏路 26 之 11 號	100/2/8
181	政治議題聯盟	100/2/27	周琮棠	桃園縣中壢市實踐路 9 號	100/3/31

182	中華文化黨	100/3/17	林忠山	新北市汐止區仁愛路 77 巷 2 弄 25 號 4 樓	
183	世界客屬黨	100/3/12	吳權塾	台北市信義區忠孝東路五段 436 號 3 樓	100/4/12
184	中國青蓮黨	100/3/15	何俊元	台北市萬華區長沙街二段 56-1 號 6 樓	100/4/19
185	台灣成功黨	100/3/26	王志鏗	新北市中和區新生街 279 號 6 樓	100/4/21
186	台灣青年聯合黨	100/4/10	陳正騰	台北市南港區東新街 170 巷 7 弄 6 號 5 樓	100/5/10
187	中華台商愛國黨	100/4/24	林國長	台北市中正區水源路 75 號 11 樓	100/5/10
188	正黨	100/6/15	林麗容	新北市新莊區萬安街 146 巷 18 之 3 號	100/7/7
189	健保免費連線	100/7/10	梅　峯	台北市中正區林森北路 5 巷 8 號地下室	100/7/22
190	台灣民族黨	100/7/10	黃　華	台北市忠孝西路一段 43 號 6 樓之 11	100/7/22
191	中華聯合黨	100/7/23	徐照雄	台南市永康區大灣路 652 巷 1 號	100/8/4
192	市地公有連線	100/7/31	蕭清鏡	新北市土城區金城路三段 180 號 17 樓	100/8/18
193	大道執行聯盟	100/7/30	李慶中	南投市大埤街 30 巷 23 號	100/8/22
194	教育免費連線	100/8/21	吳忠錚	台北市北投區立農街一段 554 號 4 樓	100/9/1
195	台灣基本法連線	100/9/14	黃千明	台北市南京東路五段 15 之 8 號 9 樓 C 區	100/9/26
196	教科文預算保障 e 聯盟	100/9/27	汪成華	新北市板橋區中山路二段 89 巷 1 弄 2 號	100/10/11
197	台灣社會民主黨	100/9/25	曾文聖	新北市永和區勵行街 72 巷 14 號	100/10/11
198	新華勞動黨	100/10/4	韓雲潔	台北市大同區長安西路 70 號 2 樓	100/10/18
199	人民民主陣線	100/10/2	鄭村棋	台北市中山區天祥路 61 巷 12 號 3 樓	100/10/18
200	中國新洪門黨	100/10/8	蔡世傑	台北市復興北路 189 巷 1 號 3 樓	100/10/19
201	正義聯盟	100/10/16	何棋生	台北市萬華區艋舺大道 194 號	100/10/31
202	臺灣建國黨	100/10/29	黃國華	桃園縣中壢市延平路 500 號 8 樓之 7	100/11/21
203	共和黨	100/11/5	于吉慶	新北市汐止區汐萬路二段 62 巷 13 號 3 樓	100/11/21
204	全民無黨聯盟	100/11/13	陳源奇	台北市忠孝西路一段 7 號 11 樓	100/11/21
205	司法改革連線	100/11/20	張泙香	台北市中正區林森北路 5 巷 8 號	100/12/7
206	言論自由聯盟	100/11/19	蕭忠漢	台北市信義區永吉路 30 巷 167 弄 13 號 1 樓	100/12/7
207	中華赤色聯盟	100/11/27	朱俊源	新北市三重區重新路三段 89 號 3 樓	100/12/7
208	中華蓬萊兩岸合一大同盟	100/10/16	洪演仁	台北市中山區德惠街 34 號 6 樓之 26	100/12/8
209	聯合黨	100/11/6	林忠勝	台中市北區陝西路 65 號 4 樓之 2	100/12/14
210	三等國民公義人權自救黨	100/10/22	陳汝斌	新北市板橋區國慶路 126 巷 5 號 1 樓	100/12/22
211	台灣革命黨	100/12/15	李日盛	雲林縣麥寮鄉施厝村施厝 65 之 30 號	101/1/10
212	民主社會福利建國黨	101/1/1	程祿富	新北市新莊區福壽街 124 巷 34 弄 13 號 2 樓	101/2/4
213	中山梅花黨	101/1/8	利宇璇	新北市新店區新店路 72 號 3 樓	101/2/4
214	台灣新住民福利黨	101/1/8	歐陽台	台北市萬華區青年路 30 巷 8 號 4 樓之 5	101/2/15
215	文化地球黨	101/2/11	張建富	新北市林口區文化三路 2 段 211 巷 92 號 8 樓	101/2/24
216	人民正義黨	101/2/4	王譽茹	桃園縣桃園市復興路 13 號 4 樓	101/3/3
217	明月聯盟	101/2/23	郭清圳	台北市中山北路七段 14 巷 5 弄 8 號 4 樓	101/3/6
218	和平建國黨	101/2/25	黃嘉華	桃園縣中壢市延平路 500 號 8 樓之 7	101/3/9

219	台灣進步黨	101/3/21	林國華	台北市信義區大道路 91 號 1 樓	101/3/28
220	中華民國國民生活改善聯盟	101/3/17	李閎糧	台北市基隆路二段 39 巷 24 弄 1 號 2 樓	101/4/9
221	道共民主黨	101/3/3	張東山	新北市三峽區建安路 125 之 5 號	101/4/13
222	消費者團結聯盟	101/3/29	鄭余鎮	台北市中正區林森北路 5 巷 8 號 1 樓	101/4/13
223	富強革命黨	101/4/4	周幸正	台北市北投區泉源路 33 之 4 號 5 樓	101/4/25
224	台灣整復師聯盟工黨	101/5/1	郭仲卿	台北市中正區博愛路 25 號 2 樓之 9	101/5/16
225	中華健康聯盟	101/4/22	張巧妍	台北市中華路二段 75 巷 1 弄 13 號	101/5/16
226	三新梅花黨	101/6/9	王運忠	新北市三重區仁愛街 327 巷 62 號 3 樓	101/7/18
227	全民的黨	101/9/22	李孟青	台北市大安區忠孝東路四段 166 號 12 樓	101/10/31
228	中華民族信心黨	101/9/23	王昌勝	桃園縣中壢市三光路 86 號 8 樓	101/11/1

資料來源：內政部民政司　　日期：民國 101 年 5 月 7 日

表四 — 廿三　中華民國政治團體一覽表

編號	政治團體名稱	成立日期	負責人	地址	立案日期
001	中華民國全民愛國會		鐘樹楠	台北市和平東路三段 228 巷 2 號 2 樓	790921
002	中國統一聯盟		紀欣	台北市新生南路一段 50 之 1 號 7 樓	780918
003	中國民主促進聯盟		謝正一	台北市開封街二段 22 號 2 樓	780921
004	中華愛國陣線		張偉光	台北市忠孝西路一段 7 號 10 樓	781014
005	三民主義統一中國大同盟	轉換為社會團體			
006	中華民國婦女聯合會		嚴倬雲	台北市中正區林森南路 19 號	790208
007	中國全民民主統一會		王化榛	台北市內湖區內湖路一段 1 巷 9 弄 22 號 4 樓	790423
008	中華和平統一大同盟	業已解散			
009	中華民國反共愛國聯盟		李本京	台北市光復南路 475 號 2 樓之 2	790611
010	夏潮聯合會		陳福裕	台北市大安區敦化南路二段 170 號 6 樓	790804
011	中華民國正義促進會		李在方	台北市南京東路三段 103 號 12 樓	790919
012	中華黃埔四海同心會		羅文山	台北市林森南路 12 號 11 樓之 1	800125
013	大陸民主促進會		明居正	台北市民族東路 15 號	800220
014	中華民國國家發展策進會		邱創煥	台北市南京東路二段 53 號 2 樓	800516
015	中國老兵統一大聯盟		鄧文儀	台北市羅斯福路三段 60 號	800913
016	全國民主非政黨聯盟				
017	中國人反獨護國大同盟			台北市信義路二段 23 號 12 之 1	802124
018	中華會		馬起華	台北市指南路三段 22 巷 2 號	

019	中華統一策進會		廖與人	台北市牯嶺街 34 號	810210
020	中國青年團結會		裴幸謙	台北市羅斯福路四段 162 號 7 樓之 3	810227
021	蔣工統一促進會		連石磊	台北市忠孝東路六段 230 號 2 樓	810424
022	孫文精神大同盟		計京生	新北市板橋區大觀路二段 265 巷 60 弄 1 號	810703
023	中華民國原住民政治協會		林福喜	台北市忠孝西路一段 41 號 311 室	810810
024	全民福利聯盟			台北市永康街 7 巷 2 之 1 號 3 樓	811002
025	中華民國精忠愛國聯盟會		謝秋海	台北市文山區明義里 7 鄰木柵路二段 72 號 2 樓	811217
026	中華民國民主發展策進會		倪世英	台北市樂利路 42 巷 2 號 6 樓之 7	820218
027	中華民國青年民主聯盟	821112	陳維健	台北市基隆路三段 16 號 7 樓	821204
028	中華愛國同心會	821112	周慶峻	台北市西寧南路 201 號 2 樓	821215
029	新同盟會	830508	許歷農	台北市南昌路二段 112 號 8 樓	830602
030	中華黃埔救國會	831112	郝柏村	台北市汀州路二段 57 號 4 樓之 1	831230
031	均富愛國聯盟	840827	張東龍	台北市羅斯福路二段 41 號 12 樓之 4	841214
032	中國合一促進會	860628	吳建國	台北市崇德街 67 號	860729
033	中華婦女參政協會	860731	馬愛珍	台北市敦化南路一段 336 號 8 樓之 1	860814
034	中華台海兩岸和平發展策進會	870310	林洋港	台中市東山路 2 段 157 巷 1 號	870331
035	海峽兩岸和平統一促進會	870419	郭俊次	台北市大安區潮州街 148 號	870608
036	民主聯盟				
037	新國家連線				
038	台灣青年問政協會				
039	中華群策聯盟	910202	連行健	台中市大雅區中清南路 37 巷 23 號	910315
040	民主團結聯盟	910707	許歷農	台北市南昌路二段 112 號 8 樓	910903
041	工人民主協會	920427	劉　庸	台北市士林區延平北路六段 116 巷 39 弄 22 號	920815
042	中華和平發展聯盟	921206	吳淑貞	新北市汐止區新台五路一段 79 號 16 樓之 6	930116
043	泛藍聯盟	920823	廖萬隆	台北市林森北路 500 號 7 樓	930127
044	保護台灣大聯盟	轉換為政黨			
045	中華民國捍衛隊會	940105	唐高炫風	台北市農安街 12 號之 6、3 樓	940216
046	中華民國統一中國聯盟	941212	丘衛邦	台北市羅斯福路六段 10 號 3 樓	941222
047	台灣弱勢民權促進會				
048	憲改聯盟	950211	陳源奇	台北市松德路 188 號	950627
049	台灣原住民族自治聯盟	960105	彭密成	花蓮縣萬榮鄉萬榮村 2 鄰 37 號	960209
050	台灣加入聯合國大聯盟	970129	陳隆志	台北市青島東路 7 號 2 樓之 7	970307
051	道政聯盟	990329	牛子斌	台中市北區陝西東五街 47 巷 7-4 號	990505

資料來源：內政部民政司　　日期：民國 101 年 5 月 7 日

面臨考驗，靠著傳播媒體有助於將訊息直接傳達給選民，選民並可比較候選人的理念與公共政策主張之可行與否。

就首屆省、市長選舉活動中，第一次採行的電視政見會、辯論會仍有若干缺失：1.在電視政見會中，間有各出席候選人缺乏應有風度、修養，個人講完即離席，不知尊重他人的講話，往後電視政見會應規定候選人全程參與聆聽，以作為民主風度的示範與表率。2.相較北、高兩市市長候選人的電視辯論會與公辦電視政見會方式，明顯看出辯論方式實包含政見、交互論證與候選人風格、口才、臨場表現，有助選民對公共議題的深度、廣度瞭解與評析，對候選人亦能有多方面比較；相形之下，單純的電視政見會，其價值和功能遜色甚多，因之，往後採用電視直播方式宜以辯論為主，政見會為輔，期能收最大效益。3.本次各項電視播出時段均在週六、週日下午，此為大多數民眾外出度假的冷門時段，以致收視率不高，宜協調更為熱門的電視時段，使更多民眾能廣泛收視。

長期以來國內最強勢媒體的三家電視台，由於歷史背景的關係，受到執政的國民黨影響深遠，屢使三台電視新聞的公正性受質疑，尤以選舉期間，「平衡報導」的原則更被重視，愈來愈多學術、媒體單位，均作三台選舉新聞監看分析。以民國八十三年省市長選戰期間為觀察對象，報導不平衡的情況甚為明顯，依中時晚報委託政治大學傳播研究中心所進行大選期間電視新聞內容分析：選前四週（十一月六日至十一日），台視播出國民黨新聞佔36.7%，民進黨佔28.6%，新黨佔28.7%；中視播出國民黨新聞佔61%，民進黨佔17.5%，新黨佔28.9%；華視播出國民黨新聞佔47.3%，民進黨佔20.5%，新黨佔24.6%。（如表四－廿五）

選前三週（十一月十三日至十八日），台視播出國民黨新聞佔51.9%，民進黨佔27.3%，新黨佔20.1%；中視播出國民黨新聞佔58.5%，民進黨佔23%，新黨佔16.6%；華視播出國民黨新聞佔63.4%，民進黨佔19%，新黨佔14.1 %。（如表四－廿六）

選前二週（十一月廿日－廿五日），台視播出國民黨新聞47.5%，民進黨佔32.2%，新黨佔16.8%，中視播出國民黨新聞佔66.2%，民進黨佔15.2%，新黨佔11.4%，華視播出國民黨新聞佔57.6%，民進黨佔20.4%，新黨佔18.1%。（如表四－廿七）

選前一週（十一月廿七日－十二月二日），台視播出國民黨新聞佔56.6%，民進黨佔18.4%，新黨佔22.6%；中視播出國民黨新聞佔67.8%，民進黨佔16.2%，新黨佔12.9%，華視播出國民黨新聞佔61.3%，民進黨佔16.8%，新黨佔17.9%。（如表四－廿八）[147]

媒體報導不平衡的影響極為深遠，最直接的結果是因為不公平而產生的報復行為，亦即以不公平對抗不公平，民進黨試圖籌集若干資源人力，開播微波電視台，與三台對抗，並廣泛運用有線電視台（第四台），其中尤以民主台是第四台裏的一股政治流派，多由民進黨員經營，其雖也區分泛美麗島系、泛新潮流系，

---

[147] 請參閱中時晚報，民國八十三年十一月至十二月二日。

表四 — 廿四　我國選舉首次電視政見會暨辯論會實施狀況

種類	時間	地點	參與候選人	主辦單位	備註
電視辯論會〈台北市〉	83.10.2	台北市國父紀念館	黃大洲〈國民黨〉陳水扁〈民進黨〉趙少康〈新黨〉	中國時報與台視合辦	未邀請無黨籍紀榮治
電視辯論會〈高雄市〉	83.10.30	高雄市中山大學逸仙館	吳敦義〈國民黨〉張俊雄〈民進黨〉湯阿根〈新黨〉	中國時報與台視合辦	未邀請無黨籍施鐘響、鄭德耀
電視政見會〈台灣省〉	83.11.13	中視攝影棚	宋楚瑜〈國民黨〉陳定南〈民進黨〉朱高正〈新黨〉吳梓〈無黨籍〉蔡正治〈無黨籍〉	中央選委會	
電視政見會〈台灣省〉	83.11.19	中視攝影棚	宋楚瑜〈國民黨〉陳定南〈民進黨〉朱高正〈新黨〉吳梓〈無黨籍〉蔡正治〈無黨籍〉	中央選委會	
電視政見會〈高雄市〉	83.11.19	華視攝影棚	吳敦義〈國民黨〉張俊雄〈民進黨〉湯阿根〈新黨〉施鐘響〈無黨籍〉鄭德耀〈無黨籍〉	中央選委會	
電視政見會〈台北市〉	83.11.20	台視攝影棚	黃大洲〈國民黨〉陳水扁〈民進黨〉趙少康〈新黨〉紀榮治〈無黨籍〉	中央選委會	
電視政見會〈台北市〉	83.11.26	台視攝影棚	黃大洲〈國民黨〉陳水扁〈民進黨〉趙少康〈新黨〉紀榮治〈無黨籍〉	中央選委會	
電視政見會〈高雄市〉	83.11.27	華視攝影棚	吳敦義〈國民黨〉張俊雄〈民進黨〉湯阿根〈新黨〉施鐘響〈無黨籍〉鄭德耀〈無黨籍〉	中央選委會	

資料來源：作者整理

但反國民黨的立場卻十分一致。新黨的省長候選人朱高正則利用衛星傳送來突破媒體的劣勢，其作法是先把錄影帶送到美國，從美國把影帶傳送到萬里遠的外太空，再傳回台灣。新黨在選舉期間亦有若干地方廣播電台的支持。[148]前述媒體的使用狀況所造成的，乃是另一種不公平，就民眾與傳播媒體而言，民眾所要看的新聞與傳播媒體是要客觀而公正的報導一個新聞事件，兩種或多種不公平的、偏執的電視媒體加在一起無法形成真實的報導，媒體不是負負得正的理論，而是負加負更爲負。在我國走向更民主的時代，各個政黨均應摒除公器私用，「恐怖的平衡」並不能看到事實的真相，當政黨的介入媒體造成更嚴重的各爲其主現象，對社會多元化、政治民主化有負面影響。民國八十三年，知名記者李艷秋在台視主播方念華辭職以明志後，透過輿論表達的理念：「請所有的政黨都退出電視台，請政治人物把新聞專業還給電視記者。」實是各種傳播媒體的理念與方向。

（二）有線電視台

　　有線電視台（即原來之有線電視節目播放系統、第四台）發展相當快速，政府亦於民國八十二年八月通過「有線電視法」，用以規範有線電視台的發展，第一批所接受業者申請於八十三年十一月一日截止，共計有 204 家申請。民國八十二年是省市長大選年，亦堪稱「電子媒體解禁年」，除了廣播電台林立，第四台亦搶進媒體市場，成爲選戰中另一個據點，第四台多擁有自己的採訪記者和新聞報導，而在激烈選戰期間，第四台更開闢選舉的特別單元節目以及選舉特別新聞報導，如無線衛星電視台〈TVBS〉的「大選大家談」、「選舉萬歲」、台中民主台的「省長選戰新聞─全台聯線」、台灣衛星電視台（TWN）的「一二三選戰特別報導」以及全民衛星電視台（CBT）的「大戰前夕全民話題」（如表四─廿九）。其中號稱平衡三台報導的新聞節目 ─ 「省長選戰新聞 ─ 全台聯線」，是由台中民主台串聯全省一百餘家業者，從十一月一日起到十二月三日止，在第廿九頻道聯播，每晚九時到九時半播出 30 分鐘新聞。整體而言，有線電視台如重視節目自製率，或變更現有「一個價碼吃到飽」制度，整個市場更有發展空間。

　　有線電視台發展至今二十年，以早期的有線電視節目播放系統或第四台，朝向有線電視台發展，至今仍有諸多缺失：1.國內有線電視台普遍缺乏地方性、社區性節目的特色，許多業者營利取向，鮮少用心經營節目，使節目中較具吸引力者多屬國際性（美、日等）的電影、體育、新聞節目。國內自製節目如講經說法、股票分析、閒談八卦、購物頻道、國會頻道多屬不夠精緻，不僅無法善盡對社區的責任，反而成爲外國文化侵入的中介管道。2.國內有線電視台節目的雷同性極高，缺乏多元性，業者節目自製率偏低，大多數由節目代理商提供現成節目、或一再重播，這種趨勢，一則表現在有線電視台業者把營運重點放在與節目代理商殺價上；再則全省各地有線電視台業者皆向這些代理商簽約購買這些節目，以致有線電視台雖多，南北幾近相同。3.有線電視台在立場上反制三家電視台新聞極

---

[148] 省市長選舉期間支持新黨的電台有新台北之聲（台北縣市）、新思維之聲、新中華之聲、新台灣人之聲（以上台北市）、新社會之聲（台北縣）、新台灣之聲（桃園縣市）新竹之聲（竹、苗）、新世紀之聲（中彰投）、新天下之聲（雲林）、新希望之聲（嘉、南）、新時代之聲（高屏）。

表四 — 廿五　首屆省市長選舉前四週國內三台新聞報導分析

項　目		台視					中視					華視				
整體分析	總新聞則數	177 則					161 則					178 則				
	選戰則數	60 則					39 則					48 則				
	省市長選戰則數	46 則					21 則					35 則				
候選人出現率分析	候選人	秒	比例	正面	中立	負面	秒	比例	正面	中立	負面	秒	比例	正面	中立	負面
	黃大洲	354	38%	1	9	0	518	67.7%	3	6	0	505	52.5%	7	2	0
	陳水扁	295	31.7%	1	7	0	45	15%	0	6	0	202	21.2%	2	4	1
	趙少康	283	30.3%	1	7	0	132	17.5%	0	6	0	248	26%	3	4	0
	紀榮治	0	0%	0	0	0	0	0	0	0	0	0	0	0	0	0
	宋楚瑜	798	34.2%	7	3	0	473	57%	4	5	0	505	40.1%	6	5	0
	陳定南	598	25.7%	1	11	0	145	17.4%	0	6	1	269	21.4%	2	7	0
	朱高正	694	29.8%	2	7	1	167	20.1%	0	8	0	323	25.7%	1	8	0
	吳梓	103	4.4%	0	5	0	25	3%	0	3	0	48	3.8%	0	3	0
	蔡正治	138	5.9%	0	5	0	20	2.4%	0	4	0	112	8.9	0	2	0
	吳敦義	329	42.8%	0	8	0	190	57.8%	1	3	0	179	59.9	4	2	0
	張俊雄	258	33.6%	0	8	0	76	23.1%	0	4	0	45	15%	1	4	0
	湯阿根	181	23.6%	1	6	0	27	8.2%	0	3	0	46	15.3%	1	2	0
	施鐘響	0	0	0	0	0	36	10.9%	0	2	0	26	8.6%	0	2	0
	鄭德耀	0	0	0	0	0	9	0	0	0	0	5	1.6%	0	1	0
各黨總出現時間		國民黨 1481 秒，佔 36.7% 民進黨 1151 秒，佔 28.6% 新　黨 1158 秒，佔 28.7% 其　他 241 秒，佔 6%					國民黨 1181 秒，佔 61% 民進黨 336 秒，佔 17.5% 新　黨 326 秒，佔 16.9% 其　他 81 秒，佔 4.2%					國民黨 1189 秒，佔 47.3% 民進黨 516 秒，佔 20.5% 新　黨 617 秒，佔 24.6% 其　他 191 秒，佔 7.6%				

資料來源：中時晚報，民國八十三年十一月十二日，第五版

表四 — 廿六　首屆省市長選舉前三週國內三台新聞報導分析

項　目		台視					中視					華視				
整體分析	總新聞則數	175 則					172 則					163 則				
	選戰則數	63 則					50 則					43 則				
	省市長選戰則數	36 則					25 則					29 則				
候選人出現率分析	候選人	秒	比例	正面	中立	負面	秒	比例	正面	中立	負面	秒	比例	正面	中立	負面
	黃大洲	582	43.8%	0	15	0	274	46.8%	3	4	0	538	58.6%	5	6	0
	陳水扁	343	25,.8%	0	9	0	142	24.3%	1	5	0	162	17.3%	1	6	0
	趙少康	397	29.8%	0	11	0	146	24..9%	1	5	0	192	20.9	1	6	1
	紀榮治	8	0.6%	0	1	0	23	3.9%	0	1	0	26	2.8%	0	2	0
	宋楚瑜	672	58%	0	10	0	355	66.3%	1	5	0	205	66.7%	4	9	0
	陳定南	280	24.1%	2	10	0	105	19.6%	0	7	0	52	5.6%	0	4	0
	朱高正	191	16.5%	1	10	1	70	13.1%	0	5	0	40	4.3%	0	3	0
	吳梓	5	0.4%	0	2	0	5	0.9%	0	1	0	7	0.8	0	1	0
	蔡正治	11	1%	0	3	0	0	0%	0	0	0	8	0.9%	0	1	0
	吳敦義	219	31.4%	0	6	0	146	40%	1	5	0	145	15.8%	0	5	0
	張俊雄	339	48.5%	0	7	0	146	40%	1	5	0	33	3.6%	0	4	0
	湯阿根	140	20.1%	0	6	0	68	18.6%	1	5	0	33	3.6%	0	4	0
	施鐘響	0	0%	0	0	0	5	1.4%	0	1	0	18	1.9%	0	2	0
	鄭德耀	0	0%	0	0	0	0	0	0	0	0	7	0.8%	0	1	0
各黨總出現時間		國民黨 1875 秒，佔 51.9% 民進黨 987 秒，佔 27.3% 新　黨 728 秒，佔 20.1% 其　他 24 秒，佔 0.7%					國民黨 1002 秒，佔 58.5% 民進黨 393 秒，佔 23% 新　黨 284 秒，佔 16.6% 其　他 33 秒，佔 1.9%					國民黨 1195 秒，佔 63.4% 民進黨 359 秒，佔 19% 新　黨 265 秒，佔 14.1% 其　他 66 秒，佔 3.5%				

資料來源：中時晚報，民國八十三年十一月十九日，第五版

表四 — 廿七　首屆省市長選舉前二週國內三台新聞報導分析

項　目		台視					中視					華視				
整體分析	總新聞則數	170 則					170 則					172 則				
	選戰則數	61 則					40 則					51 則				
	省市長選戰則數	42 則					29 則					32 則				
候選人出現率分析	候選人	秒	比例	正面	中立	負面	秒	比例	正面	中立	負面	秒	比例	正面	中立	負面
	黃大洲	750	57.8%	3	7	0	508	78.2%	4	4	0	462	49.1%	3	7	0
	陳水扁	376	26%	0	8	0	73	11.2%	0	6	0	225	23.9%	0	7	0
	趙少康	313	21.6%	0	7	0	69	10.6%	0	5	0	247	26.2%	1	6	0
	紀榮治	9	0.6%	0	1	0	0	0%	0	0	0	7	0.7%	0	0	1
	宋楚瑜	663	43.5%	3	12	0	306	44.6%	2	9	0	266	47.5%	1	9	0
	陳定南	459	30.1%	0	13	0	111	16.2%	0	7	0	129	23%	0	5	1
	朱高正	288	18.9%	0	12	0	133	19.4%	0	6	0	145	25.9%	0	7	0
	吳梓	60	3.9%	0	7	0	70	10.2%	0	3	0	10	1.8%	0	3	1
	蔡正治	55	3.6%	0	7	0	65	9.5%	0	4	0	10	1.8%	0	3	1
	吳敦義	286	41.8%	0	9	0	19	66.7%	3	2	0	234	45.8%	3	5	0
	張俊雄	304	44.4%	0	9	0	69	23.4%	0	4	1	155	30.3%	1	6	0
	湯阿根	79	11.5%	0	4	0	17	5.7%	0	2	0	53	10.3%	1	3	0
	施鐘響	8	1.2%	0	1	0	7	2.3%	0	1	0	39	7.6%	0	3	0
	鄭德耀	7	1%	0	1	0	5	1.7%	0	1	0	30	5.9%	0	3	0
各黨總出現時間		國民黨 1926 秒，佔 47.5% 民進黨 1304 秒，佔 32.2% 新　黨 682 秒，佔 16.8% 其　他 139 秒，佔 3.4%					國民黨 1354 秒，佔 66.2% 民進黨 311 秒，佔 15.2% 新　黨 232 秒，佔 11.4% 其　他 147 秒，佔 7.2%					國民黨 1466 秒，佔 57.6% 民進黨 518 秒，佔 20.4% 新　黨 460 秒，佔 18.8% 其　他 101 秒，佔 3.9%				

資料來源：中時晚報，民國八十三年十一月廿六日，第五版

表四 — 廿八　首屆省市長選舉前一週國內三台新聞報導分析

項目		台視					中視					華視				
整體分析	總新聞則數	158 則					167 則					166 則				
	選戰則數	64 則					115 則					79 則				
	省市長選戰則數	54 則					43 則					45 則				
候選人選出現率分析	候選人	秒	比例	正面	中立	負面	秒	比例	正面	中立	負面	秒	比例	正面	中立	負面
	黃大洲	1009	51.6%	9	5	0	901	74%	9	4	0	957	59%	10	5	0
	陳水扁	452	23.1%	11	1	0	149	12.3%	0	6	1	307	18.9%	0	10	0
	趙少康	452	23.1%	11	1	0	149	12.3%	0	6	2	358	22.1%	0	12	0
	紀榮治	0	0%	0	0	0	0	0%	0	0	0	0	0%	0	0	0
	宋楚瑜	1109	50.5%	7	6	0	559	48.9%	7	3	0	281	40.3%	3	8	0
	陳定南	353	16.1%	0	13	0	307	26.8%	0	7	1	99	14.2%	0	7	0
	朱高正	632	28.8%	1	7	0	213	18.6	0	10	0	243	34.8%	0	10	0
	吳梓	37	1.7%	0	4	0	42	3.7%	0	5	0	54	7.7%	0	6	0
	蔡正治	65	2.9%	0	3	0	23	2%	0	1	0	21	3%	0	3	0
	吳敦義	261	44.5%	0	6	0	326	39.8%	2	4	0	146	38.2%	3	7	0
	張俊雄	169	28.8%	0	7	0	246	30%	0	7	0	105	27.5%	0	7	0
	湯阿根	124	21.2%	0	6	0	190	23.2%	0	7	0	57	14.9%	0	7	0
	施鐘響	13	2.2%	0	1	0	43	5.3%	0	5	0	31	8.1%	0	4	0
	鄭德耀	19	3.3%	0	1	0	14	1.7%	0	2	0	43	11.3%	0	4	0
各黨總出現時間		國民黨 3224 秒，佔 56.6% 民進黨 1051 秒，佔 18.4% 新　黨 1288 秒，佔 22.6% 其　他 136 秒，佔 2.5%					國民黨 2820 秒，佔 67.8% 民進黨 673 秒，佔 16.2% 新　黨 537 秒，佔 12.9% 其　他 129 秒，佔 3.1%					國民黨 2340 秒，佔 61.3% 民進黨 640 秒，佔 16.8% 新　黨 685 秒，佔 17.9% 其　他 153 秒，佔 4%				

資料來源：中時晚報，民國八十三年十一月二七日至十二月二日，第五版

爲明顯，長期掌控地方並深入家庭的有線電視，在首屆省、市長選舉中，多拒絕
國民黨地方黨部支持國民黨籍人選的動員令。代表國民黨進軍有線電視的博新娛
樂公司，爲國民黨造勢的新聞性節目「城鄉新聞頻道」（每集 50 分鐘），即以有
太重的黨派色彩，遭到多數有線電視拒播。[149]有線電視台在新聞報導上，多以抱
持中立、平衡立場自居，有利於反對黨與國民黨在地方上取得平衡，而其中政治
流派明顯的民主台，其所製作「省長選戰新聞 — 全台聯線」雖標榜平衡報導，
實則又因偏愛民進黨的數據與實例，其公正性也受質疑。當藝人豬哥亮爲國民黨
省長候選人站台助講，即被民主台聯盟全面封殺，顯然無論朝野政黨之三台、有
線電視台在邁向平衡、公正、客觀的道路，均有待修正。

（三）廣播電台

　　廣播電台的發展在民國八十三年是最混亂、也是開放最快速的一年。初始電
子媒體因長期被壟斷，加上新聞局開放頻率的腳步緩慢，造成地下電台的泛濫。
所謂地下電台泛稱使用八八至九二兆赫頻率，或九二至九六兆赫未受申請之非法
使用頻道。隨著省市長選舉白熱化，地下電台如雨後春筍林立，且自「台灣之聲」
帶動現場 call in 風潮，各個地下電台多設 call in 時間，以滿足聽眾參與感。

　　然而地下電台現場 call in 節目亦有其重大社會影響，允以帶動聽眾（包含計
程車、一般民眾）參與街頭活動，往往造成社會不安。民國八十三年計程車扮演
街頭運動中的重要角色，在地下電台成爲台灣新興的媒體之後，街頭與空中連成
一線，「電波動員」主導街頭運動的進行。八十三年二月廿二日，「台灣之聲」第
一次以地下電台作爲調度中心，動員了近 600 輛計程車去向財政部長林振國「拜
年」，抗議產險公司溢收汽車第二責任險。這些靠無線電波動員來的計程車一直
抗爭到廿三日凌晨兩點。同年十二月二十日發生一位全民計程車司機，因泊車而
被殺害喪命，抗議的全民計程車聯誼會透過地下電台的傳播，一個晚上引來 200
多部計程車以及上千群眾擠滿德惠街。類似此種地下電台導引計程車的大大小小
街頭運動不勝枚舉。除了計程車而外，地下電台透過空中電波，亦達到動員一般
民眾的效果，省市長選戰期間，新黨發動的十萬人遊行，雖以秩序著稱，新思維
電台在其中發揮最大動員能力，展現了電子媒體的驚人號召能力。

　　政府面對地下電台的不斷滋長，新聞局一方面採用取締地下電台措施，一方
面開放電台頻道的申請作業，輔導地下電台的合法化，加強法令的修訂。前者在
民國八十三年八月一日，新聞局進行了大規模的抄台行動，在「〇八〇一」的取
締 14 家地下電台行動，亦引發街頭抗爭，唯事後成效不彰，地下電台不僅逐一
復播，並開始向新聞局申請合法的小功率、中功率電台執照。新聞局直到八十三
年底省市長選戰閉幕，同時完成 46 家調頻小功率電台申請，始持續進行取締地
下電台的工作。

　　就後者廣播電台的開放，在民國八十三年起亦是加快腳步，新聞局開放調頻
小功率、中功率、大功率以及調幅頻道，係採取有計劃的逐梯次開放作業程序（新
聞局廣播頻道核配統計一覽表如表四－三十），民國八十二年十二月完成第一梯

---

[149] 台北，中時晚報，民國八十三年九月十九日，版二。

表四 — 廿九　首屆省市長選舉有線電視台特別節目

台別	無線衛視台 TVBS	無線衛視台 TVBS	台中民主台	台灣衛星電視台 TWN	全民衛視台 CBT
節目名稱	大選大家談	選舉萬歲	省長選戰新聞—全台連線	一二三選戰特別報導	大戰前夕全民話題
特色	與聯合報合辦，現場 call in，提供三黨政治擂台與選民雙向溝通機會，由李濤主持。	以皮偶嘲諷候選人，由知名政治漫畫家魚夫製作、主持。	強調地方觀點、本土風格，台灣味與台北和平台、高雄第一民主台、萬眾台以及 TWN〈台灣衛星電視台〉合作。	強調三黨平衡報導，內容包括超級助選員、TWN 看三台、民意如流水明星看選舉等。	國、台、英語播報新聞，以多報導民進黨來制衡三台。
傳送方式	衛星	衛星	跑帶	送帶至新加坡上衛星	地面衛星微波中繼
備註					

資料來源：時報周刊，第八七一期，民國八十三年十一月，頁四0

次 13 家調頻中功率電台的核准（如表四－三十一）民國八十三年九月完成第二梯次 11 家調頻中功率電台的核准（如表四－三十二），八十三年十二月完成第三梯次，46 家調頻小功率電台的核准（如表四－三十三），此後八十四年二月第四梯次、八十四年十二月第五梯次、八十五年一月第六梯次、八十五年六月第七梯次、八十五年九月第八梯次、九十年三月第九梯次、九十年六月第十梯次，總計開放 10 梯次釋出核准名單，至民國一０一年止，國內共有 174 家廣播電台。

　　10 個梯次開放廣播頻道提供民間申請設立廣播電台，「廣播電台審議委員會」秉持「健全廣播事業」、「均衡區域發展」、「避免壟斷經營」、「符合地方需求」、「民營優先」諸原則，朝地方化、民營化、專業化、區隔化之取向審核。其中尤以第 9、第 10 梯次最具特色，提供「指定用途」部份，提供廣播頻率給原住民母語、客語之電台申請，國內廣播電台發展漸趨於飽和，「質」的檢驗更形重要。

　　綜論之，國內於民國七十八年一月一日起開放報禁，解除對於辦報、印報、報紙張數的限制，唯電子媒體的解禁則速度較為遲緩，直到民間聲音已達沛然不可禦，地下廣播電台、有線電視台充斥，政府對電子媒體「解除規約」（deregulation）才加快腳步，民國八十三、四年間，新聞局逐步分批核准大、中、小功率廣播電台、有線電視台以及第四家無線電視台的籌設，單就開放數量的成果而言，堪稱豐碩，然而深究國內電子媒體發展趨勢，則將令人引以為憂。

　　電子媒體屬於公器，為社會共有的稀有資源，英國法律即明文規定，政黨不能擁有電台，以新聞傳播史角度觀之，政黨擁有傳播工具進行單向文宣，多屬類似極權、威權政體下的政治傳播意理，在我國民主政治已發展到緊追先進國家之後的時刻，建立「媒體新秩序」實是國人深思的課題。由於過往的國民黨長期對媒體掌握與影響所及，促使其他在野政治人物所鼓吹的媒體發展理念，傾向於要求由政府用行政力量把媒體的享用權（access to the media）— 公平的分配所有的政黨或政治人物。這種畸型的「平衡」發展，使得國內在開放電子媒體過程中，受到嚴重的扭曲，各媒體有相當程度為政界人士籌設、介入，政黨色彩甚重。各政黨、政治人物企圖掌握大眾傳播媒體之心與日俱增，並付諸實際行動，這一將媒體當作政爭工具看待，使得媒體更進一步政治化，並淪為私用，表達訊息功能趨於偏狹，遠離公眾的需求和權益，長此以往，實有礙民主政治的正常發展。

　　面對強勢的政治、經濟利益凌駕新聞專業，將使得公共領域被侵蝕，並對意見自由流通造成潛在侵害，因之，建立「媒體新秩序」益形迫切需要。其解決方針，應朝降低政黨對電子媒體影響力的方向努力，亦即透過「廣播電視法」的修法途徑，規定政黨不得擁有電台，資本額在一定數額以上的電子媒體要公開發行股票，以及增列確認傳播工作者專業自主權條款，明確訂立保護自主權的辦法等。凡此在於促使政黨、政治人物退出電子媒體的經營，股權分散給社會大眾，以及防止媒體工作者成為媒體業主和管理當局的忠僕，做到電子傳播媒體多元化的理想，並在電子媒體開放政策下，獲致真正的廣電新秩序。

四、群眾運動

　　集會遊行到民國八十年起，在數量上已較上一個時期減少，尤以在民國七十

七年集遊法通過施行後，該年群眾活動為 1433 件，升高到七十八年的 5431 件，再到七十九年的 7775 件為最高峰，到了本時期，民國八十年減為 3846 件，八十一年 4205 件、八十二年 5971 件。（如表四－卅三）

集會遊行係屬人民基本自由權，加以民眾或以請願效果往往不彰，以致民眾多是採取集會、遊行、示威、罷工、怠工等方式而捨棄請願一途。國內透過集會、遊行所反映事件，以政治性最高，社會性次之，經濟性再次之。民國八十年政治性事件 2,631 件，佔總數之 68.41%，社會性事件 1,037 件，佔 26.84%，經濟性事件 68 件，佔 1.77%；民國八十一年政治性事件 3,163 件，佔總數之 75.22%，社會性事件 920 件，佔 21.88%，經濟性事件 68 件，佔 1.62%；民國八十二年政治性事件 4,076 件，佔總數 68.26%，社會性事件 1,722 件，佔 28.84%，經濟性事件 80 件，佔 1.34%。

民國八十年初之政治性群眾運動，主要訴求包括修憲爭議、加入聯合國等議題，如民國八十年「四一七大遊行」、「九八加入聯合國遊行」及八十一年「四一九總統直選遊行」等是。另社會性引發群眾運動者，有激烈、有溫和；前者如民國八十三年「○八○一」計程車與地下電台對政府媒體政策的暴力流血抗爭、後者如「一一○一」勞工對全民健保政策的理性怠工抗議等為著例。過去群眾街頭運動，常為劍拔弩張情勢，鐵刺網、拒馬、全副武裝鎮暴警察、噴水消防車待命，群眾以石塊、鐵條、甚至汽油彈回應，流血衝突時有所聞，街頭運動幾成「恐怖」代名詞。然而民國八十三年十一月廿日，新黨舉行的街頭遊行，人數雖達台北市歷來群眾運動遊行活動的高紀錄，其間秩序井然、群眾沿路向警察表示謝意，無論規模、人數和秩序，都是台北市多年來最好的一次，對國內街頭遊行之群眾運動應有啟示作用，尤以過去群眾運動的通病，常藉人多勢眾，以人數聲勢、高分貝喇叭聲響來壓制異己，強迫執法的警方就範，從這次遊行，證明國人亦可以理性、秩序與整潔進行群眾運動。

群眾運動必有其特定訴求，因此政府對於與集會遊行所訴求目標有關的事項或問題，應儘量主動瞭解問題所在，尋求解決辦法，並可能多與群眾運動者協商解決，政府辦理情形或所提辦法應詳盡告之於民眾，其因限於法令規章或其他原因，致使無法辦理者，亦應坦誠告訴有關民眾，以縮減雙方歧異差距，有助社會安定和諧。

本章小結

綜合本章所述，歸納要點為：

（一）民國八十年至八十四年間，國內政治體系外環境的國際經濟趨於復甦以及兩岸民間各項交流的頻仍，政府在彈性外交政策下，爭取國際（含聯合國及各種國際組織）活動空間，其成效則因中共「一個中國」的阻撓，致使困難重重，尤以美國克林頓政府在民國八十三年（一九九四年）的對台政策檢討，仍屈服於中共的態度之下，顯示我外交工作的不易和艱難。中共在民國八十年代初期，對台基本方針政策，雖有民國八十年六月七日由「中台辦」發表「堅持實行『和平統一、一國兩制』方針」的「六七談話」，民國八十二年八月卅一日由「國台辦」

表四 — 三十 行政院新聞局民國八十二年至八十四年廣播頻道核配統計一覽表

開放梯次	第一梯次	第二梯次	第一梯次	第一梯次	第三梯次	第一梯次	合
開放時間	八十二年	八十三年	八十三年	八十三年	八十三年	八十四年	
頻率類別	調頻中功率	調頻中功率	調幅	調頻小功率	調頻中功率	調頻大功率	計
申請件數	62	29	4	173	45	14	327
公告核配頻率數	28	29	6	99	28	1	191
實際核配頻率數	13	11	2	46	11	1	83
剩餘頻率數	15	18	4	53	17	0	74

資料來源：行政院新聞局，民國八十三年十二月

表四 — 三十一　新聞局第一梯次調頻中功率核准電台

申請設立電台名稱	台北之音廣播電台	正聲台北調頻廣播公司	台灣全民廣播電台	人人廣播電台	桃園廣播電台	新聲調頻廣播電台	台中調頻廣播電台
地區	台北市北縣	台北市北縣	台北市北縣	台北市北縣	桃園市園縣	新竹縣	台中市中縣
頻率	107.7	104.1	98.1	98.9	107.1	99.3	105.9

申請設立電台名稱	台中播音股份有限公司調頻廣	彰化調頻廣播公司	神農廣播股份有限公司	古都廣播股份有限公司	大眾廣播公司	花蓮調頻廣播股份有限公司	
地區	台中市中縣	彰化縣	雲林縣	台南市南縣	高雄市雄縣	花蓮縣	
頻率	100.7	98.7	99.5	102.5	99.9	107.7	

資料來源：行政院新聞局

表四 — 三十二　新聞局第二梯次調頻中功率核准電台

申台 准名 籌稱 設 電	台播 北電 愛台 樂 廣	綠灣電 色文台 和化 平廣 台播	環業公 宇股司 廣份 播有 事限	大廣 苗播 栗電 調台 頻	大台 千 廣 播 電	南播 投電 調台 頻 廣
地區	台市 北 縣	台市 北 縣	桃市 園 縣	苗市 栗 縣	台市 中 縣	南 投 縣
頻率	99.7	97.3	96.7	98.3	99.1	99.9
申台 准名 籌稱 設 電	寶司 島 廣 播 公	南廣限 台播公 灣股司 之份 聲有	港台 都 廣 播 電	大電 高台 雄 廣 播	蘭份 陽有 廣限 播公 股司	
地區	雲市 嘉 縣	高市 屏 縣	高市 屏 縣	高市 屏 縣	宜市 蘭 縣	
頻率	100.3	103.9	98.3	97.5	107.3	

資料來源：行政院新聞局

表四 — 三十三　新聞局第一梯次調頻小功率核准電台

申准籌設電台名稱	全景社區廣播電台	佳音廣播電台	淡水河廣播電台	台北勞工教育電台	女性生活廣播電台	海洋之聲廣播電台	高屏廣播電台	下港之聲放送廣播電	民生之聲廣播電台	屏東之聲廣播電台	南屏廣播電台
地區	基北A區	基北A區	基北A區	基北B區	基北C區	基北D區	高屏A區	高屏A區	高屏A區	高屏B區	高屏B區
頻率	91.3	90.5	89.7	89.9	90.9	91.9	90.5	91.3	89.7	90.7	89.9
申准籌設電台名稱	大彰化之聲廣播電台	山城廣播電台	竹塹廣播電台	大新竹廣播電台	鄉音廣播電台	新竹勞工之聲廣播電台	台南之聲廣播電台	府城文化廣播電台	南都廣播電台	新台南之聲廣播電台	人生廣播電台
地區	中投彰B區	中投彰C區	桃竹A區	桃竹A區	桃竹A區	桃竹B區	台南A區	台南A區	台南A區	台南A區	台南A區
頻率	89.9	90.9	90.5	89.7	91.3	89.9	89.7	91.3	90.5	90.7	90.9

表四 — 三十三　新聞局第一梯次調頻小功率核准電台〈續〉

蘭潭之聲廣播電台	潮州之聲廣播電台	台灣水產廣播電台	大武山廣播電台	台中文化之聲廣播電台	播音山海屯青少年之聲廣播電台	中台灣廣播電台	關懷廣播電台	新農廣播電台	集思之聲廣播電台	美聲廣播電台	大溪廣播電台
雲嘉A區	高屏C區	高屏D區	高屏D區	中投彰A區	中投彰A區	中投彰A區	中投彰B區	桃竹B區	桃竹C區	桃竹C區	桃竹D區
89.7	90.9	91.9	90.3	91.3	90.5	89.7	90.7	90.7	90.1	90.9	90.3

新營之聲廣播電台	自由之聲廣播電台	新苗廣播電台	宜蘭鄉親廣播電台	宜蘭之聲廣播電台	台東調頻廣播電台	西瀛之聲廣播電台	嘉雲工商廣播電台	雲林海口之聲廣播電台	新雲林之聲廣播電台	草領之聲廣播電台	北回廣播電台
台南C區	台南D區	苗栗D區	宜蘭A區	宜蘭A區	台東A區	澎湖A區	雲嘉A區	雲嘉B區	雲嘉B區	雲嘉C區	雲嘉D區
90.1	90.3	91.1	90.5	91.3	89.7	90.5	91.3	89.9	90.7	90.9	91.1

資料來源：行政院新聞局

表四 ― 三十四 台灣地區 75 年-82 年各級警察機關處理聚眾活動發生數量統計

項目			民國75年	民國76年	民國77年	民國78年	民國79年	民國80年	民國81年	民國82年
總件數			538	1233	1433	5431	7775	3846	4205	5971
是否申請	申請	准	427	722	940	4412	6923	2834	3163	4218
		不准	17	22	14	12	8	8	3	3
	未申請		94	489	479	1007	844	1004	1039	1750
性質	政治性		406	873	904	4062	6103	2631	3163	4076
	社會性		54	220	377	1179	1494	1037	920	1722
	經濟性		7	78	108	67	74	68	68	80
	涉外性		-	8	4	8	24	10	12	2
	其他		71	54	40	115	80	100	42	91

資料來源：內政部警政署，民國八十三年六月

等發表 一「台灣問題與中國的統一」之白皮書，以及民國八十四年一月卅日由「中央總書記」、「國家主席」江澤民發表「現階段發展兩岸關係、推進和平統一進程的若干重要問題」的八項看法和主張（「江八點」）；實則中共以「和平統一，一國兩制」爲主軸的基本方針，沒有絲毫改變，同時台灣內部台獨的聲浪，亦將左右中共對台政策。我國在面臨中共缺乏善意回應下，應以堅實國防後盾，並循交流互惠、循序漸進，在台灣經驗的燈塔效應下逐漸促使中共經濟發展、社會進步，則民主基礎下的「和平演進」，有助於大陸的非共化走向。政府在外交工作上仍應以美國爲重點，並透過加入各種國際組織的努力，來擴大我國際活動空間。

　　（二）民國八十年至八十四年，憲政發展進入全新時期，當民國卅八年國民政府倉促來到台灣，當時因面臨諸多主、客觀環境因素，致使兩難困境中的憲政，在時間的拖延下，逐漸顯現出認同危機（identity crisis）、合法性危險（legitimacy crisis）、貫徹的危機（penetration crisis）、參與危機（participation crisis）、分配危機（distribution crisis）與整合危機（integration crisis）。直到民國八十年的終止動員戡亂時期、廢止臨時條款、回歸憲法、完成第一階段「程序修憲」、二屆國代全面改選、資深中央民代全面退職；民國八十一年完成第二階段「實質修憲」、二屆立委全面改選；民國八十三年完成第三次修憲，確定第九屆總統、副統統由民選產生，立法院制定「省縣自治法」、「直轄市自治法」，並於是年底完成首次民選省長與直轄市長選舉・・・這一連串的發展，將我國的民主憲政帶入常態運作，政治民主化快速成長。

　　國內憲政邁向新里程的同時，國民大會前後三次修憲的結果，卻爲我國未來憲政埋下陰影。馬起華在二屆國代選舉後曾表示：[150]

　　　　・・・憲法之總綱、人民的自由權利、中央政府體制（除中央民意代表選舉外），地方政府、中央與地方權限之劃分，總統與五院之規定均非常週全。修憲若是爲了興利除弊，則既不能興利也不能除弊時，爲什麼要修憲？誰能保證修憲之後，能比以前更好？今日既然非修憲不可，則應探求問題所在，對症下藥；且修正的幅度應愈少愈好，以減少動亂。

　　不幸而言中，三次修憲的結果，固然順利爲自由地區中央民意代表完成法源依據，並完成地方自治法治化，但中央體制趨於混亂，將若干動員戡亂時期的「非常」機關就地合法，陡然擴大總統職權，違逆原憲法精神，加以總統民選產生，具有民意基礎，使得總統與行政院長的走向產生微妙變化；再者，國民大會職權亦在擴大，它與立法院之間「雙國會」發展已具其形，此一不尊重「憲政精神」的修憲取向，使得中央體制衍生諸多爭議，徒啓紛擾，修憲的結果是治絲益棼，爲中華民國憲政發展產生不利因素。

　　（三）政黨政治在民國八十年至八十四年，隨著大環境的政治民主化走向，以及幾乎年年均有選舉（民國八十年二屆國代選舉、八十一年二屆立委選舉、八十二年縣市長選舉、八十三年縣市議員、鄉鎮市長及省市長、省市議員選舉、八十四年三屆立委選舉），政黨發展將呈現多變性。雖則國內政黨在數量上堪稱「政

---

150 華力進主編，前揭書，頁一〇七。

黨林立」，然而在幾次選舉中，均能推派候選人參選，得票率達百分之五，且在當選席次上有一定比例者，除執政的國民黨、在野的民進黨與新黨外，多屬「泡沫政黨」之列。到民國八十三年底前的各項選舉結果顯示，國內各個政黨中，仍以國民黨在中央民代席次與得票率達百分之五十以上，取得最大政黨優勢地位。這情形直到 2000 年總統大選，民進黨陳水扁當選第十任總統，並取得兩黨交互執政型態。而民國九十四年第七次修憲將立法委員選舉制度改為「小選區制」，這將使未來國內政黨政治的兩黨制發展態勢更為明顯。

（四）政治參與所包含的四權行使、人民團體組織、大眾傳播、群眾運動等，在進入民國八十年到八十四年，無論法制規範層面抑或實際運作層面多有呈現蓬勃發展的新局面；四權行使方面，國民大會在第三次修憲確立總統、副總統公民直選，立法院亦於民國八十三年七月七、八日制定「省縣自治法」，「直轄市自治法」、確立省、直轄市法人地位，十二月三日完成首次省市長民選，我國憲政已貫通由中央到地方的整體民主運作架構。人民團體方面，政治民主化、社會多元化的趨勢，使得自主性的提升亦日漸普及。大眾傳播方面，電子媒體繼出版品之後，在民國八十三年前後大幅開放：無線電視台、有線電視台、廣播電台等成長快速，唯大眾傳播媒體在繳出數量上的成果之外，卻出現媒體本質的隱憂，電子媒體因政黨、政治人物的介入，造成公器私用，資訊功能的偏狹與扭曲，嚴重損傷民眾的需求和權益，重建媒體新秩序實為當務之急。群眾運動方面，集會遊行在數量上已較前一時期明顯減少，尤以出現一種人數雖多，然而強調秩序、整潔的高水準街頭遊行，顯示國人確有此能力與相當的民主素養來健全一個民主的社會。實則，政治參與的普及與落實，有賴民主制度的配合和民主精神的培養，唯有如此，政治民主化才得生根茁壯，國家才得永享無疆之庥。

第五章　民主落實期的政治發展〈二〉

　　本章續由民國八十五年到民國一0一年間之環境因素、憲政發展、政黨政治發展、政治參與。就「政治參與」層面：民國八十五年〈1996 年〉，中華民國史上的第一次民選總統順利產生，李登輝〈1996 年第九屆〉、陳水扁〈2000 年第十屆、2004 年第十一屆〉、馬英九〈2008 年第十二屆、2012 年第十三屆〉，先後當選中華民國自由地區選出之民選總統；並進行了 3 次 6 個提案的全國性「公民投票」。就「政黨政治」層面：民國八十九年〈2000 年〉，政府遷台以來的第一次「政黨輪替」出現，政權和平移轉；民國九十七年〈2008 年〉，第二次「政黨輪替」出現。總統選舉這一最高層級的選舉，它所標舉的意義，一方面是總統由人民直接選舉出來，民主的精神充分顯露；二方面兩次政黨輪替過程中，政權移轉的民主成熟度愈趨穩定。就「憲政發展」層面，民國八十五年開始的「國家發展會議」、八十六年的「第四次修憲」、八十八年「第五次修憲」、八十九年「第六次修憲」，國、民兩黨的分贓，造成憲法破毀，憲政發展讓國人憤怒。另一方面，我們社會底層之「公民社會」成熟度也表現在：社會各界、學術界、輿論界的發出正義之聲，展現出國家社會力蓬勃的氣息。民國九十四年〈2005 年〉「第七次修憲」後，國民大會走入歷史；公投入憲；立法院成為單一國會；立法委員減半、選舉方式改為「單一選區、兩票制」，這將使國內政黨政治發展的政黨體系有利於朝向「兩黨制」發展。

第一節　環境因素
壹、外環境因素
一、兩岸的情勢發展

　　本時期從李登輝當選第九任總統〈民選第一任〉，經陳水扁的八年執政，再到馬英九執政，兩岸的發展經歷可分三個時期分析。

〈一〉李登輝主政時期：兩岸關係趨向緊張

　　李登輝總統時期的兩岸關係整體而言是緊張的。這可從「第三次〈九六年〉台灣海峽危機」、經濟上的『戒急用忍』、政治上的『特殊國與國的關係』三方面論述。

1.「第三次〈九六年〉台灣海峽危機」

　　李登輝在競選第九任總統〈民選第一屆總統〉的前一年〈民國八十四年〉，兩岸就開始走向緊張互動的關係。此因李登輝在其第八任總統任內，為突破中共「一個中國」政策下，長期對我中華民國外交的全面封殺。政府於民國八十四年，成功的突破外交困境，李登輝總統順利出訪其母校美國的康乃爾大學。李氏發表『民之所欲，常在我心』〈Always in My Heart〉的演講，演說中以英文提及「中華民國」達 4 次，並表示台灣已實現「主權在民」的政治體系。[1]這讓中共大表

---

[1] 雖然美國行政部門之克林頓總統受制於中共政治壓力，拒絕李登輝總統赴美，訪問其康乃爾母校；但美國代表民意的聯邦國會參、眾兩院，以壓倒性的多數，同意李氏「私人訪問」康乃爾

不滿。再加上面對中華民國即將開始的第一次民選總統，中共乃企圖以導彈與軍事演習，影響公民直選總統的結果。

民國八十五年，台灣正逢總統大選如火如荼展開之際，中共人民解放軍第二炮兵和南京軍區，分別向台灣外海試射飛彈[2]，並舉行兩棲登陸作戰演習。美國則緊急調派「尼米茲號航空母艦」〈USS Nimitz〉、「獨立號航空母艦」〈USS Independence〉兩個航空母艦戰鬥群，來到台灣東部海域，進行應對，台海之間一時戰雲密佈。唯中共的這一連串軍事行動並未獲得預期的效果，李登輝與連戰搭檔獲得 54%的高票，贏得中華民國第九任正、副總統，亦是華人歷史上的首次民選總統。中共軍演亦嘎然而止。

2.經濟上的『戒急用忍』

李登輝總統對兩岸的經濟發展是謹慎的。民國八十五年八月十四日，李總統在國民大會答覆國民大會代表所提出的國是建言，提出了：「以中國大陸為腹地建設『亞太營運中心』的論調必須加以檢討。」

一個月之後的九月十四日，李登輝總統在出席「全國經營者大會」，對於企業界投資中國大陸提出了『戒急用忍』、『行穩致遠』的主張。其後，政府明確界定：「高科技、五千萬美金以上、基礎建設」三種投資大陸，必須採行『戒急用忍』。李總統著眼於中國大、台灣小，且中共政權可能隨時改變其政策。故而戒急用忍之意義：一者，在避免台灣喪失研發與高科技的優勢；二者，避免資金過度失血；三者，避免企業家在大陸遭到不可預期的高投資風險。[3]

針對本時期李總統『戒急用忍』的政策，民國八十七年，當時的行政院長蕭萬長表示檢討調整『戒急用忍』政策的前提是：「中共消除對我敵意，結束敵對狀態，尊重兩岸對等分治，以平等互惠對待我，不再阻擋我方在國際上的活動空間，台商投資權益經過協商獲得確切保障，而且不影響台灣經濟穩定發展。」

李登輝的『戒急用忍』，從正面看是具有保障台灣經濟的深遠意涵，尤其中共強大實力的「磁吸效應」、加以中共對我從未放棄動武、國際打壓、與不承認我主權的「中央霸權」心態。一旦我方企業界大幅到對岸投資，大筆資金陷入大陸的市場，政府擔心中共的「以商圍政」、「以經促統」的統戰攻勢，將會危害台灣本身安全。

然而此一『戒急用忍』的畫地自限政策，就資本主義市場經濟非常成熟的台灣而言，執行上顯然是有高度困難的：面對大陸的土地取得容易、低廉；工資便宜、環保要求不高等等有利因素，對企業家的投資本來就有吸引力，而中共鼓勵台資更是優惠盡出。政府雖成功的阻擋了台塑與中國大陸簽訂海滄計畫，[4]但更

大學。〈1995.5.2 眾議院以 396：0 通過；5.9 參議院也以 97：1 通過〉。

[2] 民國 85 年 3 月 8 日，中國人民解放軍在福建永安和南平飛彈部隊基地，分別從永安試射 2 枚東風 15 導彈，落在高雄外海西南 30 至 150 海浬處；南平發射一枚東風 15 導彈，落在基隆外海 29 海浬處。其後，經美國「碉堡山號」神盾艦〈USS Bunker Hill〉，在屏東小琉球附近海域，陸續偵測到 4 枚導彈。

[3] 如民國 96 年 8 月底，新光集團被北京華聯惡整後，讓台商思考投資中國大陸的風險。

[4] 李登輝總統對台塑計畫中的大規模投資海滄，下達三項通牒：若台塑與大陸簽訂海滄計畫，政府將停止台塑股票交易、下令相關銀行凍結台塑集團資金、與限制台塑高層主管出境。台塑被

多的企業家透過海外子公司，多層次資金移轉，默默的在大陸佈局，此為不可阻擋的態勢。當工商界普遍高喊：「國家及社會安全與企業利益間如何取得平衡？」更是很難得到答案。

3.政治上的『特殊國與國的關係』

李登輝總統任內基於安全與保障台商的角度，在經濟上採『戒急用忍』的保守封閉態勢；但政治上的『特殊國與國的關係』〈一般簡化稱之「兩國論」〉，則造成對岸的跳腳。兩岸態勢更為緊繃。

李登輝在當選民選首屆總統後，其本質就有「台灣獨立」的傾向。[5]面對中共的持續打壓，其就兩岸關係的言論，更漸漸表現出「台灣獨立」的主張。民國八十八年七月，李登輝接受「德國之聲」錄影專訪時，對台灣與中國大陸的關係做了詮釋，其要點如下：[6]

〈1〉1949 年中華人民共和國共產黨政權成立以後，從未統治過中華民國所轄的台、澎、金、馬。

〈2〉我國在 1991 年的修憲，增修條文第十條〈現為第十一條〉將憲法的地域效力限縮在台灣。並承認中華人民共和國在大陸統治權的合法性。

〈3〉我國增修條文第一、第四條明定，立法院與國民大會民意機關成員僅從台灣人民中選出。立法院、國民大會使所建構出來的國家機關只代表台灣人民。國家權力統治的正當性也只來自中華民國人民的授權，與中華人民共和國人民完全無關。

〈4〉1991 年修憲以來，已將兩岸關係定位在「國家與國家」、至少是「特殊的國〈state〉與國〈state〉的關係」。而非一合法政府、一叛亂團體，或一中央政府，一地方政府的「一個中國」的內部關係。

〈5〉戰爭既已結束，則中華人民共和國政府將中華民國視為「叛離的一省」，有昧於歷史與法律上的事實。

以上李登輝分析海峽兩岸的關係，是「特殊的國與國關係」，也就是著名的「兩國論」。北京對「兩國論」反應相當強烈。在該次專訪後的兩天，中共中央台辦、國務院台辦發言人發表談話，直接點名批評李登輝「公然把兩岸關係歪曲為國與國的關係，暴露其一貫蓄意分裂中國領土和主權的政治本質。」嚴厲抨擊李登輝與台獨分裂勢力主張沆瀣一氣。十多天之後，中共當局經過觀察，與一連串會議研判後，中共國家主席江澤民決定取消「海峽兩岸關係協會」會長汪道涵的訪台計畫；同時決定在 2000 年 3 月我方總統大選前，停止海協會、海基會的交流，暫停中共台辦官員訪台。

李登輝拋出「兩國論」說法，在台灣內部的反應與中共的見解，是有很大的差異。就台灣內部的看法：民進黨〈DPP〉與獨派人士強烈支持「兩國論」。國民黨內部意見則嚴重分歧，但多數是同意「兩國論」。一位台灣政治光譜屬正藍

迫忍痛放棄投資。

[5] 如李登輝提出的「國民黨是外來政權說」、「出埃及記」等。

[6] 德國之聲的英語衛星頻道向全世界播放專訪內容，文字內容則刊載在德國的《周日世界報》。中文資料可參見：台北，聯合報，民國八十八年七月十日，版一。

的新黨〈New Party〉立法院黨團召集人鄭龍水，委託「民意調查基金會」所做的民意調查顯示，55.2%的受訪者贊成兩岸關係是「特殊國與國關係」，反對的佔23.4%。這顯示台灣內部，除了綠營人士是意識形態的支持「兩國論」，許多台灣的人民認為李登輝只是點出了兩岸長久以來存在的一個「事實」，並不認為這是一個政策上的大轉變。然而就李登輝的「兩國論」它的高明，就在只是點出「事實」，也「似有若無」。它可以一直停留在「事實的陳述」，但也可順時依勢就走向「台灣獨立」。

就中共而言，其官方立場是希望台灣能將「兩國論」定位為李登輝個人的言論範圍內。但其後台灣方面有關「兩國論」的說法和李登輝的解釋，讓中共當局認為台灣就是要「放棄一個中國」，以「兩國論」走向「台灣獨立」，而「兩國論」就是台灣當局已經從過去的「暗獨」走向「明獨」。[7]

〈二〉陳水扁主政時期：兩岸關係走向停滯

陳水扁在民國八十九年政黨輪替後，當選中華民國第十任總統。在民國九十一年以前，陳水扁是西進派的，他上台後即宣佈「四不一沒有」、成立「跨黨派小組」、提出「積極開放、有效管理」之「統合論」。邵宗海教授並以陳水扁在「勇於制訂或擬議突破過去傳統束縛的政策」方面，有不同於以往之作為，這包括：〈1〉開放大陸記者常駐台北。〈2〉實施外島「小三通」措施。〈3〉規劃推動兩岸城市交流。〈4〉鬆綁「戒急用忍政策」，代之以「積極開放，有效管理」。〈5〉開放大陸人民來台觀光。〈6〉準備修改「兩岸人民關係條例」不適時之條文。〈7〉積極擬議開放直航與三通。[8]除以上分析外，另還包括了：縮小中國人民來台限制、放鬆對中國各項投資計畫等。

然而 2002 年後，陳水扁的計劃受阻於中國的制肘、在國際間打壓，又被國民黨批評為「鎖國」；而選舉的壓力等，使其再向黨內的基本教義派靠攏，他喊出「一邊一國」、「公投制憲」、「四要一沒有」，兩岸關係較李登輝總統時代更緊張。中共乃以制定「反分裂國家法」與台獨勢力抗衡。分別就關鍵性之作為論述如下。

1.「四不一沒有」

陳水扁在民國八十九年當選之後，為化解國內外對於「兩國論」、「台獨黨」的疑慮，也為履行其參選時提出的「新中間路線」，於是在 2000 年的就職演說上提出「四不一沒有」。[9]亦即陳水扁表示，只要中共不武力攻擊台灣，民進黨政府將不會：

〈1〉 宣佈台灣獨立。

〈2〉 更改國號，把「中華民國」改為「台灣共和國」。

〈3〉 把「特殊的國與國關係」的說法包含到中華民國憲法。

〈4〉 推動有關統獨的公投。

---

[7] 虞義輝，台灣意識的多面向：百年兩岸的民族主義〈台北：黎明文化公司，2001〉。

[8] 邵宗海，當代大陸政策〈台北：生智出版社，2003.12〉，頁八四—九三。

[9] 陳水扁總統就職演說『台灣站起來，迎接向上提升的時代』。台北，聯合報，八十九年五月二十一日，版一。

此外，「一沒有」乃指「沒有廢除國家統一委員會或國統綱領的問題」

之後，陳水扁在就任後的首次記者會也做了多項的宣示。張國城教授分析整理出來包括[10]：〈1〉推動談判〈2〉強調中華民國憲法。〈3〉對於「一個中國」並不持絕對反對的立場。〈4〉認為若有「九二共識」就是「一中各表」。〈5〉對於「國統會」與「國統綱領」採取不否定的立場。〈6〉決定成立「跨黨派小組」處理兩岸事務。〈7〉決定推動「三通」。〈8〉提出「合辦奧運」說法。〈9〉對兩岸未來持開放立場。

2.成立「跨黨派小組」

基於陳水扁總統就職後的首次記者會政治宣示，要成立「跨黨派小組」。民國八十九年六月二十六日，陳水扁核定公佈「跨黨派小組設立要點」。總統府並於同年八月十四日，成立「跨黨派小組」之任務編組。目標為：『凝聚全民共識、促進族群合諧，維護台海和平及發展兩岸關係。』

「跨黨派小組」召集人：李遠哲。成員共有22位：白光勝、朱惠良、沈富雄、沈君山、吳豐山、吳東昇、明居正、林明成、林濁水、林子儀、范光群、洪多桂、梁丹丰、陳添枝、曹興誠、黃崑虎、黃昭元、曾貴海、趙永清、蔡同榮、蕭新煌、顏建發。

「跨黨派小組」共計召開7次會議。於民國八十九年八月十四日第一次會議，以討論程序問題為主；第二次會議則於十月十四日召開，討論「一個中國」問題及有無「九二共識」之議題；第三次會議於十月二十八日舉行，達成處理兩岸關係的基本原則與立場的具體共識，並成立「一中」問題專案研究小組討論「一中」；第四次會議於十一月四日舉行，討論兩岸經貿、三通及加入WTO等議題；第五次會議於十一月十二日召開，聽取「一個中國」專案研究小組報告「一個中國」並討論但未獲結論；十一月十八日召開的第六次會議，繼續討論對「一個中國」問題的回應方式，仍未能凝聚共識；迄十一月二十六日舉行第七次會議，針對「一個中國」議題終於達成「三個認知，四個建議」的共識。

「跨黨派小組」第三次會議達成處理兩岸關係的「基本立場」與「基本原則」如下：[11]

「基本立場」為：『應以中華民國兩千三百萬人民的利益為優先，尊重台灣人民希望兩岸和平及謀求良性發展之集體意願。』

「基本原則」為：〈1〉堅持中華民國主權一向獨力之事實。〈2〉堅持兩岸應以和平、理性、對等、互惠等原則處理兩岸關係。〈3〉堅持主權在民與民主程序之原則，凡涉及台海現況之重大改變，必須由台灣人民決定。

「跨黨派小組」第七次會議，針對「一個中國」議題終於達成「三個認知，四個建議」的共識：[12]

「三個認知」：〈1〉兩岸現況是歷史推展演變的結果。〈2〉中華民國與

---

[10] 張國城，兩岸關係概論〈台北：華梵大學人文教育研究中心，民國九十八年九月〉，頁五八—六○。

[11] 台北，聯合報，民國八十九年十月二十九日，版二。

[12] 台北，中國時報，民國八十九年十一月二十七日，版一。

中華人民共和國互不隸屬、互不代表。中華民國已經建立民主體制，改變現狀必須經由民主程序取得人民同意。〈3〉人民是國家的主體，國家的目的在保障人民的安全與福祉；兩岸地緣近便，語文近同，兩岸人民應可享有長遠共同的利益。

「四個建議」：〈1〉依據中華民國憲法增進兩岸關係，處理兩岸爭議及回應對岸「一個中國」的主張。〈2〉建立新機制或調整現有機制，以持續整合國內各政黨及各方對國家發展與兩岸關係之意見。〈3〉呼籲中華人民共和國政府，尊重中華民國國際尊嚴與生存空間，放棄武力威脅，共商和平協議，以爭取台灣人民信心，從而創造兩岸雙贏。〈4〉昭告世界，中華民國政府與人民堅持和平、民主、繁榮的信念，貢獻國際社會並基於同一信念，以最大誠意與耐心建構兩岸新關係。

整體而言，陳水扁總統成立「跨黨派小組」的功能與成效，就民進黨、國親新黨、中共的看法各異。

〈1〉 民進黨：A.陳水扁總統高度肯定「跨黨派小組」有助凝聚國內各黨派共識。其於民國八十九年十二月三十一日發表『跨世紀談話』，其中特別提到：『兩岸關係的解決攸關子孫福祉，絕非一蹴可幾。尤其在國人仍就缺乏共識的情況下，更必須循序漸進。在跨黨派小組針對兩岸政策提出「三項認知、四項建議」之後，我們在凝聚國內共識的努力獲致初步的成果。』[13]B.民進黨肯定跨黨派小組達成結論的用心與努力，並請陳水扁總統將跨黨派小組達成之共識列為兩岸政策之重要參考。[14]陳水扁總統更有意建構「跨黨派小組」，以之作為兩岸關係的決策平台。[15]

〈2〉 國親新黨：A.強調政黨代表性不足，難有所謂之「跨黨派共識」產生。民進黨政治意識過於明顯，一開始即遭到國、親兩黨杯葛，拒不參加。新黨的兩位小組成員郝龍斌與賴士葆，在小組第五次會議當天開議前，舉行記者會，宣佈退出跨黨派小組。益發突顯該小組代表性不足，與獲致朝野大陸共識之不可能。[16]B.批評小組的成員側重族群與行業之區別，專業性較為匱乏，小組部分成員對兩岸事務嫻熟度有待加強。故而會議之結論過度模糊，無助打開兩岸僵局。[17]

〈3〉 中共：全盤否定跨黨派小組所獲致的「一中」共識。中共國

---

[13] 台北，中國時報，民國九十年一月一日，版二。

[14] 台北，聯合報，民國八十九年十一月二十七日、二十八日，版二、三、四。

[15] 2001 年 12 月 3 日，跨黨派小組邀請相關部會首長報告，行政院陸委會蔡英文主委、經建會陳博志主委就台灣加入 WTO 後對兩岸關係及兩岸互動模式的影響，提出相關報告，並做意見交換。在本次會後，蔡英文即正式宣布一系列重要的兩岸政策。

[16] 台北，中國時報，民國八十九年十一月十三日，版三。

[17] 潘錫堂，「從跨黨派小組到國統會與國統綱領看當前兩岸關係」。參見「國政研究報告」〈台北：國家政策研究基金會，民國九十年七月十八日〉

台辦主任助理、發言人張銘清於民國八十九年十一月三十
日，重砲批評台灣跨黨派小組達成的「三個認知、四個建議」，
其實是「不三不四」、「不倫不類」，充斥著廢話與空話，完全
是文字遊戲。[18]張氏也指出，所謂跨黨派小組根本名不符實，
並重申中共堅持「一個中國」原則立場，不會改變。[19]

3.「積極開放、有效管理」之「統合論」與落實「小三通」

民國八十九年十二月三十一日，陳水扁總統發表『跨世紀談話』，這就是『統合論』觀點的提出。陳水扁宣示將以『積極開放、有效管理』的新視野，在知識經濟的既定方針之下，為台灣新世紀經貿版圖作出宏觀規劃，逐步落實。陳水扁呼籲：『對岸政府與領導人，尊重中華民國生存空間及國際尊嚴，公開放棄武力威脅。從兩岸經貿與文化之統合開始著手，逐步建立兩岸之間的互信，進而共同尋求兩岸永久和平、政治統合的新架構。』[20]

「跨黨派小組」成員吳豐山論述『統合論』的精神，指出：[21]

> 統合有別於統一，歷史統一是誰要消滅誰，如果談統合就沒有消滅的問題，而是互相承認；中華民國是主權獨立的國家，中華民國也尊重中華人民共和國的存在，統合的概念是兩岸共同找出一個共榮共存、互利互惠的方法之一。

陳水扁提出的『統合論』在民國九十年八月，「經濟發展諮詢委員會議」閉幕典禮的致詞，有具體的陳述：兩岸關係本持「台灣優先、全球佈局、互惠雙贏、風險管理」四大原則，以「積極開放、有效管理」取代李登輝時代的「戒急用忍」，建構穩健的兩岸經貿政策；建立資金流動的靈活機制；主動因應加入世界貿易組織及兩岸三通問題；積極推動大陸人士來台觀光；持續推動兩岸協商。[22]

陳水扁任內「統合論」最大的成功，當屬民國九十年一月一日「小三通」的實施。這也是扁政府執政八年中，兩岸關係最大的突破。

民國八十九年三月二十一日，立法院通過「離島建設條例第十八條」，其明定：『為促進離島發展，在台灣本島與大陸地區全面通航之前，得先行試辦金門、廈門、馬祖、澎湖地區與大陸地區通航』。為金門、馬祖、澎湖與大陸地區通航〈通稱「小三通條款」〉，以解決兩岸人民關係條例的限制，提供法源依據。並於同年 4 月 5 日公佈實施。

民國八十九年十二月十三日，行政院根據「離島建設條例」，通過「試辦金門馬祖與大陸地區通航實施辦法」，以作為小三通的管理依據。陸委會亦完成「金馬試辦小三通說明書」。其中說明小三通的目的、基本原則、開放項目、兩岸協商及小三通對金馬的展望。持平而論，小三通的實施，確實對金門與廈門的往來便利，不僅有利台商往返大陸，亦有助於台、閩之間的觀光旅遊業蓬勃發展。

---

[18] 人民日報〈海外版〉，二○○○年十二月一日，版一、二。

[19] 人民日報〈海外版〉，二○○○年十二月一日，版一、二。

[20] 台北，中國時報，民國九十年一月一日，版二。

[21] 謝瑞智，政治變遷與國家發展，二版〈台北：文笙書局，2010 年 3 月〉，頁一八七。

[22] 台北，聯合報，民國九十年八月二十七日，版一、二。

4.「一邊一國」

陳水扁在民國九十一年以前，對兩岸關係定位是比較柔和的，對於「合作」的呼聲遠高於「台灣主權」的強調。唯陳水扁就任的前兩年，很有智慧的用「中華民國」〈跨黨派小組的「基本立場」與「基本原則」；『跨世紀談話』的統合論都不斷出現「中華民國」字眼〉，來包裝「兩岸合作」，以抗衡中共「一個中國」政策。雖然民進黨政府並不是那麼熱愛「中華民國」〈該黨的支持群眾在集會遊行是不揮舞中華民國國旗〉，故而當陳水扁採取直接以「中華民國」稱號，去碰撞中共「一個中國」時，中共是以「聽其言、觀其行」的原則處理，鮮少有正面直接的回應。

而陳水扁在鞏固內部基本教義派的同時，陳水扁與民進黨深層的「台灣主權」意識正式浮出檯面；民國九十一年起，「統合論」轉向為「一邊一國」；「四不一沒有」轉向為「公民投票、制定新憲」、「四要一沒有」；民國九十五年元旦文告出現「積極管理、有效開放」取代「積極開放、有效管理」的大陸經貿政策；九十五年二月二十八日民進黨政府正式終止了「國統會」與「國統綱領」，也正式向大陸提出兩岸不可能統一的看法及作法〈可明顯看到一個事實：民國九十一年以後，原先在跨黨派小組的「基本立場」與「基本原則」；『跨世紀談話』的統合論都不斷出現「中華民國」的位置，現在都是用「台灣」字眼取代。這才是陳水扁與民進黨政府的真正最愛與意圖〉。可以想見，中共面對比李登輝總統時期的「特殊國與國的關係」，更加分裂理論的同時，兩岸關係自然較李登輝時期更為緊張。中共乃有「反分裂國家法」的制定，以對應民進黨政府。

陳水扁「一邊一國」的提出是在民國九十一年八月三日，向台獨組織「世界台灣同鄉聯合會」第29屆東京年會上，透過視訊發言，向與會人士提出「一邊一國」的宣示：[23]

> 我們必須要認真思考，要走自己的路，走我們台灣的路，走出我們台灣的前途，甚麼叫「我們台灣自己的路」，很簡單，也很清楚，非常明白，我們自己台灣的路，就是台灣的民主之路、台灣的自由之路、台灣的人權之路、台灣的和平之路。二、台灣是我們的國家，我們的國家不能被欺負、被矮化、被邊緣化、及地方化，台灣不是別人的一部分；不是別人的地方政府、別人的一省，台灣也不能成為第二個香港、澳門，因為台灣是一個主權獨立的國家，簡言之，台灣跟對岸中國一邊一國，要分清楚。三、中國一直不放棄對台灣使用武力，在國際上打壓台灣，這對台灣人民的感情有很大傷害，中國說的所謂「一個中國原則」或「一國兩制」就是對台灣現狀的改變，我們不可能接受，因為台灣的未來，台灣的現狀是否要改變？不是任何一個國家、任何一個政府、任何一個政黨、任何個人可以替我們決定，只有二千三百萬偉大的台灣人民，才有權利對台灣的前途、台灣的命運和現狀來做決定。
>
> 而有需要的時候要如何決定？就是我們長期追求的的理想與目標；也是大家共同的理念─公民投票，公民投票是基本人權，也是二千三百萬人民的

---

[23] 台北，中國時報，民國九十一年八月四日，版一。

基本人權，不能被剝奪和限制的，個人要誠懇呼籲和鼓舞大家，要認真思考公民投票立法的重要性和迫切性。台灣是一個主權獨立的國家，台灣跟對岸中國「一邊一國」，要分清楚。只有二千三百萬偉大的台灣人民才有權利對台灣的前途、命運和現狀做決定；如果我們要需要做決定時，就是以公民投票來決定。

陳水扁在這篇宣示中所傳達的政治理念：「一邊一國」→「台灣前途由二千三百萬台灣人民決定」→「公民投票」。其實這一訴求，從早期黨外時期、一直到民進黨成立迄今，從來沒有改變過，其實也是了無新意，只是過去民進黨未曾執政，而陳水扁以中華民國總統之尊提出，並要以制定「公民投票法」，做為達成公民投票之手段，為台灣前途催生，更有其政治意涵。

5.「公民投票」、「制定新憲」與「四要一沒有」

陳水扁的「台灣主體意識」，是透過「公民投票」〈民國九十三年提出〉、「制定新憲」〈民國九十五年提出〉來完成他「四要一沒有」〈民國九十六年提出〉的政治目標。

〈1〉「公民投票」

民國九十二年，立法院三讀通過「公民投票法」，陳水扁總統於十二月三十一日簽署，同時表示：『希望公民投票法完成立法後，公民投票的基本人權、普世價值能夠在台灣生根，並能真正為二千三百萬台灣人民所擁有、享用。』

「公民投票法」通過後，第一次的使用，正好是陳水扁總統配合其民國九十三年〈2004年〉競選蟬聯第二任總統的「巧門」。在「公投綁大選」之下，陳水扁總統於總統大選前兩個多月的民國九十三年一月十六日晚間，就「公民投票」發表電視談話，宣佈「320和平公投」的兩項議題。[24] 並表示：[25]

> 三年多以來，本人一直信守「四不一沒有」的承諾，但是中國對台灣卻不斷增加飛彈部署及企圖武力犯台的軍事準備。為防止中共武力侵犯台灣，片面改變兩岸的現狀，我們要推動320和平公投。當台灣在面對中國以強大武力威脅我們國家主權之際，和平公投乃是一種預防性行為，藉此提高人民心防，積極維持兩岸的現狀。

民國九十三年二月三日，陳水扁總統簽署致行政院院長舉辦公民投票的箋函，並檢附「民主寫歷史；公投護台灣」為題之公投理由書：[26]

> 鑒於中國片面否定我國主權，企圖迫使我國接受所謂「一個中國」、「一國兩制」，近年來並持續對台灣增加飛彈部署，一再揚言不放棄武力犯台，且在國際嚴重擠壓我國生存空間，已符合公民投票法第十七條第一項規定

---

[24] 兩項公投分別是「台灣人民堅持台海問題應該和平解決。如果中共不撤除瞄準台灣的飛彈、不放棄對台灣使用武力，您是否贊成政府增加購置反飛彈裝置，強化台灣自我防衛能力？」、「您是否同意政府與中國展開協商，推動建立兩岸和平穩定的互動架構，謀求兩岸的共識與人民的福祉？」。公投實際狀況請參閱本章第四節。

[25] 台北，中國時報，民國九十三年一月十七日，版一。

[26] 台北，中華民國總統府，2004年2月3日新聞稿。http:
//www.president.gov.tw/php-bin/prez/shownews.php4？Rid=9355

「國家遭受外力威脅，致國家主權有改變之虞」的要件。為實現國民主權原理，防止中共武力侵犯台灣、片面改變兩岸現狀，爰決定依據「公民投票法」第十七條規定，推動 320 公投，將攸關我國國防能力及對等談判的兩項國家安全議題交付公民投票，訂於今年 3 月 20 日，舉辦此一具有劃時代意義的公民投票，展現台灣人維護國家主權及追求和平的意志與決心。

民國九十三年三月二十日，第十一屆總統大選的結果，陳水扁在選前一天下午，發生「三一九槍擊案」，在疑雲滿天的「兩顆子彈」下，以 0.228%的微幅差距，險勝國民黨的連戰、宋楚瑜〈連宋配〉，而兩項公投均未過關〈詳見本章第四節〉，陳水扁「公投綁大選」意在連任，公投未過也就不了了之。究其實，這兩項所謂的「防禦性公投」內容，根本不需要透過公投才能決定做與不做。此均為政府的職權範圍內，即可進行者。這兩者本為行政部門的權責，加以立法院代表民意之監督，何須公投才可做？試問：過去政府買了多少飛彈武器系統，以及愛國者飛彈，何次有須公投決定？再者，公投若不過，政府難到停止購買反飛彈裝置？故而，「公投綁大選」之意正是「司馬昭之心」，不言可喻者。

〈2〉「制定新憲」與「四要一沒有」

陳水扁總統在民國九十五年的元旦祝詞中，特別強調「台灣主體意識」，未來兩岸關係如何發展，都必須符合「主權、民主、和平、對等」四大原則。並希望在民國九十七年為台灣催生一部合時、合身、合用的新憲法。更期許民間版的「台灣新憲法」草案在民國九十五年能夠誕生。[27]

民國九十六年三月一日，陳水扁總統接受德國「德透社」專訪。它細數任內之重要作為：如民國九十二年完成第一部「公民投票法」、民國九十三年舉行第一次的全國性公民投票、民國九十四年第七次修憲完成「公投入憲」、民國九十五年完成「終統」〈終止「國統會」跟「國統綱領」的運作與適用〉，也就是說，廢除所謂的終極統一，是台灣的唯一選擇與結論，把台灣的未來、兩岸關係最終的選擇留白，一切交由 2300 萬的台灣人民、透過自由意志來做選擇與決定。[28]

民國九十六年三月四日，陳水扁總統出席「台灣人公共事務會」〈FAPA〉25周年慶祝晚宴時，提出「台灣要獨立」、「台灣要正名」、「台灣要新憲」、「台灣要發展」。這就是所謂的「四要一沒有」。其具體內容為：[29]

> 第一、台灣要獨立。台灣是主權獨立在中華人民共和國外的國家，台灣獨立是台灣人民共同的理想與長期的目標，追求台灣獨立不是危險的退步，是最崇高的志業。第二、台灣要正名。台灣是我們母親的名字，台灣是最美、最有力的名字，台灣是參加聯合國進入國際組織最好的名字。第三、台灣要新憲。台灣要走向正常完整的國家，需要一部合時、合身、合用的台灣新憲法，不要怕立法院四分之三的否決權，不要怕公

---

[27] 台北，聯合報，民國九十五年一月一日，版一、二。

[28] 台北，中華民國總統府新聞稿，民國九十六年三月一日新聞稿。http：//www.president.gov.tw/php-bin/prez/shownews.php4？-section=3&-recNo=22

[29] 「四要一沒有扁宣示台灣要獨立」，自由電子報。2007 年 3 月 7 日。http：//www.libertytimes.com.tw/2007/new/mar/5/today-p1.htm

民投票二分之一沒辦法通過。只要大家同心合力，目標一致，有一天一定會成功。第四、台灣要發展。台灣的存在是全民、台商、在民主社群大家共同的利益，只有實施民主、經濟繁榮、照顧弱勢，台海和平才有發展。第五、台灣沒有左右的問題。台灣與新興民主國家不同之處，在於台灣只有國家認同分歧的問題，只有統獨的問題，只有前進或後退的問題。

陳水扁的「四要一沒有」，不同於就任之初的「四不一沒有」，所展現的是充分的積極面向。他的目的：一則，對其任內八年經濟大逆退、政績不佳尋求解套。二則，激怒中共，藉著中共嚴詞抨擊之際，獲取台灣內部一定比例民眾的內聚力，以攫取政治利益。三則，圍爐取暖，與同質性高的台獨基本教義派唱和，獲得如雷掌聲，台灣之子，顧目自盼，儼然自得。四則，此為選舉語言，目的在針對次年的總統大選凝聚黨內力量。

6.中共制定「反分裂國家法」

在陳水扁「一邊一國」、推動公投之際，中共的不滿溢於言表，民國九十四年三月，中共國家主席胡錦濤正式對陳水扁政府提出強烈的批判：[30]

> 近年來，台灣島內局勢發生了重大、複雜的變化，『台獨』分裂勢力的活動不斷加劇，給兩岸關係和平穩定發展造成了嚴重影響。台灣當局不斷在台灣政治、文化、教育等領域進行『台灣正名』、『去中國化』等『漸進式台獨』活動，蓄意挑起兩岸對立，竭力破壞大陸和台灣同屬一個中國的現狀。事實說明，『台獨』分裂勢力及其活動日益成為兩岸關係發展的最大障礙，成為台海地區和平穩定的最大現實威脅，如不予以堅決反對和制止，勢必嚴重威脅國家主權和領土完整，斷送兩岸和平統一的前景，危害中華民族的根本利益。

胡錦濤就兩岸的發展狀況，提出「四點意見」：〈1〉堅持「一個中國」原則絕不動搖。〈2〉爭取和平統一的努力絕不放棄。〈3〉貫徹寄希望於台灣人民的方針決不改變。〈4〉反對「台獨」分裂活動決不妥協。以上「胡四點」被形容為「硬的更硬、軟的更軟」，其中增加了許多對台灣同胞的柔性喊話。

中共於台灣當局的第一次公投與總統大選後，在民國九十四年三月十四日，中華人民共和國第十屆「全國人民代表大會」第三次會議，通過一部專門針對台灣的法律「反分裂國家法」，當天就由國家主席胡錦濤簽署、公佈、實施。

「反分裂國家法」共有十個條文。其要旨精神如下：

第一節　開宗明義立法背景：『為了反對和遏止「台獨」分裂勢力分裂國家，促進祖國和平統一，維護台灣海峽地區和平穩定，維護國家主權和領土完整，維護中華民族的根本利益，根據憲法，制定本法。』〈第一條〉

第二節　「一個中國」的原則：『世界上只有一個中國，大陸和台灣同屬一個

---

[30] 「胡錦濤提新形勢下發展兩岸關係四點意見」http：//news.xinhuanet.com/Taiwan/2005-03/04/content-2649922.htm

中國，中國的主權和領土的完整不容分割。維護國家主權和領土完整是包括台灣同胞在內的全體中國人民的共同義務。』『台灣是中國的一部份。國家絕不允許「台獨」分裂勢力以任何名義、任何方式把台灣從中國分裂出去。』〈第二條〉

第三節 「台灣問題」的界定：『台灣問題是中國內戰遺留問題。』『解決台灣問題，實現祖國統一，是中國的內部事務，不受任何外國勢力的干涉。』〈第三條〉

第四節 完成統一的職責：『完成統一祖國大業是包括台灣同胞在內的全中國人民的神聖職責。』〈第四條〉

第五節 一中原則與和平統一：『堅持一個中國原則，是實現祖國和平統一的基礎。』『以和平方式實現祖國統一，最符合台灣海峽兩岸同胞的根本利益。國家以最大的誠意，盡最大的努力，實現和平統一。』『國家和平統一後，台灣可以實行不同於大陸的制度，高度自治。』〈第五條〉

第六節 透過5方面措施，維護台海地區和平穩定，發展兩岸關係：『國家採取下列措施，維護台灣海峽地區和平穩定，發展兩岸關係：〈一〉鼓勵和推動兩岸人員往來，增進了解，增強互信。〈二〉鼓勵和推動兩岸經濟交流與合作，直接通郵通航通商，密切兩岸經濟關係，互利互惠。〈三〉鼓勵和推動兩岸教育、科技、文化、衛生、體育交流，共同弘揚中華文化的優秀傳統。〈四〉鼓勵和推動兩岸共同打擊罪犯。〈五〉鼓勵和推動其他有利於維護台灣海峽地區和平穩定、發展兩岸關係的其他活動。』〈第六條〉

第七節 台海兩岸可以協商、談判的6項內容：『國家主張通過台灣海峽兩岸平等的協商和談判，實現和平統一。』『協商和談判可以有步驟、分階段進行，方式可以靈活多樣。』『海峽兩岸可以就下列事項進行協商和談判：〈一〉正式結束兩岸敵對狀態。〈二〉發展兩岸關係的規劃。〈三〉和平統一的步驟與安排。〈四〉台灣當局的政治地位。〈五〉台灣地區在國際上與其地位相適應的活動空間。〈六〉與實現和平統一有關的其他任何問題。』〈第七條〉

第八節 採取「非和平方式及其他必要措施」之3個先決條件：『台獨分裂勢力以任何名義、任何方式造成台灣從中國分裂的事實，或者發生將會導致台灣從中國分裂出去的重大事變，或者和平統一的可能性完全喪失，國家得採取非和平方式及其他必要措施，捍衛國家主權和領土完整。』〈第八條〉

第九節 採取「非和平方式及其他必要措施」之保護措施：『依照本法規定採取非和平方式及其他必要措施並組織實施時，國家盡最大可能保護台灣平民和在台灣的外國人的生命財產安全和其他正當權益，減少損失；同時，國家依法保護台灣同胞在中國其他地區的權利和利益。』

〈第九條〉

第十節　『本法自公佈之日起實施。』〈第十條〉

中共制定的「反分裂國家法」最引世人注目的是第八條中共採取「非和平方式及其他必要措施」三大條件的最後一項，即「和平統一的可能性完全喪失，國家得採取非和平方式及其他必要措施，捍衛國家主權和領土完整。」這將使中共對台策略，由江澤民時期的對民進黨政府「聽其言、觀其行」的政策，改弦更張為兼採「和平統一」與「非和平措施」並用，何謂「和平統一的可能性完全喪失」？解釋權在中共，這是引起國際和台灣內部高度關注的事項。

民進黨政府針對「反分裂國家法」的公佈實施，外交部發表聲明稿嚴正表明反對立場，並認為中共此法之問題在於：〈1〉藐視台灣主權。〈2〉片面改變現狀。〈3〉升高兩岸緊張、引起台海危機之行為。〈4〉意圖建立單邊支配地位。〈5〉建構武力攻台之法律基礎。〈6〉向國際宣示強硬立場。〈7〉塑造偽善民主正當性。〈8〉違反國際法。〈9〉傷害台灣民主發展。〈10〉破壞兩岸關係發展〈11〉威脅區域安全。[31]

固然此法是中共針對台獨而為。然而，一則，中共蠻橫、漠視中華民國主權的行徑，台灣內部對此法無論政治立場為何，反對者居多數；只不過支持台獨者對此非常激動，而不支持台獨者反應較為冷淡。二則，中共對其統一的內部可制訂「反分裂國家法」，而台澎金馬的主權〈源自於中民國憲法〉與實際治權〈源自於 1911 年就已成立的中華民國政府〉，均非中共所有，中共當局制定此法一方面，坐實其「北京中央 — 台北地方」的霸權心態；再方面，凸顯其不尊重這塊土地的人民與踰越其有效權限。

〈三〉馬英九主政時期：兩岸關係相對穩定

民國九十七年三月二十二日，馬英九總統當選中華民國第 12 任總統，中華民國歷經二次政黨輪替，中國國民黨在八年之後，再次取回中央執政權。根據馬英九在九十七年五月二十日總統就職演說內容，以及他之後任內的施政狀況，對兩岸關係的幾個議題、定位和施政政策，大致如下：

1.統獨問題：「不統、不獨、不武」

馬總統在就職演說中提出：『將以最最符合台灣主流民意的「不統、不獨、不武」的理念，在中華民國憲法架構下，維持台灣海峽的現狀。這些話的重點在於「不獨」，因為中華民國早已放棄反攻大陸，因此「統」和「武」早已不取決於台北的政策。』

就「不統、不獨、不武」的內涵分析，馬總統表示，任期之內絕不會與大陸協商有關統一的問題。在台灣獨立方面，馬總統認為民主國家的人民，本來就有各自不同的政治立場，而且可以充分加以表達，但馬總統個人是並不支持此項政治立場。但就中共欲以武力解決有關台灣問題的方式，馬總統更是反對。

依據台灣各研究單位經常性之民意調查：台灣內部贊成目前維持現狀，將來

---

[31] 台北，中國時報，民國九十四年三月三十日，版一、二。

再決定統、獨立場的民眾，與贊成永遠維持現狀的民眾，比例均過半以上。[32]故而，維持現狀確實是當前台灣內部主流的民意。

2.兩岸協商與談判：恢復制度性協商

馬總統推展兩岸關係的思維，在他就職演說中明確的宣示：[33]

> 1992 年，兩岸曾經達成「一中各表」的共識，隨後並完成多次協商，促成兩岸順利的發展。英九在此重申，我們今後將繼續在「九二共識」的基礎上，儘早恢復協商，並秉持 4 月 12 日在博鰲論壇中提出的『正視現實，開創未來，擱置爭議，追求雙贏』，尋求共同利益的平衡點。兩岸走向雙贏的起點，是經貿往來與文化交流的全面正常化，我們已經做好協商的準備。希望七月即將開始的周末包機直航與大陸觀光客來台，能讓兩岸關係跨入一個嶄新的時代。

馬總統就兩岸關係的政策上，是優先處理兩岸經貿關係正常化，再討論「台灣國際空間」、「台海安全」等政治議題。馬總統這樣的決定是來自兩方面的思考：

〈1〉以務實的態度「開放佈局」兩岸關係：一旦政府的決策拋開了政治的枷鎖，避開政客的叫囂與操弄，停止政治議題的空洞與操作，也可使兩岸避開陷入敵對與衝突的空轉情境，「先經後政」有助於實質經貿、文化、觀光的交流互動。

〈2〉制度化的協商能夠為兩岸人民、台商建立制度化的保障：從李登輝時期台商登陸發展，到陳水扁時期八年，兩岸的貿易總額成長 2.8 倍，台商赴大陸投資累積金額成長 38 倍。[34]大陸已經成為台灣最大的貿易夥伴及最大投資地區，唯兩岸卻缺乏制度性的保障，因而唯有穩定的兩岸關係發展，兩岸才能真正平心靜氣的為雙方互動下，台商的權益謀求保障、並逐步解決兩岸交流真正須解決的議題、與交流互動中衍生的新問題。

馬總統務實、積極的從「有效管理」，走向「開放佈局」。開展了熱絡的兩岸制度性協商，不僅使兩岸關係趨於穩定發展，對台灣的經貿也有實體的助益。馬英九總統從民國九十七年到一○一年〈2008-2012〉，第一個任期的四年，到第二個任期，「江陳會談」已進行了八次。兩岸共簽署了 18 項協議、2 個共識以及 2 個共同意見。在兩岸旅遊、空運、海運、食品安全、郵政、金融合作、共同打擊犯罪及司法互助、農產品檢疫檢驗合作、標準計量檢驗認證合作、漁船船員勞務合作、智慧財產權保護合作、醫藥衛生合作、陸資來台等議題上完成共識，兩岸兩會對於兩岸經貿交流的貢獻值得肯定。八次「江陳會談」重要決議如下：

〈1〉 第一次「江陳會談」：民國九十七年六月十一日至十四日。北京。簽

---

[32] 依據陸委會 2011.11 所作「民眾對當前兩岸關係之看法」民意調查：贊成目前維持現狀，將來再決定統、獨立場的民眾，與贊成永遠維持現狀的民眾達 86.6%；主張儘快宣布獨立者佔 4.1%；主張儘快統一者佔 1.3%。

[33] 馬英九總統就職演說「人民奮起，台灣新生」。台北，聯合報，民國九十七年五月二十一日，版一。

[34] 台北，行政院大陸委員會「兩岸經濟統計月報」，第 204 期，2010 年，表十。

署：「海峽兩岸包機會談紀要」及「海峽兩岸關於大陸居民赴台灣旅遊協議」等兩項協議。

〈2〉　第二次「江陳會談」：民國九十七年十一月三日至七日。台北。簽署：「海峽兩岸空運協議」、「海峽兩岸海運協議」、「海峽兩岸郵政協議」、「海峽兩岸食品安全協議」等四項協議。

〈3〉　第三次「江陳會談」：民國九十八年四月二十五日至二十九日。南京。簽署：「海峽兩岸共同打擊犯罪及司法互助協議」、「海峽兩岸金融合作協議」、「海峽兩岸空運補充協議」等三項協議。並對「陸資來台投資議題」達成共識。

〈4〉　第四次「江陳會談」：民國九十八年十二月二十一日至二十五日。台中。簽署了：「海峽兩岸農產品檢疫檢驗協議」、「海峽兩岸漁船船員勞務合作協議」、「海峽兩岸標準計量檢驗驗證合作」等三項協議。

〈5〉　第五次「江陳會談」：民國九十九年六月二十九日。重慶。簽署了：「兩岸經濟合作架構協議〈Economic Cooperation Framework Agreement；ECFA〉」，確定早收清單項目。「兩岸智慧財產權保護」等兩項協議。

〈6〉　第六次「江陳會談」：民國九十九年十二月二十日。台北。簽署了；「海峽兩岸醫藥衛生合作協議」、決定成立「協議落實的檢討機制」。

〈7〉　第七次「江陳會談」：民國一00年十月二十日。天津。簽署了「兩岸核電安全合作計劃」一項協議。

〈8〉　第八次「江陳會談」：民國一0一年八月九日。台北。簽署了「海峽兩岸投資保障和促進協議」及「海峽兩岸海關合作協議」，同時還針對投保協議，雙方共同發表了「人身自由與安全保障共識」。

其中，在民國九十九年的第五次「江陳會談」中，雙方成功地簽署了ECFA，是兩岸經貿深化合作一個新的里程碑。到民國一0一年，ECFA已進行至早收清單第二階段的開放，依據經濟部貿易局統計，ECFA為台商節省2.25億美元的關稅，並有高達94.5%的早收清單產品關稅降為零；在ECFA關於服務貿易早收清單效益方面，台灣有131家台灣企業獲准獨資或合資經營業務，核准金額為6.04億美元；另已核准陸資來台投資案件中，屬於ECFA之服務貿易早收清單項目者有43件，投資金額約1.08億美元。[35]由數據分析，貨品貿易早收清單及服務貿易早收清單對於台灣經濟，都有具體且顯著的初期經濟效益展現。

馬總統主政下的第一任四年中，兩岸產業合作方面發展成效顯著。經濟部並積極推動「搭橋專案」，在「一年交流，二年洽商，三年合作」的策略下，搭橋專案自民國九十七年十二月啟動至民國一00年底，已經辦理17項產業、36場次的交流會議，並有約1.6萬人次參與，並促成約1,463家企業洽商後，簽訂近280項合作意向書，已逐步從促進兩岸產業由交流轉為實質合作。[36]整體而言，

---

[35]「100年我與大陸雙邊貿易及ECFA早期收穫收益情形」。參見：台北，經濟部國際貿易局新聞稿，民國一0一年一月十日。http：//www.cnfiorg.tw/wto/admin/upload/news/1010110%5B1%5D.doc

[36]「馬總統第二任期兩岸經濟展望」。台北，中央日報網路版，2012.6.24。http://www.cdnews.com.tw

馬總統的摒棄空洞的意識形態之爭，積極的走向開放佈局，對台灣經濟發展，兩岸穩定關係都有正面意義。

3.台灣國際空間問題：外交休兵、活路外交

馬總統分析了李登輝、陳水扁在國際事務的處理上有如下的缺失：

〈1〉 無意義的衝撞、耗損。從李登輝「兩國論」到陳水扁的「一邊一國」、「烽火外交」[37]衝撞的結果，民國八十二年到民國九十七年，台灣的外交預算增加64%，但並沒有成功的將中華民國走出國際社會。反觀陳水扁八年〈2001—2008〉的「烽火外交」政策「執行成效」：邦交國增加了3國，斷交了8國。[38]

〈2〉 減損台美的互信。陳水扁八年任內，出訪友邦國家達15次之多，為歷任總統之冠。然而他的「烽火外交」、「迷航之旅」被美國視為「麻煩製造者」〈troublemaker〉。美國一向是中華民國最為支持的國家，對陳水扁政府也不再信任。美國曾不只一次的重話指稱：『台灣不是主權獨立的國家』、『台灣是美中關係的地雷。』正因為陳水扁以民意操弄對外關係，以意識形態決定外交政策。這些「烽火外交」常給美國意外，不符合美國維持台海地區和平的戰略利益，因而嚴重損傷台美互信，這對台灣的國家利益是違背的。

馬英九早在當選總統的前一年，出席學術界的一場會議時就提出他的「活路外交」看法。他並指出民進黨陳水扁政府外交政策，將台灣走到「孤立」之境，可用ABCD來形容。民進黨的外交是「外行的」〈amateurish〉、「危險邊緣」〈brinkmanship〉、「善變的」〈capricious〉、「務虛的、教條主義的」〈dogmatic〉。馬英九接著提出他「活路外交」的4個E：「交往」〈engagement〉、「經濟」〈economy〉、「平等」〈elasticity〉、「彈性」〈equality〉，找到雙方都能接受的平衡點。[39]

馬總統民國九十七年的就職演說中，首次提出「和解休兵」理念主張：『兩岸不論在台灣海峽或是國際社會，都應該和解休兵，並在國際組織及活動中相互協助、彼此尊重。』[40]馬總統並於同年8月4日視察外交部時，進一步的闡釋「活路外交」、「外交休兵」的意涵：[41]

---

[37] 「烽火外交」是由民進黨主政時代的前行政院副院長邱義仁在擔任國安會秘書長時提出的。

[38] 建交3國〈吉里巴斯2003、諾魯2005、聖路西亞2007〉；斷交8國〈馬其頓2001、賴比瑞亞2003、多米尼克2004、格瑞那達、塞內加爾2005、查得2006、哥斯大黎加2007、馬拉威2008〉；關閉外館數2個〈白俄羅斯2006、汶萊2006〉參見，聯合新聞網。http://mag.udn.com/mag/abian/storypage.jsp？f-ART-ID=36998

[39] 民國九十六年六月一日，馬英九在國立政治大學舉辦的一場「模擬聯合國」會議上，應邀以全英文發表了keynote speech提出了「活路外交」模式：即「交往」、「經濟」、「平等」、「彈性」等四點。他並表示，若國民黨能在明年執政，就要與中共談判與交往，找到雙方都能接受的平衡點，無論雙邊關係或是參與國際組織，兩岸無需衝撞，不必傷感情及消耗資源。詳細內容參見：台北，聯合報，民國九十六年六月二日。聯合報，版二。

[40] 「中華民國第12任總統馬英九先生就職演說」，馬英九總統九十七年言論選集〈台北：行政院新聞局，2009〉，頁八。

[41] 蔡增家，「日本對兩岸外交休兵的看法與反應」，林碧炤主編，李明、邱坤玄、孫國祥等箸，

　　過去八年來實施「烽火外交」與金援外交，成效值得商榷，因為從 1993 年到 2008 年來，外交預算增加 64%，邦交國卻少了 6 個，和無邦交國的互信也受到衝擊，台灣的國際形象也往負面的方向走，讓人擔心未來外交的走向。並表示，所謂「活路外交」，和過去的「務實外交」在精神上是一致的，都是以務實主義為原則，過去遇到的困難，不在於台灣做了國際所不齒的行為，而是和大陸在外交戰場上的對立衝突。近六十年來，兩岸之間的對立鬥爭是外交領域的根源。馬政府執政以後，首要工作就是穩定兩岸關係與改善兩岸關係。「外交休兵」也必須以兩岸關係改善為基礎。

　　加以分析，馬英九總統的「活路外交」落實到政策面，可從以下的兩方面來進行：

〈1〉與中國大陸不再互挖牆角：眼前幾個重要的事實；一則，中華民國所有的邦交國與中華人民共和國的邦交國，是不成比例的。再則，中共的經濟實力在改革開放 20 年後，已有顯著成果，與大陸拼搏金援外交，絕非上策，與中共在國際舞台上硬碰，金援外交的結果，也未必有效，中共可以出更高的金援外交挖走我們的邦交國。三則，中華民國在國際舞台是處於相對弱勢，在參與國際組織與國際活動乃不免處處受制於中共。唯有透過改善兩岸關係、穩定與緩和的兩岸關係，在中國較具善意的回應下，有助我政府化解參與國際社會的阻力。如 2009.5.18 我政府獲邀以世界衛生組織〈WHA〉觀察員身分出席在日內瓦召開的第 62 屆世界衛生大會，並由衛生署長葉金川率團參加。[42] 未來中華民國在國際貨幣、氣候等等有關組織的參與和善盡國際一份子的義務，良好的兩岸關係是重要的條件。

〈2〉改善與美國的關係：馬總統「外交休兵」是對中共而言，「活路外交」則是包括中共、美國與世界所有的國家、國際組織。尤其是陳水扁的作法與美互信盡失。馬總統在於努力修補與美國的良好互動。2008.8.12 到 19 日，馬總統出訪中南美洲的友邦國家巴拉圭、多明尼加總統就職典禮，創下乘坐定期班機出訪的先例，也一改過去陳水扁出訪的「過境外交」作法。過境美國單純化，無公開活動，不做「過境外交」。[43]

　　馬英九總統就任以來，以「尊嚴、務實、彈性」的原則，發展與對岸中共的經濟、外交。當然時空背景的因素改變，政府的政策必須與時俱新，走出對國家、人民的最有利條件。從兩蔣時代的「漢賊不兩立」，到陳水扁的「烽火外交」，各有其意識形態主導。就當前面對中共政、經實力越來越強的事實，西方甚至以「中國崛起」表示不安，台灣要如何自處？最有利的條件為何？馬總統的務實「外交

兩岸外交休兵新思維〈台北：遠景基金會，2008〉頁一六三。

[42] 台灣可以參加此次 WHA 的三個原因：1.台灣自己努力推動。2.國際上的支持。3.中共首肯。詳閱陳忠賢，「馬英九政府大陸政策制定因素與具體實踐」，國立台灣政治大學，國際事務學院，國家安全與大陸研究所碩士在職專班，碩士論文。中華民國九十九年六月，頁二五。

[43] 此次馬英九總統過境美國洛杉磯、舊金山，與 31 位美國聯邦參、眾議員聯繫接觸，都堅守低調原則，顯示馬氏風格的「活路外交」。

休兵」、「活路外交」有其精密的考量。優點是以改善兩岸關係，避免無謂的雙方對立衝突、惡性的「凱子外交」競逐、與削弱台美互信。缺點是「外交休兵」、「活路外交」的大前提 — 「善意」是建立在對岸的理解與接受，這在迄今兩岸相互信心建立措施仍然有限與不足下，仍有不可預測之風險。有謂，如果休兵政策能有所突破，或者正是建立兩岸互信建立相當重要的一步。[44]

唯「外交休兵」是要雙方都要有的共識與誠意，而非單方一廂情願。如果中共否決「外交休兵」，國家又將如何因應？馬總統對外界的疑慮在民國九十七年九月二日，慶祝「九三軍人節暨全民國防教育日」活動中，指出：『兩岸無論是在海峽或國際社會的休兵是我們大家的願望，但這個是兩廂情願的事情，不是一廂情願，只要我們想就做得到；如果大陸不願意休兵，政府就恢復我們應該有的準備；因此我們絕對不主張國防休兵，而是主張止戰而不懼戰，備戰而不求戰。』[45]

相較於李登輝的「兩國論」、陳水扁的「烽火外交」，他們的大陸政策是與大陸劃清界線，雙方往來越少越好，完全否定「九二共識」、「一中原則」，甚至以衝擊、激怒對方在所不惜，兩岸關係陷於低盪，外交工作必然吃力不討好，甚至一無所獲，這是「匹夫之勇」式的外交；而馬英九的務實、彈性、柔和之「外交休兵」、「活路外交」，對保持兩岸良性的互動與穩健的發展，應是當前最佳的選擇。

4.中共 vs.馬總統主權問題

馬總統上任以來，無可迴避與中國大陸的主權問題。

中共的主權認知：

〈1〉 世界上只有「一個中國」，大陸和台灣同屬一個中國，中國的主權與領土是完整不容分割。

〈2〉 「一個中國」原則是兩岸平等對話與談判的基礎。兩岸任何協商及談判，無論政治性或非政治性質，只有在「一個中國」的原則架構下，才能進行下去。

〈3〉 台灣是中國不可分割的一部份，中共是繼承中國的正統並享有台灣的主權。

〈4〉 未來統一後將實施「一國兩制」，給與台灣最高的自治。決不接受「兩個中國」、「一中一台」、「一國兩府」。

〈5〉 中共不放棄對台使用武力的可能：中共過去曾表示以下 7 種狀況，將會對台動武：a.台灣正式宣佈獨立。b.台灣有走向獨立的不確定性。c.台灣發生內部動亂 d.台灣擁有核子武器。e.對於統一時程的無限期拖延。f.外國干預台灣的內部事務 g.外國軍隊駐紮於台灣。
胡錦濤時期之「反分裂國家法」，第八條中共規範採取「非和平方式

---

44 蔡東杰，「兩岸外交休兵對台灣國際空間之可能影響」，林碧炤主編，前揭書，頁八九 — 九0。
45 「兩岸政策與國防探討及透視中國」。詳見 http：//blog.nownews.com/blog.php？page=9&bid=606&tyid=S#ixzz205cj9xVh

及其他必要措施」之 3 個先決條件：『台獨分裂勢力以任何名義、任何方式造成台灣從中國分裂的事實，或者發生將會導致台灣從中國分裂出去的重大事變，或者和平統一的可能性完全喪失，國家得採取非和平方式及其他必要措施，捍衛國家主權和領土完整。』。

馬英九總統的主權觀是以中華民國憲法〈與增修條文〉的精神出發，強調「一中原則」。馬總統於民國九十七年九月接受墨西哥「太陽報」系集團董事長瓦許蓋茲〈Mario Vazquez Rana〉專訪表示：[46]

我們基本上認為雙方的關係應該不是「兩個中國」，而是在海峽兩岸的雙方處於一種特別的關係。因為我們的憲法無法允許在我們的領土上還有另外一個國家；同樣的，他們的憲法也不允許在他們憲法所訂的領土上還有另外一個國家，所以我們兩岸是一種特殊關係，而非國與國的關係。

馬總統依據中華民國憲法增修條文的意涵發表之看法，或被稱之為「一國兩區」。從中華民國憲法增修條文的概念來分析，是正確的：因為根據中華民國憲法，在未能統一之前，暫時分為兩個區域。馬總統國家主權所表達整體之上位概念是「一個中國」的中華民國。依「中華民國憲法增修條文」第 11 條之規定，另公佈「台灣地區與大陸地區人民關係條例」以為規範。

馬總統專訪之後，當時之總統府發言人王郁琦表示：『根據憲法增修條文規定，兩岸是自由地區與大陸地區，也就是臺灣地區與大陸地區；兩岸關係不是國家與國家的關係，也不是中央與地方的關係，是台灣地區與大陸地區的關係，「兩個地區是對等地區，每個統治區上都有統治當局。」[47]

很遺憾的是，以上總統府發言人王郁琦的解釋偏離了馬總統只就「中華民國憲法」陳述的模糊解釋原則。王氏忽而談憲法，忽而談回兩岸現實狀況。尤其所謂的「兩個地區是對等地區，每個統治區上都有統治當局。」這是又從「中華民國憲法」的高度，恢復到「兩岸治權的事實」狀態。此「狗尾續貂」，無怪乎讓馬總統坐實了「馬區長」之譏諷。筆者以為，馬總統很有智慧的模糊陳述主權問題，益以馬總統所承襲國民黨正統思維，堅守強調「中華民國憲法」之「一個中國」— 中華民國原則是正確。吾人以為：依據中華民國憲法增修條文，馬總統所稱之現在兩岸是「特殊的關係」符合事實，依「中華民國憲法」的精神與規定，他是中華民國的總統。

誠然，中共的主權概念，是不會接受「兩個中國」、「一邊一國」、「一中一台」、「一國兩府」、「一國兩區」。馬英九總統對棘手的主權問題，面對外部的中共、內部的統、獨論者，彼此之意識型態南轅北轍，不可能面面俱到，各方討好。回歸到「中華民國憲法」法理之中，正因「一國兩區」概念還是本諸憲法「一個中國」的架構，應是較理想的闡述方法。就中共而言，雖不會全然接受，但不會正面否定馬總統的「一個中國」概念。就台灣內部，統、獨立場者皆有，本土意識強者本來立場鮮明，反對「一個中國」，而將馬總統之說法，歸於「馬總統一國

[46] http：//www.president.gov.tw/php-bin/prez/shownews.php4？-section=3&-recNo=31
[47] 台北，聯合報，民國九十七年九月四日，版六。

兩區之終極統一論」，[48]也不屬意外。面對外部的中共、內部的台獨論者，加上60餘年來兩岸分裂分治的事實，談「主權」誠非易事。

〈四〉兩岸發展路線與前景

前文論述台灣 3 位民選總統的兩岸政策與做法。以下將就兩岸實務的發展，做進一步的闡述，評析兩岸關係的前景與方向。

1.江八點：

1995 年 1 月 30 日，時任中共總書記、中華人民共和國國家主席、中共中央軍委會主席之江澤民，發表以《爲促進祖國統一大業的完成而繼續奮鬥》爲題之講話。講話中提到了關於發展兩岸關係、推進中國和平統一進程的 8 項主張，一般稱之爲「江八點」。「江八點」之內容爲：

〈1〉堅持「一個中國」原則。

〈2〉對於台灣同外國發展民間性經濟文化關係，我們不持異議。但是，反對台灣以搞「兩個中國」、「一中一台」爲目的的所謂「擴大國際生存空間」的活動。

〈3〉進行海峽兩岸和平統一談判。在一個中國的前提下，什麼問題都可以談，包括台灣當局關心的各種問題。

〈4〉努力實現和平統一，中國人不打中國人。

〈5〉要大力發展兩岸經濟交流與合作，以利於兩岸經濟共同繁榮，造福整個中華民族。應當採取實際步驟加速實現直接「三通」，促進兩岸事務性商談。

〈6〉中華文化始終是維繫全體中國人的精神紐帶，也是實現和平統一的一個重要基礎。兩岸同胞要共同繼承和發揚中華文化的優秀傳統。

〈7〉台灣同胞不論是台灣省籍，還是其他省籍，都是中國人，都是骨肉同胞、手足兄弟。我們歡迎台灣各黨派、各界人士，同我們交換有關兩岸關係與和平統一的意見，也歡迎他們前來參觀、訪問。

〈8〉我們歡迎台灣當局的領導人以適當身份前來訪問；我們也願意接受台灣方面的邀請前往台灣。中國人的事我們自己來辦，不需要藉助任何國際場合。

2.李六條：

針對江澤民之「江八點」，李登輝總統於 1995 年 4 月 8 日回應中華民國之態度和立場，共有 6 個項目，故而一般稱之爲「李六條」。其內容如下：

〈1〉在兩岸分治的現實上追求中國統一。

〈2〉以中華文化爲基礎，加強兩岸交流。

〈3〉增進兩岸經貿往來，發展互利互補關係。

〈4〉兩岸平等參與國際組織，雙方領導人藉此自然見面。

〈5〉兩岸均應堅持以和平方式解決一切爭端。

〈6〉兩岸共同維護港澳繁榮，促進港澳民主。

---

48 謝瑞智，政治變遷與國家發展，第二版〈台北：文笙書局，2010 年 3 月〉頁一九 0。

3.胡六點：

　2008 年 12 月 31 日，中共總書記、國家主席、中央軍委主席胡錦濤藉北京紀念「告台灣同胞書」發表 30 周年的機會，發表了《攜手推動兩岸關係和平發展，同心實現中華民族偉大復興》公開講話，提出了六點對台政策方針，被視為兩岸關係進入和平發展時期後，中共對台政策的新綱領。一般習稱之為「胡六點」。內容如下：

　〈1〉恪守一個中國，增進政治互信。

　〈2〉推進經濟合作，促進共同發展。

　〈3〉弘揚中華文化，加強精神紐帶。

　〈4〉加強人員往來，擴大各界交流。

　〈5〉維護國家主權，協商對外事務。

　〈6〉結束敵對狀態，達成和平協議。

4.胡錦濤十八大「政治報告」：

　2012 年 11 月 8 日，中共總書記、國家主席、中央軍委會主席胡錦濤在中共十八大「政治報告」論及兩岸關係部份。其中有口頭報告、書面報告兩個版本。口頭報告著重於「和平統一」、「一國兩制」，又強調「推動祖國和平統一進程的八項主張」〈江八點〉。其「口頭報告」大要如下：

　〈1〉祖國統一是不可阻擋的歷史進程，和平統一最符合兩岸利益。

　〈2〉實現和平統一首先要確保兩岸關係和平發展，要鞏固深化兩岸關係和平發展的政治、經濟、文化、社會基礎，為和平統一創造更充分條件。

　〈3〉兩岸應共同反對台獨，堅持九二共識，增進維護一個中國框架的共同認知，在此基礎上求同存異。

　〈4〉對台灣任何政黨，只要不主張台獨，認同一個中國，大陸都願同他們交往、對話、合作。

　〈5〉大陸和台灣雖然尚未統一，但兩岸同屬一個中國的事實從未改變，國家領土和主權從未分割，也不容分割。

　〈6〉中國人民絕不允許任何人、任何勢力以任何方式把台灣從祖國分割出去。台獨分裂行徑必然走向徹底失敗

　〈7〉大陸會切實保護台灣同胞權益，團結台灣同胞維護好、建設好中華民族共同家園。

　然而胡錦濤的「書面報告」顯然更為精緻地對兩岸發展做了說明，其內容延續其胡六點之精義：

　〈1〉希望〈兩岸〉雙方共同努力，探討國家尚未統一特殊情況下的兩岸政治關係，做出合情合理的安排。

　〈2〉商談建立軍事安全互信機制，穩定台海局勢；協商達成兩岸和平協議，開創兩岸關係和平發展新前景。

5.馬英九總統的回應：

面對中共胡錦濤之兩岸可談「建立軍事互信機制」、「協商達成和平協議」。

其實馬英九總統早在 2012 年競選連任時，就將「兩岸和平協議」納入「黃金十年」的目標，但台灣內部爭議太大，終於讓馬英九急煞車喊停。而馬政府經濟發展不佳，如何穩定內政、拼經濟成為最優先目標，當民意支持低落之際，兩岸議題更是爭議之引爆點，徒滋事端。馬政府仍以「先經後政」的看法，將這兩項議題列為「非急迫性議題」。馬英九政府的主張如下：

〈1〉在中華民國憲法的架構下，維持「不統、不獨、不武」的台海現狀。

〈2〉在「九二共識，一中各表」的基礎上，推動兩岸和平發展。

〈3〉兩岸交流仍將循序漸進，維持「先急後緩、先易後難、先經後政」之原則。

〈4〉未來兩岸工作之三項重點：一是擴大並深化兩岸交流。二是海基會、海協會互設辦事機構。三是通盤檢討修正「兩岸人民關係條例」。

6.兩岸穩健踏實的發展方向 — 「大屋頂中國」的可行性

兩岸之間關係在馬英九總統主政下，終於春暖花開，「江陳八會」貢獻至鉅，兩岸交流日益活絡，有助兩岸人民更為平和、理性的看待兩岸的問題。

至於未來兩岸何去何從？學界有從邦聯、聯邦、大中華經濟圈···等等諸多看法與主張。大陸異議人士嚴家其的「聯邦中國」[49]概念，筆者頗為推崇之。上述各種主張實質內涵雖有差異，唯整體言之，均屬之於「大屋頂中國」範疇，值得兩岸之重視：[50]

> 中共總書記胡錦濤在十八大政治報告中指出···解析胡錦濤此次言論，可得五元素。一、兩岸現況是「尚未統一」；二、希望能安排建立「尚未統一特殊情況下的兩岸政治關係」；三、此一「政治關係」，或許以「軍事互信機制」或「和平協議」與以呈現。四、此一「安排」應求「合情合理」。五、最終的目標，在實現「現在尚未統一，仍是一個中國」。

> 我們認為，若欲建立「在尚未統一特殊情況下的兩岸政治關係」，則「大屋頂中國」允為最「合情合理」的安排。在「大屋頂中國」之下，中華民國是民主中國，中華人民共和國是社會主義中國，兩者都是一部份的中國。···台灣人民必須拒絕不在「大屋頂中國」下的「兩岸政治關係」，却應思考在「大屋頂中國」下的「兩岸政治關係」。因為，台獨已是絕無可能，台灣必須在「一個中國」的範圍中找到安身立命的位置，且又必須跳脫「一個中國是中華人民共和國」的陷阱，則「大屋頂中國」當是可以思考的方案。正因台灣人民懷疑「和平協議」不能「合情合理」，因而此一議題難以立足；如今，倘能以「合情合理」作為準據，應當仍有在中華民國朝野形成共識的可能性。我們認為：合情合理，可從「大屋頂中國」著手。

誠然，兩岸不同的政治體制下，不同的生活方式，台灣人民對「共產制度」是有疑慮；而大陸對台灣部分「台獨」的聲音也有疑慮。筆者在第六章第一節論

---

[49] 嚴家其，聯邦中國構想。台北：聯經出版社，民國八十一年十一月。

[50] 「大屋頂中國」架構的提出，主張最力者，為國內媒體聯合報社。聯合報社論，「和平協議：用大屋頂中國做出合情合理的安排」，聯合報，民國一０一年十一月十日，版 A2。

述「中國大陸在變的事實」，相信中國大陸不止經濟越來越發展，政治轉型也是有理由相信，會有水到渠成之一日。兩岸既屬同根同源，兩岸當前交流、互惠持續推進，先經後政。諺語有謂：「強摘的果實不甜」，「前人種樹，後人乘涼」，兩岸的結果，或可不需急於一時。前述之「大屋頂中國」也只是一種廣泛的概念陳述，其可以選擇、產生的政治模式與種類相當多，他日時機成熟，自然會有一個結果出現。政治的道路雖非吾人今日可預見、預知，但兩岸炎黃子孫是有智慧、有耐心，彼此自然、平和的持續發展，求同存異，必能為兩岸美好的明天奠定先機。

二、國際的情勢發展

本時期國際發生的大事件與兩岸互動直接有關的，最重要的有二：「九一一恐怖攻擊事件」與「日本國會通過『周邊事態法』」。

〈一〉九一一恐怖攻擊事件

民國九十年九月十一日〈2001 年〉，早上，美國本土發生了一系列的恐怖份子奪機後自殺式的恐怖攻擊事件。19 名「蓋達組織」[51]〈al-Qaeda〉怖份子劫持了 4 架民航客機。其中兩架飛機分別衝撞紐約「世界貿易中心」雙塔，兩棟摩天大樓均在兩小時內倒塌，並導致鄰近許多建築物被波及而摧毀，造成飛機上所有人員和建築物內的許多人死亡；第三架飛機撞向鄰近美國首府華盛頓特區〈Washington D.C.〉之維吉尼亞州的阿靈頓郡，美國國防部所在的「五角大廈」，造成部份區域受損；第四架飛機被劫持後飛向華盛頓特區，途中，部分乘客與機組員試圖奪回飛機控制權，結果在賓西凡尼亞州的索美塞特郡的尚克斯維爾附近墜毀。

這次「九一一恐怖攻擊」總共造成包括 90 個不同國家的公民，2,977 人的死亡，絕大多數為平民。針對這起「九一一恐怖攻擊」，美國通過了「美國愛國者法案」，發動「反恐戰爭」，攻入阿富汗，消滅協助隱藏蓋達組織成員的「塔利班」政權[52]。最後並在一場突襲行動中，很順利的將「九一一事件」首腦人物奧薩瑪·賓拉登〈Osama bin Laden〉擊斃。

「九一一事件」正是小布希總統主政期間，這件事的發生，使得美國改變其國家安全戰略威脅的優先次序。美國強調「全球體系下的『合作』架構」，並透過國際合作的力量，將「反恐」與「制裁邪惡軸心國家」，列為維繫國際社會安全與區域穩定發展的重要課題。正因如此，美國要攻擊阿富汗「塔利班」政權及伊拉克海珊政權，再加上面對伊朗、北韓核武發展危機之中。於是「中國崛起」及其可能的威脅，成為次要的安全問題。美國在接下來的「全球反恐戰爭」與「防止大規模殺傷性武器擴散」上，都需要得到中國的配合與支持。美國與中國從原

---

[51] 蓋達組織〈阿拉伯語，意為「基地」〉，為伊斯蘭教軍事組織，成立於 1989 年，被指策劃多起針對美國的恐怖攻擊事件。

[52] 「塔利班」在阿富汗建立全國性政權，正式名稱為「阿富汗伊斯蘭酋長國」。它是實施獨裁專制與政教合一政策，在國際間僅被巴基斯坦、阿拉伯聯合大公國、沙烏地阿拉伯三個國家承認是代表阿富汗的合法政權。該政權並提供奧薩瑪·賓拉登的庇護。

先的「戰略競爭者」關係，轉變成為「誠摯、建設、合作的關係」。[53]

「九一一事件」後，美國的戰略行動大致採取「單邊行動主義」，針對伊拉克、阿富汗等國家，希冀以先發制人的戰爭來改變敵對國的政權，並達到根除恐怖主義的目標。然而一則，美國攻入阿富汗後，雖然解決了「塔利班」政權，但如同當年蘇聯陷入阿富汗泥淖中一般，既無法抽身，又一時間無法將奧薩瑪‧賓拉登捕獲[54]。二則，「反恐」工作是長久持續的任務，不是一朝一夕能克竟全功，且須藉助國際力量共同「反恐」才能有具體成效。三則，在北朝鮮、伊朗等「邪惡軸心」的核武問題上的考量。這些都使得美國必須退回到現實主義與自由國際主義的多邊合作戰略上。這些都使美國必須加強與中共的協調合作。

美、中在反恐的議題上是很快的取得共識和積極的合作。兩國其實各有所圖：美國在對「九一一事件」後的報復行動與預防工作積極進行；中共也配合美國為首的國際「反恐」推動與執行上，對其境內的新疆分離運動者〈維吾爾族等之「疆獨」分離主義者，欲在新疆建立「東土耳其斯坦國」〉、西藏分離運動者〈藏族之「藏獨」分離主義者，以「大西藏」為其民族疆域〉，進行鎮壓與控制。

美國在「九一一事件」後，在反恐、核武擴散等許多議題上必須與中國協商，並得到中共的配合與支持。國際上也關注著，美國與中共在調整「戰略競爭者」關係的同時，是否會在台灣議題上，對中共大幅讓步。一般深入觀察國際事務者，並不認為因此美國會同意與中共共管台灣事務，美國一直以來，對中共與台灣是維持一個較均衡的立場，這也是美國的最大利益。美國一方面積極與中共進行經濟、反恐的合作，另外一方面，加強與台灣的軍事合作關係。

美國在經濟方面會對中共傾斜，但就軍事方面則對台灣傾斜。這樣看似平衡的作為是美國的最大利益。美國同時注意到其安全利益與經濟利益，在此兩者取得一個平衡。美國的台海政策是在對美國最有利益的狀況下，維持一個平衡的狀態，兩岸的任何一方都很難使美國完全的向其傾斜。

美國在柯林頓政府時期強調「三個支柱」：「一個中國」、「兩岸對話」、「和平解決的步驟」。[55]民國八十八年七月二十一日〈1999年〉，李登輝總統發表「特殊的國與國關係」後，克林頓在白宮記者會上表示：『如果中國因台灣放棄一個中國的政策而犯台的話，美國會依照「台灣關係法」〈Taiwan Relation Act〉行事，並對中國的行動給予「最嚴重的關切」。』小布希政府時代因反恐等議題，為得到中共支持，亦多次向中共方面表達不支持「台灣獨立」，並維持「一個中國」的基調。分析美國的兩岸政策，不會因為重視一方的利益，而損及另一方的利益。在安全利益與經濟利益取得平衡是最為有利的政策。

歐巴馬在民國九十七年〈2008年〉競選總統期間，他的競選團隊就有相當

---

[53] 林正義「模糊戰略、戰略明確、或雙重明確：美國預防台海危機的政策辯護」，遠景基金會季刊，第8卷第1期，2007年1月，頁二九。

[54] 奧薩瑪‧賓拉登直到「九一一事件」發生後的十年，2011.5.2被美軍特遣部隊接獲可靠情資，攻入位於巴基斯坦境內奧薩瑪‧賓拉登藏身的寓所中，奧薩瑪‧賓拉登被擊斃。

[55] 鄭瑞耀，「美國的兩岸政策演變」，吳介民、林碧炤、林正義等箸，兩岸開放二十年回顧與展望〈台北：遠景基金會，2007年〉，頁一六九。

的共識認為，美國未來在經貿發展、反恐、區域和平與安全等方面，必須和中共做廣泛與深度的接觸，但對台灣是同樣不會忽視的。民國九十七年五月二十日，歐巴馬在寫給馬英九總統就職的一封信強調：『其對台政策是以美國的「一個中國」政策及「一法三公報」為基礎，期盼美台關係能夠更進一步的強化。』這說明美國的台海政策非常明確，也不會有太大的改變。

美國在台協會主席薄瑞光在民國九十七年來台，向馬英九總統提出兩岸對話可分三階段進行：第一階段先處理包機議題、第二階段處理經貿等合作議題、第三階段處理兩岸和平協議、減少軍事對抗、台灣的國際空間等敏感問題。[56]事實上，馬英九總統的兩岸政策，也大致是朝著這三個階段推進。從第二次「江陳會談」簽署兩岸直航協議，到第五次「江陳會談」簽署「兩岸經濟合作架構協議」〈ECFA〉再到以「中華台北」名義，被世界衛生組織納入「國際衛生條例」及以觀察員的身分出席「世界衛生大會」。

未來的中美、台美、兩岸的三邊三角關係中，美國國內的一派學者，擔心兩岸互動過於密切，台灣向大陸傾斜過大，從權力制衡〈check and balance〉的角度來看，對美國利益不利。[57]亦有學者提醒國內必須注意避免美國因為在國際上亟需中共的支持，而將兩岸的平衡度傾向中共，對台灣非常不利。[58]可預見之未來，美國對中共有經濟與國際合作的利益；美國對台灣有軍事安全與戰略的利益，美國不會完全放棄另一方之利益可以預期。兩岸之間的交流互動雖然引起一些美國學者擔心，與國內之獨派人士不安，擔心「傾中賣台」，但和緩、漸進的交流、互惠、協商，也可使兩岸的人民、文化、經濟、思想、觀念等都會無形中了解對方、關心對方、尊重對方，這對兩岸互助合作的穩定是有大助益的。

〈二〉日本國會通過「周邊事態法」

日本國會於 1999 年，通過「周邊事態法」，在台海兩岸引起高度的關注和反應，中共對日本將『台灣、南沙』劃入範圍之內，極力抨擊。有關對日本此法案的認識，先從台、日的特殊關係著手，進一步到美、日二次戰後的密切關係，再進而分析「周邊事態法」之背景、內涵與影響。

1.台灣與日本的「特殊關係」

「台灣問題」在中日關係中是有高度敏感性的。這是因為日本與台灣之間有如下的特殊關係：

〈1〉台灣在甲午戰爭〈1894 年〉的次年，於馬關條約中被滿清政府割讓給日本，直到中華民國政府八年抗戰勝利後，日本始將台灣歸還中華民國政府，期間日本統治台灣 50 年〈1895 年 ─ 1945 年〉。

〈2〉日本統治台灣 50 年間，台灣雖然是屬於經濟上的殖民地位，且是接受日本皇民化的教育。但日本對台灣是有計畫、認真的建設，對台灣內部一切

---

[56] 許丹，「美國對台政策的演變與展望」，法治與經濟，總第 207 期，2009 年 6 月，頁一二三。

[57] 吳銘彥，「兩岸關係趨密下之美中台關係」，詳見中央日報網路版。http：//www.cdnews.com.tw/cdnews-site/docDetail.jsp？coluid=100925633

[58] 陳忠賢，前揭碩士論文，頁一〇五。

井然有序[59]，日本對待台灣人與在韓國的朝鮮民族是截然不同的兩種態度與方式。故而戰後韓國人痛恨日本人，而台灣人對日本的態度就沒有那麼討厭，甚至在 50 年的日本殖民統治後，許多痕跡仍然在台灣各階層社會中留有影響。尤其現今許多老一代的台灣人，對日本是親切的，日本語、日本歌也能琅琅上口。

〈3〉二次戰後，1949 年，中華民國政府來到台灣，中華人民共和國在中國大陸建政，台海兩岸對峙時期開始。在過去的冷戰時期，中共與蘇聯老大哥走在一起。〈1969 年 3 月，中、蘇在黑龍江省珍寶島地區發生嚴重的武裝衝突，中、蘇交惡，1991 年俄羅斯將珍寶島歸還中國。〉而台灣在「中美共同防禦條約」〈1954 年〉之下，獲得美國的援助，美國協防台灣，一方面防止中共對台動武，但也阻止中華民國蔣介石多次的「反攻大陸」軍事行動計畫。日本則依靠美日同盟提供保護。日本強調，台灣海峽的局勢關係到東北亞的穩定，關係到「日本的安全」。[60]

2.二次戰後美、日關係密切

〈1〉戰後美對日態度

日本在二次大戰戰敗後，美國在日本實施一連串的政治與社會改革，避免日本軍國主義復甦。此期間尤其是麥克阿瑟的堅定態度下，於 1946 年 11 月協助日本頒布了一部具有「國民主權」、「象徵天皇制」、「和平主義」、「放棄戰爭」的「和平憲法」。此時期，美國對日本未來發展最關注的焦點是：「非軍事化」與「民主化」的政治、社會發展方向。

〈2〉美對日角色轉變

到了 1949 年，美國對日本的角色有了新的轉變。面對蘇聯扶持之下，中共與北韓赤色政權相繼建立。美、蘇之間的冷戰情勢不斷升高，美國在其規劃的「圍堵政策」下，對日本的角色也有了全新的看法。美國此時希望一個有力量的日本，協助其防衛太平洋，抵禦共黨世界的向外擴張。

美國在戰後的 1945 年到 1952 年佔領日本期間，日本被限制不得有軍事武裝部隊，由美軍擔負日本本土防衛的責任。1950 年 6 月韓戰爆發後，日本首相吉田茂在美國政府的要求下，日本始成立了「國家警察預備隊」以及「保安隊」。此後，吉田茂向美表達：「美國協防日本的軍事安全，日本則可全力發展經濟。」因之，在 1951 年 9 月，美、日正式簽署了「美日安全保障條約」與「關於實施安保條約的美日行政協定」兩份文件。然而在此兩份文件中，對美、日雙方的權利與義務的規定相當模糊，許多的規範明顯干預日本的內政，也引起日本國內極大的爭議。[61]

---

[59] 日本對台灣採取「鎮壓反對運動，實施懷柔政策」。日本「明治維新」其實就是「英化運動」，建築物仿效倫敦式建築，西裝革履的「紳士」也仿英國。一切以英國為榜樣，而日本也把「紳士」制度推展到海外殖民地的台灣。由台灣總督府授「台灣紳章」給台灣各地的士紳；一方面收攬人心，一方面把反對力量拉到支持力量。

[60] 周忠菲，「日台特殊關係析論」，世界經濟研究，2002 年第一期，頁二三。

[61] 兩份文件中，規範了美國不但可鎮壓日本境內的內亂，為了維護遠東的國際和平與安全，可

〈3〉「美日相互合作與安全保障條約」與「美日防衛合作指針」

到了 1960 年 1 月 19 日，美國國務卿霍特與日本首相岸信介在華盛頓修訂了「美日安保條約」，雙方簽署「美日相互合作與安全保障條約」。1978 年 11 月，美國與日本又通過「美日防衛合作指針」（Guidelines for U.S.-Japan Defense Cooperation），其中包括了三個部份：a.預防日本受到侵略於未然的作為。b.日本遭受武力攻擊時的因應作為。c.日本以外的遠東事態對日本的安全有所影響顧慮時，美日之間的合作事宜。

〈4〉「美日新安保宣言」與新「美日防衛合作指針」

1990 年代起，冷戰時期結束，原來的敵人已經不復存在。1996 年 4 月，美國總統柯林頓與日本首相橋本龍太郎共同發表「美日聯合宣言－邁向二十一世紀的安全同盟」（U.S.-Japan Joint Declaration on Security Alliances for the 21st Century）之「美日新安保宣言」，重新定義、持續「美日安保條約」。

依照「美日新安保宣言」內容，美、日雙方需全面檢討 1978 年的安保指針，以使宣言中規定的項目得以落實。因之，在 1997 年 9 月 23 日，日本首相橋本龍太郎與美國總統柯林頓在紐約，共同簽署了新的「美日防衛合作指針」（Guidelines for U.S.- Japan Defense Cooperation）。「新指針」有七個部份，包括：a.指針的目的。b.基本前提與原則。c.美、日平時的合作。d.日本遭受武力攻擊之因應作為。e.日本周邊地區發生對日本和平與安全有重大影響之事態時的合作事宜。f.有效達成防衛合作的美日雙邊計畫。g.適時的修改本指針。

在「新指針」完成後兩年，經由日本政府推動，並經參、眾兩院國會議員支持，分別於 1999 年 4 月 27 日及 5 月 24 日通過「美日防衛合作指針」相關的 3 個法案：「周邊事態法案」、修訂「自衛隊法案」以及修訂「美日相互提供物品勞務協定案」〈所謂的「周邊三法」〉。

3.日本國會通過的「周邊事態法案」

「周邊事態法案」有 12 條。其開宗明義的規定：『在日本周邊地區發生危及日本安全的緊急事態，即所謂的周邊事態時，日本政府將採取措施對美軍進行後勤支援，在後方地區展開救援活動，對試圖突破封鎖線的船舶實施檢查等。』〈該法第一條〉而且『自衛隊在執行救援任務和登船檢查時得以自衛為由使用武器。』〈第十一條〉

「周邊事態法案」所謂的「周邊事態」究竟何所指？又包含哪些範圍？引起國際間，尤其台海兩岸的高度關注。日本前防衛廳長官，現為日本眾議員，也是「亞東親善協會」會長的玉澤德一郎論述：[62]

> 「周邊事態」的概念有六：(1)在日本周邊地域的情勢非常緊急可能發生武力紛爭，嚴重影響日本和平與安全的場合。(2)在日本周邊已經發生武力紛爭且嚴重影響日本和平與安全的場合。(3)在日本周邊地區發生紛爭雖

以不經事前與日本協議而出動駐日美軍，更可以任由美國單方面決定將核武運入日本。

[62] 玉澤德一郎，「日美防衛合作新指南與兩岸關係」，「亞洲安全保障與兩岸關係學術研討會」論文。台北，自由時報，民國八十八年六月十二日，版四。

已停止，但秩序的回復與維持尚未完成，對日本的和平與安全仍有嚴重影響的場合。(4)聯合國認定某國的行動威脅和平或破壞和平或者是屬於侵略行為，該國在聯合國的決議下遭到經濟制裁時對日本和平與安全有重大影響的場合。(6)某國發生內亂、內戰的事態，這種事態不只是屬於國內問題，可能會向國際擴大而嚴重影響日本和平與安全的場合。

至於『周邊事態』範圍究竟為何？日本自由黨黨魁小澤一郎表示：「俄羅斯、朝鮮半島、中國大陸和台灣都包括在『周邊事態』範圍內，是理所當然的事。」[63]。日本國會於 1999 年，通過「周邊事態法」，將『台灣、南沙』劃入範圍之內，當然兩岸都有不同的反應。就日本「周邊事態法」的規範作為，可以分析如下：

〈1〉日本與美國協同步調：美、日之間的「美日安保條約」〈1951 年制定、1960 年修訂〉與「美日防衛合作指針」〈1978 年制定〉，初始就是針對圍堵蘇聯與中共之共黨勢力而來。日本提供美軍在遠東地區採取的軍事行動之設施與後勤支援等。冷戰時期結束後，美國仍然要維持世界霸權之地位，日本積極配合美國的戰略目標。蘇聯雖已不是美國的敵人，但「中國崛起」，美國在經濟、反恐與重大國際議題上固然要與中共合作，但美國與中國之間仍是「競爭大於合作」的態勢[64]。美國透過最新的「美日防衛合作指針」〈1997 年〉，當日本「周邊地區」出現緊急事態時，美國可以利用日本所有的機場和港口，日本對美軍提供軍事情報、協助運輸包括武器、彈藥在內的美軍物資。日本依靠美國實力保護其國家安全。

〈2〉日本假美國以發展軍力：美國在冷戰結束後，仍然力求保持國際事務的霸權地位，美國又要求日本在共同防衛中承擔更多的責任，日本一方面靠美國保障其安全，另一方面則藉此機會發展其國威與軍力。「美日防衛合作指針」固然是日本對國家的安全問題重視，[65]但更重要的是，日本自衛隊可根據「周邊地區」出現緊急事態時，以「實施支援、配合美軍行動」之名，在日本領海以外、接近戰區的公海上掃雷，以及在公海上對試圖突破海上封鎖線的船隻強行登船檢查並使用武器。故而「周邊事態法」與修訂的「自衛隊法」，將日本自衛隊的海外派兵大開方便之門。此舉已完全破壞了日本國憲法之精神。

〈3〉中共對此法的態度：中共本諸「一個中國」的原則，認為日本之「周邊事態法」，將『台灣、南沙』劃入範圍之內，是侵犯其主權之舉動，且認為日本「周邊有事，干卿底事？」不合事理，又違背日本憲法的精神。

---

[63] 台北，中央日報，民國八十八年一月十六日，版二。

[64] 例如 2012 年 7 月，美國主導的「環太平洋」軍事演習，號稱史上規模最大，共有 22 國參加，為期五周。共計動員 42 艘戰艦、6 艘潛艇、200 戰機、2 萬 5 千名軍人，連過去的假想敵俄羅斯都受邀參加軍演，就是沒有邀請中國。見台北，聯合報，民國一０一年七月十二日，版二。

[65] 朝鮮半島出現危機時，北韓即揚言要攻擊日本，日本立刻會有政治、軍事危機感出現；而台海有危機時，台灣海峽相關水域南北航線，是日本海上運補線，由日本南下南亞、西往歐洲航運路線的必經之地，日本每年包括 90%的原油、98%的鐵礦石、100%的核燃料等戰略物資，經此航線，這時日本也立刻會出現經濟危機感。

〈4〉台灣對此法的態度：中華民國在長久以來傳統的「台美」、「台日」、互動中，都有不錯的發展。美國長期以來是中華民國的盟友，早期的「中美共同防禦條約」，美國協防台灣海峽；之後斷交，美國以「台灣關係法」架構與中華民國之關係，持續提供台灣防禦性之武器。1996 年「第三次台海危機」，中共對台灣彭佳嶼外海、高雄外海、花蓮外海發射東風 15 導彈，美國則緊急調派「尼米茲號航空母艦」、「獨立號航空母艦」兩個航空母艦戰鬥群，來到台灣東部海域，進行應對。因中共並不放棄武力犯台，馬總統主政以來，兩岸互動關係穩定進展，但中華民國與美國的關係是密切的。同樣的，日本在安全保障上是依賴美國，這也就是馬總統在其競選白皮書中提到「支持美日安保、改善台日關係」。唯就日本藉美國之力，運用「美日防衛合作指針」、「周邊事態法」發展其自衛隊，這不全然是自保，而有明顯的「擴軍」之舉，也應證日本靠美國「狐假虎威」之言，入木三分。

貳、內環境因素

一、社會狀況

　　台灣內部社會多元化在政治民主化、經濟自由化、文化中國化的充分發展下，呈現了非常亮眼的表現。這在前一章中已有詳盡的說明。而檢示社會多元化的具體成果，可由一個社會的「非營利組織」發展狀況得到答案。

　　「非營利組織」是影響社會的重要力量，或被稱為「第三部門」〈the third sector〉，與政府部門〈第一部門〉、企業部門〈第二部門〉鼎足而三。

　　台灣社會的「非營利組織」發展非常蓬勃，一般將台灣地區的「非營利組織」可分為兩大類：一種是以「會員」為組成基礎的所謂「社團」及「社團法人」等組織，一是以「財產」為組成基礎的所謂「財團法人」之組織。前者之「社團」係依「人民團體法」所成立的各種協會、學會、促進會等為組織；後者之「財團法人」的組織則依其目的事業經主管機關許可後設立，有以下各種類型：「藝術團體與學術研究基金會」、「財團法人私立學校」、「財團法人醫院與診所」、「宗教團體，如寺廟、教堂等」、「社會福利育慈善團體之基金會，如育幼院、安養院等」、「公益團體之基金會，如文教、體育、國際交流、經濟業務等組織」、「配合政府政策成立的財團法人」。

　　「非營利組織」具有多種的功能：1.創新的過程。2.發展出公共政策。3.支持少數的團體與弱勢的利益。4.提供政府所不能提供的服務，如道德、心靈方面功能。5.監督各級政府。6.監督市場。7.對政府、企業、地方社區組織之間發揮溝通的功能。8.發揮國際援助的功能，如紅十字會、展望會等。9.提供公共精神以展現利他精神的宏揚。[66]簡言之，一個社會「非營利組織」的發長狀況直接反映「公民社會」〈civil society〉的成熟度。

　　「非營利組織」是強調「公益」、「使命」的。公益是「公眾利益」而非私利；

---

[66] Filer, John M.1990 "The Filer Commission Report", in D. L. Gies., J. S. Off., and J. M. Shabrity. 〈eds.〉. The Nonprofit Organization：Essential Readings。Belmont, C. A.：Wadsworth Inc., pp84-88.

使命則是貫穿「意圖」、「事業」、「價值」而達到特定目標。台灣社會多年來的發展，非營利組織成長迅速，不但數量上大幅成長，就其「公益」、「使命」的功能也更趨向於多元化、專業化。台灣當前的「非營利組織」幾乎涵蓋人類行為上所有的層面 — 濟世功業、公眾教育、服務提供、開拓與創新、改革與倡導、價值維護、整合與促能。[67]如具體的分析，從文化教育、身心健康、環保衛生、社會福利、社會發展等等，有如百花齊放，對社會的影響力非常巨大。

台灣社會蓬勃發展的「非營利組織」之備受重視與肯定，在於其對增加公民參與、激發公民意識等提供了良好的管道。尤其在越趨於晚近強調的「小政府、大社會」聲浪中，「非營利組織」承擔了很大一部分原本必須要由政府來做的事。以「非營利組織」的特性：彈性、創新、小巧的性質，正足以彌補了官僚體系〈bureaucracy〉僵硬、遲緩、改革慢的缺失。例如：「九二一大地震」、「南亞海嘯」、「大陸四川汶川大地震」、「日本三一一大地震與後續海嘯災難」等，國人不僅展現世界一級的人道關懷的精神，勇於捐獻，而且人民捐到「非營利組織」的款項與捐到政府公部門不相上下。[68]

台灣到 2012 年，非營利組織已達 6,059 個，可區分為：「綜合性服務」、「兒童青少年福利」、「婦女福利」、「老人福利」、「身心障礙福利」、「家庭福利」、「動物保護」、「性別平等」、「健康醫療」、「心理衛生」、「文化藝術」、「教育與科學」、「國際合作交流」、「人權和平」、「環境保護」、「消費者保護」、「社區規劃營造」、「政府單位」等。[69]這些林林總總的「非營利事業」組織，為我們的社會提供了：先驅者的角色、改革與倡導者的角色、價值維護者的角色、服務提供者的角色、社會教育者的角色、人道關懷者的角色、保護弱勢者的角色等。

謝登旺教授從「非營利組織」在台灣數十年來，所展現民間活力、公民社會的角度，認為對兩岸發展的新頁有開創的特殊意義。謝教授認為「非營利組織」對兩岸應該要有之作法，極具開創性：[70]

〈1〉先驅者的角色：在兩岸間作政府與企業尚未想到的事。

〈2〉改革倡導的角色：在兩岸間針對現階段的問題提出革新想法，並公開倡議。

〈3〉服務的角色：擔任兩岸間充分協助的服務功能。

〈4〉 社會教育的角色：在兩岸間從公民社會的教育面著手教育民眾。

〈5〉 創新的角色：在兩岸間提供創新的想法與做法。

〈6〉 支持的角色：在兩岸間支持政府或企業的總體思維架構。

---

[67] 陸宛蘋，「非營利組織之定義與角色」，社區發展，第八十五期，頁三三。

[68] 依據「台灣九二一地震的集體記憶」記載全民間災後重建聯盟所做的統計，全國現金捐款總數 315 億元，其中由中央政府收受的 134 億元成立「九二一震災重建基金會」保管使用；58 億元為縣市政府；11.5 億元為鄉鎮公所；其餘捐款到民間團體者達到 111 億元〈大部份捐給各個宗教團體，以及社會團體；捐款中 61.74%用於校園重建，11.04%蓋組合屋〉。

[69] 台灣最新的「非營利組織」數量與所有名錄，可參閱「台灣公益資訊中心」。網址：http://www.npo.org.tw/npolist-list asp？nowpage=45&10=1&keyword2=

[70] 謝登旺，「民間活力與兩岸關係：兼論 NPO 扮演的功能與角色」，第五屆海峽兩岸孫中山思想之研究與實踐學術研討會論文集」，民國九十三年十一月十一日、十二日，頁二〇七。

〈7〉　監督的角色：在兩岸間督促政府發揮民間制衡力量。

〈8〉　溝通的角色：在兩岸間任橋樑的角色於政府與企業之間。

〈9〉　彈性的角色：在兩岸間較不受法規牽繫，能賦與彈性空間。

〈10〉實驗的角色：在兩岸間針對個別事務得進行試驗。

〈11〉行動的角色：在兩岸間提供資金或實際策劃學術、文化等等的活動，增進兩岸人民之交流。

〈12〉價值維持的角色：在兩岸間針對兩岸和平統一價值的主張。

〈13〉公共利益捍衛的角色：在兩岸間對全民、台商有關的利益保護。

〈14〉公共政策的角色：在兩岸間分別提出不同的社會、文化、經貿政策的主張，並在交流中求同存異。

　　非營利組織的面向極廣，各類型組織、功能各異。正因其能充分發揮政府與企業所達不到的作為與目標，對兩岸發展更有正面積極的作用。觀之於最具代表性案例的「中華民國孫文學會」為例，在該會理事長黃城教授〈台師大政治學研究所教授兼所長〉，希冀透過學術交流，以兩岸人民共同尊敬的孫中山〈孫先生是中華民國國父，對岸尊為「革命的先行者」〉為兩岸學術交流平台，廣邀大陸知名專業學者來台參與兩岸之學術研討會，並發表論文，兩天的學術研討會後，「中華民國孫文學會」安排大陸學者暢遊寶島台灣數日行程。從民國八十八年起，在黃城理事長努力推動下，兩岸學者年年共聚一堂，參與該項兩岸大型學術研討會〈除了民國九十二年，因為SARS停辦一年外，至今未曾中斷〉，此學術研討會匯集兩岸學者智慧與心力，為兩岸學術交流立下優異的典範。[71]

二、經濟狀況

　　民國八十五年，李登輝當選首任民選總統，經濟持續著民國七０年以來的發展，經濟的繁榮，也使台灣社會浮誇奢侈風氣出現，「十五全至尊紅酒」、「三頭鮑」、「世紀大婚禮」等，台灣股市一片欣欣向榮，看似風平浪靜的時刻，已有學者警告台灣的「淺碟子經濟」[72]的危機。

　　民國八十九年，台灣經歷了第一次的政黨輪替。陳水扁當選中民國第十任總統，陳水扁領導的民進黨政府在「意識形態治國」與「鎖國政策」下，任期第一年即因「核四停建」，為台灣開始帶來經濟的噩夢連連。「核四停建」下，外資撤離，民間投資衰退，股市不斷暴跌，人心惶惶，扁政府讓「國安基金」、「四大基金」護盤，整個股市逆退之勢已不可收拾，總市值蒸發達三分之二，整個社會一片哀號。民國九十年，台灣經濟出現 50 年來首次的負成長。

　　民國九十一年，台灣在經歷了十多年的努力下，終於加入了「世界貿易組織」〈WTO〉，國內市場門戶洞開，各國低價位商品大量進口，復以台灣股市一蹶不

---

[71]「中華民國孫文學會」從民國八十八年到民國一○○年，每年與「國立國父紀念館」、國立台灣師範大學政治學研究所合辦「海峽兩岸孫中山思想之研究與實踐學術研討會」。該研討會已舉辦 12 屆，大陸學者與台灣學者總共發表學術論文達 200 篇以上，對闡述孫中山思想與實踐有相當貢獻。

[72]「淺碟子經濟」形容台灣經濟自然資源缺乏，經濟基礎不夠扎實，以出口導向為主。表面風光的股市等，真正實力並不相符，一但國內、外經濟有變化，對台灣經濟波動影響甚大。

振，國內企業面臨營運危機，或倒閉，或「西進」大陸，或「南進」東南亞，台灣已出現產業發展之困境。扁政府提出「兩兆雙星」之產業政策，口號響亮，規劃出我國全力發展 IC、LCD、數位內容、生化科技四大產業。然而正當韓國極力發展自有品牌，日本開始大陸經濟佈局之時，國內政治意識形態掛帥、兩岸惡鬥，樂此不疲，整個扁政府八年台灣經濟每下愈況，慘不忍睹，台灣曾幾何時，已從四小龍之首，成為四小龍之尾。

民國九十七年，台灣再度政黨輪替，馬英九總統執政，然而，就在當年 9 月 15 日，美國「雷曼兄弟控股公司」〈lehman Brothers Holding Inc.〉[73]破產，引發全世界的「金融海嘯」，全球均受波及，台灣經濟受創嚴重。該年第四季，台灣經濟成長率為-8.36，到了次年〈民國九十八年〉第一季，台灣經濟成長率達 -10.24，出口負成長達 44.1%，雙雙創下台灣 60 年以來的歷史新低紀錄。

金融海嘯來的猛烈，全世界都受害，包括美國在內各個國家經濟都受重創。[74]馬政府針對國際經濟風暴採取若干政策，發揮不錯效應：

1. 民國九十七年十月，政府宣布保證存款全額理賠，安定人心，有效化解銀行異常提領現象。

2. 民國九十八年一月十八日，政府以「刺激消費，振興經濟」之理念，發行「消費券」，每人 3,600 元，此為世界之首例。

3. 民國九十七年，政府先通過 583 億元的「擴大內需案」，民國九十八年二月十九日，又通過四年 5,000 億元的「振興經濟擴大公共建設特別條例」。該條例有 6 大目標〈「完善便捷交通網」、「建構安全及防災環境」、「提升文化及生活環境品質」、「強化國家競爭力之基礎設施」、「改善離島交通設施」。〉、20 大重點投資建設、64 項執行計劃。實施期程自民國九十八年至一 0 一年，總經費 50,004 億元。

在政府的一連串積極作為下，民國九十八年第四季起，經濟轉為正成長，股市全年上漲 75%，逐漸擺脫金融風暴的陰影。馬政府並在第一任內強調 6 項產業：「綠色能源」、「經濟農業」、「生物科技」、「醫療照護」、「文化創意」、「觀光旅遊」為未來發展之標竿。

馬政府穩定發展兩岸的關係，對於國家整體經濟有正面的意義。民國九十七年十二月十五日，兩岸開放「大三通」。政府放寬陸客來台人數，並可採「自由行」。而馬政府任內對經濟發展做的最大突破，是在民國九十九年，第五次「江陳會談」簽署了「兩岸經濟合作架構協議〈Economic Cooperation Framework Agreement； ECFA〉」。

---

[73] 「雷曼兄弟控股公司」是一家國際性金融機構及投資銀行，業務包括：證券、債券、投資管理等，亦是美國國庫債券的主要交易商。環球總部設在美國紐約市，地區總部分設於英國倫敦、日本東京。在 2008 年為美國第四大投資銀行。2008 年受到次級房貸風暴之連鎖效應，致使股價下跌到低於 1 美元。2008 年 9 月 15 日，在美國財政部、美國銀行、英國巴克萊銀行相繼放棄收購之談判後，雷曼兄弟公司正式宣布破產保護。

[74] 全世界唯獨中共內需充足，逆勢成長，經濟順利成長達到「保 8」成功，2009 年經濟成長率達 8.7%。

ECFA 的經濟意涵，從正面分析：

1. 活絡經濟

台灣受全球金融海嘯風暴影響，對以出口為導向的台灣造成巨大衝擊。但依據經濟學「先進先出」理論，大抵先進入危機的國家也能先走出困境。簽署 ECFA 有助於活絡經濟：〈1〉減少東協 10 加 3 對台灣的衝擊。〈2〉台灣經濟效益的增加〈3〉增加我國與國際主要貿易國簽 FTA 的機會。〈4〉開拓台灣的進、出口經濟市場。

台灣與中國大陸之間的經貿交流不斷熱絡成長，大陸是我國最大的出口對象，台灣政府連串有利於經濟貿易的措施，不僅強化企業界信心，也大幅活絡台灣的經濟競爭力，這些經濟措施最為顯著重要的，莫屬 ECFA 的洽簽。

中華民國政府當局的與中國大陸簽訂 ECFA，使台灣在國際間亦被看好。瑞士洛桑管理學院（IMD）公佈之 2010 年全球競爭力排名，台灣驟升 15 名，躍升至第 8 名，首次擠入全世界前十強之列。IMD「世界競爭力中心」副主任蘿絲蕾（Suzanme Rosselet）即表示：『從未看過由 23 名躍升至第 8 名的案例，這令人不可思議。』她分析台灣名次大幅提升，可歸因於台灣政府採取連串有利的經貿措施，像ECFA的簽署，對台灣前景必然利多於弊；因中國大陸是非常大的經濟體，加上大陸非常亮眼的經濟表現，大陸競爭力更將更為強勁，台灣與大陸活動熱絡，有助台灣企業發展、與整體競爭力提升。[75]

2. 企業的契機

政府期望透過 ECFA 的簽署，使台灣走向「台商營運總部、亞太經貿樞紐、全球創新中心」的 3 大願景得以實現。同時，將兩岸經貿關係正常化、制度化。就企業界「在商言商」，透過「早期收穫」清單與未來後續的協議，將使減稅、免稅的商品更具競爭力，這是企業界的正面樂觀看法。

唯中國加上香港佔台灣出口的 40%左右，台灣仍有 60%的商品是銷到世界各地。台灣與中國大陸簽署 ECFA，後續工作，將有助於與他國簽署 FTA（自由貿易協定），尤其是與日本、歐美、新加坡等國家。

ECFA 的經濟意涵，從負面分析：

1. 過度依賴與「磁吸效應」

「經濟自由化」精神即在經濟鬆綁，這在兩岸發展上，大陸低廉的土地取得、便宜的工資、不嚴格的環保要求、在在促使台商到大陸設廠發展。政府雖要求「根留台灣」，並希望透過 ECFA 的簽署，將兩岸經貿發展制度化，使台灣能成為「台商營運本部」。ECFA 簽訂後，台灣企業界獲利之餘，是否使台灣對大陸市場之依賴更為加深，使對大陸的過度依賴導致「磁吸效應」。他日，企業界為自身發展，面對兩邊政府的態度與偏斜程度，值得擔憂。[76]

2.「反傾銷」之執行能力

---

[75] 「我競爭力躍升第八。IMD：從未看過，不可思議」。台北，聯合報，中華民國九十九年五月十九日，版一。

[76] 雖謂「商人無祖國」，鄭國愛國商人弦高的高貴情操，徒留後人之敬佩與感慨。

簽署 ECFA 固有助於多數企業之發展，但經濟自由化的指標下，政府抵擋大陸農產品、勞工等之實際能力尚不可知，尤其互利原則下，我政府雖規範強調「反傾銷」等之限制因素。但目前社會大眾潛在最大的疑慮，即在政府是否有能力面對台灣走向自由化、國際化所面臨的各種問題，尤其中共在協商前都表示「對台讓利」，如若口惠而實不至，「說一套做一套」。中共超低價位農產品、各種貨物，價廉量大，國內農民、中小企業等，如何抵擋大量之傾銷？過去的美國牛肉事件正反映了人民對政府施政能力的不信任感。未來的政府必須從以下方面強化政府之能力：1.經濟方面的專業人才培養與恢弘氣度的展現。2.談判專業人才的多方培訓。3.各種專業人才適材適所、且注重政策之延續性。

3. 傳統產業、農業之衝擊

政府再三宣示：嚴守不影響國內中小型與弱勢產業的原則，並繼續管制中國大陸 830 項農產品進口。[77] 然不可避免者，在與大陸簽署ECFA之後，一定會出現國內產業轉型與結構調整的問題。相對應之勞工就業與財富分配等社會問題亦將發生。我國加入WTO後，政府對農業之補貼，在「農業發展條例」中，編列龐大金額。對農業受進口損害所設置的救助金至今已支出近 9 百億元，目前僅剩 3 百億左右，政府投入如此大的社會成本與資源，仍可預期後ECFA時期，國內傳統產業、農業之脆弱性，其所可能帶來之衝擊。政府針對ECFA編列 950 億元來紓解ECFA簽訂後，在國內產業與勞工轉型問題等，有待認真、持續關注，時時針對可能發生傳統產業、農業問題，提出檢討、尋求最有利之應對，以維護國內之弱勢族群。

第二節　憲政體制的發展

本時期從民國八十五年，李登輝當選第九任總統起，我國憲政的發展，憲法的修改，經過了「國家發展會議」、「第四次修憲」、「第五次修憲」、「第六次修憲」、「第七次修憲」。就第四次修憲到第六次修憲，都非憲法實行上面臨到扞格不入、或是窒礙難行，必須修憲不可。卻在主政者李登輝的缺乏守憲、守法的精神，一意孤行，國、民兩黨沆瀣一氣，共同分贓，終於使得憲法精神遭到嚴重破壞。修憲過程中，國人譁然，面對憲政發展難堪的一頁，台灣內部卻也充分展現了底層深厚的生命力，一個「公民社會」表達正義、捍衛民主精神與價值的呼聲高亢。有組織的「政治力」運作，強渡關山，一頁頁慘痛的修憲史、悲憤的憲政發展歷程，在民主道路上值得國人審視與關注。

壹、國家發展會議

民國八十五年十二月召開的「國家發展會議」〈以下簡稱「國發會」〉，共有 170 位代表參加，包括各個黨派及專家學者。國發會的結果，直接影響及於民國八十六年五月的第三屆國民大會第二次會議之「第四次修憲」，故而國發會的重要性可見。

---

[77] 包括稻米、花生、大蒜、紅豆、重要蔬菜、水果、畜產品、吳郭魚、牡蠣等我國生產的主要初級生鮮及加工食品均納入管制進口範圍。

一、國發會召開的緣起

國發會的召開，原因包括：1.李登輝總統在其第九任就職演說的政治宣示。2.國民黨企圖配合民選總統，擴大總統的憲法職權。3.為李登輝總統本身造成的憲法爭議，尋求行政、立法之憲政僵局解套。4.「凍省」與「廢宋」的結合

〈一〉李總統的政治宣示

李登輝總統於民國八十五年五月二十日，發表中民國第九任總統就職演說時表示：

> 「民之所欲，常在我心」，登輝對全國同胞的的需求，有充分的領會，也一定會全力以赴，達成付託。然而，影響國家發展深遠的重大政策，不是由一個人或一個政黨就可以決定。因此，登輝將儘快責成政府，針對國家未來發展的重要課題廣邀各界意見領袖與代表，共商大計，建立共識，開創國家新局。

固有謂國發會「不僅是李總統就職諾言的落實，也是李總統廓然大公、廣蒐民意、察納雅言、擴大參與，推動全民民主政治的具體實踐。」[78]然而，觀之國發會有關憲政體制之共識，以及國民黨、民進黨高層之默契，則國發會召開之背景因素，應不止於李總統的就職宣誓與單純原因，以下數點則為國發會之重要動力。

〈二〉配合民選總統，擴大總統的憲法職權

民國八十年以來的歷次修憲，在中央體制的走向，顯然未順應臨時條款的廢止，迅即回歸中華民國原憲法的設計之中。由於總統權力的擴大，破壞了原憲法的體制精神，對於憲政的成長與變遷造成了重大的損傷，也使修憲後反成治絲益棼。主政者如何有計畫地以修憲之步驟，逐步造成原憲法中央體制精神的改變？析而論之，其過程如下：

1.第一步：先在「程序修憲」中暗渡陳倉，將本該隨戡亂時期終止的「動員戡亂機構」── 國家安全會議、國家安全局、行政院人事行政局，予以就地合法。如同發交總統一張空白權力支票，形成不是「回歸憲法」，而是「回歸臨時條款」。原本之「違章建築」，反而以鋼筋水泥鞏固之。

2.第二步：以「主權在民」之堂皇理由，推行總統公民直選。名為「小幅修憲」，以安定民心，實則為下一步之總統擴權預留伏筆。此時，李登輝領導國民黨在宣傳「總統公民直選」當中，刻意忽略兩項重要事實：〈1〉國家元首產生的方式，一定要與該國憲政設計一併考量；亦即我國憲法原較傾向於內閣制的設計，總統為「統而不治」、行政院長為「治而不統」。總統的職權大多為元首權，或必須行政院長副署〈如看似總統實權的「統帥權」、「緊急命令權」等，都必須以「總統命令」方式表達，此時，依憲法規定，總統「依法公佈法律、發布命令，須經行政院長之副署」，始生效力。〉。總統並無太多行政實權下，有無直接選舉之必要殊值檢討。質言之，如果憲法中賦予總統實權多，則自當人民直選

---

[78] 饒穎奇，「召開『國家發展會議』的時代意義」，政策月刊，第二十二期，一九九六年十二月，頁一。

毫無疑異；反之，憲法賦予總統實權不多，則間接選舉亦甚恰當，否則正是「天下本無事，庸人自擾之」，多事的紛擾，自此展開。〈2〉誤導「讓老百姓直接投票選舉國家元首，才是『主權在民』，才是『民主』。」英國是老牌民主國家，其國家元首是女王，何嘗民選過？日本的國家元首是天皇，又何來民選？無人否定英國、日本為民主國家，是主權在民。蓋以英、日元首用於對內象徵國家統一，對外代表國家，實際行政大權掌握在內閣首相之手。我國憲法體制有云：「總統統而不治，行政院長治而不統」。在我國憲法顯非總統制之下，將「總統直選」納入憲法增修條文，而以「民主」、「主權在民」標榜，有其宣傳效果，但就法論法，殊非得宜。

3.第三步：果不其然的在公民直選總統後，李登輝背後隱藏的圖謀終於浮出檯面，他的國民黨宣傳媒體此時大力放送：『民選的總統，如果沒有足夠的權力來實現承諾，等於是詐欺選民。』，『總統權力不足，不符合民選總統客觀具備的實質權力能量。』[79]更有謂：[80]

> 經過上一次憲改後，總統直接民選，不但中華民國的國際地位躍居民主先進國家之列，而且主權在民實施的結果，我們選出的已不可能是一位虛位的元首。在這種情況下，還主張實施內閣制，就不符合國情，也不可能受到國民的認同，而且，直選的總統應該有更多職權，莫須有的攻擊是不對的。

民國八十五年八月九日，國民黨國大黨團法政小組副召集人謝瑞智與黨政關係會副主任蔡重吉領銜提出「總統制」修憲案，明定總統為國家元首及行政首長，主持國務會議。

實則，選民選的是憲法上的總統，當選人之前也從未以「修憲擴張總統權力」作為競選訴求，怎能倒過來說，不修憲擴權，便是詐欺選民？更何況李登輝過去以「小幅修憲」安定民心，在「分期付款」式的修憲擴權下逐步進行，則是詐欺選民於無形的策略。正因政治人物為擴權，不惜蠶食鯨吞憲法，漠視憲政精神，這是國家邁向民主道路的危機。

唯主政者亦了解到，前三次修憲陸續將「國安會」、「國安局」就地合法，並確定總統公民直選，事實上並沒有改變我國憲法中傾向內閣制的設計。就前者而言，「國安會」雖納入總統府組織之下，不僅規定『總統為決定國家安全有關大政方針，得設國家安全會議及所屬國家安全局‧‧‧』陡然授與總統如此多超越憲法的權力，甚至形同發交了一張政治空白權力支票。尤有甚者，在國安會組織法中，將行政院長做為「第二副主席」的設計，破壞了憲法上最高行政決策權的規定，形成有權者〈總統〉無責〈無須對立法院負責〉，有責者〈行政院長〉無權。然而就原憲設計中，行政院長為最高行政機關之行政首長，今假設總統、行政院長分屬甲、乙兩不同的政黨〈因如果立法院中乙黨佔多數，則甲黨總統勢須提名乙黨行政院長人選才有可能通過立法院同意權之行使。〉這時，乙黨行政院長對甲黨總統主持之國安會，或藉故不出席國安會，或對甲黨總統已決議批准

---

[79] 台北，中央日報，民國八十六年五月二十三日，版二。

[80] 黃主文，「改良式混合制，最符我國情」，台北，中央日報，民國八十六年六月六日，版一。

之國安會事項，在行政院會議中批以「再深入審慎研議」之橡皮釘子，將之束於高閣，則總統亦莫可奈何。職是之故，李登輝領導的國民黨，深知欲增加總統實質上的權力，並呼應前述「民選總統，應有更大權力」，則透過國發會以取得下一次之第四次修憲中，總統「應有」之實權的「共識」，乃刻不容緩。

〈三〉為行政、立法之憲政僵局解套

李登輝於民國八十五年二月二十三日，競選第九屆總統的記者會上，介紹他的競選搭檔副總統提名人連戰〈時任行政院長〉，並明確宣示：『連戰選上副總統後，就不再當行政院長了‧‧‧』，然而李連高票當選第九屆總統大選後，這時新選出來的第三屆立法院政治生態丕變，國民黨勉強過半，但實屬不穩定的多數；益以國民黨中生代〈連戰、宋楚瑜、吳伯雄、林洋港、邱創煥等〉卡位戰情勢嚴重，無論提名何人為行政院長，恐將無法獲得全部黨籍立委的支持，如此將難以獲得立院之同意過關。李登輝總統乃於民國八十五年六月五日在主持國民黨中常會上，表示由副總統續任閣揆，有助於「政局之穩定」，並可使「重大施政持續辦理」。

李氏對第八任行政院長連戰因「第八任總統與第九任的體制轉換」之際，所提出對第八任總統李登輝的行政院總辭公文，本應於第八任總統任內審閱批示完成。卻留待新當選第九任總統之際，將第八任行政院長連戰「總辭」公文，批復如次：『所請辭去行政院長職務，著毋庸議，至行政院副院長、各部會首長及不管部會之政務委員呈請辭職一節，請衡酌報核。』[81]

李登輝在閣揆任命案上或以黨內人選之困難，或以不敢面對第三屆立法院之民意考驗，乃搬出封建威權時代的「『著』[82]毋庸議」，不僅有時光錯置之感，且徒然成為憲政史上的可議。李登輝的直接命令了一個行政院長，違反了憲法規定總統只有閣揆同意權，剝奪了立法院立法委員閣揆同意權之行使，遭到立法院強烈杯葛。行政院長連戰，及其閣員，連續兩個會期無法進入立法院群賢樓，出席立法院之院會。一時之間，形成朝野對峙之憲政僵局。

李氏之作為，明顯有悖憲政體制，且產生兩個憲法爭議：一者，總統行將改選，行政院長提出總辭，後任總統可否逕予「著毋庸議」的「任命」一位行政院長，而剝奪憲法賦予立委的閣揆同意權？二者，副總統可否兼任行政院長？立法委員就之並提請司法院大法官會議解釋。[83]立法院院會於八十五年六月十二日，以 80：65 的票數通過「咨請總統重新提名行政院長，並咨請立法院行使同意權案。[84]

由李登輝引發的兩個重大憲政爭議，司法院大法官會議在舉行一連串之公聽

---

[81] 「李登輝宣布連戰續兼閣揆」，台北，聯合報，民國八十五年六月六日，版一。

[82] 「『著』毋庸議」之『著』字，乃封建時代官文書用語，用字非常霸氣，即「命令」之意。古時皇帝批示：「著即押解進京」、「著即就地正法」。

[83] 「總統可否慰留閣揆，六十二位立委連署聲請解釋」，台北，聯合報，民國八十五年五月三十一日，版二。

[84] 台北，中國時報，民國八十五年六月十三日，版一。

會，[85]並於八十五年十二月三十一日在萬方企盼下，公布了「釋字第四一九號解釋」。[86]此一解釋包括三大部分：

　　1. 副總統得否兼任行政院長憲法並無明文規定，副總統與行政院長二者職務性質亦非顯不相容。為此項兼任如遇總統缺位或不能視事時，將影響憲法所規定繼任或代行職務之設計，與憲法設置副總統及行政院長職位分由不同之人擔任之本旨未盡相符。引發本件解釋之事實，應依上開解釋意旨為適當之處理。

　　2. 行政院長於新任總統就職時提出總辭，係基於尊重國家元首所為之禮貌性辭職，並非其憲法之義務。對於行政院長非憲法上義務之辭職應如何處理，乃總統之裁量權限，為學理上所稱統治行為之一種，非本院應作合憲性審查之事項。

　　3. 依憲法之規定，向立法院負責者為行政院，立法院除憲法所規定之事項外，並無決議要求總統為一定行為或不為一定行為之權限。故立法院於中華民國八十五年六月十一日所為「咨請總統重新提名行政院長，並咨請立法院同意」之決議，逾越憲法所定立法院之職權，僅屬建議性質，對總統並無憲法上之拘束力。

此一解釋公佈之後，各方都以己之立場，選擇性的取有利於己之部分。民進黨、新黨以解釋文之「與‧‧‧未盡相符」，表示未盡相符就是不相符，不相符就是違憲。只是大法官不好打總統一巴掌，而為含蓄之說辭。總統府高層、國民黨則稱：『沒有說是違憲，就不是違憲，就是合憲。』[87]然依學理、法理之經驗法則，大法官釋憲應只問「合不合憲」，不問「合不合適」。[88]亦即大法官應在解釋文中，明確指出「合憲」抑或「違憲」，再於其後以文字闡釋之。並不宜以「創造性模糊」，造成各說各話。吾人以為，由李登輝總統「著毋庸議」引發之憲政問題，實包涵兩個憲法爭議：一是，總統改選，行政院長需不需要總辭？新任總統可否片面慰留，而不提名行政院長人選，送立法院行使同意權？二是，行政院長可否由副總統兼任？

　　1. 總統改選，行政院長需不需要總辭？新任總統可否片面慰留，而不提名行政院長人選，送立法院行使同意權？

　　依據執政的國民黨看法，其以三月份時，行政院長已經第三屆立法院行使同意權，總統既未提新人，何必重新行使？當然可以「著毋庸議」。益以大法官釋字第三八七號解釋，只要求行政院在立法院改選時總辭以示負責。至於總統或大法官會議，並未規定必須行使閣揆同意權，所以連戰續任閣揆如再經一次同意權

85 「副總統能否兼任閣揆，司法院下月舉行公聽會」，台北，聯合報，民國八十五年六月二十二日，版二。「副總統可否兼任行政院長釋憲審查會」，台北，聯合報，民國八十五年七月二十三日，版二。「總辭提名，可否著毋庸議，釋憲案昨再論戰」，台北，聯合報，民國八十五年七月三十日，版四。

86 司法院公報第三十九卷第一期，民國八十六年一月，頁二九以下。

87 「總統府：沒說違憲，就是合憲」，聯合晚報，民國八十五年十二月三十一日，版二。

88 台北，聯合報，民國八十五年九月二十二日，版二。

的行使，似為多此一舉。然此一說法與前述「四一九號解釋」之內容，其實都有著疑義，說明如下：

〈1〉基本上，我國原憲法中央體制傾向內閣制，殆無疑義。在此一制度安排下，閣揆的產生程序中，總統的提名權是「虛權」，立法院的同意權才是「實權」。因此，對於連戰內閣既已提出總辭，總統也就不應具有裁決可否的「實權」，更何況總統慰留的連戰是已入府的副總統，在「職位」上已非原先的連戰〈雖然是同一人〉。立法院不僅擁有同意權的「實權」，加上行政院對立法院負責的情形下，李登輝的「著毋庸議」，正是大有可議。

〈2〉進一步必須了解的是，連戰為何要再提總辭？原因無他，正因連戰是由三月份時第八任總統李登輝所提名，連戰為彰顯行政院長對未來第九任總統人事「提名權」的尊重而提出總辭。連戰的辭職絕非為「李登輝」個人而來，而係對於「第八任總統與第九任總統的體制轉換」所做的回應。同樣的，「第九任總統」面對總辭案，並非單方面就有批示「慰留」的權利。道理很清楚，假設第九任總統不是「李登輝」，而是「林洋港」或「彭明敏」，彭、林可否逕予「批示慰留」，而排除憲法的程序，由總統直接慰留「任命」行政院長，而不送立法院行使同意權？

〈3〉如謂「立法院仍是第三屆立委；總統仍是李登輝；行政院長仍是連戰，因之李登輝批以「著毋庸議」並無不妥，這當中則是充滿諷刺意味的政治弔詭。因為，此其中的李登輝已是「第八任總統」的李登輝，到「第九任總統」的李登輝；連戰已是從「行政院長」，到「副總統兼行政院長」的連戰；相對於「總統」、「行政院長」的換屆改變，則立法院已是由第八任總統互動的第三屆立法院，到與第九屆總統互動的第三屆立法院。憲法中對於任命閣揆的程序是整套的機制，總統的提名與立法院的同意是為一體。因之，連戰提出總辭，即是對第八任總統提名表達法理上的辭退，亦是包含對第三屆立法院同意表達法理上的辭退，這絕非僅如「釋字四一九號」之「係基於尊重國家元首所為之禮貌性辭職」而已。

2.行政院長可否由副總統兼任？

釋字四一九號以憲法並未限制「副總統不可兼任行政院長」的條文，亦即副總統兼任行政院長乃「非屬不相容」。然而，值得注意的是，憲法未禁止，是否副總統就可兼任行政院長？從我國憲法精神來看，顯非如此，且釋字四一九號前後有其矛盾存在。茲論析如下：

〈1〉我國自行憲以來，有兩次副總統兼行政院長的情形，一次是民國四十九年，行政院長陳誠於任內當選為第三屆副總統，陳誠於第二屆總統任期屆滿前總辭，經第三屆總統批復仍繼續兼任行政院長。另一次是民國五十五年，行政院長嚴家淦於任內當選第四屆副總統，嚴家淦亦於第三屆總統任期屆滿前，循例總辭，經第四屆總統批復仍續任行政院長。我國第三、第四屆總統均是蔣中正。以上陳誠、嚴家淦之「前例」；一則，因當時仍屬威權時期，實不足以援引比附；再則，李登輝常以「民主」是尚，並在國民黨的研究報告指稱：蔣中正時代是「硬性威權」，蔣經國時代是「軟性威權」，李登輝時代是「民主政治」，既以民主

自許，行事卻走回頭路，豈其真實心態若此？

〈2〉我國憲法第四十九條規定：「總統缺位時，由副總統繼任，至總統任期屆滿爲止。總統、副總統均缺位時，由行政院長代行其職權···總統因故不能視事時，由副總統代行其職權。總統副總統均不能視事時，由行政院長代行其職權。」從憲法條文設計之政府架構，副總統與行政院長是由兩人來擔任不同職位非常明確。今以連戰副總統兼行政院長，已牴觸憲法第四十九條之精神。且釋字四一九號在說明時，亦犯矛盾之嫌；其以「惟此項兼任如遇總統缺位···之本旨未盡相符。」既是「未盡相符」，則係違憲至明，如何能有「非顯不相容」云云。

〈3〉依憲法第四十九條，副總統是「備位元首」；另依憲法第五十三條、第五十八條之規定，行政院長是國家最高行政機關首長，掌握國家政治實權。依權力分立制度的精神，副總統與行政院長是兩項不同職位，且兩者性質迴然不同，除非憲法四十九條之缺位「特殊」狀態，在正常狀態副總統與行政院長實不得互兼。

〈4〉我國原憲精神傾向於內閣制的精神。依憲法第三十五條至四十四條條文觀之，總統、副總統本質並無過大之行政實權，且未因總統直選而改變。由虛位的副總統來擔任具有實權的行政院長，實有違憲之議。概以立法院可以監督行政院長，卻監督不到副總統。當副總統與行政院長同一人兼任時，彼此的權力關係也隨之混淆不清：一則，「副總統兼行政院長」時，行政院長已非憲法明定的最高首長，反成爲「總統的執行長」，此時「權責不相符」隨即出現，亦即有權者〈總統〉無責 ── 躲在後面操控，不須對立院負責；有責者〈行政院長〉無權。再則，「副總統兼行政院長」時，總統一旦出缺，副總統擔任總統，總統可否兼任行政院長？總統可否出席立法院會接受質詢？〈憲法四十九條之「繼任」或「代理」機制，是憲法「唯一」准許行政院長「代理」總統的特殊狀況，且「代理」以三個月爲限。〉綜合言之，副總統兼任行政院長，雖然憲法沒有明文規定禁止，但從相關憲法法條、法理分析，這應屬「省略規定」，如由副總統兼任行政院長實有違憲之議。

李登輝以「著毋庸議」所引發之憲政問題，涉及我國憲法有關國家組織法的根本問題，其實踐涉及到我國民主政治的理性體認的程度。[89]雖經大法官會議釋字第四一九號解釋，然以該解釋之「創造性模糊」，內容充滿矛盾、粗糙，解釋的遮遮掩掩，實難杜天下悠悠之口。李氏「著毋庸議」違憲之虞，又無法以釋憲平息之。面對輿論、學術界的責難與要求，請其依憲法條文：重新提名行政院長人選，送立法院行使同意權。然李登輝堅不認錯，其釜底抽薪之道，索性將立法院「同意權」拿掉，如此天下將無可議論。故而國發會及其後之第四次修憲，李登輝真正的第一用意：必將立院閣揆同意權刪除，行政院長由總統直接任命。證之以民國八十六年六月間第四次修憲，國民黨、民進黨第四次協商破裂之際，國

民黨籍的學者代表柯三吉情急之下，乃脫口說出「救救李總統」，輿論亦有此乃「肺腑之言」，突顯出國發會、第四次修憲工作的荒腔走板。[90]

〈四〉凍省與廢宋的結合

自從民國八十三年七月七、八兩日，立法院三讀通過「省縣自治法」、「直轄市自治法」，將台灣省自光復四十餘年來，試行之「半自治」、「畸形跛腳的自治」，得由這兩項立法的完成，在法制與實務層面，擺脫原來「台灣省各縣市實施地方自治綱要」等行政命令形式，從此確立各級地方政府的自治地位。特別是將四十多年來，僅限於縣市以下的試行自治，提升到憲政體系，從中央到地方完整的憲政分際與自治運作。根據上述法規，民國八十三年十二月二日舉行了行憲以來，台灣地區首次的台灣省長，與改制後首次北、高兩市市長選舉。台灣省長選舉，共有五位候選人，國民黨籍宋楚瑜以得票率56.22%高票當選。這在本書第四章第四節有詳盡論述。

國發會的召開，與其後的第四次修憲，有一個非常重要的背景因素，那就是「第三屆國大代表所顯示的政治生態丕變」：當民國八十五年第三屆國大代表選舉產生，在全部的334席中，國民黨僅佔185席，亦即二分之一多10席，不足修憲所需之三分之二出席，四分之三同意之數額，這在李登輝欲以國民黨一黨之力，獨力「刪除閣揆同意權」，顯然力有未逮，而需結合民進黨之力，始能順利完成修憲。「凍省」即成為李登輝與民進黨主席許信良談修憲條件之有力籌碼。這對國民黨而言，不僅以「凍省」換得民進黨之合作，「凍省」亦是將李登輝為其接班人連戰，掃除政治舞台的勁敵 — 台灣省長宋楚瑜，重要的一步棋。

宋楚瑜當選第一屆民選省長之後，一般輿論皆以宋勤政愛民，勇於解決民生疾苦，聲譽日隆，而有省與中央閒隙產生。民進黨亦有所盤算。[91]國發會前之分區座談會，國民黨高層就已經將矛頭指向宋楚瑜，以及宋楚瑜的政治舞台〈台灣省政府〉，各項座談中充斥著「凍省」〈或稱「廢省」、「精簡省府層級」等〉，不一而足。證之以國發會當中國民黨、民進黨高層之共同默契，一拍即合，不難證明「凍省」與「廢宋」實際是藉著國發會之召開，凝聚國民黨、民進黨兩黨之共識，達成其後「第四次修憲」順利進行的保證。

就國民黨而言，凍省與廢宋有其潛在因素；一則，宋楚瑜親民形象，使其展現高度親和力，而其廣結善緣、普遍扎根、廣泛之人脈非連戰所能企及，宋楚瑜「功高震主」之鋒芒畢露。當時之總統府秘書室主任蘇志誠即直指宋不甘心做老三，想要做老二。而宋對中央結合民進黨的凍省情勢亦莫可奈何，只有在自家省議會質詢時答覆表示，應有運動家精神，「不可以跑的比人慢，就把別人的腿打斷。」二則，中華民國所轄自由地區，扣除北、高兩個直轄市、福建省金門縣、連江縣而外，均屬台灣省政府範圍，台灣省下轄319鄉、鎮、市，加上省屬機關、行庫等，力量驚人，動員能量相當可觀。三則，宋省長常為省政建設之經費問題，提高分貝，甚至砲轟中央，指名財政部長等下台云云，這些都直接、間接影響省

---

[90] 「修憲盤整待變」，台北，自立晚報，民國八十六年六月二十二日，版三。
[91] 朱諶，憲政分權理論及其制度〈台北：五南圖書公司，民國八十五年一月〉，頁八六四-八六五。

與中央之良性互動。

就民進黨而言，「台灣共和國」的理念下，有「台灣國」，就不好有「台灣省」，因而廢省的主張，基本是民進黨的共識。李登輝亦知民進黨廢省之心切，乃擬以刪除立法院之閣揆同意權，交換民進黨所欲達成之廢省。兩黨高層一拍即合。民進黨相當明白，「凍結省級選舉」，可以說是在國發會召開前，兩黨就有的共識。國民黨方面在正式場合中，必須藉著民進黨的力量，來達成彼此之目標。唯國民黨因內部仍有不同的意見，國民黨高層乃以迂迴方式之「精簡省府層級」柔性字眼為訴求，而由民進黨「廢省喊的辣一點、大聲一點」，兩黨互唱雙簧，攜手合作，藉體制外的「國發會」運作，達成下一步「第四次修憲」的目標。

綜言之，國民黨「茶壺裡的風暴」透過國發會而白熱化，浮出檯面。國發會甫經開始，行政體系重量級人物都跳出來主張凍結「省」之層級，隨即召來省府點名批判。這是行政院長連戰、台灣省長宋楚瑜，兩位最具實力中生代的兩個山頭的爭奪戰，此一政治衝突，結合反對黨之因素，正顯示「凍省」與「廢宋」乃是國發會重要之觸媒與誘因。

二、國發會召開的過程

〈一〉籌備委員會的成立與運作

李登輝總統於民國八十五年五月二十日就職演說中，表示將儘快責成政府，針對國家未來發展的重要課題，廣邀各界意見領袖與代表，共商大計，建立共識，開創國家新局。總統府爰規劃辦理該項會議。並於同年八月十七日成立會議籌備前置工作小組，進行先前規劃作業。八月二十九日經總統簽奉核定會議名稱為「國家發展會議」。[92]

為使國發會順利召開，決定成立籌備委員會，主要任務為確立會議議題、薦審出席人員及其他籌備有關事宜。籌備委員會置召集人 1 名，副召集人 3 名，籌備委員 29 名；幕僚單位編組則以執行長為首，並置副執行長若干人，秘書處設議事、新聞、秘書、警衛交通、總務、會計 6 組。[93]

國發會籌備委員會名單於十月三日，經李登輝總統與相關人員商議後定案。籌備會召集人由副總統兼行政院長連戰擔任，3 位副召集人是國民黨籍立委蕭萬長、民進黨籍立委張俊宏、新黨立委李慶華。29 位籌備委員：[94]

1. 政黨代表〈6 人〉：國民黨籍饒穎奇、黃主文；民進黨籍尤清、邱義仁；新黨籍周陽山、賴士葆。
2. 民意機關代表〈5 人〉：國民大會副議長謝隆盛、立法院副院長王金平、台灣省議會議長劉炳偉、台北市議會議長陳建治、高雄市議會議長陳田錨。
3. 政府機關代表〈5 人〉：總統府秘書長黃昆輝、行政院副院長徐立德、台灣省政府副省長吳容明、台北市政府副市長陳師孟、高雄市政府副市長黃

---

[92] 國家發展會議秘書處編，國家發展會議實錄〈台北：國家發展會議秘書處，民國八十六年五月〉，頁七八四。

[93] 同上。

[94] 見國家發展會議秘書處編，國家發展會議實錄。或台北，聯合報，民國八十五年十月五日，版二。

俊英。

4. 相關部會首長〈5人〉：內政部長林豐正、外交部長章孝嚴、經濟部長王志剛、經濟建設委員會主委江丙坤、大陸委員會主委張京育。

5. 學術界及各界代表〈8人〉：田弘茂〈國家政策研究中心主任、國策顧問〉、謝瑞智〈台灣師範大學教授、國大代表〉、黃天麟〈第一商銀董事長〉、曹興誠〈聯電董事長、國策顧問〉、辜振甫〈海峽交流基金會董事長、資政〉、翁松燃〈國家統一委員會研究委員、香港中文大學教授〉、王效蘭〈民生報發行人〉、賴浩敏〈中央選舉委員會委員、律師〉。

此外，李總統也核定總統府秘書長黃昆輝為籌備委員會執行長，行政院秘書長趙守博、行政院研考會主委黃大洲、總統府副秘書長陳錫藩、黃正雄等4人為副執行長。

國發會籌備會於十月十一日舉行首次會議，研討國發會討論提綱及未來舉行分區座談會和專題討論方式。國發會三大議題為：「憲政體制與政黨政治」、「經濟發展」、「兩岸關係」。並確定國發會於十二月二十三日至二十八日，在台北國際會議中心召開6天。[95]

國發會籌備會於十月二十三日舉行第二次會議，決議事項為：[96]

1. 為期擴大參與，決定自八十五年十一月一日起至十一月二十四日止，分別舉行專題討論會與分區座談會。

2. 三大議題及十六項子題之確定。

3. 出席名額由原來的150名增加到170名。除召集人、副召集人、及籌備委員33人為當然成員外，尚有137個名額，分配如下：〈1〉政黨代表：30名[97]。國民黨、民進黨、新黨比例為4：3：2；〈2〉各級民代：30名。[98]國民黨、民進黨、新黨及無黨籍依4：3：2：1推薦產生。〈3〉學者專家與社會賢達共40名[99]，由籌委會推薦或社會各界自薦，再交由5人小組遴薦後，交籌備會核定。〈4〉行政人員17名[100]。〈5〉總統指定20名[101]。

---

[95] 見國家發展會議秘書處編，國家發展會議實錄。或台北，中國時報，民國八十五年十月十二日，版二。

[96] 高雄，民眾日報，民國八十五年十月二十四日，版三。

[97] 政黨代表：許文志、曾永權、鄭逢時、林志嘉、黃輝珍、陳博志、莊隆昌、黃昭順、廖風德、黃耀羽、王能章、蔡璧煌、丁守中。〈以上國民黨籍〉周伯倫、范振宗、姚嘉文、謝長廷、吳乃仁、陳文茜、余政憲、陳忠信、蔡同榮。〈以上民進黨籍〉郁慕明、曲兆祥、李炳南、朱高正、林郁方、周荃、賴來焜。〈以上新黨籍〉

[98] 各級民意代表：荊知仁、許再恩、彭錦鵬、張福興、高育仁、洪玉欽、洪昭男、蘇南成、李復興、洪秀柱、朱新民、陳雪芬。〈以上國民黨籍〉王世勛、李文忠、沈富雄、周清玉、卓榮泰、張川田、湯金全、蔡式淵、盧修一。〈以上民進黨籍〉傅崑成、楊泰順、姚立明、李炷烽、陳一新〈以上新黨籍〉張晉城、陳啟吉、林宏宗〈以上無黨籍〉

[99] 學者專家與社會賢達：呂亞力、張富美、黃德福、湯紹成、廖義男、蔡仁堅、盧瑞鍾、王又曾、王秉鈞、林忠正、胡立陽、洪奇昌、柯建銘、施振榮、高清愿、許添財、莊國欽、張清溪、張鍾濬、彭百顯、黃河明、黃昭淵、辜濂松、劉進興、魏啓林、王世榕、包宗和、杜正勝、吳安家、林濁水、范光群、高英茂、麥朝成、張麟徵、黃文局、楊力宇、楊開煌、蔡瑋、鄭竹園、賴國洲。

[100] 各級行政人員代表：蔣仲苓、廖正豪、蔡政文、趙守博、童勝男、陳建年、陳唐山、邱正雄、

十一月十六日國發會籌委會在台北賓館舉行第三次會議，由召集人連戰主持，會中通過 117 位政黨、民意、行政、學者專家、社會賢達、無黨籍代表的出席名單，名單送李總統後，李總統再另行指定 20 位代表，連同籌委會的 33 位人士，組成了國發會 170 人的出席名單。

〈二〉民間國發會的對抗

隨著政府國發會的推動，在野獨派人士也醞釀籌備「台灣國家發展會議」與之打對台。十一月一日，建國會會長彭明敏以個人名義邀請民進黨籍立委：陳永興、葉菊蘭、蘇嘉全、彭百顯、沈富雄、黃爾璇、李應元、張俊雄、李進勇、謝聰敏、陳定南等 11 名，台獨聯盟前後任主席張燦鍙、黃昭堂、中央委員許世楷，以及台教會秘書長曾明哲、陳儀深，榮興企業董事長辜寬敏等聚會，會中對國發會之議題、代表性等提出質疑。十一月三日，建國會執行長黃宗樂即根據前日共識，邀集學者李鴻禧、管碧玲、陳儀深、林向愷、陳春生、陳國雄等商議，初步決定十二月中旬舉辦一場名為：『台灣國家發展會議』的獨派討論會。

由建國會主辦的『台灣國家發展會議』搶先於十二月十四日、十五日於國際會議中心，召開為期兩天的民間國發會，開幕式由彭明敏擔任主持人，並邀請民進黨主席許信良、建國黨主席李鎮源致詞。期間四大議題之討論分別如下：

1. 「憲政改革與國家定位」議題：十四日上午舉行，主持人是李鴻禧；子題及報告人分別為：〈1〉制新憲確認台灣「事實國家」〈管碧玲〉。〈2〉以權責分明的總統制建構台灣的中央政府體制〈黃昭元〉。〈3〉單一國會〈陳儀深〉。〈4〉地方自治 ── 廢省〈許志雄〉。〈5〉政黨與國家發展〈蔡茂寅〉。特約討論人為：許慶雄、張俊雄。

2. 「台、中關係與國家安全」議題：十四日上午舉行，主持人是黃昭堂；子題及報告人分別為：〈1〉中國政策與台灣安全國際化〈陳少廷〉。〈2〉台灣的國家安全〈許世楷〉。〈3〉台灣對中國經貿交流應有的態度〈王塗發〉。

3. 「經濟發展與生態環境」議題：十五日上午舉行，主持人是陳定南；子題及報告人分別為：〈1〉為台灣找出贏的策略〈林向愷〉。〈2〉徹底解決公營事業與黨產問題〈張清溪〉。〈3〉台灣需要永續發展的能源政策〈王塗發〉。〈4〉經濟發展的政府職能〈吳惠林〉。〈5〉環境政策的檢討與改進方案〈施信民〉。特約討論人為：許松根、鄭先祐、柯建銘。

4. 「教育改革與文化品質」議題：十五日下午舉行，主持人是李敏勇；子題及報告人分別為：〈1〉因應未來國家發展的教育體制〈周志宏〉。〈2〉中小學教科書與台灣意識〈曾貴海、鄭正煌〉。〈3〉宗教信仰與台灣建國〈董芳苑〉。

「台灣國發會」的舉辦，正是與官方所辦的國發會互別苗頭。其主張基調為

吳京、蔡兆陽、黃大洲、蔡勳雄、謝深山、韋端、廖泉裕、馬英九、廖了以。

[101] 總統指定：丁懋時、許水德、劉松藩、錢復、吳金贊、吳敦義、宋楚瑜、陳水扁、吳伯雄、許信良、陳癸淼、王玉珍、成嘉玲、李哲朗、林聖芬、陳正忠、李正宗、金耀基、蔣彥士、簡金卿。

台獨，然以台獨在理論上、實務上均有值得商榷之處，依目前各項民調顯示，支持比例不高，在自由地區的民眾，仍以主張維持現狀爲最多。故而民間國發會雖在一會兩黨及部份獨派學者參與下，順利進行，然其實質影響層面仍有其限度。

〈三〉國民黨內部的折衝

國發會在民國八十五年十一、十二月間，以「廣徵各界意見、凝聚國人共識」爲導向，雖亦規劃多元管道〈包括運用媒體、廣闊民眾建言管道、舉辦分區座談會、專題座談、專題研究等〉，以利各界建言，然以三黨態度不一，見解有異，極難獲致一定程度之共識。在170位成員中，佔90多席的國民黨，其決策方向是影響未來會議發展的重要因素。國民黨在國發會前夕發表之「基本主張」，中央政府採混合制，在黨內頗引起爭議。

國民黨主席先於十二月十八日晚間，邀集黨內高層人士，協商國發會憲政議題之黨內共識。出席者包括：副總統兼行政院長連戰、黨秘書長吳伯雄、國大議長錢復、考試院長許水德、總統府秘書長黃昆輝、省長宋楚瑜、高雄市長吳敦義、行政院秘書長趙守博、國安會秘書長丁懋時、內政部長林豐正、台北市議長陳健治、省議長劉炳偉、政策會執行長饒穎奇、立委黃主文、洪玉欽、學者田弘茂等人。經過四小時的討論，達成四項結論：1.中央體制朝改良式混合制度著手改革。2.對省府與各級政府業務功能做調整，不討論爲廢省與省虛級化。3.廢止鄉鎮縣轄市長選舉。4.其他相關議題作細部規劃。[102]

國民黨續於十二月二十日晚，邀集國發會黨籍出席成員在中央政策會舉行座談會，討論黨版具體主張。共計有考試院長許水德、行政院副院長徐立德、立法院副院長王金平、國大副議長謝隆盛、總統府資政蔣彥士、台北市議會議長陳健治、政務委員蔡政文等60餘人與會。會中分別由政務委員蔡政文、陸委會主委張京育、經建會主委江丙坤3人、針對3大主題提出報告。然而諷刺的是：國發會連日來在報紙大登廣告，徵求全民做「國策顧問」。到臨開會的前夕，執政黨的「省虛級化」、「改良式混合制」主張，由上而下的「民主」，一個「砍頭」手勢，發言頓時冷清，雖然國民黨籍出席成員頗多意見，然以擔心發言會有後遺症，僅只有5人發言，呈現「黨內共識」漸有「誰敢反對」之勢。[103]

〈四〉主席團的設置與運作

十一月十六日，國發會籌委會第三次會議時，決定設置主席團。其人選之產生，由3位副召集人、執行長及賴浩敏委員等5人組成小組辦理。該小組所擬定之「國家發展會議主席團產生原則」，要點如下：[104]

1. 爲綜理大會期間會議相關事宜，國發會設主席團。

2. 主席團由大會召集人、副召集人、執行長，另就全體出席人員中遴選20人共同組成。

3. 前項20人之遴選，就政黨屬性、社會賢達、學者專家，按適當比例分配，

---

[102] 國民黨內部協商國發會共識經過參見，台北，中央日報，民國八十五年十二月十九日，版一。
[103] 國民黨國發會成員座談會過程參見，台北，聯合報，民國八十五年十二月二十一日，版一。
[104] 國家發展會議秘書處編，前揭書，頁七七。

並考量 3 個議題分組之均衡性。

4. 主席團任務為：〈1〉大會召集人：主持開、閉幕、預備會議及總結報告。〈2〉大會副召集人及執行長：承召集人之命，負責大會協調事宜，惟不主持分組及全體會議。〈3〉其他成員負責主持分組及全體會議，並參與主持會議結論與報告之整理事宜。

5. 主席團成員由大會召集人簽請總統核定。

五人小組乃根據上項原則，採國民黨 3：民進黨 3：新黨 2：其他 2〈含總統指定人選、學者專家及社會賢達〉之比例，按議題均衡原則，提請總統於十二月七日核定，其名額人選為：

1. 大會召集人兼主席團主席：連戰。

2. 大會副召集人：田弘茂、李慶華、張俊宏、蕭萬長、賴浩敏。

3. 大會執行長：黃昆輝

4. 其他成員：

〈1〉憲政體制與政黨政治〈7 人〉：吳伯雄、劉松藩〈國民黨推薦〉、沈富雄、姚嘉文〈民進黨推薦〉、陳癸淼〈新黨推薦〉、廖義男、錢復〈其他〉。

〈2〉經濟發展〈6 人〉：王金平、徐立德〈國民黨推薦〉、吳乃仁、陳文茜〈民進黨推薦〉、賴士葆〈新黨推薦〉、施振榮〈其他〉。

〈3〉兩岸關係〈7 人〉：丁懋時、宋楚瑜〈國民黨推薦〉、許信良、陳水扁〈民進黨推薦〉、朱高正、周荃〈新黨推薦〉、辜振甫〈其他〉。

國發會主席團於十二月二十一日在總統府大禮堂召開第一次會議，會中除確定國發會分組會議主持人、全體會議主持人、「分組結論整理及報告小組」成員外，最重要者為「共同意見」認定原則及協商方式。亦即由每項議題的 9 人小組協商達成共識後，成為國發會的「共同意見」。所謂的 9 人小組乃是由五位副主席和執行長，以及各組全體會議的四位主持人所組成。此九人透過協商後取得一致共識者，即列為「共同意見」，而未列入共同意見者，即列為「其他意見」。

〈五〉大會的進行

國發會在籌備委員會及主席團的周詳規劃，並廣徵民意，自十一月一日至十二月二十二日，共計收錄民眾意見 2,340 則；台閩地區辦理 27 場分區座談會，另由三項議題承辦部會分別舉辦「專題座談」，「憲政體制與政黨政治」議題共舉行 6 場；「經濟發展議題」共舉行 5 場；「兩岸關係議題」共舉行 3 場。此外，並舉辦三項議題之「專題綜合研討會」；「憲政體制與政黨政治」議題共舉行 4 場；「經濟發展議題」共舉行 4 場；「兩岸關係議題」共舉行 3 場。

十二月二十三日，在人人有意見，各黨有主張的情況下，國發會於台北國際會議中心揭幕。李登輝總統親臨致詞，並表示：[105]

深盼大家一本莊嚴的使命與開闊的襟懷，都能不分黨派，不論背景，而

---

[105] 「李總統登輝先生在國家發展會議開幕典禮中致詞」參見，台北，中央日報，民國八十五年十二月二十四日，版二。

且實事求是，大公無私的針對議題，進行通盤深入的探討。登輝必以最大的誠意與決心，克服一切的困難，就會議形成的共識，依循體制程序，化為政策，並在最短時間內促其實現。

國發會於十二月二十三日開幕，至二十八日閉幕，期間討論主題分別為：

1. 十二月二十三日，召開第一次分組會議。「憲政體制與政黨政治」組討論釐清中央政府體制；「經濟發展議題」組討論提升國家競爭力策略；「兩岸關係議題」組討論兩岸互動的政略與原則及兩岸協商基本問題。

2. 十二月二十四日，召開第二、三次分組會議。「憲政體制與政黨政治」組討論合理劃分中央與地方權限，改進選舉制度淨化選舉；「經濟發展議題」組討論提升國家競爭力策略、推動亞太營運中心的作法、及參與國際經貿組織的戰略；「兩岸關係議題」組討論兩岸互動的政略與原則、兩岸協商基本問題、兩岸經貿關係的建構。

3. 十二月二十六日，召開第四次分組會議。「憲政體制與政黨政治」組討論落實政黨政治、促進政黨良性互動與發展；「經濟發展議題」組針對前三次分組討論有共識部份予以確認；「兩岸關係議題」組討論大陸決策與監督機制、進行總體討論。此外，本日並召開第一次全體會議，進行「經濟發展議題」分組結論報告及綜合討論。

4. 十二月二十七日，本日並召開第二次全體會議，進行「兩岸關係議題」分組結論報告及綜合討論。召開第三次全體會議，進行「憲政體制與政黨政治」分組結論報告及綜合討論。

5. 十二月二十八日，總結報告、閉幕典禮、李登輝總統全程參與、聆聽並致詞。

〈六〉新黨的大失策：退出國發會

國發會期間，三黨一派在各項議題上均有表述，到了十二月二十六日，召開第三天會議時，新黨由於國民黨與民進黨檯面下非正式的接觸與協商傳聞不斷，新黨國發會副召集人李慶華與新黨全委會召集人陳癸淼共同舉行記者會，要求在國發會之會前會所做成的共識必須維持，同時開出 5 條件，希望國民黨針對「中央政府體制」、「軍政軍令一元化」、「國民黨黨產處理問題」、「選舉制度」與「凍結省長選舉」等五項問題，做出善意回應，否則新黨考慮退出國發會。[106]

次日〈二十七日〉上午，新黨與國民黨談判破裂，新黨抨擊國發會是六年前國是會議的翻版，指責國民黨在國發會中大搞「擴權〈擴大總統權力〉、固權〈鞏固國民黨政權〉、削權〈削弱國會權力〉的三權會議」。新黨國發會代表團於上午 10 點正式宣佈退出國發會。[107]

實則，新黨的退出，過於草率、衝動。本次國發會的遊戲機制是採用「共識民主」的精神：「不動用表決權」。出席大會全體都同意者，列為「共同意見」，

---

[106] 「新黨提出五條件考慮退出國發會」參見，台北，中時晚報，民國八十五年十二月二十六日，版二。

[107] 「新黨退出國發會」參見，台北，中時晚報，民國八十五年十二月二十七日，版二。

只要有不同意見者，該項議題即列為「其他意見」。在國發會不採表決，沒有大欺小、多壓少的情況，而以「共同意見」、「其他意見」處理各項議題。如果新黨當時不意氣用事，堅持留在國發會中，相信許多關鍵性的議案都會是「其他意見」。正因新黨不理智的退出，反而使得在場的國民黨、民進黨的意見成為「共同意見」，這也就有了所謂的「國發會共識」之產生。新黨的退出是意氣，也是大不智。

三、國發會的共識

　　國發會有關「憲政體制與政黨政治」議題，在新黨退出，國民黨、民進黨兩大黨聯手下，獲致重大結論。於十二月二十八日由無黨籍代表廖義男在總結報告中，提出二十二項「共識」：[108]

〈一〉中央政府體制：

　　1. 總統、行政院、立法院的關係

　　〈1〉總統任命行政院長，不須經立法院同意。

　　〈2〉總統於必要時得解散立法院。而行政院長亦得咨請總統解散立法院。但須有必要之規範與限制。

　　〈3〉立法院得對行政院長提出不信任案。

　　〈4〉審計權改隸立法院。

　　〈5〉對總統、副總統之彈劾權需符合憲法嚴格程序，並改由立法院行使。

　　〈6〉立法院各委員會建立聽證制度及調閱權之法制化。

　　2. 國民大會與創制複決權之行使

　　　　凍結國民大會之創制複決權。人民得就全國性事務行使創制、複決權。

〈二〉中央與地方權限劃分及行政區域與政府層級之調整：

　　1. 調整精簡省府功能業務與組織，並成立委員會完成規劃與執行，同時自下屆起凍結省自治選舉。

　　2. 取消鄉鎮市級之自治選舉，鄉鎮市長改為依法派任。

　　3. 縣市增設副縣市長，縣市職權應予強化。

　　4. 地方稅法通則、財政收支劃分法應儘速完成立法或修正，以健全地方財政。

〈三〉改進選舉制度、淨化選風

　　1. 中央民意代表總額與任期

　　〈1〉主張國民大會代表的總額適度減少，改由政黨比例代表產生，並自下屆起停止選舉。任期維持現制四年。

　　〈2〉立法委員之總額視國民大會與省議會名額調整情形，於必要時增加至二百至二百五十名為原則，任期應改為四年。

---

[108] 「國發會憲政體制組總結報告」參見，台北，中央日報，民國八十五年十二月二十九日，版三．

2. 中央及地方民意代表選舉制度暨選區劃分

〈1〉中央民意代表選舉制度採單一選區與比例代表制二者混合之二票制，並成立跨黨派的小組研議。

〈2〉選區的劃分則希望成立超然中立的超黨派選區劃分審議委員會。

〈3〉淨化選風，修改選罷法，改善選舉制度。

〈四〉政黨政治與政黨良性互動

1. 有關政黨財務、補助及政治獻金之擬定

〈1〉黨營事業不得從事壟斷性事業之經營，不得承接公共工程，不得參與政府採購之招標，不得赴大陸投資。

〈2〉國家對於政黨之補助應以協助政黨從事政策研究及人才培養為主。現階段可以在選罷法中，酌予提高補助額度。

2. 政黨不得干預司法，司法人員應退出政黨活動。

3. 公務人員應保持政治〈行政〉中立。

4. 立法院協商機制應予法制化、制度化。

5. 政黨組織及運作應受法律規範。

四、國發會的評析

國發會所達成「憲政體制與政黨政治」之共識，若落實為憲法條文規定，對原憲法制度是極大幅度的衝擊。李登輝主導下的國民黨，雖然在名義上仍保留了「五權」架構，但因憲章被毫無道理的嚴重修改：1.核心是李登輝必欲完成的「刪除立法院之『閣揆同意權』，行政院長由總統直接任命」〈李氏「著毋庸議」違憲的堅持，為掩飾、免脫其違反憲法之規定，只有動用修改憲法，來配合李總統乖違之作為，以達成一致〉。2.為彌補立法院沒有「閣揆同意權」，就給立法院「對總統、副總統之彈劾權」、「對行政院長提出不信任案權」、「建立聽證制度及文卷調閱權」等。3.為了民進黨在未來第四次修憲的配合，推出「凍省」、「鄉鎮市長改官派」。因為主政者不守憲，而必須陪上憲法的尊嚴，且將憲法層層相扣的法理依據，弄得支離破碎。

正因國發會所面臨的爭議不斷，它又是一年後之「第四次修憲」的前哨戰，其在憲政方面影響層面深遠，對地方政治生態改變亦大，故而在憲政發展的意義上，一如「國是會議」，而需深入了解與體會，才能真確的掌握政客毀憲誤國之卑劣作為。本文擬以 7 個面向析論國發會的全貌：

〈一〉國發會性質之辨

國發會性質定位的釐清上，有兩個問題存在：〈1〉國發會是體制內或體制外的會議？〈2〉國發會是全民參與共商國是或政黨協商？就前者而言，李登輝總統表示：『國發會是由總統邀集，是體制內的會議。』[109]然而在野黨派則質疑，其非經常性建制的諮詢機構，而只能視為體制外的偶發性聚合。徵之事實，國發會本為尋求改革體制，及從體制外尋求共識，再帶進體制內〈第四次修憲〉而開，以求打破實際政治困局，為主政者尋求解套。綜言之，國發會是李登輝以元首身

---

[109] 李登輝總統發言之內容，參見，台北，聯合報，民國八十六年二月二十一日，版七。

份，動用國家行政系統作爲幕僚單位，以國家經費召開、運作，但屬於體制外的會議，殆無疑義。

就第二個問題而言，國發會是否爲政黨協商？總統府一再強調此乃全民參與共商國是發展的會議，而並非定位在只是單純的政黨協商會議。但從出席人員產生原則、討論過程觀之，則國發會要擺脫政黨協商的影子實不容易。就會議人選的五大類：一是政黨代表、二是各級民意代表、三是學者專家與社會賢達、四是行政人員、五是總統指定。30 名政黨代表顧名思義是由各個政黨所推薦之人選；30 名各級民意代表也是由政黨依 4：3：2：1 的比例來推薦；行政人員 17 名，籌備委員會委員的 33 名，也是各有所屬政黨。在 170 位出席人員中，明確具有政黨屬性代表就有 110 位，接近三分之二。40 位學者專家、社會賢達雖然是授權由總統府 5 人小組來遴選，但 5 人小組遴選之標準乃是以政黨爲主，只不過學者大都不願表明自己是代表哪一個政黨。至於總統所指定的 20 位人選，仍是不脫政黨的範圍。

不僅成員有明顯的政黨色彩，會議在籌備會期間，每一次籌備會的記者會均安排三黨代表坐在一起；會議的主題與子題亦由三黨的「會前會」協商議定，在五天的正式會議中，從檯面上的發言，到檯面下的溝通，政黨協商的斧鑿痕跡，斑斑可考。正式會議所採「共同意見」，乃由「三黨一派」政黨協商具共識後敲定，不同意見則以陳述方式並列，並不動用任何表決，會議召集人與主席團主席們亦由三黨分任與輪派。至此，政黨協商已甚明矣。惟因新黨中途退出，因之，國發會實質上乃是朝野兩大政黨的協商會議。但以新黨代表亦已在「經濟發展」議題上之「共識」聲明中簽字，因而也可說是「經濟面的三黨協商會議」。綜合而言，國發會充滿政黨角力痕跡而獨缺民間中道、正義、清新之聲音。

〈二〉朝野政黨見解互異

國民黨、民進黨及新黨之憲政議題互有接近、互有衝突，彼此間存著很大的差異。國民黨與民進黨高層傾向中央體制採雙首長制，「省」地位的變革，但具體內涵仍有歧異。民進黨與新黨在立法院和政黨政治、選舉制度、選區劃分等議題上較接近。新黨和國民黨則都主張保留國民大會。

在中央政府體制方面；國民黨主張改良式混合制，即總統任命行政院長不經立法院同意，總統主持國務會議，行政院長咨請總統解散立法院，立法院也可以對行政院長行使不信任投票權。民進黨主席許信良爲主的民進黨人士則主張採行法國雙首長制，總統的權力要受國會的監督，民進黨內部份總統制的主張，頗受壓制。新黨則主張完全的責任內閣制，行政院長由國會選舉產生，國安會、國安局隸屬於行政院指揮。

國民大會存廢議題上，國、新兩黨傾向保留國大，但國民黨主張凍結國大創制、複決權，改由人民行使；新黨主張創制、複決權行使，區分爲省、縣不同層級。民進黨則以廢國大爲主要堅持之一。

立法院的職務調整上，國民黨主張取消立法院的閣揆同意權，但增加立院的不信任投票權和審計權。民進黨主張增加立院的調查權、審計權和彈劾權。新黨

反對取消立法院之閣揆同意權，另增加調查權、審計權，同時正副院長要退出政黨。

台灣省的存廢上，國民黨經過內部折衝後，使用爭議較小的「精簡省府組織與功能」，並凍結省長、省議員選舉。民進黨主張直接廢省，凍結憲法有關的條文，下屆省長、省議員選舉停止。新黨主張「一省多市」之原則，增加台中市為院轄市，增加台北市、高雄市轄區範圍，並簡化省政府組織與職掌。

有關選舉制度上，三黨雖均主張國會議員採單一選區、兩票制。但在名額上面，國民黨主張比例代表名額占 20%，單一選區之區域代表佔 80%，立法委員人數增至 200 名。民進黨、新黨則主張，區域代表與政黨比例代表各佔 50%，新黨甚至主張地方議會議員亦由區域選舉、政黨比例代表選舉產生。

選區劃分方面；國民黨主張應由中央成立超然中立之委員會進行。民進黨主張選區劃分由國會訂定。新黨主張選區重劃應經立院、省、市議會同意。

政黨政治方面；朝野的焦點集中在政黨法和黨營事業上。國民黨主張不制定政黨法，允許政黨財務可得經營投資事業。國民黨也主張可以繼續擁有黨產。民進黨和新黨都主張制定政黨法，且政黨不得經營投資事業。在國民黨黨產處理上，民進黨主張民營化，新黨則主張限期出售。此外，新黨堅持政黨不得經營電子媒體。

〈三〉過程缺乏民主的協商精神

國發會結束後，李登輝總統表示這是『有史以來最成功的一次會議』。[110]並在國民黨中常會內強調，這次國發會最成功的地方，就是「溝通與協商」，朝野政黨能坐下來為國家長遠發展提出建議。[111]然而事實上，國民黨、民進黨兩大朝野政黨高層的結合，係透過國發會此一體制外的臨時性機制，達成若干「共識」，以圖體制內的改革。在兩大政黨內部所引發相當程度的反彈，肇因於「由上而下的『民主』」；新黨更以「毀憲、制憲」而不是修憲，中途退出國發會。社會各界亦對國發會的強渡關山，多有質疑。雖則國發會前一個多月，強力宣傳「人人可以做國策顧問」，並辦理各項的座談、專題討論，然而民意之表達與受尊重程度並非如此。以下分別論述之：

1. 國民黨內之反彈

國民黨於國發會前三天，提出學者蔡政文、謝瑞智、彭錦鵬等所擬之「改良式的混合制」黨版具體主張，引發社會大眾以及國民黨籍出席國發會成員之普遍譁然，但在國民黨召集黨籍出席代表的共識會議上，代表們擔心會有後遺症，只有立委丁守中、高育仁、洪昭男及代表省方的副省長吳容明、省議員張福興等五人冷清發言，所謂「黨內民主、協商機制」可見一斑。[112]在國發會中，對國民大會、監察院、立法院、台灣省政府做成了相當程度改變的決議內容，卻未見事前與該些機關有任何協商，也未見事前與該些機關舉行座談會，聽取各機關內部人

---

[110]李登輝總統發言之內容，參見，台北，中國時報，民國八十五年十二月二十九日，版二。
[111]李登輝總統發言之內容，參見，台北，中國時報，民國八十六年一月九日，版二。
[112] 國民黨共識會議之過程內容，參見，台北，聯合報，民國八十五年十二月二十一日，版二。

士之意見；突然從天而降的「改良式的混合制」國民黨黨版具體主張，各方撻伐之聲不絕於耳：

〈1〉國民大會方面

國發會後，國民黨籍國代在民國八十六年一月初，由國大工作會召開之國代「憲政小組召集人暨幹部會議」，以及一月中在北、中、南三場凝聚黨內共識會議中，除了莊隆昌、彭錦鵬、謝瑞智、陳子欽支持國發會共識，其餘都是「砲聲隆隆」[113]

　a.朱曉俊：『出席國發會的國代，事前根本沒有和其他國代溝通，不具有代表性，所以李總統所說「國發會的共識就是全民共識，這真是莫名奇妙」。』

　b.曾憲棨：『體制外的臨時編組之非民意機關，居然把體制內的機關給廢了，這是什麼東西？』

　c.溫錫金：『政策是需要時間來形成共識，國發會只有五天就有共識，這種充滿利益交換，不會獲得國代同意。』

　d.吳茂雄：『國發會一百七十位委員的背後選票有幾張？怎可讓體制外的機制來決定體制內的改革。』

　e.陳建銘：『李總統要國民大會拿大刀砍人〈凍結省級選舉〉，同時又要拿槍自殺〈凍結國大選舉〉，可能嗎？』

　f.張榮顯：『這次國發會的結論根本是要廢憲，不是修憲，「坐五權憲法的輪船，在玩三權分立的遊戲」。如要廢省，當初爲何要選省長？』

　g.徐宗志：『國發會結論是國民黨中央隨民進黨起舞。』

　h.林淵源：『國發會已做成共識，地方說了也沒用。鄉鎮市長不選的結論，將使政權都保不住，更不必談改革。』

　i.荊知仁：『國發會的議題沒有一項經由國民大會討論過，爲何會有「結論」？而且讓一個體制外的會議決定國民大會可以處理的事，合理性非常有問題，即「國發會共識產生過程可議，其合理性有爭議」。』

　j.呂學樟：『國發會的共同意見不代表國代的共識，其結論也不應該成爲國大的「緊箍咒」。』

　k.林鴻池：『修憲工作茲事體大，如果想在五月二十日完成修憲，企圖把這種「修憲成果」當成總統就職周年的「賀禮」，「這就是馬屁精的行爲」。』

　l.龍應達：『決定國家體制是國民大會的職權，不可事事讓國發會「交辦」。』

國發會憲改共識才提出，國民黨國代近乎群起譁然，不滿情緒溢於言表，一片反彈聲浪。其根結所在，即是以體制外的國發會決定體制內的國代修憲主張，國發會代表沒有民意基礎，而參與國發會的國代均爲不分區代表，其代表性不足，無法反映民意，更不尊重體制內的民意機關。李登輝總統的所謂最成功之「溝通與協商」正是一個最大的諷刺。

〈2〉監察院方面

---

[113] 國民黨籍國代對國發會的共識之意見，參見，民國八十六年一月八日、十三日、十七日、二十一日等國內各報紙內容。

　　國發會對監察院之職權改變頗大，將原本歸屬監察院的審計權，以及總統彈劾權改隸於立法院，但卻沒有邀請監察院代表參與，亦未徵詢監察院意見，毫無「溝通與協商」，監察院則是一片批判之聲：[114]

　　a.王作榮：監察院長王作榮在民國八十五年十二月二十四日監察院會中，以罕見激動的言詞譴責國發會，以表示強烈的抗議與憤慨。同時不排除就國發會召開的合法性及經費動用情況進行調查。監院也將以院長王作榮之名義，上書李總統及負責修憲工作的全體國代，強調審計權、調查權不宜歸立院的理由。王作榮院長指出：『少數人亂搞一氣會誤國』、『當初制憲那批人不是白痴』、『除非革命，否則憲法是慢慢成長的。現在有部分人士，中國書沒唸通，外國書也沒唸通，既不懂實務，也不懂理論。』

　　b.翟宗泉：『國發會竟然草率的在短短五天內宰殺省政府、閹割監察院、戲弄國民大會。』

　　c.李伸一：『國、民兩黨不顧制度的完整性，將制度視為政黨分贓工具，全然是開民主的倒車。』

　　d.趙昌平：『制度設計應該從長遠角度考量，如果透過體制外的政黨協商交換所得，將對不起國人。』

　　e.黃越欽：『一個國家不可以依賴體制外的國發會或是國是會議，攪亂整個憲政發展的程序。』

　　監察院在十二月二十四日的會議，監察委員李伸一特地提案要求開放新聞媒體採訪，讓外界了解監察院之立場，獲得無異議通過。而全國「最高」監察機關，在沒有任何監察委員受邀參加國發會的情形下，任由「憲政體制與政黨政治」小組之決議來宰割監察院監察權，亦為民主「憲政」國家之奇蹟。

〈3〉立法院方面

　　國發會的召開與共識，在立法院受到強烈的質疑，就國民黨籍立委所持看法列述如下：[115]

　　a.王天競：『國民黨此舉視修憲為兒戲，將憲法淪為政治運用工具，一切泛政治化，以政治操縱法律，完全違背民主原則。』

　　b.陳宏昌：『國發會的功能是聽取基層民眾心聲，但不應該做決策。』

　　c.施台生：『根本就是體制外會議。』

　　d.丁守中：『法國實施雙首長制有其條件，因其總統任期長，而且有公民複決的設計，加上法國有中間黨派的力量，及中產階級的社會結構，所以可以形成安定的力量；但我國的幾個政黨壁壘分明，甚至有意識型態的對立，加上中央政府對地方政府沒有強有力的約束力量，所以沒有實施的條件。』

　　e.高育仁：『這種改良式混合制並不均衡，行政院長成為總統的幕僚長，國會監督不到總統，這種設計有問題。』

---

[114] 監察院院長與監察委員對國發會共識之意見，參見，民國八十五年十二月二十五日至二十八日等國內各報紙內容。

[115] 國民黨籍立委對國發會共識之意見，參見，民國八十五年十二月二十日至二十三日等國內各報紙內容。

f.李文郎：『這次的國家發展會議忽視了民眾熱烈要求社會改造的訴求。』

g.洪秀柱：『如果採行改良式混合制，反而是引起立法院茶壺中的風暴，最後連行政部門都將癱瘓，衝擊更大。』

〈4〉台灣省政府方面

國發會中有關「憲政體制與政黨政治」的子議題超過 20 項，但從初始全省各分區座談會中，幾乎所有參加的人士都將發言的焦點鎖定在「廢省」上，贊成與反對聲浪呈現拉鋸。實則廢省的議題在民進黨的大力炒作下，必然會是國發會中討論的重點之一。基於此，台灣省政府有必要在會中闡明省府立場。省府乃推薦了四位人選參加國發會：民政廳長陳進興、新聞處長黃義交、國民黨籍省議員周錫瑋及一位大學教授。然而四人全部出局，未列入國發會成員中。行政官員解釋陳、黃二人，省府並非以行政人員名義提名，而是以專家學者名義報名，所以與行政院的提報行政人員作業無關，而是籌備會的權責。唯以籌備會 5 人小組之政黨色彩，國民黨高層實有責任，既然國發會要談「凍省案」，何以中央高層連一個省府推薦之人都不能接受？

或有謂即使讓省府多二、三人，在面對 170 人也是不成比例，而認為可有可無，並無大礙。然而就「程序正義」中，最強調的就是「表達機會的均等」。英國下議院之「議長中立」制度，使得議長成為各黨各派都信服、尊重的人物，而為民主國家「民主精神」之典範。故而，二、三人要發揮影響力可能有限，但本於民主精神在於「要讓聲音出來」。再則，省長宋楚瑜是總統提名的指定代表，雖得以參加國發會，但以其位階及動見觀瞻的影響，即使在會議中遇到廢省的議題，也不太適合直接與他人你來我往針鋒相對，在此情況下，自然須有「代言人」表達理念。在省府安排推薦的辯護人都遭到封殺出局，只剩下宋省長與副省長吳容明二人。此一發展態勢，產生政治效應。省府認為中央既有「省虛級化」的立場，已失去參加國發會實質意義，宋、吳兩人先後以參加省政總質詢為由，不參加國發會。也就在國發會完成凍省之決議後，宋省長於民國八十五年的最後一天，請辭台灣省省長及國民黨中常委，是為宋省長對國發會結論的直接表態。

凍省案在省議會亦是討論的焦點。陳明文〈黨團工作會主任〉：『台灣省不是三民主義的「模範省」嗎？曾幾何時，成了國發會中的「過街老鼠」。』省議員周錫瑋：『國發會為了達到凍結省級選舉的共識，不惜將行政效率低落、擔心葉爾辛效應等莫須有罪名加諸省府身上。』[116]

總之，凍省之得失是大問題，也是國家政策的重大議題，必須透過清楚、透明、深入的正反論證，始能得出較充分、理想之結果。但在國民黨李登輝高層等之企圖隻手遮天，以「私意取代黨意，以黨意取代民意」。這是一場粗糙、預設立場，為達成特定目的之政治鬧劇；「凍省」：不與省談；刪除監察院職權，不與監察院談；刪除立法院的「生命線 — 閣揆同意權」，只點派少數青一色的不分區立委出席。卻大言不慚的稱國發會是『有史以來最成功的一次會議』；標榜

---

[116]國民黨籍省議員對國發會共識之意見，參見，民國八十五年十二月二十八日至三十日等國內各報紙內容。

國發會最成功的地方，就是「溝通與協商」，口號與實際正是兩極。

2. 民進黨內之質疑

民進黨中央之許信良主席在與國民黨搭配、合作下，對國發會達成多項重大共識，引起民進黨內部極大之反彈，質疑黨主席許信良、秘書長邱義仁及國大黨團幹事長李文忠等之「國民黨化」領導風格，甚至對李文忠主張提前召開修憲會議落實國發會共識，根本是「比國民黨還國民黨」。

針對國發會前後走向，有謂：「民進黨似乎已不像個反對黨」，或謂：「民進黨替國民黨背書」。民進黨主席許信良所持看法：『其實這次國發會的結論，很多都是反對黨想做，而非國民黨想做的。』『民進黨選擇合作遭遇兩項困難：一是，一般人都將反對黨的角色定位為制衡，改革不是反對黨的責任；第二是，黨內有一些基本教義派認為，與國民黨合作的結果，是對理想的讓步，但我認為堅持理想而不切實際，有時反而是支持現制，讓現狀維持。』『民進黨是站在整體國家利益的角度來看這個問題，希望建立良好可運作的體制，這套體制不一定對民進黨最有利。』[117]『我所考慮的不是背書而是台灣需不需要共識？台灣需要共識，不只是執政黨的責任，同時也是在野黨的責任。』[118]

誠然如許氏所言，國發會共識並非全然背書，而是互有所取。故有謂：『國民黨今天所做的事，都是許信良所主張的。』但深層思之，民進黨高層在國發會中堅持兩項標的：〈1〉意識形態的爭取：例如廢省案，民進黨側重台灣國家主權之意義，故而被李登輝看穿其弱點與突破口，李登輝以「廢省」交換民進黨在修憲中配合國民黨高層所欲之「刪除立院閣揆同意權」。乃有宋楚瑜之嘲諷：『當初積極推動省長直選，喻為四百年來第一戰的那批人，怎麼才四０二年就不戰了呢？』〈2〉未來執政的爭取：例如總統直選案，民進黨當初是基於突顯台灣的主權，以及有利於取得執政權而一夜變天，但其後發覺總統直選後，反而距離執政更遠，於是雙首長制又成為民進黨的主流意見。同樣的，鄉鎮市長改為官派，亦是許信良深謀遠慮的考量，在國發會當中，作為最大反對黨主席，許信良知道國民黨的主要目的為何，選取最有利於民進黨者，而換得國民黨的部分讓步與支持。故而兩黨各有盤算下，兩黨都有所得，許信良雖然是反對黨的主席，但其「宏觀」角度，各有所取，對民進黨未來的爭天下是有長遠眼光的。

民進黨中央在國發會結束後，面對黨內反彈一波一波而來，民進黨立法院黨團、國大黨團部分成員相繼召開記者會，批判黨中央「政黨分贓」。尤其是以福利國連線、正義連線反對最為激烈。就福利國連線而言，分別於十二月二十日、三十日召開記者會抨擊國發會之共識，出席者包括：蘇貞昌、張俊雄、蘇嘉全、蕭裕珍、柯建銘、廖大林、李俊毅、尤宏、顏錦福等人。就正義連線而言，其精神領袖時任台北市長之陳水扁、以及立委沈富雄、彭百顯、國代陳婉貞紛紛以「大分貝」之音量，猛批民進黨中央。茲就民進黨內人士對國發會評論之論述，列之如下：

---

[117] 台北，聯合報，民國八十五年十二月二十九日，版三。
[118] 台北，中時晚報，民國八十五年十二月十七日，版二。

〈1〉陳水扁〈台北市長〉：針對國發會後，國民黨、民進黨太過親密的關係，社會傳出「『國、民』黨」的說法，感到擔憂：『即使是為了國家整體利益，要做成一些共識，但在野黨仍需突顯其與執政者的差異，而不是變成兩者越來越像。』『國發會的共識，只是「各盡所能、各取所需」的共識，只能「頭痛醫頭、腳痛醫腳」，使中華民國憲政變成「混亂制」。國發會的共識是「四不像」的憲改制度。』

〈2〉沈富雄〈立委、民進黨立院黨團幹事長〉：沈表示考試院長許水德私下告訴他，取消同意權以解決憲政僵局，是國民黨最需要的。因此，民進黨千萬不能上當。『立院以閣揆同意權來交換四項「中看不中用」的權力，「是拿一件西裝換來四件破內褲」。』

〈3〉顏錦福〈立法委員、福利國連線召集人〉：『希望黨中央參與國發會人士應該多聽聽不同的聲音，不要固執己見，福利國連線對部分共識的質疑，不是「為反對而反對」，是為大家的福祉著想。』

〈4〉張俊雄〈立法委員〉：『混合式中央政府體制無限擴張總統職權，卻無須負擔任何責任，將立法院削權至無能的地步，將使實際憲政運作恐怖失衡，儼然是一部帝王制的再現，成為國家政治亂源。』

〈5〉蘇貞昌〈立法委員〉：『混合制是「七混八混都打混」，現今制度的設計，似乎是為李登輝一人量身製衣，且缺乏完整性，我們也可以看到，近年來的憲政體制老是修修改改，而且是越改越亂。』

〈6〉蘇嘉全〈立法委員〉：『混合制主張是「烏魯木齊」制，是憲政怪獸，建議黨中央對國發會批判之餘，應在適當時機退出國發會，民進黨沒有必要為國民黨背書。』

〈7〉蕭裕珍〈立法委員〉：『國發會事實上是一場「憲政綁標」，國民黨為了綁標的目的，更不惜以「利誘」為目的，誘使其他政黨介入「圍標」，製造「合法程序」得假象。』

〈8〉鄭朝明〈立法委員〉：『國發會通過的修憲共識，讓李登輝有夠大，他真的是爬上佛桌，變成皇帝了。』

〈9〉林濁水〈立法委員〉：『國民黨高層計畫在此次國發會中，將中央政府體制變成改良式雙首長制，將使現行權責不分的憲政體制更加混亂。』

〈10〉王雪峰〈立法委員〉：『李總統學雙首長制是為了鞏固政權，而且會造成憲政大災難。』

國發會期間，民進黨內部也不斷有主張退出國發會的聲音，雖然民進黨中央借著社會主流消除雜音，尤其認為國發會中所做成的決議，諸如：「廢省」、「鄉鎮市長改官派」、「廢國大」、「禁止黨營事業」等，每一樣都是民進黨長期以來的主張，即使是和國民黨合作達成，仍是民進黨「最大勝利」。除對立委安撫，將反對國發會決議者貶成「反對改革」、「守舊派」、「不是社會主流意見」，並先對黨籍國代表示，反對改革者，將祭出黨紀議處，以落實國發會共識。但民進黨內部陳水扁、沈富雄、張俊雄、蘇貞昌、蘇嘉全、蕭裕珍、鄭朝明、林濁水、

王雪峰等人，言之有物、一語中的、入木三分的聲音、訴求，其中所寓含的意義甚值玩味再三。

3. 新黨之杯葛

　　國發會議程到第三天，即十二月二十六日，新黨由小道消息傳出國民黨、民進黨高層私下接觸、協商之動作頻頻。李慶華表示新黨是客人，被邀來參加國發會吃「大鍋飯」，國、民兩黨却「開小灶」，太不禮貌了。經過上午一個多小時的緊急會議後，做成一致的決議，向國民黨提出其繼續參加國發會的「五條件」— 中央政府體制、軍政軍令一元化、國民黨黨產處理問題、選舉制度、凍結省長選舉等。要求國民黨在下午六點以前做出善意回應。二十七日上午，新黨與國民黨談判破裂，新黨全委會召集人陳癸淼於會場召開退出國發會之記者會。

　　陳癸淼表示，國發會是六年前國是會議的翻版，國民黨的目標是「三權會議」：擴權〈擴大總統權力〉、固權〈鞏固國民黨權力〉、削權〈削弱國會權力〉，因此新黨決定尊嚴的退出，改到立法院進行體制內監督。亦即新黨對國發會的議題與討論不滿，衡其實力，又沒有著力點，難有發揮的空間，乃以退出國發會以為杯葛。平情論之，新黨對「權責不相符」的憲政體制表達反對的態度，可以理解，可以採取杯葛動作，但新黨諸公又非為吃飯而來，何計較「大鍋飯」抑或「開小灶」？而新黨若忍辱負重，堅持到底，則以國發會之遊戲規則，新黨堅持不同意憲政組之決定，並堅持「不簽署協議」，則可使國發會「共識」無法產生，此為上上策，詎料，新黨卻採取退出手段之「下下策」：

〈1〉　國發會以政黨協商為主軸。為求彼此最有利之共識，各政黨在會前、會中、會後，自難免有大小不同規模之各式協商，此屬正常現象。縱使國發會中，國民黨與民進黨高層有互動亦屬正常。何況並無實證，僅止於傳聞而已，故「大鍋飯」或「開小灶」之說，並無強大說服力，此新黨失策之一。

〈2〉　國發會在籌備會中，已建立程序上良好模式，亦即不動用表決的形式進行，當朝野各黨具無異議者，始列為「共同意見」，否則僅以「其他意見、各自表述」。此方式，應最能保障少數人之權益，故本各黨之利益，各黨之所當為，何來為執政黨背書之虞？亦即新黨如體認此點，不但不退出，對嚴重破壞憲政體制者，加以杯葛，「拒不簽字」認同，則其後國民黨政府一再強調的「國發會共識」，也就煙消雲散了。惜乎，新黨未認清此點，率爾退出國發會，反而使得國民黨、民進黨兩黨出席者達成「共識」。此新黨失策之二。

〈3〉　民主精神貴在「多數尊重少數、少數服從多數、去異求同、相互包容」，少數派應在程序問題上爭取平等之地位，但程序正義的體現，故然不容許「眾暴寡」，但政治實力與多數原則亦不可偏廢。新黨是小黨，以人數少的主張，強求大會多數人接受其五項主張，否則就退出國發會，以民主精神而言，此新黨失策之三。

　　綜論之，新黨以政治實力而言，屬於小黨，力量不殆，在議題討論上居於弱

勢，本屬常態。其對憲政議題振聾發瞶而擲地有聲，其對國發會內容之不滿，而有「杯葛」亦可想像，惜採退出一途，過於莽撞、亦甚不智。

〈四〉中央體制權責不相符設計

國發會在憲政議題之共識上，其中央體制值得討論之處甚多，舉其大者：弱化立法院、矮化行政院、超級總統、混亂國民大會、削減監察院職權，論述之如下：

1.弱化立法院

李登輝總統因「著毋庸議」的「任命」了第九任總統之行政院長，而非「提名」權的行使，剝奪了立法院的憲法權限，其後造成副總統兼行政院長的連戰，連續兩個立法院會期進不了群賢樓，形成行政與立法間的憲政僵局。嗣後之大法官會議四一九號解釋，依違兩可之間，成為贊成與反對之兩造各說各話。唯以「與憲法本旨未盡相符」與「應為適當之處理」兩句話，已足令李總統難以承受。李總統面對此憲法窘境，未思依憲而為「適當之處理」，重新提名行政院長人選，送立法院以行使同意權，反而採釜底抽薪之策，索性企圖將問題之根源「立法院閣揆同意權」刪除，以達湮滅其造成之憲政困境，此即李總統召開國發會重要目的之一。此舉譬之「某立委闖紅燈違法，索性在立法院運作，將該法規刪除闖紅燈違規之法條與罰則。」然而縱使李氏用盡心機，期杜天下人悠悠之口，然而李氏自民國八十五年六月任命連戰，至民國八十六年七月十八日，國民大會第四次修憲三讀通過之間，李氏之未遵憲法是具體而存在的。而其因不守憲法規範，欲以修改憲法配合其弊端的劣跡，亦將永留中華民國憲政史書中。

國發會共識將立法院之閣揆同意權刪除，不僅弱化了立法院，也破壞了憲法學理的「權利義務關係」。需知：「立法院的同意權，是立法院之生命線，拋棄同意權，實為拋棄行政監督權」。中華民國憲法就設計制度而言，是層層相扣的。我國憲法第 55 條規定行政院長經總統提名後，尚須經立法院同意。一方面在於消極的限制總統提名權，另一方面是積極的讓行政院長人選，在經過總統之提名後，必須爭取立法委員之支持。這互動過程中，確定了行政院長與立法院立委之間的「權利義務關係」─ 負責任的人由誰產生，便對誰負責。職是之故，由立法院同意後就職的行政院長，就有義務接受立委之監督，出席立法院之總質詢，行政院各部會首長也有赴各委員會備詢之義務。明乎此，則可知立法院之閣揆同意權所代表者，乃是行政、立法兩院權責關係之所繫。一旦「揮劍自宮」，將同意權刪除，則這些權利義務關係都將動搖。

因之，本於憲法第 57 條行政院對立法院負責之規定，則憲法第 55 條之立法院閣揆同意權不可刪除；若將憲法第 55 條之立法院閣揆同意權刪除，則憲法第 57 條行政院對立法院負責之規定，將為之不存 ─ 「行政院長不經立法院行使同意權，行政院長何需對立法院負責？」質言之，李登輝之大刀砍了憲法第 55 條，使憲法第 57 條亦失去依據，這一修憲鬧劇，不僅弱化了立法院，也破壞整個中華民國憲法基本憲政的學理，實為憲政之大逆退。

或謂立法院雖少了閣揆同意權，但增加了四項權利：「彈劾總統權、不信任

投票權、文卷調閱權、審計權」，故而立院算是擴權。然此說只是浮面之見解，深層而究，則非如此。先就「倒閣權」而言，經國發會共識，行政院長由總統直接任命，而成總統之幕僚長，縱使立法院可對行政院長行使「不信任投票權」；一則，行政院長可以報請總統解散立法院，屆時立法委員又得重回選區辛苦改選，而總統高枕無憂、毫髮無傷。二則，縱使不信任案通過達到「倒閣」之目的，就總統而言，不過換個行政院長而已。行政院長只是總統的「分身」、「影子」，真正有決策權的是總統，而對立法院負責的却是行政院長。代表人民的政權機關 ─ 立法院，永遠監督不到真正掌握統治權的「影武者」 ─ 總統。「倒閣權」只是有如「打龍袍」般，毫無實質意義。

　　次就「彈劾總統、副總統權」而言，要執行此權，有其困難度與盲點；就困難度而言，彈劾總統有極高的門檻。依其後第四次修憲之彈劾標準：須經全體立委二分之一以上之提議，全體立委三分之二以上決議，向國民大會提出，國代須有三分之二以上同意爲之。這種「特別多數」的規範使彈劾權極難通過。而使「彈劾總統權」變得無太大意義的，還不在通過與否的困難度，而是在實施的「盲點」 ─ 依據憲法總統擁有「刑事豁免權」，故只能追究總統、副總統的「內亂罪」與「外患罪」。刑法 100 條「內亂罪」，在民國八十一年五月十六日，刪除「預備、陰謀」等「非暴力」內亂罪，其條文明定：『意圖破壞國體、竊據國土或以非法之方法變更國憲、顛覆政府，而以強暴或脅迫著手實行者，處七年以上有期徒刑，首謀者，處無期徒刑。』而總統者，中央政府之首，總統如要以『強暴或脅迫著手實行』顛覆「政府」，豈非「大水沖倒龍王廟」，如何說的通？「外患罪」道理亦同。

　　三就「審計權」而言，此亦非一般立法委員所可行使。依據審計權原屬監察院之審計法相關規定，監察院之審計權，係由其所屬機關「審計部」行使，而非由監察委員或委員會行使。審計部雖隸屬於監察院，但具有相當的獨立性。審計法第 10 條規定：『審計人員獨立行使其審計權，不受干涉。』；審計法施行細則第 19 條：『各機關對於審計機關前條所爲之駁覆，仍堅持異議者，原駁覆之審計機關，應附具意見，檢同關係文件，呈送上級審計機關覆核。原駁覆之審計機關爲審計部時，不予覆核。』可知審計部對於審計權之行使有最後決定權，不受其他機關或個人之干涉。監察院長或監察委員亦不能參加意見。依傅啓學教授之研究，以審計權行使之主體及審計部與監察院之關係而言，監察院之擁有審計權，乃有名無實。[119]「審計權」以其獨立行使之精神，由監察院移歸立法院，狀況亦同，非立法院、立法委員、委員會所能置喙。唯若審計法未來修改法規，使立院擁有相當之決算權，則立法院之財物監督權或將較完整。

　　四就「文件調閱權」而言，該權自大法官會議釋字第三二五號解釋後，已爲立法院行使之職權。此次不過是將之就憲法中明文規定而已。故而上述立法院之四項權力，正如沈富雄立委之名言，一套西裝〈閣揆同意權〉，換四條內褲〈彈劾總統權、不信任投票權、文卷調閱權、審計權〉，堪稱絕妙傳神之諭。

119 傅啓學，中華民國監察院之研究〈台北：自發行，民國五十六年〉，頁八五三。

2.矮化行政院

依據國發會之共識，有關行政院者，最重要的是總統任命行政院長，不須經立法院同意。若再加上國民黨版之總統主持國務會議或國家安全會議，則行政院長之憲法地位將發生明顯變化。此時，行政院長由總統直接任命，且若由總統主持國務會議，則憲法第53條：行政院爲國家「最高」行政機關，此一地位已不存在。行政院長成爲總統之幕僚長，行政院長已非「最高」行政首長，此時之「行政倫理與行政秩序」將發生混亂。民國八十七年，行政院長蕭萬長「指揮」不動閣員，幾件空難事件，蕭院長竟「無力」要求交通部長蔡兆陽下台〈華航發生大園空難事件〉，只能怯怯的說『政務官要自己負責』；接著，法務部長廖正豪求去事件，則由總統、副總統出面解決之。蕭院長雖然沉痛的要求部長要有「行政倫理」，然則部會首長當然有行政倫理，只是大老板是「總統」，而非「行政院長」。國發會的結果，矮化了行政院長，當初爲國發會首席推手的蕭院長，後嚐其苦果，亦是天意？

即使總統不直接主持國務會議，單以行政院長由總統直接任命，雖然憲法第57條明確規定，行政院長對立法院負責，但行政院長更須對總統負責，則此時的行政院長將不若當年行政院長郝柏村，郝氏不同意對李登輝總統擬就總統府參軍長蔣仲苓晉升一級上將案。國發會後，行政院長由總統直接任命，行政院長敢在總統重大決定說「no」，其結果當可預知。

行政院長由總統直接任命另一層憲政的問題，就是「權責問題」，當行政院長已被明顯矮化爲總統的幕僚長，此時「權責問題」就將發生，總統有權無責〈不須對立法院負責〉，行政院長有責無權〈須對立法院負責〉。立法院代表人民監督政府、監督政策，但卻無法真正監督到決策之所出 ── 總統。立法院監督行政院與行政院長，行政院長執行總統決策，不過是總統的「分身」、「影子」，縱使立院不信任案通過，總統不過換個行政院長，而總統的「行政院長候選名簿」厚厚一疊，立院能奈總統何？「權責不相符」的憲政制度產生。

3.超級總統制

「弱化的立法院」、「矮化的行政院」加上「權責不相符的劣質政制」造就出了一個「超級總統制」。依國發會共識的藍圖，中華民國總統將是宰制五院，大權在握，且「萬方有罪，不及己身」的「超級總統」。就宰制五院而言：

〈1〉 行政院長由總統直接任命，配合總統之決策，成爲總統的幕僚長。

〈2〉 立法院可在總統於「必要時」解散，或經總統幕僚長 ── 行政院長咨請總統予以解散。

〈3〉 司法院院長、副院長、大法官由總統「提名」，送交國民大會行使同意權。總統所提名人選，縱使與總統爲不同政黨，與之必爲熟稔，或不可能素昧平生。從大法官四一九號解釋之囁囁其詞，依違兩可、創造性的模糊，可見絲毫「憲法守護神」的威儀？

〈4〉 監察院院長、副院長、監察委員由總統「提名」，送交國民大會行使同意權。監察院與司法院狀況相同，職司風憲的柏台大人，遇到高層

之態度讓人聯想，民國八十七年間，當時之副總統連戰與前屏東縣長伍澤元間 3,628 萬元的「借貸」，對眾柏台處理之尷尬可見之。

〈5〉　考試院院長、副院長、考試委員由總統「提名」，送交國民大會行使同意權。其情形與上兩院同。

國發會之「混合制」，因權責不相符，行政院長有責，卻是無權的「小媳婦」。[120]立法委員卻整天與相當於總統制下的國務卿或白宮幕僚長之流周旋，根本無法監督到政策所出的總統，倒閣成功，不過再換一個行政院長，立法院則面臨被解散危機。彈劾總統僅限內亂罪、外患罪，幾無可能者。

參與國民黨版「改良式混合制」設計之行政院政務委員蔡政文，指稱：「總統制」讓總統大權在握，才是「帝王制」。[121]實則，美國是典型的總統制，總統固然大權在握，但美式的總統制下，總統在許多方面是受立法部門、司法部門之制約。就立法部門的制約，包括：總統人事同意權〈聯邦官員、駐外大使等須參議院同意任命。〉、條約批准權〈總統對外國簽訂之所有條約，或行政協定有牽涉到「錢」的方面，須經參議院同意。第一次世界大戰後，美國總統威爾遜Woodrow Wilson 積極參與籌設「國際聯盟」〈The League of Nations〉因未經參議院同意，美國自始非為國聯之會員國乃為著例。〉就司法部門的制約，總統涉案，不僅限於內亂罪、外患罪，其他司法案件，都將面臨司法訴訟。如克林頓總統的「白水案」、「陸文斯基的緋聞案」等；再如尼克森總統的「水門案」，經華盛頓郵報漸漸如滾雪球般的開展之際，美國啟動「獨立檢察官」機制，調查「水門案」，美國國會並將發起對尼克森總統的彈劾案，尼克森總統面對司法壓力下，先行宣布下台，接任的副總統福特一上任，第一件事是將前總統尼克森「特赦」〈水門案牽涉到相關刑責〉。再者，美國總統提名聯邦最高法院大法官〈共有 9 名〉，經由參議院同意後任命。此後大法官為終身職，美國大法官任職後，不必考慮總統、國會之看法如何，其德高望重，一言九鼎，嚴格守護法律的公正性、普遍性。對照中、美的總統職權與相對制約，我國之超級總統制明矣。

4.混亂國民大會

依中山先生原意，國民大會是政權機關，五院為治權機關。經過政治協商會議及其後制憲會議，為顧及國民黨強調的中山先生五權憲法，並調和、遷就其他各黨〈共產黨、青年黨、民社黨等〉之三權內閣制偏好，民國三十五年十二月二十五日所制定的中華民國憲法，乃是外表有五權憲法的架構，國民大會、總統、五院俱全，然而基本精神傾向於內閣制。

政府來台後之大法官會議釋字第七十六號解釋，以國民大會、立法院、監察院「共同相當於」一般民主國家之國會，這背後實有著政治現實之無奈。第二階段修憲後，監察院已成為「準司法機關」。到國發會共識，國民大會之走向變的模糊、混亂。國發會共識中，有關國民大會者有二：一是國民大會代表的總額適度減少，改由政黨比例代表制產生，並自下屆起停止選舉。二是凍結國民大會的

---

[120] 台北，自立早報，民國八十五年十二月十九日，版二。
[121] 台北，自立晚報，民國八十五年十二月二十一日，版二。

創制複決權，人民得就全國性事務行使創制、複決權。

造成上述結果之背景，在於國民黨爲顧及五權憲法之完整，民進黨、新黨則強調「單一國會」主張，兩者經折衷後產生了凍結國代選舉，由政黨比例代表制爲之，如此則國大已不具其民意基礎，而成政黨意志與政治現實的角力場。或有謂國發會之共識，已形成「國大形式上存在，實質上廢除之國民大會『虛級化』走向。」實則，此時之國民大會還有諸多憲法所賦與的「實權」：〈1〉提出總統、副總統罷免案；〈2〉補選副總統；〈3〉議決總統、副總統彈劾案；〈4〉修改憲法；〈5〉複決立法院所提憲法修正案；〈6〉司法、考試、監察等院院長、副院長、大法官、考試委員、監察委員之同意權。

國發會共識，使國民大會之走向變的模糊、混亂，此因國民大會依政黨比例代表制產生之爭議有二：〈1〉國民大會依憲法實施的爲代表人民權之政權機關，既爲政權機關，自當由人民選出，不宜由政黨比例代表制方式產生，這不僅剝奪非政黨的廣大人民之參政權，縱使有黨員身分者，亦須聽從黨的人選決定，同樣剝奪各黨黨員的參政權利。尤有甚者，依照政黨比例產生則是赤裸裸的逐行政黨分贓，政黨意志的角力場。〈2〉國民大會諸多職權均爲政權機關所行使，使之成爲不具民意基礎之機構，一個「非民意機構」的國民大會，又如何行使那些「民意機關」之職能？徒增憲政之矛盾性。

5.削減監察權

依據中華民國憲法第九章「監察」與相關大法官會議釋憲條文規定，監察院所擁有職權：〈1〉人事同意權〈2〉彈劾權〈3〉調查權〈4〉審計權〈5〉糾舉權〈6〉糾正權〈7〉提案權。其中人事同意權在第二階段修憲已交由國民大會行使。本次之國發會在監察院均無代表出席，亦無事前諮詢情形下，將監察院之審計權、正副總統彈劾權、部分調查權〈文卷調閱權〉劃歸立法院。如此一來，監察院所擁有者乃是提案權、部分調查權、糾彈權。從職權削減而言，對監察院是有影響：

〈1〉 審計權改隸立法院之得失：依原「審計法」之規定，審計權乃由審計部獨立行使，但應向立法院提出決算報告。今由監院改隸立院，原精神如不改變，則原監察院委員、委員會所不能參加意見之情形，移至立法院，以其獨立精神，亦非立法委員、委員會所能介入、干預者。故而就審計權本身獨立精神，在監院、在立院無大差別。然就職掌、人事、編制而言，監院是被削弱無疑。

唯若審計權移至立法院，原審計法規能有所修正，則審計權向立院負責，立法院各委員會除原有對預算進行審查外，尚需監控預算執行之過程，至於預算委員會則主掌預算執行之結果，對預算執行結果作更深入之監督，以決定下年度是否再次撥款給相關部門。質言之，審計權若給立法委員、各委員會更大的決算權利，則結合立院原有之預算案審核決定權、立院之行政質詢權、法案審查權，一直到最後決算審核權，形成一氣呵成之完整國會財務監督權。其優點在於避免過去立

院預算通過審查後，就如同「斷線的風箏」之缺失，造成預算使用過程和結果都無法監督。審計權歸立院後，以立院原有預算權杜絕預算浮濫編列之功能，加上審計權以遏止政府部門消耗預算等弊端，強化國會看緊人民荷包之職責，有助立院功能完整一貫。

〈2〉　調閱權改隸立院之得失：一般民主國家之調閱權在行使上，約可分行政、立法、司法三種調閱權。其中行政調閱權屬上對下之調查，立法調閱權是因政策、立法之所需的相關調查，監察調查權則是對所有行政機關的監督。本次在國發會共識之立法院調閱權法制化，其所根據者，乃是司法院大法官會議釋字第 325 號解釋：『立法院為行使憲法所賦予的職權，必要時得經院會之決議，調閱文件的原本，而受要求的機關非依法律規定或其他正當理由，不得拒絕。』
立院行使調閱權法制化，實為將立法院已行使中的職權，在憲法中予以明文規定，實並未侵犯監察院監察委員為監督政府各部門是否違法失職而行使之調查權〈包括調閱權〉。故立院將原監院之部分調查權〈文件調閱權〉移出，就監院之精神而言，無損其調查權之行使。

〈3〉　彈劾總統、副總統改隸立法院之得失：經過前三次修憲後，監察院之監察委員產生方式已經改變，乃是由總統提名，經國民大會行使同意權；而非原憲法中，監察委員由省、市議會議員互選產生。故而若仍由監察院之監察委員對總統之彈劾顯有不當。此因，監委是由總統提名，經國大同意任命，而對總統之彈劾權卻是經由總統提名之監委提出，是有制度上的缺失。國發會共識將原監察院之總統、副總統彈劾權，移至立院，就學理而言，應屬允當。唯憲法總統之有刑事豁免權，故而國發會共識，將彈劾總統限定之於內亂罪、外患罪，功能尚有幾何？不無疑問。
綜觀國發會共識削減監察院職權，其「有形」減少非常清楚，唯細究內情：〈a〉彈劾總統、副總統權之移出應為允當。〈b〉部分調查權〈文卷調閱權〉移至立院，並無損監察院本身調查權之行使。〈c〉審計權由監院移至立院，在人事，職掌是一削弱，但移至立院後之功能如何，仍得視審計法之修改幅度、方向而定。

〈五〉地方制度開民主倒車

國發會共識有關地方制度者：1. 調整精簡省府功能業務與組織，並成立委員會完成規劃與執行，同時自下屆起凍結省自治選舉。2. 取消鄉鎮市級之自治選舉，鄉鎮市長改為依法派任。3. 縣市增設副縣市長，縣市職權應予強化。4. 地方稅法通則、財政收支劃分法應儘速完成立法或修正，以健全地方財政。
以上四點共識中，最引起廣泛爭議討論和普遍重視者，則為第一、二兩項，論述如下：

1.省 ─ 「凍省」與「反凍省」

原本應是討論國家發展的國發會，由未開議前之各地分區討論，到大會期間

的憲政分組會議當中，單純「省定位」的探討，迅即被炒熱，其中複雜的情緒，不單純僅只是學術論辯而已，尚包括執政黨中生代卡位之「茶壺裡的風暴」，政黨間的統獨情結等。無論其原始動機為何？但以包裝完美之學術外衣對外展示，卻是一致的。

「凍省」與「廢宋」、「削藩」是國民黨中生代「政治鬥爭」的直接標的。中央行政體系的重量級人物紛紛發言，形成行政院〈連戰為首〉與省府〈宋楚瑜為首〉楗上的戰局。包括副總統兼行政院長連戰、黨秘書長吳伯雄、考試院長許水德、立委蕭萬長、行政院副院長徐立德、秘書長趙守博、高雄市長吳敦義等人，砲口一致直接指向台灣省政府，並明言主張「虛省」。台灣省長宋楚瑜及其「省府團隊」配合省政總質詢，亦不斷予以強烈反擊，指出「提升行政效率無關廢省，國家體制應有前瞻性」，並提出「反對廢省十大理由」[122]以為因應，氣勢亦未示弱。無論國民黨內部風暴，抑或政黨之間統獨爭議，均是以學術理論方式提出，故而國發會所做成之「精省」〈或有人從「凍省」、「廢省」角度去解釋〉「凍結省長、省議員」兩大主軸，亦宜有層次的予以探討：首先了解三黨高層的態度、其次為「凍省」之理由論述，在次為反對「凍省」之理由論述，最後提出國發會結論之問題，及其解決之道。

〈1〉「省」定位之各黨態度

國民黨：主張「簡化省府層級」、「省虛級化」，其步驟為「凍結省長選舉」、「凍結省議員選舉」。

民進黨：主張「廢省」。至於廢省後，行政區劃之構想持較開放態度，亦即「三都十五縣」、「大幅改革的六省制〈或稱五省一都〉」、或維持當時地方區劃〈兩直轄市、21縣市〉均可再討論。

新黨：反對「凍省」或「廢省」，亦反對凍結省長、省議員之選舉。主張明定「省縣權責」、「精簡省府組織」、行政區劃採「一省三市」〈擴大北、中、南三都會區，台北市可將台北縣、基隆市納入；台中市可將台中縣納入；高雄市可將高雄縣納入〉。

〈2〉主張「凍省」之理由：

依據國發會期間各種論述，主張「凍省」之理由包括：

a. 避免疊床架屋：中華民國中央政府主權所轄之區域與台灣省太過重疊〈中央政府＝台灣省＋台北市＋高雄市＋福建省金門縣、連江縣〉。若以民國三十八年以前，一個中央〈行政院〉下有35省、13院轄市、2地方，尚稱妥當。現今一個中央〈行政院〉下僅有一省兩市及福建省之兩縣，大而不當。

b. 提升競爭力：現代商業契機瞬息萬變，四級政府下，拖延時間，耗時費事，公文呈上轉下，不合節約快速原則，凍省則可簡化層級，增加行政效率，提升競爭力。

c. 避免「葉爾辛效應」：又有兩種說法；甲說以省長、總統皆由民選產生，

---

122 「反對廢省十大理由說帖」，詳見，台南，中華日報，民國八十五年十二月十五日，版二。

省長若在得票數上超過總統，難免在氣勢上產生「逼宮」效應。乙說以總統、省長皆民選產生，若在意識形態上有差異，中央對省將難掌握，形成「一國兩區」之現象。

d. 避免浪費：政府要再造，必須行政精簡，以「減肥」方式減少支出，而台灣省之預算達 3,600 億元，對政府財政亦是一大負擔。

e. 符合國父遺教：國父中山先生的地方自治概念，是以「縣」為地方自治的單位。

〈3〉反對「凍省」之理由：

依據國發會期間各種論述，反對「凍省」之理由包括：

a. 歷史情感：台灣建省，源自於清光緒年間，有其時代精神和價值，故不宜遽言凍省或廢省。

b. 避免統獨爭議：當前自由地區民眾隨刑法 100 條「內亂罪」之修改，只要不訴諸於暴力脅迫，「台灣獨立」之各種主張均屬「思想自由」或「言論自由」範疇，但強調廢省，易於引發民眾台獨之疑慮，亦將直接、間接引發統獨論戰，對內部團結、兩岸關係均是未蒙其利，先受其害。

c. 無所謂「葉爾辛效應」：依憲法之精神，總統、省長分別為代表中央與地方，彼此之憲法地位明確。舉凡事權屬之中央者，如國防、外交、軍事，均非地方政府所能觸碰；而就財政、內政則有分別牽涉到中央與地方之共同執行、協調。此皆非「葉爾辛效應」，如省長出國，僅是締結「姐妹省」，而非總統外交之締結邦交、簽訂條約之屬。同樣者，省長本於其關心地方之省政建設，對中央要求財政補助、警政警力支援，亦只是表達方式之「分貝較高」，以提醒中央之重視，何來「逼宮」？又如何「逼宮」？「葉爾辛效應」乃言過其實，與事實不符。同時在依憲、依法各司其職下，亦無「一國兩區」之事實，認為此說沒有民主概念、以情緒言詞字眼表達，獲得一部份民眾的直覺認同，但無事實存在。

d. 依據憲法、省縣自治法，台灣省為一自治體，為公法人身份。凍省、凍結省長、省議員之選舉、違反民主基本原則 — 地方自治的發展。故凍省無異開民主倒車。

e. 民眾反對之比例高，無人可剝奪省民對「台灣省」之保留，及停止省長、省議員之選舉。根據國發會期間民調顯示，「廢省」未獲共鳴，反廢省者四成二，贊成廢省者二成七，省長宋楚瑜個人聲望亦居高不下，滿意民眾達七成七。[123]國發會後之國民黨中央委員選舉，宋省長人在國外，仍以最高票當選。可見「省」、「省長」之評價，未被國人所棄，故不宜「凍省」。

f. 「凍省」、「省虛級化」、「省非公法人」將造成中央集權、集錢，違反憲法均權原則，故而不宜「凍省」或「虛省」。

g. 增加行政效率之最佳途徑，是「簡併各級政府中之組織」與「汰除冗員」，而非「凍省」、「凍結省級選舉」。

123　台北，中國時報，民國八十五年十二月十五日，版四。

h.「縣」為地方自治單位，並未足以否定「省」就不是地方自治單位。

i.「四級政府」變成當局施政挫敗，競爭力減退之代罪羔羊；觀之以同樣的「四級政府」在過去有為有守的政府下，照樣的創造了「台灣經驗」、「台灣奇蹟」。此因往昔主政者勤政愛民、自奉簡約、力行革新社會勤儉、節約風氣，而有「梅花餐」、「十大革新」；且用人得當，如尹仲容、李國鼎、孫運璿等睿意於台灣經濟發展。反觀，當下主政者之「三頭鮑」、「五百元便當」、「世紀大婚禮」競相奢豪，施政成績不彰不可以「四級政府」為推諉藉口。

j. 廢省而可減少國家支出者有限：中央以不實的論述強調：「台灣省之預算達 3,600 億元，若「凍省」，對政府財政可減少大負擔。」其實是非常錯誤的誤導民眾說法，此因省府年度預算 3,600 億元預算中，三分之二強是補助縣市款項及公共建設，另有 460 餘億元負債利息支應，與省屬學校之人事與行政經費 800 餘億元，這些無關是否「凍省」均需支付者。真正省府開支只有 32 億元，但省府員工經費無論未來是併入中央部會，抑或縣市單位，其職級薪給也一文不能減少。故最後廢省後，真正能減少者實有限。

〈4〉「凍省」之問題與解決之道：

國民黨高層之「廢宋削藩」與民進黨高層之「廢省」，乃是殊途同歸，其焦點一致，故一拍即合，聯手進行「凍省」之工程。國發會期間，「凍省」與「反凍省」之主張，發言盈庭，概如前述，學術理論上或有其「仁智之見」，然而國發會「凍省」、「凍結省級選舉」之共識，背後之真正企圖，乃是政治角力之痕跡。平情而論，「凍省」是先有結論，再找決策，典型之「為達目的不擇手段」，「為凍省而凍省」。

一個有趣觀察的指標：國發會「凍省」喊得滿天價響，唯從國民黨高層到行政院業管之內政部〈民政司〉，無人知道「凍省」怎麼做？如何做？沒有決策，沒有計畫，沒有方案，只有口號〈「凍省」兩字〉，反正「先凍第一，其他以後再說」，決策之粗糙，堪稱民主國家一大奇蹟。國發會從民國八十五年十二月二十八日閉幕，台灣省政府員工不知前途為何？人心惶惶下，到了八十七年七月一日，組成「自救會」，然而中央的凍省後續全套計畫為何？從八十五年國發會結束，到八十六年第四次修憲，到修憲滿一年的八十七年，中央部會的落實「凍省」全盤計畫完全不見蹤影。這暴露出整個凍省過程的粗糙、違反民主精神；亦即這樣一個憲政體制上的大案子，是沒有經過事前完整評估、詳細規劃，就先執行。正是意識形態掛帥、政治角力惡鬥下的產物。

細究地方制度發展，如欲提高行政效率，防止疊床架屋之組織架構，則凍省、凍結省級選舉並非最佳方案，較佳之作為如次：

a. 簡併省府廳、處層級，落實分層負責、逐級授權、免除公文旅行、以提升行政效能。

b. 提倡中央、地方各級公務人員簡樸生活，避免政商掛鉤、奢侈風氣。

c. 考量行政區劃之落實，或可採「一省三市」，擴大台北市、台中市、高雄市三大都會區之範圍，一則平衡區域發展，再則有效縮減台灣省之範圍〈大台北市含台北市、台北縣、基隆市，近 700 萬人口；大台中市含台中市、台中縣近 200 萬人口；大高雄市含高雄市、高雄縣 200 萬人口，則台灣省僅有 1,000 餘萬人口，形成犄角為四，較鼎足而三更穩固矣。〉如此則無與中央太過重疊之慮。

d. 明確省縣權責，修正「省縣自治法」、「財政收支劃分法」。政府缺乏效率之一，在於中央過度之集權、集錢，有待調整使地方權限明確化，上下層級轉化成分工並進，則效率自能彰顯，而地方自治亦得以落實。

2.鄉鎮市 ─ 「官派」與「民選」

國發會做成「取消鄉鎮市級之自治選舉，鄉鎮市長改為依法派任」共識，這將使台灣地方自治嚴重開倒車，又回到光復之初〈民國三十五年二月至十月〉，台灣省行政長官公署〈省政府前身〉時代之由縣市政府委任鄉鎮市長。此一國發會共識亦引發社會各界及學術界正反意見紛陳。依媒體當時訪問國發會全體委員意見調查，贊成鄉鎮市長改官派者顯然居多數，高達 74.59%，維持鄉鎮市長選舉者 6.56%，其他或無意見者 18.85%。[124]另於國發會期間，同時間所召開的「全國鄉鎮市長地方自治研討會」〈由台灣全省 309 鄉鎮市及福建省金門縣、連江縣，總共台、閩 319 個鄉鎮市長組成〉會長蔡郁男〈台北縣五股鄉長〉發表聲明，贊成鄉鎮市長改官派。綜合各方意見，贊成國發會「鄉鎮市長改官派」者，其理由如次：

〈1〉　目前全省 309 鄉鎮市長，3,851 名鄉鎮市民代表，單是人事費每年就要支出達 47 億，而代表會本身每年預算數合計高達 76 億元，鄉鎮市入不敷出是四級政府最嚴重者。

〈2〉　中央及省政府對鄉鎮市這級自治政府的財源與權限綁的死死的，有自治之名，無自治之實。自主財源分配平均只有 35%，沒有建設經費，又處處受到代表會牽制。各鄉鎮市長都像「穿西裝的乞丐」，環保及路燈經費幾佔各鄉鎮市公所支出一半以上，遑論重大建設。

〈3〉　減少「黑道治鄉」、「民代圍標」之黑金政治危害。代表會取消可以減少黑道人士介入政治的起步。而鄉鎮市長派出化亦可減除派系之對立。

〈4〉　台灣目前「選災」為患，選舉幾乎年年無休止，且不止一項，每一次選舉都被朝野政黨視之為「政權保衛戰」，地方派系影響力快速膨脹，加速腐蝕地方政經資源。如採派出化，則可節省社會資源，也可還給民眾一個安寧空間，不致每到選舉便造成社會的動盪不安。

前述各項原因為支持鄉鎮市長改官派之主因，要而言之，經費財源、黑金政治、派系政治、選舉風氣成為取消鄉鎮市地方自治主要考量因素。然而一個逆向思考：「鄉鎮市長民選」造成這些弊端，「鄉鎮市長改官派」是否就可以改善經

---

[124] 台北，自由時報，民國八十五年十二月二十日，版四。

費財源、黑金政治、派系政治、選舉風氣？恐怕答案還是否定的。

「經費財源」之問題在「財政收支劃分法」分配之不合理。與鄉鎮市長民選、官派無關，非因官派即可立即解決。

「黑金政治」之問題在於如何有效規範「選罷法」中訂立相關規範事項與罰則、選民素養之提升、強化政黨提名上。台灣現有的各項選舉〈村里長、縣市長、縣市議員、立法委員、總統選舉等〉，早已有黑金政治之存在，卻將弊端歸之於鄉鎮市長選舉，難道鄉鎮市長改官派就沒有黑金政治之問題？

「派系政治」之狀況與黑金政治相同，只要有各級選舉，即有派系存在。鄉鎮市長改由各縣市長派出，縣市長本身即為派系，鄉鎮市長難保不成為縣市長選舉酬庸，而此時政治最可怕的「全縣一派」、「一派獨大」─ 道地的「縣市長派」儼然形成。

「選舉風氣」之問題在於規範「選罷法」與提升選民素質上。若謂選舉次數太多，解決方式應為併辦相關選舉，減少次數。民主之可貴，在於「地方自治」之落實，豈有為省錢而棄鄉鎮市地方基層選舉如敝屣？

上述在說明「鄉鎮市長官派」之各項理由，看似有理而皆不合其理。台灣幾十年來選舉，包括鄉鎮市長選舉在內，必須正視之問題所在：

〈1〉 徹底檢討「財政收支劃分法」，去除各級政府〈尤其中央政府〉之本位主義，以期合理化使鄉鎮市之自有財源充裕，落實地方自治。

〈2〉 重新檢討地方基層之鄉鎮市公所職官分位，提高基層地方公務員職等，吸收優秀人才回鄉服務，並留住好的人才，避免「劣幣逐良幣」之缺失。

〈3〉 修改「選罷法」以防杜黑道參政。有關避免黑道參政，在選罷法上可增加兩個條文〈或稱「反黑條款」、「黑道終結條款」〉，防止黑道利用競選公職漂白。即選罷法第 34 條，增訂：「犯以強暴、脅迫為要件之罪；或因槍砲刀械、毒品而犯罪，經判處三年以上有期徒刑確定，尚未執行，或執行完畢後未逾十年者，不得登記為候選人。」另增：「受流氓管訓處分之裁定確定，尚未執行或未執行完畢，或執行完畢後未逾十年者，均不得登記為候選人，受管訓處分達兩次以上者，終身不得登記為候選人。」[125]

〈4〉 修改「選罷法」以防金權政治、選風敗壞。以下方向應為可行者：a. 將違反競選經費上限者之罰則加重。或規範「當選無效，其已就職者，撤除其當選資格。」觀之以英國、日本等之國會議員就職時，必須宣誓其所報競選經費屬實，如查獲所報經費不實，則予以撤銷其國會議員資格。b.強化「政治獻金」之罰則，一則達到公款法用，再則可將競選者之財物狀況透明化，鼓勵落實小額捐獻，防杜財團、金牛之賄選情事。c.除了法規條文而外，吾人深知「徒法不足以自行」，尤須提振選民之自覺意識，認清買票候選人之人格污點，和其對政治的腐

---

125 台北，聯合報，民國八十四年一月二十二日，版二。

蝕、金權的橫行之缺失，拒絕投票給彼等，以期改善選風。

綜言之，國發會之共識，停止鄉鎮市長選舉，改爲官派，所持之理由均值商権。有如庸醫，未能針對病灶提出正確之良方，反而誤治造成貽害。國發會未能深究黑金、派系、選風之根源所在，將之強加於「鄉鎮市長選舉」之上，不僅毀了地方自治之基礎，也是開民主之倒車。

五、國發會的小結

有關國發會全本鬧劇描寫最爲傳神者，莫過於黃年先生之分析：[126]

一、宣告當局沒有「底線」；二、廣徵各界意見，舉辦巡迴座談，號召全民皆作「國策顧問」；三、然而國民黨中常會未見討論，大多數重量級人士皆未預聞；四、國發會前夕，突然公開宣達「基本立場」，宛如「從天上掉下來」一般；五、國民黨內有人質疑決策過程的民主性，遂在會議前夕挑燈夜戰，舉行黨內座談；六、此時眾人驚覺，原來「基本立場」既非出自黨內民主決策過程，更非巡迴座談、專題討論的結果，而是由兩三名「御用智囊」的閉門造車之作；七、接著，立刻有人放話：「誰敢反對！」一片肅殺氣氛；八、當局欽點的「國王人馬」，在會中爲這一套「基本立場」全力護盤；九、以政治餌料餵飼最大在野黨，進行政治分贓，以便用體制外力量挾持體制內的運作；十、最後，向全國報告，已經實現「主權在民」的又一勝利。

以上寥寥數語，將國發會的來龍去脈、全部的過程、特色，傳神的點出。國發會共識的整個未來修憲方向：「改良式混合制」，另國內憲法學界的學者一片錯愕之聲，其中充滿學理矛盾，張冠李戴等現象，不一而足。國發會的「共識」，來自兩黨高層的權謀分贓；而彼等對外強調「國發會的共識不得改變」，更屬千古奇譚。國家的母法 — 憲法，都可以透過體制內的修憲機制依法定程序修改，豈有一個體制外會議的「共識」，一點不得更動？

從國發會的經過、國發會的共識當中，展現過多的政治角力，往往理不勝其辭。一般憲法學理有其專業性，社會大眾或不易了解其中精義，主政者掌握諸多公器，對外強力放送，挾所謂「社會主流」之力，將外界義正辭嚴的評論，指爲「反對改革」、「既得利益者」、「守舊保守派」，以貼標籤、戴帽子，妄圖遮掩幕後的卑劣行徑。明爲瓦解地方自治，開民主倒車，其解釋已解決行政效力低落、黑金政治、地方派系等問題。主政者不惜以修憲爲其不守憲解套，在國民黨中常會誇言：「這是有史以來最成功的一次會議」，如此荒腔走板、自得意滿之語，會中豈有一、二諤諤之中常委？千百年間，「指鹿爲馬」恍如再世，卻爲憲政史留下幾許無奈與反諷。

貳、第四次修憲

一、第四次修憲召開的緣起

民國八十六年五月五日起召開之第三屆國民大會第二次會議，至七月十八日完成了第四次修憲。

---

[126] 黃年，李登輝的憲法變奏曲〈台北：聯經出版社，一九九八年一月〉，頁二八二 — 二八三。

　　第四次修憲就朝、野兩大政黨高層而言，在於將國發會的共識加以落實。唯國發會之共識，在憲政體制上破壞程度極大，致使本次修憲前後，引發社會各界極大關切與不滿，各種討論爭議紛至沓來。此期間，不僅憲政議題嘈雜喧騰，社會上的重大公共安全事件亦是層出不窮 — 劉邦友血案、彭婉如命案、白曉燕命案，引發「五○四為台灣而走」、「五一八大遊行」，以「總統認錯、撤換內閣」為訴求之民間吶喊聲音響徹雲霄。

　　此時，乃有部份之輿論聲浪要求當此之際，推遲修憲之議。然國民黨高層李登輝修憲意志堅決，不為社會反對訴求所影響，結合民進黨高層許信良主席，強渡關山，不因各該黨內反彈之意見、社會振聾發聵之聲響而卻步。歷經兩個多月的陽明山中山樓國代混戰，終於完成了 11 條增修條文。

　　第四次修憲，不僅過程火爆，枝節橫生，國民黨、民進黨內部爭議不休，社會各界抨擊不斷，修憲內容之可議處更多。以下分就第四次修憲過程、內容、評析等，逐項討論本次修憲對國家憲政之破毀與影響。

二、第四次修憲的過程

〈一〉朝野政黨修憲初稿研擬

　　國發會於民國八十五年十二月二十八日閉幕，國民黨主席李登輝隨即指示於三十日在國際會議中心，邀宴國民黨副主席、中常委、考監兩院正副院長、黨籍立委、國代、省議員、行政院各部會首長、省府一級主管、黨部中央工作會主任等 400 餘人，宣達交付落實國發會共識，共同推動國家「第二階段憲政改革」。李登輝並表示：『會議的結束，正是行動的開始，我們應將國發會的共識轉化成政策，加以落實，希望從政同志能顧全大局，因應調適，全力以赴，把握國家發展與國民黨再造的契機。』[127]。是顧全大局？抑或顧全私意？至明矣。

　　國民黨第十四屆中常會第一六五次會議，於民國八十五年十二月三十日，迅即通過李登輝主席交議之「修憲策劃小組」成員：連戰〈擔任召集人〉、俞國華、邱創煥、蔣彥士、劉松藩、宋楚瑜、辜振甫、吳伯雄、許水德、黃昆輝、錢復、徐立德、吳敦義、陳田錨、劉炳偉、陳健治、蕭萬長、王金平、陳金讓、謝隆盛、饒穎奇、丁懋時等 22 名，並由中央政策會負責幕僚業務。

　　國民黨修憲策劃小組成立後，於民國八十六年二月十三日召開首次會議，通過於策劃小組下成立「諮詢顧問小組」，成員 61 人，由國代、立委、學者專家及黨政相關部門主管組成，由立委蕭萬長先生擔任召集人，共同參與修憲研議工作。[128]諮詢顧問小組之下，再依議題之性質設三個研究分組，分別研擬修憲建議

---

[127] 台北，中央日報，民國八十五年十二月三十一日，版一。
[128] 第四次修憲國民黨「諮詢顧問小組」成員：
　　1. 從政主管：馬英九、葉金鳳、蔡政文、趙守博、林豐正、廖正豪、黃大洲、姜豪、吳榮明、陳進興、邱聰治、林鉅銀。
　　2. 黨務主管：洪玉欽、許文志、蔡璧煌、劉泰英、鍾榮吉、簡漢生、丁守中、黃昭順。
　　3. 學者專家：田弘茂、黃德福、彭錦鵬、陳新民、鄭又平、周育仁、劉孔中、柯三吉、許慶復、蘇永欽、朱新民。
　　4. 國大代表：莊隆昌、謝瑞智、荊知仁、陳健銘、沈銀和、蔡志弘、廖榮清、黃澎孝、張光輝、劉德成、吳國重、劉憲同、徐守志、陳子欽、呂學樟。

方案。

　　距料，二月十三日，國民黨修憲策劃小組的首次會議，中央政策會執行長饒穎奇即表示，修憲條文已經擬好，每個擬出的修憲條文都有三種版本，供策劃小組討論決定。外界頗有饒之說法，代表國民黨版內容已經敲定。[129]至四月二日，台灣省參與修憲諮詢顧問小組官員〈副省長吳榮明、民政廳長陳進興、法規會主委邱聰智〉以經歷一個多月的開會過程，發現中央對會議「早有定見」，省府參與討論僅具被告知、背書之功能，台灣省政府乃決議全面退出國民黨內之修憲會議。[130]

　　修憲策劃小組，由二月十三日至四月十五日，兩個月期間共舉行 11 次會議，另諮詢顧問小組舉行 12 次會議，各研究分組舉行 13 次會議，經擬具之國民黨版修憲草案，其內容包括：修改憲法體例、國民大會制度改革、總統與五院關係、地方自治等 4 大課題。國民黨對修憲的構想是，將不修改憲法本文，僅就目前憲法增修條文規定，配合國發會共識修正，名稱仍沿用「中華民國憲法增修條文」。

　　國民黨修憲策劃小組所提之研究結論，經於八十六年四月十六日，提報第十四屆中常會第一七六次會議，以及四月二十八日，第十四屆中央委員會第二次臨中全會決議通過，作為國民黨對第三屆國大第二次會議修憲之重大決策。李登輝主席並於四月二十五日，對黨籍國代表示：『這是最後一次修憲，再努力一下吧。』『可能不會再有修憲了。』『國發會並沒有考慮到個人，總統要擴權幹什麼？總統在直選後，事實上應該給總統實際的力量，而不是擴權，大家都是過去的習慣講的太多了。』李氏並指本次修憲有兩個目的：『第一是政局安定。政局不安定，國家怎麼能發展？第二是國家競爭力的提高。』[131]國民黨版修憲案於焉告成。

　　最大在野黨民進黨的修憲版本，由民進黨之國大黨團進行作業。民進黨並以落實國發會結論，將從修憲和修法同時進行。有關修憲版本經民進黨主席許信良及國大黨團幹部，派系代表等，在四月二十四日確定以「雙首長制」、「總統制」兩個版本，均以增修條文方式修憲。其中，「雙首長制」是按照國發會共同意見提出；「總統制」則是以美國總統制為藍本。兩個版本經送全黨代表的國大黨團討論通過，再送到民進黨中央決議後，確定民進黨黨版修憲草案。

　　民進黨國大黨團總召集人張川田對提出兩個版本，認為「這是擺平黨內很多派系的結果。」此因民進黨最早提出的「台灣憲法草案」就是主張「總統制」，且民進黨內對國發會共識之「雙首長制」有不小的反彈力量，故而提出兩個版本，較能通過黨內 21 人修憲顧問小組。依民進黨內的憲法策略是：先提出「總統制」憲改版本與國民黨協商；萬一國民黨方面不接受「總統制」之憲改版本，民進黨再提出國發會共識之「雙首長制」版本。民進黨提出兩個修憲版本，正顯示其內部路線派系之分歧，該黨正義連線會長，也是立法委員的沈富雄即認為這種作法

　　5.　立法委員：蕭萬長、洪昭男、鄭逢時、黃主文、高育仁、洪性榮、曾永權、劉光華、潘維剛、莊金生、陳瓊讚、林志嘉、廖福本。

[129] 台北，聯合報，民國八十六年二月十四日，版二。
[130] 台北，聯合報，民國八十六年四月三日，版二。
[131] 台北，聯合報，民國八十六年四月二十六日，版六。

只是延緩派系之間的戰火而已。沈富雄並批評：『民進黨提兩個版本是很不恰當的作法，因為民進黨中央〈憲改主導者黨主席許信良、國大黨團召集人張川田、幹事長李文忠、立委張俊雄、林濁水等〉其實要的是雙首長制，而總統制則是應付黨內一些人，所以制定時顯得很粗糙。』沈委員並表示，至少有 40 位民進黨國代非常堅持總統制。[132]正因民進黨內部無法整合出一部修憲版本，也突顯本次修憲不僅黨際競爭，黨內也有激烈抗爭是不可避免。

〈二〉第三屆國代政治生態分析與政黨合作時代

　　民國八十六年五月五日，第三屆國民大會第二次會議正式集會，進行第四次修憲工程。而攸關本次修憲的國民大會各黨實力之政治生態，已與第二屆國民大會政治生態有顯著差異。第二屆國代之國民黨掌握四分之三以上席次，而可取得一黨修憲之優勢；第三屆國代情勢已改變，在總數 334 席的總席次中，國民黨佔 185 席，民進黨 100 席，新黨 46 席，綠黨 1 席，無黨籍 2 席。本次選舉結果三黨消長，國大生態丕變：國民黨席次率由第二屆的四分之三多 10 席〈八成〉，跌至二分之一多 16 席〈五成五〉；民進黨由原先二成席次，提高為三成，繼續確保最大反對黨地位，新黨席次則由 3 席增加為 46 席，佔總額一成四。

　　三屆國代選舉的結果，顯示一黨修憲已成過去，政黨合作修憲的時代已經來臨。國民黨在第三屆國代中，僅保持過半之優勢，但在憲法規定「三分之二以上代表出席，四分之三以上決議」的特別多數決嚴格修憲門檻，沒有任何一個政黨有完全掌控修憲主導權之能力，政黨間的合縱連橫將是主要變數。就通過修憲所需的票數，則國民黨與民進黨結盟為最有可能；國代修憲成案須總數四分之三，亦即 251 席，但以國民黨聯合新黨只有 231 席，民進黨聯合新黨更只有 146 席，唯有國民黨聯合民進黨合計 285 席，才有可通過修憲門檻。質言之，第三屆國代之政治生態，沒有任一政黨可單獨修憲，只有國民黨與民進黨的聯合，或國、民、新三黨的聯合始有可能修憲，而民進黨若與新黨聯合杯葛，則國民黨之修憲案無可能通過。

　　本次修憲主軸在於國民黨與民進黨，另新黨亦以在修憲不缺席的態度，積極尋求與其他兩黨之對話。因而乃有國民黨與民進黨、民進黨與新黨、國民黨與新黨之間的對話協商模式，分述如下：

　　1. 國民黨與民進黨之間的協商：從五月一日起至七月中旬止，兩黨國大黨團與黨團的協商共計 16 次〈五月一日、三日、十二日、十九日、二十一日、二十二日、二十六日、二十八日、三十日，六月十四日、十六日、十八日、二十日、二十五日，七月八日、十四日。〉兩黨黨中央與黨中央的協商共計 4 次〈六月一日、四日、八日、十日〉。

　　2. 國民黨與新黨之間的協商：兩黨國大黨團與黨團的協商共計 5 次〈五月九日、十六日、二十一日、二十三日，六月十五日〉兩黨黨中央與黨中央的協商共計 1 次〈六月十日〉。

　　3. 民進黨與新黨之間的協商：兩黨國大黨團與黨團的協商共計 3 次〈四月

---

[132] 台北，聯合晚報，民國八十六年四月二十七日，版二。

十七日、二十四日，五月二日〉。

〈三〉大會開幕到一讀會完成〈五月五日至五月二十日〉

本次國民大會於五月五日起集會，收受之修憲提案共計有 128 案。五月十二日原本排定由李登輝總統提出國情報告，並聽取國代國是建言，卻因在野黨柔性抗爭，提前散會，致未如期進行，創下前所未有之先例。

五月十四日，第五次大會起，進行第一讀會提案人說明及大體討論。此時朝野兩大黨內部對各自政黨所提修憲案均有不滿意者，而有風雨欲來之勢；國民黨祥和會於五月十六日決定自提會版修憲案 ─ 「反凍省」。民進黨部分立委、國代在施明德主導下，於五月十九日，發起連署推動「總統制」；另民間之台教會、澄社、社會團體於五月十八日成立「民間監督憲改聯盟」，主張總統制，持續批判憲改。

國大甫經開議，衝突紛擾不斷，議長錢復雖盡全力維持會場秩序，卻左支右絀，未被尊重，在無力感下有意請辭，經朝野黨團慰留乃打消辭意，留下「國大打架即辭職」之但書，言猶在耳，五月二十日，大會正在切蛋糕慶賀就職一週年，不旋踵間，即因民進黨國代陳婉真發言指控該黨黨團幹事長李文忠收受副議長謝隆盛所借貸 500 萬的「修憲費」，雙方約定只要修憲通過就不必還錢，接著新黨國代李慶元發言附和之，引發在野黨國代打群架，爆發嚴重肢體衝突。這是本次會議第一次大型打群架事件。本日第九次大會完成第一讀會所有程序後，128 個修憲案即交付審查委員會之審查。

〈四〉付委審查之經過〈五月二十一日至六月七日〉

審查委員會對於本次會議之修憲案提案審查工作，分為三個階段進行：1.修憲審查委員會進行修憲案大體討論。2.審查小組進行修憲案審查。3.修憲審查委員會進行修憲案綜合審查。

五月二十一日修憲審查委員會開始審查，迄六月七日結束，歷時 14 天，共舉行修憲審查委員會議 9 次，各審查小組會議次數則不一。國民黨、民進黨中央為順遂修憲之進程，分別於六月一日、四日，舉行第一、二次協商。所有大會交付審查委員會審查之修憲提案 128 案，全部審查竣事。總計通過 47 案，86 項修憲條文，包括朝野三黨黨版修憲案均付二讀。而在付委審查期間，兩黨內部、學界反彈聲浪四起。

就民進黨而言，黨的內部意見兩極，爭執不下，五月二十二日民進黨中常會決議以「兩案併陳，一次投票。」然而除 A 版總統制、B 版雙首長制併陳外，又出現「C 版」、「協商整合版」，脫軌現象嚴重。許信良主席於五月二十九日，公佈民進黨「修憲萬言書」，指出「不要成為反改革的歷史罪人」，引發民進黨內部、學界之強烈反彈。五月二十九日由政大江炳倫教授發起的 400 名學者連署並刊登廣告，反對雙首長制，連署最後擴大到 2,000 人以上。

就國民黨而言，省議員串聯國代，於五月二十七日連署「反凍省」，次日中常會後，李登輝主席約見省長宋楚瑜、省議長劉炳偉，要求彼等支持憲改工作。李登輝面對要求停止修憲聲浪，與黨內反彈，採取強烈整合內部之作為，指示文

工會加強宣傳黨版修憲案，並全面動員國民黨籍縣市長、21縣市黨部主委出馬，期逐一化解反凍省勢力。這一發展態勢，可得知進入二讀會後之強烈衝擊必然嚴重。

〈五〉付委通過到二讀會前〈六月八日至六月十九日〉

六月七日付委通過後，到六月二十日始將進入二讀會。於是在這兩週之間，各黨的縱橫協商不斷。首先是六月八日，國民黨與民進黨中央第三次協商，為配合國大於六月十日下午截止收受修憲提案的日程規定，期提出雙方共識之修憲案版本，展開從八日下午四點一直持續到翌日上午七點，長達十五小時之「馬拉松談判」〈輿論有稱「瞌睡中修憲」〉，然以民進黨堅持停止五項選舉，否則有關中央政府體制之同意權、解散權、倒閣權將予保留。最後雙方仍無法達成預期之共識。

國、民兩黨中央於六月十日進行第四次協商，民進黨仍堅持必須停止五項選舉，以面對內部推動總統制人士，而國民黨亦感受到五項選舉的讓步，引起國代、地方基層人士的強烈反彈，頗有「割地賠款」的指責壓力，故在政策雖然仍傾向停止五項選舉，但認為仍須根據政治現實反應，進一步研究後再議。[133] 於是兩黨協商宣告破裂，由於面對各自黨內強烈異見紛爭之下，在當時對於未來修憲的發展，其實都已失去信心，而有了最壞打算之可能。[134]

此外，國民黨與新黨之黨對黨協商，於六月十日晚間舉行，國民黨期藉此次避免新黨在議事會場的可能抗爭與杯葛，以促使修憲順利進行。然而新黨在協商中，提出建立權責相符的8項基本主張之憲政體制〈1.行政院為最高行政機關，行政院長為最高行政首長。2.立法院對行政院長之同意權不可取消。3.軍政軍令一元化，國安局歸行政院指揮，國安會不入憲。4.維持憲法100條規定，監察院有對總統、副總統行使彈劾權。5.司法、考試、監察三院預算獨立。6.精簡中央、省府組織。7.立即停止修憲。8.政黨、學者、社會人士共組「修憲策劃小組」〉。另一方面，國民黨秘書長吳伯雄則闡述該黨修憲基本主張，並表示願將新黨意見向李登輝主席報告。會談結果，未達任何具體結論。此時亦因國、民兩黨中央第四次協商破裂，雙方都須全力應付各自黨內之歧見，六月十日以後，三黨彼此間雖然都聲稱願意重開「黨對黨」談判，但除了恢復國大黨團協商外，之後一直到修憲完成前，任何一方都未再與他方繼續高層之協商。

六月十三日，國民黨舉行修憲策劃小組會議，確定十四日起恢復的國、民兩黨國大黨團協商〈六月十四日、十六日、十八日、二十日、二十五日之密集協商〉。六月十三日，國大程序委員會決定將所收到之177件國代提出的修憲提案修正案進行討論。並確定將32件不符合形式要件的修正案退回，不予處理。六月十六日，國民大會針對修憲審查委員會提報大會欲進入二讀會之47件提案，86條條文，進行確認，連同朝野國代所提出通過的152條修憲提案修正案，一併進入二

---

133 台北，中國時報，民國八十六年六月十一日，版二。
134 陳滄海，「憲政改革與政黨協商─民國八十六年修憲政黨協商紀實」，近代中國雙月刊，第一二二期，民國八十六年十二月二十五日，頁一三四。

讀會議議程。

在此二讀會開議之前，一方面，國、民兩黨在協商，另一方面，兩黨內部、學界持續擴大反彈。民進黨「總統制聯盟」於六月十日召開記者會，發表「打瞌睡達成的共識」抗議聲明，強烈抨擊國、民兩黨的協商紀錄，砲轟許信良主席打壓總統制，警告民進黨中央不要跟國民黨私相授受，否則將採「慘烈」的抗爭方式。聯盟發言人陳儀深表示：『民進黨又不是列寧式政黨，為何朝野協商代表都由黨主席一人指定？』[135]六月十八日，推動「總統制聯盟」要角立委沈富雄和總統制聯盟的國大代表聯繫，全力支持凍省修憲條文通過，至於中央政府體制則暫時留待第二階段修憲再談。此乃為呼應五月二十二日陳水扁提出的「兩階段修憲論」。

至於國民黨內部之反彈，六月十八日宋省長在省政總質詢對國大進行「心戰喊話」，以集結反凍省勢力，要國代拿出「最大的智慧」來修憲，避免修出「頭痛醫腳」的憲法，產生更大的後遺症。同一時間，積極反對凍省的國大次級團體「祥和會」成員，研商修憲進入二讀會以後之因應對策，決定暫時不推動國大休會，支持黨版行政院長不經立法院同意條文，但仍堅持「反凍省」。祥和會法政小組召集人呂學樟表示，仍堅持省長官派、維持省議員選舉，保留省自治法人地位。[136]

學術界之反彈持續進行，由政大教授江炳倫發起的「學術反憲改聯盟」連署，到六月十五日已突破1,000人，彼等希望修憲行動能夠暫緩一、二年，等憲政得到充分討論之後再修改。並於台北市大安森林公園露天音樂台舉行「發揮學術良知、反對修憲擴權」靜坐演講。六月十八日，江炳倫等8位學者，前往陽明山國大會場向議長錢復等人遞交學界千人連署書，並提出學界的修憲建言。此時，民進黨國代鍾佳濱質問江到國大的身分及「對台灣民主的貢獻」，江炳倫一度動怒，並回以「為修憲我寫了三百多篇談改革的文章，你在哪裡？我為台灣民主奮鬥的時候，你還沒出生呢！」隨即拂袖而去。[137]

〈六〉二讀會到三讀修憲完成〈六月二十日至七月十八日〉

六月二十日，國大修憲正式進入二讀會，朝野政黨均發出「甲級動員令」。國民黨李登輝主席於六月二十日晚宣布修憲任務分工，二十一日中央組工會即連夜趕製出詳細之動員分工表，依組織動員部門每天彙整國代意見，分由黨務、行政、黨團及其他等四大部門分工表，依需要一一化解。黨務系統由中央黨部秘書長吳伯雄統一指揮，率全部21縣市黨部主委上山；行政系統由行政院秘書長趙守博統一指揮；國大議場現場由國大工作會主任莊隆昌、黨團書記長陳子欽進行議場調度；其他系統由總統府秘書長黃昆輝專責指揮。黨中央並於陽明山設前進指揮所，由吳、趙、黃輪值，以因應各種狀況處置。

就民進黨而言，黨主席許信良也以要求黨團發出甲級動員令，準備隨時配合

---

[135] 民進黨「總統制聯盟」召開記者會之內容，參見台南，中華日報，民國八十六年六月十一日，版二。

[136] 台北：自由時報，民國八十六年六月十九日，版二。

[137] 台北：中國時報，民國八十六年六月十九日，版二。

將兩黨共識部份通過。就新黨部分，亦已強力動員，並多次強調，如果國、民兩黨強行表決，新黨不排除採取較激烈的模式杯葛議事，以突顯對兩黨輕忽民意，草率修憲的不滿。[138]

六月三十日起，國大二讀會由全體討論進入逐案討論、表決階段。又因六月二十五日，國、民兩黨黨團協商，達成 14 點共識，獲得突破性發展：1.總統選舉方式：以絕對多數產生之。2.行政院長之任命，取消立法院同意權。3.解散權。4.倒閣權 5.覆議權：經立法委員二分之一以上決議維持原案，行政院長應即接受該決議。6.立法委員任期及總額。7.彈劾權。8.國家機關彈性條款。9.聽證、調閱權。10.審計權。11.司法預算獨立。12.婦女參政權保障條款。13. 中小企業保障條款。14.調整精簡省府之功能業務與組織。

因之，國、民兩黨有意將進一步達成共識的修憲提案重新交付審查，拖延二讀會表決之時間，並爭取朝野協商時間。七月二日召開審查會時，國、民兩黨國代聯手，將修憲再付審查提案，新黨國代退席，企圖造成表決人數不足，但以現場仍有 238 人，議長錢復付諸表決，以 212 票強行通過「再付審查案」，新黨國代隨即擁上主席台，搶走議事槌阻擋主席敲槌，此時國、民兩黨國代上台譴責，雙方一言不合，新黨國代被打之下，雙方拳腳相向、血濺議場，爆發本次修憲會議以來最嚴重的打群架衝突事件，也是首次流血事件。[139]

七月三、四兩天，國大在暴力衝突與新黨集體缺席〈座位上插起「抗議中」、「就醫中」等抗議牌〉下，大會成功的將 14 點修憲共識，通過「再付審查案」，並再回到二讀會。七月七日起，二讀會進入實質審查，此時最影響修憲者，取決於兩大因素：國民黨內「反凍省」勢力，以及民進黨內陳水扁之「相對多數決」、「公投入憲」主張。

前者，國民黨內「反凍省」力量在以宋省長居首，結合省議員、國大祥和會成員的力量，隱然已成修憲成否之重大關鍵。國民黨欲取得民進黨以凍省交換中央體制同意權等策略之達成，勢須排除內部「阻力」，其所採取的是「皮鞭與胡蘿蔔」交替運用。七月五日，李登輝主席揭示「賞罰分明」，政壇立刻傳出順者賞以高官名位之說法，逆者則動用黨紀。李主席早先在六月十九日，中常會後約見反凍省國代大老林淵源，指凍省為防「一國兩區」。七月七日反凍省主力大將祥和會發言人呂學樟被施以「黨紀處分 — 停權兩年」，反凍省士氣大受影響。國民黨對內逐漸緊縮，肅殺氣氛瀰漫，軟硬方法紛紛出籠，各方強力動員，謠言四起，利益交換、白色恐怖、電話監聽等等說法不一，甚至有國代之家人電話告急，以死相逼，催促反凍省國代放棄堅持，竟有國代淚灑現場，悲悽離席下山而去者。

後者，原本國、民兩黨六月二十五日的協商，達成 14 點共識，獲得突破性發展，看似乍現生機的修憲，卻因身兼民進黨中常委的台北市長陳水扁在六月二十七日跳出來，在中執委暨國大黨團聯席會中，率同正義連線成員推翻許信良與

---

[138] 台南：中華日報，民國八十六年六月二十二日，版二。

[139] 台北，聯合報，民國八十六年七月三日，版一。

國民黨14點協商共識中，採用國民黨版之「絕對多數制」主張，於是總統選舉方式、公投入憲兩者，成為兩黨僵持不下的新困局。七月九日，李總統在官邸接見民進黨前主席黃信介進行談話。黃信介之後表示，李總統同意二階段修憲，對總統選制不堅持。李登輝透過黃信介斡旋陳水扁，陳水扁同意總統選制、公投入憲第二階段再談，兩黨爭議化解。

七月十五日起一連三天，展開修憲二讀會表決，國、民兩黨當局為達成「強力過關」，都由最高層親自召集黨籍國代，下達總動員令，全力整合內部。七月十四日晚間，國民黨李登輝親自掌舵，召集全體黨籍國代及黨務、行政系統主管進行誓師大會，呼籲大家發揮「臨門一腳最大努力」，落實朝野協商的十四項修憲共識。這次動員出席黨籍國代有158名，仍有近30位未到會，包括反凍省大將林淵源、陳治男等都缺席，反凍省態度軟化的祥和會副會長張榮顯雖出席，但強調其是在家庭壓力下，不得不改變立場。[140]

民進黨中央修憲9人小組，亦於七月十四日晚宴請黨籍國代，希望國代能依中執委及國大黨團聯席會議決議，服從被授權對修憲結論負最後責任的9人小組的決議，順利完成修憲。具名邀請的9人小組中，陳水扁未到，姚嘉文出國不克出席，受邀的100位民進黨籍國代出席並不踴躍，約只40名左右到場，民進黨內推動「總統制聯盟」的正義連線國代多未出席。

新黨修憲決策小組於七月十四日晚會商後決定，將支持「公投」以及總統選制採取「絕對多數」等兩案同時入憲。對於國、民兩黨將聯手變更議程，抽出總統選制案延至最後一項，與公投入憲一併處理，新黨則表強烈反對，將發動議事杯葛，必要時不惜「焦土抗爭」。至於新黨在進入關鍵二讀會表決階段，將一向反對最力的公投入憲案重新考慮，乃基於「公投為解決政治紛爭最佳途徑，且為社會潮流」前提之下，態度有重大轉變。同樣的，新黨原先都主張內閣制，然為遷就現實，亦不反對權責相符之總統制可行性。由此看出新黨這一小黨在弱勢中的困局。

七月十五日，為二讀會表決之首日，國民黨反凍省國代陳進丁、張榮顯上午提案要求修憲案改採秘密投票，雖然新黨46名國代全數支持，加上國民黨國代只有林淵源等17位不顧黨鞭勸阻，舉手支持，該案經過兩次表決，仍以懸殊比數失敗。此時，國民黨內部之反凍省力道漸衰，多日來盛傳國民黨以監聽、查帳、稽稅、掀案底、透過家人親戚勸說等多管齊下，企圖迫使反凍省國代放棄主張。[141]國民黨在國大議場內，採取方塊作戰方式緊迫盯人，每三至五位黨籍國代就安排一人當表決「班長」，以凝聚票源，並防止跑票。

二讀會表決之首日的民進黨內部情勢也出現微妙的轉變，台北市長陳水扁〈正義連線〉、中評會主委謝長廷〈福利國連線〉連袂上陽明山，為該黨9人小組的決議背書，秘書長邱義仁〈新潮流系〉則向總統制派之國代承諾，民進黨將與國民黨在修憲三讀前簽字確認公投入憲在下次修憲完成，否則他將下臺以示負

---

[140] 台北，中國時報，民國八十六年七月十五日，版二。
[141] 台北，新生報，民國八十六年七月十六日，版三。

責。[142]至此，民進黨內部已大致整合完成。

七月十六日，爲二讀會表決之第二天，通過之修憲條文包括：「障礙者保障」、「原住民發展權」、「取消教科文預算下限」、「刪除立院之閣揆同意權」、「刪除立法院要求行政院變更重大政策機制；降低覆議門檻爲二分之一」、「立法院對行政院長不信任案」、「機關員額彈性化」、「凍省」、「停止省級選舉」、「省功能法律定之」、「國代選舉婦女參政保障」等項。最受關注者：「凍省」與「刪除立法院之閣揆同意權」議題，均獲過關。該兩案在新黨強力杯葛議事，以及國民黨不斷努力疏通反凍省國代，故直到晚上挑燈夜戰，才開始表決。「凍省」修憲案，在場國代 321 人中，共有 261 人贊成〈超過修憲所需四分之三的 251 票〉，國民黨國代有林淵源、吳國重、馬長風、林嫦茹及被停權的呂學樟等五人，與新黨國代反對凍省。國、民兩黨最後內部整合成功，聯手大獲全勝，省方原先對外宣稱的 40 餘人反凍省陣營全面崩盤瓦解。

七月十七日，爲二讀會表決之最後一天，共通過 9 項修憲條文：「國代任期」、「國大設議長」、「行政院人事副署權」、「總統解散立院之限制及立委重新產生方式」、「總統任期」、「立法院對總統彈劾權之行使」、「國大複決立院對總統彈劾權」、「國大人事同意權」、「國大集會規定」、「立法委員員額」等項。本日之第三十二次大會，第二讀會議程全部結束，有關「總統選制」、「公投入憲」均擱置。國大、立院長久以來閒隙，引發國代爭議不休，立委延長 4 年、或縮短爲 2 年提案表決均未過關，使立委任期維持 3 年。

七月十八日，進入三讀會。上午十點半湊足法定開會人數，國代不斷登記上台發言，直到下午一點始確定昨天之議事錄。爲避免重演前一個晚上表決失控場面，導致無法順利完成三讀程序，國、民兩黨高層均在陽明山中山樓坐鎮，吳伯雄與許信良兩人並舉行協商，期使修憲圓滿完成。

三讀會於十八日下午五點半正式開始，新黨首先由黨團召集人李炳南上台發表新黨退出三讀，表示拒絕爲亡國惡憲背書的聲明。李炳南表達該黨反對爲「台獨」鋪路的凍省條款，以及權責不符、總統擴權的「帝王條款」。李炳南在發表聲明完畢後，新黨國代退出場外，至國父銅像前默哀三分鐘。

下午五點五十分，國大議事組開始宣讀三讀條文，程序委員會主席蘇南成就條文內容排列方式進行發言，然後由國代就文字修正部份進行討論，大會最後於晚上七點依規定，就十一條增修條文進行三讀表決，在新黨退席，國、民兩黨 269 位，贊成者 261 位，僅只 8 位國代未舉手，已超過出席代表四分之三法定人數，通過中華民國憲法增修條文第一條至第十一條全文。兩黨國代同聲歡呼。第四次修憲在經歷一波多折，爭執衝突不斷的情形下，終告完成。

三讀會結束後，國民黨國大黨團隨即提出變更議程案，要求將原訂於七月二十一日至二十四日的總統國情報告及國是建言，改到七月二十一日至二十三日。中華民國憲法增修條文共十一條，李登輝總統於七月二十一日公佈施行。本次修憲大會於民國八十六年七月二十三日閉會。

---

[142] 台北，自由時報，民國八十六年七月十六日，版二。

三、第四次修憲的內容

第四次修憲增修條文十一條，除與原第三次修憲相同者外，新改內容就性質言，可包括：中央政府體制的改變、地方制度、基本國策的增刪等三部份。

〈一〉中央政府體制的改變

中央政府體制之變動包括總統、行政、立法關係的改變以及司法院、監察院組織及職權之調整。

1.國民大會方面：

〈1〉增訂「國大代表婦女參政保障名額，以政黨比例方式選出者，各政黨當選之名額每滿四人，應有婦女當選名額一人。」〈憲法增修條文第一條第二項〉

〈2〉修訂「議決立法院提出之總統、副總統彈劾案」。〈彈劾權由監察院改移至立法院行使〉〈憲法增修條文第一條第三項第三款〉

〈3〉刪除「國民大會設議長前，由立法院通告集會。」〈國民大會已設議長，故刪除〉〈憲法增修條文第一條第四項〉

〈4〉刪除增修條文第一條第六項、第八項自第三屆國民大會代表起之條文〈第三屆國民大會代表已選出，故無須再特為規定。〉

2.總統方面：

〈1〉總統任命行政院長，不須經立法院同意。〈憲法增修條文第三條第一項〉

〈2〉總統於立法院通過對行政院長之不信任案後十日內，經諮詢立法院院長後，得宣告解散立法院。但總統於戒嚴或緊急命令生效期間，不得解散立法院。立法院解散後，應於六十日內舉行立法委員選舉，並於選舉結果確認後十日內自行集會，其任期重新起算。〈憲法增修條文第二條第五項〉

〈3〉增訂「總統發布行政院長・・・之任免命令及解散立法院之命令，無須行政院長之副署。」〈憲法增修條文第二條第二項〉

3.行政院方面：

〈1〉行政院院長由總統任命之。行政院長辭職或出缺時，在總統未任命行政院長前，由行政院副院長暫行代理。憲法第五十五條之規定，停止適用。〈憲法增修條文第三條第一項〉

〈2〉行政院對立法院負以下之責：〈憲法增修條文第三條第二項〉

　　a.行政院有向立法院提出施政方針及施政報告之責。立法委員在開會時，有向行政院長及行政院各部會首長質詢之權。

　　b.行政院對於立法院決議之法律案、預算案、條約案，如認為有窒礙難行時，得經總統之核可，於該決議案送達行政院十日內，移請立法院覆議。如為休會期間，立法院應於七日內自行集會，並於開議十五日內做成決議。覆議案逾期未議決者，原決議失效。覆議時，如經全體立法委員二分之一以上決議維持原案，行政院長應即接受決議。

c.立法院得經全體立法委員三分之一以上連署，對行政院長提出不信任案。不信任案提出七十二小時後，應於四十八小時內以記名投票表決之。如經全體立法委員二分之一以上贊成，行政院長應於十日內提出辭職，並得同時呈請總統解散立法院；不信任投票如未獲通過，一年內不得對同一行政院長再提不信任案。

〈3〉國家機關之職權、設立程序及總員額，得以法律爲準則性之規定。各機關之組織、編制及員額，應依前項法律，基於政策或業務需要決定之。〈憲法增修條文第三條第三項、第四項〉

4.立法院方面：

〈1〉立法委員自第四屆起二二五人。依下列規定選出之：a.自由地區直轄市、縣市一六八人。每縣市至少一人。b.自由地區平地、山地原住民各四人。c.僑居國外國民八人。d.全國不分區四十一人。上述第三、四款名額，採政黨比例方式選出之。另第一、三、四款名額，在五人以上十人以下者，應有婦女當選名額一人，超過十人者，每滿十人應增婦女當選名額一人。〈憲法增修條文第四條第一項、第二項〉

〈2〉立法院經總統解散後，在新選出來之立法委員就職前，視同休會。〈憲法增修條文第四條第三項〉

〈3〉總統於立法院解散後發布緊急命令，立法院應於三日內自行集會，並於開議日七日內追認之。但於新任立法委員選舉投票日後發布者，應由新任立法委員於就職後追認之。如立法院不同意時，該緊急命令立即失效。〈憲法增修條文第四條第四項〉

〈4〉立法院對於總統、副總統犯內亂罪或外患罪之彈劾案，須經全體立法委員二分之一以上之提議，全體立法委員三分之二以上之決議，向國民大會提出。〈憲法增修條文第四條第五項〉

〈5〉立法委員除現行犯外，在會期中，非經立法院許可，不得逮捕或拘禁。〈憲法增修條文第四條第六項〉

5.司法院方面：

〈1〉司法院設大法官十五人，並以其中一人爲院長、一人爲副院長，由總統提名，經國民大會同意任命之，自民國九十二年起實施。〈憲法增修條文第五條第一項〉

〈2〉司法院大法官任期八年，不分屆次，各別計算，並不得連任。但並爲院長、副院長之大法官不受任期之保障。〈憲法增修條文第五條第二項〉

〈3〉民國九十二年總統提名之大法官，其中八位大法官，含院長、副院長，任期四年，其餘大法官任期爲八年，不適用前項任期之規定。〈憲法增修條文第五條第三項〉

〈4〉司法院所提出之年度司法概算，行政院不得刪減，但得加註意見，編入中央政府總預算案，送立法院審議。〈憲法增修條文第五條第六項〉

6.監察院方面：

刪除監察院對總統、副總統之彈劾權。〈憲法增修條文第六條第五項〉

〈二〉地方制度的改變

1.省設省政府，置委員九人，其中一人為主席。省設省諮議會，置省諮議委員若干人。以上人員均由行政院長提請總統任命之。〈憲法增修條文第九條第一項第一款、第二款〉

2.省承行政院之命，監督縣自治事項。〈憲法增修條文第九條第一項第七款〉

3.停止省長及省議員之選舉。〈憲法增修條文第九條第二項〉

4.台灣省政府之功能、業務與組織之調整，得以法律為特別之規定。〈憲法增修條文第九條第三項〉

〈三〉基本國策的增刪

1.國家對人民興辦之中小型經濟事業，應扶持並保護其生存與發展。〈憲法增修條文第十條第三項〉

2.國家應對無障礙環境之建構加以保障。〈憲法增修條文第十條第七項〉

3.取消教科文下限之限制。〈憲法增修條文第十條第八項〉

4.增訂對原住民地位及政治參與之保障應依其意願。有關原住民之保障除原有之項目外，應增列保障原住民之交通水利、衛生醫療。對於金門、馬祖地區人民亦等同的予以保障。〈憲法增修條文第十條第十項〉

四、第四次修憲的評析

第四次修憲是為落實國發會共識。第四次修憲就國、民兩黨高層的「基本面」都達到了。國民黨李登輝最在意的「刪除立法院閣揆同意權」，以及民進黨許信良所最在意的「凍省」。就憲法學界最關切修憲原則 — 原憲章條文是否「窒礙難行」、「扞格不入」的角度觀之？顯不成立。然則第四次修憲為何修憲？修的是否有急迫性？修的是否合於學理？就「刪除立法院閣揆同意權」部分，除為化解李登輝個人「著毋庸議」的憲政窘境，非但不合學理，且賠上整部憲法中央體制的一貫性，造成憲法體制的大崩解；就「凍省」部分，除了達成部分人士意識型態的滿足，或清除了宋省長的政治舞台，毫無解決派系、黑金、缺乏行政效率之成效。

第四次修憲就學理而言，固然修的有爭議，唯更暴露出我國憲政發展的一大隱憂：當主政者無視社會輿論壓力，不顧學術、各界民眾反對聲浪，蠻幹到底。野心的政客們靠著掌握住黨的機器、國家的機器，以其政治力軟硬兼施、隻手遮天地遂行其毀憲禍國之行徑。除了留下歷史的紀錄而外，世人在面對此種民主危機的有效手段為何？更值深思。本文以下就第四次修憲的過程、修憲的內容，評析這次修憲得失。

〈一〉從修憲過程面析論

第四次修憲法理、法的條件均薄弱，故而不可避免引起極大爭議。僅是以國、民兩黨高層之共識，推動修憲前進。面對兩黨內部、新黨，以及社會各界反彈四起，兩黨的協商屢屢觸礁，然而李登輝之『修憲不成，就不准閉會』、『修憲今

年一定要完成，沒有明年、沒有後年！」[143]許信良發表「修憲萬年書」，指責「反修憲」、「反改革」等。兩黨高層之意志力，終使得第四次修憲「一波多折」、「峰迴路轉」，在「凍省、反凍省」，「雙首長制、總統制」，「絕對多數選制、相對多數選制」，「反修憲、反修惡憲」，「反改革、反毀憲分贓」諸多不同吶喊雜音中，完成了修憲。綜論第四次修憲的過程中，有三個特色：1.各政黨協商頻仍與兩黨高層默契。2.引發流血衝突之「再付審查」程序合法性探究。3.三黨內部暨社會各界反對修惡憲訴求。

1. 各政黨協商頻仍與兩黨高層默契

本次修憲因民國八十五年第三屆國民大會改選後，議會政治生態丕變，國民黨雖佔過半席次，但距四分之三修憲門檻差距甚遠，李登輝要想強渡關山，只有一條路可走，就是與其他政黨合作。質言之，國民黨無可選擇的必需與民進黨合作，才可完成修憲之目的。本次修憲當中，一方面各政黨間協商不斷，另一方面則是國、民兩黨高層的極佳默契與共識。這也就是政黨間之黨與黨協商、黨團與黨團協商，雖不斷召開，又不斷破裂，幾次瀕臨無以為繼，提前休會窘境〈社會輿論或稱「歹戲拖棚」〉，最後發揮臨門一腳，終能達成若干共識〈尤其六月二十五日之國、民兩黨黨團協商〉，兩黨高層之相當默契，則居首功。以下分論政黨協商之經過與內容、政黨協商挫敗之因、兩黨高層默契之運作。

〈1〉政黨協商經過及其內容

本次修憲之政黨協商組合有三種：國、民兩黨；國、新兩黨；民、新兩黨。

a. 國、民兩黨間之協商： 共計有黨團間協商 16 次，黨中央間協商 4 次。

國、民兩黨黨團間之 16 次協商：

第一次：八十六年五月一日，北市希爾頓飯店。主要討論：〈a〉國代與立委總額。〈b〉婦女保障名額及原住民名額。〈c〉總統選舉方式及其職權。協商結果：〈a〉國代、立委之婦女保障名額，同意「每滿四人應有婦女當選名額一人」。〈b〉總統對行政院長有主動任免權。〈c〉國家機關設置應有彈性，國家行政總員額應予適度限制。

第二次：八十六年五月三日，北市聯勤信義俱樂部。主要討論：〈a〉大法官任期及司法院預算獨立。〈b〉精簡省政府、省議會。〈c〉公民創制、複決權。協商結果：〈a〉考慮限制大法官不得連任。〈b〉考慮司法預算獨立。〈c〉精簡省政府、省議會。

第三次：八十六年五月十二日，北市聯勤信義俱樂部。主要討論：〈a〉國代、立委總額及其產生方式。〈b〉司法預算獨立。〈c〉總統職權。〈d〉地方制度。協商結果：〈a〉現有國代總額應予適度減少。〈b〉立委人數則予以適度增加。

第四次：八十六年五月十九日，北市陽明山中山樓 302 室。主要討論：〈a〉針對前三次協商議題重表述。〈b〉民進黨提出一份對修憲談判的

143 台北，聯合報，民國八十六年五月二十七日，版二。

　　　　基本主張，送請國民黨參考。本次未有任何共識。

第五次：八十六年五月二十一日，北市聯勤信義俱樂部。主要討論：〈a〉
　　　　中央政府體制。〈b〉總統制修憲議題。協商結果：〈a〉國民黨請
　　　　民進黨將其「總統制」、「雙首長制」整合為一個民進黨版，以明
　　　　確民進黨之修憲主張。〈b〉憲政改革方式，採取問題取向，合理
　　　　健全體制，不做體制名稱之爭辯。

第六次：八十六年五月二十二日，北市陽明山中山樓302室。主要討論：〈a〉
　　　　中央政府體制。〈b〉司法改革。協商結果：〈a〉民進黨請國民黨
　　　　支持其兩個版本都進入二讀，國民黨表示將研究考慮。〈b〉考慮
　　　　司法院大法官每屆任期八年，不得連任，每四年改選一半。

第七次：八十六年五月二十六日，北市西華飯店。主要討論：〈a〉司法預
　　　　算獨立。〈b〉立委職權。協商結果：〈a〉司法預算獨立之問題，
　　　　兩黨相互了解立場。〈b〉同意立院享有調閱權與聽證權，條文待
　　　　研商。〈c〉國代應比照立委享有相同之「身體自由保障條款」。

第八次：八十六年五月二十八日，北市聯勤信義俱樂部。主要討論：雙方就
　　　　國民黨版修憲案進行逐條逐項討論，各自表達具體意見，並就每條
　　　　以「同意」、「不同意」、「修正保留」及「研究處理」來處理。
　　　　協商結果：〈a〉民進黨同意精簡省級原則。〈b〉大致同意國大部
　　　　分。〈c〉不同意創制複決權，而主張公民投票制度。〈d〉主張行
　　　　政院長被任命後，總統不得主動免除其職務〈e〉主張立委選舉產
　　　　生方式依德國單一選區兩票制與政黨比例代表混合制。

第九次：八十六年五月三十日，北市希爾頓飯店。主要討論：雙方就各項議
　　　　題均有廣泛討論。協商結果：國民黨對於民進黨兩個黨版，應「擇
　　　　一」或「全部」進入二讀會，將提出於黨中央協商研究。

第十次：八十六年六月十四日，北市聯勤信義俱樂部。主要討論：〈a〉有
　　　　關修憲程序議題。〈b〉廣泛就修憲優先議題進行討論。協商結果：
　　　　〈a〉達成有關審查報告書處理方式、及二讀會修憲案之修正案處理
　　　　方式的共識。〈b〉同意修憲優先順序之議題：立委任期四年、司
　　　　法院年度預算獨立條款、國家機關彈性條款、政黨比例產生之婦女
　　　　保障條款、人民行使創制、複決條款、警政預算統一編列、其他中
　　　　小企業保障條款。

第十一次：八十六年六月十六日，北市聯勤信義俱樂部。主要討論：在於確
　　　　　認第十次協商的7項共識。協商結果：〈a〉因兩黨內部各有歧見，
　　　　　並未就7項議題達成最後共識。〈b〉兩黨共同宣示，三屆國大第
　　　　　二次會議仍應繼續，堅定完成修憲工作的決心。

第十二次：八十六年六月十八日，北市陽明山中國飯店。主要討論：再次就
　　　　　第十次協商之7項共識進行確認。協商結果：〈a〉雙方對優先順
　　　　　序及議題內容仍有歧見，未達成共識。〈b〉民進黨表示凍省條款

不得作爲協商時交換條件，國民黨同意儘力疏通反凍省代表。

第十三次：八十六年六月二十日，北市希爾頓飯店。雙方繼續就修憲優先順序及議題討論，唯因雙方仍各有堅持，未達成具體結論。

第十四次：八十六年六月二十五日，北市國賓飯店。兩黨就各項修憲議題之內容及優先順序，進行逐條討論。經過八小時熱烈討論，獲致突破性之 14 點共識。

第十五次：八十六年七月八日，北市陽明山中山樓。主要討論：〈a〉就 14 點共識部份研擬具體修憲條文。〈b〉討論如何將新的修憲版本提出於已進入二讀會的程序中。協商結果：〈a〉完成有關 14 點共識之具體條文。〈b〉修憲程序上，決定依照「國大議事規則」，將相關修憲內容提案「再付審查」動議，交修憲審查委員會再行審查後，再依規定於審查結果結束後提出修正案，將 14 點共識納入修正案中，提出於大會進行二讀。〈有關「再付審查」之程序爭議，下文中單獨提出討論。〉

第十六次：八十六年七月十四日，北市陽明山中山樓。主要討論：有關修憲之二讀程序問題，期能讓有共識部份先行通過。協商結果：〈a〉兩黨同意共同支持將「再付審查」結果修正案等 29 項條文通過二讀。〈b〉將修憲提案中有關總統選舉方式等 12 項修憲案及其修正案延後表決。

國、民兩黨中央間之 4 次協商：

第一次：八十六年六月一日，北市圓山飯店麒麟廳。主要討論：〈a〉修憲審查會進行程序。〈b〉在修憲內容上，國民黨主張維持國發會共識。民進黨具體提出凍省、凍結五項選舉、總統對國會只有被動解散權、德國制單一選舉、另立法懈怠暫不入憲。協商結果：〈a〉國民黨表示在尊重國大議事規則原則下，才同意民進黨的意見在修憲審查委員會以「逐條」方式表決，協助將民進黨「總統制」版進入二讀。〈b〉達成 6 項決定：甲、兩黨共同宣示如期完成修憲之決心。乙、爲建立共識，兩黨協商應密集進行至修憲完成爲止。丙、協商過程中兩黨均同意部分，應交由兩黨國大黨團依程序處理。丁、有爭議部分應繼續協商。戊、希望新黨共同參與修憲。己、兩黨於六月四日晚上八時再進行協商，由民進黨安排。

第二次：八十六年六月四日，北市新光人壽大樓敦南館。主要討論：〈a〉確認雙方國大黨團協商之結果。〈b〉討論雙方修憲版本相同提案部分。〈c〉討論有關修改憲法程序之提案。〈d〉就雙方立場不同部分進行對話。協商結果：〈a〉次日〈六月五日〉國大審查會散會前，由民進黨提出第 107 號案第 10、11、15 條之復議案，國民黨願予支持進入二讀程序。〈b〉雙方就「司法預算獨立案」與「中央政府內各機關之職權、設立程序及總員額之彈性調整案」達成共

識，交由兩黨國大黨團依修憲程序處理。〈c〉雙方重申信守國發會共識，完成修憲之誠意與決心。〈d〉民進黨堅持停止五項選舉，精簡省府組織需落實。中央體制方面，請國民黨研究民進黨總統制版之可行性。〈e〉國民黨認為國發會共識之落實需整體處理，有關民進黨前述事項，涉及配套設計，雙方應通盤考慮後，再確定個別議題。

第三次：八十六年六月八日，北市國賓飯店。本次協商乃為配合國民大會於六月十日下午截止收受修憲提案的日程規定，期提出雙方共識之修憲案版本。結果在經歷 15 小時馬拉松式談判，終未簽署共同結論。僅達成一份「憲政協商紀錄」，分別從：〈a〉有關中央體制以外之修憲提案，非關國發會共識部份。〈b〉有關中央體制以外之修憲提案，有關國發會共識部份。〈c〉有關中央體制之修憲案提案，關於國發會共識等三大部分；就有共識及不同意見予以記錄說明。

第四次：八十六年六月十日，北市來來飯店。主要討論五項選舉。民進黨堅持停止五項選舉，國民黨則表示現階段不宜停止，終至協商破裂。兩黨發表共同聲明，雙方希望對方把意見帶回再做研究。唯此後兩黨之中央對中央協商至修憲完成止，都未再有任何進展行動。

b. 國、新兩黨間之協商：共計有黨團間協商 5 次，黨中央間協商 1 次。

國、新兩黨黨團間之 5 次協商：

第一次：八十六年五月九日，北市希爾頓飯店。主要討論：〈a〉國民大會代表總額及產生方式。〈b〉總統選舉方式。協商結果：〈a〉國代總額均主張 250 名。〈b〉國代產生方式，兩黨均主張「政黨比例制」，唯國民黨主張一票制，依附總統、副總統選票計算政黨得票率。新黨主張兩票制。〈c〉總統選舉均主張採用「絕對多數當選制」。

第二次：八十六年五月十六日，北市希爾頓飯店。雙方廣泛就修憲議題交換意見。兩黨較具共識者〈a〉台灣省政府之功能、業務與組織，做合理的精簡與調整。〈b〉審計權之歸屬，維持現狀。

第三次：八十六年五月二十一日，北市陽明山中國飯店。雙方廣泛就修憲議題交換意見。達成兩點共識：〈a〉憲法本文不動，增修條文前言不動。〈b〉人民得享有創制、複決兩權，但不得與憲法牴觸。

第四次：八十六年五月二十三日，北市陽明山中國飯店。本次協商以國民黨修憲版本作為協商藍本。協商結果：〈a〉有關國大部分，新黨主張國代產生採政黨比例或維持現狀，國大由議長召集。其餘同意國民黨條文。〈b〉有關總統部份，新黨對總統解散立院，及由國安會決定國防、外交、兩岸關係及重大方針等規定，持保留態度。〈c〉有關行政院部分，新黨對新增之行政、立法間倒閣與解散權關係，以及立法院懈怠之行政暫行條例，表示反對立場。

第五次：八十六年六月十五日，北市聯勤信義俱樂部。本次綜合討論相關之
　　　　修憲議題，未獲具體共識。

國、新兩黨中央間之協商有 1 次：八十六年六月十日，新黨提出 8 項基本主
張，雙方就各自黨版修憲案提出說明，會談結果，未達成任何具體結論。僅有三
點共識：〈a〉基於政黨政治相互尊重原則，兩黨協商繼續進行。〈b〉兩黨各自
表述修憲基本主張，其間有甚多相同之處。〈c〉新黨認為修憲茲事體大，應從
長計議。

c. 民、新兩黨間之協商：共計有黨團間協商 3 次。

國、新兩黨黨團間之 3 次協商：

第一次：八十六年四月十七日，雙方達成 4 點共識：〈a〉國會權的強化非
　　　　常有必要。基本上同意民進黨版強化國會的權限。唯新黨希望民進
　　　　黨再考量審計權及彈劾權歸屬立院之必要性。〈b〉憲法明定司法
　　　　院的預算須具有獨立性，行政院不得任意刪減，僅能加註意見。〈c〉
　　　　將保障弱勢族群的規定入憲。〈d〉選舉制度採兩票制，同時以德
　　　　國模式為準，不贊成日本模式，否則反對到底。

第二次：八十六年四月二十四日。本次在於討論國大組織、中央政府體制、
　　　　省的議題等。協商結果：〈a〉國代由政黨比例方式產生，名額減
　　　　少，人數則再討論。〈b〉有關省的議題，雙方差距過大，唯一共
　　　　識是「反對國民黨版有關省的主張」。〈c〉中央體制方面：贊同
　　　　「行政院移請立法院的覆議案，只要經過總額二分之一立委維持原
　　　　案，行政院長應即接受該決議或辭職。」「立法院彈劾總統、副總
　　　　統案，經立委總額二分之一決議即可。」「總統擁有被動解散國會
　　　　權」。

第三次：八十六年五月二日。本次在於討論立法院、司法院相關議題。協商
　　　　結果：〈a〉有關立法懈怠問題，未提升立法效率，立法院應優先
　　　　並限期審議急迫性法案。至於是否有件數規定未做決定。〈b〉司
　　　　法院設大法官若干人，不得連任，任期則雙方有歧見。

〈2〉政黨協商挫敗檢討

總計第四次修憲期間，三黨之間的各種協商〈包含黨中央間之協商、黨團與
黨團協商〉總計達 29 次之多，除國、民兩黨在第 14 次協商，六月二十五日獲致
突破性發展，確立 14 點共識〈本次之突破，乃是兩黨黨主席高層接觸後取得的
結果，後文詳述。〉其餘多數協商均歸於無具體結論而破裂。其中原因有三：一
是國、民兩黨內部的反彈過大。二是新黨對修憲內容的抗議。三是國代自主性高
與國大黨團翻案。

a. 國、民兩黨內部的反彈過大

就國民黨方面，阻礙高層意志遂行之最大力量，來自反凍省的人士。基層、
國代之「割地賠款」、「敗家子」、「敗國、敗民、敗黨」、「和平轉移政權」、
「李氏是國民黨的戈巴契夫」等嚴峻批評、指責壓力、使得國民黨高層政策雖仍

然傾向停止五項選舉，也不得不一改作風，明白表示現階段停止五項選舉，國代及地方人士根本無法接受，認爲在實施步驟與確切時程，仍須根據現實之反應，進一步研究後再議。此尤爲六月八日、六月十日國、民兩黨中央間關鍵性重要協商宣告破裂主因。

就民進黨而言，該黨中常會於四月三十日，甫通過成立 11 人「憲政工作及協商小組」名單，黨內反彈聲音便四起。「福利國連線」、「正義連線」主張「總統制」者，認爲該名單皆是支持「雙首長制」爲主的成員，是爲國發會結論護航。[144]民進黨以許信良主席爲首之與國民黨協商時，「推動總統制聯盟」成員是該黨對外發展的最大壓力。此其所以特別堅持以停止五項選舉，作爲是否支持國民黨中央政治改革的先決條件。蓋以推動總統制聯盟人士，對於民進黨中央同意國民黨的雙首長制，向持反對態度。民進黨面對本身內部意見不能整合時，堅持停止五項選舉成爲民進黨主流人士的最大籌碼，亦是別無選擇，不能後退之單行道。唯以兩黨內部皆有難以妥協之困境，因之五項選舉成爲兩黨均處於無迴旋空間之餘地，多次協商仍歸於破裂。甚至兩黨主談人士在此期間，對於未來修憲的發展，都漸失信心，而有做最壞打算之念頭出現。六月十日兩黨協商破裂，民進黨文宣部主任陳文茜即表示，民進黨中央早在五月中常會中，黨主席許信良已告訴她，要有修憲不成的心理準備。[145]

b. 新黨對修憲內容的異議

新黨在本次修憲中，有其特定之堅持。其與國民黨只在「憲法本文不動，增修條文前言不動」、「國代、立委名額」、「人民得享有創制、複決兩權，但不得與憲法牴觸」等少數幾項具體原則有共識，其他修憲議題，都是兩黨各自表述，認知差距甚大。新黨在與民進黨的協商方面，亦僅在「國會權之強化」、「司法院預算之獨立性」、「選舉制度採兩票制，以德國模式爲準」等幾項有共識，餘亦差距甚大。

正因新黨反對國發會以來「修惡憲」的立場，新黨對於國、民兩黨合作修憲，始終存有「總統擴權」、「毀憲分贓」的疑慮和悲情。因而，在中央政府體制方面，基本上是以「內閣制」作爲反制訴求，唯若考慮現實環境，亦不排除支持「權責相符的總統制」，結合民進黨內推動總統制聯盟人士，抵制雙首長制，或藉此使修憲觸礁。在地方制度方面，新黨對於國、民兩黨「凍省」、「鄉鎮市長官派」之主張，認爲有走向台獨的傾向，至於停止基層選舉，更視爲開民主倒車，故而積極結合國民黨內之「反凍省」力量。總此觀之，新黨與國、民兩黨在中央體制、地方制度方面均有極大之差異，彼此協商成爲各自表述、各說各話乃是必然。

c. 國代自主性高與國大黨團翻案

國代修憲期間之政黨協商，發生觸礁現象，亦與國代自主性高與國大黨團翻案有關。前者國代本身或有其特定理念，而又結合成相當力量，如反凍省、推動總統制聯盟等，彼等堅持見解時，就會使該黨之黨團運作無力，修憲情勢陷入僵

---

[144] 陳滄海，前揭文，頁一三一。

[145] 台北，自立早報，民國八十六年六月二十七日，版二。

局。正如六月一日、四日所作之協商，亦達成部分共識，雙方表示應交由兩黨國大黨團依程序處理。唯共識到了國大黨團又被擱置、翻案。故而面對修憲議題之具爭議性，國代自主性高之情形下，協商更形困難。

〈3〉兩黨高層默契之運作

第四次修憲的發動，是國、民兩黨高層；第四次修憲的完成，亦以國、民兩黨高層居首功。

本次修憲之最大特色是，國人皆曰不可，修憲呈現一片混亂、混戰之際，而兩黨層峰以其意志力堅持到底，最後運用黨機器之功能，化解諸多阻力，引導兩黨多數之國代，完成修憲。面對國內各界 — 學術界、藝文界、輿論界、退役將領等等，紛紛質疑這次「修惡憲」之舉措。從初始之「五０四為台灣而走」、「五一八大遊行」，社會基層頻頻發出「推遲修憲」之議。到五月底，又因民進黨「Ａ版」、「Ｂ版」、「Ｃ版」、「協商整合版」；國民黨內「反凍省」國代串聯，面臨政黨協商一再觸礁。再到六月八日、十日，國、民兩黨第三、四次黨中央協商破裂，尤其八日長達 15 小時談判終歸失敗，整個修憲看似已無生機。但在兩黨高層強烈意志主導下，修憲不僅一次次「敗部復活」，最後更以「臨門一腳」畢其功。

就國民黨主席李登輝而言，以「總指揮官」身分，加大動作並親自操盤，六月十九日，中常會後約見反凍省大老林淵源。六月二十日，親自宣布修憲任務分工。六月二十五日，促成修憲關鍵性之突破，達成國、民兩黨 14 點共識之成果。民進黨幹事長李文忠表示：『高層都已經達成共識了。』[146]另依國民大會秘書處資料組科長陳滄海博士之「憲政改革與政黨協商」一文中，指出『本次協商終於有所突破，乃係兩黨黨主席高層接觸後取得妥協的結果。』[147]七月五日，李登輝明確表示「賞罰分明」；七月七日，反凍省大將呂學樟被黨紀處分 — 停權兩年，將原本氣勢高漲的「反凍省」陣營聲勢重重一擊。七月九日，李登輝採迂迴戰術的會見民進黨大老黃信介，由黃信介出面斡旋陳水扁，使陳水扁暫時不提「總統選制」、「公投入憲」，再次化解修憲可能停擺之危機。七月十四日晚，李登輝親自主持二讀逐條表決前之誓師大會。其後果能於七月十六日使反凍省陣營徹底崩潰，同時順利刪除立法院之閣揆同意權。七月十八日修憲三讀大功告成。從五月五日開議至七月十八日，計 75 日，波折橫生之修憲，終在李登輝強韌毅力下完成。

就民進黨主席許信良而言，其沉穩堅持之表現亦不遑多讓。民進黨內本即派系林立，無法如國民黨「由上而下」直接交付任務。許信良之贊同國民黨提出的雙首長制，以換取凍省、停止五項選舉。在其黨內亦面臨砲聲隆隆之反彈聲浪。前主席施明德發起連署推動總統制，其後造成「Ａ版」、「Ｂ版」、「Ｃ版」‧‧‧黨內一片混亂。許信良於五月二十九日公布民進黨「修憲萬言書」，以「反改革」、「反修憲」圖壓制反對聲浪。但黨內反對之聲絲毫未減，推動「總統制聯盟」發

---

[146] 台北，自立早報，民國八十六年六月二十七日，版二。

[147] 陳滄海，前揭文，頁一三一。

言人，警告民進黨中央不要跟國民黨私相授受，否則將抗爭到底，並指責朝野協商之民進黨代表都由黨主席一人指定。林義雄並倡言發起罷免黨主席許信良。唯此皆無法動搖許信良之決心，民進黨內也普遍接受「只有許信良、陳文茜知道最後協商的底線」之說法。以民進黨內複雜政治生態，許信良能帶領民進黨大軍團作戰，並貫徹其政治信念，使國、民兩黨修憲完成，許信良角色至為重要。

李登輝、許信良發動國發會、完成國發會，進而帶動第四次修憲，並完成第四次修憲。第四次修憲爭議至大，李、許亦要為歷史負最大責任。

2.「再付審查」程序合法性探究

「再付審查」是七月二日本次修憲會議之中，爆發最嚴重大群架衝突與流血事件之導火線，而「再付審查」的議事爭議和惡質影響亦將為未來的修憲，埋下不確定的引爆點。

〈1〉「再付審查」的緣起

本次修憲五月初開議，經五月底各黨內部的紛擾不斷，再到六月初〈六月一、四、八、十日之四次國、民兩黨中央協商〉的談判破裂，修憲僵局形成，亦即雖經一讀會後付委審查通過了 47 案，86 項修憲條文，包括朝野三黨黨版修憲案均已交付二讀。唯國、民兩黨深知六月二十日起的修憲二讀會，仍將面臨缺乏共識而觸礁的可能。經過兩黨層峰李、許私下會商，挽回可能提前休會的情勢，亦使六月二十五日國、民兩黨的黨團協商，達成 14 點共識，獲得突破性發展。雙方有意將此一達成共識的內容，以修憲提案方式提出。然而修憲提案的修正案，依「國大議事規則」第 17 條規定，必須在修憲審查委員會結束後八天內提出。〈本次修憲審查會於六月七日結束，亦即應在六月十五日以前提出修憲提案的修正案。〉國、民兩黨 14 點共識，已過了提案時間，且共識中部分內容，在二讀會中沒有顯示在任何修憲案中。

國、民兩黨乃擬引用「國大議事規則」第 47 條第 3 款之規定：『二讀會進行中，如有代表對審查意見有疑義時，由二十人以上連署或附議，經出席代表過半數同意，得再付審查，但以一次為限。』兩黨期以重回審查會以後，再將共識以修正案提出。故在七月二日，國、民兩黨以多數表決通過變更議程，強行將已進入二讀的部份修憲條文抽出，並加入部分根本非二讀會內〈即沒有經過一讀後之付委審查〉之修憲條文，再回到一讀會後之付委審查階段〈唯此時已是二讀會議程中〉，俾便完成兩黨共識的提案來。此舉「停格」加上「倒帶」正是嚴重的程序問題。國大議長錢復即向朝野政黨表示無法接受此一明顯違規的議程，甚至為是否敲槌定案？在主席台上遲疑半晌。此時新黨國代一擁而上主席台，搶走議事槌，以阻擋主席敲槌，而國、民兩黨國代見狀亦衝上台，拳腳交加，雙方肢體衝突的結果，三黨國代均有人掛彩，2 名新黨國代被打破了頭，血流不止，緊急送醫急救。

新黨阻擋國、民兩黨之「再付審查」案，乃以程序問題出發，彼等強調修憲案發動後就沒有回頭的餘地，再付審查就表示該案「有問題」，應該被否決。審查會提出的結論也應如此，尤不應再提新案，否則修憲惡例一開，修憲可「倒帶」，

其正當性就不存在。此一重大衝突，就是國、民兩黨不顧新黨的嚴正質疑，強行表決通過，繼而引發不幸事件。然而反諷的是，民進黨往昔對國民黨力爭「程序正義」，以抗「多數暴力」，此時的民進黨「為達目的、不擇手段」的變成過去其所習於指責的「多數暴力」之一方，而有今非昔比之嘆！

〈2〉「再付審查」的法理爭議

國、民兩黨欲將進入二讀會後的 14 點共識予以再付審查，因無前例可循在先，又有程序爭議於後，其影響之大，必須正視之。國大議事組坦承過去沒有任何先例，程序委員會召集人蘇南成則以提出兩項建議方式，欲徵詢程序委員的同意，然後要求「大家一起擔程序爭議〈責任〉」。蘇氏之兩套方案：一是重回審查會，依法必須有八天的時間提修正案，如此國大必須延會至七月底；另一是二讀會和審查會同時進行，可節省一些時間。上述兩案，最後大會是採第二案進行。然此兩案均有爭議。就第一案言之，六月二十日已進入二讀會，時至七月初，怎可時光倒流？退回一讀會後之付委審查階段，明顯不符程序，是為違法無效。就第二案爭議更多：

a. 其所依據之「國大議事規則」第 47 條：『在二讀會進行時，如有代表對於審查意見有疑義時，即可經由二十人以上的連署或附議，經出席代表過半數的同意，得再付審查。』唯本條規範非常模糊，究竟何時可以提出？再付審查的條文應包括哪些？會議如何進行？上皆闕如。然可確定者：

〈a〉再付審查之內容，必定是〈一讀會後〉付委由審查委員會審查通過，進入二讀會之修憲條文。

〈b〉再付審查之內容，也可是審查委員會後八天內所提出之「修憲提案之修正案」〈國大議事規則 17 條〉。

除上開兩者外，其他者根本進不了二讀會。正因，任何民主國家修憲、修法之法定程序，再付審查不可能在二讀會中有憑空而降之「新論點」提出。本次修憲之以「再付審查」強行加入二讀會的是，原先並未付委審查之 14 點共識，內容尚有「全新論點」者，此為不符合所引用 47 條之原義。故實有違程序正義。

b. 「國大議事規則」第 47 條條文中之「疑義」兩字，亦是重要關鍵。從條文精神來看，「再付審查」是為了避免修憲過程之不盡周詳，預留一個「回頭」補救重大錯誤的機會。正如審查委員會審查後一定時間內，也可提修正案補救不完整者。國大此次交付的審查意見只有四種：通過、未通過、擱置、不予處理。而送入二讀會的修憲條文，均是「通過」的意見，且國、民兩黨亦說不出有何「疑義」的情況下，欲再付審查，顯與條文精神不符。明顯以程序為名，行偷渡之實。此係無法無天、為所欲為 ─ 「停格」加上「倒帶」，不僅開了惡例，也完全賠上修憲程序正義。

3.三黨暨社會各界反修惡憲訴求

本次修憲有三大特點：一是兩黨高層默契十足，主導修憲 ─ 踐踏憲政精神；二是兩黨分贓，為達目的、不擇手段 ─ 無視程序正義；三是各方反彈四起，激憤抗議 ─ 展現公民社會原貌。本次修憲各方看法，要而言之，包括國、民兩

黨之內部反彈，新黨之抗爭，社會各界之爭議。

〈1〉國民黨內部的反彈

國民黨在高層主導之定見下，修憲期間內部反彈並未稍減，其方向以「反凍省」爲主，間有對鄉鎮市長官派主張之異聲者。至於中央體制之變動，如刪除閣揆同意權等，在國民黨內部雖亦引起廣泛重視與討論，但以其偏重學理得失，不似民、新兩黨內部對特定價值之「震撼性」反應來得激烈，故國民黨內或有對中央體制持異議者，多表現之於社會中的學術界、藝文界等等，以及黨員、國代個人意見，未在國大修憲中蘊釀形成爭議點。而凍省、鄉鎮市長官派則直接影響地方政治生態發展，故國發會以來，國民黨內部反凍省聲勢一直居高不下。反凍省力量最明顯者有二：國大、省方。就國大而言，反凍省原因雖不一，但不宜凍省之理念則相同。國民黨籍國代反凍省主力，有以下各方面：

a.祥和會：其爲國民黨國代次級團體。祥和會在修憲立場上，對刪除立法院之閣揆同意權並未有特別態度，唯堅持反凍省之主張，認爲國民黨對地方制度的讓步是「割地賠款」、「敗家子」。祥和會的底線是省長官派，維持省議員選舉，保留省自治法人地位〈即呂學樟版之「半凍省」案〉。祥和會反凍省成員包括會長陳治男，以及呂學樟、林正國、龔興生、楊榮明、林嵩山等人，立場頗爲堅定。修憲期間成爲國民大會內「反凍省」動員集結之大本營。副會長張榮顯則是到了七月修憲最後時刻，以家庭壓力被迫使改變原立場。

b.省府地緣：台灣省政府所在地的南投縣選出之國代，也是反凍省的重要成員。國民黨籍國代吳國重、馬長風、李宏裕、許信義等在反凍省理念上相當堅持。

c.黃復興黨部：屬於國民黨退輔會系統。包括台北市張玲、高雄市叢樹貴等人。因背景特殊，深怕凍省有台獨之疑慮，加以對台灣省的情感，乃反對凍省。當國民黨高層透過組織力量，經由退輔會系統強力遊說，企圖迫使彼等遵從黨中央指令時，彼等在相關修憲案表決時，或往往以消極逃避方式出場休息。

d.其他：不分區國代中，同時擔任省府委員的高雄縣籍大老林淵源〈高雄縣前縣長、白派大老〉，其反對凍省、反對鄉鎮市長官派之理念堅定，雖兩度經李登輝總統約見，但其態度未變，並不斷在國大議場內向國代拉票、拜託。國民黨黨部以林淵源之身分、風骨，亦未再強求；另就原住民國代方面，由於國民黨初始均未同意將原住民相關條文入憲，使得原住民國代將此不滿情緒反應到凍省條文上。除了楊仁煌擔任原住民委員會要職不敢貿然反凍省外，以祥和會李繼生爲首的國代，包括廖國棟、張政治、林益陸、馮寶成等，均是國民黨黨部疏通的對象。國民黨在最後二讀表決前夕，將「保障原住民權益」案採開放大會自由表決，終使最後凍省案表決時，原住民國代仍支持黨版決議。

就台灣省政府而言，「凍省案」造成省府、省議會的終結，成爲修憲中的「祭

品」，自不能坐視不顧。省長宋楚瑜於國發會前後，與國民黨中央漸行漸遠。至修憲期間，宋則加大「分貝」於省議會總質詢中，力陳凍省之不當。宋省長更成爲反凍省之首，結合省議會、國大的相關力量。於修憲期間，省方動作不若國大之明顯，而是採「鴨子划水」之勢。此因國民黨高層已由李、連出面逐一化解反凍省勢力，故而省議會動作勢須化明爲暗，否則省議員馬上可能承受來自高層的關切、壓力。省議員串連國代杯葛凍省案之作法上，是由省議員各自劃分責任區，展開固樁工作。六月十八日國大二讀會前二天，40多位反凍省之省議員前往陽明山中山樓拜會國民大會，尋求朝野國代支持。國大副議長謝隆盛及三黨黨團推派代表接見。而主動參與的國民黨國代達30餘人，加上新黨國代，現場瀰漫著反凍省氣氛。省議會並發表一份「地方制度與中央體制應等量齊觀」的緊急聲明，表示在通盤、合理的地方制度規劃設計完成前，不應零星修憲，尤其不能以消除黑金、派系之名，就停止五項公職人員選舉。省議員更不接受延長任期的「施捨」。

綜觀修憲期間，國民黨內部反凍省力量的運作，確實對國民黨修憲工作造成「遲滯」，甚至瀕臨停擺的命運。五月十六日，祥和會決定自提會版修憲案，反對凍省。省議員則串連國代，於五月二十七日連署「反凍省」。六月初，祥和會研商修憲進入二讀會後之因應對策。六月一日、四日、八日、十日，國、民兩黨間之黨中央協商，受反凍省影響，國民黨協商代表之遲疑、停頓，使談判卡在五項選舉上，而告破裂。六月二十五日兩黨突破瓶頸，七月二日再付審查中，反凍省的呂學樟等主力，均跑出會場，張榮顯則在表決、衝突後，上台發言「聲援」新黨，譴責民進黨的行爲。

到七月十四日晚，修憲二讀表決前夕，反凍省陣營全力動員反撲，省府廳處首長「恰巧」都北上，實則進行漏夜固票，省議員也就「對口」之國代做最後確認，以穩固票源。七月十五日，修憲二讀表決首日，反凍省國代張榮顯、陳進丁領銜提出210人連署之「臨時動議」，要求修改議事規則，把表決方式改爲秘密投票，反凍省支持者林淵源等17人不顧大、小黨鞭勸阻，舉手支持，該案兩次表決，均以懸殊比數失敗。整個反凍省氣勢自呂學樟被黨紀處分，黨內複式動員固票等等各種方式運作下，已呈頹勢。七月十六日的凍省修憲案表決，終於使得反凍省陣營潰不成軍，而劃上句點。綜觀全局，反凍省雖未竟其功，但在「台灣省」之法人地位存廢保衛戰中，留下歷史紀錄之一頁。

國民黨對反凍省力量之處置，修憲後仍具有爭議者二：一者，呂學樟停權兩年之黨紀處分案，不符「正義」原則，此因該處分是在投票前，而反凍省之「意見」，本屬「言論思想自由」範圍，且非呂學樟一人獨舉此說。它違反「罪刑法定主義」，若論處分，應是表決後確定沒有遵照黨之規定投票者，且所有違反黨紀者一視同仁。事前就開鍘，除了「殺雞儆猴」，李登輝領導之國民黨似幫會組織之行徑，國人側目，實開惡例。二者，白色恐怖之震撼，自立早報首先刊載：『國安會舉行祕密集會，下令以竊聽爲手段，全面監控反凍省勢力。』國安局局長殷宗文上將立即召開記者會鄭重否認，並要求該報三日內澄清道歉。引起國人關注，其兩造真實性或永遠無法判明，然對社會之疑慮、不安則將無法抹平。

〈2〉民進黨內部的反彈

民進黨對本次修憲，以許信良主席爲首之主流派在中央體制上，支持國民黨版之雙首長制，以換取凍省、凍結五項選舉。此一走向引起該黨內部正義連線、福利國連線主張「總統制」派的不滿，強力杯葛。此爲理念之爭、制度之爭。

早在四月民進黨擬訂修憲版本時，就因路線爭議困擾，爲求通過黨內 21 人修憲顧問小組，而以「雙首長制」、「總統制」兩個版本提出於國大。許信良構想是先以「總統制」憲改版本與國民黨協商，如不成再提出國發會共識之「雙首長制」。唯「總統制」支持者認爲黨中央其實要的是「雙首長制」，而以「總統制」應付黨內一些人，故「總統制」版本很粗糙。正義連線沈富雄即表示，修憲協商應「兩案併陳，見機行事，交叉運用，避免上當。」反對「總統制」優先協商，然後被犧牲掉。

民進黨內支持「總統制」之呼聲，具體而又有力量的形成對抗黨中央之局，是在五月十九日起，立委沈富雄、前主席施明德所催生的「跨黨派總統制推動聯盟」，先由立法院發起，連線到國民大會。立法院內民進黨 48 位立委中，有 29 位簽署支持沈富雄提出之「美式總統制」，連同建國陣線的陳永興、許添財、彭百顯 3 人，人數達 32 人。依派系屬性，主力來自正義連線、福利國連線，另包括部分美麗島系、新潮流系。

五月二十日，施明德、沈富雄、張俊雄、黃爾璇、葉菊蘭、黃天福、林哲夫等 7 人，連袂上陽明山，聲援民進黨國大黨團成立「推動總統制聯盟」。二十一日國大「推動總統制聯盟」成立，在全部民進黨國大黨團 100 位成員中，有 41 位正義連線、福利國連線之國代共同發起，並推舉吳俊明、邱國昌擔任召集人，由陳儀深擔任發言人，林育生爲執行長。「推動總統制聯盟」的理念在於強調：民選總統既要擁有實權，就必須面對國會監督制衡，亦即監督總統的立法院也要相對擁有完整的職權。其策略運用上，在黨內壓迫許信良主席修正方向，同時不惜結合跨黨派代表杯葛，直到國民黨重視權責相符的「總統制」爲止。

雙首長制、總統制理念路線之爭，更突顯民進黨內部整合無力，雙方呈現勢均力敵態勢，乃有「兩案併陳」之結果。並謂雙首長制、總統制都是民進黨的主張。這種情形亦無法避免民進黨內同志間壁壘分明，加深彼此對立。或有謂這是許信良之最佳、唯一的選擇與策略。當困擾之議題一時無法突破，則以時間換取空間，拉長戰線，避免當下黨內分裂、修憲破局，到最後時機再爭取「推動總統制聯盟」的妥協，相忍爲黨，完成「雙首長制」的最後目標。

許信良於國大「推動總統制聯盟」成立一週後的五月二十九日，發表民進黨之「修憲萬言書」，全文分爲 4 大部分：「前言」、「憲政改革的歷史意義」、「美式總統制是我們最好的選擇嗎？」、「雙首長制兼顧國家整合與民主鞏固」。分別由張俊宏、姚嘉文、林濁水、郭正亮聯合執筆，許信良校稿、修訂。許信良並對「推動總統制聯盟」人士提出喊話，其目的有三：一是在反駁總統制，認爲此制在台灣絕無成功之可能；二是在鞏固雙首長制，認爲此制有利國家整合、民主鞏固；三是在警告總統制人士之制肘，一旦修憲失敗，「反改革」的保守勢力

將是最大贏家，飽受「壓抑」長達半世紀的台灣人民將是最大輸家。

　　許氏「修憲萬言書」一出，引爆「推動總統制聯盟」成員的更大反彈，總統制派人士認為：a.將不同改革意見者扣上「歷史罪人」的惡名，令人心驚。b.主事者強行推銷個人意志，才是陣腳不穩的主因。c.口號雖響亮，卻與憲改無關。d.增加李登輝的法定權力，只會使黑金政治加劇。e.慎勿被誤為「李登輝之前鋒」。f.謹言慎行以維泱泱大黨之風。[148]

　　「推動總統制聯盟」於六月四日在台大校友會館發表緊急聲明，與會成員包括：前主席施明德、中評會主委謝長廷、正義連線會長沈富雄、福利國連線總召集人顏錦福、張俊雄、葉菊蘭、民進黨中常委蔡同榮、國代邱國昌、林育生、陳儀深、蘇治芬、黃永煌、王銘源、傅淑真及新國家陣線陳永興等人。該緊急聲明中表示：民進黨內憲改有兩個版本，所以支持總統制不算違反黨紀。要求黨中央，一定要與國民黨協商，將總統制憲改版本推進修憲二讀會；同時要求黨中央應向學界推動總統制的學者道歉，因多年來，支持總統制的學者態度一直沒變，反倒是民進黨在改變，甚至將這些學者打成反動派、反改革、反修憲者。「推動總統制聯盟」人士之激憤，溢於言表；施明德謂：『真小人比偽君子好』，葉菊蘭甚至認為『大家可以另立黨中央。』[149]

　　六月四日「推動總統制聯盟」的一份 25 名國代切結書曝光〈當時仍在連署中〉，切結書提出兩黨中央若違背四項原則，將杯葛雙首長制修憲到底。此四項原則為：a.國民黨封殺總統制版本進入二讀。b.國民黨棄守承諾未貫徹凍結五項選舉。c.修憲過度膨脹行政權，致使立法權缺乏監督制衡。d.國、民兩黨高層不顧人民利益，進行分贓與利益交換。[150]此一內容使得民進黨中央倍感壓力，並在六月四日之第二次黨對黨協商中，許信良以重話向國民黨表達：『總統制版本未進入二讀，修憲從此結束。』國民黨中央亦感事態嚴重，下令務必讓民進黨總統制版通過審查委員會，進入二讀。

　　六月八日，國、民兩黨中央第三次協商，為提出審查會結束後，雙方都有共識的修正案版本，展開長達 15 小時的馬拉松談判，最後卡在五項選舉，國民黨以其內部壓力，必須再行研究，協商破裂。民進黨「推動總統制聯盟」成員：謝長廷、沈富雄、顏錦福、蔡同榮、陳儀深、邱國昌、吳俊明、張國慶、藍世聰、林育生等人於六月十日召開記者會，發表「打瞌睡中達成的共識」抗議聲明，表達對兩黨「協商紀錄」的強烈不滿，砲轟許信良打壓總統制，敬告黨中央不要要詐，不要跟國民黨私相授受，否則彼等將採強烈抗議。至於總統制最後如遭到封殺，「推動總統制聯盟」成員已有兩種不同的聲音：一是謝長廷、沈富雄主張，黨的紀律一定要遵守。如果最重要的凍省、凍結五項選舉可以達成，交換完成修憲還是值得的。二是不少人士仍堅持依先前 30 多位成員簽署的切結書，抗爭到底，最後不惜玉石俱焚。

---

[148]「謹言慎行以維泱泱大黨之風」台中，台灣日報，民國八十六年六月三日，版七。
[149] 民進黨發表對萬言書緊急聲明之內容參見：台北，中國時報，民國八十六年六月五日，版三。
[150] 總統制聯盟之切結書內容參見：台北，自由時報，民國八十六年六月六日，版二。

　　到了六月二十五日，國、民兩黨達成 14 點共識，看似已無生機的修憲，又再次有絕處逢生之感。然而不到 48 小時，即被陳水扁在六月二十七日之中執委暨國大聯席會議中，率同總統制成員推翻許信良與國民黨所採用之「絕對多數制」的主張。「總統選制」、「公投入憲」再次形成兩黨修憲僵局。而民進黨國代支持「相對多數決」人數超過 40 人，[151]聲勢相當浩大。直到七月九日，李登輝約見黃信介，由黃扮中間橋樑，溝通陳水扁，使陳最後同意將總統選制、公投入憲延後再談，又一次的避開破局之危機。

　　修憲到了最後二讀會表決之關頭，七月十四日晚，民進黨中央 9 人小組具名之晚宴，出席者並不踴躍，100 位民進黨籍國代僅只約 40 人到場。「推動總統制聯盟」以拒絕出席邀宴表達不滿情緒。聯盟發言人陳儀深指出，總統制在國、民兩黨協商中已被封殺〈即優先處理刪除閣揆同意權、凍省之共識，總統選制、公投入憲最後處理。〉彼等不願強求在此時通過總統制條文，只要求與雙首長制平等移至下階段處理，唯仍得不到黨中央的善意回應。不僅公投入憲、總統選制、凍結五項選舉將遭綁架，而且凍省、刪除立院之閣揆同意權都是國民黨的底線，民進黨究竟得到了什麼？「推動總統制聯盟」並進一步會商因應之道 — 支持黨中央或退席。[152]

　　七月十五日起二讀會表決階段，民進黨中央對「推動總統制聯盟」的不配合態度，使出最後一著棋 — 請出兩大派系的領袖「長、扁」上山規勸。除黨主席許信良、秘書長邱義仁外，台北市長陳水扁、中評會主委謝長廷分別上山疏通黨團內部成員。陳水扁在黨團會議上表示，9 人小組的決議對所有黨團成員應有一定的約束力。且公投入憲應在本會期作出處理，如果未能通過表決，公投就和總統選制一同留到下階段再做處理。謝長廷則與福利國連線國代面對面溝通，秘書長邱義仁則向「推動總統制聯盟」國代承諾，民進黨會與國民黨在修憲三讀前簽字，確認公投入憲在下一次修憲完成，否則下台負責。這些努力發揮極大之功效，「推動總統制聯盟」成員最後關頭鬆口放棄杯葛同意權，終使國、民兩黨合力完成第四次修憲。

　　修憲完成了兩黨高層私人的願望，民進黨「推動總統制聯盟」最後的節制，雖未使修憲破滅，但綜觀全局，總統制成員對第四次修憲各個階段都構成嚴重威脅，最後修憲雖成，黨內派系、爭議仍在。民進黨內有崇高地位的張忠棟教授選擇此刻，退出民進黨，亦是對修憲表達一定的態度。

〈3〉新黨的抗爭

　　第四次修憲，新黨以 46 席的小黨處境，又逢國、民兩黨高層挾持國發會共識之優勢，其面臨苦戰是不可避免。新黨對國、民兩黨的黨版修憲案均持反對態

---

[151] 民進黨國代支持「相對多數決」者有：陳儀深、蘇治芬、邱國昌、吳俊明、藍世聰、張國慶、彭百崇、蔡啓芳、蘇明南、黃文和、陳耀昌、周民進、王明玉、江昭儀、康泰山、林逸民、胡維剛、李金億、陳玉惠、黃永煌、林育生、謝明璋、林懋榮、楊金海、陳朝龍、陳進發、謝清文、陳秀惠、林勝利、粘永生、傅淑真、陳宗仁、陳淑暖、劉一德、簡淑慧、張禎祥、戴榮聖、莊勝榮、林重謨、王銘源、陳碧峰、鄭麗文。
[152] 高雄，民眾日報，民國八十六年七月十五日，版二。

度，在其「第四階段修憲總批判」之前文，即指出：[153]

國發會以來，執政黨與最大的在野黨 — 民進黨已取得共識，欲進行大幅度的修憲。全世界，沒有國家像台灣一樣，七年之間四度大修憲法，而且有些上回剛剛修完，這次又反悔重來〈例如省長民選〉。不要說人民，就連憲法學者恐怕都說不出來，這次為什麼又要修憲？不過，如果修憲的目標是更民主，權責更相符，更具前瞻性或至少能解決當前憲政問題，則國人不分黨派，自當予以支持。然而，令人遺憾的是，綜觀國、民兩黨所提的修憲版本，不但與其所標榜的「建構穩定、權責相符，且具有制衡機制的政治體制，奠定國家永續發展的基礎」南轅北轍，而且條文內容七拼八湊，前後矛盾，如果照此修憲條文通過，將使憲法尊嚴喪失殆盡。

新黨反對國、民兩黨高層所提出之「雙首長制」版本，列舉 10 項缺失：a. 國發會結論成為太上憲法。b.總統權力任意擴大。c.權責完全不相符。d.東拼西湊、體制混亂。e.臨時條款的復辟。f.隨意主張，違背法理。g.兩黨利益共同下犧牲理想。h.掛一漏萬，頗不周延的修憲。i.充滿政治考量的修憲。j.修憲目標付之闕如。[154]綜言之，新黨以本次修憲，並無其必要性，國、民兩黨的修憲版本不符憲政原理，從而反對修憲。

新黨本身的憲政主張，在中央體制上，是要求權責相符的責任政府制，且是以「責任內閣制」為首要選擇，反對國發會的共識，並否定本次修憲的「雙首長混合制」。在地方制度上，雖反對廢省或凍省，但主張應對省府組織與功能，做大幅的調整，使中央、省這兩級政府均符合憲政體制「均權制」的原則。

新黨對這次修憲之不合法理，本即不贊同，加以認為現行憲法〈含增修條文〉即使一字不修，也並無絕對窒礙難行之處。新黨深知以小搏大之不易，且修憲一經發動，極難阻之。故其上策：暫緩修憲；其中策：結合國、民兩黨反彈力量，遏阻修憲。就前者而言，「暫緩修憲」，在本屆國大臨時會報到之初，社會治安的亂局，提供了一個訴求機會：「桃園縣長劉邦友公館血案」、「彭婉如命案」、「白曉燕被撕票案」一連串重大刑案未破，民眾乃漸有轉移到對新政府的不滿。「五〇四」、「五一八」大規模遊行示威民眾，憤怒堅持要求「總統認錯、撤換內閣」，主辦單位以雷射投影將「認錯」兩個大字打上總統府的尖閣上；兩小時後，又傳出外交部宣佈我與巴哈馬斷交的消息，正是當時台灣內、外情勢的縮影。此時民意亦有「先修內政，再修憲」的呼聲，以延緩修憲為主張者。新黨圖結合社會之輿情，於本屆國大報到時，高舉白布條「先修治安再修憲」，惟此舉並無法阻擋修憲大輪的啟動。

新黨另一可行之途，則為針對個案，尋求結合兩黨之內部反彈人士，達到四分之一表決數，以阻止修憲條文通過。修憲之法定人數為全體三分之二國代之出席，出席國代四分之三之決議為之。本屆國代總數 334 人，如全數到齊，則四分

---

[153] 新黨全國競選暨發展委員會編，「為誰而戰、為誰修憲？第四階段修憲總批判」〈台北：新黨全國競選暨發展委員會，民國八十六年五月〉，頁一。

[154] 新黨全國競選暨發展委員會編，前揭文，頁二 — 十二。

之三為 251 人。反之，如有 84 人〈四分之一〉反對，則修憲案即無法在二讀、三讀中通過。新黨本身有 46 席，如能結合 38 席，即可策略運作成功。新黨思考者，「凍省」議題上，可連結國民黨反凍省國代。「中央體制」議題上，可聯絡民進黨「推動總統制聯盟」。〈新黨基本上是主張責任內閣制，若情勢不利的狀況下，亦不排除支持權責相符之總統制。〉唯以國、民兩黨最後階段整合成功，新黨獨木難撐的潰敗不可避免。

整體而言，本次修憲過程中，新黨力持反對之立場，最大反對黨之民進黨許信良反與執政黨相唱和，結合一致行動。新黨雖與國民黨、民進黨各有數場協商，然以理念差距過大，沒有結果亦屬預料中事。新黨面對國、民兩黨強力動員，一再強調不排除較激烈方式之杯葛議事，癱瘓議程，以突顯兩黨輕忽學理、草率修憲的不滿。六月三十日，新黨以國、民兩黨將 14 點共識用「再付審查」方式進行，表示強烈反彈，認係違反程序正義原則，身著「我是歷史罪人，反對草率修憲」的 T 恤全力杯葛。延至七月二日表決後，新黨國代佔據主席台，並圖搶走主席錢復之議事槌，引發國、民兩黨國代亦衝上台指責，雙方扭打混戰之中，三黨均有人受傷，新黨 2 名國代頭破血流，傷勢較重，經送醫急救。其後兩日，新黨集體缺席以示抗議。

七月十六日，二讀會表決「凍省」、「刪除立法院閣揆同意權」，新黨全力反對，直到晚上八點十八分開始進行凍省案討論，議長錢復於八點五十二分處理停止討論提案，引發新黨抗議，群聚在發言台前，手拉「凍省=台獨」、「歷史罪人」等布條，議場陷於一片大亂。大會議事在新黨抗爭過程中，繼續進行，並通過凍省案相關三項條文。新黨串聯國民黨反凍省力量沒有成功，但為台灣省的定位奮戰到底，亦善盡一個反對黨的角色與知識份子的良知。

〈4〉社會各界的爭議

修憲期間，朝野兩大黨利益分贓，以人數優勢掌握修憲發展，但台灣社會的深層價值，一個「公民社會」的民間力量在這次修憲中展現出來。社會聲音以學術界最為宏亮，藝文界、退役將領亦都加入。學術界本於知識份子的良知，強烈表達意見。正是有謂一場修憲大戲，修到自由、保守兩派學者都曰不可的地步，更是千古難尋。學界之諸多學者從學理角度觀察、評析，所在意者非「得失」，而在「是非」。政治人物之主流者，在意的是修憲的「得失」，而不計較「是非」。政治人物動輒對學界人士加諸「反修憲」、「反改革」、「既得利益者」之大帽子，實則不然；學術界所關注者，不在修憲本身，而在修憲的內容，故無「反修憲」，若有，「反修惡憲」可也；學術界所重視者，不在改革本身，而在改革之內容，故無「反改革」，若有，「反開民主倒車」者有之。「既得利益者」是社會中、下層，抑或主政之高層？學術界之表達意見，有以團體連署形式，亦有各型研討會中個人闡述者。就團體連署之大者觀之如下：

　　a.政大江炳倫教授發起「學術界反對雙首長制」的憲改連署。於五月三十日首次召開記者會，公佈 400 名立場各異學者之連署書，最後增至 2000 餘名學者加入。包括有中研院院士、各大學教授。政治學者：胡佛、李鴻禧、

呂亞力、張治安、荊知仁、雷飛龍、朱堅章、高旭輝、謝復生、薄慶玖、
魏鏞、陳德禹等。歷史學者：黃彰健、張朋園、呂士朋、孫同勛、閻沁恆、
胡春惠、蔣永敬、黃大受等。傳播學者：徐佳士、李瞻、彭懷恩、彭芸、
汪琪、鄭瑞城等。其他知名學者：于宗先、王業鍵、明驥、施建生、呂俊
甫、陳義揚、林恩顯、柴松林、尉天聰、黎建球等。

江炳倫等教授期望朝野政黨不要醉心一己之私，而修出一部貽笑大方，遺
臭萬年的惡憲。聲明中並以民國初年的袁世凱「籌安會」、「洪憲帝制」
比喻此次憲改，就憲改內容偏離憲政原理，提出三點：〈a〉國代依附總統
選舉產生，不僅名實不副，且將淪為總統制憲、改憲、毀憲的御用工具。
〈b〉總統任命行政院長，不必經立法院同意，透過國安會得決定國家大政
方針。立法院一年內未完成審查程序之所謂重要「民生法案」，得以臨時
條例宣布實施。如此總統實際上已成為集行政、立法大權於一身的巨無霸
總統，行政院長只是他的幫辦罷了，美其名曰「雙首長制」，乃為故意混
淆視聽以規避責任的幌子。〈c〉總統可輕易解散立法院，而立法院彈劾總
統條件極為嚴苛，比修改憲法更難，且諸如貪污、選舉舞弊等新興民主國
家首長最容易犯的重大過失，均可排除受彈劾之列，行政、立法制衡的機
能可說全部喪失了。[155]

b.學界「停止修憲」連署：繼「學術界反對雙首長制憲改」大規模連署後，
學者胡佛、呂亞力、雷飛龍、江炳倫、蔣永敬、邵宗海及立委李慶華發起
「我們主張停止修憲」連署，於六月三日召開記者會，公佈一份包括學者
荊知仁、薄慶玖、前總統府資政林洋港、郝柏村、梁肅戎等國民黨大老共
180餘人之連署書。指出「民主憲政的基本原理是權力分立，相互制衡；
但國民黨或民進黨提出的制度，都大幅變更了我國憲政體制，也不符合基
本的憲政原理，這樣大幅度的變更，根本是毀憲、制憲，而不是修憲。」
「國民大會應立刻停止修憲，執政當局應把心力放到與民生有關的政務。」
立委王天競指出：「兩黨談判只是上層的黨意，和中層、下層的黨意不同，
各黨應在黨內先溝通，再對外協調；去年總統選舉時，人民並沒有賦予總
統這麼大的權限，目前兩黨的設計已超出選舉時的契約。」[156]

c.台大法律系憲法學教授發起「全國大專教授憲改共同聲明」：台大教授李
鴻禧、賀德芬、黃昭元、林子儀、顏厥安等人，於五月二十四日發表共同
聲明「要求建立權責相符的中央政府體制，如果要給民選總統相當實權，
就應該參考國外的先例，建立三權分立、相互制衡的總統制。」[157]這項連
署亦超過200名學者加入連署，網路上則有超過2000名網友參與連署。胡
佛教授並率領台大教授組成的「台大關心憲改聯盟」，於六月二十四日國
大修憲二讀會進入表決前夕，前往陽明山中山樓拜訪三黨國大黨團代表，

---

[155] 江炳倫教授之「學術界反對雙首長制」詳見，台北，聯合報，民國八十六年五月三十一日，
版二。

[156] 學界「停止修憲」連署詳見，台北，聯合報，民國八十六年六月四日，版四。

[157] 台大法律系教授發起之共同聲明，台北，民國八十六年五月二十五日，版二。

並向國大祕書長陳川呈送一份由 2000 人連署之「台大校內連署名錄」。[158]

　d.成功大學百位教授「反雙首長制」連署：台灣南部的學術界憂心國政，不下於北部。南台灣以府城台南市為核心的成功大學水利及海洋工程學系教授高家俊發起「反對雙首長制憲改」連署，呼應北部江炳倫、李鴻禧等教授之反對雙首長制憲改連署，初始即有成大百位教授參與連署活動，其後並及於台南師範學院、崑山技術學院。這項連署在於表達南部學界對國大修憲亂無章法，引起社會普遍不安的憂慮，並表示堅決反雙首長制立場。[159]

　e.「民間監督憲改聯盟」：以澄社〈社長張清溪〉、台教會〈會長沈長庚〉等本土學術團體組成之「民間監督憲改聯盟」，於五月十九日宣佈成立。發表聲明，提出「一個反對」、「五個主張」。「一個反對」：反對任何形式的雙首長制。「五個主張」：〈a〉實施權責相符的總統制。〈b〉強化國會功能。〈c〉重建地方自治。〈d〉強化司法保障。〈e〉制定社會大憲章。「民間監督憲改聯盟」於六月三日召開記者會，抨擊國、民兩黨所主導的憲改，未來將造成「威權鞏固、民主反退」的憲政體制，而民進黨一味的當國民黨推動「雙首長制」的馬前卒。學者並建議國大，在修憲後，加封李登輝「路易・李登輝皇帝」，開啟「登輝元年」的統治。[160]

　　社會各界反對修憲聲中，除學術、藝文、宗教界外，最具特色者，乃是所謂「將軍之怒」的 103 位退役將領於六月十四日，聯名發表之「反對毀憲禍國」聲明。這份由前總統府參軍長，時任總統府戰略顧問陳廷寵上將領銜，包括：前警備總司令周仲南上將、前華視董事長武士嵩、前國防管理學院院長董瑞林中將、前聯勤副總司令雷穎中將、前十軍團副司令高國安中將等 103 位退役將領連署之聲明指出：「總統制也好、雙首長制也好，都不能違反『權責相符、相互制衡』的民主原則。」這份連署中，郝柏村、許歷農等婉拒連署，使「反李、新黨」成分淡化。這份聲明以相當強烈字眼抨擊本次修憲是「一人獨斷、兩黨分贓」，讓退役將領無不義憤填膺，痛心疾首。因而彼等響應學術界、文化界、宗教界，堅決反對假修憲之名，行毀憲之實的政治權謀。[161]這次退役將領連署由作風保守的陳廷寵與立場鮮明反國民黨當權派的周仲南帶頭連署，並不尋常。而連署者有一大部分被視為無流派色彩，更使反對權責不符的訴求引人注目。

〈二〉從修憲內容面析論

　　一場兩黨高層結合，挾持國家機器、黨的機器，強行推動各自政黨運作的修憲工程；其修憲動機不純，修憲內容又是權責不相符，毀憲分贓，難掩全天下人之耳目。不僅兩黨內部反彈四起，亦使各黨、各界群起而攻之。值得玩味者，因李登輝違反憲法第 55 條之規定，一人不守憲，就欲以修憲「刪除立院閣揆同意權」，並以「凍省」拉攏許信良配合這場破壞憲政學理的修憲，國民黨提出所謂「雙首長制」—一個由總統直接任命的行政院長，除了執行總統之政策，等同

158　台大教授之「台大關心憲改聯盟」，台北，聯合晚報，民國八十六年六月二十四日，版二。
159　成功大學百位教授連署，高雄，民眾日報，民國八十六年六月十五日，版二。
160　民間監督憲改聯盟成立與聲明，台北，自立早報，民國八十六年六月四日，版三。
161　退役將領發表「反對毀憲禍國」聲明，台北，中時晚報，民國八十六年六月十四日，版二。

於幕僚長，何來「雙首長」？正因國民黨版之「雙首長制」太偏離學理，違背經驗法則。形成不論統、獨色彩之政黨，不論自由派、保守派的學者，不論主張總統制、內閣制、五權體制的學者，通通跳出來反對的場景。正因，各界反對聲音、力道甚強，國民黨版修憲案幸並未全部通過列入增修條文，雖如此，修憲通過的部份已經重創中華民國憲法之精神、憲法之學理，成為我國憲政發展史的「大災難」，對憲法造成「重傷害」。吾人可從三部分論之：1.中央體制部份；2.地方制度部分；3.基本國策部份。

1.中央體制部份：

中央體制在修憲後，其需檢討者有：〈1〉憲政體制精神已變。〈2〉總統部份。〈3〉立法院部分。〈4〉行政院部分。〈5〉司法院部份。〈6〉監察院部分。

〈1〉憲政體制精神已變

修憲後，我國憲政體制已由原較傾向「內閣制」轉為傾向權責不符之「總統制」〈絕非所謂之「雙首長制」〉。

我國原憲法精神較傾向「內閣制」之因：行政院為國家最高行政機關〈憲法第 53 條〉，掌有各部會〈憲法第 54 條〉。立法院是國家最高立法機關〈憲法第 62 條〉，行政院對立法院負責〈憲法第 57 條〉。另行政院長副署權的設計〈憲法第 37 條〉，均表現出「內閣制」特徵；但必須注意的是，僅是較「傾向」於內閣制，此因我國原憲法設計中，並無立院「不信任投票」，行政院亦無「解散國會權」，同時規定立法委員不得兼任官吏〈憲法第 75 條〉 ─ 內閣制中之內閣首相、閣員均為國會議員〈所謂「輪中有輪」〉。綜言之，我國憲法類屬五權憲法架構下傾向於內閣制精神之混合制。

或有謂我國原憲法精神較傾向於「總統制」或「雙首長制」，這是極大錯誤。我國原憲法中，總統職權其實不大。依憲法列舉總統之職權在 35 條至 44 條間，絕大多數屬於「國家元首權」〈如「總統為國家元首，對外代表中民國。」、「總統依規定行使締結條約及宣戰媾合之權。」、「總統依法行使大赦、特赦、減刑及復權之權。」、「總統依法任免文武官員」、「總統依法授予榮典。」〉或屬於「建築在行政院會議決議與行政院長副署權之上」〈如憲法 43 條之緊急命令權、憲法第 57 條之覆議核可權、憲法第 36 條之統帥權[162]。〉以上者，或不算是總統之實權，或不是由總統能獨立行使的。遍觀我國原憲法中，有關總統「實權」者，僅有憲法第 44 條之「院際調和權」一條而已，然以其並無任何拘束力，成效如何可知。反觀「總統制」下，美國之總統行政大權在握，不需國務卿、白宮幕僚長之副署；「雙首長制」下，法國之總統完全掌握國防〈含「核武按鈕權」〉、外交、海外殖民地，並親自主持國務會議。我國憲法表現於：「總統統而不治，行政院長治而不統。」，總統位高崇隆，是國家之象徵；行政院長掌握行政大權，這距離美式「總統制」、法式「雙首長制」甚遠。

---

[162] 總統雖有三軍統帥權，將官晉升、部隊調動，均需要以「命令」方式為之。憲法 37 條之規定「總統依法公佈法律、發布明令，須經行政院長副署」。如民國八十年代，李登輝總統欲以參軍長蔣仲苓晉升「一級上將」〈四顆星〉，行政院長郝柏村以不符人事法規，不表同意，李登輝連命令都未提出即作罷。

　　唯前述我國傾向「內閣制」之體制，到本次修憲已被嚴重破毀，依增修條文第二條第一項「行政院長由總統任命之」，亦即不再需經立法院之同意。這一舉破壞了原憲章中環環相扣的「信任制度」、「負責制度」。

　　「信任制度」— 憲法第 55 條：「行政院長由總統提名，經立法院同意任命之。」今刪除立法院之閣揆同意權，已破壞行政、立法兩院之「信任關係」臍帶。行政院長由總統直接任命，實質已成總統幕僚長，而非憲法中「最高行政機關」之首長。第四次修憲後之最高行政機關為「總統府」，其最高行政機關之首長已是「總統」。— 總統已是實際權力所從出者，行政院長為其幕僚長，只是在於遂行總統之治國理念及政策，有如美國總統制中的國務卿〈The Secretary of State〉；且行政院長更比不上法國第五共和「雙首長制」之總理，第五共和之總理在國防、外交、海外殖民地以外，其他所有國家大政：經濟、財政、交通、文化、教育、環保等等，統歸總理完全領導，我們的行政院長實際上有此完全之大權？

　　「負責制度」—憲法第 57 條之：「行政院對立法院負責」，行政院之所以要對立法院負責，在於憲法 55 條之行政院長須經立法院行使同意權。因立法院有同意任命權，故行政院須對立法院負責，此理至明。本於憲法 57 條行政院須對立法院負責，則憲法 55 條之立院同意權絕不可刪除。本次修憲之最大破毀在於為了李登輝「著毋庸議」違反憲法 55 條之規定，乃修憲將立法院同意權拿掉，如此一來，則憲法第 57 條立法院有何資格要求行政院對其負責？憲法設計是有完整配套，環環相扣，更動其一，條條皆亂。同意權刪除，則行政院對立法院負責失去法理依據，正是本次修憲李登輝一己之私，對憲法作成重大傷害。

　　本次修憲，我國憲法已嚴重扭曲，法理配套全亂，權責不符的體制出現。由原本傾向內閣制，走向權責不相符的總統制。一方面立法院在名不正、言不順的情形下，「監督」行政院〈行政院已非立法院同意任命〉；另一方面，總統則堂而皇之的實際掌有決策大權，不須負任何責任〈民主國家強調「權責相符」之配套，有其權者負其責，總統已是決策所從出者，卻躲在行政院長後面，由行政院長對立法院負責，立法院永遠監督不到躲在後面的「影武者」、「藏鏡人」，一個「有權者無責 — 總統；一個「有責者無權」— 行政院長。」〉這是修憲後的實況。

〈2〉總統部份 — 超級總統產生

　　歷經四次修憲後，總統大權在握，宰制五院：

a.行政院：增修條文第二條第一項：「行政院長由總統任命之。」增修條文第二條第二項：「總統發布行政院長或依憲法經國民大會同意任命人員之任免命令及解散立法院之命令，無須行政院院長之副署，不適用憲法第三十七條之規定。」依照「總統 — 行政院長」之互動分析：〈a〉行政院長成為總統幕僚長。〈b〉「副署制度」形同虛設。原憲法第 37 條：「總統依法公布法律，發布命令，需經行政院長之副署‧‧‧」在總統直接任命行政院長後已遭破壞。此因原憲法規定行政院長須經立法院同意任命，故

而有可能形成兩種狀況：一是「甲黨總統、甲黨行政院長」〈甲黨在立法院佔多數時〉，此時透過黨政運作，總統權力較大；二是「甲黨總統、乙黨行政院長」〈乙黨在立法院佔多數時〉，此時乙黨行政院長必然大權獨攬，無須理會總統，更可用「副署權」使總統無所作為。現今立法院之閣揆同意權已刪除，行政院長成為總統幕僚長〈總統可隨時更換之〉，行政院長更不可能違逆總統意旨〈或拒絕在法律、命令上副署〉，故憲法第37條已名存實亡。另增修條文第二條第二項之免除行政院長對總統各項人事任免命令之副署，則在避免「郝柏村效應」之發生〈當初李登輝欲以連戰取代郝柏村任行政院長，而免郝之人令要行政院長郝柏村自行副署，情何以堪？且若行政院長拒副署，則形成憲政僵局。〉綜言之，修憲後總統對行政院長是完全掌握，行政院長對總統只有完全效忠，以達成總統交付使命為其職責。

b.立法院：增修條文第二條第五項：「總統於立法院通過對行政院長之不信任案後十日內，經諮詢立法院院長後，得宣告解散立法院。但總統於戒嚴或緊急命令生效期間，不得解散立法院。」這項條文乃總統「被動解散立法院之權」。當不信任投票通過，立法委員監督不到政策所出之總統，只能讓總統「分身」、「影子」的行政院長下台，此時，總統還可解散立法院，立法委員得回原選區繼續辛苦選舉。這與內閣制國家之首相「解散國會」不可同日而語；當英國、日本等內閣制國家之國會「不信任投票」通過〈這是國會在監督執政黨與權力所在的首相〉，首相要宣佈「解散國會」，是很慎重的，一則解散國會，所有國會議員〈包含內閣之首相、所有閣員都是執政黨的國會議員〉都須回原選區選舉；二則，選舉之後，首相所屬政黨有可能從執政黨變成在野黨。反觀我國憲法，立委本即監督不到總統，不信任投票通過，總統可以反過來就解散立法院，總統照做他的總統，沒人可監督到總統。這就是李登輝修憲後東拼西湊、不符憲政學理的憲法！

c.司法院：增修條文第五條第一項：「司法院設大法官十五人，並以其中一人為院長、一人為副院長，由總統提名，經國民大會同意任命之，自民國九十二年起實施。」總統掌握大法官提名權則不論人選為何政黨，與總統必定不是陌路者，總統之提名權使得總統在司法院之無形影響力是不言可喻者。

d.考試院：增修條文第六條第二項：「考試院設院長、副院長各一人，考試委員若干人，由總統提名，經國民大會同意任命之，不適用憲法第八十四條之規定。」考試院院長、副院長、考試委員之需經總統提名，則人選一如上述，且如為求再被提名，與總統之互動必然良好，「總統 — 考試院」之關係，總統之地位不可忽視。

e.監察院：增修條文第七條第二項：「監察院設監察委員二十九人，並以其中一人為院長，一人為副院長，任期六年，由總統提名，經國民大會同意任命。」監察院院長、副院長、監察委員之提名權掌握在總統之手上，

「總統 ─ 監察院」之互動，在憲法條文設計下，總統對監察院是有一定程度影響力。

綜論總統與五院關係，總統或擁有直接任免權、或擁有被動之解散權、或擁有提名權；相對的，不信任案不及於總統，對總統彈劾案之設計機制形同具文。進一步言之，「信任制度」、「負責制度」、「副署制度」已被摧毀殆盡，中華民國憲法下的「總統」有如政壇中的「利維坦」〈Leviathan〉。

〈3〉立法院部分 ─ 弱勢國會形成

本次增修條文中，就立法院方面，有六大缺失，形成一個弱勢的國會：

a.立委人數增加，易於影響議事效率：增修條文第四條第一項：「立法院立法委員二百二十五人‧‧‧」因應凍結省議員選舉，讓省議員可轉換跑道的結果，立法委員增加 60 餘席名額。人數增加使議事過程更為不易，發言、討論、表決時間均加長，各黨黨鞭掌握運作更為困難，素遭詬病的立法品質與效率，更為增加。

b.立院失去閣揆同意權，失去監督行政院之法理基礎：憲法第 55 條與 57 條，是互為彰顯「權責關係」關鍵設計。有立院同意權，才有立院對行政院監督之權。今立法院失去同意權，面臨 3 個憲政問題：一是行政院向立法院負責，卻將立院同意權刪除，違反「權責相互關係」。二是行政院長由總統直接任免，行政院長已成總統之幕僚長，由幕僚長向立院負責，而非向總統負責，亦是違反「權責相互關係」。三是立院監督之行政院長已成總統幕僚長、幫辦，立法院有如唐吉軻德力戰風車，費盡全力，實則不過「打龍袍」，監督不到權力所出的總統。質言之，立院同意權支撐我國憲法中央體制的三大支柱：「信任制度」、「負責制度」、「副署制度」。立院失去同意權，三大支柱俱倒。若未來修憲朝「行政院長對總統負責」，立法院的國會監督角色將俱失。

c.倒閣權是與代理人的戰爭，缺乏監督行政的真正功能：增修條文第三條第二項第三款：「立法院得經全體立法委員三分之一以上連署，對行政院長提出不信任案。不信任案提出七十二小時後，應於四十八小時內以記名投票表決之。如經全體立法委員二分之一以上贊成，行政院長應於十日內提出辭職，並得同時呈請總統解散立法院；不信任投票如未獲通過，一年內不得對同一行政院長再提不信任案。」另第二條第五項：「總統於立法院通過對行政院長之不信任案後十日內，經諮詢立法院院長後，得宣告解散立法院。但總統於戒嚴或緊急命令生效期間，不得解散立法院。立法院解散後，應於六十日內舉行立法委員選舉，並於選舉結果確認後十日內自行集會，其任期重新起算。」

李登輝修憲看似加入內閣制之「不信任投票」與「解散國會」兩大機制。實則不倫不類。因修憲後，很明確的，我國行政權力中心在總統，不在行政院長。內閣制國家行政大權是掌握在內閣首相〈Premier；Prime Minister〉手中，國會行使之倒閣權是直接監督國家政策的手段。我國立法院倒閣非

針對總統，而是行政院長，行政院長下台，總統可再派任新的行政院長，由這個行政院長站第一線、擋子彈，國會卻監督不到總統。

d. 立法院彈劾總統、副總統，形同具文：增修條文第四條第五項：「立法院對於總統、副總統犯內亂罪或外患罪之彈劾案，須經全體立法委員二分之一以上之提議，全體立法委員三分之二以上之決議，向國民大會提出。」總統、副總統之彈劾權由監察院移至立法院，唯彈劾權受限於憲法保障總統之「刑事豁免權」，僅限內亂罪、外犯罪。刑法 100 條「內亂罪」規範如下：「意圖破壞國體、竊據國土或以非法之方法變更國憲、顛覆政府，而以強暴或脅迫著手實行者。」總統者，「中央政府」之首，國家之首。豈有總統用到「強暴、脅迫」之手段，去危害自己者？再則，總統如要變更國憲，更可運用國家機器、黨的機器，「合法的」去修憲，如同本次修憲的李登輝。外患罪之理亦然，總統豈有勾結國外勢力對付「自己」之理？除內亂、外患罪而外，民主國家防弊最主要之貪污、瀆職、選舉舞弊、洩漏機密、財產來源不明等，在彈劾權都付之闕如。故彈劾總統如同具文。

e. 立法院覆議權之維持難度增加。增修條文第三條第二項：「行政院對於立法院決議之法律案、預算案、條約案，如認為有窒礙難行時，得經總統之核可，於該決議案送達行政院十日內，移請立法院覆議。如為休會期間，立法院應於七日內自行集會，並於開議十五日內做成決議。覆議案逾期未議決者，原決議失效。覆議時，如經全體立法委員二分之一以上決議維持原案，行政院長應即接受決議。」

有謂覆議案之通過由出席立委三分之二維持其原決議，改為全體立委二分之一維持原決議，是覆議門檻之降低，是此次增修條文中，立法院真正增加的權力。[163] 實則這是錯誤計算所導致的看法。依照未來立委 225 席，如全體立法委員二分之一以上同意才能通過覆議案，則需要 113 位以上的立委同意；然依照憲法原規定，要出席立委三分之二維持原決議，才能通過覆議案，則依「立法院組織法」第 5 條規定，立委三分之一出席就可開會，而在三分之二同意情形下，只要 50 位立委以上就可以維持原決議。因之，增修條文之修正，朱諶教授便指出這是增加維持原議案之難度。[164]

f. 立法委員民代保護範圍縮小。增修條文第四條第六項：「立法委員，除現行犯外，在會期中，非經立法院許可，不可逮捕或拘禁，憲法第七十四條之規定，停止適用。」條文中增列了「在會期中」四字，將使立法委員在休會期中，喪失不受逮捕或拘禁的保護條款。

〈4〉行政院部分 — 矮化之總統幕僚長

本次增修條文有關行政院者，乃新增第三條為行政院專條，這是過去三次增修條文所無者。其要點有三：

---

163 黃昭元，「雙首長制，衝擊中央政府體制」，台北，中國時報，民國八十六年七月二十一日，版十一。
164 朱諶，憲政分權理論及其制度〈台北：五南圖書公司，民國八十六年十月〉，頁四七二。

a.行政院長任命權改變。增修條文第三條第一項：「行政院長由總統任命之。」行政院長改由總統直接任命，不再經由立法院行使同意權。

b.倒閣權意義不大：本次修憲雖給立法院以倒閣權，但以李登輝本次強力修憲後之制度走向與西方責任內閣制大相逕庭，此權用之於我國憲法中，恰似「畫虎類犬」，既無內閣制所欲彰顯之權責關係，反突顯我國權責不符之失 ─ 總統權大無責；行政院長有責無權。倒閣權不過是行政院長代總統承受「政治子彈」。

c.增修條文第三條第三、四項之規定了無意義。第三條第三項規定：「國家機關之職權、設立程序及總員額，得以法律為準則性之規定。」第四項規定：「各機關之組織、編制及員額，應依前項法律，基於政策或業務需要決定之。」此兩項之規定乃是常識原則。我國憲法第 61 條原本規定：「行政院之組織，以法律定之。」簡潔明瞭，所謂之「基於政策、業務需要」，本即是基本原則，何須強調？為多此一舉之累贅。

〈5〉司法院部分 ─ 規範具有特色

增修條文有關司法院方面之變動有二：

a.司法院組織、任期有調整修正。增修條文第五條第一項：「司法院設大法官十五人，並以其中一人為院長、一人為副院長，由總統提名，經國民大會同意任命之，自民國九十二年起實施。」第二項：「司法院大法官任期八年，不分屆次，各別計算，並不得連任。但並為院長、副院長之大法官不受任期之保障。」第三項：「民國九十二年總統提名之大法官，其中八位大法官，含院長、副院長，任期四年，其餘大法官任期為八年，不適用前項任期之規定。」

前述增修條文規範大法官人數由原來 17 人，減為 15 人〈並以其中一人為院長、一人為副院長。〉任期也由原來九年減為八年。其規定九十二年起實施之大法官有 8 位任期四年，7 位任期八年之目的，在於從九十六年起，大法官任期均為八年，每隔四年改選其半〈一次之四年為選 8 位，一次之四年為選 7 位〉，使大法官形成新舊重疊，避免一次改選全部皆新手上任，可使大法官工作之延續性更理想。

本次大法官規定不得連任，甚為可取，可避免戀棧職位，逢迎高層，有失大法官之風範。本此精神，職司風憲之監察委員、職司考試之考試委員，未來修憲亦宜採行不得連任為佳。

b.司法預算獨立。增修條文第五條第六項：「司法院所提出之年度司法概算，行政院不得刪減，但得加註意見，編入中央政府總預算案，送立法院審議。」此為改變原司法院編製年度預算受制於行政院之舊規，使預算得以獨立作業。綜言之，本次修憲有關中央體制增修部分，僅只司法院方面較不具爭議，且頗具特點。

〈6〉監察院部分 ─ 彈劾權分裂行使

本次修憲增修條文監察院失去原有向國民大會提出總統、副總統彈劾案之

權，改由立法院行使。其餘彈劾權仍由監察院行使。其相關條文分散見於：

　　a.增修條文第七條第一項：「監察院爲國家最高監察機關，行使彈劾、糾舉、及審計權，不適用憲法第九十條及第九十四條有關同意權之規定。」

　　b.增修條文第二條第十項：「立法院向國民大會提出之總統、副總統彈劾案，經國民大會代表總額三分之二同意時，被彈劾人應即解職。」

　　c.增修條文第四條第五項：「立法院對於總統、副總統犯內亂罪或外患罪之彈劾案，須經全體立法委員二分之一以上之提議，全體立法委員三分之二以上之決議，向國民大會提出。」

　　有關總統、副總統彈劾權有兩部分值得關注：一是總統、副總統之彈劾由監察院轉至立法院，其理安在？由哪個機關彈劾總統、副總統較合宜？二是由立法院行使總統、副總統之彈劾案，僅限於內亂罪、外患罪，在副總統連戰與前屏東縣長伍澤元之間「借貸」疑案，引發之「非」內亂、外患罪可否彈劾？由誰彈劾？如何彈劾等問題？

　　前者，李登輝主導修憲，以立法院失去閣揆同意權，而將總統、副總統之彈劾權，由監察院移至立法院以爲補償。總統、副總統之彈劾權究竟歸監察院掌理妥當？抑或由立法院執行妥當？比較四次修憲後之情勢發展，立法院行使總統、副總統之彈劾權應較監察院爲妥當。此因四次修憲後，監察院性質、監察委員產生方式均已經改變。監察院已成準司法機關，而非相當於民意機關。監察委員亦由原來省、市議會議員互選產生，改爲由總統提名，經國民大會同意後任命。如若總統之彈劾仍由監委提出，由總統提名之監委，來執行彈劾總統之權，顯有不當。今改由立法院彈劾總統、副總統允宜妥當。

　　後者，源於民國八十七年時任副總統之連戰與伍澤元借貸案引起之彈劾風波，牽引出兩個憲法問題。其一，增修條文第四條第五項：「立法院對於總統、副總統犯內亂罪或外患罪之彈劾案···」有謂是否意指除內亂、外患罪外之對總統、副總統彈劾，仍屬監察院？此說應不正確，因在增修條文第二條第十項已明白指出：「立法院向國民大會提出之總統、副總統彈劾案···」可知總統、副總統之彈劾案已完整交至立法院。其二，彈劾案對於總統囿於憲法中，總統享有「刑事豁免權」，故而僅及於內亂罪、外患罪兩項，其實質意義不大，彈劾案對總統形同具文，前已述及；唯以副總統並無刑事豁免權之保障條款，故而增修條文對副總統之彈劾，不應與總統等同一致，而應及於貪污、瀆職···等等之刑事事件，其當爲立法院彈劾副總統之部分，此應爲修憲之嚴重疏漏。

2.地方制度部分

　　本次修憲在地方制度上，以「凍省條款」對台灣省、省政府、省議會造成震盪、破壞與爭議。其變動之部分：

　　〈1〉省組織、職權虛級化。增修條文第九條第一項第一款：「省設省政府，置委員九人，其中一人爲主席。均由行政院長提請總統任命之。」增修條文第九條第一項第二款：「省設省諮議會，置省諮議委員若干人。由行政院長提請總統任命之。」增修條文第九條第一項第七款：「省承行政院之命，監督縣自治事項。」

憲法增修條文第九條第三項：「台灣省政府之功能、業務與組織之調整，得以法律爲特別之規定。」

〈2〉凍結省級自治選舉。憲法增修條文第九條第二項：「第十屆台灣省議會議員及第一屆台灣省長之任期至中華民國八十七年十二月二十日止，台灣省議會議員及台灣省長之選舉，自第十屆台灣省議會議員及第一屆台灣省省長任期之屆滿日起停止辦理。」

「凍省條款」引起爭議極大，凍省的原因、凍省的作法均在學術界、社會廣泛議論，正反意見具存，各申其理，上述國發會部份，已有完整論述。此處針對凍省法理、實務之探討，並就政府來台後，「省」地位發展來龍去脈之淵源究其實。

從地方自治法理而言，「省」級自治本屬地方自治中重要一層，政府初來台，因環境、政治因素，遲遲未推展實施。直到民國八十三年第三次修憲增修條文第八條，始明文規定：「省設省政府，置省長一人，由省民選舉之。」並由立法院據此完成「省縣自治法」、「直轄市自治法」。然而八十三年底選舉之首任省長，就職僅兩年，即經國發會、本次修憲，決定停止辦理選舉，倒退回省主席時代，甚至省議員選舉都予廢止。對地方自治、民主發展都不可等閒視之。省自治、省長民選的曇花一現，對民主傷害自然很大。首先比較政府來台時、以及本次修憲凍省決議，兩個不同時代環境中，何以都做成凍結省自治發展的結果？

政府來台後辦理地方各項選舉，然獨未辦理台灣省長之民選，依蔣中正總統之說明：[165]

> 台灣為中國的一省，在目前大陸未復，億萬同胞正處於匪偽虐政之下的當口，台灣省的地方自治，只是為建設三民主義模範省的試行階段，而不是已經到了完全實行的時期。台灣省今日得以選舉各級地方議會與長官，以及選舉縣市鄉鎮自治人員，都是中央政府臨時試行自治的一種措施。總理說：『真正的地方自治，必待中國全體獨立之後，始能有成。』同時又說：『一省之內，所有經濟問題、政治問題、社會問題，惟有於全國規模中始能解決，則各省真正自治之實現，必在全國國民革命勝利之後。』這一則遺教，在今日是尤其值得大家深長思之的，何況目前奸匪正在對我們復興基地，朝夕窺伺，如果大家無視於共匪所叫囂的「和平解放台灣」，與「血洗台灣」的陰謀威脅，貿然實施民選省長，那就只有徒滋紛擾，動搖反共基地，無異多給共匪製造挑撥分化的機會，面對台灣省同胞是「不惟無益，而又害之」的，政府決不能做這樣不智的事。所有明白事的反共愛國的台灣同胞，此時也決不肯有這樣的主張，來為共匪奴役我們台省同胞鋪路，而願自受其大陸同胞所遭受的空前浩劫。

根據官方的說法，應包括如下要點：〈1〉當時國家處於非常時期，同時台灣的地方自治仍在試行階段。〈2〉真正的自治必待大陸光復全國統一之後方能

---

[165] 蔣中正，「黨的基本工作和發展方向」，見中國國民黨中央委員會編，先總統 蔣公政黨政治講詞集，卷二〈台北：中國國民黨中央委員會，民國八十年十月〉，頁四六一。

有成。〈3〉中共叫囂「和平解放台灣」、「血洗台灣」的陰謀詭計，如貿然實施民選省長，將會多給中共製造挑撥分化的機會。

然而前述的說明，若擔心中共的挑撥分化，則各項選舉亦已實施，如省議員、縣市長、縣市議員‧‧‧；若言地方自治正在試行階段，則多一項省長試行，亦或可增加民主程度；若言真正的自治必待全國統一始有成，則此與省長民選關聯因素又非直接。考斯時省長不採民選，「省」地位層級的特別情境，應是主要原因，當中央政府來台，中華民國有效統治之主權範圍，與台灣省治理區域幾近重疊，無論民國 38 年政府初來台，或蔣中正發表上述講詞之民國四十九年九月，當時尚無直轄市〈台北市為民國五十六年七月一日升格直轄市，高雄市為民國六十八年七月一日始升格為直轄市〉，中華民國之有效管轄區域除去金門、馬祖外島，則為台灣省，以言範圍、人口、資源均近重疊，民選省長之威望必然崇隆，加以民意基礎為後盾，社會資源為實力，必將衝擊到間接選舉〈國民大會選總統〉產生的「總統」一職。這將在政治上有微妙之情境，這在當時動員戡亂時期，首重鞏固領導中心而言，應是主要考量。

隨著解嚴、動員戡亂時期終止、兩岸關係趨緩，以及台澎金馬自由地區政治民主化、經濟自由化、社會多元化等政、經、社條件益趨充實健全，省自治的開展乃成必然之趨勢。在這些背景下，終於確立民國八十三年起之省長民選、省自治的運作。然而僅只有兩年光景，情勢丕變，在國、民兩黨高層圖謀之下，做成「精簡省府功能業務與組織」、「凍結省自治選舉」共識，進而落實於本次修憲之中。

國、民兩黨高層之凍省理由，依李登輝總統各種場合所指出有：「避免『一國兩區』」、「減少預算浪費 ── 台灣省一年預算達 3,600 億元」、「增加競爭力、避免行政效率降低」等；許信良主席則強調行政效率、競爭力，並以停止五項選舉免除派系、黑金政治等。

然則，上述理由多為似是而非，且與「民主實踐」、「地方自治」的價值相較是相悖逆的。以言「一國兩區」純為主觀的「想像」，中華民國之民主政治發展穩健，總統、省長均依照憲法職權而行，其「中央」、「地方」角色明確，國防、外交、司法屬之中央，此非宋楚瑜省長所能置喙者，省長出國，僅是締結「姐妹省」，而非國與國之條約。另外之財政、內政業務項目在「中央與地方均權原則」下，本即牽涉到中央與地方之協調、尊重。如中央行政院教育部對省管高中、高職之校長派任，自需尊重省與地方縣、市長意見；再如中央行政院警政署對縣、市警察局長派任，也需尊重縣、市長之意見。

政府來台數十年，一個嚴重扭曲地方自治發展的問題在於：「中央集權、集錢」。「財政收支劃分法」不利於地方財源，更使地方因而發展窘困。宋楚瑜或因地方鄉、鎮、市需錢建設燃眉之急，或因個性強烈，憂心省政建設無法大力推動，造福地方，故而往往「大分貝」對中央喊話，希望經費等問題能得到中央之幫助。輿論乃有以「砲轟中央」、「葉爾辛效應」稱之。實則，政府正宜採取合理分際，將相關之「財政收支劃分法」等予以修正，以利中央、地方之運作順暢，

而非倒果為因，以「欲加之罪」等手段，「反民主」的將民主基礎之「省」粗糙、粗暴的予以砍斷。

以言凍省可節省「每年台灣省3,600億元預算」，這是李登輝「強行凍省」最不負責任、最劣質之訴求。因為政府來台，「財政收支劃分法」之不合理，國家主要之稅收集中於中央、省。而縣市、鄉鎮市自有財源少的可憐，各項經費、建設大多靠中央、省補助。台灣省每年的年度預算3,600億中，有三分之二強是補助地方縣市款項及公共建設，另有460億元負債利息支應、800餘億元之省屬學校的人事與行政經費。上述經費縱使沒有「台灣省」，這些錢還是得撥至基層的。而台灣省政府本身預算32億元，無論未來省府員工歸併中央任何單位，其經費、薪給亦是不可能免除的。

以言行政效率，「四級政府」是否就是李登輝時代，行政效率低落的「代罪羔羊」？而必須以「凍省」祭旗？兩蔣時代之「台灣經驗」、「台灣奇蹟」也是在同樣的「四級政府」下達到舉世欽羨的經濟成果。兩蔣時代行政革新、吃梅花餐、提倡公務人員「犧牲享受、享受犧牲」下之，帶動勤勞樸實風氣，政府重用胸懷大志的行政技術官僚：尹仲容、李國鼎、孫運璿、徐伯園、卜達海、趙耀東等有為有守之士。蔣經國去世，李登輝掌權後，社會風氣日下，「國民黨十五全至尊紅酒」、「三頭鮑魚大餐」、「五百元便當」、「世紀大婚禮」、「小白球盛行」等等，風氣日下，競爭力日降，檢討原因竟然是因為「台灣省」的存在？實然，行政效率、競爭力確實是政府再造必須檢討者，唯增進行政效率、提升競爭力，應從社會風氣改革、任用高瞻遠矚之政務官員、簡併中央、地方各級政府之廳、處層級，落實分層負責、逐級授權、免除公文旅行、提升地方政府公務員之職等，以留住優秀之地方子弟在鄉服務等等，而非以「凍省」粗暴手段將民主自治發展中，非常重要一環的「省」功能給毀棄掉。

前面各項理由都無法自圓其說下，「凍省」、「停止省級自治選舉」的真正原因何在？學術界普遍的見解乃是國民黨「茶壺裡的風暴」 — 中生代卡位戰下，以「廢宋削藩」，瓦解宋楚瑜省長的政治舞台 — 「台灣省政府」；結合民進黨的意識形態下「廢省」，雙方焦點、目標一致，遂聯手達成「凍省」之共識，並透過修憲將地方自治擊毀，並開民主之倒車。

3.基本國策部分

本次修憲之增修條文在基本國策方面，重大修改、增加者包括：取消教科文預算下限、增加對無障礙環境之建構加以保障、國家應扶助並保護人民興辦之中小型經濟事業生存與發展、增加對原住民地位及政治參與之保障，並包括交通水力、衛生醫療。對於金、馬地區人民亦等同的予以保障。

其中最引起爭議者，乃是教科文經費下限之刪除。憲法第164條規定：「教育、科學、文化之經費，在中央不得少於其預算總額百分之十五。在省不得少於其預算總額百分之二十五，在市縣不得少於其預算總額百分之三十五。其依法設置之教育、文化基金及產業，應予保障。」本次增修條文第十條第七項：「教育、科學、文化之經費優先編列，不受憲法第一六四條規定之限制。」我國當初制定

憲法者，對教科文之經費訂定下限，規定各級政府不得少於預算總額百分比，為一進步、有遠見的特色，在當前國家競爭力欲更求提升之際：人文素養、基礎科技生根發展都需固本培源。以國家整體之經濟實力，來穩固並發展國家的文化、教育之「軟實力」，以及科技文明之「硬本領」。中共科技、航太事業發展直追美國，李登輝主導的第四次修憲不僅嚴重破壞憲政體制、開民主導車，更在猛砍教育、科學、文化大力發展的根，正是匪夷所思者。

五、第四次修憲的小結

美國憲法制定、簽署、通過實施，至今二百餘年，其行憲中表現若干基本精神：一者，其修憲案是在補充、發揚原憲章精神，絕對沒有改變它的立憲精神、中央體制；二者，修憲是法的層次，而非政治運作，更非為一黨利益或一人政治前途所提出；三者，修憲案的通過非常困難，因需參、眾兩院各以三分之二多數通過，再經四分之三的州通過〈各州之州憲法會議或州議會需有四分之三贊成，為該州之通過〉。修憲乃極其慎重、莊嚴之大事，主政掌權者需重視福國利民，更戒以修憲之名，行大肆破壞憲法精神、制度之實。

後動員戡亂時期，到民國八十六年、八十七年間進行四次的修憲，憲法越修越令人困惑。尤其是第四次修憲，不講學理、不談章法，修的中央體制混亂，行政、立法間之定位更不清，越修越矛盾。只見總統權力不斷擴張，行政院長成為總統幫辦，竟有夸夸其談「雙首長制」者？總統擁有立法院以外四院院長人事權，又可解散立法院，沒有任何監督的機制，權力遠遠超過總統制的總統。原本憲法中有其憲政法理依據者，被修的支離破碎、憲法權威淪喪。

憲法應是由憲法專家，衡量國家、人民利益，字斟句酌，考慮周詳，之後公布於世。此一經反覆討論、形成公意，而後才是可行之案。正因憲法典是環環相扣，動一字就變其精神，改一句則前後矛盾，其可不慎？第四次修憲兩黨高層攜手，修憲目的何在？既非憲法條文之「窒礙難行」、「扞格不入」，更非順應最新時代進步衍生出如環保等要求。只為「刪除閣揆同意權」〈李登輝「著毋庸議」解套〉、「總統權力」〈擴權〉、「凍省」〈民進黨的意識形態，國民黨的去除宋省長政治舞台〉。這樣的修憲無怪乎引發社會各界、學術界、各黨派之反對、質疑。然主政者透過黨機器、政治力、一意地蠻幹到底，無視輿論之苦勸、怒束，一往無前的進行破毀憲法體制與精神，終於造成整部憲法：中央體制 —「信任制度」、「負責制度」、「副署制度」崩盤；地方制度 — 開民主倒車；基本國策 — 破壞國家教育、文化、科技發展的利基。

參、第五次修憲
一、第五次修憲召開的緣起

民國八十六年第四次修憲，將憲法之法理支解破碎，學界、輿情反應強烈。才經過2年，就在民國八十八年，第三屆國大代表在憲法本身並無修訂之急迫性，卻在國民大會議長蘇南成強勢主導下，國、民兩黨國代聯手完成被稱為「延

任自肥」的第五次修憲，再一次的震驚國人。

第五次修憲雖是以終極廢除國民大會之「國會改革」爲口號與包裝，其作爲卻是國大代表延任自肥、國大代表選舉改採政黨比例代表制產生。第五次修憲一舉破壞民主憲政體制下之定期改選「契約原則」、「利益迴避原則」、「政權機關非民選產生」之諸多弊端。第五次修憲讓國人再次看到國內國、民兩大政黨沆瀣一氣、墮落腐敗的真面目，政治人物私心自用，引發輿論強烈抨擊。以下分就第五次修憲之經過、內容與評析，來檢視我國憲政發展遭遇的問題與關鍵。

二、第五次修憲的過程

〈一〉修憲的肇始到暫時休會

民國八十七年七月二十七日，李登輝在國民大會提出國情報告，希望在他任內能徹底解決國會制度的問題。並於同年十二月第三屆國民大會第三次會議中表示：『希望能在民國八十八年年中，完成中央民意機構的改革，整合國民大會與立法院組織功能，建立權責相符的國會制度，實現真正的民主化。』[166]

民國八十八年四月二十九日，國民大會議長蘇南成邀集各政黨代表，協商連署請求總統頒布國大召集令。依憲法增修條文第一條第四項：『國民大會代表五分之二以上請求召開會議時，由總統召集之。』四月三十日，由國民黨、民進黨、新黨、第四黨團將已完成連署之連署書送達國民大會。國民大會遂於五月七日咨請總統發布召集令。李登輝總統發布第三屆國民大會第四次會議於民國八十八年六月八日集會。

依大會通過之日程規定：六月十七日截止收受修憲提案，以及連署人撤銷簽署、增加簽署；六月二十一日截止收受代表修憲案之補正。大會共收到 49 件修憲提案。其中第二十號修憲提案爲國民黨版、第三十四號至四十號提案爲新黨黨版、第四十一號、四十二號是民進黨版。然本次修憲最受矚目，也是最受爭議性者，並非國、民、新三黨所提修憲案，而是無黨籍國大代表江文如等 89 位國代所提出之第四十七號修憲案，內容爲：「國民大會第三屆國民大會代表、第九任總統、副總統及立法院第四屆立法委員之任期均延至中華民國九十二年六月三十日，第四屆國大代表、第十任總統、副總統及第五屆立法委員均應於中華民國九十二年五月三十一日前同時選出，其任期均自中華民國九十二年七月一日起算。」

第五次修憲開議以來，三黨一派各有其盤算、堅持，故而協商過程極不順利：

就國民黨言之，其「國會改革工作小組」於五月三十一日草擬完成黨版修憲條文，並於六月九日國民黨中常會中，「一字未改」的通過修憲策劃小組所提的黨版修憲案。黨主席李登輝下達動員令，要求全體黨籍國代貫徹執行。

就民進黨言之，其爲因應國民黨版本，召開憲改協調決策小組會議，於五月二十九日作成決議，對國民黨提出三項主張，國民黨至少應對其中一項提出具體回應。亦即：「一廢〈廢國大〉、二反〈反對黨營事業、反對中央集權〉、三要〈要公投入憲、社會權入憲、婦女四分之一參政保障條款入憲〉之憲改方案。[167]

---

[166] 李登輝國大講話內容詳見，台北，中國時報，民國八十七年十二月十二日，版一。
[167] 民進黨提出之要求詳見，台北，中國時報，民國八十八年五月三十日，版一。

653

國、民兩黨祕書長層級直到六月二十八日，第四次協商時，彼此主張南轅北轍，無法就「國代全額採取政黨比例」、「創制複決權」、「黨營事業規範」等達成協議，乃希望在修憲一讀會結束前，暫停會議一個月。國代鄭麗文、陳宗仁等57位代表提案：「第三屆國民大會第四次會議，自八十八年六月三十日起休會，至八十八年七月二十九日恢復舉行大會，並請程序委員會於自八十八年七月二十八日舉行會議，排定相關議事日程，於復會時送請大會議決。」

新黨亦主張休會，秦繼華、李炳南等30位代表提案：「國、民兩黨毀憲分贓，協議不成，延宕議程，無視人民權利與民生修憲議題，將國民大會變為國民小會，黨意超越民意，新黨不齒兩黨無恥自肥，擴權修憲，故提議自六月三十日起休會，俟三黨一派有共識後，再行復會，以順乎民意。」

國民大會第三屆第四次會議第十一次大會於六月二十九日分別對上述兩案進行表決。新黨提案表決，在場人數204人，贊成者52人，未獲通過。國、民兩黨提案表決，經過二度表決，獲得過半數國代同意通過。修憲大會確定停會一個月，至七月二十九日復會。[168]

〈二〉休會後至一讀會

休會案通過後，主席復說明：1.休會期間為廣徵民意，賦與政黨凝聚全民對修憲共識之機制，擬請大會同意凡經政黨協商達成共識者得提出修憲提案，由程序委員會提報七月二十九日第十二次大會，與現有四十九件修憲案繼續進行第一讀會提案人說明及大體討論。2.代表一般提案原定於七月一日截止收受，徵詢大會同意延至八月二日。

準此，休會期間，三黨國大黨團繼續協商，並決定由三個黨團及第四黨團，推出代表27人，推薦學者專家、社會賢達人士33人，共計60人。名單如下：

> 江惠貞、朱新民、吳綺美、郎裕憲、柯三吉、陳明仁、陳鏡仁、莊隆昌、彭錦鵬、楊肅元、蔡正元、謝瑞智、顏耀星、包宗和、田弘茂、朱武獻、吳煙村、林文程、李震山、徐小波、許志雄、黃昭元、楊日青、揚志恆、趙健民、蔡政文、蘇永欽〈以上國民黨〉王東暉、林勝利、周威佑、邱議瑩、陳金德、陳淑暖、鄭麗文、蔡啟芳、劉一德、吳乃仁、林佳龍、洪貴參、高瑞錚、張俊宏、張俊雄、陳隆志、游盈隆、管碧玲、蔡茂寅〈以上民進黨〉、曲兆祥、秦繼華、高寶華、楊敏華、李炳南、呂亞力、張麟徵、楊泰順、彭懷恩、傅崑成〈以上新黨〉江文如、陳良築、翟宗泉、顧慕晴〈以上第四黨團及社會賢達〉

休會期間三黨一派暨社會賢達代表在台北世貿中心聯誼社主辦「憲政改革擴大諮詢會議」，從七月十四日至二十三日，討論：1.中央政府體制〈國會改革議題、總統選舉及監督方式。〉2.人民權利義務及其他〈公民投票或創制複決議題、政黨規範議題、檢警留置犯罪嫌疑人時限應否延長問題、兵役及其替代役入憲問題。〉

七月二十九日，復會後之第三屆國民大會第四次會議第十二次大會召開，會

---

[168] 國大表決休會詳見，台北，聯合報，民國八十八年六月三十日，版一。

中通過新的議事日程，並繼續進行修憲提案第一讀會大體討論。三十日第十三次大會完成所有第一讀會程序，並交修憲審查委員會審查。

修憲審查委員會於八月二日開始審查，至八月十三日結束，歷時 10 天，共進行審查委員會議 8 次，各審查小組會議 3 次。經決議通過之修憲提案及其修正動議共有 15 案。[169]

十四日，國民黨籍學者柯三吉、彭錦鵬、謝瑞智等人，提出國民大會代表延任案，十六日，國民黨秘書長章孝嚴表示不支持三學者所提之延任案。二十九日，章孝嚴與蘇南成、陳金讓等人餐敘，再度強調反對延任案。

八月三十日，第十四次大會，會中程序委員會報告：至八月二十日止，總計收到國代對修憲審查結果之修正案 10 件，尤以劉一德等 64 位民進黨國代所提出之第九、第十號修正案「國民大會代表延任案」最受矚目。三十一日，第十五次大會，會中確認可進行第二讀會的條文共計有 12 案 16 項條文及代表所提修正案條文 8 件。

〈三〉第二讀會到修憲完成

九月一日起，國大進入第二讀會逐條討論。二日晚國民黨秘書長章孝嚴宴請黨籍國代，會中下達「封殺國民大會代表延任案」指令。國民黨黨部一方面要求國民黨籍所有之不分區國代，不能做出違反黨中央決策之舉動，否則一定黨紀處分；另一方面，堅決反對無記名投票，如此才能動用黨紀。民進黨高層，總統提名人陳水扁亦表示，國民大會代表與人民的契約是一任四年，沒有理由延任。

然而，兩黨高層之反對延任表態，對照於兩黨國代的躍躍欲試，若非兩黨無能，就是黑白臉唱雙簧。事實的發展與應證，顯然後者是正確的。九月二日晚七點，陳金德、江文如、劉一德三人前往中山樓與國大議長蘇南成商討次日二讀會之議程事宜。

九月三日，國民大會修憲進入第二讀會逐條表決。無黨籍國代江文如提議，建請主席裁決修憲案進入二、三讀會表決時，採無記名投票。此時，國民黨國大黨團書記長陳明仁上台表明反對立場，並出具一份三分之一國代連署提案，要求採用記名投票。然議長蘇南成違反「國民大會議事規則」第三十八條之規定：「表決方法得由主席酌定以舉手、起立、表決器或投票行之。主席裁定無記名投票時，如有出席代表三分之一以上提議，則應採用記名投票。」蘇南成議長此時刻意違反、規避「應採用記名投票」之議事規則明文規定。將記名、無記名兩案分付表決，結果出席之國代 242 人，有 150 人支持江文如案，只有 87 人支持陳明仁案，江文如案通過。現場一片歡聲雷動，而新黨國代則大罵「議長違法」、「表決無效」。

三日下午一點，民進黨黨團提出劉一德案第一、二、三項包裹表決。新黨全部 39 位國代與部份國民黨國代以退席方式，使出席人數未達三分之二門檻，杯葛投票進行。現場兩次清點人數分別為 202 人及 200 人，未達法定三分之二出席

---

[169] 國民大會秘書處編，《第三屆國民大會第四次會議修憲審查委員會第七次會議速紀錄》〈台北：國民大會秘書處，一九九九年〉頁十一 — 六四。

之 211 人。此時陳明仁、陳鏡仁提議建請大會提早閉會。極具謀略之主席蘇南成宣布表決「閉會案」，誘使離開大會會場採杯葛態度之國代再行入場，並在清點出席人數達 261 人，表決「閉會案」未通過。蘇南成議長此時以迅雷不及掩耳的速度，不再清點人數，而直接以「閉會案」之人數進行「延任案」表決，新黨與部分國民黨國代一片錯愕譁然，要求主席清查人數，蘇南成置之不理。表決結果出席 272 人中，有 198 票贊成，47 票反對，27 票棄權，未達出席人數四分之三，本案未通過。民進黨國代陳宗仁則要求主席重付表決，蘇南成議長竟下達再次表決，在 270 位出席國代，204 票贊成，44 票反對，22 票棄權。劉一德版修憲案獲得通過。此一修憲史上第二次國、民兩黨分贓修憲，達成之「國代延任案」在多次不符合議事規則之下，蘇南成大力護航得以通過。此時，新黨國代發表譴責主席蘇南成讓憲政改革蒙羞之後，退出議程以示抗議。

四日凌晨 2 點 30 分，國民大會完成二讀程序，並經議決進行三讀。主席蘇南成宣佈仍以無記名投票進行全案條文表決；凌晨 4 點 20 分，表決結果為出席代表 214 人，有 211 票贊成、2 票反對、1 票棄權，達出席國代四分之三法定人數而通過。旋即陳金德等 67 位代表提議立即閉會，經大會舉手表決通過，第三屆國民大會第四次會議正式閉會。

三、第五次修憲的內容

第五次修憲主要修改增修條文第一、四、九、十等四條，茲就憲法條文變動部分，列之於下：

〈一〉國民大會代表採取全額政黨比例代表制產生

「國民大會代表以政黨比例方式產生，其名額第四屆代表三百人，依立法委員選舉各政黨所推薦及獨立參選人之候選人得票數之比例分配名額，直轄市及各縣市共一百九十四人，原住民、僑民十人，及全國不分區八十二人之名額分配；第五屆起代表為一百五十人，依直轄市及各縣市一百人、原住民四人、僑民六人及全國不分區四十人之名額分配。」〈憲法增修條文第一條第一項第二款〉

〈二〉國民大會代表與立法委員任期延長

1.「國民大會代表之任期為 4 年，但於任期中遇立法委員改選時同時改選，連選得連任。第三屆國民大會代表任期至第四屆立法委員任期屆滿之日止，不適用憲法第二十八條第一項之規定。」〈憲法增修條文第一條第三項〉

2.「四屆立法委員任期至中華民國九十一年六月三十日止。第五屆立法委員任期自中華民國九十一年七月一日起為四年，連選得連任，其選舉應於每屆任滿前或解散後六十日內完成之。不適用憲法第六十五條之規定。」〈憲法增修條文第四條第三項〉

以上憲法增修條文之要義有三：一者，立法委員任期由三年增加為四年。二者，第四屆立法委員任期延長四個月。三者，第三屆國民大會代表任期由八十九年五月十日延長至九十一年六月三十日，總計「延任自肥」2 年 1 個月又 20 天。

〈三〉基本國策之規範

1.軍人權益之保障：國家應尊重軍人對社會之貢獻，並對其退役後之就學、

就業、就醫、就養予以保障。〈憲法增修條文第十條第九項〉

　　2.社會福利與救助：國家應重視社會救助、福利服務、國民就業、社會保險及醫療保健等社會福利工作；對於社會救助和國民就業等救濟性支出，應優先編列。〈憲法增修條文第十條第八項〉

　　3.增訂澎湖特殊地區人民之保障，使其與原住民、金門、馬祖等地區享有政治地位等特別保障。

四、第五次修憲的評析

　　第五次修憲可分修憲過程、修憲內容兩部份，探討其修憲程序正義之嚴重偏失、修憲實質內容之悖離憲法學理，其顯示民主精神之破毀、兩黨私利分贓之醜陋面貌。

〈一〉修憲過程面析論

　　第五次修憲無論是程序、實體均充滿爭議。在我國之憲政發展過程中，持續前次之第四次修憲的荒腔走板，表現諸多法理瑕疵、兩黨分贓、反民主精神。在整個修憲過程中，兩黨高層表面上信誓旦旦的反對「延任自肥」，私底下放任黨籍國代自行其是，吃像難看！議長蘇南成違反「議長中立」之原則，主導全案藉國代改採「政黨比例代表制」之「國會改革」，實則向「延任自肥」方向進行。第五次修憲過程之缺失，以下列兩者為鉅：

1.兩黨高層分贓、兩面手法遮掩

　　蕭公權先生對於「公益」與「分贓」兩者，有發人深省的名言，可以作為輿論界何以視第四次修憲和本次修憲為「兩黨分贓」的一個註腳：[170]

> 　　妥協不一定是卑鄙的行為，為了公益群體的目的是高尚，為了自私自利的目的是卑鄙。妥協不一定是退縮，為了改善公義是前進，為了偷安私利是退縮。妥協不一定是分贓；為了公益，尊法守紀是互讓；為了利益，毀法亂紀是分贓。

　　第五次修憲，國民黨高層雖不斷表達反對延任之說，但兩面手法至為明確。國民黨在民國八十八年四月六日之黨務、國大、立院高層會議，確定基於政治誠信，包括總統、國代、立委，全部都不延長任期。八月十六日，國民黨秘書長章孝嚴表示，非黨版修憲條文決不通過，將於二讀封殺延任案。八月二十九日晚間，章孝嚴明確告知國大議長蘇南成，國代延任案茲事體大，國民大會萬萬不能通過此一修憲案。九月二日，章孝嚴宴請黨籍國代，並下達「封殺國代延任案」指示。延任自肥修憲案通過後，面對國內民意反彈聲浪之大，國民黨亦察覺事態超乎想像之嚴重。國民黨修憲策劃小組召集人連戰表示：『國代未真正了解民意。』、『延任案是「憲法破毀」』。九月九日，章孝嚴、陳鏡仁表示：『李登輝總統對延任案很不高興。』國代延任案通過，引發社會強烈不滿與憤慨，「自肥案」對民主政治是極大汙辱，對憲政發展是極大破壞。國民黨只是輕描淡寫的表達『國代未真正了解民意。』、『李登輝總統對延任案很不高興。』？

　　延任自肥案修憲前後，國民黨高層看似反對國代延任，但結果大相逕庭，這

---

170 蕭公權，憲政與民主，重印本〈台北：聯經出版公司，民國七十一年〉，頁一一三。

可從兩方面看出國民黨表面上是反對，但實際上卻是相當程度的縱容黨籍國代：

〈1〉相較於八十六年第四次修憲「刪除立院閣揆同意權」、「凍省」，國民黨當局李登輝所擺出的大陣仗，所讓社會空氣中感受之一股肅殺氣氛，對於反凍省之國代們〈祥和會、黃復興黨部國代、南投縣籍國代〉，所採取之黨紀處分威脅 — 對呂學樟「停權兩年」、複式佈置、動用親情、友情軟硬兼施、情治監控傳聞不斷・・・本次修憲僅止於口頭宣示，完全不見具體、嚴格黨紀以要求黨籍國代之作為。兩相對照、其冷熱作為、黨籍國代豈不會揣摩上意？內情如何昭然若明。

〈2〉秘書長章孝嚴不斷表達反對延任之態度，甚至如同前數次修憲一般，秘書長親自上陽明山中山樓坐鎮。然而章孝嚴乃「坐而不『鎮』」、「視而不『見』」，虛應一應故事，重要關頭甚至「擅離職守」，九月三日中午，二讀會最重要表決關鍵前，秘書長章孝嚴「竟然」自行下山，放任國民黨籍國代進行「公然反抗黨中央決定」之胡亂作為。質言之，秘書長章孝嚴之消極作為，根本未善盡貫徹黨意志之責，究竟國民黨是「紙老虎」？抑或國民黨「另有隱情」？國民黨中央是決心反對延任自肥？或是兩手策略？實霧裡看花、耐人尋味。

2.議長主持修憲，有違「議長中立」之精神

蘇南成議長在主持修憲案二讀會過程中，其有違反「國民大會議事規則」之爭議者，略論如下：

〈1〉違反「國民大會議事規則」第38條第2項之爭議

九月三日，第十八次大會，討論修憲案第二讀會之討論與逐條議決。江文如代表提出：「建請大會修憲各議案進行第二讀會以及三讀會時，均以無記名投票進行，以免國大同仁遭受外界無謂之干擾案」之動議。此時，另有陳明仁代表提出一份超過出席代表三分之一連署之要求記名投票提議。要求主席蘇南成議長依「國民大會議事規則」第38條第2項之規定：「・・・主席裁定無記名投票時，如有出席三分之一以上之提議，則應採記名投票。」主席無視該條文之規定，反將陳明仁代表之提案交付表決，並以表決未獲通過，裁示：『第二讀會、第三讀會均採無記名投票方式議決。』。此違反「國民大會議事規則」第38條第2項之規定甚明。

〈2〉違反「國民大會議事規則」第11條之爭議

二讀會表決到「延任案」時，新黨國代與部分國民黨籍國代，即退出大會議場外，使未能達到修憲所需三分之二國代出席人數。主席此時表示將表決由陳明仁、陳鏡仁提議建請大會提早「閉會案」。以此案之表決將上述屢屢退出場外之新黨、部分國民黨籍國代召回大會會場進行表決「閉會案」。當「閉會案」表決人數未通過之際，主席未重新清查人數，即以「閉會案」人數為「延任案」表決人數，同時也完全不理會新黨國代與部份國民黨國代清點人數之要求。此違反「國民大會議事規則」第11條：「出席代表對於在場人數提出疑問，經清點不足法定人數時，不得進行表決。」之規定。

〈3〉違反「國民大會議事規則」第40條第2項之爭議

二讀會主席在「閉會案」表決完成當下，未清查「延任案」人數，逕行「延任案」之表決，贊成者 198 票，反對 47 票，棄權 27 票，距離出席代表四分之三法定人數 204 票，尚不足 6 票，修憲案未過關。此時民進黨籍國代陳宗仁代表提出「重新表決動議」，主席僅徵求附議後，未確認是否達到 30 人以上之同意，即裁示重新投票。此違反「國民大會議事規則」第 40 條第 2 項：「出席代表對表決結果認為有疑問時，經三十人以上之同意得請求主席重行表決，但以一次為限。」雖然有國民黨籍陳明仁代表質疑重新投票在議事規則上的疑義，主席未再做處理。

〈二〉修憲內容析論

本次修憲，主要是修改增修條文第一、四、九、十等四條。其主要內容在於變更國民大會代表產生方式，並以之夾帶延長第三屆國大代表、第四屆立法委員任期。其缺失如下：

1.國民大會代表以政黨比例代表制產生，不僅非為國會改革，反是憲政原則之大逆退

根據第五次修憲之增修條文第一條第一項之規定：「國民大會代表以政黨比例方式產生，其名額第四屆代表三百人，依立法委員選舉各政黨所推薦及獨立參選人之候選人得票數之比例分配名額‧‧‧」。質言之，國大代表將取消區域國代選舉方式，完全以立委選舉各政黨得票比例，分配國代席次。

本次修憲，國、民兩黨政黨協商時，因民進黨一再強調國發會共識，並說服國民黨國大工作會展開國代依附式比例代表選舉的研議。國民黨籍國大工作會主任陳鏡仁組成謝瑞智、柯三吉、彭錦鵬等人之專案小組，經該小組評估依附式比例代表制有三項優點、三項缺點。三項優點分別是：〈1〉一票兩用符合法律、經濟原則。〈2〉有利於政黨政治之建立。〈3〉可選出具代表性之人才。三項缺點分別是：〈1〉選民難以具體選擇國代候選人。〈2〉依附立委選舉之政黨比例國代基礎會受到質疑。〈3〉立委與國代任期不同，無法同時選舉，可能造成依附立委之國代選舉本身無法反映當下民意或政治生態的變化。[171]然則，依附式比例代表制，乃嚴重違背民主原則、並造成憲政之大破毀：

〈1〉政權機關基礎之破壞

國民大會為「政權機關」，其職權在歷次修憲中雖有刪減剝奪，然就其憲法中之職權包含有：「修改憲法權」、「人事同意權」〈司法院院長、副院長、大法官；考試院院長、副院長、考試委員；監察院院長、副院長、監察委員均由總統提名，經國民大會同意任命〉等。此均為「人民權」，今改為政黨比例方式產生，已非民選之「政權機關」，如何得以行使「政權」〈人民權〉？

〈2〉剝奪廣大無黨無派人民之參政權

國民大會為政權機關，自應由人民直接選舉，而後產生具有民意基礎之國大代表。今由政黨依立法委員選舉得票比例，分配各黨名額，直接剝奪廣大無黨無

---

[171] 李炳南編著，二 000 台灣憲改〈台北：海峽學術出版社，二 00 三年十二月三十一日〉，頁九九 — 一 00。

派之公民個人參選國民大會代表候選人之資格與機會。復次，增修條文中之「立法委員選舉・・・獨立參選之候選人得票數之比例分配當選名額」，更屬荒謬者：蓋何以「立委選舉獨立參選人之候選人，必須與國代選舉產生任何關係？」、「有意參選國代候選人之無黨無派人士，又如何納入政黨比例代表制中？」、「已有政黨背景又未獲得該政黨推薦之某些人士，如執意參選，其方法爲何？」、「一國之內，參與政黨人數者爲多？抑或未參加任何政黨之一般公民多？」國代選舉完全依附立委選舉之政黨比例代表制，是完全忽略國家中佔廣大的無黨無派公民之參政權。

〈3〉國民大會將淪爲政黨分贓下的產物

國民大會爲政權機關殆無疑義，理應由人民選出。現由政黨比例方式產生，正坐實將國家政權〈人民權〉交政黨派系分贓，國民大會淪爲政黨掌控之工具，徹底毀壞了民主國家「主權在民」基石的價值和精神。

2.國大代表「延任自肥」，一舉破壞民主法治基礎之「契約原則」、「利益迴避原則」、「正義原則」

國代延任自肥，延長 2 年 1 個月，不僅牴觸憲法相關條文，亦嚴重違背民主憲政之多項原則。憲法增修條文第 8 條明文規定：「國民大會代表及立法委員之報酬或待遇，應以法律定之。除年度通案調整者外，單獨增加報酬或待遇之規定，應自次屆起實施。」

在民主先進國家中，「利益迴避原則」相當重要，就國代延任案中，牽涉到國大代表任期的延長、薪資的給與，這些皆在「利益迴避原則」規範之列。

再者，國代「延任自肥」更是侵犯人民主權之「契約原則」。西方民主發展之始，洛克、孟德斯鳩、盧梭等「社會契約論」成爲今日民主之濫觴。「社會契約論」兩大主軸：「人權保障」、「權力分立」。並透過憲法典達到保障人權、規範並約制政府權力，防止「統治者必將統治權力擴張到極致的經驗法則」。民主國家以憲法明文規範政府各級機關之產生方式、任期、職權。即在於以「權力分立」之精神，防杜政府、政客之濫權。第五次修憲，國、民兩黨企圖以「國大代表政黨比例代表制」→「國會改革」→「延長國代任期」的法理邏輯是不正確、不合理、不合法。

「國大代表政黨比例代表制」不合憲政學理，更非「國會改革」，已如前述。即使第三屆國大代表有多麼崇高偉大的「政治理想」或「政治抱負」，亦應在其任期內施展。如果覺得任期內尚無法完成，則應本於「主權在民」、「定期改選」、「契約原則」，訴諸選民，經由人民之授權〈選舉第四屆國代〉，如獲當選，再於次屆推動之。

第三屆國大代表在第五次修憲中，表現出民主法治國家中，最卑劣、惡質的一面，以憲法賦予彼等之修憲權，圖謀己私。我們看到許多民主不成熟的國家，統治者假藉修憲方式，將任期延長，爲世人所不齒，中亞哈薩克總統納札爾巴耶夫、烏茲別克總統卡里莫夫、土庫曼前總統尼亞佐夫之流者，正是如此。[172]設若

---

[172] 齊光裕，中亞五國政治發展〈台北：文笙書局，2009 年〉，頁八三 － 一00。

掌權者透過憲法大權，將原規定任期延長，並「用於己身」，不論其理由是多麼冠冕堂皇、神聖偉大，都是民主之大敵。此等政客行徑使得「契約原則」、「利益迴避原則」、「正義原則」應聲而倒，民主機制形同具文，民主精神破毀殆盡。

五、第五次修憲的小結

　　第三屆國大代表繼第四次修憲，又完成了震驚全民的第五次修憲。整個修憲表現出來者：程序不正義、法理不正確、民意不支持，然而就在兩黨高層互唱雙簧，陽爲反對，私下縱容，國、民兩黨國代強渡關山，爲我民主憲政寫下破毀的一頁。

　　第五次修憲重大缺失：1.「程序正義」破壞：議長主持修憲，無視「議長中立」之精神，違反「程序正義」之原則。2.「政黨政治」顛覆：兩黨高層未能確切引導黨籍國代在修憲中，導向正面，反而形成朝野兩大黨對其所屬政黨之集體叛變。[173]3.違背「政權機關」非民選之民主通則：國民大會是政權機關，所執掌者亦是政權範圍，以政黨比例產生，不僅破壞「政權機關」之屬性，更剝奪廣大非政黨公民之參政權。4. 違背「契約原則」、「利益迴避原則」、「正義原則」，踐踏民主常規與精神。

　　民主政治即立憲政治。「憲政精神」所強調者：在於行憲、守憲之落實。第三屆國大代表修憲荒腔走板、違背學理、破毀憲法、諸多卑劣行徑，正使國人認清民主之路並非坦途，或不可能無風無浪。然第四次修憲，第五次修憲正顯示政治人物「神魔二性」之下，所可能造成的重大危害，而其制衡機制如何產生？如何發揮力量？更值國人思之。

肆、第六次修憲

一、第六次修憲召開之緣起

〈一〉大法官會議釋字第 499 號解釋，認定國大第五次修憲「失其效力」，必須依規定進行第四屆國大代表之選舉

1. 大法官釋字第 499 號解釋之由來

　　民國八十八年九月，第三屆國民大會第五次修憲之「延任自肥」修憲案通過後，社會各界譁然，對憲法破毀多表痛心，而有尋求憲法之救濟者。新黨籍立委郝龍斌邀請律師李念祖撰寫聲請大法官釋憲案，並於十月二十八日提出 113 人連署之「國代延任修憲條文無效釋憲案」。此外，國民黨立委洪昭南、民進黨立委鄭寶清亦都有提出聲請大法官釋憲案。民國八十九年三月十八日，中華民國第十屆總統大選，民進黨籍總統候選人陳水扁以 39% 支持當選成爲少數總統。泛藍因分裂成宋楚瑜〈得票 36%〉、連戰〈得票 25%〉相爭，而出現第一次政黨輪替。民進黨正大肆慶祝、泛藍正悲痛不已之際，大法官會議釋字第 499 號解釋，在總統大選後 6 天的三月二十四日公佈，認定國代第五次修憲「失其效力」，第三屆國代無法「延任自肥」，此時依規定必須進行第四屆國大代表之選舉。

2. 釋字第 499 號解釋之內容要義

---

[173] 謝政道，中華民國修憲史〈台北：揚智文化公司，二〇〇一年六月〉，頁三九七。

大法官會議釋字第 499 號解釋，宣告：『第五次修憲增修條文中之第一條、第四條、第九條、第十條應自解釋公佈之日起，「失其效力」，八十六年七月二十一日修正公佈之原增修條文繼續適用。』釋字第 499 號解釋之要義，包括以下五方面：

〈1〉第五次修憲行為採用「無記名投票」，不符合「公開透明原則」，為「明顯重大瑕疵」，違反「修憲條文發生效力之基本規範」

『憲法為國家根本大法，其修改關係憲政秩序之安定及全國國民之福祉至鉅，應由修憲機關循正當修憲程序為之。又修改憲法乃最直接體現國民主權之行為，應公開透明為之，以滿足理性溝通之條件，方能賦予憲政國家之正當性基礎。國民大會依憲法第二十五條、第二十七條第一項第三款及中華民國八十六年七月二十一日，修正公佈之憲法增修條文第一條第三項第四款規定，係代表全國國民行使修改憲法權限之唯一機關。其依修改憲法程序制定或修正憲法增修條文須符合公開透明原則，並應遵守憲法第一百七十四條及國民大會議事規則之規定，俾副全國國民之合理期待與信賴。是國民大會依八十三年八月一日修正公布憲法增修條文第一條第九項規定訂定之國民大會議事規則，其第三十八條第二項關於無記名投票之規定，於通過憲法修改案之讀會時，適用應受限制。而修改憲法亦係憲法上行為之一種，如有重大明顯瑕疵，即不生其應有之效力。所謂明顯，係指事實不待調查即可認定；所謂重大，就議事程序而言則指瑕疵之存在已喪失其程序之正當性，而違反修憲條文成立之基本規範。國民大會於八十八年九月四日三讀通過修正憲法增修條文，其修正程序牴觸上開公開透明原則，且衡諸當時有效之國民大會議事規則第三十八條第二項規定，亦屬有違。依其議事錄及速紀錄之記載，有不待調查即可發現之明顯瑕疵，國民因而不能知悉國民大會代表如何行使修憲職權，國民大會代表依憲法第一百三十三條規定或本院釋字第三三一號解釋對選區選民或所屬政黨所負政治責任之憲法旨意，亦無從貫徹。此項修憲行為有明顯重大瑕疵，已違反修憲條文發生效力之基本規範。』

〈2〉有規範秩序存立基礎之憲法條文乃屬於「本質重要者」，若變更之將形同憲法「破毀」，則此修改之條文失其正當性

『國民大會為憲法所設置之機關，其具有之職權亦為憲法所賦予，基於修憲職權所制定之憲法增修條文與未經修改之憲法條文雖處於同等位階，惟憲法中具有本質之重要性而為規範秩序存立之基礎者，如聽任修改條文予以變更，則憲法整體規範之秩序將形同破毀，該修改之條文即失其應有之正當性。憲法條文中，諸如：第一條所樹立之民主共和國原則、第二條國民主權原則、第二章保障人民權利、以及有關權力分立與制衡之原則，具有本質之重要性。亦為憲法整體基本原則之所在。基於前述規定所形成之自由民主憲政秩序，乃現行憲法賴以存立之基礎，凡憲法設置之機關均有遵守之義務。』

〈3〉國大代表改為「依政黨比例代表方式」選出，與憲法規定國民大會代表全國國民行使政權之意旨，兩不相容，構成規範衝突，與自由民主之憲政秩序

是屬相違

『第三屆國民大會八十八年九月四日通過之憲法增修條文第一條，國民大會代表第四屆起依比例代表方式選出，並以立法委員選舉各政黨所推薦及獨立參選之候選人得票之比例分配當選名額，係以性質不同、執掌互異之立法委員選舉計票結果，分配國民大會代表之議席，以此種方式產生之國民大會代表，本身既未經選舉程序，僅屬各黨派按其在立法院席次比例指派之代表，與憲法第二十五條國民大會代表全國國民行使政權之意旨，兩不相容，明顯構成規範衝突。若此等代表仍得行使憲法增修條文第一條以具有民選代表身分為前提之各項職務，將牴觸民主憲政之基本原則，是增修條文有關修改國民大會代表產生方式之規定，與自由民主之憲政秩序自屬相違。』

〈4〉將國代與立委任期延長，並無憲政上不能依法改選之理由，違反「國民主權原則」，而國代之自行延長任期，更屬有違「利益迴避原則」，俱與「自由民主憲政秩序」不合

『增修條文第一條第三項後段規定：「第三屆國民大會代表任期至第四屆立法委員任期屆滿之日止」，復於第四條第三項前段規定：「第四屆立法委員任期至中華民國九十一年六月三十日止」，計分別延長第三屆國民大會代表任期二年又四十二天及第四屆立法委員任期五個月。按國民主權原則，民意代表之權限，應直接源自國民之授權，是以代議民主之正當性，在於民意代表行使選民賦予之職權須遵守與選民約定，任期屆滿，除有不能改選之正當理由外應即改選，乃約定之首要者，否則將失其代表性。本院釋字第二六一號解釋：「民意代表之定期改選，為反映民意，貫徹民主憲政之途徑」亦係基於此一意旨。所謂不能改選之正當理由，須與本院釋字第三十一號解釋所指：「國家發生重大變故，事實上不能辦理次屆選舉」之情形相當。本件關於國民大會代表及立法委員任期之調整，並無憲政上不能依法改選之正當理由，逕以修改上開增修條文方式延長其任期，與首開原則不符。而國民大會代表自行延長任期部份，於利益迴避原則亦屬有違，俱與自由民主憲政秩序不合。』

〈5〉宣告第五次修憲增修條文中之第一條、第四條、第九條、第十條應自解釋公佈之日起，「失其效力」，八十六年七月二十一日修正公佈之原增修條文繼續適用

『第三屆國民大會於八十八年九月四日，第四次會議第十八次大會以無記名投票方式表決通過憲法增修條文中之第一條、第四條、第九條暨第十條之修正，其程序違背公開透明原則及當時適用國民大會議事規則第三十八條第二項規定，其瑕疵已達明顯重大之程度，違反修憲條文發生效力之基本規範；其中第一條第一項至第三項、第四條第三項內容並與憲法中具有本質重要性而為規範秩序賴以存立之基礎，產生規範衝突，為自由民主憲政秩序所不許。上開修正之第一條、第四條、第九條暨第十條應自本解釋公布之日起失其效力。八十六年七月二十一日修正公佈之原增修條文繼續適用。』

3. 釋字第 499 號解釋之評析
〈1〉「釋憲否定修憲？」之疑議

大法官會議釋字第 499 號解釋，認定國大第五次修憲「失其效力」，雖沒使用「違憲」兩字，但其效力等同。上述解釋一出，全民額手稱慶，對於大法官在 499 號解釋上，確實成功的扮演「憲法守護者」之表現，認係大快人心，也護衛住憲法免於破毀。然而就憲法學之角度，憲法制定完成後，本於「法與時轉則治、治與事宜則有功」，憲法不可能萬年不變動，如何使憲法成長？以適應環境之變遷與需要，乃至為重要。依民主先進國家之憲政實際發展，憲政生命之成長有三：「修改憲法」、「解釋憲法」、「憲政慣例」。尤以前兩者都有專責機關負責修憲、釋憲。無論修憲、釋憲其職掌都與憲法條文有關。

「修憲」乃在透過修改憲法之法定程序，以匡補闕疑憲法條文之不足，其使憲法條文免於「扞格不入」或「窒礙難行」之狀況，甚且與時俱進，以增修條文使民主、法治、公平社會之理想得以達成。「釋憲」乃在於「解釋憲法」與「統一解釋法律命令」，正因憲法具有法的位階之「根本性、最高性」，為防止法律、命令侵犯憲法保障人權之精神，對人民構成傷害，「釋憲者」的角色扮演甚為重要，而有「憲法守護者」之美譽。「釋憲者」的任務是維護「憲法」尊嚴，憲法條文是一切之根本，本次大法官會議釋字第 499 號解釋卻將修憲機關完成之「憲法條文」，直接宣布「失其效力」。此乃產生「以釋憲否定修憲」之疑惑、爭議。亦即縱使「修憲修的非常糟之條文，但還是憲法典之一部份」，美國對修憲後產生之爭議，還是以透過下次修憲解決之方式，吾人以為應屬較佳模式。[174]大法官職責在於全力以維護「全本憲法」，而不宜擊毀或否決「部份憲法」。大法官釋憲的依據是「憲法」，憲法條文是其所本，豈宜判定憲法本身條文「失其效力」。「釋憲否定修憲乎？」大法官會議釋字第 499 號解釋後，必然引發法學論戰。

〈2〉「憲法違憲乎？」之疑議

本次大法官會議釋字第 499 號解釋對第五次修憲條文之宣布「失其效力」。有兩個要點：

a.大法官同時從「修憲之程序」與「修憲之內容」來審視第五次修憲條文。前者大法官認定「第三屆國大代表修憲時採用「無記名投票」，這在修正程序牴觸公開透明原則，且衡諸當時有效之國民大會議事規則第三十八條第二項規定，亦屬有違。」；後者大法官認定「國大代表改為依政黨比例代表方式選出，與憲法規定國民大會代表全國國民行使政權之意旨，兩不相容，構成規範衝突，與自由民主之憲政秩序是屬相違」，再者，「將國代與立委任期延長，並無憲政上不能依法改選之理由，違反『國民主權原則』，而國代之自行延長任期，更屬有違『利益迴避原則』，俱與『自由

---

[174] 1917 年美國第 65 屆國會通過憲法第 18 條修正案：「禁止在合眾國及其管轄下的一切領土內釀造、出售和運送致醉酒類，並且不准此種酒類輸入或輸出合眾國及其管轄下之一切領土。」此一憲法禁酒令於 1920 年 1 月 2 日生效。唯「禁酒運動」〈the prohibition movement〉全美贊成者、反對者皆有，爭議甚大。到了 1933 年美國國會通過第 21 條修憲案：「美利堅合眾國憲法修正案第 18 條現予廢除」。

民主憲政秩序』不合。」

一般而論，大法官所尊奉者是憲法，所有法定程序完成之憲法條文皆是「標準」。大法官之職責在根據憲法之精神「解釋」憲法，並據以「否決」違反憲法精神之法律、命令；但不宜「否決」憲法。「經三讀程序完成修憲之內容」屬於憲法條文一部分，本於尊重憲法條文之崇隆性，無論吾人主觀、客觀標準對修憲完成後之憲法條文任何意見，但它就是「憲法條文」，除非採用修憲改正回來，如美國憲法增修案之「禁酒令」。質言之，修憲之問題由修憲方式解決為宜；透過釋憲方式否決憲法條文宜應審慎[175]，此將為未來釋憲者「以憲法條文否定憲法條文」大開方便之門；甚且，大法官將成未來修憲後「最後仲裁者」地位。大法官會議釋字第 499 號解釋如僅從「修憲程序」角度來認定第五次修憲之失其效力，則尚可獲得學理支持，若直接從「憲法條文否決憲法條文」則是有法哲學疑義，且就憲法本身亦非尊重。

b.「修憲是否有界限？」這是過去以來憲法學界就論戰不休者。本次大法官會議釋字第 499 號對第五次修憲條文解釋中持「修憲有其界限」說。同時本次釋憲案，大法官直接將憲法條區分兩種，值得關注。大法官認定憲法條文中有「本質重要性」者，為最基礎：「憲法中具有本質之重要性而為規範秩序存立之基礎者，如聽任修改條文予以變更，則憲法整體規範秩序將形同破毀，該修改之條文即失其應有之正當性。憲法條文中，諸如：第一條所樹立之民主共和國原則、第二條國民主權原則、第二章保障人民權利、以及有關權力分立與制衡之原則，具有本質之重要性。亦為憲法整體基本原則之所在。基於前述規定所形成之自由民主憲政秩序，乃現行憲法賴以存立之基礎，凡憲法設置之機關均有遵守之義務。」

於是乎，大法官表達了這樣的態度：憲法中有一些是「具有本質之重要性而為規範秩序存立之基礎者」，憲法條文固然「處於同等位階」，但若「聽任修改條文予以變更，則憲法整體規範秩序將形同破毀，該修改之條文即失其應有之正當性。」是則，大法官實質並未將所有憲法條文等同，而是將憲法條文有所區別，一是「具有本質之重要性而為規範秩序存立之基礎者」，另一是修憲後之條文若有牴觸該些基本憲法條文精神，那麼這類修憲條文失其效力。然判定憲法性質，屬前者抑或後者？顯由大法官定之。

〈二〉三黨無心國代選舉，採修憲變更國大為「任務型國大」，停止第四屆國大選舉，阻止宋楚瑜親民黨搶攻國大；並修憲報復大法官

民國八十九年三月二十四日，大法官釋字第 499 號公布，第三屆國大代表延

---

[175] 釋字第 499 號解釋有大法官提出「不同意見書」。大法官曾華松認為，大法官只能審查修憲機關有無制定或修正憲法的權限，至於制定或修正「是否高明」，大法官並無審究的餘地，而釋憲機關的自我抑制，乃釋憲機關的唯一防線。大法官賴英照則認為依司法院釋字第 342 號、第 381 號、第 419 號等解釋所確立之議會自律原則，本件國民大會之議事瑕疵應未達明顯重大之程序。大法官蘇俊雄表示，大法官應本於司法自制原則，將此一問題留給國民與憲法機關合理解釋之空間。

任案失效，必須依規定進行第四屆國大代表之選舉。中央選舉委員會在 3 天後的三月二十七日，緊急召開委員會議，會中決議：

　　1.三月三十日，發布第四屆國民大會代表選舉公告。

　　2.四月六日，公告候選人登記日期及必備事項。

　　3.四月九日至四月十三日，受理候選人登記。

　　4.四月十九日前，審定國民大會代表候選人名單並通知抽籤。

　　5.四月二十五日，公告國民大會代表候選人名單，競選活動時間之起、止日期，每日競選活動之起、止時間。

　　6.四月二十六日至五月五日，辦理政見發表會。

　　7.五月三日，公告選舉人數。

　　8.五月六日，投票。應選名額共 339 名。

　　9.五月十二日，公告當選人數。

　　就在三月二十四日，大法官會議釋字第 499 號公布，第三屆國大代表延任案失效，必須依規定進行第四屆國大代表選舉之際，國內政壇波濤洶湧。同日，民進黨對 499 號發表措辭強烈之聲明，抨擊大法官以司法凌駕人民意志之上，創下「釋憲權否定制憲權」之負面例示。民進黨主席林義雄呼籲各政黨協商底限，擬出符合人民期待的版本，再召開國大臨時會修憲。朝野國代串聯要求召開第三屆國大第五次修憲會議的動作白熱化，國民黨完成約 80 位黨籍國代的連署，民進黨國大黨團亦完成 87 人之連署書，兩黨連署人數已超過門檻所需之 126 人。

　　三月二十七日晚，國、民兩黨國大黨團進行朝野協商，雙方初步達成廢除國大的原則共識，唯其實施與配套措施，則在兩天內由兩黨秘書長層級進一步取得共識，決定兩黨是否連署召開國大第五次修憲會議？三月二十八日，國民黨代主席連戰指定中常委、國代胡志強發表當前情勢看法：『廢國大已是多數民意的取向，國民黨中央雖沒有做成最後決策，但尊重國大黨團、尊重民意，基於國家利益做出抉擇，是國民黨的一貫立場・・・國民黨與民進黨達成廢國大的共識，是為了尊重民意的趨勢，而不是為了封殺親民黨，外界不必想的太複雜。』宋楚瑜則發表談話表示：『兩黨不要怕選輸他，就不顧法理，以無法無理的態度，輕言廢除國大，就像當初國、民兩黨怕總統選舉失利，為廢掉宋楚瑜而先廢掉台灣省。』新黨全委會召集人郝龍斌認為：『本屆國代「不良素行」的前科累累，極可能在國大臨時會中夾帶利益交換來廢除國民大會，因此在沒有完整配套下，新黨不會贊成讓本屆國代於臨時會中廢除國民大會。』[176]

　　三月三十日上午，國、民兩黨於國賓飯店進行修憲協商。會後兩黨共計達成七項共識：[177]

　　1.第三屆國民大會代表任期至民國八十九年五月十九日屆滿，不再延任。

　　2.八十九年五月二十日起，國民大會機關名稱維持不變，走向虛級化、非常

[176] 陳新民主撰，1990-2000 年台灣修憲紀實〈台北：學林文化公司，2002 年 2 月〉頁二四二 – 二四四。

[177] 國、民兩黨七點共識詳見，台北：聯合報，民國八十九年三月三十一日，版一。

設化，國大代表依議題需要，於立法院提出總統、副總統彈劾案或憲法修正案時，三個月內採取政黨比例代表制產生，任務型國代每次集會爲期一個月，集會結束即解除職務。

3.基於穩定政局，符合民意考量，自八十九年五月二十日起，國民大會職權合理調整如下：

〈1〉移至立法院的職權：補選副總統；罷免總統、副總統提案權；總統提名任命之司法院、考試院、監察院人員行使同意權；變更領土決議：聽取總統國情報告。

〈2〉停止行使的職權：憲法修改權；聽取總統國情報告；檢討國是、提供建言。

〈3〉國大代表行使的職權：議決立法院提出總統、副總統彈劾案；複決立法院所提出之憲法修正案。

4.國大代表行使職權應依所屬政黨主張執行，其程序由立法院定之。

5.兩黨共同連署，咨請總統於四月十一日前召集國民大會代表集會。

6.本次國民大會集會，僅就兩黨協商共識進行議決。

7.兩黨一致呼籲全體國民及其他黨派全力支持，共同推動國會改革。

就在國、民兩黨達成國大虛級化共識之 7 點聲明，兩黨國大黨團同日向國民大會秘書處送出 184 位國代之連署書，請求李總統頒布國大第五次會議召集令。同時，民進黨主席林義雄拜會新黨全委會，雙方密談 20 分鐘，會後新黨全委會召集人郝龍斌表示：『政黨不能合流，但也不能排除合作機會，新黨將在反黑、反金的議題上和民進黨密切合作。』[178]

整體而言，第六次修憲是在兩黨高層極短的時間蘊釀、主導下，達成 7 點聲明，推動「國民大會虛級化」修憲的走向。國、民兩黨之黨籍國代初始積極推動連署欲召開臨時會修憲，是針對大法官釋字 499 號解釋之不滿，但當兩黨高層將修憲定調爲：「國民大會虛級化」，直接衝擊國代未來之政治發展，故開始幾天兩黨國大仍有相當程度的反彈與雜音[179]，唯很快被兩黨內部化解。新黨亦表達積極參與第六次修憲之決心。

一般輿論有以兩黨黨中央與國代在「延任不成，連任困難，阻宋擴張」之情勢下，展現驚人之修憲效率與速度：從 4 月 8 日國大開議，4 月 24 日完成三讀，4 月 25 日休會，總計 17 天完成修憲。國、民、新三黨腳步一致、快速的修憲，達成了國大虛級化，將國民大會成爲「任務型國代」，第四屆國代停止選舉。這第六次修憲的針對性非常明顯 — 阻擋宋楚瑜親民黨搶攻第四屆國代[180]〈修憲探

---

[178] 台北，中國時報，民國八十九年三月三十一日，版三。

[179] 針對國、民兩黨協商共識，兩黨國大黨團內部反彈，認爲黨中央未顧及黨籍國代意願，剝奪參選空間，讓國代失去舞台。國民黨籍國代林明昌等人表示，兩黨高層說虛級化就虛級化，沒有傾聽國代的心聲・・・很多國代對修憲前景持保留態度，認爲還是準備選舉比較實在。內容參見陳新民主撰，前揭書，頁二四七－二四九。

[180] 親民黨國大黨團及立院黨團於第六次修憲二讀會的前兩天 4 月 22 日召開記者會表示，由於國、民兩黨主導的修憲有違憲之虞，該黨宣稱將退出國大修憲審查會，拒絕爲此次修憲背書。親民黨國大黨團發言人高寶華表示，此次國大修憲，違反憲法規定的修憲程序，不符程序正

取整套「任務型國代」：職權設定、移轉與相關配套〉；報復司法院大法官〈排除大法官優遇條款〉。

二、第六次修憲的過程

〈一〉國代要求開會連署至一讀會完成

兩黨國代在民國八十九年三月三十日，向國民大會秘書處送出 184 位國代連署書，咨請李登輝總統頒布第三屆國大第五次會議召集令。秘書處收到國代要求開會之連署書，依法公告兩天後，於四月一日派專人送到總統府，請李總統依憲法增修條文規定頒布國代召集令。李登輝總統以最速件完成所有程序，於同日上午 11 點 30 分將召集令送抵國大秘書處。國大秘書處發文通知所有國大代表於 4 月 7 日出席開會，創下國大聲請開會最快的紀錄。

四月八日上午九時，第三屆國民大會第五次會議於陽明山中山樓開議。預備會議於中山樓中華文化堂舉行，出席代表 240 人。討論三件事項：1. 第三屆國民大會第五次會議第一次大會議事日程草案。〈決議：照案通過〉2.陳鏡仁、蔡正元等 94 位代表提案：「請行政院轉請中央選舉委員會在第三屆國民大會第五次會議期間，延緩舉辦第四屆國民大會代表選舉事宜，以維憲政運作。」〈決議：照案通過〉。3.莊勝榮等 31 位國代臨時動議：「本會此次修憲期間，應邀請所有大法官列席「指導」，以免再度發生修憲而違憲之憲政危機，是否有當，敬請公決。」〈決議：交由程序委員會排入大會議程再做處理。〉

四月七日，國大開議前一天，國民黨將其黨版修憲草案公佈：國民大會定位為「任務型國代」，依政黨比例代表制產生。原國民大會職權全面凍結實行，職權均移轉給立法院，立法院形同單一國會。民進黨主席林義雄表示，這次修憲非常單純，除了凍結國大外，其他議題盡量不觸及。

四月八日，國大開議首日，國民黨國大黨團法案小組開會決議：先訂出任務型國代 300 名，任務型國代會議時間由一個月延長為兩個月。新黨國大黨團堅持領土變更決議案應視同修憲案部分，國、民兩黨原則上同意。國、民、新三黨國大黨團原則同意共同提案，主要修憲任務在於將國代虛級化，會議預計在四月二十五日完成修憲三讀程序，使中選會正在籌辦的第四屆國大選舉活動自動失效。

四月十日，國民黨修憲版本定稿，國、民、新三黨中央進一步協商。四月十一日下午，國民大會第五次會議程序委員會召開第一次會議，對修憲會議日程做了大幅變更之決定：為了讓修憲案趕在四月二十六日，下屆國民大會代表選舉活動開始日前，完成國民大會虛級化修憲三讀。決議大幅「縮短修憲案補正天數，由三天改為一天」，「收受對修憲審查結果修正案天數，由五天改為三天」。這是明顯與「國民大會議事規則」不符，是有程序瑕疵。第一次會議原則確定本次會以修憲為主，修憲日程規劃：

1.四月十四日，進行修憲一讀會大體討論。

2.四月十五日、十六日兩日，進行修憲審查會。

義原則，更淪為政黨分贓，兩黨為打壓親民黨在國大選舉的成長空間，不惜在短時間內修憲廢國大，卻造成更大的憲政問題。台北，聯合報，民國八十九年四月二十三日，版四。

3.四月十九日，截止收受對修憲審結果修正案。

4.四月二十一日，進行處理修憲審查報告書。

5.四月二十四日，進行修憲二讀會。

6.四月二十五日，進行修憲三讀會，之後閉會。

四月十一日，國、民、新等三黨中央敲定前述以國民黨版修憲案之內容。四月十二日，國、民、新等三黨一派之國大黨團，共同向國大秘書處遞送由 229 位國代連署之「國大虛級化」修憲案，此爲修憲第三號案。三黨一派共同提出連署修憲案〈第三號案〉之內容如下：

1.『國民大會代表三百人，於立法院提出憲法修正案、領土變更案，經公告半年；或提出總統、副總統彈劾案時，應於三個月內採比例代表制選出之，比例代表制之選舉方式以法律定之。』〈第一條、第一項〉

『國民大會職權爲複決立法院提出之憲法修正案、領土變更案及議決立法院提出之總統、副總統彈劾案。』〈第一條、第三項〉

2.『總統、副總統之罷免案，經立法委員四分之一之提議，三分之二之同意後提出，並經中華民國自由地區選舉人數總額過半數之投票，有效票過半數同意罷免時，即爲通過。』〈第二條、第九項〉

3.『立法院於每年集會時，聽取總統國情報告。』〈第四條、第三項〉

『中華民國領土，依其固有之疆域，非經全體立法委員四分之一之提議、四分之三之出席，以及出席委員四分之三之決議，並提經國民大會代表三分之二之出席，出席代表四分之三之同意複決，不得變更之。』〈第四條、第五項〉

『立法院對於總統、副總統的彈劾案，須經全體立法委員二分之一之提議，全體立法委員三分之二以上之決議，不得變更之。』〈第四條、第七項〉

4.『司法院大法官十五人，以其中一人爲院長、一人爲副院長，由總統提名，經立法院同意任命之。』〈第五條、第一項〉

5.『考試院設院長、副院長各一人，考試委員若干人，由總統提名，經立法院同意任命之。』〈第六條、第二項〉

6.『監察院設監察委員二十九人，以其中一人爲院長、一人爲副院長，任期六年，由總統提名，經立法院同意任命之。』〈第七條、第二項〉

四月十四日，上午 10 時，進入修憲案一讀會。舉行第三次會議，出席代表278 位，主席陳金讓宣佈開會。秘書處首先報告：第三屆國民大會第五次會議修憲審查委員會總召集人是：朱新民、劉權漳、陳明仁〈以上中國國民黨〉；張倉顯、湯美娥〈以上民主進步黨〉；李炳南〈新黨〉；江文如〈第四黨團〉。接著開始進行討論事項，經秘書處朗讀所有第一號至第七號修憲案案由後，主席即宣布進行提案人說明提案要旨。下午會議進行大體討論。會議決議：修憲提案第一號至第七號交付修憲審查委員會審查。

四月十四日，在完成修憲案一讀會提案人說明，及大體討論後，大會並決定

週六、週日加班召開修憲審查會。朝野各黨都在凝聚內部共識，希望在二十四日順利完成國代虛級化修憲。同時，三黨國代黨團為防止國代「跑票」，有蔡正元、李炳南、劉一德、江文如等 85 位代表，以臨時動議方式共同提案，修改「國民大會議事規則」第三十八條第二項定：『前項之表決方法，得由大會議決或主席酌定以舉手、起立、表決器、無記名投票或記名投票行之。記名投票時，應於票上刊印代表姓名，由代表圈選贊成、反對或棄權。』大會主席陳金讓徵求意見時，獲得無異議通過，親民黨未反對。這也說明，國民大會虛級化在二、三讀會表決時，將採記名方式為之，透過投票方式壓縮反對修憲案串連跑票的機會。

四月十五日，修憲審查委員會第一次會議。主席宣布：『本審查委員會依修憲審查委員會組織規程之規定，將以兩天的時間對大會交付之七件修憲提案進行審查。有關審查程序及方式，依本審查會總召集人第一次會議之決議：本次修憲審查委員會不設分組。審查委員會審查修憲提案之程序時，照秘書處擬具之分類表，依提案性質類別分別進行審查。』本日，國大代表提案廢大法官：釋憲權改隸最高法院。最高法院除原執掌之民、刑事訴訟外，並吸納現有行政法院掌理的行政訴訟案件；同時國大也提不廢大法官的備案：將限縮大法官釋憲職權，限制大法官「對於憲法條文不得就程序上及實體上為與文義相反之解釋」。此分別排入第一號及第七號修憲提案。

四月十六日，修憲審查委員會第二次會議。出席委員 290 位，下午 3 時 45 分審查會開始針對修憲提案第一號案至第七號案，進行逐案表決：[181]

1. 第一案：「廢除大法官」提案。儘管國民黨中央要求國大黨團，約束黨籍國代反對廢除大法官的修憲案，但效果不佳。此外，民進黨、親民黨採取開放的態度。新黨以時機不宜，容易讓外界認為國民大會挾怨報復的觀感而反對。最後表決結果，在 248 位出席國代中，有 138 票支持，通過本案。在場國代多群起歡呼。

2. 第二案：「增加 25 位立法委員」提案。以及明定立法委員名額增加「自第五屆起」的修正動議。以 155 票通過。

3. 第三案：「國大虛級化之共同版修憲案」。國、民兩黨國代展開反制大法官的動作，以修憲提案修正案的方式，在三黨共同提案版中，增列「大法官非終身職」條款，不適用憲法第八十一條「法官為終身職」之規定。本案獲得出席國代八成以上之支持，高票通過。

4. 第四案：「新黨版修憲案」〈重點為：總統、副總統選舉改為絕對多數制；立法院恢復閣揆同意權；監察委員改為民選等〉。經過三黨協商後，該案八個條文通過審查。

5. 第五案：「澎湖離島定位、社會福利條款、軍人保障條款」。獲得四黨一致支持，高票通過。

6. 第六案：「國大虛級化後，保障國大職工權益的配套措施。要求國大職權

---

181 國大修憲審查委員會第二次會議之七項提案表決參見，台北，聯合報，民國八十九年四月十七日，版一、三。

調整後，秘書處原有之組織、人事應予保障」。國民黨表明，此種問題不宜入憲，將由各黨組成代表擇期拜訪立法院，請立法院另行修改立法院組織法，吸納原有國民大會人士。故而本案表決未通過，也是七項修憲案中唯一未通過者。

　　7.第七案：「限制大法官釋憲職權」。限制大法官「對於憲法條文不得就程序上及實體上爲與文義相反之解釋」。本案亦獲通過。

　　四月十八日，朝野國民大會代表進行修憲協商，在任務單純化下，一切以三黨達成共識之修憲版本爲主，決定阻止廢大法官的修憲案進入二讀會。然而國、民兩黨對取消大法官終身優遇、立法委員總額增加二十五席則有高度共識。[182]

　　四月十九日下午，第三屆國民大會第五次會議，程序委員會第三次會議。會中審議收到修憲提案審查結果修正案 10 件。決議：所有修正案 10 件依「國民大會議事規則」第 16 條第 2 項之規定！交秘書處印送全體代表。另對大會處理第三屆國民大會第五次會議修憲審查委員會「修憲審查報告書」進行程序，決議：「大會處理審查報告書之進行程序，依照政黨協商結論進行，惟對審查通過者，仍須逐案表決。」

　　四月二十一日，國民大會表決「修憲審查報告書」。朝野黨團都發出甲級動員令。從下午 3 時起，逐案、逐條進行表決。國民黨秘書長林豐正、民進黨主席林義雄，都親臨督陣。大會針對日前修憲審查會之表決結果，再度進行表決確認，通過的修憲提案才能進入二讀會繼續審查。表決後，順利通過者：三黨國大虛級化的協商版本；立委總額由 225 名，增加爲 250 名；台澎金馬地區、軍人保障條款；以及新黨所主張的總統採絕對多數等案，均將送四月二十四日起之二讀會討論。至於廢除大法官會議與限制大法官釋憲權範圍兩案，則遭到封殺。

　　四月二十一日，第三屆國民大會第五次會議第四次大會，並通過廖榮清、陳子欽等 248 位代表所提臨時動議：1.大會通過進行二讀會之修憲案，依國民大會議事規則第 38 條第 2 項規定，於二讀會時，逐條採用記名投票表決。2.未經大會審查之修憲提案之修正案，於進行二讀會時，依國民大會議事規則第 38 條第 2 項規定，於二讀會時逐條採用舉手表決。3.修憲二讀會議決後，依國民大會議事規則第 49 條規定，接續進行三讀會。並依國民大會議事規則第 38 條第 2 項規定，於三讀會時，就全案記名投票表決之。

〈二〉二讀會、三讀會修憲

　　四月二十四日，國民大會進入二讀會議程。國民黨秘書長林豐正、民進黨游錫堃、新黨全委會召集人郝龍斌都前往陽明山督陣。三黨均祭出黨紀：黨籍國代若違反黨的決策，一律開除黨籍。而親民黨則在四月二十二日，由親民黨國大黨團、立院黨團共同召開記者會，表示：『由於國、民兩黨主導之修憲有違憲之虞，宣稱將退出國大修憲審查會，拒絕爲此次修憲背書。』親民黨國大黨團發言人高寶華表示，這次國大修憲，違反憲法規定的修憲程序，不符程序正義原則，更淪爲政黨分贓，兩黨爲打壓親民黨在國民大會選舉的成長空間，不惜在短時間內修

---

[182]　台北，聯合報，民國八十九年四月十九日，版四。

憲廢國大，卻製造了更大的憲政問題。[183]

　　第三屆國民大會第五次會議第五次大會進行二讀會，由代議長陳金讓主持，出席代表 312 人。會議就第三屆國民大會第五次會議修憲審查委員會審查通過經大會議決進入二讀之條文及其修正案。經主席宣布進行程序：首先依修正案案號順序，分別由提案人說明要旨，提案說明時間 10 分鐘。[184]之後，經主席宣布結束修正案提案人說明。繼續進行二讀會廣泛討論，發言代表共有尤松雄、蔡亮亮等 17 位代表。下午 1 時 30 分繼續開會，進入逐條討論與逐條議決修憲案。經清點在場人數 280 人，已達代表總額三分之二之出席，遂進行二讀會逐條議決，議決方式依照四月二十一日第四次大會通過代表廖榮清等 248 人臨時動議為之。有關第三屆國民大會第五次會議第五次大會進行二讀會各項提案議決如下：

1. 修正案第十號：「第三屆國民大會代表任期至八十九年五月十九日止，國民大會組織法應於兩年內配合修正。」表決結果：經清查在場代表人數 297 人，贊成本案代表人數 292 人。通過。

2. 修正憲法增修條文第一條條文：「依政黨比例代表制選出三百名任務型國大代表。」表決結果：經清查在場代表人數 299 人，贊成本案代表人數 291 人。通過。

3. 修正憲法增修條文第二條條文：「總統、副總統之罷免案，須經四分之一立法委員提議，三分之二之同意後提出，並經全國人民，過半數同意罷免時，即為通過。」表決結果：經清查在場代表人數 295 人，贊成本案代表人數 284 人。通過。

4. 修正憲法增修條文第四條條文：「領土變更須經立法院同意，國民大會複決。」「對總統、副總統彈劾案，須經三分之二立法委員決議後，向國民大會提出。」表決結果：經清查在場代表人數 293 人，贊成本案代表人數 286 人。通過。

5. 修正案第六號第一項：「司法院大法官除原法官轉任者外，不適用法官終身職待遇之規定。」表決結果：經清查在場代表人數 285 人，贊成本案代表人數 249 人。通過。

6. 修正憲法增修條文第五條條文：「司法院大法官由總統提名，經立法院同意任命。」表決結果：經清查在場代表人數 296 人，贊成本案代表人數 279 人。通過。

7. 修正憲法增修條文第六條條文：「考試院正、副院長、考試委員由總統提名，經立法院同意任命。」表決結果：經清查在場代表人數 283 人，贊成本案代表人數 277 人。通過。

8. 修正憲法增修條文第七條第一項條文：「監察委員二十九人，由總統提名，經立法院同意任命。」表決結果：經清查在場代表人數 284 人，贊成

---

[183] 親民黨聲明參見，台北，聯合報，民國八十九年四月二十三日，版四。

[184] 修正案第一號、第二號經主席徵詢提案人未做說明。修正案第三號提案人蔡志弘代表說明。修正案第四號提案人江昭儀代表說明。修正案第六號、第七號經主席徵詢提案人未做說明。修正案第八號提案人林勝利代表說明。修正案第十號經主席徵詢提案人未做說明。

本案代表人數 280 人。通過。

9. 修正憲法增修條文第八條條文：「國民大會代表集會期間之費用以法律定之。」表決結果：經清查在場代表人數 284 人，贊成本案代表人數 279 人。通過。

10. 修正憲法增修條文第九條條文：「台灣省政府之功能、業務與組織之調整，得以法律為特別之規定。」表決結果：經清查在場代表人數 284 人，贊成本案代表人數 279 人。通過。

11. 修正憲法增修條文第十條條文：「增訂社會福利、軍人保障條款。」表決結果：經清查在場代表人數 290 人，贊成本案代表人數 290 人。通過。

修憲二讀會逐條表決完畢，主席請「二讀會修正議決之條項文句整理小組」代表朱新民報告二讀會通過條文就中華民國憲法增修條文第一條、第二條、第四條至第十條修正條文之整理情形。主席徵詢大會就上述整理之中華民國憲法增修條文部分條文修正草案通過，並請秘書處宣讀中華民國憲法增修條文部分條文修憲草案。

主席代議長陳金讓隨即在二讀會程序完成後，宣布進行第三讀會。並依照四月二十一日，第四次大會通過代表廖榮清等 248 人臨時動議之以記名投票進行全案條文表決。共計有代表 287 人領票，285 人贊成，2 人棄權，通過修憲三讀程序。四月二十四日晚間 11 點 20 分主席陳金讓敲下議事槌後，第六次修憲完成。

三、第六次修憲之內容

第六次修憲，有關中華民國憲法增修條文之變動部分，列述如下：

1. 增修條文第一條第一項〈第一項修正〉：『國民大會代表三百人，於立法院提出憲法修正案、領土變更案，經公告半年，或提出總統、副總統彈劾案時，應於三個月內採比例代表制選出之，不受憲法第二十六條、第二十八條及第一三五條之限制。比例代表制之選舉方式以法律定之。』

2. 增修條文第一條第二項〈第二項修正〉：『國民大會之職權如左，不適用憲法第四條、第二十七條第一項第一款至第三款及第二項、第一七四條第一款之規定：一、依憲法第二十七條第一項第四款及第一七四條第二款之規定，複決立法院所提之憲法修正案。二、依增修條文第四條第五項之規定，複決立法院所提之領土變更案。三、依增修條文第二條第十項之規定，議決立法院提出之總統、副總統彈劾案。』

3. 增修條文第一條第三項〈第三項修正〉：『國民大會代表於選舉結果確認後十日內自行集會，國民大會集會以一個月為限，不適用憲法第二十九條及第三十條之規定。』

4. 增修條文第一條第四項〈第四項修正〉：『國民大會代表任期與集會期間相同，憲法第二十八條之規定停止適用。』『第三屆國民大會代表任期至中華民國八十九年五月十九日。國民大會職權調整後，國民大會組織法應於二年內配合修正。』

5. 增修條文第二條第二項〈第二項修正〉：『總統發布行政院長與依憲法經

立法院同意任命人員之任免命令及解散立法院之命令，無須行政院長之副署，不適用憲法第三十七條之規定。』

6. 增修條文第二條第七項〈第七項修正〉：『副總統缺位時，總統應於三個月內提名候選人，由立法院補選，繼任至原任期屆滿爲止。』

7. 增修條文第二條第九項〈第九項修正〉：『總統、副總統之罷免案，須經全體立法委員四分之一提議，全體立法委員三分之二之同意後提出，並經中華民國自由地區選舉人總額過半數之投票，有效票過半數同意罷免時，即爲通過。』

8. 增修條文第四條第三項〈第三項修正〉：『立法院於每年集會時，得聽取總統國情報告。』

9. 增修條文第四條第四項〈原第三項未修正，改列爲第四項〉：『立法院經總統解散後，在新選出之立法委員就職前，視同休會。

10. 增修條文第四條第五項〈第五項修正〉：『中華民國領土，依其固有之疆域，非經全體立法委員四分之一之提議、全體立法委員四分之三之出席，及出席委員四分之三之決議，並提經國民大會代表總額三分之二之出席，出席代表四分之三之複決同意，不得變更之。』

11. 增修條文第四條第六項〈原第四項未修正，改列爲第六項〉：『總統於立法院解散後發布緊急命令，立法院應於三日內自行集會，並於開議七日內追認之。但於新任立法委員選舉投票日後發布者，應由新任立法委員於就職後追認之。如立法院不同意時，該緊急命令立即失效。』

12. 增修條文第四條第七項〈第七項修正〉：『立法院對於總統、副總統之彈劾案，須經全體立法委員二分之一以上之提議，全體立法委員三分之二以上之決議，向國民大會提出，不適用憲法第九十條、第一〇〇條及增修條文第七條第一項有關規定。』

13. 增修條文第四條第八項〈原第六項未修正，改列爲第八項〉：『立法委員除現行犯外，在會期中，非經立法院許可，不得逮捕或拘禁。憲法第七十四條之規定，停止適用。』

14. 增修條文第五條第一項〈第一項修正〉：『司法院設大法官十五人，並以其中一人爲院長、一人爲副院長，由總統提名，經立法院同意任命之。自中華民國九十二年起實施，不適用憲法第七十九條之規定。司法院大法官除法官轉任者外，不適用憲法第八十一條及有關法官終身職待遇之規定。』

15. 增修條文第六條第二項〈第二項修正〉：『考試院設院長、副院長各一人，考試委員若干人，由總統提名，經立法院同意任命之，不適用憲法第八十四條之規定。』

16. 增修條文第七條第二項〈第二項修正〉：『監察院設監察委員二十九人，並以其中一人爲院長、一人爲副院長，任期六年，由總統提名，經立法院同意任命之。憲法第九十一條至九十三條之規定停止適用。』

17.增修條文第八條〈第八條修正〉：『立法委員之報酬或待遇，應以法律定之。除年度通案調整者外，單獨增加報酬或待遇之規定，應自次屆起實施。國民大會代表集會期間之費用，以法律定之。』

18.增修條文第九條第二項〈原第二項刪除，原第三項修正，改列爲第二項〉：『台灣省政府之功能、業務與組織之調整，得以法律爲特別之規定。』

19.增修條文第十條第八項〈第八項增列〉：『國家應重視社會救助、福利服務、國民就業、社會保險及醫療保健等社會福利工作，對於社會救助和國民就業等救濟性支出應優先編列。』

20.增修條文第十條第九項〈第九項增列〉：『國家應尊重軍人對社會之貢獻，並對其退役後之就學、就業、就醫、就養予以保障。』

21.增修條文第十條第十一項〈原第九項未修正，改列爲第十一項〉：『國家肯定多元文化，並積極維護發展原住民語言及文化。』

22.增修條文第十條第十二項〈原第十項修正，改列爲第十二項〉：『國家應依民族意願，保障原住民族之地位與政治參與，並對其教育文化、交通水利、衛生醫療、經濟土地、及社會福利事業與以保障扶助並促其發展，其辦法另以法律定之。對於澎湖、金門及馬祖地區人民亦同。』

23.增修條文第十條第十三項〈原第十一項未修正，改列爲第十三項〉：『國家對於僑居國外國民之政治參與，應予保障。』

四、第六次修憲之評析

第六次修憲可分修憲過程、修憲內容兩部份論述。探討本次國代匆促進行修憲，程序正義之缺失。而修憲實質內容之背離憲法學理：「國代虛級化」只爲無意於選舉，並阻擋宋楚瑜陣營在總統大選高票落選後之高昂氣勢，親民黨欲搶攻國代席次、國、民、新三黨索性將國大虛級化；「大法官禮遇之刪除」，更見挾怨報復斧鑿痕跡之深。

〈一〉修憲過程面析論

修憲係屬非常慎重之大事，故而一般民主國家都是透過一連串綿密、謹慎之修憲過程。每一個過程有其規定時間，以及辦理事項，各黨協商、再協商。然而國、民兩大黨決定發起國民大會第六次修憲，卻打破了國內、外修憲的紀錄 — 在一個月不到的時間就完成了修憲。且修憲過程違反議事規則至爲明顯。

國、民兩黨爲何要快速完成修憲？乃爲逃避第四屆國大選舉，而決定透過修憲將「國民大會虛級化」，亦即將國民大會改成「任務型國民大會」，如此第四屆國民大會代表選舉也就不需辦理。

民國八十九年三月二十四日，大法官釋字 499 號解釋出爐，以第三屆國大代表延任案失效，必須依規定進行第四屆國大代表之選舉。中央選舉委員會乃在 3 天後的三月二十七日，緊急召開中選會之委員會議，會中決議：四月九日至四月十三日，受理第四屆國大代表候選人登記。四月二十五日，公告國民大會代表候選人名單，競選活動時間之起、止日期，每日競選活動之起、止時間。四月二十六日至五月五日，辦理政見發表會。五月六日，投票。應選名額共 339 名。

　　國、民兩黨剛經歷第十屆總統、副總統大選，民進黨籍候選人陳水扁、呂秀蓮以 39.30%，領先宋楚瑜、張昭雄的 36.84%；國民黨連戰、蕭萬長的 23.10%；許信良、朱惠良的 0.63%；李敖、馮滬祥的 0.13%。民進黨陳水扁以相對多數當選總統，相對於民進黨支持者的歡心鼓舞，泛藍陣營則一片愁雲慘霧般，尤其宋楚瑜只以不到 3%的差距落敗，由「宋友會」轉變而成的親民黨，正打算透過將要舉行的第四屆國大選舉，將宋楚瑜的政治力予以擴張。而國民黨初敗，既擔心親民黨宋楚瑜力量大增，又無心於選舉，乃擬聯合民進黨，甚至新黨進行一項阻擋第四屆國民大會代表選舉的策略。

　　國民黨的計畫是透過聯合民進黨、新黨一起修憲，將國民大會性質改變，使國民大會「虛級化」，則可從根本解除第四屆國代之選舉。但這樣的修憲也意味必須跟時間賽跑。中選會已否決延後選舉之可能。[185]並如期將第四屆國代之選舉相關時程公布。國、民兩黨啓動的修憲勢必要在四月二十六日之前完成，也就是在第四屆國代選舉候選人活動開始前將選舉完全化解。

　　正因時間的緊迫，本次修憲也違反「國民大會議事規則」之規定。四月十日，國民黨修憲版本定稿，國、民兩黨中央進一步協商。四月十一日下午，國民大會第五次會議程序委員會召開第一次會議，對修憲會議日程做了大幅變更之決定：爲了讓修憲案趕在四月二十六日，下屆國民大會代表選舉活動開始日前，完成國民大會虛級化修憲三讀，決議大幅「縮短修憲案補正天數，由三天改爲一天」，「收受對修憲審查結果修正案天數，由五天改爲三天」。這是明顯與「國民大會議事規則」不符，而有其程序瑕疵。親民黨國代龍應達提出抗議無效。國、民、新三黨無視違反「國民大會議事規則」，任令造成程序瑕疵。

　　本次修憲爲趕在第四屆國代選舉活動前完成修憲工作，時間已不到一個月，有關召集、審查過程時間之快速，都是前所未見的，也創下國大聲請開會最快的紀錄。兩黨國代在八十九年三月三十日，向國民大會秘書處送出 184 位國代連署書，咨請李登輝總統頒布第三屆國大第五次會議召集令。秘書處收到國代要求開會之連署書，依法公告兩天後，於四月一日派專人送到總統府，請李總統依憲法增修條文規定頒布國代召集令。李登輝總統以最速件完成所有程序，於同日上午 11 點 30 分將召集令送抵國大秘書處。國大秘書處發文通知所有國大代表於 4 月 7 日出席開會，創下國大聲請開會最快的紀錄。

　　爲了節約時間，四月十四日，在完成修憲案一讀會提案人說明，及大體討論後，大會並決定週六、週日加班召開修憲審查會。四月十五日，修憲審查委員會第一次會議。主席並宣布：『本審查委員會依修憲審查委員會組織規程之規定，將以兩天的時間對大會交付之七件修憲提案進行審查。有關審查程序及方式，依本審查會總召集人第一次會議之決議：本次修憲審查委員會不設分組。審查委員會審查修憲提案之程序，依照秘書處擬具之分類表，依提案性質類別分別進行審

---

[185] 民進黨國大黨團建議中央選舉委員會，讓國大代表選舉延長至 5 月 10 日投票。以利國民大會修憲。中選會代理主委黃石城表示，中選會是合議制機關，要延後選舉很困難，將於 3 月 30 日如期公告第四屆國大改選的日期。台北：中國時報，民國八十九年三月三十日，版六。

查。』一讀會的審查委員會利用週六、週日加班，且以不分組、2 天的時間完成所有 7 件修憲提案的審查，審查修憲案速度之快、之密集，前所未見。過去第四、第五兩次修憲，是新黨力抗國、民兩黨。而本次修憲，則是新成立的親民黨力抗國、民、新三黨。

董翔飛大法官對第六次修憲過程的評論最爲詳實：[186]

> 整個議事日程，從開始連署到召集令發布，到代表報到、編定議程、受理提案以及進行讀會，前後只用了十五天的時間，而實際真正用於討論表決者，亦僅僅五個整天一個夜晚，就完成了充滿爭議，甚至具有顛覆性的憲政改革。

〈二〉修憲內容面析論

第六次修憲從國、民、新三黨高層協商到定案的時間非常快，約從釋字 499 號公佈之 3 月 24 日，到四月十日，國民黨修憲版本定稿，四月十一日，國、民、新三黨中央進一步協商，四月十二日，國、民、新等三黨一派之國大黨團，共同向國大秘書處遞送由 229 位國代連署之「國大虛級化」修憲案，總共時間約僅 3 個星期而已。這次修憲國、民、新三黨中央任務明確、單純 ── 將國民大會虛級化，使之成爲「任務型國代」。同時將國民大會原有職掌大多移交到立法院，使立法院職權擴張。另國、民兩黨國大黨團及黨籍國代對大法官 499 號釋憲案非常不滿，溢於言表。一讀會在四月二十一日，最後審查會表決「修憲審查報告書」中，雖然國、民兩黨中央爲選舉單純化，強制下達將第一案：「廢除大法官」提案、第七案：「限制大法官釋憲職權」等兩案否決封殺，沒有進入二讀會；然而最後修憲仍是做成「取消大法官終身優遇制度」。另外在基本國策中，增訂社會福利；軍人；澎湖、金馬保障條款入憲。質言之，第六次修憲主要修改部分有四：1.國民大會虛級化 ── 任務型國大。2.立法院職權增加。3.取消大法官終身優遇制度。4. 基本國策中，將增訂社會福利；軍人；澎湖、金馬保障條款入憲。

1.國民大會虛級化 ── 任務型國大

第六次修憲後的國民大會將形成：〈1〉國民大會代表「名額」300 人，僅能於「立法院」提出「憲法修正案」、「領土變更案」，經公告半年，或提出「總統、副總統彈劾案」時，在「三個月內」採「比例代表制」選出之。〈2〉國民大會職權減縮爲 3 種：「複決立法院所提憲法修正案」、「複決立法院所提領土變更案」、「複決立法院所提出之總統、副總統彈劾案」。〈3〉國民大會集會以「一個月」爲限，國民大會代表「任期與集會時間相同」。〈4〉原國民大會秘書處業務、人員，由立法院承受、安置。

國民大會在民國八十年以來的歷次修憲，職權有大幅擴張時期、亦有減少時期，到本次修憲落得虛級化，有如三溫暖般。雖然國民大會被認爲是「憲政怪獸」，國人搖頭憤怒指責頗多，而亦夾雜廢國大之呼聲。[187]然吾人仔細思之，孰令致之？

---

[186] 董翔飛，中國憲法與政府，大修訂四十版〈台北：自發行，民國八十九年十月〉，頁一。

[187] 民國八十九年四月九日，由國內十餘個社運團體組成的「全民怒火廢國大行動聯盟」，強烈的抨擊朝野四黨一方面主張國民大會虛級化，一方面進行國代選舉提名作業是自相矛盾的行爲，毫無廢國大的決心。他們並發起四月十六日大遊行活動，要求各政黨主席簽署廢國大備

國人痛恨者不正是這群執掌修憲大權之人？中山先生「五權憲法」理想中的「最高政權機關」國民大會，到中華民國憲法制定時，因政治協商會議與各政黨妥協，國民大會已非國父主張之原貌，但究其代表產生方式、職權性質，均與西方國會相當，乃有民國四十六年，司法院大法官會議 76 號解釋之「應認國民大會、立法院、監察院共同相當於民主國家之國會。」[188]。然而國民大會隨著民國八十六年、八十八年之第四次修憲、第五次修憲，國、民兩黨高層主政者與第三屆國大代表，有如脫韁之野馬，兩黨分贓、不尊重憲法學理、滋意妄為的刪除閣揆同意權、凍省、延任自肥等等，彼等或以憑藉掌握政治力量之多數，面對修憲行徑粗暴、野蠻、無節制的任意毀憲作為，使舉國譁然，眾多國人乃充滿對憲政發展之不信任、不滿與敵意。尤有甚者，國人之激動者，情緒性主張乾脆廢掉國民大會這頭「憲政怪獸」。蘇嘉宏教授分析：[189]

> 從釋字第四九九號宣告第五次增修條文失其效力，到第六次增修條文公布的整個過程中，舉國譁然、爭議不斷，事情至此的主要癥結，並非在於憲法對國民大會體制的原始設計，而是出在國大代表和其背後的政黨身上。人民因為痛恨毀憲自肥的國大代表和其後縱容的政黨，所以情緒性地主張乾脆廢掉國大；在一股腦地將原屬國大職權轉移到立法院，造就立法院現在不知如何監督？有如「酷斯拉」一般地龐大權力，國人到底是基於何故如此放心，信任黑金力量盤根錯結的立法院？令人百思不得其解。然而，再任令由原先的毀憲自肥、任期將屆者和朝野政黨，在釋字四九九號公布大約一個月的匆匆時間內，通過現在通稱的「任務型國大修憲案」，亦難謂妥當‧‧‧

國人痛恨國民大會，實則忽略了國民大會其本身設計、功能並非邪惡、不完美。而是運作者：國大代表、尤其是國、民兩黨高層之私心自用、缺乏守憲、守法之為政美德。兩黨毀憲分贓，讓國人不齒、痛恨，而將責任推到「國民大會」制度本身。最讓人痛心者，任意破壞憲政體制與秩序的這批國代們，這些朝野政黨高層，竟然運用國人不滿的情緒，美其名「順從名意」之下，臨下台前又做了將自己已破壞的千瘡百孔、不想再玩的舞台，有如「自廢武功」般的修成「任務型國民大會」。國人有鼓掌叫好者，卻有幾人深思憲政發展何以墮落到此地步？

若問國民大會為何要成為「任務型國民大會」？為何國民大會不能繼續正常運作下去？這當中除了國、民兩黨政治力壓倒一切外，沒有學理依據可為支撐。一般國民喊好，乃基於痛恨國代之濫用職權、修憲作為之讓人不堪，而產生情緒之反應。國、民兩黨之高層、第三屆國代們從第四次修憲、第五次修憲之荒腔走

忘錄。台北：聯合報，民國八十九年四月十日，版四。

[188] 民國四十三年底，我立法院外交委員會與各國國會聯合會取得聯繫，並由 415 名立法委員組成國會聯合會中國國會小組，向該國會聯合會申請入會。後印度國會來函中華民國，邀請我國國會參加「國會聯合會」年會。引發監察院、國民大會函文總統府，對於以何機關為吾國國會之代表機關？總統府轉請大法官釋憲。乃有民國四十六年五月三日，司法院大法官會議釋字第 76 號解釋：『國民大會代表全國國民行使政權，立法院為國家最高立法機關，監察院為國家最高監察機關，其所分別行使之職權，亦為民主國家國會重要職權，就憲法上之地位及職權之性質而言，應認國民大會、立法院、監察院共同相當於民主國家之國會。』

[189] 蘇嘉宏，增修中華民國憲法要義，四版〈台北：東華書局，民國九十一年八月〉，頁二八。

板，到本次修憲，兩黨國代在釋字 499 號公佈後就在醞釀連署集會，原本是要針對大法官釋憲之不滿，然而在短短幾天內，國、民兩黨高層已定調「國民大會虛級化」。其目的在停止第四屆國代選舉，並防宋陣營在國大選舉後操兵坐大。[190] 宋楚瑜亦知國、民兩黨將國代虛級化乃係對其而來。宋楚瑜表示：『兩黨不要怕選輸他，就不顧法理，以無法無理的態度，輕言廢除國大，就像當初國、民兩黨怕總統選舉失利，爲廢掉宋楚瑜而先廢掉台灣省。』又說到：『敵不過就廢、皆爲權謀。』[191]國、民兩黨防宋之外，也顯示兩黨高層並無再選國代之心。這與兩黨內部許多國代積極連署開會，初針對大法官而來，許多國代亦表示希望再選舉下去，這與兩黨中央是不同調的。故而兩黨許多國代得知兩黨高層修憲版本是「任務型國民大會」，要將國民大會虛級化，是非常不以爲然的態度，兩黨內部反彈四起，兩黨高層乃在動用諸多軟、硬手段，使修憲最後告成。[192]陳新民教授對於類此「任務型國民大會」等莫名其所修憲之論述，堪稱極佳之註腳：[193]

> 回首過去十年的憲改，頗有「十年一覺憲改夢」之嘆！每次的修憲，當然都會有冠冕堂皇的修憲理由。這些出現在媒體上的官方的說詞或反對者的立論，都很快的為國人所遺忘。六次修憲的成功，代表了當時執政黨具有壓倒式的政治實力：六次對於憲法制度的改變，到底是何種理由說服國人？

2.立法院職權增加

第六次修憲之「任務型國民大會」，將國大虛級化後之許多職權轉移到立法院，這包括：

〈1〉提出中華民國領土變更案：『中華民國領土，依其固有之疆域，非經全體立法委員四分之一之提議、全體立法委員四分之三之出席，及出席委員四分之三之決議，並提經國民大會代表總額三分之二之出席，出席代表四分之三之複決同意，不得變更之。』

〈2〉行使司法、考試、監察三院之人事同意權：『司法院設大法官十五人，以其中一人爲院長、一人爲副院長，由總統提名，經立法院同意任命之。』；『考試院設院長、副院長各一人，考試委員若干人，由總統提名，經立法院同意任命之。』；『監察院設監察委員二十九人，並以其中一人爲院長、一人爲副院長，任期六年，由總統提名，經立法院同意任命之。』

〈3〉補選副總統：『副總統缺位時，總統應於三個月內提名候選人，由立法院補選，繼任至原任期屆滿爲止。』

〈4〉提出罷免總統副總統案：『總統、副總統之罷免案，須經全體立法委員四分之一提議，全體立法委員三分之二之同意後提出，並經中華民

---

[190] 『國民黨國大高層人士表示，爲免宋陣營在國大選舉後操兵坐大，國民黨願意與民進黨合作，共同透過修憲，廢除國大，朝三權分立方向設計。』詳見陳新民主撰，前揭書，頁二三九。

[191] 宋楚瑜對兩黨廢國大之談話內容，台北：聯合報，民國八十九年三月二十八日，版三。

[192] 兩黨國代內部之反彈情形，可詳見於民國八十九年三月至四月間國內平面新聞媒體之報導。或可見陳新民主撰，前揭書，頁二三六 ─ 二七○。

[193] 同上，頁二。

國自由地區選舉人總額過半數之投票，有效票過半數同意罷免時，即
為通過。』

〈5〉聽取總統國情報告：『立法院於每年集會時，得聽取總統國情報告。』

隨著監察院早已成為「準司法機關」，本次修憲國民大會虛級化，國民大會
的諸多職權移至立法院，立法院將成為「單一國會」的色彩更為明顯。當國人深
惡痛絕於「憲政怪獸」的國民大會之時，主政當局又一股腦的將其權利移至立法
院。而立法院立法委員素來亦有議事效率不彰，立法委員權力膨脹的形象，在國
人眼中，與國民大會代表乃不相上下者。國民大會虛級化後，立法院之單一國會
走向，是否又能符合國人之期待？我國民主政治發展已數十年，基礎不可謂不深
厚，如果當權者無法善用權力、節制權力，則民主亂相將不可免。「理想」與「現
實」之「神魔二性」將引導政治人物走向「政治家」或「政客」。吾人以為教育
最為重要；此外，媒體第四權之扮演，以及理想的社會風氣更是帶動國家發展的
有形與無形利器。

3.報復條款：取消大法官終身優遇制度

大法官 499 號釋憲案自然會引起國民大會代表之不滿。朝野兩大政黨國大代
表無視於全民對彼等之不滿情緒，也不省思「延任自肥」之不當修憲行徑，對阻
擋其延任的大法官，表現出極度不以為然之態度。民進黨團幹事長劉一德於八十
九年四月十六日表示：『大法官會議否決國大三讀通過的延任案完全背離大法官
職權，朝野國代對此都有高度共識。本屆大法官最令人詬病的，莫過於八十五年
二月解釋三九六號案，將自己比照法官享有終身禮遇。』[194]本次修憲一讀會之第
二次審查會，國、民兩黨國代展開反制大法官之動作。其以修憲提案修正案方式，
在三黨共同提案版本中增列「大法官非終身職」條款，不適用憲法第八十一條「法
官為終身職」的規定。國民黨國大黨團書記長蔡正元表示，為反制大法官利用釋
字第 396 號「自肥」，將在修憲共同提案中，司法院大法官人事同意權條文部分，
增列大法官不適用終身禮遇的排除條款。[195]此案後亦完成三讀。

然而諷刺的是，國、民兩黨聯手取消大法官優遇案，在民國八十年底，立法
委員陳水扁、謝長廷、張俊雄三人可說是推動大法官優遇案立法的三位關鍵性人
物。當時立法院司法委員會開始審議「司法院組織法」修正案，在進入二讀會之
前，所謂的大法官優遇僅適用於「實任法官之大法官」，沒想到，陳水扁、謝長
廷、張俊雄三位立委聯手在院會推動所有大法官適用大法官優遇。[196]撫今追昔，
八年後的民進黨國大黨團以全然相反的理由推翻當年陳水扁之立法，正是國代對
大法官釋字 499 不滿反應於修憲之上。實則，類此政治報復，不獨國民大會對上
大法官，立法院亦曾對上大法官。民國四十六年五月三日大法官於第 96 次會議
作成釋字第 76 號解釋：「‧‧‧就憲法上之地位及職權之性質而言，應認國民大

---

[194] 陳新民主撰，前揭書，頁二五八。

[195] 國代第一讀會修憲提案審查案，排除大法官適用法官之終身禮遇條款，詳見台北，聯合報，
民國八十九年四月十七日，版三。

[196] 陳水扁等三位民進黨立委推動所有大法官適用大法官優遇。台北，中國時報，民國八十九年
四月二十四日，版二。

會、立法院、監察院共同相當民主國家之國會。」此號解釋係為解決當時政治紛爭所引燃之「三難困境」，雖然符合政治上的現實需求，但卻導致立法院於 20 及 21 會期分別修正「司法院組織法」及制定通過「司法院大法官會議法」，藉以限制大法官之職權行使，而增加釋憲之困難，這是前車之鑑。

本次修憲取消非實任法官之大法官不得享有法官之優遇，則非實任法官之大法官，只適用「政務人員退職酬勞金給與條例」，而不得享有「司法人員退養金給與辦法」。蓋我國憲法對司法官給與「終身職」之保障，然為鼓勵年長之大法官及時退休，以兼顧偵查、審判之品質。於是乃有「司法人員退養金給與辦法」之訂定。亦即退休之司法官除可依年資領取「退職金」而外，尚可根據「司法人員退養金給與辦法」再多領取一份「退養金」。非實任法官之大法官不得享有法官之優遇，就在於不得領取「退養金」這部份。根據「司法人員退養金給與辦法」之規定，65 歲以前退休之司法官可加領退職金 10% 的「退養金」；70 歲以後退休之司法官可加領退職金 5% 的「退養金」；65 歲至 70 歲退休之司法官可加領退職金 140% 的「退養金」。實任法官退職金以 500 萬元為例，加領退休金 140% 之「退養金」部份為 700 萬元，兩者加在一起可領 1200 萬元退休金。今取消非實任法官之大法官的優惠，就是不得享有「退養金」之領取，兩者差別甚大。[197]

4. 基本國策中，將增訂社會福利；軍人；澎湖、金馬保障條款入憲

本次修憲有關基本國策增修部分有三：

〈1〉『國家應重視社會救助、福利服務、國民就業、社會保險及醫療保健等社會福利工作，對於社會救助和國民就業等救濟性支出應優先編列。』〈增修條文第十條第八項〉

〈2〉『國家應尊重軍人對社會之貢獻，並對其退役後之就學、就業、就醫、就養予以保障。』〈增修條文第十條第九項〉

〈3〉『國家應依民族意願，保障原住民族之地位與政治參與，並對其教育文化、交通水利、衛生醫療、經濟土地、及社會福利事業與以保障扶助並促其發展，其辦法另以法律定之。對於澎湖、金門及馬祖地區人民亦同。』〈增修條文第十條第十二項〉

本次修憲基本國策中增加：澎湖離島之地位與政治參與，並對其教育文化、交通水利、衛生醫療、經濟土地、及社會福利事業與以保障扶助並促其發展，這是過去政府對離島長期忽略下的反思，以積極作為拉近與本島發展之距離，期增進離島之基礎建設，今以憲法地位保障有其重大意義。

軍人對國家之穩定、發展有不可忽視的地位，甚至本島、離島、外島之救災工作投入，對人民生命、財產之安全與保障作出許多的貢獻，甚至軍人退伍後成為榮民，仍然是國家、社會一股「支前安後」穩定的力量。過去政府對退役後榮民之就學、就業、就醫、就養設立「行政院退除役官兵輔導委員會」以為照顧，今修憲就軍人退伍後之各項就學、就業、就醫之保障予以入憲，允為立意甚佳。

伍、第七次修憲

---

[197] 台北，聯合報，民國八十九年四月二十五日，版二。

一、第七次修憲召開的緣起

民國九十年至九十三年期間，台灣的社會普遍輿論對立法委員人數〈225位〉過多、立法品質、以及立委選舉制度調整都有許多意見。面對九十三年底將到來的立法院第六屆立法委員選舉，國、民、親、新、台聯黨與無黨聯盟等國內政壇主要的5黨1派都感受到無形民意的國會改革訴求。各黨也為了年底第六屆立委選舉的選票與民意之政治考量，不得不順應政壇一種民粹式呼聲的修憲主張。並於民國九十三年八月二十三日，完成了中華民國憲政史上，依據第六次修憲條文之規定；「首次由立法院提出修憲提案」，三讀通過了「國會改革、公投入憲」等憲法增修條文修正提案6個條文。根據第六次修憲通過「任務型國代」之規定，立法院通過之憲法增修條文修正提案，經公布半年後，必須在3個月內，選舉「300位任務型國大代表」，於一個月內，「複決立法院所提出之憲法修正案」，修憲才能正式完成生效手續。故而民國九十三年八月二十三日，立法院三讀通過了「國會改革、公投入憲」等憲法增修條文修正提案，並於民國九十四年五月十四日，選舉出「300位任務型國民大會代表」，六月七日，完成「複決立法院所提出之憲法修正案」的第七次修憲。此為第七次修憲之緣起。

立法院於民國九十三年八月二十三日，三讀通過了「國會改革、公投入憲」之憲法增修條文修正提案，其實各黨派不見得都支持修憲提案，尤其是親民黨、新黨、台聯黨面對立委減半，單一選區兩票制會造成「大藍吃小藍、大綠吃小綠」的狀況，對小黨相當不利。例如親民黨內部討論過修憲內容，在立法院臨時會修憲前夕，公開表態反對立法院臨時會處理國會改革修憲案。親民黨中央此舉，讓橘營背負「反改革」的罪名，部份台北都會區的黨籍立委非常焦急，擔心影響到年底立委選情，要求黨團立刻修正立場，支持國會改革修憲案。然而這時整個社會的氛圍似乎逼著每一個政黨標榜自己才是「真改革者」，在立法院上演一場「飆憲」大戲 — 利用立法院之臨時會，以7天的時間完成當時社會主流聲音所強調的「國會改革」。

縱使兩大黨之一的民進黨，內部亦有質疑國會選制之改變，既不合學理，也將影響民進黨未來政治生態與發展者，如該黨籍立委林濁水、李文忠等都對單一選區兩票制之主張提出異議。[198]但面對年底選舉當頭，民進黨在九十三年八月十七日中常會做出決議：八月二十三日立法院臨時會處理國會改革修憲案時，將全力促成國會席次減半、單一選區兩票制、廢除國民大會、公投入憲等四項全民共識，違反中常會決議者，將受黨紀處分。陳水扁總統以黨主席的身分再次強調，如有違紀，將受最嚴厲之黨紀處分。[199]

---

[198] 民進黨立委林濁水在立院三讀前大聲疾呼『國會席次減半為一一三席，將造成政黨輪替僵化、歧視弱勢、及破壞票票等值等弊端，如果不加以彌補，只以民粹式口號掩蓋，將造成台灣民主的倒退。」並不惜與同黨之前主席林義雄槓上：『聖人也不是百分之百不會犯錯，前天公聽會學者一面倒反對減半，相信林義雄不會反智。』台北，聯合報，民國九十三年八月十八日，版三。

[199] 民進黨中常會由中常委謝長廷、游錫堃、蘇貞昌三人領銜提案，要求黨團成員全力貫徹，否則以黨紀處分，在場人士無異議通過提案。台北，聯合報，民國九十三年八月十八日，版三。

　　民國九十三年八月二十三日，立法院三讀通過了「國會改革、公投入憲」之憲法增修條文修正提案。由於九十三年底立法委員選舉之壓力，立院通過憲法增修條文修正提案這天，朝野政黨都表達拼「改革」的決心，紛紛下達甲級動員。上午 10 時 20 分，立委簽到已達 163 位，跨過四分之三出席門檻，意味修憲院會得以成會。經過兩度協商，民進黨同意在排除人民創制、憲法法庭處理總統彈劾等議題上，對國民黨讓步，此後情勢開朗好轉，親民黨也表態支持。這時各黨黨團將國民黨版第一、二、四、五、八列為共同提案，下午 5 時立委重回院會表決。

　　立院正式表決開始，無黨籍聯盟 10 位立委在主席台前，舉起「不要出賣國會靈魂」之標語，高喊「林濁水、沈富雄加油」，之後即退席抗議。同為小黨的台聯則拉起「立委減半、誠信立國」之布條，親民黨亦宣示「為人民投贊成票」。下午 5 時 32 分二讀表決第四條有關國會改革修正提案，201 位立委出席，200 票贊成該案通過二讀，唯一投下反對票的是國民黨籍將不再參選的立委陳宏昌，該案二讀通過。這次憲法增修條文修正提案，總計 6 個修正條文於晚間 6 時 15 分完成三讀。立法院長王金平表示：『這是八十九年修憲賦予立院唯一實質修憲機關權責後，立院完成修憲案三讀程序的首例，具重大歷史意義。』王金平院長並期許朝野黨團下會期開議後，盡速完成「國大職權行使法」、「國大代表選舉法」等兩項重要法案，以順利完成修憲工程，回應主流民意之期待。[200]

　　本次立法院三讀修憲通過之 6 個憲法修正條文，於民國九十四年五月十四日選出之任務型國大代表 300 位，進行第七次修憲之複決立院提案，以完成修憲程序。「國民大會」、「任務型國大代表」亦在修憲後正式走入歷史。有關「任務型國大代表」之選舉產生、複決修憲提案過程，下文分析之。

二、第七次修憲的過程

　　民國九十三年八月二十三日，立法院三讀通過了「國會改革、公投入憲」之憲法增修條文修正提案。依據憲法增修條文規定必須經公告半年，然後在 3 個月內，選出 300 位「任務型國大代表」，於一個月內複決立法院三讀通過之憲法增修條文修正提案。為順利任務型國代之選舉，並使修憲任務得以逐行，「國大二法」──「國大代表選舉法」與「國大職權行使法」勢必先完成立法之工作。

　　民國九十四年一月十三日，立法院三讀通過「國大代表選舉法」。該法重要規定包括：

1. 選舉人得由依法設立的「政黨」[201]或 20 人以上組成的「選舉聯盟」[202]（簡稱聯盟）申請登記為候選人。
2. 政黨或聯盟當選名額中，每滿 4 人，應有婦女當選名額 1 人，每滿 30 人，

---

[200] 台北，聯合報，民國九十三年八月二十四日，版一。

[201] 受限於憲法增修條文第 1 條第 1 項，國大代表依「比例代表制」的方式選出。以往選民直接選「人」的方式來選國大代表，將與增修條文規定不符。故而國大代表選舉法乃規定，選民之投票是投給「政黨」或「選舉聯盟」，而非直接投給候選人。

[202] 為使獨立參選人亦得以自行參加國大代表的選舉，國民大會代表選舉法明定年滿 23 歲選舉人 20 人以上即得組成選舉聯盟，申請登記為國大代表選舉之選人。聯盟之名稱應冠以其登記候選人名單首位之候選人姓名，加「等」字及聯盟人數，稱以聯盟。例如：○○○等 30 人聯盟、○○○等 80 人聯盟。

應有原住民當選名額 1 人。

3. 國大代表選舉活動時間 10 天。〈從 5 月 4 日至 13 日，爲國大代表選舉競選活動期間。〉

4. 政黨、聯盟及任何人於競選活動期間，不得於道路、橋樑、公園、機（構）、學校或其他公共設施及其用地，懸掛或豎立標語、看板、旗幟、布條等競選廣告物。但經直轄市、縣（市）選舉委員會指定之地點，不在此限。

5. 有公辦政見發表會。〈中選會依「國大代表選舉法」第 13 條之規定，定於 5 月 7 日下午 2 時至 6 時，洽請公共電視台提供時段供政黨、聯盟發表政見。屆時參選之政黨或聯盟均可視候選人數之多寡，推派 1 至 5 名之候選人參加政見發表會。〉

6. 選舉票無效認定標準，與「公職人員選舉罷免法」之規定類同，亦即圈選在同一政黨或聯盟之圈選欄、號次欄、政黨或聯盟名稱欄、贊成或反對意見欄，只要所圈位置足資辨認爲何政黨或聯盟者，均屬有效票，否則爲無效票。

7. 選舉人不得攜帶手機或攝影器材進入投票所。任何人亦不得於投票所裝設足以刺探選舉人圈選選票內容之攝影器材。違者，將處 1 年或 5 年以下有期徒刑等刑罰。

8. 任何人對於有投票權人，行求期約或交付賄賂爲其他不正利益，而約其不行使投票權或爲一定之行使者，處 5 年以下有期徒刑，並得併科罰金。換言之，即使政黨或聯盟之候選人、受雇人或第三人，凡是爲政黨或聯盟從事賄選者，仍應受上開刑事處罰。

另外依規定必須同時在立法院完成三讀的「國民大會職權行使法」，卻因台聯黨團、親民黨團等堅持立法院所提出憲法修正案的複決門檻，應提高到四分之三。這使得朝野協商無法完成，也延宕「國民大會職權行使法」遲遲無法制定。直到五月十四日，300 位「任務型國大代表」產生，支持修憲的國、民兩大黨看到修憲通過是很樂觀，才妥協同意將憲法修正案的複決門檻，提高到四分之三。終於使得「國民大會職權行使法」遲遲地完成了三讀。

中選會最後完成受理國民大會代表選舉之政黨、聯盟登記，共有 12 個政黨及聯盟，688 位候選人登記。國內幾個主要政黨登記「任務型國代」的情況如下：民進黨登記候選人數 150 人、國民黨登記 148 人、親民黨登記 83 人、台灣團結聯盟登記 50 人、新黨登記 20 人、建國黨登記 22 人、無黨團結聯盟登記 31 人；另外，張亞中等 150 人聯盟、王廷興等 20 人聯盟。

民國九十四年四月二十一日抽籤；五月三日公告候選人名單；五月十四日爲「任務型國大代表」選舉日。當天投票率極低，只有 23.36%，創下全國性選舉的新低紀錄。在 300 席「任務型國大代表」中，贊成修憲案的有 5 個政黨〈民進黨、國民黨、公民黨、農民黨、中國民眾黨〉，共獲得 249 席，佔 83.1%。反對修憲案的有 7 個政黨、聯盟〈台聯黨、親民黨、建國黨、新黨、無黨團結聯盟、張亞中等 150 人聯盟、王廷興等 20 人聯盟〉，共獲得 51 席，佔 16.9%〈各黨得

票率與席次如表五一一〉。

　　民國九十四年六月七日，任務型國代以 249 票贊成，48 票反對，跨過修憲門檻的 225 票，複決通過了憲法增修條文修憲案共 6 個條文，這次「任務型國代」順利完成第七次修憲，任務圓滿完成，也在修憲中將國父孫中山先生「五權憲法」藍圖中，最重要之國民大會這個機構〈制〉吹熄燈號，正式走入歷史。

三、第七次修憲的內容

　　第七次修憲之變動憲法條文處更有 6 條、10 項。列述如下：

1. 增修條文第一條、第一項：『中華民國自由地區選舉人於立法院提出憲法修正案、領土變更案，經公告半年，應於三個月內投票複決，不適用憲法第四條、第一百七十四條之規定。』〈公投入憲〉

2. 增修條文第一條、第二項：『憲法第二十五條至第三十四條及第一百三十五條之規定，停止適用。』〈廢除國大〉

3. 增修條文第二條、第十項：『立法院提出總統、副總統彈劾案，聲請司法院大法官審理，經憲法法庭判決成立時，被彈劾人應即解職。』〈彈劾總統案於國民大會廢除後，轉交由大法官憲法法庭審理〉

4. 增修條文第四條、第一項：『立法院立法委員自第七屆起一百一十三人，任期四年，連選得連任，於每屆任滿前三個月內，依左列規定選出之，不受憲法第六十四條及第六十五條之限制：1.自由地區直轄市、縣市七十三人。每縣市至少一人。2.自由地區平地原住民及山地原住民各三人。3.全國不分區及僑選國外國民共三十四人。』〈立委席次減半、任期為四年〉

5. 增修條文第四條、第二項：『前項第一款依各直轄市、縣市人口比例分配，並按應選名額劃分同額選舉區選出之。第三款依政黨名單投票選舉，由獲得百分之五以上政黨選舉票之政黨依得票比率選出，各政黨當選名單中，婦女不得低於二分之一。〈立委選舉採單一選區兩票制、婦女保障名額〉

6. 增修條文第四條、第五項：『中華民國領土，依其固有疆域，非經全體立法委員四分之一之提議，全體立法委員四分之三之決議，提出領土變更案，並於公告半年後，經中華民國自由地區選舉人投票複決，有效同意票過選舉人總額半數，不得變更之。』〈領土變更案於國民大會廢除後，轉交由公民投票行使複決權〉

7. 增修條文第四條、第七項：『立法院對於總統、副總統之彈劾案，須經全體立法委員二分之一之以上之提議，全體立法委員三分之二之決議，聲請司法院大法官審理，不適用憲法第九十條、第一百條及增修條文第七條第一項有關規定。』〈彈劾總統案於國民大會廢除後，轉交由大法官憲法法庭審理〉

8. 增修條文第五條、第四項：『司法院大法官，除依憲法第七十八條之規定外，並組成憲法法庭審理總統、副總統之彈劾案及政黨違憲之解散事項。』〈規範憲法法庭審理彈劾總統及其他事項〉

表五 — 一 民國九十四年「任務型國大」各黨得票率與席次一覽表

贊成修憲案與否	政黨	得票率	當選席次
贊成修憲案	民進黨	42.52%	127 席
贊成修憲案	國民黨	38.92%	117 席
贊成修憲案	公民黨	0.22%	1 席
贊成修憲案	農民黨	0.40%	1 席
贊成修憲案	中國民眾黨	1.08%	3 席
反對修憲案	台聯黨	7.05%	21 席
反對修憲案	親民黨	6.11%	18 席
反對修憲案	建國黨	0.30%	1 席
反對修憲案	新黨	0.88%	3 席
反對修憲案	無黨團結聯盟	0.65%	2 席
反對修憲案	張亞中等 150 人聯盟	1.68%	5 席
反對修憲案	王廷興等 20 人聯盟	0.19%	1 席

資料來源：中央選舉委員會。 作者整理

9.增修條文第八條：『立法委員之報酬或待遇，應以法律定之。除年度通案
　　調整者外，單獨增加報酬或待遇之規定，應自次屆起實施。』〈原條文國
　　代集會期間之費用以法律定之，廢國大後整句刪除〉

10. 增修條文第十二條：『憲法之修改，須經立法院立法委員四分之一之以上
　　之提議，四分之三之出席，及出席委員四分之三之決議，提出憲法修正案，
　　並於公告半年後，經中華民國自由地區選舉人投票複決，有效同意票過選
　　舉人總額半數，即通過之，不適用憲法第一百九十四條之規定。〈修憲案
　　於國民大會廢除後，轉交由公民投票直接行使複決權〉

四、第七次修憲的評析

　　第七次修憲可分修憲過程、修憲內容兩部份論述。探討本次民國九十三年，
立法院完成憲法增修條文修正提案，及其後民國九十四年，選出之「任務型國代」
進行修憲案之複議權行使，有關修憲過程之檢討。而修憲實質內容包括：廢除國
大；公投入憲；立法委員人數減半；立委選舉方式之單一選區、兩票制等之分析。

〈一〉修憲過程面析論

　　有關第七次修憲，是第一次由立法院先進行三讀通過「憲法增修條文修正提
案」，並且選出「任務型國代」進行修憲案之複議，之後國民大會正式走入歷史。
立法院第七次修憲案通過之過程、「任務型國代」的整個運作模式、「國大二法」
之制定、實施等，期間都是爭議不斷。雖然「任務型國代」與「國大二法」已是
「空前絕後」，但它們關乎第七次修憲通過實施，影響一直至今，故而實佔有重
要地位。本文以下將從五個面向來探討第七次修憲制定的過程中，令人關注之議
題：1.第七次修憲前後壟罩著「民粹」力量，引導修憲走向。2.立法院「憲法修
正案」整體過程粗糙。3.「國大職權法」通過時間點之爭議。4.「任務型國代」
是「選人」抑或「選黨」？5.「任務型國代」超低投票率之憲法疑義。

1.第七次修憲一股「民粹」力量，引導修憲走向

　　民國九十年至九十三年期間，台灣的社會普遍輿論對立法委員人數〈225 位〉
過多、立法品質、以及立委選舉制度調整都有許多意見。立法院希望在民國九十
三年三月的總統大選前，提出修憲案以顯示順從民意的姿態，期對外界能有所交
代。但朝野立委對修憲之態度看法分歧，初始，沒有立委認為「國會改革、公投
入憲」等真能落實。直到五月下旬，立法院長王金平主動地要求立法院能夠通過
國會改革相關法案，這時立法院內私底下各政黨立委反對力量強烈，尤其是台聯
黨、親民黨、新黨與無盟等。

　　唯隨著國會改革議題不斷地炒作、升溫，民意的壓力日益累積，漸行成一股
強大的浪潮；尤其是當年年底的立委選戰將至，國民黨把握機會燃起戰火，驍勇
善戰的民進黨立刻跟進，然而「單一選區兩票制」下對小黨不利的台聯黨、親民
黨、新黨與無盟等面對年底立委選舉，也必須擺出支持「改革」的態度。

　　這時整個社會中，「民粹」力量強大，學術界的聲音完全被遮蓋過去。立
法院為展現摒棄以往密室政治之詬病，乃辦理 6 場「修憲公聽會」，所請學者都
是精通國際憲政實務與法理之士，這一堅強陣容所提出諍言，也被瀰漫氣氛完全

遮掩。學者提出意見有大致共識者三:〈1〉立委席次減半,無法提升國會品質,該訴求僅具民粹效果而無學理支持。〈2〉採取單一選區兩票制,淨化立委產生方式,才是國會改革的重點。〈3〉任何議題必須通盤考量中央政府體制,不該為選票而囫圇通過。

然而公聽會學者有如獨白般,民粹力量推動,各黨也紛紛祭出黨紀伺候。例如公聽會中「國會席次減半」,十位學者發言,有九位反對,然而林義雄發動群眾到立法院靜坐,一股民粹壓力壓倒一切。各黨為了九十三年底的立委選舉,不得不「順從」民意風向,表態支持修憲案。順利於民國九十三年八月二十三日,通過「國會改革、公投入憲」等憲法增修條文修正提案6個條文。等到年底立委選完,九十四年初,要選「任務型國大」以複決憲法修憲案時,原本屈服於民意下的台聯黨、親民黨、新黨與無盟等,意識到未來所屬政黨泡沫化之危機,又轉而反對修憲案,甚至杯葛「國民大會職權行使法」,直到「任務型國大代表」都選出後,該法才完成三讀。

第七次修憲時之民粹風行。在選「任務型國大代表」時為「民主行動聯盟」發起人的黃光國教授有這麼段文字記錄下了我國憲政的問題:[203]

既然大家都覺得這次修憲案之問題重重,為什麼還要硬著頭皮,蠻幹到底?李登輝主政時代,用類似的民粹式手法,發動過六次修憲,把一部憲法修得「離離落落」。難道台灣人民真的如此愚蠢,聽憑少數政客,用一些禁不起批判的民粹口號,就可以騙得團團轉?「不信人心喚不回,不容民主竟成灰!」民盟成立的基本主張之一,就是「反民粹政治」。我們認為台灣的民粹政治應該告一個段落了。

對比知識分子之良知,過去許多年來,國內的修憲正是在政治力壓倒一切,政治人物以口號式、聳動性,但卻經不起驗證的民粹,彼等掌控「發聲權」,一種民粹式的口號,標榜自己是「主流意見」、是「改革者」,不同的聲音就被批判為「保守者」、「反改革者」、「既得利益者」。過去「凍省」是如此,這次「立委減半」亦復如此。

2.在「臨時會」的「7天」完成之「憲法修正案」,過程粗糙

第七次修憲是在一個什麼樣的場景中完成?民國九十三年八月二十三日通過之增修條文修正案,乃是在一個立法院「臨時會」中達成;臨時會只有「7天」。臨時會除修憲案外,民進黨還要求討論「七二水災追加預算」、刑法等共計有16項法案;國民黨則拿出「中選會組織法草案」等6項法案;親民黨則要求臨時會只處理「七二水災五十七億追加預算草案」及「三一九槍擊案真相調查委員會特別條例草案」,修憲案則主張下會期提前於九月二日開議時再討論。

顯然地,各黨在開臨時會的前一週,對臨時會要討論主題都還在協調當中,對是否適宜在臨時會以7天的時間處理修憲這麼重大事件?各黨意見不一。甚且從臨時會前的四個月以來,「修憲」進展是以如此情境上演:朝野各政黨為了突顯強調自己是「真正改革者」,在立法院不斷地上演「喊叫式的飆憲」戲碼,各

---

[203] 黃光國,「民粹修憲,硬著頭皮蠻幹?」台北,聯合報,民國九十四年四月十一日。

黨競相喊價，立委要減半？有從150席，降到113席，更有喊出100席者，然後又是在朝野政黨互相指責對方是「假改革」中，不了了之。整體而言，臨時會前四個月以來，各政黨對修憲主要議題：國會席次、單一選區兩票制等都沒有定論，始終是各吹各的號。突然在臨時會的前一週，國、民兩黨「突襲成功」，不約而同的端出「修憲大餐」，並挾持民意，要求在臨時會7天中，完成修憲戲碼。

憲法的諸多議題，包括國會改革、公投入憲等等，都是應該在經過理性的學理分析、國際政治實例比較，而後朝野協商，反覆論證之後完成。第七次修憲案則否，它是在各政黨意見不一、民粹式的裹脅拉抬、吵吵嚷嚷的環境空間、各自標舉自己是「改革者」，對方是「反對改革者」。在臨時會前一週各黨還沒有協商妥當，卻在國、民兩黨趕著上演「修憲」大戲，而這個讓人難以置信的修憲工作，竟然是在立法院「臨時會」前一週才決定，並且就在立法院「臨時會」的「7天」當中完成。這種民粹壓倒一切、政治力壓倒一切，修憲之匆促、粗糙留下修憲史上諷刺的一頁。親民黨、新黨、台聯黨、無盟在民粹壓力下被迫支持，年底立委選完，到選「任務型國代」以複決憲法修憲案時，又紛紛翻案，推翻當時立院臨時會中自己的主張，此一「昨非今是」，看出此一荒謬的修憲行徑。

3.「國大職權行使法」通過時間點之爭議

為順利任務型國代之選舉，並使修憲任務得以遂行，「國大二法」──「國大代表選舉法」與「國大職權行使法」勢必先完成立法之工作。民國九十四年一月十三日，立法院三讀通過「國大代表選舉法」，但「國大職權行使法」卻因親民黨、台聯黨力阻，無法無成。到了四月七日，「國大職權行使法」草案在立法院法制委員會初審，親民黨、台聯黨一再發言阻擋審查，經冗長討論，僅通過法案名稱，並保留三個條文。

法制委員會併審的法案，包括民進黨團、國民黨團、親民黨團、無黨團結聯盟黨團、親民黨立委呂學樟、民進黨立委陳金德等提案之6個版本。最大的爭議點在修憲案的複決門檻，親民黨團及無黨聯盟均主張須任務型國代四分之三以上同意，才算通過；但國、民兩黨黨團主張二分之一以上同意即為通過。

親民黨、台聯黨、無黨聯盟等面臨即將到來的「立委減半」、「單一選區」等不利於小黨的修憲內容，攸關政黨的生死存亡，才在民粹的聲音中回過神。立法院法制委員會審查「國大職權行使法」的會議上，親民黨立委已表明「反對」修憲，並不斷在會議中「認錯、道歉」。呂學樟首先為親民黨對修憲案立場不一，向國人道歉。親民黨立委李永萍也承認是「草率修憲」的一員，並表示『去年修憲是民進黨、國民黨強力主導，當時因立委選舉在即，親民黨迫於形勢「懦弱、沒種、不敢阻擋」，但現在連民進黨立法委員都認為修憲案有違憲之虞，大家幹嘛挺到底？』[204]

當時國、民兩黨對「國大職權行使法」是否能三讀通過不無擔心，因為依立法院規定，就算法案完成委員會初審，一旦有黨團提出朝野協商，就得等四個月才能表決。這樣就無法在五月二十八日「任務型國代」開議前完成，這可能有違

---

[204] 台北，聯合報，民國九十四年四月八日，版三

憲之虞。因為依照憲法第三十四條規定「國民大會行使職權之程序,以法律定之。」就算「任務型國代」開議後自行集會並通過內規,也可能因為「未以法律定之」而有違憲之虞。

政治現實面使得親民黨、台聯黨、無黨聯盟等反對修憲案,但亦有認為「反對修憲,但不能反對立法」,因為反對修憲案,不能成為反對「國大職權行使法」的合理藉口,否則亦是「立法怠惰」。

「國大職權行使法」因親民黨等各黨對投票門檻,與國、民兩黨相持不下,在「任務型國代」選舉前遲未通過。一直到選舉完成,國民黨和民進黨知道選舉結果後,對修憲的通過非常樂觀,才決定退讓。「國大職權行使法」在選完才通過,這有甲、乙兩說的論戰:甲說,這已經違反了遊戲規則應該在「無知之幕」之後訂定的法理,也就是先進行遊戲,之後才訂遊戲規則,這算是一種違反遊戲規則之嚴重瑕疵。乙說,只要在「任務型國代」開議前,完成立法,可供國大議事行使職權即可。

4.「任務型國代」是「選人」或「選黨」?是「選人」或「決事」

「任務型國代」是第七次修憲特有的作法,但其中「國大代表選舉法」是用來選舉 300 位「任務型國代」的重要依據,該法之違憲爭議處有二:

〈1〉第六次修憲之增修條文第一條第一項:『國民大會代表三百人,於立法院提出憲法修正案、領土變更案,經公告半年,或提出總統、副總統彈劾案時,應於三個月內採比例代表制選出之。』以上之憲法增修條文第一條的國代選舉,顯然在制定時已考慮到憲法保障之「以個人為單位」的公民參政權,於是明定採用「比例代表制」而非「政黨比例代表制」。唯民國九十四年一月十三日,立法院三讀通過「國大代表選舉法」卻將選制硬改為「政黨比例代表制」,此舉將完全排除個人參與國代選舉。個人如欲參選,「國大代表選舉法」強制必須組成二十名候選人以上之「聯盟」方式參選。實則,國代選舉法已嚴重牴觸憲法增修條文之規範,而有違憲之疑義。

〈2〉「任務型國代」是「選人」抑或「選黨」?是「選人」抑或「決事」?究竟第七次修憲所要選出來的 300 位「任務型國代」,是「選人」?還是「選黨」、「決事」?這在法理上是讓人困惑;若稱係「選人」,在「國大代表選舉法」卻規定選票列印「政黨」或「聯盟」名稱,且完全不得刊印各政黨或聯盟的候選人名單。各政黨或聯盟候選人名單只得刊登在選舉公報上。尤有甚者,選票單上將刊登出各政黨或聯盟對修憲案的立場,亦即各政黨或聯盟對修憲案的「贊成」或「反對」。這樣的選舉明顯不是「選人」,而是「選黨」或「yes or no 之決事」而已。這樣「對事」的「公民投票」,而非「對人」的選舉,但又稱之為是選 300 位「任務型國代」,其中之邏輯正是大有問題。

5.「任務型國代」超低投票率之憲法爭議

第七次修憲之選舉「任務型國代」,投票率只有:23.36%,創下全國性選舉

的新低紀錄。這樣的低投票率，引發了這次選舉是否有效力？與是否符合民主正當性之爭議？

　　第七次修憲選「任務型國代」投票率超低，原因包括：〈1〉投票當天台灣出現大雨，這次選舉氣氛本來就不強，剛巧碰上大雨，氣候因素影響選民之投票意願。〈2〉這是第一次實施「選黨不選人」的選舉，由於沒有候選人競選，所以選舉氣氛自始就無法炒熱。〈3〉這次國民黨、民進黨兩大黨都贊成修憲案，少了一般藍綠對決的情況，許多選民認為投票與否都無所謂。〈4〉有反對修憲案者，由於自己所認同的政黨是贊成修憲案，而其也不願去投自己不支持的小黨，所以就選擇不去投票。[205]

　　這次修憲投票率過低，會使得修憲之正當性有不足之虞。此因本次修憲若衡之以「公民投票法」的門檻〈公投法也有「憲法複決公投」的規定〉，以及未來修憲時，公民複決將採用的門檻：必須「過半選舉權人投票、投票過半同意」，公投才會過關。這兩個公民複決門檻都遠遠高於這次的投票率23.36%。因之，這次投票率過低的確是致命傷。吾人從國外實際案例，以及國內公投法、及未來修憲時，公民複決所需之門檻，正足以說明民主程序有相當的嚴謹投票標準。本次選舉「任務型國大」，雖看似沒有具體之規範，且在國、民兩大黨強勢運作下，政治現實面是不了了之。唯衡之以民主程序標準，此低投票率是有「民主正當性不足」之重大爭議者。

〈二〉修憲內容面析論

　　第七次修憲主要內容有：立委減半、立委任期延長一年與「單一選區兩票制」、廢國代與公投入憲、總統彈劾案移至大法官憲法法庭審理。茲論析關鍵性之各項要點如下：

1.立委減半：不合學理的畸形產物

　　本次修憲之前，民意即不斷提出「國會改革」的呼聲，這也成為國、民兩黨借力使力的擴張政黨版圖，期夾殺小黨生存空間之有利契機。所謂之「國會改革」包括兩個重點：立委減半、單一選區兩票制。先論立委減半。

　　「立委減半」其實是個迷思〈myth〉。225位立委是否過多？是否減少？都是值得深入分析研究，而後訂出一個可行的數字。但以言「立委減半」，硬生生攔腰斬一半，成為113席立委。學術界幾乎都是期期以為不可。質言之，減少可以，減半則矯枉過正。其缺失如下：

　　〈1〉沒有學理依據：

　　　　沒有任何學理支持當國會改革，立委要減一半的道理。從225席直接砍至113席是沒有道理的。立委人數可以討論減少，但減少到一半是不合理，且會產生執行後的諸多缺失。即使是北歐的瑞典總人口數約一千萬，其國會議員人數是349人。

　　〈2〉票票不等值：

　　　　依照增修條文規定，立法委員減半後之總席次是113席，其中區域部分

只有 73 席，由各縣市直選，一區當選名額是一人。由於席次太少，以總人口數計算，平均約 30 萬人產生一席，而又須遵守「各縣市至少要有一席」之規定，因而人口在 30 萬以下之金門縣、連江縣〈馬祖〉、澎湖縣、台東縣、嘉義市都能分配一席；人口略多於 30 萬之新竹市、基隆市、花蓮縣亦僅有一席；人口在 40 萬的宜蘭縣、新竹縣同樣是一席。新竹縣、宜蘭即抱怨其人口遠較金、馬為多，卻同樣是一席。在立委減半、區域直選名額也少，又必須遵守「各縣市至少要有一席」，就造成各選區立委當選的民意基礎落差太大之狀況。

〈3〉如同選縣市長或鄉鎮長，地方上專業人士難出頭

席次太少，平均 30 萬人產生一席立委，選區劃分相對擴大。許多選區甚至是以全縣、市為一區的狀況，其與地方選舉區〈縣、市長選舉；鄉、鎮、市長選舉〉相互重疊。例如：金門縣、連江縣、澎湖縣、新竹縣、新竹市、基隆市、嘉義市、宜蘭縣、花蓮縣、台東縣市全縣〈市〉一區，有如選縣、市長；再如桃園縣第三選區很類似選中壢市長，桃園縣第四選區亦很類似在選桃園市長一般。這種類似在選縣、市長，或鄉、鎮、市長的格局，各政黨在提名選區候選人時，勢必考量地方派系人脈、樁腳、財力等等。大量同一類型的政治人物當選，對國會文化的衝擊值得研究。再則，這等大選舉區域、少名額、競爭激烈下，專業佳但財力條件不足之地方優秀有心問政人才難以出頭。

〈4〉超級大立委形成、衍生問題更多

立委總額成為 113 席後，對立法院的政治地位與立法院之議事運作有了新的樣貌。整個國家中央政府體系中，只有總統與 113 席立委是選舉產生，具有民意基礎。其餘四權，包括行政院長以下的全部部會首長，政務副首長，及司法院院長、副院長、大法官；考試院院長、副院長、考試委員；監察院院長、副院長、監察委員等國家重要中央官職，均不具民意基礎。這 113 席立委政治份量大為增加，尤其是 73 名區域立委，他〈她〉們更是各選區中唯一的國會議員，其地位更顯重要。

而數量少的立法委員反映在立法院職權行使上，一個「超級大立委」的態勢立刻顯示。當立委減半到只有 113 席 ── 此時只要有 29 席〈四分之一〉就可提出「領土變更提案權」、「罷免總統、副總統提案權」；只要 57 席〈二分之一〉就可提出「彈劾總統、副總統提案權」、「通過司法院、考試院、監察院等三院之人事同意權」、「否決行政院覆議案之權」。立法委員在黨同伐異情形下之政治惡鬥，若沒有則罷，如有，則只要數十名少數立委便可在立法院內發揮作用，影響政局穩定至鉅。

至於立法院內之正常議事運作而言，設有 10 個委員會，[206]一人參加一個委員會為原則，平均每個委員會約 10 人上下，依照「立法院各委員

---

[206] 外交及國防委員會、經濟委員會、財政委員會、教育及文化委員會、交通委員會、司法及法制委員會、社會福利及環境衛生委員會、紀律委員會、經費稽核委員會。

會組織法」之規定，大約 4 人左右〈三分之一〉出席可以開會；大約 6 人左右〈二分之一〉出席爲議事可決人數。亦即中華民國立法院是由平均 10 個人左右組成的各個委員會，寥寥 5 或 6 人出席就操有重大法案和龐大預算的決定權。再者，立委減半、人數大降，權力相對增加，這時行政部門或利益團體遊說對象減少，立委與遊說者之互動更易緊密，國家利益之影響更受關注。

2. 單一選區兩票制：得失互見的規範

立法委員的選舉制度由修憲前的中、大選區制度，改變爲修憲後的「單一選區兩票制」。「單一選區」又稱「小選區」制，即每一個選區當選名額一席，由得票最高者以相對多數當選。「兩票制」即指一票選人〈區域選舉部分，共有 73 個名額，以單一選區制產生〉，另一票選政黨〈全國不分區部分，由達到 5% 門檻的政黨分配不分區之 34 席〉。以外，保障原住民部分，區分「山地原住民」、「平地原住民」各有 3 席，總共 113 席。

「兩票制」又有兩種：「並立制」與「聯立制」。我國採用的是「並立制」。「並立制」是將每一個單一選區〈區域部分〉的結果與第二張政黨票的結果分開計算。以 113 席爲例，若甲黨在 73 個區域立委贏得 40 席，在政黨票部份獲得 40% 的得票，可獲得不分區政黨比例代表席次，爲全部 34 席乘以 40%，即得 14 席。甲黨席次爲區域立委 40 席加上不分區立委 14 席，合計 54 席。「聯立制」，是以第二張圈選政黨的票，決定每個政黨最終席次。如甲黨在政黨票獲 40%，它在立委的席次就是總立委席次的 40%，如以 113 席次總數來算，就是 45 席，就算甲黨在 73 席區域立委只贏 35 席，甲黨政黨比例代表人數就是 45-35=10 席，補齊到 45 席。這次修憲後，我國立法委員選舉採用「單一選區兩票制」之「並立制」方式。

任何制度都有其優、缺點存在，很難盡善完美，毫無缺失。以言「單一選區兩票制」亦復如此，先論「單一選區」之優點在於：〈1〉避免極端：因爲每一個選舉區只有得票最高者當選，言論走偏鋒者、極端者不易得到最大多數人之支持，這有助以溫和理性獲得最大多數人的支持。〈2〉有助於兩黨制：無論「總統制」的美國，或是「內閣制」的英國，其國會議員選舉都是採取「單一選區」相對多數決，而美國與英國選舉制度下，都是呈現長期「兩黨制」的發展趨勢，這亦頗符合法國學者杜瓦傑所提出之「杜瓦傑法則」〈Duverger's Law〉第一條說法。其中原因或是人類社會中潛在都有兩個傳統勢力，在只有最高票之一席當選下，人們的「預期心理」將會使選票集中給最有可能當選者，並極力希望最有威脅的對手落敗，爲強固自己陣營獲勝機率，對若有同質性高之兩位以上候選人出現時，也會衡量最有利之候選人，將選票集中給此候選人，此時就會有「棄保效應」出現。以國內政局分析之，到選舉最後緊繃的時候，「棄○保○」會出現，亦會出現親民黨、新黨、台聯黨最不願意看到的「大藍吃小藍、大綠吃小綠」之狀況。這也是本次修憲國民黨、民進黨之集全力欲挾持民意堅持「國會改革」呼聲，強力推動「單一選區」，而親民黨、新黨、台聯黨在最後選舉 300 位「任務

型國代」之時，堅持反對「單一選區」之主因。

「單一選區」之缺點在於：〈1〉對小黨不利：理由如前述，只有傳統兩大黨才最有可能獲勝。〈2〉票票不等值：基於保障弱勢之金、馬、原住民，其人口總數約 50 萬，卻擁有 8 席，幾乎人口相當的宜蘭縣則只有 1 席。而傳統之金、馬、原住民為藍營之票倉，故而藍營未戰已經獲得〈或接近〉8 席，在立委減半只剩 113 席下約是 7% 的席次率，而宜蘭 1 席約佔 0.9%。另票票不等值下的「得票率與席次率未必成正比」亦是此制的特色與缺點。這在英國過去投票史上已屢見不鮮。一、二次大戰前後之自由黨〈Liberal Party〉一方面內部分裂，另一方面，在幾次選舉都是獲得 40% 的得票率，但很多選區都是高票落選，以至席次率僅有 10% 左右，自由黨「得票率」未反映在「席次率」上，而此時以工會為基礎的工黨〈Labor Party〉趁勢而起，取代自由黨，與保守黨〈Conservative Party〉相競逐。我國修憲後實施「單一選區」，必然也易於出現票票不等值下之「得票率與席次率未必成正比」狀況。〈3〉政治板塊明顯，「北藍南綠」不易改變：單一選區只有最高票者當選，在美國也是有傳統共和黨或民主黨鐵票區，長期是「一黨獨大」，甚至對手視為畏途，形成極類似「同額選舉」之情景，這是「單一選區」的一個常見現象。在台灣實施「單一選區」制，也容易造成長期之「北部恆藍；南部恆綠」之現象，除非一個選區中兄弟鬩牆，另一黨才有「漁翁得利」之結果。如 2012 年立委選舉，高雄市第九選區一向是綠營的鐵桿票區，民進黨推出候選人郭玟成本來勝券在握，卻因前總統陳水扁之子陳致中執意參選，泛綠分裂投票，使本來無機會的國民黨林國正當選。

「兩票制」的實施是優點大於缺點。此因過去我國立法委員選舉，雖然有所謂「全國不分區」之比例代表制名額，但因為是「一票制」，也就是立委選舉時，只有一張區域立委選舉的選票，由區域立委選舉，各政黨所獲得的區域候選人得票率決定各政黨之「全國不分區」當選比率。這樣的方式自然有違「政黨比例代表制」最初採行之意旨。

初始，歐洲國家考量，選賢舉能之「選區制」，是主權在民之基礎所在。然而選舉要花錢，對於「有才無財」之社會菁英人士、或是有專業能力之弱勢族群，如何在民主國家中提供這些人士「為民喉舌」之機會，乃發展出「選區制」與「政黨比例代表制」並存之選舉方式，「選區制」是選人，「政黨比例代表制」是選黨，這些社會優秀人士、或是有專業能力之弱勢族群就依照「政黨比例代表制」之政黨票，各黨得到之得票率，分配當選席次。

我國過去因為是「一票制」，「全國不分區」依附在區域立委選舉之上，以致於各政黨毫不重視「全國不分區」之名單內容，以致於赫赫金牛者，亦列名「全國不分區」之名單中〈因其區域立委排不上，就改列於不分區之中〉，屢見不鮮。而這次修憲立委選舉，一方面採用「單一選區」—選人；一方面採用「兩票制」—選黨。這樣各個政黨就比較會重視「全國不分區」之名單人物，這對透過選舉，為國會殿堂注入一股清流、專業，有其正面意義。[207]

---

[207] 民國 101 年第八屆立委選舉，各黨紛紛在「全國不分區」中放入「弱勢、專業人士」，頗讓人

3.廢國大，公投入憲：將「先有兒子，後有母親」的公投法違憲解套

　　本次修憲撤廢了國民大會與任務型國民大會後，原來「任務型國民大會」的三項憲法職權中：行使「修憲案」與「領土變更案」之複決權直接交還給人民行使之。增修條文第一條、第一項：『中華民國自由地區選舉人於立法院提出憲法修正案、領土變更案，經公告半年，應於三個月內投票複決，不適用憲法第四條、第一百七十四條之規定。』此為「公投入憲」的準據。修憲後也將先於母法〈憲法〉提早誕生長達一年半的「公民投票法」違憲窘境解套。

　　長久以來，「公民投票法」在民進黨內部一直有很高的意願，然而國、親兩黨是持反對之意見，而主張制定「創制復決法」。民國九十二年六月陳水扁總統表示將以「公民投票方式」讓人民來決定若干爭議性議題，如核四是否停建？是否加入衛生組織？國、親兩黨之泛藍高層雖考量兩岸因素，但以各項公開與未公開的民調都已顯示「國內民意高度支持公民投票」。[208]藍營斟酌輿情與民國八十三年總統大選前之可能影響因素等，決定改弦更張提出相對於民進黨立委蔡同榮之「公民投票法草案」與台聯版之「公民投票法草案」外，國親兩黨之國親版〈或泛藍版〉「公民投票法草案」，在立法院與泛綠正面對戰。終於在民國九十二年十一月二十七日，立法院第五屆第四會期第十二次會議通過「公民投票法」三讀。然而民進黨政府於十二月十日，行政院第二八六九次院會決議以：『〈1〉公投法第十六條只允許立法院擁有公民投票之提案權，卻排除行政機關的提案權利，有違權力分立的制衡原理。〈2〉公民投票審議委員會組織疊床架屋、權責不明。〈3〉由政黨壟斷全國性公民投票審議委員會的組織，違反直接民主的精神及權力分立原理。〈4〉有關公民投票審議委員會部份條文內容彼此矛盾、扞格。』等理由，通過將「公民投票法」呈請總統核可後，移請立法院覆議。立法院於十二月十九日，針對覆議案進行表決，最後以 118：95 決定維持立法院原決議。陳水扁總統於民國九十二年十二月三十一日正式將「公民投票法」公佈實施。

　　「公民投票法」的實施卻是憲政的一大困擾。此因「公民投票法」第二條、第二項、第四款明定：全國性公民投票適用的事項包含「憲法修正案之複決」。然而此時之憲法增修條文第一條、第二項、第一款，其中所定之修憲程序為修憲案由立法院立法委員四分之一之提議，四分之三之出席，出席立委四分之三之決議提出憲法修正案，經公告半年後由國民大會複決。甚且，「公民投票法」第三十一條、第四款也規定：「有關憲法修正案之公民投票應依憲法修憲程序為之。」

　　若依「公民投票法」第三十一條、第四款之規定，必須由「任務型國大」進行憲法修正案之複決，如此又與該法第二條、第二項、第四款明定：全國性公民投票適用的事項包含「憲法修正案之複決」相矛盾的。綜言之，憲法增修條文規定由「任務型國大」進行「憲法修正案之複決」，然而「公民投票法」第二條是將「憲法修正案之複決」交由全民行使。顯然，民國九十二年十二月三十一日實

耳目一新。尤其是國民黨提出名單更得輿論普遍之肯定。國民黨：王育敏、曾巨威、楊玉欣、邱文彥。民進黨：陳節如、吳宜臻。親民黨：李桐豪、張曉風。

[208] 楊增暐，「我國創制復決制度之研究 ─ 『創制復決法』草案各項版本之合憲性分析」，中國文化大學，中山學術研究所，碩士論文，民國九十二年，頁七八。

施的「公民投票法」，是牴觸當時憲法修憲程序之規定。或以「憲法爲母法」，「公民投票法」必須依據母法，然而憲法這個母法直到第七次修憲，將國民大會送入歷史，將「公投入憲」，這才使得「公民投票法」得以與憲法一致。「公民投票法」在牴觸憲法一年半的時間，確是有爭議，只能謂「公民投票法」來的太早，以致產生「先有兒子，後有母親」之民主憲政怪異現象。

4.彈劾總統案送交憲法法庭之異議

第七次修憲後，「國民大會」與「任務型國大」正式地走入歷史。原來任務型國大之三項職權；其中行使「修憲案」與「領土變更案」之複決權直接交還給人民行使。另外，「彈劾總統、副總統權」則移至大法官「憲法法庭」。增修條文第五條、第四項：『司法院大法官，除依憲法第七十八條之規定外，並組成憲法法庭審理總統、副總統之彈劾案及政黨違憲之解散事項。』

由司法機關來處理總統違法失職的規範不少，德國、韓國都是著例，亦有其成效。然而在我國則有疑慮，此來自於大法官之提名制度，我國總統包辦了司法、考試、監察三權提名制度之不當，大法官制度在於建立一個獨立又專業的釋憲機制，秉承憲法旨意，解決憲法爭端，使憲法上不明確、有疑議、有爭議之部份都能透過釋憲得到妥適之處置。

然而我國提名制度使然，加以總統之享有憲法上「刑事豁免權」，當面對藍、綠對峙嚴重，司法公信力嚴重不足，也無力處理衝突性高之憲法爭議，[209]更別說政治最爲敏感神經之總統彈劾案。彈劾總統制度之價值、功能、實際成效都宜正視，而非擺放聊備一格。

五、第七次修憲小結：

第七次修憲在立法院通過修憲案，是在「臨時會」的7天會期完成。在民意高漲下，各黨態度不一，本也沒預期會就這樣通過修憲案，然而竟然通過了。一篇媒體的報導頗爲傳神：[210]

> 昨天的修憲案是在眾人皆不看好的情形下，從萬山不許一溪奔，到最後堂堂溪水出前村，儘管過程千迴百轉，但也說明，修憲所象徵的改革意義，各政黨都無力對抗。

第七次修憲的最大贏家是國民黨、民進黨兩大黨。它們挾持「國會改革」之民意大旗，四下揮舞，親民黨、台聯黨、無黨團結聯盟等礙於選舉將屆，不敢反對，怕被冠上「反改革」之污名，明知「單一選區」對其政治生存影響深遠，却無力反對，到了立委選完，要選「任務型國代」才猛然覺醒，向國人道歉，又持反對前一年八月彼等才支持通過的憲法修正案，但已無力回天。

台灣雖然教育普及，然而民粹隱然是一股巨大的力量。「立委減半」沒有學

---

[209] 例如民國九十三年「三一九真相調查委員會條例」之爭議，有大法官冒大不諱爲陳水扁總統進行遊說，而且鬧到院長、副院長都史無前例的迴避解釋會議，最後通過的釋字588號解釋，更讓國人難以置信。

[210] 台北，聯合報，民國九十三年八月二十四日，版三。

理依據，且有深遠後遺症，但只要包裹上響亮的口號 —「國會改革」，也就沛然莫之能禦，民進黨立委林濁水憤怒指責周遭之「反智」，許多學者如：黃光國、李炳南、楊泰順等為文說理，一如大石投河。

第七次修憲，國民大會、任務型國代正式走入歷史，沒有得到幾許的懷念與肯定，人們反而喊好。這非國民大會本身設計不良，而是國、民兩黨的主政者，不能守憲守法，以政治力量強行分贓，幾年下來荒腔走板的粗暴行徑修憲，將憲法修的破毀不堪，國人憤慨。除了怒目以對這個被糟蹋不堪的國民大會外，有幾人「冤有頭、債有主」的真正對政客發出指責與怒吼？國家民主要走的穩健，政治家的風範何其重要，台灣又何其缺少。一個尊重法治、節制權力、有為有守的政治人物是國家民主之路走的理想的充要條件。

第三節　政黨政治的探討
壹、兩次政黨輪替

中華民國政府於民國三十八年來台，初始有戒嚴、動員戡亂時期臨時條款，民國七十六年七月十五日的解嚴，為威權體制與政治民主化的重大分水嶺，解嚴後展開了政治自由化與政治民主化有利契機。民國八十年五月一日起，終止動員戡亂時期，正式結束長達四十餘年的動員戡亂時期非常體制，廢止「動員戡亂臨時條款」，重新回歸憲法，我國民主政治發展從此進入一個新的階段。

民國八十九年〈2000 年〉年政府遷台首次「政黨輪替」出現，八年後〈2008年〉，又出現第二次「政黨輪替」。探討兩次政黨輪替之重要成因，深入剖析兩次政黨輪替前，分別在國民黨、民進黨內部發生的危機現象與困境。當危機現象浮現之時，正須採有效的因應、解決。但若無法（力）為有效之處置，將使該黨陷入更深的困境。此困境又使危機現象更為惡化。國民黨因無法解決李登輝時代黑金、政商掛勾之困境，終使內鬥與疏離更為彰顯，而致失去政權。民進黨無法切割貪腐、濫權之陳水扁，使得全黨陷入困境，終於在包庇貪腐、經濟逆退下，成為交出執政權而下台的必然之路。

透過檢視兩黨之危機現象與困境，更期望「他山之石可以攻錯」，尤以中華民國過往締造『台灣經驗』（Taiwan experience）之「政治民主化」彌足珍貴，它有好的、成功的一面，亦有值得檢討之處。誠然「轉型正義」是當前民主落實期最為迫切的課題，過去時代留下的不良產物（包含制度、態度），或許為主政者更好操弄政治手段，唯如何能以大公無私、天下為公的器度面對，真誠改善，而非短視近利、飲鴆止渴，不斷淪入「轉型不正義」，如此則非全民之福。誠然，「水能載舟，亦能覆舟」，兩次政黨輪替、和平轉移政權已證明台灣內部人民的力量的穩定與政治智慧的成熟，如何做到仁民愛物、近悅遠來，台灣政治人物更應思之再三。

貳、民國八十九年〈2000 年〉遭逢變天的國民黨〈第一次政黨輪替〉

國民黨在民國八十七年一月十三日，蔣經國總統去世後，李登輝接任國民黨

主席、中華民國總統。李氏主政 12 年，「李登輝情結」帶動「李登輝時代」的來臨。1996 年第一次民選總統，李氏以 58% 高票當選。唯李氏主政 12 年，卻是國民黨由盛而衰的重要關鍵。「兩大現象」結合「兩大困境」，終使國民黨失去執政權。

兩大現象：1.內鬥與疏離（新黨、親民黨先後出走，正藍瓦解成泛藍）。2.腐化與縱容（地方派系惡質化，走向黑金政治、政商掛鉤）。

兩大困境：1.黑金護國。2.社會公平正義淪喪

吾人將以上之「兩大現象」、「兩大困境」分析如后：

一、內鬥與疏離：「中、智階層之理念型選票鬆動」

李氏主政期間造成「正藍」的裂解，始於新黨的脫離國民黨出走，盛於宋楚瑜（包含「宋友會」及其後「親民黨」）的出走。

（一）**新黨的出走：**新黨的前身乃是原國民黨內的「新國民黨連線」，促成新黨的誕生，最大之動力來自國民黨本身。新黨於民國八十二年八月十日宣佈成立，它的出走與李氏密不可分。其主因有三：1.新黨核心成員趙少康、王建煊、郁慕明、周荃、李慶華、陳癸淼、李勝峰等人自認與國民黨中央理念不合，特別是與國民黨層峰李登輝之領導風格、路線方針表示不同意見。[211]2.核心成員等屬於國民黨內非主流者，在黨內發展空間日漸窄化，尤以民國八十二年 14 全會，國民黨以「當然黨代表」方式來壓抑非主流勢力，此「零和戰術」成為新黨成立的直接導火線。3.國民黨本土化政策與地方派系緊密之結合，逐漸使金權政治坐大，顯示國民黨距離三民主義理想目標的漸行漸遠，新黨乃以恢復孫中山三民主義理想，貫徹「反金權」、「反台獨」為訴求。新黨的成立，帶走了國民黨內一部分理念型的傳統支持者，吸引了不少都會區中對黑、金現狀不滿的中產階級與知識份子，並產生了「新黨效應」。新黨力量不足以取代國民黨，但卻弱化了國民黨。民國八十三年陳水扁當選台北市長，以及其後尤清、蘇貞昌相繼當選台北縣長，正是泛藍分裂危機的顯現。

（二）**宋楚瑜的出走：**宋楚瑜與李登輝關係的逆轉，起於時任台灣省長的宋楚瑜，一般輿論謂之親和力強，勤政愛民。然宋楚瑜為省政財政等事，時而砲轟中央（行政院長為連戰）；再者，李登輝欲以連戰為黨內接班人態勢日益明顯；三者，宋系人馬之省府團隊掌握國家龐大政經人事資源（扣除北、高兩直轄市，福建省金門縣、連江縣），宋氏省府團隊之強勢作為，引起國民黨中央戒心。民國八十五年底的「國家發展會議」、民國八十六年的「第四次修憲」，李登輝「一石兩鳥」之計，在於一方面為其副總統連戰兼任行政院長之「着毋庸議」解套，刪除「立法院之閣揆同意權」；另一方面，即在以「凍省」瓦解台灣省長宋楚瑜的政治舞台。以掃除連戰接班總統路之最大障礙。[212]

---

[211] 新黨主要成員對李登輝總統之言論走向不表認同；包括李登輝與日本作家司馬遼太郎之談話：『自稱其 22 歲以前是日本人。』『國民黨是外來政權』、『出埃及記』與『李摩西』之說、『特殊國與國關係』等。

[212] 齊光裕，中華民國的憲政發展〈台北：揚智文化公司，1998 年 11 月〉，頁 173-184。

（三）分裂投票的苦果：國民黨 2000 年總統大選，即敗在「分裂的國民黨」對抗「統一的民進黨」。宋楚瑜挾持廣大民意基礎，以無黨籍身分，挑戰國民黨「黨意」支持的連戰。泛藍群眾分裂投票的結果，兩敗俱傷。民進黨候選人陳水扁以 39%，領先宋楚瑜 36%，連戰 25%，當選「少數總統」。宋楚瑜以 31 萬票落敗，然而宋、連兩人得票總和高達 61%，國民黨 2000 年之變天，敗於分裂，更敗於國民黨層峰主導之「黨意」。

二、腐化與縱容：「地方派系惡質化」

（一）李登輝主政前之地方派系特色

有為李登輝主政期間，地方派系惡質化提出辯駁指稱：地方派系在國民黨政府來台之初，歷經「黨的改造」、「反共抗俄總動員運動」，結合台灣地區的各項選舉，此一國民黨與地方派系「恩寵」（patronage）早已存在，不可將地方派系惡質化歸之於李氏。

然而政府來台，以迄李登輝主政前，地方派系雖已存在，並不斷發展。他有三個特色：1.以縣為單位，向下至各鄉鎮市，無跨縣派系（台北縣則無全縣一致之派系為其特殊者）。2.每縣至少兩個派系（如高雄縣之紅、白派；台南縣之山、海派；台中縣之紅、黑派；苗栗縣之老黃、新黃、大劉、小劉派等是）[213]3.中央居於全盤掌控整體局面。亦即李登輝主政前，地方派系尚在國民黨中央掌控下，派系不致踰越、凌駕中央。

（二）李登輝主政後之地方派系

李登輝主政初始，黨政軍大權掌握於外省族群之手（總統府秘書長沈昌煥、行政院長俞國華、國民黨秘書長李煥）。蔣經國去世，國民黨內部喊出「強人時代」已經結束，黨要走向「集體領導」。然此情勢下之李登輝必然無法掌握政治實權。其一方面在中央：拉一派打一派，削弱政治敵對勢力（先以李煥取代俞國華任行政院長，再以郝柏村取代李煥任行政院長，逐漸鞏固發展李登輝之政治實力）[214]；另一方面，拉抬地方勢力進入中央，以強化李氏聲勢。此舉終於使得地方派系一則不斷串連坐大，再則羽翼漸豐，自抬身價，顧盼自得，不服中央號令之脫軌時而發生。至此，腐化、惡化更形嚴重，政商掛鉤、不當利得、層出不窮，「金權治國」、「黑道治縣」為國人不滿。1990 年代以降，國民黨地方派系表現出以下四大現象：

1.反噬現象：國民黨中央的權威，面臨地方派系正面挑戰：（1）民國八十三年，台灣省農會理事長改選，國民黨提名人以 1：15 慘敗。（2）民國八十三年，末代省議會副議長選舉，長億少東楊文欣執意挑戰國民黨提名之林仙保，李登輝致意楊天生再三；最後仍以 32：20 的結果，讓國民黨灰頭土臉。（3）十天後，

213　有關國民黨地方派系可參閱：陳明通，派系政治與台灣政治變遷〈台北：月旦出版社，1995年 10 月〉；趙永茂，台灣地方派系與地方建設之關係〈高雄：德馨出版社，民國 67 年 5 月〉；陳德揚，轉變中的台灣地方政治〈台北：洞察出版社，民國 76 年 1 月〉。

214　有關李登輝初掌政權之政治歷程，可參閱：周玉蔻，李登輝的一千天。

高雄市議會副議長選舉，難堪再度重演，以違反黨紀遭開除的張瑞德 16：14 擊敗黨提名的朱安雄。

2.候選人取向：地方派系為「利益團體」（interest group），其「候選人取向」（candidate orientation）非常明顯，派系群眾與派系政治人物緊密結合：（1）郝柏村院長主政時，國民黨開除陳哲男黨籍（力主調降證交稅），陳得高雄「台南幫」支持，仍高票當選立委。（2）嘉義竹崎涼椅大王曾振農立委選舉登記，先則填以「無黨籍」，震驚黨中央主席出面安撫。（3）苗栗縣長選舉，何智輝挑戰黨提名爭取蟬連的張秋華，雖被違紀競選開除黨籍，但擊敗張秋華。後國民黨考慮實力原則，恢復何之黨籍，提名何參選蟬連，又遭立委何成錕支持省議員傅學鵬挑戰，傅雖被開除黨籍，卻又將何擊敗。一再上演國民黨中央無法掌控的戲碼。

3.政商掛鉤：李登輝主政期間，中產階級、智識分子質疑「金權治國」、「黑道治縣」現象嚴重。李氏以彼等過於「反商情結」回應。實則，社會對成功之企業家羨慕、讚嘆者多；中、智階層所不滿意者，在於「政商掛鉤、不當利得」—以錢謀權，再以權謀錢。民國八十六年地方縣、市長選舉，國民黨慘敗，民進黨大勝。正是之前，國民黨地方縣、市首長司法相關問題層出不窮。屏東縣長、縣議長、屏東市長、高雄縣議長、台南市長、台中市前後任市長、桃園縣長、花蓮前後任縣長，乃至台北縣深坑鄉等等。另一方面，「政治人物」又是「財團負責人」又是「金融機構負責人」，大玩：土地名目變更；公共工程之圍標、綁標、洩露底標；超額貸款；然後債留台灣，錢進大陸、美國。

4.黑道漂白：民國八十年間，若干人物以選舉方式取得各級民意代表身份，成為其漂白的途徑。民國八十五年時任法務部長之廖正豪公佈一項數據，指出民國八十五年，第 13 屆縣、市議員共有 858 位，其中有 237 位（約三分之一）有刑事前科，其中 22 人有暴力性犯罪前科；28 人被提報管訓，這其中有二人做到縣議會正、副議長。[215]

三、黑金問題下的兩難：「黑金護國論」或「壯士斷腕」

前述「內鬥與疏離」、「腐化與縱容」兩者互為影響、作用。國民黨的腐化與縱容，使都會區中產階級、智識份子之普遍不滿，而至疏離、分裂，先表現在支持新黨，引發「新黨效應」；繼表現在支持宋楚瑜，並簇擁親民黨成立。正藍被裂解為泛藍。這些對原國民黨不滿之中、智階層，其實先新黨、親民黨而普遍存於社會中，只是藉依附新黨、親民黨反映對時政之不滿。黑金問題實為國民黨之大問題：沒有地方派系，國民黨將更失去地方執政權；唯若擁抱地方派系，又使都會區中、智階層不滿，且國民黨形象更江河日下。此兩難困境，衍生出「黑金護國論」、「壯士斷腕」，在國民黨內部之角力攻防。顯然國民黨無自省之力，而將由選票來表達對其失望，這是何其殘酷之事實。

某先後擔任考選部長、監察院長者，為李登輝施政下，黑金縱橫緩頻，並多次與新黨立委言辭交鋒。其提出：『國父也是用黑金』、『開國國君都有流氓之流氣，如希特勒、墨索里尼、孫中山、蔣中正等』。

---

215 同註 123，頁 789。

孫中山時代之「黑」、「金」，絕非今日之黑金。孫中山出身「洪門」，位階「紅棍」（相當將軍），當時參與歷次反清革命的光復會、華興會等會黨革命志士，是拋頭顱、灑熱血，戮力為救中國於水火，而前仆後繼之志士。斯時，孫中山海外募款之華僑，或努力海外奮鬥經商有成，或希望祖國早日擺脫次殖民地的困境，出錢出力，孫中山有感而發謂「華僑乃革命之母」，其來有自。若與今日之政商掛鉤、以錢謀權、再以權謀錢，專務不當利得的黑、金相比擬，豈非厚污前人？

孫中山、蔣中正或有不拘小節、抗拒傳統權威之大開大闔氣勢，然將之比於「流氓之流氣」亦甚偏矣、過矣。「流氓」者，橫行鄉里、魚肉鄉民之徒，孫、蔣一生為中國之生存努力，或有歷史上功、過不同評價。然孫中山建立中華民國之功；蔣中正領導軍民同胞完成八年抗戰、保全台灣免於赤化，則是應予肯定。以流氓等語冠之於孫中山、蔣中正，顯有不妥。

四、社會公平正義淪喪

李登輝主政，黑金縱橫、政商掛鉤、不當利得等，帶給國民黨另一個發展的困境，即社會公平正義淪喪。總統好打小白球，高爾夫球場往往涉嫌竊佔國土、破壞水土保持等。國有財產局可任彼等就地合法，司法無罪，軟弱無力，全民譁然。再如：總統作客「三頭鮑」事件，一客（一人份）5 萬 4 千元，一桌 54 萬元。副總統嫁女兒，輿論謂之「世紀大婚禮」，排場、奢華可以想見。副總統台中市「五百元便當」事件。國民黨十五屆全代會之「十五全至尊紅酒」，社會奢華浮誇。國民黨以數字自欺欺人，粉飾太平。當此之時，青年人以加入國民黨為恥，望之卻步，凡此均為有識者憂。

李登輝執政期間，訪美國康乃爾母校，發表『民之所欲，常在我心』；其又提倡「心靈改革」，誠哉斯旨！唯如何以達成之？曾文正公：『風俗之厚薄兮自乎？自乎一、二人心之所嚮。』『靈王好細腰，臣妾皆一飯。』移風易俗，上行下效，風行草偃。一個政權為黑金之所圍繞，上下交征利，社會風氣不佳，中、智階層反彈，反對黨藉力使力，其欲求政權之久長亦難矣。

綜合而論，國民黨的兩大危機現象，極待撥亂反正，可惜內部機制無法〈力〉有效調整、改善，致使轉變成包庇黑金、社會公平正義淪喪之兩大困境。兩大危機現象與兩大困境互為作用，使國民黨形象不堪，益以宋楚瑜、連戰內鬥，自相瓜分票源，鷸蚌相爭、兩敗俱傷。2000 年第一次政黨輪替發生，其應然乎？偶然乎？

参、民國九十七年〈2008 年〉遭逢變天的民進黨〈第二次政黨輪替〉

民進黨總統候選人陳水扁在 2000 年以 39% 相對多數當選「少數總統」。從黨外時期，以迄民進黨成長過程中，其經歷國民黨政府時代以「反共抗俄」、「戒嚴」、「動員戡亂」之名，所實施的「威權統治」。其中有諸多時代的產物，或便宜行事、或無限制擴張行政裁量權、或黨政不分，凡此偏離正常民主軌道之諸多亂象，民進黨有深切感受。陳水扁的當選，正是其實現清廉政治、愛台灣、愛鄉土之「轉型正義」，奠定其個人歷史定位之大好時機。舉凡：政治力退出媒體（實現真正

的新聞自由）；政治力退出司法（實現真正的檢審獨立）；政治清廉；政治效率；程序正義；實質正義；民主法紀提升等等。唯陳水扁主政八年卻是民進黨跌入谷底深淵的重要關鍵：「兩大現象」結合「兩大困境」，終至黯然失去政權。

兩大現象：1.貪腐與濫權。2.意識形態與政治掛帥

兩大困境：1.縱容包庇貪腐。2.鎖國與經濟逆退

吾人將以上之「兩大現象」、「兩大困境」分析如后：

一、貪腐與濫權：

貪腐與濫權兩者，互為依存。貪腐下之濫權，毀法亂紀，既有機制解套紊亂，政府行事光怪陸離，匪夷所思，令人瞠目結舌，嘆為觀止。問其為何不按「標準作業程序」？正因不可告人，只有硬辯「為達目的，不擇手段」。是耶？非耶？

濫權下之貪腐，喪盡天良，假公濟私，貪得無饜。陳水扁的「國務機要費」成為假核銷、真請款；第一家庭「sogo禮卷案」成為介入民間企業經營權的黑手；「台開案」成為內線交易的疑雲；總統府成為「炒股中心」；扁政府之「股市禿鷹案」、「高捷案」、「鐽震案」、「華陽史威靈案」、「巴紐醜聞案」‧‧‧政府內閣官員郭瑤琪、林陵三、侯和雄、龔照勝、林忠正、李進誠、謝清芳、陳紀元、顏萬進等遭遇起訴判刑中。八年之中，扁政府貪腐、濫權已達「罄竹難書」之地步。本文限於篇幅，僅列述其中之代表者：

（一）陳水扁之「國務機要費」

「國務機要費」案始於扁嫂長期蒐集他人消費的發票，送到總統府內假核銷，繼而引出sogo禮卷案、百萬鑽錶案、企業家手提電腦到官邸向第一夫人做簡報案‧‧‧‧，最後，陳水扁總統則以用作「機密外交」甲君故事等，前後有多個版本圓謊。陳瑞仁檢察官起訴書中，明列六項秘密外交中兩項沒問題，四項是有問題不存在的。

一國元首涉及將一千餘萬國務機要費，當自家金庫，背後所代表除貪汙疑雲、政治倫理、政治責任外，吾人以為更涉及嚴重違憲、濫權：

1.規避憲政體制、違法亂紀：陳水扁或以為用「國家機密」一詞，即可規避貪污疑雲。實則，問題更嚴重。我國憲法中，有關總統職權之35條至44條，並未賦予總統可以擁有個人之秘密外交體系，可以擁有私人情治人脈，可以排除立法、司法、審計、監察監督之外。質言之，本案在陳水扁自圓其說下，創造了一個超級黑盒子，一個超級總統，可以不必接受任何法定機關監督，並將總統一職擴張到為所欲為，跳脫國家憲政框架，這是比貪瀆更嚴重的國家憲政危機。

2.總統抨擊司法、民主重傷：陳瑞仁檢察官將第一夫人吳淑珍列為被告，將陳水扁列為共同正犯。陳水扁以總統之尊，公然在媒體上抨擊陳瑞仁檢察官之作為，直接傷害民主之核心價值。陳瑞仁雖僅是一位檢察官，卻是代表國家執行司法公權力。在民主國家強調三權分立以實現「權力分立」的重要性，總統以其代表之行政權，公開指責司法檢察官，此為民主國家諷刺，更是國家憲政危機。

（二）高捷案

高捷案因泰勞暴動而揭發。他不是個人層次的官商勾結，而是上起總統府、

中至行政院、下到高雄市政府，政治與行政運作下之結構性大弊案。其背後所代表，除龐大不法款項流往何處？不得而知外，尚涉及嚴重違法、濫權、背離依法行政，更是民主與法治的兩大破毀：

　　1.依法行政全亂套：高捷案是典型國家正常行政體制全盤破毀之代表[216]：（1）總統府副秘書長陳哲男介入外勞事務。（2）中鋼董事長林文淵讓出高捷董事長，由出資僅 7 億的陳敏賢主導「副董事長制」，取得操控高捷的地位。（3）高捷耍小手段，不用本國勞工。而禁用外勞的勞委會，陳菊竟發給高捷一張「國對國引進外勞」的特許狀，高捷得以憑此排除其他外勞仲介業的競爭，將全案交由一個完全不適格的華磐公司運作。（4）高雄市長謝長廷主導核定排除「政府採購法」的一紙關鍵性公文，正是謝市長與捷運局局長周禮良兩人，繞過正常公文程序便宜行事。（5）而公共工程委員會主委蔡兆陽配合裁定「政府採購法」的批文，亦採「第一層決行」，甩掉正常公文程序。（6）「公辦六標」龐大利益，與「五人評決小組」之關聯。

　　2.司法輕縱、檢調走樣：高捷案從泰勞暴動點燃，至其後所顯示者，擺在國人眼前的是完全破壞、走樣的民主政治。其中依法行政、程序正義、實質正義均疑點重重。泰勞暴動之前，高雄地檢署已多次接獲對高捷弊案之告發，但卻連「公辦六標」的標單皆未查過，即輕率簽結了事。高捷案爆發後，檢調單位的偵結，雖起訴「五人評決小組」等相關人士，但全案高高舉起，輕輕放下。民國九十四年十一月二十一日，檢調專案小組以圖利或背信罪起訴陳哲男等 22 人，直到民國九十八年二月二十四日，高等法院高雄分院檢察署不再提上訴，陳哲男確定無罪，全案定讞。「高捷案」沒有一人遭到刑責！正是印證台灣長久以來，民間輿論傳神又深沉無奈所稱：「一審重判，二審減半，三審吃豬腳麵線，通通沒罪。」如此這般地將高捷案劃下句點，不僅無法向國人、歷史交代，更使民間義憤難以紓解。

（三）中正紀念堂、中華郵政更名之玩法濫權

　　扁政府將『中正紀念堂管理處組織條例』廢止案送立法院，立法院並未通過。教育部即擅自發布『國立台灣民主紀念館組織規程及辦事細則』，欲以行政命令取代法律，將中正紀念堂降為四級機關並改名，這是民主世界之奇蹟。教育部拆掉中正紀念堂大門「大中至正」牌匾，改名「自由廣場」。這種行政凌駕國會、法律，非民主國家所能允許。此種舉措，亦只有希特勒、舊蘇聯、共產國家、專制政權所得見。

　　依『中央行政機關組織基準法』之規定，行政院為一級機關，各部會為二級機關，而目前隸屬於教育部之中正紀念堂、國父紀念館、台灣科學教育館、國家圖書館及歷史博物館等文教單位為三級機關，都各具有其組織法做為依據。基準法第四條明定：『「三級機關」之組織以法律定之。』；第十一條更規定：『機關組

---

[216] 「高捷案」相關官員案發曝光後：民國九十四年九月五日，勞委會主委陳菊請辭，高雄市代市長陳其邁請辭。民國九十五年十月五日，陳水扁總統批准總統府國策顧問陳哲男、總統府顧問陳敏賢辭呈。九十四年十一月六日，交通部政務次長周禮良被民進黨開除黨籍，並辭職。

織依本法規定以法律定之者，其設立依下列程序辦理···三級機關···由其上級機關或上級指定之機關擬案，報請一級機關轉請立法院審議。機關之調整或裁撤由本機關或上級機關擬案，循前項程序辦理。」職是之故，中正紀念堂無論是組織調整或裁撤皆應經立法院審議通過。故而在條例未依法廢止前，中正紀念堂管理處依法存在，行政院根本不可直接更名，甚至擅拆牌匾。

　　蔣中正、孫中山是否需要紀念？可以討論；是否需要設置台灣民主紀念館？亦可討論；唯施政不可無視法律之存在，更不可以行政命令壓制法律。是則用違法方式紀念民主、強調自由，則行政權不尊重法律與立法權之粗爆舉措，何異於納粹、法西斯；又何異於紅衛兵？另「中華郵政公司」更名「台灣郵政」乙案亦同，不多論述。

（四）「轉型正義」之淪爲口號

　　民進黨爲標榜其人道、清廉、民主、法治，長時期批判國民黨的黨產、黨政軍介入司法、媒體、學校等。並將之視爲「轉型正義」工程。

　　國民黨之黨產，在取得方式與威權時代經營的手段，是皆有不符公義原則之處，並違反民主國家之政黨經營黨營事業與民爭利和特權濫權之實。國民黨黨產問題長時期也成爲其施政包袱，與民進黨攻擊之標的。然而，在民進黨主政之後的「轉型正義」發展，卻令人訝異：

　　1.賤賣國產，圖利私人或特定財團：[217]

　　當「沒有黨產」的民進黨執政，國人驚覺「沒有黨產」之可怕，更甚於「有黨產」。民進黨沒有黨產，但其揮霍國庫公產之情境，是如此大手筆。「全民追討政府掏空國庫行動聯盟」出版「掏空台灣」一書，列出如下紀錄：

　　（1）以「金融改革」之名，將「公營行庫賤賣給特定財團」：a.「交通銀行與中國商銀合組兆豐金控」：掏空國庫與人民資產 1 兆 7,020 億元。b.「出售彰化銀行」：掏空 1 兆 2,678 億元。c.「出售華南銀行」：掏空 1 兆 5,093 億元。d.「將世華銀行賣給國泰銀行」：掏空 1 兆零 491 億元。[218]以上名爲金融改革，或賤賣國產，圖利私人財團；或規避立法院監督，行政部門成爲「地下」最大勢力股東，使國家與全民憑空損失 5 兆 5,282 億元。

　　（2）台糖賤賣土地：國家損失 372 億元。

　　（3）賤賣中華電信：國庫損失 143 億元。

　　（4）高鐵（殷琪團隊原標榜政府「零出資」）黑洞全民買單，掏空國家 4,829 億元。

　　（5）核四貿然停工：國家與人民損失超過 2,393 億元。

---

[217]民國九十四年十一月十四日，「全民追討政府掏空國庫行動聯盟」出版「掏空台灣」記者會，與會學者和成員批判民進黨政府上任後不斷掏空國庫，其相關各案金額，累積已達 6 兆 5523 億元。

[218] 監察院於民國一○一年十二月二十二日通過糾正財政部。因前總統陳水扁介入二次金改，致原富邦金欲併世華銀「豬羊變色」，由國泰金「輕鬆」併世華，並取得相當巨額利潤；光在換股比例上，國泰就得到 364 億的好處。陳水扁自民國八十九年至九十三年，連續四年以選舉資金爲由，向國泰金要錢，共得 4 億。台北，聯合報，民國一○一年十二月二十三日，版 A11。

（6）高捷弊案：圖利特定人 352 億元。

2.政治力介入媒體：

民進黨政府過去主張「黨政軍退出媒體」。其執政後，卻是盡力將國民黨逼出媒體，再將其政治的黑手伸入各種媒體。2000 年後，民進黨政府所表現者是：

（1）告媒體：副總統呂秀蓮告「新新聞」（「嘿嘿嘿事件」）；高雄市長謝長廷告「聯合報」（該報社論『檢調只辦到謝長廷腳跟前面那條線』）。

（2）搜索媒體：搜索「壹周刊」（該刊報導前總統李登輝任內，將援助南非『鞏案』之國安局非法秘密帳戶，由外交部拿回後輾轉入淡水之台綜院）。

（3）關閉媒體：2005 年新聞局長姚文智關閉 7 家媒體，轟動國際。

（4）利誘媒體：以『置入性行銷』之名，軟化媒體對政府應有之監督。

（5）社會上出現『閱聽人組織』之類團體，名為監督媒體之民間組織，背後因人事有政治色彩身影，引發社會廣泛議論、質疑。[219]

3.政治力介入司法：

國民黨時代最為人民所詬病者，即司法檢調不公。民進黨主政時期狀況一樣，檢調司法受制於政治力，斧鑿痕跡斑斑顯著。高捷案、股市禿鷹案、台開案、三一九槍擊案‧‧‧‧，檢調完全配合媒體名嘴報料進度，名嘴爆到哪，檢調慢慢「查」到哪。查的結果，高高舉起，輕輕放下。輿論有謂：『辦不上去，所以辦不下去。』頗為傳神，一語中的。大選後爆出之「巴紐醜聞案」，依特偵組執掌，犯案層級為部長以上，特偵組依法，即應主動展開調查，結果一動也不動。歷經兩次政黨輪替，轉型正義並不容易，制度不完善，就算有美國「獨立檢察官」、香港「廉政公署」，亦無法解決貪婪的弊端。

二、意識形態與政治掛帥：

台灣民主成就歸功於公民意識的勃發，使台灣社會力展現轉型的發動機角色。2000 年首度政黨輪替，原本期待向上提升的台灣社會，卻不斷的向下沉淪。民進黨政府為遮掩其施政無能、貪腐失德，主導朝野對抗從「政策理念與目標達成」，轉移到「虛幻統獨意識形態」。統獨標籤之下，公民社會的核心價值（自由的心靈、對人權的堅持、對法治的遵守、對極權的反抗、對異議的包容、對弱勢的關懷）遭到空前的危機。民進黨八年主政，帶來公民社會之危機有兩大端：

（一）民主核心價值偏斜日益嚴重：

1.『不問是非、不問對錯、只問立場』：統獨對立下，使得族群撕裂更嚴重，思想、對話空間更被窄化。動輒以「統派媒體」、「統派觀點」、「台北人觀點」、「欺負我們南部人」[220]就可將施政的弊案、貪腐的無能，都給一筆抹銷。明明是全民反總統貪腐，竟可「內不疚神明；外不慚清議」，導向「外省人欺負台灣人總統」。八年施政下「只問立場、不問對錯；只問藍綠、不問是非」，是對民主最大諷刺，

---

[219]「閱盟執行秘書，曾主持扁造勢晚會」。台北，聯合報，民國九十三年四月二十三日。
　「閱盟監督媒體，誰監督閱盟？」台北，中國時報，民國九十三年四月二十四日。

[220] 高捷案中，副董事長陳敏賢面對各界對高捷的諸多質疑，不思逐一釋疑，還原真相，而謂：『台北人觀點，欺負高雄人』。類似論點，如議會中議員為淹大水質詢官員，官員答非所問，「他想到二二八」。

對公民社會極大打擊。如何撥亂反正，重回「不分藍綠，只分黑白」的價值觀，刻不容緩。

2.硬拗鬼扯將「是、非、善、惡」價值混淆：人類社會發展下，文化、文明並進，逐漸產生普世價值。此為人群樹立規範性、價值觀的功能。官員於立法院被質詢不滿，用手比開槍動作，稱「騎馬打仗」、「自小白目」；第一夫人炒股，偉大的財政部長稱「有助於活絡股市」；南亞海嘯募款 4 億多，新聞局長私自成立體制外的五人基金會，東窗事發，辯稱「審計部阻撓」；教育部長的「罄竹難書」、「三隻小豬」、「台灣地圖左旋 90 度」；國防部的三軍、憲兵連續演出：「扁帽軍」、「官田風華再現」、「五星上將合成照」、「你是我的巧克力」；教育部主秘也能站上第一線，幕僚角色錯亂‥‥扁政府八年施政，洋相出盡，「官無官相」、「軍無軍威」。台灣的文化、教育、社會原是有極其深厚的內涵，一再受到政治人物低俗的汙染，可歎亦可悲。

吾人試著想這個畫面：第一夫人不因身體狀況，不會自認無事無聊，以炒股票度日，而是不斷參與各種慈善活動、鼓勵年輕人、社會邊緣人積極向上的人生觀；教育部長是溫文爾雅、博學多聞、關心科學教育，更重視人本精神教育；經濟部長天天陳述國家經濟發展的遠景，和有效抑制物價上漲的作為；財政部長不是拿人民的納稅錢不斷填補財團的銀行呆帳，而是宣布政府大利多，決定要如新加坡一般「還富於民」‥‥為扁背書之「國政顧問團」首席顧問李遠哲院長及團員諸公，以知識份子良心，不知以為如何？究何種是所謂的「向上提升」？又何種是所謂的「向下沉淪」？

（二）理性思辯過程被粗俗之「愛台灣」空洞口號毀壞殆盡

當「愛台灣」之空洞口號無限上綱成為政治選擇唯一依歸，則更多實質問題都被忽視、掩蓋。信手拈來：台灣經貿競爭力衰退、人民貧富懸殊加大、國土保育與開發的均衡點‥‥在在需要理性、成熟、多面向反覆質疑辯正，而後得出一個最佳方案。在一個粗俗（糙）的「愛台灣」口號，一個扣帽子的指責，立即將思辯的重要歷程予以摧毀，也使得全民社會更為沉默。前行政院長唐飛在「台灣前途展望協會」成立時，發表的專文中，有兩段話是發人深省的：[221]

> 什麼樣的社會造成如此高的沉默意見？什麼樣的政黨政治無法說服沉默選民支持？什麼樣的政策綱領使得公民放棄監督或者贊同的權利？什麼樣的政治人物使得選民選擇以冷漠回應他們激情熱切的演出？什麼樣的政治生態使公民放棄敦促公共政策引領向上。

> 唯獨台灣，政黨不需要理想，政治人物不必講求誠信，他們只需要死忠支持者的熱情擁護，沉默的多數反而助長了他們食髓知味的習癖，繼續靠激情對立與支持者相濡以沫，繼續靠虛偽的意識形態區隔自我催眠。政治不僅淪為政黨攫取私利與政客謀求個人利益的殺戮戰場，更成為台灣社會的亂源所在。

綜合而論，八年的民進黨主政，強化統獨對立、弱化思辯過程，只問立場、

---

[221] 唐飛，『沉默選民大集合，公民意識再勃發』。台北，中國時報，民國 96 年 9 月 10 日，版五。

不問是非。在社會上：沉默的人更加沉默；在經濟上：濫權貪腐的官員更加囂張；在經濟上：鎖國的悲慘更加浮現。

三、縱容包庇貪腐：

陳水扁八年執政：拼經濟，成為口號；搞選舉，操弄族群；論施政，乏善可陳；講廉潔，扁與其家屬左右、內閣官員，不時涉及、捲入金權疑雲。輿論乃以『一妻、二祕、三師、四親家』稱之。當社會不滿之氣，經由施明德登高一呼，百萬紅衫軍走出來，高喊『阿扁下台』之際，民進黨的黨員，或寄希望於民進黨的人士，實應有更敏銳的智慧、更前瞻的高度、為民進黨長遠走向，與陳水扁切割，始有浴火重生的契機。反之，只有被陳水扁「綁架」全黨，並承擔縱容包庇貪腐之共業。

民進黨面臨的真正困境在於：陳水扁不可能自行下台乃為必然。紅衫軍的訴求若成功，對紅衫軍不過是發洩正義的情緒得以紓解；但陳水扁下台所面臨的，是他以及其家屬嚴峻的司法之路，或牢獄之途。陳水扁不可能下台，那就只剩「綁架」民進黨一途。民進黨內不乏有識之士，民國九十五年七月十五日，15 位親綠學者在台大校友會館舉行記者會，發表『七一五宣言』，彼等強調，『總統罷免案』雖已落幕，可是陳水扁家人和親信涉嫌弊案，所引發的社會政治動蕩仍未平息，陳水扁想要通過族群情感來取代反省，已失去人民的尊敬和信賴。因此呼籲『陳水扁慎重考慮辭去總統職務』，並呼籲『民進黨自我反省，用實際行動感動人民。』當天並公佈參與連署者，包括「台灣促進和平基金會」等「獨派」團體成員在內的共 4,213 位學者。當天並啟動擴大全民連署的網站，短短 2 天之內，連署人數即達 8,000 人。

相對於國、親兩黨發動的罷免連署，或走上街頭的百萬紅衫軍；來自綠營內部的力量，對陳水扁其實更具有殺傷力，並可直接將陳水扁推向政治死角。可惜民進黨內分散、微弱的聲音，終於不敵陳水扁的策略手法。陳水扁巧妙的運用民進黨內「派系恐怖平衡」原則，並發揮極致，終於成功達成「綁架」全黨之艱鉅工程。

陳水扁讓黨內各派系瞭解，總統下台，雖然仍是民進黨政府主政，但副總統呂秀蓮接任總統一職，必是謝系、蘇系所不樂見之事。陳水扁一方面拉住謝、蘇，以阻擋呂；另一方面，再硬拉拔黨內聲勢不如謝、蘇的張俊雄、游錫堃牽制謝、蘇。如此一來；以謝、蘇拒呂，以防逼宮；再以張、游防謝、擋蘇。整個民進黨在 2008 年大位權力競逐的天王們，受制於不得不之「黨內派系平衡」；復以，陳水扁主政八年，「權力集中化」驚人，民進黨最寶貴之兩大資產：「派系民主」與「批判精神」，早已不知所終。就在陳水扁巧妙的拉住四大天王，四大天王拉住基層對阿扁的反彈、切割的聲浪。故而民進黨全黨之力，無法擺脫陳水扁，只有被其「綁架」、「消耗」，直到失去政權為止。民進黨正是：「成也阿扁，敗也阿扁」。

四、鎖國與經濟逆退

陳水扁總統與時任國民黨主席之連戰會面後，連前腳剛走，當時的行政院長張俊雄立即宣布『核四停建』。或有謂，這是打了連戰一巴掌，實則，這巴掌是

打在全民臉上。這一巴掌，價值連城，造成至少 2,393 億元的損失，「國安基金」、「四大基金」進場護盤，擋不住逆退之勢，各縮水超過三分之一，社會一片哀鴻遍野。這是第一次政黨輪替，民進黨上台後，祭出「神主牌」，以四個月簡單的幕僚作業，草率評估後，即宣布核四停建。110 天後，執政者再向現實環境低頭，重建核四，這已造成國庫、全民（股票）大失血。也使台灣經濟景氣從此一路下滑，備嘗八年悲慘的窘境。

陳水扁政府的另一「神主牌」— 台獨意識形態。其深怕兩岸經濟互動過於密切，將影響台灣的主體性。扁政府一向認為，當兩岸經濟貿易政策越開放，台灣的企業、資金、技術、人才流向中國的速度將更快，當台灣經濟越向大陸傾斜，對台灣「產業空洞化」、「資金枯竭化」、「經濟邊陲化」之現象將更嚴重。因此，政府如同「雙重人格」般，一方面強調大陸市場的重要性，主張「積極開放、有效管理」；實則，卻是畏首畏尾、裹足不前的「三通永不通」。扁政府面對國內企業界的殷切企盼，只是不斷重申：「兩岸經濟不是萬靈丹」、「不可錯把毒藥當仙丹、將瀉藥當補品」來自我安慰。曹興誠之「和艦案」，即因違反當時政府規定前往大陸設廠，於民國九十四年被起訴是為著例。

扁執政八年的錯置、保守、停滯，使國內投資環境、就業問題、經濟成長持續滑落。2000 年政黨輪替前，台灣位居四小龍之首，到 2008 年政黨再次輪替時，台灣已是四小龍之末。扁政府雖以國際大環境太差為施政不佳的說辭，唯 2008 年初，新加坡、澳門政府先後「還富於民」，更是使扁政府臉上無光。扁政府囿於意識形態，不願正眼向西面看過去，只能強調「台灣優先、全球佈局、互惠雙贏、風險管理」；「走出台灣自己的路」。八年的空轉，經濟不振，社會出現悲慘的「碳 50」，一個單親媽媽，經濟所迫，實在無路可走，為了僅有的尊嚴，最後的 50 元，買了一包碳，與小孩走上絕路。人民高喊「活不下去」，總統、副總統與小老百姓查理、阿珠互嗆，這是失德、失政的畫面。民進黨的經濟無能、加上政治的貪腐、濫權，人民用選票表達了內心的痛苦、無奈與憤怒。

肆、兩次「政黨輪替」後的政治展望

中華民國政府在民國三十八年〈1949 年〉來台，民國八十九年〈2000 年〉面臨第一次政黨輪替，民國八十七年〈2008 年〉再次面臨二度政黨輪替。兩次的政黨輪替，對國民黨、民進黨都留下寶貴的教訓。實則，2000 年，與其說國民黨是敗給民進黨，毋寧是敗在國民黨自身；2008 年民進黨之敗給國民黨，亦毋寧是敗在民進黨自身。杜牧『阿房宮賦』：

> 嗚呼！滅六國者，六國也，非秦也。族秦者，秦也，非天下也。嗟夫，使六國各愛其人，則足以拒秦。秦復愛六國之人，則遞三世可至萬世而為君，誰得而族滅也？秦人不暇自哀，而後人哀之。後人哀之而不鑒之，亦使後人而復哀後人也！

民主國家之政黨輪替本為常態。主政者更應以天下蒼生為己任，以取得永續經營機會。正如范仲淹「岳陽樓記」：『居廟堂之高，則憂其民，處江湖之遠，則

憂其君。是，進亦憂，退亦憂，曰：何時而止？先天下之憂而憂，後天下之樂而樂。」憂民之憂，苦民之苦，則不會與民互嗆，日思人民是否豐衣足食？政治家期使政治清明，經濟繁榮，人民安居樂業，則政治沒有不興盛、政黨沒有不繼續執政者。綜合過去八年之兩次政黨輪替，吾人深以爲憂者，在於如何真正落實「轉型正義」。

「轉型正義」始於初始不正義、不正常。如何真正落實「轉型正義」？國家元首必須深思、體會其對國家長治久安之重要性，更能排斥如同「糖衣毒藥」的誘惑（例如：黨產；政治介入媒體、政治介入司法、政治進入軍憲警、政治介入學校；政商掛勾；不當利得；貪污濫權；不依法行政等）。

民國九十七年五月，馬英九未就職前，已研擬「公務員廉政倫理規範草案」，以補「公務員服務法」之不足，作爲公務員屬行廉政之準則。雖有謂「徒法不足以自行」，如馬政府官員之貪腐亦層出不窮。[222]但，吾人深信「無規矩將無以成方圓」，這是謹慎的、務實的作爲。如何使標準訂出，收到成效？則必須主政者令出必行，雷厲風行，絕不偏袒、徇私，則將有「上行下效」、「移風易俗」之效。如公務人員不能廉潔自持，依法嚴懲不貸，以儆效尤。

各級公務員屬行廉政只是中、下端；再者，陳水扁執政 8 年的慘痛教訓，純就制度面思考，建立法治，而非人治；是否應有考慮「國家元首」專章規範？並思考修憲，刪除總統之「刑事豁免權」；第三，國民黨、民進黨多年來，政商綿密關係、對媒體態度、對司法檢調態度、對依法行政態度、對貪污濫權之態度、對兩岸發展之態度、對經濟發展之態度等等，均讓國人缺乏信心。試勾勒出一個未來「理想國」之圖像：

1. 國家元首是「外慚清議；內疚神明」之溫、良、恭、儉、讓，愛民如子的政治家、是有能力之政治家。天下之至大，必須要有知人善任之胸襟氣度。如高希均教授所強調：「用對的人、在對的位置上、做對的事情」。

2. 政府官員奉公守法，依法行政、不貪污、不濫權。

3. 司法檢調秉公辦案，沒有「上級」、「上上級」制肘，勇於打擊權貴、黑金，一掃往日「辦不下去，因爲辦不上去」之軟骨症。

4. 媒體新聞專業自主，以「第四權」自許，而勿淪爲執政者或特定政黨的御〈專〉用傳聲筒，使得國內媒體仍是成爲特定人士各自「圍爐取暖」的工具。

5. 公民社會浴火重生，人與人的相處，處處發抒自由的心靈、對法治的遵守、對人權的堅持、對極權的反抗、對異議的包容、對弱勢的關懷。

6. 公共政策理性思辯，取代粗俗戴帽子口號；各項議題，只問是非、不問立場；只分黑白、不分藍綠。

第四節　政治參與的探討

---

[222] 國民黨執政下貪腐相當多，其最重傷馬英九者，莫過林益世之索賄案。林益世官職做到「行政院秘書長」、黨職做到「副主席」，尚兼任「青年團團長」。

壹、政治參與規範面分析

一、四權行使法規

隨著民國八十六年第四次修憲「凍省」，「省縣自治法」、「直轄市自治法」也停止適用，而制定「地方制度法」成為地方自治發展重要依據。民國九十二年十二月三十一日，陳水扁總統公布實施的「公民投票法」對台灣人民創制、復決權有極重大意義。有關四權行使之法規部分，將分別論述「地方制度法」與「公民投票法」及法規之檢討。

〈一〉「地方制度法」

1.「地方制度法」法規內容

「地方制度法」於民國八十八年一月二十五日制定公布，全法規共計：五章88條。其後經過9次之修訂：〈1〉民國九十四年六月二十二日第一次修訂第57條條文。〈2〉民國九十四年十一月三十日第二次修訂第26條條文。〈3〉民國九十四年十二月十四日第三次修訂第56條條文。〈4〉民國九十六年五月二十三日第四次修訂第4、7條條文。〈5〉民國九十六年七月十一日第五次修訂第56、62條條文。〈6〉民國九十六年七月十一日第六次修訂第9、88條條文。〈7〉民國九十八年四月十五日第七次修訂第7條條文，並增訂7-1；7-2；87-1；87-2；87-3條條文。〈8〉民國九十八年五月二十七日第八次修訂第79、88條條文。〈9〉民國九十九年二月三日第九次修訂第21、33、48、55、58條條文。並增訂7-3；24-1；24-2；24-3；40-1；58-1；83-1條條文。

「地方制度法」共計有：五章88條。第一章「總則」〈1條－7條〉；第二章「省政府與省諮議會」〈8條－13條〉；第三章「地方自治」〈14條－74條〉；第四章「中央與地方及地方間之關係」〈75條－83條〉；第五章「附則」〈84條－88條〉茲列述其重要條文如下：

〈1〉**用詞定義**：『本法用詞定義如下：一、地方自治團體：指依本法實施地方自治，具公法人地位之團體。省政府為行政院派出機關，省為非地方自治團體。二、自治事項：指地方自治團體依憲法或本法規定，得自為立法並執行，或法律規定應由該團體辦理之事務，而負其政策規劃及行政執行責任之事項。三、委辦事項：指地方自治團體依法律、上級法規或規章規定，在上級政府指揮監督下，執行上級政府交付辦理之非屬該團體事務，而負其行政執行責任之事項。四、核定：指上級政府或主管機關，對於下級政府或機關所陳報之事項，加以審查，並作成決定，以完成該事項之法定效力之謂。五、備查：指下級政府或機關間就其得全權處理之業務，依法完成法定效力後，陳報上級政府或主管機關知悉之謂。六、去職：依公務員懲戒法規定受撤職之懲戒處分，依公職人員選舉罷免法規定被罷免或依本法規定被解除職權或職務者。』〈第二條〉

〈2〉**地方組織體系**：『地方劃分為省、直轄市。』；『省劃分為縣、市「以下稱縣（市）」；縣劃分為鄉、鎮、縣轄市「以下稱鄉（鎮、市）」。』；『直轄市及市均劃分為區。』；『鄉以內之編組為村；鎮、縣轄市及區以

內之編組爲里；村、里「以下稱村（里）」以內編組爲鄰。」〈第三條〉

〈3〉**直轄市、市、縣轄市設置標準**：『人口聚居達一百二十五萬人以上，且在政治、經濟、文化及都會區域發展上，有特殊需要之地區得設直轄市。』；『縣人口聚居達二百萬人以上，未改制爲直轄市前，於第三十四條、第五十四條、第五十五條、第六十二條、第六十六條、第六十七條及其他法律關於直轄市之規定，準用之。』『人口聚居達五十萬人以上未滿一百二十五萬人，且在政治、經濟及文化上地位重要之地區，得設市。』『人口聚居達十五萬人以上未滿五十萬人，且工商發達、自治財源充裕、交通便利及公共設施完全之地區，得設縣轄市。』『本法施行前已設之直轄市、市及縣轄市，得不適用第一項、第三項及第四項之規定。』〈第四條〉

〈4〉**各級行政區域之機關**：『省設省政府、省諮議會。』；『直轄市設直轄市議會、直轄市政府；縣（市）設縣（市）議會、縣（市）政府；鄉（鎮、市）設鄉（鎮、市）民代表會、鄉（鎮、市）公所，分別爲直轄市、縣（市）、鄉（鎮、市）之立法機關及行政機關』；『直轄市、市之區設區公所。』；『村（里）設村（里）辦公處。』〈第五條〉

〈5〉**各級行政區域依原名稱及更名規定**：『省、直轄市、縣（市）、鄉（鎮、市）、區及村（里）名稱，依原有之名稱。』；『前項名稱之變更，依下列規定辦理之：一、省：由內政部報行政院核定。二、直轄市：由直轄市政府提請直轄市議會通過，報行政院核定。三、縣（市）：由縣（市）政府提請縣（市）議會通過，由內政部轉報行政院核定。四、鄉（鎮、市）及村（里）：由鄉（鎮、市）公所提請鄉（鎮、市）民代表會通過，報縣政府核定。五、直轄市、市之區、里：由各該市政府提請市議會通過後辦理。』（第六條）

〈6〉**省政府功能與職掌**：『省政府受行政院指揮監督，辦理下列事項：一、監督縣（市）自治事項。二、執行省政府行政事務。三、其他法令授權或行政院交辦事項。』（第八條）

〈7〉**省政府之編制**：『省政府置委員九人，組成省政府委員會議，行使職權，其中一人爲主席，由其他特任人員兼任，綜理省政業務，其餘委員爲無給職，均由行政院院長提請總統任命之。』（第九條）

〈8〉**省諮議會之職掌**：『省諮議會對省政府業務提供諮詢及興革意見。』（第十條）

〈9〉**諮議長與諮議員**：『省諮議會置諮議員，任期三年，爲無給職，其人數由行政院參酌轄區幅員大小、人口多寡及省政業務需要定之，至少五人，至多二十九人，並指定其中一人爲諮議長，綜理會務，均由行政院院長提請總統任命之。』（第十一條）

〈10〉**地方自治團體之種類及功能**：『直轄市、縣（市）、鄉（鎮、市）爲地方自治團體，依本法辦理自治事項，並執行上級政府委辦事項。』（第十四條）

〈11〉**居民之權利**：『直轄市民、縣（市）民、鄉（鎮、市）民權利如下：一、對於地方公職人員有依法選舉、罷免之權。二、對於地方自治事項，有依法行使創制、複決之權。三、對於地方公共設施有使用之權。四、對於地方教育文化、社會福利、醫療衛生事項，有依法律及自治法規享受之權。五、對於地方政府資訊，有依法請求公開之權。六、其他依法律及自治法規賦予之權利。』（第十六條）

〈12〉**居民之義務**：『直轄市民、縣（市）民、鄉（鎮、市）民義務如下：一、遵守自治法規之義務。二、繳納自治稅捐之義務。三、其他依法律及自治法規所課之義務。』（第十七條）

〈13〉**直轄市自治事項**：『下列為直轄市自治事項：一、關於組織行政管理事項如下：（一）直轄市公職人員選舉、罷免之實施。（二）直轄市組織之設立及管理。（三）直轄市戶籍行政。（四）直轄市土地行政。（五）直轄市新聞行政。二、關於財政事項如下：（一）直轄市財務收支及管理。（二）直轄市稅捐。（三）直轄市公共債務。（四）直轄市財產之經營及處分。　三、關於社會服務事項如下：（一）直轄市社會福利。（二）直轄市公益慈善事業及社會救助。（三）直轄市人民團體之輔導。（四）直轄市宗教輔導。（五）直轄市殯葬設施之設置及管理。（六）直轄市調解業務。四、關於教育文化及體育事項如下：（一）直轄市學前教育、各級學校教育及社會教育之興辦及管理。（二）直轄市藝文活動。（三）直轄市體育活動。（四）直轄市文化資產保存。（五）直轄市禮儀民俗及文獻。（六）直轄市社會教育、體育與文化機構之設置、營運及管理。五、關於勞工行政事項如下：（一）直轄市勞資關係。（二）直轄市勞工安全衛生。六、關於都市計畫及營建事項如下：（一）直轄市都市計畫之擬定、審議及執行。（二）直轄市建築管理。（三）直轄市住宅業務。（四）直轄市下水道建設及管理。（五）直轄市公園綠地之設立及管理。（六）直轄市營建廢棄土之處理。七、關於經濟服務事項如下：（一）直轄市農、林、漁、牧業之輔導及管理。（二）直轄市自然保育。（三）直轄市工商輔導及管理。（四）直轄市消費者保護。八、關於水利事項如下：（一）直轄市河川整治及管理。（二）直轄市集水區保育及管理。（三）直轄市防洪排水設施興建管理。（四）直轄市水資源基本資料調查。九、關於衛生及環境保護事項如下：（一）直轄市衛生管理。（二）直轄市環境保護。十、關於交通及觀光事項如下：（一）直轄市道路之規劃、建設及管理。（二）直轄市交通之規劃、營運及管理。（三）直轄市觀光事業。　十一、關於公共安全事項如下：（一）直轄市警政、警衛之實施。（二）直轄市災害防救之規劃及執行。（三）直轄市民防之實施。十二、關於事業之經營及管理事項如下：（一）直轄市合作事業。（二）直轄市公用及公營事業。（三）與其他地方自治團體合辦之事業。十三、其他依法律賦予之事項。（第十八條）

〈14〉第十九條「縣（市）自治事項」與第十八條之「直轄市自治事項」概同。

〈15〉**跨區域事務辦理**：『地方自治事項涉跨直轄市、縣（市）、鄉（鎮、市）區域時，由各該地方自治團體協商辦理；必要時，由共同上級業務主管機關協調各相關地方自治團體共同辦理或指定其中一地方自治團體限期辦理。』（第二十一條）

〈16〉**涉及權限事項之辦理**：『第十八條至第二十條之自治事項，涉及中央及相關地方自治團體之權限者，由內政部會商相關機關擬訂施行綱要，報行政院核定。』（第二十二條）

〈17〉**地方自治團體合辦事業規範**：『直轄市、縣、鄉與其他直轄市、縣（市）、鄉（鎮、市）合辦之事業，經有關直轄市議會、縣（市）議會、鄉（鎮、市）民代表會通過後，得設組織經營。』『前項合辦事業涉及直轄市議會、縣（市）議會、鄉（鎮、市）民代表會職權事項者，得由有關直轄市議會、縣（市）議會、鄉（鎮、市）民代表會約定之議會或代表會決定之。』（第二十四條）

〈18〉**區域合作組織成立**：『直轄市、縣（市）、鄉（鎮、市）處理跨區域自治事務、促進區域資源之利用或增進區域居民之福祉，得與其他直轄市、縣（市）、鄉（鎮、市）成立區域合作組織、訂定協議、行政契約或以其他方式合作，並報共同上級業務主管機關備查。』；『前項情形涉及直轄市議會、縣（市）議會、鄉（鎮、市）民代表會職權者，應經各該直轄市議會、縣（市）議會、鄉（鎮、市）民代表會同意。』；『第一項情形涉及管轄權限之移轉或調整者，直轄市、縣（市）、鄉（鎮、市）應制（訂）定、修正各該自治法規。』『共同上級業務主管機關對於直轄市、縣（市）、鄉（鎮、市）所提跨區域之建設計畫或第一項跨區域合作事項，應優先給予補助或其他必要之協助。』（第二十四條之一）

〈19〉**自治法規**：『直轄市、縣（市）、鄉（鎮、市）得就其自治事項或依法律及上級法規之授權，制定自治法規。自治法規經地方立法機關通過，並由各該行政機關公布者，稱自治條例；自治法規由地方行政機關訂定，並發布或下達者，稱自治規則。』（第二十五條）

〈20〉**自治條例**：『自治條例應分別冠以各該地方自治團體之名稱，在直轄市稱直轄市法規，在縣（市）稱縣（市）規章，在鄉（鎮、市）稱鄉（鎮、市）規約。』；『直轄市法規、縣（市）規章就違反地方自治事項之行政業務者，得規定處以罰鍰或其他種類之行政罰。但法律另有規定者，不在此限。其為罰鍰之處罰，逾期不繳納者，得依相關法律移送強制執行。』；『前項罰鍰之處罰，最高以新台幣十萬元為限；並得規定連續處罰之。其他行政罰之種類限於勒令停工、停止營業、吊扣執照或其他一定期限內限制或禁止為一定行為之不利處分。』；『　自治條例經各該地方立法機關議決後，如規定有罰則時，應分別報經行政院、中央各該主管機關核定後發布；其餘除法律或縣規章另有規定外，直轄市法規

發布後，應報中央各該主管機關轉行政院備查；縣（市）規章發布後，應報中央各該主管機關備查；鄉（鎮、市）規約發布後，應報縣政府備查。』（第二十六條）

〈21〉**自治規則**：『直轄市政府、縣（市）政府、鄉（鎮、市）公所就其自治事項，得依照其法定職權或基於法律、自治條例之授權，訂定自治規則。』；『前項自治規則應分別冠以各該地方自治團體之名稱，並得依其性質，定名為規程、規則、細則、辦法、綱要、標準或準則。』；『直轄市政府、縣（市）政府及鄉（鎮、市）公所訂定之自治規則，除法律或自治條例另有規定外，應於發布後依下列規定，分別函報有關機關備查：一、其屬法律授權訂定者，函報各該法律所定中央主管機關備查。二、其屬依法定職權或自治條例授權訂定者，分別函送上級政府及各該地方立法機關備查或查照。』（第二十七條）

〈22〉**自治條例訂定事項**：『下列事自治條例定：一、法律或自治條例規定應經地方立法機關議決者。二、創設、剝奪或限制地方自治團體居民之權利義務者。三、關於地方自治團體及所營事業機構之組織者。四、其他重要事項，經地方立法機關議決應以自治條例定之者。』（第二十八條）

〈23〉**委辦規則訂定**：『直轄市政府、縣（市）政府、鄉（鎮、市）公所辦理上級機關委辦事項，得依其法定職權或基於法律、中央法規之授權，訂定委辦規則。』；『委辦規則應函報委辦機關核定後發布之；其名稱準用自治規則之規定。』（第二十九條）

〈24〉**自律規則之訂定、發布及效力**：『地方立法機關得訂定自律規則。』；『自律規則除法律或自治條例另有規定外，由各該立法機關發布，並報各該上級政府備查。』；『自律規則與憲法、法律、中央法規或上級自治法規牴觸者，無效。』（第三十一條）

〈25〉**發布程序與生效條件**：『自治條例經地方議決，函送各該地方行政機關，地方行政機關收到後，除法律另有規定，或依第三十九條規定提起覆議、第四十三條規定報請上級政府予以函告無效或聲請司法院解釋者外，應於三十日內公布。』；『自治法規、委辦規則依規定應經其他機關核定者，應於核定文送達各該地方行政機關三十日內公布或發布。』；『自治法規、委辦規則須經上級政府或委辦機關核定者，核定機關應於一個月內為核定與否之決定；逾期視為核定，由函報機關逕行公布或發布。但因內容複雜、關係重大，須較長時間之審查，經核定機關具明理由函告延長核定期限者，不在此限。』；『自治法規、委辦規則自公布或發布之日起算至第三日起發生效力。但特定有施行日期者，自該特定日起發生效力。』『第一項及第二項自治法規、委辦規則，地方行政機關未依規定期限公布或發布者，該自治法規、委辦規則自期限屆滿之日起算至第三日起發生效力，並由地方立法機關代為發布。但經上級政府或委辦機關核定者，由核定機關代為發布。』（第三十二條）

〈26〉**議員及代表**：『直轄市議員、縣（市）議員、鄉（鎮、市）民代表分別由直轄市民、縣（市）民、鄉（鎮、市）民依法選舉之，任期四年，連選得連任。』；『直轄市議員、縣（市）議員、鄉（鎮、市）民代表名額，應參酌各該直轄市、縣（市）、鄉（鎮、市）財政、區域狀況，並依下列規定，於地方立法機關組織準則定之：一、直轄市議員總額：（一）區域議員名額：直轄市人口扣除原住民人口在二百萬人以下者，不得超過五十五人；超過二百萬人者，不得超過六十二人。（二）原住民議員名額：有平地原住民人口在二千人以上者，應有平地原住民選出之議員名額；有山地原住民人口在二千人以上或改制前有山地鄉者，應有山地原住民選出之議員名額。二、縣（市）議員總額：（一）縣（市）人口在一萬人以下者，不得超過十一人；人口在二十萬人以下者，不得超過十九人；人口在四十萬人以下者，不得超過三十三人；人口在八十萬人以下者，不得超過四十三人；人口在一百六十萬人以下者，不得超過五十七人；人口超過一百六十萬人者，不得超過六十人。（二）縣（市）有平地原住民人口在一千五百人以上者，於前目總額內應有平地原住民選出之縣（市）議員名額。有山地鄉者，於前目總額內應有山地原住民選出之縣議員名額。有離島鄉且該鄉人口在二千五百人以上者，於前目總額內應有該鄉選出之縣議員名額。三、鄉（鎮、市）民代表總額：（一）鄉（鎮、市）人口在一千人以下者，不得超過五人；人口在一萬人以下者，不得超過七人；人口在五萬人以下者，不得超過十一人；人口在十五萬人以下者，不得超過十九人；人口超過十五萬人者，不得超過三十一人。（二）鄉（鎮、市）有平地原住民人口在一千五百人以上者，於前目總額內應有平地原住民選出之鄉（鎮、市）民代表名額。』；『直轄市議員由原住民選出者，以其行政區域內之原住民為選舉區，並得按平地原住民、山地原住民或在其行政區域內劃分選舉區。』；『台北市第十一屆議員選舉，其原住民選舉區之變更，應於第十屆議員任期屆滿之日六個月前公告，不受公職人員選舉罷免法第三十七條第一項但書規定之限制。』；『各選舉區選出之直轄市議員、縣（市）議員、鄉（鎮、市）民代表名額達四人者，應有婦女當選名額一人；超過四人者，每增加四人增一人。』；『直轄市、縣（市）選出之山地原住民、平地原住民名額在四人以上者，應有婦女當選名額；超過四人者，每增加四人增一人。鄉（鎮、市）選出之平地原住民名額在四人以上者，應有婦女當選名額；超過四人者，每增加四人增一人。』；『依第一項選出之直轄市議員、縣（市）議員、鄉（鎮、市）民代表，應於上屆任期屆滿之日宣誓就職。該宣誓就職典禮分別由行政院、內政部、縣政府召集，並由議員、代表當選人互推一人主持之。其推選會議由曾任議員、代表之資深者主持之；年資相同者，由年長者主持之。』（第三十三條）

〈27〉**議會及代表會開會日數**：『直轄市議會、縣市議會、鄉鎮市民代表會會

議，除每屆成立大會外，定期會每六個月開會一次，由議長、主席召集之，議長、主席如未依法召集時，由副議長、副主席召集之；副議長、副主席亦不依法召集時，由過半數議員、代表互推一人召集之。每次會期包括例假日或停會在內，依下列規定：一、直轄市議會不得超過七十日。二、縣（市）議會議員總額四十人以下者，不得超過三十日；四十一人以上者不得超過四十日。三、鄉（鎮、市）民代表會代表總額二十人以下者，不得超過十二日；二十一人以上者，不得超過十六日。』：『前項每年審議總預算之定期會，會期屆滿而議案尚未議畢或有其他必要時，得應直轄市長、縣（市）長、鄉（鎮、市）長之要求，或由議長、主席或議員、代表三分之一以上連署，提經大會決議延長會期。延長之會期，直轄市議會不得超過十日，縣（市）議會、鄉（鎮、市）民代表會不得超過五日，並不得作為質詢之用。』；『直轄市議會、縣（市）議會、鄉（鎮、市）民代表會遇有下列情事之一時，得召集臨時會：一、直轄市長、縣（市）長、鄉（鎮、市）長之請求。二、議長、主席請求或議員、代表三分之一以上之請求。三、有第三十九條第四項之情事時。』；『前項臨時會之召開，議長、主席應於十日內為之，其會期包括例假日或停會在內，直轄市議會每次不得超過十日，每十二個月不得多於八次；縣（市）議會每次不得超過五日，每十二個月不得多於六次；鄉（鎮、市）民代表會每次不得超過三日，每十二個月不得多於五次。但有第三十九條第四項情事時，不在此限。』（第三十四條）

〈28〉**直轄市議會職權**：『直轄市議會職權如下：一、議決直轄市法規。二議決直轄市預算。三、議決直轄市特別稅課、臨時稅課及附加稅課。四、議決直轄市財產之處分。五、議決直轄市政府組織自治條例及所屬事業機構組織自治條例。六、議決直轄市政府提案事項。七、審議直轄市決算之審核報告。八、議決直轄市議員提案事項。九、接受人民請願。十、其他依法律賦予之職權。』（第三十五條）

〈29〉第三十六條、第十七條「縣（市）議會之職權」、「鄉（鎮、市）民代表會之職權」就其自治區域職權與第三十五條概同。

〈30〉**應執行議決及執行不當處理**：『直轄市政府、縣市政府、鄉鎮市，對直轄市議會、縣（市）議會、鄉（鎮、市）民代表會之議決案應予執行，延不執行或執行不當，直轄市議會、縣（市）議會、鄉（鎮、市）民代表會得請其說明理由，必要時得報請行政院、內政部、縣政府邀集各有關機關協商解決之。』（第三十八條）

〈31〉**窒礙難行之處理**：『直轄市對第三十五條第一款至第六款及第十款之議決案，如認為窒礙難行時，應於該議決案送達直轄市政府三十日內，就窒礙難行部分敘明理由，送請直轄市議會覆議。第八款及第九款之議決案，如執行有困難時，應敘明理由函復直轄市議會。』；『縣（市）政府對於第三十六條第一款至第六款及第十款之議決案，如認為窒礙難行

時，應於該議決案送達縣（市）政府三十日內，就窒礙難行部分敘明理由送請縣（市）議會覆議。第八款及第九款之議決案，如執行有困難時，應敘明理由函復縣（市）議會。』；『鄉（鎮、市）公所對第三十七條第一款至第六款及第十款之議決案，如認為窒礙難行時，應於該議決案送達鄉（鎮、市）公所三十日內，就窒礙難行部分敘明理由送請鄉（鎮、市）民代表會覆議。第八款及第九款之議決案，如執行有困難時，應敘明理由函復鄉（鎮、市）民代表會。』；『直轄市議會、縣（市）議會、鄉（鎮、市）民代表會對於直轄市政府、縣（市）政府、鄉（鎮、市）公所移送之覆議案，應於送達十五日內作成決議。如為休會期間，應於七日內召集臨時會，並於開議三日內作成決議。覆議案逾期未議決者，原決議失效。覆議時，如有出席議員、代表三分之二維持原議決案，直轄市政府、縣（市）政府、鄉（鎮、市）公所應即接受該決議。但有第四十條第五項或第四十三條第一項至第三項所規定之情事者，則不在此限。』；『直轄市、縣（市）、鄉（鎮、市）預算案之覆議案，如原決議失效，直轄市議會、縣（市）議會、鄉（鎮、市）民代表會應就直轄市政府、縣（市）政府、鄉（鎮、市）公所原提案重行議決，並不得再為相同之決議，各該行政機關亦不得再提覆議。』（第三十九條）

〈32〉**總預算案**：『直轄市總預算案，直轄市政府應於會計年度開始三個月前送達直轄市議會；縣（市）、鄉（鎮、市）總預算案，縣（市）政府、鄉（鎮、市）公所應於會計年度開始二個月前送達縣（市）議會、鄉（鎮、市）民代表會。直轄市議會、縣（市）議會、鄉（鎮、市）民代表會應於會計年度開始一個月前審議完成，並於會計年度開始十五日前由直轄市政府、縣（市）政府、鄉（鎮、市）公所發布之。』；『直轄市議會、縣（市）議會、鄉（鎮、市）民代表會對於直轄市政府、縣（市）政府、鄉（鎮、市）公所所提預算案不得為增加支出之提議。』；『直轄市、縣（市）、鄉（鎮、市）總預算案，如不能依第一項規定期限審議完成時，其預算之執行，依下列規定為之：一、收入部分暫依上年度標準及實際發生數，覈實收入。二、支出部分：（一）新興資本支出及新增科目，須俟本年度預算完成審議程序後始得動支。（二）前目以外之科目得依已獲授權之原訂計畫或上年度執行數，覈實動支。三、履行其他法定義務之收支。四、因應前三款收支調度需要之債務舉借，覈實辦理。』；『直轄市、縣（市）、鄉（鎮、市）總預算案在年度開始後三個月內未完成審議，直轄市政府、縣（市）政府、鄉（鎮、市）公所得就原提總預算案未審議完成部分，報請行政院、內政部、縣政府邀集各有關機關協商，於一個月內決定之；逾期未決定者，由邀集協商之機關逕為決定之。』；『直轄市、縣（市）、鄉（鎮、市）總預算案經覆議後，仍維持原決議，或依前條第五項重行議決時，如對歲入、歲出之議決違反相關法律、基於法律授權之法規規定或逾越權限，或對維持政府施政所必

須之經費、法律規定應負擔之經費及上年度已確定數額之繼續經費之刪除已造成窒礙難行時，準用前項之規定。』（第四十條）

〈33〉**總預算案之審議**：『直轄市、縣市、鄉（鎮、市）總預算案之審議，應注重歲出規模、預算餘絀、計畫績效、優先順序，其中歲入以擬變更或擬設定之收入爲主，審議時應就來源別分別決定之；歲出以擬變更或擬設定之支出爲主，審議時應就機關別、政事別及基金別分別決定之。』；『法定預算附加條件或期限者，從其所定。但該條件或期限爲法律、自治法規所不許者，不在此限。』；『直轄市議會、縣（市）議會、鄉（鎮、市）民代表會就預算案所爲之附帶決議，應由直轄市政府、縣（市）政府、鄉（鎮、市）公所參照法令辦理。』（第四十一條）

〈34〉**決算案執行**：『直轄市、縣（市）決算案，應於會計年度結束後四個月內，提出於該管審計機關，審計機關應於決算送達後三個月內完成其審核，編造最終審定數額表，並提出決算審核報告於直轄市議會、縣（市）議會。總決算最終審定數額表，由審計機關送請直轄市、縣（市）政府公告。直轄市議會、縣（市）議會審議直轄市、縣（市）決算審核報告時，得邀請審計機關首長列席說明。』；『鄉（鎮、市）決算報告應於會計年度結束後六個月內送達鄉（鎮、市）民代表會審議，並由鄉（鎮、市）公所公告。』（第四十二條）

〈35〉**決議事項無效處理**：『議會議決自治事項與憲法、法律或基於法律授權之法規牴觸者無效；議決委辦事項與憲法、法律、中央法令牴觸者無效。』；『縣（市）議會議決自治事項與憲法、法律或基於法律授權之法規牴觸者無效；議決委辦事項與憲法、法律、中央法令牴觸者無效。』；『鄉（鎮、市）民代表會議決自治事項與憲法、法律、中央法規、縣規章牴觸者無效；議決委辦事項與憲法、法律、中央法令、縣規章、縣自治規則牴觸者無效。』；『前三項議決事項無效者，除總預算案應依第四十條第五項規定處理外，直轄市議會議決事項由行政院予以函告；縣（市）議會議決事項由中央各該主管機關予以函告；鄉（鎮、市）民代表會議決事項由縣政府予以函告。』；『第一項至第三項議決自治事項與憲法、法律、中央法規、縣規章有無牴觸發生疑義時，得聲請司法院解釋之。』（第四十三條）

〈36〉**議長、主席之選舉及職掌**：『直轄市議會、縣（市）議會置議長、副議長各一人，鄉（鎮、市）民代表會置主席、副主席各一人，由直轄市議員、縣（市）議員、鄉（鎮、市）民代表以無記名投票分別互選或罷免之。但就職未滿一年者，不得罷免。』；『議長、主席對外代表各該議會、代表會，對內綜理各該議會、代表會會務。』（第四十四條）

〈37〉**議長、主席選舉**：『直轄市議會、縣市議會議長、副議長，鄉、鎮、市民代表會主席、副主席之選舉，應於議員、代表宣誓就職典禮後即時舉行，並應有議員、代表總額過半數之出席，以得票達出席總數之過半數

者爲當選。選舉結果無人當選時，應立即舉行第二次投票，以得票較多者爲當選；得票相同者，以抽籤定之。補選時亦同。』；『前項選舉，出席議員、代表人數不足時，應即訂定下一次選舉時間，並通知議員、代表。第三次舉行時，出席議員、代表已達議員、代表總額三分之一以上者，得以實到人數進行選舉，並均以得票較多者爲當選；得票相同者，以抽籤定之。第二次及第三次選舉，均應於議員、代表宣誓就職當日舉行。』；『議長、副議長、主席、副主席選出後，應即依宣誓條例規定宣誓就職。』；『第一項選舉投票及前項宣誓就職，均由第三十三條第六項規定所推舉之主持人主持之。』（第四十五條）

〈38〉**議長、主席罷免規定**：『直轄市議會、縣市議會議長、副議長，鄉鎮市民代表會主席、副主席之罷免，依下列之規定：一、罷免案應敘述理由，並有議員、代表總額三分之一以上之簽署，備具正、副本，分別向行政院、內政部、縣政府提出。二、行政院、內政部、縣政府應於收到前款罷免案後七日內將副本送達各該議會、代表會於五日內轉交被罷免人。被罷免人如有答辯，應於收到副本後七日內將答辯書送交行政院、內政部、縣政府，由其將罷免案及答辯書一併印送各議員、代表，逾期得將罷免案單獨印送。三、行政院、內政部、縣政府應於收到罷免案二十五日內，召集罷免投票會議，由出席議員、代表就同意罷免或不同意罷免，以無記名投票表決之。四、罷免案應有議員、代表總額過半數之出席，及出席總數三分之二以上之同意罷免爲通過。五、罷免案如經否決，於該被罷免人之任期內，不得對其再爲罷免案之提出。』；『前項第三款之罷免投票，罷免議長、主席時，由副議長、副主席擔任主席；罷免副議長、副主席時，由議長、主席擔任主席；議長、副議長、主席、副主席同時被罷免時，由出席議員、代表互推一人擔任主席。』；『第一項罷免案，在未提會議前，得由原簽署人三分之二以上同意撤回之。提出會議後，應經原簽署人全體同意，並由主席徵詢全體出席議員、代表無異議後，始得撤回。』（第四十六條）

〈39〉**議長、主席之選舉罷免應於組織準則中規定**：『除依前三條規定外，直轄市議會、縣（市）議會議長、副議長及鄉（鎮、市）民代表會主席、副主席之選舉罷免，應於直轄市議會、縣（市）議會、鄉（鎮、市）民代表會組織準則定之。』（第四十七條）

〈40〉**施政報告與質詢**：『直轄市議會、縣（市）議會、鄉（鎮、市）民代表會定期會開會時，直轄市長、縣（市）長、鄉（鎮、市）長應提出施政報告；直轄市政府各一級單位主管及所屬一級機關首長、縣（市）政府、鄉（鎮、市）公所各一級單位主管及所屬機關首長，均應就主管業務提出報告。』；『直轄市議員、縣（市）議員、鄉（鎮、市）民代表於議會、代表會定期會開會時，有向前項各該首長或單位主管，就其主管業務質詢之權；其質詢分爲施政總質詢及業務質詢。業務質詢時，相關之

業務主管應列席備詢。』〈第四十八條〉

〈41〉**邀請首長或主管列席說明**：『直轄市議會、縣（市）議會、鄉（鎮、市）民代表會大會開會時，對特定事項有明瞭必要者，得邀請前條第一項各該首長或單位主管列席說明。』；『直轄市議會、縣（市）議會委員會或鄉（鎮、市）民代表會小組開會時，對特定事項有明瞭必要者，得邀請各該直轄市長、縣（市）長、鄉（鎮、市）長以外之有關業務機關首長或單位主管列席說明。』〈第四十九條〉

〈42〉**言論免責權及其例外**：『直轄市議會、縣（市）議會、鄉（鎮、市）民代表會開會時，直轄市議員、縣（市）議員、鄉（鎮、市）民代表對於有關會議事項所為之言論及表決，對外不負責任。但就無關會議事項所為顯然違法之言論，不在此限。』〈第五十條〉

〈43〉**禁止逮捕或拘禁及例外**：『直轄市議員、縣（市）議員、鄉（鎮、市）民代表除現行犯、通緝犯外，在會期內，非經直轄市議會、縣（市）議會、鄉（鎮、市）民代表會之同意，不得逮捕或拘禁。』〈第五十一條〉

〈43〉**費用支給項目及標準**：『直轄市議員、縣（市）議員、鄉（鎮、市）民代表得支研究費等必要費用；在開會期間並得酌支出席費、交通費及膳食費。』；『違反第三十四條第四項規定召開之會議，不得依前項規定支領出席費、交通費及膳食費，或另訂項目名稱、標準支給費用。』；『第一項各費用支給項目及標準，另以法律定之；非依法律不得自行增加其費用。』〈第五十二條〉

〈44〉**議員、代表不得兼任之職務**：『直轄市議員、縣（市）議員、鄉（鎮、市）民代表，不得兼任其他公務員，公私立各級學校專任教師或其他民選公職人員，亦不得兼任各該直轄市政府、縣（市）政府、鄉（鎮、市）公所及其所屬機關、事業機關任何職務或名義。但法律、中央法規另有規定者，不在此限。』；『直轄市議員、縣（市）議員、鄉（鎮、市）民代表當選人有前項不得任職情事者，應於就職前辭去原職，不辭去原職者，於就職時視同辭去原職，並由行政院、內政部、縣政府通知其服務機關解除其職務、職權或解聘。就職後有前項情事者，亦同。』〈第五十三條〉

〈45〉**組織準則之擬訂**：『直轄市議會之組織，由內政部擬訂準則，報行政院核定；各直轄市議會應依準則擬訂組織自治條例，報行政院核定。』；『縣（市）議會之組織，由內政部擬訂準則，報行政院核定；各縣（市）議會應依準則擬訂組織自治條例，報內政部核定。』；『鄉（鎮、市）民代表會之組織，由內政部擬訂準則，報行政院核定；各鄉（鎮、市）民代表會應依準則擬訂組織自治條例，報縣政府核定。』；『新設之直轄市議會組織規程，由行政院定之；新設之縣（市）議會組織規程，由內政部定之；新設之鄉（鎮、市）民代表會組織規程，由縣政府定之。』；『直轄市議會、縣（市）議會、鄉（鎮、市）民代表會之組織準則、規

程及組織自治條例，其有關考銓業務事項，不得牴觸中央考銓法規；各權責機關於核定後，應函送考試院備查。』〈第五十四條〉

〈46〉**直轄市首長及秘書長職等、職掌**：『直轄市政府置市長一人，對外代表該市，綜理市政，由市民依法選舉之，任期四年，連選得連任一次。置副市長二人，襄助市長處理市政；人口在二百五十萬人以上之直轄市，得增置副市長一人，職務均比照簡任第十四職等，由市長任命，並報請行政院備查。』；『直轄市政府置秘書長一人，由市長依公務人員任用法任免；其一級單位主管或所屬一級機關首長除主計、人事、警察及政風主管或首長，依專屬人事管理法律任免外，其餘職務均比照簡任第十三職等，由市長任免之。』；『副市長及職務比照簡任第十三職等之主管或首長，於市長卸任、辭職、去職或死亡時，隨同離職。』；『依第一項選出之市長，應於上屆任期屆滿之日宣誓就職。』〈第五十五條〉

〈47〉**縣（市）政府首長及一級主管之職等、職掌**：『縣（市）政府置縣（市）長一人，對外代表該縣（市），綜理縣（市）政，縣長並指導監督所轄鄉（鎮、市）自治。縣（市）長均由縣（市）民依法選舉之，任期四年，連選得連任一次。置副縣（市）長一人，襄助縣（市）長處理縣（市）政，職務比照簡任第十三職等；人口在一百二十五萬人以上之縣（市），得增置副縣（市）長一人，均由縣（市）長任命，並報請內政部備查。』；『縣（市）政府置秘書長一人，由縣（市）長依公務人員任用法任免；其一級單位主管及所屬一級機關首長，除主計、人事、警察、稅捐及政風之主管或首長，依專屬人事管理法律任免，其總數二分之一得列政務職，其職務比照簡任第十二職等，其餘均由縣（市）長依法任免之。』；『副縣（市）長及職務比照簡任第十二職等之主管或首長，於縣（市）長卸任、辭職、去職或死亡時，隨同離職。』；『依第一項選出之縣（市）長，應於上屆任期屆滿之日宣誓就職。』〈第五十六條〉

〈48〉**鄉（鎮、市）公所之首長及一級主管**：『鄉（鎮、市）公所置鄉（鎮、市）長一人，對外代表該鄉（鎮、市），綜理鄉（鎮、市）政，由鄉（鎮、市）民依法選舉之，任期四年，連選得連任一次；其中人口在三十萬人以上之縣轄市，得置副市長一人，襄助市長處理市政，以機要人員方式進用，或以簡任第十職等任用，以機要人員方式進用之副市長，於市長卸任、辭職、去職或死亡時，隨同離職。』；『山地鄉鄉長以山地原住民為限。』；『鄉（鎮、市）公所除主計、人事、政風之主管，依專屬人事管理法律任免外，其餘一級單位主管均由鄉（鎮、市）長依法任免之。』；『依第一項選出之鄉（鎮、市）長，應於上屆任期屆滿之日宣誓就職。』〈第五十七條〉

〈49〉**區長之設置及其消極資格**：『直轄市、市之區公所，置區長一人，由市長依法任用，承市長之命綜理區政，並指揮監督所屬人員。』；『直轄市之區由鄉（鎮、市）改制者，改制日前一日仍在職之鄉（鎮、市）長，

由直轄市長以機要人員方式進用爲區長；其任期自改制日起，爲期四年。但有下列情事之一者，不得進用：一、涉嫌犯第七十八條第一項第一款及第二款所列之罪，經起訴。二、涉嫌販總統副總統選罷法、公職人員選罷法、農業法或漁業法之賄選罪，經起訴。三、已連任二屆。四、依法代理。』；『前項以機要人員方式進用之區長，有下列情事之一者，應予免職：一、有前項第一款、第二款或第七十九條第一項各款所列情事。二、依刑事訴訟程序被羈押或通緝。』；『直轄市之區由山地鄉改制者，其區長以山地原住民爲限。』〈第五十八條〉

〈50〉**區政諮詢委員職權**：『鄉（鎮、市）改制爲區者，改制日前一日仍在職之鄉（鎮、市）民代表，除依法停止職權者外，由直轄市長聘任爲區政諮詢委員；其任期自改制日起，爲期四年，期滿不再聘任。』；『區政諮詢委員職權如下：一、關於區政業務之諮詢事項。二、關於區政之興革建議事項。三、關於區行政區劃之諮詢事項。四、其他依法令賦予之事項。』；『區長應定期邀集區政諮詢委員召開會議。』；『區政諮詢委員爲無給職，開會時得支出席費及交通費。』；『區政諮詢委員有下列情事之一者，應予解聘：一、依刑事訴訟程序被羈押或通緝。二、有第七十九條第一項各款所列情事。』〈第五十八條之一〉

〈51〉**村（里）長之職掌及選舉**：『村（里）置村（里）長一人，受鄉（鎮、市、區）長之指揮監督，辦理村（里）公務及交辦事項。由村（里）民依法選舉之，任期四年，連選得連任。』；『村（里）長選舉，經二次受理候選人登記，無人申請登記時，得由鄉（鎮、市、區）公所就該村（里）具村（里）長候選人資格之村（里）民遴聘之，其任期以本屆任期爲限。』；『依第一項選出之村（里）長，應於上屆任期屆滿之日就職。』〈第五十九條〉

〈52〉**組織準則之擬訂**：『直轄市政府之組織，由內政部擬訂準則，報行政院核定；各直轄市政府應依準則擬訂組織自治條例，經直轄市議會同意後，報行政院備查；直轄市政府所屬機關及學校之組織規程，由直轄市政府定之。』；『　縣（市）政府之組織，由內政部擬訂準則，報行政院核定；各縣（市）政府應依準則擬訂組織自治條例，經縣（市）議會同意後，報內政部備查；縣（市）政府所屬機關及學校之組織規程，由縣（市）政府定之。』；『前項縣（市）政府一級單位定名爲處，所屬一級機關定名爲局，二級單位及所屬一級機關之一級單位爲科。』；『鄉（鎮、市）公所之組織，由內政部擬訂準則，報行政院核定；各鄉（鎮、市）公所應依準則擬訂組織自治條例，經鄉（鎮、市）民代表會同意後，報縣政府備查。鄉（鎮、市）公所所屬機關之組織規程，由鄉（鎮、市）公所定之。』；『新設之直轄市政府組織規程，由行政院定之；新設之縣（市）政府組織規程，由內政部定之；新設之鄉（鎮、市）公所組織規程，由縣政府定之。』；『直轄市政府、縣（市）政府、鄉（鎮、市）

公所與其所屬機關及學校之組織準則、規程及組織自治條例，其有關考銓業務事項，不得牴觸中央考銓法規；各權責機關於核定或同意後，應函送考試院備查。』〈第六十二條〉

〈53〉**直轄市收入**：『下列各款為直轄市收入：　一、稅課收入。二、工程受益費收入。三、罰款及賠償收入。四、規費收入。五、信託管理收入。六、財產收入。七、營業盈餘及事業收入。八、補助收入。九、捐獻及贈與收入。十、自治稅捐收入。十一、其他收入。』〈第六十三條〉

〈54〉**縣（市）收入**：『下列各款為縣（市）收入：一、稅課收入。二、工程受益費收入。三、罰款及賠償收入。四、規費收入。五、信託管理收入。六、財產收入。七、營業盈餘及事業收入。八、補助收入。九、捐獻及贈與收入。十、自治稅捐收入。十一、其他收入。』〈第六十四條〉

〈55〉**鄉、鎮、市收入**：『下列為鄉、鎮、市收入：一、稅課收入。二、工程受益費收入。三、罰款及賠償收入。四、規費收入。五、信託管理收入。六、財產收入。七、營業盈餘及事業收入。八、補助收入。九、捐獻及贈與收入。十、自治稅捐收入。十一、其他收入。』〈第六十五條〉

〈56〉**國稅等之分配**：『直轄市、縣（市）、鄉（鎮、市）應分配之國稅、直轄市及縣（市）稅，依財政收支劃分法規定辦理。』〈第六十六條〉

〈57〉**對地方政府財力之補助或酌減**：『各上級政府為謀地方均衡發展，對於財力較差之地方政府應酌予補助；對財力較優之地方政府，得取得協助金。』；『各級地方政府有依法得徵收之財源而不徵收時，其上級政府得酌減其補助款；對於努力開闢財源具有績效者，其上級政府得酌增其補助款。』『第一項補助須明定補助項目、補助對象、補助比率及處理原則；其補助辦法，分別由行政院或縣定之。』〈第六十九條〉

〈58〉**中央與地方費用之區分**：『中央費用與地方費用之區分，應明定由中央全額負擔、中央與地方自治團體分擔、以及地方自治團體全額負擔之項目。中央不得將應自行負擔之經費，轉嫁予地方自治團體。』；『直轄市、縣（市）、鄉（鎮、市）辦理其自治事項，應就其自有財源優先編列預算支應之。』；『第一項費用之區分標準，應於相關法律定之。』〈第七十條〉

〈59〉**預算籌編原則**：『直轄市、縣（市）、鄉（鎮、市）年度總預算、追加預算與特別預算收支之籌劃、編製及共同性費用標準，除其他法律另有規定外，應依行政院訂定之中央暨地方政府預算籌編原則辦理。』；『地方政府未依前項預算籌編原則辦理者，行政院或縣政府應視實際情形酌減補助款。』〈第七十一條〉

〈60〉**規劃替代財源**：『直轄市、縣（市）、鄉（鎮、市）新訂或修正自治法規，如有減少收入者，應同時規劃替代財源；其需增加財政負擔者，並應事先籌妥經費或於法規內規定相對收入來源。』〈第七十二條〉

〈61〉**公共造產**：『縣（市）、鄉（鎮、市）應致力於公共造產；其獎助及管

理辦法，由內政部定之』〈第七十三條〉

〈62〉**公庫之設置**：『直轄市、縣（市）、鄉（鎮、市）應設置公庫，其代理機關由直轄市政府、縣（市）政府、鄉（鎮、市）公所擬定，經各該直轄市議會、縣（市）議會、鄉（鎮、市）民代表會同意後設置之。』〈第七十四條〉

〈63〉**地方政府辦理自治事項違法之處理**：『省政府辦理第八條事項違背憲法、律、中央法令或逾越權限者，由中央各該主管機關報行政院予以撤銷、變更、廢止或停止其執行。』；『直轄市政府辦理自治事項違背憲法、法律或者基於法律授權之法規者，由中央各該主管機關報行政院予以撤銷、變更、廢止或停止其執行。』；『直轄市政府辦理委辦事項違背憲法、法律、中央法令或逾越權限者，由中央各該主管機關報行政院予以撤銷、變更、廢止或停止其執行。』；『縣（市）政府辦理自治事項違背憲法、法律或基於法律授權之法規者，由中央各該主管機關報行政院予以撤銷、變更、廢止或停止其執行。』；『縣（市）政府辦理委辦事項違背憲法、法律、中央法令或逾越權限者，由委辦機關予以撤銷、變更、廢止或停止其執行。』；『鄉（鎮、市）公所辦理自治事項違背憲法、法律、中央法規或縣規章者，由縣政府予以撤銷、變更、廢止或停止其執行。』；『鄉（鎮、市）公所辦理委辦事項違背憲法、法律、中央法令、縣規章、縣自治規則或逾越權限者，由委辦機關予以撤銷、變更、廢止或停止其執行。』；『第二項、第四項及第六項之自治事項有無違背憲法、法律、中央法規、縣規章發生疑義時，得聲請司法院解釋之；在司法院解釋前，不得予以撤銷、變更、廢止或停止其執行。』〈第七十五條〉

〈64〉**地方政府依法應作為而不作為之處理**：『直轄市、縣（市）、鄉（鎮、市）依法應作為而不作為，致嚴重危害公益或妨礙地方政務正常運作，其適於代行處理者，得分別由行政院、中央各該主管機關、縣政府命其於一定期限內為之；逾期仍不作為者，得代行處理。但情況急迫時，得逕予代行處理。』；『　直轄市、縣（市）、鄉（鎮、市）對前項處分如認為窒礙難行時，應於期限屆滿前提出申訴。行政院、中央各該主管機關、縣政府得審酌事實變更或撤銷原處分。』；『行政院、中央各該主管機關、縣政府決定代行處理前，應函知被代行處理之機關及該自治團體相關機關，經權責機關通知代行處理後，該事項即轉移至代行處理機關，直至代行處理完竣。』；『代行處理所支出之費用，應由被代行處理之機關負擔，各該地方機關如拒絕支付該項費用，上級政府得自以後年度之補助款中扣減抵充之。』；『直轄市、縣（市）、鄉（鎮、市）對於代行處理之處分，如認為有違法時，依行政救濟程序辦理之。』〈第七十六條〉

〈65〉**權限或事權爭議之處理**：『中央與直轄市、縣（市）間，權限遇有爭議時，

由立法院院會議決之；縣與鄉（鎮、市）間，自治事項遇有爭議時，由內政部會同中央各該主管機關解決。』；『直轄市間、直轄市與縣（市）間，事權發生爭議時，由行政院解決之；縣（市）間，事權發生爭議時，由內政部解決之；鄉（鎮、市）間，事權發生爭議時，由縣政府解決之。』〈第七十七條〉

〈66〉**地方首長停職之情事**：『直轄市長、縣（市）長、鄉（鎮、市）長、村（里）長，有下列情事之一者，分別由行政院、內政部、縣政府、鄉（鎮、市、區）公所停止其職務，不適用公務員懲戒法第三條之規定：一、涉嫌犯內亂、外患、貪污治罪條例或組織犯罪防治條例之罪，經第一審判處有期徒刑以上之刑者。但涉嫌貪污治罪條例上之圖利罪者，須經第二審判處有期徒刑以上之刑者。二、涉嫌犯前款以外，法定刑為死刑、無期徒刑或最輕本刑為五年以上有期徒刑之罪，經第一審判處有罪者。三、依刑事訴訟程序被羈押或通緝者。四、依檢肅流氓條例規定被留置者。』；『依前項第一款或第二款停止職務之人員，如經改判無罪時，或依前項第三款或第四款停止職務之人員，經撤銷通緝或釋放時，於其任期屆滿前，得准其先行復職。』；『依第一項規定予以停止其職務之人員，經依法參選，再度當選原公職並就職者，不再適用該項之規定。』；『依第一項規定予以停止其職務之人員，經刑事判決確定，非第七十九條應予解除職務者，於其任期屆滿前，均應准其復職。』；『直轄市長、縣（市）長、鄉（鎮、市）長，於本法公布施行前，非因第一項原因被停職者，於其任期屆滿前，應即准其復職。』〈第七十八條〉

〈67〉**地方首長及議員代表解除其職權、職務之情形**：『直轄市議員、直轄市長、縣（市）議員、縣（市）長、鄉（鎮、市）民代表、鄉（鎮、市）長及村（里）長有下列情事之一，直轄市議員、直轄市長由行政院分別解除其職權或職務；縣（市）議員、縣（市）長由內政部分別解除其職權或職務；鄉（鎮、市）民代表、鄉（鎮、市）長由縣政府分別解除其職權或職務，並通知各該直轄市議會、縣（市）議會、鄉（鎮、市）民代表會；村（里）長由鄉（鎮、市、區）公所解除其職務。應補選者，並依法補選：一、經法院判決當選無效確定，或經法院判決選舉無效確定，致影響其當選資格者。二、犯內亂、外患或貪污罪，經判刑確定者。三、犯組織犯罪防治條例之罪，經判處有期徒刑以上之刑確定者。四、犯前二款以外之罪，受有期徒刑以上刑之判決確定，而未受緩刑之宣告或未執行易科罰金者。五、受保安處分或感訓處分之裁判確定者。但因緩刑而付保護管束者，不在此限。六、戶籍遷出各該行政區域四個月以上者。七、褫奪公權尚未復權者。八、受監護或輔助宣告尚未撤銷者。九、有本法所定應予解除職權或職務之情事者。十、依其他法律應予解除職權或職務者。』；『有下列情事之一，其原職任期未滿，且尚未經選舉機關公告補選時，解除職權或職務之處分均應予撤銷：一、因前項

第二款至第四款情事而解除職權或職務，經再審或非常上訴判決無罪確定者。二、因前項第五款情事而解除職權或職務，保安處分經依法撤銷，感訓處分經重新審理爲不付感訓處分之裁定確定者。三、因前項第八款情事而解除職權或職務，經提起撤銷監護或輔助宣告之訴，爲法院判決撤銷宣告監護或輔助確定者。』〈第七十.九條〉

〈68〉**地方首長及議員代表解除其職權、職務之情形**：『直轄市長、縣（市）長、鄉（鎮、市）長、村（里）長，因罹患重病，致不能執行職務繼續一年以上，或因故不執行職務連續達六個月以上者，應依前條第一項規定程序解除其職務；直轄市議員、縣（市）議員、鄉（鎮、市）民代表連續未出席定期會達二會期者，亦解除其職權。』〈第八十.條〉

〈69〉**地方議員、代表之補選**：『直轄市議員、縣（市）議員、鄉（鎮、市）民代表辭職、去職或死亡，其缺額達總名額十分之三以上或同一選舉區缺額達二分之一以上時，均應補選。但其所遺任期不足二年，且缺額未達總名額二分之一時，不再補選。』；『前項補選之直轄市議員、縣（市）議員、鄉（鎮、市）民代表，以補足所遺任期爲限。』；『第一項直轄市議員、縣（市）議員、鄉（鎮、市）民代表之辭職，應以書面向直轄市議會、縣（市）議會、鄉（鎮、市）民代表會提出，於辭職書送達議會、代表會時，即行生效。』〈第八十.一條〉

〈70〉**地方首長之派員代理及補選**：『直轄市長、縣（市）長、鄉（鎮、市）長及村（里）長辭職、去職、死亡者，直轄市長由行政院派員代理；縣（市）長由內政部報請行政院派員代理；鄉（鎮、市）長由縣政府派員代理；村（里）長由鄉（鎮、市、區）公所派員代理。』；『直轄市長停職者，由副市長代理，副市長出缺或不能代理者，由行政院派員代理。縣（市）長停職者，由副縣（市）長代理，副縣（市）長出缺或不能代理者，由內政部報請行政院派員代理。鄉（鎮、市）長停職者，由縣政府派員代理，置有副市長者，由副市長代理。村（里）長停職者，由鄉（鎮、市、區）公所派員代理。』；『直轄市長、縣（市）長、鄉（鎮、市）長及村（里）長辭職、去職或死亡者，應自事實發生之日起三個月內完成補選。但所遺任期不足二年者，不再補選，由代理人代理至該屆任期屆滿爲止。』；『前項補選之當選人應於公告當選後十日內宣誓就職，其任期以補足本屆所遺任期爲限，並視爲一任。』；『第一項人員之辭職，應以書面爲之。直轄市長應向行政院提出並經核准；縣（市）長應向內政部提出，由內政部轉報行政院核准；鄉（鎮、市）長應向縣政府提出並經核准；村（里）長應向鄉（鎮、市、區）公所提出並經核准，均自核准辭職日生效。』〈第八十.二條〉

〈70〉**地方首長改選或補選辦理**：『直轄市議員、直轄市長、縣（市）議員、縣（市）長、鄉（鎮、市）民代表、鄉（鎮、市）長及村（里）長任期屆滿或出缺應改選或補選時，如因特殊事故，得延期辦理改選或補選。』；

『直轄市議員、直轄市長、縣（市）議員、縣（市）長依前項延期辦理改選或補選，分別由行政院、內政部核准後辦理。』；『鄉（鎮、市）民代表、鄉（鎮、市）長、村（里）長依第一項延期辦理改選或補選，由各該縣（市）政府核准後辦理。』；『依前三項規定延期辦理改選時，其本屆任期依事實延長之。如於延長任期中出缺時，均不補選。』〈第八十.三條〉

〈71〉**地方行政首長適用之法律：**『直轄市長、縣（市）長、鄉（鎮、市）長適用公務員服務法；其行為有違法、廢弛職務或其他失職情事者，準用政務人員之懲戒規定。』〈第八十.四條〉

〈72〉**員工給與事項之辦理：**『省政府、省諮議會、直轄市議會、直轄市政府、縣（市）議會、縣（市）政府、鄉（鎮、市）民代表會、鄉（鎮、市）公所員工給與事項，應依公務人員俸給法及相關中央法令辦理。』〈第八十.五條〉

〈73〉**承受或捐助財產之處理：**『村（里）承受日據時期之財產，或人民捐助之財產，得以成立財團法人方式處理之。』〈第八十.六條〉

2.「地方制度法」法規評析

　　因配合民國八十六年第四次修憲「凍省」，「省」虛級化後，「省縣治自法」、「直轄市自治法」停止使用，改訂「地方制度法」規範地方自治工作，其後本法又有多次修正，民國九十八年配合「五直轄市」〈五都〉的規模，再進行了一次修法。綜合多次修法後，這部攸關台灣地方自治發展的「地方制度法」實有嚴格檢視之必要，以下修法大方向探討說明之：

〈1〉「省」地位的再檢討

　　當年中央之李登輝總統或因考量競爭力因素，或因考量宋楚瑜之省府力量雄厚因素，今天都已不存在。前者，增加競爭力在於簡化公文層級、逐級授權；後者如今台灣本島已有五都，人口佔自由地區兩千三百萬之半數，「台灣省」如若恢復實質地位，其政治影響力雖大，但已非昔比。

　　當年貿然「凍省」後，問題逐漸浮現：中央必須直接接手「省」之角色，在某些方面，中央如同「地方」。過去台灣各縣市發生天然災害等狀況，有地方最高位階的「省」出面解決，省長、省屬之各級單位投入勘災，擔當第一線防災應變機制；中央政府居於整體運籌帷幄。當「省」虛級化，省屬機構併入中央各部會，此時發現當地方縣、市發生天然災害等狀況，中央已成為第一線。中央部會既忙於全國性之相關業務，此時地方縣、市、鄉鎮市，或跨縣、市協調救災等工作，亦屬中央工作。亦即當「凍省」之後，中央當作地方在使用。民國九十八年的「八八水災」，中央行政院官員之所以引來巨大民怨，究其實，凍省已十年，中央很多在冷氣房辦公之高官，還不知他們是「中央政府」官員，他們其實某種程度來看，還是有如做「地方政府」〈原來的「台灣省」〉該做之事。

　　再者，居於地方自治之理念與落實，地方村里長、鄉鎮市長〈以及鄉鎮市民

代表〉、縣市長〈以及縣市議員〉以至省長〈以及省議員〉構成地方自治的重要環節，沒有理由剝奪台灣省省民參選省長、省議員之資格。也沒有理由將重要的「省」地位給虛級化。當前地方鄉、鎮、市，以至縣、市，其自治功能受限於人事、經費、資源等之薄弱，需有「省」之位階提供有效、實質之幫助、發展。跨縣、市；或跨鄉、鎮、市，有許多實質問題，需要「省」來提供解決。現在之中央部會主管全國政策，對於基層地方之事務，實有不殆之處，其將影響地方發展至鉅。

當省虛級化，省長、省議員不選；國民大會廢除，國大代表不再選舉；立委減半；現今選舉只到「縣」 — 縣長、縣議員再往上，只有立委〈許多縣、市立委只有一或二席〉。台灣有心於從政為民服務者之管道更形雍塞。

「省」地位之功能性與重要性在地方自治中居於能否成功之重大關鍵，衡諸以上之事實，憲法與地方制度法宜應檢討恢復之。

〈2〉中央與地方租稅立法權之實質有效規範

我國租稅立法權操之於中央主導，地方則欠缺完整自主權。地方所擁有者極少：以言「房屋稅條例」、「娛樂稅法」有訂定微幅稅率上下限，可交由地方政府自行決定稅率；再則，「公共建設法」有授權地方自訂減免地價稅、房屋稅、契稅之規定。除此而外，地方幾無自有財源，已至捉襟見肘、困窘狼狽不堪。地方財源不足，連基本事務處理經費都有問題，遑論及地方自治重要建設與發展。這也使得地方政府在財源短缺下，事事請求上級補助之必然現象。

中央長期希望地方政府發揮自我負責精神，然而地方政府缺人、缺錢，等同是緣木求魚。地方政府並非心甘情願這般景象，而是中央財政規範的制度使然。要解決這些問題，必須從結構層面進行，以營造地方自主精神為立法之核心，讓地方自有財源充足之餘，各項地方建設得以增進，地方自治方可為有成。

我國中央與地方財稅立法權之實質有效劃分，與建構機制徹底檢討、策訂及實行，實為當前根本之務、首要之務。以下是思考修法方向：a. 房屋稅、娛樂稅、地價稅、土地增值稅、印花稅、使用牌照稅、契稅等皆屬地方稅，卻是由中央立法，地方縣、市議會無法落實憲法第124條之規定，據以行使立法權。本諸憲法精神，應回歸憲法之規範，由地方自治並納入上述之地方稅法通盤作為，如此『地方稅』法通則才得名符其實。b. 「地方制度法」第36條規定，縣市議會職權中，缺少議決地方稅項目，如房屋稅、地價稅・・・等之議決權，宜應修正增加之，以符地方自治原理。c.本於憲法增修條文第十條之保障、扶持偏遠地區及弱勢族群之生活，「地方制度法」中應明確規定適度之租稅優惠措施辦法，以為落實。d.長期以來中央「集權又集錢」之強本弱幹發展下，地方自治失血嚴重，已被嚴重扭曲變形。其關鍵在於中央之心態，「地方制度法」第22條、第70條有關地方自治事項之範圍、權責與牽涉中央、地方財政支出事項標準，應在本法中訂定時間表，逐步落實。e. 「地方制度法」第66條有關國稅之分配，依據「財政收支劃分法」；在本條文中，可直接增列「凍省」前之「省統籌分配稅款」規範。一者，當經濟景氣佳之際，稅課超收年度由上級控留一定比例款項，以作為

景氣不佳、縣市稅入短收時之專案訂核基準，可達均衡縣市財政；再者，可以解決因景氣差、縣市稅收少，而中央統籌稅款亦因爲減少，而使縣市分配更少，造成雪上加霜。

〈3〉地方制度法中明列民間參與之機制

　　中央政府與地方政府，除了「公共財」之發展，如交通道路、公共建設等必須政府親力親爲，鑑於各級政府財力吃緊情況，而民間資金卻是來源無窮，「地方制度法」應明列出民間資金注入公共部門之立法作爲與規範。以民間充裕資金挹注地方建設，共創雙贏賽局。亦即以政府爲領航角色、督導角色，政府有土地取得、配套資源等優勢，而讓民間資金投入發展。可以使民間更參與地方建設與發展，地方也因而繁榮與進步，留住地方人才，增加地方就業機會。其採行方法有：「公營事業民營化」、「重大工程 BOT 經營」、「公共事務委託外包」等。在本法條文中亦應加上防止弊端之措施。例如「公營事業民營化」的發展極易成爲「公營事業財團化」，如何防止大財團壟斷是重要思考；其可透過制定「反壟斷條款」使依法有據，而爲防制因應。另最值得關注的是在公營事業轉民營的過程中，政府公部門持股低於 50%，但仍是最大股東，政府之經濟部、財政部‧‧‧仍然掌握主要之人事權、經營權，但企業體已經轉化爲「民營」身分，可不受到民意機關之監督。這是台灣「轉型正義」下的另一「突變種綠巨人」。

〈二〉「公民投票法」

1.「公民投票法」法規內容

　　「公民投票法」於中華民國九十二年十二月三十一日陳水扁總統公佈實施，全部法規共計八章 64 條。其後經過 3 次修訂：〈1〉民國九十五年五月三十日，第一次修訂第 7 條、第 42 條、第 64 條三個條文。〈2〉民國九十八年五月二十七日，第二次修正第 7 條、第 64 條二個條文。〈3〉民國九十八年六月十七日，第三次修訂第 35 條一個條文。

　　「公民投票法」共計有：八章 64 條。第一章「總則」〈1 條 — 6 條〉；第二章「提案人、連署人及投票權人」〈7 條 — 8 條〉；第三章「公民投票程序」〈9 條 — 29 條〉；第四章「公民投票結果」〈30 條 — 33 條〉；第五章「公民投票審議委員會」〈34 條 — 38 條〉；第六章「罰則」〈39 條 — 53 條〉；第七章「公民投票爭訟」〈54 條 — 61 條〉第八章「附則」〈62 條 — 64 條〉茲列述其重要條文如下：

〈1〉**立法目的**：『依據憲法主權在民之原則，爲確保國民直接民權之行使，特制定本法。本法未規定者，適用其他法律之規定。』〈第一條〉

〈2〉**公民投票之適用事項**：『本法所稱公民投票，包括全國性及地方性公民投票。全國性公民投票適用事項如下：一、法律之複決。二、立法原則之創制。三、重大政策之創制或複決。四、憲法修正案之複決。地方性公民投票適用事項如下：一、地方自治法規之複決。二、地方自治法規立法原則之創制。三、地方自治事項重大政策之創制或複決。』；『預算、租稅、投資、薪俸及人事事項不得作爲公民投票之提案。』；『公

民投票事項之認定，由公民投票審議委員會（以下簡稱審議委員會）為之。」〈第二條〉

〈3〉**公投主管機關**：『全國性公民投票之主管機關為行政院；地方性公民投票之主管機關為直轄市政府、縣（市）政府。』；『各級選舉委員會於辦理公民投票期間，得調用各級政府職員辦理事務。』〈第三條〉

〈4〉**公投投票方式**：『公民投票，以普通、平等、直接及無記名投票之方法行之。』〈第四條〉

〈5〉**公投辦理經費**：『辦理公民投票之經費，分別由中央政府、直轄市政府、縣（市）政府依法編列預算。』〈第五條〉

〈6〉**公民投票權之資格**：『中華民國國民，年滿二十歲，除受監護宣告尚未撤銷者外，有公民投票權。』〈第七條〉

〈7〉**公投提案人、連署人及投票權人**：『有公民投票權之人，在中華民國、各該直轄市、縣（市）繼續居住六個月以上，得分別為全國性、各該直轄市、縣（市）公民投票案之提案人、連署人及投票權人。』；『提案人年齡及居住期間之計算，以算至提案提出日為準；連署人年齡及居住期間之計算，以算至連署人名冊提出日為準；投票權人年齡及居住期間之計算，以算至投票日前一日為準，並均以戶籍登記資料為依據。』；『前項投票權人年齡及居住期間之計算，於重行投票時，仍以算至原投票日前一日為準。』〈第八條〉

〈7〉**公民投票案之提出**：『公民投票案之提出，除另有規定外，應由提案人之領銜人檢具公民投票案主文、理由書及提案人正本、影本名冊各一份，向主管機關為之。』；『前項領銜人以一人為限；主文以不超過一百字為限；理由書以不超過一千五百字為限。超過字數者，其超過部分，不予公告及刊登公報』；『第一項提案人名冊，應依規定格式逐欄填寫，並分直轄市、縣（市）、鄉（鎮、市、區）別裝訂成冊。』；『公民投票案之提出，以一案一事項為限。』〈第九條〉

〈8〉**公民投票提案人人數及審核**：『公民投票案提案人人數，應達提案時最近一次總統、副總統選舉選舉人總數千分之五以上。』；『審議委員會應於收到公民投票提案後，十日內完成審核，提案不合規定者，應予駁回。審核期間並應函請戶政機關於七日內查對提案人名冊，及依該提案性質分別函請立法院及相關機關於收受該函文後一個月內提出意書。』；『前項提案經審核完成符合規定者，審議委員會應於十日內舉行聽證，確定公民投票案之提案內容。並於確定後通知提案人之領銜人於十日內向中央選舉委員會領取連署人名冊格式，自行印製，徵求連署；逾期未領取者，視為放棄連署。』〈第十條〉

〈9〉**公投提案之撤回**：『公民投票案於中央選舉委員會通知連署前，得經提案人總數二分之一以上同意，由提案人之領銜人以書面撤回之。』；『前項撤回之提案，自撤回之日起，原提案人於三年內不得就同一事項重行

提出之。』〈第十一條〉

〈10〉**公投放棄連署**：『第二條第二項第一款、第二款、第三款之事項，連署人數應達提案時最近一次總統、副總統選舉選舉人總數百分之五上。』；『公民投票案連署人名冊，應由提案人之領銜人，於領取連署人名冊格式之次日起六個月內，向中央選舉委員會提出；逾期未提出者，視為放棄連署。』；『公民投票案依前項或第十條第三項規定視為放棄連署者，自視為放棄連署之日起，原提案人於三年內不得就同一事項重行提之。』〈第十二條〉

〈11〉**公投行政機關之限制**：『除依本法規定外，行政機關不得藉用任何形式對各項議題辦理或委託辦理公民投票事項，行政機關對此亦不得動用任何經費及調用各級政府職員。』〈第十三條〉

〈12〉**公投案之駁回及提案人名冊刪除之情形**：『主管機關於收到公民投票提案，經審查有下列情事之一者，應於十五日內予以駁回：一、提案不合第九條規定者。二、提案人有第十一條第二項規定之情事或未簽名、蓋章，經刪除後致提案人數不足者。三、提案有第三十三條規定之情事者。四、提案內容相互矛盾或顯有錯誤，致不能瞭解其提案真意者。』；『公民投票案經審查無前項各款情事者，主管機關應將該提案送請各該審議委員會認定，該審議委員會應於三十日內將認定結果通知主管機關。』；『公民投票案經前項審議委員會認定不合規定者，主管機關應予駁回；合於規定者應函請戶政機關於十五日內查對提案人。』；『戶政機關應依據戶籍登記資料查對提案人名冊，有下列情事之一者，應予刪除：一、提案人不合第八條規定資格者。二、提案人姓名、戶籍地址書寫錯誤或不明者。三、提案人未填具本人國民身分證統一編號或有錯誤、不明者。四、提案人提案，有偽造情事者。』；『提案合於本法規定者，主管機關應依該提案性質分別函請相關立法機關於收受該函文後六個月及行政機關於收受該函文後三個月內提出意見書；逾期未提出者，視為放棄。意見書以三千字為限，超過字數者，其超過部分，不予公告及刊登公報。主管機關彙集相關機關意見書後，應即移送各該選舉委員會。』；『主管機關除依前項規定分函相關機關外，應將提案移送各該選舉委員會辦理公民投票事項。』；『選舉委員會收到提案後，應通知提案人之領銜人於十日內向各該選舉委員會領取連署人名冊格式，自行印製，徵求連署；逾期未領取者，視為放棄連署。』〈第十四條〉

〈13〉**公投連署人名冊刪除之情形**：『選舉委員會收到連署人名冊後，經審查連署人數不足、經刪除未簽名或蓋章之連署人致連署人數不足或未依規定格式提出者，應於十日內予以駁回；合於規定者，應函請戶政機關查對，全國性公民投票案應於四十五日內查對完成；直轄市、縣（市）公民投票案應於三十日內查對完成。』；『戶政機關應依據戶籍登記資料查對連署人名冊，有下列情事之一者，應予刪除：一、連署人不合第八

條規定資格者。二、連署人姓名、戶籍地址書寫錯誤或不明者。三、連署人未填具本人國民身分證統一編號或有錯誤、不明者。四、連署人連署，有偽造情事者。』；『連署人名冊經查對後，其連署人數合於第十二條第一項規定者，選舉委員會應於十日內為公民投票案成立之公告，該公民投票案並予編號；連署人數不合規定者，選舉委員會應通知提案人之領銜人於十五日內補提，補提後仍不足規定人數或逾期不補提者，選舉委員會應為公民投票案不成立之公告。』〈第十五條〉

〈14〉**公投重大政策之創制或複決：**『　立法院對於第二條第二項第三款之事項，認有進行公民投票之必要者，得附具主文、理由書，經立法院院會通過後，交由中央選舉委員會辦理公民投票。』；『立法院之提案經否決者，自該否決之日起三年內，不得就該事項重行提出。』〈第十六條〉

〈15〉**防禦性公投之規範：**『當國家遭受外力威脅，致國家主權有改變之虞，總統得經行政院院會決議，就攸關國家安全事項，交付公民投票。』；『前項之公民投票不適用第十八條關於期間之規定及第二十四條之規定。』〈第十七條〉

〈16〉**公投公告事項及辯論之進行：**『中央選舉委員會應於公民投票日二十八日前，就下列事項公告之：一、公民投票案投票日期、投票起、止時間。二、公民投票案之編號、主文、理由書。三、政府機關針對公民投票案提出之意見書。四、公民投票權行使範圍及方式。』；『中央選舉委員會應以公費，在全國性無線電視頻道提供時段，供正反意見支持代表發表意見或進行辯論，受指定之電視台不得拒絕。其實施辦法，由中央選舉委員會定之。』；『前項發表會或辯論會，其為全國性公民投票案應在全國性無線電視頻道至少舉辦五場。』〈第十八條〉

〈17〉**公民投票公報：**『中央選舉委員會應彙集前條公告事項及其他投票有關規定，編印公民投票公報，於投票日二日前送達公民投票案投票區內各戶，並分別張貼適當地點。』〈第十九條〉

〈18〉**停止公投程序之進行：**『創制案或法律、自治條例之複決案於公告前，如經立法機關實現創制、複決之目的，通知選舉委員會者，選舉委員會應即停止公民投票程序之進行，並函知提案人之領銜人。』〈第二十條〉

〈19〉**公投設辦事處經費捐贈之禁止及申報：**『公民投票案成立公告後，提案人及反對意見者，經許可得設立辦事處，從事意見之宣傳，並得募集經費從事相關活動，但不得接受下列經費之捐贈。其許可及管理辦法，由中央選舉委員會定之：一、外國團體、法人、個人或主要成員為外國人之團體、法人。二、大陸地區人民、法人、團體或其他機構，或主要成員為大陸地區人民之法人、團體或其他機構。三、香港、澳門居民、法人、團體或其他機構，或主要成員為香港、澳門居民之法人、團體或其他機構。四、公營事業或接受政府捐助之財團法人。』；『前項募款人應設經費收支帳簿，指定會計師負責記帳保管，並於投票日後三十日內，

經本人及會計師簽章負責後，檢具收支結算申報表，向中央選舉委員會申報。』；『收支憑據、證明文件等，應於申報後保管六個月。但於發生訴訟時，應保管至裁判確定後三個月。』；『中央選舉委員會對其申報有事實足認其有不實者，得要求檢送收支憑據或證明文件。』；『中央選舉委員會於收受收支結算申報四十五日內，應將申報資料彙整列冊，並刊登政府公報。』〈第二十一條〉

〈20〉**公投票之印製及圈定**：『公民投票應在公投票上刊印公民投票案編號、主文及同意、不同意等欄，由投票人以選舉委員會製備之工具圈定之。』；『投票人圈定後不得將圈定內容出示他人。』〈第二十二條〉

〈21〉**令投票人退出投、開票所之規定**：『在公民投票案投票所或開票所有下列情事之一者，主任管理員應會同主任監察員令其退出：一、在場喧嚷或干擾勸誘他人投票或不投票，不服制止者。二、攜帶武器或危險物品入場者。三、有其他不正當行為，不服制止者。』；『公民投票案投票人有前項情事之一者，令其退出時，應將其所持公民投票之票收回，並將事實附記於公民投票投票權人名冊該投票權人姓名下。其情節重者，並應專案函報各該選舉委員會。』〈第二十三條〉

〈22〉**公投投票日**：『中央選舉委員會應於公民投票案公告成立後一個月起至六個月內舉行公民投票，並得與全國性選舉同日舉行。』〈第二十四條〉

〈23〉**公投投票權人名冊**：『公民投票投票權人名冊之編造、公告閱覽、更正、投票、開票及有效票、無效票之認定，準用公職人員選舉罷免法之規定。』；『公民投票案與全國性之選舉同日舉行投票時，其投票權人名冊，與選舉人名冊分別編造。』〈第二十五條〉

〈24〉**公投受理機關**：『公民投票案應分別向直轄市、縣（市）政府提出。』；『直轄市、縣（市）政府對於公民投票提案，是否屬地方自治事項有疑義時，應報請行政院認定。』〈第二十六條〉

〈24〉**公投提案人數、連署人數**：『公民投票案提案人數，應達提案時最近一次直轄市長、縣（市）長選舉選舉人總數千分之五以上。』；『公民投票案連署人數，應達提案時最近一次直轄市長、縣（市）長選舉選舉人總數百分之五以上。』〈第二十七條〉

〈25〉**公投準用相關規定**：『公民投票案之公告、公投票之印製、投票權人名冊之編造、公告閱覽、更正、公民投票公報之編印、投票、開票及有效票、無效票之認定，準用第十八條至第二十五條規定。』〈第二十八條〉

〈26〉**公投程序之訂定**：『公民投票案提案、連署應附具文件、查核程序及公聽會之舉辦，由直轄市、縣（市）以自治條例定之。』〈第二十九條〉

〈27〉**公投通過或否決之門檻**：『公民投票案投票結果，投票人數達全國、直轄市、縣（市）投票權人總數二分之一以上，且有效投票數超過二分之一同意者，即為通過。』；『投票人數不足前項規定數額或未有有效投票數超過二分之一同意者，均為否決。』〈第三十條〉

〈28〉**公投結果之公告及處理方式**：『公民投票案經通過者，各該選舉委員會應於投票完畢七日內公告公民投票結果，並依下列方式處理：一、有關法律、自治條例立法原則之創制案，行政院、直轄市政府、縣（市）政府應於三個月內研擬相關之法律、自治條例提案，並送立法院、直轄市議會、縣（市）議會審議。立法院、直轄市議會、縣（市）議會應於下一會期休會前完成審議程序。二、有關法律、自治條例之複決案，原法律或自治條例於公告之日算至第三日起，失其效力。三、有關重大政策者，應由權責機關為實現該公民投票案內容之必要處置。四、有關憲法修正案之公民投票，應依憲法修正程序為之。』〈第三十一條〉

〈29〉**公投否決之處理程序**：『公民投票案經否決者，各該選舉委員會應於投票完畢七日內公告公投結果，並通知提案人之領銜人。』〈第三十二條〉

〈30〉**公投再行提出之期間限制**：『公民投票案之提案經通過或否決者，自各該選舉委員會公告該投票結果之日起三年內，不得就同一事項重行提出。但有關公共設施之重大政策複決案經否決者，自投票結果公告之日起至該設施完工啟用後八年內，不得重行提出。』；『前項之同一事項，包括提案之基礎事實類似、擴張或減縮應受判斷事項者。』；『前項之認定由審議委員會為之。』〈第三十三條〉

〈31〉**全國性公民投票審議委員會審議事項**：『行政院應設全國性公民投票審議委員會，審議下列事項：一、全國性公民投票事項之認定。二、第三十三條公民投票提案是否為同一事項之認定。』〈第三十四條〉

〈32〉**公民投票審議委員會委員**：『行政院公民投票審議委員會，置委員二十一人，任期三年，由主管機關提請總統任命之。』；『前項委員具有同一黨籍者，不得超過委員總額二分之一，且單一性別不得少於三分之一。』；『主任委員由委員互選之。審議委員會之組織規程及審議規則，應送立法院備查。』〈第三十五條〉

〈33〉**公民投票審議委員會委員召集**：『前條委員會議，由主任委員召集之。』；『開會時應有全體委員過半數之出席始得開議；議案之表決，以出席委員過半數之同意為通過；可否同數時，取決於主席。』〈第三十六條〉

〈34〉**地方性公民投票審議委員會審議事項**：『直轄市政府、縣（市）政府應設地方性公民投票審議委員會，審議下列事項：一、地方性公民投票事項之認定。二、第三十三條公民投票提案是否為同一事項之認定。』；『前項委員會委員，應包括學者專家及當地各級民意代表，其組織及審議程序，由直轄市政府、縣市政府擬訂，送議會備查。』〈第三十七條〉

〈35〉**公投審議會之決定應函送行政院核定**：『直轄市、縣（市）公民投票審議委員會之決定，應函送行政院核定。行政院對該事項是否屬地方性公民投票事項有疑義時，應提經行政院公民投票審議委員會認定之。』〈第三十八條〉

〈36〉**對公務員施暴妨害公投之罰則**：『辦理公民投票期間，意圖妨害公民投

票，對於公務員依法執行職務時，施強暴、脅迫者，處五年以下有期徒刑。』；『犯前項之罪，因而致公務員於死者，處無期徒刑或七年以上有期徒刑；致重傷者，處三年以上十年以下有期徒刑。』〈第三十九條〉

〈37〉**聚眾以暴力妨害公投之罰則**：『公然聚眾，犯前條之罪者，在場助勢之人，處三年以下有期徒刑、拘役或科新台幣三十萬元以下罰金；首謀及下手實施強暴、脅迫者，處三年以上十年以下有期徒刑。』；『犯前項之罪，因而致公務員於死者，首謀及下手實施強暴、脅迫者，處無期徒刑或七年以上有期徒刑；致重傷者，處五年以上十二年以下有期徒刑。』〈第四十條〉

〈38〉**以強暴脅迫等方法妨害公投案之罰則**：『以強暴、脅迫或其他非法之方法，妨害他人為公民投票案之提案、撤回提案、連署或投票，或使他人為公民投票案之提案、撤回提案、連署或投票者，處五年以下有期徒刑。』；『前項之未遂犯罰之。』〈第四十一條〉

〈39〉**以賄賂或其他不正利益妨害投票權行使之罰則**：『自選舉委員會發布公民投票案投票公告之日起，對於有投票權之人，行求期約或交付賄賂或其他不正利益，而約其不行使投票權或為一定之行使者，處一年以上七年以下有期徒刑，得併科新台幣六十萬元以上六百萬元以下罰金。』；『預備犯前項之罪者，處一年以下有期徒刑。』；『預備或用以行求期約或交付之賄賂，不問屬於犯人與否，沒收之；如全部或一部不能沒收時，追徵其價額。』；『犯第一項或第二項之罪，於犯罪後六個月內自首者，減輕或免除其刑；因而查獲提案人為正犯或共犯者，免除其刑。』；『犯第一項或第二項之罪，在偵查中自白者，減輕其刑；因而查獲提案人為正犯或共犯者，減輕或免除其刑。』〈第四十二條〉

〈40〉**公投之罰則規定**：『辦理公民投票期間，有下列行為之一者，處五年以下有期徒刑，併科新台幣五十萬元以上五百萬元以下罰金：一、對於該公民投票投票區內之團體或機構，假借捐助名義，行求期約或交付賄賂或其他不正利益，使其團體或機構之構成員，不為提案、撤回提案、連署或投票，或為一定之提案、撤回提案、連署或投票者。二、以賄賂或其他不正利益，行求期約或交付公民投票案提案人或連署人，使之不為提案、撤回提案、連署或投票，或為一定之提案、撤回提案、連署或投票者。』；『預備犯前項之罪者，處一年以下有期徒刑。』；『預備或用以行求期約或交付之賄賂，不問屬於犯人與否，沒收之；如全部或一部不能沒收時，追徵其價額。』〈第四十三條〉

〈41〉**意圖漁利等之罰則**：『意圖漁利，包攬第四十二條第一項或前條第一項各款之事務者，處一年以上七年以下有期徒刑，得併科新台幣五十萬元以上五百萬元以下罰金。』；『前項之未遂犯罰之。』〈第四十四條〉

〈42〉**妨礙公投案進行之罰則**：『公民投票案之進行有下列情事之一者，在場助勢之人，處一年以下有期徒刑、拘役或科新台幣十萬元以下罰金；首

謀及下手實施者，處五年以下有期徒刑：一、聚眾包圍公民投票案提案人、連署人或其住、居所者。二、聚眾以強暴、脅迫或其他非法之方法，妨害公民投票案提案人、連署人對公民投票案之進行者。」〈第四十五條〉

〈43〉**意圖妨害或擾亂投開票行為之罰則**：『意圖妨害或擾亂公民投票案投票、開票而抑留、毀壞、隱匿、調換或奪取投票匭、公投票、投票權人名冊、投票報告表、開票報告表、開票統計或圈選工具者，處五年以下有期徒刑。」〈第四十六條〉

〈44〉**將公投票攜出場外之罰則**：『將領得之公投票攜出場外者，處一年以下有期徒刑、拘役或科新台幣一萬五千元以下罰金。」〈第四十七條〉

〈45〉**在投票所四週喧嚷干擾他人投票或不投票之罰則**：『在投票所四週三十公尺內喧嚷、干擾或勸誘他人投票或不投票，經警衛人員制止後仍繼續為之者，處一年以下有期徒刑、拘役或科新台幣一萬五千元以下罰金。」〈第四十八條〉

〈46〉**違法將投票內容出示他人及妨害秩序之罰則**：『違反第二十二條第二項規定或有第二十三條第一項各款情事之一，經令其退出而不退出者，處二年以下有期徒刑、拘役或新台幣二十萬元以下罰金。」〈第四十九條〉

〈47〉**將公投票以外之物投入票匭或故意撕毀之罰則**：『將公投票以外之物投入票匭，或故意撕毀領得之公投票者，處新台幣五千元以上五萬元以下罰鍰。」〈第五十條〉

〈48〉**違法接受捐贈之罰則**：『募款人違反第二十一條第一項第一款至第三款規定接受捐贈者，處五年以下有期徒刑；違反第一項第四款規定接受捐贈者，處一年以下有期徒刑、拘役或科新台幣十萬元以下罰金。」；『犯前項之罪者，其接受捐贈所得財物沒收之；如全部或一部不能沒收時，追徵其價額。」；『募款人違反第二十一條第二項規定不依規定申報或違反第四項規定檢送收支憑據或證明文件者，處新台幣十萬元以上五十萬元以下罰鍰，並限期申報或補正，逾期不申報或補正者，得按次連續處罰。」；『募款人對於經費之收入或支出金額，故意為不實之申報者，處新台幣五十萬元以上二百五十萬元以下罰鍰。」〈第五十一條〉

〈49〉**機關首長或相關人員違法之罰則**：『行政機關首長或相關人員違反本法第十三條規定者，處六個月以上、三年以下有期徒刑；並得就行政機關所支之費用，予以追償。」〈第五十二條〉

〈50〉**從重處罰**：『犯本章之罪，其他法律有較重處罰之規定者，從其規定。」；『辦理公民投票事務人員，假借職務上之權力、機會或方法，以故意犯章之罪者，加重其刑至二分之一。」；『犯本章之罪或刑法分則第六章之妨害投票罪，宣告有期徒刑以上之刑者，並宣告褫奪公權。」〈第五十三條〉

〈51〉**公投訴訟之管轄法院**：『公民投票若涉及中央與地方職權劃分或法律之

爭議或其他之行政爭議，應依大法官釋憲或依行政爭訟程序解決之。』；
『公民投票訴訟之管轄法院，依下列之規定：一、第一審公民投票訴訟，
由公民投票行為地之該管高等行政法院管轄，其行為地跨連或散在數高
等行政法院管轄區域內者，各該高等行政法院均有管轄權。二、不服高
等行政法院第一審裁判而上訴、抗告之公民投票訴訟事件，由最高行政
法院管轄。』〈第五十四條〉

〈52〉**公投訴訟之司法救濟**：『全國性或地方性公民投票案經審議委員會否決
者，領銜提案人於收到通知後三十日內，得依行政爭訟程序提起救濟。』；
『前項案件經審議委員會核定，屬全國性者，立法委員現有總額三分之
一以上，屬地方性者，各該直轄市、縣（市）議會議員現有總額二分之
一以上，認有違憲或違法之情事，於決定作成後六十日內，得依行政爭
訟程序提起救濟。』；『有關公共設施重大政策之公民投票案，該設施
之設置或管理機構亦得提起前項救濟。』；『受理訴願之機關或行政法
院得依職權或聲請為暫時停止舉辦投票之裁決。』〈第五十五條〉

〈53〉**公投投票無效之訴提起之期限、程序**：『各級選舉委員會辦理公民投票
之投票違法，足以影響公民投票結果，檢察官、公民投票案提案人之領
銜人，得自投票結果公告之日起十五日內，以各該選舉委員會為被告，
向管轄法院提起公民投票投票無效之訴。』〈第五十六條〉

〈54〉**公民投票判決無效確定之重行投票**：『公民投票無效之訴，經法院判決
無效確定者，其公民投票之投票無效，並定期重行投票。其違法屬公民
投票之局部者，局部之公民投票投票無效，並就該局部無效部分定期重
行投票。但局部無效部分顯不足以影響結果者，不在此限。』；『前項
重行投票後，變更投票結果者，依第三十一條之規定辦理。』〈第五十
七條〉

〈54〉**公投案通過或否決確認之訴提起之要件、程序**：『辦理公民投票期間，
意圖妨害公民投票，對於行使公民投票權之人或辦理公民投票事務人員
施以強暴、脅迫或其他非法方法，足以影響投票結果者，檢察官得於投
票結果公告之日起十五日內，以該管選舉委員會為被告，向管轄法院提
起公民投票案通過或否決無效之訴。』；『公民投票案之通過或否決，
其票數不實足以影響投票結果者，檢察官、公民投票案提案人之領銜人，
得於投票結果公告之日起十五日內，以該管選舉委員會為被告，向管轄
法院提起確認公民投票案通過或否決之訴。』；『第一項公民投票案通
過或否決無效之訴，經法院判決無效確定者，其公民投票案通過或否決
無效，並定期重行投票。』；『第二項公民投票案通過或否決確認之訴，
經法院判決確定，變更原投票結果者，主管機關應於法院確定判決送達
之日起七日內，依第三十一條之規定辦理。』〈第五十八條〉

〈55〉**投票權人之舉發**：『投票權人發覺有構成公民投票投票無效、公民投票
案通過或否決無效之情事時，得於投票結果公告之日起七日內，檢具事

證，向檢察官舉發之。』〈第五十九條〉

〈56〉**公投訴訟不得再審之訴審理時間**：『公民投票訴訟不得提起再審之訴；
各審受理之法院應於六個月內審結。』〈第六十條〉

〈57〉**公投訴訟程序適用規定**：『公民投票訴訟程序，除本法規定者外，適用
行政訴訟法之規定。』；『高等行政法院實施保全證據，得囑託地方法
院爲之。』；『民事訴訟法第一百十六條第三項之規定，於保全證據時，
得準用之。』〈第六十一條〉

〈58〉**罰鍰執行**：『本法所定罰鍰，由各該選舉委員會處罰；經通知限期繳納，
逾期不繳納者，依法移送強制執行。』〈第六十二條〉

2.「公民投票法」法規評析

就「公民投票法」之爭論焦點，可分以下幾點論述：

〈1〉修憲案復決實施方式之違憲爭議

「公民投票法」於民國九十二年十二月三十一日，經陳水扁總統公佈實施。
然而就修憲案復決之程序，與當時的憲法增修條文〈民國八十九年通過之第六次
修憲〉之修憲案復決之程序是牴觸的。

「公民投票法」第二條第二項第四款規定，全國性公投適用的事項，其中包
含「憲法修正案之復決」。然而，依照當時之第六次修憲後憲法增修條文之修改
憲法程序，係由立法院立法委員四分之一之提議，四分之三之出席，出席立委四
分之三之決議提出憲法修正案，經公告半年後，選舉 300 位「任務型國大代表」
進行憲法修正案之復決。準此，當「公民投票法」公佈實施之時，就修憲案復決
之程序，與當時的憲法增修條文之修憲案復決之程序是牴觸的。並無疑義。

直到民國九十四年六月七日，「任務型國大代表」完成第七次修憲，將「國
民大會」與「任務型國大代表」廢除，送入歷史，並確立「公投入憲」之法源依
據，這才化解「公民投票法」最初長達一年半的違憲爭議，但也成爲憲政史上，
蔚爲奇觀的子法先憲法而立的窘境。演變成「先有兒子，後有母親」之現象。

〈2〉「公投法」第十條、第十四條有關公投程序的多項爭議

「公民投票法」第十條第二項規定，公投審議委員會應於收到公民投票案後
「十日內」完成審核，提案不合規定者應予駁回。同條第三項則規定，前條提案
經審核完成符合規定後，審議委員會應於「十日內」舉行聽證會，確定公民投票
案內容，並於確定後通知提案人之領銜人於十日內，向「中央選舉委員會」領取
連數人名冊格式，自行印製，徵求連署；逾期未領取者，視同放棄連署。

然而，「公民投票法」第十四條第一項規定，主管機關於收到公民投票提案，
經審查有不符之情事者，應於十五日內予以駁回，但合於規定者，主管機關應將
該案送請「各該審議委員會」認定，該審議委員會應於「三十日內」，將認定結
果，通知主管機關。同條第五項規定，提案合於規定者，主管機關應依該提案性
質分別函請相關立法機關於收受該函文後「六個月」，及行政機關於收受該函文
後「三個月」內提出意見書；逾期未提出者，視爲放棄。另外，主管機關應將該

提案移送「各該選舉委員會」辦理公民投票事項。選舉委員會收到提案後，應通知提案人之領銜人於十日內，向「各該選舉委員會」領取連署人名冊格式，自行印製，徵求連署；逾期未領取者，視同放棄連署。

　　以上兩個條文之爭議處不少：a.先論「語焉不詳」者：公投法第十四條出現多個「難以解釋的機關」。因公投法第九條至第二十五條，是規範第三章、第一節中之「全國性公民投票」。全國性公民投票主管機關是「行政院」〈第三條〉，而全國性「公民投票審議委員會」由行政院設置〈第三十四條〉，其全稱為「行政院公民投票審議委員會」〈第三十五條〉，故而「中央選舉委員會」自然是全國性公投的執行機關。然而第十四條多次提到「各該選舉委員會」、「各該審議委員會」。實則，全國性公民投票除「行政院公民投票審議委員會」外，並無其他「各該審議委員會」；承辦之主管機關除「中央選舉委員會」外，並無其他「各該選舉委員會」。正因第十條與第十四條都是明確列在「全國性公民投票」章節中，立法者或有意將全國性、地方性公投統一規定，但實為立法之瑕疵無疑義。

　　b.公投法第十四條第一項規定，主管機關於收到公民投票提案，經「審查」有不符之情事者，應於十五日內予以「駁回」，但合於規定者，主管機關應將該案送請各該審議委員會「認定」，該審議委員會應於「三十日內」，將「認定」結果，通知主管機關。另，第十條第二項規定，公投審議委員會應於收到公民投票案後十日內完成「審核」。第十條、第十四條，對於公投審議委員會究竟是「認定」？或是「審核」？用語不一，立法不夠嚴謹。更值得關注者為：人民提出之公投案，究竟是「主管機關」審核決定？抑或是「公投審議委員會」審核決定？「主管機關」所擁有的是「程序審」？將「實體審」交由「公投審議委員會」執行？抑或是「主管機關」兼具有「程序審」與「實體審」之權利？公投法第十四條語焉不詳。若然「主管機關」兼具有「程序審」與「實體審」之權利，那「公投審議委員會」之角色、地位、職權又為何？依公投法第十四條第一項第三款規定，「主管機關」若逕行做了實體的審查，並予以駁回，又將「公投審議委員會」擺放於何？人民救濟之管道又為何？

　　c.公投法第十條規定：『公投審議委員會應於收到公民投票案後「十日內」完成審核』；然而第十四條規定：『主管機關於收到公民投票提案，經審查有不符之情事者，應於十五日內予以駁回，但合於規定者，主管機關應將該案送請「各該審議委員會」認定，該審議委員會應於「三十日內」，將認定結果，通知主管機關。』。亦即，第十條規定公投審議委員會應於收到公民投票案後「十日內」完成審核；然而第十四條則為該審議委員會應於「三十日內」，將認定結果，通知主管機關〈不包含主管機關於收到公民投票提案，經審查有不符之情事者，應於十五日內予以駁回〉。兩個條文出現規範時間矛盾差異之立法瑕疵。

　　d.公投法第十條規定，公投審議委員會於審議期間，應函請戶政機關「於七日」內，查對提案人名冊。然而，公投法第十四條規定，審議委員會應將認定結果通知主管機關，合於規定者，主管機關應函請戶政機關「於十五日」內，查對提案人。兩法條之規定不一，莫衷一是，究竟是「審議期間、七日內」？抑或「認

定結果後，十五日內」，立法之模糊不清，如墜入五里霧中。

〈3〉人民制憲之創制、復決權與修憲之創制權被剝奪

公投法第二條規定全國性、地方性公民投票之事項。然而廣泛爭議者，在於人民制憲之創制、復決權與修憲之創制權被限制，不在人民行使範圍內。這對違反「國民主權」是有大疑義者。論者以爲：[223]

> 在民主國家裡，基於國民主權原理，人民為制憲權的主體，亦即制憲權係屬人民所有，從而憲法的制定，無論是由人民制定，或委由其他代表代為制定，最終皆應取決於人民，代議機關僅能在憲法的規範下，取代人民決定法案及政策，對其民主正當性不足以取代人民為廢棄舊憲法、制定新憲法的決定‧‧‧現行公投法第二條第二項未將制憲創制或複決列為全國性公民投票適用對象，係以法律位階的公投法，排除人民得行使超越憲法的制憲權，依前揭所論，係屬違反國民主權原則。

依據公投法之精神，人民對於憲法只是具備有對憲法修正案復決的公民投票權。亦即憲法的創制權由立法院單獨掌控與發動，人民無法置喙。當代議機關因怠惰，或無法積極提出修憲案時，人民亦將兩手一攤，不能主動提出積極有意義之修憲案，這當然違背國民主權之原理。或有人擔心人民制憲之創制、復決權與修憲之創制權會有助於導引走上「台獨」公投之路。實則，要對台灣多數人民的教育與民主化程度有信心，台灣民主深化至今，需各種條件配合，將可使台灣更茁壯。故以公投法論之，此法律的規範顯係違背憲法之國民主權原則。

〈4〉立法機關得發動公投提案權之爭議

依據公投法第八條、第十六條、第十七條之規定，公投提案權分別是由：人民、立法院、總統提出。當公投法通過時，民進黨政府曾就第十六條質疑立法院之憲法提案權，而提出移請立法院覆議案。[224]

公投法第十六條：『立法院對於第二條第二項第三款之事項，認有進行公民投票之必要者，得附具主文、理由書，經立法院院會通過後，交由中央選舉委員會辦理公民投票。』；『立法院之提案經否決者，自該否決之日起三年內，不得就該事項重行提出。』

吾人摒絕黨派意氣之爭，就立法院對於公投法第二條第二項第三款〈即：擁有重大政策之創制或複決〉之事項，可否擁有公民投票的創制權之爭議？可從四個角度觀察：a.代議制度下，立法委員透過預算權、質詢權、立法權監督行政，並擁有對行政院長之倒閣權，卻再訴諸直接民主制下的創制、復決權，如同否定其本身的憲法代表性與尊嚴。b.本諸行政、立法、司法三權分立之民主精神，如果「重大政策」是要轉化成法律形式以爲「依法行政」之執行規範，那此重大政

---

223 周宗憲，「國民主權、參政權與公民投票 ─ 公民投票法的檢討」，台北，「全國律師」，一月號，2004 年，頁十八。

224 行政院移請立法院覆議部分公投法條文之函文指出：「公民投票法第十六條超越憲法規定之外，賦予立法院提案交付公民投票之職權，不但有擴權之嫌，且逾越憲法所訂立法權之分際。政策釐定本屬行政權限，不屬立法權範圍，若立法院得片面將重大政策交付公民投票，不但嚴重侵犯行政權之空間，且破壞行政與立法之間的平衡，違反權力分立制衡原理。」

策之法律草案自然會經由立法院三讀程序。若然，該重大政策是依據法律而爲執行之層面，那本屬行政部門之權責。立法部門的憲法職責是透過質詢、預算以爲監督，若立法院對行政院之施政，爲「重大政策之創制或複決」則有逾越「權力分立」之精神。c.本諸公投法第十三條『行政機關不得藉用任何形式對各項議題辦理或委託辦理公民投票事項，行政機關對此亦不得動用任何經費及調用各級政府職員。』，此爲正確，正乃行政部門已直接擁有諸多執政大權，故不宜再以發動公投之權，或將影響政局之安定性；立法權之理亦然，立法院已然擁有憲法上諸多之立法權、質詢權、預算權等，亦不宜再發動公投之權。d.在西方三權中，常有強調「司法節制」，乃在希冀司法部門勿因釋憲之大權，而有逾越行政，立法之權限。立法部門有憲法諸多管道以監督行政部門，唯尊重行政部門之憲法執掌，亦是西方民主之典範。或以「重大政策」，必定關乎國家安全、國計民生之重大政策，且影響人民生活、生計甚深，行政部門果若一意孤行，則直接交於人民行使足矣。

〈5〉公民投票審議委員會設置之爭議

公投法第二條規定，公民投票事項之認定，由公民投票審議委員會爲之。亦即公民投票審議委員會職司公民投票事項之認定，公民投票審議委員會所認定之結果，將直接影響公投是否成案。根據公投法第三十四條規定：行政院應設全國性公民投票審議委員會，其職掌：a. 全國性公民投票事項之認定。b.第三十三條公民投票提案是否爲同一事項之認定。行政院公民投票審議委員會，置委員21人，任期三年，由各政黨依立法院各黨團席次比例推薦，送交主管機關提請總統任命之。

當時行政院對於公民投票審議委員會之設置，於送請立法院覆議之函文中，表達反對設置之意見，理由爲：a.組織疊床架屋：公投事務得由各級選舉委員會辦理，何須再設審議委員會？b.有礙主權在民原理之落實：公投制度是在於落實主權在民的精神，公民投票審議委員會由各政黨依立法院各黨團席次比例推薦產生，一則難免受政黨之操縱，也是將代議政治凌駕於直接民主之上，違反公投精神。c.違反權力分立原則：公民投票審議委員會的組成方式，嚴重干預行政機關人事任命及組織運作權。

公民投票審議委員會之具有對人民公民投票提案審核之權，其問題甚大。一則，因爲審核之權是實質審核，而非單純之程序審查〈如提案之基本條件是否符合等〉，這等於是將沒有正當性之政黨推薦委員所做成之決定，可以否定人民之就特定事項來行使公民權利之直接民主機制。二則，公民投票審議委員會是依照立法院各黨團席次比例推薦產生，明顯之政黨分贓，完全排除、漠視非政黨黨團之一般人民，完全不符合公平之原則。三則，公投法第十條，「公民投票應先經公民投票審議委員會審核，提案不合規定者，應予駁回。」；第十四條，「公民投票審議委員會認定不合格者，應由主管機關駁回。」究竟有權做行政決定的是「公民投票審議委員會」還是「選舉委員會」？這兩機關並非隸屬機關，設若「公民投票審議委員會」有其決定，「選舉委員會」也是獨立行使職權之機關，兩者

看法相左時又將如何？四則，公投法第五十五條是就公投之救濟提出規定：『全國性或地方性公民投票案經審議委員會否決者，領銜提案人於收到通知後三十日內，得依行政爭訟程序提起救濟。』如此看來，「公民投票審議委員會」又是具有行政機關角色；而「選舉委員會」也是行政機關，處理一個公投為何要用到兩個行政機關？理由何在？衡諸事實，公民投票審議委員會之設置既違民主精神，又違公平之原則，係明顯疊床架屋與政黨分贓，或以回歸選舉委員會主辦公投事宜，單純化作業程序又可免除諸多爭議與弊端。

〈6〉防禦性公投的爭議

「防禦性公投」是公投法第十七條之規定：『當國家遭受外力威脅，致國家主權有改變之虞，總統得經行政院院會決議，就攸關國家安全事項，交付公民投票。』；『前項之公民投票不適用第十八條關於期間之規定及第二十四條之規定。』

本條文是行政院暨民進黨所提出之草案，也是當初國親聯盟的草案版本所沒有的。依照行政院所提之說明，僅述明本條「規定國家主權有改變之虞時，總統得經行政院會之決議，直接提出公民投票案。」有學者認為，「防禦性公投」本質上既非公投法第二條第二項各款所定之法律性條文，也不適用於重大政策之規定，直接地說就是「政治性的公民投票」。[225]

公投法第十七條內容之爭議在於，所謂的「當國家遭受外力威脅，致國家主權有改變之虞」，此時機之認定，是非常主觀的，完全決定於總統個人的認知與感受。所以主控權在總統之個人意志。2004 年總統大選前四個月，制定完成的公投法，其實早已埋下民進黨陳水扁總統打公投牌的計畫，而公投法第十七條之「防禦性公投」正是陳水扁算計「公投綁大選」下之「巧門」。

公投法第十七條內容為「防禦性公投」：「當國家遭受外力威脅，致國家主權有改變之虞」，若當國家真處於此等情況，時間緊迫，決策瞬息萬變，豈還有時間搞全國性公投？你一言我一語，來決定國家大政方針？主政者早應依據憲法所賦予之「緊急處分權」、「宣布戒嚴」、「國安機制」等而在軍事、外交、經濟等方面展現定國安邦之最佳決策。

綜觀「防禦性公投」，一則主控權在總統；再則認定主觀；三則易於被在任總統利用之於「公投綁大選」發揮最大效益，操縱選情使對己方有利；四則「防禦性公投」真正「當國家遭受外力威脅」之時，決非靠公投解決之。故宜應審慎其存在之實值與功能。

二、大眾傳播法規

〈一〉「國家通訊傳播委員會〈NCC〉組織法」

1.「國家通訊傳播委員會〈NCC〉組織法」法規內容

「國家通訊傳播委員會〈NCC〉組織法」於民國九十四年十一月九日陳水扁總統公佈實施，全部法規共計 17 條。其後經過 2 次修訂：〈1〉民國九十七年一月九日，第一次修訂第 4 條條文。〈2〉民國一〇〇年十二月二十八日，第二次修

---

[225] 曲兆祥，公民投票理論與台灣的實踐〈台北：揚智文化公司，2004 年〉，頁一四六。

正公布全文 16 條；施行日期，由行政院以命令定之。

　　民國一０一年一月二十日，行政院授研綜字第 1012260074 號令，發布「國家通訊傳播委員會〈NCC〉組織法」第四、七、九條，定自一０一年三月一日施行；其餘條文，定自一０一年八月一日施行 。「國家通訊傳播委員會〈NCC〉組織法」共計有：16 條。茲列述其重要條文如下：

〈1〉**立法目的**：『行政院爲落實憲法保障之言論自由，謹守黨政軍退出媒體之精神，促進通訊傳播健全發展，維護媒體專業自主，有效辦理通訊傳播管理事項，確保通訊傳播市場公平有效競爭，保障消費者及尊重弱勢權益，促進多元文化均衡發展，提升國家競爭力，特設國家通訊傳播委員會』〈第一條〉

〈2〉**過渡期間職權之調整**：『自國家通訊傳播委員會成立之日起，通訊傳播相關法規，包括電訊法、廣播電視法、有線廣播電視法及衛星廣播電視法，涉及國家通訊傳播委員會職掌，其職權原屬交通部、行政院新聞局、交通部電信總局者，主管機關均變更爲國家通訊傳播委員會。其他法規涉及國家通訊傳播委員會職掌者，亦同。』〈第二條〉

〈3〉**職掌**：『國家通訊傳播委員會掌理下列事項：一、通訊傳播監理政策之訂定、法令之訂定、擬訂、修正、廢止及執行。二、通訊傳播事業營運之監督管理及證照核發。三、通訊傳播系統及設備之審驗。四、通訊傳播工程技術規範之訂定。五、通訊傳播傳輸內容分級制度及其他法律規定事項之規範。六、通訊傳播資源之管理。七、通訊傳播競爭秩序之維護。八、資通安全之技術規範及管制。九、通訊傳播事業間重大爭議及消費者保護事宜之處理。十、通訊傳播境外事務及國際交流合作之處理。十一、通訊傳播事業相關基金之管理。十二、通訊傳播業務之監督、調查及裁決。十三、違反通訊傳播相關法令事件之取締及處分。十四、其他通訊傳播事項之監理。』〈第三條〉

〈3〉**國家通訊傳播委員會委員選任及任期**：『國家通訊傳播委員會置委員七人，均爲專任，任期四年，任滿得連任，由行政院院長提名經立法院同意後任命之，行政院院長爲提名時，應指定一人爲主任委員，一人爲副主任委員。但本法第一次修正後，第一次任命之委員，其中三人之任期爲二年。』；『國家通訊傳播委員會主任委員，特任，對外代表本會；副主任委員，職務比照簡任第十四職等；其餘委員職務比照簡任第十三職等。』；『國家通訊傳播委員會委員應具電信、資訊、傳播、法律或財經等專業學識或實務經驗。委員中同一黨籍者不得超過委員總數二分之一。』；『國家通訊傳播委員會委員自本法第一次修正後不分屆次，委員任滿三個月前，應依第一項程序提名任命新任委員。如因立法院不同意或出缺致委員人數未達足額時，亦同。』；『國家通訊傳播委員會委員任期屆滿未能依前項規定提任時，原任委員之任期得延至新任委員就職前一日止，不受第一項任期之限制。』；『第一項規定之行使同意

權程序，自立法院第七屆立法委員就職日起施行。』〈第四條〉

〈4〉**國家通訊傳播委員會正、副主任委員出缺之代理方式及程序**：『主任委員出缺或因故無法行使職權時，由副主任委員代理；主任委員、副主任委員均出缺或因故無法行使職權時，由行政院院長指定委員一人代理主任委員。』〈第五條〉

〈5〉**國家通訊傳播委員會委員免職**：『國家通訊傳播委員會委員有下列情形之一者，得由行政院院長予以免職：一、因罹病致無法執行職務。二、違法、廢弛職務或其他失職行為。三、因案受羈押或經起訴。』〈第六條〉

〈6〉**國家通訊傳播委員會委員任用資格**：『國家通訊傳播委員會委員於擔任職務前三年，須未曾出任政黨專任職務、參與公職人員選舉或未曾出任政府機關或公營事業之有給職職務或顧問，亦須未曾出任由政府機關或公營事業所派任之有給職職務或顧問。但依本法任命之委員、依公務人員任用法或其他法律任用之公務人員，不在此限。』〈第七條〉

〈7〉**國家通訊傳播委員會獨立行使職權**：『國家通訊傳播委員會依法獨立行使職權。』；『國家通訊傳播委員會委員應超出黨派以外，獨立行使職權。於任職期間應謹守利益迴避原則，不得參加政黨活動或擔任政府機關或公營事業之職務或顧問，並不得擔任通訊傳播事業或團體之任何專任或兼任職務。』；『國家通訊傳播委員會委員於其離職後三年內，不得擔任與其離職前五年內之職務直接相關之營利事業董事、監察人、經理、執行業務之股東或顧問。』；『國家通訊傳播委員會委員於其離職後三年內，不得就與離職前五年內原掌理之業務有直接利益關係之事項，為自己或他人利益，直接或間接與原任職機關或其所屬機關接洽或處理相關業務。』〈第八條〉

〈8〉**應提國家通訊傳播委員會議決議事項**：『國家通訊傳播委員會所掌理事務，除經委員會議決議授權內部單位分層負責者外，應由委員會議決議行之。』；『下列事項應提委員會議決議，不得為前項之授權：一、通訊傳播監理政策、制度之訂定及審議。二、通訊傳播重要計畫及方案之審議、考核。三、通訊傳播資源分配之審議。四、通訊傳播相關法令之訂定、擬訂、修正及廢止之審議。五、通訊傳播業務之公告案、許可案與涉及通訊傳播事業經營權取得、變更或消滅之處分案之審議。六、編制表、會議規則及處務規程之審議。七、內部單位分層負責明細表之審議。八、預算及決算之審核。九、其他依法應由委員會議決議之事項。人事室、主計室及政風室以外單位主管任免之遴報，由主任委員行之。』〈第九條〉

〈9〉**國家通訊傳播委員會委員會議、臨時會議之召開及決議**：『國家通訊傳播委員會每週舉行委員會議一次。必要時，得召開臨時會議。』；『委員會議，由主任委員為主席，主任委員因故不能出席時，由副主任委員

代理；主任委員、副主任委員均不能出席時，由其他委員互推一人爲主席。』；『會議之決議，應以委員總額過半數之同意行之。各委員對該決議得提出協同意見書或不同意見書，併同會議決議一併公布之。』；『國家通訊傳播委員會得經委員會議決議，召開分組委員會議。』；『國家通訊傳播委員會委員應依委員會議決議，按其專長及本會職掌，專業分工督導本會相關會務。』；『委員會議開會時，得邀請學者、專家與會，並得請相關機關、事業或團體派員列席說明、陳述事實或提供意見。』；『委員會議審議第三條或第九條，涉及民眾權益重大事項之行政命令、行政計畫或行政處分，應適用行政程序法第一章第十節聽證程序之規定，召開聽證會。』〈第十條〉

〈10〉**國家通訊傳播委員會主任秘書之設置：**『國家通訊傳播委員會置主任秘書，職務列簡任第十二職等。』〈第十一條〉

〈11〉**國家通訊傳播委員會職務列等及員額配置另定：**『國家通訊傳播委員會各職稱之官等職等及員額，另以編制表定之。』〈第十二條〉

〈12〉**國家通訊傳播委員會專責警察之設置：**『國家通訊傳播委員會得商請警政主管機關置專責警察，協助取締違反通訊傳播法令事項。』〈第十三條〉

〈13〉**國家通訊傳播委員會基金之來源及用途：**『國家通訊傳播委員會所需之人事費用，應依法定預算程序編定；國家通訊傳播委員會委員得支領經行政院核定之調查研究費。』；『國家通訊傳播委員會依通訊傳播基本法第四條規定設置通訊傳播監督管理基金；基金來源如下：一、由政府循預算程序之撥款。二、國家通訊傳播委員會辦理通訊傳播監理業務，依法向受國家通訊傳播委員會監督之事業收取之特許費、許可費、頻率使用費、電信號碼使用費、審查費、認證費、審驗費、證照費、登記費及其他規費之百分之五至十五。但不包括政府依公開拍賣或招標方式授與配額、頻率及其他限量或定額特許執照所得之收入。三、基金之孳息。四、其他收入。』；『通訊傳播監督管理基金之用途如下：一、通訊傳播監理業務所需之支出。二、通訊傳播產業相關制度之研究及發展。三、委託辦理事務所需支出。四、通訊傳播監理人員訓練。五、推動國際交流合作。六、其他支出。』；『通訊傳播監督管理基金之收支、保管及運用辦法，由行政院定之。』；『第二項第二款至第四款之基金額度無法支應通訊傳播監督管理基金之用途時，應由政府循公務預算程序撥款支應。』〈第十四條〉

〈14〉**國家通訊傳播委員會組織法施行前之現職人員福利及工作等應予保障：**『國家通訊傳播委員會組織法施行前，交通部郵電司、交通部電信總局及行政院新聞局廣播電視事業處之現職人員隨業務移撥至國家通訊傳播委員會時，其官等、職等、服務年資、待遇、退休、資遣、撫卹、其他福利及工作條件等，應予保障。』；『前項人員原依交通事業人員任用

條例第八條第一項規定轉任者，仍適用原轉任規定。但再改任其他非交通行政機關職務時，仍應依交通事業人員任用條例第八條第二項規定辦理。』；『第一項人員所任新職之待遇低於原任職務，其本（年功）俸依公務人員俸給法第十一條規定核敘之俸級支給，所支技術或專業加給較原支數額爲低者，准予補足差額，其差額並隨同待遇調整而併銷。主管人員經調整爲非主管人員者，不再支領主管職務加給。』；『第一項人員，原爲中華民國八十五年七月一日電信總局改制之留任人員，及自中華民國八十五年七月一日起至中華民國八十七年六月三十日期間由中電信股份有限公司商調至電信總局之視同留任人員，已擇領補足改制前後待遇差額且尚未併銷人員，仍得依補足改制前後待遇差額方式辦理。』；『國家通訊傳播委員會組織法施行前，原中華民國八十五年七月一日電信總局改制之留任人員，其自中華民國八十四年七月一日至中華民國八十五年六月三十日止，如未自行負擔補繳該段年資退撫基金費用本息，仍應准視同中華民國八十四年七月一日公務人員退休法修正施行前之任職年資予以採計。』；『第四項人員，曾具電信總局改制前依交通部核備之相關管理法規僱用之業務服務員、建技教員佐（實習員佐）、差工之勞工年資，其補償方式，仍依行政院規定辦理。』〈第十五條〉

2.「國家通訊傳播委員會〈NCC〉組織法」法規評析

「國家通訊傳播委員會組織法」從立法院朝野藍、綠各黨草案創始，到兩次嚴重流血衝突，上了國際媒體版面，最後完成三讀。民國九十四年十一月九日陳水扁總統公佈實施，全部法規共計 17 條。執政黨民進黨政府對該法提出申請釋憲，大法官會議於民國九十五年七月二十一日做出「大法官釋字第 613 號解釋」，認定該法第四條第二項、第三項、第四項、第六項違憲，須於 2 年內修法完成。民國九十七年一月九日，立法院完成「國家通訊傳播委員會組織法」第四條修正。有關本法之立法爭議、大法官釋憲案、立法院完成修法之論述如下：

〈1〉立法過程之初，朝野政黨惡鬥不斷

「國家通訊傳播委員會組織法」立法過程之衝突不斷，其背景乃是正處於國內第一次政黨輪替五年以來，所顯示的各種亂象：政治力介入媒體運作，媒體與政府互信不足；再則，更是朝野藍、綠政黨間互信嚴重不足下的產物。當時民進黨主政，但立法院中國、親之泛藍陣營佔有優勢。此一「朝小野大」之政局，國民黨對民進黨政府不放心，在審議「國家通訊傳播委員會組織法」條文時，堅持不願意將提名權交給行政院，故立法過程中之波折接二連三發生。

先論「國家通訊傳播委員會組織法」立法過程中，朝野藍、綠政黨對組織法的態度。當時執政的民進黨原本主張：「行政提名，國會同意」的委員產生機制。後採納「公民媒改聯盟」之公民參與概念，改爲主張：「行政、國會分享推薦，專家與公民團體審查、提名，國會同意」。其實施方法是：各政黨依據立法院席次比例推舉學者、專家與公民團體代表十一名共同組成提名審查委員會，負責專

業審查推薦人選。推薦權則由行政院與立法院分享，行政院長推薦 5 人，立法院政黨依據席次比例共推薦 11 人。在專業審查中，若超過三分之二以上審查委員認為適當者，則視為同意。最後通過審查的名單前 9 名將送請行政院長提名，經立法院同意後任命。

　　面對民進黨ＮＣＣ委員產生方式的讓步，國、親隨後提出「全民舉薦、專業審查、國會甄選、政院提名、立院同意」的產生機制。主張先是由大專院校、社團法人、財團法人及專業相關學術團體舉薦 1 至 3 人，行政院舉薦 13 人，交由資格審議委會進行審查，此審議委員會則是由全國 21 所新聞、傳播、通訊、電信研究所推派代表組成。然後，立法院各黨團再依據政黨席次比例，從審議委員會提報之合格名單中推薦甄選 13 人，送行政院長提名，立法院同意。

　　立法院各黨最後妥協，三讀通過「國家通訊傳播委員會組織法」（NCC），希冀能有效整合電信、網路、廣電三大領域，讓台灣媒體的發展能推進到一個新的里程碑。然而整部「國家通訊傳播委員會組織法」中，最為當時民進黨政府不滿意者，其中第四條第二項、第三項、第四項、第六項；以及第六條第一項、第二項。

　　「國家通訊傳播委員會組織法」第四條第二項：『通訊傳播委員會委員由各政黨（團）接受各界舉薦，並依其在立法院所占席次比例共推薦十五名、行政院院長推薦三名，交由提名審查委員會審查。各政黨（團）應於本法施行日起十五日內完成推薦。』；第三項『提名審查委員會應於本法施行日起十日內，由各政黨（團）依其在立法院所占席次比例推薦十一名學者、專家組成。審查會應於接受推薦名單後，二十日內完成審查，本項審查應以聽證會程序公開為之，並以記名投票表決。提名審查委員會先以審查會委員總額五分之三以上為可否之同意，如同意者未達十三名時，其缺額隨即以審查會委員總額二分之一以上為可否之同意』；第四項『前二項之推薦，各政黨（團）未於期限內完成者，視為放棄。』；第六項『委員任滿三個月前，應依第二項、第三項程序提名新任委員；委員出缺過半時，其缺額依第二項、第三項程序辦理，繼任委員任期至原任期屆滿為止。』

　　「國家通訊傳播委員會組織法」第十六條第一項：『自通訊傳播基本法施行之日起至本會成立之日前，通訊傳播相關法規之原主管機關就下列各款所做之決定，權利受損之法人團體、個人，於本會成立起三個月內，得向本會提起覆審。但已提起行政救濟程序者，不在此限：一、通訊傳播監理政策。二、通訊傳播事業營運之監督管理、證照核發、換發及廣播、電視事業之停播、證照核發、換或證照吊銷處分。三、廣播電視事業組織及其負責人與經理人資格之審定。四、通訊傳播系統及設備之審驗。五、廣播電視事業設立之許可與許可之廢止、電波發射功率之變更、停播或吊銷執照之處分、股權之轉讓、名稱或負責人變更之許可。』；第二項：『覆審決定，應回復原狀時，政府應即回復原狀；如不能回復原狀者，應予補償。』

〈2〉大法官釋字 613 號解釋判定部分條文違憲

　　民國九十五年一月二十日，行政院向大法官提出「國家通訊傳播委員會組織

法」釋憲聲請案，並同時提出「暫時處分」聲請，要求凍結「國家通訊傳播委員會組織法」。同年二月十日，「國家通訊傳播委員會組織法」聲請釋憲案，經大法官全體審查會議決，決議受理，進入實質審查程序。同年三月八日，司法院大法官會議大法官召開「國家通訊傳播委員會組織法釋憲案」審查說明會，邀請聲請人行政院、關係機關立法院和專家學者。同年七月二十一日，大法官會議做出釋字「第 613 號解釋」，認定國家通訊傳播委員會組織法第四條部分違憲。另大法官王和雄、謝在全提不同意見書，認為「國家通訊傳播委員會組織法」符合責任政治，並且無政治力干預的問題。

a. 部份條文違反「行政一體」、「權力分立原則」之憲法精神

『行政院為國家最高行政機關，憲法第五十三條定有明文，基於行政一體，須為包括國家通訊傳播委員會（以下簡稱通傳會）在內之所有行政院所屬機關之整體施政表現負責，並因通傳會施政之良窳，與通傳會委員之人選有密切關係，因而應擁有對通傳會委員之人事決定權。基於權力分立原則，行使立法權之立法院對行政院有關通傳會委員之人事決定權固非不能施以一定限制，以為制衡，惟制衡仍有其界限，除不能牴觸憲法明白規定外，亦不能將人事決定權予以實質剝奪或逕行取而代之。國家通訊傳播委員會組織法（以下簡稱通傳會組織法）第四條第二項・・・同條第三項・・・及同條第四項・・・及同條第六項・・・實質上幾近完全剝奪行政院之人事決定權，逾越立法機關對行政院人事決定權制衡之界限，違反責任政治暨權力分立原則。又上開規定等將剝奪自行政院之人事決定權，實質上移轉由立法院各政黨（團）與由各政黨（團）依其在立法院所占席次比例推薦組成之審查會共同行使，影響人民對通傳會應超越政治之公正性信賴，違背通傳會設計為獨立機關之建制目的，與憲法所保障通訊傳播自由之意旨亦有不符。是上開規定應自本解釋公布之日起，至遲於中華民國九十七年十二月三十一日失其效力。失去效力之前，通傳會所作成之行為，並不因前開規定經本院宣告違憲而影響其適法性。人員與業務之移撥，亦不受影響。』

b. 部份條文不違憲

『通傳會組織法第四條第三項後段規定通傳會委員由行政院院長任命之部分，及同條第五項「本會應於任命後三日內自行集會成立，並互選正、副主任委員，行政院院長應於選出後七日內任命。主任委員、副主任委員應分屬不同政黨（團）推薦人選；行政院院長推薦之委員視同執政黨推薦人選」等規定，於憲法第五十六條並無牴觸。』

『通傳會組織法第十六條第一項規定：「自通訊傳播基本法施行之日起至本會成立之日前，通訊傳播相關法規之原主管機關就下列各款所做之決定，權利受損之法人團體、個人，於本會成立起三個月內，得向本會提起覆審。但已提起行政救濟程序者，不在此限：一、通訊傳播監理政策。二、通訊傳播事業營運之監督管理、證照核發、換發及廣播、電視事業之停播、證照核發、換發或證照吊銷處分。三、廣播電視事業組織及其負責人與經理人

資格之審定。四、通訊傳播系統及設備之審驗。五、廣播電視事業設立之許可與許可之廢止、電波發射功率之變更、停播或吊銷執照之處分、股權之轉讓、名稱或負責人變更之許可。」係立法者基於法律制度變革等政策考量，而就特定事項為特殊之救濟制度設計，尚難謂已逾越憲法所容許之範圍。而通傳會於受理覆審申請，應否撤銷違法之原處分，其具體標準通傳會組織法並未規定，仍應受行政程序法第一百十七條但書之規範。同條第二項規定：「覆審決定，應回復原狀時，政府應即回復原狀；如不能回復原狀者，應予補償。」則屬立法者配合上開特殊救濟制度設計，衡酌法安定性之維護與信賴利益之保護所為之配套設計，亦尚未逾越憲法所容許之範圍。』

c. 兩位大法官之「不同意見書」

大法官王和雄、謝在全提不同意見書，約有4點重要不同看法：〈a〉通訊傳播委員會是為貫徹憲法保障通訊傳播的自由而設置的獨立機關。為了達到這項目的，通傳會的組織設置、運作模式與決策程序等設計均符合責任政治的原則。〈b〉行政院對通傳會委員不僅有任命權、提名權，單位的人事費用與基金額度也由行政院循著公務預算程序撥款支應。立法院也可依職權對通傳會行使同意權、質詢權，可見ＮＣＣ組織法並沒有違反憲法權力分立、責任政治的原則。〈c〉行政一體原則在純粹總統制國家運作並沒問題，但在內閣制或雙首長制國家是否仍能一體適用，有待商榷。〈d〉主張ＮＣＣ組織法並無政治力的不當介入。他們認為，民主政治就是政黨政治，政黨參與國家獨立機關組成人員的決定，並不會構成政治力不當介入。

〈3〉立法完成組織法修正

民國九十六年十二月，立法院院長王金平與國民黨立法院黨團決定放棄政黨比例代表制。民國九十七年一月九日，立法院終於完成「國家通訊傳播委員會組織法」第四條修正。修正後之第四條規定：國家通訊傳播委員會委員人數減為七人，任期仿照大法官，採取「交叉制」，由三年延長為四年，任期滿後可無限制連任；國家通訊傳播委員會委員由行政院長提名，經立法院同意後任命之；國家通訊傳播委員會委員任滿三個月前，行政院與立法院應依照程序任命新任委員。第四條之各項條文規定如下：

a. 『國家通訊傳播委員會置委員七人，均為專任，任期四年，任滿得連任，由行政院院長提名，經立法院同意後任命之，行政院院長為提名時，應指定一人為主任委員，一人為副主任委員。但本法第一次修正後，第一次任命之委員，其中三人之任期為二年。』〈第一項〉

b. 『國家通訊傳播委員會主任委員，特任，對外代表本會；副主任委員，職務比照簡任第十四職等；其餘委員職務比照簡任第十三職等。』〈第二項〉

c. 『國家通訊傳播委員會委員應具電信、資訊、傳播、法律或財經等專業學識或實務經驗。委員中同一黨籍者不得超過委員總數二分之一。』〈第三項〉

d. 『國家通訊傳播委員會委員自本法第一次修正後不分屆次，委員任滿三個

月前，應依第一項程序提名任命新任委員。如因立法院不同意或出缺致委員人數未達足額時，亦同。』〈第四項〉

e. 『國家通訊傳播委員會委員任期屆滿未能依前項規定提任時，原任委員之任期得延至新任委員就職前一日止，不受第一項任期之限制。』〈第五項〉

f. 『第一項規定之行使同意權程序，自立法院第七屆立法委員就職日起施行。』〈第六項〉

〈二〉「公共電視法」

1. 「公共電視法」法規內容

「公共電視法」於民國民國八十六年六月十八日由李登輝總統公佈實施，全部法規共計有六章、49 條。其後共經過 4 次修訂：〈1〉民國九十年十月十七日，第一次修訂第 2 條、第 24 條兩個條文。〈2〉民國九十三年六月二十三日，第二次修訂公布第 4 條條文。〈3〉民國九十八年七月八日，第三次修訂公布第 13 條條文。〈4〉民國九十八年十二月三十日，第 4 次修訂第 18 條、第 26 條、第 49 條條文。

「公共電視法」共計有：六章 49 條。第一章「總則」〈1 條 — 12 條〉；第二章「組織」〈13 條 — 27 條〉；第三章「經費及財務」〈28 條 — 35 條〉；第四章「節目之製播」〈36 條 — 42 條〉；第五章「救濟」〈43 條 — 46 條〉；第六章「附則」〈47 條 — 49 條〉茲列述其重要條文如下：

〈1〉**立法目的**：『為求健全公共電視之發展，建立為公眾服務之大眾傳播制度，彌補商業電視之不足；以多元之設計，維護國民表達自由及知之權利，提高文化及教育水準，促進民主社會發展，增進公共福祉，特制定本法。』〈第一條〉

〈2〉**公視基金會之成立**：『為實現本法之目的，應成立財團法人公共電視文化事業基金會（以下簡稱公視基金會），經營公共電視台（以下簡稱電台）。』；『公視基金會之成立、組織及營運，除本法另有規定外，適用民法有關財團法人之規定。』；『公視基金會由政府依本法編列預算捐贈部分之金額應逐年遞減，第一年金額百分之十，至第三個會計年度為止。』〈第二條〉

〈3〉**主管機關**：『公視基金會之主管機關為行政院新聞局。』〈第三條〉

〈4〉**創立基金及其來源**：『公視基金會之創立基金，由主管機關編列預算捐助新台幣一億元，並以歷年編列籌設公共電視台預算所購之財產逕行捐贈設置，不受預算法第二十五條第一項規定之限制。』；『公共電視籌備委員會設立時，因業務必要使用之國有財產，除依前項規定逕行捐贈者外，由主管機關無償提供公視基金會使用。但因情勢變更，公視基金會之營運、製播之節目已不能達成設立之目的者，不適用。』〈第四條〉

〈5〉**公視基金會事務所在地**：『公視基金會設於中央政府所在地；必要時，得設分事務所。』〈第五條〉

〈6〉**電台及技術之主管機關**：『電台設台主要設備及工程技術之審核，工程人員資格之標準，電台使用頻率、呼號、電功率等電波監理，及電台執照之核發與換發，依交通部相關規定辦理。』〈第六條〉

〈7〉**電台電波頻率之使用及限制**：『電台所需用之電波頻率，由行政院新聞局會同交通部規劃指配之。』；『前項電波頻率不得租賃、借貸或轉讓。』〈第七條〉

〈8〉**電台設立之許可**：『電台之設立，應由公視基金會填具申請書，送由行政院新聞局轉送交通部核發電台架設許可證，始得裝設，裝設完成，經交通部查驗合格，發給電台執照，並經行政院新聞局發給電視執照，始得播放。』；『電台設立分台、發射台、轉播站或中繼站，準用前項規定。』〈第八條〉

〈9〉**設立分台等土地之取得或使用**：『公視基金會為設立分台、發射台、轉播站或中繼站，而有取得或使用土地之必要時，有關機關應予協助。』〈第九條〉

〈10〉**公視基金會之業務**：『公視基金會之業務如下：一、電台之設立及營運。二、電視節目之播送。三、電視節目、錄影節目帶及相關出版品之製作、發行。四、電台工作人員之養成。五、電視學術、技術及節目之研究、推廣。六、其他有助於達成第一條所定目的之業務。』〈第十條〉

〈11〉**公共電視應遵守之原則**：『公共電視屬於國民全體，其經營應獨立自主，不受干涉，並遵守下列之原則：一、完整提供資訊，公平服務公眾，不以營利為目的。二、提供公眾適當用電台之機會，尤應保障弱勢團體之權益。三、提供或贊助各種類別之民俗、藝文創作及發表機會，以維護文化之均衡發展。四、介紹新知及觀念。五、節目之製播，應維護人性尊嚴；符合自由、民主、法治之憲法基本精神；保持多元性、客觀性、公平性及兼顧族群之均衡性。』〈第十一條〉

〈12〉**公視完整與公平收視機會之提供**：『公視基金會於技術及經費許可範圍內，應提供國內各地區觀眾完整與相同品質之電台收視機會。』〈第十二條〉

〈13〉**公共電視董事會之組織及董事之選任**：『公視基金會設董事會，由董事十七人至二十一人組織之，依下列程序產生之：一、由立法院推舉十一名至十五名社會公正人士組成公共電視董、監事審查委員會。二、由行政院提名董、監事候選人，提交審查委員會以四分之三以上之多數同意後，送請行政院院長聘任之。』；『選任董事時應顧及性別及族群之代表性，並考量教育、藝文、學術、傳播及其他專業代表之均衡。』；『董事中屬同一政黨之人數不得逾董事總額四分之一；董事於任期中不得參與政黨活動。』〈第十三條〉

〈14〉**公共電視董事之消極資格**：『有下列情形之一者，不得擔任董事：一、公職人員。但公立各級學校及學術研究機構之教學及研究人員，不在此

限。二、政黨黨務工作人員。三、無線及有線廣播電視事業之負責人或其主管級人員。四、從事電台發射器材設備之製造、輸入或販賣事業者。五、投資前二款事業,其投資金額合計超過所投資事業資本總額百分之五者。六、審查委員會之委員。七、非本國籍者。』〈第十四條〉

〈15〉**公共電視董事會職權**:『董事會掌理下列事項:一、決定公視基金會之營運方針。二、核定年度工作計畫。三、審核公視基金會年度預算及決算。四、決定電台節目方針及發展方向,並監督其執行。五、決定分台之設立及廢止。六、修正公視基金會之章程。七、訂定、修正關於事業管理及業務執行之重要規章。八、遴聘總經理並同意副總經理及其他一級主管之遴聘。九、人事制度之核定。十、設立各種諮詢委員會。十一、其他依本法或章程規定應由董事會掌理之事項。』〈第十五條〉

〈16〉**公共電視董事之任期**:『董事每屆任期三年,期滿得續聘之。』〈第十六條〉

〈17〉**公共電視董事長之產生及其職權**:『董事會置董事長一人,由董事互選之。』;『董事長對內綜理董事會會務,主持董事會會議,對外代表公視基金會。』;『董事長因故不能執行職務時,應指定董事一人代理之;未指定者,由董事互推一人代理之。』;『董事長因故不能執行職務逾三個月時,董事會得依決議解除其董事長職務。』〈第十七條〉

〈18〉**公共電視解聘董事之要件**:『董事有下列各款情形之一者,董事會應報請行政院院長解聘之:一、有第十四條各款情形之一。二、受監護、輔助或破產宣告。三、受有期徒刑以上刑之判決確定。但受緩刑宣告或易科罰金者,不在此限。四、經公立醫院證明認定身心障礙致不能執行職務。五、其他經董事會決議認定有違反職務上義務或有不適於董事職位之行為。』〈第十八條〉

〈19〉**公共電視董事及董事長出缺之處理**:『董事出缺逾董事總額三分之一時,應即依第十三條規定補聘之。依法補聘之董事,其任期至原任期屆滿為止。』;『董事長出缺時,由董事互選一人繼任其職務,其任期至原任期屆滿為止。』〈第十九條〉

〈20〉**公共電視董事之報酬及董事會之召開**:『董事長為專任有給職。董事為無給職,開會時支給出席費。』;『董事會每月至少召開一次,董事長認為有必要或經三分之一以上董事之請求,得召開臨時會。』;『董事會之決議,除本法另有規定外,應有三分之二以上董事出席,以出席董事過半數之同意行之。』〈第二十條〉

〈21〉**公共電視監事會之設立**:『公視基金會應設監事會,置監事三至五人,並互選一人為常務監事。』;『監事應具有大眾傳播、法律或會計等相關學識經驗。監事之任期及解聘,準用本法有關董事之規定。』;『監事會應稽察公視基金會經費使用之情形,及有無違反公視基金會經費財務稽察辦法與其他法律規定。』;『前項公視基金會之經費財物稽察辦

法，由董事會定之。』〈第二十一條〉

〈22〉**公共電視總經理及副總經理之遴聘程序**：『公視基金會置總經理一人，由董事長提請董事會經三分之二以上董事同意後遴聘之；視業務需要置副總經理一至三人，由總經理提請董事會同意後遴聘。』〈第二十二條〉

〈23〉**公共電視總經理及副總經理之職權**：『總經理受董事會指揮監督，執行基金會之業務，在執行職務範圍內，對外代表基金會；副總經理襄助總經理處理業務，於總經理因故不能視事時，代理其職務。』；『經理及其他一級主管，由總經理提請董事會同意後聘任之。』〈第二十三條〉

〈24〉**公共電視總經理應經董事會同意之法律行為**：『總經理為下列行為，應事先經董事會書面之同意：一、不動產之取得、讓與、出租、出借或設定負擔。二、發射設備全部或一部之讓與、出租、出借或設定負擔。三、投資與公共電視經營目的有關之其他事業。四、其他依本法或章程規定應經董事會同意之事項。』；『公視基金會依前項第三款所投資之事業，以有限公司或股份有限公司為限。』；『第一項第一款、第二款之行為，應由董事會報請主管機關核備。』〈第二十四條〉

〈25〉**公共電視總經理及副總經理不得執行其他業務**：『總經理及副總經理不得為現任公職人員或政黨職員，不得執行其他業務、從事營利事業或投資報紙、通訊社、廣播電視、電影、錄影帶或其他大眾傳播事業。』〈第二十五條〉

〈26〉**公共電視解聘總經理或副總經理之要件**：『總經理或副總經理有下列情形之一者，由董事會解聘之：一、違反第二十四條第一項各款情形之一。二、受監護、輔助或破產宣告。三、經公立醫院證明認定身心障礙致不能執行職務。四、其他經董事會決議認定有違反職務上義務或有不適於職位之行為。』〈第二十六條〉

〈27〉**公共電視新聞製播公約之製訂**：『為保障新聞專業自主，新聞部工作人員應互推代表三至五人，與總經理製訂新聞製播公約。』〈第二十七條〉

〈28〉**公共電視經費來源**：『公視基金會之經費來源如下：一、政府編列預算之捐贈。二、基金運用之孳息。三、國內外公私機構、團體或個人之捐贈。四、從事公共電視文化事業活動之收入。五、受託代製節目之收入。六、其他收入。』〈第二十八條〉

〈29〉**公共電視基金會年度事業計畫與收支預算之編製**：『公視基金會之事業年度與政府會計年度一致。』；『公視基金會之年度計畫及收支預算，由總經理編製後，報請董事會審議。』；『公視基金會之年度經費需由政府捐贈之部分，應附具年度事業計畫及收支預算，提請董事會通過後，報請主管機關循預算程序辦理。』〈第三十條〉

〈30〉**公共電視基金會年度餘額之規範**：『公視基金會之經費於事業年度終了，除保留項目外，如有賸餘，應列入基金餘額。』〈第三十一條〉

〈31〉**公共電視基金會年度決算之規範**：『公視基金會應於事業年度終了後，

製作年度業務報告書，詳列執行成果及收支決算，提經監事會審核，董事會通過後，報請主管機關循決算程序辦理。』〈第三十二條〉

〈32〉**公共電視審議預算及決算到會備詢或說明人士**：『立法院依第三十條及第三十二條規定，審議公視基金會預算及決算時，得邀請公視基金會董事長或總經理到會備詢或說明。』〈第三十三條〉

〈33〉**公共電視基金會營運及財務之公開**：『公視基金會應將其業務計畫、基金管理、經費使用、財產目錄、資產負債表、損益表及其他有關營運與財務狀況之文書，經會計師簽證備置於基金會，以供公眾查閱。』〈第三十四條〉

〈34〉**公共電視經董事會核定公開之資料**：『公視之人事、薪資結構、預算（工程投標項目除外）、研究報告、年度報告、捐贈名單、著作權資料、及其他經董事會核定公開之資料，均應供公眾按工本費索閱。』〈第三十五條〉

〈35〉**公共電視節目製播規範**：『節目之製播，應遵守下列規定：一、致力提昇國民之文化水準，並促進全民教育文化之發展。二、保持多元性，並維持不同型態節目之均衡。三、保持客觀性及公平性，應提供社會大眾及各群體公平參與及表達意見之機會。四、尊重個人名譽並保護隱私權。五、積極提供適合兒童、青少年、婦女、老人觀賞，有益其身心發展及健康之節目。六、對於尚在偵查或審判中之訴訟事件，或承辦該事件之司法人員或有關之訴訟關係人，不得評論；並不得報導禁止公開訴訟事件之辯論。七、不得為任何政黨或宗教團體作政治或宗教之宣傳。八、不得違反法律、妨害公共秩序或善良風俗。』〈第三十六條〉

〈36〉**公共電視新聞報導規範**：『新聞報導節目，應遵守下列規定：一、新聞報導節目應與評論明顯區分，不得加入報導者個人意見。二、新聞報導內容應確實、客觀、公正，不得歪曲或隱飾重要事實，不得以暗示方法影響收視者判斷。三、新聞報導應兼顧國際性、全國性及地方性重要事件之資訊。』〈第三十七條〉

〈37〉**公共電視節目使用之語言**：『外語節目僅以原音播出者應附中文字幕。』；『教育、資訊及娛樂性節目應顧及各語群及聽障視障觀眾之需要，並應適度提供地方語言教學節目。』；『地方戲劇或文化藝術節目，為表達其特色，應以地方語言製播，並附中文字幕。』；『電台並應提供字幕解碼訊號，供觀眾選擇。』；『新聞性節目應酌量以外國語文播出，以適應國際化之需求。』〈第三十八條〉

〈38〉**公共電視節目製作人之規範**：『每一節目播送結束時，應註明節目製作人之姓名或名稱。』〈第三十九條〉

〈39〉**公共電視電臺對兒童及少年之保護**：『公共電視不得於任何時段，播放兒童及少年不宜觀賞之節目。』；『週一至週五每日十七時至二十時之間，應安排兒童及少年節目至少各半小時；週末及假日應提供兒童及少

年節目至少各一小時，其時段由電台依兒童及少年之作息情況定之。』
〈第四十條〉

〈40〉**公共電視不得播送商業廣告及贊助者之規範**：『電台不得播送商業廣告。
但電台策劃製作之節目，接受贊助者，得於該節目播送結束時，註明贊
助者之姓名或名稱。』〈第四十一條〉

〈41〉**公共電視圖書館之設立及節目帶之規範**：『電台節目帶應至少保存一年
以備查詢。』；『電台應設圖書館，長期蒐集及保存優良節目帶，供公
眾閱覽。』；『前項圖書館之組織及節目帶之管理辦法，由董事會定之。』
〈第四十二條〉

〈42〉**公共電視接受更正請求權**：『對於電台之報導，利害關係人認有錯誤者，
於播送之日起十五日內得請求更正。電台應於接到請求後十日內，在原
節目或原節目同一時間節目或為更正而特設之節目中，加以更正，或將
其認為報導並無錯誤之理由，以書面答覆請求人。』；『因錯誤之報導，
致利害關係人權益受損時，公視基金會及電台相關人員應依法負民事或
刑事責任。』〈第四十三條〉

〈43〉**公共電視接受答辯請求權**：『電台之評論涉及個人、機關或團體致損害
其權益者，被評論者得請求給予相當之答辯機會。』；『前項答辯請求
權之行使及救濟方法，準用前條之規定。』〈第四十四條〉

〈44〉**公共電視於公職競選期間之更正及答辯請求權**：『公職競選活動期間，
電台之報導或評論涉及特定之候選人或政黨者，該候選人或政黨依前二
條之規定請求更正或提供答辯機會時，電台應於接到請求後即時予以更
正或提供適當答辯機會；必要時，答辯得以書面為之。』〈第四十五條〉

〈45〉**向公共電視申訴與覆議程序**：『民眾對於電視節目，認為有違反第三十
六條至第四十一條之規定者，得以書面指陳具體事實，於播送之日起十
五日內向電台申訴。電台應於接到申訴後一個月內以書面附具理由及不
服處置時之覆議方法通知申訴人。』；『電台未履行前項義務，或申訴
人不服電台前項之處理者，申訴人得於一個月內以書面向董事會申請覆
議。董事會接到覆議之申請後，於一個月內作成決定，以書面附具理由，
送達申訴人、節目製作人及總經理。』『節目製作人不服第一項電台之
處置者，亦得依前項規定申請覆議。』〈第四十六條〉

〈46〉**公共電視基金會章程之訂定**：『公視基金會董事會應於第一次會議召開
之日起三個月內訂定章程，由主管機關送立法院備查，並逕向法院辦理
法人登記。』〈第四十七條〉

〈47〉**公共電視基金會之解散**：『公視基金會因情事變更，致不能達到其設立
目的時，得依立法院決議解散之。解散後其賸餘財產歸屬國庫。』；『公
視基金會之清算，準用民法第三十七條至第四十三條之規定。』〈第四
十八條〉

2.「公共電視法」法規評析

「公共電視法」立法至今，經過 4 次修訂，就法規面有以下之檢討：

〈1〉避免政治力介入以修法圖掌握人事運作

民國九十八年七月八日，「公共電視法」第三次修訂第 13 條條文。其背景在於，馬英九當選第十二任總統，國民黨以全面執政之優勢，透過修改「公共電視法」，擴大公視董事席次。公共電視董事席次由原先之 11 人 — 15 人，大幅增為 17 人 — 21 人。此舉廣受輿論及各界之評論，質疑此為政府希冀藉由公視董事席次之增加，達到掌控公廣集團之經營。「公共電視法」第 13 條條文甫經修改，馬政府已迅速地於七月三十一日，由新聞局〈局長為蘇俊賓〉召開公視董監事提名審查委員會，增選陳世敏等 8 名董事，使增選後第四屆董事共達 21 人之多（民進黨執政時期之原有董事 8 人，加上政黨輪替後國民黨執政補選 5 名董事，再加上本次修法後之 8 名董事）。

民國九十八年八月十日，「公民搶救公視聯盟」到監察院檢舉，指稱新聞局在公共電視之董事增選程序違法。依「公共電視法」第 13 條、第一項之規定，增聘董、監事應由立法院推舉社會公正人士組成審查委員會審查，唯新聞局所召開之審查委員會，未經立法院推舉，程序明顯違法，故請監察院應明快處理。

民國九十八年十二月十日，監察院糾正新聞局在蘇俊賓任職新聞局長期間，操控公視董事之選舉，進行公視增補董事的過程中，因操作「鑿痕斑斑，紊亂體制，未臻完全合法」，[226]以致陳世敏等 8 名增選董事資格有瑕疵，公視董事會乃根據監察院糾正書，針對上述之 8 名董事提起假處分，暫停其職權。為免除任何政黨、政客者流，便宜行事以致敗壞民主規則與程序，違背「公共電視法」第 13 條，本條文中宜加入罰則：「非依合法程序產生之董監事，當選無效。」

〈2〉避免以經費控制干預經營

民國九十七年十二月，國民黨運用立法院席次優勢，凍結公視九十七年度預算，並且對於九十八年度預算施以「附加決議」，要求未來公視執行任何計畫，必須逐項報請主管機關同意後始能動支。國民黨立法院黨團之舉措，引發民間對政府以預算之名義，干預公共電視獨立自主精神之作為，感到憂心。民國九十八年一月一日，由民間各界及社會團體發起之「搶救公視、監督國會大遊行」，於立法院附近示威，要求能夠依據「公共電視法」主管機關捐贈公視經費之精神，立刻解除已經遭凍結的 4.5 億預算，並撤銷立法院之干預公廣集團運作附帶決議文。[227]類此政治力透過預算之控制對公共電視勢將造成影響，未來在「公共電視法」修正中宜有補足。

---

[226] 監察院糾正案字號：098 教正 0034 之案由：『吳委員豐山提：行政院新聞局曲解「推舉組成」公視基金會董監事審查委員會之精義，又變相主導審查委員推舉作業，致令審查委員會組織未臻完全合法；對於維持公視基金會營運正常所需董事名額之認定，前後不一；且早應辦理「公共電視法」之修正，以符公共廣電集團營運之需要，卻遲未辦理，均有疏失，爰依法提案糾正。』

[227] 附帶決議文內容為：公視、原視、客台、宏觀等頻道年度經費，須檢附年度事業計畫及收支預算，報請主管機關核可後始能動支。

〈3〉避免董事選任過程不夠嚴謹、透明

民國一〇一年六月二十九日，文化部啟動第五屆董事會改選審查。部分審議委員連署聲明指出，文化部長龍應台對外所表示，行政院提名之公共電視董事名單，事先不對外公佈，乃是審議委員會委員之共識，彼等感到驚訝與不認同。再者，審議委員採用「書面審」，在「書面審」資料上，沒有法定要求的「政黨註記」，也沒有法定要求的「專業代表均衡」考量，更無被提名人所寫的「公視經營理念」，讓審議委員形同負責「背書」。實則，台灣既往之藍綠惡鬥，無止盡的耗損台灣之社會成本，也離公民社會更遠，如何使公視董監事名單的審查，不再以藍綠之激情出現，讓公視煥然一新，是全民之期盼。在公共電視法有關評審制度上宜有新的思維與突破，朝向強調專業領導，免除政治力干涉之修法方向。

〈4〉董監事遴選審查之高門檻爭議

「公共電視法」立法時即受到政黨各自盤算而形成設計不良，公共電視董、監事遴選之審查標準需達四分之三高門檻通過，成為少數黨杯葛人事名單通過的障礙。正如民國一〇一年八月二十日，第五屆公共電視董監事審查，首度由網路直播方式，讓民眾看到審查過程。由行政院所提的 14 位董事提名人選中，只有陳信宏〈五月天阿信〉、詹宏志、童子賢通過審查；包括客家籍傳播學者羅世宏，作家張曼娟等 11 位都未通過。

公視法第十三條之規定，公視董監事之產生，必須要在 15 位由不同政黨，所推派的審查委員中，得到四分之三委員之同意，亦即必須獲得 12 票始能當選。只要少數審查反對就無法通過。擔任第五屆公視董事審查會審查委員之一的蔡詩萍即表示：[228]

> 我不會再參加一次審議委員，理由很簡單，因為這個制度的設計，本身被少數杯葛的話，它就沒有任何意義了。因為少數可以一直挑，他們要的人，可是多數永遠沒有辦法，達到他們所希望的。

公視董、監事審查之通過可決數過高，四分之三將形成少數即可杯葛候選名單人員；再者，四分之三「特別多數」一般用在修憲等可決人數，選中華民國總統亦不過是「相對多數」。故而有關公視董、監事之選任標準四分之三應屬過高，可考量「絕對多數」之修法方向。

〈5〉廣闊不偏狹之視野，以開創理性政策節目

「公共電視法」第 37 條：『新聞報導節目，應遵守下列規定：一、新聞報導節目應與評論明顯區分，不得加入報導者個人意見。二、新聞報導內容應確實、客觀、公正，不得歪曲或隱飾重要事實，不得以暗示方法影響收視者判斷。三、新聞報導應兼顧國際性、全國性及地方性重要事件之資訊。』

本條文對新聞節目之規範原則方向正確，但宜應把握住核心關鍵：「兩面平衡報導」。過去以來台灣藍綠對峙，台灣媒體之新聞報導走向各自極端：偏藍色彩之電台大多訪問泛藍民代、政治人物；偏綠色彩之電台則多是專訪泛綠民代、

---

[228] 「過關門檻太高，龍應台促修公視法」。見公共電視台新聞網 http://news.pts.org.tw/detail.php？NEENO=218696

政治人物。再則，各自電台屬性的政論節目，符合各自群眾口味，然而類此自家人「圍爐取暖」，都是偏執一面，而無兼聽之胸襟、氣度與視野。這是台灣政治兩極化之隱憂。公共電視則有帶頭耳目一新的責任。

公共電視應負起一個重大的責任，或有如BBC以公民社會為後盾，拒絕政黨、政客干預。國內學者有提出：[229]

> 於公共議題，並不自己「去政治化」地經營電視節目，而是理性報導、分析、評議真正需要討論的公共事務與國家政策。因為公共媒體能冷靜面對真正的、理性的政治討論，所以能引導電視大眾，漸次離開被政治表演者與煽動家綁架情緒、淘空理性的「假性政治」狂熱裡，進入真正的政治認識和參與，有效的練習並壯大理性的公民意識與公共參與。

如何漸次達到理性分析等理想，也非一、二步驟可見其功效。然而「公共電視法」是應努力朝這方向走，以發展出一個嶄新的公廣集團新風格和引領風潮自許。讓人民學習兼聽而免於偏聽，公共電視責無旁貸，而「公共電視法」第 37 條中，增加「兩面平衡報導」之原則有其必要。

三、人民團體組織法規

〈一〉「人民團體法」法規修正部分內容

有關「人民團體法」之內容與分析，在本書第三章之第四節、第四章之第四節部份，都有論述。本處增補民國八十五年至民國一〇一年間 3 次修訂部份：1. 民國九十一年四月二十四日，修正公布第 3 條、第 46-1 條兩個條文。2. 民國九十一年十二月十一日，修正公布第 53 條、第 55 條、第 58 條 — 61 條條文；並刪除第 64、65 條條文。3. 民國九十八年五月二十七日，修正公布第 8 條、第 67 條條文；並自九十八年十一月二十三日施行。

1. **主管機關**：『本法所稱之主管機關：在中央及省為內政部；在直轄市為直轄市政府；在縣 (市) 為縣 (市) 政府。但其目的事業應受各該事業主管機關之指導、監督。』〈修正第 3 條〉

2. **申請許可**：『人民團體之組織，應由發起人檢具申請書、章程草案以及發起人名冊，向主管機關申請許可。前項發起人須年滿二十歲，並應有三十人以上，且無下列情事為限：一、因犯罪經判處有期徒刑以上之刑確定，尚未執行或執行未畢者。但受緩刑宣告者，不在此限。二、受保安處分或感訓處分之裁判確定，尚未執行或執行未畢者。三、受破產之宣告，尚未復權者。四、受監護宣告，尚未撤銷者。』『第一項申請書格式由中央主管機關定之。』〈修正第 8 條〉

3. **政黨辦理法人登記**：『依前條規定備案之政黨，符合下列各款規定者，得經中央主管機關核准後，依法向法院辦理法人登記：一、政黨備案後已逾一年。二、所屬中央、直轄市、縣市民選公職人員合計五人以上。三、擁有新

---

[229] 郭力昕，「以煥然一新的公視，讓台灣再起」，台北，聯合報，民國一〇一年八月十三日，版十五。

台幣一千萬元以上之財產。』『前項政黨法人之登記及其他事項，除本法另有規定外，準用民法關於公益社團之規定。』〈修正第 46-1 條〉

4. **違反法令之人民團體**：『申請設立之人民團體有違反第二條或其他法令規定者，不予許可；經許可設立者，廢止其許可。』〈修正第 53 條〉

5. **人民團體廢止許可**：『人民團體經許可設立後逾六個月未成立者，廢止其許可。但報經主管機關核准者，得延長之，其期間以三個月爲限。』〈修正第 55 條〉

6. **人民團體、政黨處分**：『人民團體有違反法令、章程或妨害公益情事者，主管機關得予警告、撤銷其決議、停止其業務一部或全部，並限期令其改善；屆期未改善或情節重大者，得爲左列處分：一、撤免其職員。二、限期整理。三、廢止許可。四、解散。』『前項警告、撤銷決議及停止業務處分，目的事業主管機關亦得爲之。但爲撤銷決議或停止業務處分時，應會商主管機關後爲之。』『對於政黨之處分，以警告、限期整理及解散爲限。政黨解散，由主管機關檢同相關事證移送司法院大法官組成憲法法庭審理之。』『前項移送，應經政黨審議委員會出席委員三分之二以上認有違憲情事，始得爲之。』〈修正第 58 條〉

7. **人民團體解散**：『人民團體有左列情事之一者，應予解散：一、經主管機關廢止許可者。二、破產者。三、合併或分立者。四、限期整理未如期完成者。五、會員（會員代表）大會決議解散者。』『前項第四款於政黨之解散不適用之。』〈修正第 59 條〉

8. **未許可或備案人民團體之罰則**：『未經依法申請許可或備案而成立人民團體，經主管機關通知限期解散而屆期不解散者，處新台幣六萬元以下罰鍰。』『人民團體經主管機關廢止許可或解散並通知限期解散而屆期不解散者，亦同。』〈修正第 60 條〉

9. **未許可或備案人民團體不遵從之罰則**：『未經依法申請許可或備案而成立人民體，經該管主管機關通知限期解散而不解散，仍以該團體名義從事活動經該管主管機關制止而不遵從，首謀者，處二年以下有期徒刑或拘役。』『人民團體經主管機關廢止許可或解散並通知限期解散而屆期不解散，仍以該團體名義從事活動，經該管主管機關制止而不遵從，首謀者，亦同。』〈修正第 61 條〉

10. **施行日期**：『本法自公布日施行。本法中華民國九十八年五月十二日修正之條文，自九十八年十一月二十三日施行。』〈修正第 67 條〉

〈二〉「人民團體法」法規評析

　　「人民團體法」於民國九十一年四月二十四日，立法院修正第 3 條、第 46-1 條兩個條文。民國九十一年十二月十一日，立法院又修正第 53 條、第 55 條、第 58 條 － 61 條條文；並刪除第 64、65 條條文。

其後有「台灣共產黨」向內政部備案成立政黨。該黨並依「人民團體法」第46-1條之規定：「備案」之政黨，得經中央主管機關「核准」後，依法向法院辦理法人登記。內政部以該黨違反「人民團體法」第2條規定：「人民團體之組織與活動，不得主張共產主義，或主張分裂國土」，乃就其名稱而不准其成立。唯此案於民國九十七年六月二十日，司法院大法官會議「釋字第644號」，認定「人民團體法」第2條，與憲法保障人民結社與言論自由意旨不符，內政部不得就其名稱而不准其成立，人民團體法第2條也因此即刻失效。「台灣共產黨」於民國九十七年七月二十日成立。

民國九十八年五月二十七日，立法院再次修正第8條、第67條條文；並自九十八年十一月二十三日施行。本文先就大法官會議「釋字第644號」之認定「人民團體法」第2條違憲失效提出；其次檢討「人民團體法」之若干爭議。

1. 「釋字第644號」宣告「人民團體法」第2條「違憲」失其效力

〈1〉「釋字第644號」之解釋文

『人民團體法第二條規定：「人民團體之組織與活動，不得主張共產主義，或主張分裂國土。」同法第五十三條前段關於「申請設立之人民團體有違反第二條……之規定者，不予許可」之規定部分，乃使主管機關於許可設立人民團體以前，得就人民「主張共產主義，或主張分裂國土」之政治上言論之內容而為審查，並作為不予許可設立人民團體之理由，顯已逾越必要之程度，與憲法保障人民結社自由與言論自由之意旨不符，於此範圍內，應自本解釋公布之日起失其效力。』

〈2〉「釋字第644號」之理由書

『憲法第十四條規定人民有結社之自由，旨在保障人民為特定目的，以共同之意思組成團體並參與其活動之權利，並確保團體之存續、內部組織與事務之自主決定及對外活動之自由等。結社自由除保障人民得以團體之形式發展個人人格外，更有促使具公民意識之人民，組成團體以積極參與經濟、社會及政治等事務之功能。各種不同團體，對於個人、社會或民主憲政制度之意義不同，受法律保障與限制之程度亦有所差異。惟結社自由之各該保障，皆以個人自由選定目的而集結成社之設立自由為基礎，故其限制之程度，自以設立管制對人民結社自由之限制最為嚴重，因此相關法律之限制是否符合憲法第二十三條之比例原則，應就各項法定許可與不許可設立之理由，嚴格審查，以符憲法保障人民結社自由之本旨。』

『民團體法第二條規定：「人民團體之組織與活動，不得主張共產主義，或主張分裂國土。」同法第五十三條前段規定：「申請設立之人民團體有違反第二條……之規定者，不予許可」。由此可知該法對於非營利性人民團體之設立，得因其主張共產主義或分裂國土而不予許可。』

『言論自由有實現自我、溝通意見、追求真理、滿足人民知的權利，形成公意，促進各種合理的政治及社會活動之功能，乃維持民主多元社會正常發展不可或缺之機制（本院釋字第五〇九號解釋參照），其以法律加以限制

者，自應符合比例原則之要求。所謂「主張共產主義，或主張分裂國土」原係政治主張之一種，以之為不許可設立人民團體之要件，即係賦予主管機關審查言論本身之職權，直接限制人民言論自由之基本權利。雖然憲法增修條文第五條第五項規定：「政黨之目的或其行為，危害中華民國之存在或自由民主之憲政秩序者為違憲。」惟組織政黨既無須事前許可，須俟政黨成立後發生其目的或行為危害中華民國之存在或自由民主之憲政秩序者，經憲法法庭作成解散之判決後，始得禁止，而以違反人民團體法第二條規定為不許可設立人民團體之要件，係授權主管機關於許可設立人民團體以前，先就言論之內容為實質之審查。關此，若人民團體經許可設立後發見其有此主張，依當時之事實狀態，足以認定其目的或行為危害中華民國之存在或自由民主之憲政秩序者，主管機關自得依中華民國七十八年一月二十七日修正公布之同法第五十三條後段規定，撤銷（九十一年十二月十一日已修正為「廢止」）其許可，而達禁止之目的；倘於申請設立人民團體之始，僅有此主張即不予許可，則無異僅因主張共產主義或分裂國土，即禁止設立人民團體，顯然逾越憲法第二十三條所定之必要範圍，與憲法保障人民結社自由與言論自由之意旨不符，前開人民團體法第二條及第五十三條前段之規定部分於此範圍內，應自本解釋公布之日起失其效力。』

2.「人民團體法」之爭議與探討

〈1〉政黨辦理法人登記應經中央主管機關核准之爭議

依據政黨組織自由原則，雖「人民團體法」亦採取政黨設立「備案制」，予以保障。但該法第 46-1 條：『依前條規定備案之政黨，符合下列各款規定者，得經中央主管機關核准後，依法向法院辦理法人登記：一、政黨備案後已逾一年。二、所屬中央、直轄市、縣市民選公職人員合計五人以上。三、擁有新台幣一千萬元以上之財產。』『前項政黨法人之登記及其他事項，除本法另有規定外，準用民法關於公益社團之規定。』

是則對於政黨之欲登記為法人，人團法仍給予中央主管機關以「核准權」。此條宜修正為採政黨法人登記任意制，以保障政黨設立、登記之自由，符合「備案制」之完全精神。

〈2〉組織民主原則規範之闕如

人民團體法第 49 條規定：「政治團體應依據民主原則組織與運作」。何為政黨組織與運作之民主原則？在人民團體法上並無原則性之規範，而是由各政黨於其章程中顯示。因政黨之設立採「備案制」，中央主管機關並無許可權。於是無法保證各政黨之章程規範是否有符合政黨組織與運作之民主原則。職是之故，本法第 49 條，對於政黨組織之民主原則，應有更具體、可行之規範。對於當前各國已有政黨法之作法上，特別重視「組織」、「提名」及「財政」等三個方向則可具體顯現之。

〈3〉政黨成立之組織區域以全國為限之爭議

依據「人民團體法」第 47 條規定：『政黨以全國行政區域為其組織區域，不得

成立區域性政黨，但得設分支機構。』政黨以全國行政區域爲其組織區域，不得
成立區域性政黨，此爲成立區域性政黨之禁止，並不符合學理與民主國家實務之
現狀，也違反憲法第 14 條保障人民結社自由之宗旨。故本條禁止設立區域性政
黨之規定宜應刪除。

四、集會遊行法規
〈一〉「集會遊行法」法規修正部分內容

有關「集會遊行法」之內容與分析，在本書第三章之第四節、第四章之第四
節部份，都有論述。本處增補民國八十五年至民國一０一年間的 1 次修訂部份：
民國九十一年六月二十六日，修正公布第 6 條、第 9 條、第 11 條、第 15 條、第
16 條、第 25 條等六個條文。說明如下：

1. **禁止集會遊行地區及例外**：『集會、遊行不得在左列地區及其週邊範圍舉
    行。但經主管機關核准者，不在此限：一、總統府、行政院、司法院、考試
    院、各級法院及總統、副總統官邸。二、國際機場、港口。三、重要軍事設
    施地區。四、各國駐華使領館、代表機構、國際組織駐華機構及其館長官邸
    。』；『前項第一款、第二款地區之週邊範圍，由內政部劃定公告；第三款
    地區之週邊範圍，由國防部劃定公告。但均不得逾三百公尺。第四款地區之
    週邊範圍，由外交部劃定公告。但不得逾五十公尺。』〈修正第 6 條〉

2. **申請書應載事項及申請期間**：『室外集會、遊行，應由負責人填具申請書，
    載明左列事項，於六日前向主管機關申請許可。但因不可預見之重大緊急事
    故，且非即刻舉行，無法達到目的者，不受六日前申請之限制：一、負責人
    或其代理人、糾察員姓名、性別、職業、出生年月日、國民身分證統一編號、
    住居所及電話號碼。二、集會、遊行之目的、方式及起訖時間。三、集會處
    所或遊行之路線及集合、解散地點。四、預定參加人數。五、車輛、物品之
    名稱、數量。』；『前項第一款代理人，應檢具代理同意書；第三款集會處
    所，應檢具處所之所有人或管理人之同意文件；遊行，應檢具詳細路線圖。』
    〈修正第 9 條〉

3. **室外集會遊行不予許可之情形**：『申請室外集會、遊行，除有左列情事之
    一者外，應予許可：一、違反第六條或第十條規定者。二、有明顯事實足認
    爲有危害國家安全、社會秩序或公共利益者。三、有明顯事實足認爲有危害
    生命、身體、自由或對財物造成重大損壞者。四、同一時間、處所、路線已
    有他人申請並經許可者。五、未經依法設立或經撤銷、廢止許可或命令解散
    之團體，以該團體名義申請者。六、申請不合第九條規定者。』〈修正第
    11 條〉

4. **室外集會遊行許可之撤銷或變更**：『室外集會、遊行經許可後，因天然災
    變或重大事故，主管機關爲維護社會秩序、公共利益或集會、遊行安全之緊
    急必要，得廢止許可或變更原許可之時間、處所、路線或限制事項。其有第
    十一條第一款至第六款情事之一者，應撤銷、廢止許可。』；『前項之撤銷、

廢止或變更，應於集會、遊行前以書面載明理由，通知負責人；集會、遊行時，亦同。』〈修正第 15 條〉

5. **對主管機關不予許可等之申復**：『室外集會、遊行之負責人，於收受主管機關不予許可、許可限制事項、撤銷、廢止許可、變更許可事項之通知後，其有不服者，應於收受通知書之日起二日內以書面附具理由提出於原主管機關向其上級警察機關申復。但第十二條第二項情形，應於收受通知書之時起二十四小時內提出。』；『原主管機關認爲申復有理由者，應即撤銷或變更原通知；認爲無理由者，應於收受申復書之日起二日內連同卷證檢送其上級警察機關。但第十二條第二項情形，應於收受申復書之時起十二小時內檢送。』；『上級警察機關應於收受卷證之日起二日內決定，並以書面通知負責人。但第十二條第二項情形，應於收受卷證之時起十二小時內決定，並通知負責人。』〈修正第 16 條〉

6. **主管機關之警告、制止或命令解散**：『有左列情事之一者，該管主管機關得予警告、制止或命令解散：一、應經許可之集會、遊行未經許可或其許可經撤銷、廢止而擅自舉行者。二、經許可之集會、遊行而有違反許可事項、許可限制事項者。三、利用第八條第一項各款集會、遊行，而有違反法令之行爲者。四、有其他違反法令之行爲者。』；『前項制止、命令解散，該管主管機關得強制爲之。』〈修正第 25 條〉

〈二〉「集會遊行法」法規評析

我國「集會遊行法」於民國七十七年一月二十日公布實施，經民國八十一年修正；到民國八十七年一月二十三日，經大法官會議以「釋字第 445 號」宣告部分條文「違憲」，立法院於民國九十一年六月二十六日，修正公布第 6 條、第 9 條、第 11 條、第 15 條、第 16 條、第 25 條等六個條文。

自民國九十一年修法迄今雖然沒有再修「集會遊行法」，然而本法在許多時候都被民眾、社運團體檢討與質疑。大者如民國九十五年秋天，國內有施明德發起之紅衫軍「反貪腐運動」，此期間因部分遊行的申請案，遭到各縣市主管機關駁回申請，引發國內主要政黨爲順應民意，要求提案修法。再則，民國九十七年，大陸海協會會長陳雲林來台，民眾集會抗議之時，警民之間嚴重對峙，亦有部分民眾質疑警方動輒以優勢警力驅離，執法過當，再度引發修法之討論。本節有關「集會遊行法」之檢討，分兩部份：先論大法官會議以「釋字第 445 號」宣告部分條文「違憲」之內容，而後分析當前「集會遊行法」之爭議與檢討。

1. **「釋字第 445 號」宣告「集會遊行法」部分條文「違憲」**

本件係因高成炎、陳茂男、張正修爲台灣高等法院八十三年度上易字第五二七八號判決所適用之「集會遊行法」有違憲之疑義，聲請解釋。經大法官議決應予受理，並依「司法院大法官審理案件法」第十三條第一項規定通知聲請人及關係機關行政院、內政部、法務部、交通部及內政部警政署指派代表，於中華民國八十六年十二月五日在憲法法庭進行言詞辯論。經大法官會議於民國八十七年一

月二十三日，以「釋字第 445 號」宣告部分條文「違憲」，部分未牴觸憲法。分別說明如下：

〈1〉「集會遊行法」之違憲部分

a.大法官先闡明憲法集會自由、表現自由與憲法 23 條限制之關連性

『憲法第十四條規定人民有集會之自由，此與憲法第十一條規定之言論、講學、著作及出版之自由，同屬表現自由之範疇，為實施民主政治最重要的基本人權。國家為保障人民之集會自由，應提供適當集會場所，並保護集會、遊行之安全，使其得以順利進行。以法律限制集會、遊行之權利，必須符合明確性原則與憲法第二十三條之規定。』

b.與憲法保障表現自由之意旨有違者

『集會遊行法第十一條第一款規定違反同法第四條規定者，為不予許可之要件，乃對「主張共產主義或分裂國土」之言論，使主管機關於許可集會、遊行以前，得就人民政治上之言論而為審查，與憲法保障表現自由之意旨有違。』

c.與憲法保障集會自由之意旨有違者

『集會遊行法第十一條第二款規定：「有事實足認為有危害國家安全、社會秩序或公共利益之虞者」，第三款規定：「有危害生命、身體、自由或對財物造成重大損壞之虞者」，有欠具體明確，對於在舉行集會、遊行以前，尚無明顯而立即危險之事實狀態，僅憑將來有發生之可能，即由主管機關以此作為集會、遊行准否之依據部分，與憲法保障集會自由之意旨不符，均應自本解釋公布之日起失其效力。』

『集會遊行法第九條第一項但書規定：「因天然災變或其他不可預見之重大事故而有正當理由者，得於二日前提出申請。」對此偶發性集會、遊行，不及於二日前申請者不予許可，與憲法保障人民集會自由之意旨有違，亟待檢討改進。』

〈2〉「集會遊行法」之不牴觸憲法部分

『集會遊行法第六條規定集會遊行之禁制區，係為保護國家重要機關與軍事設施之安全、維持對外交通之暢通；同法第十條規定限制集會、遊行之負責人、其代理人或糾察員之資格；第十一條第四款規定同一時間、處所、路線已有他人申請並經許可者，為不許可集會、遊行之要件；第五款規定未經依法設立或經撤銷許可或命令解散之團體，以該團體名義申請者得不許可集會、遊行；第六款規定申請不合第九條有關責令申請人提出申請書填具之各事項者為不許可之要件，係為確保集會、遊行活動之和平進行，避免影響民眾之生活安寧，均屬防止妨礙他人自由、維持社會秩序或增進公共利益所必要，與憲法第二十三條規定並無牴觸。』

『集會遊行法第八條第一項規定室外集會、遊行除同條項但書所定各款情形外，應向主管機關申請許可。同法第十一條則規定申請室外集會、

遊行除有同條所列情形之一者外，應予許可。其中有關時間、地點及方式等未涉及集會、遊行之目的或內容之事項，為維持社會秩序及增進公共利益所必要，屬立法自由形成之範圍，於表現自由之訴求不致有所侵害，與憲法保障集會自由之意旨尚無牴觸。集會遊行法第二十九條對於不遵從解散及制止命令之首謀者科以刑責，為立法自由形成範圍，與憲法第二十三條之規定尚無牴觸。』

2.「集會遊行法」之爭議與探討

〈1〉是否廢止「集會遊行法」之爭議

　　對於常有社運團體要求廢除「集會遊行法」，以符憲法保障之集會結社自由以及言論自由之精神。然而大法官會議在「釋字第445號」已肯定本法之合憲性，唯特別提出「以法律限制集會、遊行之權利，必須符合明確性原則與憲法第二十三條之規定。」且西方先進民主國家在保障相關權利同時，為維持社會秩序及增進公共利益所必要，亦皆以法律給予適度之規範，故「集會遊行法」仍有其價值，不宜輕言廢止。

〈2〉「許可制」與「報備制」何者為優之爭議

　　「集會遊行法」第九條對我國集會遊行是採「許可制」。其條文規定：『室外集會、遊行，應由負責人填具申請書，載明左列事項，於六日前向主管機關申請許可。但因不可預見之重大緊急事故，且非即刻舉行，無法達到目的者，不受六日前申請之限制：一、負責人或其代理人、糾察員姓名、性別、職業、出生年月日、國民身分證統一編號、住居所及電話號碼。二、集會、遊行之目的、方式及起訖時間。三、集會處所或遊行之路線及集合、解散地點。四、預定參加人數。五、車輛、物品之名稱、數量。』；『前項第一款代理人，應檢具代理同意書；第三款集會處所，應檢具處所之所有人或管理人之同意文件；遊行，應檢具詳細路線圖。』

　　西方國家對集會遊行採「報備制」者甚多，奧地利於1963年宣告「許可制」為違憲。唯若要對集會遊行之發動不致於違背憲法23之精神，則採取「許可制」要優於「報備制」。且為避免同時間、同場地，有不同訴求之團體撞期等等情事，或將產生更多問題，故而「許可制」似較合宜。

〈3〉禁制區四大類規定過於嚴格之爭議

　　「集會遊行法」第六條對我國集會遊行之禁制區有相當明確之規範：『集會、遊行不得在左列地區及其週邊範圍舉行。但經主管機關核准者，不在此限：一、總統府、行政院、司法院、考試院、各級法院及總統、副總統官邸。二、國際機場、港口。三、重要軍事設施地區。四、各國駐華使領館、代表機構、國際組織駐華機構及其館長官邸。』；『前項第一款、第二款地區之週邊範圍，由內政部劃定公告；第三款地區之週邊範圍，由國防部劃定公告。但均不得逾三百公尺。第四款地區之週邊範圍，由外交部劃定公告。但不得逾五十公尺。』

　　論者以為集會遊行之目的就在向上述該等機關表達意見，若禁止集會遊行太靠近該些區域，會影響意見表達之權力與效果。雖然有但書之排除規定，但主管

機關之行政裁量權仍大，效果有限。故而主張應大幅放寬禁止集會遊行區域之限制，僅規定聚集群眾在聚集場所前保留一適當通道，並嚴格維持現場秩序，讓該機關之工作人員能正常進出辦公，即可進行集會活動。

「集會遊行法」第六條對我國集會遊行之禁制區所列四大類型機構，其實都有適度規範以維公權力之意義，不得太過靠近其周邊範圍有其考量。論者雖強調只需留一適當通道，然而到該等國家重要機構、國際機場、港口、駐華使領館等還有許多洽辦公事之一般群眾、國外貴賓、或入出境之旅客，這樣近距離推擠，必然有安全顧慮，也妨礙上述人等正常之運作。基於憲法 23 條之精神，適度之管制區應有其必要。

貳、政治參與運作面分析

一、各項選舉

民國八十五年第九屆總統、副總統選舉，亦是中華民國第一任之民選總統、副總統選舉。順利選出李登輝、連戰為正、副總統。民國八十九年第十屆總統選舉，民進黨籍候選人陳水扁、呂秀蓮當選正、副總統。民國九十三年第十一屆總統選舉，選舉前一天發生「三一九槍擊案」兩顆子彈之疑雲，民進黨籍候選人陳水扁、呂秀蓮以 0.228%險勝，當選正、副總統。民國九十七年第十二屆總統選舉，國民黨籍候選人馬英九、蕭萬長當選正、副總統。民國一○一年第十三屆總統選舉，國民黨籍候選人馬英九、吳敦義當選正、副總統。

立法委員選舉分別於民國八十七年進行第四屆、民國九十年進行第五屆、民國九十三年進行第六屆、民國九十六年進行第七屆、民國一○一年進行第八屆。第七屆開始任期由三年增加為四年，立法委員減半為 113 席，同時採用「單一選區兩票制」。

國民大會代表選舉，民國八十五年選出第三屆國代。後第三屆國代，在民國八十八年第五次修憲「延任自肥」，延長本身任期 2 年 1 個月又 20 天。民國八十九年，經大法官會議釋字第 499 號，宣佈第五次修憲「延任自肥」失其效力，故而必須在民國八十九年選舉出第四屆國大代表。然第三屆國代又以極快之速度，進行第六次修憲，將國民大會修改成為「任務型國民大會」，停止了第四屆國代的選舉。民國九十三年，立法院完成憲法修正案，乃依照憲法增修條文規定，於民國九十四年，選出 300 位的「任務型國大代表」，進行第七次的修憲，並在第七次修憲中，將國民大會正式地走入歷史。詳細內容可參見本章第二節。

縣市長、縣市議員選舉分別於民國八十六年舉行第十三屆縣市長選舉、民國九十年舉行第十四屆縣市長選舉、民國九十四年舉行第十五屆縣市長選舉、民國九十八年舉行第十六屆縣市長選舉。第十六屆選出之縣市長、縣市議員、鄉鎮市長，為配合民國九十九年二月三日，修正公布之「地方制度法」，將於民國一○二年十二月二十日任滿之縣市長、與將於民國一○三年三月一日任滿之縣市議員、鄉鎮市長，任期都將調整延長至民國一○三年十二月二十五日止，以配合該

年之「地方公職七合一選舉」— 直轄市長、直轄市議員、縣市長、縣市議員、鄉鎮市長、鄉鎮市民代表、村里長選舉。

　　本文以下由民國八十五年至民國一０一年各項國家重大選舉依時間列述如下：

〈一〉民國八十五年〈1996年〉第九屆總統選舉、第三屆國大代表選舉

1.第九屆總統、副總統選舉〈第一屆民選總統、副總統選舉〉

　　民國八十三年第三次修憲，確立中華民國總統、副總統在自由地區民選產生。民國九十五年三月二十三日，第九屆中華民國總統、副總統選舉，也就是第一屆民選總統、副總統選舉。本次總統、副總統大選共有4組總統、副總統候選人角逐：

〈1〉李登輝總統自民國七十七年一月，繼任前總統蔣經國餘下的兩年任期。民國七十九年，李登輝並由國民大會選舉成為中華民國第八屆總統。到了民國八十五年，李登輝前後已執政八年，他是否繼續選舉尋求連任成為焦點。其後李登輝得到國民黨支持出馬角逐首次民選總統大位。並與提名當時之行政院長連戰，為其副總統搭檔，代表國民黨爭取第九屆總統、副總統。〈李連配〉

〈2〉民進黨經由黨內初選[230]提名台獨大老彭明敏，參選第九屆總統選舉，彭明敏找到民進黨內角逐台北市長初選失利的立委謝長廷為其競選搭檔。〈彭謝配〉

〈3〉第九屆總統大選前，時任中國國民黨副主席、司法院院長林洋港為了參選總統，提前卸任司法院院長職位，並期待時任總統的李登輝會依照當年的約定，支持林洋港參選總統。後國民黨「李連配」成局，林洋港乃找到同為國民黨副主席之前行政院長郝柏村為競選搭檔。林、郝兩人雙雙脫離國民黨，得到當時新黨的全力支持，以無黨籍身分參選總統、副總統。〈林郝配〉

〈4〉故副總統，前行政院長陳誠之子，時任監察院院長的陳履安，與監察院監察委員的王清峰，雙雙辭去監察院之職務，以無黨籍的身分投入總統大選。〈陳王配〉

　　本次總統大選期間，中共當局則在台灣周邊海域進行飛彈試射演習，總計在基隆彭佳嶼外海、花蓮外海、高雄外海發射飛彈〈三點連線，全台在試射範圍內〉，企圖影響國內之選舉。美國則出動獨立號、尼米茲號兩艘航空母艦至台灣海峽鄰近水域。由於北京當局進行飛彈演習，針對著李登輝而來，使得不少選民轉向支持時任總統李登輝。中共軍演是企圖影響、打擊李登輝，唯適得其反，收到反效果。選舉結果「李連配」，以絕對多數高票當選，成功擊敗其他候選人。

---

[230] 民進黨此次依照「兩階段初選」機制進行。第一階段，透過民進黨黨員、民進黨公職人員投票，將四位候選人最低兩位：尤清、林義雄淘汰出局。再由得票最高的前兩名：許信良、彭明敏進入第二階段選拔。這階段是將前述之黨員、公職人員分數佔50%，全民投票分數佔50%。這兩項分數加總，由彭明敏以最高分數代表民進黨參選第九屆總統大選。

　　本次總統大選得票最高是國民黨「李連配」：得票數 5 百 81 萬 3 千 6 百 99 票，得票率：54.0%。依序是民進黨「彭謝配」：得票數 2 百 27 萬 4 千 5 百 86 票，得票率：21.1%。無黨籍「林郝配」：得票數 1 百 60 萬 3 千 7 百 90 票，得票率：14.9%。無黨籍「陳王配」：得票數 1 百 07 萬 4 千零 44 票，得票率：9.98%。

　　本次總統大選 4 組候選人在各縣、市之得票數、得票率分析如下。

〈1〉台北市：「李連配」：得票數 54 萬 1 千 7 百 21 票，得票率：38.9%。民進黨「彭謝配」：得票數 34 萬 7 千 5 百 64 票，得票率：21.90%。無黨籍「林郝配」：得票數 34 萬 6 千 2 百 72 票，得票率：24.87%。無黨籍「陳王配」：得票數 16 萬 5 千 5 百 41 票，得票率：11.89%。

〈2〉台北縣：「李連配」：得票數 54 萬 1 千 7 百 21 票，得票率：48.28%。民進黨「彭謝配」：得票數 37 萬零 7 百 28 票，得票率：22.55%。無黨籍「林郝配」：得票數 29 萬 2 千 5 百 41 票，得票率：17.79%。無黨籍「陳王配」：得票數 18 萬 6 千 9 百 37 票，得票率：11.37%。

〈3〉基隆市：「李連配」：得票數 9 萬 7 千 2 百 23 票，得票率：50.27%。民進黨「彭謝配」：得票數 4 萬 8 千 5 百 45 票，得票率：21.52%。無黨籍「林郝配」：得票數 3 萬 5 千 7 百 98 票，得票率：18.6%。無黨籍「陳王配」：得票數 2 萬 5 千 9 百 50 票，得票率：13.42%。

〈4〉宜蘭縣：「李連配」：得票數 12 萬 6 千 4 百 05 票，得票率：54.92%。民進黨「彭謝配」：得票數 6 萬 8 千 7 千零 44 票，得票率：29.56%。無黨籍「林郝配」：得票數 1 萬 5 千 1 百 54 票，得票率：6.58%。無黨籍「陳王配」：得票數 2 萬零 5 百 37 票，得票率：8.94%。

〈5〉桃園縣：「李連配」：得票數 42 萬 3 千 1 百 98 票，得票率：55.85%。民進黨「彭謝配」：得票數 11 萬 4 千 9 百 01 票，得票率：15.16%。無黨籍「林郝配」：得票數 12 萬 8 千 6 百 07 票，得票率：16.97%。無黨籍「陳王配」：得票數 9 萬 1 千零 48 票，得票率：12.02%。

〈6〉新竹縣：「李連配」：得票數 14 萬零 3 百 21 票，得票率：66.2%。民進黨「彭謝配」：得票數 2 萬 3 千 5 百 55 票，得票率：11.11%。無黨籍「林郝配」：得票數 2 萬 3 千 3 百 42 票，得票率：11.01%。無黨籍「陳王配」：得票數 2 萬 4 千 7 百 46 票，得票率：11.67%。

〈7〉新竹市：「李連配」：得票數 9 萬 3 千 8 百 12 票，得票率：53.65%。民進黨「彭謝配」：得票數 4 萬 6 千 2 百 34 票，得票率：22.40%。無黨籍「林郝配」：得票數 3 萬零 1 百 55 票，得票率：17.25%。無黨籍「陳王配」：得票數 2 萬 2 千 6 百 03 票，得票率：12.93%。

〈8〉苗栗縣：「李連配」：得票數 20 萬 2 千 5 百 93 票，得票率：69.87%。民進黨「彭謝配」：得票數 2 萬 8 千 2 百 81 票，得票率：10.7%。無黨籍「林郝配」：得票數 2 萬 6 千 4 百 59 票，得票率：9.12%。無黨籍「陳王配」：得票數 2 萬 9 千 8 百 84 票，得票率：10.31%。

〈9〉台中縣：「李連配」：得票數 42 萬 6 千 6 百 68 票，得票率：60.15%。民進黨「彭謝配」：得票數 11 萬 5 千零 34 票，得票率：16.22%。無黨籍「林郝配」：得票數 9 萬 6 千 5 百 94 票，得票率：13.62%。無黨籍「陳王配」：得票數 7 萬 1 千零 30 票，得票率：10.01%。

〈10〉台中市：「李連配」：得票數 19 萬 5 千 8 百 65 票，得票率：46.45%。民進黨「彭謝配」：得票數 8 萬 2 千 4 百 16 票，得票率：19.55%。無黨籍「林郝配」：得票數 9 萬 6 千 5 百 09 票，得票率：22.89%。無黨籍「陳王配」：得票數 4 萬 6 千 8 百 44 票，得票率：11.11%。

〈11〉彰化縣：「李連配」：得票數 40 萬 7 千 8 百 20 票，得票率：63.63%。民進黨「彭謝配」：得票數 11 萬 6 千 1 百 54 票，得票率：18.12%。無黨籍「林郝配」：得票數 5 萬 4 千 7 百 76 票，得票率：8.55%。無黨籍「陳王配」：得票數 6 萬 2 千 1 百 38 票，得票率：9.7%。

〈12〉南投縣：「李連配」：得票數 8 萬 6 千 3 百 57 票，得票率：31.52%。民進黨「彭謝配」：得票數 4 萬 5 千 5 百 56 票，得票率：1663%。無黨籍「林郝配」：得票數 12 萬 7 千 5 百 37 票，得票率：46.55%。無黨籍「陳王配」：得票數 1 萬 4 千 5 百 52 票，得票率：5.31%。

〈13〉雲林縣：「李連配」：得票數 23 萬 7 千 8 百 71 票，得票率：66.29%。民進黨「彭謝配」：得票數 6 萬 8 千 7 百 85 票，得票率：19.17%。無黨籍「林郝配」：得票數 2 萬 6 千 2 百 47 票，得票率：7.31%。無黨籍「陳王配」：得票數 2 萬 5 千 9 百 14 票，得票率：7.22%。

〈14〉嘉義縣：「李連配」：得票數 18 萬零 7 百 09 票，得票率：65.7%。民進黨「彭謝配」：得票數 6 萬 3 千 1 百 01 票，得票率：22.94%。無黨籍「林郝配」：得票數 1 萬 3 千 7 百 16 票，得票率：4.99%。無黨籍「陳王配」：得票數 1 萬 7 千 5 百 15 票，得票率：6.37%。

〈15〉嘉義市：「李連配」：得票數 6 萬零 6 百 28 票，得票率：47.04%。民進黨「彭謝配」：得票數 4 萬 2 千 9 百 84 票，得票率：33.35%。無黨籍「林郝配」：得票數 1 萬 2 千 5 百 15 票，得票率：9.71%。無黨籍「陳王配」：得票數 1 萬 2 千 7 百 61 票，得票率：9.9%。

〈16〉台南縣：「李連配」：得票數 34 萬 7 千 8 百 25 票，得票率：63.05%。民進黨「彭謝配」：得票數 13 萬 4 千 9 百 69 票，得票率：24.47%。無黨籍「林郝配」：得票數 2 萬 7 千 5 百 90 票，得票率：5.0%。無黨籍「陳王配」：得票數 4 萬 1 千 2 百 63 票，得票率：7.48%。

〈17〉台南市：「李連配」：得票數 20 萬 1 千 4 百 36 票，得票率：56.58%。民進黨「彭謝配」：得票數 8 萬 4 千 9 百 29 票，得票率：23.85%。無黨籍「林郝配」：得票數 3 萬零 6 百 03 票，得票率：8.6%。無黨籍「陳王配」：得票數 3 萬 9 千零 58 票，得票率：10.97%。

〈18〉高雄市：「李連配」：得票數 37 萬 1 千 3 百 91 票，得票率：50.62%。民進黨「彭謝配」：得票數 20 萬零 4 百 06 票，得票率：27.32%。無黨籍

「林郝配」：得票數 9 萬 3 千 6 百 91 票，得票率：12.77%。無黨籍「陳王配」：得票數 6 萬 8 千 1 百 58 票，得票率：9.29%。

〈19〉高雄縣：「李連配」：得票數 37 萬 4 千 3 百 86 票，得票率：59.88%。民進黨「彭謝配」：得票數 15 萬 1 千 9 百 43 票，得票率：24.3%。無黨籍「林郝配」：得票數 5 萬 1 千 1 百 39 票，得票率：8.18%。無黨籍「陳王配」：得票數 4 萬 7 千 7 百 90 票，得票率：7.64%。

〈20〉屏東縣：「李連配」：得票數 28 萬 9 千 8 百 12 票，得票率：62.91%。民進黨「彭謝配」：得票數 11 萬 7 千 2 百 83 票，得票率：25.46%。無黨籍「林郝配」：得票數 2 萬 6 千 9 百 02 票，得票率：5.84%。無黨籍「陳王配」：得票數 2 萬 6 千 6 百 44 票，得票率：5.78%。

〈21〉花蓮縣：「李連配」：得票數 10 萬 4 千 7 百 40 票，得票率：64.05%。民進黨「彭謝配」：得票數 1 萬 8 千 3 百 83 票，得票率：11.24%。無黨籍「林郝配」：得票數 2 萬 5 千 8 百 36 票，得票率：15.8%。無黨籍「陳王配」：得票數 1 萬 4 千 5 百 68 票，得票率：8.91%。

〈22〉台東縣：「李連配」：得票數 7 萬 4 千 2 百 11 票，得票率：68.42%。民進黨「彭謝配」：得票數 1 萬 4 千 5 百 06 票，得票率：13.37%。無黨籍「林郝配」：得票數 1 萬 1 千 5 百 84 票，得票率：10.68%。無黨籍「陳王配」：得票數 8 千 1 百 60 票，得票率：7.52%。

〈23〉澎湖縣：「李連配」：得票數 2 萬 5 千 3 百 67 票，得票率：62.61%。民進黨「彭謝配」：得票數 8 千零 70 票，得票率：19.92%。無黨籍「林郝配」：得票數 2 千 9 百 07 票，得票率：7.18%。無黨籍「陳王配」：得票數 4 千 1 百 70 票，得票率：10.29%。

〈24〉金門縣：「李連配」：得票數 8 千 4 百 01 票，得票率：40.65%。民進黨「彭謝配」：得票數 3 百 36 票，得票率：1.63%。無黨籍「林郝配」：得票數 6 千 1 百 23 票，得票率：29.63%。無黨籍「陳王配」：得票數 5 千 18 百 05 票得票率：28.09%。

〈25〉連江縣：「李連配」：得票數 1 千 2 百 21 票，得票率：46.51%。民進黨「彭謝配」：得票數 35 票，得票率：1.33%。無黨籍「林郝配」：得票數 1 千零 13 票，得票率：38.59%。無黨籍「陳王配」：得票數 3 百 56 票，得票率：13.56%。

2.第三屆國大代表選舉：

民國八十五年三月二十三日，第三屆國大代表選舉與第九屆總統、副總統同時舉行。本次選舉總計有 591 人參選，選出第三屆國大代表共 334 席，包含 228 席區域代表、6 席原住民代表、80 席全國不分區代表、20 席僑居國外代表。

本次國大代表選舉總選舉人數 14,130,084 人，出席投票者 10,769,224 人，投票率為 76.21%。第三屆國大代表參選政黨，獲得票數、得票率、當選席次依序如下：

〈1〉國民黨：得票總數 5 百 18 萬零 8 百 27 票，得票率：49.7%，當選席次 183 席〈區域代表 123 席；原住民代表 6 席；不分區代表 43 席；僑居國外代表 11 席〉

〈2〉民進黨：得票總數 3 百 11 萬 2 千 7 百 36 票，得票率：29.9%，當選席次 99 席。〈區域代表 68 席；不分區代表 25 席；僑居國外代表 6 席〉

〈3〉新黨：得票總數 1 百 42 萬 5 千 8 百 96 票，得票率：13.7%，當選席次 46 席。〈區域代表 31 席；不分區代表 12 席；僑居國外代表 3 席〉

〈4〉綠色本土清新黨：得票總數 11 萬 3 千 9 百 42 票，得票率：1.1%，當選席次 1 席。〈區域代表 1 席〉

〈5〉無黨籍：得票總數 57 萬 2 千 9 百 61 票，得票率：5.5%，當選席次 5 席。〈區域代表 5 席〉

〈6〉中國台灣原住民黨：得票總數 7 千 4 百 58 票，得票率：0.1%，當選席次 0 席。

〈7〉中國青年黨：得票總數 6 千 1 百 97 票，得票率：0.1%，當選席次 0 席。

〈8〉勞動黨：得票總數 4 千 3 百 40 票，得票率：0.0%，當選席次 0 席。

〈9〉先進黨：得票總數 4 千零 29 票，得票率：0.0%，當選席次 0 席。

本次第三屆國大代表選舉後最大特色為，國民黨比起第二屆國代席次大幅減少。從第二屆國代席次達到四分之三多 10 席，本屆只獲得二分之一多 16 席。這意味國民黨已無法像第一次、第二次、第三次修憲，可以一黨完全主導修憲，不必在意任何在野黨杯葛，也能完成修憲。今後第三屆國代要修憲，勢必要得到民進黨的配合，才能達到修憲所需的四分之三。國民黨李登輝在本屆國大代表進行的第四次、第五次、第六次修憲都是需要與民進黨配合，兩黨分贓下，進行各次修憲，修憲內容詳見本章第二節。

〈二〉民國八十六年〈1997 年〉第十三屆縣市長選舉

民國八十六年十一月二十九日，舉行第十三屆縣市長選舉。本次總選舉人數 1 千 1 百 80 萬 9 千 2 百 77 人，出席投票者 7 百 78 萬 4 千 9 百 08 人，投票率為 65.92%。

本次縣、市長選舉，在 23 個縣市中，民進黨大勝了 12 個縣市的執政權，將國民黨原來在地方執政的基隆市、新竹市、台中縣、台中市、台南市、屏東縣奪過去。國民黨只獲得 8 個縣市：雲林縣、嘉義縣、彰化縣、以及東部、外島、離島的縣。其餘有苗栗縣、南投縣、嘉義市等 3 個縣、市則由無黨籍人士贏得。民進黨除了取得 23 位縣市長中的過半席次外，也首度在全國性的選舉中超越國民黨的得票率，而「綠色執政」下的人口也首次超過全國總人口的 70%。有關各縣市選舉候選人得票數、得票率分析如下：

1. 台北縣：得票最高當選者為民進黨蘇貞昌〈得票數 57 萬 1 千 6 百 58 票，得票率 40.67%〉。落選者依序為：國民黨謝深山〈得票數 54 萬 3 千 5 百 16 票，得票率 38.67%〉；無黨籍林志嘉〈得票數 15 萬 4 千 5 百 90 票，得票率 11.00%〉；

無黨籍廖學廣〈得票數 7 萬零 6 百 19 票，得票率 5.02%〉；新黨楊泰順〈得票數 3 萬 2 千 9 百 02 票，得票率 2.34%〉；無黨籍周荃〈得票數 3 萬 2 千 3 百 73 票，得票率 2.30%〉。

2. 基隆市：得票最高當選者爲民進黨李進勇〈得票數 7 萬 3 千 3 百 98 票，得票率 42.75%〉。落選者依序爲：國民黨劉文雄〈得票數 6 萬 5 千 1 百 76 票，得票率 37.97%〉；無黨籍許財利〈得票數 3 萬 3 千零 99 票，得票率 11.00%〉。

3. 宜蘭縣：得票最高當選者爲民進黨劉守成〈得票數 12 萬 2 千 1 百 14 票，得票率 53.83%〉。落選者爲國民黨廖風德〈得票數 10 萬 4 千 7 百 44 票，得票率 46.17%〉。

4. 桃園縣：得票最高當選者爲民進黨呂秀蓮〈得票數 37 萬 5 千 5 百票，得票率 56.2%〉。落選者依序爲：國民黨陳根德〈得票數 28 萬 6 千 9 百 93 票，得票率 42.96%〉；社會改革黨徐運德〈得票數 5 千 6 百 19 票，得票率 0.84%〉；

5. 新竹縣：得票最高當選者爲民進黨林光華〈得票數 7 萬零 8 百 79 票，得票率 36.12%〉。落選者依序爲：國民黨鄭永金〈得票數 6 萬 4 千 5 百 51 票，得票率 32.89%〉；無黨籍邱鏡淳〈得票數 5 萬 9 千 3 百 93 票，得票率 30.26%〉；無黨籍徐能安〈得票數 1 千 4 百 24 票，得票率 0.73%〉。

6. 新竹市：得票最高當選者爲民進黨蔡仁堅〈得票數 8 萬 1 千 3 百 28 票，得票率 56.11%〉。落選者爲國民黨林志成〈得票數 6 萬 2 千零 17 票，得票率 42.79%〉；無黨籍王少泉〈得票數 1 千 5 百 93 票，得票率 1.1%〉。

7. 苗栗縣：得票最高當選者無黨籍傅學鵬〈得票數 15 萬 3 千 5 百 28 票，得票率 54.8%〉。落選者依序爲：國民黨何智輝〈得票數 9 萬 9 千 1 百 09 票，得票率 35.37%〉；新黨黃達業〈得票數 1 萬 5 千 8 百 71 票，得票率 5.66%〉；民進黨徐進榮〈得票數 1 萬 1 千 6 百 78 票，得票率 4.17%〉。

8. 台中縣：得票最高當選者爲民進黨廖永來〈得票數 22 萬 3 千 2 百 22 票，得票率 37.6%〉。落選者依序爲：國民黨郭榮振〈得票數 17 萬 3 千 6 百 67 票，得票率 29.26%〉；國民黨徐中雄〈得票數 14 萬 4 千 4 百 27 票，得票率 24.33%〉；無黨籍劉銓忠〈得票數 3 萬 5 千 5 百 33 票，得票率 5.99%〉；無黨籍陳欽隆〈得票數 1 萬零 8 百 04 票，得票率 1.82%〉；建國黨錢文南〈得票數 5 千 9 百 50 票，得票率 1.00%〉。

9. 台中市：得票最高當選者爲民進黨張溫鷹〈得票數 17 萬 9 千 4 百 61 票，得票率 49.57%〉。落選者依序爲：國民黨洪昭南〈得票數 14 萬 9 千 4 百 38 票，得票率 41.28%〉；新黨宋艾克〈得票數 2 萬 6 千 5 百 15 票，得票率 7.32%〉；建國黨鄭邦鎮〈得票數 6 千 6 百 22 票，得票率 1.83%〉。

10. 彰化縣：得票最高當選者爲國民黨阮剛猛〈得票數 29 萬零 3 百 35 票，得票率 49.56%〉。落選者依序爲：民進黨翁金珠〈得票數 28 萬 5 千零 58 票，得票率 48.66%〉；無黨籍張榮昌〈得票數 7 萬零 4 百 43 票，得票率 7.32%〉。

11. 南投縣：得票最高當選者爲無黨籍彭百顯〈得票數 7 萬 8 千 6 百 90 票，得票率 31.61%〉。落選者依序爲：民進黨林宗男〈得票數 7 萬 6 千 6 百 89 票，

得票率 30.80%〉；國民黨許惠祐〈得票數 7 萬 4 千 9 百 66 票，得票率 30.11%〉；新黨陳振盛〈得票數 1 萬 8 千零 66 票，得票率 7.26%〉；無黨籍吳清江〈得票數 5 百 59 票，得票率 0.22%〉。

12. 雲林縣：得票最高當選者為國民黨蘇文雄〈得票數 12 萬 5 千 3 百 76 票，得票率 34.93%〉。落選者依序為：無黨籍張榮味〈得票數 12 萬 2 千 1 百 66 票，得票率 34.04%〉；民進黨廖大林〈得票數 10 萬 4 千 4 百 99 票，得票率 29.11%〉；無黨籍歐明憲〈得票數 6 千 8 百 82 票，得票率 1.92%〉。

13. 嘉義縣：得票最高當選者為國民黨李雅景〈得票數 13 萬 6 千 1 百 61 票，得票率 53.26%〉。落選者為民進黨何嘉榮〈得票數 11 萬 9 千 4 百 99 票，得票率 46.74%〉。

14. 嘉義市：得票最高當選者為無黨籍張博雅〈得票數 5 萬 8 千 5 百 44 票，得票率 50.23%〉。落選者依序為：國民黨江義雄〈得票數 4 萬 9 千 5 百 51 票，得票率 42.52%〉；民進黨蔡鴻章〈得票數 6 千 3 百 50 票，得票率 5.45%〉；建國黨臧汀生〈得票數 2 千 1 百 03 票，得票率 1.8%〉。

15. 台南縣：得票最高當選者為民進黨陳唐山〈得票數 32 萬 8 千 6 百 41 票，得票率 65.73%〉。落選者為國民黨洪玉欽〈得票數 17 萬 1 千 3 百 57 票，得票率 34.27%〉。

16. 台南市：得票最高當選者為民進黨張燦鍙〈得票數 11 萬 6 千 1 百 45 票，得票率 35.75%〉。落選者依序為：國民黨林南生〈得票數 6 萬 8 千 1 百 24 票，得票率 20.97%〉；無黨籍許添財〈得票數 6 萬 4 千 2 百 28 票，得票率 19.77%〉；國民黨陳榮盛〈得票數 5 萬 7 千 8 百 54 票，得票率 17.81%〉；無黨籍林壽宏〈得票數 9 千零 97 票，得票率 2.80%〉；新黨高家俊〈得票數 4 千 7 百 37 票，得票率 1.46%〉；無黨籍方金海〈得票數 4 千 6 百 99 票，得票率 1.45%〉。

17. 高雄縣：得票最高當選者為民進黨余政憲〈得票數 27 萬 1 千 9 百 89 票，得票率 51.74%〉。落選者依序為：國民黨黃鴻都〈得票數 23 萬 4 千 9 百 60 票，得票率 44.69%〉；無黨籍鄭德耀〈得票數 1 萬零 5 百 75 票，得票率 2.01%〉；無黨籍林景元〈得票數 8 千 2 百 01 票，得票率 1.56%〉。

18. 屏東縣：得票最高當選者為民進黨蘇嘉全〈得票數 22 萬 7 千 5 百 06 票，得票率 55.42%〉。落選者依序為：國民黨曾永權〈得票數 17 萬零 1 百 54 票，得票率 41.45%〉；無黨籍李景雯〈得票數 1 萬 2 千 8 百 67 票，得票率 3.13%〉。

19. 台東縣：得票最高當選者為國民黨陳建年〈得票數 4 萬 8 千 3 百 65 票，得票率 47.64%〉。落選者依序為：無黨籍徐慶元〈得票數 4 萬 7 千 3 百 40 票，得票率 46.63%〉；民進黨黃昭輝〈得票數 5 千 8 百 18 票，得票率 5.73%〉。

20. 花蓮縣：得票最高當選者為國民黨王慶豐〈得票數 7 萬 2 千 4 百 56 票，得票率 56.76%〉。落選者為民進黨游盈隆〈得票數 5 萬 5 千 1 百 94 票，得票率 43.24%〉。

21. 澎湖縣：得票最高當選者為國民黨賴峰偉〈得票數 2 萬零 9 百 46 票，得票率 57.53%〉。落選者為民進黨許丕龍〈得票數 9 千 2 百 85 票，得票率 42.47%〉。

22. 金門縣：得票最高當選者爲國民黨陳水在〈得票數 1 萬 3 千 1 百 46 票，得票率 58.61%〉。落選者爲新黨李炷烽〈得票數 9 千 2 百 85 票，得票率 41.39%〉。

23. 連江縣：得票最高當選者爲國民黨劉立群〈得票數 2 千 2 百 46 票，得票率 61%〉。落選者爲新黨曹原彰〈得票數 1 千 4 百 36 票，得票率 39%〉。

〈三〉民國八十七年〈1998 年〉第四屆立委選舉、第二屆北高直轄市長、第八屆台北市議員選舉、第五屆高雄市議員選舉

民國八十七年十二月五日，進行第四屆立委之選舉，以及台北市、高雄市兩直轄市市長、市議員選舉。說明如下：

1. 第四屆立法委員選舉：

這場跨世紀的年底三合一選舉，戰況混亂的立委競逐，有國民黨、民進黨、新黨、建國黨、新國家連線、民主聯盟、非政黨聯盟，共計多達 7 個政黨、團體以及無黨籍人士參與競爭，使整個選情猶如戰國時代。然而，儘管在北、高兩市市長選戰緊繃氣氛壓制下，各地立委選局仍廝殺慘烈。本次立委選舉面臨「凍省」後，大批末代省議員轉戰立法院，有 44 位省議員換跑道成功；前苗栗縣長何智輝、前屏東縣長伍澤元，卸任百里侯，轉而當選立委；亦有前台北縣長尤清、前嘉義市長張文英，及多達 28 位第三屆立委爭取蟬連失敗，中箭落馬。第四屆立委共計當選 221 席，[231] 包含 7 個政黨、團體，以及無黨籍人士。

---

231 〈1〉國民黨籍：秦慧珠、丁守中、穆閩珠、陳鴻基、李慶安、陳學聖、潘維剛、王天競、劉憲同、黃昭順、江綺雯、李嘉進、吳清池、周錫瑋、劉炳偉、陳宏昌、李先仁、郭素春、蔡家福、李顯榮、韓國瑜、劉盛良、趙永清、羅明才、徐少萍、劉文雄、盧逸峰、林建榮、朱鳳芝、陳根德、鄭金玲、呂新民、吳克清、朱立倫、黃木添、鄭永金、邱鏡淳、林政則、張蔡美、劉政鴻、何智輝、劉松藩、楊文欣、徐中雄、楊瓊瓔、張文儀、林耀興、郭榮振、黃顯洲、沈智慧、盧秀燕、謝章捷、林進春、洪性榮、謝言信、陳振雄、游月霞、陳朝容、張明雄、侯惠仙、許舒博、曾蔡美佐、廖福本、林明義、許登宮、蕭苑瑜、陳明文、黃敏惠、方醫良、洪玉欽、周五六、宋煦光、黃秀孟、陳榮盛、王昱婷、林南生、吳光訓、蕭金蘭、林益世、鍾紹和、林源山、王金平、廖婉汝、曾永權、郭廷才、林炳坤、鍾利德、張福興、陳寶清、曹爾忠、章仁香、楊仁福、林正二、高揚昇、曾華德、林春德、饒穎奇、陳建治、高育仁、洪昭男、李明皋、陳瓊讚、鄭逢時、洪秀柱、翁重鈞、林國龍、王令麟、曾振農、陳傑儒、楊吉雄、靳曾珍麗、周正之、游淮銀、許素葉、劉光華、李正宗、蔡鈴蘭、廖風德、李全教、洪讀、范揚盛、楊作洲、關沃暖。

〈2〉民進黨：王雪峰、卓榮泰、林濁水、施明德、林重謨、洪奇昌、沈富雄、葉菊蘭、陳其邁、朱星羽、張俊雄、湯金全、梁牧養、李文忠、周伯倫、張清芳、李應元、陳景峻、周慧瑛、周雅淑、王兆釧、賴勁麟、王拓、張川田、陳定南、許鍾碧霞、鄭寶清、彭紹瑾、邱垂貞、張學舜、柯建銘、邱太三、林豐喜、蔡明憲、王世勛、翁金珠、林宗男、蔡煌瑯、林國華、何嘉榮、蔡同榮、王幸男、李俊毅、蘇煥智、葉宜津、唐碧娥、賴清德、楊秋興、徐志明、余政道、鄭朝明、曹啓鴻、張俊宏、陳昭男、巴燕達魯、周清玉、顏錦福、林忠正、陳勝宏、許榮淑、黃爾璇、劉俊雄、戴振耀、范巽綠、陳忠信、簡錫堦、林文郎、張旭成、鍾金江、張秀珍。

〈3〉新黨：郝龍斌、朱惠良、賴士葆、馮滬祥、李慶華、馮定國、謝啓大、李炷烽、張世良、鄭龍水、營志宏。

〈4〉民主聯盟：林志嘉、徐成焜、陳進丁、徐慶元。

〈5〉非政黨聯盟：葉憲修、蔡中涵、瓦歷斯貝林。

〈6〉新國家連線：許添財。

〈7〉建國黨：李慶雄。

　　第四屆立委選舉之投票率68.09%。選舉結果，國民黨重回一黨獨大的執政優勢，得票率達46.43%，締造過去幾年來少見的佳績。區域立委當選96席，全國不分區當選23席，僑選立委當選4席，總計當選123席。

　　民進黨得票率由上一屆之三成二，跌落至本屆之29.56%。區域立委當選52席，全國不分區當選15席，僑選立委當選3席，總計當選70席。

　　新黨則潰不成軍，得票率由上一屆之一成三，跌落至本屆之7.06%，已經露出泡沫化危機的徵兆。區域立委當選7席，全國不分區當選3席，僑選立委當選1席，總計當選11席。

　　首度進軍國會的「民主聯盟」，分別由台北縣林志嘉、苗栗縣徐成焜、彰化縣陳進丁、台東縣徐慶元當選拿下4席。得票率4.1%，沒有達到5%之門檻，不得分配全國不分區名額。「非政黨聯盟」由原任立委蔡中涵、瓦歷斯貝林聯手在原住民選區拿下2席，加上台北縣選區之葉憲修，合計當選3席。同樣高舉獨派大旗的「建國黨」當選李慶雄一席，「新國家連線」當選許添財一席，兩黨都只得到1.5%左右，無法分配全國不分區。

2. 第二屆台北市長、第八屆台北市議員選舉：

　　第二屆台北市長、高雄市長選舉結，南北兩大都市同時「變天」，民進黨籍台北市長陳水扁、國民黨籍高雄市長吳敦義均衛冕失敗，雙雙落選。台北市長選舉候選人共有3名。國民黨提名的馬英九，以76萬6千3百77票〈得票率51.13%〉，擊敗獲得68萬8千零72票的陳水扁〈得票率45.91%〉，領先勝幅達7萬8千3百05票，當選台北市長。新黨候選人王建煊則僅獲得4萬4千4百52票〈得票率2.97%〉。

　　國民黨提民候選人馬英九高票當選原因，是藍營「尊王保馬」的訴求策略成功，新黨提名人王建煊基於「母雞帶小雞」，必須參選，以帶動新黨台北市議員、立委選情，但其本人對台北市長競選頗有「選而不競」之味道，謙沖自持，反而鼓勵泛藍支持者，市長票投馬英九。最後得票結果顯示，四年前支持國民黨〈黃大洲〉與新黨〈趙少康〉的台北市選民，這次幾乎全數集中投票支持馬英九。國、新兩黨票源有效合流，奠定馬英九挑戰成功之關鍵。

　　台北市第八屆市議員選舉結果，依然維持「三黨不過半」之局面。國民黨維持本屆的23席，民進黨則從15席增加到本屆之19席，新黨從8席增加到9席，無黨籍人士有1席。

3. 第二屆高雄市長、第五屆高雄市議員選舉：

　　本次高雄市長選舉共有4位候選人，民進黨提名的謝長廷以38萬7千零97票〈得票率為48.71%〉，以些微票數擊敗國民黨籍競選連任的吳敦義。吳敦義獲得38萬3千2百32票〈得票率為48.13%〉。另兩位候選人：無黨籍之鄭耀德得票1萬8千6百99票〈得票率為2.35%〉；新黨之吳建國得票6千4百57票〈得票率為0.81%〉。

〈8〉無黨籍：林瑞圖、林宏宗、廖學廣、邱創良、劉銓忠、黃義交、陳振盛、伍澤元、蔡豪。

　　民進黨提名的謝長廷以些微選票擊敗現任市長吳敦義，主要關鍵是吳敦義未能獲得國民黨各地方派系之全力支持，加以吳敦義參選決定遲疑，在選戰末期處理誹聞錄音帶，以及白冰冰錄影帶控訴謝長廷等宣傳策略失當，引起高雄市民普遍反感有關。

　　高雄市第五屆市議員選舉結果，政黨生態並無明顯變化。國民黨增加 1 席，而為 25 席；民進黨減少 1 席，而為 9 席；新黨減少 1 席，而為 1 席；無黨籍人士增加 1 席，而為 9 席。

〈四〉民國八十九年〈2000 年〉第十屆總統、副總統選舉

　　民國八十九年三月十八日，舉行中華民國第十屆之總統、副總統選舉。本次 2000 年總統大選，合格選舉人數為 1 千 5 百 46 萬 2 千 6 百 25 人，投票人數 1 千 2 百 78 萬 6 千 6 百 71 票，投票率高達 82.69%。本次總統、副總統選舉共有 5 組人馬競逐：民進黨籍候選人陳水扁、呂秀蓮〈陳呂配、水蓮配〉得票 4 百 97 萬 7 千 6 百 97 票，得票率 39.3%，以相對多數當選中華民國第十屆總統、副總統。無黨籍參選的宋楚瑜、張昭雄〈宋張配〉得票 4 百 66 萬 4 千 9 百 72 票，得票率 36.84%，以 31 萬多選票的些微差距落敗。得票第三是國民黨籍候選人連戰、蕭萬長〈連蕭配〉，得票 2 百 92 萬 5 千 5 百 13 票，得票率 23.1%。得票第四是無黨籍候選人許信良、朱惠良〈許朱配〉，得票 7 萬 9 千 4 百 29 票，得票率 0.63%。得票第五是無黨籍候選人李敖、馮滬祥〈李馮配〉，得票 1 萬 6 千 7 百 82 票，得票率 0.13%。

　　這是中華民國政府來台第一次的中央政府「政黨輪替」，也順利的和平轉移政權。民進黨陳水扁、呂秀蓮當選第十屆總統、副總統，是由於藍營分裂、內鬨所造成。國民黨推出候選人連戰、蕭萬長是「黨意」李登輝之欽定人選，而「民意」支持度最高之前台灣省省長宋楚瑜則被國民黨開除黨籍，以無黨籍之身分參選。以宋張配、連蕭配合計共達 59.94% 的泛藍支持度，遠高於陳呂配之 39.3%。然而，泛藍的分裂，國民黨與「宋友會」〈總統大選後成立為「親民黨」People First Party〉互相競逐、瓜分票源，使得陳呂配在鷸蚌相爭情形下，漁翁得利，以「相對多數」31 萬多的票數，當選中華民國第十屆總統、副總統選舉。

　　宋楚瑜在選舉開跑前頂著「宋省長」之光環，以「勤政愛民」、「親和力強」之高民意而一枝獨秀，遙遙領先其他各組之候選人。直到國民黨籍立委楊吉雄拋出「興票案」疑雲，宋氏對「興票案」又無法說明清楚，讓許多選民疑惑，乃使得宋楚瑜之支持率節節下降，終而被陳水扁超前，最後以 31 萬多票落敗。

　　選後，宋楚瑜的支持者到國民黨中央黨部聚集，抗議台北市長馬英九選前之「民調說」，致使泛藍民眾在分裂投票下，一部分人得到不正確之棄保訊息，使宋楚瑜以些微差距敗選，並造成民進黨主政之「政黨輪替」局面。宋楚瑜面對「宋友會」支持者組黨之呼聲，則以「新台灣人服務團隊會續為大家服務」，並在很短時間內成立了「親民黨」。「親民黨」則取代了「新黨」，而成為泛藍在民國九十年間之中產階級、知識分子的新政治勢力。親民黨一直到馬英九當選總統，

泛藍逐漸回流國民黨，加上民國九十六年後，立委選舉採取「單一選區兩票制」，親民黨泡沫化跡象漸漸浮現。

　　國民黨蔣經國去世後，李登輝在主政長達 12 年間，政風大壞、人心怨懟。國民黨的統獨立場、黑金橫流形象，早已大傷台灣都會區中產階級、智識份子之心，先有「新黨」，後有「親民黨」之離心離德現象。泛藍的形成，實起因於李登輝；國民黨之敗選，亦源於李登輝。本次 2000 年總統大選，國民黨也面臨曲終人散之光景。國民黨主席李登輝在國民黨敗選後，被迫去職。由代理主席連戰扛起國民黨內「改造」呼聲下的落寞局面。

〈五〉民國九十年〈2001 年〉第五屆立委選舉、縣市長選舉

　　民國九十年十二月一日，進行第五屆立委之選舉，以及台灣省縣、市長選舉。說明如下：

1. 第五屆立法委員選舉：

　　第五屆立法委員選舉選情空前激烈，共計有 11 個政黨、聯盟，以及無黨籍人士參與本次選舉。民進黨在泛藍分裂廝殺下，當選席次居於最高。國民黨受到親民黨、台聯黨左右夾擊，席次大幅掉落，在本次選舉後退居成為第二大政治實力。親民黨在 2000 年總統大選後成立，並在成立一年後的本次立委選舉首次操兵，大量瓜分國民黨席次，並取代、接收新黨之政治地盤，在本次選舉後成為第三大政治實力。台聯黨以李登輝前總統為精神領袖，亦分取國、民兩黨之本土票源，在本次選舉後成為第四大政治實力。新黨則在親民黨崛起後，迅速衰退，走向泡沫化小黨。[232]

---

[232] 〈1〉國民黨籍：蔡正元、穆閩珠、陳學聖、江綺雯、羅世雄、李嘉進、陳宏昌、蔡家福、李顯榮、羅明才、洪秀柱、徐少萍、廖風德、朱鳳芝、陳根德、呂新民、楊麗環、張昌財、邱鏡淳、張蔡美、劉政鴻、何智輝、楊文欣、徐中雄、楊瓊瓔、劉銓忠、紀國棟、盧秀燕、洪昭男、游月霞、卓伯源、陳杰、林進春、吳敦義、曾蔡美佐、許舒博、李雅景、黃敏惠、郭添財、李全教、林南生、王昱婷、陳麗惠、林益世、王金平、曾永權、廖婉汝、黃健庭、章仁香、楊仁福、廖國棟、曾華德、章孝嚴、饒穎奇、江丙坤、陳健治、黃昭順、高育仁、王鍾渝、黃德福、蔡鈴蘭、陳健民、鄭逢時、侯彩鳳、李和順、陳健年、關沃暖、孫國華。

〈2〉民進黨：羅文嘉、王雪峰、卓榮泰、林重謨、段宜康、郭正亮、藍美津、林進興、陳其邁、朱星羽、梁牧養、湯金全、郭玟成、張清芳、李文忠、周伯倫、鄭余鎮、陳景峻、周慧瑛、陳茂男、周雅淑、陳朝龍、賴勁麟、王拓、張川田、陳金德、盧博基、李鎮楠、陳宗義、彭添富、邱垂貞、郭榮宗、張學舜、柯建銘、杜文卿、林豐喜、邱太三、簡肇棟、郭俊銘、李明憲、謝明源、魏明谷、江昭儀、邱創進、周清玉、蔡煌瑯、湯火聖、蘇治芬、林國華、蔡啓芳、何金松、蔡同榮、葉宜津、陳唐山、方俊毅、侯水盛、鄭國忠、唐碧娥、賴清德、王幸男、林岱樺、余政道、徐志明、林育生、曹啓鴻、鄭朝明、邱議瑩、許淵國、沈富雄、洪奇昌、尤清、陳道明、劉世芳、張俊宏、林濁水、高志鵬、許榮淑、邱永仁、顏錦福、邱彰、鄭貴蓮、陳勝宏、陳忠信、劉俊雄、蕭美琴、張秀珍、張旭成。

〈3〉親民黨：李永萍、秦慧珠、許淵國、李慶安、龐建國、周錫瑋、劉文雄、鄭金玲、林郁方、邱毅、鄭志龍、李鴻鈞、柯淑敏、李慶華、鄭三元、林德福、鄭美蘭、傅崑萁、孫大千、邱創良、陳進興、呂學樟、徐耀昌、馮定國、沈智慧、黃義交、謝章捷、陳志彬、陳劍松、謝鈞惠、趙良燕、鍾紹和、曹原彰、林正二、林春德、劉憶如、殷乃平、李桐豪、劉松藩、林惠官、顧崇廉、鍾榮吉、蔡中涵、高明見、林政義、楊富美。

　　第五屆立法委員選舉總選舉人數是1千5百82萬2千6百83人，總投票率為66.16%。民進黨總得票數3百44萬7千7百40票，得票率33.38%。區域立委當選69席，全國不分區當選15席，僑選立委當選3席，總計當選87席。比第四屆立委席次70席，增加17席。

　　國民黨總得票數2百94萬9千3百71票，得票率28.56%。區域立法委員當選53席，全國不分區當選13席，僑選立委當選2席，總計當選68席。比第四屆立委席次123席，減少55席。

　　親民黨總得票數1百91萬7千8百36票，得票率18.57%。區域立法委員當選35席，全國不分區當選9席，僑選立委當選2席，總計當選46席。

　　台聯總得票數80萬1千5百60票，得票率7.76%。區域立委當選8席，全國不分區當選4席，僑選立委當選1席，總計當選13席。

　　新黨總得票數26萬9千6百20票，得票率2.61%。區域立委當選1席，總計當選1席。比第四屆立委席次11席，減少10席。

　　其餘當選者有10席：台灣吾黨當選1席；無黨籍當選者9席。

　　有推荐候選人參與本次立委選舉，但無人當選之政黨包括：建國黨〈參選3人、無人當選〉、綠黨〈參選1人、無人當選〉、慧行黨〈參選1人、無人當選〉、非政黨聯盟〈參選1人、無人當選〉、大中華統一黨〈參選1人、無人當選〉。

2. 縣市長選舉：

　　民國九十年縣市長選舉：為台灣省第14屆縣市長、鄉鎮市長選舉、第15屆縣市議員選舉〈新竹市、嘉義市改制較晚，故為第6屆〉；以及福建省金門縣、連江縣第3屆縣市長、縣市議員、鄉鎮長選舉。

　　民國九十年縣市長選舉，總選舉人數有1千2百83萬5千4百82人，投票率達66.45%。各黨勝選情形如下：

〈1〉國民黨獲勝縣市長：9個。基隆市〈許財利〉、桃園縣〈朱立倫〉、新竹縣〈鄭永金〉、新竹市〈林政則〉、台中縣〈黃仲生〉、台中市〈胡志強〉、雲林縣〈張榮味〉、花蓮縣〈張福興〉、澎湖縣〈賴峰偉〉。

〈2〉民進黨獲勝縣市長：9個。台北縣〈蘇貞昌〉、宜蘭縣〈劉守成〉、彰化縣〈翁金珠〉、南投縣〈林宗男〉、嘉義縣〈陳明文〉、台南縣〈蘇煥智〉、台南市〈許添財〉、高雄縣〈楊秋興〉、屏東縣〈蘇嘉全〉。

〈3〉親民黨獲勝縣市長：2個。台東縣〈徐慶元〉、連江縣〈陳雪生〉。

〈4〉新黨獲勝縣市長：1個。金門縣〈李炷烽〉。

〈5〉無黨籍獲勝縣市長：2個。苗栗縣〈傅學鵬〉、嘉義市〈陳麗貞〉。

〈4〉台聯：陳建銘、蘇盈貴、羅志明、廖本煙、許登宮、何敏豪、林志隆、錢林慧君、黃宗源、吳東昇、程振隆、黃政則、王政中。

〈5〉新黨：吳成典。

〈6〉台灣吾黨：瓦歷斯貝林。

〈7〉無黨籍：高金素梅、林丙坤、蔡豪、高孟定、張花冠、顏清標、陳進丁、趙永清、陳文茜

　　本此百里侯之爭，國民黨從民進黨執政縣市奪回地方主導權者有 5 個縣市：基隆市、桃園縣、新竹市、台中縣、台中市。國民黨執政縣市輸給親民黨者有 2 個：台東縣、連江縣。國民黨執政縣市輸給民進黨有 1 個：嘉義縣。國民黨執政縣市輸給新黨有 1 個：金門縣。故而選前國民黨掌握 8 個縣市，選後掌握 9 個縣市。

　　選前民進黨掌握 12 個縣市，本次選舉輸給國民黨 5 個縣市：基隆市、桃園縣、新竹市、台中縣、台中市。從國民黨贏回 2 個縣市：嘉義縣、南投縣。選後掌握 9 個縣市。

　　茲列述各縣市長選舉各黨候選人得票狀況：

〈1〉基隆市：當選者為國民黨籍候選人許財利〈得票數 10 萬零 70 票，得票率 58.02%〉。落選者為民進黨籍之競選蟬聯失利的李進勇〈得票數 7 萬 2 千 2 百 12 票，得票率 41.98%〉。

〈2〉桃園縣：當選者為國民黨籍候選人朱立倫〈得票數 44 萬 1 千 8 百 27 票，得票率 55.23%〉。落選者依序為：民進黨籍候選人彭紹瑾〈得票數 35 萬 3 千 5 百 68 票，得票率 44.21%〉；無黨籍莊志忠〈得票數 4 千 5 百 09 票，得票率 0.56%〉。

〈3〉新竹市：當選者為國民黨籍候選人林政則〈得票數 9 萬零 5 百 80 票，得票率 55.04%〉。落選者依序為：民進黨籍候選人競選蟬聯失利的蔡仁堅〈得票數 6 萬 9 千 1 百 65 票，得票率 42.03%〉；無黨籍黃中媄〈得票數 1 千 1 百 71 票，得票率 7.11%〉；無黨籍王少泉〈得票數 8 百 01 票，得票率 4.87%〉。

〈4〉新竹縣：當選者為國民黨籍候選人鄭永金〈得票數 11 萬 2 千 5 百零 95 票，得票率 52.62%〉。落選者為民進黨籍競選蟬聯失利的林光華〈得票數 9 萬 7 千 4 百 20 票，得票率 45.53%〉。

〈5〉台中市：當選者為國民黨籍候選人胡志強〈得票數 21 萬 3 千 8 百 66 票，得票率 49.08%〉。落選者依序為：民進黨籍候選人蔡明憲〈得票數 17 萬 7 千 5 百 15 票，得票率 40.74%〉；無黨籍張溫鷹〈得票數 4 萬 4 千 3 百 41 票，得票率 10.18%〉。

〈6〉台中縣：當選者為國民黨籍候選人黃仲生〈得票數 32 萬 5 千 1 百 17 票，得票率 49.48%〉。落選者依序為：民進黨籍競選蟬聯失利的廖永來〈得票數 26 萬 9 千 5 百 48 票，得票率 41.02%〉；無黨籍林敏霖〈得票數 6 萬 2 千 3 百 69 票，得票率 9.49%〉。

〈7〉花蓮縣：當選者為國民黨籍候選人張福興〈得票數 5 萬 9 千 5 百 91 票，得票率 39.28%〉。落選者依序為：民進黨籍候選人游盈隆〈得票數 4 萬 7 千 5 百 96 票，得票率 31.37%〉；親民黨籍賴政雄〈得票數 4 萬 1 千 7 百 52 票，得票率 27.52%〉；無黨籍莊三修〈得票數 1 千 4 百 81 票，得票率 0.97%〉；無黨籍齊淑英〈得票數 1 千 2 百 99 票，得票率 0.86%〉。

〈8〉澎湖縣：當選者為國民黨籍連任之賴峰偉〈得票數 2 萬 2 千零 94 票，得

票率 54.28%〉。落選者依序為：民進黨籍之候選人陳光復〈得票數 1 萬 1 千 4 百 77 票，得票率 35.56%〉；無黨籍許麗音〈得票數 3 千 3 百 64 票，得票率 8.26%〉。

〈9〉雲林縣：當選者為國民黨籍連任之張榮味〈得票數 20 萬 5 千 5 百票，得票率 61.53%〉。落選者為：民進黨籍候選人林樹山〈得票數 12 萬 8 千 4 百 75 票，得票率 38.47%〉。

〈10〉台北縣：當選者為民進黨連任之蘇貞昌〈得票數 87 萬 4 千 4 百 95 票，得票率 50.74%〉。落選者依序為：親民黨籍之候選人王建煊〈得票數 82 萬零 8 百 08 票，得票率 47.62%〉；無黨籍石翊靖〈得票數 4 千 9 百 13 票，得票率 0.02%〉；無黨籍邵建興〈得票數 3 千 9 百 72 票，得票率 0.02%〉。

〈11〉宜蘭縣：當選者為民進黨連任之劉守成〈得票數 10 萬 6 千 3 百 13 票，得票率 50.87%〉。落選者依序為：國民黨籍候選人呂國華〈得票數 9 萬 8 千 5 百 74 票，得票率 47.17%〉；無黨籍林錦坤〈得票數為 2 千 1 百 78 票，得票率 1.04%〉；無黨籍朱振東〈得票數 1 千 8 百 85 票，得票率 0.90%〉。

〈12〉彰化縣：當選者為民進黨籍候選人翁金珠〈得票數 30 萬 1 千 5 百 84 票，得票率 49.17%〉。落選者依序為：國民黨籍候選人葉金鳳〈得票數 25 萬 7 千 5 百 04 票，得票率 42.00%〉；親民黨籍鄭秀珠〈得票數 3 萬 9 千零 56 票，得票率 6.30%〉；無黨籍洪參民〈得票數 8 千 2 百 19 票，得票率 1.34%〉；無黨籍陳婉真〈得票數 6 千 9 百 34 票，得票率 1.13%〉。

〈13〉嘉義縣：當選者為民進黨籍候選人陳明文〈得票數 12 萬 4 千 7 百 57 票，得票率 47.22%〉。落選者依序為：國民黨籍候選人翁重鈞〈得票數 11 萬 6 千 9 百 08 票，得票率 44.25%〉無黨籍李明憲〈得票數 1 萬 1 千 5 百 07 票，得票率 4.35%〉；無黨籍陳勝三〈得票數 9 千 4 百 54 票，得票率 3.57%〉；無黨籍蔡炳欽〈得票數 1 千 5 百 51 票，得票率 0.58%〉。

〈14〉台南縣：當選者為民進黨籍候選人蘇煥智〈得票數 27 萬 4 千零 86 票，得票率 51.50%〉。落選者依序為：國民黨籍候選人吳清基〈得票 23 萬 6 千 6 百 70 票，得票率 44.47%〉；無黨籍魏耀乾〈得票數 2 萬 1 千 4 百 79 票，得票率 4.04%〉。

〈15〉台南市：當選者為民進黨籍候選人許添財〈得票數 14 萬 1 千 8 百 40 票，得票率 43.23%〉。落選者依序為：國民黨籍候選人陳榮盛〈得票數 12 萬 2 千 7 百 26 票，得票率 37.04%〉；無黨籍蘇南成〈得票數為 4 萬 7 千 1 百 33 票，得票率 14.36%〉；無黨籍張燦鍙〈得票數為 9 千 5 百 20 票，得票率 2.90%〉；無黨籍林益煌〈得票數 6 千零 98 票，得票率 1.86%〉；無黨籍陳源奇〈得票數 8 百 04 票，得票率 0.25%〉。

〈16〉高雄縣：當選者為民進黨籍候選人楊秋興〈得票數 31 萬 7 千 7 百 63 票，得票率 54.80%〉。落選者依序為：國民黨籍候選人吳光訓〈得票 17 萬零 7 百 87 票，得票率 29.45%〉；無黨籍黃八野〈得票數 9 萬 1 千 3 百 23 票，得票率 15.75%〉。

〈17〉屏東縣：當選者為民進黨籍連任之蘇嘉全〈得票數 23 萬 9 千 2 百 84 票，得票率 55.34%〉。落選者依序為：國民黨籍候選人王進士〈得票 17 萬 5 千 5 百 84 票，得票率 40.61%〉；無黨籍李景雯〈得票數 1 萬 7 千 5 百 25 票，得票率 4.05%〉。

〈18〉南投縣：當選者為民進黨籍候選人林宗男〈得票數 9 萬 4 千 6 百 31 票，得票率 36.79%〉。落選者依序為：親民黨籍候選人陳振盛〈得票數 6 萬 3 千零 42 票，得票率 24.50%〉；國民黨籍林明溱〈得票數 4 萬 8 千 2 百 68 票，得票率 18.76%〉；無黨籍彭百顯〈得票數 4 萬零 4 百 12 票，得票率 15.71%〉；國民黨籍張明雄〈得票數 7 千 4 百 75 票，得票率 2.91%〉；無黨籍陳眩富〈得票數 2 千 5 百票，得票率 0.97%〉；無黨籍姜君佩〈得票數 9 百 15 票，得票率 0.36%〉。

〈19〉台東縣：當選者為親民黨籍候選人徐慶元〈得票數 4 萬 4 千零 84 票，得票率 44.29%〉。落選者依序為：國民黨籍候選人吳俊立〈得票數 3 萬 6 千 7 百 27 票，得票率 36.90%〉；民進籍籍賴坤成〈得票數 1 萬 7 千 2 百 37 票，得票率 17.32%〉；無黨籍彭權國〈得票數 1 千 4 百 67 票，得票率 1.47%〉。

〈20〉連江縣：當選者為親民黨候選人陳雪生〈得票數 2 千 5 百 49 票，得票率 54.47%〉。落選者為：國民黨籍候選人劉立群〈得票數 2 千零 19 票，得票率 43.15%〉。

〈21〉金門縣：當選者為新黨籍候選人李炷烽〈得票數 1 萬 4 千 1 百 48 票，得票率 56.13%〉。落選者依序為：親民黨籍候選人蔡是民〈得票數 7 千 2 百 24 票，得票率 28.71%〉；民進黨籍陳昭南〈得票數 1 千 5 百 62 票，得票率 6.19%〉；國民黨籍許金象〈得票數 1 千 5 百 08 票，得票率 5.98%〉；無黨籍陳川青〈得票數 4 百 48 票，得票率 1.77%〉；無黨籍翁天慶〈得票數 3 百票，得票率 1.19%〉。

〈22〉苗栗縣：當選者為無黨籍連任之傅學鵬〈得票數 13 萬 5 千 7 百 86 票，得票率 51.80%〉。落選者依序為：國民黨籍候選人徐享崑〈得票數 6 萬 2 千 6 百 13 票，得票率 23.88%〉；民進籍籍候選人魏早炳〈得票數 6 萬 1 千 7 百 42 票，得票率 23.55%〉；無黨籍李佳穆〈得票數 2 千零 16 票，得票率 0.77%〉。

〈23〉嘉義市：當選者為無黨籍候選人陳麗貞〈得票數 5 萬 3 千 7 百 64 票，得票率 44.84%〉。落選者依序為：國民黨籍候選人江清倷〈得票數 4 萬 1 千 6 百 14 票，得票率 34.71%〉；民進籍候選人黃正男〈得票數 1 萬 4 千 4 百 39 票，得票率 12.04%〉；無黨籍張榮藏〈得票數 8 千 4 百 76 票，得票率 7.07%〉；無黨籍蕭裕珍〈得票數 1 千 6 百 01 票，得票率 1.34%〉。

〈六〉民國九十三年〈2004 年〉年第十一屆總統、副總統選舉

民國九十三年三月二十日，舉行中華民國第十一屆總統、副總統選舉。本次 2004 年總統大選，合格選舉人數為 1 千 6 百 50 萬 7 千 1 百 79 人，投票人數 1 千

3百25萬1千7百19人，投票率爲80.28%。因爲大選前一天的陳水扁、呂秀蓮在台南競選活動時發生之「三一九槍擊案」疑雲滿天，當晚雙方的選前之夜都停止。第二天的大選投票結果，民進黨競選蟬聯的陳水扁、呂秀蓮〈陳呂配〉獲得6百47萬1千9百70票，得票率50.11%；險勝國親聯盟提名的連戰、宋楚瑜〈連宋配〉所得到之6百44萬2千4百52票，得票率49.89%。陳呂配以2萬9千5百18票，險勝0.228%。本次選舉之無效票過高超乎以往：有效票爲1千2百91萬4千4百22張，無效票爲33萬7千2百97張，無效票之比例爲2.54%〈2000年大選無效票爲12萬2千張；1996年大選無效票爲11萬張〉。

本次2004年大選最懸疑之「三一九槍擊案」，發生在選舉前一天的3月19日，下午1時45分，陳水扁、呂秀蓮在台南市金華路與文賢路掃街拜票時，竟傳遭到槍擊，陳總統的車隊緊急變更路線轉往私立奇美醫院就醫。國民黨與親民黨團聞訊後立即宣布，停止各種造勢競選活動。奇美醫院在下午5時許，說明陳總統只有腹部肌肉層的擦傷，傷口長約11公分、寬2公分，逢了14針，同時在皮膚與夾克間找到一枚子彈頭。副總統呂秀蓮則是右膝有1到2公分的傷口。晚上7時30分，陳、呂離開奇美醫院，搭乘空軍一號轉回台北官邸休息。陳總統並發表電視簡短談話，請大家放心。事件發生後，國安單位啓動國安機制，下達指令，全力緝兇。

3月20日晚間，開票結束後，連、宋以些微之0.228%敗選。連、宋隨即宣布『爲維護歷史、民主制度尊嚴，讓全球知道三二〇大選的不公平』，並前往總統府前凱達格蘭大道抗議，表示將提出「選舉無效」之訴、「當選無效」之訴。群眾愈聚愈多。民進黨前主席許信良亦前往參與靜坐絕食3日。3月27日，總統府凱達格蘭大道前擠滿50萬抗議民眾，訴求是：『要真相、拼公道、救台灣民主』。期間連續一個多月，不滿總統大選發生類似此等「詐欺手段以獲取政權」之行爲，每天都有成千上萬人士，不分男女、不論職業，聚集在凱達格蘭大道前，許多上班族在下班後會自動加入抗議行列。每天都有許多熱心人士免費提供礦泉水、各種飲料、便當、麵包、包子‧‧‧等等，路旁堆積如小山高，讓群眾自行使用。參與活動者表達出對這次總總大選過程之憤怒與不滿。

我國史上首次總統大選不公，連、宋提出「選舉無效」、「當選無效」之訴。高等法院進行世紀大驗票，從民國九十三年五月十日起，由全國21個地方法院，動員463個驗票組同步進行。每組每日均安排法官、書記官、錄事、法警等進行驗票。雙方陣營亦動員400位以上的律師參與。台灣高等法院於民國九十三年十一月四日駁回連宋之當選無效之訴，選舉無效之訴訟案亦宣告敗訴。

整個「三一九槍擊案」充滿懸疑、讓人無法理解，雖然檢察總長盧仁發邀請美籍華裔國際刑事鑑識專家李昌鈺博士專程來台參與調查，調查報告於民國九十三年八月二十八日晚上23時，經過當場封存後，寄送給檢察總長盧仁發。根據李昌鈺博士之分析，指出「三一九槍擊案」不是一椿「政治謀殺」。但這椿疑案，

已經成為羅生門般，藍、綠陣營各自解讀，信者恆信、不信者恆不信。實則，「三一九槍擊案」讓人不可思議之處甚多，舉其大者如下：[233]

1. 陳水扁總統「捨棄」維安之座車，而是搭乘民間台南市安南區城西里里長的私人吉普車掃街，駕駛亦非特情人員，而是民間人士。

2. 總統送醫緊急應變「應」有完整演習應變規劃〈SOP〉。槍擊案件發生時，卻見整個維安荒腔走板。總統府侍衛長未主導緊急應變作為，依規定將總統立刻送往成大醫院，而是侍衛長「詢問」吉普車郭姓駕駛後，送到私立奇美醫院，侍衛長隨後跟前導車趕往奇美醫院。侍衛長任隨民間人士擺布，整個維安機制軟弱無力、被動、消極作為〈或不作為〉，其標準作業程序在哪？

3. 槍擊案件發生後，整個特情人員沒有積極封鎖道路，或緝捕兇嫌之作為。

4. 總統在吉普車上「中槍」，竟然用「小護士」塗抹傷口？

5. 總統「中槍」後，到了奇美醫院，依九月二十一日各家報紙刊載照片顯示，陳水扁總統右手按住「左手」，但總統的傷口不是在腹部？

6. 總統「中槍」後，到了奇美醫院，依九月二十一日各家電子媒體畫面，總統是「步行走進醫院」，腹部如有槍傷不用擔架、不用病床推入醫院，堪稱神勇？

7. 總統「中槍」後，依奇美醫院之說明，總統之腹部傷口是「長約 11 公分、寬 2 公分，同時在皮膚與夾克間找到一枚子彈頭」，根據子彈口徑之大小 9.1mm，那麼依照子彈口徑與陳水扁之傷口長度、寬度實際狀況，腹部傷口處應是「兩個彈孔」，怎是「擦傷」？

8. 衡情論理，陳水扁總統是「三一九槍擊案」的受害者，應該最想知道槍擊案的真相，但在立法院積極成立「三一九真相調查委員會」的竟是泛藍之立委，抗拒最力的竟然是泛綠之立委。而民進黨政府對於「三一九真相調查委員會」的態度是「行使抵抗權」，為甚麼陳水扁如此不希望「三一九槍擊案」真相大白？誰又是「三一九槍擊案」的真正受益者？

〈七〉民國九十三年〈2004 年〉第六屆立法委員選舉

民國九十三年十二月十一日，是第六屆立法委員選舉。本次選舉正當 2004 年上半年總統大選後的泛藍、泛綠首次對決，引起頗多關注。就國、親陣營而言，本次選舉正經歷總統大選之挫敗後，多次發起抗爭「三一九槍擊案」活動，又未能順利突破，氣勢深受影響。綠營則總統大選後氣勢大振，時任民進黨秘書長之邱義仁並發出豪語：『這次選舉割喉要割到斷為止。』最後選舉結果：總席次 225 席，泛藍陣營獲得 114 席，佔 50.67%。泛綠陣營獲得 101 席，佔 44.89%。其他黨派獲得 10 席，佔 4.44%。[234]

233　資料來自奇美醫院所提供社會大眾，以及三月十九日、二十日、二十一日國內各家平面報紙、與電子媒體。

234　〈1〉國民黨籍：徐少萍、蔡正元、章孝嚴、丁守中、費鴻泰、賴士葆、潘維剛、周守訓、林鴻池、李嘉進、蔡家福、李顯榮、朱俊曉、吳育昇、羅明才、洪秀柱、雷倩、張慶忠、

本次立委選舉總選舉人數是 1 千 6 百 55 萬 9 千 2 百 54 人，總投票人數是 9 百 79 萬 6 千 2 百 99 人總投票率爲 59.2%。民進黨總得票數 3 百 47 萬 1 千 4 百 29 票，得票率 35.72%。區域立委當選 70 席，全國不分區當選 16 席，僑選立委當選 3 席，總計當選 89 席。比第五屆立委席次 87 席，增加 2 席。

國民黨總得票數 3 百 19 萬零 81 票，得票率 32.83%。區域立委當選 61 席，全國不分區當選 15 席，僑選立委當選 3 席，總計當選 79 席。比第五屆立委席次 68 席，增加 11 席。

親民黨總得票數 1 百 35 萬零 6 百 13 票，得票率 13.90%。區域立委當選 27 席，全國不分區當選 6 席，僑選立委當選 1 席，總計當選 34 席，比第五屆立委席次 46 席，減少 12 席。

台聯總得票數 75 萬 6 千 7 百 12 票，得票率 7.79%。區域立委當選 7 席，全國不分區當選 4 席，僑選立委當選 1 席，總計當選 12 席。比第五屆立委席次 13 席，減少 1 席。

無黨團結聯盟總得票數 35 萬 3 千 1 百 64 票，得票率 3.63%。區域立委當選 6 席，總計當選 6 席。

新黨總得票數 1 萬 2 千 1 百 37 票，得票率 0.12%。區域立委當選 1 席，總計當選 1 席。比第五屆立委席次 1 席，沒有增減。

其餘無黨籍當選者 4 席。

林政峰、張昌財、陳根德、朱鳳芝、吳志揚、楊麗環、邱鏡淳、葉芳維、柯俊雄、何智輝、劉政鴻、江連福、紀國棟、徐中雄、劉銓忠、楊瓊瓔、盧秀燕、蔡錦隆、林滄敏、卓伯源、陳秀卿、陳杰、吳敦義、許舒博、張碩文、翁重鈞、黃敏惠、洪玉欽、李全教、王昱婷、林南生、羅世雄、李復興、林益世、吳光訓、伍錦霖、廖婉汝、林建榮、黃建庭、楊仁福、廖國棟、曾華德、孔文吉、王金平、江丙坤、黃志雄、李紀珠、曾永權、白添枝、黃昭順、黃德福、郭素春、劉盛良、章仁香、曹壽民、蘇起、侯彩鳳、帥化民、吳英毅、謝文政、吳松柏。

〈2〉民進黨籍：王拓、林重謨、蕭美琴、鄭運鵬、徐國勇、高建智、藍美津、郭正亮、王世堅、李文忠、王淑慧、莊碩漢、陳景峻、曹來旺、黃劍輝、吳秉叡、林淑芬、趙永清、陳朝龍、沈發惠、彭添富、李鎮楠、彭紹瑾、郭榮宗、林爲洲、柯建銘、杜文卿、謝欣霓、吳富貴、郭俊銘、蔡其昌、謝明源、李明憲、王世勛、江昭儀、魏明谷、邱創進、湯火聖、林耘生、陳憲中、林樹山、蔡啓芳、林國慶、張花冠、蔡同榮、侯水盛、葉宜津、鄭國忠、黃偉哲、李俊毅、唐碧娥、賴德清、王幸男、管碧玲、李昆澤、林進興、黃昭輝、郭玟成、徐志明、余政道、林岱樺、顏文章、陳啓昱、林育生、潘孟安、鄭朝明、陳金德、張川田、盧博基、陳瑩、蔡煌瑯、陳秀惠、洪奇昌、張俊雄、高志鵬、蔡英文、薛凌、王榮璋、尤清、張慶惠、林濁水、盧天麟、田秋堇、黃淑英、邱永仁、王塗發、陳明真、莊和子、陳重信。

〈3〉親民黨籍：李永萍、林郁芳、李慶安、周錫瑋、吳清池、柯淑敏、李鴻鈞、李慶華、林德福、鄭金玲、孫大千、呂學樟、徐耀昌、馮定國、沈智慧、黃義交、陳朝容、陳志彬、高思博、張顯耀、邱毅、鍾紹和、趙良燕、傅崐萁、林正二、林春德、劉憶如、劉文雄、蔡勝佳、顧崇廉、鍾榮吉、林惠官、梅長錡。

〈4〉台聯黨：黃適卓、廖本煙、黃宗源、何敏豪、尹伶瑛、曾燦燈、羅志明、賴幸媛、黃政哲、郭林勇、陳銀河、劉寬平。

〈5〉無黨團結聯盟：顏清標、陳進丁、李和順、蔡豪、林炳坤、高金素梅。

〈6〉新黨：吳成典。

〈7〉無黨籍：李敖、楊宗哲、張麗善、曹爾忠。

有推荐候選人參與本次立委選舉，但無人當選之政黨包括：建國黨〈參選 4 人、無人當選〉、台灣慧行志工黨〈參選 1 人、無人當選〉、工教聯盟〈參選 1 人、無人當選〉、。

〈八〉民國九十四年〈2005 年〉任務型國代選舉

民國九十三年八月二十三日，立法院三讀通過了「國會改革、公投入憲」之憲法增修條文修正提案。依憲法增修條文規定，必須經公告半年，然後在 3 個月內，選出 300 位「任務型國大代表」，於一個月內複決立法院三讀通過之憲法增修條文修正提案。

民國九十四年，中選會開始受理國民大會代表選舉之政黨、聯盟登記。共有 12 個政黨及聯盟，688 位候選人登記。國內幾個主要政黨登記「任務型國代」的情況如下：民進黨登記候選人數 150 人、國民黨 148 人、親民黨 83 人、台灣團結聯盟 50 人、新黨 20 人、建國黨有 22 人、無黨團結聯盟有 31 人；另外，張亞中等 150 人聯盟、王廷興等 20 人聯盟。

民國九十四年四月二十一日抽籤；五月三日公告候選人名單；五月十四日為「任務型國大代表」選舉日。當天投票率極低，只有 23.36%，創下全國性選舉的新低紀錄。在 300 席「任務型國大代表」中，贊成修憲案的有 5 個政黨〈民進黨、國民黨、公民黨、農民黨、中國民眾黨〉，共獲得 249 席，佔 83.1%。反對修憲案的有 7 個政黨、聯盟〈台聯黨、親民黨、建國黨、新黨、無黨團結聯盟、張亞中等 150 人聯盟、王廷興等 20 人聯盟〉，共獲得 51 席，佔 16.9%。各黨之席次如下：

1. 民進黨　　　　　　　　〈贊成修憲案〉　　　　　　　當選席次 127 席
2. 國民黨　　　　　　　　〈贊成修憲案〉　　　　　　　當選席次 117 席
3. 公民黨　　　　　　　　〈贊成修憲案〉　　　　　　　當選席次 1 席
4. 農民黨　　　　　　　　〈贊成修憲案〉　　　　　　　當選席次 1 席
5. 中國民眾黨　　　　　　〈贊成修憲案〉　　　　　　　當選席次 127 席
6. 台聯黨　　　　　　　　〈反對修憲案〉　　　　　　　當選席次 21 席
7. 親民黨　　　　　　　　〈反對修憲案〉　　　　　　　當選席次 18 席
8. 建國黨　　　　　　　　〈反對修憲案〉　　　　　　　當選席次 1 席
9. 新黨　　　　　　　　　〈反對修憲案〉　　　　　　　當選席次 3 席
10. 無黨團結聯盟　　　　　〈反對修憲案〉　　　　　　　當選席次 2 席
11. 張亞中等 150 人聯盟　　〈反對修憲案〉　　　　　　　當選席次 5 席
12. 王廷興等 20 人聯盟　　〈反對修憲案〉　　　　　　　當選席次 1 席

〈九〉民國九十四年〈2005 年〉縣市長、縣市議員、鄉鎮市長選舉

民國九十四年十二月四日，進行「三合一」的選舉：為台灣省第 15 屆縣市長、鄉鎮市長選舉、第 16 屆縣市議員選舉〈新竹市、嘉義市改制較晚，故為第

7屆〉；以及福建省金門縣、連江縣第4屆縣市長、縣市議員、鄉鎮長選舉。本次選舉雖然是地方選舉，但選舉結果出爐，對國內政黨發展極具指標意義：

1.民進黨近十年來最慘的一場選戰，4位政務官：羅文嘉〈選台北縣〉、陳定南〈選宜蘭縣〉、林佳龍〈選台中市〉、邱太三〈選台中縣〉，辭官參選全軍覆沒。民進黨從9個執政縣市，減為6個。民進黨內部批判聲四起，矛頭指向陳水扁總統的施政成績不佳與貪腐總結。黨主席蘇貞昌宣布辭職。

2.國民黨大勝，黨主席馬英九領軍作戰贏得過半席次。國民黨在23縣市長席次中，勇奪14席，總得票率達50.96%，比上屆多近16%。尤其是奪下超級戰區台北縣、以及宜蘭縣、嘉義市、南投縣、彰化縣等5個民進黨主政縣市。若加上金門、連江、台東3泛藍友軍，藍軍實獲三分之二的17席。此役大勝，馬英九幾可確定代表泛藍角逐2008年總統大位。

3.「三個指標縣市由綠轉藍」，同時國民黨跨越濁水溪：其中台北縣長選舉，周錫瑋大贏民進黨候選人羅文嘉近20萬票，奪回失去達16年的執政權〈民進黨尤清、蘇貞昌各當選2任8年〉。宜蘭縣國民黨籍候選人呂國華險勝民進黨回鍋參選之陳定南；嘉義市國民黨籍候選人黃敏惠擊敗由許家班轉投民進黨之現任市長爭取蟬連的陳麗貞。此役國民黨一舉將宜蘭縣、嘉義市這兩個綠營、許家班長期執政達24年的「民主聖地」奪下，尤其是嘉義市的勝選更使國民黨跨越濁水溪。

本次縣市長選舉部分：國民黨總得票率50.96%，當選14席。民進黨總得票率41.95%，當選6席。親民黨總得票率1.11%，當選1席。新黨總得票率0.20%，當選1席。無黨籍總得票率4.65%，當選1席。台聯總得票率1.13%，沒有當選席次。

本次縣市議員選舉部分，總計901席：國民黨當選408席。民進黨當選192席。親民黨當選31席。台聯當選11席。新黨當選2席。無黨籍當選256席。

本次鄉鎮市長選舉部分，總計有319席：國民黨當選173席。民進黨當選35席。親民黨當選3席。台聯當選0席。新黨當選0席。無盟當選1席。無黨籍當選107席。

茲列述各縣市長、縣市議員、鄉鎮市長選舉，各黨選舉狀況：

〈1〉基隆市：

    a.市長部分：當選者為國民黨籍候選人爭取蟬連之許財利〈得票數7萬6千1百62票，得票率41.15%〉。落選者依序為：台聯黨籍候選人陳建銘〈得票數5萬8千2百43票，得票率31.46%〉。親民黨籍候選人劉文雄〈得票數4萬7千9百32票，得票率25.89%〉。民進黨籍候選人王拓〈得票數2千7百71票，得票率1.50%〉。

    b.市議員部份〈應選32席〉：國民黨得票率49.08%，當選19席。民進黨得票率15.46%，當選6席。親民黨得票率9.03%，當選4席。台聯得票率4.07%，沒有當選席次。無黨籍得票率22.36%，當選3席。

〈2〉台北縣：

a.縣長部分：當選者爲國民黨籍候選人周錫瑋〈得票數 98 萬 8 千 7 百 39 票，得票率 54.86%〉。落選者依序爲：民進黨籍候選人羅文嘉〈得票數 79 萬 8 千 2 百 33 票，得票率 44.30%〉。無黨籍候選人黃福卿〈得票數 5 千 6 百 39 票，得票率 0.31%〉。無黨籍候選人陳誠鈞〈得票數 2 千 8 百 12 票，得票率 0.16%〉。無黨籍候選人黃茂全〈得票數 2 千 5 百 85 票，得票率 0.14%〉。

b.縣議員部份〈應選 65 席〉：國民黨得票率 38.05%，當選 28 席。民進黨得票率 21.43%，當選 16 席。親民黨得票率 7.88%，當選 5 席。台聯得票率 3.17%，當選 3 席。無黨籍得票率 29.46%，當選 13 席。

c.鄉鎮市長部分〈29 個鄉鎮市〉：國民黨得票率 51.12%，當選 18 席。民進黨得票率 30.69%，當選 3 席。親民黨得票率 2.95%，當選 0 席。台聯得票率 2.35%，當選 0 席。無黨籍得票率 12.90%，當選 8 席。

〈3〉桃園縣：

a.縣長部分：當選者爲國民黨籍候選人朱立倫〈得票數 48 萬 8 千 9 百 79 票，得票率 60.84%〉。落選者依序爲：民進黨籍候選人鄭寶清〈得票數 30 萬 7 千 9 百 65 票，得票率 38.32%〉。無黨籍候選人吳家登〈得票數 6 千 7 百 84 票，得票率 0.84%〉。

b.縣議員部份〈應選 59 席〉：國民黨得票率 40.76%，當選 27 席。民進黨得票率 20.76%，當選 14 席。親民黨得票率 8.99%，當選 4 席。台聯得票率 2.08%，當選 0 席。無黨籍得票率 27.67%，當選 14 席。

c.鄉鎮市長部分〈13 個鄉鎮市〉：國民黨得票率 57.49%，當選 11 席。民進黨得票率 29.48%，當選 2 席。親民黨得票率 0.52%，當選 0 席。台聯得票率 0%，當選 0 席。無黨籍得票率 12.52%，當選 0 席。

〈4〉新竹縣：

a.縣長部分：當選者爲國民黨爭取蟬連之鄭永金〈得票數 15 萬 7 千零 12 票，得票率 67.09%〉。落選者爲：民進黨籍候選人林光華〈得票數 7 萬 7 千零 37 票，得票率 32.91%〉。

b.縣議員部份〈應選 34 席〉：國民黨得票率 58.13%，當選 20 席。民進黨得票率 7.07%，當選 3 席。親民黨得票率 0%，當選 0 席。台聯得票率 0%，當選 0 席。無黨籍得票率 34.81%，當選 11 席。

c.鄉鎮市長部分〈13 個鄉鎮市〉：國民黨得票率 68.03%，當選 12 席。民進黨得票率 8.50%，當選 0 席。親民黨得票率 0%，當選 0 席。台聯得票率 0%，當選 0 席。無黨籍得票率 23.48%，當選 1 席。

〈5〉新竹市：

a.市長部分：當選者爲國民黨籍候選人爭取蟬連之林政則〈得票數 11 萬 2 千 2 百 21 票，得票率 69.27%〉。落選者爲：民進黨籍候選人鄭貴元〈得票數 4 萬 9 千 7 百 77 票，得票率 30.73%〉。

b.市議員部份〈應選 32 席〉：國民黨得票率 39.07%，當選 14 席。民進黨

得票率 14.15%，當選 5 席。親民黨得票率 3.99%，當選 1 席。台聯得票率 6.20%，當選 2 席。無黨籍得票率 36.58%，當選 10 席。

〈6〉苗栗縣：

　　a.縣長部分：當選者為國民黨籍候選人劉政鴻〈得票數 13 萬 4 千 2 百 77 票，得票率 47.90%〉。落選者依序為：民進黨籍候選人邱炳坤〈得票數 8 萬 3 千 6 百 94 票，得票率 29.86%〉。無黨籍候選人徐耀昌〈得票數 4 萬 7 千 8 百 34 票，得票率 17.07%〉。無黨籍候選人陳秀龍〈得票數 9 千 7 百 18 票，得票率 3.47%〉。無黨籍候選人顏培元〈得票數 3 千零 61 票，得票率 1.09%〉。無黨籍候選人江炳輝〈得票數 1 千 7 百票，得票率 0.61%〉。

　　b.縣議員部份〈應選 38 席〉：國民黨得票率 44.77%，當選 16 席。民進黨得票率 6.86%，當選 2 席。親民黨得票率 0.46%，當選 0 席。台聯得票率 0%，當選 0 席。無黨籍得票率 47.91%，當選 20 席。

　　c.鄉鎮市長部分〈18 個鄉鎮市〉：國民黨得票率為 65.17%，當選 9 席。民進黨得票率 4.24%，當選 0 席。親民黨得票率 0%，當選 0 席。台聯得票率 0%，當選 0 席。無黨籍得票率 30.59%，當選 9 席。

〈7〉台中市：

　　a.市長部分：當選者為國民黨籍候選人胡志強〈得票數 26 萬 2 千 6 百 67 票，得票率 58.35%〉。落選者依序為：民進黨籍候選人林佳龍〈得票數 17 萬 5 千 5 百 92 票，得票率 39%〉。親民黨籍候選人沈智慧〈得票數 1 萬零 61 票，得票率 2.23%〉。無黨籍候選人李富貴〈得票數 1 千 8 百 97 票，得票率 0.42%〉。

　　b.市議員部份〈應選 46 席〉：國民黨得票率 52.90%，當選 24 席。民進黨得票率 28.01%，當選 17 席。親民黨得票率 4.56%，當選 2 席。台聯得票率 5.23%，當選 1 席。無黨籍得票率 9.3%，當選 2 席。

〈8〉台中縣：

　　a.縣長部分：當選者為國民黨籍候選人黃仲生〈得票數 48 萬 8 千 9 百 79 票，得票率 60.84%〉。落選者依序為：民進黨籍候選人邱太三〈得票數 27 萬 5 千 1 百 53 票，得票率 39.12%〉。無黨籍候選人林振昌〈得票數 10 萬零 1 百 04 票，得票率 1.44%〉。

　　b.縣議員部份〈應選 57 席〉：國民黨得票率 45.88%，當選 29 席。民進黨得票率 20.46%，當選 12 席。親民黨得票率 4.35%，當選 3 席。台聯得票率 3.14%，當選 1 席。無黨籍得票率 26.17%，當選 12 席。

　　c.鄉鎮市長部分〈21 個鄉鎮市〉：國民黨得票率 40.13%，當選 12 席。民進黨得票率 14.93%，當選 0 席。親民黨得票率 0.38%，當選 0 席。台聯得票率 0%，當選 0 席。無黨籍得票率 44.56%，當選 9 席。

〈9〉南投縣：

　　a.縣長部分：當選者為國民黨籍候選人李朝卿〈得票數 12 萬 4 千 7 百 77

票，得票率 45.31%〉。落選者依序為：民進黨籍候選人蔡煌瑯〈得票數 8 萬 3 千 5 百 03 票，得票率 30.33%〉。無黨籍候選人林宗南〈得票數 6 萬零 7 百 93 票，得票率 22.08%〉。無黨籍候選人林明溱〈得票數 6 千 2 百 71 票，得票率 2.28%〉。

b.縣議員部份〈應選 37 席〉：國民黨得票率 29%，當選 9 席。民進黨得票率 15.42%，當選 7 席。親民黨得票率 4.01%，當選 2 席。台聯得票率 3.37%，當選 0 席。無黨籍得票率 48.19%，當選 19 席。

c.鄉鎮市長部分〈13 個鄉鎮市〉：國民黨得票率 32.82%，當選 7 席。民進黨得票率 11.09%，當選 0 席。親民黨得票率 1.13%，當選 0 席。台聯得票率 0%，當選 0 席。無黨籍得票率 54.96%，當選 6 席。

〈10〉彰化縣：

a.縣長部分：當選者為國民黨籍之候選人卓伯源〈得票數 37 萬零 7 百 90 票，得票率 55.46%〉。落選者依序為：民進黨籍候選人翁金珠〈得票數 27 萬零 9 百 49 票，得票率 40.52%〉。無黨籍候選人陳進丁〈得票數 2 萬 6 千 8 百 87 票，得票率 4.02%〉。

b.縣議員部份〈應選 54 席〉：國民黨得票率 44%，當選 27 席。民進黨得票率 20.76%，當選 12 席。親民黨得票率 0.01%，當選 0 席。台聯得票率 1.73%，當選 1 席。無黨籍得票率 35.50%，當選 14 席。

c.鄉鎮市長部分〈26 個鄉鎮市〉：國民黨得票率 50.50%，當選 17 席。民進黨得票率 13.44%，當選 1 席。親民黨得票率 0%，當選 0 席。台聯得票率 0%，當選 0 席。無黨籍得票率 36.06%，當選 8 席。

〈11〉雲林縣：

a.縣長部分：當選者為民進黨籍候選人蘇治芬〈得票數 20 萬 1 千 1 百 92 票，得票率 53.36%〉。落選者依序為：國民黨籍候選人許舒博〈得票數 16 萬 7 千 6 百 90 票，得票率 44.48%〉。無黨籍候選人林佳瑜〈得票數 8 千 1 百 25 票，得票率 2.16%〉。

b.縣議員部份〈應選 43 席〉：國民黨得票率 41.86%，當選 18 席。民進黨得票 11.63%，當選 5 席。親民黨得票率 0%，當選 0 席。台聯得票率 2.33%，當選 1 席。無黨籍得票率 44.19%，當選 19 席。

c.鄉鎮市長部分〈20 個鄉鎮市〉：國民黨得票率 28.90%，當選 8 席。民進黨得票率 16.10%，當選 2 席。親民黨得票率 0%，當選 0 席。台聯得票率 0.78%，當選 0 席。無黨籍得票率 54.21%，當選 10 席。

〈12〉嘉義縣：

a.縣長部分：當選者為民進黨爭取蟬連之陳明文〈得票數 18 萬 3 千 4 百 76 票，得票率 62.69%〉。落選者為：國民黨籍候選人陳明振〈得票數 10 萬 9 千 1 百 92 票，得票率 37.31%〉。

b.縣議員部份〈應選 37 席〉：國民黨得票率 21.62%，當選 8 席。民進黨得票率 48.65%，當選 18 席。親民黨得票率 0%，當選 0 席。台聯得票率

0%，當選 0 席。無黨籍得票率 29.73%，當選 11 席。

    c.鄉鎮市長部分〈18 個鄉鎮市〉：國民黨得票率 11.11%，當選 2 席。民進黨得票率 50%，當選 9 席。親民黨得票率 0%，當選 0 席。台聯得票率 0%，當選 0 席。無黨籍得票率 38.89%，當選 7 席。

〈13〉嘉義市：

    a.市長部分：當選者爲國民黨籍之候選人黃敏惠〈得票數 7 萬 4 千 7 百 86 票，得票率 54.63%〉。落選者爲：民進黨籍候選人陳麗貞〈得票數 6 萬 2 千 1 百 22 票，得票率 45.37%〉。

    b.市議員部份〈應選 24 席〉：國民黨得票率 25.40%，當選 7 席。民進黨得票率 17.71%，當選 5 席。親民黨得票率 3.12%，當選 1 席。台聯得票率 3.65%，當選 1 席。無黨籍得票率 50.11%，當選 10 席。

〈14〉台南縣：

    a.縣長部分：當選者爲民進黨籍候選人蘇煥智〈得票數 26 萬 7 千 5 百 83 票，得票率 50.29%〉。落選者依序爲：國民黨籍候選人郭添財〈得票數 25 萬零 8 百 87 票，得票率 47.16%〉。無黨籍候選人張博森〈得票數 8 千 2 百 32 票，得票率 1.55%〉。無黨籍候選人蔡四結〈得票數 5 千 3 百 10 票，得票率 1%〉。

    b.縣議員部份〈應選 50 席〉：國民黨得票率 32.17%，當選 19 席。民進黨得票率 27.11%，當選 10 席。親民黨得票率 0.48%，當選 0 席。台聯得票率 0.42%，當選 0 席。無黨籍得票率 39.82%，當選 21 席。

    c.鄉鎮市長部分〈31 個鄉鎮市〉：國民黨得票率 36.66%，當選 11 席。民進黨得票率 28.83%，當選 3 席。親民黨得票率 0%，當選 0 席。台聯得票率 0%，當選 0 席。無黨籍得票率 34.51%，當選 17 席。

〈15〉台南市：

    a.市長部分：當選者爲民進黨籍候選人許添財〈得票數 14 萬 8 千 06 票，得票率 45.65%〉。落選者依序爲：國民進黨籍候選人陳榮盛〈得票數 13 萬 4 千 2 百 48 票，得票率 41.40%〉。台聯候選人錢林慧君〈得票數爲 4 萬 2 千票，得票率 12.40%〉。

    b.市議員部份〈應選 41 席〉：國民黨得票率 36.59%，當選 15 席。民進黨得票率 34.15%，當選 14 席。親民黨得票率 7.32%，當選 3 席。台聯得票率 0%，當選 0 席。無黨籍得票率 21.95%，當選 9 席。

〈16〉高雄縣：

    a.縣長部分：當選者爲民進黨之候選人楊秋興〈得票數 35 萬 3 千 2 百 32 票，得票率 59.14%〉。落選者爲：國民黨籍候選人林益世〈得票數 24 萬 4 千 4 百 15 票，得票率 40.86%〉。

    b.縣議員部份〈應選 54 席〉：國民黨得票率 50.00%，當選 27 席。民進黨得票率 29.36%，當選 16 席。親民黨得票率 5.56%，當選 3 席。台聯得票率 0%，當選 0 席。無黨籍得票率 14.81%，當選 8 席。

c.鄉鎮市長部分〈27個鄉鎮市〉：國民黨得票率37.04%，當選10席。民進黨得票率33.33%，當選9席。親民黨得票率0%，當選0席。台聯得票率0%，當選0席。無黨籍得票率29.63%，當選8席。

〈17〉屏東縣：

a.縣長部分：當選者爲民進黨籍候選人曹啓鴻〈得票數21萬6千2百票，得票率46.18%〉。落選者依序爲：國民黨籍候選人王進士〈得票數19萬5千9百28票，得票率41.86%〉。無黨籍候選人宋麗華〈得票數4萬5千2百57票，得票率9.67%〉。無黨籍候選人李景雯〈得票數1萬零7百23票，得票率2.29%〉。

b.縣議員部份〈應選55席〉：國民黨得票率29.55%，當選25席。民進黨得票率23.89%，當選12席。親民黨得票率0.37%，當選0席。台聯得票率2.53%，當選1席。無黨籍得票率43.66%，當選17席。

c.鄉鎮市長部分〈33個鄉鎮市〉：國民黨得票率39.18%，當選18席。民進黨得票率25.10%，當選2席。親民黨得票率0.95%，當選0席。台聯得票率0%，當選0席。無黨籍得票率34.75%，當選12席。

〈18〉宜蘭縣：

a.縣長部分：當選者爲國民黨籍候選人林國華〈得票數12萬1千4百63票，得票率51.40%〉。落選者依序爲：民進黨籍候選人陳定南〈得票數11萬2千8百53票，得票率47.75%〉。無黨籍候選人謝李靜宜〈得票數2千零20票，得票率0.85%〉。

b.縣議員部份〈應選34席〉：國民黨得票率43.11%，當選16席。民進黨得票34.61%，當選13席。親民黨得票率1.51%，當選0席。台聯得票率0%，當選0席。無黨籍得票率20.77%，當選5席。

c.鄉鎮市長部分〈12個鄉鎮市〉：國民黨得票率43.36%，當選6席。民進黨得票率22.36%，當選3席。親民黨得票率1.81%，當選1席。台聯得票率%，當選0席。無黨籍得票率32.47%，當選2席。

〈19〉花蓮縣：

a.縣長部分：當選者爲國民黨籍候選人謝深山〈得票數6萬6千5百75票，得票率46.18%〉。落選者依序爲：親民黨籍候選人傅崐萁〈得票數3萬8千3百79票，得票率24.59%〉。民進黨籍候選人盧博基〈得票數3萬零9百88票，得票率19.86%〉。無黨籍候選人柯賜海〈得票數2萬零1百13票，得票率12.89%〉。

b.縣議員部份〈應選33席〉：國民黨得票率57.95%，當選22席。民進黨得票率12.12%，當選4席。親民黨得票率4.75%，當選2席。台聯得票率0%，當選0席。無黨籍得票率25.18%，當選5席。

c.鄉鎮市長部分〈13個鄉鎮市〉：國民黨得票率65.70%，當選11席。民進黨得票率17.92%，當選1席。親民黨得票率5.46%，當選0席。台聯得票率0%，當選0席。無黨籍得票率10.92%，當選1席。

〈20〉台東縣：

　　a.縣長部分：當選者為無黨籍候選人吳俊立〈得票數 6 萬 2 千 1 百 89 票，得票率 59.18%〉。落選者依序為：無黨籍候選人劉櫂豪〈得票數 4 萬零 1 百 73 票，得票率 38.23%〉。無黨籍候選人彭權國〈得票數為 2 千 7 百 18 票，得票率 2.59%〉。

　　b.縣議員部份〈應選 30 席〉：國民黨得票率 56.19%，當選 16 席。民進黨得票率 4.50%，當選 0 席。親民黨得票率 0.84%，當選 1 席。台聯得票率 1.80%，當選 0 席。無黨籍得票率 36.67%，當選 13 席。

　　c.鄉鎮市長部分〈16 個鄉鎮市〉：國民黨得票率 44.39%，當選 10 席。民進黨得票率 16.48%，當選 0 席。親民黨得票率 1.02%，當選 1 席。台聯得票率 2.40%，當選 0 席。無黨籍得票率 35.72%，當選 5 席。

〈21〉澎湖縣：

　　a.縣長部分：當選者為國民黨籍候選人王乾發〈得票數 2 萬 5 千 2 百 23 票，得票率 50.69%〉。落選者依序為：民進黨籍候選人陳光復〈得票數 2 萬 3 千 9 百 64 票，得票率 48.16%〉。無黨籍候選人許敬民〈得票數 5 百 72 票，得票率 1.15%〉。

　　b.縣議員部份〈應選 19 席〉：國民黨得票率 36.84%，當選 7 席。民進黨得票率 5.26%，當選 1 席。親民黨得票率 0%，當選 0 席。台聯得票率 0%，當選 0 席。無黨籍得票率 57.89%，當選 11 席。

　　c.鄉鎮市長部分〈6 個鄉鎮市〉：國民黨得票率 50%，當選 3 席。民進黨得票率 0%，當選 0 席。親民黨得票率 0%，當選 0 席。台聯得票率 0%，當選 0 席。無黨籍得票率 50%，當選 3 席。

〈22〉金門縣：

　　a.縣長部分：當選者為新黨籍候選人李炷烽〈得票數 1 萬 7 千 3 百 59 票，得票率 54.28%〉。落選者依序為：無黨籍候選人陳福海〈得票數 1 萬 3 千 9 百 40 票，得票率 43.59%〉。無黨籍候選人陳平〈得票數 6 百 82 票，得票率 2.13%〉。

　　b.縣議員部份〈應選 18 席〉：國民黨得票率 54.04%，當選 10 席。民進黨得票率 2.92%，當選 0 席。親民黨得票率 3.46%，當選 0 席。台聯得票率 0%，當選 0 席。無黨籍得票率 39.59%，當選 8 席。

　　c.鄉鎮市長部分〈6 個鄉鎮市〉：國民黨得票率 62.92%，當選 5 席。民進黨得票率 0%，當選 0 席。親民黨得票率 0%，當選 0 席。台聯得票率 0%，當選 0 席。無黨籍得票率 37.08%，當選 1 席。

〈23〉連江縣：

　　a.縣長部分：當選者為親民黨籍候選人陳雪生〈得票數 2 千 5 百 92 票，得票率 52.90%〉。落選者依序為：無黨籍候選人楊綏生〈得票數 2 千 1 百 81 票，得票率 44.51%〉。無黨籍候選人吳軾子〈得票數 1 百 27 票，得票率 2.59%〉。

　　b.縣議員部份〈應選 9 席〉：國民黨得票率 54.55%，當選 6 席。民進黨
　　得票率 0%，當選 0 席。親民黨得票率 3.79%，當選 0 席。台聯得票率
　　0%，當選 0 席。無黨籍得票率 41.66%，當選 3 席。

　　c.鄉鎮市長部分〈4 個鄉鎮市〉：國民黨得票率 67.58%，當選 3 席。民進
　　黨得票率 12.02%，當選 0 席。親民黨得票率 3.79%，當選 0 席。台聯得
　　票率 0%，當選 0 席。無黨籍得票率 10.54%，當選 1 席。

〈十〉民國九十七年〈2008 年〉第七屆立法委員選舉

　　民國九十七年一月十二日，進行第七屆立委選舉。本次選舉是在民國九十四
年「任務型國民大會」完成第七次修憲，確定立法委員減半，由第六屆的 225 位
立委，至本屆起改為 113 席。立委任期由 3 年改為 4 年。同時立委選舉方式改為
「單一選區兩票制」：區域立委 73 席、平地原住民 3 席、山地原住民 3 席、全
國不分區 34 席。

　　泛藍陣營在本次選舉，親民黨與國民黨達成整合的選舉策略：親民黨除了連
江縣、山地原住民、平地原住民等 3 個區域選舉外，在中央選舉委員會登記的黨
籍全部以國民黨的名義參選。同時，在全國不分區部分，亦不以親民黨自身名稱
登記參選，而是與國民黨協商後，獲得部分國民黨不分區候選名額。至於新黨的
區域選舉部分，延用第六屆立委起與國民黨合作之模式：新黨區域候選人在獲得
新黨中央的認可下，改變黨籍加入國民黨，由新黨背書這些候選人為新黨之立法
委員。與親民黨不同的是，新黨在本屆則以自身之名義參與全國不分區部分之選
舉。另外，國民黨在好幾個區域選舉部分，特別禮讓無黨團結聯盟。

　　本次選舉之區域選舉部分，首次採用「單一選區相對多數決制」，亦即每個
選區只有得票最高的一位候選人可當選。依照英國、美國國會議員採行本制度可
發現，會有政黨「得票率與席次率不一定成正比」，亦即「票票不等值」之情形
發生。本次立委選舉，國民黨在區域暨原住民部分，得到 5 百 29 萬 1 千 5 百 12
票，佔 53.5%，總計獲得 61 席〈包含：國民黨本身 52 席；國親共推與親民黨背
書 7 席；新黨背書 2 席〉；全國不分區，得到 5 百零 1 萬 8 百 01 票，佔 51.23%，
共計分配 20 席〈包含：國民黨本身 17 席；國親共推與親民黨背書 3 席〉。泛藍
陣營大勝，總共獲得 81 席〈國民黨籍 69 席、親民黨籍 10 席、新黨籍 2 席〉。

　　民進黨在區域暨原住民部分，得到 3 百 86 萬 3 千 1 百 18 票，佔 38.2%，總
計獲得 13 席；全國不分區，得到 3 百 61 萬零 1 百 06 票，佔 36.91%，獲得分配
14 席。民進黨慘敗，總共僅獲得 27 席。

　　除了國、民兩大黨外，有獲得席次者：無黨團結聯盟〈獲得 23 萬 9 千 3 百
17 票，佔 2.4%，當選 3 席。〉；親民黨〈獲得 2 萬 8 千 2 百 54 票，佔 0.3%，當
選平地原住民 1 席〉；無黨籍〈獲得 39 萬 3 千 3 百 46 票，佔 4%，當選 1 席〉。
本次選舉共計當選：區域立委 73 席、平地原住民 3 席、山地原住民 3 席、全國
不分區 34 席。[235]就本屆立委選舉有以下特色：

---

[235] 〈1〉國民黨籍：丁守中、周守訓、蔣孝嚴、蔡正元、李慶安、林郁芳、黃昭順、侯彩鳳、李

1. 區域選舉採用「單一選區制」，會形成得票率與席次率不一定成正比的狀況。國民黨得到 53.5%選票，總計獲得 61 席；民進黨得到 38.2%選票，但只獲得 13 席。

2. 全國不分區部分因爲採取「兩票制」，政黨票是單獨計算，賦予小型政黨參選之機會。因之本屆立委選舉，共有 17 個政黨投入選舉，盛況空前。唯以不分區有 5%門檻之限制，故而所有參選之小黨，並無當選席次者。本次參選政黨、政團，包括如下：國民黨〈區域登記 74 人，不分區登記 34 人，合計 108 人〉；民進黨〈區域登記 71 人，不分區登記 33 人，合計 104 人〉；親民黨區域登記 3 人，合計 3 人〉；新黨〈不分區登記 10 人，合計 10 人〉；無黨團結聯盟〈區域登記 5 人，不分區登記 2 人，合計 7 人〉；台灣團結聯盟〈區域登計 13 人，不分區登記 15 人，合計 28 人〉；制憲聯盟〈區域登記 12 人，不分區登記 3 人，合計 15 人〉；第三社會黨〈區域登記 10 人，不分區登記 5 人，合計 15 人〉；台灣農民黨〈區域登記 10 人，不分區登記 8 人，合計 18 人；公民黨〈區域登記 10 人，不分區登記 4 人，合計 14 人〉；綠黨〈區域登記 10 人，不分區登記 4 人，合計 14 人〉；紅黨〈區域登記 11 人，不分區登記 7 人，合計 18 人〉；客家黨〈區域登記 10 人，不分區登記 3 人，合計 13 人〉；大道慈悲濟世黨〈區域登記 8 人，合計 8 人〉；民主自由黨〈區域登記 5 人，合計 5 人〉；洪運忠義黨〈區域登記 1 人，合計 1 人〉；世界和平黨〈區域登記 1 人，合計 1 人〉；無黨籍〈區域登記 41 人，合計 41 人〉。

3. 本次立委選舉亦有 2 個公投案之「公投綁大選」。民國九十五年國內倒扁風潮時，時任民進黨主席游錫堃發動連署「追討國民黨黨產」公投；同時，國民黨爲了反制民進黨，亦發動「反貪腐公投」。

民進黨與中央選舉委員會，支持「一階段領投票」（在進投票所一次領完選舉票和公投選票，但公投選票可以選擇不領）。但泛藍陣營認爲，由於本次議題爲針對國民黨黨產問題，民進黨企圖藉此在投票所內宣傳（投票所內不得助選），一則，增加自身的立委選舉得票率；再則，防止公投人數不夠而失敗。國民黨乃提出「二階段領投票」（進投票所後，先進行選舉投票後，再進行公

復興、吳育昇、黃志雄、林鴻池、張慶忠、林德福、盧嘉辰、羅明才、李慶華、謝國樑、林建榮、陳根德、廖正井、吳志揚、楊麗環、朱鳳芝、孫大千、邱鏡淳、呂學樟、李乙廷、劉銓忠、江連福、徐中雄、楊瓊瓔、蔡錦隆、盧秀燕、陳秀卿、林滄敏、鄭汝芬、蕭景田、吳敦義、林明溱、張嘉郡、張碩文、翁重鈞、江義雄、林益世、江玲君、王進士、黃健庭、曹爾忠、廖國棟、楊仁福、簡東明、孔文吉、王金平、洪秀柱、曾永權、潘維剛、邱毅、陳杰、李紀珠、趙麗雲、李嘉進、廖婉汝、紀國棟、李明星、郭素春、劉盛良、鄭麗文、帥化民、徐少萍。

〈2〉民進黨籍：管碧玲、郭玫成、林淑芬、余天、張花冠、葉宜津、黃偉哲、李俊毅、陳亭妃、賴清德、陳啓昱、蘇震清、潘孟安、陳節如、蔡煌瑯、涂醒哲、邱議瑩、柯建銘、黃淑英、王幸男、薛凌、高志鵬、陳瑩、余政道、翁金珠、蔡同榮、田秋堇。

〈3〉親民黨：李鴻鈞、吳清池、徐耀昌、黃義交、鍾紹和、傅崑萁、林正二、鄭金玲、張顯耀、羅淑蕾。

〈4〉新黨：費鴻泰、賴士葆。

〈5〉無黨團結聯盟：顏清標、林炳坤、高金素梅。

〈6〉無黨籍：陳福海。

民投票，公投選票仍可以選擇不領〉。此時乃引發了一連串的「一階段、兩階段」爭議，更導致泛藍執政縣市與民進黨執政的中央政府對峙局面。陳水扁總統更在公開場合揚言，二階級領投票的選舉無效。

最後，中央選舉委員會爲求解決爭議，決議將一階段領投票的方案改爲「只要選民不離投票所，可以分兩個階段領投選舉票與公投票」。國民黨仍不滿一階段領投票，可能會造成不想領公投票的民眾誤領，造成選舉上的爭議，亦爲防黨產公投因而過關。於是國民黨在選舉前，正式決定採取「拒領公投票」策略來反對第三案「討黨產」、第四案「反貪腐」之「公投綁大選」。

4.本次選舉泛藍陣營大勝，獲得立法院四分之三席次，國民黨本身在立委全部113 席中獲得 81 席。陳水扁在選舉當晚宣佈辭去民進黨主席，由黨內總統參選人謝長廷代理黨主席。一月十四日，民進黨召開臨時中執會，正式決議由謝長廷代理民進黨黨主席，以面對 2 個月後的總統大選。

〈十一〉民國九十七年〈2008 年〉第十二屆總統、副總統選舉

第十二屆總統、副總統選舉在民國九十七年三月二十二日舉行，也就是在第七屆立委選舉後的二個月進行。國民黨提名正、副總統候選人馬英九、蕭萬長〈馬蕭配〉，面對民進黨提名正、副總統候選人謝長廷、蘇貞昌〈謝蘇配〉。「馬蕭配」拿下 7 百 65 萬 8 千 7 百 24 票〈得票率 58.45%〉，大勝「謝蘇配」之 5 百 44 萬 5 千 2 百 39 票〈得票率 41.55%〉，兩組之得票數差距達 2 百 21 萬 3 千 4 百 85 票。馬、蕭的得票數、得票率雙雙創下民選總統之最高，並是我國總統民選以來第二次政黨輪替。

第十二屆總統、副總統選舉馬英九、蕭萬長在全國 25 個直轄市、縣、市中，贏得全部泛藍執政的 18 個直轄市、縣、市，並攻下綠營執政的高雄市、台南市。謝長廷、蘇貞昌只守住了南部執政的農業縣：雲林縣、嘉義縣、台南縣、高雄縣、屏東縣。有關各縣市兩組候選人之得票數、得票率，列述如下：

1.台北市：馬蕭配獲得 1 百零 1 萬 1 千 5 百 46 票〈得票率 63.03%〉；謝蘇配獲得 59 萬 3 千 2 百 56 票〈得票率 36.97%〉。馬蕭配勝 41 萬 8 千 2 百 90 票。

2.高雄市：馬蕭配獲得 46 萬 9 千 2 百 52 票〈得票率 51.59%〉；謝蘇配獲得 44 萬零 3 百 67 票〈得票率 48.41%〉。馬蕭配勝 2 萬 8 千 8 百 85 票。

3.台北縣：馬蕭配獲得 1 百 35 萬 9 千 1 百 29 票〈得票率 61.05%〉；謝蘇配獲得 86 萬 7 千 2 百 05 票〈得票率 38.95%〉。馬蕭配勝 49 萬 1 千 9 百 24 票。

4.基隆市：馬蕭配獲得 15 萬 2 千 3 百 27 票〈得票率 67.73%〉；謝蘇配獲得 7 萬 2 千 5 百 62 票〈得票率 32.27%〉。馬蕭配勝 7 萬 9 千 7 百 65 票。

5.宜蘭縣：馬蕭配獲得 13 萬零 9 百 51 票〈得票率 51.42%〉；謝蘇配獲得 12 萬 3 千 7 百票〈得票率 48.58%〉。馬蕭配勝 7 千 2 百 51 票。

6.桃園縣：馬蕭配獲得 69 萬 3 千 6 百 02 票〈得票率 64.64%〉；謝蘇配獲得 37 萬 9 千 4 百 16 票〈得票率 35.36%〉。馬蕭配勝 31 萬 4 千 1 百 86 票。

7.新竹縣：馬蕭配獲得 20 萬 8 千 4 百 45 票〈得票率 74.02%〉；謝蘇配獲得 7

萬3千1百78票〈得票率28.98%〉。馬蕭配勝13萬5千2百67票。

8.新竹市：馬蕭配獲得14萬5千9百30票〈得票率64.70%〉；謝蘇配獲得7萬9千6百34票〈得票率35.30%〉。馬蕭配勝6萬6千2百96票。

9.苗栗縣：馬蕭配獲得22萬7千零69票〈得票率70.99%〉；謝蘇配獲得9萬2千7百95票〈得票率29.01%〉。馬蕭配勝13萬4千2百74票。

10.台中縣：馬蕭配獲得50萬5千6百98票〈得票率58.84%〉；謝蘇配獲得35萬3千7百06票〈得票率41.16%〉。馬蕭配勝15萬1千9百92票。

11.台中市：馬蕭配獲得36萬5千9百79票〈得票率61.74%〉；謝蘇配獲得22萬6千7百51票〈得票率38.26%〉。馬蕭配勝13萬9千2百28票。

12.彰化縣：馬蕭配獲得41萬9千7百票〈得票率57.59%〉；謝蘇配獲得30萬9千1百34票〈得票率42.41%〉。馬蕭配勝11萬零5百66票。

13.南投縣：馬蕭配獲得17萬9千6百30票〈得票率62.03%〉；謝蘇配獲得10萬9千9百55票〈得票率37.97%〉。馬蕭配勝6萬9千6百75票。

14.雲林縣：馬蕭配獲得18萬7千7百05票〈得票率48.47%〉；謝蘇配獲得19萬9千5百58票〈得票率51.53%〉。謝蘇配勝1萬1千8百53票。

15.台南市：馬蕭配獲得22萬3千零34票〈得票率50.71%〉；謝蘇配獲得21萬6千8百15票〈得票率49.29%〉。馬蕭配勝6千2百19票。

16.台南縣：馬蕭配獲得27萬6千7百51票〈得票率43.85%〉；謝蘇配獲35萬4千4百09票〈得票率56.15%〉。謝蘇配勝7萬7千6百58票。

17.高雄縣：馬蕭配獲得35萬3千3百33票〈得票率48.59%〉；謝蘇配獲37萬3千9百票〈得票率51.41%〉。謝蘇配勝2萬零5百67票。

18.屏東縣：馬蕭配獲得24萬7千3百05票〈得票率49.75%〉；謝蘇配獲24萬9千7百95票〈得票率50.25%〉。謝蘇配勝2千4百90票。

19.嘉義縣：馬蕭配獲得13萬9千6百03票〈得票率45.56%〉；謝蘇配獲16萬6千8百33票〈得票率54.44%〉。謝蘇配勝2萬7千2百30票。

20.嘉義市：馬蕭配獲得7萬9千7百13票〈得票率52.39%〉；謝蘇配獲得7萬2千4百42票〈得票率47.61%〉。馬蕭配勝7千2百71票。

21.澎湖縣：馬蕭配獲得2萬5千零37票〈得票率57.93%〉；謝蘇配獲得1萬8千1百81票〈得票率42.07%〉。馬蕭配勝6千8百58票。

22.花蓮縣：馬蕭配獲得13萬7千6百04票〈得票率77.48%〉；謝蘇配獲得4萬零3票〈得票率22.52%〉。馬蕭配勝9萬7千6百01票。

23.台東縣：馬蕭配獲得8萬1千6百68票〈得票率73.32%〉；謝蘇配獲得2萬9千7百14票〈得票率26.68%〉。馬蕭配勝5萬1千9百54票。

24.金門縣：馬蕭配獲得3萬3千3百84票〈得票率95.13%〉；謝蘇配獲得1千7百10票〈得票率4.87%〉。馬蕭配勝3萬1千6百74票。

25.連江縣：馬蕭配獲得4千3百29票〈得票率95.16%〉；謝蘇配獲得2百20票〈得票率4.84%〉。馬蕭配勝4千1百09票。

〈十二〉民國九十八年〈2009年〉縣市長、縣市議員、鄉鎮市長選舉

　　民國八十九年十二月五日實施「三合一」選舉：為台灣省第16屆縣市長、鄉鎮市長選舉、第17屆縣市議員選舉〈新竹市、嘉義市改制較晚，故為第8屆〉；以及福建省金門縣、連江縣第5屆縣市長、縣市議員、鄉鎮長選舉。

　　本次選舉是民國九十七年總統大選後，也是第二次政黨輪替之後，中國國民黨馬英九總統面對的第一場全國性選舉，被視為對新政府的信任投票。本次選舉結果有以下之特色：

1. 縣市長部分，國民黨仍保有多數的席次，共獲得17席中的12席，連同脫黨參選者共有13席。〈台北縣、台中縣、台中市、台南市、台南縣、高雄縣因升格為直轄市，不參與本次選舉，併入民國九十九年之「五都選舉」〉。

2. 民進黨雖然只取得4席，但成功地奪回國民黨執政，被視為指標的「宜蘭縣」。

3. 國民黨已出現警訊，在本次縣市長選舉部分，國民黨與民進黨已經是旗鼓相當，兩黨得票率只有2.5%的差距。許多國民黨的「票倉」，如桃園縣、台東縣等都出現兩黨得票數相當的情況。輿論並解讀為對馬英九施政不佳的反應，也是民進黨走出低潮期的徵兆。

4. 縣市議員與鄉鎮市長部分，國民黨仍然獲得近半數或過半數席次，且得票均大幅領先民進黨。無黨籍當選者比例仍維持過去地方選舉之水準。

5. 本屆選出之縣市長、縣市議員、鄉鎮市長，將配合民國九十九年二月三日，修正公布之「地方制度法」，本屆選出將於民國一〇二年十二月二十日任滿之縣市長、與將於民國一〇三年三月一日任滿之縣市議員、鄉鎮市長，任期都將調整延長至民國一〇三年十二月二十五日止，以配合該年之「地方公職七合一選舉」— 直轄市長、直轄市議員、縣市長、縣市議員、鄉鎮市長、鄉鎮市民代表、村里長選舉。

1.縣、市長選舉

　　本次第16屆縣市長選舉，國民黨得票數為2百零9萬4千5百18票，得票率為47.88%，當選12席。民進黨得票數為1百98萬2千9百14票，得票率為45.32%，當選4席。無黨籍得票數為28萬1千6百93票，得票率為6.44%，當選1席。另有客家黨得票數為1萬5千8百07票，得票率為0.36%，沒有當選席次。

　　本次各縣、市長選舉情形如下：

〈1〉國民黨獲勝之縣市：a.基隆市長：張通榮。b.桃園縣長：吳志揚。c.新竹縣長：邱鏡淳。d.新竹市長：許明財。e.苗栗縣長：劉政鴻。f.彰化縣長：卓伯源。g.南投縣長：李朝卿。h.嘉義市長：黃敏惠。i.台東縣長：黃健庭。j.澎湖縣長：王乾發。k.金門縣長：李沃士。l.連江縣長：楊綏生。

〈2〉民進黨獲勝之縣市：a.宜蘭縣：林聰賢。b.雲林縣：蘇治芬。c.嘉義縣：張花冠。d.屏東縣：曹啟鴻。

〈3〉無黨籍獲勝之縣市：花蓮縣：傅崐萁。

2.縣、市議員選舉

本次第 17 屆縣、市議員〈新竹市、嘉義市第 8 屆〉選舉，共有 587 席。各政黨得票總數、得票率、當選席次如下：

〈1〉 國民黨得票數 1 百 92 萬零 86 票，得票率 43.94%，當選 289 席。

〈2〉 民進黨得票數 1 百 06 萬 7 千零 10 票，得票率 24.42%，當選 128 席。

〈3〉 台灣團結聯盟得票數 2 萬 7 千 2 百 86 票，得票率 0.62%，當選 3 席。

〈4〉 親民黨得票數 5 千 7 百 48 票，得票率 0.13%，當選 1 席。

〈5〉 勞動黨得票數 4 千 7 百 36 票，得票率 0.11%，當選 1 席。

〈6〉 綠黨得票數 8 百 43 票，得票率 0.02%，當選 0 席。

〈7〉 台灣國民黨得票數 2 百 08 票，得票率小於 0.01%，當選 0 席。

〈8〉 無黨籍得票數 1 百 34 萬 4 千 2 百 32 票，得票率 30.76%，當選 170 席。

本次各縣、市議員選舉情形如下：

〈1〉基隆市：議長：黃景泰〈國民黨〉、副議長：曾水源〈國民黨〉。各黨當選席次數：國民黨〈20 席〉、民進黨〈9 席〉、親民黨〈1 席〉、無黨籍〈2 席〉。

〈2〉宜蘭縣：議長：張建榮〈國民黨〉、副議長：李清林〈國民黨〉。各黨當選席次數：國民黨〈17 席〉、民進黨〈15 席〉、無黨籍〈2 席〉。

〈3〉基隆市：議長：邱奕勝〈國民黨〉、副議長：李曉鐘〈國民黨〉。各黨當選席次數：國民黨〈30 席〉、民進黨〈17 席〉、無黨籍〈13 席〉。

〈4〉新竹縣：議長：陳見賢〈國民黨〉、副議長：林為洲〈國民黨〉。各黨當選席次數：國民黨〈23 席〉、民進黨〈2 席〉、勞動黨〈1 席〉、無黨籍〈9 席〉。

〈5〉新竹市：議長：謝文進〈無黨籍〉、副議長：孫錫洲〈無黨籍〉。各黨當選席次數：國民黨〈12 席〉、民進黨〈7 席〉、無黨籍〈14 席〉。

〈6〉苗栗縣：議長：游忠鈿〈國民黨〉、副議長：陳明朝〈國民黨〉。各黨當選席次數：國民黨〈20 席〉、民進黨〈4 席〉、無黨籍〈14 席〉。

〈7〉彰化縣：議長：謝典霖〈國民黨〉、副議長：白閔傑〈無黨籍〉。各黨當選席次數：國民黨〈26 席〉、民進黨〈14 席〉、無黨籍〈14 席〉。

〈8〉南投縣：議長：何勝豐〈國民黨〉、副議長：潘一全〈國民黨〉。各黨當選席次數：國民黨〈15 席〉、民進黨〈5 席〉、無黨籍〈17 席〉。

〈9〉雲林縣：議長：蘇金煌〈國民黨〉、副議長：林逢錦〈無黨籍〉。各黨當選席次數：國民黨〈13 席〉、民進黨〈13 席〉、台聯黨〈1 席〉、無黨籍〈16 席〉。

〈10〉嘉義縣：議長：余政達〈無黨籍〉、副議長：張明達〈民進黨〉。各黨當選席次數：國民黨〈10 席〉、民進黨〈16 席〉、無黨籍〈11 席〉。

〈11〉嘉義市：議長：林承勳〈無黨籍〉、副議長：邱芳欽〈無黨籍〉。各黨當選席次數：國民黨〈8 席〉、民進黨〈6 席〉、台聯黨〈1 席〉、無黨籍〈9 席〉。

〈12〉屏東縣：議長：林清都〈國民黨〉、副議長：劉水復〈無黨籍〉。各黨
　　當選席次數：國民黨〈25 席〉、民進黨〈12 席〉、無黨籍〈18 席〉。
〈13〉台東縣：議長：饒慶齡〈國民黨〉、副議長：陳宏宗〈國民黨〉。各黨
　　當選席次數：國民黨〈22 席〉、民進黨〈1 席〉、台聯黨〈1 席〉、無黨
　　籍〈6 席〉。
〈14〉花蓮縣：議長：楊文值〈國民黨〉、副議長：賴進坤〈國民黨〉。各黨
　　當選席次數：國民黨〈25 席〉、民進黨〈5 席〉、無黨籍〈3 席〉。
〈15〉澎湖縣：議長：劉陳昭玲〈國民黨〉、副議長：藍俊逸〈國民黨〉。各
　　黨當選席次數：國民黨〈10 席〉、民進黨〈2 席〉、無黨籍〈7 席〉。
〈16〉金門縣：議長：王再生〈無黨籍〉、副議長：許建中〈國民黨〉。各黨
　　當選席次數：國民黨〈9 席〉、無黨籍〈10 席〉。
〈17〉連江縣：議長：陳貴忠〈無黨籍〉、副議長：曹以標〈無黨籍〉。各黨
　　當選席次數：國民黨〈4 席〉、無黨籍〈5 席〉。

3.鄉、鎮、市長選舉

　　本次各縣之鄉、鎮、市長選舉，共有 211 席。各政黨得票總數、得票率、當
選席次如下：
〈1〉　國民黨得票數 1 百 86 萬 5 千 1 百 59 票，得票率 48.82%，當選 121 席。
〈2〉　民進黨得票數 76 萬 5 千 8 百 16 票，得票率 20.04%，當選 34 席。
〈3〉　大道慈悲濟世黨得票數 7 千 9 百 66 票，得票率 0.21%，當選 0 席。
〈4〉　中華統一促進黨得票數 2 千 2 百 57 票，得票率 0.06%，當選 0 席。
〈5〉　無黨籍得票數 1 百 09 萬 5 千 1 百 28 票，得票率 28.00%，當選 56 席。
　　本次各縣之鄉鎮市長選舉，各黨獲得席次情形如下：
〈1〉宜蘭縣：　國民黨〈6 席〉、民進黨〈4 席〉、無黨籍〈2 席〉
〈2〉桃園縣：　國民黨〈7 席〉、民進黨〈2 席〉、無黨籍〈4 席〉
〈3〉新竹縣：　國民黨〈11 席〉、無黨籍〈2 席〉
〈4〉苗栗縣：　國民黨〈14 席〉、無黨籍〈4 席〉
〈5〉南投縣：　國民黨〈8 席〉、民進黨〈1 席〉、無黨籍〈4 席〉
〈6〉彰化縣：　國民黨〈15 席〉、民進黨〈2 席〉、無黨籍〈9 席〉
〈7〉雲林縣：　國民黨〈2 席〉、民進黨〈6 席〉、無黨籍〈12 席〉
〈8〉嘉義縣：　國民黨〈5 席〉、民進黨〈8 席〉、無黨籍〈5 席〉
〈9〉屏東縣：　國民黨〈12 席〉、民進黨〈10 席〉、無黨籍〈11 席〉
〈10〉澎湖縣：國民黨〈6 席〉、民進黨〈4 席〉、無黨籍〈2 席〉
〈11〉花蓮縣：國民黨〈12 席〉、民進黨〈1 席〉
〈12〉台東縣：國民黨〈14 席〉、無黨籍〈2 席〉
〈13〉金門縣：國民黨〈6 席〉
〈14〉連江縣：國民黨〈4 席〉

〈十三〉民國九十九年〈2010年〉五都市長、市議員選舉

民國九十九年「五都選舉」包括了5個直轄市長、直轄市議員之選舉。除了「台北市」依其原有建置外,「新北市」是由原來的台北縣改制而成,「台中市」是由原來之台中縣、台中市合併改制而成,「台南市」是由原來之台南縣、台南市合併改制而成,「高雄市」是由原來之高雄縣、高雄市合併改制而成。本次「五都選舉」包括以下幾層意義:

1.本次選舉被一般視爲,乃接續前一年〈民國九十八年〉縣市長選舉後,再一次對國民黨馬英九總統的信任投票之檢驗。由於5個直轄市人口多達1370萬,佔台灣總人口數60%,故而也被賦予觀察2012年總統大選前哨戰之特殊意義。

2.這次是台灣地方自治史上,第一次的「五都選舉」。選舉結果:「藍」3、「綠」2。台北市、新北市、台中市依舊「藍天」,高雄市、台南市維持「綠地」。雖然表面的呈現與選前維持一樣,但實際內涵值得國民黨執政當局警惕。國民黨在2008年總統大選,於今日五都範圍內,大贏民進黨約110萬票。本次五都選舉國民黨倒輸民進黨40萬票。來回之間,國民黨流失150萬票。民進黨的總選票爲49.87%,領先國民黨的44.54%。

3.國民黨除了台北市郝龍斌未使蘇貞昌突破傳統的綠色版圖外,新北市當選的朱立倫只贏對手蔡英文約11萬票〈上一屆周錫瑋勝過羅文嘉19餘萬票〉,台中市長胡志強更只贏蘇嘉全約3萬票,南二都國民黨與民進黨更出現懸殊的差距。

五都選舉之直轄市長、直轄市議員選舉,有關各黨、各候選人得票數、當選情形分別列述如下:

1.直轄市長選舉:

〈1〉台北市長選舉:

本次台北市長選舉共有5位候選人,基本上仍是國、民兩黨對決的狀況。國民黨推薦的候選人郝龍斌是競選蟬聯。郝龍斌這次選舉的主軸是「台北起飛,Fly High!」,並與同黨籍的新北市長候選人朱立倫共同提出:「大台北黃金雙子城」、「黃金十年、北北共存」等合作政見,表達將從交通、產業等打造北北兩都。

民進黨候選人蘇貞昌以「台北超越台北」爲競選主軸,並提出「遠見的基礎是實踐」。蘇貞昌提出了文化、教育、公共工程、交通、都市發展、國際化等政策白皮書。

選舉當天,台北市民投票率爲70.65%。選舉結果國民黨郝龍斌獲勝,當選台北市長。郝龍斌獲得79萬7千8百65票。得票率爲:55.65%。落選者依序爲:民進黨蘇貞昌獲得62萬8千1百29票。得票率爲:43.81%;無黨籍吳武明獲得3千6百72票。得票率爲:0.26%;無黨籍蕭淑華獲得2千2百38票。得票率爲:0.16%。無黨籍吳炎成獲得1千8百32票。得票率爲:0.13%。

〈2〉新台北市長選舉:

新北市長選舉是國、民兩黨競逐的局面。國民黨提名的候選人朱立倫，與民進黨提名的候選人蔡英文對壘。朱立倫提出「新新台北、新首都」之競選主軸，提出「三環三線、我能做到」等捷運交通政見。並與台北市郝龍斌共同提出合作計畫。

民進黨候選人蔡英文以「I Love New 新幸福、新時代」為競選主軸。蔡英文提出「新市民主義運動」，並發表「新北市政策白皮書」。其政策包括：十大區域建設、新幸福工程、社會住宅、完善之交通網路規劃等。

選舉當天，新台北市民投票率為71.25%。選舉結果國民黨朱立倫獲勝，當選新台北市長。朱立倫獲得1百11萬5千5百36票。得票率為：52.61%。落選者為民進黨蔡英文獲得1百萬零4千9百票。得票率為：47.39%。

〈3〉台中市長選舉：

台中市長選舉是國、民兩黨競逐的局面。國民黨提名的候選人胡志強，與民進黨提名的候選人蘇嘉全對抗。胡志強提出「世界的大台中」之競選主軸，提出大台中市的國際視野。

民進黨候選人蘇嘉全以「大台中新政，新才有未來」為競選主軸。蘇嘉全提出藍色海線、蘇活花園城市、打造文創綠金新市鎮、工藝樂活新都心、文化藝術特區等政見主張。

選舉當天，台中市民投票率為73.15%。選舉結果國民黨胡志強獲勝，當選台中市長。胡志強獲得73萬零2百84票。得票率為：51.12%。落選者為民進黨蘇嘉全獲得69萬8千3百58票。得票率為：48.88%。

〈4〉台南市長選舉：

台南市長選舉是國、民兩黨競逐的局面。國民黨提名的候選人郭添財，與民進黨提名的候選人賴清德對抗。郭添財提出「教育」、「經濟」之競選主軸，發表「青年圓夢」計畫。郭添財強調他之參選本著「誠意正心、腳踏實地、團結四方、贏取勝利」。

民進黨候選人賴清德以「看見未來，富足大台南」為競選主軸。賴清德提出「台灣文化歷史首都」、「綠能產業」、「精緻、樂活、新農業」、「幸福女人、真愛台南」等政見主張。

選舉當天，台南市民投票率為71.01%。選舉結果民進黨賴清德大勝，當選台南市長。賴清德獲得61萬9千8百97票。得票率為：60.41%。落選者為國民黨郭添財獲得40萬6千1百96票。得票率為：39.59%；

〈5〉高雄市長選舉：

高雄市長選舉是三位候選人競逐的局面。國民黨提名的候選人黃昭順、民進黨提名的候選人陳菊，以及無黨籍參選的前高雄縣長楊秋興。

國民黨黃昭順以「拼經濟、救高雄」為競選主軸，發表「高雄再起、十大主張」、「產業再生、四大方針」等政見。

民進黨候選人陳菊以「最愛生活在高雄」為競選主軸。陳菊表示她的施政以「人民的生活」為基礎，讓愛充滿大高雄，使居住在高雄的人們都感受到幸福。

　　無黨籍參選的前高雄縣長楊秋興以三大軸心:「南方自主、在地幸福」、「南方小巨人、高雄最佳 CEO」、「樂、定、心、做、願」作爲未來施政之方針。

　　選舉當天,高雄市民投票率爲 72.52%。選舉結果民進黨陳菊大勝,當選高雄市長。陳菊獲得 82 萬 1 千零 89 票。得票率爲:52.8%。落選者依序爲:無黨籍楊秋興獲得 41 萬 4 千 9 百 50 票。得票率爲:26.68%;國民黨籍黃昭順獲得 31 萬 9 千 1 百 71 票,得票率爲:20.52%。

2.直轄市議員選舉:

〈1〉台北市議員選舉:

　　本次爲第 11 屆台北市議員選舉。應選名額 62 席,比上一屆增加 10 席。本屆台北市議員參選爆炸,國民黨提名達 33 人,超過應選名額之半數,展現強烈之企圖心。民進黨亦提名 30 人之多。親民黨推出 7 位候選人、新黨推出 5 人、台聯推出 4 人、台灣綠黨推出 5 人、無黨籍則有 25 人。

　　選舉結果,依各黨當選之順序:國民黨獲得 63 萬 7 千 2 百 55 票,得票率:44.93%,當選 31 席。民進黨獲得 51 萬 6 千 1 百 40 票,得票率:36.39%,當選 23 席。新黨獲得 7 萬 4 千 1 百 16 票,得票率:5.23%,當選 3 席。親民黨獲得 6 萬 5 千 5 百 50 票,得票率:4.62%,當選 2 席。台聯黨獲得 3 萬 6 千 3 百 02 票,得票率:2.56%,當選 1 席。無黨籍及未經政黨推薦者,獲得 7 萬 2 千 4 百 55 票,得票率:5.11%,當選 2 席。台灣綠黨獲得 1 萬 6 千 3 百 29 票,得票率:1.15%,當選 0 席。制憲聯盟獲得 1 百 88 票,得票率:0.11%,當選 0 席。

　　a.國民黨當選台北市議員:賴素如、吳碧珠、黃平洋、秦慧珠、闕枚莎、吳世正、陳義洲、陳永德、戴錫欽、陳麗輝、王正德、楊實秋、陳玉梅、吳志剛、林晉章、王浩、葉林傳、鍾小平、郭昭巖、應曉薇、林奕華、李新、李彥秀、歐陽龍、李慶元、秦儷舫、王欣儀、厲耿桂芳、陳錦祥、李芳儒、李傅中武。

　　b.民進黨當選台北市議員:莊瑞雄、何志偉、陳碧峰、林世宗、高嘉瑜、江志銘、王孝維、李建昌、洪健益、許淑華、張茂楠、王世堅、簡余晏、梁文傑、劉耀仁、顏聖冠、童仲彥、周威佑、徐佳青、周柏雅、阮昭雄、李慶鋒。

　　c.新黨當選台北市議員:陳彥伯、潘懷宗、王鴻薇。

　　d.親民黨當選台北市議員:林國成、黃珊珊。

　　e.台聯黨當選台北市議員:陳建銘。

　　f.無黨籍當選台北市議員:林瑞圖、陳政忠。

〈2〉新北市議員選舉:

　　本次第一屆新北市議員應選名額 66 席。選舉結果,依各黨當選順序:國民黨獲得 83 萬 1 千 5 百 90 票,得票率:39.74%,當選 30 席。民進黨獲得 72 萬 4 千 8 百 07 票,得票率:34.64%,當選 28 席。親民黨獲得 4 萬零 7 百 55 票,得票率:1.95%,當選 0 席。台聯黨獲得 3 萬 3 千 7 百 89 票,得票率:1.61%,當選 0 席。新黨獲得 1 萬 8 千 8 百 07 票,得票率:0.9%,當選 0 席。台灣綠黨獲得 8 千 3 百 21 票,得票率:0.4%,當選 0 席。無黨籍及未經政黨推薦者,獲得 43 萬 4 千 3 百 68 票,得票率:20.76%,當選 8 席。

a.國民黨當選新北市議員：鄭戴麗香、蔣根煌、黃林玲玲、蔡淑君、陳明義、陳幸進、黃桂蘭、胡淑蓉、林國春、曾煥嘉、劉美芳、周勝考、金瑞龍、陳錦錠、邱烽堯、金介壽、連斐璠、陳鴻源、洪佳君、黃永昌、蔡黃隆、王明麗、劉哲彰、陳儀君、許正鴻、白珮茹、廖正良、忠仁‧達祿斯、王建章

b.民進黨當選新北市議員：呂子昌、陳文治、何淑峯、張晉婷、陳科名、賴秋媚、李余典、鄭金隆、李倩萍、陳啓能、李坤城、張宏陸、王淑慧、李婉鈺、黃俊哲、林秀惠、張瑞山、許昭興、吳琪銘、陳世榮、林銘仁、彭成龍、高敏慧、陳永福、顏世雄、沈發惠、周雅玲、夷將‧拔路兒。

c.無黨籍當選新北市議員：蔡錦賢、李翁月娥、廖裕德、江永昌、游輝廷、蘇有仁、宋進財、金中玉。

〈3〉台中市議員選舉：

本次第一屆台中市議員應選名額 63 席。選舉結果，依各黨當選順序：國民黨獲得 53 萬 1 千 3 百 65 票，得票率：37.64%，當選 27 席。民進黨獲得 46 萬零 3 百 45 票，得票率：32.61%，當選 24 席。台聯黨獲得 2 萬 4 千 3 百 96 票，得票率：1.73%，當選 1 席。親民黨獲得 9 千 2 百 47 票，得票率：0.66%，當選 1 席。無黨籍及未經政黨推薦者，獲得 38 萬 6 千 2 百 17 票，得票率：27.36%，當選 10 席。

a.國民黨當選台中市議員：李榮鴻、蘇麗華、林汝洲、林士昌、吳瓊華、陳本添、賴朝國、吳顯森、羅永珍、黃馨慧、楊正中、張廖乃綸、劉士州、朱暖英、沈佑蓮、陳成添、賴順仁、陳天汶、陳有江、張宏年、洪嘉鴻、林珮涵、李中、李麗華、蘇慶雲、黃仁、林榮進。

b.民進黨當選台中市議員：吳敏鴻、楊典忠、陳世凱、謝志忠、翁美春、廖述鎮、許水彬、張廖萬堅、陳淑華、張耀中、何文海、曾朝榮、王岳彬、蔡雅玲、賴佳微、黃國書、邱素貞、何敏誠、何明杰、黃秀珠、何欣純、李天生、劉錦和、蔡成圭。

c.台聯黨當選台中市議員：高基讚。

d.親民黨當選台中市議員：段緯宇。

e.無黨籍當選台中市議員：楊永昌、張清堂、尤管鈴、陳詩哲、黃錫嘉、陳清龍、蕭隆澤、賴義鍠、江勝雄、張滄沂。

〈4〉台南市議員選舉：

本次第一屆台南市議員應選名額 57 席。選舉結果，依各黨當選順序：民進黨獲得 37 萬 8 千 1 百 39 票，得票率：37.01%，當選 27 席。國民黨獲得 28 萬 8 千 8 百 61 票，得票率：28.27%，當選 13 席。親民黨獲得 5 千 7 百 74 票，得票率：0.57%，當選 0 席。台聯黨獲得 4 千 7 百 01 票，得票率：0.46%，當選 0 席。新黨獲得 8 百 10 票，得票率：0.08%，當選 0 席。台灣民意黨獲得 1 百 38 票，得票率：0.01%，當選 0 席。無黨籍及未經政黨推薦者，獲得 34 萬 3 千 3 百票，得票率：33.6%，當選 17 席。

a.民進黨當選台南市議員：賴美惠、賴惠員、李退之、侯澄財、陳文賢、楊麗

玉、蔡蘇秋金、陳朝來、蔡秋蘭、梁順發、林志聰、王峻潭、郭國文、林宜瑾、陳秋萍、郭信良、郭清華、陳怡珍、唐碧娥、邱莉莉、李文正、王定宇、蔡旺詮、陸美祈、莊玉珠、陳進益、曾王雅雲。

b.國民黨當選台南市議員：張世賢、李文俊、李坤煌、林燕祝、陳進義、黃麗招、謝龍介、盧坤福、陳文科、曾培雅、蔡淑惠、林美燕、蔡玉枝。

c.無黨籍當選台南市議員：陳進雄、顏炎釧、謝財旺、郭秀珠、吳通龍、林全忠、施重男、林慶鎮、林炳利、李宗富、洪玉鳳、曾順良、吳健保、張伯祿、陳特清、杜素吟、曾秀娟。

〈5〉高雄市議員選舉：

　　本次第一屆高雄市議員總共 66 席。選舉結果，依各黨當選順序：國民黨獲得 60 萬 1 千零 83 票，得票率：39.08%，當選 29 席。民進黨獲得 56 萬 4 千 3 百 97 票，得票率：36.7%，當選 28 席。親民黨獲得 3 萬零 3 百 35 票，得票率：1.97%，當選 1 席。台聯黨獲得 2 萬 7 千 1 百 71 票，得票率：1.77%，當選 0 席。新黨獲得 1 千 3 百 17 票，得票率：0.09%，當選 0 席。無黨籍及未經政黨推薦者，獲得 31 萬 3 千 5 百 86 票，得票率：20.39%，當選 8 席。

a.國民黨當選高雄市議員：林義迪、李長生、蘇琦莉、許福森、陸淑美、曾水文、陳麗珍、陳玫娟、李眉蓁、藍星木、周鍾、吳利成、蔡金晏、陳美雅、黃柏霖、童燕珍、曾俊傑、莊啓旺、許崑源、劉德林、陳粹鑾、李雅靜、林國正、曾麗燕、陳麗娜、黃天煌、洪秀錦、柯路加、孫慶龍。

b.民進黨當選高雄市議員：林富寶、張文瑞、陳明澤、陳政聞、翁瑞珠、林瑩蓉、張豐藤、林芳如、錢聖武、張勝富、李喬如、連立堅、黃淑美、康裕成、洪平朗、林武忠、郭建盟、周玲妏、蕭永達、顏曉菁、陳慧文、張漢忠、鄭光峰、林宛蓉、陳信瑜、韓賜村、蔡昌達、俄鄧・殷艾

c.親民黨當選高雄市議員：吳益政。

d.無黨籍當選高雄市議員：鍾盛有、黃石龍、鄭新助、楊見福、蘇炎城、陳致中、李順進、伊斯坦大・貝雅夫・正福。

〈十四〉民國一0一年〈2012 年〉第十三屆總統、第八屆立法委員選舉

　1. 第十三屆總統選舉

　　民國一0一年第十三屆總統大選共有 3 組人馬競逐。國民黨籍正、副總統候選人馬英九、吳敦義，面對民進黨籍正、副總統候選人蔡英文、蘇嘉全，以及親民黨籍正、副總統候選人宋楚瑜、林義雄之強力挑戰。

　　現任總統馬英九爭取蟬連，雖然其第一任施政完成 ECFA 的簽訂、兩岸穩定發展、交流，大陸觀光客每天約 5,000 人，對兩岸相互了解與交流甚有助益。但因馬英九「不沾鍋」型象，給予人們缺乏魄力之感，經濟整體發展不佳、貧富差距加大、人民的「無感」程度明顯，對馬英九連任之路增加難度。

　　民進黨候選人蔡英文把握馬英九施政的缺失，對選民柔性的訴求，以「Taiwan Next」為選舉主軸，整個選舉過程中民進黨氣勢如虹。然而蔡英文本身亦陷入「宇

昌案」的風暴困擾，蔡英文採取低調、迴避，沒有說清楚、亦不講明白；再者，蔡英文的政策相當空洞，輿論乃有「空心菜」之說。蔡英文之副手搭檔蘇嘉全，幾乎沒有加分作用：包括蘇嘉全屏東老家「農地豪宅」爭議、家族諸多爭議等等，甚至選戰最後階段，副總統候選人之夫人竟然「神隱」。

　　親民黨候選人宋楚瑜因親民黨的政治空間受到國民黨之壓縮，與國民黨過去以來的恩怨乃表達在本次選舉，宋楚瑜執意參與總統大選。泛藍群眾則為此擔心不已，因馬英九施政不佳，民怨不少，民進黨蔡英文借力使力，將本次總統大選的勝負差距拉到 10% 以內，宋楚瑜參選拿到的多半是泛藍的選票，結果鷸蚌相爭，蔡英文可能得利。一般輿論選前分析普遍認為，宋楚瑜參選，當選機會甚少，但足以把馬英九拉下馬。然而選後證明，宋楚瑜光環盡失，台灣省府所在地之南投慘敗，當年拿下 15 萬票，這次總統大選只得 8 千票；親民黨的大本營花蓮亦僅得到 6,359 票。顯示藍綠對決、選情緊繃下，泛藍群眾深知，宋楚瑜得票越高，蔡英文當選機會越大，最後投票也反映在宋楚瑜的得票上。

　　本次總統大選投票率 74.38%。國民黨馬英九、吳敦義〈馬吳配〉總得票數 6 百 89 萬 1 千 1 百 39 票，得票率 51.60%，當選第十三屆總統、副總統。落選的民進黨蔡英文、蘇嘉全〈蔡蘇配，或英嘉配〉，總得票數 6 百 09 萬 3 千 5 百 78 票，得票率 45.63%；親民黨宋楚瑜、林義雄〈宋林配〉，總得票數 36 萬 9 千 5 百 88 票，得票率 2.77%，就各直轄市、縣、市之三組候選人得票狀況分析如下：

〈1〉台北市：馬吳配得票數 92 萬 8 千 7 百 17 票，得票率 57.87%，蔡蘇配得票數 63 萬 4 千 5 百 65 票，得票率 39.54%；宋林配得票數 4 萬 1 千 4 百 48 票，得票率 2.58%。

〈2〉新北市：馬吳配得票數 124 萬 5 千 6 百 73 票，得票率 53.73%，蔡蘇配得票數 100 萬 7 千 5 百 51 票，得票率 43.46%；宋林配得票數 6 萬 5 千 2 百 69 票，得票率 2.82%。

〈3〉台中市：馬吳配得票數 79 萬 2 千 3 百 34 票，得票率 52.16%，蔡蘇配得票數 67 萬 8 千 7 百 36 票，得票率 44.68%；宋林配得票數 4 萬 8 千 30 票，得票率 3.16%。

〈4〉台南市：馬吳配得票數 43 萬 5 千 2 百 74 票，得票率 39.80%，蔡蘇配得票數 63 萬 1 千 2 百 32 票，得票率 57.72%；宋林配得票數 2 萬 7 千零 66 票，得票率 2.58%。

〈5〉高雄市：馬吳配得票數 73 萬 4 百 61 票，得票率 44.19%，蔡蘇配得票數 88 萬 3 千 1 百 58 票，得票率 53.42%；宋林配得票數 3 萬 9 千 4 百 69 票，得票率 2.39%。

〈6〉基隆市：馬吳配得票數 12 萬 8 千 2 百 94 票，得票率 59.29%，蔡蘇配得票數 7 萬 9 千 5 百 62 票，得票率 36.77%；宋林配得票數 8 千 5 百 33 票，得票率 3.94%。

〈7〉宜蘭縣：馬吳配得票數 11 萬 5 千 4 百 96 票，得票率 44.89%，蔡蘇配得票數 13 萬 5 千 1 百 56 票，得票率 52.53%；宋林配得票數 6 千 6 百 52 票，

得票率 2.58%。

〈8〉桃園縣：馬吳配得票數 63 萬 9 千 1 百 51 票，得票率 57.20%，蔡蘇配得票數 44 萬 5 千 3 百 08 票，得票率 39.85%；宋林配得票數 3 萬 2 千 9 百 27 票，得票率 2.95%。

〈9〉新竹縣：馬吳配得票數 19 萬零 7 百 97 票，得票率 65.76%，蔡蘇配得票數 8 萬 9 千 7 百 41 票，得票率 30.93%；宋林配得票數 9 千 5 百 99 票，得票率 3.31%。

〈10〉新竹市：馬吳配得票數 13 萬 4 千 7 百 28 票，得票率 57.43%，蔡蘇配得票數 9 萬 2 千 6 百 32 票，得票率 39.49%；宋林配得票數 7 千 2 百 16 票，得票率 3.08%。

〈11〉苗栗縣：馬吳配得票數 20 萬 6 千 2 百票，得票率 63.85%，蔡蘇配得票數 10 萬 7 千 1 百 64 票，得票率 33.18%；宋林配得票數 9 千 5 百 97 票，得票率 2.97%。

〈12〉彰化縣：馬吳配得票數 36 萬 9 千 9 百 68 票，得票率 50.58%，蔡蘇配得票數 34 萬零 69 票，得票率 46.49%；宋林配得票數 2 萬 1 千 4 百 03 票，得票率 2.93%。

〈13〉南投縣：馬吳配得票數 15 萬 8 千 7 百 03 票，得票率 54.63%，蔡蘇配得票數 12 萬 3 千零 77 票，得票率 42.37%；宋林配得票數 8 千 7 百 26 票，得票率 3.00%。

〈14〉雲林縣：馬吳配得票數 15 萬 9 千 8 百 91 票，得票率 41.67%，蔡蘇配得票數 21 萬 4 千 1 百 41 票，得票率 55.81%；宋林配得票數 9 千 6 百 62 票，得票率 2.52%。

〈15〉嘉義縣：馬吳配得票數 12 萬零 9 百 46 票，得票率 39.04%，蔡蘇配得票數 18 萬 1 千 4 百 63 票，得票率 58.58%；宋林配得票數 7 千 3 百 64 票，得票率 2.38%。

〈16〉嘉義市：馬吳配得票數 6 萬 9 千 5 百 35 票，得票率 46.27%，蔡蘇配得票數 7 萬 6 千 7 百 11 票，得票率 51.04%；宋林配得票數 4 千零 42 票，得票率 2.69%。

〈17〉屏東縣：馬吳配得票數 21 萬 1 千 5 百 71 票，得票率 42.93%，蔡蘇配得票數 27 萬 1 千 7 百 22 票，得票率 55.13%；宋林配得票數 9 千 5 百 62 票，得票率 1.94%。

〈18〉澎湖縣：馬吳配得票數 2 萬 2 千 5 百 79 票，得票率 49.76%，蔡蘇配得票數 2 萬零 7 百 17 票，得票率 45.65%；宋林配得票數 2 千零 82 票，得票率 4.59%。

〈19〉花蓮縣：馬吳配得票數 11 萬 8 千 8 百 15 票，得票率 70.30%，蔡蘇配得票數 4 萬 3 千 8 百 45 票，得票率 25.94%；宋林配得票數 6 千 3 百 59 票，得票率 3.76%。

〈20〉台東縣：馬吳配得票數 7 萬 2 千 8 百 23 票，得票率 66.47%，蔡蘇配得

票數 3 萬 3 千 4 百 17 票，得票率 30.50%；宋林配得票數 3 千 3 百 13 票，得票率 3.02%。

〈21〉金門縣：馬吳配得票數 3 萬 4 千 6 百 76 票，得票率 89.24%，蔡蘇配得票數 3 千 1 百 93 票，得票率 8.22%；宋林配得票數 9 百 90 票，得票率 2.58%。

〈22〉連江縣：馬吳配得票數 4 千 5 百 07 票，得票率 86.61%，蔡蘇配得票數 4 百 18 票，得票率 8.03%；宋林配得票數 2 百 79 票，得票率 5.36%。

2. 第八屆立法委員選舉

　　配合第十三屆總統大選投票的還有第八屆立法委員選舉。本次立法委員選舉之區域立委〈含平地原住民、山地原住民〉與政黨選票全國不分區之選舉得票數、得票比例，當選名額與上一屆產生一些變化。國民黨在全部 113 席中獲得 64 席〈含區域立委 48 席、不分區立委 16 席〉；民進黨獲得 40 席〈含區域立委 27 席、不分區立委 13 席〉；親民黨獲得 3 席〈含區域立委 1 席、不分區立委 2 席〉；台聯獲得 3 席〈不分區立委 3 席〉；無黨團結聯盟獲得 2 席〈區域立委 2 席〉；無黨籍獲得 1 席。[236]

　　區域立委選舉 79 席〈含平地原住民 3 席、山地原住民 3 席〉部分：國民黨獲得 6 百 33 萬 9 千 3 百 59 票，得票率 48.18%，當選 48 席〈含平地原住民 2 席、山地原住民 2 席〉。民進黨獲得 5 百 76 萬 3 千 2 百 10 票，得票率 43.80%，當選 27 席。親民黨獲得 17 萬 5 千零 32 票，得票率 1.33%，當選 1 席〈平地原住民 1 席〉。無黨團結聯盟與無黨籍獲得 88 萬零 4 百 61 票，得票率 6.69%，當選 3 席〈含平地原住民 1 席〉。

　　政黨選票之全國不分區 34 席部分，有 4 個政黨達到 5% 之門檻，可以分配全國不分區立委席次：國民黨獲得 5 百 86 萬 3 千 3 百 79 票，得票率 44.55%，當選 16 席。民進黨獲得 4 百 55 萬 6 千 5 百 26 票，得票率 34.62%，當選 13 席。台聯獲得 1 百 17 萬 8 千 8 百 96 票，得票率 8.96%，當選 3 席。親民黨獲得 72 萬 2 千零 89 票，得票率 5.49%，當選 2 席〈平地原住民 1 席〉。

　　本次立委選舉有如下特色：

236　〈1〉國民黨籍：丁守中、羅淑雷、蔡正元、林郁芳、蔣乃辛、費鴻泰、賴士葆、吳育昇、李鴻鈞、黃志雄、林鴻池、江惠貞、張慶忠、林德福、盧嘉辰、羅明才、李慶華、楊瓊瓔、蔡錦隆、盧秀燕、江啓臣、黃昭順、林國正、陳根德、廖正井、陳學聖、楊麗環、呂玉玲、孫大千、徐欣瑩、陳超明、徐耀昌、王惠美、林滄敏、鄭汝芬、馬文君、陳明溱、張嘉郡、翁重鈞、王進士、王廷升、謝國樑、呂學樟、楊應雄、廖國棟、鄭天財、孔文吉、簡東明、王金平、王育敏、曾巨威、楊玉欣、邱文彥、洪秀柱、吳育仁、潘維剛、陳鎮湘、李貴敏、蘇清泉、陳碧涵、詹凱臣、徐少萍、紀國棟、陳淑慧。
　　〈2〉民進黨籍：姚文智、林淑芬、高志鵬、蔡其昌、林佳龍、何欣純、葉宜津、黃偉哲、陳亭妃、許添財、陳唐山、邱議瑩、邱志偉、林岱樺、管碧玲、李昆澤、趙天麟、許智傑、陳歐珀、魏明谷、劉建國、陳明文、蘇震清、潘孟安、劉櫂豪、楊曜、李俊俋、陳節如、柯建銘、李宜臻、李應元、田秋堇、蔡煌瑯、蕭美琴、陳其邁、鄭麗君、段宜康、尤美女、吳秉叡、薛凌。
　　〈3〉親民黨籍：林正二、李桐豪、張曉風。
　　〈4〉台聯黨籍：許忠信、黃文玲、林世嘉。
　　〈5〉無黨團結聯盟：顏清標、高金素梅。
　　〈6〉無黨籍：陳雪生。

〈1〉立委選舉在「單一選區」制度下，國、民兩黨之傳統優勢區依然明顯。「北藍、南綠」仍然是本次選舉之特色。民進黨在執政的台南市保持「5席全上」之亮麗成績。也首度拿下澎湖縣立委席次〈楊曜擊敗前「無黨團結聯盟」主席林炳坤〉。此外，民進黨成功的奪下台北市綠營最有優勢的第二選區〈姚文智些微票數險勝國民黨周守訓〉、嘉義市〈李俊俋險勝國民黨江義雄〉、宜蘭縣〈陳歐珀擊敗國民黨林建榮〉等選區。在藍營佔優勢的台東，因為泛藍分裂成饒慶鈴與吳俊立相爭，民進黨劉櫂豪勝出。

〈2〉國民黨在桃竹苗打出漂亮的 10 席全上。台北市則無法持續上屆之「八仙過海」，其中之第二選區落敗。台中市之黃義交敗給民進黨林佳龍。高雄市之邱毅敗給民進黨趙天麟。此外，國民黨不少傳統派系的代表落選，如高雄的鍾紹和、林益世，彰化的蕭景田，均以些微選票落敗。相對的雲林縣前縣長張榮味之女兒張嘉郡、嘉義縣黃派的翁重鈞也以些微選票勝出。

〈3〉本次選舉最受注目的一個選區，是高雄市第九選區，本選區一向是綠營的鐵桿票區，民進黨推出候選人郭玟成本是勝券在握，卻因前總統陳水扁的兒子陳致中在被高雄市議會解職後，執意參選本區，並在與郭玟成競爭下，泛綠分裂投票，使本來無機會的國民黨林國政當選。〈林國政得票 7萬餘，郭玟成與陳致中合計超過 10 萬票〉

〈4〉本次選舉不分區政黨票部份，共有 4 個政黨達到 5%門檻，除國、民兩大黨各獲得總選票的 44.55%、34.62%，各分配到 16 席、13 席。得票第三高的「台灣團結聯盟」得到總選票的 8.96%，當選 3 席。得票第四高的親民黨得到總選票的 5.49%，當選 2 席。親民黨宋楚瑜參選總統得票甚低，而不分區之政黨票跨越 5%，顯示許多泛藍選民在總統選票需要集中支持馬英九，但在政黨票則給了親民黨，也顯示對宋楚瑜過去政績之肯定。

〈5〉本次選舉不分區政黨票部份，共有 11 個政黨推薦候選人。除國民黨、民進黨、台灣團結聯盟、親民黨等 4 個政黨達到 5%門檻外，其他沒有達到門檻的政黨是：新黨〈推薦 6 人〉、台灣國民會議〈推薦 5 人〉、健保免費連線〈推薦 3 人〉、台灣主義黨〈推薦 8 人〉、中華民國台灣基本法連線〈推薦 6 人〉、綠黨〈推薦 2 人〉、人民最大黨〈推薦 2 人〉。

二、各項罷免：

〈一〉民國九十五年總統罷免案：

　　民國九十四年、九十五年間，民進黨籍總統陳水扁逐漸陷入周圍親信、家人的連續弊案風暴，包括：「高捷泰勞弊案」、「第一夫人 SOGO 禮卷，涉入民間企業經營權之爭奪疑案」、「陳水扁女婿趙建銘涉入台開弊案，趙建銘被收押禁見」等。社會普遍對政府產生質疑。

　　國民黨主席馬英九、親民黨主席宋楚瑜於民國九十五年五月二十六日會面，共同呼籲陳水扁總統「知所進退」。

民國九十五年六月，國民黨籍立法委員丁守中、羅世雄，與親民黨籍立法委員呂學樟等 3 人，為提案罷免第 11 任總統陳水扁之發起人，連署者為立法院全部之國民黨籍、親民黨籍立法委員。國、親兩黨立法委員連署提案罷免陳水扁總統共計「十大理由」[237]。

面對立法院之正式罷免提議書，依據法律規定，總統陳水扁並無實踐答辯之義務。因此陳水扁僅於民國九十五年六月二十日晚上 8 點起，舉辦「向人民報告」記者會，歷時 2 小時。不開放記者提問。該記者會中，陳水扁仍堅持本身無涉及任何弊案。

民國九十五年六月二十七日，立法院就陳水扁總統罷免案進行表決。立法院總統罷免案之投票總數為 221 人，實際出席投票者 133 人、缺席者有 88 人〈除 2 名無黨聯盟出國、加上民進黨黨中央開會決定，由黨主席游錫堃宣佈黨籍立委 86 名不進立法院場內投票，共計 88 名缺席。〉

開票結果：共計 119 票贊成罷免提案。包括：89 名國民黨（含主持會議之院長王金平）、23 名親民黨及 6 名無黨團結聯盟、1 名無黨籍李敖。另外，參與投票者尚有 14 張空白廢票（12 位台灣團結聯盟，2 位無黨籍）。

本次罷免陳水扁總統案，因為投票結果無法通過「同意罷免三分之二門檻之 148 票」，因此立法院院長王金平在院中公告，「該罷免案宣告不成立，該罷免案之罷免投票不予舉行」。

〈二〉民國一０一年總統罷免案：

民國一０一年五月十四日，距離馬英九總統第一個任期僅剩 7 天之際，民進黨總召柯建銘領銜提案「罷免馬英九第一任任期案」，並由民進黨、台聯全體立委 43 名簽名連署，「罷免理由書」總共列舉 10 項理由，內文共達 8 頁之多。[238]

國人對當時政府諸多政策大表不滿，如油電雙漲、美牛解禁等爭議不斷，趕在馬英九總統第一個任期結束前 7 天，民進黨立院黨團和台聯黨團共同提案罷免馬英九總統。五月十五日，由民進黨立院黨團總召柯建銘領銜提案的「罷免馬英九總統第一任任期案」，在立法院程序委員會闖關，台聯以及親民黨都表示支持全案應該進入院會討論。然而面對國民黨立委強硬封殺，在程序委員會不願表決的情況下，最後民進黨以及台聯立委在程序委員會中發言，強調罷免案是為留下歷史紀錄後，集體退席抗議。全案「暫緩列案」。

---

[237] 國、親兩黨十大罷免理由：1.「違憲亂政」〈毀憲亂政、濫權獨裁。權利下放，形同承認越權〉。2.「經濟不振」〈選舉有術、治國無方。經濟低迷，失業率居高不下。〉3.「貪污腐敗」〈背棄清廉執政、第一家庭成為貪污死角。〉4.「用人失當」〈寵信貪官、放縱親信、官商勾結。〉5.「外交挫敗」〈公投、終統、過境等，將外交當內政操作，壓縮台灣外交空間。〉6.「兩岸關係緊張」〈玩弄統獨、鼓吹對立，無視兩岸經貿互惠互補事實。〉7.「挑撥族群對立」〈挑撥族群對立，爭取私利、撕裂族群合諧。〉8.「操縱金融改革」〈圖利財團，金控合併有第一家庭介入陰影。〉9.「戕害媒體自由」〈迫害言論自由，打壓媒體，濫行干預新聞自由。〉10.「施政毫無誠信」〈施政短線操作，核四案、兩岸政策，人格誠信破產。〉

[238] 民、台兩黨十大罷免理由：1.矮化主權〈國家尊嚴淪喪〉。2.無能救災〈罔顧國人生命安全〉。3.無能談判〈拿國人健康當祭品〉。4.漠視民瘼〈政府帶頭漲物價〉。5.戕害民主〈普世價值受侵害〉。6.財政失衡〈施政劫貧濟富。〉7.巧言狡辯〈失信於民〉。8.資金外移〈惡化台灣就業環境〉。9.經濟傾中〈台灣經濟獨立受制中國〉。10.隱匿疫情〈國譽受損〉。

民進黨團以及台聯黨團在立法院提出對馬英九總統罷免案，這項罷免案本質上即不可能成功。因提案時，馬英九總統的第一任任期已剩不到 7 天時間，既便有四分之一席次的立委聯署提出立案，在完成提案聯署後，也必須先進入程序委員會討論，通過列案之後，再進行後續的院會表決，必須獲得立法委員三分之二多數同意，最後才交由公民投票。走完這許多過程，需要相當的一段時間，絕對沒有可能在不到 7 天之內完成。何況馬英九的第一任任期到民國一０一年五月二十日就結束，中央選舉委員會也會因總統任期結束，不受理這個案子。民進黨提案之目的，亦知不可能通過，最主要是要讓馬英九總統在任內留下「被罷免」的紀錄。

三、公民投票：

〈一〉全國性公投過程：

「公民投票法」於民國九十二年十一月二十七日，經立法院三讀通過；並於十二月三十一日，由陳水扁總統正式公佈實施。至民國一０一年底為止，全國性公投共實施了 3 次，每次有 2 個公投案，故而共計有 6 個全國性的公投案。這 3 次實施全國性公投的時間點，也剛好都是國內選舉之時，民進黨政府任內實施了 3 次的「公投綁大選」，內容如下：

1. 民國九十三年，第十一屆總統大選時，陳水扁總統以「公投綁大選」，實施了全國性公投的第 1 號、第 2 號。

第 1 號：「強化國防公投」：『台灣人民堅持台海問題應該和平解決，如果中共不撤除瞄準台灣的飛彈，不放棄對台灣使用武力，你是不是同意政府增加購置反飛彈裝備，強化台灣自我防衛能力？』

第 2 號：「對等談判公投」：『你是不是同意政府與中共展開協商談判，推動建立兩岸和平穩定的互動架構，謀求兩岸的共識與人民的福祉？』

2. 民國九十七年一月，第七屆立法委員選舉時，民進黨政府主導第二次之「公投綁大選」，實施了全國性公投的第 3 號、第 4 號。

第 3 號：「討黨產公投」：『你是否同意依下列原則制定「政黨不當取得財產處理條例」將中國國民黨黨產還給全民：國民黨及其附隨組織的財產，除黨費、政治獻金及競選補助金外，均推定為不當取得的財產，應還給人民。已處分者，應償還價額。』

第 4 號：「反貪腐公投」：『您是否同意制定法律追究國家領導人及其部屬，因故意或重大過失之措施，造成國家嚴重損害之責任，並由立法院設立調查委員會調查，政府各部門應全力配合，不得抗拒，以維全民利益，並懲處違法失職人員，追償不當所得？』

3. 民國九十七年三月，第十二屆總統大選時，民進黨政府主導第三次之「公投綁大選」，實施了全國性公投的第 5 號、第 6 號。

第 5 號：「入聯公投」：『1971 年中華人民共和國進入聯合國，取代中華民國，台灣成為國際孤兒。為強烈表達台灣人民的意志，提升台灣的國際地位及參與，您是否同意政府以「台灣」名義加入聯合國？』

第6號：「返聯公投」：『您是否同意我國申請重返聯合國及加入其他國際組織，名稱採務實、有彈性的策略，亦即贊成以中華民國名義、或以台灣名義、或以其他有助於成功並兼顧尊嚴的名稱，申請重返聯合國及加入其他國際組織？

本文以下分別就三次的「公投綁大選」下，所實施全國性公投，其實施背景、投票經過、結果，及該次公投之意義析論。

1. 民國九十三年，第十一屆總統大選時，陳水扁總統以「公投綁大選」，實施了全國性公投的第1號、第2號

民國九十三年正逢陳水扁總統爭取第二任總統蟬聯，乃於同年一月十六日，依據「公民投票法」第17條「防禦性公投」：『當國家遭受外力威脅，致國家主權有改變之虞，總統得經行政院院會決議，就攸關國家安全事項，交付公民投票。』；『前項之公民投票不適用第十八條關於期間之規定及第二十四條之規定。』，提出兩項的公投題目：「強化國防公投」與「對等談判公投」。

第1號：「強化國防公投」：『台灣人民堅持台海問題應該和平解決，如果中共不撤除瞄準台灣的飛彈，不放棄對台灣使用武力，你是不是同意政府增加購置反飛彈裝備，強化台灣自我防衛能力？』

第2號：「對等談判公投」：『你是不是同意政府與中共展開協商談判，推動建立兩岸和平穩定的互動架構，謀求兩岸的共識與人民的福祉？』

三月二十日當天，第十一屆總統大選與本次公投同日舉行，採「兩階段領投票」方式，在同一投票所投票。實施方式是：選民到投票所，先領取總統選票〈白色〉後，經過圈選、完成總統投票手續。此時，選民不願意領投「公民投票」者，可以就此離開。如果要投公投票，可以至公投領票處，領取兩張公投票〈一張淺粉紅色、一張淺黃色〉，並圈選、投入公投票匭後，離開投開票所。

本次公投之合格公民人數有1千6百49萬7千7百46人。第一案「強化國防公投」之投票人數有7百45萬2千3百40人，投票人數佔總合格公民數之百分比為45.17%。未達全國選舉人數二分之一門檻，而被否決。

第二案「對等談判公投」之投票人數有7百44萬4千1百48人，投票人數佔總合格公民數之百分比為45.12%。亦未達全國選舉人數二分之一門檻，遭到否決。

本次之「公投綁大選」，陳水扁總統以「公民投票法」第17條「防禦性公投」為「巧門」。雖然以公投為名，其實是為總統大選衝高得票數。正如當時擔任國防部長湯曜明所言「不管公投結果過不過，國防部專業意見都要買愛國者飛彈。」正點出了此次公投之荒謬：「強化國防」本即政府行政部門施政範圍，豈須公投？「對等談判」本即是政府優先考量之兩岸政策，何用公投？正是說明本次公投只是陳水扁選戰策略運用。茲以前司法院長施啟揚等近200餘位學者專家刊登之儻論為註腳：[239]

---

[239] 「不領票或投廢票，就是公民對違法違憲公投說不的投票」，台北，中國時報，民國九十三年二月二十七日，版十六。

　　　　此次公投提出的兩個問題，一問要不要購買防禦性武器，一問要不要建立兩岸和平架構，這都是在民間毫無爭議，而應該由政府設法具體落實的政策。有什麼道理要花掉納稅人三、四億元的血汗錢，來辦這樣什麼都不能改變的公投？···大家再想想，如果是人民自己發動的公投，有誰會提出這樣無關痛癢的問題？日前國防部湯部長且已在立法院明確的表示，不論公投結果如何，該買的武器還是要買！答案很清楚，這裡根本沒有任何需要藉人民點頭來突破政策的瓶頸，更不是公民真心想要的公投，而純粹是政黨基於選舉考量，把人民當作工具的公投。

2. 民國九十七年一月，第七屆立法委員選舉時，民進黨政府主導第二次之「公投綁大選」，實施了全國性公投的第 3 號、第 4 號

　　民國九十七年一月是第七屆立法委員選舉，民進黨政府為衝高投票率，使立委選舉有更好的結果，乃實施了全國性的第 3 號「討黨產公投」與第 4 號「反貪腐公投」。

　　第 3 號「討黨產公投」，源於民國八十五年，國內「倒扁」風潮此起彼落的進行，當時之民進黨主席游錫堃，反制性的發起連署運動，推展追討國民黨黨產公投 — 追討國民黨於昔日戒嚴時期，藉掌握行政資源之便，所奪得的社會公共財產。

　　第 4 號「反貪腐公投」，源於國民黨為了反反制民進黨的追討國民黨黨產公投，也發動了反民進黨政府之貪腐公投 — 暗示民進黨陳水扁政績不良，還把國家財產放入自己口袋中。特別是民進黨 2000 年執政以來，所發生的一連串貪污醜聞，包括：高捷弊案、台開案、國務機要費案等。

　　這次「公投綁大選」，在民進黨政府執意推動下，勢必配合立委選舉同時實施公投。唯本次公投，實施方式藍、綠各有堅持，過程之間，雙方陣營不斷叫陣，並不平順。陳水扁有鑒於前一次之第 1 號：「強化國防公投」、第 2 號：「對等談判公投」，採用「兩階段領投票」方式，致使公投投票率偏低，無法通過公投門檻。本次公投實施，中央選舉委員會、民進黨都支持一階段領投票 — 在進投票所一次領完選舉票和公投選票，但公投選票可以選擇不領。民進黨認為，由於本次議題乃針對國民黨黨產問題，正可藉此舉在議題與選舉達到結合效用，可在投票所內藉公投主題，「提醒」選民選舉傾向，並增加自身的選舉得票率。

　　國民黨方面則支持「兩階段領投票」 — 進投票所後，先進行選舉投票後，再進行公民投票，公投選票仍可以選擇不領。國民黨、民進黨主張不同，終於引發了一連串的「一階段、兩階段」公投爭議。其後更演變成為泛藍執政之地方縣、市政府，與民進黨執政的中央政府「不同調」之對峙局面。

　　中央選舉委員會的上級機關 — 行政院，不惜以撤換縣、市選舉委員會主任委員的手段，要求泛藍執政的地方政府全面採用「一階段領投票」。陳水扁總統也在公開場合表示，「二階級領投票」的選舉無效。泛藍縣、市政府不為所動。

中央選舉委員會爲求妥適解決爭議，最後將「一階段領投票」的方案改爲「只要選民不離開投票所，可以分兩階段領、投選舉票與公投票」。

最後的方案雖被泛藍執政的縣市接受，選務爭議至此平息。唯國民黨仍認爲這樣的「一階段領投票」，可能會造成不想領公投票的民眾「誤領」，造成選舉上的爭議；再則，國民黨亦爲防止「黨產公投」因而過關。於是，國民黨在選舉前，正式決定採取「拒領公投票」策略，來反制「公投綁大選」。

本次全國性第 3 號公投、第 4 號公投領銜人、公投題目分別是：

全國性第 3 號公投是由前民進黨主席游錫堃，擔任領銜人。第 3 案簡稱「討黨產公投」：『你是否同意依下列原則制定「政黨不當取得財產處理條例」將中國國民黨黨產還給全民：國民黨及其附隨組織的財產，除黨費、政治獻金及競選補助金外，均推定爲不當取得的財產，應還給人民。已處分者，應償還價額。』

全國性第 4 號公投是由前新黨秘書長王建煊，擔任領銜人。第 4 案簡稱「反貪腐公投」：『您是否同意制定法律追究國家領導人及其部屬，因故意或重大過失之措施，造成國家嚴重損害之責任，並由立法院設立調查委員會調查，政府各部門應全力配合，不得抗拒，以維全民利益，並懲處違法失職人員，追償不當所得？』

本次公投第 3 案「討黨產公投」之投票人數有 4 百 55 萬零 8 百 81 人，有效票 4 百 25 萬 4 千 6 百 64 票，其無效票 29 萬 6 千 2 百 17 票，同意票 3 百 89 萬 1 千 1 百 70 票，同意票比率 91.46%，不同意票 36 萬 3 千 4 百 94 票，不同意票比率 8.54%，投票人數佔總合格公民數之百分比爲 26.34%。未達全國選舉人數二分之一門檻，而被否決。

本次公投第 4 案「反貪腐公投」之投票人數有 4 百 50 萬 5 千 9 百 27 人，有效票 3 百 96 萬 1 千零 26 票，其無效票 54 萬 4 千 9 百 01 票，同意票 2 百 30 萬 4 千 1 百 36 票，同意票比率 58.17%，不同意票 1 百 65 萬 6 千 8 百 90 票，不同意票比率 41.83%，投票人數佔總合格公民數之百分比爲 26.08%。未達全國選舉人數二分之一門檻，而被否決。

本次第 3 號公投、第 4 號公投，再次的配合「公投綁大選」實施，民進黨希望透過公投之投票，帶動立法委員選舉之投票率，增加其候選人當選之機率。國民黨一如前次，仍然訴求選民「拒領公投票」。從本次投票結果分析，國民黨是成功的壓低了公投投票率，也破解了民進黨政府的策略。唯一項莊嚴的公投，在兩黨各有圖謀、各自攻防中，使得公投的目標理想再崇高，也在「公投綁大選」的方式下，變味、走調，更失去了公投的理想性。

3. 民國九十七年三月，第十二屆總統大選時，民進黨政府主導第三次之「公投綁大選」，實施了全國性公投的第 5 號、第 6 號

民國九十七年三月是 2008 年第 12 屆總統大選，民進黨政府爲衝高投票率，乃實施了全國性的第 5 號「入聯公投」與第 6 號「返聯公投」。

　　第 5 號「入聯公投」，是由民進黨於民國九十六年二月開始規劃，由游錫堃領銜提出，配合民進黨政府所規劃的公民投票實施。民進黨的規劃是在民國九十六年底之前，達成審議、連署以及成案之所有程序。根據該投票案的提案主旨，該公投案目的為「強烈表達台灣人民的意志，提升台灣的國際地位及參與」；而一旦該公民投票案獲得通過，中華民國政府將不再循往例，以「中華民國」名義申請加入聯合國，及其各種周圍組織，而是改採以「台灣」為名申請。唯游錫堃在公投連署聽證會表示，以「台灣」為名，並不涉及更改「國號」。然而如以「台灣」為名申請加入聯合國，事實已經涉及更改「國號」。

　　第 6 號「返聯公投」，源於國民黨為了反制民進黨的「入聯公投」案，避免民進黨操縱總統大選議題，並於中部、南部選票上獲得先機。國民黨於民國九十六年八月一日，開始由公投案提案人副總統候選人蕭萬長提出，並隨即獲得該黨支持。其中，「我國」指的是於管轄區域約等同台灣的中華民國。而有彈性策略，是指考量使用的返聯名稱除了「台灣」名稱外，加入「中華民國」或其他「名稱」的選項。名稱則定為推動我國以務實、有彈性的策略重返聯合國及加入其它國際組織全國性公民投票案。該公民投票案與民進黨版本最大不同，在於公投內文問項中，除了「台灣」名稱外，加入「中華民國」或其他「名稱」的選項。唯國民黨總統候選人馬英九否認以「中國台北」名稱返回聯合國。然本項公投提案有邏輯性缺陷，蓋若以「返回」聯合國為名，申請加入聯合國，當然只有「中華民國」一個名稱，如用其他「名稱」的選項，就都不是國民黨自己所提之「返回」。

　　本次公投性質定義為「諮詢性公投」的公民投票案，雖於民國九十六年六月二十九日，遭行政院公民投票審議委員會否決，但是隨即於七月獲得行政訴願成功，准予提案。隨後民進黨透過連署，在十一月二十八日，將收集到的 2 百 72 萬 6 千 4 百 99 份連署書送交中央選舉委員會審查（法定公投成案門檻為 82 萬 5 千 3 百 59 人），中選會於民國九十七年二月一日，宣佈此案和「返聯公投」案均成立，分別為第 5 案與第 6 案，並將與三月份之總統大選合併實施。

　　本次全國性第 5 號公投、第 6 號公投領銜人、公投題目分別是：

　　全國性第 5 號公投是由前民進黨主席游錫堃，擔任領銜人。第 5 案簡稱「入聯公投」：『1971 年中華人民共和國進入聯合國，取代中華民國，台灣成為國際孤兒。為強烈表達台灣人民的意志，提升台灣的國際地位及參與，您是否同意政府以「台灣」名義加入聯合國？』

　　全國性第 6 號公投是由國民黨副總統候選人蕭萬長，擔任領銜人。第 6 案簡稱「返聯公投」：『您是否同意我國申請重返聯合國及加入其他國際組織，名稱採務實、有彈性的策略，亦即贊成以中華民國名義、或以台灣名義、或以其他有助於成功並兼顧尊嚴的名稱，申請重返聯合國及加入其他國際組織？』

　　本次公投之合格公民人數有 1 千 7 百 31 萬 3 千 8 百 54 人。第 5 案「入聯公投」之投票人數有 6 百 20 萬 1 千 6 百 77 人，有效票 5 百 88 萬 1 千 5 百 89 票，無效票 32 萬零 88 票，同意票 5 百 52 萬 9 千 2 百 30 票，同意票比率 94.01%，不同意票 35 萬 2 千 3 百 59 票，不同意票比率 5.99%，投票人數佔總合格公民數之

百分比為 35.82%。未達全國選舉人數二分之一門檻，而被否決。

本次公投第 6 案「返聯公投」之投票人數有 6 百 18 萬 7 千 1 百 18 人，有效票 5 百 68 萬 6 千 3 百 69 票，無效票 50 萬零 7 百 49 票，同意票 4 百 96 萬 2 千 3 百 09 票，同意票比率 87.27%，不同意票 72 萬 4 千零 60 票，不同意票比率 12.73%，投票人數佔總合格公民數之百分比為 35.74%。未達全國選舉人數二分之一門檻，而被否決。

〈二〉全國性公投評析：

到目前為止的全國性公投，總共舉行了 3 次，每次各有兩個公投案，總共有 6 個公投案。可以有如下之評析：

1.均以「公投綁大選」方式進行：實則，公投是「決事」；選舉則是「選人」，兩者性質不同，目的有別。兩者合併實施，優點是節省經費。但國家大選是選國家領導人，國家大事待決策者何等之多，以極端之一、二件事，推出以「公投」型式包裝，欲以之決定國家領導人，雖然取巧，有失客觀、公允。

2.均是政府〈政黨〉由上而下推動：第一次公投的兩案，是陳水扁總統利用公投法 17 條之「防禦性公投」為巧門，發起公投。第二、第三次全國性公投亦是民進黨提出後，國民黨為擔心公投影響選情，不得不提出「對策」，以為抗衡。換言之。這三次公投都不是人民本身對重大公共政策之不滿，或對政策有重大需求所提出。政黨或政府之所提出，目的都著眼於選舉，為求勝選而實施公投。

3.均是以公投為工具：公投是公民權的行使，是公民權的展現。但被政治人物操弄為選舉的目的，公投的神聖光環已經消失。2004 年陳水扁最在意的當然是蟬聯總統之位，最後如願當選，未通過的公投兩案，何曾再被真正重視？

4.均是政府積極支持投票，反對黨強力抵制：這三次公投均是民進黨政府積極推動，用來補強大選之氣勢。而當時的反對黨國民黨，固然不得不提對策，以為制衡，但擔心公投之投票率衝高，必將影響選情，故而大力採取「拒領公投票」策略，來反制「公投綁大選」。國民黨在三次全國性公投中，均呼籲支持群眾「拒領」公投票，國民黨之策略成功地發揮功效，公投案亦均未過關。

四、大眾傳播實施

〈一〉國家通訊傳播委員會〈NCC〉之運作

1. 國家通訊傳播委員會之組織爭議：

「國家通訊傳播委員會〈NCC〉組織法」於民國九十四年十一月九日，公佈實施。立法院最初三讀通過之「國家通訊傳播委員會組織法」第四條，就國家通訊傳播委員會委員遴選方法，係採用「政黨比例制」。此因當時立法院佔多數之泛藍國、親兩黨，為防止執政之民進黨透過行政院提名機制，壟斷提名權。彼等認為國家通訊傳播委員會如果為行政機關把持，則與過去之行政院新聞局無異，又將淪為行政院的下屬機關而非為獨立行使職權之機關。

於是「國家通訊傳播委員會組織法」第四條第二項：『通訊傳播委員會委員由各政黨（團）接受各界舉薦，並依其在立法院所占席次比例共推薦十五名、行

政院院長推薦三名，交由提名審查委員會審查。各政黨（團）應於本法施行日起十五日內完成推薦。』；第三項『提名審查委員會應於本法施行日起十日內，由各政黨（團）依其在立法院所占席次比例推薦十一名學者、專家組成。審查會應於接受推薦名單後，二十日內完成審查，本項審查應以聽證會程序公開爲之，並以記名投票表決。提名審查委員會先以審查會委員總額五分之三以上爲可否之同意，如同意者未達十三名時，其缺額隨即以審查會委員總額二分之一以上爲可否之同意』；第四項『前二項之推薦，各政黨（團）未於期限內完成者，視爲放棄。』；第六項『委員任滿三個月前，應依第二項、第三項程序提名新任委員；委員出缺過半時，其缺額依第二項、第三項程序辦理，繼任委員任期至原任期屆滿爲止。』

　　民國九十五年七月二十一日，「大法官釋字第 613 號」認定「國家通訊傳播委員會組織法」部分條文違憲：

　　〈1〉行政院爲國家最高行政機關，基於行政一體，須爲包括國家通訊傳播委員會在內之所有行政院所屬機關之整體施政表現負責，並因國家通訊傳播委員會施政之良窳，與國家通訊傳播委員會委員之人選有密切關係，因而應擁有對國家通訊傳播委員會委員之人事決定權。

　　〈2〉基於權力分立原則，行使立法權之立法院對行政院有關國家通訊傳播委員會委員之人事決定權固非不能施以一定限制，以爲制衡，惟制衡仍有其界限，除不能牴觸憲法明白規定外，亦不能將人事決定權予以實質剝奪或逕行取而代之。國家通訊傳播委員會組織法第四條第二項···同條第三項···及同條第四項···及同條第六項···實質上幾近完全剝奪行政院之人事決定權，逾越立法機關對行政院人事決定權制衡之界限，違反責任政治暨權力分立原則。

　　〈3〉上開規定等將剝奪自行政院之人事決定權，實質上移轉由立法院各政黨（團）與由各政黨（團）依其在立法院所占席次比例推薦組成之審查會共同行使，影響人民對通傳會應超越政治之公正性信賴，違背通傳會設計爲獨立機關之建制目的，與憲法所保障通訊傳播自由之意旨亦有不符。

　　〈4〉上開規定應自本解釋公布之日起，至遲於中華民國九十七年十二月三十一日失其效力。失去效力之前，通傳會所作成之行爲，並不因前開規定經本院宣告違憲而影響其適法性。人員與業務之移撥，亦不受影響。

　　民國九十六年十二月，立法院院長王金平與國民黨立法院黨團決定放棄政黨比例代表制。民國九十七年一月九日，立法院通過「國家通訊傳播委員會組織法」第四條的修正：『國家通訊傳播委員會委員人數減爲七人，任期仿照大法官，採取「交叉制」，由三年延長爲四年，任期滿後可無限制連任；國家通訊傳播委員會委員由行政院長提名，經立法院同意後任命之；國家通訊傳播委員會委員任滿三個月前，行政院與立法院應依照程序任命新任委員。』

2. 國家通訊傳播委員會之組織成員：

　　『通訊傳播委員會』委員從成立至今，各屆主任委員、副主任委員、委員之名單如下：

〈1〉第一屆『通訊傳播委員會』委員〈民國九十五年二月二十二日至九十七年八月一日〉

主任委員：蘇永欽〈國民黨推薦〉

副主任委員：石世豪〈民進黨推薦，之後民進黨撤銷推薦〉

委員：劉宗德〈親民黨推薦，副主任委員〉、李祖源〈親民黨推薦〉、李東泰〈國民黨推薦〉、劉幼琍〈國民黨推薦〉、謝進男〈台聯推薦〉、劉孔中〈國民黨推薦〉、吳忠吉〈國民黨推薦〉。

〈2〉第二屆『通訊傳播委員會』委員〈民國九十七年八月一日至九十九年七月三十一日〉

主任委員：彭芸〈時任政治大學新聞研究所教授，中途請辭〉

副主任委員：陳正倉〈時任台灣大學社會科學院副院長〉

委員：李大嵩〈時任交通大學電信工程學系教授〉、翁曉玲〈時任清華大學科技法律研究所副教授〉、劉崇堅〈時任台北大學經濟學系教授〉、鍾起惠〈時任世新大學新聞學系教授兼主任〉、謝進男〈續任〉。

〈3〉第三屆『通訊傳播委員會』委員〈民國九十九年八月一日至一0一年七月三十一日〉

主任委員：蘇蘅〈時任政治大學新聞學系教授〉

副主任委員：陳正倉〈續任〉

委員：張時中〈時任台灣大學電機工程學系教授〉、翁曉玲〈續任〉、劉崇堅〈續任〉、鍾起惠〈續任〉、魏學文〈時任暨南大學電機工程學系教授〉。

〈4〉第四屆『通訊傳播委員會』委員〈民國一0一年八月一日至一0五年七月三十一日〉

主任委員：石世豪〈時任東華大學教授〉

副主任委員：虞孝成〈時任交通大學教授〉

委員：陳元玲〈時任 Integral Investment Holdings 董事總經理〉、彭心儀〈時任清華大學教授〉、劉崇堅〈續任〉、鍾起惠〈續任〉、魏學文〈續任〉。

3. 國家通訊傳播委員會之重要准駁案：

〈1〉「壹電視」5 頻道申設案

民國九十八年八月十三日，「壹傳媒」傳訊網股份有限公司（後更名為：「壹傳媒電視廣播股份有限公司」）申請經營「壹電視新聞台」、「壹電視娛樂台」、「壹電視電影台」、「壹電視體育台」及「壹電視資訊綜合台」等 5 頻道。十二月二日，國家通訊傳播委員會召開「以動畫方式呈現新聞節目之妥適性諮詢會議」。十二月九日國家通訊傳播委員會第 331 次委員會議，以該申請案，並沒有達到專業標準，因此決議不予許可「壹電視新聞台」及「壹電視資訊綜合台」之成立。

民國九十九年一月二十九日，「壹傳媒電視廣播股份有限公司」再度提出申請經營「壹電視新聞台」及「壹電視資訊綜合台」。三月十九日國家通訊傳播委員會召開「壹傳媒電視廣播股份有限公司」5 頻道申設內容座談會。三月三十一

日國家通訊傳播委員會通過許可「壹電視電影台」。七月二十八日通過許可「壹電視體育台」。

九月八日國家通訊傳播委員會綜觀「壹電視娛樂台」、「壹電視新聞台」及「壹電視資訊綜合台」營運計畫書、歷次補正資料及該公司於審查期間與國家通訊傳播委員會及社會代表之互動過程，對於其能否善盡傳播媒體之社會責任仍有疑慮，決議不予許可。

民國一0一年十月一日壹傳媒集團主席黎智英創辦 3 年的壹電視宣布易主，主因是壹傳媒投資逾百億元，然壹電視至今無法全面上架，為停損而將壹電視有形〈設備、人員等〉、無形資產〈新聞台、綜合台、體育台、電影台 4 張執照〉出售給年代集團董事長練台生。然而，十一月十六日，香港壹傳媒宣告已取得年代集團董事長練台生「諒解」，並以新台幣 175 億元〈合港幣 46 億 4100 萬元〉與中國信託基金會董事長辜仲諒簽訂意向書，向辜出售台灣蘋果、台灣爽報、台灣壹週刊合併本及台灣壹電視業務。〈其中平面業務 160 億元，電視業務 15 億元〉。[240]

民國一0一年十一月二十七日，台灣壹傳媒交易案選在澳門簽約，買方主權架構曝光。整個交易案的股權架構分成平面媒體〈台灣蘋果日報、壹週刊、爽報〉，與電子媒體〈壹電視〉兩大部分。前者平面媒體股權分配為：台塑集團及王文淵家族〈持股 34%〉、旺中集團董事長蔡衍明長子蔡紹中〈持股 32%〉、中信金控辜仲諒〈持股 20%〉、龍巖人本董事長李世聰〈持股 14%〉。後者電子媒體股權分配為：台塑集團及王文淵家族〈持股 34%〉、台灣產險董事長李泰宏〈持股 32%〉、中信金控辜仲諒〈持股 20%〉、龍巖人本董事長李世聰〈持股 14%〉。[241]

在壹傳媒併購案簽約前夕，十一月二十六日風雨的夜晚，青年學生齊集守候行政院，訴求「拒黑手、反壟斷，要新聞自由！」這個「反媒體巨獸青年聯盟」，或被媒體稱之為「野草莓學運世代」的年輕人表達他們的心聲和擔憂。十一月二十九日，併購案後的兩天，公平交易委員會召開「媒體併購與結合管制」公聽會，與會學者、產業公會、公民團體、學生代表一致指出，媒體並非一般產業，該案不止涉及經濟利益，更攸關公共利益；要求公平會考量媒體壟斷言論市場、記者工作機會受限問題，否決壹傳媒併購案。

十二月十三日，學術界反媒體壟斷，發起「反對壹傳媒併購案海內外學術界千人大連署運動」。這份由中興大學經濟系教授陳吉仲等 48 位學者共同發起的聲明強調，併購壹傳媒的這隻「媒體巨/怪獸」，已經直接、間接控制了全國三分之一的有線電視系統，現在更併吞『蘋果日報』，『蘋果日報』，加上『中時』市佔率上衝 48%，且此巨獸過去公然為中國政府置入新聞，已成國家安全問題。

由國內 17 所大學的傳播系所 56 位教師發起「一二三傳播自由周」聯合課程，選定十二月第三週由各校教師任選一天，在校內教授 1 小時的反媒體壟斷課程；

---

[240] 台北，聯合報，民國一0年十月十八日，版 A8。

[241] 「第四方買家出線，壹傳媒交易簽了」台北，聯合報，民國一0一年十一月二十八日，A1版。

該課程無學分，開放所有大學學生參加。十二月十九日台大、政大、輔仁、台灣師範大學、東華大學同步開課，共吸引百多位學生走入課堂。

唯面對國內這些大眾傳播學者、民眾、學生的各種訴求聲音，響徹雲霄，除了核心之擔心中國勢力透過媒體入侵而外。其他所強調之「反對財團」、「反對壟斷」、「維護多元價值」。這些看似義正辭嚴的另一方面，也有本身是否符合「公民社會」的反思必要：

a.「反財團」：

財團者，有資本、有財力之謂。設若「反財團」購買媒體，又將要甚麼樣的人才可以購買媒體？沒資本、沒財力者乎？台灣社會多年來正以標榜自由、民主的社會，與對岸不同，而深深自豪。一個公民的社會、自由的市場，本即允許任何有能力的人，都能購買媒體；也允許每一個人都能彰顯自己的社會信仰與政治立場。重要者，台灣人民更要對本身民主生活方式有信心。

b.「反壟斷」：

國內宜應積極「反壟斷法」之制定，規範「壟斷之程度與範圍」。在該法未完備前，如若沒有違反相關法規，則強求政府「不得允許併購案」，這是典型之「人治」，而非真正之「法治」。且強令政府接受一方之意見，豈非「獨尊」？這是民主、自由之大敵。這也正是彼等人士所奉為圭臬「多元文化」、「多元價值」之反諷。

c.「維護多元價值」：

深究之，台灣民主發展至今，媒體與閱聽人之困境，不在缺乏多元的聲音、多元的價值，而在缺乏「兼聽」之雅量與態度。「兼聽」之相反是「偏聽」，社會中多年來為藍、綠惡鬥之所苦，國內電子、平面媒體對政治取向、態度之報導實則各有「偏好」〈prefer〉，而閱聽大眾亦各有「偏好」，此一各自「圍爐取暖」現象，是當前媒體「偏聽」而非「兼聽」的最好寫照。唯一值得肯定的一點：台灣這個民主充分展現的社會，尤其網際網路的新時代加持下，不會缺乏「多元」的聲音。

〈2〉年代綜合台執照失效案

民國九十九年十二月二十二日，國家通訊傳播委員會以年代綜合台內容充斥「節目廣告化」為由，通知該頻道執照失效。年代綜合台成為國家通訊傳播委員會成立以來，首家換照後因附款(解除條件)而導致執照失其效力的媒體。十二月二十九日，國家通訊傳播委員會宣布年代綜合台，自民國九十九年十二月三十一日零時起停止播送。國家通訊傳播委員會並通令有線電視系統業者，自民國九十九年十二月三十日零時起，終止年代綜合台訊號之播送。年代綜合台撤照消息傳出後，國內之部分傳播、法律學者，執政與在野黨立法委員等多表達強烈重視與不滿，質疑國家通訊傳播委員會未能按撤換分流程序，與引用爭議法條等，以身為獨立機關而有違法擴權、濫權戕害媒體之虞。

〈3〉旺旺中時媒體集團併購中嘉案

　　民國一0一年七月旺旺中時集團併購中嘉案，引起國內各界廣泛之注意。最主要是旺旺中時集團如果順利併購中嘉，將成為媒體巨人，對可能之媒體、新聞壟斷讓國人疑慮重重，反對併購案聲浪高入雲霄。因此國家通訊傳播委員會對旺中併購案的發展情形，一直為國內關注。

　　旺旺集團總裁蔡衍明事業版圖橫跨：食品〈宜蘭食品、旺旺食品、蔡合旺事業、湖南旺旺食品〉、飯店〈台灣有神旺大飯店、小神旺飯店；中國有上海千鶴賓館、南京及淮安商務飯店〉、平面媒體〈中國時報、工商時報、旺報、時報周刊等〉、電視〈中天電視、中國電視〉、有線電視系統〈旺中寬頻〉、保險〈旺旺友聯產險〉、醫療〈湖南旺旺醫院〉。旺旺集團資金充裕下，於民國九十七年開始跨足媒體，同年入主中時報系、中天電視與中國電視，並參股香港亞視。此次旺旺中時集團以超過 762 億元打算併購中嘉網路公司與雙子星有線電視系統台，震驚國內。

　　中嘉網路公司旗下有 10 家系統台與雙子星有線台：基隆市吉隆、台北市長德、台北市麗冠、台北市萬象、新北市新視波、新北市家和、桃園北健、台南市三冠王、高雄市港都、高雄市慶聯。以及台南雙子星有線電視系統台。

　　旺旺中時集團併購中嘉網路公司與雙子星有線電視系統台後，除了上述 11 家系統台，還擁有 12 個代理與自有頻道〈GTV 綜合台、GTV 娛樂 K 台、GTV 戲劇台、第一台、TVBS、TVBS-N、歡樂台與 Discovvery、中天新聞台、中天娛樂台、中天綜合台、中國電視公司〉。整個旺旺中時集團總共將擁有 118 萬收視戶，市佔率達 23.1%，成為國內兩大系統業者集團之一。

　　正因旺旺中時集團併購中嘉案，將使台灣媒體壟斷更明顯。學界、輿論界有質疑購併案後，將使媒體言論集中化及置入性行銷問題更為嚴重，發出反對之聲音。唯民國一0一年七月二十五日，國家通訊傳播委員會不顧學界諸多反對之聲浪，任期只剩 7 天的主委蘇蘅，委員劉崇堅、張時中、魏學文共 4 人，召開委員會審議旺中併購案，蔡衍明總裁與其子，旺中寬頻董事長蔡紹中，以及中嘉代表等出席，歷時 8 小時審議，NCC 開出 25 項附帶條件，要求蔡衍明落實後，通過旺旺中時集團併購中嘉案，全國譁然。

　　NCC 開出 25 項附帶條件，包括以下要點：〈1〉旺中集團總裁蔡衍明與其相關集團應和中天新聞台完全切割，不可再擁有中天新聞台。切割後中天新聞台受讓人不可以有申請人或關係人。〈2〉中視新聞台應申請營運計劃之變更為非新聞台。〈3〉中視應設立獨立編審制度。〈4〉提出公平上下架辦法，此併購案交易完成 15 日內，建立商業協商與仲裁機制。〈5〉未經 NCC 許可，不可以設新聞台、財經台與購物頻道。〈6〉收視費用不能高於平均價。〈7〉承諾配合數位化政策，系統經營者 2014 年完成數位化，以及在 2013 年 6 月底以前，提供消費者 100M 以上高速率上網，並提供網路擴建計劃。〈8〉提升有線電視收視高畫質，引進優質高畫質〈HD〉本土節目。〈9〉每戶免費提供 2 台機上盒提供數位化，免費提供低收入戶有線電視收視與寬頻網路。

　　NCC 洋洋灑灑的列出 25 項附帶條件，然而學界並不樂觀。諸如，轉賣中天新聞台，以現在政府能力根本無從追查資金來源，旺中集團如果透過層層轉投資方式，或由周邊親近人士買下，同樣還是在操控營運，各項條款在執行面上都有其困難與盲點，而無法落實。

　　旺中集團併購媒體引起社會關注可要而略述如下：

〈1〉民國九十七年十一月，旺旺集團取得中時集團經營權，包括中國時報、工商時報、時報周刊、中天電視、中國電視。〈因中時報系余家早已購得中天電視、中國電視〉

〈2〉民國九十八年五月二十七日，NCC 提出 7 項附帶條款及 4 項改進事項，有條件通過旺中集團申請中視及中天電視董監事變更案。

〈3〉民國九十八年五月二十八日，旺中集團發表聲明批 NCC 附帶條款違法濫權，並大幅報導抨擊 NCC 是「土皇帝」。

〈4〉民國九十八年六月二日，中國時報以頭版廣告刊登 NCC 的三位委員：陳正倉、翁曉玲、鍾起惠的照片，抗議 NCC 違法濫權。

〈5〉民國九十八年六月，多達 150 位學者發起連署譴責，旺中集團寄發存證信函給 7 位曾批評該集團的學者及記者。

〈6〉民國一〇一年四月，立委葉宜津在立法院交通委員會因質疑旺中代表趙育培未獲授權，趙退席抗議，葉宜津之後持續遭中天、中視頻道攻擊。

〈7〉民國一〇一年七月二十五日，黃國昌等多名學者至 NCC 前陳情，表達訴求，呼籲 NCC 駁回購併案。

〈8〉民國一〇一年七月二十七日，中國時報指控黃國昌疑似動員學生，僱用「走路工」。中天電視談話節目邀名嘴連番質疑黃國昌涉及走路工。

〈9〉民國一〇一年八月十四日，針對中天電視台對反旺中學者黃國昌攻擊式報導，學者管中祥、胡元輝、洪貞玲、張錦華、林麗雲、紀惠容、陳曉宜等發起「檢舉中天電視台違反衛星廣播電視法」連署活動，指中天違法指控黃國昌發走路工，媒體公器私用，誤導閱聽大眾，NCC 應調查懲處。一天之內，已有千人以上連署。

〈10〉民國一〇一年八月二十二日，NCC 在討論「中天新聞台倫理委員會及涉己事件製播準則」，發言人魏學文指出：中天新聞台與壹電視在「走路工」相關新聞事件報導不僅過量，報導標題、內容、文字都偏離涉己事件處理原則中應有的冷靜、客觀尺度。NCC 決定對兩家電視台都進行行政調查。

〈11〉民國一〇一年九月一日，記者節。國內傳播科系學生走上街頭，「反媒體巨獸」。

〈12〉民國一〇一年十一月十三日，監察院就監察委員吳豐山提出之調查，NCC 於七月二十五日召開委員會審議旺中併購案時，當時之副主委陳正倉、委員翁曉玲、鍾起惠 3 人，自行迴避該案之審理。監察院通過糾正

NCC。[242]

〈二〉國內公共電視之發展

1. 早期的公共電視發展

早在民國六十二年，國民黨在第十屆五中全會上，陳立夫先生建議成立公共電視。五中全會通過決議，成立「改進電視專案小組」。當時由國家安全會議秘書長兼中國國民黨中央常務委員黃少谷擔任召集人。但是由於當時之台灣電視公司、中國電視公司、中華電視公司的主要投資人都是這個專案小組的成員，致使這個專案小組無任何進展。

民國六十九年，行政院長孫運璿，首度倡議建立公共電視台。當時台灣因仍處於戒嚴時期；而在電子媒體方面，交通部嚴格管制無線電波，只允許已經成立的老三台製播以營利為主之節目，故而這樣的環境下，初始的公視乃是由官方主導。

民國七十九年一月，行政院新聞局成立「公共電視建台籌備工作小組」，由新聞局副局長廖正豪擔任召集人，副召集人有 3 位：吳中立〈新聞局國內新聞處處長〉、遲琛〈新聞局廣播電視事業處處長〉、韋光正〈廣電基金公共電視節目製播組組長〉。下設「立法組」、「規畫組」、「財務組」與「行政組」。

民國七十九年五月，依據行政院核定的「公共電視台籌備委員會設置要點」，成立了「中華民國公共電視台籌備委員會」（以下稱「公視籌委會」），共設置委員 22 人，[243] 以陳奇祿先生為主任委員。主管機關為行政院新聞局，預定 3 年內完成公視建台。

「公視籌委會」開始推動「公共電視法」之立法工作，並著手公視建台的各項準備。此時台灣社會剛剛解嚴，民主化的腳步快速，社會運動朝氣蓬勃，民間社會亦開始重視公共電視這一領域。民國八十四年七月三日，「公視籌委會」開始進行為期兩個星期的內部試播，每天晚上 8 時至 10 時，前一個小時播出新聞節目、論壇節目及新聞雜誌節目；後一個小時播出娛樂節目。民國八十六年五月三十一日，立法院三讀通過「公共電視法」，並附帶決議，要求公視在民國九十一年七月以前不可製作每日之即時新聞。

民國八十七年一月，第一屆公視董、監事人選經立法院推舉的審查委員會審議通過，共 18 人。同年三月，公視董、監事召開第一次會議，選舉吳豐山為董事長，賀德芬為常務監事。七月一日，「財團法人公共電視文化事業基金會」正式成立，公視同日開播，頻道為有線電視 53 頻道。民國一〇一年六月三十日，無線電視數位化後，定頻於第 4 頻道；有線電視則是 13 頻道。

---

[242] 監察委員吳豐山表示不會針對陳正倉等 3 人提出彈劾，因當時旺中集團刊登廣告攻擊他們，3 人是「於情可憫、於理可喻，但於法未合」。

[243] 「公視籌委會」委員包括：大眾傳播界 4 人、人文學者 3 人、藝文界人士 6 人、其他各界 6 人、政府代表 3 人。徐佳士、王洪鈞、楊乃藩、張繼高、陳奇祿、李亦園、張玉法、申學庸、江兆申、葉石濤、余光中、楊萬運、林懷民、于宗先、薛毓麒、沈君山、黃堅厚、楊日然、簡耀輝、毛高文、郭為藩、邵玉銘。

2. 陳水扁主政時期的公共電視

民國九十五年七月一日，公視與中華電視公司合組「台灣公共廣播電視集團」（簡稱「公廣集團」、TBS），這是台灣第一個公共媒體集團。公視新聞部在華視大樓與華視新聞部共同作業、資源互享。

民國九十六年十二月第四屆公視董事會成立。董事名單：虞戡平、陳邦畛、朱台翔、黃明川、蘇芊玲、孫大川、彭文正、鄭同僚、陳炳宏、黃世鑫、林筠。選舉鄭同僚擔任董事長。這份董事名單是在民進黨政府主政時期，立法院泛藍佔三分之二特別多數下通過之人事案。

3. 馬英九主政時期的公共電視

民國九十七年十月，第二次政黨輪替後，國民黨執政，補選盧非易、陳勝福等 5 名董事進入公視董事會，補選後之第四屆董事共 15 名。同年十二月，國民黨一方面運用立法院席次優勢，凍結公視九十七年度之預算，並對九十八年度預算施以附加決議 — 要求未來公視執行任何計畫，必須逐項報請主管機關同意後始能動支。立法院國民黨團的動作，引起社會團體質疑政府干預媒體獨立自主。民國九十八年一月一日，民間社會團體乃發動「搶救公視、監督國會大遊行」，要求立法院依據「公視法」之精神，解除遭凍結之四億五千萬元預算，並撤銷干預公廣集團運作的附帶決議文。

由於國民黨執政後，積極介入公視營運之動作過大，民國九十八年一月十五日，民間有 57 個團體組成「公民搶救公視聯盟」，以捍衛公視的獨立自主為宗旨。「公民搶救公視聯盟」主張：〈1〉公視預算受公視法第 2 條保障，政府與國會不得以任何理由扣押或凍結。〈2〉公視受公視法第 11 條保障，屬於國民全體，獨立自主，不受干涉。政府不得將公視視為傳聲筒，妨礙其自主經營。〈3〉公視之治理與管理應該透明，公視董、監事會必須秉承公視法精神，捍衛公視之獨立自主。

民國九十八年六月，國民黨政府透過修改「公視法」，公視董事由原先 11-15 人，大幅增為 17-21 人。此舉亦遭致社會之質疑，指國民黨企圖藉由公視董事席次，掌控公廣集團之經營。同年七月三十一日，新聞局召開公視董、監事提名審查委員會，增選陳世敏等 8 名董事，使增選後之第四屆公視董事達 21 名之多。八月十日「公民搶救公視聯盟」至監察院，檢舉新聞局在公視董事選舉過程中違法。依「公視法」之規定，增聘董、監事應由立法院推舉社會公正人士組成審查委員會審查，唯新聞局七月三十一日所召開的審查委員會，並未經立法院推舉，整個人事過程明顯違法。

民國九十八年十二月十日，監察院通過糾正新聞局操控公視董事選舉，致使公視增補董事之過程中「鑿痕斑斑，紊亂體制，未臻完全合法」，故以陳世敏等 8 名增選董事資格有瑕疵。公視董事會即根據監察院糾正書，對增選之陳世敏等 8 名董事提起假處分，暫停其職權。

此後，盧非易等 5 名先前補選董事亦不出席董事會，致使董事會連續人數不足流會。第四屆公視最初選任之 7 名董事，經諮詢法律意見後，決定引用內政部

「議事規範」，即會議被惡意杯葛時，得以三分之一成會，逕行開會。新聞局則於民國九十九年四月十九日，以公視董事會人數不足情況下開會，聲請對鄭同僚等 7 名董事假處分，禁止其行使職權。四月二十日，士林地院裁定同意並執行新聞局之假處分，凍結董事長鄭同僚等 7 名董事職權。[244]

先前四個多月未曾出席董事會的盧非易等 5 名董事，在鄭同僚等 7 名董事假處分後，於五月十二日發新聞稿表示，已經推舉陳勝福為公視代理董事長。然而推舉代理董事長過程中，並未召開董事會，也未有任何開會紀錄，公視監事乃依監督董事會之職權，認定陳勝福之代理董事長程序不合法，將依法追訴相關法律責任。民國九十九年五月，陳勝福代理董事長期間，向法院申請撤回遭鄭同僚董事長提出假處分之陳世敏等 8 名董事案，6 月 3 日士林地院裁定撤銷。

民國九十九年九月十九日，公視召開董事會，將總經理馮賢賢和執行副總經理鍾裕淵解職，[245]由行政部經理吳昌融接任。馮賢賢於九月二十四日，在蘋果日報發表「墜落懸崖的公視」一文。認為公視董事長陳勝福違反「公視法」，侵犯總經理的人事權，直接調動一、二級主管等行為，有違公視使命。九月二十八日，總部設在巴黎之「無疆界記者組織」（Reporters Without Borders）發表聲明，支持公視總經理馮賢賢捍衛公共電視獨立自主。

第四屆公視董事會，在政治力的介入干擾下，長期無法正常運作。民國九十九年十二月三日，第四屆公視董事會任期已滿，第五屆董事會尚未產生。公視的董事長則由陳勝福代理。公視董事會於民國一〇〇年四月二十四日通過董事長陳勝福請辭案，由董事推舉趙雅麗教授出任公視、華視董事長。民國一〇一年一月十八日，中正大學傳播學者羅世宏和支持媒體改革、關心公視未來發展之學生和民眾，對於公視董事會陷入遲遲無法改選甚表痛心，到公視大門靜坐抗議。

民國一〇一年五月二十日文化部成立，龍應台任部長，承接過去新聞局時期留下來的一團混亂。六月二十九日，文化部啟動第五屆董事會改選審查。八月二十一日，召開第五屆董、監事審查會議。為求公開、透明，頭一次採用網路直播。文化部長龍應台面對她所提出「最好的名單」，14 位新提名董事候選人，只有 3 位通過：PC Home 董事長詹宏志、五月天阿信〈陳信宏〉、和碩董事長童子賢，獲得四分之三以上審查委員通過〈即 12 票以上同意〉。監事部份：谷玲玲、周玲臺都獲得 15 位審查委員無異議通過。[246]

公視董事會最低門檻是 17-21 人，前新聞局時代已經選出 5 位：巴奈·母路、陳郁秀、鄭自隆、陳以亨、吳作樂，再加上本次通過之 3 位，總計有 8 位董事，至少需要補 9 位董事人選。監事最低門檻是 3-5 人，前新聞局時代已經選出 1 位：謝穎青，再加上本次通過之 2 位，總計有 3 位監事，已達法定門檻。

4. 公共電視發展的困境與改善

---

[244] 新聞局對鄭同僚等公視董事，進行不得執行職權之假處分案，後經過長達 850 天後，於民國一〇一年十月，最高法院判決確定，接手後之文化部敗訴。

[245] 民國一〇一.年六月五日，台灣高等法院民事判決 100 年度勞上易字第 175 號，判公視敗訴確定，理由為公視董事會開會人數不足，違反公視法規定。

[246] 台北，聯合報，民國一〇一年八月二十一日，版一。

多年來的公視在其內部一連串爭議紛擾，外部則是朝野政黨各有算計、杯葛下，使得公視之人事糾結惡鬥，整個公視營運都深受影響。吾人可以總結以下：

〈1〉藍、綠政黨惡鬥嚴重。國民黨二次政黨輪替後，藉著修法增加董事名額；在選任董事人選時，違反公視法之規定，未經立法院推舉之審查委員選舉。經監察院糾正後，部分董事被提起假處分，暫停其職權。另一批董事則以不出席，杯葛董事會運作，使得董事會無法動彈。

其後之第五屆董、監事，在藍、綠惡鬥下，整整拖延超過 18 個月，公視陷入空轉。民國一0一年八月二十一日，文化部召開第五屆董監事審查會議，從落選之董事人選得票數，整齊是 9 或 10 票，可知在野黨推舉之審查委員對名單人選之態度。故而一路走來，藍、綠政黨開闊之胸襟不足，無法以公視之運作、發展為最優先考量，黨同伐異心態過重，讓公視之路未來仍是坎坷。

〈2〉公視法有關董、監事遴選，規定要有四分之三審查委員通過之法定門檻過高。以 15 位審查委員，必須要有 12 位通過才行。亦即只要少數審查委員不同意，董、監事提名人選就無法過關。正如龍應台所言：『連大法官都只要二分之一同意就可通過；不支薪、做志工的公視董事卻要四分之三審查委員同意。』正因當初立法規定過於嚴苛，當今多數民主國家，除了修改憲法等少數國家重大議題，需要四分之三同意，一般多以二分之一同意為可決人數，我國公視法未來宜應修正；再者，是否將公視之董、監事審查權回歸立法院，亦是一併思考的重點。

五、群眾運動

本時期之群眾集會遊行甚多，茲以泛藍為主發起的紅衫軍「反貪倒扁」運動，以及泛綠為主抗爭「海協會」會長陳雲林來台之群眾運動，分析其經過、並檢討其得失。

〈一〉紅衫軍倒扁的群眾運動

1.「反貪倒扁」運動的開始

民國九十五年起，陳水扁總統之政府，陸續發生國務機要費案、第一夫人蒐集民間友人之假發票報公帳、第一夫人收受太平洋 SOGO 之禮券、並涉入民營企業之經營權疑雲、高捷外勞弊案、台開內線交易案、三井宴‧‧‧讓國人瞠目結舌之貪腐事件接二連三。施明德登高一呼，要求反對貪腐政權的民眾，每個人捐獻 100 元的承諾金，承諾願支持「反貪倒扁」的運動。結果得到廣大群眾支持與回響，10 天就匯集了超過 130 萬人的款項，最後的金額達 1 億 1 千 1 百 21 萬 1 千 5 百 63 元。

2. 九月九日「紅衫軍」凱道首次集會

施明德成立之「百萬人民反貪倒扁運動總部」，在匯集超過 100 萬人的支持後，於民國九十五年九月九日，號召群眾穿著紅色上衣，在總統府前凱達格蘭大道上展開「反貪倒扁」之遊行、演講、靜坐之群眾運動，一個大型的「紅衫軍」群眾對政府示威、遊行活動於焉展開。依據台北市警察局統計，當天遊行活動約有 9 萬人參加。倒扁總部發言人范可欽表示，只要民眾不散，倒扁行動就會持續

進行。之後幾天的活動持續進行著，有年輕人上台高喊倒扁口號，有人供應免費的餐點，晚上並有藝人演唱活動穿插其間。

3. 九月十五日「螢光圍城」遊行

九月十五日，倒扁活動撤離凱達格蘭大道的同時，倒扁總部發動了「螢光圍城」遊行，隨後並佔據台北車站繼續靜坐抗議示威。活動晚間 7 時開始，但因人潮洶湧而至，倒扁總部決定提前 1 小時，在下午 6 時正式出發。當施明德車隊在晚間 7 時 45 分抵達西門町時，第三波圍城群眾，晚間 7 時 55 分才從凱達格蘭大道出發。整個「螢光圍城」遊行，由公園路出發，沿襄陽路、懷寧街、衡陽路、中華路、和平西路、南海路、泉州街、寧波西街、羅斯福路、中山南路、凱達格蘭大道、公園路、襄陽路、館前路、台北火車站站前（交七）廣場集會。遊行過程十分熱鬧，顯示「倒扁」獲得了許多民眾之認同。依據台北市警察局統計，「螢光圍城」遊行活動約有 36 萬人參加。

4. 九月二十九日紅衫軍展開「環島遍地開花」行動

倒扁總部發起「環島遍地開花」行動，於九月二十九下午 4 時許，由總指揮施明德率領車隊出發，經過新竹、雲林、台南、高雄、宜蘭各地，訴求反貪倒扁理念，一路上也引起挺扁人士之抗議，甚至有大小不一之衝突。

5. 十月十日國慶日，台北城發動「天下圍攻」

中華民國九十五年雙十國慶當天，倒扁總部在十月十日上午，發動「天下圍攻」活動，人數越聚越多。下午，倒扁紅衫軍改變路線，轉往忠孝東路，朝台北東區的 SOGO 商圈遊行前進，並就地靜坐。本日參加「天下圍攻」的民眾踴躍，第二天各報之頭版均以大幅圖片顯示，群眾熱情參與活動相當令人震撼。相較陳水扁總統當天國慶活動不少，國外來台嘉賓甚多，外國人士目睹此一國人抗爭貪腐總統情景，是讓民進黨政府相當難堪。

6. 民國九十六年九月九日，凱道燭光晚會

民國九十六年九月九日，「反貪倒扁」運動一周年。倒扁總部號召群眾重返凱道，舉辦燭光晚會，晚上 6 點起進入高潮。動員 30 萬支蠟燭，利用蠟燭排出「屁」字。2006 年「阿扁下台」的倒扁口號，變成「阿扁放屁」。正突顯市民對主政者之貪腐惡行惡狀，忝不知恥，厭惡已極。

7. 紅衫軍的省思

紅衫軍之「反貪倒扁」，是一波「新公民社會運動」的開端。活動期間，匯集了許多民眾的熱情參與。但也在中、南部各縣市之「遍地開花」活動進行中，與挺扁人士發生許多大小不等衝突。誠然，「反貪倒扁運動」激發城市很多人的正義與熱情，最終這個活動大致也沒有脫序，演變成暴動或更嚴重的情形，顯示參與群眾之大多數是理智的。唯「反貪倒扁運動」卻也引來許多爭論，尤其是泛綠人士對於「反貪腐運動」，有相當程度之負面評價，彼等一方面質疑整個運動背後之動機；二方面，也以「雙重標準」嘲諷藍營對本身貪腐的縣市長、政治人物視而不見，只會「打扁」。

台灣社會很遺憾的被兩極化 ―「非藍即綠」。其實我們要使公民社會、民主政治走的更好，拋開藍、綠意識型態之爭，是很重要的。亟待建立一個：『藍色的青天，綠色的大地，都是我們所需要了，我們要「不分藍綠、只問黑白」，「不問立場、只問對錯」。』台灣許多藍、綠政治人物，錯了不認錯，硬坳到底，許多「法律問題」，碰到「政治人物」，立刻就變成「政治問題」。政治人物明顯觸犯「法律問題」，卻硬指稱「政治迫害」。紅衫軍之「反貪倒扁」，是一波「新公民社會運動」的開端，也期望給這塊土地的人民正、反的思考。

〈二〉陳雲林來台的群眾運動

民國九十七年十一月中國「海峽兩岸關係協會」〈以下簡稱「海協會」〉會長陳雲林來台，進行「第二次江陳會談」，發生了一系列群眾抗爭事件，一般稱之為「陳雲林事件」。

早先一步來台的「海協會」副會長張銘清，於民國九十七年十月十九日至二十二日，訪問台灣。十月二十一日在台南參觀孔廟時，遭抗議人士推倒在地。這種抗議舉動是不妥當的，遠來是客，動手就是不對，還硬有說詞辯解更非待客之道。

「海協會」會長陳雲林民國九十七年十一月來台，進行「第二次江陳會談」。泛綠色彩明顯的民進黨、台聯、本土社團為抗議馬英九政府親中立場，及中國黑心食品毒害台灣，於是發動「反黑心、顧台灣」大遊行。十一月三日，陳雲林率團抵台，警方部署逾 7000 警力，以元首級規格保護陳雲林。民眾向陳雲林嗆聲都遭優勢警力制止。

十一月四日，陳雲林與「海基會」董事長江丙坤簽署兩岸三通等四項協議。晚上，國民黨榮譽主席連戰在台北市「國賓飯店」宴請陳雲林。場外抗議民眾和警方再次爆發激烈衝突。鄰近餐廳之「上揚唱片行」因播放「台灣之歌」聲音過大，遭警方強制關掉音樂，並要求唱片行拉下鐵門。

十一月五日，國民黨主席吳伯雄於台北市「晶華酒店」宴請陳雲林。抗議群眾包圍「晶華酒店」。吳伯雄、陳雲林後被抗議民眾圍困於酒店內，隔日凌晨 4 時 30 分才在警方強力排除下脫困。「晶華酒店」外，「中央電視台」記者柴璐與「鳳凰衛視」記者陳琳遭抗議群眾圍堵、辱罵，混亂之中，柴璐被抗議群眾推倒。

十一月六日，民進黨發動抗議群眾「圍城」，馬總統提前於上午舉行「馬陳會」，時間亦縮短至 10 分鐘。部分憤怒群眾佔據中山北路之圓山便橋。在 8 個小時抗爭過程中，有失控之民眾投擲汽油彈、石塊等。

事件因抗議民眾的暴力引發，但也有支持抗爭群眾的論述以為，警方的執法過當，引發抗議群眾的憤怒。

陳雲林自十一月三日抵達台灣後，群眾便不斷有抗議行動。三日晚間，陳雲林在赴宴時，說出他的看法：

今天很多記者圍著問：你聽到了反對的聲音嗎？我的回應是，我聽到了

，我也看到了。因為做任何一件事情，都會有不同的意見，但是我堅信我們為兩岸同胞提供方便、創造福祉的事情，總會有一天，他們會認同我們這樣的作法是對的。

陳雲林來台的抗議群眾事件，可以分兩方面來分析：

〈1〉就抗爭群眾角度而言，彼等認為政府以優勢警力排除民眾的作法，是警察執法過當與濫權，也是台灣人權之倒退。更有要求廢除「集會遊行法」之聲音。

〈2〉就保護來台人士而言，警力的戒備是必要的。觀之以張銘清事件，如果發生，又將如何？混亂之中，大陸女記者柴璐都被抗議群眾推倒。陳雲林訪台期間的抗議者，如果沒有優勢警力排除民眾的作為，整個抗爭激情在狂熱群眾發酵下，可能會走調，故而警力的執勤也是必須不可少的。

本章小結

綜合本章所述，茲歸納下列要點，予以說明：

（一）**兩岸關係**：民國八十五年以來迄今，三位民選總統的兩岸大陸政策均不相同。李登輝時期對大陸的經濟往來是謹慎的，以「戒急用忍」的策略，一方面防止大陸大、台灣小情況下發展出「磁吸效應」，二方面避免台灣喪失研發與高科技的優勢，三方面避免企業家在大陸遭到不可預期的高投資風險。然而大陸市場的優勢〈土地取得低廉、勞工工資低廉、環保要求低等等〉是無法綁住台商透過各種方式西進的。李登輝的突破中共外交封鎖，成功地到美國康乃爾母校演講，讓中共不滿之情溢於言表，故而選在第一次台灣的民選總統期間發動軍事演習，並發射導彈至台灣周邊水域，造成「九六年台海危機」。李登輝的「特殊國與國關係」言論，再次讓中共跳腳，並表示「聽其言、觀其行」。李登輝時期兩岸關係是保守與緊張的。

陳水扁就任之初雖提出「四不一沒有」，並以「積極開放、有效管理」的「統合論」，有了具體的「小三通」成果。接下來的「一邊一國」言論〈民國九十一年提出〉，逐漸開展他的「台灣主體意識」，期透過「公民投票」〈民國九十三年提出〉、「制定新憲」〈民國九十五年提出〉來完成「四要一沒有」〈民國九十六年提出〉政治目標。中共面對台灣當局的第一次公投與總統大選，於民國九十四年第十屆「全國人民代表大會」，通過專門針對台灣的法律「反分裂國家法」，並由國家主席胡錦濤簽署、公佈、實施。陳水扁「鎖國政策」下，兩岸呈現停滯狀態。

馬英九時期兩岸之間發展是穩定交流、互動。「江陳會談」共達 8 次之多。兩岸共簽署了 18 項協議、2 個共識以及 2 個共同意見。在兩岸旅遊、空運、海運、食品安全、郵政、金融合作、共同打擊犯罪及司法互助、農產品檢疫檢驗合作、標準計量檢驗認證合作、漁船船員勞務合作、智慧財產權保護合作、醫藥衛生合作、陸資來台等議題上完成共識。尤以民國九十九年的第五次「江陳會談」中，雙方成功地簽署了 ECFA，是兩岸經貿深化合作一個新的里程碑。兩岸兩會對於兩岸經貿交流的貢獻值得肯定。馬總統摒棄空洞的意識形態之爭，積極的走

向開放佈局，對台灣經濟發展，兩岸穩定關係都有正面意義。

（二）**憲政發展**：民國八十五年以來，中華民國的憲政發展經歷了「國家發展會議」、「第四次修憲」、「第五次修憲」、「第六次修憲」、「第七次修憲」。就第四次修憲到第六次修憲，都並非是憲法實行上面臨到扞格不入、或是窒礙難行，而必須修憲。李登輝個人的「著毋庸議」作為，卻以整部憲法賠進去。李登輝一心一意欲刪除「立法院之閣揆同意權」，以為自己捅的憲法婁子解套，並以「凍省」交換民進黨的合作。這樣的「兩黨分贓」，破毀了憲法中行政院、立法院關係的重要精神。接下來之「延任自肥」〈第五次修憲〉、「任務型國大」〈第六次修憲〉修憲動機、作為，更讓我國憲政發展蒙羞。

主政者李登輝的缺乏守憲、守法之精神，一意孤行，強力的動用政治力，國、民兩黨第三屆國大代表沆瀣一氣，強渡關山，共同分贓，終於使得憲法精神遭到嚴重破毀。國人譁然，面對憲政發展難堪的一頁，卻也充分展現了台灣底層的真實生命力，一個蓬勃發展的公民社會：學術界、藝文界、輿論界紛紛表達出正義之聲、台灣基層捍衛民主精神與價值猶存。過往慘痛的修憲史、悲憤的憲政發展歷程，突顯了憲政發展過程中，面對政治人物「神魔二性」衝擊下，國家民主道路發展的過程，亟需深刻地重視、檢討與省思。

〈三〉**政黨政治發展**：中華民國政府 1949 年來台，2000 年面臨第一次政黨輪替，2008 年再次面臨二度政黨輪替。兩次的政黨輪替，對國民黨、民進黨都留下寶貴的教訓。實則，2000 年大選，與其說國民黨是敗給民進黨，毋寧是敗在國民黨自身；2008 年大選，民進黨之敗給國民黨，亦毋寧是敗在民進黨自身。國民黨因李登輝主政 12 年對國民黨內部造成嚴重內鬥與疏離，而地方派系的腐化與縱容，讓國人不忍卒睹，整個社會公平正義淪喪，「金權治國」、「黑道治縣〈鄉鎮〉」，青年人以加入國民黨為恥。人心思變，宋楚瑜、連戰之「兄弟鬩牆」、「鷸蚌相爭」，統治權拱手交給民進黨陳水扁。

陳水扁主政下之民進黨政府，產生了貪腐與濫權，加以其意識形態與政治掛帥。陳水扁的縱容與包庇貪腐，加上鎖國與經濟逆退，使得民進黨政府 8 年執政大失人心。「綠色執政，品質保證」成為諷刺。陳水扁政府更為台灣的公民社會帶來兩大危機：一方面，民主核心價值偏斜日益嚴重。另一方面，理性思辯過程被粗俗之「愛台灣」空洞口號毀壞殆盡。8 年的民進黨主政，在意識形態上：強化統獨對立、弱化思辯過程，只問立場、不問是非。在社會上：沉默的人更加沉默。在經濟上：濫權貪腐的官員更加囂張、鎖國政策下的台灣經濟更形蕭條。終而使得國民黨馬英九贏回政權。

馬英九主政下的政府，雖然在兩岸的穩定發展有其貢獻，馬本身的清廉亦被國人肯定。然而馬政府的缺乏「同理心」，幾近「不食人間煙火」的地步，使得執政以來，其施政不僅國人「無感」，甚至「有怨」。中共對台尚知以「讓利」，爭取台灣內部果農、漁產養殖、企業界各行各業之好感；馬英九政府未將經濟發展起來之際，卻不斷與民「爭利」。從「證所稅」、「油電雙漲」、「課徵補充保費」、「收取短程高速公路通行費」等等。正當國內經濟陷入低迷不振之際，政府帶頭

「油電雙漲」造成物價不斷上漲，人民荷包縮水，而日常生活支出卻不斷攀升；就連升斗小民 5 千元的存款利息，都要繳交 2% 的健保補充保費，讓整個社會到處充滿拆單與埋怨政府「整人」。積小而為大，馬英九政府不斷的「不當時機、不當作為」自然為國民黨未來執政之路，帶來警訊。

〈四〉政治參與：民國八十五年起在「四權行使」上，總統由公民直選產生。但也在凍省後，「省府虛級化」，台灣省長、省議員選舉停止，尤其台灣省長選了一屆，就成為絕響。總統公民直選為台灣民主向前一大步，省長、省議員選舉停止，則是地方自治的開倒車。國民大會在第七次修憲後走入歷史，從此不再選舉任務型國大代表。

「公民投票法」實施以來，全國性公投，總共舉行了 3 次，每次各有 2 個公投案，總共有 6 個公投案。這些全國性公投，均是在「公投綁大選」方式下進行；均是政府〈政黨〉由上而下推動進行；均是以公投為工具；均是當時之政府積極支持投票，反對黨則強力抵制。這三次公投都由民進黨政府積極推動，用來補強大選之氣勢。而當時的反對黨國民黨，固然不得不提出相對應之公投案對策，以為制衡。但擔心公投之投票率衝高，必將影響選情，故而大力推動「拒領公投票」策略，來反制民進黨政府之「公投綁大選」。國民黨在三次全國性公投中，均呼籲支持群眾「拒領」公投票，國民黨策略成功地發揮功效，6 個公投案均未過關。

本時期大眾傳播最為具代表性的兩項指標：「國家通訊傳播委員會」與「公共電視」的成立與發展。然而這兩項重要工程的發展從法律的制定，到內部正式的運作，處處充滿了藍、綠的惡鬥與互不信任。「國家通訊傳播委員會組織法」從立法院朝野藍、綠各黨草案創始，到兩次嚴重流血衝突，上了國際媒體版面，最後完成三讀。執政黨民進黨政府對該法提出申請釋憲，「大法官釋字第 613 號解釋」，認定該法第四條第二項、第三項、第四項、第六項違憲，須於 2 年內修法完成。之後立法院完成該法第四條修正。

至於「公共電視法」立法時即受到政黨各自盤算而形成設計不良，公共電視之董、監事遴選之審查標準需達四分之三高門檻通過，成為少數黨杯葛人事名單通過的障礙；再則，「公共電視」董、監事會之運作，多年來內部從陳水扁時代到馬英九時代，在政黨背後操弄下，一連串藍、綠各自人馬支持的董事在董事會中惡鬥不已，不僅賠上「公共電視」的形象，亦造成整個公視營運深受影響。綜言之，如何減少政治的算計，多從公益角度著手，是當前台灣政治日益民主化的同時，主政者、朝野政黨領袖、學術界，乃至全民都應省思的一個大課題。

第六章　綜論：中華民國政治發展的評析與展望

第一節　兩岸關係基點：以中華文化爲主軸

「文化」一詞，人言人殊。沈清松教授論文化，表示：『文化是一個歷史性的生活團體 ── 亦即其成員在時間中共同成長的團體 ── 表現其創造力的歷程與結果的整體，其中包含了終極信仰、認知系統、規範系統、表現系統和行動系統。』[1]。中華文化博大精深，在中華民族五千年來的發展過程中，不但未如古巴比倫、波斯、希臘、羅馬等文化燦極一時之後，就成爲歷史名詞；相反的，中華文化在多次民族大融合中，吸收新的成分、增添新的力量，表現出了民族產生豐富文化，文化陶鑄優秀民族之交相輝映特色，讓中華文化閃耀著自成體系、亙古常新的光芒。而在這時間的交替與空間的縱深，表現出中華的傳統文化，他是獨創的、一統的、理性的、人本的文化，重德的文化與王道的文化。

然而，百多年來，清廷在 1840 年中英「鴉片戰爭」失敗以來，國勢頹危，中國知識份子就在找尋一條中華文化現代化的道路。這其中有三條不同的思維，代表不同的路線：一是從「自強變法運動」開始，強調「中學爲體、西學爲用」，然僅是靠著「船堅砲利」，徒有外在，沒有精神支柱，很快的就敗下陣來。二是保守的守舊主張，然一味抗拒，氣勢充足，說理闕如，面對大環境，人民自信心淪喪，保守的力量難抗求新、求變的大環境。三是到了「五四運動」起，標舉「德先生」、「賽先生」一路而來的「全盤西化」，聲勢獨大，時至今日，對中華文化影響深遠。

「全盤西化」對兩岸的中華文化發展，都有至深的影響。藉由中華文化現代化歷程中的三種態度與主張的分析，看到 1949 年以來，這 60 多年兩岸中華文化在「全盤西化」下，所表現出來畸形的走向，以及所發生的困境。由於歷史的發展，兩岸分裂分治，同根同源的兩岸，各有其擅場。觀之以英、法爲世仇；德、法亦爲世仇，彼等雖爲不同民族，尚可團結在「歐盟」之下。兩岸炎黃子孫如何互補缺失？在中華文化現代化的主軸發展下，以文化中國化、政治民主化、經濟自由化、社會多元化的宏觀氣勢，走出有利於全體兩岸人民的嶄新道路。

壹、中華文化現代化歷程中的三種態度

鴉片戰爭失敗以後，當時主流的力量首推，李鴻章上書恭親王奕訢，獲得滿清政府大力推動的「自強運動」。李鴻章上書稱：『天下事，窮則變，變則通。中國欲自強，莫如學外國利器。欲學習外國利器，則莫如覓製造之器。』李鴻章在滿清政府支持下，1888 年成立了「北洋海軍」〈當時海軍噸位實力爲世界第四〉[2]，左宗棠也在南方成立「南洋海軍」，在福州馬尾成立「船政學堂」，由沈葆楨主持。當時的政界、知識界以爲「師夷之長技以制夷」，就可迎頭趕上、富國強

---

[1] 沈清松，「當前文化建設的問題與對策」，理論與政策，第四卷，第二期，民國七十九年一月，頁 106。
[2] 北洋海軍擁有大型「鐵甲船」8 艘：從德國買來之「威遠號」、「鎭遠號」、「來遠號」、「經遠號」、「致遠號」、「定遠號」；從英國買來之「超勇號」、「揚威號」。

兵。詎料 1894 年「甲午海戰」的北洋海軍全軍覆敗。其後，南洋海軍亦毀於法軍。顯然「中學爲體、西學爲用」之「船堅炮利」的物質層面，不足以救中國。

在此同時，中國學術界也有反動西學的「守舊」聲音，並未能發生大的作用。民國 8 年「五四運動」開始，「德先生」〈democracy 民主〉、「賽先生」〈science 科學〉救中國，響徹雲霄，這是「全盤西化」的開始。一般析論，中華文化現代化歷程約略有三種態度：

一、「中學爲體、西學爲用」

鴉片戰爭受挫於英國，簽訂了第一個不平等條約「南京條約」之後，西方挾持軍事、經濟、文化優勢，大舉入侵。朝野有識之士，面臨亡國滅種之危機，無不思有以振作，救亡圖存之道。從鴉片戰爭時期的林則徐、魏源強調「師夷長技」；曾國藩、李鴻章的「洋務自強」；以至康有爲、梁啓超的「百日維新」求變法圖強，大抵是「中學爲體、西學爲用」的表現。此理論核心觀點在於調和「中學」與「西學」之衝突，主張：『變器不變道』；力主興建現代化的軍隊，發展民用工業、修建鐵道、創辦學堂。最具代表者：朝廷重臣有奕訢、桂良、文祥等；疆吏大臣有曾國藩、李鴻章、左宗棠、張之洞等。

「中體西用」之說，一般人首先想到張之洞提倡之「中學爲體、西學爲用」。實則，張之洞並非第一人，而在「洋務自強運動」時的馮桂芬、王韜、鄭觀應等人均有「中體西用」之主張看法。[3]

張之洞著有《勸學篇》共 24 篇，四萬餘字。[4]其本意爲：『自乙末後，外患日亟，而士大夫頑固益深，戊戌春，僉壬伺隙，邪說遂張，乃作《勸學篇》上下卷以辟之，大抵會通中西，權衡新舊。』[5]其左打頑固派的「守舊」、「不知變通」[6]；右批維新派的「菲薄名教」、「不知本」。

張之洞「中學爲體、西學爲用」之核心概念：『內篇務本，以正人心；外篇務通，以開風氣。所謂"本"，指的是『世道人心的綱常名教，不能動搖；所謂"通"，指的是工商學校報館諸事，可以變通主辦。』質言之，張之洞：『中學

---

3 如馮桂芬稱：「如以中國之倫常名教爲本源，輔以中國富強之術，不更善之善者哉。」（校邠盧抗議，卷下，采西學議）；鄭觀應謂：「中學其本也，西學其末也。」（盛世危言增訂新編（一），卷二，西學），王韜言：「形而上者中國也，以道勝；形而下者西人也，以器勝。如徒頌西人，而貶己所守，未窺爲治之本源也。」（弢園尺牘，卷四，與周弢甫徵君）以上諸說實皆蘊涵著「中體西用」之意。

4 張之洞《勸學篇》24 篇章節如次：

　內篇：　"同心第一"、"教忠第二"、"明綱第三"、"知類第四"、"宗經第五"、"正權第六"、"循序第七"、"守約第八"、"去毒第九"。

　外篇：　"益智第一"、"遊學第二"、"設學第三"、"學制第四"、"廣譯第五"、"閱報第六"、"變法第七"、"變科舉第八"、"農工商學第九"、"兵學第十"、"礦學第十一"、"鐵路第十二"、"會通第十三"、"非弭兵第十四"、"非攻教第十五"。

5 張之洞《勸學篇》24 篇之全文可見：http://www.douban.com/group/topic/3636335/

6 二十四篇之義，要之以五知：〈1〉一知恥，恥不如日本，恥不如土耳其，恥不如暹羅，恥不如古巴。〈2〉二知懼，懼爲印度，懼爲越南緬甸朝鮮，懼爲埃及，懼爲波蘭。〈3〉三知變，不變其習不能變法，不變其法不能變器。〈4〉四知要，中學考古非要，致用爲要，西學亦有別，西藝非要，西政爲要。〈5〉五知本，在海外不忘國，見異俗不忘親，多智巧不忘經。

為內學，西學為外學，中學治身心，西學應世事。』〈勸學篇〈外篇〉 "會通"第十三〉。

張之洞身處國家亂世，對文化層面引申出：「變」與「不變」的二重觀點：『夫不可變者，倫紀也，非法制也；聖道者，非器械也；心術也，非工藝也。』誠然，「體用」、「本末」、「主輔」，是基於對本土文化的堅持，而在中西取捨上做了二分。但在現代化的過程中，是全方位的轉型，欲保存舊有的本體，更是當前兩岸哲學界、文化界迫不及待的艱鉅使命。

二、守舊勢力

19 世紀末，清廷隨著自強洋務運動的推展，銳意創辦西學。但初期成果不彰，一方面是來自保守勢力的反對，抗拒其子弟進入新式學堂；再則，這些新學堂教學工作，尤其是自然科學與專門技術課程，多是由懂得很少、甚至完全不懂漢語之外國教席來擔任。這些外國人或許有優秀學術涵養，以及高超專業知識；但彼等並不熟悉中國語言，不了解學生狀況，更不知道中國國情，使得師生之間隔閡存在，教學成效並不理想。這是當時既存事實狀況。

大學士倭仁以清末理學領袖之高度，上奏摺力陳：『立國之道，尚禮義，不尚權謀；根本之途，在人心，不在技藝。』又言：『今求之一藝之末，而又奉夷人為師，無論夷人詭譎，未必傳其精巧，即使教者誠教，學者誠學，所成就者不過術數之士。』而將西方科技視為「奇計淫巧之末」，並得結論為：『何必師事夷人』。[7] 這一主張，認為中國無需與西方接軌，即可以力挽狂瀾，強國富民。

後來被歸類為保守大將倭仁，雖被批評、嘲諷為：為了本身階層利益，不同意背離傳統教育形式。但在當時代的環境下，卻也得到極大的鼓舞和支持。倭仁要求「不必師事夷人」，這在當時得到相當大之激動人心力量；需知這些夷人入侵中國、逼迫中國簽下喪權辱國奇恥大辱，令中國漸漸喪失了主權、國家領土被侵略，所以在倭仁這一深受尊重、望重士林的大學者登高大聲疾呼下，產生了相當效果。有些頑固儒生將學習外國語文當作叛國行為，而申請進入新式學堂學生還飽受同鄉、同僚嘲笑。更有大臣以『士君子自重者，無不恥言洋務。』

倭仁之反應與主張，也非全無道理之「盲目排外」。他強調外國教席不懂漢學、不知中國國情，如此將無法對症下藥，也是事實。其後，「重視西學，但不可忽視漢學」，也成為其後張之洞「中體西用」的學說。時至今日，國人日以強調歐美語言之重要，但國外學成，國內不過「食人餘唾」，毫無長進。不知，孫中山當年大聲疾呼「我們要迎頭趕上去，不要向後跟著它。」至今，整個學術界更自甘墮落為美國學術的殖民地而自豪。倭仁雖被後人訕笑為無知的、守舊的迂腐讀書人，但他的見解也有其時代背景。只是，一昧的保守、拒絕外來文化、文明，只會使中國更落後，自尊心更淪喪，由「完全排外」，到「懷疑衝突」，甚至導引到「全盤西化」的不歸路。

三、全盤西化

---

[7] 引自 Gorbachev 著，譚天譯：on My Country and the World《俄羅斯的教訓》。台北：貓頭鷹出版社，2001 年 5 月，頁九九。

近百年來，中華傳統文化在西方洋槍大炮入侵下，從極端保守的思想，慢慢衍生出『中學爲體，西學爲用』，而至「五四運動」之「全盤西化」，對中華文化的影響至鉅。

「五四運動」雖是以政治問題 － 北洋政府在巴黎和會的失敗，日本繼續取得原德國在山東權利爲直接導火線。但其後發展對中華文化影響是至深且巨的。

隨著日顏的國勢和大量湧進的西學，知識分子逐漸感受到，在未接觸到西方文化之前，這塊土地上的人們，自有數千年來約定俗成的一套生活規律和價值體系，人們相當地熟悉這些知識，便可以在傳統的社會中應付裕如。但當閉關自守局面被打破後，西方文化大量湧入，社會環境空前震盪，此時國人在處理環境的知識並未改變，處處顯出矛盾現象。

「五四運動」可以說正是此一糾纏情結的爆發。反對傳統、全盤西化，把線裝書丟到茅廁、打倒孔家店等等，正是「五四」所標榜的口號，中國原有的學術思想標準是「凡古的就是好的」，到此時期，標準成爲「凡新的就是好的」。此一標準既經社會人心普遍接受，於是接受外來思想乃大開「方便之門」，舉凡自由主義、功利主義、無政府主義、馬克思主義等等，各種牌子的舶來品、學術思想五花八門，都有學子在追求。羅素思想、杜威哲學、康德論述···接踵而至，令人不知所措、而有應接不暇之感。[8]

「五四運動」主要領導人物之一的陳獨秀，初始即否定清末以來的「中體西學」之論，並將中西文化劃分成爲對立面，力主「全盤西化」。陳獨秀認爲：[9]

> 歐洲輸入之文化與吾華固有之文化，其根本性質極端相反。吾人倘以新輸入之歐化是，則不得不以舊有之孔教爲非；倘以舊有之禮教爲非，則不得不以新輸入之歐化爲是。新舊之間絕無調和兩存之餘地。

陳獨秀在 1916 年《新青年》創刊號發表「敬告青年」一文，標舉六個原則[10]，宣傳「德先生」、「賽先生」，批判儒教和傳統道德、打倒「孔家店」，成爲「新文化運動」的中心。

陳獨秀並陸續的發表了：《駁康有爲致總統總理書》、《憲法與孔教》、《孔子之道與現代生活》等文章，分析孔教與帝制有不可分離之關係、三綱五常悖離平等人權學說、孔子之道不合現代生活、以孔教爲「國教」乃根本的違反了思想自由、宗教自由原則、必須輸入西洋平等人權學說以代替孔子之道。綜論之，也就是說要以資產階級民主代替封建專制，以資產階級新道德代替封建舊道德。

「五四」所提出揚棄「線裝書」、「孔家店」都具有十足的破壞性，而屬於建設性的「德先生」（民主）與「賽先生」（科學）在當時還僅是模糊概念階段，倡導「五四運動」的知識份子還無力使之具體化、制度化。一方面民主與科學的制度化需要長時間的教育相配合，以及如何融入我們的國情？有其漫長的時間和步

---

[8] 殷海光，《中國文化的展望》（上）。台北：桂冠圖書公司，民國 77 年 3 月，頁二二八－二二九。

[9] 陳獨秀，〈吾人最後之覺悟〉，出自《陳獨秀文章選編》〈上〉。北京：三聯書店，1984，頁一〇五。

[10] 陳獨秀提出的「六個原則」是：〈1〉自由的而非奴隸的。〈2〉進步的而非保守的〈3〉進取的而非退隱的〈4〉世界的而非鎖國的〈5〉實利的而非虛文的〈6〉科學的而非想像的。

驟，並非一蹴可及；另一方面，文化運動的成敗繫於是否能在自己的文化中生根？一味向西方文化求取萬靈丹，而希冀因之建立一套嶄新的文化體系，是緣木求魚不可能的事。

誠如胡秋原所說：『當一個社會發生混亂的時候，很容易對外來的文化醉心。例如漢末之於佛教，明末之於西教。又在一種文化遇著高級文化的壓力時，一定發生對外來文化的模仿和反感。』[11]不幸的是，過去傳統派與西化派的不同思維路線，都沒有給國家帶領出一條屬於自己的路；不是拾古人牙慧，就是拾洋人牙慧，口水淹沒了汗水，中國也停滯不前，實令人遺憾扼腕。[12]誠然，抱殘守缺固所不宜，全盤否定亦無可能，如何「執兩用中」的兼顧優美傳統與活力的現代化，是推動具有中華特色又有新生命力量在其中的基本態度。可惜，兩岸的中華文化現代化都以「全盤西化」為走向，這發展結果有一部份，是有相當的成果；但也有讓人痛心者，本文接著論及兩岸文化現代化的困境與盲點。

貳、中華文化現代化在兩岸的困境

一、台灣的發展與困境

中華民國政府於 1949 年來台，政府積極的以行政力量推動國家文化建設工作，可概分為兩個階段。

第一個階段：國民黨政府為執行「反共抗俄」之國策，對抗 1966 年中國大陸發動之「文化大革命」，對中華文化所造成危機，並圖保存中華文化命脈。1967年，蔣中正號召成立「中華文化復興委員會」[13]〈以下簡稱「文復會」〉於台北，並自任會長。20 年後的 1987 年，繆玉青於《文復月刊》發表「中華文化復興運動推行委員會成立二十週年」專文，指出文復會的重要工作成效有如下六大項：〈1〉興建圖書館、音樂廳、文化中心等一百多所處。〈2〉中國古籍的整理與保存。計出版中華文化叢書 107 種；編印古籍今譯 33 種；出版「中國之科學與文明」中譯本 15 冊；出版「中華科學技藝史叢書」共 16 種；出版「中華文化復興叢書」18 集。〈3〉文藝的研究與各種講座的舉辦。〈4〉民俗藝術的推廣。〈5〉孝行之獎勵與好人好事的推舉。〈6〉書法、繪畫等藝術之倡導。[14]

第二個階段：國民黨政府基於兩個原因：〈1〉台灣經濟快速發展，文化建設的再加強有其急迫性。〈2〉防範西方科技文化急速膨脹過程中，對中華文化所造成的衝擊與調適問題，更積極的要以文化建設重塑「國家文化」的形象。1981

---

[11] 胡秋原，《一百三十年來中國思想史綱》，第三版。台北：學術出版社，民國六十五年九月，頁六三。

[12] 黃城，〈孫中山思想與二十世紀中國的教訓〉。國立台灣師範大學政治學研究所、國立國父紀念館主辦，「第五屆孫中山與現代化中國學術研討會」，民國九十一年五月，頁七。

[13] 「文化復興委員會」下轄有九個特別委員會：〈1〉教育改革促進委員會。〈2〉國民生活輔導委員會。〈3〉學術研究出版促進委員會。〈4〉文藝研究促進委員會。〈5〉基金委員會。〈6〉中國科學與文明編譯委員會。〈7〉中國科學技術研究發明獎助委員會。〈8〉國劇研究推廣委員會。〈9〉研究設計委員會。

[14] 繆玉青，〈中華文化復興運動推行委員會成立二十週年〉，《中華文化復興月刊》，第 20 卷，第7 期。頁四九－五四。

年 7 月 8 日，立法院三讀通過「文化建設委員會組織條例」，「文化建設委員會」〈以下簡稱「文建會」〉於同年 11 月正式成立。「文建會」為統籌國家文化建設的機構，負責主管文化政策，協調並推動各部門文化工作的執行工作。整體而言，文建會任務有三：〈1〉整理並普及民俗文化。〈2〉講求健康的生活文化。〈3〉提倡並推動精緻文化。

政府結合民間力量致力於文化建設的重視與推展，無論軟體建設、硬體建設方面都有相當成效。在台灣，牟宗三、唐君毅、徐復觀等人提倡的「新儒家」，承襲了中華文化的一脈香火。誠然，文化建設之評估並不容易，範圍更是千頭萬緒。蕭新煌教授提出，文化指標有三：〈1〉文化活動指標。〈2〉文化認同指標。〈3〉文化素養指標。[15]李亦園教授則認為「文化認同指標」有創意，但難以具體表現，乃提出三項文化指標：〈1〉文化活動指標。〈2〉文化環境指標。〈3〉文化素養指標。[16]這三項指標在台灣都有其可觀性。

一方面，中華文化扎根工作，在台灣官方與民間 60 多年來之努力，在台灣社會是可以看到文化許多保存與發揚，文化張力不容小歔。政治「民主化」發展雖有諸多缺失，但一種「自由心靈的抒發」、「人民意志的抉擇」、「文化的多元發展」都有一定成就與成果，這也是中國 5 千年來，中國人過去從未享有之「民主」、「自由」氣氛。當然，也有讓人沉痛之處，台灣學術淪為美國殖民地而不自知。黃光國教授在一場研討會感慨地整理出以下讓國人觸目心驚的事實：[17]

1.許多大學畢業生都以到美國留學為榮，許多大學在聘用教職時，也是以學成歸國的「留美學人」作為優先。這些「青年才俊」在大學授課時，使用的是美國的教科書；做研究時，沿用的是美國的研究典範，他們不知不覺地成為傳授美國文化價值的尖兵；台灣的學術淪為美國的學術殖民地而難以自拔。

2.1994 年李登輝鬥垮國民黨內主流派後，台灣一連串的「教育改革」，說穿了就是要落實「自由派」知識分子片面理解的美國文化價值。譬如在「開放自由市場競爭」的口號下，使台灣大學由二十餘所暴增為一百六十餘所。

3.在「快樂學習」的口號下，推動課程改革。小學生不必再背九九乘法表，改學「建構式數學」；國民中學的「公民與道德」改為社會科學常識；「中國文化基本教材」改為選修；需多帶有「大中國意識」的課程都被廢除掉，為日後民進黨陳水扁政府的「去中國化」做了先期鋪路的工作。

其實讓有識之士擔心者不只如此。中華文化下的讀書人，其最高境界應在「經世致用」。然而，台灣學術界為了 SCI、SSCI 的刊登[18]，已經走火入魔的地步。〈尤

---

[15] 蕭新煌，〈從文化指標看當前的文化生活品質〉，《劇變與調適》。台北：敦理出版社，民國七十五年，頁二八－ 三三。

[16] 李亦園，〈台灣光復以來文化發展的經驗與評估〉，《華人地區發展經驗與中國前途》。台北：政大國關中心，民國七十七年七月，頁四０四 – 四０五。

[17] 黃光國，〈中華文化傳統的社會科學研究〉，《2010 兩岸 MPA 教育論壇與大陸公共管理院長論壇》大會手冊。台北：中華公共事務管理學會出版，2010 年 12 月 5 日，頁五三。

[18] SCI 是"科學引文索引"(Science Citation Index)的縮寫，是美國科學家尤金·加菲爾德(Eugene Garfield)在 1961 年創建的一個科學論文資料數據庫，收錄發表在較重要的學術期刊上的論文的相互引用情況。該數據庫不斷擴大，到現在已收錄了約 9000 種自然科學和社會科學的學術期

其是社會科學領域更不公平〉。大學評鑑看 SCI、SSCI；助理教授、副教授升等看 SCI、SSCI；就連各大學對老師評鑑也是 SCI、SSCI 刊出者得最高分。國內社會科學界的龍頭 — 國立政治大學，國科會的「頂尖大學 — 五年五百億」一度不被看好，最後以吊車尾入榜。究其實也是敗在 SCI、SSCI 不足。筆者在一個研討會場上，聽到某學者義憤填膺的指陳：『台灣學術界如此作踐自己，美國沒有強迫，更無利誘，台灣的學術界已經自己繳械，成為美國學術的殖民地、買辦。』聽到這些話，雖是偏激了些，但就「一個熱愛中華、熱愛台灣」的本位出發點，台灣學術界寧不哀哉？

或亦有謂：台灣自然科學未完全扎根，且在缺少一個客觀評價的標準下，此一「轉型期」必須以 SCI 為標的，乃為不可避免。但早在孫中山領導革命推翻腐敗落後的滿清，民國 13 年對廣東高等師範的學生演講「三民主義」時，就期許中國的學術界學成之後：『要迎頭趕上去，不要向後跟著它。』蔣中正在抗戰時期，曾在航空研究院題字："我們發動機何時可以完全自製？"台灣保護「裕隆」何其久？中華民國建國已過了 100 多個年頭，面對過去的「五四運動」，「賽先生」離我們何其遠？台灣的「轉型期」又將有多長？台灣的基礎工業在哪？我們的民族自尊心又在哪？SCI 與 SSCI 更增添幾許諷刺。

二、大陸的發展與困境

民國八年的「五四運動」之後，參與「新文化運動」的中國知識份子漸漸分為壁壘分明的兩派。一是認為中國應當效法英、美，走議會路線；一是認為應當師法蘇聯，採用共產主義、社會主義的方法，畢其功於一役，徹底改造中國的社會結構、生產方式。在此當下，「民主」與「科學」仍然是所有知識分子的「共同信仰」。陳獨秀、李大釗等人於 1921 年成立「中國共產黨」，即便是共產黨人亦充分理解並相信：「馬克思主義」是「科學真理」，共產國家的政治體制是「人民民主專政」。

1949 年蔣中正敗退台灣之前，長時間的國、共兩黨內戰，一方面是政治權利之爭；另一方面也是「中國現代化」路線之爭。國、共兩黨對於「中國現代化」的路線或有不同的看法與主張，但大陸這塊土地上的知識份子對於「民主」、「科學」的高度認同，從沒有動搖過。也從未否棄對「民主」、「科學」的強調。

1949 中華人民共和國的建政至今，吾人可以歸納以下數點：

1.「經濟」向資本主義傾斜，走向大國崛起：「社會主義」是否定私有財產制、不許自由競爭、杜絕利潤追逐，政府決定商品價格，更重要的是，廣大的工人、農民當家做主。但，從鄧小平「改革開放」，走「有中國特色的社會主義」；到江澤民主政的「三個代表」入黨章[19]。中國大陸如浴火鳳凰般的快速發展，經濟成長驚人。已從「三十年浩劫」後重新站起來，而有「中國崛起」之態勢。

2.「科學」的邁進，是中華五千年所未有，與西方先進國家並駕齊驅之態勢

刊。發表在被 SCI 收錄的期刊上的論文，在國內被簡稱為"SCI 論文"。
[19]「三個代表」，簡言之，中國共產黨永遠代表「廣大的人民」、「悠久的文化」、「先進的生產力」。

已奠立。中國大陸的「賽先生」發展已經邁進到世界科技的領先群中。一個指標性的「航太工業」可以看出：從「神州五號」太空船〈2003年發射〉、「神舟六號」太空船〈2005年發射〉、「嫦娥一號」首枚探月人造衛星〈2007年發射〉、「神州七號」太空船〈2008年發射〉、「神州八號」太空船〈2011年發射，與之前發射的「天宮一號」兩度對接，之後成功返回地球，於內蒙古平穩著陸〉、「神州九號」太空船〈2012年發射，與「天宮一號」首次載人成功交會對接〉的發射，中國大陸航太科技確實達到「超英、趕美」，爲世界第三個具備此項科技能力的國家。這些「科學」的重大成就對華人世界是振奮。

3.「文化」曾遭浩劫，影響層面深遠：中華文化在中國大陸的悲慘遭遇是重大的災難。大陸的「文化大革命」期間[20]，毛澤東發起造反派的紅衛兵，背後是要奪劉少奇的權，但發起的「破四舊、立四新」，不但對傳統文物的巨大破壞、教育體系的全面中斷、更使得教育研究發展留下一大段空白。其後奪林彪的權，發動「批林批孔」、「批孔揚秦」，更被稱爲「二次文革」。總之，經歷了「文化大革命」的浩劫，中國大陸文化可稱「氣若游絲」。大陸文化、文物的大破壞、學術思想界的真空狀態可謂空前。此一空窗期，正好由「海外歸國學人」〈海歸派〉填補，在改革開放期間，主張「全盤西化」的「河殤派」[21]與1989年的「天安門事件」都是在此情境下開展。中共當局對「全盤西化派」的戒心可見。

4.「政治」仍是專制，其對「民主」有一特定的認知：中共也強調「民主」。其對「民主」的界定是：「中國共產黨」領導的「民主集中制」。「民主集中制」即是：「政治協商」與「政黨合作」。[22]

中國大陸在「文化大革命」時期，將中華文化盡情破壞，造成巨大文化裂痕與傷害。鄧小平以來，經濟發展快速、科技發展神速。近年來，中國的經濟成果耀眼、科學表現亮麗。但社會的「勞資矛盾」、「貧富矛盾」、「官民矛盾」不斷加遽，未來若不妥適因應，其未來衍生之政治、社會問題必將難以想像。

鄧小平改革開放之初，提出：「實踐是檢驗真理的唯一標準」，但當時的改革

---

[20] 中國大陸「文化大革命」從1965年11月，姚文元發表「評新編歷史劇 — 海瑞罷官」起，到1977年8月，華國鋒在中共「十一大」宣佈結束「文革」爲止。前後歷時12年。依照毛澤東的說法，可分爲四個時期：〈1〉第一階段：從姚文元文章發表，到第八屆十一中全會爲止〈以「文藝整風」爲核心環節〉。〈2〉第二階段：從第八屆十一中全會到「一月風暴」爲止。〈以「紅衛兵暴亂」爲核心環節〉。〈3〉第三階段：爲對劉少奇的大批判〈以「奪權鬥爭」爲核心環節〉。〈4〉第四階段是思想上奪修正主義的權、奪資產階級的權〈以「林彪事件」爲核心環節〉。

[21] 《河殤》是中國中央電視台制作的6集電視紀錄片，在1988年6月16日首播，總撰稿人爲蘇曉康和王魯湘，導演夏駿，但全片最初策劃者爲學者謝選駿。該片播出後在中國社會引起了很大轟動，後被認爲是六四事件的思想前導。《河殤》分爲6集，分別爲：《尋夢》、《命運》、《靈光》、《新紀元》、《憂患》和《蔚藍色》。該片由對中華傳統的黃土文明進行反思和批判入手，逐步引入對西方蔚藍色文明的介紹，對包括「長城」和「龍」在內的許多長期被中國人引以爲榮的事物進行了嚴厲的批判、省思，同時表達了對西方民主文明的嚮往。《河殤》倡導了「從黃河到藍海」、「從黃河文明走向航海文明」，希冀達到「西方民主文明」的境界。

[22] 中共〈政黨合作〉之概念，並非西方民主國家的「政黨競爭」〈黨內民主、黨際競爭〉。中國大陸在以中國共產黨爲唯一、永遠的執政黨。八個「參政黨」爲：民革〈中國國民黨革命委員會〉、民盟〈中國民主同盟〉、民促〈中國民主促進會〉、民建〈中國民主建國會〉、台盟〈台灣民主聯盟〉、致公黨、九三學社、工商聯合會。

充滿諸多的不確定性，大陸社會乃流傳一句話：『摸著石頭過河。』當時更有這麼一句話：『群眾跟著幹部走，幹部跟著領導走，領導跟著小平走，小平跟著感覺走。』現在中國大陸經濟發展有成、科學走向堅實。從某個角度看，中國大陸已經「過了河、上了岸。」但是，不可否認，中國大陸的政治仍是一大隱憂。大陸社會科學界本土理論的建構仍明顯不足，其對　SCI 的迷思，與台灣是一般無二。大陸是要繼續迷糊的「摸索前進」？抑或讓「西化派」的知識份子號召「全盤西化」？

參、重建兩岸發展的新契機

2000 年，國民黨總統大選失利，台灣進入第一次的「政黨輪替」。時任國民黨副主席的吳伯雄訪問中國大陸，是國民黨遷台後，該黨高層與大陸方面第一次公開接觸。吳伯雄赴福建龍岩出席世界客屬懇親大會，並到廣州黃花崗七十二烈士墓與南京中山陵敬謁，獻上國民黨主席連戰署名的花圈。當時擔任福建省長的習近平，專程從福州趕到吳伯雄下榻的酒店，共進早餐。吳伯雄還與當時之中共副總理錢其琛、海協會會長汪道涵、中共中央台辦、國務院台辦主任陳雲林及中共元老、前人大委員長葉劍英的長子葉選平（前廣東省長、全國政協排名第一位副主席）等中共高層人士會晤，這也打破近半世紀，國共之間不相往來的紀錄。

連戰於 2005.4.26 以中國國民黨主席身分，率領近 70 人之訪問團，訪問中國大陸，展開「和平之旅」，成為中華民國政府遷台後，首位在北京大學發表演說之政治人物。2005.4.29 國民黨主席連戰並與中共總書記、國家主席胡錦濤會晤，發表極具歷史性之「連胡會新聞公報」：

> 五十六年來，兩岸在不同的道路上，發展出了不同的社會制度與生活方式。十多年前，雙方本著善意，在求同存異的基礎上，開啟協商、對話與民間交流，讓兩岸關係充滿和平的希望與合作的生機。但近年來，兩岸互信基礎迭遭破壞，兩岸關係形勢持續惡化。
>
> 目前兩岸關係正處在歷史發展的關鍵點上，兩岸不應陷入對抗的惡性循環，而應步入合作的良性循環，共同謀求兩岸關係和平穩定發展的機會，互信互助，再造和平雙贏的新局面，為中華民族實現光明燦爛的願景。
>
> 兩黨共同體認到：　一、堅持九二共識，反對台獨，謀求台海和平穩定，促進兩岸關係發展，維護兩岸同胞利益，是兩黨的共同主張。　一、促進兩岸同胞的交流與往來，共同發揚中華文化，有助於消弭隔閡增進互信，累積共識。　一和平與發展是二十一世紀的潮流，兩岸關係和平發展符合兩岸同胞的共同利益，也符合亞太地區和世界的利益。
>
> 兩黨基於上述體認，共同促進以下工作：　一、促進盡速恢復兩岸談判，共謀兩岸人民福祉。促進兩岸在九二共識的基礎上盡速恢復平等協商，就雙方共同關心和各自關心的問題進行討論，推進兩岸關係良性健康發展。二、促進終止敵對狀態，達成和平協議。促進正式結束兩岸敵對狀態，達成和平協議，建構兩岸關係和平穩定發展的架構，包括建立軍事互信機制，避免兩

岸軍事衝突。三、促進兩岸經濟全面交流，建立兩岸經濟合作機制。促進兩岸展開全面的經濟合作，建立密切的經貿合作關係，包括全面、直接、雙向三通，開放海空直航，加強投資與貿易的往來與保障，進行農漁業合作，解決台灣農產品在大陸的銷售問題，改善交流秩序，共同打擊犯罪，進而建立穩定的經濟合作機制，並促進恢復兩岸協商後優先討論兩岸共同市場問題。四、促進協商台灣民眾關心的參與國際活動的問題。促進恢復兩岸協商之後，討論台灣民眾關心的參與國際活動的問題，包括優先討論參與世界衛生組織活動的問題。雙方共同努力，創造條件，逐步尋求最終解決辦法。五、建立黨對黨定期溝通平台。建立兩黨定期溝通平台，包括開展不同層級的黨務人員互訪，進行有關改善兩岸關係議題的研討，舉行有關兩岸同胞切身利益議題的磋商，邀請各界人士參加，組織商討密切兩岸交流的措施等。

　　兩黨希望，這次訪問及會談的成果，有助於增進兩岸同胞的福祉，開闢兩岸關係新的前景，開創中華民族的未來。

　　連戰回台後不久，2005 年 5 月 5 日，親民黨主席宋楚瑜隨後亦赴大陸，展開「搭橋之旅」，此行宋楚瑜並會見了中共中央總書記、國家主席胡錦濤、全國政協主席賈慶林和國台辦主任陳雲林，對兩岸之平和互動發展極有助益。

　　其後，連戰飛赴美國，領取美國百人會團體頒發的「國際傑出領袖獎」，肯定其於 2005 年以國民黨主席身分，開啓兩岸歷史性的「破冰之旅」。2006 年 4 月 13 日，連戰於卸下國民黨主席後，以國民黨榮譽主席身份，再一次啓程重訪中國大陸，參與國共經貿論壇。4 月 16 日，連戰同中共總書記胡錦濤再度於北京會晤。雙方重申九二共識。4 月 17 日，連戰搭機南下福建，展開「尋根之旅」。

　　連戰與宋楚瑜陸續於 2005 年往訪大陸，此一「破冰之旅」有著劃時代之意義。2008 年馬英九當選總統後，更務實的發展兩岸關係，8 次「江陳會談」成果顯著。當兩岸交流互動日益活絡，對於在台灣內部的若干本土性較強的人士，惶惶不可終日，擔心過於「傾中」的為害，而值得吾人體認以下之事實，行所當行，對兩岸華人將有莫大貢獻：

一、中國大陸在變的事實

　　中國大陸建政以來，其經濟制度與樣貌改變不斷在進行，並逐漸偏離社會主義路線：

（一）毛澤東時代：「三面紅旗」，經濟發展瀕臨崩潰

　　毛澤東在 1958 年發動「生產大躍進」，提出「鼓足幹勁、力爭上游，多、快、好、省的社會主義建設總路線」於此展開所謂的「三面紅旗」：「總路線」是進行社會主義建設的綱領，「大躍進」是加速社會主義建設的方法，而「人民公社」則是進入共產社會主義社會的基本形式。

　　「三面紅旗」因不顧中國大陸貧窮落後的客觀條件，同時違背科學原理。一切吹、哄、詐、騙莫不原形畢露，導致「總路線」全面失敗。而「大躍進」的浮誇風，不了解「深耕密植」根本違反農業原理，且明顯暴露中共幹部捏造數字手法。「人民公社」下，一切人民財產、家園、生產工具都被剝奪，嚴重違反人民

利益、勞動意願。毛澤東「三面紅旗」徹底失敗，經濟上一敗塗地，政治上又被劉少奇奪權，乃利用「紅衛兵」發動「文化大革命」展開鬥爭；毛澤東1977年9月9日死亡之時，中國大陸經濟已瀕臨崩潰的邊緣。

（二）鄧小平時代：「政左經右」，社會主義質變開始

鄧小平主政，開啓大陸經濟的一條活水出路。鄧小平的路線方針：「一個中心、兩個基準點」。

「一個中心」：以經濟建設爲中心。發展社會生產力。

「兩個基準點」：政左經右。

1. 政治堅持「四項基本原則」：社會主義道路、人民民主專政、中國共產黨領導、馬列主義與毛思想。

2. 政治實施「中國共產黨領導下的『民主集中制』」，即所謂的「政治協商」與「政黨合作」。

3. 經濟提出「黑貓白貓論」：貧窮不是社會主義，社會主義是要發展社會生產力，提高人民生活水平，社會主義是消滅貧窮與兩極分化。不管黑貓白貓，會捉老鼠就是好貓。

4. 經濟發展「有中國特色的社會主義」：以誠實、勤勞及合法經營，讓一部分人及一部份地區先富起來，先富帶動後富，達到全中國共同富裕目標。

5. 鄧小平路線：鄧小平在「南巡講話」爲改革、開放定調，化解「姓社的」與「姓資的」之間矛盾、衝突、對立。「堅持改革開放總方針」；對內深化改革、對外擴大開放。具體言之：允許個體戶〈自營商〉、自留地。如此一來，允許私有財產、自由競爭，此一社會主義已經偏離馬列主義、毛思想很遠。

（三）江澤民時代：「三個代表」擴大經濟社會變遷：

江澤民主政時期，最重要的是2002年11月，中共第十六全大時，將「三個代表」修訂列入中共黨章：「中國共產黨是中國工人階級的先鋒隊，同時是中國人民和中華民族的先鋒隊，是中國特色社會主義事業的領導核心，『中國共產黨代表中國先進生產力的發展要求，代表中國先進文化的前進方向，代表中國最廣大人民根本利益。』」其中最足以代表「先進生產力」者爲何？中共解釋爲「泛指企業家」。因之，事業有成的企業家〈資產階級〉搖身一變，可以申請加入中國共產黨。

江澤民「三個代表」入黨章，擴大允許資產階級、智識份子等入黨限制。此爲繼鄧小平改革開放、允許私有財產、自由競爭後，另一震撼「社會主義」的大動作。此因，長久以來被打壓批鬥的「黑五類」〈地、富、反、壞、右〉，竟然可以一夕之間，允許富有的資本家、企業家加入共產黨成爲黨員，中共的社會主義成分與走向，亦堪玩味。

（四）大陸發展的方向：

從鄧小平、江澤民、胡錦濤、習近平，中國大陸正加速變化的事實與影響有以下四者：

1. 經濟向資本主義傾斜，走向大國崛起：社會主義是否定私有財產制、不

許自由競爭、杜絕利潤追逐，政府決定商品價格，更重要的是，廣大的工人、農民當家做主。但，今日的中國大陸顯然已非如此。而中國大陸經濟的改革、開放，發展快速，經濟成長驚人。已從「三十年浩劫」後重新站起來，舉世皆在注目「中國崛起」的奇蹟。[23]

2. 追求富裕的人心走向，不可逆轉：中國大陸經濟一旦改革開放，人民逐漸改善生活，甚至富人越來越多，社會蓬勃發展，呈現一幅資本主義的榮景。人民一則賺取更多利潤，再則保障自己財富，要想退回社會主義已是不可能。

3.經濟起飛後的文化價值更形重要：中國經濟發展到一個程度，文化發展與重視是不可避免的。亞太文化創意產業協會理事長陳立恆指出：[24]

> 胡溫十年，中國賺足了雄厚政治與經濟資本，開啟了大國崛起的新時代，但崛起之後，是青雲直上，還是腳高步低，不是取決於政治經濟，而是攸關國家根本的文化高度，在接下來的習李十年，沒有比文化更大的問題，致於他們有沒有突破現狀的智勇氣魄，我們拭目以待。

4.兩岸和平共榮，追求雙贏：面對中國之「大國崛起」，國內媒體一篇社論相當程度的標舉，兩岸的新發展契機已形成，中共應重新檢視其對台路線與方針。其中語重心長的指出，北京當局應正視修正兩岸關係：[25]

> 長期以來，北京以大陸社會上狂熱的民族主義為對台政策的憑藉，這其實已使北京當局陷於不由自主的危機中；何況，現實大陸輿情或許主張對台灣強硬，看似民氣可用；然一旦以武力吞滅了自由民主的中華民國，其對世界文明及中國人感情上的重創，絕非北京當局所能承受。若能改弦易轍，從積極面，改以為世界文明作出重大貢獻為大陸社會的共識，兩岸關係朝正面發展的空間其實非常廣闊。所以，北京當局應當修正兩岸關係的路徑圖，不要用危險的「自我承諾」，將自己逼到牆角；而應為兩岸關係預留較為寬裕的空間。兩岸若不能「和平發展」，其所牽動的內外效應，將使中國無以「和平崛起」。

文末，特別提到：『以馬英九及與胡錦濤所形成的架構，大陸與台灣皆已交互到達停利點與停損點，可視為此一機遇的顛峰。』兩岸交流互惠的發展，更將是兩岸和平共榮、追求雙贏的一個最大契機。

二、兩岸和平穩健發展正其時

在兩岸 60 多年來，主權互不隸屬，面對大陸經濟崛起，市場、商機龐大，在「經濟自由化」的發展下，台商早已多如過江之鯽，兩岸穿梭。如何有效推動兩岸務實發展，逐步建立兩岸之制度化，相當重要。面對中國大陸內部在「變」的事實，且樣貌日新月異。於此，兩岸更有條件和需求平心靜氣的發展『雙贏』策略。深信兩岸良性交流互惠、互助互利的發展，是走向對兩岸人民都有利之基

23 社論：『北京必須修正兩岸關係路徑圖』。台北，聯合報，民國九十九年五月二十一日，版二。
24 「再大，也大不過文化」。台北，聯合報，民國一〇一年十一月十五日，版 A17。
25 社論：『北京必須修正兩岸關係路徑圖』。台北，聯合報，中華民國九十九年五月二十一日，版二。

石。陳長文教授發人深省的一段文字：[26]

> 民國七十九年，大陸偷渡來台民眾日增，台灣缺乏管道遣返大陸人民···
> 當時海基、海協尚未成立，筆者以中華民國紅十字總會秘書長的身分銜命前
> 往金門，與大陸的紅十字會代表韓長林先生，簽署了國民政府遷台以來，兩
> 岸第一個協議「金門協議」，為兩岸的遣返問題，提供了沿用至今的人道框
> 架。當時雙方也各有主權與國家尊嚴的堅持，但若落入主權爭執，甚麼都不
> 必談了。於是雙方有默契的在金門協議中，完全不提「中華民國」或「中華
> 人民共和國」等與主權定位有關的辭彙。全文中既無「台灣」二字，也沒有
> 「中國」一詞···於是一份文件上，出現兩種紀元，大家各自表述，比「九
> 二共識」還早了兩年。

陳長文教授明快的指出，當前台灣人民與兩岸政府之間發人深省的關鍵：
『所謂的「深藍」，卻為一個名不見經傳的國民黨內部文件上有無「九二共識」
之虛名文字打轉爭鬧，這不是和堅持意識形態治國全力拼「入聯公投」，置民生
於不顧的執政黨（按：當時執政黨為民進黨政府）一般「不食人間煙火」、「不
知人民生活疾苦」，無聊透頂嗎？』

就國內而言；無論「統」或「獨」均非當前國際、兩岸主客觀條件所能做到，
或應「立即」做到的。[27]更非當前國內朝野政黨菁英、舉國民眾放下發展經濟、
民生發展的重大目標，為意識形態的爭辯，而虛耗國力，任令國政空轉。如何可
謂正途？「統獨休兵」：維持現狀，中華民國在台灣。擱置統獨、維持現狀，全
力發展台灣經濟，厚植國家實力，才是務實與「最大公約數」。台灣內部累積過
去的許多優勢，將有助於「軟實力」〈soft power〉的建立與能量的發揮。至民國
一0一年，世界各國對我免簽證或落地簽證國家持續增加。〈表六－一〉

就兩岸關係而言；1949年，國共內戰之延續與發展，至今已歷經60餘年，
無論「中華民國」、「中華人民共和國」均有其主權、人民、領土、政府。而歷
史的演變發展複雜萬端，無可能短期化解，亦即無論「一國兩制」或「邦聯、聯
邦、大中華經濟體···」均非當前所能立刻辦到。[28]兩岸之間，如何可謂正途？

---

[26] 台北，聯合報，民國九十六年十一月七日，版19。
[27] 中華民國政府於1949年播遷來台，對統、獨（之兩岸關係）的態度，實歷經多個轉折。兩蔣
時代強調「中華民國是中國唯一正統」，故而乃有「漢賊不兩立」之退出聯合國，與凡我邦交
國和中共建交，中華民國即與之斷交等外交舉措。這時期，在台灣的中華民國政府很明確的標
舉：「統」是正確的，「獨」是背祖忘宗的。到了李登輝主政期間，則是將「統上獨下」的政治
認知，慢慢形成「統獨水平」的可以自由選項（option）之「特殊的國與國關係」模糊策略。
再到陳水扁8年，就成為「台灣大陸一邊一國」之「鎖國政策」，其怕中共怕的要命，防中共
防的任令兩岸政策空轉，毫不正視「中共崛起」與「台灣邊緣化嚴重」的事實。到了馬英九政
府則是「務實政策」導引下的「不統、不獨、不武」之「維持現狀」政策。這其實也是陸委會
與國內主要媒體，多年來所做民調的主流意見。在台灣大多數人民深知：「統一大陸」與「獨
立建國」均無可能。而大陸固然「改革開放」經濟蓬勃發展，但政治的極權統治，讓早已深深
享受西方民主、自由生活方式的台灣人民深感恐懼與不安。
[28] 中共海協會副會長張銘清，引述國家主席胡錦濤之說法『1949年以來，大陸和台灣儘管尚未
統一，但不是中國領土和主權的分裂，而是上個世紀四十年代後期中國內戰遺留並延續的政治
對立，這沒有改變大陸和台灣同屬一個中國的事實。』張銘清以之界定兩岸關係的本質屬性和
政治定位：『既然兩岸統一不涉及中國領土及主權的問題，就應當按照結束兩岸的政治對立的

表六 － 一　對台簽證優惠國家一覽表

免簽證	期限	落地簽證
	7天	巴林
塞班島	14天	約旦
關島	15天	泰國
多米尼克	21天	阿曼
新加坡、韓國、澳門、吉里巴斯、瓜地馬拉、密克羅尼西亞聯邦、諾魯、紐埃、聖文森、帛琉、薩摩亞、加勒比海英屬地。	30天	印尼、尼泊爾、孟加拉、柬埔寨、寮國、馬來西亞、塞席爾、斯里蘭卡、馬爾地夫、古巴、布吉納法索、多明尼加、牙買加、馬紹爾群島、吐瓦魯、萬那度、埃及、馬達加斯加。
哥倫比亞、史瓦濟蘭	60天	
美國、日本、海地、宏都拉斯、哥斯大黎加、祕魯、薩爾瓦多、厄瓜多、甘比亞、格瑞那達、列支敦士敦、聖克里斯多福、馬拉威。	90天	巴拿馬、尼加拉瓜、所羅門群島、肯亞。
	120天	斐濟
英國	180天	烏干達
聖露西亞	停留天數未明定	

資料來源：外交部領務局

中共面對同文同種的兩岸關係，豈能不若對其他國家、人民採取和平、理性、對

定位，思考破解政治難題的方向，解決兩岸問題。』張氏亦提及：『從實際出發，實事求是，堅持以人為本，及考慮到台灣民眾因歷史原因所形成的看法。』以上內容見於『張銘清：兩岸只有政治對立問題』，台北，聯合報，中華民國九十九年六月五日，版12。因之，中共對兩岸從始至終，就是「一個中國」政策，它的手段或多元，但核心政策從來沒有改變過。這就是中共的「高低綱領」兩手策略。

而在台灣的中華民國政府，因為內部若干人士的政治上台獨傾向（其實「台灣共和國」既不可能加入聯合國，也不可能增加邦交國。任人皆知，台灣國際處境的困難，關鍵不在改國名，而在中共的阻撓，但一些政治人物深知，高舉「台獨」對「深綠」一塊是有賣點的，也就是有政治選舉利益的。），使政府之兩岸政治運作相當困擾，常面對「傾中賣台」的質疑。而另一方面，「中國崛起」的事實，使更多人也不相信中華民國政府能「統一中國」。而更務實的聲音：是政府在經濟長遠發展之下，不得不與中共協商更多有利於台商、國家經濟發展的制度與規範。「獨立」與「統一」都不是台灣主流的聲音，故而台灣從過去到現在，內部對兩岸的態度，其實是在改變與不定。當前唯一被多數人重視的是如何「維持現狀」？以確保台灣的民主、自由與生活方式。

844

話之「合作夥伴」方式進行？故而兩岸政府應本「和則兩利」、「循序漸進」的態度，採取「擱置主權」的政治性議題，先從「非政治利益」著手，共創「雙贏局面」，此為兩岸可接受的「最大公約數」[29]。兩岸推動交流互惠下，正是此一精神的展現。本書第五章第一節論述，未來兩岸達到相當時機，以「大屋頂中國」架構下：或邦聯模式、或聯邦模式、或大中華模式等等，都是可選擇的途徑。兩岸目前正積極發展的方向，「先經後政」，是值得大力推動深化的：

1. **經濟方面**：經由 8 次「江陳會談」，建立制度化。經由 ECFA 的精神，加速經貿與農業交流，降低投資門檻與保護限制、產業分工、建立更緊密關係，兩岸發展、建立經貿自由區、三通直航、兩岸共同市場、零關稅、讓台灣融入亞太與全球經貿體系、共同合作開發海洋、能源與生態保育。

2. **文化方面**：共同保存優良文化傳統與資產、加強學術交流、相互承認學歷、提供學生就學獎金與就學名額。因應大陸各級學校不足，而我方少子化時代到來，可逐年開放適當大陸來台就學人數（名額採外加，不影響台灣學子之就學權益），雙方都互惠。

3. **社會方面**：持續、穩定的發展兩岸觀光旅遊[30]、人民自由來往、互相承認官文書效力與法律管轄權，共同打擊走私、經濟犯〈尤其債留台灣，錢進大陸；或債留大陸，錢進台灣者〉、合作防災、反恐怖主義等方面合作。

國內若干人士或囿於意識型態的看法，陷入寢食不安是可以理解，但政治人物格局要大、眼光要遠。面對兩岸發展上，觀之歐盟〈EU〉的成立、緊密結合，任人都無法相信英、法會捐棄數百年之民族仇恨；德、法會一笑泯恩仇地攜手合作。彼等深具人類最高智慧與圓融態度：「互助」、「合作」、「和平發展」以面對美國、日本與金磚四國崛起的挑戰。歐盟也因追求各民族的團結、融合，績效斐然，而獲得 2012 年諾貝爾和平獎殊榮，炎黃子孫尚不如盎格魯撒克遜、法蘭西、日爾曼諸民族乎？

兩岸同文同種，炎黃子孫，更應本持中山先生「人類求生存、互助同進步」。本文以為：國內「擱置統獨議題、維持現狀」；兩岸「擱置主權議題、全面交流互惠」。正如民進黨所念茲在茲的「尊重百分之一百的言論自由、思想自由」，

---

[29] 類此看法，在學術界亦有相當聲音表達。如趙春山教授即表示：『兩岸關係的性質和一般的國際關係不同，但雙方也有必要針對和平發展時期兩岸共處之道，嘗試著來建立一些原則性的規範。例如，在擱置主權爭議的前提之下，兩岸可以在政治上尊重對方現行的憲政體制，在軍事上承諾不以武力解決彼此的爭端，在經濟上以平等互惠來共創雙贏，在社會發展上不干涉對方選擇的道路，以及在國際社會上相互扶持和平共處等。兩岸只有建立一套共同的遊戲規則，才有可能使雙方的關係，朝向全面正常化發展。』趙春山，『後 ECFA 建構兩岸和平共處五原則』。台北，聯合報，中華民國九十九年五月二十二日，版二十三。

[30] 瑞士洛桑管理學院「世界競爭力中心」副主任蘿絲蕾即建議台灣應減低對大陸出口的依賴。台灣應可如同瑞士，發展高附加價值服務業，如投資觀光旅遊業等。吾人以為，大陸現在每天來台觀光客已達 5000 人左右，這顯示觀光事業是極佳之發展方向。政府尤應投入更多的軟、硬體建設：包括觀光區景觀充實，維護，旅館品質、交通動線、交通安全、與導遊素質都需加強。大陸各地導遊非常專業。筆者到雲南昆明，當地每一團的導遊，不僅都能熟背「大觀樓」之「天下第一長聯」，上下聯各 90 字，還能加以解釋。這是文化深度的介紹，而這方面台灣顯然是需加強的。

爲國內兩千三百萬蒼生、對岸十三億人民計，未來的兩岸[31]就交由今人的努力與後代子孫的承接，以中華文化爲基石，以交流互惠互利之「世傳世」〈generation to generation〉精神，繼續寫下歷史新頁。

第二節　憲政體制與政治發展

民國七十九年，是中華民國政府開啓憲政發展重要的一年，其間召開的國是會議，終於確定結束解嚴後（民國七十六年）氣息已弱的威權體制（authoritarian）。這其中包括：終止動員戡亂時期、廢止臨時條款、回歸憲法、一機關兩階段修憲。其後又因第二階段修憲時，對總統選舉產生方式未達成共識，乃有第三次修憲。爾後繼有第四、五、六次、七次修憲。從民國七十九年起的憲政發展，選出了兩屆的國大代表、與一次「任務型國大代表」(民國八十一年第二屆，民國八十五年第三屆；民國九十四年「任務型國大代表」)，進行了七次修憲（民國八十年第一階段修憲、民國八十一年第二階段修憲、民國八十三年第三次修憲、民國八十六年第四次修憲、民國八十八年第五次修憲、民國八十九年第六次修憲、民國九十四年第七次修憲），它一方面將我國的民主政治帶回正軌（脫離動員戡亂時期、臨時條款），另一方卻又引出諸多困擾。

就前者而言，廢止臨時條款、回歸憲法以及資深中央民意代表（一九四八年選出之第一屆國大代表、立法委員）全部退職，二屆國代、立委全面改選等等，代表民主憲政的新里程；就後者而言，經過七次修憲，對於中央、地方體制衍生出諸多爭議，尤其以第四、五、六、七次修憲引發社會齟齬，凸顯主導修憲者、當權者的政治權謀，亦深深影響我國未來憲政走向。

壹、歷次修憲精神總體析論

一、　第二屆國大一黨獨大：程序正義不彰

民國八十年起的憲改工程，以「一機關兩階段修憲」出發。此乃當時執政之國民黨高層本於民意代表性之考量（依大法官釋字二六一號，第一屆資深國代到民國八十年十二月卅一日始全部退職，如在民國八十年五月廢止臨時條款，即以一階段完成修憲，將無新民意表達其中。）故決定：

民國八十年五月，第一階段修憲：僅在確定中央民代產生之法源依據。（據此於民國八十年十二月產生全新之第二屆國大代表）

民國八十一年五月，第二階段修憲：由二屆國代進行實質修憲。

欲探究民國八十一年之第二階段修憲、民國八十三年之第三次修憲，必須先

31　吾人深知兩岸之間、國內藍綠之間，均有很大的認知落差，但民主之基本精神在於「容忍」、「妥協」。兩岸有智慧者應深思：『兩岸困境的突破與大膽嘗試』。世人往往受制於「二元化」框限之中，亦即兩岸之間，除了「統、獨」之外，其實還應有『第三條路』：【統中有獨、獨中有統】。中國大陸提出的「一國兩制」其實是有相當成分的「統中有獨、獨中有統」概念。就政治學概念，「聯邦制」、「邦聯制」都是統一之中有相當程度自主性；分離中又有相當程度之統合性。而吾人以爲嚴家其之『聯邦中國』可值得兩岸主政者、學界摒棄成見，真誠的思考兩岸最大利益之途。若能深入研究、並心領神會其意涵與價值，將是莫大貢獻。數十年的發展下，兩岸均展現傲世的成就，中國大陸在經濟、軍事的超強，以及台灣在經濟、民主、文化的深厚根基，兩者結合，更爲炎黃子孫開啓千秋不朽的歷史新局。

瞭解第二屆國代的政治生態。因國大代表選舉席次的積極意義，在於其結果攸關修憲主導權誰屬。

民國八十年十二月，第二屆國代選舉結果，國民黨大勝，乃穩居修憲主導：

國民黨：得票率 71‧7%；當選 254 席（含區域 179 席、不分區 60 席、僑選 15 席），另加上一屆增額國代 64 席。在總席次 403 席，共得 318 席（佔 79%）。

民進黨：得票率 23‧9%，當選 66 席（含區域 41 席、不分區 20 席、僑選 5 席），另加上一屆增額國代 9 席。在總席次 403 席中，共得 75 席（佔 19%）。

第二屆國代選舉結果，當時執政的國民黨大勝，明顯超過憲法修正案所需的四分之三多數，擁有修憲之主導權，確立其在二屆國代修憲之強勢地位。相對於國民黨，民進黨總數未達足以否定修憲案所需的全部四分之一議席，甚至必須聯合全部在野力量（無黨籍 5 席、非政黨聯盟 4 席、社民黨 1 席），才勉強達到法定五分之一的提案權。其僅能扮演配角而無法影響修憲的重大方向。

綜論國、民兩黨在第二、三次修憲過程中的整體表現，都沒有展現出一種優良的民主精神、程序正義：

就國民黨言之：在第二階段修憲一讀審查會中，趁民進黨代表不在場時，將其提出的修憲案全盤封殺。第三次修憲一讀審查會亦趁民進黨團下山聲援原住民的遊行活動，提前加速審查，將民進黨九項修憲案的修正案表決撤銷：二讀會在民進黨集體退席下快速完成，並因二讀會後的下次會議輪由民進黨代表任主席，故而漏夜完成三讀修憲程序 － 國民黨國代於民國八十三年七月廿九日「凌晨 3 點 20 分」三讀完成第三次修憲。而第一、二、三次修憲均是國民黨一黨修憲，民進黨均在「退席抗議」下，成為非朝野政黨共識下的產物。

就民進黨言之：因其明顯失去修憲主導能力，乃採取各種政治抗爭手段、街頭群眾路線並進。第二階段修憲之「四一六流血事件」[32]、「四一九遊行」[33]。第三次修憲更在一讀會就開議出席法定人數，引發不斷衝突，議事停滯，天天上演互毆後散會之情形，最後終於發生打群架，女國代掌摑事件；二讀會亦因該黨九項修正提案被撤銷，表達強烈抗議，朝野兩黨國代多次大打出手，雙方扭打成一團，嚴重破壞國大形象。

二屆國代修憲過程中，國、民兩黨均無法約束黨員建立以「說理代替動手」的民主精神，一方指責對方挾多數暴力，違反修憲程序；另一方指責對手少數暴力，違反議事精神。凡此導致國民黨不惜一黨修憲，不重視民主容忍妥協之精神；民進黨則杯葛到底，一幕幕的「全武行」，喧騰國際，遺笑世人。

二、 第三屆國大兩黨分贓：政治權謀縱橫

第四、五、六次修憲為第三屆國代進行完成。民國八十五年三月廿三日第三

---

[32] 第二階段修憲期間，民進黨主席許信良在未經大會許可下，四月十六日率眾入場為「四一九大遊行」宣傳，該黨國代則穿著「四一九大遊行」綠色背心繞行議場，抗議國大未能及早進入一讀會，引發嚴重肢體衝突，導致議事癱瘓。

[33] 民進黨國代集體退席，發動群眾於四月十九日走上街頭抗爭，宣傳總統直選，並佔據台北交通大動脈的火車站前，由三天活動到號稱無限期抗議。因參與人數僅維持千餘人上下，四月廿四日警方乃採強力驅離。

屆國代選舉，其政黨政治生態與第二屆國代有明顯改變。國民黨在總額 334 席中，佔 185 席，由二屆的四分之三多 10 席（八成），跌至二分之一多 16 席（五成五）；民進黨獲得 100 席，由原先二成提高為三成；新黨 46 席；綠黨 1 席；無黨籍 2 席。

第三屆國代選舉的結果，顯示一黨修憲已成過去，政黨協商的時代取而代之。依憲法規定「三分之二以上代表出席，四分之三以上決議」的嚴格修憲門檻，沒有任何一黨有完全掌控修憲主導權的能力，政黨間的合縱連橫成為主要變數。就數字層面看，修憲要通過，則國、民兩黨結盟最有可能完成修憲，此因國、新聯合只有 231 席，民、新聯合更只有 146 席，唯國、民兩黨聯合達到 285 席，足以通過國代修憲成案需要之 251 票門檻。

第三屆國代進行之第四、五、六次修憲，均在兩黨高層 － 國民黨主席李登輝、民進黨主席許信良攜手合作下，無視社會、學術界、輿論大眾充滿譁然、爭議的情況下，充滿政治權謀、違背憲政的基本原理。質言之，四、五、六次修憲均非在憲法本身條文「窒礙難行」、「扞格不入」的情形下，主政者滋意的破壞了憲法法理，遂行兩黨分贓。其修憲正當性付之闕如，亦突顯主政者遵憲、守憲之精神無存。

1.第四次修憲動機不足：民國八十五年，當選第九屆之李登輝總統以「著毋庸議」的「任命」連戰以「副總統兼行政院長」，剝奪憲法第五十五條之「立法院的閣揆同意權」。其所引發之憲政問題，涉及我國憲法有關國家組織法的根本問題，其實踐則涉及到我國民主政治的理性體認的程度。[34]其後雖經大法官會議釋字四一九號解釋，然以該號解釋之「創造性模糊」，內容充滿矛盾、粗糙，解釋難杜天下悠悠之口。李登輝釜底抽薪之道，索性將立院「同意權」拿掉，如此天下將無可議論。故而民國八十五年底之「國家發展會議」及民國八十六年第四次修憲，必將同意權去除為第一要務。證之以第四次修憲，國、民兩黨第四次協商破裂之際，國民黨籍的學者代表柯三吉情急下，脫口說出「救救李總統」，輿論亦有乃是「肺腑之言」，突顯出修憲之荒腔走板。[35]

國民黨亦知民進黨廢省之心切，乃以取消立法院閣揆同意權，交換民進黨所欲達成之廢省。李登輝、許信良一拍即合，徵之以第四次修憲國、民兩黨協商觸礁，李登輝之「修憲不成，就不准閉會」，「修憲今年一定要完成，沒有明年，沒有後年！」[36]許信良所發表「修憲萬言書」，指責「反修憲」、「反改革」等，兩黨高層意志力終在，雖千萬人吾往矣之下，完成了第四次修憲。不僅造成中央體制越形混亂，立法院、行政院定位更不清，總統權力不斷擴張，整部憲法「信任制度」、「負責制度」、「副署制度」隨之崩盤。[37]

---

[34] 李惠宗，＜國家組織法的憲法解釋－兼評司法院大法官會議釋字三八七與四一九號解釋＞，台大法學論叢，第廿六卷第四期，民國八十六年七月，頁一五。
[35] 「修憲盤整待變」，自立晚報，民國八十六年六月廿二日，版三。
[36] 台北，聯合報，民國八十六年五月廿七日，版二。
[37] 齊光裕，中華民國的憲政發展（台北：揚智文化公司，一九九八年十一月），頁三四一。

2.五次修憲動機不足：民國八十八年之第五次修憲「國代延任自肥」，以政治鬧劇進行。國民黨國代企圖以第三屆國代在民國八十九年無須改選，可全力為該黨第十屆總統候選人連戰全力輔導，實則為「政治勒索」。民進黨國代劉一德稱，將第三屆國代任期透過修憲，由民國八十九年五月十日到任，延至民國九十一年六月卅日，此一延任自肥美其名為「國會改革」，係配套國民黨版之國代比例代表制。實則「延任自肥」並不等於「國會改革」，而「國會改革」更不宜將國代全採「政黨比例代表制」產生。

第五次修憲，國、民兩黨再次攜手合作，震撼國人，無視憲政尊嚴。國民黨高層「唱雙簧」，明則反對國代以修憲「延任自肥」，實則放任不分區國代身分之議長蘇南成放手一搏。其結果嚴重失當有五：(1)違背政治契約原則。(2)違背利益迴避原則。(3)違背基本正義原則。(4)違背政權機關非為民選之原則。(5)國民大會被徹底污名化、妖魔化。

3.第六次修憲動機不足：本次修憲導源於民國八十九年三月廿二日大法官公布釋字第四九九號解釋，認為第三屆國代在第五次修憲延任自肥，過程採無記名方式，違背基本的「憲政民主」原則與「程序正當」原則，應屬無效。中央選舉委員會據此，公布國大應於民國八十九年四月廿九日進行改選，產生第四屆國大代表。

國、民兩黨高層考量剛完成不久的第十屆總統大選，宋楚瑜僅以 30 餘萬票敗給陳水扁，此時泛藍之「宋友會」〈後來組成「親民黨」〉悲憤之情下，凝聚了超強氣勢，準備投入第四屆國大代表選舉。第三屆國代基於：「延任不成」、「連任困難」、「阻宋擴張」三大壓力，轉而進行第六次修憲 — 自廢武功，將國民大會成為「任務型國民大會」。董翔飛大法官論述第六次修憲最為經典：[38]

> 整個議事日程，從開始連署到召集令發布，到代表報到、編訂議程、受理提案以及進行讀會，前後只用了十五天的時間，而實際真正用於討論表決者，亦僅僅五個整天一個夜晚，就完成了充滿爭議，甚至具有顛覆性的憲政改革。

修憲應是由憲法專家，衡量國家及人民利益，字斟句酌、考慮周詳，之後公布於世人，經返復討論，形成公意，而後才是可行之案。正因憲法典環環相扣，動一字就變其精神，改一句則前後矛盾，豈可不慎？四、五、六次修憲，其目的為何？既非憲法條文之不可行，更無非修不可之理由，在兩黨高層攜手，私心自用，置憲法精神於不顧，終至國大污名化，憲法法理破毀，憲政發展留下不堪聞問之窘境。

貳、歷次修憲內容總體析論

一、修憲格式體例特殊

在第一、第二階段修憲時均採美國式修憲(amendment)之「增修」方式，維持憲法原有條文不動，將修改條文列於本文之後。然而到了第三次修憲，卻將前兩

---

[38] 董翔飛，中國憲法與政府，大修訂四十版（台北：自發行，民國八十九年十月），頁一。

次修憲所增修的十八條條文,加上新增內容,又重新調整爲十條條文,違反「增修」原則。[39]整個修憲過程,並未依法定程序將原有十八項增修條文刪除,形成嚴重的程序瑕疵。[40]到第四次修憲,又將第三條增加「行政院」專條,原第三條「立法院」以下至第十條,順推改列爲第四條至第十一條。各次的修憲體例前後不一,此爲世界修憲史之先例,殆無疑義。

再者,增修條文「條」、「項」、「款」冗長繁複,不同於原憲法十四章一七五條條文之簡潔原則。此因第二階段修憲當中,總計有廿六條憲法條文及三條增修條文受到影響,包括憲法第廿七條、廿八條、卅條、四七條、七八條、七九條、八三條、八四條、八五條、九〇條、九一條、九二條、九三條、九四條、九五條、九七條、九八條、一〇〇條、一〇一條、一〇二條、一〇八條、一一二條、一一三條、一一四條、一一五條、一二二條。另第一階段修憲通過的憲法增修條文第三條、第四條及第五條等三項,於第二階段修憲後都已停止適用。前述憲法內容所造成的變遷不可謂之不大。國民黨當局爲避免予人以憲法改變過鉅,第二階段修憲僅「只」增加八條增修條文,但實因原憲法條文變動幅度甚大,在將修改內容歸併在八條增修條文之中,一條增修條文實包含原憲法一章中的數類事項。第三、四、五、六、七次修憲均維持此種增修條文形式,其下有「項」、「款」,每一條文等於原憲中一章的內涵,亦使增修條文之冗長,有別於原憲條文之簡潔,兩者體例差別極大,此亦爲世界修憲史之先例。

二、超級總統體制建立:新的「利維坦」

終止動員戡亂時期、廢止臨時條款後的中華民國憲法走向,本當回歸原憲精神。然而歷次修憲不僅擴大總統職權,破壞混淆中央體制,又缺乏權責平衡原則。其大者如下:

1. 總統得設「國家安全會議」及所屬「國家安全局」

這兩個機關本爲動員戡亂時期臨時條款所設非常體制的產物,本當隨戡亂時期終止而廢止。卻未料隨著回歸憲法與修憲之際,不僅是在第一階段「程序修憲」中違背基本原則,成爲暗渡陳倉之「實質修憲」,而且是予以「就地合法」,原來臨時條款的「違章建築」,現以增修條文「鋼筋水泥鞏固之」。此非「回歸憲法」,好似「回歸臨時條款」。明顯破壞原憲法中總統與行政院長之既存關係。且增修條文中所謂「總統爲決定國家安全有關大政方針,得設國家安全會議及所屬國家安全局,其組織以法律定之。」何謂「國家安全」?又何謂「有關大政方針」?關於總統權力之規定,見諸憲法第卅五條至第四十四條,均採列舉主義,現陡然授與總統如此多超越憲法的權力,形同發交一張空白的權力支票。另國安會之組織法,以總統爲主席,行政院長爲「第二副主席」之設計,不僅破壞原憲法上最高行政決策權的規定,且此一「太上行政院」造成有權者(總統)無責(毋需對立法院負責),有責者(行政院長)無權。

2. 五院中擁有四院的人事權,又可解散立法院

---

[39] 張治安,中國憲法及政府,增訂三版(台北:五南圖書公司,民國八十三年十月)頁一二五。
[40] 台北,聯合報,民國八十三年七月卅日,版二。

第二階段修憲中，賦予總統有關司法院院長、副院長、大法官，考試院院長、副院長、考試委員，監察院院長、副院長、監察委員等的人事提名權。總統所提名人選，縱使爲不同政黨，與之必爲熟稔，而絕不可能素昧平生。從大法官釋字四一九號解釋之囁嚅其詞，依違兩可、創造性模糊可證之；再如監察委員於九八年間時任副總統連戰與前屏東縣長伍澤元之間三千六百廿八萬「借貸」，處理之尷尬亦可見之。

第四次修憲後，增修條文第二條第一項：「行政院院長由總統任命之。」第二條第二項：「總統發布行政院長或依憲法經國民大會同意任命人員之任免命令及解散立法院之命令，無須行政院長之副署，不適用憲法第卅七條之規定。」依照「總統 — 行政院」之互動關係：(1)行政院長成爲總統幕僚長。(2)「副署制度」形同虛設。行政院長根本無可能在政策在違逆總統。

依增修條文第二條第五項之總統「被動解散立法院」之權，使立法院在行使不信任案，對付總統「分身」、「影子」之行政院長時，倍增壓力，立委必須慎重考慮再度投入選戰之可能性。當行政院長已成爲總統幕僚長，而非最高行政首長，立法院卻無法對最高權力之總統發動不信任案，此爲權責不相符。從「總統一立法院」互動上言之，是不平衡，且立法院是無法實質監督總統。

3. 總統民選，民粹力量大增

第三次修憲確定總統公民直選，一般皆以是「主權在民」的實現，並以「人民直接選國家元首才是民主的表現」。這當中是存疑的，此因同爲民主國家若其政體不同，仍有不同的展現。如內閣制國家的日本有天皇，英國有女王，這些國家都非由人民直選其元首，但無人能否認其爲民主國家，彼等亦是「主權在民」國家的模範生。

實者，一國憲法中，總統是否人民直選在設計上，最重要之考量，是該國憲法中總統職權的大小：如憲法中之總統職權大，則應以直選爲宜；唯若總統職權不大（或多爲元首權），則採間接選舉亦可行。就我國憲法原條文設計，中央體制較傾向於內閣制，故總統由國民大會選舉產生，亦頗符法理，且由國民大會間接選舉產生，亦是民主制度之一。總統由人民直選產生，則其擁有直接民意基礎，使一股銳不可當的民粹政治空間更形擴張，亦使總統權力的擴張具有理論的準據，可由此發展出有實權總統的條件。

4. 綜論之，經過七次修憲，我國憲政體制已由原較傾向「內閣制」轉爲傾向權責不符之「總統制」（絕非李登輝所謂「雙首長制」），總統權力不斷擴張，其與五院關係，或可直接任命，或擁有解散權，或擁有提名權；相對地，不信任案不及於總統，對總統彈劾案（僅限內亂罪、外患罪）之設限形同具文。再進一步分析，修憲後之「信任制度」、「負責制度」、「副署制度」都被摧毀殆盡，中華民國之「總統」在增修條文精心設計下，權力遠超過總統制之總統，又無相對的監督、節制機關，已成政壇顧盼自得之「巨靈」。

三、國民大會歷三溫暖：走出歷史舞台

根據憲法原文規定，國民大會職權不大，有稱之「總統選舉團」。依憲法二

七條,國民大會職權為:1.選舉總統、副總統。2.罷免總統、副總統。3.修改憲法。4.複決立法院所提憲法修正案。5.創制、複決權。另依憲法第四條:「中華民國領土,依其固有之疆域,非經國民大會決議,不得變更之。」此為領土變更權。

1.前四次修憲,國民大會集會方式修改,增常設性議長,且職權擴大

原憲法設計國民大會集會分常會及臨時會兩種。常會每六年才集會一次(憲法二九條),臨時會之召開則有嚴格的條件規定(憲法卅條),以避免國大成為常設組織。第三次修憲已取消原憲法有關國民大會常會、臨時會之區別。增修條文第一條第五項:「國民大會依前項第一款及第四款至第六款規定集會,或有國民大會代表五分之二以上請求召集會議時,由總統召集之;依前項第二款及第三款之規定集會時,由國民大會議長通告集會···」另該條文亦規定國大至少一年集會一次:「國民大會集會時,得聽取總統國情報告,並檢討國是,提供建言,如一年內未集會,由總統召集會議為之,不受憲法第三十條之限制。」

就國大設議長言,依原憲條文規定,國大每六年才集會一次,因此並未有常設性議長乙職,只是在開會時,才由出席國代互選主席團主席若干名主持會議。增修條文第一條第八項:「國民大會自第三屆國民大會起設議長、副議長各一人,由國民大會代表互選之。議長對外代表國民大會,並於開會時主持議會。」議長之設置,使國民大會更具常設化之發展。

就國大職權言之,第三次修憲,雖則總統、副總統確立改由中華民國自由地區全體人民直接選舉,不由國大選舉,然依增修條文第一條第三項規定,國大職權是擴充的,包括:(1)補選副總統。(2)提出總統、副總統罷免案。(3)議決監察院(按:第四次修憲後,改為立法院)提出之總統、副總統彈劾案。(4)修改憲法。(5)複決立法院所提之憲法修正案。(6)對總統提名之司法院院長、副院長、大法官、考試院院長、副院長、考試委員、監察院院長、副院長、監察委員等,行使同意權。

2.第六次修憲國代自廢武功,成「任務型國民大會」

國大第五次修憲延任自肥,因大法官釋字第四九九號之無效宣告,第四屆國代選舉在即,第三屆國代在「延任不成」、「連任困難」、「阻宋擴張」現實考量下,國、民兩黨攜手合作,轉而自廢武功。透過第六次修憲,將國大改採比例代表制,且職權大幅移轉至立法院,僅剩三項職權。增修條文第一項:「國民大會代表三百人,於立法院提出憲法修正案、領土變更案,經公告半年,或提出總統、副總統彈劾案時,應於三個月內採比例代表制選出之···比例代表制方式以法律定之。」

第三屆國代以及國、民兩黨高層在第六次修憲之作法可議。另「任務型國民大會」由政黨比例方式產生更有爭議:國大雖僅剩三項職權:領土變更、彈劾總統、副總統、憲法修正;然此均為人民權,國大性質仍為政權機關,改為政黨比例產生,悖離憲政法理。

3.第七次修憲終將國民大會送入歷史

第七次修憲條文中,撤廢了國民大會與任務型國民大會。原來「任務型國民

大會」的三項憲法職權中：行使「修憲案」與「領土變更案」之複決權直接交還給人民行使。增修條文第一條、第一項：『中華民國自由地區選舉人於立法院提出憲法修正案、領土變更案，經公告半年，應於三個月內投票複決，不適用憲法第四條、第一百七十四條之規定。』此為「公投入憲」之準據。彈劾總統、副總統的職權，則由立法院交由司法院大法官會議「憲法法庭」掌理。

綜論歷次憲法修改，國大組織、職權之變動有如三溫暖。正因政治權謀者多，政治家者少，政客愚民，濫用民粹，主政者滋意妄為，無遵憲守法之心態，高舉民主大旗，遂行破壞制度之實。終使國人聞修憲即不忍聽聞，談及國民大會即搖頭不已，國人必欲除之而後快。實則，國大、修憲之污名，孰令致之？

四、立法院生命線斷絕：監督行政無由

七次修憲，對立法院衝擊甚大，對中華民國憲法之法理依據亦有重大損傷。茲列舉其大者如下：

1.閣揆同意權刪除，破毀憲法學理

李登輝總統因「著毋庸議」的「任命」了第九任總統之行政院長，而非「提名」權行使，剝奪立法院之憲法權限，其所引發憲法爭議，未思依憲而為「適當之處理」，重新提名行政院長送立法院以行使同意權，反採釜底抽薪，索性將問題之根源「立法院閣揆同意權」刪除，以圖湮滅其造成之憲政困境。

閣揆同意權刪除，危及立法院監督行政院之權。就憲法學理之「權責義務關係」，憲法五十五條、五十七條是互為彰顯「權責關係」之配套設計。「立法院之同意權，是立法院之生命線；拋棄同意權，實為拋棄行政監督權。」有立法院之閣揆同意權，才有立法院對行政院監督之權；基於立法院監督行政院之規定，則立院同意權自不應去除。今立院失去同意權，面臨三項憲政問題：一是行政院既然要對立院負其責任，卻將立院同意權取消，違背民主權責相互關係原則。二是行政院長已由總統任命，實成為總統幕僚長，卻非對總統負其責，亦違反權責相符原則；尤有甚者，幕僚長仍向立院負責，代表民意的立院卻費盡全力在「打龍袍」，根本無法監督政策之所出。三是李登輝只圖刪除立院之閣揆同意權，使得我國憲法中央體制三大支柱——信任制度、負責制度、副署制度一起倒塌。

2.倒閣權、彈劾權意義不大

立委沈富雄「一套西裝，換四條內褲」之名言，言簡意賅的點出在第四次修憲之荒唐，將立法院閣揆同意權刪除，不僅連環破毀憲法學理，所換來之「倒閣權」、「彈劾權」並不具有同等憲法價值。

「倒閣權」者，立院擁有不信任案之倒閣權，在內閣制國家有其重要地位，在我國制度中則毫無道理。因內閣制國家元首為虛位，行政大權掌握在內閣首相，倒閣權是國會直接監督政策之手段，不信任案若通過，內閣或總辭（首相、閣員下台）或解散國會（首相與內閣成員均是下院議員，均面臨重新改選），政策所出的首相將面臨直接衝擊。反觀國內修憲後，行政院長由總統任命，實質上已是總統幕僚長，再由立法院去行使不信任案 － 對行政院長，而非總統。如此倒閣權有何作用？一者監督不到政策所出，總統不動如山。二者，總統手中之閣

揆候選名簿人選不虞匱乏。三者，立委還得評估自身遭受解散之威脅。此乃李登輝主導下「七拼八湊、不倫不類」之混亂制度。

「總統彈劾權」者，立院只能追究總統是否觸犯內亂罪、外患罪之「法律責任」？卻無法追究總統之其他任何刑責，如民主國家最重視之貪污罪、圖利罪、財產來源不明罪、洩漏機密罪、選舉弊案等。這在以後修憲可考慮刪除總統「刑事豁免權」之方向思考。

3.立院為唯一國會

大法官會議釋字第七十六號：「・・・就憲法之地位及職權之性質而言，應認國民大會、立法院、監察院共同相當於民主國家之國會。」這是司法院大法官的權宜解釋，唯國大、立院、監院確實各有西方國會之部分職權，亦是事實。直到民國八十一年第二階段修憲，監察院成為「準司法機關」，大法官釋字三二五號以「上開釋字第七十六號解釋，不再適用監察院。」民國八十九年第六次修憲，國民大會成為「非常設機關」，僅在三項特定任務時，才依政黨比例產生。國大職權多數亦均轉移至立法院。民國九十四年，第七次修憲，國民大會正式走入歷史，亦使我國立法院正式成為一院制國會。

五、閣揆矮化成幕僚長：體制淆亂不明

憲法第五十三條：「行政院為國家最高行政機關」，有謂中華民國原憲設計為：「總統統而不治，行政院長為治而不統」，頗為貼切傳神。然而隨著民國八十年歷次修憲，國民黨李登輝主席主導下，「總統」一職擴權三部曲：(1)「回歸臨時條款」般的將「國安會」、「國安局」就地合法 ― 總統為主席，行政院長為第二副主席。(2)總統公民直選 ― 賦與總統民意之基礎。(3)總統任命行政院長―行政院長在法理上已成為總統的幕僚長。

修憲後的狀況，行政院長已非「最高」首長，許多「秩序」乃發生混亂；民國八十六年第四次修憲後，首位由總統任命之行政院長蕭萬長「指揮」不動閣員 ― 連續幾件空難事件，蕭院長竟「無力」順應民意，要求交通部長蔡兆陽下台，只能說「政務官要自己負責」；接著法務部長廖正豪求去事件，則由總統、副總統出面解決之。蕭院長雖沈痛的要求各部會部長要有「行政倫理」，其實部長們當然有「行政倫理」，只是坐第一把交椅的是總統，而非行政院長。當初「國家發展會議」中扮演「刪除立法院閣揆同意權」首席推手的蕭氏，首嚐苦果，豈是天意？矮化之行政院長，絕非法國之「雙行政首長制」，更凸顯「權責不相符」之憲政制度。

六、司法院變革與發展：司法改革長路

民國八十一年第二階段修憲，第 13 條中，除將大法官人選之同意機關由監察院改為國民大會外，並規定大法官組成憲法法庭，審理政黨違憲之解散事項。（政黨之目的或其行為，危害中華民國之存在或自由民主之憲政秩序者為違憲）

「司法院組織法」配合憲法增修條文，於民國八十一年十一月修正公布。其第三條第一項有關大法官之職掌，增訂「組成憲法法庭，審理政黨違憲之解散事項」，而審理案件之方式「均以合議行之」；同條第三項增訂「憲法法庭審理案件，

以資深大法官充審判長，資同者以年長者充之。」本法第五條第一項特別規範：
「大法官須超出黨派以外，獨立行使職權，不受任何干涉。」第四項增訂：「大
法官任期屆滿而未連任者，視同停止辦理案件之司法官，適用司法人員人事條例
第四十條第三項規定。」是即明定大法官於任期屆滿後，適用有關停止辦理案件
司法優遇之規定受其優遇。

　　民國八十六年，第四次修憲增修條文，第五條第一項明定大法官之名額為十
五人，其中一人為院長，一人為副院長。第二項規定任期由九年縮短為八年，並
明定大法官不分屆次，個別計算，不得連任。第三項規定民國九十二年總統提名
之大法官，其中八位大法官，含院長、副院長，任期四年，其餘大法官任期為八
年。以上在使全體大法官之任期並非同時屆滿，維持組織結構、任務之穩定，亦
使每任總統僅能提名半數大法官。

　　民國八十九年第六次修憲增修條文，其第五條第一項，將「國民大會」同意
任命，改為經「立法院」同意任命。本項之末並增加「司法院大法官除法官轉任
者外，不適用憲法第八十一條及有關法官終身職待遇之規定。」此乃導源於大法
官釋字第四九九號解釋。引發國大代表反彈而作成，時稱「報復條款」。民國九
十年送交立法院之「司法院組織法」草案，依增修條文之規定，該法第五條乃配
合修正，唯基於第六屆大法官為民國八十三年上任，本於契約原則及不溯及既
往，以民國九十二年產生之法官適用之。

七、監察院準司法機關：御史柏台何遠

　　依憲法第九十一條監察委員由省市議會選舉，等於是經人民間接選舉產生。
監委既由民代間接選出，監察院遂具有準民意機關性質。第二階段修憲，增修條
文第十五條第二項將監察院院長、副院長及監察委員均改由總統提名，經國民大
會同意任命之。是則原先監院所具有準民意機關性質，亦改為準司法機關。因不
具民意代表身分，憲法第一○一條及一○二條有關監察委員身體及言論之保障亦
停止適用。該次增修條文亦將監院職權原有之人事同意權取消：「監察院為國家
最高監察機關，行使彈劾、糾舉及審計權，不適用憲法第九十條及第九十四條有
關同意權之規定」。是即監院對於司法院院長、副院長、大法官及考試院院長、
副院長、考試委員之產生，不再行使同意權。（按：同意權移轉至國民大會，第
六次修憲後，再移轉至立法院。）

　　第四次修憲國、民兩黨為刪除立法院閣揆同意權，乃思增加立院若干權限以
為彌補。其中從監院將總統、副總統之彈劾權移轉至立院。增修條文第四條第五
項：「立法院對於總統、副總統犯內亂或外患罪之彈劾案，須經全體立法委員二
分之一以上之提議，全體立法委員三分之二以上之決議，向國民大會提出，不適
用憲法第九十條、第一百條及增修條文第七條第一項有關規定。」

　　監察院將其彈劾權之對總統、副總統部分，移至立法院行使，其餘之彈劾權
則仍屬監察院。立法院行使對總統、副總統之彈劾權，遠較監察院行使為宜。此
因修憲後，監察委員產生方式，性質均已改變，監委由總統提名，經立法院行使
同意權後任命。如若由總統提名之監察委員，來執行彈劾總統，顯非至當。然立

院之彈劾權僅限於內亂罪、外患罪，則不亦侷限太過，前已敘及。

八、凍省之與廢宋創藩：地方自治倒退

第四次修憲在地方制度上，以「凍省條款」對台灣省、省政府、省議會造成震盪、破壞與爭議均大。包括省組織、職權虛級化；凍結省級自治選舉。增修條文第九條第一項「省設省政府，置委員九人，其中一人為主席，均由行政院長提請總統任命之。」「省設省諮議會，置省諮議員若干人，由行政院長提總統任命之。」增修條文第九條第二項：「第十屆台灣省議會議員及第一屆台灣省長之任期至中華民國八十七年十二月廿日止，台灣省議會議員及台灣省長之選舉自第十屆台灣省議會議員及第一屆台灣省省長任期之屆滿日起停止辦理。」

國、民兩黨高層凍省之理由，依國民黨李登輝在各種場合所指出之「避免『一國兩制』的形成」、「減少預算浪費 － 「省」之一年預算達 3,600 億」、「增加競爭力，避免行政效率降低」；另民進黨許信良主席則強調凍省以提升行政效率、競爭力，並可免除派系、黑金政治等。

「一國兩區」之言，此乃係主觀之「想像」。中華民國之民主發展至今，總統、省長依憲而行，其「中央」、「地方」角色明確。國防、外交、司法屬中央，此非省長所能置喙，省長出國，僅是締結「姐妹省」，而非總統之簽訂條約、建立邦交國。另外財政、內政本即牽涉到中央、地方之爭議，尤其政府來台幾十年中央集權、集錢，嚴重扭曲地方自治基礎。「財政收支劃分法」不利地方財源，省長加大「分貝」增取財政合理化，輿論則以「砲轟中央」、「葉爾辛效應」稱之。實則政府正宜採取合理憲政分際、比例原則，對各種中央、地方相關之財政、人事···予以增、修，以利中央、地方之運作順遂，而非倒果為因，據以砍斷民主之基礎。

凍省可節省「每年台灣省 3600 億預算」，此說法似是而非。因為「財政收支劃分法」之不合理，國家稅收集中於中央、省。而縣市、鄉鎮市各項經費大多仰靠中央、省補助。台灣省政府年度預算 3600 億中，有三分之二強是補助縣市款項及地方公共建設，另有 460 億元負債利息支應、800 餘億之省屬學校的人事與行政經費。上述經費縱使沒有「台灣省」，仍是應撥至基層。而省府之本身預算 32 億元，無論省府員工歸併中央、地方，其經費、薪給亦不可免除。

行政效率，確為值得重視者。唯增進效率、提升競爭力，應從簡併中央、地方各級政府之廳、處層級，落實分層負責、逐級授權，免除公文旅行等方式檢討改進，而非凍省、省非公法人。其結果造成台灣政治，中央更加集權、集錢，地方更弱勢、更窮困，不符中央、地方均權原則，更不符民主自治精神。民國八十六年凍省迄今，各地方政府較之往年財政情況更悲慘，可印證當年李登輝所言不實與不負責任。

就停止省長、省議員等選舉可達消弭地方派系、黑金言，則屬匪夷所思。台灣只要有選舉 ── 如縣市長、縣市議員、立法委員選舉，就存在派系、黑金等問題。要解決此些問題，營造健全之民主政治，須標、本兼治，舉凡政黨提名、教育功能、社會風氣、選罷法規多管齊下，以逐步改善選風。派系、黑金問題不是

省虛級化、省級選舉停止即可徹底解決者。

以上各項理由都無法成立，然則凍省、停止省級選舉真正原因，就國民黨是「廢宋創藩」：宋楚瑜省府團隊聲望日隆，威脅到國民黨內部連戰接班局勢，凍省可解除宋之政治舞台；就民進黨「廢省」為意識型態之標的；兩者焦點一致，遂達成聯手「凍省」之共識。國民黨深知民進黨對凍省急迫需求，乃以「刪除立院閣揆同意權」交換之。凍省多年以來，行政效率是否提升？競爭力是否增強？地方是否富足？地方派系、黑金是否消聲匿跡？均有客觀數據檢視之。

最為重要者，台灣省政府層級對地方自治健全有關鍵地位，此非中央部會所能代勞。尤當跨縣、市之協調、防災等，就省政府的角色正足以勝任。而以地方自治觀點言之，省長、省議員選舉是台灣省地方自治最高層級，重要性不言可喻。村〈里〉 → 鄉〈鎮、市〉 → 縣〈市〉 →省〈市〉一貫之地方自治選舉、施政，才是台灣地方自治的完整體系。惜乎，國、民兩黨之偏執，凍省結果，將使台灣整體建設、發展頓挫，也使得地方自治開民主倒車。

凍省之後，省長、省議員停止選舉；民國九十四年第七次修憲後，國民大會廢除，已不選舉國大代表；立法委員減半，並採「單一選區兩票制」。台澎金馬之有心從政者，其參選項目極度窄化，除了極少名額之立法委員，一般選舉最高層級只到直轄市長、直轄市議員、縣市長、縣市議員。基於地方自治之健全與常態發展，「省」地位之恢復宜應慎重檢視之。

參、憲政精神宏揚之道

政府初始因戡亂與局勢之不安，為鞏固國家基本秩序、保障人民生命財產安全乃透過民國三十七年四月臨時條款授與總統緊急權力，另以民國三十八年五月依戒嚴法頒布之戒嚴令，這些約制人民相當程度之自由權利。政府遷台後，這些屬於非常時期作為，一方面有違常態憲政運作，另一方面卻得以使當局行憲與戡亂並行，且能應付軍事、政治、經濟與外交上的緊急危難，消除內外危機，奠定台澎金馬憲政發展的基礎。

隨著國內經濟繁榮、社會多元發展、兩岸表面上互動的趨於和緩，促使威權體制轉型在民國七十六年解嚴後迅速開展。政治自由化引導政治民主化而來，民國八十年以來之憲政改革7次修憲有其貢獻，亦有缺失。貢獻在於終止動員戡亂時期，廢止臨時條款後，對自由地區中央民代的產生、地方自治法制化均有特別規定，解決了憲法以全中國為格局之設計在當前不能適用之困難，並授權以法律特別規定兩岸人民關係與事務處理，反映國家分裂數十餘年的政治現實；另在國民經濟、社會生活、兩性平權等多項基本國策，亦有配合國家當前需求之規定，此率皆符合憲法適應性原則。[41]

在終止戡亂時期，廢止臨時條款後的憲改工程，仍應以回歸憲法為主要調整方向，尤以中央體制為然。在尊重憲政精神下，除非原制度扞格不入，酌予修正，餘不宜過大的任意改變，以免產生質變作用，形成藉修憲之名行制憲之實。胡佛

---

[41] 張治安，前揭書，頁一二五。

認為從憲法的法效理論來看，中國雖處於事實分裂狀態，但並未改變中華民國憲法對台灣地區政治結構的法效狀態，且在面對中共威脅，內部統獨之爭，以及民主化需求的三重壓力下，回歸憲法是最能接受的制度性安排，但在中央民代產生及地方自治的規範下，如不作妥當的修改，即會影響民主化的進展。[42]質言之，修憲工程應以回歸憲法為主要方向，除中央民代之產生、地方自治之規範及必要之調整外，變動不宜過大。

唯以七次修憲，所謂經由各階段的「小幅修憲」，事實上已對原憲產生質變作用。此已非形式上修憲，而在實質上已有制憲之效應。張治安即在第三次修憲後指出：[43]

> 我國憲法有關中央政府體制之制定，原具有濃厚的內閣制色彩，行政院與立法院分別為國家最高行政與立法機關，行政院須向民選產生立法院負責，至於國民大會平時只有選舉與罷免總統、副總統與修憲等權，並且六年才集會一次，這樣的設計與國父五權憲法與權能區分的理論顯然有所差異，但卻較符合西方代議制度之精神。二、三次修憲時，總統與國民大會一再相互擴權，尤其因總統於第三次修憲時已由人民直選產生，更使今後擴增總統之權力在理論上得以有所依據。這樣的變化，可能將對國民大會、總統、行政院長及立法院之間的關係產生影響，亦將導致我國中央政府體制出現微妙的轉變。

其後的國發會、第四次修憲，在學術界、國人期期以為不可的狀況下，仍是作出對中華民國憲法嚴重無比的傷害。許倬雲指出：[44]

> 這一階段修憲（指第四次修憲）已經結束，眾所矚目的凍省及取消閣揆同意權在國、民兩黨強力動員下三讀過關，自總統、與行政、立法二院職權的劃分來看，此次修憲後中華民國總統的權力已極度擴張，將來立法院不過是總統的立法局，行政院也只是總統的行政局，除非有非常有效的彈劾權與罷免權，民意機構無法制衡總統。這一制度下的總統實際已非雙首長制或一個半首長制，而是比美國總統更有權力的總統。

第五次修憲國代延任自肥，到第六次國代自廢武功，憲政鬧劇一再上演，更是令人慨嘆再三。董翔飛指出：[45]

> 由於修憲決策、修憲過程以及修憲界線時有違背憲政原理與程序瑕疵，且缺乏整體、宏觀考量，尤其最後一次修憲（按：第六次修憲），由國大代表自己終結了國民大會完全是一種「與汝偕亡」的情緒反射，未經縝密研討，沒有廣泛討論也無配套條款，就這樣拍板定案了，以致製造了一大堆攘攘不休的憲政爭議，以及隨時可以爆發的憲政危機。

總之，民國八十年以來的憲改，留給國人無限省思空間，由於憲法的破毀、

---

[42] 胡佛，「當前政治民主化與憲政結構」，參見國家政策研究資料中心，「一九八九民間國建會憲政改革組引言報告」，一九八九年十二月，頁二。

[43] 張治安，前揭書，頁一二六。

[44] 許倬雲，「太阿之柄倒持」，台北，聯合報，民國八十六年七月十九日，版三。

[45] 董翔飛，前揭書，頁二。

政治人物的妄為，我國憲政的成長與變遷造成重傷。亦使修憲後反呈治絲益棼，這將深深影響我國民主憲政發展。今後憲政發展所面臨的問題，將以何種態度因應？應是國人深思之課題。吾人以為以下兩點，是值得重視的：一是容讓妥協精神的表現。二是遵憲守憲精神的宏揚。

一、容讓妥協精神的表現

西方學者有謂：民主必須建築在容讓(toleration)精神上，沒有容讓的精神則民主政府就無法執行職務。[46]我國亦有學者就民主觀點言，寧可犧牲完美而歡迎妥協，因為妥協出於互讓，互讓基於尊重自己主張，同時亦尊重他人主張之寬容態度，故妥協為民主之精神表現，亦為民主政治之工作原則。[47]

民主強調容忍妥協，故為了公益群體者是為高尚，但若為自私自利的目的則是卑鄙。

妥協不一定是退縮，為了改善公益是前進，若為偷安私利則是退縮。

妥協不一定是分贓，為了公益，尊法守紀是互讓，為了私利，毀法亂紀是分贓。

我國憲政發展時間尚短，民主精神在主政者、朝野政黨、一般國民，均有寬廣學習空間。容忍妥協不一定不好，如是為了公益，則是退一步進二步；若是為了私利，則是誤國害民。民國八十年以來的修憲，有太多的政治權謀，並非憲法條文之不可行，竟如兒戲般的將國家大法玩弄股掌之上，是值三思。容讓妥協之實現，一方面體認民主特質即在不自專，因此寧可犧牲完美而接受妥協；犧牲私利而接受公益；另一方面，落實民主精神——「過程中，多數尊重少數；表決後，少數服從多數。」之「程序正義」價值。

二、遵憲守憲精神的宏揚

真正民主憲政精神的表現，不在於徒有一部憲法，也不在乎其內容的優劣，而在於國民遵憲、守憲的精神與態度。亦即「憲政精神」(constitutionalism)的發揚，此有賴於全國人民的奉行憲法，尊重憲法，蕭公權即指出：[48]

> 不滿意的憲法不一定就是惡劣的，不精美的憲法不一定就是不能行的。我們不應當忘記了人的條件。拆穿了說，憲法只是民主政治的一個重要的工具。它和別的工具一樣，其是否有用的關鍵在乎運用者的技巧。平常的，甚至粗劣的紙筆，到了名書畫家的手中，就有化腐朽為神奇的妙用。只要我們有實行憲政的誠意，以互讓的態度對人，以守法的精神律己，憲法縱不完美，民治必可成功。反過來說，如果多數國人於守法則責難他人，於立論則自尊惟我，不要說制憲難有結果，即使制定了良好的憲法也會成為廢紙。在中華民國制憲史裡面已經有了好些廢紙，我們千萬不可再製造廢紙了。

憲政的成立，有賴遵憲、守憲習慣的培養，在國人缺乏守法習慣之下，嚴守

---

[46] W. B. Munro, The Government of Europe, 4th edition (N.P. 1954)， P.349.

[47] 蕭公權，憲政與民主（台北：聯經出版公司，民國七十一年十二月），頁十七。

[48] 同上，頁三三。

憲法的習慣遠比條文完美的憲典爲重要。在一個行憲民主國家中透過修憲以增進
憲法的成長是正確的途徑，但若任意毀棄憲法，重新制憲或以修憲之名行制憲之
實，均不足取法。正因爲如此作爲乃是毀棄憲法的尊嚴性，今日之人可任意踐踏
一部憲法，另制新憲，明日之人又如何會愛惜、尊重這部憲法？如此不斷循環，
國基永難鞏固。觀之以美國，其憲法乃制定於馬車、牛車時代，而行之於今日的
核子、太空時代。其中亦不過 7 條原文，加上 27 條憲法修正案，其修憲亦未損
及當初總統制之精神。在我國日益走上民主化的同時，更應深化國民重視力行憲
政的精神，無論過去曾經主導修憲的國民黨，或主張公投另制新憲的民進黨，面
對國家長治久安，與如何教導後代子孫尊重憲法，應是值得深思的關鍵時刻。

第三節 政黨政治與政治發展

壹、政黨政治的隱憂 － 統獨爭議與國家認同

　　一般民主國家的政黨競爭，各政黨的政綱政策，均依循憲法的架構，避免倡
導分離意識，以免造成社會的重大分歧與對立。諸如美國兩黨候選人對於可能造
成黑人與白人分裂的種族議題，均盡量避免以爲政治議題。換言之，在西方政黨
政治較健全的國家，政黨競爭主要反映在政策層面和施政作爲上，鮮少有體制之
爭及意識型態的對抗。[49]當台灣政治民主化日益發展茁壯之際，台獨問題是當前
政治上最嚴重的一個課題。雖則在解嚴之前，政府當局爲著政治和社會安定之考
慮，反對運動的組織活動和發展，受到相當程度的限制，因此「反對運動在無法
獲得正常發展空間的情況下，其組織活動和意識型態便很容易趨於激烈化和極端
化。」[50]然而解嚴後，政治參與管道暢通，民進黨並未改變其反體制的本質，在
民國八十年十月十三日，民進黨五全大會中表決通過，將「建立台灣共和國」列
入黨綱，即所謂「台獨黨綱」，並且態度堅定不擬修改。事實上，台獨乃是放棄
（變更、廢除、推翻）現存的中華民國政府與憲法，這種體制外的作法，更暴露
國內政黨政治發展的隱憂，直接激化了統獨的論戰。因之，以下擬分析台獨的各
種理論主張與爭議點，而後論述國家認同的重要意涵。

一、台獨理論的評析

（一）台灣文化論

　　彭明敏即指稱台灣人是「否莫沙」（Formosan），其謂：「土著否莫沙（native
Formosan）有一千四百多萬人···數百年來，Formosan 與中國人有不同的經歷，
發展成了獨特的性格與意識。」[51]台獨人士認爲台灣只有四百年的歷史，而在這
段時間內，已經有了自己的否莫沙的性格與文化。[52]民國八十三年第一屆省長選

---

[49] 董玉洪，「台灣政黨政治的運作及其發展趨勢」，中國論壇，第卅二卷第六期，民國八十一年
　　三月，頁二四。

[50] 黃德福，「民進黨與台灣地區的政治民主化」，民主基金會主辦，「中國的前途：台灣地區政治
　　民主化的回顧與展望」研討會論文，民國七十九年十一月十一日，頁一。

[51] 劉添財，「評彭明敏回憶錄」，明報，第八三期，頁五七。

[52] 周軍呼，台獨意識形態及其策略之研究，政治作戰學校，政治研究所，碩士論文，民國六十
　　九年，頁九七—九八。

舉，民進黨候選人所標舉「台灣四百年來第一戰」，即隱含此一論述。

以「否莫沙」否定台灣與中國的關係，彭明敏更進一步指出：「台灣文化與中國文化是大不相同，因為台灣文化經過日本五十年統治，在實質上已變了質，因之台灣文化應歸屬日本文化。」[53]除以台灣文化歸之於日本文化者外，亦有提出台灣文化非為中國文化，或謂「台灣四百年來歷經歐洲、日本及中國的殖民，外在各種文化激盪的會合下，孕育著各種不同的文化，故必須重建。」「多年以來，台灣與中國隔離，台灣人有了與中國人不同的文化、風俗、語言。」「台灣人已認識到他們的國家意識，以及語言、歷史和文化，和中國大陸不同。」[54]

前述以「否莫沙」來論證台灣文化非為中國文化是困難的，因為葡萄牙語Farmosa，乃是美麗之島，而台灣一詞則已為中國人及台灣人所習用，一般均稱「台灣人」不稱「否莫沙人」，連台獨人士，也不自稱否莫沙人。至於「台灣文化應歸屬日本文化」，事實上，雖然日本統治台灣五十年，大量輸入日本文化，提倡皇民化運動，包括日本語文、採用日式政治制度及教育制度。然而五十年在台灣史上只是一段時期，日本統治期間，台灣同胞仍然自行說台灣話、自行學習和使用漢文。光復後，台灣同胞很快地把中國語文取代日本語文，現在只有受過日本教育的人和由於需要而學習日語的人，才會說日本話，足見日本文化影響雖然多方面，但是有其限度的。又所謂的台灣文化非為中國文化之說法，馬起華教授即提出諸多反證：[55]

其一，文化大體上可分為物質文化與非物質文化兩部分。台灣的物質文化，如房屋寺廟的建築，墳墓碑銘的模式等，都是中國式的，沒有台灣特色。台灣的非物質文化，如宗教信仰、喪葬禮俗等，都是中國式的，不是台灣式的。甚至連各地崇拜的神，其生前都是大陸人・・・其二，台灣史大體上是中國人及中國文化的移殖史，它是中國歷史的一部分，在中國歷史上均有記載。其三，台灣曾受西班牙、葡萄牙、日本的統治 ，但它們對於台灣文化上的影響是短暫而有限的，事如春夢了無痕，不足以消滅或取代中國文化。其四，台灣過去只有山地文化，和中國文化有所不同，但台獨從來不提山地文化。其五，台灣海峽隔絕了台灣與大陸，葡日的統治隔離了台灣同胞與大陸同胞的往來，都不能有效的切斷台灣大陸文化的關係。

馬起華教授的深闢分析，對於以「台灣文化」圖切斷兩岸的文化血緣等關係是不符合事實根據的。

（二）台灣民族論

「台灣民族」與「台灣民族主義」是繼「台灣人不是中國人」理論後所提出。早期台獨主張台灣人不是中國人，而是印尼人、馬來人、西班牙人、荷蘭人、英國人、法國人、日本人之混合種。[56]此種說法，旨在說明台灣人不是中國人，但

---

[53] 同上，頁一○○。
[54] 同上，頁一○四。
[55] 馬起華，「台獨初步研究」，馬起華主編，台獨研究（台北：中華民國公共秩序研究會，民國七十七年十二月），頁四三—四四。
[56] 南方朔，帝國主義與台灣獨立運動（台北：四季出版社，民國七十年），頁一○一。

因不合事實，主張台獨者亦多未能相信，且認台灣人爲雜種，更難被接受。從實務面分析，「台灣人不是中國人」之說要能成立，須做到三件事：[57]

一、主張台灣人不是中國人的人，必須自始不用中國人的姓氏，或證明他們的姓氏與中國人的姓氏源流無關；因爲他們的姓氏是道地中國式的。二、主張台灣人不是中國人的人，必須證明他們的祖先不是中國人，或與中國人無淵源。三、主張台灣人不是中國人的人，必須證明台灣人及其祖先與中國人無淵源。」

正因此種說法站不住腳，已少有人再彈此調。繼之而起，被台獨人士較爲接受的是「台灣民族」論。「台灣民族」論者以「三百多年台灣獨特的條件及際遇，使漢系台灣人的社會一方面愈來愈與中國的漢民族異質化，另一方面，它自身的異質成分越來越整合爲單一的整體。這個新的穩定的台灣社會共同體就是台灣民族，它不同於中國的漢民族，它是一個具有現代意義的新民族。」[58]又謂「從歷史的演進當中，我們可以看出台灣民族的形成發展是動態的，不斷有新的移民轉變，加入台灣民族的行列。歷代的外來統治者以及認同其壓迫階級者與其後代，因長期與被壓迫的台灣民族產生文化、社會的交流，經濟、政治的共同命運，而漸漸認同於台灣民族，成爲台灣民族的一員。」[59]而現今一般主張「台灣民族」論者，認爲台灣民族的成員包括閩南人、客家人，三十八年前後來台各省籍人士以及原住民。民國八十四年，許信良出版《新興民族》一書，內容精神即在於陳述並發揚「台灣民族」論之見解：

一個移民的社會一定是一個創造力飽滿的社會。移民最大的特點正在於無法把舊日生活裡所有既成的東西都隨身帶著漂洋過海。移民就是最大的捨棄。捨棄原來有的一切，到新的地方從頭開始。‧‧‧移民社會的價值裡，不會去刻意追求「純粹」，更不會逃避「混合」。‧‧‧新興的台灣民族就是這樣要以我們祖先一脈流傳下來的冒險奮鬥精神，去克服舊時代留下來的問題，打開天空、海洋與大地通路，航向希望的未來，為人類文明做出新貢獻。

「台灣民族」乃至其所衍生之「台灣民族主義」是否存在？是有爭議的。中華民族的組成，今日在台灣的閩南、客家以及各省籍人士大多數亦是漢族。血統上，台灣人與中國人血脈相連，本屬同文同種；語文上，現今台灣使用是道地方塊字的漢字（中文），語言除原住民自成語系，河洛話即是在台灣使用的「漳州腔」、「泉州腔」閩南話，客家話即是在台灣使用的「四縣腔」〈主要來自古嘉應州 — 今日梅縣、五華、興寧、平遠、蕉嶺等地〉、「海陸腔」〈海豐、陸豐、惠陽等地〉、「饒平腔」〈饒平〉、「大浦腔」〈大浦〉、「詔安腔」〈詔安〉等，雖然腔調或因時、地相隔有出入，實無損其語系之同源。風俗習慣上，台灣的風俗習慣受中國的影響比受其他外來影響爲多。歷史上，一部台灣史就中國人在台灣的活動和發展史。綜論之，從文化層面來看，在台灣的中國人實承繼漢民族的精髓，

---

[57] 馬起華，前揭書，頁四七。
[58] 洪哲勝、田台仁，「台灣的民族問題」，台獨季刊，一九八二年，第四期，頁三一。
[59] 「台獨」季刊，一九八二年，第一期，頁六三。

本土的戲劇，除以方言來表達，其忠孝節義的情節，亦多出自中華五千年的文化遺產。故從民族學角度，難謂在台灣的漢民族（閩南人、客家人、各省籍人士）不同於中國的漢民族，而有所謂「台灣民族」存在。

（三）台灣地位未定論：

台灣地位未定論是台獨主張者理論上的一項重要前提，此因台灣地位未定，則可包含「台灣不屬於中國」或「台灣屬於中國」，如「台灣不屬於中國」則有五種可能：台獨、住民自決、台灣屬於日本、台灣屬於美國、台灣由國際共管。[60]以目前台獨論者強調台灣地位未定，則主張透過住民自決以及公民投票來達到台灣獨立的最終目的。台獨主張者為此找尋台灣地位未定之依據，曾任「台獨聯盟」主席的許世楷曾提出：[61]

> 一九四三年十一月的開羅會議記述日本從清國竊取的土地，如台灣及澎湖島，應歸還中華民國。一九四五年七月的波茨坦宣言裡有一項「必須履行開羅宣言」。日本接受波茨坦宣言而投降，所以有履行該條約的義務，將台灣及澎湖島歸還中華民國。但一九五一年的舊金山和平會議，中華民國被摒除場外，其九月成立的和約裡只記述「放棄台灣澎湖群島的一切權利及領土的要求。」一九五三年四月的所謂中日和約，也不過將前項記述重述一遍而已，就是說確定放棄，但沒有規定歸屬國家。因此，日本放棄了台灣澎湖，但其歸屬則是未定的。二次大戰後，蔣軍之進駐台灣，只不過是聯合國總司令官，麥將軍一般命令中的第一號命令而已。所以其性質跟美軍之佔領日本一樣，因此蔣政權只不過是一種佔領政權，並未因此改變台灣歸屬未定的問題，這種說法是過去美、日、英諸國政府公開的見解，有許多國際法學者的看法也是如此。

彭明敏與黃有仁認為：(1)台灣過去只受荷蘭人、鄭王國、大清國和日本人的統治，不曾與中國 — 中華民國或中華人民共和國有過瓜葛，所以日本人雖然喪失對台灣的統治權，但台灣也無重歸中國之理。(2)中國曾經依馬關條約將台灣割於日本，日本卻不曾再以條約明文將台灣割給中國。(3)土地的割讓應以民意為依歸，台灣的歸屬，有待民族自決。[62]

民進黨立委李慶雄於民國八十年十月依前述說法，以「台灣主權獨立有其法理依據」向行政院提出質詢：「日本戰敗與聯軍簽訂舊金山和約中，放棄對台灣澎湖主權，但未說明台灣主權要歸還中國；日本與我簽訂中日和約時，也未聲明將臺灣主權還給中國政府。所以臺灣主權應屬台灣人民，而非中國大陸。」[63]

然而「台灣地位未定論」之說法，徵之於歷史事實，是值得商榷的：(1)民國卅年十二月八日，我國為配合太平洋戰爭的同盟國行動對日宣戰，宣布廢除中日間前此所簽之一切條約。其中包括割讓台澎於日本的馬關條約，在法律上從此已

---

[60] 南方朔，前揭書，頁九三—九四。

[61] 許世楷，「有關台灣的基本常識」（二），見「台獨」，第十七期，一九七三年七月廿八日，頁四。

[62] 彭明敏、黃有仁，「台灣在國際法上的地位」，見「台獨」，一九七七年三月廿八日，頁一七。

[63] 台北，聯合報，民國八十年十月廿日，版二。

恢復對台澎之主權。(2)民國卅二年十二月一日的「開羅宣言」指出:「三大盟邦之目的在於剝奪日本自一九一四年第一次世界大戰後,在太平洋所奪或所佔之所有島嶼,及使日本在中國所竊取之領土 ,如滿洲、台灣及澎湖列島,皆歸還中華民國。」(3)民國卅四年十月廿五日,代表蔣委員長在台北接受日本投降的我國代表在受降典禮上宣布:「從今天起,台灣及澎湖列島已正式重入中國版圖,所有一切土地、人民、政事皆已置於中華民國政府主權之下。」(4)民國卅九年一月五日,杜魯門總統發表對台政策:「根據一九四三年十二月一日的開羅宣言,美國總統、英國首相和中華民國總統(按指蔣委員長)陳明,三盟邦之目的為使日本竊自中國之領土,如台灣歸還中華民國。」(5)民國四十年五月,美國國務院在一項照會中說:「美國政府曾經一再指出,中華民並不符合蘇聯所說的中華人民共和國,我們所作的保證是,確切指明把台灣歸還中華民國。」(6)民國四十一年中日和約第四條規定:「茲承認中華民國與日本間在民國三十年即一九四一年十二月九日以前所締結之一切條約,均因戰爭結束而歸於無效。」另第十條規定:「日本承認台灣及澎湖列島之居民,係中華民國之人民。」是以確定其默認台澎為中華民國之領土 。(7)中日雙邊和約雖未明白規定台灣由中華民國接收,但當時我國代表葉公超與日本代表河田烈簽署和約附件「第一互換照會」中明白顯示,和約適用範圍及於中華民國有效控制的領土及未來控制的所有領土,這承認了中華民國在台海地區的主權行使。[64]綜合上述史實,「台灣地位未定論」是不能成立。

(四)台灣住民自決與公民投票:

　　台獨論者既以台灣地位未定,故而衍生出台灣住民自決,以及住民自決表達的方式 — 公民投票。住民自決論在過去海外台獨者與國內台獨者都有相同的主張和看法。早期海外台獨於民國五十六年,就有在美國的台獨主張者陳隆志與美國政治學者拉斯威爾(Harold D. Lasswell)合寫「台灣、中國與聯合國」(Formosa, China and the United Nations: Fomosa's Future in the World Community),文中建議,應由「中國」(指中共)佔有當時中華民國代表在聯合國大會與安全理事會所擁有的兩個席位。而台灣地位的解決適用自決原則,在聯合國監督下,舉行公民投票,獲得獨立,並保障台灣成為聯合國的會員。文中並推論台灣人民會以壓倒性多數選擇成立一個獨立的國家而脫離中國。[65]陳隆志的「台灣住民自決論」即建構在「台灣法律地位未定論」(前提)、「住民自決」(手段)與「台灣獨立」(目標)三個概念的連貫脈絡之上。民國六十一年四月,基督教長老教會在美國組成「台海人民自救協會」,此一組織後發展成美國台獨的自決派。

　　國內住民自決論的提出,最早在民國六十年十月,聯合國大會通過阿爾巴尼亞提案,排我納中共,國內民心頗受震盪。十二月廿九日,台灣基督長老教會(Presbyterian Church)總幹事高俊明發表「對國是的聲明與建議」,宣稱「我們

---

[64] 馬起華,台獨誌(台北:中華民國公共秩序研究會,民國八十一年十月),頁五〇六—五〇八。
[65] Lung-Chu Chen & Harold D. Lasswell, Formosa, China, and the United Nations (New York: St. Martin's Press, 1967)。繆寄虎譯,「『台獨』的基本理論,」中華雜誌,第二三八期,民國七十二年五月,頁三六 — 四一。

反對任何國家罔顧台灣地區一千五百萬人民的人權與意志，只顧私利而作出任何違反人權的決定。人權是上帝所賜與，人民有權利決定他們自己的命運。」[66]這是首次公開有「自決」的理念。

民國六十六年（一九七七年）五月，美國國務卿范錫（Cyrus Vance）訪問北京時，華府傳出美國將與中共建交。台灣基督長老教會於八月十六日，以總幹事高俊明為首的四位台灣長老會牧師，在長老教會機關刊物「教會公報」中，公開發表「致美國總統卡特、有關國家及全世界教會的『人權宣言』」，文中正式完整的提出「台灣的將來應由台灣一千七百萬住民決定」並謂「為達成台灣人民獨立及自由的願望，我們促請政府於此國際危急之際，面對現實，採取有效措施，使台灣成為一個新而獨立的國家。」[67]

民國六十七年（一九七八年）十二月十六日，美國總統卡特（Jimmy Carter）宣布自次年元月起正式與中共建交。到了十二月廿五日，「黨外人士」共同發表「國是聲明」，提出彼等目標：「在國際強權的縱橫捭闔下，我們的命運已面臨被出賣的危機，所以我們不得不率直地申說：我們反對任何強權支配其他國家人民的命運，我們堅決主張的命運應由一千七百萬人民來決定。」[68]「自決」遂從此正式成為黨外，以及其後民進黨人士的重要政見。茲列述要者如下：

(1)民國七十一年六月至八月，黨外當時主流派之立法委員康寧祥、張德銘、黃煌雄以及監委尤清組成的四人訪美團，在美發表共同聲明：「台灣的前途，由台灣的一千八百萬人共同決定。」[69]

(2)民國七十一年九月廿二日，黨外人士在台北市中山堂開會後，發表的「共同聲明」，提出自決主張。

(3)民國七十二年九月九日，黨外新生代所成立「黨外編輯作家聯誼會」所通過的「組織章程」，及在記者會上發表的聲明，均提出自決主張。

(4)民國七十二年十月廿三日，「黨外中央後援會」所提出之十項「共同政見」的第一項：「台灣的前途，應由台灣全體的住民共同決定。」這次的選舉，「住民自決」是黨外一個重要訴求主題，黨外候選人並共同推出一個口號「民主、自決、救台灣」。[70]

(5)民國七十四年十月「黨外後援會」在地方選舉中，提出二十項「共同政見」，第一項即為「台灣前途，應由台灣全體住民共同決定。」黨外候選人共同打出一句口號「新黨新氣象，自決救台灣」。[71]

(6)民國七十五年十一月十日，民進黨成立後所召開第一屆全國代表大會通過的「黨章、黨綱」，及後援會通過的十六項「共同政見」之第一項「台灣前途應

---

[66] 台灣長老教會，「台灣基督長老教會對國是的聲明和建議」，參見「台獨」，創刊號，一九七二年三月廿八日，頁一四。

[67] 「台獨」季刊，第一期，一九八二年春季號，頁三 — 四。

[68] 李筱峰，台灣民主運動四十年（台北：自立晚報社，民國八十二年一月），頁一三八。

[69] 同上，頁一七八 — 一八一。

[70] 同上，頁一九一 — 一九二。

[71] 同上，頁二一六 — 二一七。

由台灣全體住民，以普遍且平等的方式共同決定。且憑此權利自由決定其政治地位，自由謀求其經濟、社會及文化發展。」⁷²

〈7〉民國八十年十月十三日，民進黨第五屆第一次全代會，通過修定民進黨黨綱中的一個由林濁水等人起草的條文 ─「建立主權獨立自主的台灣共和國」〈第一條〉，其三點主張：a.『依照台灣主權現實獨立建國，制定新憲，使法政體系符合台灣社會現實，並依據國際法之原則重返國際社會。』b.：『依照台灣主權現實重新界定台灣國家領域主權及對人主權之範圍，使台海兩岸得以依國際法建立往來之秩序，並保障雙方人民往來時之權益。』c.『以台灣社會共同體為基礎‧‧‧基於國民主權原理，建立主權獨立自主的台灣共和國，及制定新憲法主張，將交由台灣全體住民以公民投票方式選擇決定。』〈此即「台獨黨綱」〉

〈8〉民國八十八年五月民進黨第八次全代會第二次全體會議中，為因應將到來的 2000 年總統大選，通過「台灣前途決議文」，條文中對中華民國憲政體制的正當性做了有條件的讓步：a.主權的獨立與自主，是國家安全、社會發展及人民幸福的前提。b.民進黨於一九九一年藉著冷戰體制瓦解，自由、民主、自決思潮全面獲勝之際，通過黨綱修改，主張台灣主權獨立，提出重新界定國家領域、修改憲政體制、發展新國民意識等三項主張。c.台灣是一主權獨立的國家，其主權領域僅及於台澎金馬和附屬島嶼，以及符合國際法規定之領海與鄰接水域。d.冷戰的結束、自由民主思潮的全面勝利、台灣的民主化及民意反對統一的比例不斷上揚，都是維護台灣主權獨立現狀及國際地位的有利因素。

民國七十六年解嚴之後，民進黨有關意識型態的表達更為直接、明顯，不再單獨的以迂迴方式提出「住民自決」，有關「公民投票」、「台灣獨立」都破土而出，成為台灣朝野公開討論的話題。事實上，前述各項均非單獨的個體，「公民投票」是達到「台灣獨立」的手段，亦即：台灣地位未定論 ─ 台灣住民自決論 ─ 公民投票 ─ 台灣獨立。⁷³到了民進黨在 2000 年政黨輪替後，陳水扁的「台灣主體意識」、「一邊一國」，是透過「公民投票」〈民國九十三年提出〉、來完成他「四要一沒有」〈民國九十六年提出〉─「台灣要獨立」、「台灣要正名」、「台灣要新憲」、「台灣要發展」的政治目標。

主張台獨的人士在鼓吹住民自決之後，力主公民投票是必然趨勢。民國七十九年十一月十七日，「台獨聯盟」首任主席及「台灣人公共事務協會」（FAPA）創會會長蔡同榮發起成立「公民投票促進會」在海外的委員 11 人，蔡任召集人，隨時在各地設分會展開公民投票運動。國內到民國八十三年底為止，民進黨籍立委提出的「公民投票法草案」即有蔡同榮、林濁水、黃爾璇、謝長廷等版本。蔡本有 10 條，林本有 79 條，黃本有 83 條，謝本有 17 條。綜觀各版本所規範公民投票事項大致有五：(1)憲法的增訂、廢止與修正。(2)解決：國家前途定位（台灣獨立投票）與領土變更等。(3)中央、地方所制定法律或廢除、中止、修正法律或政策。(4)國際條約或主權行使之讓渡、限制事項。(5)原住民對原住民事務相

---

⁷² 同上，頁二四五 ─ 二四六。
⁷³ 馬起華，前揭書，頁五二三 ─ 五二四。

關法律、政策。[74]

民進黨所提出「住民自決」與「公民投票」兩者，其本身在名稱的使用上，即存在著困惑和紛歧；若再論及其內涵、實踐性，爭議亦多。就「住民自決」而言，其名稱有所謂「住民自決」與「民族自決」兩者所指涉對象、範圍的不同。今日為國際社會所接受的「民族自決」（self-determination of people），乃是第一次世界大戰後美國總統威爾遜（Woodrow Wilson）所提十四項和平計劃中的最後一項，用以解決民族問題所引發的國際爭端。「民族自決」乃指受壓迫的少數民族脫離壓迫它的其他民族，建立屬於自己的民族國家。在現今國際社會中有關「自決」都是指涉「民族自決」，包括少數民族針對其他民族的統治政府所提出，或殖民地針對殖民母國所提出。依據「聯合國憲章」第一條第二款指出聯合國宗旨為：「發展國際間以尊重人民平等權利及自決原則為根據之友好關係，並採取其他適當方法，以增強普遍和平。」[75]此一條文中對自決的性質未明確說出，故仍有賴聯合國所通過的決議來補充。民國五十九年十月廿四日聯合國大會通過的「關於各國依聯合國憲章建立友好關係及合作之國際法原則宣言」中，詳細的指出「民族自決」的原則：[76]

> 一個民族自由地決定建立自主獨立國家，與某一獨立國家自由結合或合併，或採取任何其他政治地位，均屬該民族實施自決權之方式。每一國均有義務避免對上文闡釋本原則時所指之民族採取剝奪其自決、自由及獨立權利之任何強制行動。‧‧‧‧以上各項不得解釋為授權或鼓勵採取任何行為，局部或全部破壞或損害，在行為上符合上述各民族享有平等權及自決權原則並因之具有代表領土內不分種族、信仰或膚色之全體人民之政府之自主獨立國家之領土完整或政治統一。

綜合上述說明，則民進黨所提「住民自決」的可行性有下列困境：(1)從國際法觀點，以及聯合國憲章而言，只有「民族自決」而無「住民自決」說法，亦即所謂自決原則乃適用於殖民地、託管地或被壓迫的、處境悲慘的少數民族。中華民國政府目前在台澎金馬雖處於與中共分裂分治狀況，但並非殖民地，在台灣的民族亦是以漢族佔大多數，加以台灣的快速政治民主化、經濟自由化以及社會多元化發展取向，實無所謂壓迫與被壓迫問題存在。(2)「住民自決」既然缺乏國際法上學理依據，也無國際上明確規範之決議、案例可循，再加上都是中華民族的血脈分支（甚且主張台獨的人士多是漢族），在「名不正，言不順」之不符合「民族自決」法理概念下，將會導致領土分離與秩序破壞，這是違反國際法精神。今設若台灣地區可以任由「住民自決」，獨立為「台灣共和國」。則花蓮、台東比照此模式，「住民自決」成立另一個「東霸天共和國」〈並有其憲法、國旗、國歌〉，其不成立之理何在？（依據民國八十三年六月，民進黨主導的第二次台灣人制憲會議通過的所謂「台灣共和國憲法」中規定，領土的變更，應依照當地住民自決

---

[74] 立法院編印，立法院議案關係文書，院總第一五七四號，委員提案第七五三、六五三、七六四、八八一號之二，民國八十三年六月十八日印發。

[75] 丘宏達編，現代國際法基本文件，再版（台北：三民書局，民國七十五年九月），頁十。

[76] 王鐵崖、田如萱合編，國際法資料選編（北京：法律出版社，一九八二年），頁七—八。

原則。)「住民自決」的遺害和連鎖效應,更值提出此說之人士審視再三。

另就公民投票而言,其名稱有所謂「公民投票」與「公民複決」兩者所指涉對象、範圍的不同。公民投票的英文 Plebiscite,意指有些被壓迫的少數民族、屬地、主權不確定之區域或介於兩國之間的地區,以公民投票的方式來決定應否獨立?成一個國家或歸屬於那一國?如法屬北非阿爾及利亞(Algeria)於民國五十一年(一九六二年)由公民投票決定是否脫離法國獨立?薩爾區(Saarland)公民於民國四十四年(一九五五年)投票歸屬德國抑或法國?美屬波多黎各(Pueto Rico)於民國八十二年起(一九九三年)公民投票是否加入美國第五十一州?公民複決的英文 Referendum 意指主權確定的國家,其公民對憲法修正案或國會所通過的法律,依據憲法的明文規定或經一定數額的選民申請,由選民複決通過後,始生效力。

Plebiscite 在英文含義上非常明確,即指主權不確定的區域,透過公民表達意見的方式決定前途之去向,然而翻成中文做「公民投票」卻易生困擾,一般人容易將「公民投票」誤解為所有「公民以投票來表達公意」的方式。實則「公民以投票來表達公意」的行為下,在主權確定的國家,其憲法或法律的交由公民表決,稱之為公民複決(referendum);在主權不確定的地區,其前途的交由公民表決,稱之為公民投票(Plebiscite)。

長久以來,「公民投票法」在民進黨內部一直有很高的意願,然而國、親兩黨是持反對之意見,主張制定名實相符之「創制複決法」。民國九十二年六月陳水扁總統表示將以「公民投票方式」讓人民來決定若干爭議性議題,如核四是否停建?是否加入衛生組織?國、親兩黨之泛藍高層雖考量兩岸因素,但以各項公開與未公開的民調都已顯示「國內民意高度支持公民投票」。[77]藍營斟酌輿情與民國八十三年總統大選前之可能影響因素等,決定改弦更張提出相對於民進黨立委蔡同榮之「公民投票法草案」與台聯版之「公民投票法草案」外,國親兩黨之國親版〈或泛藍版〉「公民投票法草案」,在立法院與泛綠正面對戰。終於在民國九十二年十一月二十七日,立法院第五屆第四會期第十二次會議通過「公民投票法」三讀。然而民進黨政府於十二月十日,行政院第二八六九次院會決議以:『〈1〉公投法第十六條只允許立法院擁有公民投票之提案權,卻排除行政機關的提案權利,有違權力分立的制衡原理。〈2〉公民投票審議委員會組織疊床架屋、權責不明。〈3〉由政黨壟斷全國性公民投票審議委員會的組織,違反直接民主的精神及權力分立原理。〈4〉有關公民投票審議委員會部份條文內容彼此矛盾、扞格。』等理由,通過將「公民投票法」呈請總統核可後,移請立法院覆議。立法院於十二月十九日,針對覆議案進行表決,最後以 118:95 決定維持立法院原決議。陳水扁總統於民國九十二年十二月三十一日正式將「公民投票法」公佈實施。

民進黨對公投之高度重視,認為此係台灣獨立建國的必然途徑。林濁水即如

---

77 楊增暐,「我國創制複決制度之研究 ── 『創制複決法』草案各項版本之合憲性分析」,中國文化大學,中山學術研究所,碩士論文,民國九十二年,頁七八。

此論述：[78]

> 台灣人民既已投票選出國會和總統，則台灣人民擁有獨立主權已無庸置疑。然而台灣人民並未運用擁有的主權完成建國工程。‧‧‧台灣建國工程犖犖大者有以下幾項：國會改選、總統直選、重訂國號國旗、制定新憲。其中國會改選、總統直選已不是問題。其餘的國號、國旗、憲法制定；甚至更明確的領土領海確認，則可付諸公民投票，以畢建國工程。

綜論之，民進黨政治人物所提出「住民自決」，並不符合今日國際法允許少數民族（受壓迫民族）獨立建國時，所憑藉之「民族自決」（self-determination of people）要件，而「公民投票」更無法據以有效解決台獨的問題。正因「台獨」公投若沒過關，民進黨是否保證從此不提「台獨」？又，「台獨」公投的實施將是整個台灣內部、兩岸之間無法預測紛擾之開端。

（五）有條件的台獨與事實主權的台獨

馬起華將民進黨二屆一次臨全會所通過的「四一七決議文」中四個「如果」的主張，稱爲「有條件的台獨」。另民進黨四屆二全大會所通過「一〇〇七決議文」的主張，稱爲「事實主權的台獨」。[79]前者「有條件的台獨」，乃是民國七十七年四月十七日，民進黨第二屆第一次臨全會通過決議：「台灣國際主權獨立，不屬於以北京爲首都的中華人民共和國」「任何台灣國際地位變更，必須台灣全體住民自決同意。」另外在這個「四一七決議文」中最主要決議爲：「如果國共片面和談，如果國民黨出賣台灣人民之利益，如果中共統一台灣，如果國民黨不實施其真正民主憲政，則本黨主張台灣應該獨立。」此四個「如果」有條件的台獨亦包含瑕疵：(1)決議文中「片面和談」用詞欠妥，如爲和談，必是雙邊（bi-lateral）或多邊（multi-lateral）無可能「片面」。中共雖不斷提出黨對黨談判，但國民黨基於過去痛苦經驗和中共政治現狀，並無立刻談判之條件。(2)國民黨與全體台灣人民利害與共，休戚相關，增進台灣人民利益以壯大台澎金馬猶恐不及，且民意高漲的主權在民時代，何至出賣台灣人民利益？(3)就「中共統一台灣」，如是中共正在進攻台灣，團結一心實爲首要，台獨只會促成內部分歧不安，以及中共加緊其動武速度。如中共已經統一了台灣，還能主張台獨嗎？(4)國民黨民主憲政發展快速，實爲具體明確。故而民進黨提出四個主張台獨的條件，都不能做爲主張台獨的理由。[80]

後者「事實主權的台獨」是民國七十九年十月七日民進黨四屆二全大會通過的「一〇〇七決議文」，內容爲：[81]

> 本黨基於長期以來，我國並未對中國大陸及外蒙古行使統治主權之事實，特決議如下：一、本黨重申黨綱自決原則及台灣主權獨立，不屬於中華人民共和國政府之「四一七」決議文，現進一步確認：我國事實主權不及於

---

[78] 台北，聯合晚報，民國八十四年十一月一日，版二。

[79] 馬起華，「台獨分析」，見馬起華編，台獨誌（台北：中華民國公共秩序研究會，民國八十一年十月），頁五一一─五一六。

[80] 同上，頁五一一 ─ 五一三。

[81] 台北，自立早報，民國七十九年十月八日，版二。

中國大陸及外蒙古。我國未來憲政體制及內政、外交政策，應建立在事實領土範圍之上。二、本黨爲落實本案，特責成本黨國大黨團與立法院黨團依職權促其實現，並通令各級黨部全力宣導。三、面對國民黨威脅恐嚇，本黨同志已有充分心理準備，各級黨部與全黨同志，應全力以赴，以便必要時與國民黨作最後決戰。

民進黨於「一〇〇七決議文」之「事實主權」案通過後，其中常會在十一月十四日決議成立「台灣主權獨立運動委員會」以落實該項決議。就事實主權論的「我國事實主權不及於中國大陸及外蒙古」，是一項不爭的事實，故表面上沒有特別意義，但若將這句話與台獨連起來，就另有意涵了。第一項後半段：「我國未來憲政體制及內政外交政策，應建立在事實領土範圍之上。」更是以台獨的角度思考憲政體制、內政及其與中國大陸之外交關係。

「事實主權的台獨」，其推理方式是值得檢討的。六十餘年兩岸分裂分治，現階段我國事實主權不及於中國大陸及外蒙古雖是事實，但並不足以否認中華民國的存在，也不能砍斷據以爲永遠分裂國土的口實。以個人生命來看六、七十年是不算短的時間，但以中華民族五千年的歷史觀之，則又是何其短暫，且兩岸中國人的命運，又豈是少數人或單方面「片面」能代爲決定。故以事實主權來做爲支持台獨理論是不妥的。

（六）中共對台政策的激化效應

兩岸分裂分治的本質實爲以中華文化爲基礎的「三民主義中國」與馬列主義爲根源的「共產主義中國」之爭，也是兩種不同的政治、經濟、社會制度與生活方式之爭。中華民國政府在民國八十年五月一日，終止動員戡亂時期，規劃以「一個中國、兩個對等政治實體」做爲兩岸關係定位的架構，以國統綱領「三個階段」的規劃，期望兩岸關係朝向和平、務實、理性的方向發展。[82]其後陳水扁之民進黨政府，宣佈「終統」，並採鎖國政策，不向西邊看去。馬英九時代「不統、不獨、不武」、兩岸外交休兵政策，使兩岸交流互惠蓬勃發展。

然而過去以來，中共對台主權的霸權心態，成爲台獨人士的不滿和反感。尤以中共在政治上不承認我爲政治實體，使中華民國因中共的「外交孤立」，國際處境非常艱困，不僅邦交國家逐漸減少，並且無法加入聯合國及其他重要國際組織。台獨人士乃有提出以「台灣共和國」取代中華民國，因之可以增加國際活動空間與加入聯合國的說法。

民進黨於陳水扁主政時，民國九十六年二月開始規劃，利用次年的總統大選時，採取「公投綁大選」，由游錫堃領銜提出，「入聯公投案」：『1971年中華人民共和國進入聯合國，取代中華民國，台灣成爲國際孤兒。爲強烈表達台灣人民的意志，提升台灣的國際地位及參與，您是否同意政府以「台灣」名義加入聯合國？』根據該公投案的提案主旨，該公投案目的爲「強烈表達台灣人民的意志，提升台灣的國際地位及參與」；而一旦該公民投票案獲得通過，中華民國政府將不再循往例，以「中華民國」名義申請加入聯合國，及其各種周圍組織，而是改

---

[82] 蕭萬長，兩岸關係之回顧與前瞻（台北行政院大陸委員會，民國八十四年四月），頁一一一六。

採以「台灣」為名申請。唯游錫堃在公投連署聽證會表示，以「台灣」為名，並不涉及更改「國號」。然而如以「台灣」為名申請加入聯合國，事實已經涉及更改「國號」。後來本次公投案因投票者未達法定之出席人數，本案未通過。

因為中共的蠻橫作風所激起的台獨聲浪，在島內確有其一定程度的影響。然而中共在國際間對我之孤立態度和作法，是否因為更改國名就可「海闊天空」？實待商榷；今日阻礙我加入聯合國與各種國際組織的關鍵在於中共，並非國名問題。凡是與中共建交，都須承認「中華人民共和國政府是中國的唯一合法政府，台灣是中國領土不可分割的一部分」，中共亦絕不允許雙重建交的發生，凡有與中華民國建交者，中共即與之斷交，從無例外。因之，國名更改與否，以現階段國際關係觀之，並無明顯增加邦交國的可能性，而中華民國已有之邦交國是否與所謂「台灣共和國」持續維持外交關係亦難論斷，故若以「台灣共和國」取代中華民國，可預判邦交國在不太可能增加，頂多維持現狀，甚或更減少，從這一層來看，台獨的開拓外交空間是緣木求魚。

要加入聯合國首先必須在總務會議中通過，才得在大會中排定議程討論，中共更是聯合國安全理事會五個常任理事國之一，得在最後享有否決權。故加入聯合國及其相關組織，並非立竿見影或變更一個「台灣共和國」就得輕易加入，台獨人士欲以「台灣共和國」名稱拓展國際空間，加入聯合國的說法是相當薄弱，並未正視當前國家外交困境的癥結，並非在於國家名稱問題之上。

（七）所謂「贊成維持現狀，就是支持台獨」

根據近年來多次民意調查的顯示，國內大部份民眾贊成維持現狀，也就是維持中華民國現有體制。無論急統與急獨都只有少數人予以認同。某些主張台獨的人士，乃不得不在現實的壓力下，將其意識型態向中間靠攏，以爭取廣大溫和選民的認同。但彼等或在無法也不願放棄其原有政治主張的心理影響下，乃提出「贊成現狀就是支持台獨」之說，以兼顧台獨主張者之理想與現實需求。

前述贊成維持現狀，就是支持台獨；乃至於台灣現狀已是主權獨立國家與中國無關等等的說法，是有實際問題的：(1)中華民國政府現今所舉辦總統直選與中央民意代表全面改選，該等法源依據為「中華民國憲法增修條文」，該增修條文之「前言」明確指出：「為因應國家統一前之需要，依照憲法第二十七條第一項第三款及第一百七十四條第一款之規定，增修本憲法條文」亦即各項選舉並未影響國家對未來統一目標的努力，且此些選舉的實施，是在中華民國的主權之下進行，而非台獨。(2)所謂中華民國在台灣是一種客觀事實的描述，即強調中華民國存在台澎金馬的政治事實，這不僅不影響政府有關國家發展的既定方針，而且值得正視者，現階段台澎金馬的安定繁榮不足以保證未來的安定繁榮；台獨的主張促成內部不安、力量抵消，兩岸關係緊張，對國家發展有其弊端。(3)中華民國自一九一二年立國以來一直是一個主權獨立國家，民國三十八年後實際管轄權只限於台澎金馬，卻絕未影響其在政治上屹立不搖的地位。現狀對中華民國而言，其意義在於國家存在的莊嚴性，國家發展的永續性。「現狀即台獨」之推論，並美其名為「海洋國家」，實則為「島國心態」的劃地自限，作法殊不值取。

〈八〉美國脫離英國獨立之歷史事實

較晚近主張台獨者，亦有發現血源關係是無法否認之事實，乃舉美國當年脫離英國之著例，強調：『縱使台灣人是華人，亦可仿效美國；最早抵達美國的一批人，是於 1620 年，從英國普立茅斯搭乘「五月花號」（Mayflower），抵達新大陸之麻塞諸塞斯，這些道道地地的盎格魯·薩克遜人（Anglo-Saxon），於 1776 年發表「獨立宣言」（The Declaration of Independence），並於 1783 年「巴黎和約」，英國正式承認新大陸之獨立建國。台灣人縱使是華人，亦可如同當年新大陸之盎格魯·薩克遜人，脫離英國，建立美利堅合眾國的歷史事實，脫離中國，建立台灣共和國。』2005 年，前總統、台聯（Taiwan Solidarity Union；TSU）精神領袖李登輝到費城「獨立紀念堂」觀賞自由鐘，欲瞭解美國獨立的精神，亦是隱含此一概念。

然而，台獨主張者卻未能深入美國獨立之初，當時新大陸人民脫離英國之原因何在？諷刺的是，台獨人士是不承認台灣與大陸的任何關係；相反的，新大陸的人民，當時是非常明確地認為自己就是英國人，英國是他們的母國，英國政府是他們的政府，英國的喬治三世（1738-1820）就是他們的國王。但因為英國政府的殖民地政策，各種稅收加諸他們身上 — 茶葉稅、印花稅等，卻無法給予新大陸人民應有的「公民權利」，加上殖民地時期，英國政府、官員、軍隊對新大陸的許多不公、不義事件，終於在 1774 年發生波士頓人民到英國商船上，將茶葉丟入海裡事件，引發英國遠征軍來到新大陸。

新大陸人民從英國而來，深受英國本土「權利義務關係」的民主、自由概念，他們縱使在非常不滿的時期，當時的絕大多數政治領袖並未將他們的埋怨、痛苦算在喬治三世身上。甚至 1774 年「第一次大陸會議」、1775 年「第二次大陸會議」，兩次向「英王喬治三世請願」，表達他們的痛苦、對苛政的不合理、以及和平解決爭議的期望等等。向「英王請願」 — 這是來自英國威廉三世時期之「權利法典」（The Bill of Rights）中規定：『英國臣民有向國王請願之權』。但隨著戰爭的發展，最後新大陸終於獨立。

台灣主張台獨的人士在心態上，是不接受大陸的一切；然而，美國最後固然是獨立成功；但不可忽略者，當初之新大陸人民，所以對英國政府殖民政策不滿，正因認為自己是英國人、英國國王是其國王，而英國政府的暴政，無法使新大陸的殖民者公平地享有做為一個英國人民基本的權利，傑佛遜起草之「獨立宣言」，即在引用洛克等人之「社會契約論」，據以控訴英國政府不能保障新大陸人民之基本人權，而使新大陸最後選擇獨立。

綜合前述各種台獨的主張和看法：台灣文化論、台灣民族論、台灣地位未定論、台灣住民自決與公民投票、有條件的台獨、事實主權的台獨、中共對台政策的刺激、美國獨立的案例等等，這些理論雖均有明顯的缺失和論證上的弱點，然而民進黨卻希圖藉由台獨的主張，拓展其政治資源，這種分離運動的訴求，對政治民主化的努力是一項打擊，對政治穩定亦是極為不利的。

台獨不可行，前文的論述已有廣泛的說明，在民國八十年十二月的第二屆國

代選舉，民進黨將台獨主張公開列爲競選訴求，遭到重挫。相對應於民國八十三年十二月的台北市長選舉，民進黨籍候選人陳水扁避開統獨爭議，最後以大幅領先對手獲勝。可顯示幾項意義：(1)「台灣獨立建國」的政治主張，並未普遍獲得選民的認同。(2)台灣人民最擔心的是失去既有的安定與繁榮。(3)台獨路線有害國家安全及民主憲政的發展。質言之，統獨的爭議，阻礙了國人團結與社會和諧，遲滯了國家整體發展速度。目前的國際情勢與中共的態度，台獨是不可行，而急統亦不切實際，兩岸之間的發展，宜應交流互惠、循序漸進，這是穩健的途徑和作法。欲以台獨的主張、手段來分裂國土，徒然造成內部社會的動亂，破壞既有之秩序，牽動兩岸之立即緊張，此乃不負責任之行爲，且是政黨政治發展最大隱憂。民進黨內若能深入討論黨綱黨章之議，免除分離意識之爭，將可使台灣政治帶來真正的「新生」。(greening)。[83]

二、國家認同的途徑

民進黨的台獨主張，其所謂的公民投票，並不可能因一次表決結果，而使台獨論者從此放棄不談，如此勢將連年無休止的、白熱化的困擾與阻礙台灣內部的社會發展、進步，因之台獨的分裂國土主張對國家、國民都是負面影響的。

現今中華民國在台灣的民主化腳步日甚一日，政黨政治所表現在選舉方面，則是政黨的激烈競爭，各個政黨尤須以體制內的改革者自許，贏取絕大多數國人的支持，台獨的主張直接面臨到的是國家認同危機，國家認同與政治文化有密切關連，前文已就台獨主張的爭議與問題提出論述，以下並就政治文化與國家認同諸多面向，以期尋找出一條可長可久的道路。

國家的認同，首先必須談到政治文化，政治文化是指一政治體系的成員，所共同具有政治信仰與態度，爲維持並持續該體系的政治結構之必要條件。政治文化所包含的準則、價值與認同，則透過政治社會化的過程，灌輸到體系中的每一成員，形成他們的政治態度。[84]白魯洵（Lucian W. Pye）的看法爲，政治文化是態度、信仰與情感的集合，它賦予政治過程以秩序及意義，並且提供了政治支配行爲的假設及規律之基礎。它包含了政治理念與政治中的運作規範，因此政治文化是政治當中，心理與主觀的層次，其所匯聚形式的體現。[85]很顯然的，台獨的主張亦即是政治體系中部分成員，對國家的態度與對於政治體制的態度產生了主觀認知上的歧異，面對此一現象，除了前述理性的分析台獨理論與實際的困境，政府當局尤應以疏導來化解朝野衝突的癥結，其方向可爲：

〈一〉曠古首例 — 尋求化解台灣獨立的心結根源

台獨產生的一個最主要原因，源自於民國三十六年發生的「二二八事件」，

---

[83] 「初評民進黨重新討論黨綱之議」，台北，聯合報，民國八十三年十二月十日，版二。

[84] 羅志淵主編，雲五社會科學大辭典，第三冊，政治學，第六版（台北：台灣商務印書館，民國七十三年十一月），頁一九。

[85] Lucian W. Pye, "Introduction : Political Culture and Political Development, " in Lucian W. Pye and Sidney Verba, eds., Political Development, (N.J.: Princeton University Press, 1965), P218.

這事件釀成台灣人對大陸人的心結，在過去戒嚴時期，少有人敢公開談論此政治禁忌，一則學術公開研究資料的不足，再則政府更未曾觸及任何補救措施。隨著解嚴，各方討論頗多，行政院於民國八十一年二月廿三日公布「二二八研究報告」，指出由於政府當時不諳民情及台灣同胞對祖國隔閡相互影響，而引發風暴。[86]是年，李登輝總統參加「二二八音樂會」致辭時呼籲：『唯有愛心和寬容，才能走出悲愴的歷史。』[87]到民國八十四年二月廿八日，李登輝總統更在參加台北新公園二二八紀念碑竣工落成典禮，以國家元首身分，爲政府所犯的過錯，向二二八受難者與家屬、子孫公開道歉，李總統說明：[88]

> ‧‧‧這些匯聚民間和政府眾多善良心靈而成的紀念碑，激發我們對歷史的勇氣，啟示我們面對歷史的智慧，提醒我們不再重蹈歷史的錯誤，同時也象徵著我們告別歷史悲情的堅定決心。‧‧‧‧今天，罹難者家屬和子孫能親眼看到這座彰顯歷史公義，啟示族群融合的二二八紀念碑立在寶島的土地上，親耳聽到登輝以國家元首的身分，承擔政府所犯的過錯，並道深摯的歉意，相信各位必能秉持寬恕的胸懷，化鬱戾爲祥和，溫潤全國人民的心靈。

誠然，中國五千年的歷史中，官民衝突無以計數，生命死傷亦有逾於二二八者，而以如此莊嚴肅穆的隆重典禮，由國家元首向全體國人公開立碑道歉者，實爲曠古之首例！這對於撫平歷史傷痛極具意義。

除了元首道歉外，立法院亦於民國八十四年三月廿三日，三讀通過「二二八事件處理及補償條例」，全文凡16條，其中第一條即開宗明義指出：『爲處理二二八事件補償事宜，並使國民瞭解事件真相，撫平歷史傷痛，促進族群融合，特制定本條例。』第二條規定：『‧‧‧受難者應於本條例施行之日起二年內，依本條例規定申請給付補償金。』第三條規定：『行政院爲處理受難者之認定及申請補償事宜，應設「二二八事件補償委員會」，由學者專家、社會公正人士、政府及受難者家屬代表組成之。受難者家屬代表不得少於補償委員總額之四分之一。』第四條：『政府應於紀念碑落成時舉行儀式，總統或行政院長應發表重要談話。定每年二月二十八日爲「二二八和平紀念日」，爲國定假日，不放假。』另依本條例所成立之「二二八事件基金會」，『應依調查結果，對受死刑或有期徒刑以上的刑期或拘役處分的宣告並且已執行的人，或未經宣告而執行的人，可以呈請總統大赦或特赦。』（第五條）『基金會也負責依受難者程度、訂定補償金的標準、數額及申請、認定等事項。』（第七條）『基金會並獨立超然行使職權，不受任何干預，對事件調查事實及相關資料，認定事件受害人，並公布受害人名單，受理補償金請求及支付。』（第九條）同時，『基金會也可以因爲調查受難者受難情況，調閱政府機關或民間團體所收藏的文件和檔案，各級政府機關或民間團體不得拒絕，如有故意違犯者，可以對該行政人員處以行政處分。』（第十條）『基金會對於基金款項除了給付補償金之外，還要辦理二二八事件真相之文宣活動、

---

[86] 台北，中國時報，民國八十一年二月廿三日，版一。

[87] 台北，中國時報，民國八十一年二月廿五日，版一。

[88] 台北，聯合報，民國八十四年三月一日，版二。

教材或著作之補助、調查或考證活動之補助、及其有助平反受難者名譽、促進台灣社會和平等事項。』（第十一條）另爭議多時的『補償金上限爲六百萬元 — 每一基數爲十萬元，但最高不得超過六十個基數。』（第七條）而原先追懲元兇等字眼則刪除。[89]

此外，政府目前仍應努力者，在於蒐集相關資料，繼續對外公開，讓「該是學術的還給學術」，二二八事件是一段「痛史」，是中國人整體的不幸，其受難者涵蓋本省籍與外省籍，唯有「不讓痛史盡成灰」，才能得到真實的歷史定位。一方面，避免政治人物情緒性的激化二二八議題，作爲其個人之政治資本；二方面，使各族群彼此疼惜，開放胸懷，攜手同心，走出歷史的感傷與創造明日願景。

〈二〉超越時代 — 開放台獨的言論自由

在解嚴以前，政府秉持著「統一中國」之國家政策，不容許「分離意識」存在，對於台獨則視爲「暴力組織」或「民族國家的叛徒」，在方法上採取強硬作爲，透過國安局，警備總部以及調查局所構成的綿密情治網，對台獨之言論、行爲予以撤底壓制，其在本島者就免不了牢獄之災，在國外者多列名「黑名單」，禁止入境。[90]此時台獨份子只能在海外發展，尤其是美國。台獨人士，一方面運用美國國會議員的力量，對我中華民國政府展開無情的批判，另一方面彼等爲了達成「台灣獨立建國」的目的，也使用暴力推翻政府的方式。

依據統計，從民國四十九年到七十六年，共發生 24 次與台獨聯盟有關的暴力事件。[91]民國六十九年（一九八〇年）美國加州司法部宣布台獨聯盟爲恐怖集團，美國參議院外交委員會亞太小組委員會並列入民國七十年（一九八一年）七月卅日及十月六日的聽證會記錄。[92]另外，許信良主持之「美麗島週報社」在民國七十二年二月，並翻譯發行巴西人卡洛斯·馬力格拉（Carlos Mari Ghella）所著的「都市游擊隊手冊」（The Minimanual of the Urban Guerrilla）及艾爾伯·巴尤·吉爾洛德（Alderto Bayo Giroud）之「遊擊隊一百五十問」（150 Questions to a Guerrilla），透過各種管道將該小冊子送回國內，意圖在島內製造都市游擊戰，以顛覆政府。整體言之，在解嚴前，統一的力量遠超過台獨的力量，台獨組織僅是政府眼中的叛亂組織，台獨之主張遠無法與檯面上的統一主張相抗衡。

解嚴初期，政府對台獨主張之事件係交由司法機關處理，民國七十七年李登輝總統在第一次中外記者會中說：『從民國三十六年以來，『台獨』每年都被人提起，···如果有人以『台獨』的問題爲口號必定依法處置。這是台灣當前不安定的原因。』[93]實際上，交由司法機關「依法處理」，成爲解嚴後政府對台獨的處理方式，亦即高檢署依據刑法第一〇〇條、一〇一條的「內亂罪」加以處置，重則判刑十年（如黃華案），輕的亦有一至三年的徒刑。

---

[89] 台北，中時晚報，民國八十四年三月二十三日，版一、二。

[90] 林正義，台灣安全三角習題（台北：桂冠出版社，民國七十八年），頁九七。

[91] 台北，中國時報，民國八十年十月十七日，版四。

[92] Charles R. Eisenhart, ed. "The Independence Movement (2), (New York: U.S. Committee on Asia-Pacific Peace and Stability, publishing date unknown), p.1.

[93] 台北，中國時報，民國七十七年一月廿三日，版二。

　　到了民國八十一年，政府決策當局有了極大的改變，在刑法一〇〇條中，刪除「預備、陰謀」等「非暴力」內亂罪，使主張台灣獨立成爲「言論自由」、「思想自由」層面的問題，並因此使許多因台獨罪名而入獄的政治犯獲得釋放。國民黨政府當時基於刑法一百條「可修不可廢」之原則，將原條文：「意圖破壞國體、竊據國土或以非法之方法變更國憲、顛覆政府，而著手實行者，處七年以上有期徒刑，首謀者處無期徒刑。預備或陰謀犯前項之罪者，處六月以上五年以下有期徒刑。」於民國八十一年五月十六日經三讀修正公布爲：「意圖破壞國體、竊據國土或以非法之方法變更國憲、顛覆政府，而以強暴或脅迫著手實行者，處七年以上有期徒刑，首謀者，處無期徒刑。預備犯前項之罪者，處六月以上五年以下有期徒刑。」

　　刑法一百條即所謂的「普通內亂罪」，經過了大幅度的修改，將原廣泛意義的「著手實行者」，限定於「以強暴或脅迫著手實行者」才予以罰則，原來的組織、宣傳等行爲均已放寬不罰。這種發展趨勢明顯地將主張台灣獨立，成爲言論自由、思想自由之範疇，讓台獨的主張在自由的政治環境、開放的社會中，透過人民的討論、理性的思辯過程，決定其去留，避免台獨因司法上的弱勢，造成民眾盲目的同情它，形成社會的直接對立、激情。從長遠的角度觀之，放寬刑法一百條「內亂罪」的言論自由、思想自由層面，將對政治兩極化所易於產生的社會立即動盪，有其緩解之效，表面上雖一時之間各說紛陳，然而對較中庸、平實的共識形成將有助益。

〈三〉與時俱進 — 民進黨內部的調整大陸政策

　　民國八十四年，許信良出版《新興民族》一書，在民進黨內大膽提倡西進中國大陸，是爲「大膽西進」。但遭到民進黨內諸多指責、抨擊，經過激烈辯論後，民進黨政策定調爲「強本西進」。長久以來，民進黨只要「台灣共和國」即可，本於「一邊一國」，與大陸劃清界限，就成了民進黨基本原則。

　　民進黨到了 2012 年前行政院長謝長廷大陸「破冰之行」。在民進黨內引起軒然大波可以理解。但以謝長廷大膽的踏出這一步，並提出「憲法一中」的觀念，其實更值得喝采。此與馬英九於 2008 年 9 月接受墨西哥「太陽報」系集團董事長瓦許蓋茲〈Mario Vazquez Rana〉專訪所表示，兩岸依據各自憲法的意涵發表之看法實有神似之處。民進黨人如能細心體會謝長廷之言，當有助於民進黨調整黨內的意識形態、開闊胸襟的大膽西進、伸展其宏觀視野、廣闊的胸襟、台灣內部共識之凝聚，與大陸方面亦能有較寬廣之發展空間。司馬文武的一篇短評，或可做一個極佳的註腳：[94]

　　　歷史上走在前面的人，總是飽受誤會懷疑。謝長廷訪陸，出了大風頭，後來批鬥聲四起，這是意料中事，要一個政黨改變其意識形態，必然會受到很大阻力。不過，雙方以「奴才」和「叛徒」互稱，這種人身攻擊只會讓人看笑話，讓民進黨的兩岸政策和政黨形象蒙上陰影。與中國交往，本來就是全球化趨勢，民進黨不能逃避的課題，這一點，綠營很少人反對。不過，憲

---

94 江春男，「京戲與歌仔戲」。台北，蘋果日報，2012 年 11 月 6 日，版 A6。

法一中的論述，一般人聽嘸，但也有人聽到就血壓上升，無名火起，這件事，需要一段時間來沉澱消化。謝此行有敗筆，一是把它變成派系活動，只有謝系人馬，其他人旁觀，不是冷眼，就是幸災；二是回來後即說要組訓自己人馬，又說還要再去，一副民進黨捨我其誰；三是催逼蘇貞昌推動黨內大辯論，其實此事可私下溝通，要辯也可自己辦理。憲法一中的說法在邏輯上有問題，但謝的本意是憲法各表，各擁主權，一方面可與中共的一中原則接軌，二方面與國民黨有區隔，三方面可連接民進黨的基本立場。可惜他的苦心，太曲折，綠營人士對曲徑通幽的奧妙，很難領會。說白了，謝以京戲和北京唱喝，但獨派習慣歌仔戲，對京戲沒法欣賞，這件事需要溫火慢燉，急不來。

〈四〉避免空轉 — 朝野「統獨休兵」

以上各種作為，主要在於逐漸疏解主觀認知上的歧異，尋求趨向於同質性高的政治文化，以達到政治穩定與國家認同的目標。政治穩定有賴體系內的成員在既定的規範結構（normative structure）上持續保持正常、規律之運作。[95]道福和馬克門特（Ernest A. Duff and John F. McCamant）認為「政治穩定是政治體系的成員，認為它的合法性與有效力，能夠對需要有所反應及調適於變遷的環境。」[96]又謂「一個穩定的政治體系能夠在其結構之內處理變遷。在一個穩定的政治體系內，互動的模式不會大幅地或激烈地改變，政治行動者可以依靠某些程序和關係來調適於變遷中的社會要求。」[97]另外如傑克遜和史甸（Robert J. Jackson & Michael B. Stein）亦指出「政治穩定向來都是指沒有革命，沒有內在的暴力因素，沒有連續不斷的憲法修正，沒有反體系的抗議，沒有制度上和政府方面的不安定。」[98]總之，就國內解嚴、戡亂時期終止後，自由化、民主化快速進展，對於體系內的政治穩定而言，有非常大的助益，最後剩下台獨這一個分離意識的最大變數，影響著政治穩定，實有賴朝野、國人共同智慧化解之。

透過理性的分析台獨之不可行，並尋求解決台獨的心結根源，進而朝「統獨休兵」的方向努力，希有助於政治穩定的達成，並建立國家認同，今日的民主國家無論君主立憲或共和立憲，其國內政黨應以遵從該國的憲法及立國精神為先決條件。白魯洵（Lucian W. Pye）和維爾巴（Sidney Verba）指出，所謂「國家認同」乃是個人承認自己是構成國家之成員，而懼怕失去它的一種信念。[99]實際上就是人民在主觀的自覺上歸屬於國家組織結構的一種肯定。[100]國家認同能產生「政治社群歸屬感」（attachment to political community），在系統內的成員相互有「共同體」

---

[95] 江啓元，解嚴後台灣地區政治穩定之研究，中國文化大學，政治研究所，碩士論文，民八十一年，頁一四一。

[96] Ernest A. Duff & John F. McCamant, "Measuring Social and Political Requirements for System Stability" in Latin America, APSR, Vol.62, No.4 (Dec.1968), p.1125.

[97] Ibid.

[98] Robert J. Jackson & Michael B. Stein eds., Issues in Comparative Politics: A Text with Readings (New York: St. Martin's Press, 1971), p.194.

[99] Sidney Verba, "Comparative Political Culture" in Lucian W. Pye & Sidney Verba eds., Political Culture and Political Development, (N.J.: Princeton University Press, 1965), pp. 529-530.

[100] C. Brock & W. Tulasiewicz, "The Concept of Identity" in C. Brock & W. Tulasiewicz eds., Cultural Identity & Educational Policy (Australia: Croom Helm Ltd., 1985), P.4.

（in-group）或「我群」（we-group）的感覺，並認爲自身爲政治系統的一部份，同時並根據一些共同接受的標準，如公民、血緣關係、宗教信仰、領土等，據以排除其他的成員。[101]正如羅斯陶（Dankwart A. Rustow）論及，一個社會政治民主化成功的最基本條件，乃是人民具有高度的國家認同感。[102]有了國家認同，體系內的成員透過體制內的改革，而非體制外的變動，走向良性的政黨競爭，在野黨以「忠誠的反對黨」自居，忠於一國憲政體制，以公共政策得失監督執政黨，唯能如此，這塊土地上的政治穩定得以建立，經濟貿易得以發展，國家整體實力得以強固。

貳、人團法的不合宜—「政黨法」催生

一、「政黨法」的時代意義

解嚴後，政府因應政黨政治的發展與賦予新成立政黨的合法性地位，乃是透過修改「人民團體法」的方式，將政治團體併入傳統的人民團體 — 職業團體、社會團體之中，並將政黨定位爲政治團體的範疇。我國以「人民團體法」規範政黨是否妥當？有無制定政黨法之必要？在政黨政治發展成爲我國民主政治中極爲重要部分之關鍵時刻，實有深入探究之必要。

我國對政黨的規範，除憲法而外，主要是散見於「人民團體法」、「公職人員選舉罷免法」、「司法院大法官審理案件法」等法律中。「人民團體法」第四條將人民團體分爲職業、社會與政治團體三類，並將政黨界定爲「以推薦候選人參加公職人員選舉爲目的」的全國性政治團體，政黨之成立只須報請中央主管機關備案即可（第四十五條），對於政黨之處分則以警告、限期整理及解散爲限（第五十八條）。至於「公職人員選舉罷免法」對政黨的規定頗多，主要包括：中央公職人員全國不分區、僑居國外國民選舉，採政黨比例方式選出（第三條）。中央選委會委員同黨籍比例，不得超過五分之二（第八條）。得票率未超過百分之五的政黨，不予分配不分區代表席次，亦不得享受政黨獻金免稅規定（第六十五條、四十五條之四）。另外「司法院大法官審理案件法」中第三章「政黨違憲解散案件之審理」（十九條至三十三條），則是以憲法增修條文第四條第二項、第三項爲法源依據而來。

我國用「人民團體法」取代「政黨法」並非妥當，實則「政黨法」仍有其存在必要，理由爲：

1.政黨是屬高度政治性的組織，它與「人民團體法」中的一般職業性、社會性團體的性質不同，目的有異。同時，在「人民團體法」中的政黨與政治團體亦混淆不清。因之，唯有制定一部「政黨法」，將政黨的憲法地位與功能、政黨的概念、政黨內部秩序、政黨間平等原則、政黨選舉相關規定、政黨營利事業行爲、政黨財務報告、違憲政黨之規定等完整融入一法案中，使國人明確政黨的界定、

[101] David Easton, "An Approach to the Analysis of Political System" World Politics, Vol. 9 (April 1957), pp.391-392.

[102] Dankwart A. Rustow, "Transition to Democracy: Toward a Dynamic Model," Comparative Politics (April 1970), pp. 350-352.

性質、角色與作為，如此才能對政黨政治法制化有積極意義。

2.「人民團體法」在修定過程中，由於有立委反對政黨限制太多，因此將草案規定的申請許可、核准立案改為報請中央主管機關備案。而「人民團體法」所規定的其他兩種人民團體 — 職業團體及社會團體，則須向主管機關申請許可及經核准立案，才算成立，此一作法有違法律前人人平等的原則，亦造成「一法兩制」的現象。因之，若將政黨由「人民團體法」中取出，單獨立法，則不僅回復人團法之原本形狀，且避免「人民團體法」規範不一的窘境。

3.以「政黨法」規範政黨的營利事業行為。政黨如從事營利事業，在執政時，或可利用機會照顧黨營事業，一旦淪為在野黨，其龐大營利事業則可反制執政黨的施政。因之，政黨的權脈與金脈結合在一起，對民主政治將有不利影響。從另一角度觀之，政黨以執政為目標，企業則以追逐利益為主，兩者如果結合，必然產生矛盾與衝突，造成政黨政治惡質化。透過制定「政黨法」，可用以規範政黨的營利事業行為，以及政黨財務報告等。就規範政黨的營利事業行為應包括政黨不得介入國防事業、金融事業與傳播事業等行為，同時，如持有公司的股份與金額，亦應有一定的上限。就政黨財務報告而言，應包括各政黨有財務公開報告之義務及其報告方式，藉以公開徵信。

4.二次大戰前的西歐國家，有關政黨行為的規範，多見於選舉法或國會議事規則中，戰後部份國家更將組黨的自由視為基本人權的一部份，並訂入於憲法的條文中，但以憲法對於民主政黨應屬何種型態之規定？並不明確，若干國家藉制定「政黨法」以具體規範政黨行為，並舒緩政黨組織「寡頭領導」現象。[103]

綜論之，人團法第九章乃是以政黨為本位，而用政治團體作法律上的設計，其結果是造成政治團體的概念模糊，政治團體與政黨亦混淆不清。「人民團體法」的一法兩制更無法自圓其說；再則，「人民團體法」的規範政黨，實不若「政黨法」對政黨規範的具有完整與一致性。由於傳統的「政黨自律」（party autonomy）已逐漸為「政黨他律」（party heteronomy）所取代，以單獨立法方式來規範政黨政治有其時代意義。

二、我國「政黨法」草案的朝野攻防

因為強調「政黨法」之重要性，將有助於國內民主政治之發展，自民國八十九年起至民國一〇〇年以前，12年間共歷經了國民黨、民進黨兩黨執政時期，行政院4度將「政黨法」草案送進立法院審查，唯因國、民兩黨歧異過大，爭議點亦多，故在程序委員會就被擋下，最後都不了了之。民國一〇一年十月十一日立法院再次召開內政、司法及法制委員會聯席會議，初審行政院與民進黨立委提出之「政黨法草案」。以下先分別列述行政院版、民進黨版之「政黨法草案」大要，再綜合評析兩草案之優劣得失、與「政黨法」通過之困難處。

〈一〉行政院版本「政黨法草案」

行政院〈內政部民政司〉版本之「政黨法草案」，於一〇一年八月三十一日送立法院。共計7章48條，大致規範如下：

---

103 吳東野，政黨民主與政黨政治（台北：民主基金會，民國八十一年三月），頁七—八。

1. 第一章「總則」：揭示「政黨法」之立法旨意、主管機關、政黨之定義、政黨組織區域及其主事務所之設置、組織運作之民主原則、政黨公平對待原則等事宜。（草案第一條至第六條）

2. 第二章「政黨之設立」：規定政黨設立之程序、應備具文件、政黨負責人之消極資格條件、政黨名稱之限制、法人之設立登記、章程變更或負責人異動之處理。（草案第七條至第十條）

3. 第三章「政黨之組織及活動」：規定國民參加政黨自由、政黨黨員身分之認定、政黨章程應載明事項、政黨標章備案之處理、政黨標章之限制、黨員大會或黨員代表大會之召開、黨團組織之限制等事宜。（草案第十一條至第十八條）

4. 第四章「政黨之財物」：規定政黨之經費來源、政黨會計制度、財產及財務狀況決算書表之申報及公告、政黨補助金、經營或投資營利事業及購買不動產之禁止等事宜。（草案第十九條至第二十四條）

5. 第五章「政黨之處分、解散及合併」，規定政黨之處分、解散、合併及清算等事宜。（草案第二十五條至第三十二條）

6. 第六章「罰則」：規定政黨負責人、中央、直轄市、縣〈市〉及選任職人員選舉賄選之處罰、未經依法設立從事活動之處罰及政黨違反本法規定之各項處罰。（草案第三十三條至第四十二條）

7. 第七章「附則」，規定本法施行前已設立政黨之過渡條款、政黨經營或投資營利事業之處理及競合法規之停止適用等事宜。（草案第四十三條至第四十八條）

〈二〉民進黨版本「政黨法草案」

1. 第一章「總則」：揭示「政黨法」之立法目的、政黨之定義、政黨之組織與活動。（草案第一條至第三條）

2. 第二章「政黨之設立與登記」：規定政黨設立之程序、申請許可應備具之文件、政黨章程應載明事項、召開發起人會議、成立大會的召開、政黨立案之核准與法人登記。（草案第四條至第七條）

3. 第三章「政黨之組織」：結社自由、政黨運作之基本原則、黨員大會之召開、黨員大會之職權、政黨之代表與決策、執行機構、政黨內之救濟機構。（草案第八條至第十三條）

4. 第四章「政黨之保障與限制」：政黨之平等待遇原則、政黨之限制行為。（草案第十四條至第十八條）

5. 第五章「政黨財務之規制與政黨補助」：政黨財務之公開、強制信託、國家對政黨之補助。（草案第十九條至第二十一條）

6. 第六章「附則」：政黨之處罰、受罰政黨之救濟。（草案第二十二條至第二十五條）

〈三〉兩個版本「政黨法草案」之評析：

1. 行政院版本之特色：

（1）藉由整體性之設計，用以規範政黨地位以及在現代國家中應遵
　　　循之原則與功能，對於建立政黨公平合理之良性競爭機制，確
　　　保政黨之組織及運作符合民主原則，以及強化政黨內部選舉清
　　　廉度等，具有正面助益。

（2）為了維護政黨內部負責人及選任職人員選舉的公平性，並消弭
　　　其賄選行為，增列了政黨負責人、中央、直轄市、縣（市）級
　　　選任職人員選舉賄選罰則之規定。對於選舉風氣端正，政府廉
　　　能政策之落實以及民主政治之發展，有其助益。

〈3〉保障政黨之法律地位，依循「黨內民主」及「財務公開」兩大
　　　原則，規範政黨內部組織與運作方式，包括透過章程訂定、黨
　　　員（代表）大會之召開與議決、仲裁機構設置，落實政黨之組
　　　織與運作符合民主原則；要求政黨財務應提經黨員（代表）大
　　　會通過，應定期公開報告其財務，使其接受黨員、社會大眾之
　　　監督，建立政黨財務公開、透明機制。

（4）政黨之經費及收入之來源，將以黨費、政治獻金、政黨補助金
　　　及其孳息為限，對於維護政黨競爭之公平性與公正性，建立政
　　　黨公平競爭的環境，對「黨際競爭」有正面作用。

（5）禁止政黨經營或投資營利事業或購置不動產（專供辦公使用者
　　　除外）；政黨已投資或經營之營利事業，應將出資額轉讓或交
　　　付信託。這項規定是將國民黨已有的黨產尋求解套，必將引起
　　　民進黨之不同意見。

2. 民進黨版本之特色：

（1）「黨內民主」精神之重視：建立政黨內部秩序規範，黨綱、黨章、黨
　　　員、黨員大會、黨的組織與執行均有規定，以落實「黨內民主」。

（2）政黨財務之透明化：明確政黨收支、運用及捐獻數額規範，期防止財
　　　團大量的政治捐獻，扭曲政黨之發展與形象；財務公開制度，希冀能避
　　　免政黨財務成了民眾無法得知的「黑盒子」；明訂政黨不得經營營利事
　　　業，以有效規範政黨，並免除與民爭利、政治與企業掛鈎、污染民主政
　　　治發展等。

（3）政黨限制規範有正面之助益：民進黨版本之四項禁止政黨作為具積極
　　　意義：a. 政黨活動不得危害自由民主之憲政秩序。b. 政黨不得經營任
　　　何事業，亦不得投資任何營利事業 c. 政黨不得收受下列政治捐贈：（a）
　　　外國團體、法人、個人或主要成員為外國人之團體、或法人之捐贈。（b）
　　　以匿名方式所為之捐贈。d. 政黨不得在大學、法院或軍隊設置黨團組
　　　織。

3. 兩黨之「針對性條款」分析：

〈1〉民進黨部分：
　　　民進黨版草案之第十六條：「政黨不得經營任何事業，亦不得投資任何

營利事業。」第二十條：『政黨所有之不動產、有價證券達一定金額以上者，應信託予經監察院認證之信託業者，代爲管理、處分。』『關於交付強制信託財產，依前條應製作之報表，由受託人爲之，並代爲申報第一項所稱一定金額，由監察院定之。』這些規範，乃係針對國民黨黨產而來。

民進黨認爲行政院版本有爲國民黨黨產尋求解套之傾向，其中：「政黨經營或投資的營利事業，應在該法施行兩年內，將其股份、出資轉讓；屆時無法轉讓或轉讓條件顯不合理者，應在六個月內完成信託。」是讓綠營無法接受者。

民進黨認定國民黨將黨產當作「私有財產」，並把龐大的黨產「就地合法」，乃於情、於理不合，並且國民黨黨產涉及轉型正義、社會公平，透過「政黨法」加以處理，不屬於政治鬥爭。民進黨希望「國民黨拋棄黨產原罪，爲台灣建立長久的政黨民主發展環境。」[104]其版本乃訂出：「行政院下應設『政黨財產調查暨處理委員會』，經委員會認定屬於政黨不當取得財產，應於一定時間轉移爲國有或地方自治團體所有，因信託關係登記爲第三人所有或第三人持有者，也適用相關規定。」民進黨「政黨法」法案設計上，針對國民黨既有之黨產採積極追查、收歸國〈公〉有之方向運作。

（2）國民黨部分：

國民黨面對民進黨追討黨產之條文設計，亦採取相關對策尋求反制。由國民黨立法院黨團提出修法版本，針對民進黨長年來被詬病之處，加以制約。這包括：
a.規範政黨不得有「人頭黨員」、代繳黨費、代領黨證等違反政治民主之情事。
b.規範政黨不得強迫黨公職人員募款來分擔黨內經費，此舉將剝奪憲法賦予人民參政權、也歧視沒有財力之黨員。以上均訂定罰則。

民進黨很早即發展出民主之「黨內提名」機制，並不斷改良以求完善，最初採取民進黨黨員、黨公職人員投票，各佔50%；到了民國八十四年更發展出「兩階段初選提名」制度，首次用於民國八十五年第一次公民直選總統。第一階段，由黨員、黨公職人員投票，各佔50%，將4位角逐民進黨總統候選人資格的尤清、林義雄淘汰出局；並由得票最高之2位：許信良、彭明敏，進入第二階段選拔，此時係將第一階段佔50%，全民投票部分佔50%，這兩階段分數最高者出線。第一階段是許信良第一、彭明敏第二；全民投票部分是彭明敏第一、許信良第二。兩階段合併計分：彭明敏第一，許信良第二。由彭明敏代表民進黨參選第一次民選總統。因爲民進黨「提名制度」發展甚具歷史，有其正面之價值與功能性；但爲求勝選，提名制度之一些缺點逐漸浮現，例如：人頭黨員、代繳黨費、代領黨證等。民進黨雖亦不斷在制度上尋求改善、防堵，如採取「預備黨員制度」等，但成效不彰，「人頭黨員」始終伴隨初選提名制度，有如揮之不去之夢魘。

民進黨因爲財務困窘，乃依照每年財務狀況，訂出不同金額之「分擔金制度」，並有黨內公開透明之預算編列。然而，國民黨認爲「黨公職分擔金」制度，可能造成金錢政治、官商勾結等民主發展之不利後遺症。

104 「政黨法草案攻防 ── 黨產 vs.人頭黨員，藍綠互捅痛處」。台北，聯合報，民國一０一年十一月四日，版A11。

整體以觀，「政黨法」草案在立法院架上，已經躺了十餘年，這部立意良善，有助於國內政黨政治、民主政治發展的法案，卻因藍、綠互相牽制下，更增添了「政黨法」通過之難度。

第四節 政治參與和政治發展

壹、四權行使的檢討

自民國卅九年起，台灣開始實施地方自治，六十餘年來，累積不少實務的經驗，舉凡：選舉權、罷免權、公民投票 — 創制、複決權等都有相當之運作與發展。台灣就四權行使，乃至民主廉能政治的規範，將攸關民主發展之成敗，可列述之如下：

一、推行地方自治，擴大政治參與：

我國行憲未久，中共引起戰火，遍及國內。政府在台後，為使自由地區地方自治普及，並落實民主政治，在未能依照憲法第一一二條之規定，制定「省縣自治通則」情況下，乃經由行政命令程序，於民國三十九年四月廿四日，由台灣省政府公布「台灣省各縣市實施地方自治綱要」為基本法規，正式在台灣地區推行地方自治，其後陸續訂定共 17 種法規，報經行政院核備後，由省政府公布實施。

其後，各種自治法規為因應社會之進步，復經多次修正，不僅在量的方面予以簡化，在內容上亦頗多改進。尤以政府在辦理中央民意代表增額選舉之後，面臨中央層級與地方選舉適用不同法規的混亂情況，乃基於統一立法之必要，在民國六十九年五月十四日制定「動員戡亂時期公職人員選舉罷免法」，取代了原「台灣省各縣市公職人員選舉罷免規程」、「台灣省各縣市公職人員選舉罷免監察委員會組織規則」及「台灣省妨害選舉罷免取締辦法」等有關選舉罷免的法規，亦即是將各級選舉的種類、候選人之權利義務、競選活動之進行、當選人之罷免以及罰則，集中在一個法律中規範。

此後一直到民國八十三年地方自治法制化之前，台灣省的自治法規有「台灣省各縣市實施地方自治綱要」、「台灣省各縣市議會組織規程」、「台灣省各鄉鎮縣轄市民代表會組織規程」三種，而台北市、高雄市分別於民國五十六年和六十八年改制為直轄市後，均另訂「台北市議會組織規程」、「高雄市議會組織規程」，以為兩市各級組織及地方自治之基本法規。到了民國八十三年「省縣自治法」、「直轄市自治法」公布施行，地方自治邁向全新里程。可惜 4 年光景，李登輝強力主導第四次修憲，通過「凍省」，使來之不易的台灣省完整地方自治又遭破毀；因為凍結省長、省議員選舉，台灣省政府虛級化，成為政府來台，實施地方自治一大敗筆，並開民主倒車。因應「凍省」，政府於民國八十八年，制定「地方制度法」，以規範直轄市、縣市、鄉鎮市之地方自治事項，並廢止「省縣自治法」、「直轄市自治法」。

民國三十九年七月，台灣地區首度實施地方自治，初始，省以下各級縣市首長及民意代表，均由公民直接選舉產生，自此而後，各種政治參與的制度乃得以日趨完備，特別是中央民意代表的增額選舉，擴大了政治參與的管道，亦使得有

志於中央政務的地方人士能夠藉著選舉而參與國家政策及法律制訂的過程,同時也為中央民代機構注入政治新血,培養了新一代的政治人物。朝野政黨的菁英如王金平、簡明景、謝深山、饒穎奇、簡又新、趙少康、郁慕明、丁守中、朱高正、黃信介、康寧祥、陳定南、陳水扁、謝長廷、林義雄、張俊雄‥‥,不勝枚舉,莫不都是循此選舉管道脫穎而出。

地方自治的落實,並不斷擴大政治參與的層面,它明顯地具備諸多政治意義:1.提供當權者政權之合法性(legitimacy)與穩固的支持基礎。2.推動國家整合和資源的動員。3.可以做為一種限制政治領袖乖違行為的有機體。4.可以做為超越個人或政府之外另一種政治生活的來源。5.具有維持政治體系存續的各項維持功能。[105]中華民國政府在台灣地區的政治民主化過程,選舉實扮演了奠基和拓展的角色功能,尤以民國八十年動員戡亂時期終止,其後歷次的修憲,將中央民意代表由增額之局部選舉,發展到全面的改選;總統則自第九任起由民選產生;省(市)長亦於民國八十三年起由官派改為民選,惜因「凍省」後,又終止省級之選舉。我國中央以至地方組織架構,除行政院院長(由總統任命)、司法院院長、副院長、大法官、考試院院長、副院長、考試委員、監察院院長、副院長、監察委員(以上由總統提名、經立法院同意任命),以及國民大會廢除、省長、省議員停止選舉、直轄市之區長為市長官派,其餘均由人民直接選舉產生。

二、反對勢力成長,帶動政黨政治競爭:

民主形式的選舉在解嚴以前的威權時期,對執政的國民黨,不僅鞏固了威權政體與地方菁英之間的依恃關係(patron-client relation),也達到政權獲得大眾同意的合法性作用。然而透過定期選舉,也適時提供了反對運動發展崛起的空間,反對運動在選舉中獲得組織化的機會與動力。道爾(Robert A. Dahl)即指出反對勢力被允許的可能性,取決於兩項因素:1.政府相信,採取強制的手段鎮壓反對勢力可能會失敗;2.即使壓制成功,也將得不償失。[106]道爾並認為建立競爭性政體(competitive regime)的可能性,取決於兩項因素:政府壓制反對勢力的預期成本和容忍反對勢力的預期成本。依此建立了三項假設:1.政府容忍反對勢力的預期成本降低,則政府容忍反對勢力的可能性就提高。2.政府壓制反對勢力的預期成本增加,則政府容忍反對勢力的可能性就提高。3.壓制的成本超過容忍的成本愈多,則產生競爭性政體的可能性就愈大。[107]就反對勢力而言,其擴大生存的最佳發展策略,就在於如何去提高執政黨的壓制成本?以及降低執政黨的容忍成本,威權時期的選舉途徑,正可用以達到上述要求,並從選舉中擴大反對勢力的生存空間。

反對勢力透過競選活動得以深入群眾,並在形式上取得與執政的國民黨從事公開競爭的機會,尤其是在選舉中表達異議,往往具有保護傘效果。在戒嚴時期

---

[105] 陳德禹,「政黨與政黨政治」,從現代政治思潮看政黨政治運作(台北:中央文物供應社,民國七十二年三月),頁一七五。

[106] Robert A. Dahl, Political Oppositions in Western Democracies, (New Haven: Yale University Press, 1966), 9.7.

[107] Robert A. Dahl, Polyarchy: Participation and Opposition. (New Haven: Yale University Press, 1971) pp.15-16

黨禁限制下，反對人士以「無黨無派」或「黨外」身份參與地方選舉，在縣市長與省市議員選舉中，非國民黨的反對人士都能獲得二至三成的穩定支持，[108]構成了反對運動的「否定票」與「派系票」。[109]就歷次縣市長選舉中，非國民黨的政治人物如民國四十三年高玉樹（北市）、四十六年葉廷珪（南市）、四十九年余登發（高縣）、和林番王（基市）、五十三年高玉樹、黃順興（台東）、葉廷珪等，都能高票當選。

　　民國六十一年之後，選舉的層次由地方性的競爭，提升到有限的中央民意代表名額之爭，這使得反對運動的各個獨立候選人之間，因為全國性的政治目標，而逐漸有結合成全國選舉聯盟的機會。它的第一步是在當選中央民意代表的無黨籍人士居間協調下，發展出全島性的串聯，民國六十六年十一月，政府舉辦五項地方公職選舉，在康寧祥和黃信介兩位黨外立委的推動下，由南到北，全省巡迴助選，助長了黨外人士全島性的串聯。[110]此後，黨外人士漸漸擺脫單打獨鬥的狀況，雖然地方山頭派系色彩仍重，但從另一角度觀之，一種「政團」的雛型，在不斷地發展，最後乃成立政黨組織。民國七十五年九月廿八日，在圓山大飯店的「全國黨外選舉後援會」變更原議程通過組黨動議，民進黨於是誕生。

　　綜合而論，早期黨外的發展與選舉運動相生相成，黨外的組織化進展，多半與選舉有密切的關聯性。隨著民國七十六年解嚴，開放黨禁，到了民國七十八年一月立法院修正通過「人民團體法」，從此組黨有了法律的依據，除了執政的國民黨外，政黨如雨後春筍般的成立。民國八十九年民進黨陳水扁當選中華民國第十任總統，政府來台第一次「政黨輪替」，和平轉移政權；民國九十七年國民黨馬英九當選中華民國第十二任總統，政府來台第二次「政黨輪替」，和平轉移政權。兩次「政黨輪替」，顯示台灣選舉制度、政黨政治發展均有相當理想之展現。

三、思考恢復「省」地位，符合憲法規範：

　　政府來台後的地方自治有其成效，但其實施的依據乃是由行政命令而來，並未能符合憲法規範，故被稱之為「跛腳的地方自治」，直到終止動員戡亂時期，如何促使地方自治合憲化？成為憲政工程重要課題之一，第二屆國民大會第一次臨時會進行第二階段修憲時，增訂之「中華民國憲法增修條文」第十七條，明定：

> 省、縣地方制度，應包含左列各款，以法律定之，不受憲法第一百零八條第一項第一款、第一百十二條至第一百十五條及第一百二十二條之限制：一、省設省議會，縣設縣議會，省議會議員、縣議會議員分別由省民、縣民選舉之。二、屬於省、縣之立法權，由省議會、縣議會分別行之。三、省設省政府，置省長一人，縣設縣政府，置縣長一人，省長、縣長分別由省民、縣民選舉之。四、省與縣之關係。五、省自治之監督機關為行政院，縣自治

---

108 周祖誠，「選舉競爭與台灣反對運動的發展」，政治學報，第二十期，民國八十一年十二月，頁八八。

109 張俊宏主編，到執政之路：「地方包圍中央」的理論與實際，（台北：南方叢書出版社，民國七十八年六月），頁六九─七○。

110 李筱峰，台灣民主運動四十年，一版五刷（台北：自立晚報出版社，民國八十二年一月），頁一二三。

之監督機關爲省政府。

到民國八十三年國大臨時會進行第三階段修憲，本條文改列爲第八條，內容無變動。依照原憲法第一〇八條所規定，先由中央制定「省縣自治通則」，再依憲法第一一二條規定，省召集省民大會依據「省縣自治通則」來制定「省自治法」。經過前述修憲後，省縣地方制度改由中央直接以法律定之，亦即「省縣自治通則」已無需制頒，省民代表大會亦不用召集。立法院依據憲法增修條文之規定，於民國八十三年七月七月完成「省縣自治法」二讀立法程序，全文共計七章六十六條，並由總統於七月廿九日公布施行。

至於直轄市制度，憲法第一百十八條即明文規定：「直轄市之自治，以法律定之。」政府如欲實施合憲化的直轄市自治，只需制定「直轄市自治法」即可實現。政府在邁向地方自制法制化的設計上，即在於同時完成「省縣自治法」與「直轄市自治法」的立法工作，「直轄市自治法」終於在民國八十三年七月八日與「省縣自治法」先後完成三讀立法過。這兩項自治法的完成，爲我國地方自治史展開新的里程。依地方自治法規，則有如下優點：1.中央權限下授，地方權能擴張。2.立法權完整，行政權歸位。3.行政首長民選，民意代表制約。4.地方租稅因地制宜，公職待遇支給法制化。5.正副首長相輔相成，地方政務機關職位增加。6.預算編製行政化，立法審議責任化。

民國八十六年「凍省」，台灣省地位虛級化、省長、省議員停止選舉，改制訂「地方制度法」，賡續台灣之地方自治，這對台灣的地方自治影響極大，可視爲開民主之倒車。基於諸多事實考量，「台灣省」之法人地位實至爲重要：

〈一〉完整之地方自治，需要一連貫之層層督導、執行、監督才能發揮極大效能。「省」─「縣、市」─「鄉、鎮、市」─「村、里」的環環相扣，地方自治才符合原憲法之精神，並達到地方自制完整性、功能性。

〈二〉「省」地位無可取代。過去台灣各縣、市發生天然災害等狀況，有地方最高位階的「省」出面處置，省長、省屬之各級單位投入勘災，擔當第一線防災應變機制；中央政府居於整體運籌帷幄。「省」虛級化，省屬機構併入中央各部會，當地方縣、市發生天然災害等狀況，中央已直接推上第一線。

〈三〉台灣省虛級化後，造成跨「縣 ─ 縣」「縣 ─ 市」間之協商、爭議事務缺乏整合之有效機制，此部份絕非中央單位能夠勝任，嚴重者將使地方事務難以推動，更影響地方建設與發展。

〈四〉過去擔心台灣省與中央太過重疊的顧慮，在五都〈台北市、新北市、台中市、台南市、高雄市〉都成爲直轄市，桃園亦成爲「第六都」，則台灣省地位之恢復，已無過去敏感性。

〈五〉經過七次修憲，國民大會廢除，國大代表已無；省虛級化，省長、省議員停止選舉；立法委員減半〈全部113名〉，採取「單一選舉區制」，許多選舉區與縣、市區域接近〈如宜蘭縣、台東縣、澎湖縣等〉，這將使台灣有心從政之路者，面臨選舉路嚴重窄化。台灣的選舉包括如下：村、里長，鄉、鎮、市長〈鄉、鎮、市民代表〉，縣、市長〈縣、市議員〉，直轄市長〈直轄市議員〉，極少的立

法委員，各黨一組的總統、副總統候選人。尤其是絕大多數從政者，到縣、市議員後，幾乎沒有其他之公職可以發揮之處〈往上只剩極其有限的立委〉。

綜言之，地方自治之理念與落實，從地方村、里 → 鄉、鎮、市 → 縣、市 → 省，構成地方自治的重要環節，沒有理由將重要的「省」地位給虛級化，也沒有理由剝奪台灣省省民參選省長、省議員之資格。當前地方鄉、鎮、市，以至縣、市，其自治功能受限於人事、經費、資源等之薄弱，需有「省」之位階提供有效、實質之幫助、發展。跨縣、市；或跨鄉、鎮、市，更有許多實質問題，需要「省」來提供有效之解決。現在之中央部會主管全國政策，兼管基層地方之事務，實有未殆，這將使地方發展牛步化。有鑑於避免地方自治的畸形發展，並使台灣省之省政建設正常化，恢復台灣省之「法人地位」，以及省長、省議員之選舉宜應正視。

四、陽光法案與廉能政治

民主政治〈democracy〉是以民為本、主權在民的政治體制。民主政治若與金權結合，將形成貪腐政治，公平、正義盡失，並導致政治衰敗。雷福〈N. H. Leff〉指出：『腐化是個人或團體運用法律之外的方法，獲得對官僚型為之影響力。』[111]阿布瓦〈J. V. Abueva〉則以：『所謂族閥主義，是指在分配政府工作和利益時，優先想到自己親戚。所謂分贓，是指擴大族閥主義的範圍至包括非親族的人在內，例如，基於個人或派閥之考慮，而把非親族的人算入分贓的對象。所謂取不義之財，是指非法濫用公共資源 ─ 通常包括金錢、財務或牟取私人財富的機會。』[112]

從道德主義觀點言之，金權、貪污、腐化是政治、社會之罪惡，亦是阻礙國家競爭力發展之重大因素。金權政治與貪腐之危害，包括如下：1.削弱政府行政能力。2.資源浪費〈投資曲解、技術浪費、資金外流、外資卻步〉。3.社會公平正義淪喪。4.人民不信任政府。5.總體建設落後。6.公共工程偷工減料、品質不佳。7.政治文化惡質化扭曲。8.政治社會化被誤導。

誠然，金權政治、貪腐政治與人類如影隨行，面對大染缸與誘惑的社會、貪婪的人性，民主政治的標準不當積非成是，或視為理所當然，更應善謀籌劃解決之道，以減低制度偏失或不周延而引導人類劣根性之弊端。民主政治乃法治政治，民主依法而治。要求改善貪腐，以建立廉能政治，雖非單一作為可奏其功，就法制面的設計、規範與檢討修正，將可對貪墨者加以懲處，並達警惕來者之效。過去以來，針對防貪腐、求廉能之要求，學術界、政界討論盈庭，此些法規可統稱之為：「陽光法案」。「陽光法案」論述不一，民國九０年代，國民黨推動「陽光四法」：「政黨法」、「遊說法」、「公職人員財產申報法」及「政治獻金法」四者。民進黨則推動「陽光九法」：「法務部廉政局組織法」、「遊說法」、「立法委員行為法」、「公職人員財產申報法」、「公職人員選舉罷免法」、「公職

---

[111] N. H. Leff, "Economic Development Through Bureaucratic Corruption", American Behavioral Scientist, Vol. VIII, No.3, November 1964, pp.8-14.

[112] J. A. Abueva, "The Contribution of Nepotism, Spoils and Graft to Political Development", East-West Comparative Analysis, New York：Holt, Rinehart & Winston, 1970, pp. 534-539.

人員利益衝突迴避法」、「政治獻金法」、「政黨法」、及「政黨不當取得財產
處理條例」等立法或修法工作。整體言之，「政黨法」、「政黨不當取得財產處
理條例」因藍、綠針對性強烈，反而使立法曠日費時、難有成效，前文已有述及。
民國八十二年以來，陸續立法、修法者，當前通稱之「陽光四法」係指：「公職
人員財產申報法」、「公職人員利益衝突迴避法」、「政治獻金法」及「遊說法」。
以下針對「陽光四法」與「貪污治罪條例」之增列「財產來源不明罪」，其立法
旨意、規範、與闕漏尋求補強者，論述之。

〈一〉「公職人員財產申報法」

「公職人員財產申報法」於民國八十二年六月十五日制定，其後並經 4 次修
訂：八十三年七月、八十四年七月、九十六年三月、九十六年十二月。本法共計
20 條，其立法意旨與檢討如下：

1.「公職人員財產申報法」之立法意旨：

〈1〉據以判斷有無疑義、有無利益衝突的標準。

〈2〉財產申報與公開，可促使民眾之參與，共同監督防止公職人員弊端。

〈3〉本法可藉由政府、民間之督導，避免公職人員之貪念與貪贓枉法之
作為，也增加貪腐人員之必需大費周章的以洗錢、人頭等方式進行
不法勾當，過程中增加困難程度與內心壓力，或可達節制之作用。

2.「公職人員財產申報法」之檢討：

〈1〉修法後擴大公職人員範圍[113]：修法後將「政務官」擴大為「政務人
員」，並將十職等以上機關首長，修正為各級政府機關之首長、副
首長及職務列簡任第十職等以上之幕僚長、主管。如此適用之公職
人員範圍，驟增至約 5 萬 5 千人。

〈2〉「四大強制」規定嚴格，但有商榷處：a.「強制申報」較無爭議者
。b.「強制公開」其優點可讓民眾參與，共同檢驗，免除官官相護；
其缺失者，或構成對公職人員隱私權之合憲性爭議。c.「強制處罰」

---

[113] 「公職人員財產申報法」第二條：『下列公職人員，應依本法申報財產：1.總統、副總統。
2.行政、立法、司法、考試、監察各院院長、副院長。3.政務人員。4.有給職之總統府資政、
國策顧問及戰略顧問。5.各級政府機關之首長、副首長及職務列簡任第十職等以上之幕僚長、
主管；公營事業總、分支機構之首長、副首長及相當簡任第十職等以上之主管；代表政府或
公股出任私法人之董事及監察人 6.各級公立學校之校長、副校長；其設有附屬機構者，該機
構之首長、副首長。7.軍事單位上校編階以上之各級主官、副主官及主管。8.依公職人員選
舉罷免法選舉產生之鄉（鎮、市）級以上政府機關首長。9.各級民意機關民意代表。10.法官、
檢察官、行政執行官、軍法官。11.政風及軍事監察主管人員。12.司法警察、稅務、關務、
地政、會計、審計、建築管理、工商登記、都市計畫、金融監督暨管理、公產管理、金融授
信、商品檢驗、商標、專利、公路監理、環保稽查、採購業務等之主管人員；其範圍由法務
部會商各該中央主管機關定之；其屬國防及軍事單位之人員，由國防部定之。13.其他職務
性質特殊，經主管府、院核定有申報財產必要之人員。』

採行政罰仁智互見：本法係採行政罰，而摒棄刑罰；後者雖處罰較重，但須經檢察官起訴，曠日費時，非管制主管機關得以掌握。前者行政罰之行使時機、方式等得由管制主管機關掌握，較為靈活。惟亦有以該法第十二條：『有申報義務之人故意隱匿財產為不實之申報者，處新台幣二十萬元以上四百萬元以下罰鍰。』，最重不過400萬元，對有心貪瀆之人或無儆戒之效。d.「強制信託」爭議最大：一者，未考慮國內社會實際環境，我國之信託投資公司，經營者為銀行金融業務，並非英國法之真正信託業務。二者，公職人員必須締結信託契約，將其財產移轉或設定於受託人，由受託人管理處分，此明顯已構成對公職人員財產權之限制，是否合憲？亦有爭議。

〈3〉無動態行為管制之作為，使立法旨意打折扣：本法僅規定公職人員需申報財產，但未規定申報其財產取得之來源、時間、方式等等，將使立法美意大減。除了顯示「財富排行榜」外，無法進一步地看出財產之是否有不當利益等情事？

〈4〉立法有其侷限性，公職人員或未必誠實申報：奉公守法之公務員依規定申報，然而本法之目的在針對防止公職人員貪腐不當利益，這些不肖之公職人員往往「道高一尺，魔高一丈」，利用：「洗錢」、「購買無記名公債」、「海外置產、存款」、「利用人頭轉移、投資」、「設立投資公司」或「隱匿不報」，不易有效發揮立法之預期功能。罰則最重400萬元，嚇阻作用極低。

〈二〉「公職人員利益衝突迴避法」

「公職人員利益衝突迴避法」於民國八十九年六月二十七日制定，七月十二日公佈。本法共計24條，其立法意旨與檢討如下：

1.「公職人員利益衝突迴避法」之立法意旨：

〈1〉促進廉能政治，端正政治風氣，有效遏阻貪污腐化暨不當利益輸送。

〈2〉我國有關公務員迴避制度規定散見於各種法律、規章中，因其業務性質不同，迴避之目的、範圍與違反之法律效果亦各有不同，易發生與本法競合時如何適用之疑義？因此本法第1條第2項特別規定「公職人員利益衝突之迴避，除其他法律另有嚴格規定者外，適用本法之規定」，本法較之其他另有嚴格規定之法律，為普通法之性質。

2.「公職人員利益衝突迴避法」之檢討：

〈1〉本法規範公職人員界定之爭議：法務部有鑒於「公職人員財產申報法」中之主管人員，不乏較低階之主管人員（七職等主管），甚至無公務員身份之專家學者（出任公職獨立董監事者）。此些新增主管人員如果違反本法之規定，適用行政罰鍰100萬元以上之規定有處罰過重情形，針對此一狀況，法務部擬提出本法第2條修正案，將適用對象建議：『對機關（構）政策負有重大決策或影響力之公職人員』，可降低適用本法適用對象至一萬六千餘人。然何謂「重

大決策或影響力」？此一界定，亦將有不同見解。

〈2〉迴避人員被無限上綱之兩難：本法第9條後半段「公職人員或其關係人，不得與公職人員服務之機關或受其監督之機關爲買賣、租賃、承攬等交易行爲」在執行上，有如下爭議點：a.其將利益迴避者擴大及於該個案執行機關之監督機關，而該監督機關對該個案執行，或並無所悉，此乃分官設職、業務專業分殊化的結果。b.將利益衝突與迴避人員擴大，不限於該個案決之直接負責監督官員，甚至納入部長、次長或總統、副總統等。因之，法務部擬定修正案：『相關人與政府的交易，不再採「一概迴避」原則，換言之，只要符合政府採購法而辦理的採購，或有公定價格的交易，均不必迴避。』唯如此，或又失之寬鬆，一者，「圍標」、「綁標」、「洩露底標」、「洩漏評審委員名單」，過去所有涉貪案例：「四汴頭抽水站」、「八里污水場」‧‧‧何者不是在形式上「符合政府採購法而辦理的採購」？二者，「實質影響力」說漸趨普遍被法官採用，如陳水扁「二次金改案」、「龍潭案」及林益世之「貪污案」均是著例。如今本法卻欲自行解除武裝，其立意無存，功能如何彰顯？

〈三〉「政治獻金法」

爲規範並管理政治獻金，促進國民政治參與，確保政治活動公平及公正，以及健全民主政治發展，立法院於民國九十三年三月十八日三讀通過「政治獻金法」，並由總統於三月三十一日公布施行，全文共 31 條。其後並於中華民國九十七年八月十三日，第一次修正後全文 36 條；中華民國九十八年一月十四日，第二次修正；中華民國九十九年一月二十七日，第三次修正。

1.「政治獻金法」之立法意旨：

「政治獻金法」是建構陽光法制中相當重要之一環，此法針對公職選舉參選人、政黨收受政治獻金，及對個人、團體及企業捐贈政治獻金給予明確之透明化，規範收受政治獻金者的給予與收受者的獻金金額，專戶申請，並要求製作會計報告書，以求公開透明，促進政治人物或政黨的資金透明化，以利於促進政治人物之廉潔與清明政治之實現。

2.「政治獻金法」之檢討：一部沉淪的「黑暗法案」

〈1〉「政治獻金法」淪爲「黑暗法案」：稱「政治獻金法」爲欺世盜名之「黑暗法案」，因其不僅是披著「陽光法案」外套，事實卻儼然成爲貪腐、圖利、不當利益、金權政治遊戲之最佳避風港、樂園〈the best haven & paradise〉。何以故？多年來，國內各項弊案偵辦中之各類收、送金錢，皆堂而皇之地推說「政治獻金」一詞，然而非於選舉期間，哪有「政治獻金」〈依本法第 12 條〉？若非「政治獻金法」成爲最好包庇貪瀆、利益掛鉤的法案，又豈會如此？國人其不疑乎？

〈2〉「政治獻金法」的任督二脈被封鎖：「政治獻金法」本已經明確從第 12 條、第 10 條條文中，規範不屬於「政治獻金」之時間點與有效作爲。

本法第 12 條：『擬參選人可以收受政治獻金之法定期間，(1)總統、副總統爲任期屆滿前一年起，(2)區域及原住民選出之立法委員自任期屆滿前十個月起，(3)直轄市議員、直轄市長、縣市議員、縣市長爲任期屆滿前八個月起，(4)鄉鎮市長、鄉鎮市民代表、村里長爲任期屆滿前四個月起，至次屆選舉投票前一日止。』；另本法第 10 條：『政黨、政治團體及擬參選人應於金融機構開立專戶，並載明金融機構名稱、地址、帳號及戶名，報受理申報機關許可後，始得收受政治獻金；受理申報機關應於許可後立即公告。』『政黨、政治團體及擬參選人收受金錢之政治獻金，應於收受後十五日內存入前項專戶。』

第 12 條已明確非「可以收受政治獻金之法定期間」，若不在此時間內之金錢往來，自然就是界定「違反」本法之第 12 條；其「罰則」在本法第 27 條：『違反第五條、第九條第二項或**第十二條**規定收受政治獻金者，按其收受金額**處二倍之罰鍰**。』— 這背後有多少貪瀆、圖利、不當利益、金錢遊戲，竟然是以**行政罰**之「罰鍰」掩蓋，莫怪只要有重大貪瀆案件，當事人只要推到「政治獻金」，就風平浪靜、海闊天空，如此之「政治獻金法」正是國家最可悲之「黑暗法案」。

第 10 條已明確規範須「開立專戶」，並「申報機關許可後，始得收受「政治獻金」。這些大玩金權遊戲之貪腐金額，自然都不在「專戶」中，更不會向「申報機關許可」。此時當然就是將之界定「違反」本法的第 10 條；但，只要推給「政治獻金」，它的「罰則」在本法第 30 條：『政黨、政治團體及擬參選人有下列情形之一者，**處新台幣二十萬元以上一百萬元以下罰鍰**···一、違反**第十條第二項**規定，未將收受之政治獻金存入專戶。』這些貪腐金額之多，或上千萬、或上億，卻只需罰 100 萬元即可，亦是以**行政罰**結案。

〈3〉打通「政治獻金法」的任督二脈：如何使「政治獻金法」脫胎換骨成爲真正的「陽光法案」？脫離「黑暗法案」汙名。亦使得任何貪腐之金權遊戲者，不再輕蔑「政治獻金法」，其最佳方式乃修改本法第 27 條暨第 30 條「罰則」，由「行政罰」改爲「刑罰」。條文修定如下：『**違反第十二條、第十條相關規定，處十五年以下有期徒刑，於判決確定至徒刑執行完畢後五年間，均褫奪公權。**』如此才有弊絕風清之效。

〈四〉「遊說法」

「遊說法」於民國九十六年七月二十日，立法院三讀通過；八月八日，總統公布全文 31 條；並自公布後一年施行。

1.「遊說法」之立法意旨：

〈1〉爲使遊說遵循公開、透明之程序，防止不當利益輸送，確保民主政治之參與，國家制定「遊說法」。

〈2〉所謂「遊說」，是指遊說者意圖影響被遊說者或其所屬機關對於法令、政策或議案之形成、制定、通過、變更或廢止，而以口頭或書面方式，

直接向被遊說者或其指定之人表達意見之行為。

2.「遊說法」之檢討：

〈1〉規範不夠明確、周延：本法第 2 條及第 4 條，雖明文規定遊說者之資格，但並未有效區分「合法遊說」與「違法遊說」之界限。就罰則言之，僅僅處罰消極不具遊說者資格者、遊說不得遊說事項者、登記或報表瑕疵，其他則無罰則規定。

〈2〉未能有效處罰違法被遊說者：本法中，對於被遊說者違法接受遊說時應如何處理？規定顯有不足之處，且無罰則；本法第 15 條規定：『依本法規定不得遊說而進行遊說者，被遊說者所屬機關應不受理其登記，並以書面通知遊說者；被遊說者應拒絕其遊說。‧‧‧對於得遊說而未依法登記之遊說，被遊說者應予拒絕。但不及拒絕者，被遊說者或其所屬機關應通知遊說者限期補行登記。』本條文無法發揮禁止非法遊說之效果。條文中對於被遊說者之要求，只有「應拒絕」，但若被遊說者「應拒絕而未拒絕」，如何處置？並無罰則。復次，對於「不得遊說又不及拒絕者」，並無處理之規定，亦無罰則。

〈3〉願意使用合法遊說者有限：合法之遊說有許多管制；違法之遊說卻毫無規範，一者，不必公開或申報。二者，不必符合資格。三者，遊說結果不易認定有因果關係而可規避公評。四者，無禁止之明文或罰則。本此，有意遊說者，有何誘因選擇合法之遊說？本法雖立意良善，然功能如何可以判定矣。

〈五〉「貪污治罪條例」之增列「財產來源不明罪」

前總統陳水扁涉嫌海外洗錢罪疑雲，並經由瑞士司法機關函告台灣司法機關偕同偵辦，舉國譁然，然以陳水扁堅不吐實。乃有輿情之反應，希我國能仿效、參考泰國、新加坡各國之既有法規，研擬提案制定「財產來源不明罪」，以防杜公務員之不法行為。

民國九十八年四月，立法院三讀通過「貪污治罪條例」增訂第 6 條之 1，並於民國一〇一年十一月再次修正第 6 條之 1。本條文之規定如下：『公務員犯下列各款所列罪嫌之一，檢察官於偵查中，發現公務員本人及其配偶、未成年子女自公務員涉嫌犯罪時及其後三年內，有財產增加與收入顯不相當時，得命本人就來源可疑之財產提出說明，無正當理由未為說明、無法提出合理說明或說明不實者，處五年以下有期徒刑、拘役或科或併科不明來源財產額度以下之罰金：一、第四條至前條之罪。二、刑法第一百二十一條第一項、第一百二十二條第一項至第三項、第一百二十三條至第一百二十五條、第一百二十七條第一項、第一百二十八條至第一百三十條、第一百三十一條第一項、第一百三十二條第一項、第一百三十三條、第二百三十一條第二項、第二百三十一條之一第三項、第二百七十條、第二百九十六條之一第五項之罪。三、組織犯罪防制條例第九條之罪。四、懲治走私條例第十條第一項之罪。五、毒品危害防制條例第十五條之罪。六、人口販運防制法第三十六條之罪。七、槍砲彈藥刀械管制條例第十六條之罪。八、

藥事法第八十九條之罪。九、包庇他人犯兒童及少年性交易防治條例之罪。十、其他假借職務上之權力、機會或方法所犯之罪。」

1.「財產來源不明罪」之立法意旨：

〈1〉依據「聯合國反貪腐公約」第 20 條規定，在不違反本國憲法與法律之情況下，對公務員之資產顯著增加，並無法提出合理說明者，締約國即可立法對之為處罰。此公約規範乃成為制定「財產來源不明罪」之國際法依據。

〈2〉在貪污等罪審理時，若於證明貪污等罪對價性有困難，致使來源不明之財產反成合法之所得，造成反貪的漏洞，藉由「財產來源不明罪」可避免灰色地帶產生。

2.「財產來源不明罪」之檢討 — 或成貪瀆脫罪捷徑

設若某公務員因檢察官無法舉證其為貪污，僅以「財產來源不明罪」起訴，後法院也判決定讞，然他日若發現新事證，可資證明來源不明的財產是貪污所得，唯基於「一事不再理」、「一罪不兩罰」諸原則，恐無法再行起訴。亦即「財產來源不明罪」會否成為某些嚴重貪污等罪之「替罪羊」？

前行政院秘書長林益世涉嫌在犯罪三年內，財產不正常增加，又無法說明妻子銀行保管箱內逾 1,000 萬元之來源，成為首位因「財產來源不明罪」被起訴的被告。然而檢察官實應全力追查該金錢是否為其他案件之不法所得？若不做該等努力，輕率就「財產來源不明罪」起訴，在本案適用舊法的法定刑在三年以下，縱使新法亦在五年以內，而「收賄罪」至少七年以上刑期。「財產來源不明罪」能否能達到防貪之效果存疑？本法規反易成為檢方便宜行事之藉口，更是「舉小縱大」，成為規避貪污重罪之幫兇。[114]

貳、大眾傳播評析

民主社會是一個資訊充分流通的社會，而大眾傳播屬之公器，各種傳播媒體應公平的傳達訊息給民眾。國內政治民主化發展下，在台灣地區之大眾傳播有很快速的進步成長，但當中亦有值得警惕檢討之處，分別論述如后。

一、大眾傳播發展的成就

大眾傳播可分出版品與電子媒體兩大部份：

（一）出版品的欣欣向榮

出版品在解嚴前的法規雖為「出版法」及「出版法施行細則」，但政府主要依據的「台灣地區戒嚴時期出版品管制辦法」、「出版品進出口管理與輔導要點」、「管制匪報書刊入口辦法」、「台灣地區省（市）縣市文化工作辦理要點事項」等法規，同時由警總參與執行，民國四十年起政府並實施報禁的行政命令，執行報紙限張限家之規定。直到解嚴後，前述法規或廢、或修正，並將出版品之管制回歸「出版法」、「出版法施行細則」。隨著台灣民主化腳步加快，立法院於民國八

---

[114] 「千萬現款，彭愛佳講不清怎來的」。台北，聯合報，民國一0一年十月二十六日，A3 版。「財產來源不明罪可以這樣用嗎」。台北，蘋果日報，民國一0一年十月三十日，A15 版。

十八年一月十二日，將普爲詬病的「出版法」廢除；同時亦將「出版法施行細則」、「出版獎助條例」、「出版品管理工作要點」、「郵寄進出口出版品核驗聯繫要點及作業程式」等法令一併廢止。這些政策走向，允宜利多於弊，使能回歸正常法制規範，是爲一大進步，有助國內各種出版品、雜誌、報紙呈現多彩多姿的蓬勃發展，大陸出版品進口亦大幅放寬。

解嚴後的報紙與出版品不僅法規解禁、家數增加，頁數也增加，內容方面，過去的禁忌題材與主題都不復存在。然而報業的厚實基礎，有賴龐大資金、專業人才與長時間的信譽讓讀者認同、接受，台灣當前全國性報業媒體，均爲集團式的報業經營模式，即以《自由時報》、《旺旺中時》、《聯合報》及《台灣壹傳媒》爲主體的報業系統；旺旺中時集團有《中國時報》、《工商時報》、《旺報》、《時報周刊》等；聯合報系主要有《聯合報》、《聯合晚報》、《經濟日報》；自由報系則有《自由時報》、《Taipei Times》英文報紙；台灣壹傳媒於民國一0一年由包括旺中集團在內之4大股東接手〈見第五章第四節〉，下有《台灣蘋果日報》、《壹周刊》、《爽報》。

（二）電子媒體的大放異彩

電子媒體在解嚴前後的法規是民國六十五年制定的「廣播電視法」，其中規定廣播電台與電視台的設立申請由新聞局、交通部掌理，由於頻道並未釋出，在解嚴前無線電視台有3家，廣播電台爲33家，到了民國七十六年解嚴以後的初期，這種情況仍未改善，這時不僅申設完全停頓，且三家無線電視台的最大股東分別是台灣省政府（台視）、國民黨（中視）、國防部與教育部（華視），其新聞節目取向，有利於政府單向政令的傳播。

電子媒體快速發展是在民國八十三年省市長選舉，在野黨派爲突破三家電視台的不平衡報導，廣泛地使用當時仍屬非法的地下廣播電台、有線電視台（第四台），這使政府之電子媒體開放政策加速。陸續建構完整之「廣電三法」：「廣播電視法」修正、「有線廣播電視法」與「衛星廣播電視法」之制定，用以規範電子媒體秩序。廣播電台於民國八十二年完成第一梯次，八十三年第二、第三梯次，八十四年第四、第五梯次，八十五年第六、第七、第八梯次，九十年第九、第十梯次，總計開放10梯次核准名單，至民國一0一年止，國內共有174家廣播電台。在10個梯次提供民間申設廣播電台，「廣播電台審議委員會」乃秉持「健全廣播事業」、「均衡區域發展」、「避免壟斷經營」、「符合地方需求」、「民營優先」原則，朝地方化、民營化、專業化、區隔化之取向審核。

就有線電視方面，政府爲促進有線電視的發展，在民國八十二年八月公布施行「有線電視法」，行政院新即局並於民國八十二年十二月發布「有線電視法施行細則」。有線電視台在民國八十三年省市長選戰中嶄露頭角，不僅擁有自己的採訪記者和新聞報導，並且開闢選舉的特別單元節目。至今有線電視國內共劃分51個經營區，63家系統經營者，分屬5個多系統經營集團與獨立系統經營。[115]

---

[115] 台灣有線電視系統業者分布：1.東森集團；2.旺旺中時集團〈併原來之中嘉網路〉；3.富洋媒體；4.台基網；5.台灣寬頻；以及獨立系統經營。

　　除了廣播電台、有線電視台外，第四家無線電視台在民國八十三年底亦有三家提出申請，並在民國八十四年由「民間全民」雀屏中選。綜言之，民國八十三年是電子媒體最混亂的一年，亦是開啓成長的一年，一直發展之今日，電子媒體的發展蓬勃，對台灣政治民主化與社會多元化有其價值和功能。

二、大衆傳播發展的檢討

〈一〉法制面的缺失與藍綠惡鬥

　　國內大衆傳播最具代表性的兩項指標：「國家通訊傳播委員會」與「公共電視」。然而這兩項重要工程從法律的制定，到內部之運作，處處充斥著藍、綠的惡鬥與互不信任。「國家通訊傳播委員會組織法」草案從立法院朝野藍、綠之攻防，到議場流血衝突，上了國際媒體。當時之民進黨政府對該法提出聲請釋憲，大法官會議解釋以該法第四條第二項、第三項、第四項、第六項違憲，須於 2 年內修法完成，立法院並完成該法第四條修正。

　　「公共電視法」立法時亦受到政黨各自盤算而形成設計不良，公共電視董、監事遴選之審查標準需達四分之三高門檻通過，成爲少數黨杯葛人事名單通過之障礙；再則，「公共電視」之董、監事會，尤以馬英九主政時代，因政黨背後操弄，監察院糾正當時之新聞局。一連串藍、綠各自人馬支持的董事互鬥不已，不僅賠上「公共電視」形象，亦造成整個公視營運受之影響。公共電視之董、監事遴選審查採「特別多數決」，已相當於民主國家中最重大修憲之門檻標準，而我國總統選舉係採「相對多數決」，故宜修正本法朝「絕對多數決」較爲妥適。

〈二〉媒體壟斷的爭議

　　民國一０一年七月，旺旺中時集團併購中嘉集團有線電視，將成媒體的新巨人，對可能之媒體、新聞壟斷讓國人疑慮重重，反對併購案聲浪高入雲霄。同年十月一日，壹傳媒集團主席黎智英宣佈創辦 3 年的事業將易主，新的買主是包括旺旺中時在內之 4 大集團。「反媒體巨獸青年聯盟」與學術界反媒體壟斷，發起「反對壹傳媒併購案」。由中興大學經濟系教授陳吉仲等 48 位學者共同發起的聲明強調，併購壹傳媒的這隻「媒體巨/怪獸」，已經直接、間接控制了全國三分之一的有線電視系統，現在更併吞『蘋果日報』，『蘋果日報』加上『中時』市佔率上衝 48%，且此巨獸過去公然爲中國政府置入新聞，已成國家安全問題。

　　政府允宜盡速制定「反壟斷法」。唯在該法未訂定之前，仍應依現有之相關規章嚴格審查，如若違反法規，自當不與允許；但若沒有違反相關法規，則強求政府「不得允許併購案」，則是典型之「人治」，而非真正之「法治」。且強令政府接受一方之意見，亦是「獨尊」之表現。這與該批大學生、教授所強調之民主、自由正好背道而馳。也是彼等人士所奉爲圭臬「多元文化」、「多元價值」之反諷。

（三）政治勢力侵入媒體

　　當國內媒體大幅開放，發展迅速之際，它的走向卻因「恐怖平衡」而有了嚴重偏差，此一現象始於國內最強勢媒體的三家電視台，在歷史淵源的背景下，過去長時期以來深受執政的國民黨影響，其公平性屢遭質疑。致使在野黨爲突破媒體限制，亦廣泛運用有限電視台、廣播電台，以不公平對抗不公平。尤有甚者，

亦有政治人物要求政府用行政力量把媒體的享用權,公平的分配給所有的政黨或政治人物。從國內實際申請有線電視台、廣播電台、無線電視台、報紙媒體業者,不乏各個政黨知名人士或充滿政治色彩者投入。

政治人物的爭取媒體享用權,嚴重的扭曲了媒體的價值和功能,此因民眾所要求的是客觀而平衡的報導,各種政治立場鮮明的媒體所造成的是各自偏狹之報導,各種不客觀的媒體加在一起,更不會拼湊成為一個真實的報導。政治人物的介入媒體,造成各為其主的現象,恐怖平衡並非客觀而真實的平衡,並造成公器私用的結果。

當政治力量侵入新聞專業領域,將使觀〈聽〉眾無法看清事情的真相。建立「媒體新秩序」刻不容緩,具體作法在於遵行:政黨〈黨職人員、公職人員、民意代表等〉不得擁有電子、平面媒體;資本額在一定數額以上之媒體應上市股票;力行「傳播工作者專業自主權條款」;觀眾、聽眾、讀者運用網際網路以監督媒體[116]等。還給傳播媒體一個新秩序,期使國內新聞報導能朝著平衡、客觀的理想來走,避免媒體成為政爭工具、政黨御用媒體與泛政治化,使能落實民主政治的媒體常態發展。

參、群眾運動的評析

一、群眾運動與「集會遊行法」

常有社運團體要求廢除「集會遊行法」,以符憲法保障之集會結社自由以及言論自由之精神。然而大法官會議在「釋字第 445 號」已肯定本法之合憲性,唯特別提出「以法律限制集會、遊行之權利,必須符合明確性原則與憲法第二十三條之規定。」以西方先進民主國家在保障相關權利同時,為維持社會秩序及增進公共利益之所必要,亦皆以法律給予適度之規範,故「集會遊行法」有其價值,不宜輕言廢止。

「集會遊行法」第六條對我國集會遊行之禁制區所列四大類型機構,有其適度規範以維公權力之意義,不得太過靠近其周邊範圍有其考量。論者雖強調只需留一適當通道,然而到該等國家重要機構、國際機場、港口、駐華使領館等還有許多洽辦公事之一般群眾、國外貴賓、或入出境之旅客,這樣近距離推擠,必然有安全顧慮,也妨礙上述人等正常之運作。基於憲法 23 條之精神,適度之管制區有其必要。

二、群眾運動的檢討

群眾運動在過去對於政治體制結構的抗爭、威權時期政治民主化的轉型,標舉著相當程度的意義。然而在抗爭過程中所所採取的手段,則有其商榷處:

1.缺乏民主容忍妥協的精神:反對勢力在過去將群眾運動的抗爭視為其展現政治實力,與壓迫執政黨的工具,故而無論黨外時期,乃至民進黨時期,一旦雙

---

[116] 北非「茉莉花革命」,從突尼西亞、埃及、利比亞等國家之獨裁者,幾十年來雖然掌握著黨、政、軍、特、媒體,但班·阿里、穆巴拉克、格達費之被人民拉下台,其中網際網路應居首功。其力量不僅可摧毀獨裁者政權,亦能發揮監督民主發展之功能。

方妥協觸礁或折衝不成，即走上街頭。這從國大代表修憲、立法委員制定法律時層出不窮的上演，可以看出問題所在，然而這種做法對於培養成熟的朝野關係並無幫助，徒使國家政治不成熟的時間拖得更長，無法建立議會之中，民主精神的容讓妥協圓熟風範。

2.產生社會人心不安的因子：群眾運動的街頭示威遊行，在某些場合或時機易於演變成暴力抗爭，此時容易使民眾對混亂、叫罵、騷動、破壞等現象留下不良印象，並且造成人心惶惶不安的情況。再者，群眾運動所造成當地民眾生活作息、經商、就學、上班的不便，尤其台北市的交通情況已經很糟，再加上大型群眾運動更使得怨聲載道。連續不斷的社會抗爭，也在國際間有不良形象。綜論之，過激與太頻繁的群眾運動使民眾對其信賴程度產生不利影響。

3.影響政府的威信：群眾運動的遊行和示威活動有許多作為是對法律與公權力構成挑戰，但有時政府或為避免釀成更大的事件與衝突，或為避免泛政治化，有時採取容忍策略。如在解嚴前後有相當長的時間，主政當局對憲警人員處理類似群眾事件，要求彼等「打不還手，罵不還口」，在群眾運動中執行公權力的憲警常有被打、罵情形發生。但政府亦有採取強硬手段執法者，如陳雲林來台之抗爭事件，雙方互有說詞，唯對國家政府形象已是傷害。

4.耗費社會資源：群眾運動中，反對人士的遊行抗爭，極易傷害到各項建築物、公共設施與無辜民眾，如民國八十年間，一次大規模的群眾活動後，台北火車站旁忠孝西路北門郵局前整排公用電話被破壞。警察人員為避免各種可能破壞或傷害發生，必須購置大批鎮暴設備，同時，鎮暴中警車被焚、警察設備被毀，政府都需再花費龐大經費，這些是對社會資源的耗損。

合法群眾運動是屬公民權利，其過激的一面會帶來缺失，有賴朝野政黨、政治運動、社群運動領導者共同努力改善，民主是強調妥協、容忍、不自專，表達各項訴求，不宜強調己方之主張不能有一絲退讓，「零和」作為並非民主政治的真精神。民國七十八年集遊法的通過實施，警方執法有據，加上多年經驗的累積，也逐漸建立起執行公權力與處理群眾運動能力。就早期政治反對運動而言，長久以來被視為武器的各種政治訴求，都已隨著政治自由化、政治民主化改革進程，逐一的兌現而消失。晚近，走上街頭，已轉變成對主政者的或貪腐、或愚蠢而憤怒，政策作為失當的不滿等等。唯政治的訴求，作為一個深謀遠慮的政治人物當知：群眾運動不是取得執政的單一武器，未來各政黨要能獲得更多選民的認同、選票的支持，取得執政的地位，必須在政黨形象、政黨人才、政黨的公共政策、民生經濟法案等方面做理性的辯論、競爭。政府於民國三十八年遷台，六十多年來生活在這塊土地上的人們，以勤奮、努力、血淚與智慧走過艱辛的歲月，所得到的民主政治果實彌足珍貴，更賴國人、朝野政黨以「建立更優質：民主制度；培養更深厚：民主精神」，展現華人之光與燈塔效應。

參考書目

壹、中文部分

一、書籍

中國國民黨中央黨史委員會編，國父全集。台北：中國國民黨中央黨史會，民國六十二年六月。

中國國民黨中央委員會編，先總統　蔣公政黨政治講詞集。台北：中國國民黨中央委員會，六十八年十月。

中國國民黨中央黨史委員會編，中國國民黨九〇年大事年表。台北：中央文物供應社，民國七十三年十一月。

中國國民黨中央黨史委員會編，總統蔣公對國民大會致詞彙編。台北：中央文物供應社，民國六十七年五月。

中國國民黨中央政策會，中國國民黨黨政關係法規。中央政策委員會印，民國七十三年十月。

中國國民黨中央改造委員會祕書處編，中國國民黨黨務法規輯要。台北：中國國民黨中央改造委員會，民國四十年三月。

中國國民黨中央改造委員會祕書處編，一年來工作報告。台北：中國國民黨中央改造委員會，民國四十年八月。

中國國民黨中央改造委員會祕書處編，中國國民黨中央改造委員會會議決議案彙編。台北：中國國民黨中央改造委員會，民國四十一年。

中央日報社編，蔣總統經國言論選集。台北：中央日報出版部，民國七十七年。

中國民主社會黨國民大會代表黨部編，中華民國憲法與張君勱。台北：中國民主社會黨國大黨部，民國七十五年。

中山學術論集（上）（下）。台北：正中書局，民國七十五年十一月，台初版。

中華民國近年之發展與評估。台北：匡華出版公司編印，民國七十九年五月。

中央選舉委員會編，中華民國選舉統計提要（三五年—七六年）。台北：中央選委會，民國七十七年六月。

中央選舉委員會編，第二屆國民大會代表選舉實錄（上）（下）。台北：中央選委會，民國八十年十二月。

中央選舉委員會編，第二屆立法委員選舉實錄。台北：中央選委會，民國八十一年十二月。

中央研究院經濟研究所主編，台灣人力資源會議論文集。台北：中研院經研所，民國六十八年。

中央研究院三民主義研究所主編，第四次社會科學會議論文。台北：中研院三民主義研究所，民國七十四年。

中國比較法學會編，戡亂終止後法制重整與法治展望論文集。台北：中國比較法學會，民國八十年四月。

中國論壇編輯委員，台灣地區社會變遷與文化發展。台北：聯經出版事業公司，民國七十年八月。

中國論壇編輯委員主編，挑戰的時代 — 對當前問題的一些看法。台北：中國論壇社，民國六十九年。

中共國務院辦公廳祕書處編，學習資料。北京：中共國務院辦公廳祕書處，一九七九年九月。

中國機構編制委員會辦公室編，中國政府機構一九九〇。北京：中國經濟出版社，一九九〇年。

王雲五主編，雲五社會科學大辭典（第三冊）。台北：台灣商務印書館，民國七十八年一月八版。

王雲五，岫廬八十自述。台北：台灣商務印書館，民國五十六年，三版。

王子蘭，現行中華民國憲法史綱。台北：台灣商務印書館，民國七十年六月，增訂一版。

王世杰、錢端升，比較憲法。上海，商務印書館，民國三十五年。

王成聖，中華民國憲法要義。台北：中外圖書出版社，民國六十二年十二月，再版。

王覺源，中國黨派史。台北：正中書局，民國七十二年十月。

王作榮，我們如何創造了經濟奇蹟？台北：時報文化公司，民國六十七年。

王力行，無愧 — 郝柏村的政治之旅。台北：天下文化出版公司，一九九四年二月。

王莉莉，以「挑戰對統戰」 — 一九八六年國共宣傳戰。台北：圓神出版社，民國七十六年。

王榮川，人民行動黨、李光耀與新加坡政治發展。台北：黎明文化公司，民國七十七年四月。

內政部政黨審議委員會編，政黨業務法規資料彙編。台北：內政部政黨審議委員會，民國八十二年七月。

文崇一，台灣社區權力結構。台北：東大圖書股份有限公司，民國七十八年十二月。

包斯文，黨外人士何去何從。台北：四季出版公司，民國六十九年。

田弘茂著，李晴輝、丁連財譯，大轉型 — 中華民國的政治和社會變遷。台北：時報文化出版，民國七十八年十一月。

田弘茂，決策過程。台北：五南圖書公司，民國八十年十月。

丘宏達，中美關係論集。台北：時報出版公司，民國六十七年。

伍啓元，公共政策（上）（下）。台北：台灣商務印書館，民國七十四年。

木下廣居著，陳鵬仁譯，英國的國會。台北：幼獅文化公司，民國八十一年三月，三版。

台灣省政府新聞處編，台灣光復三十五年。台中：台灣省政府新聞處，民國六十九年。

台灣省政府新聞處編，台灣光復四十年專輯。台中：台灣省政府新聞處，民國七十四年。

台灣省政府新聞處編，民主憲政的理想與實踐。台中：台灣省政府新聞處，民國七十四年。

台灣省政府新聞處編，「經濟建設篇」台灣經濟發展的經驗與模式。台中：台灣省新聞處，民國七十四年。

左潞生，比較憲法。台北：正中書局，民國六十九年十月，台八版。

民主基金會編，台灣地區政治民主化的回顧與展望研討會論文集。台北：民主基金會，民國八十年。

Huntington, Samuel P.原著，江炳倫等譯，轉變中社會的政治秩序。台北：黎明文化事業公司，民國七十二年十月。

江炳倫，政治發展的理論。台北：台灣商務印書館，民國六十八年六月，四版。

江炳倫，政治學論叢。台北：華欣文化事業中心，民國六十五年十月。

江炳倫，政治文化導論。台北：正中書局，民國七十二年。

江炳倫，參與、開放、互信。台北：時報文化公司，民國七十四年三月。

朱諶，孫中山先生思想與中華民國憲法。台北：大海文化事業，民國八十年六月。

朱諶，憲政分權理論及其制度。台北：五南圖書公司，民國八十五年一月。

朱雲漢、黃德福合著，建立台灣政治經濟新秩序。台北：國家政治研究中心，一九八九年。

西川潤著，吳樹文譯，世界經濟入門。香港商務印書館，一九八八年。

司法院祕書處編，司法院大法官會議解釋彙編。台北：司法院祕書處，民國五十三年一月。

共黨問題研究中心編印，兩岸關係大事紀 — 民國八十年。台北：共黨問題研究中心，民國八十一年四月。

行政院新聞局編印，蔣故總統經國先生七十五、七十六及七十七年言論集。台北：新聞局，民國七十七年六月。

行政院新聞局編，對中共所謂「不排除使用武力犯台」之研析。台北：新聞局，民國八十年。

呂亞力，政治發展與民主。台北：五南圖書公司，民國六十八年十月。

呂亞力，政治學。台北：五南圖書公司，民國七十二年十二月。

吳庚，選舉與政治參與。台北：國民大會憲政研討會，民國七十年五月。

吳東野，政黨民主與政黨政治。台北：民主基金會，民國八十一年三月。

吳介民、林碧炤、林正義等著，兩岸開放二十年回顧與展望。台北：遠景基金會，2007年

余堅，英美政黨政治。台北：帕米爾書店，民國四十一年六月，二版。

余玉賢主編，台灣農業發展論文集。台北：聯經出版公司，民國六十四年九月。

余英時，「吾見其進，未見其止 — 經國先生的現實與理想」，歷史巨人的遺愛。台北：中央日報社，民國七十七年。

李本京，七十年中美關係評估。台北：黎明文化公司，民國七十四年。

李筱峰，台灣民主運動四十年。台北：自立晚報出版社，民國七十六年十月。

李炳南，憲政改革與國是會議。台北：永然文化出版公司，民國八十一年四月。

李炳南，憲政改革與國民大會。台北：月旦出版社，民國八十三年。

李炳南，二000台灣憲政。台北：海峽學術出版社，二00三年十二月。

李念祖編著，從動員戡亂到民主憲政。台北：民主文教基金會，民國八十年十一月。

李國鼎，台灣經濟快速成長的經驗。台北：正中書局，民國六十九年七月，三版。

李明等，世界各國主要政黨內部運作之研究。台北：正中書局，民國七十九年。

李瞻，我國電視系統與政治之探討。台北：行政院研考會，民國六十八年十月。

李光平，政治共識與政治穩定。台北：黎明文化公司，民國七十二年七月。

杜蘅之，中美新關係與國際法。台北：台灣商務印書館，民國七十二年。

杜蘅之，「美國對中華民國安全承諾之分析」，台灣關係及其他。人人文庫，台北：台灣商務印書館，民國七十三年。

沈雲龍，民國史事與人物論叢。台北：傳記文學出版社，民國七十年九月。

邢國強主編，華人地區發展經驗與中國前途。台北：政大國關中心，民國七十七年七月。

高旭輝，五權憲法理論與制度。台北：國父遺教會，民國六十年。

高永光編著，修憲手冊。台北：民主文教基金會，民國八十年十一月。

邵宗海，當代大陸政策。台北：生智文化公司，民國九十二年十二月。

曾維宗譯，飄泊的心靈 — 現代化過程中的意識變遷。台北：巨流圖書公司。民國六十年八月。

金耀基等，中國現代化的歷程。台北：時報文化公司，民國七十年六月。

金耀基，中國民主之困局與發展。台北時報文化公司，民國七十三年九月。

金耀基，中國現代化與知識份子。台北：言心出版社，民國六十六年九月。

金耀基，從傳統到現在。台北：時報文化公司，民國七十六年。

金達凱，中共統戰策略研究。台北：黎明文化公司，民國七十四年十月。

金體乾，台灣的地方自治。台北：正中書局，民國三十九年。

易君博，政治理論與研究方法。台北：三民書局，民國七十九年九月。

林正義，台灣安全三角習題。台北：桂冠圖書公司，一九八九年十一月。

林桂圃，民權主義新論（上）（下）。台北：中國文化學院出版部，民國五十八年五月，增訂三版。

林嘉誠，政治系統的工程師 — 伊斯頓。台北：允晨文化公司，民國七十一年十一月。

林毓生，政治秩序與多元社會。台北：聯經出版公司，民國七十八年五月。

林紀東，中華民國憲法釋論。台北：大中國圖書公司，民國六十六年四月，三十一版。

林子儀，言論自由與新聞自由。台北：月旦出版社，一九九三年四月。

林布隆（Lindblom, Charles N.）原著，王聖生譯，政策制定過程。台北：國立編譯館，民國七十四年九月。

林碧炤主編，李明、邱坤玄、孫國祥等箸，兩岸外交休兵新思維。台北：遠景基金會，2008。

段紹禋，最新六法判解彙編。台北：三民書局，民國七十二年七月，七版。

周玉蔻，李登輝的一千天。台北：麥田出版社，民國八十二年。

周煌明，農地改革研究。台北：帕米爾書店，民國七十二年五月。

耿雲卿，中華民國憲法論。台北：華欣文化事業中心，民國七十一年五月。

郎裕憲、陳文俊編著，中華民國選舉史。台北：中央選委會，民國七十六年六月。

美國參議院司法委員會編，太平洋學會調查報告。台北：黎明文化公司，民國六十二年一月，二版。

革命文獻，第六十九輯，「中國國民黨宣言集」。台北：中國國民黨中央黨史會，民國六十五年十一月。

革命文獻，第七十輯，「中國國民黨黨章政綱集」。台北：中國國民黨中央黨史會，民國六十五年十一月。

革命文獻，第七十九輯，「中國國民黨歷屆歷次中全會重要決議案彙編〈一〉」。台北：中國國民黨中央黨史會，民國六十八年六月。

南方朔，帝國主義與台灣獨立運動。台北：四季出版社，民國七十年。

若林正丈著，張炎憲譯，轉型期的台灣 ── 脫內戰化的政治。台北：故鄉出版社，民國七十八年十二月。

若林正丈、松永正義著，廖兆陽譯，中日會診台灣 ── 轉型期的政治。台北：故鄉出版社，民國七十七年。

立法院編印，政黨初選。台北：立法院圖書館，民國七十八年十一月。

胡祖慶，中國政治的變與常。台北：五南圖書公司，民國七十八年五月，再版。

Ranney, Austin 原著，胡祖慶譯，政治學。台北：五南圖書公司，民國八十年七月，二版。

荊知仁，憲政論衡。台北：台灣商務印魯館，民國七十二年十月。

胡春惠編，民國憲政運動。台北：正中書局，民國六十七年。

胡家斌，我國新選舉罷免制度之研究。台北：黎明文化公司，民國八十一年七月。

唐納著，馬康莊譯，社會學理論的結構。台北：桂冠圖書公司，民國七十八年七月。

唐光華，政治文化的沈思者 ── 白魯恂。台北：允晨文化公司，民國七十一年十一月。

祝基瀅，傳播、社會、科技。台北：台灣商務印書館，民國七十五年四月。

高希均，台灣經驗四十年。台北；天下文化出版，一九九一年一月。

高源清，日本人看台海政治發展。台北：故鄉出版社，民國七十七年六月。

高棣民（Gold, T.B.）著，胡嘉煜譯，從國家與社會的角度觀察 ── 台灣奇蹟。台北：洞察出版社，民國七十六年十一月。

浦薛鳳，政治論叢。台北：正中書局，民國五十六年九月，二版。

馬起華，政治學精義（上）（下）。台北：帕米爾書店，民國七十一年七月，六版。

馬起華，現代政治思潮。台北：黎明文化公司，民國六十六年二月。

馬起華，政治行爲。台北：正中書局，民國五十六年一月。

馬起華，街頭運動之研究。台北：中華民國公共秩序研究會，民國七十六年九月。

馬起華，台獨研究。台北，.中華民國公共秩序研究會，民國七十七年十二月。

馬起華，台獨誌。台北：中華民國公共秩序研究會，民國八十一年十月。

馬起華，民主與法治。台北：黎明文化公司，民國六十九年。

馬起華，當前政治問題研究。台北：黎明文化公司，民國八十年一月。

馬起華，民權主義與民主憲政。台北：正中書局，民國八十一年十一月。

Roxborough, Ian 原著，馬紹章譯，發展理論。台北：聯經出版社，民國七十九年
    九月。

國民大會祕書處編，第一屆國民大會實錄。台北：國民大會祕書處，民國五十年。

國民大會祕書處編，國民大會實錄。南京：國民大會祕書處，民國三十五年十二
    月。

國民大會祕書處編，國民大會統計輯要。台北：國民大會祕書處，民國八十年十
    二月。

國民大會祕書處編，第二屆國民大會第四次臨時會修憲提案。台北：國民大會祕
    書處，民國八十三年五月。

國民大會憲政研討會編，各國政黨政治。台北：正中書局，民國七十年四月。

國是會議祕書處編，國是會議實錄。（未出版）

國家發展會議秘書處編，國家發展會議實錄。台北：國家發展會議秘書處，民國
    八十六年五月。

國家政策研究中心編，台灣歷史年表：終戰篇。台北：國家政策研究資料中心，
    民國七十九年十一月。

國家政策研究資料中心編，改革憲政。台北：國家政策研究資料中心，民國七十
    九年四月。

程全生，政黨與政黨政治。台北：華聯出版社，民國七十八年四月，四版。

程福星等編，美麗島事件後的黨外。台北：自發行，出版年不詳。

許倬雲等，站在歷史的轉戾點上。台北：正中書局，民國七十九年十一月，台初
    版第二次印行。

許倬雲，挑戰與更新。台北：時報文化公司，民國七十七年四月。

許介鱗，政黨政治的秩序與倫理。台北：國家政策研究資料中心，民國七十八年
    四月。

許嘉猷，社會階層化與社會流動。台北：三民書局，民國七十五年五月。

許唯民，台灣生存之戰 — 國民黨遷台四十年十大危機。台北：群倫出版社，民
    國七十六年。

黃年，李登輝的憲法變奏曲。台北，聯經出版社，1998 年 1 月

袁頌西等編，中華民國選舉罷免制度。台北：中央選委會，民國七十四年六月。

陳鴻瑜，政治發展理論。台北桂冠圖書公司，民國七十六年十月，三版。

陳義彥，台灣地區大學生政治社會化之研究。台北：德成書局，民國六十八年
　　十二月。

陳義彥、盛杏湲，「台灣地區民眾接觸政府參與行爲的影響因素」，中央研究院民
　　族學研究所專刊乙種之二十，民國七十七年。

陳其南，關鍵年代的台灣。台北：允晨文化公司，民國七十七年。

陳啓天，寄園回憶錄。台北：台灣商務印魯館，民國六十一年十月，增訂一版。

陳水逢，現代政黨政治論。台北：中日文教基金會，民國八十年四月。

陳新銘，國民政府制憲之史實與成就。台北：黎明文化公司，民國六十六年四月。

陳陽德，政黨與政黨政治。台北：中央文物供應社，民國七十二年三月。

陳陽德，台灣地方政治菁英。台北：風雲論壇社，民國七十五年。

陳毓鈞，到民主之路。台北：永然文化出版，民國七十八年十一月。

陳志奇，美國對華政策三十年。台北：中華日報，民國六十九年。

陳一新，從台北看全球新秩序。台北：民主基金會，民國八十年十一月。

陳春生，國父政黨思想研究。台北：再興出版社，民國六十七年。

陳秉璋、陳信木合著，邁向現代化。台北：桂冠圖書公司，民國七十七年十一月。

陳新民主撰，1990-2000 年台灣修憲紀實。台北：學林文化公司，2002 年 2 月。

陳世敏，媒介批評。台北：台灣商務印書館，民國七十七年五月。

Kubek, A.原著，陳國儁譯，遠東是怎樣失去的。台北：新中國出版社，民國五十
　　九年五月。

康綠島，李國鼎口述歷史 ― 話說台灣經驗。台北：卓越文化公司，民國八十二
　　年十二月。

孫正豐，革命民主政黨論。台北：黎明文化公司，民國六十七年三月。

孫子和，民國政黨史料。台北：正中書局，民國七十年十月。

傅啓學，中華民國監察院之研究。台北：自發行，民國五十六年。

黎明文化公司編印，蔣故總統經國先生追思錄。台北：黎明文化公司，民國七十
　　七年十月，三版。

關中，美國外交與對華政策。台北：幼獅文化公司，民國六十八年，再版。

曹俊漢，公共政策。台北：三民書局，民國七十九年九月。

曹俊漢，憲政革新與政黨政治。台北民主基金會出版，民國八十年十一月。

盛杏湲，國民黨與黨外 ― 中央後援會選舉競爭之研究。台北：桂冠圖書公司，
　　民國七十五年，十一月。

郭秋永譯，民主政治理論。台北：正中書局，民國七十年八月。

郭秋永，政治參與。台北：幼獅文化公司，民國八十二年十一月。

趙明義，當代國際關係綜論。台北：帕米爾書店，民國七十四年十月，增訂二版。

趙永茂，台灣地方派系與地方建設之關係。台北：德馨出版社，民國六十七年五
　　月。

彭錦鵬，政治安定的設計家 ― 韓廷頓。台北：允晨文化公司，民國七十一年十
　　一月。

彭懷恩，政治轉戾點的挑戰。台北：嵩山出版社，民國六十九年十一月。

彭懷恩，精英民主理論評介。台北：正中書局，民國七十二年二月，台初版。

彭懷恩，中華民國政治體系的分析。台北：時報文化公司，民國七十四年十一月。

彭懷恩，當代各國政體導讀。台北：洞察出版社，民國七十五年十一月。

彭懷恩，透視黨外組織。台北：風雲論壇社，民國七十五年十二月。

彭懷恩，從政制發展看台灣政黨體系。台北：洞察出版社，民國七十六年九月。

彭懷恩，台灣政治變遷四十年。台北：自立晚報，民國七十六年十月。

彭懷恩，台灣發展的政治經濟分析。台北：風雲論壇出版社，民國八十年十月。

彭懷恩，中國政治文化的轉型 — 台灣政治心理取向。台北：風雲論壇出版社，民國八十一年一月。

彭懷恩，中華民國政府與政治。台北：風雲論壇出版社，民國八十二年二月。

彭懷恩，台灣政黨政治。台北：風雲論壇出版社，民國八十三年五月。

彭芸，新聞媒介與政治。台北：黎明文化公司，民國八十一年七月。

張京育，前瞻與期待。台北：幼獅文化公司，民國七十七年十二月。

張京育，國際關係與國際政治。台北：幼獅文化公司，民國七十七年五月。

張京育編，中華民國民主化 — 過程、制度與影響。台北：政大國關中心，民國八十一年。

張世賢，政策分析的導師 — 林布隆。台北：允晨文化公司，民國七十一年十一月。

張基元譯，開發中國家的政治參與。台北：政治作戰學校，民國七十四年六月。

張明貴譯，政治人。台北：桂冠圖書公司，民國七十年。

張明貴譯，多元政治 — 參與和反對。台北：唐山出版社，民國七十八年。

張金鑑，動態政治學。台北：七友出版公司，民國六十六年九月。

張金鑑，政治學概要。台北：三民書局，民國七十五年九月，七版。

張劍寒，戒嚴法研究。台北：漢苑出版社，民國六十五年六月。

張劍寒，民權主義與政治建設。台北：國立編譯館，民國七十年一月。

張劍寒等著，動態政治。台北：台灣商務印書館，民國六十五年四月，三版。

張茂桂，社會運動與政治轉化。台北：國家政策研究資料中心，民國七十九年二月。

張知本，憲法論。台北：三民書局，民國六十八年二月，台三版。

張知本，中國立憲故事。台北：大中國圖書公司，民國四十五年一月。

張其昀，國民黨的新生。台北：中央文物供應社，民國四十一年十二月。

張君勱，國憲議。台北：台灣商務印書館，民國五十九年二月。

張君勱，中華民國民主憲法十講。台北：台灣商務印書館，民國六十年二月，台一版。

張俊宏，我的沈思與奮鬥。台北：自發行，民國六十六年十月。

張俊宏主編，到執政之路：「地方包圍中央」的理論與實際。台北：南方叢書出

版社，七十八年六月。

張治安，中國憲法及政府。台北：五南圖書公司，民國八十三年十月，增訂三版。

張國城，兩岸關係概論。台北：華梵大學人文教育研究中心，民國九十八年九月。

張佐華，英國政府。台北：自發行，民國六十一年一月。

張台麟，法國政府與政治。台北：漢威出版社，民國七十九年六月。

黃炎東，自由民主與政黨政治 — 透視我國民主政治發展方向。台北：聯經出版公司，民國七十六年七月。

黃炎東，政黨政治與選舉。台北：五南圖書公司，民國七十九年六月。

黃天榮譯，政治社會學。台北：政治作戰學校，民國七十九年六月。

黃香山主編，國民大會特輯。南京：東方出版社，民國三十六年九月，再版。

黃德福，民主進步黨與台灣地區政治民主化。台北：時英出版社，民國八十一年。

Dahl, Robert A.原著，黃德福譯，「政府與反對派」，幼獅文化公司編譯，總體政治理論。台北：幼獅文化公司，民國七十二年六月。

黃紀等譯，政治學名著精選。台北：洪流出版社，民國六十八年一月。

華力進，行為主義評介。台北：經世書局，民國七十二年三月，再版。

華力進，政治學。台北：經世書局，民國七十八年三月。

華力進，二屆國代選舉之評估。台北：理論與政策雜誌社，民國八十一年六月。

齊光裕，「台灣經驗」與中國前途。台北：國防部總政治作戰部，民國八十一年十一月。

齊光裕，憲法與憲政。台北：揚智文化公司，民國八十五年十一月。

齊光裕，中華民國的憲政發展。台北：揚智文化公司，民國八十七年十一月。

齊光裕，違憲審查與政治問題。台北：揚智文化公司，民國九十二年一月。

齊光裕，中亞五國政治發展。台北：文笙書局，民國九十八年十月。

崔書琴，三民主義新論。台北；台灣商務印書館，民國七十年九月。

裘兆琳編，中美關係報告：一九八五 — 一九八七。台北：中研院美研所，民國七十八年。

鄒文海，政治學。台北：三民書局，民國八十年十一月，二十二版。

葛永光，現代化的困境與調適 — 共信共識與國家前途。台北：幼獅出版社，民國七十六年。

葛永光，現代化的調適與困境：中華民國轉型期的經驗。台北：幼獅文化公司，民國七十八年一月。

葛永光，政治變遷與發展 — 台灣經驗的探索。台北：幼獅文化公司，民國七十八年四月。

新黨全國競選暨發展委員會編，「為誰而戰？為誰修憲？第四階段修憲總批判」。台北：新黨全國競選暨發展委員會，民國八十六年五月。

談子民，政黨論。台北：正中書局，民國五十九年八月。

管歐，憲法新論。台北：五南圖書公司，民國六十九年七月，七版。

董翔飛，中華民國選舉概況。台北：中央選舉委員會，民國七十三年。

董翔飛，中國憲法與政府。台北，自發行，民國八十九年十月，大修訂四十版。

董翔飛，大法官解釋文與我的不同意見書。台北：自發行，民國八十八年十二月。

虞義輝，台灣意識的多面向：百年兩岸的民族主義。台北：黎明文化公司，民國
　一00年。

楊日旭，美國憲政與民主自由。台北：黎明文化公司，民國七十八年一月。

楊旭聲，台灣黨外運動三大波 — 透視黨外勢力。台北：風雲論壇社，民國七十
　二年十二月。

楊旭聲等著，透視接班動向。台北：風雲論壇社，民國七十三年。

楊泰順，政黨政治與台灣民主化。台北：民主基金會，民國八十年十一月。

Finkle, Jason L. & Gable, Richard W.原著，翟國瑾譯，政治發展與社會變遷。台北：
　政治作戰學校，民國六十七年六月。

雷震，雷震回憶錄 — 我的母親續篇。香港：七十年代社，一九七八年。

雷震，雷震家書。台北：遠流出版公司，二00三年九月。

雷震，雷震回憶錄之新黨運動黑皮書。台北：遠流出版公司，二00三年九月。

鄭牧心，台灣議會政治四十年。台北：自立晚報，民國八十年十一月。

蕭新煌，「多元化過程中社會與國家關係的重組」 — 台灣新興社會運動。台北
　：巨流圖書公司，民國七十年。

蕭新煌等著，壟斷與剝削 — 威權主義的政治經濟分析。台北：台灣研究基金會
　，民國七十八年。

蕭全政，政治與經濟的整合。台北：桂冠圖書公司，一九八八年。

蕭全政，台灣地區的新重商主義。台北：國家政策研究資料中心，一九八九年。

蕭公權，憲政與民主。台北：聯經出版公司，民國七十一年。

鄧小平，鄧小平文選。北京：外國語文出版社，一九八四年。

蔡文輝，行動理論的奠基者 — 派深思。台北：允晨文化出版，民國七十一年十
　一月。

蔡文輝，社會變遷。台北：三民書局，民國七十二年九月。

蔡文輝，社會發展理論。台北：巨流圖書公司，民國七十六年八月。

蔡明哲，社會發展理論 — 人性與鄉村發展取向。台北：巨流圖書公司，民國七
　十六年八月。

蔡宏進，台灣社會的發展問題。台北：漢新出版社，民國七十二年五月。

蔡政文、林嘉誠，台海兩岸政治關係。台北：國家政策研究資料中心，民國七十
　九年三月，二版。

蔡政文等著，我國對外政策與行動取向。台北：國家政策中心，民國八十年。

劉慶瑞，中華民國憲法要義。台北：三民書局，民國七十四年五月，十三版。

劉錫五，中華民國行憲史。台北：中華文化出版事業委員會，民國四十七年。

劉錫五，中華民國國民大會志。台北：民主憲政雜誌社，民國五十六年。

蔣總統思想言論集編輯委員會編，蔣總統思想言論集。台北：蔣總統思想言論集
　編輯委員會，民國五十五年十月。

賴澤涵主編，光復後台灣地區發展經驗。台北：中央研究院，民國八十年十月。

蘇永欽，違憲審查。台北：學林文化公司，1999 年 1 月。

蘇嘉宏，增修中華民國憲法要義。台北：東華書局，民國九十一年八月，四版。

謝瀛洲，中華民國憲法論。台北：自發行，民國四十三年三月。

謝瑞智，憲法精義（表解）。台北：文笙書局，民國七十八年三月。

謝瑞智，憲法大辭典。台北：國家發展策進會，民國八十年。

謝瑞智，民主政治與選舉罷免法。台北：黎明文化公司，民國七十七年十月。

謝瑞智，修憲春秋。台北：文笙書局，民國八十三年十一月，增訂本。

謝瑞智，憲政體制與民主政治。台北：文笙書局，民國九十七年五月，增訂六版。

謝瑞智，政治變遷與國家發展。台北：文笙書局，民國九十九年三月，二版。

謝政道，中華民國修憲史。台北：揚智文化公司，二 00 一年六月。

龍冠海，社會變遷。台北：三民書局，民國七十五年十月。

魏鏞，蛻變。台北：卓越文化公司，一九九〇年三月。

Cohen, John 原著，聶崇信、朱秀賢譯，民主概論。台北：台灣商務印書館，民國七十九年。

薩孟武，政治學。台北：三民書局，民國七十二年一月，增訂新版。

羅志淵，中國憲法與政府。台北：正中書局，民國六十八年，三版。

羅志淵，美國政府與政治。台北：台海商務印書館，民國七十一年五月，五版。

嚴家其，聯邦中國構想。台北：聯經出版社，民國八十一年十一月。

二、期刊暨論文

丁仁方，利益團體在政策過程中影響之評估。國立台灣大學，政治研究所，碩士論文，民國七十五年。

王震寰，「台灣的政治轉型與反對運動」，台灣社會研究季刊（春季號），第二卷，第一期，民國七十八年三月。

王業立，「中央民代選舉制度與政黨發展」，民主基金會主辦，政黨政治與民主憲政學術研討會，民國八十年三月廿九日。

王業立，「相對多數決制下的政黨競爭」，理論與政策，第八卷，第二期，一九九四年二月。

王業立，「總統民選與民主政治」，新國民黨連線主辦「中華民國憲政改革」學術研討會論文，民國七十九年十二月。

王業立，「我國政黨提名政策之研究」，中國政治學會、聯合報文化基金會合辦「戰後台灣政治發展」學術研討會論文，民國八十四年十月。

王建煊，「開創我國金融發展之新紀元」，中華民國八十年全國金融會議專題報告，財政部，民國八十年。

方人也，「評選舉罷免法之修正」，憲政評論，第廿五卷，第八期，民國八十三年八月。

中央月刊，第二十一卷，第三期，民國七十七年三月。

中央月刊，第二十一卷，第八期，民國七十七年八月。

中央月刊，第二十四卷，第六期，民國八十年六月。

中央月刊，第二十五卷，第一期，民國八十一年一月。

包斯文，「輕舟已過萬重山 ─ 黨外在地方選舉上的若干作爲」，時報雜誌，第一○四期。

田弘茂，「現階段與台灣未來的內外政局 ─ 一個海外學者的觀點」，中國論壇，第二四七期。

朱芩樓譯，「政治社會學的研究主題」，憲政思潮，第二十五期，民國六十三年一月。

朱雲漢，台灣地區政治參與模式之研究，國立台灣大學，政治研究所，碩士論文，民國六十八年六月。

朱雲漢，「從總體社會結構的變遷看自力救濟街頭運動的湧現」，明德基金會主辦，「自力救濟與公權力」座談會，民國七十七年。

朱雲漢，「社會抗議與政治民主化」，政治科學論叢，第一期，民國七十九年四月。

朱雲漢、廖益興，「台灣的憲改政治」，中國政治學會、聯合報文教基金會合辦「戰後台灣政治發展」學術研討會，民國八十四年十月二十一日。

江炳倫，「比較政治研究的新趨勢」，東方雜誌，復刊第五卷第六期。

江炳倫，「現代化與政治發展」，中國論壇，第十一卷，第五期，民國六十九年十二月十日。

江炳倫，「我國政黨政治的現況與未來」，中國論壇，第二四八期，民國七十五年一月。

江炳倫，「政黨與政黨體系研究」，國立政治大學學報，第六十二期，民國七十九年十二月。

江啓元，解嚴後台灣地區政治穩定之研究，私立中國文化大學，政治研究所，碩士論文，民國八十年。

任德厚，「發展中之國家憲政問題」，憲政思潮，第四十三期，民國六十七年九月。

宋國誠，「中華民國大陸政策與中共對台政策的比較評估」，中國大陸研究，第三十五卷，第一期。

余英時，「和平演變與中國遠景」，今日中國，第三五○期，民國八十一年三月十五日。

史尚寬，「如何解釋憲法」，法學叢刊，第五卷，第一期，民國五十一年三月。

吳文程，「選舉與政治發展：中華民國的例證」，政治學報，第十六期，民國七十七年十二月。

吳文程，「中國國民黨黨內民主化的芻議」，中國國民黨北知青黨部主辦，「九十年代國民黨的挑戰與回應」學術研討會論文，民國七十九年六月。

吳文程，「修憲後總統與國大關係」，中山社會科學季刊，民國八十一年六月。

吳文程，「從二屆立委選舉看政黨政治的發展」，政治評論，第六○一期，民國八十二年二月。

吳乃德，「搜尋民主化的動力：兼談民主轉型的研究取向」，台灣社會研究季刊，

第二卷第一期，民國七十八年三月。

吳乃德，「不確定的民主未來：解釋台灣政治自由化現象」，時報文教基金會主辦，「中國民主前途」學術研討會論文，民國七十八年。

吳劍變，「領導精英與台灣的政治民主化」，東亞季刊，第二十四卷，第一期，民國八十一年十二月。

吳中立，「中華民國經濟發展的回顧與展望」，第七屆中韓學術會議論文，民國七十八年十一月。

吳安家，「未來中共可能的談判策略，組織及人員之模擬分析」，中時晚報主辦，「兩岸事務性、功能性和政治性接觸談判」學術研討會論文，民國八十年八月三十一日。

台灣基督長老教會，「台灣基督長老教會對國是的聲明和建議」，台獨，創刊號，一九七二年三月。

呂亞力，「政治自由化與民主化發展」，二十一世紀基金會，時報文教基金會主辦「台灣經驗新階段：持續與創新」公共政策研討會論文，民國七十九年二月。

何振盛，戒嚴時期台灣地區的民主化與政治變遷，國立政治大學，三民主義研究所，碩士論文，民國七十八年一月。

谷祖盛，臨時條款與憲法的適應或成長，政治作戰學校，政治研究所，碩士論文，民國七十三年六月。

李雲漢，「中國國民黨遷台前後的改造與創新（一九四九 — 一九五二）」，近代中國，第八十七期，民國八十一年二月。

李子堅，「我所認識的雷敬寰先生，訪前自由中國編輯黃中」，亞洲人，第四卷，第四期，一九八三年三月一日。

李東明，「經國先生與台灣地區的政治發展（一九七二 — 一九七八）」，憲政思潮，第八十一期，民國七十七年。

李英明，「海峽交流基金會的角色與功能之研究」，民主基金會主辦，「兩岸關係與中國前途」研討會論文，民國八十一年十一月。

李惠宗，「國家組織法的憲法解釋 — 兼評司法院大法官會議釋字三八七與四一九號解釋」，台大法學論叢，第廿六卷，第四期，民國八十六年七月。

邱垂亮，「制度民主化的政治生態圖」，中國論壇，第八期，民國八十年六月。

易君博，「政治社會化的分析」，憲政思潮，第十二期，民國五十九年十月。

林嘉誠，「台灣的社會變遷與反對運動」，中國論壇，第三三五期，民國七十八年九月。

林嘉誠，台北地區大學生的政治態度與政治參與，國立台灣大學，政治研究所，博士論文，民國六十九年十二月。

林佳龍，「國民黨與民進黨的群眾基礎：台灣選民政黨支持的比較分析」，國立政治大政治研究所，碩士論文，民國七十八年。

林東泰，「台灣地區大眾傳播媒體與政治民主化歷程」，民主基金會主辦，「台灣地區民主化的回顧與展望」學術研討會論文，民國八十年。

林國棟，「基層選舉與政黨政治」，博愛雜誌，第十七卷，第三期，民國八十三年五月。

林正義，「斷交後美國政府對中華民國政治發展的影響」，美國月刊，第五卷，第二期，民國七十六年一月。

林正義，「模糊戰略、戰略明確、或雙重明確：美國預防台海危機的政策辯護」，遠景基金會季刊，第八卷，第一期，2007 年 1 月。

周軍呼，台獨意識形態及其策略之研究，政治作戰學校，政治研究所，碩士論文，民國六十九年。

周陽山，「東亞的民主化浪潮 ─ 觀念層次的澄清」，亞洲與世界文摘，第九卷，第三期，民國七十七年九月。

周陽山，「民主化、自由化與威權轉型 ─ 國際經驗的比較，國立台灣大學中山學術論叢，第八期，民國七十七年十二月。

周祖誠，「選舉競爭與台灣反對運動的發展」，政治學報，第二十期，民國八十一年十二月。

范珍輝，「政治文化與經濟發展」，憲政思潮，第廿一期，民國六十二年一月。

洪哲勝、田台仁，「台灣的民族問題」，台獨季刊，第四期，一九八二年。

姚競之，「中共對台策略之演變」，共黨問題研究，第十三卷，第十一期，民國七十六年。

馬立引，國民黨政府與台灣政治發展，國立台灣大學，政治研究所，碩士論文，民國七十七年五月。

胡適，「『自由中國』的宗旨」，自由中國半月刊，第一卷，第一期，民國三十八年十一月二十日。

胡佛，「當前政治民主化與憲政結構」，國家政策研究資料中心：「一九八九年民間國建會憲政改革組」引言報告，民國七十八年十二月。

胡佛，游盈隆，「選民的黨派選擇、態度取向及個人背景的分析」，政治學報，第十二期，民國七十三年。

胡佛、陳明通，「政治體系與選舉行爲：理論架構的建構與探討」，中國政治學會編，投票行爲與選舉文化研討會論文集，民國七十五年。

高朗，「總統、行政院、立法院之關係問題」，政治大學修憲研討會，民國八十年六月。

高崇雲，「南韓政局峰迴路轉」，亞洲與世界文摘，第七卷，第二期，民國七十六年八月。

徐振國，「台灣政治發展：從威權政治體系到民主政治發展」，中國政治學會主辦，「政治革新與國家發展」學術研討會論文，民國七十七年十一月。

郭婉容，「我國的經濟發展對民主化之影響」，理論與政策，第一卷，第二期，民國七十六年一月。

殷海光，「是什麼，就說什麼」，自由中國，第十七卷，第三期，民國四十六年八月。

梁欽堯，政治發展與政黨轉型：中國國民黨民主化之研究，國立政治大學，政治研究所，碩士論文，民國七十九年六月。

陳滄海，「選舉與我國政黨政治」，三民主義學報，第十四期，民國七十九年七月。

陳滄海，「憲政改革與政黨協商 ─ 民國八十六年修憲政黨協商紀實」，近代中國雙月刊，第一二二期，民國八十六年十二月。

陳朝平，「金錢、政客、蝕 ─ 爲當前台灣政經關係把脈」，聯合月刊，第十期，民國七十一年五月。

陳德禹，「論政治衝突」，憲政思潮，第四十九期，民國六十九年三月。

陳鴻瑜，「彈性外交的兩難情結」，時報雜誌，第一四〇期。

陳一新，「中國國民黨黨務革新與黨內民主」，政黨政治與民主憲政學術研討會論文，民國八十年。

陳耕，「兩項自治法立法太粗糙」，憲政評論，第二十五卷，第八期，民國八十三年八月。

陳春生，「談總統選舉之方式」，憲政時代，第十八卷，第四期，民國八十二年四月。

陳聰勝，「行政院人事行政局地位與組織之研究」，國立台灣大學，政治研究所，碩士論文，民國五十九年六月。

陳慧中，「政府遷台後我國政黨政治運作之研究」，政治作戰學校，政治研究所，碩士論文，民國七十七年六月。

秦孝儀，「革命民主政黨的本質與時義初詮」，近代中國，第五十五期，民國七十五年十月。

許宗力，「動員戡亂時期臨時條款之法律問題」，中國比較法學會學報，第九輯，民國七十七年六月。

許福明，中國國民黨的改造，一九五〇 ─ 一九五二，國立台灣大學，三民主義研究所，碩士論文，民國七十五年。

莊輝濤，中山先生的權能區分思想與當代民主政治的運作，政治大學，三民主義研究所，碩士論文，民國七十二年六月。

莊錦農譯，「利益團體與公共政策之形成」，憲政思潮，第三十五期，民國六十五年六月。

黃德福，暴力與發展中國家的政治參與，國立政治大學，政治研究所，碩士論文，民國六十九年。

黃德福，「民進黨的組織體質與權力生態：一九八六 ─ 一九九二」，政治學報，第二十期，民國八十一年十二月。

郭俊次，「我國利益團體對公共政策的影響」，中國行政，第三十九期，民國七十四年八月。

郭進隆，政治穩定理論之研究。國立政治大學，政治研究所，碩士論文，民國六十四年。

張茂桂，「八十年代台灣社會運動風潮與政治轉化」，國策季刊，第一期，一九八

九年三月。

張紹文，「中國民主運動發展（二）台灣部份」座談，八十年代，第四卷，第一期，民國七十一年二月。

張忠棟，「國民黨台灣執政四十年」，中國論壇，三一九期，民國七十八年一月。

張家銘，「支配與挑戰之間：台灣社會發展的多元化態勢」，中國論壇，第二九八期，民國七十七年二月。

張煥卿譯，「選舉與政治權威：英美兩國選舉角色的探討」，憲政思潮，第五十期，民國六十九年六月。

張念鎮，「當前中共和平統戰策略剖析」，問題研究，第十八卷，第六期。

張佑宗，「對台灣『政治自由化與民主化』的解釋問題」，政治學刊，創刊號，一九九〇年九月。

張淑雅，「中美共同防禦條約的簽訂」，歐美研究，第廿四卷，第二期，民國八十三年六月。

張淑雅，「台海危機前美國對外島的政策 1953 ― 1954」，中央研究院近代史研究所集刊，第廿三期，民國八十三年六月。

張正莉，國民黨威權統治型態的轉型（一九八六年 ― 一九九二年），國立政治大學，政治研究所，碩士論文，民國八十二年。

張源愛，「『以官扮民，以民逼官』 ― 評中共成立『海協會』」，中國大陸，第廿五卷，第二期，民國八十一年二月。

張亞中，「對我國立法委員選舉制度之建議」，中華民國的未來：挑戰與反應學術研討會論文，民國七十六年十月。

孫徹，「多元化政治精英的呈現 ― 國民黨中常委組成的變遷」，聯合月刊，第三十一期，民國七十三年二月。

傅崑成，「修憲之後的中華民國總統權限」，中山大學社會科學季刊，第七卷，第二期，民國八十一年六月。

彭懷恩，「黨外挑戰與國民黨回應」，時報雜誌，第二一三期，民國七十二年十二月。

彭懷恩，「四十年來曲折多變的台灣反對運動」，當代雜誌，第九期，民國七十六年一月。

彭堅汶，「國家認同與當前台灣的政治發展」，近代中國，第七十八期，民國八十一年二月。

Feldman, Harvey J.原著，劉宗賢譯，「台灣正向前大步邁進」，亞洲與世界文摘，第八卷，第一期，民國七十八年一月。

劉義周，「我國憲法變遷的動力」，中國政治學會，聯合報文化基金會合辦，「戰後台灣政治發展」學術研討會論文，民國八十四年十月。

楊國樞，「中國人的現代化 ― 有關個人現代性之研究」，中研院民族所集刊，第三十七期，民國六十四年。

楊增暐，「我國創制複決制度之研究 ― 『創制複決法』草案各項版本之合憲性

分析」，中國文化大學，中山學術研究所，碩士論文，民國九十二年。

齊光裕，政治協商會議與我國民主憲政之發展，政治作戰學校，政治學研究所，碩士論文，民國七十四年六月。

齊光裕，我國違憲審查中「政治問題」之研究，國立台灣師範大學，三民主義研究所，博士論文，民國九十一年六月。

齊光裕，「『台灣經驗』與政治民主化」，近代中國，第九十七期、九十八期，民國八十二年十月、十二月。

齊光裕，「台灣地區社會多元化發展之研究」，革命思想，第七十八卷，第五期，民國八十四年五月。

齊光裕，台獨理論之研究，國防管理學院學報，第十九卷，第二期，民國八十七年十一月。

齊光裕，住民自決與公民投票的理論與實際，國魂月刊，第六四四期，民國八十八年七月。

齊光裕，台灣經濟自由化發展之研究，國立台灣師範大學政治研究所主辦，『海峽兩岸孫中山思想之研究與實踐學術研討會』論文，民國九十年五月。

齊光裕，民主政治如何與黑金脫鉤 — 以台灣為例，國防管理學院政治系「政治學論文集」，民國九十年六月。

齊光裕，我國釋憲制度之研究，近代中國，第一四七期，民國九十年十二月。

齊光裕，台灣九０年代憲改總檢視，國立台灣師範大學政治研究所主辦，『海峽兩岸孫中山思想之研究與實踐學術研討會』，民國九十三年十一月。

齊光裕，我國兩次政黨輪替的分析與展望，佛光大學未來學系主辦，『第七屆未來學論壇：兩次政黨輪替、兩岸與東協之未來研討會』，民國九十七年六月。

齊光裕，ECFA之經濟與政治面向析論，佛光大學未來學系主辦，「第九屆未來學論壇：ECFA與台灣之未來研討會」，民國九十九年六月。

齊光裕，文化與空間的對話 — 中華文化現代化的困境與省思，健行科技大學歐亞研究中心、中亞研究所主辦，文化與空間學術研討會，民國一００年五月。

齊光裕，台灣三位民選總統之兩岸政策初探，台灣政治學會、國立台灣師範大學政治學研究所主辦，『2012年台灣政治學會年會暨學術研討會』，民國一０一年十二月。

廖達琪、秦鳳英，「知識菁英團體對威權體制民主化的影響 — 『大學雜誌社』個案分析」，中山社會科學季刊，第七卷，第四期，民國八十一年十二月。

潘啓生，台灣地區政治抗爭之研究，一九七七 — 一九八八，國立政治大學，三民主義研究所，碩士論文，民國八十年一月。

葉萬安，「台灣地區實踐民生主義的經驗成果與展望」，台大中山學術論叢，第七期，民國七十六年。

葛永光，「國民黨民主化之研究」，中國國民黨北知青黨部主辦，「九０年代國民黨的挑戰與回應」學術研討會論文，民國七十九年六月。

葛永光，中日韓政黨體系的比較研究，國立台灣大學，政治研究所，碩士論文，

民國六十九年。

謝延庚，「現代政黨政治的主流及其趨向」，憲政思潮，第九十一期，民國七十九
　　年九月。

謝森中，「經濟發展的迷思 ─ 循序策略與整合作法」，自由中國之工業，第六十
　　八卷，第四期。

謝明德，解嚴後我國政黨政治之研究，政治作戰學校，政治研究所，碩士論文，
　　民國八十一年六月。

謝復生、牛銘實，「究竟三黨有何不同？─台灣政黨區隔之分析」，中國政治學會、
　　聯合報文化基金會合辦，「戰後台海政治發展」學術研討會論文，民國八十四
　　年十月二十日。

賴遠清，台灣地區解嚴後政治民主化轉型之研究，中央警官學校，警政研究所，
　　碩士論文，民國八十年六月。

賴淑珍譯，「衝突和衝突的管理」，憲政思潮，第四十九期，民國六十九年三月。

鄭貞銘，「大眾傳播在民主政治運作中的功能」，中華學報，第十卷，第二期，民
　　國七十二年七月。

薛琦，「發展台灣成爲亞太營運中心的意義與應有的作法」，理論與政策，第八卷，
　　第三期，民國八十三年五月。

蘇永欽，「國民大會的定位問題」，中山社會科學季刊，第七卷，第二期，民國八
　　十一年六月。

蕭新煌，「多元化過程中社會與國家關係的重組」，二十一世紀基金會、時報文教
　　基金會聯合主辦之「公共政策研討會」論文，民國七十九年二月。

蕭全政，「國民主義：台灣地區威權體制的政經轉型」，民主基金會主辦「台灣地
　　區政治民主化的回顧與展望」學術研討會論文，民國七十九年十一月。

繆玉青，「中華文化復興運動推行委員會成立二十週年」，中華文化復興月刊，第
　　二十卷，第七期。

繆寄虎譯，「『台獨』的基本理論」，中華雜誌，第二三八期，民國七十二年五月。

魏鏞，「爲成長、平等與民主而規劃 ─ 中華民國發展過程中的非經濟性因素」，
　　中央月刊，第二十卷，第十一期，民國七十六年十一月。

薄慶玖，「光復後台灣省縣市地方自治之演進」，中華民國歷史與文化學術研討
　　會，民國七十三年五月二十五日。

顏志榮，中華民國政治發展經驗，國立政治大學，三民主義研究所，碩士論文，
　　民國七十五年六月。

饒穎奇，「召開『國家發展會議』的時代意義」，政策月刊，第二十二期，1996
　　年12月。

龐建國：「台灣地區的社會運動與政治民主化」，民主基金會主辦「台灣地區政治
　　民主化的回顧與展望」學術研討會論文，民國七十九年十一月。

貳、英文部分

一、書籍（Books）

Almond, Gabriel A. & Powell, G. Bingham, Jr., Comparative Politics: A Development Approach, Boston: Little, Brown and Company, 1978.

Almond, G.A., Political Development: Essays in Heuristic Theory, Boston: Little, Brown and Company, 1970.

Almond, G. A.,& Verba, Sidney, The Civic Culture Political Attitudes & Democracy in Five Nations, Boston: Little, Brown and Company, 1965.

Almond G. A. & Coleman, J. S. (eds.), The Politics of the Developing Areas, Princeton: Princeton University Press, I960.

Burke, Edmund, "Thoughts in the Cause of Present Discontents", in the Works of Edmund Burke, London: Bahn, 1981.

Broon, L. & Selznick, P., Sociology, New York: Haiper & Row, 1977.

Blau & Duncan O.D., The American Occupational Structure, New work: Wiley, 1967.

Brock, C. & Tulasiewicz, W., eds., Cultural Identity & Educational Policy, Australia: Groom Helm Ltd., 1985.

Commission on Freedom of the Press, A Free and Responsible Press, Chicago: University of Chicago press, 1947.

Cline, S. Ray, "U.S. Foreign Policy for Asia", in Ramon H. Myers, ed., A U.S. Foreign Policy for Asia: The 1980s and Beyond, Stanford California: Hoover Institution press, 1982.

Copper, J.F., "Political Development in Taiwan", China & Taiwan Issue, ed., New York: Praeger, 1979.

Cheng, Tun-jen, et. al., eds., Political Change in Taiwan, Boulder: Lynne Rienner Publishers, 1992.

Chu, Yun-Han, Crafting Democracy in "Taiwan, "Taipei: Institution For National Policy Research, 1992.

Dahl, Robert A., Polyarchy: Participation & Opposition, New Haven: Yale University Press, 1971.

Dahl, Robert A., ed., Political Oppositions in Western Democracies, New Haven: Yale University Press, 1966.

Downs, Anthony, An Economic Theory of Democracy, New York: Harper & Row, 1957.

Dodd, C.H., Political Development, London: The Macmillan Press, Ltd., 1972,

Deutsch, karl W., "Social Mobilization and Political Development", in Jason L. Finlcle & Richard W. Gable, ed., Political Development and Social Change, 2d ed,. New York: John Wiley and Sons Inc., 1971.

Deutsch, karl W., The Nerves of Government: Models of Political Communications and Control, New York: Free Press, 1963.

Duverger, Maurice, Political Parties, New York: John Wiley, 1954.

Dewnen, Robert L., Of Great Concern? Washington: Georgetown University Press, 1981.

Easton, David, A Framework for Political Analysis, Engleword cliffs: Prentice-Hall,1965.

Easton, David & Dennis, Jack, Child in the Political System: Origins of Political Legitimacy, MC: Graw-Hill, 1969.

Easton, David, Political System, New York: knopf, 1953.

Easton, David, A System Analysis of political Life, New York: John Wiley, 1965.

Fagen, R., Politics and Communication, Boston: Brown, 1966.

Finkle, Jason L. & Gable, Richard W., Political Development & Social Change, New York: John Wiley & Sons, Inc., 1966, Firs Corrected Printing. May, 1968.

Fugence, Stanlety, "Nation Building and the World Community, in Margarnet Grarrt (ed.), South Asia Pacific Crisis: National Development and World Community, New York: Dood, Mead, 1964.

Goodman, William, the Two-Party System in the United States, 2nd. ed., New York: D. Van Nostrand Company, I960,

Huntington, Samuel P., Political Order in Changing Societies, New Harven: Yale University Press, 1968.

Huntington, Samuel P. & Nelson, Joan M., No Easy Choice: Political Participation in Developing Countries, Cambridge, Mass: Harvard University Press, 1977.

Huntington, Samuel P. & Jorge I. Doningez, Political Development, Fred I. Greenstein and Nelson W. Polsby, (eds.), Macro-Political Theory Addison Wesley Publishing company, Inc, 1975,

Higgott, Richard A., Political Development Theory, London: Croom Helm Ltd., 1983.

Holcombe, Arthur N., Theory, Political Parties, Encyclopedia of the Social Science, ed., Bostom: Rouledge and Hegan Paul, 1985.

Hollis, Martin, The Philosophy of Social Science：An Introduction, Cambridge,： Cambridge University Press, 1999.

Hsieh, chiao - chiao, Strategy for Survival, London: The She wood Press, 1985.

Hayward, Fred M., eds., Election in Independent Africa, Boulder, Co.,: Westview Press, 1987.

Honderich, Ted, Political Violence, New York: Cornell University Press, 1976.

Jaguaribe, Helio, Political Development: A General Theory and a Latin American Case Study, New York: Harper & Row Publishers, 1973.

Kirkpatrick, Evron M., "The Impact of the Behavioral Approach on Traditional Political Science", in Austin Ranny ed., Essays on the Behavioral Study of Politics, Urbana: University of Illinois Press, 1962.

Katz, Richard S., A Theory of Parties and Electoral System, Baltimore and London: Johns Hopkins University Press, 1980.

Levy, Marion J. Jr., Modernization and the Structure of Societies: A Setting of

International Relations, Princeton: Princeton University Press, 1966.

Lerner, Daniel, The Passing of Traditional Society: Modernizing the Middle East, New York: Free Press, 1965.

Lee, chae-jin, Japan Faces China, Baltimore: Johns Hopkins University Press, 1976.

Linz, Juan, Non-competitive Elections in Europe, in Guy Hermet, Richard Rose and Alain Rouquie, eds., Elections without Choice, New York: John Wiley & Sons, 1978.

Leonard, Binder et. al., Crisis and Sequence in Political Development, N. J.: Princeton University Press, 1971.

Lipset, S. Martin, Political Man: The Social Bases of Politics, New York: Doubled and Company, 1980,

McClosky, Herbert, International Encyclopedia of the Social Science, New York: Macmillan Company, 1968.

Milbrath, Lester & Goel, M. L., Political Participation: How and Why Do People Get Involved in Politics? Chicago: Rand McNally Colledge Publishing Company, 1976.

Michels, Roberto, Political Parties, New York: Free Press, 1958.

Munro, W.B., The Government of Europe, N.P. 1954.

Nettl, J.P., "Strategies in the Study of Political Development", in Colin Leys ed., Politics and Change in Developing Countries, Studies in the Theory and Practice of Development, Cambridge: Cambridge University Press, 1969.

Neumanned, Sigmund, Modern Political Parties, Chicago: Chicago University Press, 1956.

Organski, A. F. K., The Stages of Political Development, New York: Alfred A. knopf, 1965.

O'Donnell, Guillermo and Schmitter, Philippe c., eds., Transition from Authoritarian Rule: Tentative Conclusions, Baltimore: Johns Hopkins University Press, 1986.

Pye, Lucian W., Communication and Political Development, Princeton: Princeton University Press, 1963.

Pye, Lucian W., Aspects of Political Development, Boston: Little Brown & Company, 1966.

Pye, Lucian W., Introduction: Politics and Political Development, in Pye, Lucian W. & Verba, Sindney (eds.), Political Culture and Political Development, Princeton: Princeton University Press, 1965.

Palmer, D.S., "The Politics of Authoritarianism in Spanish America", in Malloy, James M. ed., Authoritarianism and Corporatism in Latin America, Pittsburgh Pa: University of Pittsburgh Press, 1977.

Powell, G. Bingharm Jr., Contemporary Democracies: Participation, Stability and Violence , Cambridge: Harvard University Press, 1982.

Riggs, Fred, W., Administration in Developing Countries, The Theory of the Primatic

Society, Boston: Hougton Miflin, 1964.

Riggs, Fred W. "The Theory of Political Development", in James C. Charlesworth (ed.) Contemporary Political Analysis, New York: The Free Press, 1967.

Rae, Douglas W., The Political Consequences of Electoral Laws, New Haven: Yale University Press, 1967.

Ranney, Austin, Governing: A Brief Introduction to Political Science. New York: Holt, Rinehart and Winston, 1971.

Ranney, Austin & Kendall, Willmore, Democracy and the American Party System, New York: Horcourt, Brace Company, 1956.

Rossiter, Clinton, Parties and Politics in America, New York: Cornell University Press, 1960.

Russett, Bruce and Starr, Haney, World Politics: The Menu for Choice, San Francisco: W. H. Freeman and Company, 1981.

Roger, W. Benjamin, "The Dimensions of the Political Development Process", in the Roger, W. Benjamin (ed.), Patterns of Political Development, Japan: David Mckay Company, Inc., 1972.

Robert J, Jackson & Michael B. Sttein, eds., Issues in Comparative Politics, New York: S.T. Mart Press, 1971.

Sartori, Giovanni, Parties and Party Systems: A Framework for Analysis, New York: Cambridge University Press, 1976.

Schattschneider, E,E., Party Government, New York: Greenwood Press, 1977.

Schattschneider, E.E., The American Party System in Basic Issues of American Democracy , edited by Hillman M. Bishop etc, 4th edition, Now York: American Century Crafts, 1961.

Schramm, Wilbur, Mass Media and National Development, Paris: Unesco, 1964.

Turner, Jonathan H., The Structure of Sociological Theory, Homewood: The Dorsey Press, 1974.

Verba, Sidney & Nie, Norman H., "Political Participation", in Fred Greenstein and Nelson Polsby, Handbook of Political Science, Vol.4, Non governmental Politics, Reading, Mass: Addison-Wesley, 1975.

Walker, Harvey, The Legislative Process, New York: The Ronald Press Company, 1948.

Watts, William, Packard, George R., Clough, Ralph N. and Oxnam, Robert Japan, Korea and China: American Perceptions and Policies, Lexington Massachusetts: D. C. Heath and Company, 1979.

Webster's Third New International Dictionary, Massachusetts: G. & C. Meriam Company, Publishers, 1971.

Williams, Raymond, Communication, London: Chatto & Windus, 1996.

二、期刊論文(Articles)

Almond, Gobriel A., "A Comparative Study of Interest Groups and Political Process", American Political Science Review (March 1958).

Chou, Yang-Sun & Nathan, Andrew J., "Democratizing Transition in Taiwan: Asia Survey, (March 1987)

Duff, Ernest A. & McCamant, John F., "Measuring Social and Political Requirements for System Stability in Latin American", APSR. Vol. 62, NO. 4.(Dec 1968).

Symposium on ROC-US Relations under the Taiwan Relation Act: Practice and Prospect, Taipei, Taiwan: Institution of International Relations, National Chiengchi University, 1988.

Domes, Jurgen, "Political Differentiation in Taiwan: Group Formation within the Ruling Party and Opposition Circles, 1979-1980", Asian Survey, Vol.21, NO.10(Oct.1981)

Easton, David, "An Approach to the Analysis of Political System", World Politics, Vol.9, (April 1975)

Easton, David & Dennis, Jack, "The Child's Image of Government", The Annals, Vol. 361, 1965.

Eisenstadt, Samuel N., "Modernization and Conditions of Sustained Growth", World Politics, Vol.16, (July 1964).

Huntington, Samuel P. & Dominguez, J.I., "Political Development", in Fred I. Greenstein and Nelson W. Polsby, (eds.), Handbook of Science Vol. 3, 1975.

Lipson, L., "The Two-Party System in British Politics", American Political Science Review, 1953.

Lipset, S.M., "Some Social Requisites of Democracy: Economic Development and Political Legitimacy", American Political Science Review, Vol.53, No.l, (March, 1959).

Pye, Lucian W., "Political Modernization: Gaps Between Theory and Reality, " in the Annals of the American, Academy of the American, Academy of Political and Social Science, No. 442, (March, 1979).

Piker, William H., "The Two-Party System and Duverger's Law: An Essay on the History of Political Science", Vol. 76,(Dec, 1982).

Huntington, Samuel P., "Political Development & Political Decay", World Politics, Vol. 16, No. 3(1965).

Rustow, Dankwart A., "Transition to Democracy: Toward a Dynamic Model",Comparative Politics, (April, 1970).

Tien, Hung-mao, "The Transformation of an Authoritarian Party- State: Taiwan's Developmental Experience", Issues & Studies, (July, 1989),

Woodhouse, Edward J., "Revising the Future of the Third World: An Ecological Perspective on Development", World Politics, Vol. 28, No.l (Jan, 1975).

Wu, Nai-teh, "The Politics of a Regime Patronage System: Mobilization and Control within an Authoritarian Regime", Ph. D. dissertation, University of Chicago, 1987.

中華民國的政治發展
——民國三十八年以來的變遷

作　　者／齊光裕
出 版 者／揚智文化事業股份有限公司
發 行 人／葉忠賢
地　　址／22204 新北市深坑區北深路三段 260 號 8 樓
電　　話／(02)8662-6826
傳　　真／(02)2664-7633
網　　址／http://www.ycrc.com.tw
　E-mail ／ service@ycrc.com.tw
印　　刷／鼎易印刷事業股份有限公司
ＩＳＢＮ／978-986-298-077-4
二版一刷／2013 年 1 月
定　　價／新台幣 1000 元

國家圖書館出版品預行編目（CIP）資料

中華民國的政治發展：民國三十八年以來的變
遷 / 齊光裕著. -- 二版. -- 新北市：揚智文
化, 2013.01
　　面；　公分

ISBN 978-986-298-077-4（精裝）

1.政治發展 2.中華民國史

573.09　　　　　　　　　　　　101027328